Lippe/Esemann/Tänzer
Das Wissen für Bankkaufleute

Gerhard Lippe/Jörn Esemann/Thomas Tänzer

Das Wissen für Bankkaufleute

Bankbetriebslehre
Betriebswirtschaftslehre
Bankrecht
Wirtschaftsrecht
Rechnungswesen, Organisation, Datenverarbeitung

8., neubearbeitete und erweiterte Auflage

Die Deutsche Bibliothek – CIP-Einheitsaufnahme

Lippe, Gerhard:
Das Wissen für Bankkaufleute : Bankbetriebslehre, Betriebswirtschaftslehre, Bankrecht, Wirtschaftsrecht, Rechnungswesen, Organisation, Datenverarbeitung / Gerhard Lippe/ Jörn Esemann/Thomas Tänzer. – 8., neubearb. und erw. Aufl. – Wiesbaden : Gabler, 1998

1. Auflage 1973
2. Auflage 1977
3. Auflage 1980
4. Auflage 1984
5. Auflage 1987
6. Auflage 1990
7. Auflage 1994
8. Auflage 1998

Lektorat: Brigitte Stolz-Dacol/Daniela Kreuter-Lambert

Der Gabler-Verlag ist ein Unternehmen der Bertelsmann Fachinformation GmbH.

http://www.gabler-online.de

Satz: Fotosatz L. Huhn, Maintal
Druck und Bindung: Lengericher Handelsdruckerei, Lengerich / Westfalen
Printed in Germany

ISBN 3-409-47042-5

Vorwort zur 8. Auflage

Liebe Leserin, lieber Leser,

wir leben in einer Zeit des intensiven Wandels. Dies zeigt sich in vielen Bereichen des Alltags, des uns alle umgebenden rechtlichen Rahmens und des Wirtschaftssystems, in dem wir leben.

Die Kreditinstitute, oftmals in einer Schlüsselposition, nehmen an dieser Entwicklung mit voller Intensität teil – und mit ihnen alle, die das Geschäft von Banken und Sparkassen kennen und beherrschen müssen.

Hinzu kommen grundlegende Veränderungen durch die europäischen Harmonisierungsprozesse und die Internationalisierung der Wirtschaft und besonders auch der Kreditwirtschaft. Dadurch wird der rechtliche Rahmen ebenso wie die Praxis geprägt. Hier findet ein tiefgreifender Wandel statt.

Entscheidend aber ist der Markt, der Veränderungen fordert und treibt. Die Anforderungen der unterschiedlichen Kundengruppen an ihren kreditwirtschaftlichen Partner führen ebenfalls zu Änderungen, die sich bis in die Struktur des Kreditwesens erstrecken.

Bei der Neuauflage eines Lehrbuches, das sich bemüht, die gesamte Bandbreite des Wissens für Bankkaufleute zu erfassen, wird dies besonders deutlich: Kaum eine Seite ist unverändert geblieben. Neben zahlreichen eigentlich nur marginalen Veränderungen gibt es tiefgreifende strukturelle Neuerungen bei vielen Sachthemen.

Am 1. August 1998 tritt die neue Ausbildungsordnung „Bankkaufmann/Bankkauffrau“ in Kraft. Damit wird die bisherige Verordnung von 1979 abgelöst, die den erheblichen Veränderungen in der Kreditwirtschaft in den vergangenen zwanzig Jahren nicht mehr gerecht wurde.

Die Übergangsregelung in § 9 der Verordnung sieht vor, daß die bisherigen Vorschriften auf bei Inkrafttreten der neuen Ausbildungsordnung bestehende Berufsausbildungsverhältnisse weiter anzuwenden sind (es sei denn, die Vertragsparteien vereinbaren die Anwendung der Vorschriften der neuen Verordnung). Wir befinden uns also in einer Übergangszeit zwischen „altem“ und neuem Recht.

Davon wird auch dieses Lehrbuch in Inhalt und Aufbau beeinflußt werden. Zu diesem Zeitpunkt haben wir uns entschlossen, noch keine gravierenden Änderungen vorzunehmen. Dafür spricht auch, daß Ausbildungsordnung und Ausbildungsrahmenplan zwar eine Reihe von Beschreibungen der zu vermittelnden Fertigkeiten und Kenntnisse enthalten, die Praxis aber ebenso wie die Berufsschule diese Bestimmungen erst in vermittelbare Lerninhalte, Unterrichtskonzepte und praktische Lerneinheiten umsetzen muß. Dies wird intensiv erst für die neuen Ausbildungsverhältnisse ab August 1998 geschehen. Wir sind jedoch sicher, daß Fachwissen auch in Zukunft eine wesentliche Rolle spielen wird.

Außerdem war und ist es nicht das Ziel dieses Lehrbuches, das gesamte Ausbildungsberufsbild zu umfassen. Sonst müssen auch rein praktische Abläufe dargestellt, verkäuferische Fertigkeiten vermittelt und kommunikative Aspekte berücksichtigt werden.

Hinzu kommt, daß wir in den Auszubildenden zum Bankkaufmann/zur Bankkauffrau zwar eine sehr bedeutende, aber nicht unsere einzige Zielgruppe sehen. Dieses Lehrbuch wendet sich unverändert an alle, die in Kreditinstituten und verwandten Unternehmen tätig sind und einen Gesamtüberblick über die volks- und betriebswirtschaftlichen, rechtlichen und vor allem bankfachlichen Zusammenhänge erwerben und behalten wollen bzw. müssen. Außerdem soll es ein Fundament für alle bieten, die sich in Theorie und Praxis auch außerhalb von Kreditinstituten mit dem Geld- und Kreditwesen befassen.

Dies setzt umfassendere und tiefere Darstellungen voraus, als sie im Rahmen der Berufsausbildung zum Bankkaufmann/zur Bankkauffrau noch vermittelbar sind.

In der nachfolgenden Einleitung werden die Inhalte der neuen Ausbildungsordnung zusammenfassend dargestellt, um dem Leser in der Übergangszeit aufzuzeigen, wo die neuen Schwerpunkte liegen. Jeder Auszubildende wird mit seinen Ausbildern und seinen Lehrern intensiv über die konkreten Anforderungen in Schule, Praxis und Prüfung sprechen müssen.

Das Ihnen vorliegende Lehrbuch soll Sie in Ausbildung und Praxis als Ratgeber begleiten. Es kann nicht das Ziel sein, daß Sie eines Tages alles wissen, was in diesem Buch steht. Schön wäre es, wenn Sie aufgrund Ihrer Ausbildung und Praxis alles, was darin steht, verstehen. Unser Ziel ist es, daß dieses Buch Ihnen hilft, die an Sie gestellten Anforderungen zu erfüllen.

Bei allen, die uns mit Anregungen und Hinweisen, Formularen und Mustern bei der Erarbeitung dieser Auflage unterstützt haben, bedanken wir uns herzlich.

Gerhard Lippe
Jörn Esemann
Thomas Tänzer

Einleitung

Das vorliegende Buch befaßt sich in sechs Hauptabschnitten mit den wichtigsten Grundlagen, die dem Bankkaufmann/der Bankkauffrau bei seiner/ihrer Arbeit begegnen und bedeutsam sind für ein Grundverständnis der Zusammenhänge im Kreditwesen. Vielfach wird auch ein vertieftes Wissen angeboten. Es war und ist nicht das Ziel, ein ausschließlich auf die Inhalte der Berufsausbildung zum Bankkaufmann/zur Bankkauffrau zugeschnittenes Werk zu schaffen.

Aber die Ausbildung zum Bankkaufmann/zur Bankkauffrau bestimmt die Fertigkeiten und Kenntnisse, mit denen junge Mitarbeiter/innen nach ihrer Ausbildung in den beruflichen Alltag starten, und spiegelt in Form der neuen Ausbildungsordnung den wesentlichen Teil der beruflichen Wirklichkeit in einem Kreditinstitut wider. Daher gehen wir hier auf die wichtigsten Neuerungen ein.

Die zum Zeitpunkt der Drucklegung dieser Auflage noch gültige Ausbildungsordnung wird als bekannt vorausgesetzt. Als neue, ab 1. August 1998 geltende Rechtsgrundlage liegen vor:

- die Verordnung über die Berufsausbildung zum Bankkaufmann/zur Bankkauffrau vom 13. Januar 1998
- der Ausbildungsrahmenplan für die Berufsausbildung zum Bankkaufmann/zur Bankkauffrau (zu § 4 der Verordnung), in sachlicher sowie in zeitlicher Gliederung
- der Rahmenlehrplan für die Berufsausbildung zum Bankkaufmann/zur Bankkauffrau (1968) – Beschluß der Ständigen Konferenz der Kultusminister der Länder vom 17. Oktober 1997 –.

Nachfolgend sind als Überblick die wichtigsten Inhalte zusammengefaßt. Wir empfehlen Jedem/jeder Auszubildenden, sich anhand der Originaltexte ein genaues Bild der an ihn/sie gerichteten Anforderungen und Erwartungen zu verschaffen.

Ausbildungsberufsbild

Gegenstand der Berufsausbildung sind mindestens die folgenden Fertigkeiten und Kenntnisse:

1. Das ausbildende Unternehmen
1.1 Stellung, Rechtsform und Organisation
1.2 Personalwesen und Berufsbildung
1.3 Informations- und Kommunikationssysteme

1.4 Sicherheit und Gesundheitsschutz bei der Arbeit
1.5 Umweltschutz

2. Markt- und Kundenorientierung
2.1 Kundenorientierte Kommunikation
2.2 Marketing
2.3 Verbraucher- und Datenschutz

3. Kontoführung und Zahlungsverkehr
3.1 Kontoführung
3.2 Nationaler Zahlungsverkehr
3.3 Internationaler Zahlungsverkehr

4. Geld- und Vermögensanlage
4.1 Anlage auf Konten
4.2 Anlage in Wertpapieren
4.3 Anlage in anderen Finanzprodukten

5. Kreditgeschäft
5.1 Standardisierte Privatkredite
5.2 Baufinanzierung
5.3 Firmenkredite

6. Rechnungswesen und Steuerung
6.1 Rechnungswesen
6.2 Steuerung

Lernfelder des KMK-Rahmenlehrplans

1. Lernfeld: Privates und betriebliches Handeln am rechtlichen Bezugsrahmen ausrichten
2. Lernfeld: Konten führen
3. Lernfeld: Unternehmensleistungen erfassen und dokumentieren
4. Lernfeld: Geld- und Vermögensanlagen anbieten
5. Lernfeld: Besondere Finanzinstrumente anbieten und über Steuern informieren
6. Lernfeld: Modelle für Marktentscheidungen nutzen
7. Lernfeld: Privatkredite bearbeiten
8. Lernfeld: Kosten und Erlöse ermitteln und beeinflussen
9. Lernfeld: Dokumentierte Unternehmensleistungen auswerten
10. Lernfeld: Baufinanzierungen und Firmenkredite bearbeiten
11. Lernfeld: Auslandsgeschäfte abwickeln
12. Lernfeld: Einflüsse der Wirtschaftspolitik beurteilen

Das vorliegende Lehrbuch folgt einer sachlichen Gliederung in die Hauptabschnitte

- Wirtschaftslehre
- Bankbetriebslehre
- Außenhandel und Auslandsgeschäfte der Kreditinstitute
- Rechnungswesen in Kreditinstituten
- Organisation, Informations- und Kommunikationssysteme
- Geld – Wirtschaft – Währung

Die Bezüge zu den jeweiligen fachlichen Anforderungen in der Praxis, aber auch in der Ausbildung lassen sich problemlos über das Inhalts- und das Stichwortverzeichnis, aber auch über die fachlich-logische Abfolge der Darstellung herstellen. Das Inhaltsverzeichnis enthält eine detaillierte Untergliederung, um diese Bezüge zu erleichtern

Wir wünschen Ihnen einen guten Lernerfolg!

Inhaltsverzeichnis

0. **Wirtschaftslehre** 1

0.0 **Grundlagen** 1

0.0.0 *Volkswirtschaftliche Grundbegriffe* 1

0.0.00 Wesen und Aufgaben der Wirtschaft 1
0.0.01 Wirtschaftssysteme 5
0.0.02 Einzelne Begriffe und ihre Einordnung 8

0.0.1 *Betriebswirtschaftliche Grundbegriffe* 10

0.0.10 Der Betrieb als Einzelwirtschaft 10
0.0.11 Handels- und Industriebetriebe 12

0.0.2 *Rechtliche Grundbegriffe* 14

0.0.20 Überblick 14
0.0.21 Einzelne Begriffe und ihre Einordnung 15

0.1 **Lehre vom Rechtsgeschäft** 19

0.1.0 *Grundbegriffe* 19

0.1.00 Überblick 19
0.1.01 Rechtsgeschäftliche Grundbegriffe 19
0.1.02 Die Vertragsfreiheit und ihre Beschränkungen 24
0.1.03 Nichtigkeit und Anfechtbarkeit von Willenserklärungen 25
0.1.04 Vertretung und Vollmacht 26

0.1.1 *Der Vertrag* 28

0.1.10 Zustandekommen 28
0.1.11 Vertragsarten des BGB 31

0.1.2 *Der Kaufvertrag* 33

0.1.20 Das Verpflichtungsgeschäft 33
0.1.21 Inhalt des Kaufvertrages 36
0.1.22 Erfüllung des Kaufvertrages 43
0.1.23 Erfüllungsstörungen 48

0.1.3 *Die Durchsetzung von Ansprüchen* 52

0.1.30 Mahnverfahren 53

0.1.31 Klageverfahren (Zivilprozeß) . . . 58
0.1.32 Zwangsvollstreckung . . . 61
0.1.33 Verjährung . . . 62

0.1.4 *Rechtsgeschäftliche Spezialgesetze* . . . 64

0.1.40 Überblick . . . 64
0.1.41 Einzelne Vorschriften . . . 65

0.1.5 *Geltung des BGB in Ostdeutschland* . . . 74

0.2 **Kaufmännischer Dienstleistungsverkehr** . . . 77

0.2.0 *Güter- und Nachrichtenverkehr* . . . 77

0.2.00 Überblick . . . 77
0.2.01 Der Frachtführer . . . 79
0.2.02 Eisenbahnfrachtverkehr . . . 80
0.2.03 LKW-Güterverkehr (Kraftfahrt) . . . 83
0.2.04 Binnenschiffahrt . . . 89
0.2.05 Luftfrachtverkehr . . . 90
0.2.06 Post-Güterverkehr (Frachtpost) . . . 93
0.2.07 Seeschiffahrt . . . 96
0.2.08 Nachrichtenverkehr . . . 105

0.2.1 *Handelsmittler, Spediteure, Lagerhalter* . . . 115

0.2.10 Überblick . . . 115
0.2.11 Handelsmittler . . . 116
0.2.12 Spediteur und Lagerhalter . . . 122

0.3 **Grundstücksverkehr** . . . 126

0.3.0 *Überblick* . . . 126

0.3.1 *Das Grundbuch* . . . 126

0.3.10 Wesen und Bedeutung . . . 126
0.3.11 Inhalt und Aufbau . . . 127

0.3.2 *Der Grundstückskaufvertrag* . . . 137

0.3.20 Vertragsschluß . . . 137
0.3.21 Übereignung des Grundstücks . . . 138

0.3.3 *Die Grundpfandrechte* . . . 139

0.3.30 Wesen und Bedeutung . . . 139
0.3.31 Arten . . . 139
0.3.32 Form, Entstehung und Übertragung, Löschung . . . 140
0.3.33 Abgrenzung . . . 143
0.3.34 Zwangsvollstreckung in das Grundstück . . . 143

0.4 **Handelsrecht** . . . 145

0.4.0 *Grundbegriffe* . . . 145

0.4.00 Kaufmannseigenschaft . . . 145

0.4.01 Die Firma . . . 153
0.4.02 Das Handelsregister . . . 156
0.4.03 Bevollmächtigte des Kaufmanns . . . 160
0.4.04 Rechnungslegung bei Kaufleuten . . . 162

0.4.1 *Unternehmensformen* . . . 176

0.4.10 Grundbegriffe . . . 176
0.4.11 Einzelunternehmung . . . 182
0.4.12 Gesellschaft bürgerlichen Rechts . . . 184
0.4.13 Offene Handelsgesellschaft . . . 187
0.4.14 Kommanditgesellschaft . . . 191
0.4.15 Stille Gesellschaft . . . 193
0.4.16 Aktiengesellschaft . . . 194
0.4.17 Gesellschaft mit beschränkter Haftung . . . 207
0.4.18 Genossenschaft . . . 211
0.4.19 Weitere Unternehmensformen und Unternehmenssonderformen . 215

0.4.2 *Unternehmenszusammenschlüsse* . . . 223

0.4.20 Überblick . . . 223
0.4.21 Formen von Zusammenschlüssen . . . 224
0.4.22 Der Wettbewerb der Unternehmungen . . . 227

0.4.3 *Das Notleiden von Unternehmen* . . . 230

0.4.30 Überblick . . . 230
0.4.31 Sanierung . . . 231
0.4.32 Liquidation . . . 232
0.4.33 Vergleich . . . 232
0.4.34 Konkurs . . . 235
0.4.35 Insolvenzordnung (InsO) vom 5.10.1994 . . . 239

0.4.4 *Finanzierung der Unternehmung* . . . 249

0.4.40 Grundbegriffe . . . 249
0.4.41 Bilanzrelationen und Unternehmenskennziffern . . . 250
0.4.42 Finanzierung . . . 252

0.4.5 *Reform des Handelsrechts* . . . 254

0.4.50 Überblick . . . 254
0.4.51 Einzelheiten der Handelsrechtsreform . . . 255

0.5 **Arbeits- und Sozialrecht** . . . 256

0.5.0 *Überblick* . . . 256

0.5.00 Arbeitsrecht . . . 256
0.5.01 Sozialrecht . . . 258

0.5.1 *Individualarbeitsrecht* . . . 258

0.5.10 Die Mitglieder eines Betriebes . . . 258
0.5.11 Das Arbeitsverhältnis . . . 262
0.5.12 Arbeitsschutz und Arbeitsförderung . . . 264

0.5.2 *Kollektives Arbeitsrecht* 270

0.5.20 Überblick 270
0.5.21 Die Sozialpartner 270
0.5.22 Der Tarifvertrag 271
0.5.23 Arbeitskampf 273
0.5.24 Betriebsverfassungsrecht 274

0.5.3 *Arbeitsgerichtsbarkeit* 277

0.5.4 *Sozialrecht* 277

0.5.40 Überblick 277
0.5.41 Rentenversicherung 278
0.5.42 Krankenversicherung 281
0.5.43 Unfallversicherung 282
0.5.44 Arbeitslosenversicherung (Arbeitsförderung) 283
0.5.45 Pflegeversicherung 283
0.5.46 Sozialgerichtsbarkeit 284

0.6 **Steuern** 285

0.6.0 *Grundbegriffe* 285

0.6.00 Überblick 285
0.6.01 Finanzverwaltung 287
0.6.02 Erhebung der Steuern 287

0.6.1 *Besitzsteuern* 288

0.6.10 Einkommensteuer 288
0.6.11 Kapitalertragsteuer 296
0.6.12 Zinsabschlagsteuer (ZASt) 299
0.6.13 Solidaritätszuschlag 302
0.6.14 Körperschaftsteuer 303
0.6.15 Vermögensteuer 304
0.6.16 Realsteuern 304

0.6.2 *Verkehrsteuer* 305

0.6.20 Umsatzsteuer (Mehrwertsteuer) 305
0.6.21 Grunderwerbsteuer 307
0.6.22 Erbschaft- und Schenkungsteuer 307
0.6.23 Sonstige Verkehrsteuern 310

0.6.3 *Sonstige Abgaben* 310

0.6.30 Verbrauchsteuern 310
0.6.31 Lastenausgleich 310

0.7 **Wiederholung** 311

1. **Bankbetriebslehre** 319

1.0 **Grundlagen** 319

1.0.0 *Die Stellung der Kreditinstitute* 319

1.0.00 Aufgaben der Kreditinstitute 320
1.0.01 Geschichte der Kreditinstitute 321
1.0.02 Die Arten der Kreditinstitute 325

1.0.1 *Rechtsgrundlagen* 334

1.0.10 Überblick 334
1.0.11 Einzelne privatrechtliche Vorschriften 334
1.0.12 Kreditwesengesetz (KWG) von 1961 335
1.0.13 Einlagensicherung 361

1.0.2 *Der Bankbetrieb* 363

1.0.20 Überblick 363
1.0.21 Geschäftspolitik 364
1.0.22 Personalwesen 365
1.0.23 Marketing 371
1.0.24 Revision 374

1.1 **Kontoführung und Zahlungsverkehr** 377

1.1.0 *Überblick* 377

1.1.00 Zahlungsverkehr und Zahlungsmittel 377
1.1.01 Bedeutung des Zahlungsverkehrs 378

1.1.1 *Das Konto* 378

1.1.10 Grundlagen 378
1.1.11 Kontoinhaber und Kontoverfügung 379
1.1.12 Kontoführung durch das KI 386
1.1.13 Kontoarten nach der Verwendung 388
1.1.14 Allgemeine Geschäftsbedingungen (AGB) der Kreditinstitute . . . 389
1.1.15 Das Bankgeheimnis 392

1.1.2 *Der Barverkehr* 398

1.1.20 Grundlagen 398
1.1.21 Kassengeschäfte der KI 399

1.1.3 *Der Überweisungsverkehr* 405

1.1.30 Grundlagen 405
1.1.31 Überweisungsarten 407
1.1.32 Die Gironetze 409

1.1.4 *Der Scheckverkehr* 418

1.1.40 Grundbegriffe 418
1.1.41 Scheckarten 421
1.1.42 Abwicklung des Scheckverkehrs 427

1.1.5 *Der Wechselverkehr* 438

1.1.50 Grundbegriffe 438
1.1.51 Ausstellung, Annahme und Übertragung des Wechsels 446
1.1.52 Wechseleinlösung 450
1.1.53 Nichteinlösung = Notleiden des Wechsels 453
1.1.54 Wechselgeschäfte der Kreditinstitute 458
1.1.55 Quittungen 459

1.1.6 *Der Lastschriftverkehr* 459

1.1.60 Grundlagen 459
1.1.61 Durchführung des Lastschriftverkehrs 461

1.1.7 *Die Abrechnung* 467

1.1.70 Grundlagen 467
1.1.71 Abwicklung 468

1.1.8 *Besondere Zahlungsmittel* 468

1.1.80 Der Reisescheck 468
1.1.81 Der Kreditbrief 473
1.1.82 Das Barakkreditiv 473
1.1.83 Kartengesteuerte Zahlungssysteme 474

1.1.9 *Modernisierung des Zahlungsverkehrs der Kreditinstitute* 492

1.1.90 Überblick 492
1.1.91 Vereinheitlichung des Zahlungsverkehrs 494
1.1.92 Elektronischer Zahlungsverkehr 499
1.1.93 POS-System des deutschen Kreditgewerbes 501
1.1.94 Electronic Banking – EDV-Kundenservice 511

1.2 **Anlage auf Konten/Passivgeschäft** 517

1.2.0 *Überblick* 517

1.2.1 *Anlage auf Konten* 517

1.2.10 Rechtsgrundlagen des Einlagengeschäfts 517
1.2.11 Sichteinlagen 518
1.2.12 Termineinlagen 519
1.2.13 Spareinlagen (Grundbegriffe) 520
1.2.14 Sparformen 526
1.2.15 Staatliche Sparförderung 534
1.2.16 Bedeutung des Sparens 538

1.2.2 *Aufgenommene Gelder* 541

1.2.20 Wesen 541
1.2.21 Der Geldmarkt 541
1.2.22 Ausgabe von Schuldverschreibungen 543

1.3 **Kreditgeschäft (Aktivgeschäft)** 544

1.3.0 *Überblick* 544

1.3.00 Wesen und Bedeutung des Kredits 544
1.3.01 Rechtsgrundlagen 546

1.3.02 Kreditarten 552

1.3.1 *Kreditsicherheiten* 554

1.3.10 Bürgschaft 555
1.3.11 Garantie 559
1.3.12 Abtretung (Zession) von Forderungen 560
1.3.13 Pfandrecht 572
1.3.14 Grundpfandrechte 576
1.3.15 Sicherungsübereignung 576
1.3.16 Patronatserklärung 582

1.3.2 *Technik der kurzfristigen Kreditgewährung* 583

1.3.20 Voraussetzungen 583
1.3.21 Der Kreditvertrag 592

1.3.3 *Einzelne kurz- und mittelfristige Kreditarten und deren Verwendungsmöglichkeiten* 596

1.3.30 Kontokorrentkredit (KKK) 596
1.3.31 Diskontkredit 598
1.3.32 Lombardkredit 601
1.3.33 Konsumkredite 604
1.3.34 Akzeptkredit 613
1.3.35 Avalkredit 615
1.3.36 Besondere Finanzierungsformen 618

1.3.4 *Das langfristige Kreditgeschäft* 624

1.3.40 Realkredite 625
1.3.41 Kommunalkredit 648
1.3.42 Schuldscheindarlehen, Treuhandkredite und durchgeleitete Kredite . 649

1.4 **Anlage in Wertpapieren / Wertpapiergeschäft** 652

1.4.0 *Grundlagen* 652

1.4.00 Das Wertpapier 652
1.4.01 Begriff und Bedeutung der Effekten 656

1.4.1 *Gläubigerpapiere* 657

1.4.10 Grundbegriffe 657
1.4.11 Einzelne Gläubigerpapiere 663

1.4.2 *Anteilspapiere* 683

1.4.20 Gemeinsames 683
1.4.21 Die einzelnen Anteilspapiere 686

1.4.3 *Wertpapiersonderformen* 688

1.4.30 Investmentzertifikat 688
1.4.31 Weitere Wertpapier-Sonderformen 698

1.4.4 *Emissionsgeschäft* 702

1.4.40 Überblick 702
1.4.41 Abwicklung des Emissionsgeschäftes anhand der Fremdemission . 703

1.4.5 *Effektenhandel und Effektenbörsen* 707

1.4.50 Die Börse 707
1.4.51 Börsenhandel 719
1.4.52 Kursbestimmende und kursbeeinflussende Faktoren 738
1.4.53 Besteuerung von Effektenerträgen 742
1.4.54 Effektenhandel der Kreditinstitute 747
1.4.55 Erfüllung der Effektengeschäfte 752

1.4.6 *Depotgeschäft* 759

1.4.60 Geschlossenes Depot 759
1.4.61 Offenes Depot 760

1.4.7 *Anlageberatung durch Kreditinstitute* 771

1.4.70 Grundbegriffe 771
1.4.71 Einzelne Anlageformen und ihre Bewertung 775
1.4.72 Aktienanalyse und Kursprognose 780

1.5 **Wiederholung** 785

2. **Außenhandel und Auslandsgeschäfte der Kreditinstitute** . 793

2.0 **Der Außenhandel** 793

2.0.0 *Grundbegriffe* 793

2.0.00 Wesen und Bedeutung des Außenhandels 793
2.0.01 Formen des Außenhandels 794

2.0.1 *Rechtsgrundlagen des Außenhandels* 795

2.0.10 Außenwirtschaftsgesetz von 1961 (AWG) 795
2.0.11 Außenwirtschaftsverordnung (AWV) 800
2.0.12 Politische Umsetzung im Außenwirtschaftsverkehr 803
2.0.13 Recht der Europäischen Gemeinschaften (EG) 804
2.0.14 Sonstiges internationales Wirtschaftsrecht 806

2.0.2 *Der Kaufvertrag im Außenhandel (Kontrakt)* 808

2.0.20 Überblick 808
2.0.21 Lieferungsbedingungen 809
2.0.22 Zahlungsbedingungen 815
2.0.23 Weitere Risiken und ihre Absicherung 817

2.0.3 *Dokumente im Außenhandel* 818

2.0.30 Wesen und Bedeutung 818
2.0.31 Transportdokumente 819
2.0.32 Warenbegleitpapiere 820
2.0.33 Versicherungsdokumente 826
2.0.34 Sonstige Dokumente 828

2.0.4 *Handelsmittler im Außenhandel* 830

2.0.40 Überblick 830

2.0.41 Einzelne Arten 830

2.0.5 *Die Zahlungsbilanz* 831

2.0.50 Grundbegriffe 831
2.0.51 Ausgleich der Zahlungsbilanz 833

2.1 **Die Auslandsgeschäfte der Kreditinstitute** 835

2.1.0 *Zahlungsabwicklung* 835

2.1.00 Reiner Zahlungsverkehr 835
2.1.01 Dokumenten-Inkasso 843
2.1.02 Dokumenten-Akkreditiv 848
2.1.03 Akkreditiv-Sonderformen mit Finanzierungscharakter 868

2.1.1 *Finanzierung des Außenhandels* 872

2.1.10 Überblick 872
2.1.11 Importfinanzierung 874
2.1.12 Exportfinanzierung 878
2.1.13 Auslandsgarantiegeschäft 898
2.1.14 Euro-Finanzierung 899

2.1.2 *Devisen und Devisenhandel* 900

2.1.20 Grundbegriffe 900
2.1.21 Devisengeschäfte der Kreditinstitute 905

2.2 **Wiederholung** 921

3. **Rechnungswesen in Kreditinstituten** 925

3.0 **Grundlagen** 925

3.0.0 *Überblick* 925

3.0.1 *Buchführungssysteme* 925

3.0.2 *Die Bilanz* 926

3.0.20 Grundbegriffe 926
3.0.21 Die Aktivseite (Aktiva) 927
3.0.22 Die Passivseite (Passiva) 927
3.0.23 Jahresabschluß der Kreditinstitute 928

3.0.3 *Das Konto* 231

3.0.30 Grundbegriffe 931
3.0.31 Bestandskonten 932
3.0.32 Erfolgskonten 934

3.0.4 *Die Betriebsübersicht* 936

3.0.40 Begriff 936
3.0.41 Aufbau 936

3.1 **Buchungen im Geschäftsverkehr** . . . 938

3.1.0 *Zahlungsverkehr* . . . 938

3.1.00 Barverkehr . . . 938
3.1.01 Bargeldloser Zahlungsverkehr . . . 941

3.1.1 *Passivgeschäft* . . . 948

3.1.10 Einlagengeschäft . . . 948
3.1.11 Aufgenommene Gelder . . . 949

3.1.2 *Aktivgeschäft* . . . 950

3.1.20 Kurz- und mittelfristige Kredite . . . 950
3.1.21 Langfristige Kredite . . . 952
3.1.22 Kreditleihe . . . 954

3.1.3 *Wertpapiergeschäft* . . . 955

3.1.30 Kommissionsgeschäft . . . 955
3.1.31 Eigenhändlergeschäfte . . . 957
3.1.32 Eigengeschäfte . . . 958
3.1.33 Wertpapieremission . . . 960
3.1.34 Verwahrung und Verwaltung von Wertpapieren . . . 961

3.1.4 *Auslandsgeschäft* . . . 963

3.1.40 Währungsbuchführung . . . 963
3.1.41 Auslandszahlungen . . . 964

3.2 **Spezielle Buchungen** . . . 967

3.2.0 *Spezielle Aufwandsbuchungen* . . . 967

3.2.00 Lohn- und Gehaltszahlungen . . . 967
3.2.01 Abschreibungen . . . 967

3.2.1 *Abgrenzungsbuchungen* . . . 970

3.2.10 Sachliche Abgrenzung . . . 970
3.2.11 Zeitliche Abgrenzung . . . 971
3.2.12 Rückstellungen . . . 973

3.2.2 *Sonstige Buchungen* . . . 974

3.2.20 Mehrwertsteuer (Umsatzsteuer) . . . 974
3.2.21 Weitere Steuern . . . 975
3.2.22 Kalkulatorische Kosten . . . 975
3.2.23 Jahresabschluß, Bilanzgewinn, Rücklagen . . . 976

3.3 **Kosten- und Erlösrechnung** . . . 977

3.3.0 *Grundlagen* . . . 977

3.3.00 Aufwendungen und Erträge . . . 977
3.3.01 Kosten und Erlöse . . . 977
3.3.02 Bankleistungen . . . 978
3.3.03 Bedeutung der Kosten- und Erlösrechnung . . . 978

3.3.1 *Verfahren der Kosten- und Erlösrechnung* . . . 979

3.3.10 Betriebsabrechnung . . . 979
3.3.11 Zinsspannenrechnung . . . 981
3.3.12 Kalkulation . . . 984
3.3.13 Profit Center . . . 984

3.4 **Statistik** . . . 986

3.4.0 *Grundlagen* . . . 986

3.4.1 *Methodik* . . . 986

3.5 **Wiederholung** . . . 988

4. **Organisation, Informations- und Kommunikationssysteme** 993

4.0 **Grundlagen** . . . 993

4.1 **Organisation in Kreditinstituten** . . . 995

4.1.0 *Grundlagen* . . . 995

4.1.1 *Organisatorische Tätigkeit* . . . 996

4.1.10 Elemente der Organisation . . . 996
4.1.11 Aufbauorganisation . . . 997
4.1.12 Ablauforganisation . . . 1000
4.1.13 Systematische Vorgehensweise . . . 1001

4.2 **Informations- und Kommunikationssysteme** . . . 1003

4.2.0 *Grundlagen* . . . 1003

4.2.00 Überblick . . . 1003
4.2.01 Grundbegriffe der Datenverarbeitung . . . 1004

4.2.1 *EDV im Bankbetrieb* . . . 1010

4.2.10 Hardware . . . 1010
4.2.11 Software . . . 1011
4.2.12 Anwendungen . . . 1012
4.2.13 Sicherheit . . . 1014

4.3 **Wiederholung** . . . 1016

5. **Geld – Wirtschaft – Währung** . . . 1019

5.0 **Das Geld** . . . 1019

5.0.0 *Wesen des Geldes* . . . 1019

5.0.00 Entwicklung des Geldes . . . 1019
5.0.01 Definition, Aufgaben und Arten des Geldes . . . 1020

5.0.02 Theorien zum Wesen des Geldes 1023
5.0.03 Entstehung des Geldes durch Geldschöpfung 1024

5.0.1 *Wert des Geldes* 1027

5.0.10 Kaufkraft 1027
5.0.11 Währung und Währungssysteme 1030
5.0.12 Inflation und Deflation 1032

5.1 **Geld- und Wirtschaftspolitik** 1040

5.1.0 *Geldpolitik* 1040

5.1.00 Überblick 1040
5.1.01 Notenbankpolitik 1043
5.1.02 Finanzpolitik 1059
5.1.03 Währungspolitik 1062

5.1.1 *Wirtschaftspolitik* 1068

5.1.10 Grundbegriffe 1068
5.1.11 Internationale Wirtschaftsbeziehungen 1070
5.1.12 Wesen, Ziele und Mittel der Wirtschaftspolitik 1079

5.2 **Wiederholung** 1088

Stichwortverzeichnis 1091

Abkürzungsverzeichnis

Abs.	Absatz
AbzG	Abzahlungsgesetz
ADSp	Allgemeine Deutsche Spediteurbedingungen
AfA	Absetzung für Abnutzung
AG	Aktiengesellschaft
AGB	Allgemeine Geschäftsbedingungen
AGBG	AGB-Gesetz
AKA	Ausfuhr-Kreditgesellschaft mbH
AKT	Automatischer Kassen-Tresor
AktG	Aktiengesetz
AKV	Auslandskassenverein
allg.	allgemein
AMR	Anweisung der Deutschen Bundesbank über Mindestreserven
AO	Abgabenordnung
AR	Aufsichtsrat
Art.	Artikel
AtP	Authority to Purchase
AWB	Air Waybill
AWG	Außenwirtschaftsgesetz
AWV	Außenwirtschaftsverordnung
B	Brief
BAK	Bundesaufsichtsamt für das Kreditwesen
BBankG	Bundesbankgesetz
BBauG	Bundesbaugesetz
BBRL	Bankbilanzrichtlinie
BdL	Bank deutscher Länder
BetrVG	Betriebsverfassungsgesetz
BGB	Bürgerliches Gesetzbuch
BGH	Bundesgerichtshof
BiRiLiG	Bilanzrichtlinien-Gesetz
BiSta	Bilanzstatistik
B/L	Bill of Lading
BLZ	Bankleitzahl
BörsG	Börsengesetz
BR	Betriebsrat
BSE	Belegloser Scheckeinzug
Btx	Bildschirmtext

BUSt	Börsenumsatzsteuer
bz	bezahlt
CD	Certificate of Deposit
C & F	Cost and Freight
CFR	Cash-Flow-Ration
CIF	Cost, Insurance, Freight
CLC	Commercial Letter of Credit
C. o. d.	Cash on delivery
C. p. D.	Konto pro Diverse
D	Diskontsatz
D/A	Documents against Acceptance
DATA	Datenträger-Austausch
DAX	Deutscher Aktien-Index
DepG	Depotgesetz
DFÜ	Datenfernübertragung
DM	Deutsche Mark
D/P	Documents against Payment
DTA	Datenträger-Austausch
DTB	Deutsche-Termin-Börse
DV	Datenverarbeitung
EBK	Eröffnungsbilanzkonto
ec	eurocheque
ECU	European Currency Unit
EDV	Elektronische Datenverarbeitung
EFTA	European Free Trade Association
eG	eingetragene Genossenschaft
EG	Europäische Gemeinschaften
EGKS	Europäische Gemeinschaft für Kohle und Stahl
ERA	Einheitliche Richtlinien und Gebräuche für Dokumenten-Akkreditive
ErbSt	Erbschaftsteuer
ERI	Einheitliche Richtlinien für Inkassi
ERP	European Recovery Program
EStG	Einkommensteuergesetz
etw.	etwas
EU	Europäische Union
EV	Eigentumsvorbehalt
E. v.	Eingang vorbehalen
e. V.	eingetragener Verein
E. V.	Eidesstattliche Versicherung
EVO	Eisenbahnverkehrsordnung
EWA	Europäisches Währungsabkommen
EWR	Europäischer Wirtschaftsraum
ex B	ex Bezugsrecht
ex D	ex Dividende
EZÜ	Elektronischer Zahlungsverkehr für individuelle Überweisungen
f.	(bei Rechtsvorschriften) folgende eine Vorschrift

FAS	Free Alongside Ship
FCR	Forwarding Agents Certificate of Receipt
FCT	Forwarding Agents Certificate of Transport
ff.	(bei Rechtsvorschriften) folgende mehrere Vorschriften
FIBOR	Frankfurt Interbank Offered Rate
FOB	Free on Board
FW	Fremdwährung
G	Geld
G	... gesetz
GA	Geldautomat
GATT	General Agreement on Tariffs and Trade
GBO	Grundbuchordnung
GEFI	Gesellschaft zur Finanzierung von Industrieanlagen mbH
GenG	Genossenschaftsgesetz
GG	Grundgesetz
GmbH	Gesellschaft mit beschränkter Haftung
GuV	Gewinn- und Verlustrechnung
GVZ	Gerichtsvollzieher
GWB	Gesetz gegen Wettbewerbsbeschränkungen
GZ	Girozentrale
gzj.	ganzjährig
GZS	Gesellschaft für Zahlungssysteme
h. M.	herrschende Meinung
HGB	Handelsgesetzbuch
HV	Hauptversammlung
HypBG	Hypothekenbankgesetz
IATA	International Air Transport Association
IBIS	Inter-Banken-Informationssystem
ICC	International Chamber of Commerce
i. d. F.	in der Fassung
IDN	Integriertes Text- und Datennetz
IHK	Internationale Handelskammer, Industrie- und Handelskammer
i. H. v.	in Höhe von
Incoterms	International Commercial Terms
insb.	insbesondere
ISDN	Integrated Services Digital Network
IWF	Internationaler Währungsfonds
K	Käufer
KapSt	Kapitalertragsteuer
kfm.	kaufmännisch
Kfz	Kraftfahrzeug
KfW	Kreditanstalt für Wiederaufbau
KG	Kommanditgesellschaft
KGaA	Kommanditgesellschaft auf Aktien
KI	Kreditinstitut
KKK	Kontokorrentkredit

KO	Konkursordnung
KSchG	Kündigungsschutzgesetz
KSt	Körperschaftsteuer
KWG	Kreditwesengesetz
LAN	Local Area Network, Lokales Netz
LG	Landgericht
LIBOR	London Interbank Offered Rate
Lkw	Lastkraftwagen
LVG	Luftverkehrsgesetz
LZB	Landeszentralbank
max.	maximal
Mill.	Million
MODEM	Modulator-Demodulator
MR	Mindestreserven
Mrd.	Milliarden
MwSt.	Mehrwertsteuer
n. E.	nach Eingang des Gegenwertes
NV	Nichtveranlagung
OCR	Optical Character Recognition
OECD	Organization for Economic Cooperation and Development
OHG	Offene Handelsgesellschaft
OLG	Oberlandesgericht
OtN	Order to Negotiate
p. a.	pro anno (im Jahr)
PAngV	Preisangabenverordnung
PC	Personalcomputer
PDK	Persönlicher Dispositionskredit
PDR	Persönlicher Dispotitionsrahmen
PE	Personalentwicklung
PER	Price-Earnings-Ratio
PIN	Persönliche Identifikations-Nummer
p. m.	pro mense (im Monat)
POS	Point of Sale
PR	Personalrat
ProdHaftG	Produkthaftungsgesetz
ProdSG	Produktionssicherheitsgesetz
RA	Rechnungsabgrenzung
RabG	Rabattgesetz
rep.	repartiert
RG	Rechtsgeschäft
SBK	Schlußbilanzkonto
ScheckG	Scheckgesetz
SCHUFA	Schutzgemeinschaft für allgemeine Kreditsicherung

SLS	Schriftenlese-System
s. o.	siehe oben
StG	Stille Gesellschaft
StGB	Strafgesetzbuch
StPO	Strafprozeßordnung
s. u.	siehe unten
SWB	Sammelwertberichtigung
S.W.I.F.T.	Society for Worldwide Financial Telecommunication
SZR	Sonderziehungsrechte
TAN	Transaktions-Nummer
u. a.	unter anderem
U-Schatz	Unverzinsiche Schatzanweisung
UStG	Umsatzsteuergesetz
u. U.	unter Umständen
UWG	Gesetz gegen unlauteren Wettbewerb
V	Verkäufer
VE	Verrechnungseinheit
VerglO	Vergleichsordnung
VermBG	Vermögensbildungsgesetz
vgl.	vergleiche
VVaG	Versicherungsverein auf Gegenseitigkeit
WA	Warschauer Abkommen
WE	Willenserklärung
WEG	Wohnungseigentumsgesetz
WG	Wechselgesetz
WoPG	Wohnungsbau-Prämiengesetz
WZG	Warenzeichengesetz
ZASt	Zinsabschlagsteuer
z. B.	zum Beispiel
ZPO	Zivilprozeßordnung
ZSM	Zahlungssystem-Modul
ZV	Zwangsvollstreckung

0. Wirtschaftslehre

0.0 Grundlagen

0.0.0 Volkswirtschaftliche Grundbegriffe

Unter **„Wirtschaften"** versteht man die planmäßige Tätigkeit des Menschen zur Dekkung seines **Bedarfs** an **Gütern**. Der in die Gemeinschaft, einen sozialen Verband, den Staat eingeordnete einzelne kann seine **Bedürfnisse** nicht nach eigenem Belieben befriedigen, sondern er muß wirtschaften, **„haushalten"**. Der unmittelbare Weg zu vielen knappen Gütern ist ihm versperrt; es treten verschiedenartige **Betriebe** als Mittler ein, die das gewünschte Gut produzieren und verteilen. Um es zu erhalten, muß der einzelne eine Gegenleistung erbringen, die in **Geld** besteht. Dieses Geld erhält er dadurch, daß er seine Arbeitskraft den Betrieben als Mittel der Produktion, **Produktionsfaktor**, zur Verfügung stellt und damit an der Produktion des von ihm angestrebten Gutes letztlich mitwirkt.

Der Platz für den Umschlag von Gütern ist der **Markt**. Die **Nachfrage** der Kaufwilligen und das **Angebot** durch die Betriebe finden hier einen natürlichen Ausgleich auf der Grundlage des Prinzips der **Freiheit**.

An einer **Volkswirtschaft**, also der gesamten Wirtschaft eines Landes einschließlich aller einwirkenden Kräfte und Wechselbeziehungen, ist heute der **Staat** nicht unbeteiligt. Er kann den Wirtschaftspartnern Handlungsfreiheit belassen, sich jedoch das Recht zum Eingreifen vorbehalten. Solche Eingriffe finden ihre Berechtigung in der besonderen Aufgabe des Staates, **sozial** zu sein, d.h. schwächere oder hilflose Wirtschaftsteilnehmer zu schützen und ihnen zu helfen. Diese Aufgabe ermächtigt ihn zur Erhebung von Steuern, zur Beschränkung der wirtschaftlichen Freiheit, zur Kontrolle des Wirtschaftsgeschehens.

0.0.00 Wesen und Aufgaben der Wirtschaft

0.0.000 Der Wirtschaftskreislauf

- Der Wirtschaftskreislauf setzt sich zusammen aus dem Geld- und dem Güterkreislauf.

- Die Haushalte (Verbraucher) verdienen Geld durch Leistung von Arbeit (= Produktionsfaktor); sie verwenden es zum Erwerb von Konsumgütern.
- Die Unternehmen (Produzenten) veräußern Konsumgüter, die hieraus erzielten Erlöse werden zur Bezahlung der Produktionsfaktoren, insbesondere der Leistungen der Arbeitnehmer, verwandt.

0.0.001 Der Aufbau der Wirtschaft

Die Gesamtheit wirtschaftlicher Prozesse findet in und zwischen den verschiedenen Einzelwirtschaften = Betrieben statt.

Dabei kommt den Güterverteilungs- und den sonstigen Dienstleistungsbetrieben eine ständig wachsende Bedeutung zu; sie sind für einen reibungslosen Ablauf der Erstellung von Leistungen auf den einzelnen Stufen unentbehrlich.

Der dargestellte Wirtschaftsaufbau ist nicht zwangsläufig:

Kosumenten können selbst (Ur-)Produzenten sein (Bauern); die Be- oder Verarbeitung kann von den Urproduzenten übernommen werden (Erzgewinnung und Stahlproduktion) oder ganz fortfallen (Landwirtschaft). Die Güterverteilung wird zum Teil von den Produktionsunternehmen durchgeführt, desgleichen der Transport. Soweit überhaupt Transportunternehmen als selbständige Betriebe vorhanden sind, werden sie auf allen verschiedenen Stufen eingeschaltet.

0.0.002 Die Stellung der Kreditinstitute (KI)

Kreditinstitute übernehmen im Bereich des Geldkreislaufs

- die Durchführung von Zahlungen (nationaler und internationaler **Zahlungsverkehr**),
- die Entgegennahme von Geldkapital der Verbraucher, das nicht für den Konsum verwandt wird (**Passivgeschäft**),
- die Gewährung von Krediten aus diesen Mitteln zur Finanzierung der Produktion und des Konsums (**Aktivgeschäft**) sowie
- die Vermittlung von Wertpapierkäufen und -verkäufen und die Hilfe bei der Beschaffung von Fremd- oder Eigenkapital über Wertpapiere (**Effektengeschäft**).

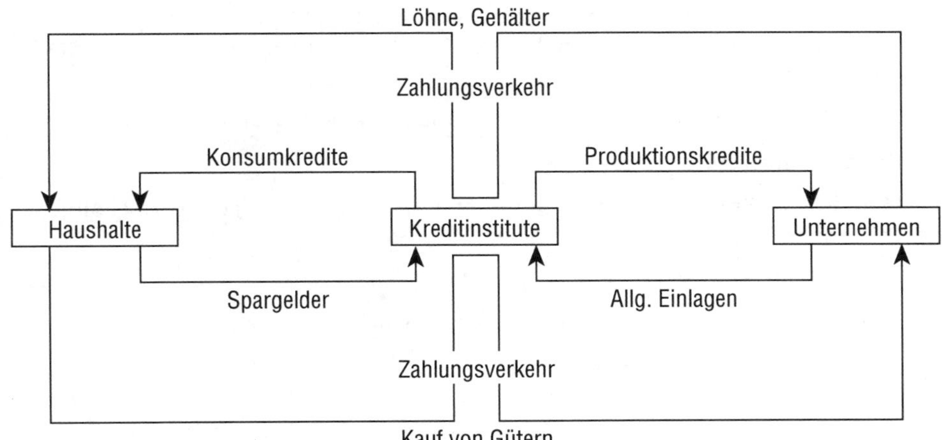

Aufgrund ihrer zentralen Stellung haben die KI besondere Aufgaben = Funktionen:

- **Zahlungsfunktion:** Durchführung des bargeldlosen Zahlungsverkehrs
- **Finanzierungsfunktion:** Kreditgewährung an Betriebe und Haushalte
- **Sammlungs(Ballungs-)funktion:** Sammlung kleinerer, sonst brachliegender Geldbeträge (Sparen), Ausleihen großer Beträge (Investitions-, Produktionskredite)
- **Vertrauensfunktion:** Den KI werden bedenkenlos Gelder anvertraut, da sie allgemein als sicher gelten; dieses Vertrauen müssen sie erhalten und fördern
- **Fristverlängerungsfunktion:** KI leihen Gelder zu längeren Fristen aus, als es ihnen überlassen wurde, und erweitern damit ihren Finanzierungsspielraum
- **Giralgeldschöpfungsfunktion:** Die Vergabe von Buchgeldkrediten durch KI führt zu einer Vermehrung des Buchgeldes, ohne das die Gesamtheit aller wirtschaftlichen Vorgänge sich nicht finanzieren ließe*).

0.0.003 Der Markt

Wesen: Auf dem Markt treffen sich Angebot an Gütern und Nachfrage nach Gütern. Diese beiden Faktoren bestimmen und verändern den Preis.

Bedeutung: Der Markt schafft einen Ausgleich zwischen Produktion und Konsum. Eine bestehende Nachfrage nach bestimmten Gütern führt dazu, daß diese Güter auch produziert und angeboten werden. Ein vorhandenes Güterangebot weckt (durch Werbung und/oder günstige Preise) die Nachfrage; sofern dies nicht gelingt, wird die Produktion dieses Gutes eingestellt, die Produktionsmittel kommen dann besser absetzbaren Produkten zugute.

Der Begriff „Güter" ist im weitesten Sinne zu verstehen, da z. B. auch ein Arbeitsmarkt mit Arbeitskräften als „Gütern" existiert.

Einen wesentlichen Einfluß auf das Marktgeschehen hat der **Wettbewerb (Konkurrenz)**. Da die Nachfrage zum besten Angebot geht, führt er zu niedrigen Preisen, besseren Produkten. Er fördert den technischen Fortschritt oder macht sich Erkenntnisse der Wissenschaften zunutze. Seine Existenz verhindert die Ausnutzung von Machtpositionen (Monopolen) bei den Gütern, nach denen stets Nachfrage besteht (lebensnotwendige Güter).

Folgende **Wissenschaften** sind für Markt und Marktwirtschaft besonders wichtig:

- Chemie, Physik, Biologie → Produktion
- Mathematik, Statistik, → Informatik rechnerische Erfassung der wirtschaftlichen Vorgänge
- Psychologie, Soziologie → Werbung, Marktpolitik
- Technologie → Nutzung, Entwicklung und Anwendung der Technik
- Rechtswissenschaft → Vertragsrecht

* siehe Kreditschöpfung

- Wirtschaftswissenschaften (Betriebswirtschaft, Volkswirtschaft) → grundlegende Erfassung der Wirtschaft als Ganzes und im einzelnen.

0.0.01 Wirtschaftssysteme

Aufgrund natürlicher Entwicklung oder der Umsetzung theoretischer Prinzipien sind verschiedene Systeme denkbar, denen die Gesamtwirtschaft untergeordnet sein kann. Geistige Grundlagen hierfür sind

- der **Liberalismus**
- der **Sozialismus**
- der **Kommunismus**.

In der Praxis stößt die Verwirklichung dieser Prinzipien jedoch meist auf erhebliche – z.T. unüberwindliche – Schwierigkeiten.

0.0.010 Freie Marktwirtschaft

Merkmale:

- freie Märkte, d.h. freie Preisbildung nach Angebot und Nachfrage; uneingeschränkter Wettbewerb; Fehlen staatlicher Eingriffe, keine Subventionen
- freies Unternehmertum, d.h. völlige Gewerbefreiheit
- Konsumfreiheit; das Einkommen des Konsumenten hängt von seiner Leistung und Marktposition ab
- garantiertes Privateigentum, keine Enteignungen/Verstaatlichungen
- Autonomie (= Selbstverwaltungsrecht) der Tarifpartner, d. h. Löhne/Gehälter werden von Arbeitnehmer und Arbeitgeber ausgehandelt und von Angebot und Nachfrage bestimmt / beeinflußt
- Aufgabe des Staates: Schutz der Freiheit der Wirtschaft, insbesondere gegenüber dem Ausland („Nachtwächterstaat"), im Innern jedoch so wenig Eingriffe wie möglich.

Grundlage: wirtschaftlicher **Liberalismus** (18. Jahrh., Adam Smith); Vorstellung vom Marktmechanismus (Harmonieargument): Wie sich auf dem Markt der gerechte Preis durch Angebot und Nachfrage entwickelt, so bewirkt auch der Mechanismus der gegenseitigen Abhängigkeit der Wirtschaftsfaktoren ein Gleichgewicht, eine innere Harmonie der Wirtschaft.

Bedeutung: In der Praxis zeigt sich (so im 19. Jahrh.), daß eine freie Wettbewerbswirtschaft zur Machtbildung führt (Monopole) und vom konstruktiven (= fördernden) zum destruktiven (= schädigenden) Wettbewerb übergehen kann. Sozial Schwächere werden ausgenutzt bzw. nicht beachtet, sind ungeschützt – der Stärkere setzt sich durch.

Anwendungsbereich: heute praktisch keiner, Marktwirtschaft (in der westlichen Welt weit verbreitet) hat stets soziale Züge (s.u.).

0.0.011 Zentralverwaltungswirtschaft

Merkmale:

- Staatliche Planung der Produktion, der Güterverteilung und des Konsums
- staatliche Festsetzung von Preisen/Löhnen bzw. ihrer Grenzen
- Markt-, Wettbewerbs-, Gewerbefreiheit fehlen teilweise oder völlig; evtl. Konsumzwang
- mögliche Verstaatlichung der Betriebe
- Prinzip der Bedarfsdeckung, nicht der Gewinnerzielung
- evtl. Überführung des Privateigentums in „Volkseigentum"
- evtl. Ausschaltung der Berufsfreiheit
- denkbares Endstadium: Abschaffung des Geldes und jeglicher privater Wirtschaftstätigkeit.

Grundlage: Theorie, daß zentrale Planung und Organisation zu besserer Sicherung der Bedarfsnutzung und effektiverer (wirksamerer) Ausnutzung der Produktionsfaktoren als der Marktmechanismus führen, daß seine Gefahren (Unsozialität, ruinöser Wettbewerb) ausgeschaltet und größere wirtschaftliche Gerechtigkeit erreicht werden. Leitidee: **Kommunismus** (Marx, Engels; ursprünglich weitgehend wirtschaftliches Modell).

Bedeutung: Planwirtschaft ist in verschiedensten Ausgestaltungen denkbar, je nachdem, wie weitgehend die Freiheit des Wirtschaftsgeschehens beschränkt wird. In den Staaten des früheren Ostblocks wurden relativ extreme Gestaltungsformen der Planwirtschaft praktiziert. Dabei zeigte sich, daß die Durchorganisation der Wirtschaft auf erhebliche Schwierigkeiten stößt:

- Planungsfehler
- dadurch Versorgungsengpässe der Zulieferindustrie
- dadurch Produktionsstörungen
- unzureichende Versorgung der Endverbraucher (Beispiel: Wartezeiten von 15 Jahren auf PKW in der ehemaligen DDR)
- verringerte Leistungsbereitschaft wegen fehlenden Eigeninteresses der Arbeitnehmer
- insgesamt unzureichende Produktivität.

Diese im Westen früh erkannten Mängel der Planwirtschaft wurden im Ostblock stets bestritten. Über staatliche Propaganda und Programme zur Aktivierung der Leistungskraft (z. B. Fünfjahresplan) wurde versucht, Defizite auszugleichen. Nach Ablösung der kommunistischen Diktaturen zeigte sich die Richtigkeit der Kritik an der Zentralverwaltungswirtschaft in einem auch im Westen nicht erwarteten Ausmaß. Es wird Jahrzehnte dauern, die dadurch entstandenen Nachteile und Schäden auszugleichen.

Konsequenz: Das Denkmodell der zentralen Planwirtschaft hat sich in der Praxis als nicht sinnvoll realisierbar erwiesen.

Anwendungsbereich: nur noch wenige sozialistisch/kommunistische Staaten (z. B. Rotchina, Kuba).

0.0.012 Soziale Marktwirtschaft

Merkmale:

- Beibehaltung des Prinzips der Freien Marktwirtschaft in folgenden Punkten:
  - freie Märkte, freier Wettbewerb; Gewerbe- und Konsumfreiheit
  - Tarifautonomie
  - Privateigentum, dessen Erhaltung und Schutz der Staat garantiert
  - Berufsfreiheit
- staatliche Eingriffe sind jedoch erlaubt, insbesondere aus im weitesten Sinne sozialen Gründen:
  - wenn die Belange einer Gruppe oder eines Wirtschaftsbereiches in Gefahr sind
  - zur Unterbindung destruktiven Wettbewerbs
  - wenn das (vor allem soziale) Interesse der Gemeinschaft es erfordert (Gerechtigkeitsprinzip; z. B. gerechte Vermögensverteilung, soziale Gleichheit)
  - um Geldwertstabilität, Wirtschaftswachstum, Vollbeschäftigung und außenwirtschaftliches Gleichgewicht zu sichern
- die Eingriffe des Staates sollen marktkonform sein, d. h. die Wirtschaft anregen, auftretende Gefahren und Probleme selbst zu beseitigen.

Grundlage: Elemente aus **Liberalismus** und **Sozialismus**. Prinzip der Wahrung der wirtschaftlichen Freiheit, da der Marktmechanismus grundsätzlich Selbstregulierung bewirkt; jedoch Abwehr aller im Inneren auftretenden Gefahren für die Freiheit (insbesondere durch schädigenden Wettbewerb). Außerdem hat der Staat eine gegenüber jedem Bürger gleiche soziale Verpflichtung, die durch marktwirtschaftliche Mechanismen nicht ersetzt werden kann.

Bedeutung: Die Aufgabe des Staates, unter Wahrung des Freiheitsprinzips sozial gerechtfertigte Marktbeeinflussung zu betreiben, dabei aber die Grenze zum Dirigismus (= staatliche Wirtschaftslenkung) nicht zu überschreiten, ist sehr schwierig. Eine verwirklichte Soziale Marktwirtschaft vermag jedoch die Nachteile der anderen Systeme weitgehend auszuschalten und die Hauptgrundsätze der Demokratie zu verwirklichen: Freiheit, Gleichheit, Gerechtigkeit.

Anwendungsbereich: Bundesrepublik Deutschland.

0.0.013 Entwicklung und Ausblick

Die Entwicklung zeigt, daß die Extreme – Freie Marktwirtschaft und Planwirtschaft – in der heutigen menschlichen Gesellschaft nicht positiv realisierbar sind. Eine Marktwirtschaft muß daher stets soziale Züge, eine Planwirtschaft freiheitliche Elemente enthalten. Die Soziale Marktwirtschaft der Bundesrepublik Deutschland zeigt jedoch einen Trend zu ständig wachsender Einflußnahme des Staates, der sich nicht mehr weitgehend neutral verhält, sondern in zunehmendem Maße Marktlenkung betreibt. Man spricht daher heute von einer **Globalsteuerung** der Wirtschaft der Bundesrepublik Deutschland.

0.0.02 Einzelne Begriffe und ihre Einordnung

a) **Wirtschaften** ist die planmäßige Tätigkeit des Menschen zur Deckung seines Bedarfs an Gütern. Diese sind knapp, müssen daher geschaffen und bereitgestellt werden: Wirtschaften als Berücksichtigen und Bewältigen der **Knappheit**.

b) **Güter:**

- **freie** Güter stehen unbeschränkt zur Verfügung (z. B. Luft, Wasser); sie können jedoch aufgrund der Wirtschaftsverhältnisse knapp werden (z. B. öffentliche Wasserversorgung)
- **knappe** (wirtschaftliche) Güter sind nur in beschränkten Umfang verfügbar und stellen daher den eigentlichen Gegenstand des Wirtschaftens dar:
  - **Konsumgüter** werden unmittelbar zum Verbrauch verwendet
  - **Produktions-(Investitions-)güter** dienen unmittelbar der Produktion, mittelbar der Bedarfsbefriedigung (z. B. Maschinen, Rohstoffe; Geld).
    Dabei kann es sich handeln um
  - **Sachgüter** (Lagerung möglich)
  - **Dienstleistungen** (keine Vorratshaltung; Bereitstellung und Verbrauch meist gleichzeitig).

c) **Bedürfnisse** stellen das menschliche Verlangen nach Gütern dar, gleich, ob diese gekauft werden können oder nicht, ob die Bedürfnisse des einzelnen also überhaupt wirtschaftlich interessant sind.

- **Elementar**bedürfnisse: lebensnotwendig (existenziell), z. B. Essen, Wohnen, Schlafen
- **Kultur**bedürfnisse: geistige Ansprüche, z. B. Theater, Kunst, Reisen
- **Luxus**bedürfnisse: nicht lebenswichtig, z. B. Schmuck, großes Auto.

Diese Bedürfnisse unterscheidet man nach

- **individuellen** B. (von Einzelpersonen empfunden, einzeln befriedigt)
- **kollektiven** B. (im Allgemeininteresse, dem Gemeinwohl dienend).

d) Der **Bedarf** umfaßt nur den Teil der Bedürfnisse, der wirtschaftlich interessant ist, d. h. mit dem vorhandenen Einkommen/Vermögen befriedigt werden kann. Auf dem Markt tritt der Bedarf als Nachfrage in Erscheinung.

e) **Produktionsfaktoren** sind die für die Produktion unentbehrlichen materiellen und immateriellen Güter.

- volkswirtschaftlich: **Arbeit** – **Natur** (Boden) – **Kapital** – **technisches Wissen** (in letzter Zeit bedeutsam geworden)
- **Information** als Produktionsfaktor nimmt eine immer größere Bedeutung ein. Die Verwendung der richtigen Information zur rechten Zeit sichert Wettbewerbsvorsprünge, bedeutet höhere Erträge (Geld-, Kapitalanlage), hilft Risiken vermeiden, bietet Marktchancen.
- betriebswirtschaftlich: **Arbeit** – **Betriebsmittel** (z. B. Gebäude, Maschinen, Werkzeuge) – **Werkstoffe** (Rohstoffe, Halbfertig- und Fertigprodukte).

f) Wirtschaftliche Entscheidungen werden bestimmt vom **Nutzen**, den der Verbrauch von Gütern für die Befriedigung von Bedürfnissen bringt. Je mehr Einheiten eines Gutes verbraucht werden, desto geringer ist ihr zusätzlicher Nutzen (= **Grenznutzen**). Ein Maximum an Bedürfnisbefriedigung wird erreicht, wenn der Grenznutzen bei jedem verbrauchten Gut gleich groß ist. Danach bestimmt sich die menschliche Entscheidung, welche Reihenfolge für die Befriedigung von Bedürfnissen zu wählen ist. (Sog. **Gossensche Gesetze**).

g) Der Einsatz der Mittel bei marktwirtschaftlicher Tätigkeit vollzieht sich nach dem **ökonomischen Prinzip**:

- **Maximalprinzip:** mit gegebenen Mitteln den größten Nutzen erzielen
- **Minimalprinzip** (Sparprinzip): ein gegebenes Ziel mit möglichst geringem Aufwand erreichen
- **Wirtschaftlichkeitsprinzip:** den Aufwand zu einem möglichst kleinen Teil des Nutzens machen
- hieraus entwickelt: Prinzip der **Gewinnmaximierung**; Ziel: Festsetzung der Absatzmenge, die größten Gewinn verspricht, unter Beachtung der Mehrkosten bei Mehrproduktion, bei gleichbleibendem oder verringertem Verkaufspreis.

h) Wirtschaftliches Handeln erreicht den größten Effekt durch **Arbeitsteilung:**

- **gesellschaftliche A.:** ursprünglich: unterschiedliche Aufgaben für Mann und Frau; heute: Existenz verschiedener Berufe (z. B. Produzent, Kaufmann)
- **innerberufliche A.:** Aufteilung eines Berufes (z. B. Bank-, Büro-, Industrie-, Großhandelskaufmann)
- **Arbeitszerlegung:** technische Aufgliederung eines Arbeitsganges (Fließband)
- **territoriale** (räumliche) **A.**: Spezialisierung einzelner Gebiete vor allem nach natürlichen Gegebenheiten (z. B. Ölförderländer – Industriestaaten; Kanada: Weizen, Chile: Kupfer, Island: Fischereiprodukte)
- **internationale A.:** Sonderfall der territorialen **A.**; behindert durch **Protektionismus** = Außenhandelspolitik, die den Schutz inländischer Branchen gegen ausländische Konkurrenz bezweckt.

Vorteile der Arbeitsteilung: bessere Ausnutzung der Arbeitskraft, Spezialisierung, Rationalisierung, international: Förderung der Zusammenarbeit. Nachteile: Sinken der Arbeitsleistung durch geringere Arbeitslust, höhere Streßbelastung; „Fachidiotie"; geringere Überschaubarkeit; international: gegenseitige Abhängigkeit, politischer Druck; entgegengesetzes Ziel: **Autarkie**.

0.0.1 Betriebswirtschaftliche Grundbegriffe

0.0.10 Der Betrieb als Einzelwirtschaft

Die Produktion (im weitesten Sinn, d. h. einschließlich der Güterverteilung und der Dienstleistungen) und der Konsum finden in Betrieben und Haushalten als **Einzelwirtschaften** innerhalb der Gesamtwirtschaft statt.

0.0.100 Aufgaben der Betriebe

Ziel der wirtschaftlichen Tätigkeit eines Betriebes ist die **Leistungserstellung**. Sie besteht

- in der Herstellung und Verteilung von **Sachgütern**
- in der Erbringung von **Dienstleistungen**.

Zu diesem Zweck werden die betrieblichen **Produktionsfaktoren** eingesetzt (Arbeit, Betriebsmittel, Werkstoffe).

Die betriebliche Tätigkeit gliedert sich in **Haupt- und Hilfsfunktionen**:

a) **Beschaffung:**

- Bedarfsermittlung: anhand von Lagerkarteien, Bestellbüchern, Absatzstatistiken, Marktberichten usw.; im Erzeugungsbetrieb: anhand eines Produktionsplans für Rohstoffe, Hilfs- und Betriebstoffe, Zubehör, Werkzeuge usw.
- Ermittlung der Bezugsquellen für die im Betrieb benötigten Materialien anhand von in die Lieferer- und Warenkartei übernommenen Informationen
- Abschluß der erforderlichen Kaufverträge unter Beachtung der Warenbeschaffenheit, des Preises (einschließlich eventueller Preisabzüge), der Verpackungskosten, der Lieferungs- und Zahlungsbedingungen sowie Allgemeiner Geschäftsbedingungen und sonstiger Abreden

b) **Leistungserstellung:**

- Erzeugungsbetrieb: Produktion; Tätigkeitsbereiche: Rohstoffgewinnung (Kohle, Erz, Erdöl usw.) – Herstellung von Grundstoffen (Stahl, Kunstfasern usw.) – Bearbeitung, Verarbeitung, Veredelung, Umwandlung von Grundstoffen zu Fertigerzeugnissen – Energieerzeugung – Errichtung von Bauten
- Handelsbetrieb: Lagerung in sachgemäßer, warengerechter und übersichtlicher Form; Vorbereitung des Verkaufs (Ausstellungsräume, Besuch von Messen, Märkten)

c) **Vertrieb (Absatz):**

- Vorbereitung durch Marktuntersuchung unter Einsatz der Wissenschaften
- marktgerechte Preiskalkulation

- Absatzpolitk, insbesondere das Betreiben kundenorientierter Werbung
- Abschluß von Verkaufsverträgen unter Beachtung der Wettbewerbsvorschriften
- Kundendienst

d) **Verwaltung:**

Einsatz von Arbeitskräften zur Vereinheitlichung, Organisation und Kontrolle der Beschaffung, Leistungserstellung und des Vertriebes als sog. Grundfunktionen des Betriebes in den Abteilungen Rechnungswesen – Korrespondenz (Schriftwechsel) – Registratur – Zahlungs- und Kreditverkehr – Personalwesen – Revision (innerbetriebliche Kontrolle).

e) **Leitung:**

Eigenverantwortliche Entscheidung der betrieblichen Grundfragen (Finanzierung und Investierung, Betriebsorganisation, Geschäftszweig, Risikotragung, Verhältnis zu den Arbeitnehmern) durch Einzelunternehmer, voll haftende Gesellschafter von Personengesellschaften, Vorstände/Geschäftsführer von Kapitalgesellschaften sowie Leitende Angestellte.

0.0.101 Betriebsarten

a) Nach Art der Leistung:

- **Sachleistungsbetriebe:** Rohstoffgewinnung – Herstellung von Produktionsmitteln – Herstellung von Konsumgütern
- **Dienstleistungsbetriebe:** Handel, Banken, Versicherungen, Transport, Nachrichtenübermittlung

b) nach der Größe:

Klein, Mittel-, Großbetriebe; multinationale Unternehmen (sog. Multis)

c) nach der Zielsetzung:

- **erwerbswirtschaftliche Betriebe:** Gewinnerzielungsabsicht
- **gemeinwirtschaftliche B.:** Ziel der Kostendeckung und der möglichst günstigen Versorgung der Verbraucher (meist unter staatlicher Kontrolle, z.T. in öffentlich-rechtlicher Rechtsform)
- **genossenschaftliche B.:** Ziel wirtschaftlicher Förderung der Mitglieder (Genossen) durch Kooperation (= Zusammenarbeit) und Solidarität (= Gemeinschaftssinn, Zusammenhalt)

0.0.102 Betrieb als Unternehmung

Unternehmungen = Betriebe in einer marktwirtschaftlichen Ordnung:

- privatrechtliche Rechtsform
- Einzelunternehmung oder Gesellschaft
- private Unternehmenseigner, im Unternehmen tätig (Unternehmer, Gesellschafter) oder als Kapitaleigner (Aktionäre, GmbH-Gesellschafter, Genossen)
- Möglichkeit der Gewinnerzielung – Risikotragung
- äußerliche Erkennbarkeit an der Firma (= der Name eines Vollkaufmanns).

0.0.11 Handels- und Industriebetriebe

0.0.110 Der Handel

Aufgaben:

- Verkauf an Einzelhändler, andere Großhändler, Weiterverarbeitungsbetriebe
- Überbrückung der Entfernung zwischen Hersteller und Verbraucher
- Überbrückung der Zeit zwischen Herstellung und Verbrauch durch Übernahme größerer Mengen, Lagerung und der Nachfrage angepaßten Absatz
- Verstärkung vorhandenen, Wecken neuen Bedarfs; Kundenberatung und -bedienung, Service.

Arten:

Sonderformen:

- Großhandel:
  Einkaufskontore zur Erzielung günstigerer Einkaufsbedingungen durch Großeinkauf

Cash-and-Carry-System: Selbstbedienung in Lägern von Großhändlern durch Einzelhändler und gewerbliche Verbraucher

- Einzelhandel:
  Einkaufsgenossenschaften für gemeinsamen Einkauf
  Konsumgenossenschaften: Finanzierung von Einzelhandelsunternehmen durch Verbraucher
  Selbstbedienungsläden, Supermärkte, Kaufhäuser, Einkaufszentren
  Versandhandel

- Kombination:
  Freiwillige Ketten: Zusammenschluß eines Großhändlers mit Einzelhändlern (z. B. Spar, Edeka)

Markt- und Börsenhandel:

- Märkte sind Orte, an denen Angebot und Nachfrage über anwesende Güter zusammentreffen. Sonderformen sind Versteigerungen, Messen, Ausstellungen.
- Börsen sind Märkte für vertretbare, allgemein bekannte Güter, die nicht ortsanwesend sind. Arten: Warenbörsen (z. B. Getreide, Baumwolle, Kaffee, Metalle) – Effektenbörsen (Aktien, Anleihen) – Devisenbörsen – Versicherungsbörsen (insb. für Transportversicherungen) – Frachtbörsen.

0.0.111 Die Industrie

Aufgaben: Be- und Verarbeitung, Umwandlung und Veredelung von Roh- und Grundstoffen zu unfertigen und fertigen Produkten.

Arten:

- Urerzeugung/Herstellung von Grundstoffen/von Produktionsgütern/von Investitionsgütern/von Konsumgütern/von Nahrungs- und Genußmitteln
- materialintensive Industrie (Materialkosten überwiegen)/arbeitsintensive I. (Lohnkosten überwiegen, z. B. Bergbau)/kapitalintensive I. (z. B. Schiffbau)
- rohstofforientierte I. (in Rohstoff-Nähe, z. B. Porzellanfabrik)/verkehrsorientierte I. (verkehrsgünstige Lage)/verbrauchsorientierte I. (insb. Nahrungsmittelindustrie)/ arbeitsorientierte I. (in Ballungszentren)

Merkmale:

- großer Kapitaleinsatz erforderlich
- umfangreiche Anlagegüter (z. B. Fabrikgrundstück, Maschinen)
- großes Marktrisiko, da meist kein direkter Verkauf an Verbraucher
- hohe Beschäftigungszahlen vom ungelernten Arbeiter bis zum Spezialisten
- weitgehende Arbeitsteilung, straffe Organisation, Rationalisierungen
- Bestreben, den Wettbewerb einzuschränken
- Probleme der Menschenführung, auf soziologischem (gesellschaftlichem) und sozialem Gebiet.

0.0.2 Rechtliche Grundbegriffe

0.0.20 Überblick

Das **Recht** ist die Summe aller Normen (Bestimmungen, Vorschriften) für die Organisation und friedliche Ordnung des gesellschaftlichen Lebens. Mittelpunkt des Rechts ist der **Mensch**. Das Recht ist weitgehend wertneutral, orientiert sich aber an den Leitgedanken Ordnung – Zweckmäßigkeit, Nützlichkeit – Rechtssicherheit – Vernunft.

Das Recht hat sich entwickelt aus Sitten, Gebräuchen, Gewohnheiten innerhalb natürlicher Sozialbeziehungen (Familie) und gesellschaftlicher Ordnungen (Religion, Gemeinschaft, Staat), die zunächst ungeschrieben waren, während heute nahezu die gesamte Rechtsordnung aus kodifizierten (geschriebenen) Rechtssätzen besteht.

Das Recht soll elastisch sein, d. h. sich den sich wandelnden Verhältnissen anpassen. Grenze hierfür ist die **Rechtssicherheit** einerseits, die **Gerechtigkeit** andererseits. Beide Grundsätze sollen das Vertrauen des Menschen in die Rechtsordnung festigen: Das Gerechtigkeitsprinzip als Orientierung an höheren Werten (Sittlichkeit, Moral, Ethik, Religion), die Rechtssicherheit als Schutz des einzelnen vor „Justizirrtümern" (durch Verjährung und den Grundsatz „in dubio pro reo" = im Zweifel für den Angeklagten) und vor zu weitgehender Abhängigkeit vom Urteil anderer (durch schematische Regelungen wie die Volljährigkeit, Formvorschriften u.a.).

Hauptgruppen des Rechts sind das **Privatrecht** und das **Öffentliche Recht**. Eine besondere Bedeutung kommt dem **Verfassungsrecht** zu, das im Grundgesetz (GG) niedergelegt ist und die tragenden Grundsätze für die gesamte Ordnung unseres Staates, des Rechts und der Wirtschaft enthält. Wichtigster Grundsatz ist die **Rechtsschutzgarantie** (Art. 19 Abs. IV GG), die jedem, der durch die öffentliche Gewalt in seinen Rechten verletzt ist, den Weg zu unabhängigen Gerichten eröffnet.

Die **Grundrechte** legen die wesentlichen Menschen- und Bürgerrechte fest, die jedem einzelnen unter Wahrung seiner Persönlichkeit und Menschenwürde freie Entfaltung ermöglichen.

Die Rechtsordnung ist das Grundgerüst jedes Staates. Sie ist in unterschiedlichen Formen denkbar. Das Grundgesetz hat den Weg der Freiheit und Gleichheit des einzelnen gewählt. Damit ist zumindest auch eine negativ abgrenzende Entscheidung über unser Wirtschaftssystem gefällt: Das Grundgesetz ermöglicht keine reine Zentralverwaltungswirtschaft. Da es sich zur Sozialstaatlichkeit bekennt, ist auch die Freie Marktwirtschaft ausgeschlossen. Demnach muß unsere Wirtschaftsordnung sich zwischen diesen Extremen bewegen. Sie tut dies zur Zeit in der Form der **Sozialen Marktwirtschaft**.

0.0.21 Einzelne Begriffe und ihre Einordnung

0.0.210 Grundlagen

a) **Aufbau des Rechts:**

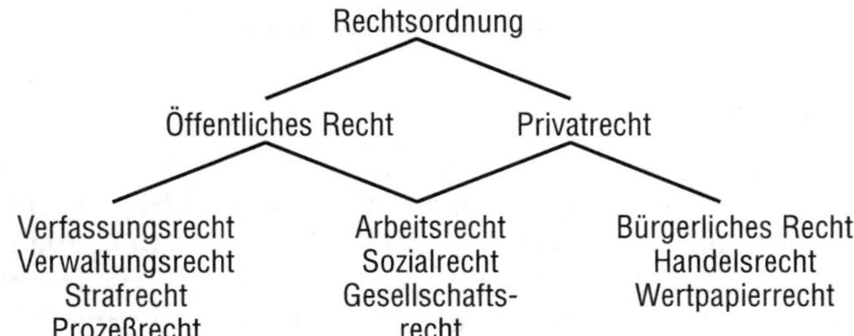

Öffentliches Recht:

- regelt die Beziehungen Staat – Bürger oder Staatsorgan – Staatsorgan
- nach dem Prinzip der Über- und Unterordnung
- Durchsetzbarkeit der Vorschriften mit Zwang (z. B. Polizei)
- dient in erster Linie dem Gemeinwohl

Privatrecht (Zivilrecht):

- regelt die Beziehungen Bürger – Bürger
- nach dem Prinzip der Gleichordnung
- der Staat wird als Schiedsrichter tätig, neutral
- dient zunächst dem Wohl jedes einzelnen und damit der Allgemeinheit.

b) **Rechtssätze**

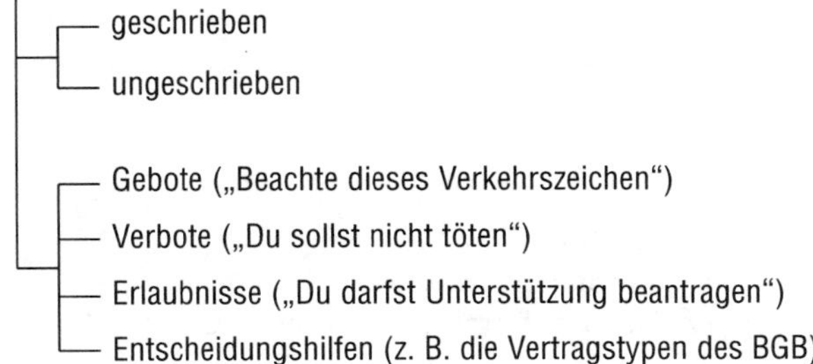

c) **Rechtsquellen:**

- Gesetz (von der Legislative = Gesetzgebung geschaffen)
- Rechtsverordnung (von der Verwaltung = Exekutive aufgrund gesetzlicher Ermächtigung erlassen)

- autonome Satzung (interne Regelungen öffentlicher Verbände, z. B. der Gemeinden, aufgrund staatlich anerkannter Befugnis)

0.0.211 Das Grundgesetz

Die Präambel (Einleitung) wurde im Zuge der Wiedervereinigung 1990 neugefaßt. Damit erlangte das Grundgesetz Geltung für das **gesamte** Deutsche Volk.

a) **Verfassungsgrundsätze:** Art. 20 GG

- **Demokratie:** Die staatliche Gewalt geht vom Volke aus; sie wird zwar grundsätzlich durch besondere Staatsorgane ausgeübt **(repräsentative** Demokratie), die jedoch aus allgemeinen, gleichen, freien und geheimen **Wahlen** hervorgehen müssen (Art. 38 GG); nur ausnahmsweise läßt das Grundgesetz Volksentscheide und -abstimmungen zu. Es gilt der **Mehrheitsgrundsatz**.
- **Rechtsstaatlichkeit:** Bindung der Legislativen an die Verfassung, der Exekutiven und der Rechtsprechung an Gesetze und an das Recht (Ziel: gerechte Entscheidungen). Die **Freiheitssphäre** des einzelnen wird garantiert.
- **Bundesstaatlichkeit:** Einteilung der Bundesrepublik Deutschland in Bund und Länder als eigenstaatliche und gleichberechtigte Gebilde (**Föderalismus**). Gegenseitige Mitwirkungsrechte und -pflichten; der Bund kann das Zusammenwirken erzwingen („Bundesrecht bricht Landesrecht"; Bundeszwang, Art. 31, 37 GG); die Länder müssen ihre Verfassungen an den Grundaussagen des Grundgesetzes ausrichten (**Homogenitätsgrundsatz**, Art. 28 GG).
- **Sozialstaatlichkeit:** Der Staat ist zur Herstellung und Erhaltung sozialer Gerechtigkeit verpflichtet; er muß dem sozial Schwächeren gleiche Chancen eröffnen. Gewährung des Existenzminimums, Minderung des Lebensrisikos (z. B. Sozialversicherung, Fürsorge), Ermöglichung eines angemessenen wirtschaftlichen und kulturellen Lebensniveaus.
- **Gewaltenteilung:** Verteilung der staatlichen Aufgaben auf Exekutive (ausführende Gewalt), Legislative (Gesetzgebung), Judikative (Rechtsprechung), die voneinander unabhängig sind, jedoch gegenseitiger Gewaltenhemmung und Kontrolle unterliegen.
- **Unabhängigkeit** der obigen Grundsätze (keine Verfassungsänderung des Art. 20 GG möglich, Art. 79).

b) **Grundrechte:**

Art. 1:	Schutz der Menschenwürde
Art. 2 I:	freie Entfaltung der Persönlichkeit
Art. 2 II:	Recht auf Leben, Freiheit der Person, körperliche Unversehrtheit
Art. 3 I:	Gleichheit vor dem Gesetz
Art. 3 II:	Gleichberechtigung von Mann und Frau
Art. 4:	Glaubens-, Gewissens-, Bekenntnisfreiheit
Art. 5:	freie Meinungsäußerung; Freiheit von Presse, Rundfunk, Kunst, Wissenschaft, Forschung, Lehre
Art. 8,9:	Versammlungs- und Vereinigungsfreiheit

Art. 10: Brief-, Post-, Fernmeldegeheimnis
Art. 11: Freizügigkeit (freie Wahl des Aufenthalts innerhalb der Bundesrepublik Deutschland)
Art. 12: Freiheit der Berufswahl und -ausübung
Art. 13: Unverletzlichkeit der Wohnung
Art. 17: Petitionsrecht (Bitten/Beschwerden an staatliche Stellen)

Neben den Grundrechten gibt es die **institutionellen Garantien**, d. h. die Gewährleistung bestimmter Einrichtungen durch den Staat:

Art. 6: Schutz von Ehe und Familie
Art. 7: Gewährleistung eines Schulwesens unter staatlicher Aufsicht
Art. 14: Garantie der Erhaltung von Eigentum und Erbrecht
Art. 16: Schutz gegen Ausbürgerung und Auslieferung, Asylrecht
Art. 19: Rechtsschutzgarantie
Art. 103: Schutz von Angeklagten (Anhörung, keine doppelte Bestrafung)

u.a.

Die vorstehenden Grundrechte und Garantien sind einschränkbar durch Gesetz oder aufgrund eines Gesetzes durch die Exekutive. Ausnahme: z. B. Art. 4 GG. Alle Grundrechte finden ihre Schranken jedoch in der gesamten Wertordnung des Grundgesetzes und den Grundrechten anderer. Ein Grundrecht darf aber keinesfalls in seinem Wesensgehalt angetastet werden.

0.0.212 Das Gerichtssystem

a) **Ordentliche Gerichtsbarkeit:** Entscheidung in Zivil- und Strafsachen. Merkmale: Bestimmung und Beeinflussung des Prozesses durch die Parteien; grundsätzlich öffentliche und mündliche Verhandlungen. Gegen ergangene Urteile der 1. Instanz kann einmal, unter Umständen zweimal Beschwerde erhoben werden = Berufung und Revision.

b) **Verfassungsgerichtsbarkeit:** Entscheidungen in Verfassungsstreitigkeiten durch Bundesverfassungsgericht und Landesverfassungsgerichte (Staatsgerichtshöfe); nur eine Instanz. Der Bürger hat die Möglichkeit, Entscheidungen durch **Verfassungsbeschwerde** herbeizuführen.

c) **Arbeitsgerichtsbarkeit:** Entscheidung in Streitigkeiten aus Arbeitsverhältnissen. Instanzen: Arbeitsgerichte – Landesarbeitsgerichte – Bundesarbeitsgericht.

Instanzen der ordentlichen Gerichtsbarkeit:

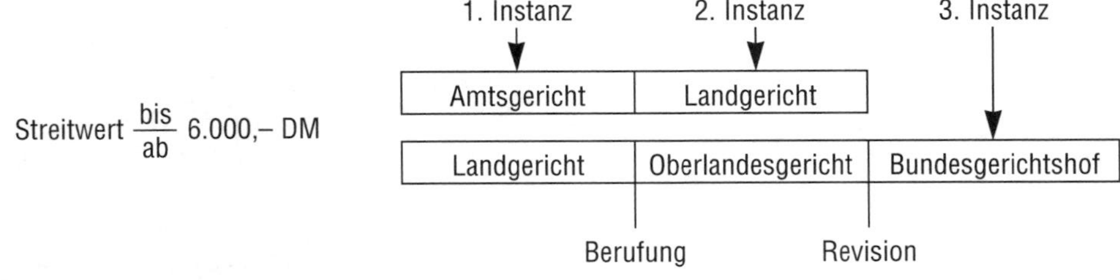

d) **Verwaltungsgerichtsbarkeit:** Entscheidung in Streitigkeiten über verwaltungsrechtliche Fragen (z. B. Anfechtung eines Bußgeldbescheides oder Klage auf Erlaß einer Baugenehmigung) mit dem Staat und seinen Organen. Instanzen: Verwaltungsgerichte – Landesverwaltungsgerichte/Verwaltungsgerichtshöfe – Bundesverwaltungsgericht.

e) **Sozialgerichtsbarkeit:** insbes. Entscheidung in Streitigkeiten über Sozial-, Arbeitslosenversicherung, Kriegsopferversorgung, Instanzen: Sozialgerichte – Landessozialgerichte – Bundessozialgericht.

f) **Finanzgerichtsbarkeit:** Rechtsschutz des Bürgers auf dem Gebiet des Steuerrechts. Instanzen: Finanzgerichte – Bundesfinanzhof.

Wichtig sind die Entscheidungen der Bundesgerichte, die sich grundsätzlich nur mit rechtlichen Fragen befassen und Grundentscheidungen fällen, die weitgehend verbindliche Auslegung der Gesetze und der Verfassung darstellen.

g) **Freiwillige Gerichtsbarkeit:** Rechtspflege von Amts wegen im Rahmen der ordentlichen Gerichtsbarkeit. Formen:

- Verwaltung von Vormundschafts-, Familien- und Nachlaßangelegenheiten
- Beurkundung von Erklärungen und Rechtsgeschäften, öffentliche Beglaubigung von Unterschriften
- Führung öffentlicher **Register**:
  - Vereinsregister
  - Handelsregister
  - Partnerschaftsregister
  - Grundbuch
  - Schiffsregister
  - Genossenschaftsregister
  - Güterrechtsregister.

0.1 Lehre vom Rechtsgeschäft

0.1.0 Grundbegriffe

0.1.00 Überblick

Grundlage für die Lehre vom Rechtsgeschäft als einem privatrechtlich bedeutsamen Rechtsakt ist in erster Linie das **Bürgerliche Gesetzbuch** (BGB), darüber hinaus das **Handelsgesetzbuch** (HGB) sowie einige Spezialgesetze. Das BGB regelt Fragen des Rechtsgeschäfts insbesondere in den ersten drei Büchern, dem Allgemeinen Teil, dem Recht der Schuldverhältnisse und dem Sachenrecht; im übrigen enthält es Vorschriften über das Familien- und Erbrecht.

Im Rahmen des Wirtschaftsgeschehens kommt den **Verträgen** als mehrseitigen Rechtsgeschäften besondere Bedeutung zu, da sie die typischen Rechtsbeziehungen zwischen Wirtschaftsteilnehmern darstellen. Wichtig ist dabei neben Miet-, Pacht-, Dienst- und Werkverträgen sowie Aufträgen und Darlehen besonders der **Kaufvertrag**.

Die gesetzlichen Regelungen beruhen auf dem Prinzip der **Vertragsfreiheit**, schließen sich also den verfassungsrechtlichen Grundentscheidungen sowie dem System der Marktwirtschaft an. Sie enthalten dementsprechend nur wenige zwingende Vorschriften, dienen den Parteien vielmehr in erster Linie als **Entscheidungshilfen**: d. h. sie bieten verschiedene Möglichkeiten für die Gestaltung von Rechtsbeziehungen und greifen oft nur ergänzend ein, wenn zwischen den Partnern von Verträgen nichts anders vereinbart wurde.

Im Gebiet der ehemaligen DDR war das BGB nach und nach außer Kraft gesetzt worden, da es in vielen Passagen den sozialistischen Vorstellungen widersprach. Mit der Wirtschafts- und Währungsunion ab 1.7.1990 und der Wiedervereinigung durch Beitritt der DDR zur Bundesrepublik zum 3.10.1990 wurde die Geltung des BGB und anderer zivilrechtlicher Gesetze grundsätzlich wiederhergestellt. Ausnahmen wurden in speziellen Vorschriften niedergelegt, so für das BGB im Art.230 des Einführungsgesetzes zum BGB (EGBGB). Einzelheiten siehe Abschnitt 0.1.5.

0.1.01 Rechtsgeschäftliche Grundbegriffe

0.1.010 Rechtssubjekte

Subjekte, d. h. Handelnde, können im Rahmen von Rechtsgeschäften grundsätzlich nur

- **natürliche Personen** oder
- **juristische Personen** sein.

Im Handels- und Gesellschaftsrecht sind die quasi-juristischen Personen (OHG, KG) und weitere Zusammenschlüsse von Personen, die rechtsgeschäftlich handeln können, zu berücksichtigen.

Juristische Personen sind Vereinigungen von Personen und/oder Vermögensmassen zu einem rechtlich selbständigen, von der Rechtsordnung anerkannten Gebilde, das somit rechtsfähig und durch seine Organe geschäftsfähig ist.

Juristische Personen sind von natürlichen Personen abgeleitete Hilfskonstruktionen des Rechts zur Vereinfachung des Rechtsverkehrs.

BEISPIEL:

Partner eines Vertrages mit einer Aktiengesellschaft ist nicht die Gesamtheit aller Aktionäre – deren Zahl in die Tausende gehen kann –, sondern allein die AG, vertreten durch ihren Vorstand.

Arten:

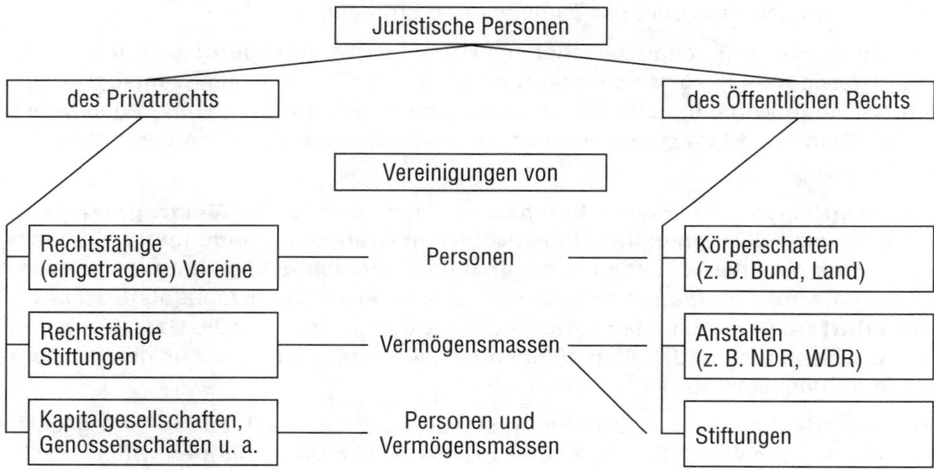

0.1.011 Rechts- und Geschäftsfähigkeit

Rechtsgeschäfte sind nur gültig, wenn sie von rechts- und geschäftsfähigen Personen getätigt werden.

Rechtsfähigkeit ist die Fähigkeit, Träger von Rechten und Pflichten zu sein.

Geschäftsfähigkeit ist die Fähigkeit, Rechtsgeschäfte rechtswirksam abzuschließen.

a) **Natürliche Personen:**

Ihre **Rechtsfähigkeit** beginnt mit der Geburt (ein Baby kann z. B. Eigentümer eines Grundstücks sein und daraus Pflichten haben, die von den Eltern wahrgenommen werden) und endet mit dem Tod (§ 1 BGB).

Die **Geschäftsfähigkeit** ist gestaffelt:

- **Geschäftsunfähigkeit** (§ 104 BGB):
  - Kinder bis zur Vollendung des 7. Lebensjahres
  - Personen mit krankhafter Störung der Geistestätitgkeit, wenn
    - dadurch die freie Willensbestimmung ausgeschlossen ist
    - der Zustand nicht nur vorübergehend ist.

  Wirkung: Willenserklärungen Geschäftsunfähiger sind **nichtig** (§ 105 BGB), Rechtsgeschäfte nur durch die gesetzlichen Vertreter möglich.

- **Beschränkte Geschäftsfähigkeit Minderjähriger** (§ 106 BGB):
  - Personen vom vollendeten 7. bis zum vollendeten 18. Lebensjahr.

  Wirkung: Willenserklärungen Minderjähriger bedürfen der Zustimmung der gesetzlichen Vertreter (vorherige Zustimmung = **Einwilligung**, nachträgliche Zustimmung = **Genehmigung**), § 107 BGB.

  Bis zur Genehmigung sind Rechtsgeschäfte **schwebend unwirksam** (nicht nichtig, da sie noch – durch Genehmigung – wirksam werden können), § 108 BGB. Der Vertragspartner kann den gesetzlichen Vertreter zur Erklärung über die Genehmigung auffordern, die dann binnen zwei Wochen erklärt werden muß – sonst gilt sie als verweigert (§ 108 II BGB).

  Ausnahmen: keine Zustimmung ist erforderlich für Rechtsgeschäfte
  - die dem Minderjährigen lediglich einen rechtlichen Vorteil bringen (z. B. Schenkung – nicht aber ein vorteilhafter Kaufvertrag), § 107
  - im Rahmen von Mitteln, die dem Minderjährigen zur freien Verfügung überlassen wurden, § 110 („Taschengeldparagraph") – jedoch nicht im Rahmen von Ratenverträgen
  - im Rahmen eines selbständig betriebenen Erwerbsgeschäftes, zu dem die gesetzlichen Vertreter mit Genehmigung des Vormundschaftsgerichts den Minderjährigen ermächtigt haben, § 112
  - im Rahmen eines mit Zustimmung der gesetzlichen Vertreter eingegangenen Dienst- oder Arbeitsverhältnisses, § 113.

  Ohne Ausnahme unwirksam sind einseitige Rechtsgeschäfte (s.u.), die der Minderjährige ohne Zustimmung eingeht (§ 111).

- **Volle Geschäftsfähigkeit:** alle Willenserklärungen sind grundsätzlich voll wirksam. Ausnahmen: Bewußtlosigkeit oder vorübergehende Störung der Geistestätigkeit, § 105II BGB; Folge: Nichtigkeit der Willenserklärung.

b) **Juristische Personen:**

Juristische Personen des Privatrechts erlangen Rechtsfähigkeit durch Eintragung in ein öffentliches Register bzw. durch staatliche Konzession (Stiftungen).

Juristische Personen des öffentlichen Rechts entstehen durch Gesetz und werden zu einem vom Gesetz bestimmten Zeitpunkt rechtsfähig.

Geschäftsfähigkeit erlangen juristische Personen durch die Einsetzung von Organen (z. B. Vorstand einer AG), die mit der gesetzlichen Vertretung beauftragt werden.

0.1.012 Rechtsobjekte

= Gegenstände von Rechtsgeschäften:

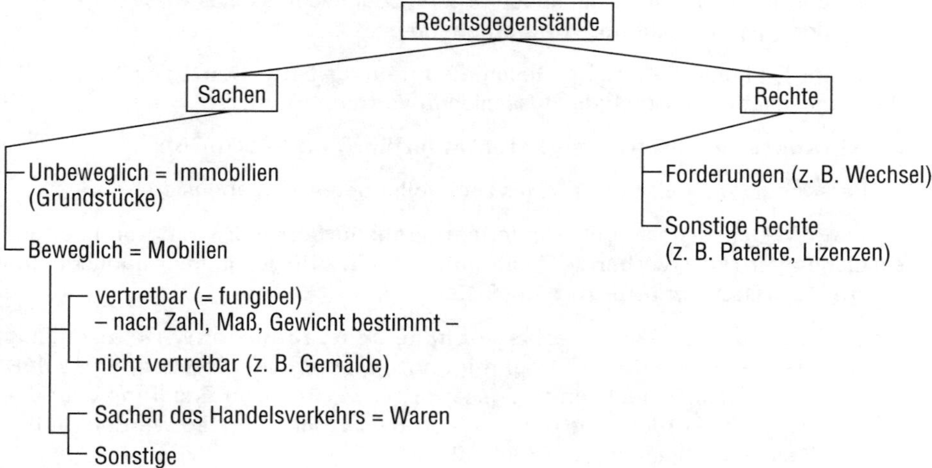

0.1.013 Willenserklärung – Rechtsgeschäft – Vertrag

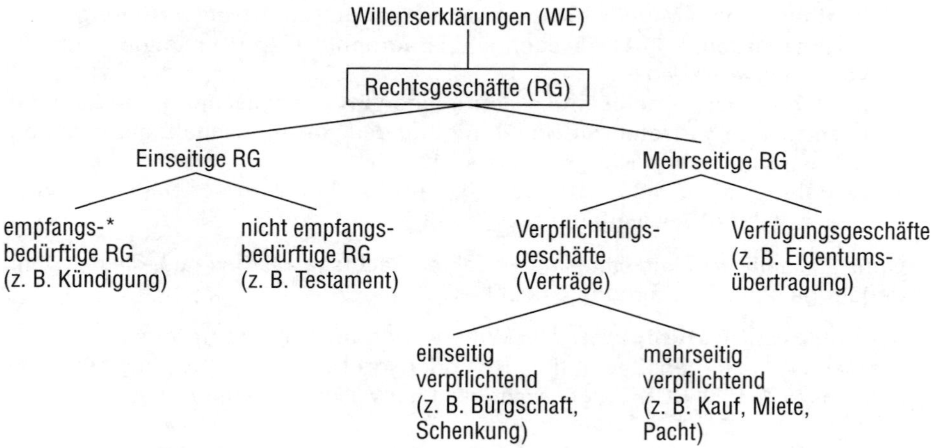

Rechtsgeschäfte kommen zustande durch Willenserklärungen.

Willenserklärung = Äußerung des menschlichen Willens, die auf ein rechtliches Ergebnis abzielt.

Rechtsgeschäft = das rechtliche Ergebnis einer oder mehrerer Willenserklärungen.

Vertrag = zwei- oder mehrseitiges Rechtsgeschäft; die Willenserklärungen müssen übereinstimmen.

* müssen zur Wirksamkeit dem Betroffenen bekannt werden

Willenserklärungen können abgegeben werden

- ausdrücklich **mündlich** oder **schriftlich**
- durch **schlüssiges** Handeln (konkludent; z. B. Hochheben des Arms bei einer Versteigerung, Wegnahme einer Zeitung am Kiosk)
- **stillschweigend:** nur ausnahmsweise; Beispiel: ein Angebot wird verspätet angenommen, dies stellt ein neues Angebot dar; Schweigen darauf gilt als Annahme.

0.1.014 Eigentum und Besitz

Besitz ist die tatsächliche Herrschaft (Verfügungsgewalt) über eine Sache; der Besitzer einer Sache **kann** mit ihr nach Belieben verfahren (§ 854 BGB).

Eigentum ist die rechtliche Herrschaft über eine Sache; der Eigentümer einer Sache **darf** mit ihr beliebig verfahren (§ 903 BGB).

a) **Besitzarten:**

- **unmittelbarer** Besitz: jemand übt die Sachherrschaft selbst, persönlich aus
- **mittelbarer** Besitz: jemand übt die Sachherrschaft nicht persönlich, sondern durch einen sogenannten Besitzmittler aus (§ 868 BGB):

mittelbarer Besitzer	Besitzmittler
Verleiher	Entleiher
Vermieter	Mieter
Verpächter	Pächter
Verpfänder	Pfandgläubiger
Hinterleger	Verwahrer
Eigentümer	Nießbraucher

- **Mitbesitz:** jemand übt den unmittelbaren oder mittelbaren Besitz mit einem anderen gemeinschaftlich aus: beide können – und dürfen – nur gemeinsam verfügen (§ 866 BGB) (z. B. von zwei Personen gemeinschaftlich gemietete Wohnung).

b) **Eigentumsarten:**

- **Alleineigentum:** die rechtliche Herrschaft über eine Sache steht einer Person allein zu
- **Miteigentum nach Bruchteilen:** mehrere Personen haben gemeinsam die rechtliche Herrschaft über eine Sache; diese wird gemeinschaftlich verwaltet, über sie kann nur gemeinschaftlich verfügt werden, während jeder Bruchteilseigentümer über seinen Anteil allein verfügen und jederzeit Aufhebung der Gemeinschaft verlangen kann (Beispiel: Gemeinschaftseigentum wie Treppenhaus, Garagen usw. in einer Eigentumswohnanlage) (§§ 1008, 741 ff. BGB)

- **Miteigentum zur gesamten Hand:** wie Bruchteilseigentum, doch kann kein Gesamthandseigentümer über seinen Anteil verfügen oder Teilung verlangen (Beispiel: Vermögen einer BGB-Gesellschaft, vgl. § 719 BGB).

0.1.02 Die Vertragsfreiheit und ihre Beschränkungen

0.1.020 Grundsatz

Im Privatrecht gilt das Prinzip der **Vertragsfreiheit**: jeder kann frei darüber entscheiden, ob, mit wem und mit welchem Inhalt sowie in welcher Form er Verträge schließen will (vgl. § 305 BGB). Grundlage ist das Grundrecht auf freie Entfaltung der Persönlichkeit (Art. 2 I GG). Man unterscheidet:

- **Abschlußfreiheit:** jeder, der einen Vertrag schließen will, kann sich seinen Partner frei aussuchen (Beispiel: ein Kaufmann lehnt ein Geschäft mit einem Kunden ohne Begründung ab: kein Vertrag!); die Möglichkeit der Willkür, sogar einer Diskriminierung toleriert das BGB.
- **Inhaltsfreiheit** (Gestaltungsfreiheit): Die Parteien können den Vertragsinhalt nach ihrem Belieben bestimmen. Sie sind nicht an die Vertragstypen des BGB gebunden (Ausnahme: Vorschriften des Sachenrechts, d. h. §§ 854-1296 BGB, z. B. Übereignung oder Pfandbestellung).
- **Formfreiheit:** Verträge können in beliebiger Form geschlossen werden.

0.1.021 Grenzen der Vertragsfreiheit

a) **Abschlußfreiheit:** zum Teil besteht die Verpflichtung zum Abschluß eines Vertrages (**Kontrahierungszwang**):

- bei Versorgungs- und Fürsorgeeinrichtungen: z. B. Personenbeförderung, Energieversorgung, Kfz.-Haftpflichtversicherung
- bei marktbeherrschenden Unternehmen oder Verbänden: keine Diskriminierung (Ausschluß ohne sachlichen Grund) anderer Unternehmen (§ 26 II GWB)
- bei vorsätzlicher sittenwidriger Schädigung; insbesondere bei lebenswichtigen Leistungen und Gütern, wenn der Unternehmer praktisch ein Monopol besitzt (Beispiel: der einzige Lebensmittelladen in einem entlegenen Stadtteil) (§§ 826, 249 BGB)

b) **Inhaltsfreiheit:** Verträge dürfen ihrem Inhalt nach nicht sittenwidrig sein oder gegen Gesetze verstoßen (§§ 134, 138 BGB, s. u.); manche gesetzlichen Pflichten der Vertragspartner sind unabdingbar (d. h. zwingend), z. B. die Fürsorgepflicht des Arbeitgebers für Arbeitnehmer.

c) **Formfreiheit:** die gesetzlichen Ausnahmen von Prinzip der Formfreiheit dienen dazu, bei besonderen Rechtsgeschäften

- die Beweisbarkeit zu erleichtern
- die Parteien auf besondere Risiken hinzuweisen

- aufgrund der rechtlichen Probleme bei einzelnen Rechtsgeschäften Fachleute, d. h. Juristen hinzuzuziehen.

Arten der Ausnahmen:

- **Schriftform** (§ 126 BGB): z. B. bei Mietverträgen über mehr als ein Jahr Vertragsdauer
- Schriftform + **öffentliche Beglaubigung** der Unterschrift(en) durch Notar (§ 129), z. B. Antrag auf Eintragung im Handelsregister
- Schriftform + **notarielle Beurkundung** des Inhalts (Gesetzmäßigkeit?) und der Unterschrift(en) (§ 128), z. B. Grundstückskaufvertrag.

d) **Generalisierung:** Die Tatsache, daß eine Vielzahl gleichartiger Verträge abgeschlossen wird, macht es für einzelne Unternehmen und ganze Branchen sinnvoll, **Allgemeine Geschäftsbedingungen** (AGB) zu erlassen. Dies sind Klauseln in Vertragsformularen (Rückseite!) oder gesonderten Druckschriften, die Fragen

- der Haftung
- der Gewährleistung
- des Erfüllungsortes und Gerichtsstands
- des Eigentumsvorbehalts
- generell der Rechte und Pflichten beider Vertragspartner

regeln. Dabei werden die entsprechenden gesetzlichen Vorschriften abgeändert, soweit sie abdingbar sind (Vertragsfreiheit!). Dies geschieht meist zugunsten desjenigen, der diese Bedingungen erläßt. Für den Schutz des Vertragspartners (soweit dieser kein Kaufmann ist) hat das AGB-Gesetz erhebliche Bedeutung (siehe Abschnitt 0.1.411).

Generalisierende Bedingungen in diesem Sinne sind auch die Einheitlichen Richtlinien und Gebräuche für Dokumenten-Inkassi und Dokumenten-Akkreditive sowie die Incoterms (siehe Auslandsgeschäft).

0.1.03 Nichtigkeit und Anfechtbarkeit von Willenser klärungen

0.1.030 Nichtigkeit

Willenserklärungen können **nichtig**, d. h. rechtlich unwirksam sein; Gründe:

- **Formmangel** = Verstoß gegen gesetzliche Formvorschrift (§ 125 BGB)
- **fehlende Geschäftsfähigkeit** (§ 105; s. o.)
- **Sittenwidrigkeit** = Verstoß gegen die guten Sitten (§ 138), z. B. Glücksspiel (vgl. § 762 BGB), mißbräuchliche Ausnutzung einer Macht- oder Monopolstellung, Wucher („auffälliges Mißverhältnis zwischen Leistung und Gegenlei-

stung", § 138, z. B. bei mehr als 20 % Zinsen p. a.; unterschiedliche Rechtsprechung)

- **Verstoß gegen Gesetz** (§ 134), z. B. Hehlerei
- **Scheingeschäft** (§ 117): die Parteien wollen den Inhalt des RG nur zum Schein, z. B. zwecks Täuschung des Finanzamtes
- **Scherzgeschäft** (§ 118): Inhalt des RG ist nicht ernstlich gewollt.

0.1.031 Anfechtbarkeit

Willenserklärungen können **anfechtbar** sein; damit bleiben sie jedoch solange gültig, bis der Anfechtungsberechtigte von seinem Recht Gebrauch macht. Wird angefochten, so ist das Rechtsgeschäft als von Anfang an nichtig anzusehen (§ 142).

Zweck: Das Ergebnis, das zur Anfechtung berechtigt, muß nicht immer für den Berechtigten nachteilig sein; ihm soll daher die Entscheidung überlassen bleiben, ob das RG gültig bleiben soll oder nicht.

Gründe für die Anfechtung:

- **Irrtum:** der Erklärende irrt sich über den Inhalt seiner Äußerung (Verwechslung, falscher Fachausdruck), über die Erklärungsform (Versprechen, Verschreiben, Vergreifen) oder über wesentliche Eigenschaften einer Person oder Sache (z. B. Alter, Echtheit), §§ 119-122 BGB
- **arglistige Täuschung** durch Handlung, u. U. auch durch Unterlassen (z. B. Verschweigen eines Unfallschadens beim Kauf eines Gebrauchtwagens), § 123 BGB
- **widerrechtliche Drohung**, § 123 BGB (beachte: eine Drohung kann rechtmäßig sein, z. B. die Drohung mit Anzeige, wenn der Dieb die gestohlende Sache nicht zurückgibt).

Die Anfechtungsfrist bei Irrtum und falscher Übermittlung beträgt 30 Jahre, bei Täuschung oder Drohung dagegen nur ein Jahr.

0.1.04 Vertretung und Vollmacht

0.1.040 Wesen und Arten

Vertretungsmacht ist das Recht zum Handeln in fremdem Namen, d. h. zur Abgabe von Willenserklärungen, die den Vertretenen rechtlich binden.

Arten der Vertretung:

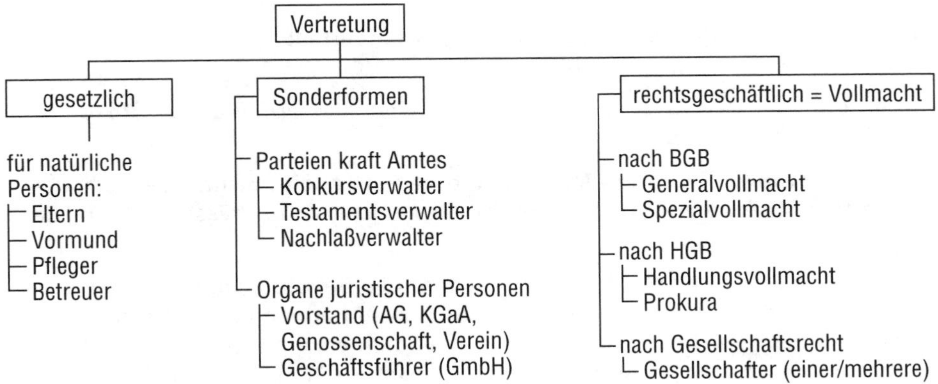

0.1.041 Gesetzliche Vertretung

Eltern üben ihre „elterliche Gewalt" über ihre Kinder aus (§ 1626 ff. BGB). Diese umfaßt

- die **Personensorge**: Erziehung, Beaufsichtigung, Bestimmung des Aufenthalts, Anwendung von Zuchtmitteln, Erteilung des Vornamens, Berufswahl, Abschluß von Lehr- und Arbeitsverträgen
- die **Vermögenssorge**: alle Maßnahmen, die darauf gerichtet sind, das Vermögen des Kindes zu erhalten, zu verwerten, zu vermehren.

Die elterliche Gewalt steht beiden Eltern gemeinsam zu.

Ein **Vormund** wird vom Vormundschaftsgericht für ein Kind bestellt, das nicht unter elterlicher Gewalt steht (z. B. Waisen) oder bei dem die elterliche Gewalt für das Kindeswohl nicht ausreicht (z. B. Halbwaisen), §§ 1773 ff. BGB. Der Vormund nimmt die elterlichen Pflichten wahr.

Ein **Pfleger** nimmt einzelne Angelegenheiten wahr, an denen Eltern oder Vormund verhindert sind (§§ 1909 ff. BGB).

Ein **Betreuer** wird für einen Volljährigen tätig, der aufgrund einer psychischen Krankheit oder einer körperlichen, geistigen oder seelischen Behinderung seine Angelegenheiten ganz oder teilweise nicht besorgen kann, und vertritt den Betreuten in seinem Aufgabenkreis gerichtlich und außergerichtlich (§§ 1896 ff. BGB).

Die Ausübung der gesetzlichen Vertretung wird durch den Staat überwacht (Art. 6 GG). Der Umfang der gesetzlichen Vertretung ist beschränkt (z. B. keine Kreditaufnahme auf den Namen des Kindes ohne Zustimmung des Vormundschaftsgerichtes), insbesondere auch die Verwendung des Kindesvermögens (vgl. § 1807 BGB; „mündelsichere" Anlagen).

0.1.042 Vollmacht

Vollmacht ist die durch einseitiges Rechtsgeschäft erteilte Vertretungsmacht zum Handeln in fremden Namen (§§ 164 ff. BGB).

Abgrenzung: der **Vertreter** gibt eine eigene Willenserklärung ab, der **Bote** übermittelt lediglich eine fremde WE.

Der Vertreter muß in **fremden Namen** auftreten; tut er dies nicht, ist er selbst Vertragspartner (**Offenkundigkeitsprinzip**). Daher ist der Kommissionär (s. u.) kein Vertreter.

Die **Generalvollmacht** (nach BGB) berechtigt den Bevollmächtigten zu allen gewöhnlichen und außergewöhnlichen Rechtsgeschäften, ist also außerordentlich umfangreich. Sie wird daher in der Praxis meist auf ein einziges oder einzelne RG beschränkt: **Spezialvollmacht** (z. B. A bittet B, für ihn Schuhe zur Reparatur zu bringen).

Die **Handlungsvollmacht** kann nur von Kaufleuten, die **Prokura** nur von Vollkaufleuten erteilt werden (s. u.).

0.1.1 Der Vertrag

0.1.10 Zustandekommen

Verträge sind zweiseitige (z. B. Kauf) oder mehrseitige (z. B. Gesellschaftsvertrag) Rechtsgeschäfte; in erster Linie handelt es sich dabei um **Verpflichtungsgeschäfte**, d.h. Rechtsgeschäfte, in denen eine oder alle Parteien sich zu bestimmten Leistungen verpflichten. Diese Leistungen werden in Form von **Erfüllungsgeschäften** erbracht (z. B. Eigentumsübertragung, Übergabe).

0.1.100 Vorverhandlungen

Vor Abschluß eines Vertrages müssen die Einzelheiten geklärt werden. Diese sind bei jedem Vertrag unterschiedlich. Im wesentlichen geht es darum, die **Leistungspflichten** der Parteien in ihrem Inhalt und der Form ihrer Erbringung **genau festzulegen**.

Dazu gehören:

- genaue Erfassung des fraglichen **Gegenstandes** (zu mietende Wohnung, zu kaufende Ware usw.), evtl. durch Besichtigung oder exakte Beschreibung
- Festlegung der Höhe und Art und Weise der **Zahlung** (in bar/durch Überweisung, Scheck; Anzahlung, Sofortzahlung, Raten usw.)
- Absprache über die für die Erfüllung wichtigen **Termine** (Liefer-, Zahlungstermin, Kündigungsfristen).

Bevor der Vertrag geschlossen wird, sollten alle Vorfragen geklärt und auf ihre Vereinbarkeit mit dem geltenden Recht geprüft sein. Wichtig ist es, alle Abreden und möglichst auch den Vertrag **schriftlich** oder in Gegenwart von Zeugen zu schließen.

Die Vorverhandlungen begründen bereits ein **Vertrauensverhältnis** zwischen den Parteien, dessen Verletzung zu **Schadensersatzansprüchen** führen kann. Beispiele:

- Kunde rutscht im Kaufhaus auf Bananenschale aus
- Verkäufer klärt Käufer eines Grundstücks nicht über bestehende Formvorschriften auf, so daß der Kaufvertrag nichtig ist
- A schließt trotz laufender Verhandlungen mit B einen Vertrag mit C ab, ohne B zu informieren.

Zu ersetzen ist der Schaden, der entstanden ist, weil der Berechtigte seinem Partner vertraut hat (**Vertrauensschaden**).

0.1.101 Vertragsschluß

Ein Vertrag kommt zustande durch mindestens zwei übereinstimmende Willenserklärungen.

a) 1. WE = **Antrag** (Angebot):

- ist bereits **bindend**, wenn rechtzeitig und ohne Abänderungen die Annahme erfolgt (§ 145 BGB)
- muß inhaltlich genau bestimmt sein, d. h. alle vertragswichtigen Punkte enthalten (Annahme sollte mit **„Ja"** möglich sein)
- muß an eine bestimmte Person oder erkennbaren Personenkreis gerichtet sein (anders: z. B. Katalog) und dem Empfänger zugehen
- muß auf Vertragsschluß gerichtet sein (**Bindungswille** des Antragenden ist erforderlich).

b) 2. WE = **Annahme**:

- muß unter Anwesenden (auch: Telefon!) **sofort**, unter Abwesenden innerhalb einer evtl. bestimmten Frist, sonst in angemessener Zeit erfolgen (Faustregel: 1 Tag zum Überlegen + Postlaufzeit), §§ 147, 148; der Antragende kann erwarten, daß dasselbe Nachrichtenmittel benutzt wird
- muß **unbedingt** und **ohne Abweichung** vom Antrag erfolgen
- kann ohne Erklärung erfolgen, wenn dies üblich ist (z. B. Bestellung eines Hotelzimmers).

Verspätete/abgeänderte Annahme = neuer Antrag!

	WE 1	WE 2
	Antrag	rechtzeitige, übereinstimmende Annahme
Antrag	verspätete Annahme = neuer Antrag (§ 150 I)	Bestätigung Schweigen
Antrag	abgeänderte Annahme = neuer Antrag (§ 150 II)	Bestätigung oder Erfüllung (= konkludente Willenserklärung)

Haben sich die Parteien nicht über alle (zumindest für eine Partei wichtigen) Punkte geeinigt, liegt noch kein Vertrag vor (offener Einigungsmangel = **Dissens**, § 154).

0.1.102 Unmöglichkeit

Vor oder nach Vertragsschluß kann Unmöglichkeit der Vertragserfüllung eintreten; Gründe:

- rechtliche Unmöglichkeit: die Rechtsordnung erkennt die Leistung nicht an (z. B. Verkauf eines Menschen)
- tatsächliche U.: die Leistung ist logisch unmöglich (z. B. gleichzeitiges Gastspiel eines Sängers in Bremen und Hamburg).

Arten der Unmöglichkeit: (vgl. §§ 275, 306, 279-283, 323-327 BGB)

- **anfängliche U.:** die Unmöglichkeit bestand bereits bei Vertragsschluß (z. B. A und B schließen einen Kaufvertrag über den Hund Harro ab – dieser ist bei Vertragsschluß jedoch schon tot)
- **nachträgliche U.:** die Unmöglichkeit tritt erst nach Vertragsschluß ein (z. B. Harro stirbt erst später)
- **objektive U.:** objektiv niemand kann die Leistung erbringen (Harro kann von niemandem mehr lebendig gemacht werden)
- **subjektive U.:** nur der Schuldner kann nicht leisten (z. B. Harro lebt, ist aber dem E von B gestohlen worden: nur E, nicht aber B, der Schuldner, kann das Eigentum an Harro auf A übertragen).

Bedeutung:

Bei der nachträglichen Unmöglichkeit ist entscheidend, ob es sich um eine Stückschuld, d. h. genau bestimmte Sachen, oder eine Gattungsschuld, d. h. Bezeichnung der Ware nur nach der Gattung, zu der sie gehört, handelt.

Art der Unmöglichkeit →	anfänglich		nachträglich	
Schuldner haftet ↓	objektiv	subjektiv	bei Stückschuld	bei Gattungsschuld
auch ohne Verschulden*		X		(X) Nachlieferung solange möglich
nur bei Verschulden*			X	
nur bei Kenntnis der Unmöglichkeit	X			
Vertrag gültig		X	X	X
Vertrag nichtig	X			

* Verschulden = Vorsatz oder Fahrlässigkeit

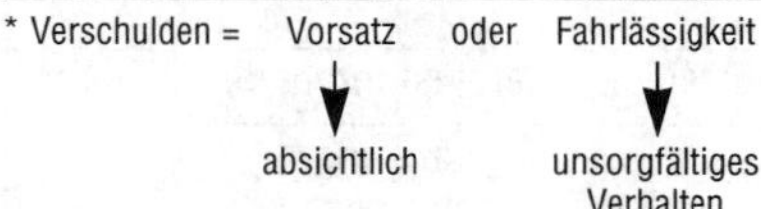

Sonderfall: **wirtschaftliche** Unmöglichkeit der Leistung, z. B. wegen Krieg, Inflation, Revolution; Folge: Anpassung des Vertrages, soweit möglich, sonst Auflösung durch Rücktritt/Kündigung.

0.1.103 Inhalt von Verträgen

a) **Hauptpflichten** = Verpflichtung zur Erbringung einer vertraglich bedeutsamen Leistung (z. B. Zahlung des Kaufpreises, Überlassung des Pachtgrundstücks).

b) **Nebenpflichten** = Verpflichtung zur Erfüllung untergeordneter Leistungen (z. B. Rückgabe der geliehenen Sachen, Ersatz der Aufwendungen eines Beauftragten).

c) **Sorgfaltspflichten** = Verpflichtung zu bestimmtem Verhalten (Tun oder Unterlassen), d. h. den Partner nicht unnötig zu schädigen; Verstoß führt zu Schadensersatzpflicht (Beispiel: Tierhändler verkauft ein krankes Tier, das die übrigen Tiere des Käufers ansteckt; diese verenden).

d) **Obliegenheiten** = Pflichten, deren Verletzung den Belasteten selbst beeinträchtigt (z. B. nicht rechtzeitige Rüge mangelhafter Ware führt zum Verlust der Gewährleistungsansprüche; Verlust des Versicherungsschutzes, wenn Kfz.-Unfall nicht sofort angezeigt wird).

0.1.11 Vertragsarten des BGB

Die in der nachfolgenden Übersicht dargestellten Vertragstypen sind Vorschläge des BGB an die Parteien, deren Regeln grundsätzlich erst eingreifen, wenn **nichts anderes vereinbart** wurde.

Außerdem kennt das BGB noch folgende Vertragstypen: Maklervertrag – Beratungsvertrag – Leibrente – Spiel, Wette – Vergleich – Schuldversprechen – Bürgschaftsvertrag – Gesellschaftsvertrag (BGB-Gesellschaft, §§ 705 ff.) sowie sachenrechtliche Verträge (Übereignung, Erbbaurecht, Dienstbarkeiten, Pfandrecht, Grundpfandrechte), familien- und erbrechtliche Verträge.

Besonderheiten einzelner Vertragstypen: (siehe Übersicht)

- Schenkungsversprechen bedarf notarieller Beurkundung; Formmangel wird aber geheilt, wenn Schenkung erfolgt; Schenkung ist zweiseitiges RG, da WE des Beschenkten erforderlich (anders Testament: wirksam allein durch WE des Erblassers, Annahme/Ausschlagung durch Erben betrifft nur die Erfüllung des Testaments)
- Begriff „Leihe“ wird in der Praxis oft falsch verwendet („Leihwagen“, „Leihbücherei“)
- im Mietrecht gelten besondere Mieterschutzvorschriften (hins. Kündigung, Mieterhöhungen usw.), die z. T. unabdingbar sind
- vorübergehende Überlassung von Rechten ist nur durch Pachtvertrag möglich, da bei ihnen gerade den Erträgen („Fruchtgenuß“) besondere Bedeutung zu-

Art	Wesen	Hinweise, Beispiele	§§ (BGB) ff
Kaufvertrag	entgeltliche Überlassung von Sachen oder Rechten	meist handelt es sich um Waren	433
Schenkung	unentgeltliche Zuwendung von Sachen oder Rechten	Bereicherung erforderlich; **kein** einseitiges RG	516
Leihvertrag	unentgeltliche Überlassung von Sachen zum Gebrauch	„Leihwagen" ist ein Mietwagen, da nicht unentgeltlich!	598
Mietvertrag	entgeltliche Überlassung von Sachen zum Gebrauch	z. B. Wohnung, Auto, Buch („Leihbücherei") usw.	535
Pachtvertrag	entgeltliche Überlassung von Sachen oder Rechten zum Gebrauch und Fruchtgenuß	z. B. Grundstück, Gaststätte, Lizenz = Nutzungsrecht eines Patents	581
Darlehen	entgeltliche oder unentgeltliche Überlassung von Geld oder anderen vertretbaren Sachen (zum Verbrauch)	Verpflichtung zur Rückgabe von Sachen gleicher Art, Menge, Güte – nicht derselben Sachen, da nicht mehr möglich	607
Dienstvertrag	entgeltliche Leistung von Diensten	gerichtet auf eine Tätigkeit, keine Erfolgsgarantie	611
Werkvertrag	entgeltliche Herstellung eines Werkes an einer Sache des Bestellers	gerichtet auf ein Ergebnis (Erfolgsgarantie); z. B. Autoreparatur	631
Werklieferungsvertrag	entgeltliche Herstellung eines Werkes an einer Sache des Unternehmers	Kombination von Kauf- und Werkvertrag, z. B. Schneider stellt Anzug für Kunden aus eigenem Stoff her	651
Reisevertrag	entgeltliche Erbringung einer Gesamtheit von Reiseleistungen	eingeführt durch Reisevertragsgesetz von 1979	651 a
Auftrag	unentgeltliche Besorgung eines übertragenen Geschäfts	z. B. Botengang für Freund	662
Geschäftsbesorgungsvertrag	entgeltliche Besorgung eines übertragenen Geschäfts	insb. Dienstleistungen der Kreditinstitute; Kombination aus Auftrag und Dienstvertrag	675
Verwahrvertrag	entgeltliche Verwahrung hinterlegter Sachen	kein Verwahrvertrag: Gaststättengarderobe	688

kommt; Beispiel: „Vermietung" einer Wohnung, die der Mieter untervermieten darf = Pachtvertrag!

- Beförderungsverträge sind Dienst- oder Werkverträge, je nachdem, ob es in erster Linie auf die Beförderung (Fahrt ins Blaue) oder den Erfolg (Erreichen des Zielortes) ankommt
- Operation = Dienstvertrag, da der Chirurg keine Erfolgsgarantie übernimmt
- Werkvertrag: Der Unternehmer ist verpflichtet zur Herstellung, bei Mängeln zur Neuherstellung oder Nachbesserung so lange, bis der Erfolg eintritt; der Besteller muß u. U. mitwirken (z. B. Anprobe beim Schneider), das Werk abnehmen;

bei Mängeln kann Besteller (nach Fristsetzung und Ablehnungsandrohung) wandeln, mindern, bei Verschulden Schadenersatz wegen Nichterfüllung fordern (vgl. hierzu Kaufvertrag)

- Darlehen: Zur Kündbarkeit siehe Abschnitt 1.3.01
- bei Dienst-, Werk-, Verwahrungsvertrag gilt eine Vergütung als stillschweigend vereinbart, wenn dies üblich ist für dieses Geschäft (§§ 612, 632, 689 BGB)
- Reisevertrag: 1979 geregelt; Veranstalter ist verpflichtet, die Reise so zu erbringen, daß sie die zugesicherten Eigenschaften hat und nicht mit Fehlern behaftet ist; der Reisende kann Abhilfe verlangen, evtl. selbst Abhilfe schaffen (z. B. Hotelwechsel), ggf. Schadensersatz verlangen oder den Reisepreis mindern
- Einbringung von Sachen bei Gastwirten: Haftungsregelungen nach §§ 701 ff. BGB.

0.1.2 Der Kaufvertrag

Der Kaufvertrag ist die bei weitem wichtigste Form rechtsgeschäftlichen Handelns der Wirtschaftsteilnehmer und daher gesetzlich sehr umfassend geregelt. Dabei werden **Privatpersonen** und **Kaufleute** teilweise unterschiedlich behandelt (beachte die Hinweise auf §§ des BGB oder des HGB).

Der Kaufvertrag selbst ist das **Verpflichtungsgeschäft**; die Erfüllung der einzelnen Pflichten geschieht durch die **Erfüllungsgeschäfte**, die ebenfalls Rechtsgeschäfte sind, da sie

- einen bestimmten Willen des Leistenden zum Ausdruck bringen (Willenserklärung) und
- ein rechtliches Ergebnis bezwecken bzw. erzielen (nämlich die Erfüllung).

Die Erfüllung der vertraglichen Pflichten geschieht nicht immer reibungslos; man spricht dann von **Erfüllungsstörungen**.

0.1.20 Das Verpflichtungsgeschäft

0.1.200 Zustandekommen

Ein Kaufvertrag kommt zustande durch zwei übereinstimmende Willenserklärungen (**Antrag und Annahme**, s. o. Abschnitt 0.1.101).

Im Handelsverkehr werden Vertragsverhandlungen meist durch Anfrage eingeleitet:

- sie ist **rechtlich unverbindlich**
- sie dient zur Ermittlung der Preise und Bedingungen des Lieferers, der zur Abgabe eines Angebotes aufgefordert wird
- sie ist formfrei.

Grundsätzlich kann die **Initiative** (Anregung) zum Vertragsschluß vom Käufer (K) oder Verkäufer (V) ausgehen:

a) Verkäuferinitiative:

Einleitung	WE 1	WE 2
	festes Angebot (V)	Bestellung (K)
freibleibendes (unverbindliches) Angebot (V)	Bestellung (K)	Schweigen (V, wenn er Kaufmann ist) oder Bestätigung/Lieferung
	Zusendung unbestellter Ware (V)	Bezahlung/Verwendung/ Bestätigung (K)

b) Käuferinitiative:

Einleitung	WE 1	WE 2
	Angebot (K)	Akzeptierung durch Bestätigung/ Lieferung (V)
Anfrage (K)	Angebot (V)	Annahme (K)
	Bestellung an Hand von Unterlagen (Katalog, Prospekt) (K)	Bestätigung/Lieferung (V)

Beachte:

Ein **„Katalogangebot"** ist kein Angebot (Antrag) im Rechtssinne, d.h. für den Anbietenden **nicht verbindlich**, da der rechtliche Bindungswille des Verkäufers fehlt. Denn sonst wäre das Versandhaus auf jede Bestellung hin (die dann WE 2 wäre) zur Vertragserfüllung verpflichtet, ohne Rücksicht darauf, ob die Lagerbestände hierzu ausreichen. Dasselbe gilt für ein **„Schaufensterangebot"**. Beide sind lediglich **Aufforderungen** des Verkäufers an den Käufer **zur Abgabe eines Angebots**.

0.1.201 Abstraktionsprinzip

Durch den Kaufvertrag gehen die Parteien **Verpflichtungen** ein (§ 433 BGB):

Verkäufer:

- Lieferung = Hauptpflicht
- Eigentumsübertragung = Hauptpflicht

Käufer:

- Zahlung des Kaufpreises = Hauptpflicht
- Annahme der Ware = Nebenpflicht

beide:

- vertragsmäßige Leistung = Nebenpflicht
- fristgerechte Erfüllung = Nebenpflicht

Durch die Lieferung wird der Käufer Besitzer, erhält also die tatsächliche Verfügungsgewalt über die Sache bzw. das Recht. Er muß aber auch verfügen **dürfen,** d. h. Eigentümer werden: durch gesonderte Eigentumsübertragung.

Die Zahlung entspricht der Lieferung. Eine besondere Eigentumsübertragung des Geldes erfolgt zwar meist konkludent, ist hier aber nicht nötig, da Geld im Zweifel dem gehört, der es besitzt.

Der Kaufvertrag ist das **Verpflichtungsgeschäft**; die in ihm enthaltenen Pflichten werden erfüllt durch die **Erfüllungsgeschäfte**.

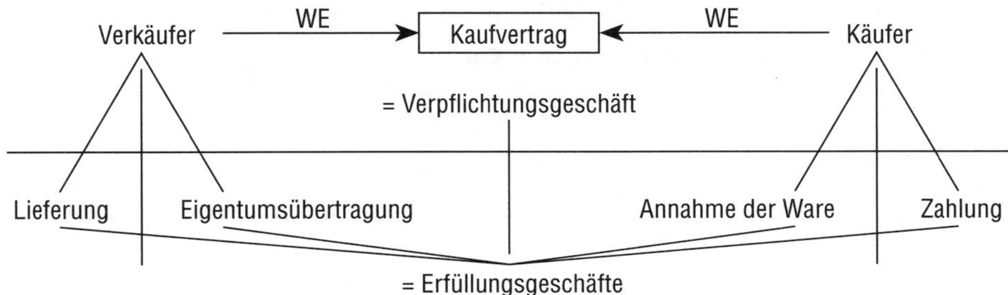

Das Verpflichtungsgeschäft und die Erfüllungsgeschäfte sind rechtlich voneinander **völlig unabhängig,** genauso die Erfüllungsgeschäfte im Verhältnis zueinander: Trennungs- oder **Abstraktionsprinzip.**

Das heißt z. B.:

- K wird Eigentümer der Ware erst mit Eigentumsübertragung – nicht durch Vertragsschluß oder Zahlung
- wenn der Kaufvertrag nichtig ist, können die Erfüllungsgeschäfte dennoch gültig sein.

BEISPIEL:

- Fall: Ein zehnjähriger Junge kauft ein Fahrrad und bekommt es übereignet, zahlt aber noch nicht.
- Rechtslage: Der Kaufvertrag ist wegen Minderjährigkeit schwebend unwirksam (Ausnahmen greifen nicht ein), bei Nichtgenehmigung der Eltern nichtig; der (rechtlich getrennte) Eigentumserwerb bringt dem Minderjährigen jedoch lediglich rechtlichen Vorteil, daher wirksam. Das Fahrrad muß rückübereignet werden! Da dies M allein nicht kann (rechtlicher Nachteil), müssen die Eltern zustimmen (vgl. §§ 106, 107 BGB).

0.1.21 Inhalt des Kaufvertrages

0.1.210 Ware und Preis

Angaben über Ware und Preis im Kaufvertrag sollen so exakt wie möglich sein, um spätere Unstimmigkeiten zu vermeiden.

a) Angaben über die **Ware**:

- Die **Art** der Ware ist durch den genauen Namen zu bezeichnen.
- Festlegung der **Beschaffenheit und Qualität**:
  vor Vertragsschluß: durch Besichtigung (Augenschein)/Muster, Proben/Abbildungen
  im Kaufvertrag:
  - Kauf entsprechend der vorherigen Kenntnisnahme
  - Angabe (soweit möglich) von Handelsklassen/Standards/Typen, Warenzeichen/ sonstiger Einzelheiten.
- Die **Menge** der Ware kann bezeichnet sein nach
  gesetzlichen Maßeinheiten: Liter, Gramm, Kilo, Zentner, Tonne usw.
  handelsüblichen Maßeinheiten: Dutzend, Gros (= 12 Dtz.), Schock (= 60 Stück), Sack, Kiste, Ballen, Waggon, Festmeter u.v.a.m.

b) Angaben zur **Verpackung** und ihren Kosten:

- **Verkaufsverpackung** (Dosen, Flaschen usw.) ist im Kaufpreis enthalten
- **Versandverpackung** (Kartons, Fässer, Kisten usw.) wird als **Tara** (= Verpackungsgewicht) bezeichnet und ist grundsätzlich vom Käufer zu zahlen; doch sind folgende Vereinbarungen möglich:
  - Reingewicht einschließlich Verpackung: Verpackung bleibt unberechnet, wird Eigentum des Käufers
  - Reingewicht ausschließlich Verpackung: gesonderte Berechnung der Verpackung, für die oft Rückgaberecht besteht (gegen Vergütung, sog. Leihverpackung)
  - Rohgewicht einschließlich Verpackung („brutto für netto"): Verpackungsgewicht wird wie Warengewicht behandelt.

c) **Preis**angaben:

- Angabe des Gesamtpreises, meist auch des **Preises pro Einheit**
- z. T. gesonderter Ausweis der Verpackungskosten (s. o.) und der Transportkosten (s. u.)
- u. U. Gewährung von **Preisabzügen** (Nachlässen):

  Rabatt ist eine Vergünstigung unabhängig vom Zeitpunkt der Zahlung aus besonderem Anlaß (Menge-, Treue-, Wiederverkaufs-, Personal-, Sonderrabatt)

  Barzahlungsrabatt ist eine Vergünstigung eines Einzelhändlers gegenüber Verbrauchern für sofortige Zahlung in Form von Bargeld oder in gleichartiger Weise (insb. Scheck, Überweisung), gewährt in bar oder Gutscheinen (Rabattmarken, Kassenzettel o. ä.), gesetzlich beschränkt auf 3 % (§ 2 RabattG)

Skonto ist ein Nachlaß für Zahlung innerhalb vereinbarter Frist (z. B. 2 % Skonto bei Zahlung innerhalb einer Woche)

Nicht hierher gehört der **Bonus**: nachträgliche, meist am Jahresende gewährte Vergünstigung, vom Umsatz abhängig.

EXKURS: Preiskalkulation (am Beispiel des Großhandels)

Der genaue und richtige Preis der Ware kann nur angegeben werden, wenn der Verkäufer vorher eine genaue Kalkulation (Preisberechnung) durchgeführt hat. Denn durch den Preis sollen **gedeckt** werden:

- der **Wareneinkauf** (Warenwert, Einkaufspreis)
- die **Bezugskosten** (Verpackung, Verladung und Transport, Versicherung, Zölle usw.)
- die **Handlungskosten** (= Geschäfts-, Gemeinkosten) (Personal, Mieten, Werbung, Abschreibungen – vgl. Kontenklasse 5 im Großhandel)
- der **Gewinn** (beinhaltet Unternehmerlohn, Verzinsung des eingesetzten Eigenkapitals, Prämie für das Unternehmerrisiko).

Zur Preisberechnung dient folgendes **Kalkulationsschema**: (ohne Umsatzsteuer)

	Listenpreis
./.	Rabatt
	Rechnungspreis (bei Ziel-Einkauf)
./.	Skonto (bei Sofortzahlung)
	Einkaufspreis
+	Bezugskosten
	Bezugspreis
+	Handlungskosten
	Selbstkostenpreis
+	Gewinn
	Barverkaufspreis
+	Kundenskonto
	Zielverkaufspreis
+	Rabatt
	Listenpreis

Da Handlungskosten, Gewinnaufschlag und Verkaufszuschläge (Rabatt, Skonto) = der **Rohgewinn** prozentual für jede Ware gleich ist, verwendet man **Formeln**, um die Spanne zwischen Bezugspreis und Verkaufspreis zu überbrücken:

$$\textbf{Kalkulationszuschlag} = \frac{\text{Rohgewinn x 100}}{\text{Bezugspreis}}$$

$$\textbf{Kalkulationsfaktor} = \frac{\text{Endgültiger Verkaufspreis}}{\text{Bezugspreis}}$$

Handelsspanne $= \frac{\text{Rohgewinn x 100}}{\text{Verkaufspreis}}$

d) **Freizeichnungsklauseln**

- Wesen: Formulierungen in Angebot oder Vertrag, die dem **Lieferer** dazu dienen, trotz Bindung des Käufers selbst noch weitgehend ungebunden zu bleiben, da der Vorrat begrenzt oder der Preis Schwankungen unterworfen ist.
- Arten:

Klausel	Menge	Preis
Solange der Vorrat reicht Liefermöglichkeit vorbehalten	unverbindlich	verbindlich
Preis freibleibend	verbindlich	unverbindlich
freibleibend unverbindlich ohne Obligo	unverbindlich	unverbindlich

0.1.211 Die Lieferung

a) **Lieferungsbedingungen**

Wesen: = Vereinbarungen über Verteilung der **Transportkosten**, zugleich über die Einzelheiten der Lieferung (Transportart, -weg usw.).

Wichtigste **Versandkosten**:

- Rollgeld für Anfuhr an Versandort, d. h. zum Hauptbeförderungsmittel (z. B. per Lkw zum Schiff oder Versandbahnhof)
- Verladekosten
- Fracht (= Kosten für Haupttransport)
- Entladekosten
- Rollgeld für Abfuhr am Bestimmungsort, d. h. vom Haupttransportmittel zum Käufer (z. B. Abholung durch Lkw am Flughafen)

Gesetzliche Kostenverteilung (§ 448 BGB):

Die Kosten

- der Versendung bis zum Erfüllungsort trägt V
- der Übergabe am Erfüllungsort trägt V
- des Transports vom Erfüllungsort zum Käufer trägt K
- des Messens, Wiegens
  bei Herausnahme aus dem Lager des Verkäufers trägt V
  bei Übergabe an Käufer zur Kontrolle trägt K
- der Abnahme (Untersuchung der Ware usw.) trägt K
- der Versendung an anderen als den Erfüllungsort trägt K

Vereinbarungen: Im Handelsverkehr haben sich zur Vereinfachung bestimmte **Lieferklauseln** herausgebildet, deren Bedeutung

- an dem jeweiligen Handelsplatz (z. B. Hafen)
- in dem betreffenden Land
- international (sog. Incoterms = International Commercial Terms)

bekannt ist.

Folgende Klauseln sind im **Inlandsverkehr** allgemein bekannt und üblich:

Kostenart / Klausel	Rollgeld bis Versandort	Verladung	Fracht	Entladung	Rollgeld vom Bestimmungsort
ab Werk ab Lager ab Fabrik	K	K	K	K	K
ab hier unfrei ab Bahnhof hier ab Hafen hier	V	K	K	K	K
frei Waggon frei Schiff	V	V	K	K	K
frachtfrei frei dort frei Bahnhof	V	V	V	K	K
frei Haus frei Lager	V	V	V	V	V

Besondere Klauseln:

- Frachtparität = Angabe des Ortes, bis zu dem, d. h. bis zu welcher Entfernung Verkäufer die Fracht trägt (im Umkreis seines Versandortes)
- Frachtbasis = Angabe des Ortes, von dem an Käufer die Fracht trägt (im Umkreis des Bestimmungsortes)

Lieferklauseln im Auslandsgeschäft: siehe Incoterms, Abschnitt 2.0.211.

b) **Lieferzeit**

- **gesetzliche** Regelung: Schuldner (Verkäufer) kann sofort liefern, Gläubiger (Käufer) Sofortlieferung verlangen (§ 271 BGB)
- **vertragliche** Vereinbarungen: Angabe
  - eines Termins
  - einer Frist, deren Ablauf kalendermäßig bestimmbar ist;

  hierbei kann im Zweifel der Gläubiger die Leistung nicht vorher verlangen, der Schuldner sie aber vorher bewirken (§ 271 II BGB).

  Besonderheit: **Fixkauf** (§§ 361 BGB, 376 HGB) = fest vereinbarter Liefertermin mit dem Zusatz „fix“, „fest“, „genau“ u. a.; Sinn: die Leistung wird für den Käufer nach Terminablauf sinnlos; Bedeutung: für Lieferungsverzug (siehe dort).

0.1.213 Die Zahlung

a) **Gesetzliche** Regelung: ohne Vereinbarung ist Zug um Zug, d. h. gegen Lieferung zu zahlen (§ 271 BGB).

b) **Zahlungsbedingungen:** mögliche Vereinbarungen sind:

Vorauszahlung: vor der Lieferung

- teilweise (Anzahlung)/vollständig
- bei Bestellung/Vertragsschluß
- bestimmte Frist nach Bestellung/Vertragsschluß
- bei teilweiser/vollständiger Fertigstellung

Zahlung bei Lieferung:

- bei Absendung der Ware
- bei Wareneingang („sofortige Kasse", „gegen Kasse", „netto Kasse")
- gegen Übergabe der Ware (Zahlung gegen Lieferung = Nachnahme)

Zahlung auf Ziel (offene Zielgewährung): vereinbarte Frist nach Lieferung

- gegen bar/Überweisung oder gegen (bei Warenerhalt akzeptierten) Wechsel
- oft verbunden mit Skontoklausel

Ratenzahlung (Teilzahlung), i. d. R. mit Eigentumsvorbehalt verbunden.

c) **Rechtzeitigkeit** der Zahlung: soweit nichts anderes vereinbart ist, reicht **rechtzeitige Absendung** des Geldes aus.

0.1.214 Sonstiges und Wertung

a) Sonstige Vereinbarungen betreffen **Erfüllungsort** (s. u.), **Gerichtsstand** (s. u.) sowie die **Allgemeinen Geschäftsbedingungen** (s. o.).

b) **Wertung:** Jeder der Vertragspartner wird sich bemühen, die Vertragsbedingungen zu seinem Vorteil zu gestalten. Je stärker seine wirtschaftliche Position als Verkäufer bzw. als Käufer ist, desto erfolgreicher ist dieses Bemühen. Die Position des Vertragsschließenden ergibt sich

- aus seiner grundsätzlichen Situation (z. B. Schwäche der Verbraucher, der Einzelhändler gegenüber Großunternehmen, der Entwicklungsländer gegenüber Industrienationen, Rohstoffabhängigkeit der Industrienationen)
- aus der jeweiligen Wirtschaftslage des Unternehmens/der Branche/der Gesamtwirtschaft (z. B. schlechte Auftragslage eines Industrieunternehmens, Konkurrenzsituation).

Vertragsinhalt	für Verkäufer:	günstig	etwa gleich	ungünstig
	für Käufer:	ungünstig		günstig
Zahlung		Anzahlung Vorauszahlung	Zahlung auf Ziel; Ratenzahlung (wegen der Zinsen)	Zahlungsziel
Lieferzeit		Lieferfrist		Sofortlieferung
Transportkosten		ab Werk ab hier frei Waggon	Frachtparität Frachtbasis	frachtfrei frei Haus
Gefahrtragung		beim Käufer	Übergang in der Mitte	beim Verkäufer

0.1.215 Besondere Kaufvertragsarten

a) nach der Ware und ihren Eigenschaften:

- **Stückkauf** = Kauf eines oder mehrerer bestimmter Stücke (z. B. bestimmtes Gemälde, Gebrauchtwagen), die i. d. R. nicht vertretbar sind
- **Gattungskauf** = Kauf einer nur der Gattung nach bestimmten Sache, die meist vertretbar ist (z. B. 1 Zentner Zucker Qualität I), aber auch nicht vertretbar sein kann (Kauf irgendeines Gemäldes von Picasso bis 100 000,– DM); wichtig: Verkäufer hat innerhalb der Gattung eine Sache **mittlerer Art und Güte** zu liefern (§§ 243 BGB, 360 HGB)
- **Spezifikationskauf** (Bestimmungskauf) = Kauf von Waren nach der Gattung, meist in bestimmter Menge zu einem Grundpreis; Recht des Käufers, Form, Maß, Ausstattung usw. der Ware näher zu bestimmen = zu spezifizieren (z. B. Kauf eines Pkw, dessen Farbe und „Extras“ der Käufer später bestimmen darf); für die Spezifikation ist eine Frist gesetzt; § 375 HGB
- **Kauf nach Probe:** V sendet Muster (Probe), K bestellt gemäß dem Muster; nimmt V an, sichert er zu, daß die Ware dieselben Eigenschaften hat wie die Probe (§ 494 BGB)
- **Kauf zur Probe:** Kauf einer kleinen Menge; K stellt größeren Vertrag in Aussicht (keine Verpflichtung des Käufers, oft aber „Option“, d. h. Recht auf Bezug größerer Menge, die V innerhalb bestimmter Frist bereithalten muß)
- **Kauf auf Probe** (auf Besicht): Kauf „zur Ansicht“ mit Rückgaberecht innerhalb vereinbarter/angemessener Frist (§§ 495, 496 BGB)
- **„gekauft wie besehen“** (Kauf nach Besicht): Besichtigung der Ware vor Vertragsschluß, Lieferung ohne weitere Veränderungen durch V; K hat keine Gewährleistungsansprüche für Mängel, die erkennbar waren (z. B. Gebrauchtwagen)
- **Bausch- und Bogen-Kauf** („tel quel“): Kauf einer Ware so, wie sie ausfällt, zu Pauschalpreis; V hat einwandfreie Ware beliebiger Qualität zu liefern; ist oft ein Risikokauf: Erwerb einer Ernte oder eines Fischzuges usw. vor Feststellen des Umfangs und der Qualität

- **Ramschkauf:** Kauf von Restbeständen (auslaufende Warenposten), Konkursmassen usw.

b) nach den Parteien:

- **Bürgerlicher Kauf:** Partner sind zwei Personen, für die der Kauf nicht Handelsgeschäft ist, die den Vertrag also nicht im Rahmen eines Handelsgewerbes schließen (also Privatpersonen oder Kaufleute, die privat tätig werden); es gelten die BGB-Vorschriften (§§ 433-514); Beispiel: Kaufmann A verkauft seinen Privatwagen an Rentner B
- **Handelskauf:**
  einseitig, d. h., ein Kaufmann im Rahmen seines Handelsgewerbes und eine Person, für die der Kauf kein Handelsgeschäft ist (z. B. Hausfrau C kauft von Händler D einen Wagen)
  zweiseitig, d. h., zwei Kaufleute werden im Rahmen ihres Handelsgewerbes tätig (z. B. Großhändler E liefert Waren an Supermarkt F);
  es gelten die HGB-Vorschriften über den Kauf (§§ 343, 373-382).

c) nach der Lieferzeit:

- **Tageskauf:** Lieferung erfolgt sofort, d. h. unverzüglich nach Vertragsschluß
- **Terminkauf:** Lieferung zu vereinbartem Termin/innerhalb bestimmter Frist
- **Fixkauf:** Terminkauf mit Zusatz „fix" usw.; von besonderer rechtlicher Bedeutung, da keinerlei Terminüberschreitung hingenommen werden muß
- **Andienungskauf:** Lieferzeitpunkt hängt vom Verkäufer ab, dieser „dient" dem Käufer die Ware (im Außenhandel: die Warendokumente) an
- **Kauf auf Abruf:** Liefertermin wird vom Käufer bestimmt, i. d. R. je nach Bedarf (z. B. Bierversorgung einer Gaststätte); oft verbunden mit **Teillieferungskauf**, d. h. Lieferung von Teilmengen innerhalb eines Vertrages mit fester Gesamtmenge oder eines Dauerschuldverhältnisses (sog. Sukzessivlieferungsvertrag: die Lieferung erfolgt „sukzessiv" = nach und nach).

d) nach der Zahlungszeit:

- **Vorauszahlungskauf**
- **Barkauf:** Zahlung Zug um Zug gegen Lieferung
- **Zielkauf:** V gewährt K ein Zahlungsziel (=Kredit)
- **Ratenkauf**

Oft werden hier mehrere Formen kombiniert; Beispiel (insbesondere im Außenhandel):

- 10 % Anzahlung
- 10 % Zahlung bei Lieferung
- 80 % in acht Raten.

0.1.22 Erfüllung des Kaufvertrages

Erfüllung ist das Bewirken der geschuldeten Leistung (§ 362 BGB). Diese kann bestehen:

- in einer Leistungshandlung (z. B. Pflicht des Anwalts zur Prozeßführung, des Arbeitnehmers zur Dienstleistung)
- in einem Leistungserfolg (z. B. Pflicht zur Übereignung der Ware: erfüllt erst mit Eigentumserwerb des Käufers).

Grundsätzlich ist genau die vertraglich vereinbarte Leistung zu erbringen. Ausnahmen sind in folgenden Fällen möglich (die grundsätzlich nur die Zahlung betreffen):

- Leistung **an Erfüllungs Statt** (§ 364 I BGB): z. B. der Gläubiger akzeptiert statt Barzahlung eine Überweisung. Folge: das alte Schuldverhältnis erlischt, es entsteht ein neuer Anspruch des Gläubigers gegen seine Bank auf Auszahlung des Gutschriftsbetrages.
- Leistung **erfüllungshalber** (§ 364 II BGB): der Schuldner geht gegenüber dem Gläubiger eine neue Verbindlichkeit ein (z. B. Ausstellung eines Schecks, Akzeptierung eines Wechsels). Folge: neben dem neuen bleibt im Zweifel auch das alte Schuldverhältnis (z. B. aus Kaufvertrag) bestehen, beide Verbindlichkeiten erlöschen, wenn die neue Schuld beglichen wird (z. B. durch Einlösung des Wechsels/Schecks).

Im Rahmen eines Kaufvertrages haben beide Parteien **am rechten Ort, zur rechten Zeit** und **in der richtigen Art und Weise**, vor allem aber **vertragsgemäß** zu leisten. Was das heißt, ergibt sich in erster Linie aus dem Inhalt des Vertrages (s. o.), daneben aus den meist disponiblen (abänderbaren) gesetzlichen Vorschriften. Von besonderer Bedeutung sind dabei der **Erfüllungsort** und die **Eigentumsübertragung**.

0.1.220 Erfüllungsort (= Leistungsort)

= der Ort, an dem der Schuldner die Leistung zu erbringen hat:
– V schuldet die Lieferung, K schuldet die Zahlung –

Zu unterscheiden sind:

- der Ort, an dem der Schuldner die Leistungs**handlung** zu erbringen hat = eigentlicher Erfüllungsort (z. B. Absendung des Geldes)
- der Ort, an dem der geschuldete Leistungs**erfolg** eintritt (z. B. Empfang des Geldes durch den Gläubiger).

Folgende Pflichten können Schuldner und Gläubiger treffen:

- **Holschulden:** Erfüllungs- und Erfolgsort liegt beim Schuldner, d. h. der Gläubiger muß die Leistung abholen
- **Bringschulden:** Erfüllungs- und Erfolgsort liegt beim Gläubiger, d. h. der Schuldner muß die Leistung bringen

- **Schickschulden:** Erfüllungsort liegt beim Schuldner, Erfolgsort beim Gläubiger, d.h. der Schuldner muß die Leistung absenden, diese muß beim Gläubiger eintreffen.

Arten von Erfüllungsorten (die in dieser Reihenfolge gelten!):

a) **vertraglicher** Erfüllungsort: ergibt sich aus der Vereinbarung der Parteien; oft in AGB enthalten;

b) **natürlicher** Erfüllungsort: ergibt sich aus den Umständen bzw. der Natur des Rechtsgeschäfts (Beispiele: Versandhäuser haben Waren den Kunden i. d. R. zu bringen, desgleichen Kaufhäuser u. a. bei größeren Objekten wie Möbeln);

c) **gesetzlicher** Erfüllungsort: findet Anwendung, wenn nichts anderes vereinbart wurde und kein natürlicher Erfüllungsort feststellbar ist.

Gesetzlicher Erfüllungsort ist **grundsätzlich** der Ort des **Schuldners** (§ 269 BGB), d. h. **Lieferort** = Ort des **Verkäufers** (**Holschuld**).

Für den **Zahlungsort** gilt etwas anderes (§ 270 BGB): **Geld** hat der Schuldner im Zweifel auf seine Gefahr und Kosten dem **Gläubiger** an dessen Wohnsitz zu **übermitteln (Schickschuld)**. Folge: Für die **Zahlung** ist der **Erfüllungsort** (= Ort der Leistungs**handlung**) zwar noch beim **Schuldner** (dort ist daher der **Gerichtsstand**), der **Erfolgsort** aber beim Gläubiger.

Merksatz: Warenschulden sind Holschulden
Geldschulden sind Schickschulden.

Bedeutung des Erfüllungsortes:

= der Ort, an dem der Schuldner von seiner Leistungspflicht frei wird, bis zu dem seine Leistung aber gebracht werden muß (**Dispositions- = Sorgepflicht**)

= Ort des **Gefahrenübergangs**; Gefahren: unverschuldete Zerstörung/Verlust/ Beschädigung der Ware (bzw. des Geldes). Beachte: bei **schuldhaft** verursachtem Schaden haftet immer der Schuldige! Ist eine Versicherung abzuschließen, so kommt für die Kosten grundsätzlich der Gefahrtragende auf.

= Ort des **Kostenübergangs**, d. h. des Übergangs der Kosten für die Lieferung vom Schuldner auf den Gläubiger

= Ort des Gerichtes (**Gerichtsstand**), das im Streitfall anzurufen ist.

Beachte: **Vertragliche** Vereinbarungen des Erfüllungsortes sind nur zwischen **Vollkaufleuten** möglich, im übrigen nichtig (§ 29 II ZPO)!

BEISPIELE:

	Übergang Sorgepfl.	Gefahren-übergang	Kosten-übergang	Gerichts-stand	
1. für **Lieferung** der Ware:					
Vertrag zwischen Kaufleuten: „Erfüllungsort beim Verkäufer"	bei V	bei V	bei V	bei V	
Kauf bei Versandhaus (Möbel)	bei K	bei K	bei K	bei K	*
Vertrag Kfm.-Privatperson: „Erfüllungsort beim Verkäufer"	bei V	bei V	bei V	bei V	**
gesetzlicher Erfüllungsort	bei V	bei V	bei V	bei V	
2. für **Zahlung**:					
gesetzlicher Erfüllungsort	bei V	bei V	bei V	bei K	***

* natürlicher Erfüllungsort
** Vereinbarung ist nichtig (s. o.), der gesetzliche Erfüllungsort regelt aber dasselbe (in diesem Fall)
*** da Erfüllungsort bei K, aber Erfolgsort bei V (s.o.)

0.1.221 Eigentumsübertragung

Die Übertragung des Eigentums ist ein besonderes Erfüllungsgeschäft, das sich aus Willenserklärungen (Einigung = Vertrag) und einer Handlung (Realakt) zusammensetzt.

Grundsätzliche Form (§ 929, 1 BGB):

Einigung der Parteien **und Übergabe** der Sache

a) Von dieser Form kann in bestimmten Fällen abgewichen werden:

- **Einigung allein**, wenn die Sache bereits im Besitz des Erwerbers ist (§ 929, 2), z. B. bei vorangegangenem Leihvertrag
- Einigung ohne Übergabe bei einem nicht im Schiffsregister eingetragenen Seeschiff, wenn Eigentümer und Erwerber sich über sofortigen Eigentumsübergang einig sind (§ 929a)
- **Einigung + Indossament + Übergabe**, z. B. bei einem Wechsel, zu dessen Übertragung ein zusätzlicher Übertragungsvermerk = Indossament auf der Rückseite erforderlich ist
- **Einigung + Abtretung des Herausgabeanspruchs**, wenn sich die Sache bei einem Dritten befindet, z. B. Lagerhalter, und dort bleiben soll: durch den Herausgabeanspruch wird der Käufer mittelbarer Besitzer (§ 931)

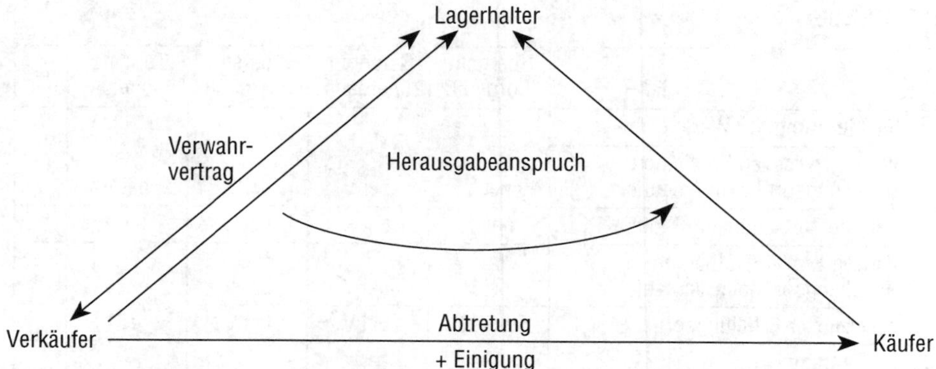

- **Einigung + Übergabe eines Traditionspapiers:** ein Traditionspapier = Übertragungspapier verkörpert eine Ware, d. h. wer Eigentümer des Papiers ist, ist auch Wareneigentümer; die Übertragung des Papiers bewirkt daher den Übergang des Eigentums an der Ware; z. B. Ladeschein, Konnossement, Orderlagerschein

- **Einigung + Besitzkonstitut** bei der sog. Sicherungsübereignung: der Kreditnehmer überträgt dem Kreditgeber, z. B. Bank, das Eigentum an einer Sache zur Sicherheit, behält aber den Besitz (§ 930)

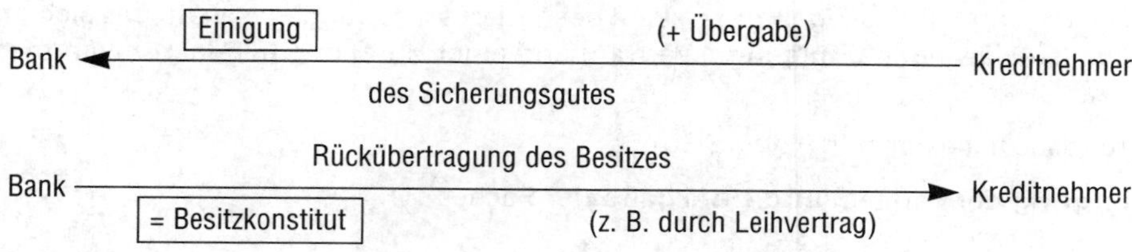

- **dingliche Einigung = Auflassung + Registereintragung** bei der Übertragung des Eigentums an Grundstücken; die Auflassung ist eine Einigung in Form einer notariellen Urkunde (§§ 873, 925 BGB).

b) Grundsätzlich darf nur der Eigentümer einer Sache das Eigentum an ihr übertragen, kann der Kontrahent (Partner) das Eigentum nur vom Eigentümer selbst erwerben. Ausnahme: **Gutgläubiger Erwerb** (§§ 932-934 BGB)

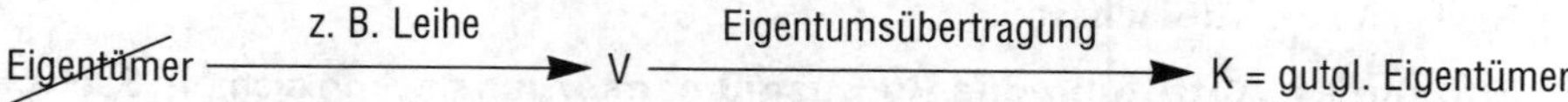

Wenn der Dritte **gutgläubig** ist, d. h. der ehrlichen Meinung, daß sein Partner Eigentümer der Sache ist – und wenn er die Wahrheit nicht hätte wissen müssen –, dann wird er Eigentümer der Sache; der ursprüngliche Eigentümer verliert sein Recht.

Einschränkung: an **gestohlenen** Sachen kann **niemand** gutgläubiger Eigentümer werden (§ 935 I).

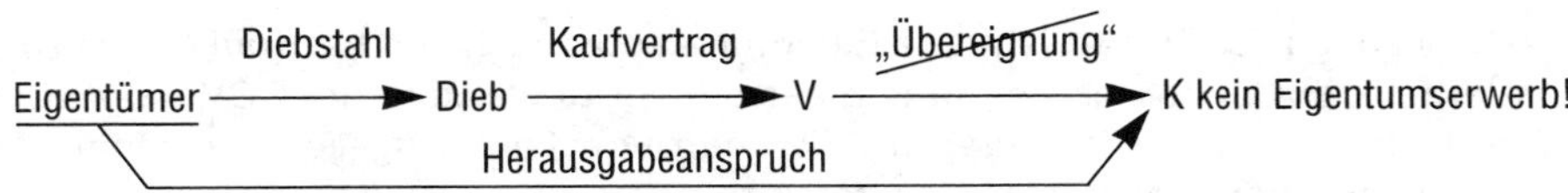

Diese Einschränkung gilt allerdings **nicht** für Geld, **Inhaberpapiere** und Sachen, die bei **öffentlicher Versteigerung** veräußert werden, da hier der Erwerber besonders schutzwürdig ist (§ 935 II).

Wer Besitzer einer Sache ist, kann auch gegen den Willen des Eigentümers das Eigentum daran erwerben, wenn er

- durch Bearbeitung der Oberfläche (Gravieren, Bedrucken)
- durch Verarbeitung des ganzen Stoffes

eine neue Sache herstellt; die Be- oder Verarbeitung muß allerdings selbst von einigem Wert im Verhältnis zum Wert der Sache sein (§ 950). Der ursprüngliche Eigentümer hat dann nur einen Schadensersatzanspruch. Beispiele: Bedrucken von Papier; Herstellung von Beton aus Zement und Sand; künstlerische Bearbeitung von Holz, Gips, Stein usw.

c) Im Kaufvertrag kann vereinbart sein, daß der Käufer erst eine bestimmte Frist nach Lieferung zahlen muß (Zielgewährung). Um sich gegen Nichtzahlung zu sichern, vereinbart der Verkäufer mit dem Käufer meist einen **Eigentumsvorbehalt** (= vertragliche Abweichung vom Grundsatz der Trennung der Erfüllungsgeschäfte = Abstraktionsprinzip, s. o., aufgrund der Vertragsfreiheit möglich), § 455 BGB.

Wesen: Der Verkäufer bleibt so lange Eigentümer der Ware, bis der Käufer vollständig bezahlt hat.

Risiken:

- gutgläubiger Eigentumserwerb eines Dritten:

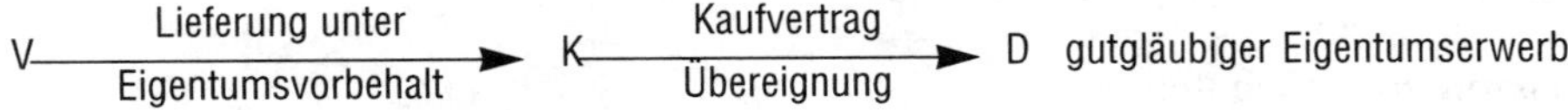

Sicherungsmöglichkeit: **Verlängerter Eigentumsvorbehalt** als vertragliche Vereinbarung, d. h., wenn V durch gutgläubigen Erwerb eines Dritten sein Eigentum an der Sache verliert, ist er automatisch

- Eigentümer des Geldes, das D an K zahlt
- (durch Abtretung) Inhaber der Forderung, die sonst K gegen D hätte:

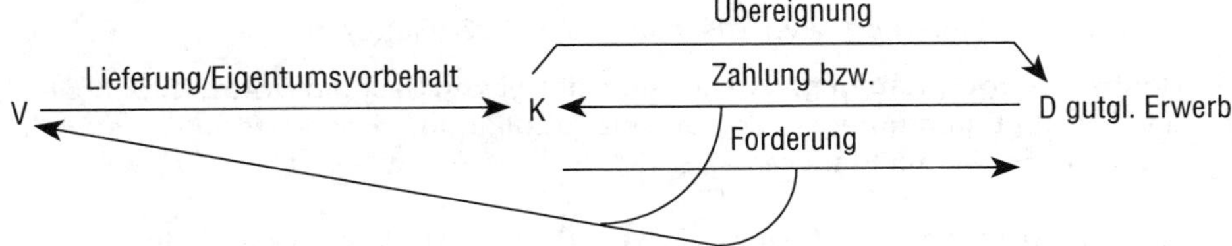

Zu beachten ist: Der verlängerte Eigentumsvorbehalt kann bei Konkurrenz zu anderen Sicherungsrechten durch diese entwertet werden (der BGH hat z. B. der Abtretung von Forderungen im Rahmen von Factoring-Verträgen und dem Wechseldiskont den Vorrang eingeräumt).

- Eigentumserwerb des Käufers durch Verarbeitung:

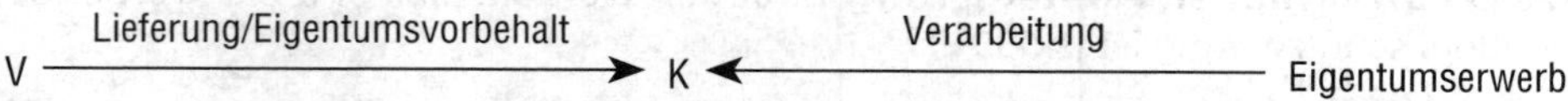

Sicherungsmöglichkeit: **Erweiterter Eigentumsvorbehalt** als vertragliche Vereinbarung, d. h. wenn K die Sache zu etwas Neuem verarbeitet, erwirbt nicht er das Eigentum daran, sondern das Eigentum des V wird erweitert auf die ganze hergestellte neue Sache.

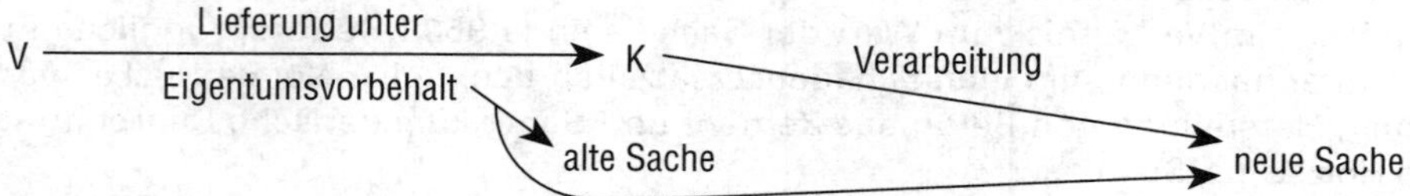

Kann K nicht zahlen, läßt V diese Sache versteigern und behält den ihm gebührenden Teil des Erlöses.

0.1.23 Erfüllungsstörungen

0.1.230 Mangelhafte Lieferung

Wesen: **Gewährleistungspflicht** des Verkäufers, wenn der Wert oder die Tauglichkeit der Ware zum gewöhnlichen oder vertraglichen Gebrauch gemindert oder aufgehoben sind (§ 459 BGB).

Arten von Mängeln:

a) **Fehler:**

- **Qualitätsmangel** (Gütemangel): schlechtere Qualität, technische Fehler, Wertverlust durch Beschädigung, Verderb usw.
- **Quantitätsmangel** (Mengenmangel): es wurde zu wenig geliefert, Nachlieferung ist sinnlos
- **Artmangel:** Lieferung einer falschen Sache (bzw. Gattung)
- **Rechtsmangel:** Kaufgegenstand ist nicht frei von Rechten Dritter (z. B. K weiß, daß V nicht Eigentümer ist, so daß kein gutgläubiger Erwerb möglich ist; Belastung der Sache mit Pfandrecht), § 434

b) **Fehlen zugesicherter Eigenschaft:** z. B. Uhr ist nicht wasserdicht, Nähmaschine erbringt nicht die zugesagten 1000 Stiche pro Minute (§ 459 II).

Erkennbarkeit von Mängeln:

- **offene Mängel:** klar erkennbar
- **versteckte M.:** Materialfehler, die erst bei längerer Verwendung auftreten, angeschmorte Kabel in Elektrogeräten usw.

Rechte des Käufers:

- **Wandlung** = Rückgängigmachen des Kaufvertrages, Rückabwicklung der Erfüllung, soweit erfolgt (§ 462, 465-467)
- **Minderung** des Kaufpreises nach der Formel (§§ 462, 472):

$$\text{Minderung} = \frac{\text{Kaufpreis x wirklicher Wert}}{\text{Wert bei Mangelfreiheit}}$$

- **Umtausch** in mangelfreie Ware (nur bei Gattungskauf, § 480)
- **Schadensersatz wegen Nichterfüllung** (§ 463) bei
  - Fehlen einer zugesicherten Eigenschaft
  - arglistigem Verschweigen eines Mangels durch V.

Voraussetzung: rechtzeitige Mängelrüge durch den Käufer

- zweiseitiger Handelskauf: unverzügliche Prüfung, unverzügliche Rüge offener Mängel (verdeckte Mängel sind sofort nach Entdeckung zu rügen)
- einseitiger Handelskauf/bürgerlicher Kauf: keine Pflicht zur unverzüglichen Prüfung und Rüge
- in jedem Fall ist die Gewährleistungsfrist von sechs Monaten nach Lieferung einzuhalten (auch von Privatpersonen, auch bei versteckten Mängeln), sofern keine kürzere/längere Frist vereinbart wurde

(vgl. §§ 477, 478 BGB, 377 HGB).

Beachte: Die **Gewährleistungspflicht** betrifft nur Mängel, die **bei Gefahrenübergang**, d.h. bei Übergabe der Sache vorhanden waren. Für später auftretende Schäden, die erst nach Gefahrenübergang entstanden sind, haftet der Verkäufer nur, wenn er eine **Garantieerklärung** abgegeben hat.

BEISPIEL:

Ein Autohersteller gewährt eine Garantie von 6 Monaten oder 10 000 km; nach 5 Monaten, aber 11 000 km sind sämtliche Zuleitungen zum Motor defekt, da bei Herstellung schlechtes Material verwendet wurde: Der Hersteller haftet trotz Ablaufs der Garantiezeit aus seiner Gewährleistungspflicht (versteckter Mangel).

c) **Produkthaftung:** Seit 1990 gilt auch in Deutschland eine Herstellerhaftung für den Schaden, den Produkte verursachen (Gesetz über die Haftung für fehlerhafte Produkte – Produkthaftungsgesetz, ProdHaftG).

- **Voraussetzung:** durch den Fehler eines Produkts wird jemand getötet/verletzt oder eine Sache beschädigt
- **Rechtsfolge:** Schadensersatzpflicht / bei Sachbeschädigung: nur, wenn eine andere Sache beschädigt wird und diese gewöhnlich privat genutzt wird

- **Haftungsausschluß:** wenn
  - der Hersteller das Produkt nicht in Verkehr gebracht hat
  - das Produkt den Fehler noch nicht hatte, als der Hersteller es in Verkehr brachte
  - der Hersteller das Produkt weder für den Vertrieb noch im Rahmen seiner beruflichen Tätigkeit hergestellt/vertrieben hat
  - das Produkt zwingenden Rechtsvorschriften entsprach und der Fehler darauf beruht
  - der Fehler nach Stand von Wissenschaft und Technik nicht erkannt werden konnte
- **Beweislast:** trägt für den Fehler, den Schaden und den ursächlichen Zusammenhang zwischen Fehler und Schaden der Geschädigte
- **Haftungsumfang:** Höchstbetrag
  - für Personenschäden: 160 Mio. DM
  - für Sachschäden: unbegrenzt / Selbstbeteiligung des Geschädigten von 1 125 DM
- **Unabdingbarkeit:** Ersatzpflicht des Herstellers darf im voraus weder ausgeschlossen noch beschränkt werden
- **Erlöschen von Ansprüchen:** 10 Jahre nach Inverkehrbringen des Produkts.

Zum 1.8.1997 ist darüber hinaus im Rahmen der Umsetzung von EG-Gemeinschaftsrecht das „Gesetz zur Regelung der Sicherheitsanforderungen an Produkte und zum Schutz der CE-Kennzeichnung" (**Produktsicherheitsgesetz,** ProdSG) in Kraft getreten. Ziel gemäß § 1 Nr. 1: „daß Hersteller und Händler dem Verbraucher nur sichere Produkte zur privaten Nutzung überlassen".

0.1.231 Leistungsverzug

Wesen: nicht rechtzeitige Leistung des Verkäufers (**Lieferungsverzug**) oder des Käufers (**Zahlungsverzug**); Voraussetzung: **Verschulden** des Leistungspflichtigen (Vorsatz oder Fahrlässigkeit), § 285 BGB.

Eintritt des Verzuges:

- durch **Mahnung**, wenn
  - schuldhafte Nichtleistung des Schuldners vorliegt
  - Leistungstermin kalendermäßig nicht bestimmt/bestimmbar ist;

  der Mahnung entspricht die Klageerhebung oder Zustellung eines Mahnbescheids (§ 284 I).
- **sofort** bei Fälligkeit, wenn
  - schuldhafte Nichtleistung des Schuldners vorliegt
  - Leistungstermin kalendermäßig bestimmt/bestimmbar ist (§ 284 II).

Rechte des Gläubigers: §§ 286, 325	**Geltendmachung** der Rechte: § 326
Bestehen auf Leistung, evtl. + Schadensersatz	sofort
Rücktritt vom Vertrag	erst nach Mahnung + angemessener Nachfrist
Verzicht auf Leistung + Schadensersatz wegen Nichterfüllung	Ausnahme: Fixkauf (hier können alle Rechte sofort geltend gemacht werden)

Rücktritt + Schadensersatz ist aus folgendem Grund nicht möglich: Grundlage für die Schadensersatzforderung ist der nicht erfüllte Kaufvertrag – dieser wird aber durch den Rücktritt aufgehoben; man kann sich nicht auf etwas Ungültiges berufen!

Schaden:

a) **Lieferungsverzug:**

- bei Bestehen auf Leistung hat Käufer Anspruch auf **Verzugsschaden** für die eingetretene Verzögerung
- **Schadensersatz wegen Nichterfüllung** betrifft den Schaden, den K durch die Nichterfüllung erlitten hat:
  - **konkreter** Schaden (genau feststellbar): tritt meist durch Deckungskauf des K ein, den dieser tätigt, um seine Lieferpflicht gegenüber einem Dritten (D) einhalten zu können; Beispiel:

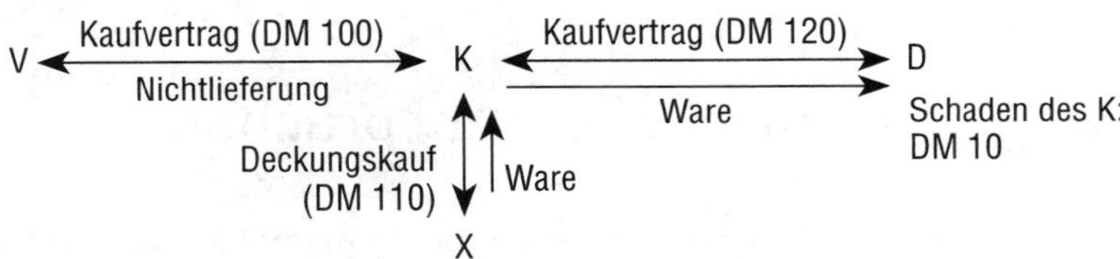

  - **abstrakter** Schaden: nicht genau zu berechnen; besteht i. d. R. in dem Gewinn, der K entgangen ist, wenn er durch den Verzug des V seine eigenen Lieferpflichten nicht einhalten konnte.

b) **Zahlungsverzug:** konkreter Schaden; dieser wird abgegolten durch

- Verzugszinsen: gemäß vertraglicher Vereinbarung; fehlt diese, nach gesetzlicher Regelung: 5 % p.a. bei zweiseitigem Handelskauf (§ 352 HGB), sonst 4 % (§ 288 BGB)
- Kostenersatz.

Beachte: vom Eintritt des Verzuges an liegt die **Gefahr** (Haftung für zufällige Beschädigung/Zerstörung der Sache) in jedem Fall beim **Schuldner** (§ 287 BGB).

0.1.232 Annahmeverzug (Gläubigerverzug)

Eintritt des Verzuges (§§ 293 ff. BGB):

- der Gläubiger der Leistung nimmt diese nicht an, obwohl sie ordnungs- und fristgemäß erbracht wurde
- die Leistung muß dem Gläubiger angeboten worden sein, und es ist kein Verschulden des Gläubigers erforderlich.

Rechte des Leistenden (Schuldners):

- **Klage** auf Abnahme oder
- Verzicht auf Klage, Ausführung einer **Handlung**, durch die er sich von seiner eigenen Leistungspflicht befreit, die also die Erfüllung seiner Pflichten darstellt (§§ 372-386 BGB, 373, 374 HGB):

<table>
<tr><th>Leistender: ⟶</th><th>Privatperson</th><th>Kaufmann</th></tr>
<tr><td>Geld, Wertpapiere, Wertsachen (= hinterlegungsfähig)</td><td>Hinterlegung bei öffentl. Hinterlegungsstelle (Amtsgericht)</td><td>Einlagerung</td></tr>
<tr><td rowspan="2">Waren (= hinterlegungsunfähig)</td><td colspan="2">1. Verkauf (Waren mit Börsen-/Marktpreis)</td></tr>
<tr><td>2. öffentl. Versteigerung
– Hinterlegung des Erlöses</td><td>2. Versteigerung
– Herausgabe eines Mehrerlöses gegenüber dem Kaufpreis</td></tr>
</table>

Der Kaufmann ist nach dieser Regelung günstiger gestellt, er ist nicht den BGB-Vorschriften der öffentlichen Hinterlegung und Versteigerung unterworfen und kann seine Forderung selbst gegen den erzielten Erlös aufrechnen. Von einer Versteigerung muß der Gläubiger, der in Annahmeverzug ist, durch sog. **Androhung** benachrichtigt werden (Ausnahme: **Notverkauf** bei leichtverderblichen Waren). Er trägt alle Kosten, kann allerdings an der Versteigerung selbst teilnehmen und mitbieten.

0.1.3 Die Durchsetzung von Ansprüchen

Wird der Anspruch eines Gläubigers aus einem Schuldverhältnis vom Schuldner nicht erfüllt, muß sich der Gläubiger bemühen, diesen Anspruch in möglichst kurzer Zeit durchzusetzen. Dabei ist zu beachten, daß verschiedene Ursachen zu der Säumnis des Schuldners geführt haben können:

- vom Schuldner nicht verschuldete Umstände (höhere Gewalt, das Verschulden Dritter, z. B. im Straßenverkehr, usw.)
- Versehen, Irrtümer, Fehlleitung von Waren oder Geld
- wirtschaftliche Notsituation des Schuldners (z. B. Zahlungsunfähigkeit), die vorübergehend oder grundsätzlicher Natur sein kann
- strafwürdiges Verhalten des Schuldners (z. B. Betrugsversuch).

Außerdem muß der Gläubiger zwei gegensätzliche Aspekte berücksichtigen:

- Nicht- oder Schlechtlieferung bzw. Nichtzahlung bedeuten für ihn Kosten, Ausfall kalkulierter Gewinne, Zinsverlust, wobei die Zeit eine erhebliche Rolle spielt
- falsches oder ungeschicktes Verhalten gegenüber dem säumigen Schuldner kann das Ende einer bestehenden oder sich anbahnenden Geschäftsbeziehung bedeuten.

Daher wird der Gläubiger zunächst durch Erinnerungen und höfliche Mahnungen den Schuldner zur Leistung anhalten (**kaufmännisches Mahnverfahren**); bei größeren Forderungen wird er außerdem versuchen, die Ursache der Erfüllungsstörungen herauszufinden, etwa durch Einholung einer Auskunft mit Hilfe seiner Bank.

Haben diese Maßnahmen keinen Erfolg, empfiehlt sich die Geltendmachung der Ansprüche über die **Gerichte**. Dabei ist zu beachten, daß zum Teil erhebliche Gerichts- und Rechtsanwaltskosten anfallen, die zunächst vom Gläubiger zu tragen sind und nur bei Erfolg des gerichtlichen Vorgehens vom Schuldner übernommen werden müssen, sofern dieser überhaupt zahlungsfähig ist. Daher empfiehlt sich zunächst das wesentlich kostengünstigere **Mahnbescheidsverfahren** an Stelle der **Klage**.

Zu beachten ist schließlich, daß nahezu alle Ansprüche der **Verjährung** unterliegen, d.h. nach gewisser Zeit nicht mehr gerichtlich durchgesetzt werden können.

0.1.30 Mahnverfahren

0.1.300 Kaufmännisches Mahnverfahren

In unterschiedlichen Formen möglich; üblicher **Ablauf**:

1. (höfliche) Erinnerung
2. Erster Mahnbrief, evtl. mit Rechnungskopie, Kontoauszug
3. Zweiter Mahnbrief mit Fristsetzung
4. Dritter Mahnbrief mit Androhung von Maßnahmen, z. B. (bei Geldforderung) Einzug des Geldes
5. Einzug der Forderung durch Postnachnahme/Auftrag an Inkassoinstitut; wenn erfolglos:
6. „Letzte Mahnung" mit Androhung gerichtlicher Schritte.

0.1.301 Gerichtliches Mahnverfahren (durch Mahnbescheid)

a) Der Mahnbescheid wurde anstelle des Zahlungsbefehls durch die sog. Vereinfachungsnovelle zur Zivilprozeßordnung ab 1.7.1977 eingeführt, u. a. zur Rationalisierung des Mahnverfahrens durch Einsatz der EDV.

b) **Ablauf** (§§ 688-703d ZPO):

1. **Antrag** auf Erlaß eines Mahnbescheids beim zuständigen **Amtsgericht**; Voraussetzungen:
   - Anspruch auf Zahlung bestimmter Geldsumme in DM
   - **keine** Anwendung des Mahnverfahrens:
     - bei Ansprüchen von Kreditgebern, wenn effektiver Jahreszins den bei Vertragsschluß gültigen Bundesbank-Diskontsatz zzgl. 12 % übersteigt
     - wenn die Geltendmachung des Anspruchs von noch nicht erbrachter Gegenleistung (z.B. Lieferung) abhängt
     - wenn Zustellung des Mahnbescheids durch öffentl. Bekanntmachung erfolgen müßte
   - **Inhalt** des Antrags:
     - Bezeichnung der Parteien, ggf. gesetzlicher Vertreter, der Prozeßbevollmächtigten
     - Bezeichnung des Gerichts, bei dem der Antrag gestellt wird

Der Antrag wird gerichtet an das

Amtsgericht Hamburg-Altona

Plz, Ort

① 22765 Hamburg

2277/97

Geschäftsnummer des Gerichts
Bei Schreiben an das Gericht stets angeben

② **Antragsgegner**/ges. Vertreter

Herbert Lembcke
Blumengasse 224

21212 Hamburg

Plz Ort

Raum für Kostenmarken/Freistempler (falls nicht ausreichend, unteres Viertel der Rückseite benutzen)

– Graue Felder bitte nicht beschriften! –

Mahnbescheid

← Datum des Mahnbescheids

③ **Antragsteller,** ges. Vertreter, Prozeßbevollmächtigter; Bankverbindung

Behnberg & Co.
Großhandel
Ost-West-Str. 332
22453 Hamburg

④ **macht gegen Sie**

☐ als Gesamtschuldner

⑤ **folgenden Anspruch geltend** (genaue Bezeichnung, insbes. mit Zeitangabe):

Geschäftszeichen des Antragstellers: 270 23 K 445

Restzahlung aus Lieferung von 10 Fernsehapparaten Typ SABA 445
DM 1.850,-- zzgl. MwSt. DM 277,50 = 2.127,50

⑥	Hauptforderung DM 2.127,50	Zinsen, Bezeichnung der Nebenforderung: 10 % Verzugszinsen p.a. für 1 Monat
⑦	Nebenforderung DM 17,72	

	Kosten dieses Verfahrens (Summe 1 bis 5)	1 Gerichtskosten	2 Auslagen d. Antragst.	3 Gebühr d. Prozeßbev.	4 Auslagen d. Prozeßbev.	5 MwSt. d. Prozeßbev.
⑧	DM 82,--	55,-- DM	27,-- DM	DM	DM	DM

⑨ Gesamtbetrag DM 2.227,22 — zuzüglich der laufenden Zinsen

Der Antragsteller hat erklärt, daß der Anspruch von einer Gegenleistung ☐ nicht abhänge. ☒ abhänge, diese aber erbracht sei.

Das Gericht hat nicht geprüft, ob dem Antragsteller der Anspruch zusteht.
Es fordert Sie hiermit auf, innerhalb von zwei Wochen seit der Zustellung dieses Bescheids entweder die vorstehend bezeichneten Beträge, soweit Sie den geltend gemachten Anspruch als begründet ansehen, zu begleichen oder dem Gericht auf dem beigefügten Vordruck mitzuteilen, ob und in welchem Umfang Sie dem Anspruch widersprechen.

Wenn Sie die geforderten Beträge nicht begleichen und wenn Sie auch nicht Widerspruch erheben, kann der Antragsteller nach Ablauf der Frist einen **Vollstreckungsbescheid** erwirken und aus diesem die Zwangsvollstreckung betreiben.
Der Antragsteller hat angegeben, ein streitiges Verfahren sei durchzuführen vor dem

⑩ ....

An dieses Gericht, dem eine Prüfung seiner Zuständigkeit vorbehalten bleibt, wird die Sache im Falle Ihres Widerspruchs abgegeben.

Rechtspfleger

Antrag

Anschrift des Antragstellers/Vertreters/Prozeßbevollmächtigten

Ort, Datum: Hamburg, 10.11.1997

⑪ Behnberg & Co.
Großhandel
Ost-West-Str. 332

22453 Hamburg

Plz Ort

Eingangsstempel des Gerichts

Ich beantrage, aufgrund der vorstehenden Angaben einen Mahnbescheid zu erlassen.

⑫ ☒ Im Falle des Widerspruchs beantrage ich die Durchführung des streitigen Verfahrens.

⑬ ☐ Ordnungsgemäße Bevollmächtigung versichere ich. ☐ Antragsteller ist nicht zum Vorsteuerabzug berechtigt.

⑭ ☐ Hier die Zahl der ausgefüllten Vordrucke angeben, falls sich der Antrag gegen mehrere Antragsgegner richtet.

Unterschrift des Antragstellers/Vertreters/Prozeßbevollmächtigten

Blatt 1: Antrag und Urschrift

Vorblatt

– Bitte abtrennen –

Vordruck für den Mahn- und den Vollstreckungsbescheid

– Nur für Gerichte, die die Mahnverfahren nicht maschinell bearbeiten –

Im gerichtlichen Mahnverfahren können Sie schnell und einfach einen Vollstreckungstitel (Vollstreckungsbescheid) über eine Geldforderung erwirken, wenn Einwendungen Ihres Antragsgegners nicht zu erwarten sind. Bevor Sie einen Mahnbescheid beantragen, sollten Sie prüfen, ob Sie dem Antragsgegner Ihre Forderungen in klarer, übersichtlicher Form in Rechnung gestellt haben. Holen Sie dies nötigenfalls nach. Sonst könnte der Antragsgegner dem Mahnbescheid allein deshalb widersprechen, weil er nicht nachprüfen kann, welche Beträge für welche Leistungen im einzelnen Sie von ihm verlangen.

Ausfüllhinweise

Der Vordrucksatz kann **nur mit einer Schreibmaschine** ordnungsgemäß ausgefüllt werden. Sollte Ihnen eine solche nicht zur Verfügung stehen, trennen Sie bitte das Blatt 1 ab und füllen nur dieses in **Blockschrift** aus. Reichen Sie dann das Blatt 1 und den restlichen Vordrucksatz mit dem Kohlepapier (s. dazu unten unter „Weiteres Verfahren") ein.

Von Ihnen **auszufüllen** sind die **hellen Felder. Die dunkleren** mit Raster unterlegten **Felder bitte nicht beschriften.**

Bei ausnahmsweise **nicht ausreichendem Schreibraum** können Sie ein besonderes Blatt benutzen. Dieses bitte 4fach beifügen und in dem betreffenden Feld auf das Blatt hinweisen.

Zu den Nummern auf Blatt 1 des Vordrucksatzes

① Hier sind Postleitzahl und Ort des **für das Mahnverfahren zuständigen Gerichts** einzutragen. Zuständig ist in der Regel das Gericht, in dessen Bezirk der **Antragsteller** seinen Wohnsitz bzw. Sitz hat.

② Zur **Bezeichnung des Antragsgegners** in Form der Postanschrift bitte Vorname und Name (wenn nötig auch Beruf, Zusätze wie „Rentner", „jun." u. dgl.) bzw. Firma oder Behördenname sowie Straße, Hausnummer, Postleitzahl, Ort (Zustellpostamt) so genau angeben, daß Verwechslungen ausscheiden. Postfachangabe ist unzulässig.

Bei **Gesellschaften** und **juristischen Personen** (z. B. oHG, KG, GmbH, AG) ist der **Vertretungsberechtigte** im Anschriftenfeld mit anzuführen, und zwar anschließend an die Firma oder den Namen überleitend mit den Worten „vertreten durch ...".

Bei **nicht prozeßfähigen natürlichen Personen** (z. B. Minderjährigen) im Anschriftenfeld nur den gesetzlichen Vertreter (z. B. die Eltern) bezeichnen. Der Antragsgegner wird in diesen Fällen in dem Leerfeld in der Zeile bei ④ bezeichnet (z. B. mit den Worten „gegen Ihren bei Ihnen wohnenden Sohn ..."). Das Wort „Sie" in der Zeile bei ④ ist in diesen Fällen zu streichen.

Richtet sich der Antrag gegen **mehrere Antragsgegner** (z. B. gegen Eheleute), so ist für **jeden der Antragsgegner** ein eigener Vordrucksatz auszufüllen und in dem Kästchen bei ⑭ jeweils die Zahl der ausgefüllten Vordrucksätze (z. B. bei Eheleuten als Antragsgegner die Zahl „2") anzugeben. Im Anschriftenfeld ② wird in jedem Vordrucksatz nur **ein** Antragsgegner bezeichnet. Auf die übrigen Gegner wird in der Zeile bei ④ hingewiesen, und zwar anschließend an das Wort „Sie" mit dem Wort „und...", so daß es z. B. bei Eheleuten in dem Vordrucksatz für den Mann heißt „gegen Sie und Ihre Ehefrau...", in dem Vordrucksatz für die Frau „gegen Sie und Ihren Ehemann...". Beachten Sie bitte auch die weiteren Hinweise unten zu ④ und zu ⑧ unter 1.

Anspruch eines Dritten gegen die Mitglieder einer Wohnungseigentümergemeinschaft: Wenn Sie in Zeile ⑩ für ein etwaiges streitiges Verfahren das Gericht angeben, in dessen Bezirk das gemeinschaftliche Grundstück liegt (§ 29 b der Zivilprozeßordnung), genügt es, einen Vordrucksatz auszufüllen. Bezeichnen Sie bitte in diesem Falle den zustellungsbevollmächtigten Verwalter der Gemeinschaft im Anschriftenfeld ②, die Wohnungseigentümer nach Streichung des Wortes „Sie" in Zeile ④ unter Bezugnahme auf eine 4fach beizufügende Liste mit den Worten „die in anl. Liste bezeichneten Mitglieder der Wohnungseigentümergemeinschaft... (Straße, PLZ, Ort)".

③ Bitte den **Antragsteller** mit Vornamen und Namen bzw. Firma, ferner nach Straße, Hausnummer, Postleitzahl, Ort genau bezeichnen, desgleichen etwaigen gesetzlichen Vertreter und Prozeßbevollmächtigten. Eine Bezugnahme auf die Bezeichnung im Anschriftenfeld bei ⑪ ist unzulässig. **Vergessen Sie bitte nicht, Ihr Konto mit Bankleitzahl anzugeben.** Sie können hier auch Ihre Telefonverbindung angeben.

④ Vgl. die Erläuterungen zu ②. **Gesamtschuldnerschaft** (§ 421 BGB) kann **nur bei mehreren Schuldnern** in Betracht kommen; sie kann in der Regel angenommen werden, wenn sich die Antragsgegner gemeinschaftlich zur Zahlung verpflichtet hatten. In diesem Falle können Sie die ganze Forderung einschl. Zinsen und Kosten (s. bei ⑧) gegen jeden Antragsgegner geltend machen, bis die Zahlung bewirkt ist.

⑤ **Haupt- und Nebenforderungen sind gesondert und einzeln zu bezeichnen.**

Typische Bezeichnungen der Hauptforderung sind z. B.:

„Warenkauf wie Rechnung/Kontoauszug vom ..."
„Versicherungsprämien für die Zeit vom... bis...."
„Dienst-/Werkleistung gemäß Rechnung vom..."
„Reparaturen gemäß Rechnung vom..."
„Miete/Pacht für Wohnung/Geschäftsräume in... (Straße, PLZ, Ort) für die Zeit vom... bis..."
„Ärztliche/Zahnärztliche Leistung gemäß Rechnung vom..."
„Lehrgang/Unterricht gemäß Vertrag vom... für die Zeit vom... bis..."
„Darlehnsrückzahlung gemäß Vertrag vom..."
„Schaden aus Unfall/Vorfall vom..."
„Schaden aus Verletzung/Nichterfüllung des Vertrags vom..."
„Rückständiger Unterhalt für die Zeit vom... bis...."
„Mitgliedsbeitrag für die Zeit vom... bis..."
„Zeitungs-/Zeitschriftenbezug für die Zeit vom... bis..."

Auch sonstige Forderung unverwechselbar, d. h. vor allem mit Zeitangabe, **so genau wie möglich** bezeichnen.

Nur für Kreditgeber oder Zessionar bei Anspruch aus Vertrag, für den das Verbraucherkreditgesetz gilt: Bitte machen Sie die zusätzlich vorgeschriebene Angabe in der Form „Anspruch aus Vertrag vom..., für den das VerbrKrG gilt. Effektiver/Anfänglicher effektiver Jahreszins... %". Im Falle des § 5 VerbrKrG genügt die Form „Anspruch aus Vertrag, für den das VerbrKrG gilt".

⑥ Bei **mehreren** Hauptforderungen ist deren Gesamtsumme einzutragen; bitte geben Sie die Einzelbeträge in Feld 5 an, soweit es sich bei diesen nicht um Rechnungsposten einer dem Antragsgegner bereits vorliegenden Zusammenstellung (z. B. Rechnung,

Kontoauszug) handelt. **Zinsen** bitte genau bezeichnen nach dem **Zinsfuß** („ . . . % jährlich/monatlich"), dem **zu verzinsenden Geldbetrag** („ aus . . . DM") und dem **Zeitraum** („vom . . . bis . . .", „ab . . .").

⑦ Als **Nebenforderung** können hier auch für einen zurückliegenden Zeitraum ausgerechnete Zinsen angegeben werden.

⑧ **Kosten des Verfahrens**

[1] Die **Gerichtsgebühr** ist **vorauszuentrichten.** Es empfiehlt sich, dafür **Kostenmarken** zu benutzen. Diese sind bei allen Gerichten erhältlich und sollen rechts oben auf Blatt 1 des Vordrucksatzes in dem dafür vorgesehenen Feld aufgeklebt werden. Die Gerichtsgebühr (s. die folgende Tabelle) richtet sich nach dem Wert der Hauptforderung ohne Zinsen und Kosten.

Bei **mehreren Antragsgegnern** (s. oben zu ② und ④) entsteht die Gerichtsgebühr nur einmal. Sie ist in jeden Vordrucksatz aufzunehmen.

Wert der Hauptforderung bis	Gerichts-gebühr	Wert der Hauptforderung bis	Gerichts-gebühr	Wert der Hauptforderung bis	Gerichts-gebühr
600	25,--	8 000	102,50	30 000	237,50
1 200	35,--	9 000	110,--	35 000	260,--
1 800	45,--	10 000	117,50	40 000	282,50
2 400	55,--	12 000	132,50	45 000	305,--
3 000	65,--	14 000	147,50	50 000	327,50
4 000	72,50	16 000	162,50		
5 000	80,--	18 000	177,50	über 50 000	siehe Gerichts-kosten-gesetz
6 000	87,50	20 000	192,50		
7 000	95,--	25 000	215,--		

Alle Angaben in DM
Gebühren für alte Bundesländer gültig ab 1.1.95

[2] **Auslagen des Antragstellers** sind z. B. die Kosten dieses Vordrucksatzes und das Porto für die Einsendung an das Gericht.

[3] bis [5] Nur von Rechtsanwälten oder Rechtsbeiständen auszufüllen.

⑨ Bitte prüfen Sie, ob Ihr Anspruch von einer Leistung abhängt, die Sie dem Antragsgegner gegenüber noch zu erbringen haben. Zu der Frage müssen Sie sich erklären, Ihr Antrag kann sonst zurückgewiesen werden.

⑩ Das für ein streitiges Verfahren **sachlich** und **örtlich** zuständige Gericht bitte mit Postleitzahl und Ort (z. B. „Amtsgericht in 30175 Hannover" oder „Amtsgericht Cottbus in 03006 Cottbus.") bezeichnen, ggf. auch nach dem Spruchkörper (z. B. „Landgericht-Kammer für Handelssachen in 30175 Hannover"). ***Sachlich*** zuständig ist für Ansprüche bis 10 000 DM, für Ansprüche aus Wohnraummietverhältnissen und für Unterhaltsansprüche das **Amts**gericht, sonst grundsätzlich das **Land**gericht. ***Örtlich*** ist grundsätzlich das Gericht zuständig, in dessen Bezirk der Antragsgegner wohnt bzw. seinen Sitz hat. Abweichend von diesen Grundsätzen kann eine besondere oder ausschließliche Zuständigkeit gegeben sein. Hierzu sollten Sie im Einzelfall ***Rechtsrat*** einholen. Haben Sie ein unzuständiges Gericht angegeben, drohen Ihnen ***Kostennachteile.***

⑪ Auf die Angaben bei ③ darf nicht Bezug genommen werden. Bitte füllen Sie das Feld in der Form der Postanschrift mit Ihrem Vor- und Nachnamen und Ihrer Anschrift aus. Das Gericht kann dann Blatt 3 und 4 des Vordrucks in Fensterbriefhüllen versenden.

⑫ Anzukreuzen, wenn im Falle des Widerspruchs das streitige Verfahren durchgeführt werden soll.

⑬ Nur von einem Prozeßbevollmächtigten anzukreuzen.

⑭ Nur bei mehreren Antragsgegnern auszufüllen (s. oben letzter Absatz zu ②).

Im **Urkunden-, Wechsel- oder Scheckmahnverfahren** wird **über** der Überschrift „Mahnbescheid" das Wort „Urkunden-", „Wechsel-" oder „Scheck-" hinzugefügt. Die Urkunde ist in dem Feld für die Bezeichnung des Anspruchs zu bezeichnen.

Weiteres Verfahren

Sollten Sie den Vordrucksatz durch die Post an das Gericht übermitteln, **schützen Sie den Vordrucksatz bitte durch eine geeignete Verpackung (Kartoneinlage) vor Durchdrucken während der Übermittlung.**

Vom Gericht erhalten Sie, wenn Ihr Antrag ordnungsgemäß ausgefüllt ist und keine Schwierigkeiten bei der Zustellung an den Antragsgegner auftreten, zunächst die **Zustellungsnachricht** (siehe rechts oben auf Blatt 3 des Vordrucksatzes).

Wie dann zu verfahren ist, entnehmen Sie dieser Nachricht.

Für Antragsteller, die ihren allgemeinen Gerichtsstand (Sitz, Wohnsitz) **in den neuen Bundesländern** haben, gelten vorläufig noch die in der folgenden Tabelle wiedergegebenen ermäßigten Gerichtsgebühren. Fragen Sie beim Einkauf der Gerichtskostenmarken vorsorglich nach, ob die Ermäßigung noch gilt.

Wert der Hauptforderung bis	Gerichts-gebühr	Wert der Hauptforderung bis	Gerichts-gebühr	Wert der Hauptforderung bis	Gerichts-gebühr
600	22,50	8 000	92,30	30 000	213,80
1 200	31,50	9 000	99,—	35 000	234,—
1 800	40,50	10 000	105,80	40 000	254,30
2 400	49,50	12 000	119,30	45 000	274,50
3 000	58,50	14 000	132,80	50 000	294,80
4 000	65,30	16 000	146,30		
5 000	72,—	18 000	159,80	über 50 000	siehe Gerichts-kosten-gesetz
6 000	78,80	20 000	173,30		
7 000	85,50	25 000	193,50		

Alle Angaben in DM
Gebühren für neue Bundesländer gültig ab 1.7.96

- Bezeichnung des Anspruchs (bestimmte Angabe der verlangten Leistung)
- Erklärung, daß der Anspruch nicht von einer Gegenleistung abhängt oder diese erbracht ist
- Bezeichnung des für ein streitiges Verfahren zuständigen Gerichts

- zuständig: ausschließlich das Amtsgericht, bei dem der Antragsteller seinen allgemeinen Gerichtsstand hat (keine abweichende Vereinbarung!); zur beschleunigten und rationelleren Erledigung kann einem Amtsgericht die Zuständigkeit für die Bezirke mehrerer Amtsgerichte zugewiesen werden; die Geschäfte im Mahnverfahren werden von Rechtspflegern ausgeübt.

2. **Erlaß** des Mahnbescheids; Inhalt (u. a.):

   - Aufforderung zur Zahlung oder Widerspruch binnen 2 Wochen
   - Hinweis, daß Berechtigung nicht geprüft wurde
   - Hinweis auf Möglichkeit eines Vollstreckungsbescheids

3. Zustellung zum Schuldner von Amts wegen (i. d. R. durch die Post)

4. **Möglichkeiten** des Schuldners:

   - Zahlung
   - schriftlicher Widerspruch binnen 2 Wochen → Gerichtsverhandlung
→ Urteil
(falls kein Vollstreckungsbescheid verfügt ist, kann der Schuldner auch noch nach Fristablauf widersprechen)
   - bei **Nichtbeachtung**:

5. Antrag des Gläubigers, einen **Vollstreckungsbescheid** zu erlassen = vollstreckbarer Titel zur zwangsweisen Durchsetzung des Anspruches

6. **Erlaß** des Vollstreckungsbescheids und **Zustellung** zum Schuldner

7. **Möglichkeiten** des Schuldners:

   - Zahlung
   - Einspruch binnen 2 Wochen → Gerichtsverhandlung
→ Urteil
   - bei **Nichtbeachtung**:

8. **Zwangsvollstreckung** in das Vermögen des Schuldners (s. u. 0.1.32); diese kann nach Erlaß des Vollstreckungsbescheids ab Zustellung, also auch vor Ablauf der Einspruchsfrist, durchgeführt werden; Fortsetzung ist selbst bei Einspruch möglich (kann aber auf Antrag durch das Gericht einstweilen eingestellt werden).

   Die Wirkung des Mahnbescheids verfällt, wenn nicht binnen 6 Monaten ab Zustellung der Erlaß des Vollstreckungsbescheids beantragt wird.

Bei den Detail-Regelungen und Widerspruchs-Möglichkeiten wurde durch das Rechtspflege-Vereinfachungsgesetz von 1990 eine Straffung des Verfahrens herbeigeführt.

0.1.302 Eidesstattliche Versicherung (§ 807 ZPO) = E.V.

Vgl. auch §§ 899-915 h ZPO (Eidesstattliche Versicherung und Haft) und § 284 Abgabenordnung (AO).

- Pfändung führt nicht zu vollständiger Befriedigung des Gläubigers
- Antrag des Gläubigers auf Abgabe der E.V. durch Schuldner
- Schuldner hat Verzeichnis seines Vermögens vorzulegen (z. B. Offenlegung von Bankkonten usw.)
- Schuldner hat auch Veräußerungen an Ehegatten/Verwandte (bis 1 Jahr vor E.V.), Geschenke (bis 1 Jahr vor E.V.) sowie unentgeltliche Verfügungen an den Ehegatten (bis 2 Jahre vor E.V.) offenzulegen
- Schuldner hat die Wahrheit seiner Angaben zu versichern (früher: Eidleistung = Offenbarungseid)
- bei Weigerung kann Schuldner zur Abgabe der E.V., notfalls durch Gefängnishaft bis zu 6 Monaten, gezwungen werden (sog. Verhaftung, § 284 VII AO)
- falsche Angaben sind strafbar
- die E.V. wird vom Gericht in sog. Schuldnerliste eingetragen, von jedermann einsehbar.

0.1.31 Klageverfahren (Zivilprozeß)

0.1.310 Verfahrensgang

a) **Klageerhebung** beim örtlich und sachlich **zuständigen** Gericht;

- örtliche Zuständigkeit: siehe Erfüllungsort/Gerichtsstand; sonst Wohn- bzw. Geschäftssitz des Schuldners
- sachliche Zuständigkeit: als 1. Instanz in folgenden Fällen:

  Amtsgericht (§§ 23 ff. GVG):
  - bei Streitwert bis 10 000,– DM
  - ohne Rücksicht auf Streitwert: u.a.
    - in Mietsachen
    - in Streitsachen im Rahmen von Reisen
    - in Kindschafts-, Unterhalts- und Ehesachen
    - in Familiensachen (Familiengericht = Abteilung für Familiensachen beim Amtsgericht)
    - in bestimmten Strafsachen
    - in Jugendschutzsachen
    - im Mahnverfahren und der Zwangsvollstreckung
    - im Vergleichs- und Konkursverfahren.

  Bei den Amtsgerichten werden entsprechende Abteilungen eingerichtet (Familiengerichte, Schöffengerichte in Strafsachen usw.).

Landgericht (§§ 59 ff. GVG): in den Fällen, in denen das Amtsgericht **nicht** zuständig ist, insb.
- bei Streitwert ab 10 000,– DM
- bei Ansprüchen gegen den Staat aus Amtspflichtsverletzungen von Richtern und Beamten
- in bestimmten Strafsachen.

- Klage wird schriftlich erhoben oder mündlich zu Protokoll gegeben
- Gericht prüft Klage, verlangt **Kostenvorschuß**, setzt Termin für mündliche Verhandlung fest.

b) **Zustellung** der Klage zum Schuldner; dieser hat Einwände/Beweismittel gegen die Behauptungen des Klägers vorzubringen (sog. **Einlassung**) innerhalb der **Einlassungsfrist** (Frist von Klagezustellung bis zur mündlichen Verhandlung).

c) **Mündliche Verhandlung**: dient zur Klärung des erhobenen Anspruches; mögliche Beweismittel: Zeugenvernehmung – Augenschein – Gutachten von Sachverständigen – Urkunden – Parteivernehmung (uneidlich oder eidlich).

d) **Beurteilung** des Streites durch das Gericht:

- **Zulässigkeit** der Klage: Zuständigkeit des Gerichtes/Parteifähigkeit (= Fähigkeit, Kläger oder Beklagter zu sein, von der Rechtsfähigkeit abhängig), Prozeßfähigkeit (= Fähigkeit, im Prozeß zu handeln, grundsätzlich von der Geschäftsfähigkeit abhängig)/Rechtsschutzbedürfnis u.a.m.
- **Begründetheit** des Klageantrags: Prüfung der materiellen Rechtslage anhand der in Frage kommenden Vorschriften.

e) **Klagearten:**

- Leistungsklage: Ziel der Verurteilung zu Leistung (z. B. Zahlung des Kaufpreises) oder Unterlassen (z. B. der Geschäftsschädigung)
- Gestaltungsklage: Ziel der Gestaltung der Rechtslage durch Urteil (z. B. Ausschluß eines OHG-Gesellschafters, Ehescheidung)
- Feststellungsklage: Ziel der Feststellung des Bestehens oder Nichtbestehens eines Rechtsverhältnisses (z. B. Feststellung, daß der Kläger Eigentümer einer bestimmten Sache ist).

f) **Beendigung** des Verfahrens:

- Versäumnisurteil, wenn Kläger oder Beklagter zur mündlichen Verhandlung nicht erscheint, auf Antrag der Gegenpartei
- Prozeßurteil, wenn die Klage unzulässig ist (s. o.)
- Klagrücknahme des Klägers
- Anerkenntnisurteil auf Antrag des Klägers, wenn Beklagter den Anspruch anerkennt
- Verzichtsurteil auf Antrag des Beklagten, wenn Kläger auf seinen Anspruch verzichtet

- Prozeßvergleich der Parteien vor dem Gericht
- Streitiges Urteil (Sachurteil) über den vom Kläger behaupteten, vom Beklagten bestrittenen Anspruch; enthält die Urteilsformel (Tenor), den Tatbestand (Darstellung der Sachlage und des Streitstandes) und die Entscheidungsgründe.

g) **Instanzen:**

= die im Klageverfahren jeweils zuständigen Gerichte (**Rechtsweg**)

- die **Klageerhebung** erfolgt zunächst bei der 1. Instanz (Amts- oder Landgericht, s. o. a)
- gegen die Entscheidung der 1. Instanz kann **Berufung** eingelegt werden, die bei der 2. Instanz verhandelt wird (Landgericht oder Oberlandesgericht); Voraussetzung:
  - bei Vermögensstreit: Beschwerdewert übersteigt 1 500,– DM
  - in Mietsachen: Amtsgericht ist in einer Rechtsfrage von OLG- oder BGH-Entscheidung abgewichen
- gegen die Entscheidung von Oberlandesgerichten als Berufungsinstanz kann **Revision** eingelegt werden; diese wird bei der 3. Instanz verhandelt (Bundesgerichtshof); Voraussetzung:
  - bei Vermögensstreit: Beschwerwert übersteigt 60 000,– DM;
  - ansonsten: wenn das OLG die Revision zugelassen hat, d.h. wenn
    - die Rechtssache grundsätzliche Bedeutung hat oder
    - das Urteil von einer Entscheidung des BGH oder des Gemeinsamen Senats der obersten Gerichtshöfe des Bundes abweicht
  - generell, soweit das Berufungsgericht die **Berufung** als unzulässig verworfen hat.

0.1.311 Besonderheiten

a) Der Zivilprozeß wird von verschiedenen **Verfahrensgrundsätzen** beherrscht:

- Verfügungsgrundsatz (Dispositionsmaxime): Gang und Inhalt des Verfahrens steht in der Verfügungsmacht der Parteien, Gericht ist daran grundsätzlich gebunden
- Verhandlungsgrundsatz: die Parteien beschaffen den Tatsachenstoff; das Gericht hat allerdings Aufklärungspflicht
- Grundsatz der Mündlichkeit der Verhandlung (Ausnahmen möglich)
- Grundsatz des rechtlichen Gehörs (Art. 103 I GG): jede Partei muß sich vor Entscheidung zum gesamten Prozeßstoff äußern können.

b) Gerichtsentscheidungen unterliegen der **Rechtskraft**; Ziel: jeder Streit soll einmal ein Ende finden. Arten:

- **formelle** Rechtskraft: Entscheidung kann weder durch Rechtsmittel (Berufung, Revision) noch durch Einspruch beseitig werden; tritt ein mit Ablauf einer Rechtsmittel-(Einspruchs-)frist bzw. mit Verkündung (z. B. bei Urteilen der letzten Instanz)

- **materielle** R.: formell unangreifbare Entscheidungen binden jedes künftige Gericht.

BEISPIEL:

Landgericht A stellt fest, daß X Eigentümer einer Sache ist; der Gegner Y versäumt die Rechtsmittelfrist. X verklagt Y vor dem Landgericht B auf Herausgabe der Sache: dieses geht davon aus, daß X Eigentümer ist.

0.1.32 Zwangsvollstreckung (ZV) (§§ 704 ff. ZPO)

Die Zwangsvollstreckung dient der Realisierung (Verwirklichung) von Ansprüchen.

Voraussetzungen:

- Titel = gerichtliche Bestätigung des Anspruches, i. d. R. durch Urteil oder Vollstreckungsbescheid
- Klausel = staatliche Bescheinigung, daß Gläubiger zur ZV berechtigt ist
- Zustellung von Titel und Klausel zum Schuldner.

Ablauf der ZV:

- Einsetzung eines Vollstreckungsorgans (i. d. R. der Gerichtsvollzieher)
- Pfändung
- Verwertung des Pfandes.

Von besonderer Bedeutung ist die **Pfändung**, die der Sicherstellung von beweglichen Vermögenswerten des Schuldners dient. Ablauf:

- Geld, Kostbarkeiten, Wertpapiere werden vom Gerichtsvollzieher (GVZ) in Besitz genommen
- andere Sachen werden durch Aufkleben eines Pfandsiegels („Kuckuck") als Pfänder gekennzeichnet
- bei Forderungen wird dem Drittschuldner verboten, an den Schuldner zu zahlen, Geld ist an den Gläubiger zu überweisen (Pfändungs- und Überweisungsbeschluß)
- beachte: die Pfändung unterliegt bestimmten **Grenzen**, da dem Schuldner das Existenzminimum verbleiben muß. Unpfändbar sind u. a.:
  - Kleidungsstücke, Wäsche, übliche Haushaltsgegenstände, Nahrungsmittel für vier Wochen, Informationsmittel (Radio/Fernseher, GVZ kann höherwertiges Objekt austauschen) u.a.m.
  - Grundbetrag vom Nettoverdienst (wird jährlich neu festgelegt, erhöht sich bei Unterhaltspflichten entsprechend).

Die **Verwertung** von Pfändern erfolgt i. d. R. durch **öffentliche Versteigerung**.

0.1.33 Verjährung

0.1.330 Wesen und Bedeutung

Wesen:

- Verjährung ist eine **Einrede**möglichkeit des Schuldners gegenüber Ansprüchen des Gläubigers (§ 194 BGB); sie gibt ihm ein **Leistungsverweigerungsrecht** durch Zeitablauf (§ 222 I)
- d. h. der Schuldner **kann** auf eine verjährte Forderung leisten, **muß** es aber nicht (erbrachte Leistungen trotz Verjährung können nicht zurückgefordert werden) (§ 222 II)
- die Forderung bleibt also bestehen
- der Anspruch ist gerichtlich nicht mehr durchsetzbar, wenn der Schuldner die Einrede der Verjährung erhebt.

Bedeutung:

= Förderung der Rechtssicherheit:

- nach längerer Zeit bestehen Beweisschwierigkeiten, Gefahr von Justizirrtümern, ungenauen Zeugenaussagen
- Unzumutbarkeit der langen Aufbewahrung von Beweismitteln (Rechnungen, Buchungsbelege usw.) gerade im Wirtschaftsleben (kaufmännische Aufbewahrungsfristen: 6 Jahre für Belege, 10 Jahre für Handelsbücher, vgl. Abschnitt 0.4.0).

Beachte:

- Sicherheiten für Forderungen (Pfandrecht, Hypothek, Schiffshypothek) können trotz Verjährung vom Gläubiger in Anspruch genommen werden; aufgrund Verjährung kann nicht die Rückübertragung eines zur Sicherung übertragenen Rechtes gefordert werden; keine Geltung dieser Vorschriften bei rückständigen Zinsen /wiederkehrenden Leistungen (§ 223 III)
- Ausschluß/Erschwerung der Verjährung, Verlängerung der Fristen durch Rechtsgeschäft sind nicht möglich.

0.1.331 Verjährungsfristen

Es gibt unterschiedliche Fristen im Hinblick auf Sinn und Bedeutung der Verjährung; wichtigste **Arten**:

a) regelmäßige Frist: **30** Jahre (§ 195 BGB); gilt insbesondere

- für Forderungen von Privatpersonen untereinander
- für Darlehen
- für gerichtlich bestätigte Ansprüche (Urteile, Vollstreckungsbescheide; Konkursforderungen)

Beginn: mit Entstehen des Anspruches bzw. (bei Forderung) mit Fälligkeit. Vgl. § 198 BGB.

b) **Vierjährige** Frist: § 197; insbesondere für

- Ansprüche von Gewerbetreibenden untereinander
- Zins-, Miet-, Pachtansprüche
- Renten-, Ruhegehaltsansprüche und alle Ansprüche auf regelmäßig wiederkehrende Leistungen

c) **Zweijährige** Frist: § 196; insbesondere für

- Ansprüche von Gewerbetreibenden gegen Privatpersonen
- Ansprüche von Transportunternehmen, Gastwirten, Arbeitnehmern, Vermietern beweglicher Sachen (z. B. Mietwagen) u. a. m.
- Honorarforderungen (Ärzte, Rechtsanwälte, Lehrer u. a.)

d) **Sonderfristen:** z. B. im Wechselrecht; für Mängelrügen.

Beginn der **verkürzten** Verjährungsfristen: am Ende (31.12.) des Jahres, in dem die Forderung fällig war bzw. der Anspruch entstand (§ 201).

Zusammenfassung (Grundsätze; Abweichungen s. o.):

Anspruch	Gewebetreibender	gegen Privatperson:	2 Jahre
	Gewerbetreibender	gegen Gewerbetreibenden:	4 Jahre
	Privatperson	gegen Gewerbetreibenden:	30 Jahre
	Privatperson	gegen Privatperson:	30 Jahre

0.1.332 Hemmung und Unterbrechung der Verjährung

a) **Hemmung** der Verjährung:

So lange die Verjährungsfrist läuft, ist der Schuldner jederzeit zur Leistung verpflichtet. Wird er von dieser Pflicht vorübergehend befreit oder kann der Gläubiger seine Ansprüche aus anderen Gründen nicht durchsetzen, wird die Verjährung gehemmt. **Folge:** Die Zeit der Hemmung wird zur Verjährungsfrist hinzugerechnet (§ 205 BGB).

Hemmungsgründe:

- Stundung der Forderung durch Gläubiger
- Stillstand der Rechtspflege (z. B. Krieg) / höhere Gewalt innerhalb der letzten sechs Monate der Frist, d. h. der Gläubiger kann seine Ansprüche gerichtlich nicht durchsetzen
- Zeit der Ehe bei Ansprüchen der Ehepartner untereinander.

b) **Unterbrechung** der Verjährung:

Die Verjährung soll der Rechtssicherheit dienen. Wenn neue Beweismittel entstehen, während die Frist abläuft, besteht dieselbe Situation wie bei Entstehen/Fälligkeit des Anspruches. **Folge:** Die Verjährungsfrist beginnt von neuem (§ 217).

Unterbrechungs**gründe**:

- Schuldanerkenntnis des Schuldners (z. B. durch Teilzahlung, Zinszahlung)
- gerichtliche Geltentmachung des Anspruches durch Gläubiger (z. B. Klage, Mahnbescheidzustellung, Zwangsvollstreckung, Konkursanmeldung des Anspruches).

Beispiele anhand der zweijährigen Frist:

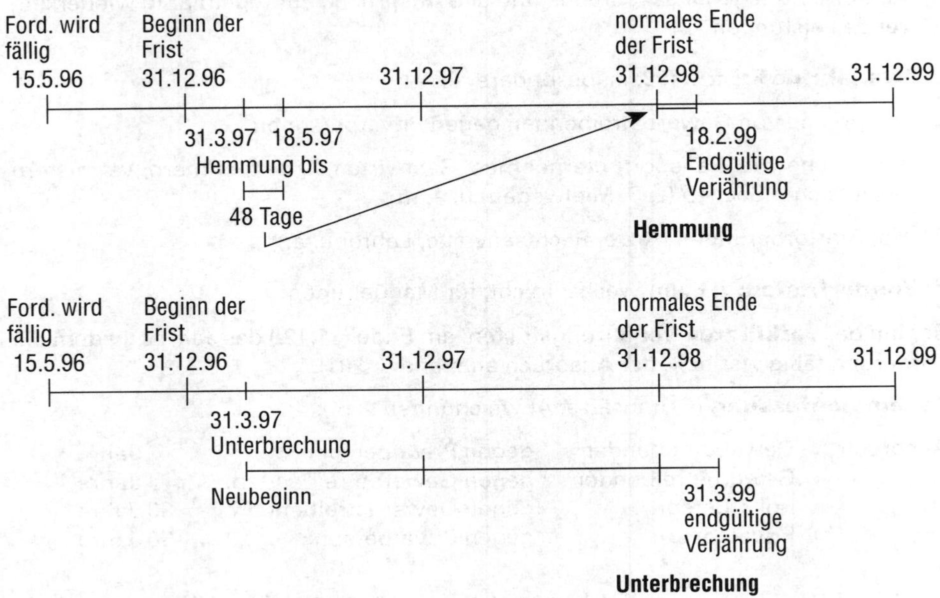

0.1.4 Rechtsgeschäftliche Spezialgesetze

0.1.40 Überblick

Der Grundsatz der **Vertragsfreiheit** beherrscht und kennzeichnet die Lehre vom Rechtsgeschäft. Dennoch gibt es – neben den bereits erwähnten Einschränkungen (s. o. 0.1.021) – eine Reihe sozialgesetzlicher Vorschriften, die dem Schutz einzelner Wirtschaftsteilnehmer dienen. **Schützenswert** erscheinen dabei insbesondere

- die Verbraucher
- Mitkonkurrenten Gewerbetreibender
- geistige Leistungen (z. B. Erfindungen, Herstellungsverfahren).

Diese Vorschriften sind gekennzeichnet dadurch, daß sie **zwingendes** Recht enthalten, also nicht durch (womöglich aufgezwungene) vertragliche Vereinbarungen übergangen werden können. Dementsprechend enthalten sie Straf-, Bußgeld- und Überwachungsvorschriften.

0.1.41 Einzelne Vorschriften

0.1.410 Verbraucherkreditgesetz (VerbrKrG) von 1990

Das Verbraucherkreditgesetz hat das **Abzahlungsgesetz** abgelöst.

a) **Anwendungsbereich** (§ 1): grundsätzlich

- Kreditverträge oder Kreditvermittlungsverträge
- zwischen gewerblichem/beruflichem Kreditgeber / Kreditvermittler
- und natürlicher Person als Verbraucher (d.h. nicht für bereits ausgeübte gewerbliche/selbständige berufliche Tätigkeit dieser Person).

Entsprechende Geltung der Vorschriften über Schriftform, Widerrufsfrist und Versandhandel bei Verträgen

- mit Teillieferungen und Entgeltzahlung in Teilleistungen
- mit regelmäßiger Lieferung von Sachen gleicher Art
- mit Verpflichtung zum wiederkehrenden Erwerb/Bezug von Sachen.

Keine Anwendung

- bei Nettokreditbetrag/Barzahlungspreis bis 400,– DM
- bei Kredit für die Aufnahme gewerblicher/selbständiger beruflicher Tätigkeit, wenn Nettokreditbetrag/Barzahlungspreis 100 000,– DM übersteigt
- bei Zahlungsaufschub für den Verbraucher von max. 3 Monaten
- bei Verträgen von Arbeitgebern mit Arbeitnehmern zu unter den marktüblichen Sätzen liegenden Zinsen
- bei Verträgen im Rahmen der Förderung des Wohnungswesens/Städtebaus zu unter den marktüblichen Sätzen liegenden Zinsen.

b) **Inhalt:** Regelungen über

- Schriftform und Inhalt des Vertrages einschl. Angabe des Effektivzinses
- Widerrufsrecht
- miteinander verbundene Kauf- und Kreditverträge.

Einzelheiten siehe Abschnitt 1.3.01.

0.1.411 Gesetz zur Regelung des Rechts der Allgemeinen Geschäftsbedingungen (AGB-Gesetz) von 1976

a) **Wesen:** Allgemeine Geschäftsbedingungen sind vorformulierte Bedingungen für eine Vielzahl von Verträgen.

b) **Einbeziehung:** AGB werden Vertragsinhalt bei Vertragsschluß

- durch ausdrücklichen Hinweis
- durch deutlichen Aushang am Ort des Vertragsabschlusses (wenn ausdrücklicher Hinweis praktisch nicht möglich ist)
- bei Möglichkeit des Partners, von ihrem Inhalt zumutbar Kenntnis zu erhalten
- nur bei Einverständnis des Partners mit ihrer Geltung.

Nicht Vertragsinhalt werden **überraschende** Klauseln (§ 3). **Individuelle Abreden** gehen vor (§ 4). Auslegungszweifel gehen zu Lasten desjenigen, der die AGB verwendet (§ 5). Sind AGB ganz oder teilweise nicht Vertragsbestandteil geworden oder unwirksam, gilt dafür das Gesetz; im übrigen bleibt der Vertrag wirksam (§ 6).

c) **Unwirksame Klauseln:** grds. alle Bestimmungen, die den Partner gegen Treu und Glauben unangemessen benachteiligen (§ 9), d.h.

- mit wesentlichen Grundgedanken einer zugrundeliegenden gesetzlichen Regelung nicht zu vereinbaren sind
- durch Einschränkung wesentlicher Rechte/Pflichten die Erreichung des Vertragszwecks gefährden.

Einzelfälle: §§ 10, 11; unwirksam sind Bestimmungen zugunsten des Verwenders der AGB

- mit unangemessen langer/nicht hinreichend bestimmter Annahme- und Leistungsfrist
- mit unangemessen langer/nicht hinreichend bestimmter Nachfrist
- mit sachlich nicht gerechtfertigtem und im Vertrag angegebenem Rücktrittsvorbehalt
- mit unzumutbarem Recht auf Änderung der Leistung (Änderungsvorbehalt)
- mit fingierten Erklärungen: Erklärung des Vertragspartners gilt als abgegeben (oder nicht abgegeben), ausgenommen bei besonderem Hinweis und angemessener Frist
- mit Fiktion des Zugangs (Erklärung des Verwenders von besonderer Bedeutung gilt als zugegangen)
- mit unangemessener Vergütung/Aufwandsersatzforderung bei Rücktritt/Kündigung einer Partei
- mit der Möglichkeit kurzfristiger Preiserhöhungen bei Lieferung/Leistung binnen 4 Monaten nach Vertragsschluß (z.B. Autokauf)
- mit Ausschluß/Einschränkung des Leistungsverweigerungsrechts wegen Nichterfüllung (§ 320 BGB) oder eines Zurückbehaltungsrechts
- mit Aufrechnungsverbot
- mit Freistellung des Verwenders von Mahnung/Fristsetzung
- mit Pauschalierung von Schadensersatzansprüchen zum Nachteil des Vertragspartners

- mit Vertragsstrafe
- mit Haftungsausschluß oder -begrenzung bei grob fahrlässiger Vertragsverletzung
- mit Ausschluß/Einschränkung der Lösung aus dem Vertrag oder des Schadensersatzes für den Vertragspartner bei Verzug/Unmöglichkeit
- mit unangemessener Einschränkung der Gewährleistungsansprüche bei Lieferung neu hergestellter Sachen und Leistungen
- mit Ausschluß/Einschränkung von Schadensersatzansprüchen wegen Fehlens zugesicherter Eigenschaften
- bei regelmäßiger Warenlieferung/Dienst-, Werkleistung: mit
  - den Vertragspartner länger als 2 Jahre bindender Vertragslaufzeit
  - den Vertragspartner bindender stillschweigender Verlängerung des Vertrages um jeweils mehr als ein Jahr
  - zu Lasten des Vertragspartners längerer Kündigungsfrist als drei Monate
- mit Wechsel des Vertragspartners (ausgenommen namentliche Bezeichnung oder Recht auf Vertragslösung)
- mit eigener Haftungsverpflichtung eines Vertreters des Vertragspartners beim Vertragsabschluß
- mit Änderung der Beweislast zum Nachteil des Partners
- mit besonders strenger Form für Anzeigen und Erklärungen.

d) **Anwendungsbereich:**

- unterliegt ein Vertrag ausländischem Recht, ist das AGB-Gesetz dennoch bei engem Zusammenhang des Vertrages mit dem Gebiet Deutschlands (z. B. aufgrund öffentlicher Werbung oder wenn der Vertragspartner seinen Wohnsitz/gewöhnlichen Aufenthalt in Deutschland hat) anzuwenden, § 12
- keine Anwendung für Verträge des Arbeits-/Erb-/Familien-/Gesellschaftsrechts (§ 23 I)
- Bausparvertrag, Versicherungsvertrag, Rechtsverhältnis zwischen Kapitalanlagegesellschaft und Anteilseigner unterliegen den genehmigten AGB auch dann, wenn Informations- und Einverständnispflicht nach § 2 I Nr. 1 und 2 nicht eingehalten wurde (§ 23 III)
- Ausschlüsse bestimmter Vorschriften für bestimmte Verträge (§ 23 II)
- keine Anwendung der §§ 2, 10, 11, 12 auf AGB,
  - die gegenüber einem Kaufmann verwendet werden, wenn der Vertrag zum Betrieb seines Handelsgewerbes gehört
  - die gegenüber einer juristischen Person des öffentlichen Rechts oder öffentlich-rechtlichem Sondervermögen verwendet werden
- Verbraucherverträge (§ 24 a):
  = Verträge zwischen Unternehmer und natürlicher Person, die den Vertrag nicht zu gewerblicher/selbständiger beruflicher Tätigkeit abschließt (Verbraucher)

- AGB gelten als vom Unternehmer gestellt
- §§ 5, 6, 8-12 sind auf die vorformulierten Vertragsbedingungen anzuwenden
- bei Benachteiligung nach § 9 sind auch die Begleitumstände des Vertragsabschlusses zu berücksichtigen.

e) Vorgehen gegen unwirksame AGB (§§ 13 ff.):

- Unterlassungs- und Widerrufsanspruch
- Geltendmachung nur durch
  - rechtsfähige Verbände zur Verbraucheraufklärung oder Förderung gewerblicher Interessen
  - Industrie- und Handelskammern/Handwerkskammern
- zuständig: Landgericht.

0.1.412 Gesetz über den Widerruf von Haustürgeschäften (HaustürWG) von 1986

a) **Wesen:** Gesetzliche Regelung im Rahmen des Verbraucherschutzes, die verhindern soll, daß Verbraucher an der Haustür „überrumpelt" und damit unangemessen vertraglich gebunden werden.

b) **Gegenstand:** „Haustürgeschäfte" sind gegeben, wenn die Willenserklärung des Kunden

- durch mündliche Verhandlungen in einer Privatwohnung oder am Arbeitsplatz
- anläßlich einer Freizeitveranstaltung, die zumindest auch im Interesse des Vertragspartners lag (z. B. Verkaufsveranstaltung anläßlich einer Kaffeefahrt)
- im Anschluß an überraschendes Ansprechen in der Öffentlichkeit

zustande kommt.

c) **Rechtsfolgen:**

- Rechtsgeschäft ist schwebend unwirksam
- Wirksamkeit tritt erst ein, wenn der Kunde nicht binnen einer Woche schriftlich widerruft (rechtzeitige Absendung reicht)
- Widerrufsfrist beginnt erst nach schriftlicher Belehrung über das Widerrufsrecht durch den Vertragspartner und Unterschrift durch den Kunden
- ohne Belehrung endet das Widerrufsrecht erst einen Monat nach beiderseitiger Leistung
- **kein** Widerrufsrecht besteht, wenn
  - die mündlichen Verhandlungen in der Privatwohnung/am Arbeitsplatz auf Bestellung des Kunden geführt wurden
  - oder die Leistung sofort erbracht und bezahlt wird und das Entgelt 80,– DM nicht übersteigt
  - oder die Willenserklärung von einem Notar beurkundet worden ist

- bei Widerruf ist jeder zur Rückgabe der empfangenen Leistungen verpflichtet
- **keine** Anwendung des Gesetzes,
  - wenn der Kunde in Ausübung eines selbständigen Erwerbsgeschäftes abschließt oder die andere Partei nicht geschäftsmäßig handelt
  - beim Abschluß von Versicherungsverträgen
- zum Nachteil des Kunden vom Gesetz abweichende Vereinbarungen sind unwirksam
- Vorschriften des VerbrKrG haben Vorrang.

d) **Auswirkungen für KI:**

- einige Geschäfte **müssen** sofort abgewickelt werden (z. B. Wertpapier-Kaufvertrag; bei zwischenzeitlichem Kursverlust und Ausübung des Widerrufsrecht wäre das KI geschädigt!)
- Wettbewerbsnachteil gegenüber Versicherungen, auf die das Gesetz nicht angewandt wird
- aktiver Verkauf durch KI daher nur bei voraufgehender „Bestellung" durch den Kunden.

0.1.413 Gesetz gegen den unlauteren Wettbewerb (UWG) von 1909

a) **Wesen:** Handlungen im Rahmen des Geschäftsverkehrs zu Zwecken des Wettbewerbs, die gegen die guten Sitten verstoßen und zu Wettbewerbsvorteilen führen sollen, können zu

- Unterlassungsansprüchen
- Schadensersatzansprüchen
- Bestrafungen

führen.

b) **Verboten** sind u. a.

- wissentlich unwahre und irreführende Angaben (z. B. Anlocken von Kunden mit Schleuderpreisen)
- Mißbrauch bekannter Namen
- „Anschwärzen" von Mitbewerbern
- vergleichende Werbung („besser als ...")
- Verkauf über Schneeballsystem: Veranlassung von Nichtkaufleuten, wiederum andere zum Abschluß gleichartiger Geschäfte zu veranlassen und dafür Vorteile zu versprechen
- Bestechung von Angestellten anderer Firmen zwecks Bevorzugung beim Bezug von Waren oder gewerblichen Leistungen

- Verstöße gegen Vorschriften über Sonderverkäufe, Räumungsverkauf, Konkurswarenverkauf usw.
- Verkauf durch Hersteller/Großhändler an Endverbraucher
- Verrat von Geschäfts- oder Betriebsgeheimnissen.

c) Weitere Vorschriften bieten Schutz

- durch Rücktrittsrecht bei unwahren und irreführenden Werbeangaben
- gegen Anschwärzung und geschäftliche Verleumdung
- für geschäftliche Bezeichnungen.

0.1.414 Preisangabengesetz und Preisangabenverordnung

a) Das **Preisangabengesetz** von 1984 dient folgenden Zwecken:

- Unterrichtung und Schutz der Verbraucher
- Förderung des Wettbewerbs.

Es schafft die Rechtsgrundlage für das Bundeswirtschaftsministerium, mit Zustimmung des Bundesrates Rechtsverordnungen für die Angabe von Preisen bei Anbieten/Werbung für Waren oder Leistungen zu erlassen.

b) Die **Preisangabenverordnung (PAngV)** wurde 1985 auf der Grundlage des Preisangabengesetzes erlassen. Sie beinhaltet folgende wesentliche Regelungsbereiche:

- **Grundvorschriften:**
  - Beim gewerbsmäßigen Anbieten von Waren oder Leistungen an Letztverbraucher oder entsprechender Werbung sind die **Endpreise** anzugeben (incl. Umsatzsteuer, unabhängig von evtl. Rabatt).
  - Außerdem ist, soweit üblich, die Verkaufs- oder Leistungseinheit und die Gütebezeichnung anzugeben, auf die sich der Preis bezieht.
  - Bei Liefer- oder Leistungsfristen von mehr als 4 Monaten kann – unter Angabe der Fristen – ein Änderungsvorbehalt gemacht werden.
  - Die Angaben müssen der allgemeinen Verkehrsauffassung und den Grundsätzen von Preiswahrheit und -klarheit entsprechen, leicht erkennbar und deutlich lesbar oder sonst gut wahrnehmbar sein.
- **Handel:**
  - Ausgestellte Waren sowie Waren, die vom Verbraucher unmittelbar entnommen werden können (Selbstbedienung), sind durch Preisschilder oder Beschriftung der Ware auszuzeichnen.
  - Für andere Waren sind z. B. die Regale zu beschriften, Preisverzeichnisse zur Einsicht bereitzulegen oder in Katalogen und Warenlisten Preisangaben neben der Warenabbildung oder -beschreibung zu machen.
- **Leistungen:**
  - Aufstellung und Aushang eines **Preisverzeichnisses** im Geschäftslokal und im Schaufenster/Schaukasten

- falls der Aushang wegen des Umfangs nicht zumutbar ist: Bereithaltung des Verzeichnisses am Ort des Leistungsangebots
- KI hängen ihr Preisverzeichnis aus und halten es zusätzlich in detaillierterer Form für den Kunden zur Einsicht bereit.

- **Kredite:** für die KI besonders wichtige und einschneidende Vorschriften, im Dezember 1992 neugefaßt; wichtigste Anforderungen nach § 4 PAngV (Einzelheiten siehe Abschnitt 1.3.012):
  - Angabe der Preise bei „Letztverbraucherkrediten"
    - im Kreditformular
    - bei Mitteilung neuer Konditionen
    - im Preisverzeichnis
    - in der Werbung, wenn Zinsen, Raten oder sonstige Preisbestandteile genannt werden
  - Angabe und Bezeichnung des Preises
    - bei Krediten mit über die gesamte Laufzeit festen Bedingungen als **effektiver Jahreszins**
    - bei anderen („variablen") Krediten als **anfänglicher effektiver Jahreszins**
  - Berechnung des Jahreszinses nach festen Regeln und Formeln auf der Grundlage eines „Vergleichskredits", der dieselben Konditionen und voraussichtlichen Zahlungsströme berücksichtigt
  - neben dem Zinssatz: Einbeziehung einer Vielzahl weiterer Kriterien, um für den Verbraucher die tatsächliche Belastung so transparent wie möglich zu machen

- weitere Regelungen für das **Gaststättengewerbe** sowie für **Tankstellen** und Parkplätze

- Sicherstellung der Einhaltung der Vorschriften über einen Ordnungswidrigkeitenkatalog auf der Grundlage des Wirtschaftsstrafgesetzes.

0.1.415 Bundesdatenschutzgesetz (BDSG) in der Fassung von 1991

a) **Wesen:** Regelung zum Schutz des einzelnen vor Beeinträchtigung in seinem Persönlichkeitsrecht durch den Umgang mit seinen personenbezogenen Daten.

b) **Geltung:** für Erhebung, Verarbeitung, Nutzung personenbezogener Daten durch

- öffentliche Stellen des Bundes und der Länder, soweit der Datenschutz nicht durch Landesrecht geregelt ist

- nicht-öffentliche Stellen, soweit sie die Daten geschäftsmäßig oder für berufliche/gewerbliche Zwecke verarbeiten/nutzen (u.a. KI).

c) **Regelungen:**

- den bei der Datenverarbeitung (nicht notwendig im edv-technischen Sinne!) beschäftigten Personen ist die unbefugte Verarbeitung oder Nutzung personenbezogener Daten untersagt (**Datengeheimnis**); bei nicht-öffentlichen Stellen sind sie auf die Einhaltung des Datengeheimnisses zu **verpflichten**

- das Datengeheimnis besteht auch nach Beendigung der Tätigkeit fort
- bei Zufügung eines Schadens aufgrund unzulässiger oder unrichtiger automatisierter Verarbeitung:
  - öffentliche Stellen: Schadensersatz unabhängig von Verschulden
  - nicht-öffentliche Stellen: Verschulden erforderlich; Beweislast für Vertretenmüssen im Zweifel bei der speichernden Stelle
- bei Einrichtung automatisierter Abrufverfahren für personenbezogene Daten (z. B. Kunden-Datenbanken) muß das Verfahren
  - die schutzwürdigen Interessen der Betroffenen berücksichtigen; dabei sind
    - die Sensibilität der Daten
    - das Bedürfnis nach besonders schneller Auskunft

    abzuwägen
  - im Hinblick auf Aufgaben/Geschäftszwecke der beteiligten Stellen angemessen sein
  - hinsichtlich seiner Zulässigkeit kontrolliert werden können
- Zulässigkeit des Speicherns/Veränderns/Übermittelns personenbezogener Daten und ihrer Nutzung:
  - im Rahmen der Zweckbestimmung eines Vertrages
  - soweit zur Wahrung berechtigter Interessen der speichernden Stelle erforderlich
  - wenn die Daten aus allgemein zugänglichen Quellen entnommen werden können
  - wenn zur Durchführung wissenschaftlicher Forschung erforderlich
  - unter bestimmten Voraussetzungen zur Wahrung berechtigter Interessen eines Dritten oder der Öffentlichkeit
  - unter Abwägung des schutzwürdigen Interesses des Betroffenen
- **Rechte des Betroffenen** bei Datenverarbeitung nicht-öffentlicher Stellen:
  - Widerspruchsrecht gegen Datennutzung für Werbung/Markt-, Meinungsforschung
  - Benachrichtigung bei erstmaliger Speicherung für eigene Zwecke der Stelle (mit Ausnahmen, z. B. wenn die Daten nur vorübergehend gehalten und binnen drei Monaten gelöscht werden oder wenn der Betroffene auf andere Weise Kenntnis von der Speicherung erlangt hat)
  - Auskunft über die zu seiner Person gespeicherten Daten, den Zweck der Speicherung und Personen/Stellen, an die seine Daten – bei automatisierter Verarbeitung – regelmäßig übermittelt werden
  - Berichtigung unrichtiger Daten
  - Löschung unzulässiger Daten
  - Sperrung bzw. Löschung von Daten unter weiteren Voraussetzungen
- Bestellung eines **Datenschutzbeauftragten** in nicht-öffentlichen Stellen, die
  - personenbezogene Daten automatisiert verarbeiten und damit i. d. R. mindestens 5 Arbeitnehmer ständig beschäftigen
  - solche Daten auf andere Weise verarbeiten mit i. d. R. ständig mind. 20 Arbeitnehmern.

d) Sicherstellung der **Einhaltung** der Vorschriften durch Bundes-, Landesdatenschutzbeauftragte, Straf- und Bußgeldvorschriften.

0.1.416 Sonstige Vorschriften (Auswahl)

a) **Zugabeverordnung:** Verbot des Ankündigens/Anbietens/Gewährens von Zugaben mit Ausnahme von Zubehör oder geringwertigen Gegenständen (z. B. Kugelschreiber, Kalender).

b) **Gesetz über den Schutz von Marken und sonstigen Kennzeichen (Markengesetz, MarkenG)** vom 25.10.1994: hat das Warenzeichengesetz (WZG) abgelöst und zur Umsetzung von EG-Rechtsvorschriften geführt.

- Geschützt werden (§ 3):
  - Marken
  - geschäftliche Bezeichnungen (Unternehmenskennzeichen, Werktitel = Bezeichnungen von Druckschriften, Film-, Ton-, Bühnenwerken usw.)
  - geografische Herkunftsangaben.
- Markenschutz (§ 4) entsteht durch
  - Eintragung eines Zeichens als Marke in das vom Patentamt geführte Register
  - Benutzung eines Zeichens im geschäftlichen Verkehr, soweit „Verkehrsgeltung", also entsprechende Bedeutung und Verbreitung erreicht wird
  - „notorische Bekanntheit" einer Marke nach der Pariser Verbandsübereinkunft, einer internationalen Regelung.
- Inhaber eingetragener und angemeldeter Marken können sein (§ 7)
  - natürliche Personen
  - juristische Personen
  - Personengesellschaften mit der Fähigkeit, Rechte zu erwerben und Verbindlichkeiten einzugehen.
- Der Erwerb des Markenschutzes gewährt dem Inhaber der Marke ein ausschließliches Recht (§ 14) und damit ggf. gegen Dritte einen
  - Unterlassungsanspruch
  - Schadensersatzanspruch.
- Verjährung der Ansprüche (§ 20)
  - in 3 Jahren ab Kenntnis des Berechtigten von der Verletzung und der Person des Verpflichteten
  - ansonsten in 30 Jahren ab Verletzung.
- Das durch Eintragung, Benutzung oder notorische Bekanntheit einer Marke begründete Recht kann auf andere übertragen werden oder übergehen (§ 27).

c) **Patentgesetz:** Schutz von technischen Erfindungen und neuen technischen Herstellungsverfahren

- durch Eintragung beim Patentamt gegen Gebühr
- Schutzzeit maximal 20 Jahre
- Voraussetzung: Erfindung muß neu und gewerblich verwertbar sein
- Bedeutung: der Patentinhaber ist ausschließlich berechtigt, die Erfindung zu verwerten; er kann einem anderen dieses Recht verkaufen oder für bestimmte Zeit überlassen (Lizenz).

d) **Gebrauchsmustergesetz:** Schutz technischer Erfindungen, soweit es sich um bewegliche Arbeitsgeräte handelt (z. B. Haushaltsgeräte), für maximal 8 Jahre.

e) **Geschmacksmustergesetz:** Schutz der künstlerischen, ästhetischen Gestaltung von Produkten (technische Produkte; Bekleidung; Einrichtungsgegenstände), sofern das Design neu und gewerblich verwertbar ist und eine besondere Eigenart hat, für maximal 20 Jahre.

Patente, Gebrauchs- und Geschmacksmuster können mittlerweile auch beim Europäischen Patentamt in München angemeldet werden.

0.1.5 Geltung des BGB in Ostdeutschland

Mit der Wiederherstellung der deutschen Einheit durch Beitritt der Deutschen Demokratischen Republik (DDR) zur Bundesrepublik Deutschland zum 3. Oktober 1990 waren die Rechtsordnungen der beiden deutschen Staaten zusammenzuführen. Der Einigungsvertrag vom 31.8.1990 sieht ganz überwiegend die Geltung des bundesdeutschen Rechts auch in den neuen Bundesländern vor. Daneben ist jedoch eine Vielzahl von Übergangs- und Sondervorschriften zu beachten, die aufgrund der Komplexität im Rahmen dieses Lehrbuches nicht behandelt werden können.

Nachfolgend soll lediglich auf einige Besonderheiten für die Geltung des BGB hingewiesen werden.

a) **Anwendung:** Das BGB trat in den neuen Bundesländern mit dem Beitritt der DDR zum Bundesgebiet am 3.10.90 in Kraft. **Ausnahmen:** § 616 II, III (Sonderregelung Schwangerschaftsabbruch – 1994 entfallen –), § 622 (Kündigungsvorschrift bei Arbeitsverhältnissen), §§ 1706-1710 (Pfleger für Kinder) gelten **nicht**.

b) **Übergangsvorschriften – Allgemeiner Teil:** nach Art. 231 EGBGB insb.

- Wirksambleiben rechtskräftig ausgesprochener Entmündigungen
- Fortbestehen
  - rechtsfähiger Vereinigungen als eingetragene Vereine
  - rechtsfähiger Stiftungen
- Trennung bestimmter Sachen (Gebäude, Einrichtungen usw.), die nach DDR-Recht vom Grundstück unabhängiges Eigentum waren, von den Bestandteilen eines Grundstücks nach BGB
- Anwendung der BGB-Verjährungsvorschriften auf am Beitrittstag bestehende und noch nicht verjährte Ansprüche – Beginn, Hemmung, Unterbrechung für den Zeitraum vor dem Beitritt und Anwendung verkürzter Verjährungsfristen aber nach altem Recht
- Sondervorschriften für die Heilung unwirksamer Vermögensübertragungen (ehemals volkseigenes, wohnwirtschaftlich genutztes Vermögen).

c) **Übergangsvorschriften – Schuldrecht:** nach Art. 232 EGBGB insb.

- Fortgeltung des Altrechts für Schuldverhältnisse, die vor Wirksamwerden des Beitritts geschlossen wurden

- Geltung des BGB für Arbeitsverhältnisse, wiederkehrende Dienstleistungen, Bruchteilsgemeinschaften
- Sonderregelungen für Miete, Pacht; für Rechte und Pflichten im Zusammenhang mit Betriebsübergang
- Konto- und Sparkontoverträge: Recht des KI, zu bestimmen, daß auf die zur Wirksamkeit des Beitritts bestehenden Verträge das BGB einschließlich der dafür allgemein geltenden AGB anzuwenden ist; Kündigungsmöglichkeit des Kontoinhabers binnen eines Monats ab Zugang der Erklärung
- nach dem 30.6.90 geschlossene Kreditverträge: Anwendung des § 609a BGB hinsichtlich Fälligkeit und Rückerstattung
- Anwendbarkeit der Vorschriften über unerlaubte Handlungen nur auf nach Wirksamwerden des Beitritts begangene Handlungen.

d) **Übergangsvorschriften – Sachenrecht:** nach Art. 233 EGBGB insb.

- Besitz: Anwendung der BGB-Vorschriften auf am Tag des Wirksamwerdens des Beitritts bestehendes Besitzverhältnis
- desgleichen für Eigentum sowie für Rechte an anderen Sachen oder Rechten, sofern nicht Sonderregelungen getroffen wurden
- Sonderregelungen für dingliche Nutzungsrechte und Gebäudeeigentum (analoge Anwendung der Vorschriften über Aufgebotsverfahren und Aufgabe des Eigentums)
- Mitbenutzungsrechte nach DDR-Recht gelten als Rechte an dem belasteten Grundstück
- entsprechende Anwendung der BGB-Vorschriften auf die Übertragung und Aufgabe von Hypothekenforderungen (ohne Anwendung von § 1183 – Zustimmung des Eigentümers) sowie auf die Übertragung von Hypotheken, Grund- und Rentenschulden
- Sondervorschriften für zum Beitrittszeitpunkt schwebende Rechtsänderungen.

e) **Übergangsvorschriften – Familienrecht:** nach Art. 234 EGBGB insb.

- grundsätzliche Geltung des BGB für alle bei Wirksamwerden des Beitritts bestehenden familienrechtlichen Verhältnisse
- grundsätzliche Anwendung der Vorschriften über den gesetzlichen Güterstand der Zugewinngemeinschaft auf bestehende Ehen mit gesetzlichem Güterstand nach DDR-Recht
- zahlreiche Sonderregelungen zu einzelnen Problemkreisen.

f) **Übergangsvorschriften – Erbrecht:** nach Art. 235 EGBGB

- Fortgeltung des bisherigen Rechts für die erbrechtlichen Verhältnisse, wenn der Erblasser vor Wirksamwerden des Beitritts gestorben ist
- Fortgeltung des bisherigen Rechts für Verfügungen von Todes wegen, auch wenn der Erblasser nach Wirksamwerden des Beitritts stirbt.

Achtung: Die Übergangsvorschriften beziehen sich primär auf zum Zeitpunkt des Eintritts der Einheit bereits wirksame Rechtshandlungen bzw. bestehende Rechtsverhältnisse. Zahlreiche Vorschriften enthalten zeitliche Begrenzungen der Übergangsvorschrift (bitte im Einzelfall nachlesen).

0.2 Kaufmännischer Dienstleistungsverkehr

Kaufmännische Dienstleistungen werden in weitesten Sinne durch jedes Dienstleistungsunternehmen erbracht, sofern dieses als Kaufmann im Sinne des Handelsgesetzbuches bezeichnet werden kann, also auch z. B. durch Kreditinstitute.

Im engeren Sinne setzt sich der kaufmännische Dienstleistungsverkehr aus denjenigen Unternehmen zusammen, die in unmittelbarem Zusammenhang mit der Tätigkeit des **Handelskaufmanns** stehen, d. h. ihm beim Abschluß von Warengeschäften behilflich sind (**Nachrichtenverkehr, Handelsmittler**) oder im Rahmen der Erfüllung durch Warenlieferung eingeschaltet werden (**Güterverkehr**).

0.2.0 Güter- und Nachrichtenverkehr

0.2.00 Überblick

Das Bestehen eines **Güterverkehrs** ist eine der wesentlichen Voraussetzungen für das Funktionieren einer Volkswirtschaft. Aufgrund der territorialen Arbeitsteilung (s. o. 0.0.02 – h), die in zunehmend größerem Umfang eine Rolle spielt, befinden sich die Produzenten der verschiedensten Güter und die Konsumenten nur selten und zufällig an demselben Ort.

Doch es sind nicht nur räumliche Distanzen zwischen Produzent und Konsument zu überbrücken, sondern jede der einzelnen Wirtschaftsstufen braucht Querverbindungen in ihrem eigenen Bereich und zur jeweils nächsten Stufe: Ein (Ur-)Produkt muß zur weiteren Be- oder Verarbeitungsstätte gebracht werden, die dazu notwendigen Hilfsmittel (Werkzeuge, maschinelle Anlagen, weitere Rohstoffe) sind von verschiedenen Orten herbeizuschaffen, die fertige Ware muß dem Händler übergeben werden und wird unter den Verteilungsbetrieben weitergereicht (Großhändler – andere Großhändler – Einzelhändler, Exporteur – Importeur usw.); sie soll schließlich bis zum Konsumenten gelangen.

Dabei werden an das **Transportmittel** die unterschiedlichsten Anforderungen gestellt: es soll

- schnell
- besonders preisgünstig
- möglichst sicher
- erschütterungsfrei
- eventuell regelmäßig

sein, und nach Möglichkeit alles zugleich.

Dementsprechend haben sich verschiedene **Transportarten** herausgebildet: **Träger** des Güterverkehrs sind

- Eisenbahn
- Lkw-Verkehr
- Binnen- und Küstenschiffahrt
- Seeschiffahrt
- Luftfrachtverkehr
- Post.

Die am Güterverkehr beteiligten **Personen** werden bezeichnet als

- Absender (Befrachter, Ablader)
- Frachtführer (Verfrachter)
- Empfänger.

Der **Nachrichtenverkehr** dient zur schnellen, sicheren und geheimen Übermittlung von Nachrichten, d. h. Informationen, Angeboten und sonstigen Willenserklärungen, und der Klärung von Unklarheiten oder Streitigkeiten ohne wesentliche Zeitverzögerung für das abgeschlossene Geschäft. Sein Träger ist die **Post**.

Die **Rechtsgrundlagen** des Güterverkehrs sind außerordentlich zersplittert und unübersichtlich. So enthält das HGB zwar eine Reihe von grundlegenden Vorschriften, diese sind aber **dispositiv,** also abänderbar, und durch Verordnungen und Transportbedingungen umgestaltet.

Teilweise gibt es mehrere gleichzeitig zu berücksichtigende Rechtsgrundlagen, wie im Luftverkehrsbereich, wo das Luftverkehrsgesetz von 1981, das Warschauer Abkommen in zwei Fassungen (je nach Unterzeichnerstaaten) und das Zusatzabkommen von Guadalajara gelten.

Vor diesem Hintergrund wurde von der Bundesregierung 1992 eine Sachverständigenkommission zur Reform des Transportrechtes eingesetzt. Ihr Auftrag bezog sich auf eine Koordinierung des Landbeförderungsrechts. Der Luft- und Seeverkehr wurden ausgeklammert. Die Kommission schloß 1996 ihre Arbeit ab. Der Reformvorschlag enthält folgende Eckpunkte:

- Alle gesetzlichen Bestimmungen zum Fracht-, Speditions- und Lagergeschäft werden im HGB (§§ 407 ff.) geregelt. Entsprechend sollen andere Vorschriften aufgehoben werden.
- Der Frachtvertrag für Straße, Schiene und Binnenschiffahrt soll einheitlich geregelt werden. Er soll sich am Übereinkommen über den Beförderungsvertrag im internationalen Straßengüterverkehr (CMR) von 1956 ausrichten.
- Den Vertragspartnern soll ein größerer Gestaltungsspielraum eingeräumt werden.
- Sonderbestimmungen sollen nach Möglichkeit entfallen (z. B. für Güternah- und Güterfernverkehr).
- Der Umzugsverkehr soll in das HGB aufgenommen werden und verbraucherschutzrechtlichen Vorschriften unterliegen.
- Der Vertrag über die Güterbeförderung mit verschiedenen Beförderungsmitteln soll erstmals gesetzlich geregelt werden.

- Das Speditionsrecht soll neugestaltet werden.

0.2.01 Der Frachtführer

Der Güterverkehr ist ein Teil des kaufmännischen Dienstleistungsverkehrs; Dienstleistender ist der Frachtführer.

a) **Wesen:**

= gewerbsmäßiger Beförderer von Gütern (§ 425 HGB)

- auf der Grundlage eines Frachtvertrages als Regelung der Rechtsbeziehungen zwischen den Parteien

= Mußkaufmann durch Ausübung eines Grundhandelsgewerbes (§ 1 II HGB).

b) **Pflichten** des Frachtführers:

- Beförderung der Güter in angemessener (wenn nicht vorgeschriebener) Frist
- Prüfung des Transportgutes bei Annahme (insb. Verpackung)
- Ausführung von Weisungen des Absenders
- Ablieferung der Ware an den Empfänger (der im Frachtbrief genannt ist oder sich durch ein Dokument ausweisen kann: unterschiedliche Regelungen bei den verschiedenen Transportarten!)
- Haftung für Schäden, die durch „Sorgfalt eines ordentlichen Frachtführers" hätten vermieden werden können (§ 429 HGB), also auch Sorgfaltspflicht

c) **Rechte** des Frachtführers:

- Ausstellung eines Frachtbriefes
- Erhalt sonstiger notwendiger Papiere (z. B. Ausfuhrschein u. a.)
- Zahlung der Frachtkosten und sonstiger Auslagen (i. d. R. durch Empfänger)
- gesetzliches Pfandrecht an der Ware für alle Ansprüche (§ 440 HGB).

Der Empfänger hat offene Mängel der Sache sofort, versteckte Mängel unverzüglich nach Entdeckung und spätestens binnen einer Woche nach der Annahme zu rügen (§ 438 HGB).

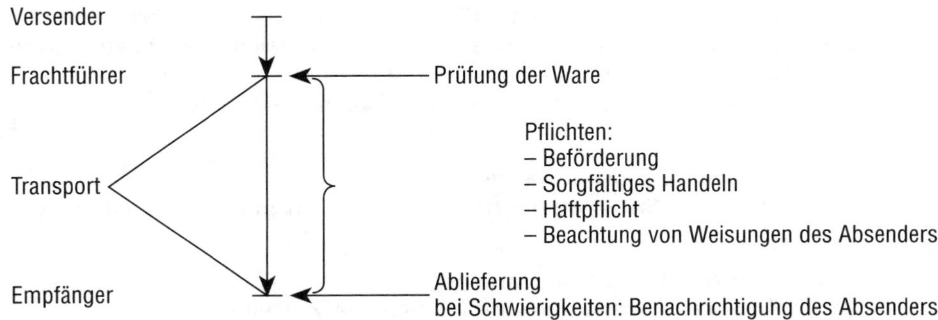

0.2.02 Eisenbahnfrachtverkehr

Zum 1.1.1994 wurde die **Deutsche Bahn AG** (DB AG) als Rechtsnachfolgerin der Deutschen Bundesbahn und der Deutschen Reichsbahn gegründet. Gleichzeitig wurde das Nachfolgeunternehmen von den zu diesem Zeitpunkt bestehenden 70 Mrd. DM Schulden entlastet; diese wurden auf das sog. Bundeseisenbahnvermögen übertragen. Der Abbau der Schulden soll durch Steuereinnahmen und Überschüsse der Bahn erfolgen.

Eigentümerin der DB AG ist die Bundesrepublik Deutschland. Firmensitz: Berlin.

0.2.020 Ausgestaltung

a) **Frachtvertrag:**

- Rechtsgrundlagen: Beförderungsbedingungen für den Eisenbahn-Güterverkehr (Eisenbahnverkehrsordnung, EVO); HGB, BGB
- im interkontinentalen Bahnverkehr: Internationales Übereinkommen über den Eisenbahnverkehr (COTIF = Convention internationale concernant le transport des Marchandises par chemin de fer) = Einheitliche Rechtsvorschriften für den Vertrag über die internationale Eisenbahnbeförderung von Gütern
- Beförderungspflicht der deutschen Eisenbahnen für alle ihren Bedingungen entsprechenden Güter aufgrund ihrer Monopolstellung für den Schienentransport **entfiel** mit Inkrafttreten des Eisenbahn-Neuordnungsgesetzes (ENeuOG) am 1.1.1994.

b) **Versandarten:**

- Ganzzüge:
  - Transporte insb. für Großindustrie und Energiewirtschaft
  - z. B. Eisen, Stahl, Erze, Kohle, Kalk, Mineralöl, Getreide
  - Transportbeginn beim Versender (Gleisanschluß)
- InterCargo:
  - Transport von ganzen Wagenladungen
  - über Nacht (d. h. Abholung nachmittags, Ankunft morgens)
  - Verbindung der bedeutendsten deutschen Wirtschaftszentren
  - Garantiecargo: Gestellung bis 15 Uhr
- Containerverkehr:
  - Eignung der Behälter zugleich für Binnen-, z. T. für Überseeverkehr
  - Vorteile: für fast jedes Gut geeignet, hohe Transportsicherheit, bestmögliche Raumnutzung, kein Umladen
  - Abwicklung über Transfracht (Tochter der Deutsche Bahn AG)
- Stückfracht:
  - = alle Sendungen, die keinen ganzen Wagen füllen
  - Einschaltung von Stückgutunternehmen (Transport zum und vom Bahnhof)
- Partiefracht:
  - Sendungen ab 1 Tonne (sog. Partien)
  - Abholung per Lkw, Nachttransport per Schiene, Zustellung per Lkw

- Expreßdienst:
  - jeweils nächster Reise- oder Expreßgutzug nimmt die Sendung mit
  - Frachtberechnung nur nach Gewicht (unabhängig von der Zahl der Stücke)
- Termindienst:
  - Garantie der Bahn, daß die Sendung pünktlich am Ziel ist
  - Aufgabe der Sendung bis 17.30 h, Ankunft am nächsten Morgen
  - bestimmte Maß-/Gewichtsgrenze
- IC-Kurierdienst
  - Transport per InterCity
  - damit gleichtägiges Eintreffen möglich
  - Abholung/Zustellung möglich
- Kombinierter Ladungsverkehr (KLV): Beförderung nach eigenen Fahrplänen und Beförderungsbedingungen;
  - Kombinierter Containerverkehr: Großcontainer, Umschlag der Container vom See- oder Binnenschiff auf den Bahnwagen, vom Bahnwagen auf den LKW oder umgekehrt; Abwicklung durch die Transfracht Deutsche Transportgesellschaft mbH (TFG)
  - Kombiverkehr: Beförderung von Fahrzeugen des Güterfernverkehrs auf der Schiene; LKW, Sattelanhänger, Wechselbehälter und Container

c) **Fracht** (= Transportkosten): auf der Grundlage der Preislisten der DB AG berechnet, abhängig von

- Versandart
- Gewicht der Warensendung
- Laderaum/Art des Wagens
- Schnelligkeit des Transports
- Entfernung
- Art der Ware (bei Wagenladungen).

Bezahlung: meist durch Empfänger (Frachtbrief: „frei").

d) **Haftung** der Bahn:

- für jeden Schaden, der durch gänzlichen oder teilweisen Verlust sowie durch Beschädigung des Gutes entsteht
- maßgeblich ist die Zeit von der Annahme zur Beförderung bis zur Ablieferung
- auch bei Zufallsschaden
- Haftungsausschlüsse: bei Nachweis, daß der Schaden
  - durch Verschulden des Verfügungsberechtigten
  - aufgrund besonderer Mängel des Gutes
  - durch höhere Gewalt
  - durch Transport in offenem Wagen, Verpackungsmängel, Ein-, Ausladung vom Absender/Empfänger selbst u. a. m.

  entstanden ist.

0.2.021 Eisenbahnfrachtbrief

a) **Wesen:**

= Beweispapier für den Abschluß des Frachtvertrags

= Warenbegleitpapier

= Grundlage für Ersatz-, Entschädigungsansprüche

= Sperrpapier (Frachtbriefdoppel, s. u.)

- kein Wertpapier
- Auslandstransport: Internationaler Eisenbahnfrachtbrief

b) **Formular:** vierteiliger Vordruck

1. Versandblatt (für Versandbahnhof/Bahntrans)
2. Frachtbriefdoppel (für den Absender)
3. Empfangsblatt (für Bestimmungsbahnhof/Bahntrans)
4. Frachtbrief (für den Empfänger)

c) Bedeutung des **Frachtbriefdoppels:**

- wird dem Versender nach Anlieferung der Ware an der Versandstation abgestempelt ausgehändigt
- Verfügungspapier mit begrenzter Sperrwirkung:
  - Mittel für nachträgliche Verfügungen des Versenders durch Rückruf/Umleitung/Anhalten/Auslieferung der Ware an anderen Empfänger
  - nur solange der Versender das Papier in Händen hat
  - Recht erlischt, wenn
    - Frachtbrief dem Empfänger übergeben wurde
    - Empfänger seine Rechte aus dem Frachtvertrag geltend macht
    - Ware im Zollgebiet des Bestimmungslandes eingetroffen ist (vorausgesetzt, der Empfänger ist verfügungsberechtigt/hat Transportkosten im Binnenland zu tragen)
- geeignet als Inkassopapier:
  - Empfänger zahlt gegen Übergabe des Frachtbriefdoppels

  = „Kasse gegen Frachtbriefdoppel"
  - damit werden nachträgliche Verfügungen des Versenders verhindert
- kein Legitimationspapier: Güter werden ohne Vorlage des Frachtbriefdoppels ausgehändigt
- Kreditunterlage:
  - Banken bevorschussen die rollende Ware gegen Übergabe des Frachtbriefdoppels

– Übersicht:

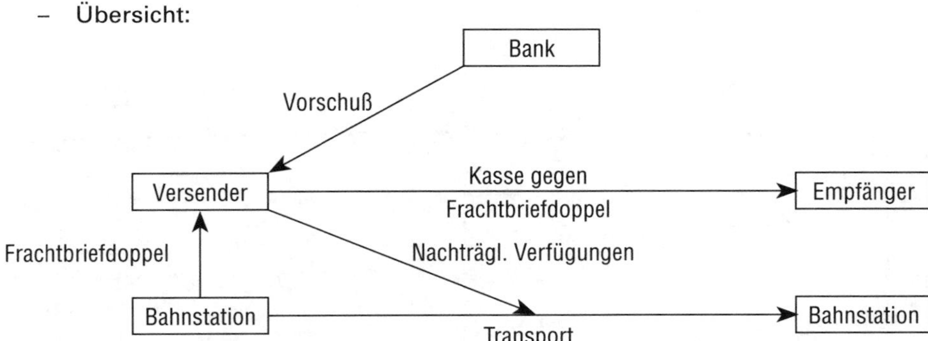

0.2.03 LKW-Güterverkehr (Kraftfahrt)

a) **Rechtsgrundlagen:**

- Güterkraftverkehrsgesetz (GüKG)
- Kraftverkehrsordnung (KVO)
- Tarife für den Güternahverkehr (GNT) bzw. Fernverkehr (GFT) mit Kraftfahrzeugen
- Übereinkommen über den Beförderungsvertrag im internationalen Straßengüterverkehr (CMR = Convention relativ au Contrat de transport international de Marchandises par Route)

b) **Transportarten:** je nach Konzession, kenntlich durch Schild am Lkw;

- Güternahverkehr: bis 75 km (Nahzone), erlaubnispflichtig
- Güterfernverkehr: über Nahzone hinaus bzw. außerhalb der Nahzone, genehmigungspflichtig
- Werknahverkehr (frei)/Werkfernverkehr (lizenzpflichtig): Transport mit werkseigenem Lkw
- Umzugsverkehr: erlaubnispflichtig

c) **Internationaler Güterkraftverkehr:**

- Grundlage: Übereinkommen über den Beförderungsvertrag im internationalen Straßengüterverkehr (CMR)
- Genehmigungspflicht; Arten von Zulassungsurkunden:
  - Gemeinschaftslizenz (EG-Lizenz) für Beförderung mit einem KFZ im grenzüberschreitenden Verkehr innerhalb der Europäischen Union
  - CEMT-Genehmigung für die Beförderung von Gütern mit KFZ zwischen zwei CEMT-Mitgliedstaaten (Mitglieder sind die meisten europäischen Staaten)
  - Kabotage-Genehmigung (Güterverkehr eines Unternehmenrs in einem EU-Mitgliedstaat, in dem er nicht ansässig ist)
  - Transportgenehmigungen für Güterbeförderung mit KFZ im grenzüberschreitenden Verkehr mit Nicht-EU-Mitgliedstaat

Deutsche Bahn AG

DB

Versandblatt

Absender – Postanschrift
August Müller
Museumstr. 39
22765 Hamburg
Tel. 040/12345 Telex Fax 040/54321

Kundennummer 471111

Frachtzahler-Nr. Versand (17)

Andere vorgeschriebene oder zulässige Erklärungen (5), Begleitpapiere (6)

a Referenz-Nr. des Absenders (7)

Empfänger – Postanschrift
Max Huber
Bahnhofstr. 11
90402 Nürnberg
Tel. 0911/1234 Telex Fax 0911/4321

Kundennummer 471112

Frachtzahler-Nr. Empfang (17)

Tauschpaletten Anzahl EUR EUR

a Palettenschein-Nr.

Wagen (8)
Hbillns
0180 2472 525-3

Lastgrenze (9) 29,0

Verkehr, Sonderbeh.

Für die Eisenbahn unverbindliche Absendervermerke (10)
Ihre Bestellung vom
25.03.1997

3188059897

Achsen

Zahlungsvermerk (Zv) (11)
unfrei | X frei

Kz

Plz 20457 | Versandbahnhof Hamburg Hgbf

a Spt.-/Zug-Nr. Abgangstag: (12)

X Wagenladung

Nr. der Beladest. 010175

Bahnhof für Zoll- oder Steuerbeh. (13)

b Referenz-Nr. des Empfängers (7)

Plz | Bestimmungsbahnhof (14) Nürnberg Hgbf

Entladestelle

Bahnstellen-Nr. 221978

Nr. der Entladest.

Leitungsweg

Anzahl | Wagenladung (15) | Inhalt – Bezeichnung des Gutes (15)

1 Wagenladung 10 Kisten Maschinenteile

(15) RID ja

Wirkliches Gewicht in kg 10.850

Ermittlungsdienstliche Vermerke

Annahmezeichen

◄ Summe

Vereinbarte Preisliste | Vereinbarter NHM-Code

Con-tain. Z / G	Wagen E / Gattung	U-Art V / E	NHM-Code	Tarif-Nr.	S	Frachtber.-Gew. Koeffizient	Fracht Pf Grundfr. DM	a Fracht DM / Pf	Freibetrag DM / Pf / KZ	Überweisung DM / Pf / KZ	DM / Pf

Lieferwert (16)

Übertrag

Fracht | Fracht

Summe A | Summe C

U-Steuer | U-Steuer

Summe Absender | Summe

U-Steuer | Land ursprungsgültig | km

Summe:

a Verfracht (VI)

Steuersatz %

Summe Empfänger

Tagesstempel des Versandbahnhofes | Tagesstempel des Bestimmungsbahnhofes | Wiegestempel | Kontroll-Etikett

Bahnhof-Nr.

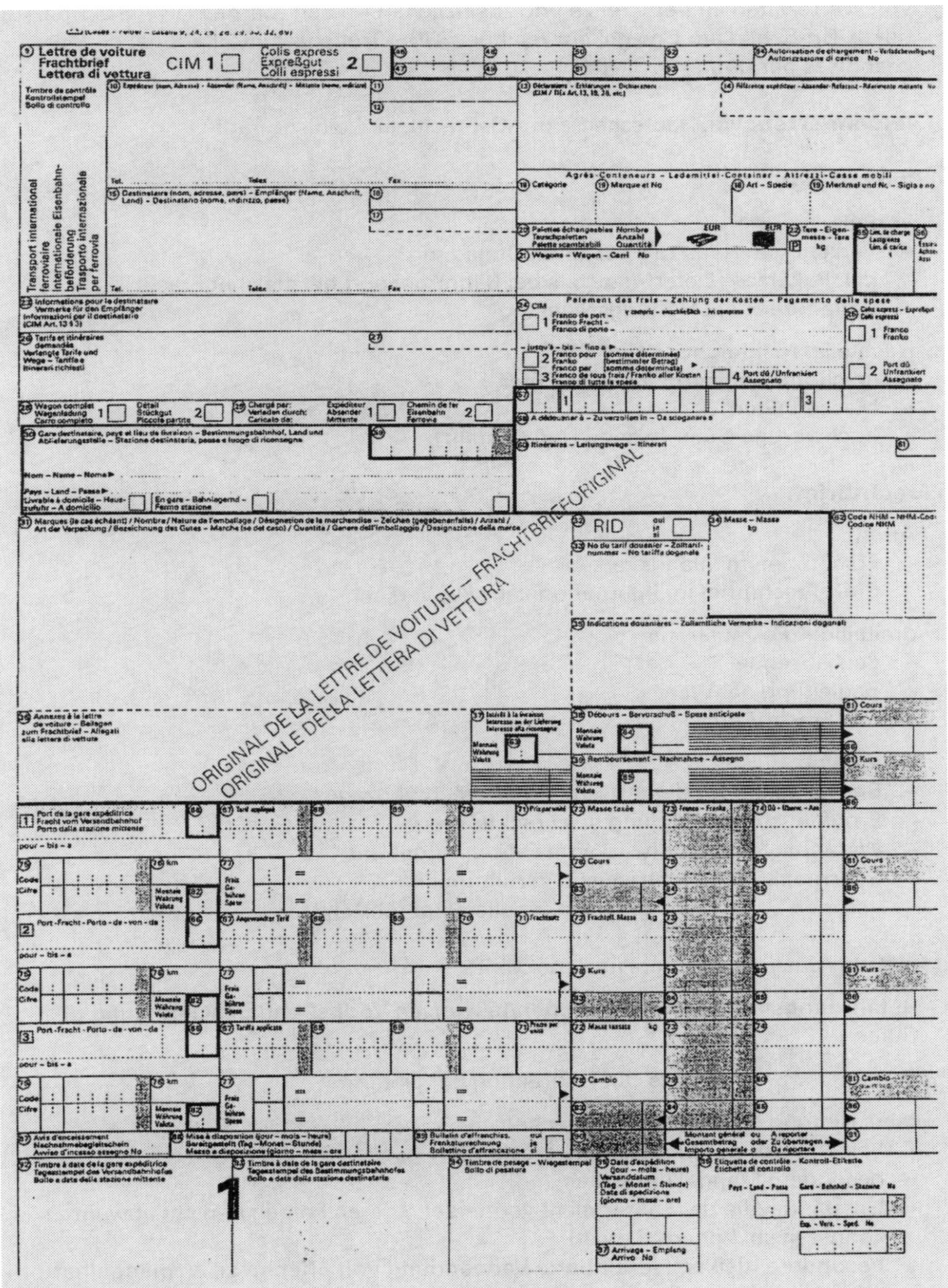

9 Lettre de voiture
Frachtbrief
Lettera di vettura
CIM 1 ☐
Colis express
Expreßgut
Colli espressi 2 ☐

46 47 48 49 50 51 52 53

54 Autorisation de chargement – Verladebewilligung
Autorizzazione di carico No

Timbre de contrôle
Kontrollstempel
Bollo di controllo

Transport international ferroviaire
Internationale Eisenbahnbeförderung
Trasporto internazionale per ferrovia

10 Expéditeur (nom, Adresse) – Absender (Name, Anschrift) – Mittente (nome, indirizzo)
11
12
Tel. Telex Fax

13 Déclarations – Erklärungen – Dichiarazioni
(CIM / TIC Art. 13, 19, 28, etc.)

14 Référence expéditeur – Absender-Referenz – Riferimento mittente No

15 Destinataire (nom, adresse, pays) – Empfänger (Name, Anschrift, Land) – Destinatario (nome, indirizzo, paese)
16
17
Tel. Telex Fax

Agrès-Conteneurs – Lademittel-Container – Attrezzi-Casse mobili
18 Catégorie
19 Marque et No
18 Art – Specie
19 Merkmal und Nr. – Sigla e no

20 Palettes échangeables – Tauschpaletten – Palette scambiabili
Nombre – Anzahl – Quantità
EUR EUR

22 Tare – Eigenmasse – Tara
kg

55 Lim. de charge – Lastgrenze – Lim. di carico

56

21 Wagons – Wagen – Carri No

23 Informations pour le destinataire
Vermerke für den Empfänger
Informazioni per il destinatario
(CIM Art. 13 § 3)

24 CIM
Paiement des frais – Zahlung der Kosten – Pagamento delle spese
☐ 1 Franco de port – Franko Fracht – Franco di porto –
y compris – einschließlich – ivi compreso ▼
– jusqu'à – bis – fino a ►
☐ 2 Franco pour (somme déterminée) – Franko (bestimmter Betrag) – Franco per (somma determinata) ►
☐ 3 Franco de tous frais / Franko aller Kosten / Franco di tutte le spese
☐ 4 Port dû / Unfrankiert – Assegnato

25 Colis express – Expreßgut – Colli espressi
☐ 1 Franco – Franko
☐ 2 Port dû – Unfrankiert – Assegnato

26 Tarifs et itinéraires demandés
Verlangte Tarife und Wege – Tariffe e itinerari richiesti

27

57 1 3

28 Wagon complet – Wagenladung – Carro completo 1 ☐
Détail – Stückgut – Piccole partite 2 ☐

29 Chargé par: – Verladen durch: – Caricato da:
Expéditeur – Absender – Mittente 1 ☐
Chemin de fer – Eisenbahn – Ferrovia 2 ☐

58 A dédouaner à – Zu verzollen in – Da sdoganare a

30 Gare destinataire, pays et lieu de livraison – Bestimmungsbahnhof, Land und Ablieferungsstelle – Stazione destinataria, paese e luogo di riconsegna

59

Nom – Name – Nome ►
Pays – Land – Paese ►
Livrable à domicile – Hauszufuhr – A domicilio ☐
En gare – Bahnlagernd – Fermo stazione ☐

60 Itinéraires – Leitungswege – Itinerari

61

31 Marques (le cas échéant) / Nombre / Nature de l'emballage / Désignation de la marchandise – Zeichen (gegebenenfalls) / Anzahl / Art der Verpackung / Bezeichnung des Gutes – Marche (se del caso) / Quantità / Genere dell'imballaggio / Designazione della merce

32 RID oui – ja – si ☐

33 No du tarif douanier – Zolltarifnummer – No tariffa doganale

34 Masse – Massa
kg

62 Code NHM – NHM-Code – Codice NHM

35 Indications douanières – Zollamtliche Vermerke – Indicazioni doganali

ORIGINAL DE LA LETTRE DE VOITURE – FRACHTBRIEFORIGINAL
ORIGINALE DELLA LETTERA DI VETTURA

36 Annexes à la lettre de voiture – Beilagen zum Frachtbrief – Allegati alla lettera di vettura

37 Intérêt à la livraison – Interesse an der Lieferung – Interesse alla riconsegna
Monnaie – Währung – Valuta
63

38 Débours – Barvorschuß – Spese anticipate
Monnaie – Währung – Valuta
64

39 Remboursement – Nachnahme – Assegno
Monnaie – Währung – Valuta
65

81 Cours
66
81 Kurs
66

1 Port de la gare expéditrice
Fracht vom Versandbahnhof
Porto dalla stazione mittente
pour – bis – a

66 67 Tarif appliqué 68 69 70 71 Prix par unité 72 Masse taxée kg 73 Franco – Franko 74 Dû – Überw. – Ass.

75 Code – Cifre
76 km
77 Frais – Gebühren – Spese
82 Monnaie – Währung – Valuta
78 Cours 79 80 81 Cours
83 84 85 86

2 Port – Fracht – Porto – de – von – da
pour – bis – a
66 67 Angewandter Tarif 68 69 70 71 Frachtsatz 72 Frachtpfl. Masse kg 73 74

75 Code – Cifre
76 km
77 Frais – Gebühren – Spese
82 Monnaie – Währung – Valuta
78 Kurs 79 80 81 Kurs
83 84 85 86

3 Port – Fracht – Porto – de – von – da
pour – bis – a
66 67 Tariffa applicata 68 69 70 71 Prezzo per unità 72 Massa tassata kg 73 74

75 Code – Cifre
76 km
77 Frais – Gebühren – Spese
82 Monnaie – Währung – Valuta
78 Cambio 79 80 81 Cambio
83 84 85 86

87 Avis d'encaissement
Nachnahmebegleitschein
Avviso d'incasso assegno No

88 Mise à disposition (jour – mois – heure)
Bereitgestellt (Tag – Monat – Stunde)
Messo a disposizione (giorno – mese – ora)

89 Bulletin d'affranchiss.
Frankaturrechnung
Bollettino d'affrancazione
oui – ja – si ☐

90

Montant général – Gesamtbetrag – Importo generale
ou – oder – o
A reporter – Zu übertragen – Da riportare

91

92 Timbre à date de la gare expéditrice
Tagesstempel des Versandbahnhofs
Bollo a data della stazione mittente

1

93 Timbre à date de la gare destinataire
Tagesstempel des Bestimmungsbahnhofs
Bollo a data della stazione destinataria

94 Timbre de pesage – Wiegestempel
Bollo di pesatura

95 Date d'expédition (jour – mois – heure)
Versanddatum (Tag – Monat – Stunde)
Data di spedizione (giorno – mese – ora)

97 Arrivage – Empfang
Arrivo No

96 Etiquette de contrôle – Kontroll-Etikette
Etichetta di controllo
Pays – Land – Paese
Gare – Bahnhof – Stazione No
Exp. – Vers. – Sped. No

- vereinfachtes Zollverfahren durch verplombte Lkw/Behälter zur Vermeidung von Wartezeiten an der Grenze und zusätzlichen Kosten (Carnet-TIR-Verfahren, durch TIR-Schild am Lkw gekennzeichnet; TIR = Transport International de Marchandises par Route)

d) **Versandarten:** vgl. Deutsche Bahn AG; Fracht: einheitliche Tarife

e) **Bedeutung:**

- Vorteile:
  - Verkehr von Haus zu Haus ohne Umladung
  - i. d. R. kürzere Lieferfristen als bei Bahntransport bei gleicher Fracht
  - umfangreichere Haftungsregelung
- Nachteile: Nichteignung für
  - erschütterungsempfindliche Güter
  - Massengüter
  - hochwertige Güter (wegen Unfallgefahr)

f) **Frachtbrief:**

- Arten:
  - Frachtbrief im Inlandsverkehr
  - CMR-Frachtbrief im internationalen Lkw-Verkehr
- dreiteiliges Formular: für
  - den Absender
  - Begleitung der Ware
  - den Frachtführer
- Bedeutung:
  - Beweispapier für den Abschluß des Frachtvertrages
  - Empfangsbescheinigung des Frachtführers
  - Warenbegleitpapier (wird vom Fahrer mitgeführt)
  - Sperrpapier für nachträgliche Verfügungen
  - verbrieft Versicherungsschutz für alle aufgeführten Güter.

g) **Haftung** des Frachtführers nach der CMR:

- Gefährdungshaftung für gänzlichen/teilweisen Verlust und Beschädigung des Gutes
- Haftung für Schäden aus Überschreitung der Lieferfrist
- keine Haftung bei folgenden Ursachen:
  - Verschulden des Verfügungsberechtigten
  - besondere Mängel des Gutes
  - Umstände, die der Fahrer nicht vermeiden / deren Folgen er nicht abwehren konnte (insb. höhere Gewalt)
  - besondere Risiken (vereinbarte Verwendung von offenen LKW, mangelhafte/fehlende Verpackung usw.).

Weißes Blatt: Für die Tarifüberwachung – Gelbes Blatt: Für den Absender – Rosa Blatt: Für den Empfänger – Grünes Blatt: Für den Unternehmer

FRACHTBRIEF
für den gewerblichen Güterfernverkehr
NR.

Ordnungs-Nr. d. Genehmig.: By 0078 obb

(A) Absender Name und Postanschrift

SCHENKER & CO GMBH
Zweigniederlassung Hamburg
Bei den Mühren 5, **2000 Hamburg 11**
Telefon (040) 3 61 35-0

(B) Versandort Hamburg
Belade-Stelle: Mitte
Gemeinde-Tarifbereich: dito

(C) Empfänger Name und Postanschrift

Schenker & Co. GmbH
Bei den Mühren 5
2000 Hamburg 11

(D) Bestimmungsort München
Entlade-Stelle: Mitte
Gemeinde-Tarifbereich: dito

(N) km Tarifentfernung: 782

Amtl. Kennz. LKW	Nutzlast
M-SH 333	
Anh. M-SH 444	
LKW	
Anh.	

(E) Erklärungen, Vereinbarungen (ggf. Hinweis auf Spezialfahrzge.)

Wir beantragen die stückzahlmäßige Übernahme der Ladung gem. §16 Abs.4 der KVO

·/. 10 % **Marge vereinbart**

(F) Weitere Beladestellen (§ 20 KVO)

(G) Weitere Entladestellen (§ 20 KVO)

KFZ-Wechsel in

Fahrzeug-Führer Meyer
Begleiter Müller
Fahrtenbuch-Nr. G 5678

(H) Bezeichnung der Sendung

Anzahl, Art, Verpackung	Zeichen, Nr.	Inhalt (tarifmäßige Bezeichnung)	Güterart-Nr.	Bruttogewicht kg
400 Kll.		See-Einfuhrgut AT 964		15.000,-

Beladung
Fahrzeug bereitgestellt: Tag 8.8.89, Stunde 14.00
Beladung beendet: Tag 8.8.89, Stunde 19.00

Entladung
Fahrzeug bereitgestellt: Tag 9.8.89, Stunde 8.00
Entladung beendet: Tag 9.8.89, Stunde 10.00

(I) Freivermerk frei

(K) Nachnahme DM ·/.

(L) Ort und Tag der Ausstellung
Hamburg, den 8.8.89

SCHENKER & CO GMBH
Zweigniederlassung Hamburg
i.A.
Unterschrift des Absenders

(M) Empfang der Sendung bescheinigt
München, den 9.8.89
Unterschrift des Empfängers

(O) Gut und Frachtbrief übernommen
Tag 8.8.89 Stunde 20.00

Schenker & Co. GmbH
8000 München

Anschrift und Unterschrift des Unternehmers

MUSTER

(P) Frachtberechnung (in Reihenfolge der Zeilen 16-20)

frachtpfl. Gewicht kg	Ladungskl. bzw. AT	Gew. Klasse	Frachtsatz Pf/100 kg	Tarifmäßige Fracht DM	Marge %	vereinbarte Fracht DM	Zuschläge gemäß	%	DM	Summe DM	Werbe- u. Abfertigungsvergütung (WAV) %	DM

Erklärung n. § 20 Abs. 3 KVO

Die Sendung hat ein Ges.-Gew. von: ....kg und ist auf mehrere Fahrzeuge verteilt.

Angaben zum anderen Sendungsteil:

Unternehmer:
amtl. Kennzeichen:
Gewicht: Tag d. Verladung:

Zwischensumme DM	
Nebengebühr, Zuschlag Ziffer	
Nebengebühr, Zuschlag Ziffer	
Zwischensumme DM	
·/. WAV	
Nettoentgelt	
Umsatzsteuer	
Beförderungsentgelt	

Der Frachtbrief ist genau auszufüllen (§§ 10-13 KVO). Radieren unzulässig. Änderungen mit Unterschrift bescheinigen. Die mit fett gedruckten Linien eingerahmten Rubriken müssen vom Frachtführer ausgefüllt werden.

Druck und Vertrieb: Stiels-Werbedruck, 4054 Nettetal 2 - Kaldenkirchen, Telefon (0 21 57) * 10 43, Telex 08 54836 2788

1. Exemplar für Tarifkontrolle Exemplaire pour controle tarifaire Exemplaar voor tariefcontrole Essemplare per controllo tarifario Copy for tariffcontrol Exemplar for tarifkontrolen
2. Exemplar für Absender Exemplaire de l'expéditeur Exemplaar voor Afzender Essemplare per mittente Copy for sender Exemplar for Afsender
3. Exemplar für Empfänger Exemplaire du destinataire Exemplaar voor Geadresseerde Essemplare per destinatario Copy for consignee Exemplar for Modtager
4. Exemplar für Frachtführer Exemplaire du transporteur Exemplaar voor vervoerder Essemplare per transportatore Copy for carrier Exemplar for befordrer

1 Absender (Name, Anschrift, Land) / Expéditeur (nom, adresse, pays)
SCHENKER & CO GMBH
Zweigniederlassung Hamburg
Bei den Mühren 5
2000 Hamburg 11

INTERNATIONALER FRACHTBRIEF
LETTRE DE VOITURE INTERNATIONAL

Diese Beförderung unterliegt trotz einer gegenteiligen Abmachung den Bestimmungen des Übereinkommens über den Beförderungsvertrag im internat. Straßengüterverkehr (CMR)

Ce transport est soumis, nonobstant toute clause contraire, à la Convention relative au contrat de transport international de marchandises par route (CMR).

2 Empfänger (Name, Anschrift, Land) / Destinataire (nom, adresse, pays)
WITAG WELTIFURRER
Internationale Transport AG
Zypressenstr. 60
CH - 8021 Zürich

16 Frachtführer (Name, Anschrift, Land) / Transporteur (nom, adresse, pays)

3 Auslieferungsort des Gutes / Lieu prévu pour la livraison de la marchandise
Ort/Lieu Zürich
Land/Pays Schweiz

17 Nachfolgende Frachtführer (Name, Anschrift, Land) / Transporteurs successifs (nom, adresse, pays)

4 Ort und Tag der Übernahme des Gutes / Lieu et date de la prise en charge de la marchandise
Ort/Lieu Hamburg
Land/Pays BR Deutschland
Datum/Date 03.08.1989

18 Vorbehalte und Bemerkungen der Frachtführer / Réserves et observations des transporteurs

5 Beigefügte Dokumente / Documents annexés
eine Ladeliste

CMR

6 Kennzeichen und Nummern / Marques et numéros	7 Anzahl der Packstücke / Nombre des colis	8 Art der Verpackung / Mode d'emballage	9 Bezeichnung des Gutes* / Nature de la marchandise*	10 Statistiknummer / No statistique	11 Bruttogewicht in kg / Poids brut, kg	12 Umfang in m³ / Cubage m³
Markierung laut anliegender Ladeliste	170	Packstücke	Sammelgut laut anliegender Ladeliste		6.405,-	19,050

Klasse / Classe — Ziffer / Chiffre — Buchstabe / Lettre — (ADR)

13 Anweisungen des Absenders (Zoll- und sonstige amtliche Behandlung) / Instructions de l'expéditeur (formalités douanières et autres)

MUSTER

19 Zu zahlen vom: / A payer par:	Absender / L'expéditeur	Währung / Monnaie	Empfänger / Le Destinataire
Fracht / Prix de transport			
Ermäßigungen / Réductions –			
Zwischensumme / Solde			
Zuschläge / Suppléments			
Nebengebühren / Frais accessoires			
Sonstiges / Divers +			
Zu zahlende Gesamtsumme / Total à payer			

14 Rückerstattung / Remboursement

15 Frachtzahlungsanweisungen / Prescription d'affranchissement
Frei / Franco
Unfrei / Non Franco unfrei

20 Besondere Vereinbarungen / Conventions particulières

21 Ausgefertigt in / Etablie à Hamburg am / le 02.08. 19 89

24 Gut empfangen / Réception des marchandises Datum / Date
am / le 19

22 SCHENKER & CO GMBH
Zweigniederlassung Hamburg
Bei den Mühren 5 2 Hamburg 11
Unterschrift und Stempel des Absenders (Signature et timbre de l'expéditeur)

23 Unterschrift und Stempel des Frachtführers (Signature et timbre du transporteur)

Unterschrift und Stempel des Empfängers (Signature et timbre du destinataire)

25 Angaben zur Ermittlung der Tarifentfernung mit Grenzübergängen

von	bis	km

28 Berechnung des Beförderungsentgelts

frachtpfl. Gewicht in kg	Tarifstelle: Sonderabmachung	Güterarten	Währung	Frachtsatz	Beförderungsentgelt
				Summe	

26 Vertragspartner des Frachtführers ist – kein – Hilfsgewerbetreibender im Sinne des anzuwendenden Tarifs

27 Amtl. Kennzeichen / Nutzlast in kg
Kfz
Anhänger

Benutzte Gen.-Nr. ☐ National ☐ Bilateral ☐ EG ☐ CEMT

280.70

1–15 einschließlich / y compris et 21+22 Die mit fett gedruckten Linien eingerahmten Rubriken müssen vom Frachtführer ausgefüllt werden. Les parties encadrées de lignes grasses doivent être remplies par le transporteur.

Auszufüllen unter der Verantwortung des Absenders / A remplir sous la responsabilité de l'expéditeur

* Bei gefährlichen Gütern ist, außer der eventuellen Bescheinigung, auf der letzten Linie der Rubrik anzugeben: die Klasse, die Ziffer sowie gegebenenfalls der Buchstabe.
* En cas de marchandises dangereuses indiquer, outre la certification éventuelle, à la dernière ligne du cadre: la classe, le chiffre et le cas échéant, la lettre.

Kliefoth & Siebert Formularverlag
Haulander Weg 50a · 2102 Hamburg 93 · Tel.: 040/75 79 49
Wendenstraße 329 · 2000 Hamburg 26 · Tel.: 040/25 04 031

0.2.04 Binnenschiffahrt

0.2.040 Ausgestaltung

a) **Wesen:**

- Schiffahrt auf Binnenwasserstraßen (Flüsse, Seen, Kanäle)
- Küstenschiffahrt
- Rechtsgrundlagen: Binnenschiffahrtsgesetz; Bundeswasserstraßengesetz, Landeswassergesetze
- alle Binnenschiffe sind in einem Schiffsregister eingetragen.

b) **Versandarten:**

- Stückgutverfrachtung
- Gesamtverfrachtung: Absender chartert das Schiff für eine ganze Schiffsladung
- Teilverfrachtung: Absender chartert Teile des Schiffes oder bestimmte Laderäume.

c) **Fracht:**

- Tarif für jedes Flußsystem
- Kanal- und Umschlaggebühren.

d) **Bedeutung:**

- billiger Transport, vor allem bei Massengütern (ein Schiff kann Ladung eines ganzen Güterzuges aufnehmen); feste Tarife im Inland; unterschiedliche Frachtberechnung für Berg- (flußaufwärts) und Talfahrt
- praktisch erschütterungsfrei
- allerdings langsam
- abhängig von Wasserstand, Nebel, Eis
- Haftung: siehe HGB-Vorschriften über den Frachtführer (§§ 425 ff.)

0.2.041 Transportdokumente

a) **Arten:**

- Frachtbrief (Bedeutung: vgl. Lkw-Frachtbrief)
- Charterpartie = Frachtvertrag bei Charterung
- **Ladeschein** =Flußkonnossement: kann vom Verfrachter (= Frachtführer) auf Verlangen des Absenders ausgestellt werden.

b) **Bedeutung** des **Ladescheins**:

- Empfangsbestätigung für die Ware
- Ablieferungsversprechen an den Empfänger
- Beweisurkunde für Abschluß des Frachtvertrages und Versendung der Ware
- Mittel für nachträgliche Verfügungen des Absenders = **Verfügungspapier**
- Warenwertpapier = **Traditionspapier**: Der Ladeschein verkörpert die Ware; durch Übertragung des Eigentums am Papier wird das Wareneigentum übertragen. Der Ladeschein entspricht dem Konnossement: siehe Seeschiffahrt.

c) **Arten:**

- Namensladeschein: = Rektapapier, d. h. übertragbar nur durch Einigung, Zession (= Abtretungserklärung) und Übergabe
- **Orderladeschein:** = gekorenes Orderpapier, d. h. übertragbar durch Einigung, Indossament und Übergabe, sofern mit Orderklausel versehen (sonst Rektapapier).

0.2.05 Luftfrachtverkehr

0.2.050 Grundlagen des Luftfrachtverkehrs

a) **Rechtsgrundlagen:**

- Gesetze der jeweiligen Staaten
- innerdeutscher Luftfrachtverkehr: Luftverkehrsgesetz (LVG)
- Abkommen zur Vereinheitlichung von Regeln über die Beförderung im internationalen Luftverkehr (Warschauer Abkommen, WAK) von 1929 in der Fassung des Haager Protokolls von 1955
- IATA-Bedingungen (International Air Transport Association, Internationale Lufttransport-Vereinigung), IATA-Vertragsbedingungen (Conditions of Contract)
- ICAO-Regelungen (International Civil Aviation Organization, Internationale Organisation für die zivile Luftfahrt) für Sicherheit, technische Ausstattung usw.
- Frachtvertrag (vgl. §§ 425 ff. HGB).

b) **Transportarten:**

- Einzeltransporte durch Luftfrachtführer, i. d. R. vermittelt durch IATA-Frachtagenten; Beförderungsdokument: Luftfrachtbrief
- Luftfrachtsammelverkehr: Dienstleistung von Spediteuren durch Sammlung kleinerer Sendungen zu Gesamttransporten per Luftfracht bei günstigen Raten, Dokument: Hausfrachtbrief.

220 | 1234 5678

Shipper's Name and Address
Mr.
Stelios Philipou
Oskar-Schlemmer-Str. 24
2000 Hamburg 75

Shipper's account Number: 34 567

Not negotiable
Air Waybill*

Lufthansa

Issued by
Deutsche Lufthansa AG,
D-5000 Köln 21, Von-Gablenz-Straße 2–6

Member of International Air Transport Association

Copies 1, 2 and 3 of this Air Waybill are originals and have the same validity

Consignee's Name and Address
Mr.
Georgios Philippou
Agridhia
Limassol/Cyprus

Consignee's account Number: 23 456

61 119

Issuing Carrier's Agent Name and City: TAC, HAM-AP

Accounting Information

Agent's IATA Code: 23-4-7079

Account No.: 9602

Airport of Departure (Addr. of first Carrier) and requested Routing: HAMBURG-AIRPORT

to	By first Carrier / Routing and Destination	to	by	to	by	Currency	CHGS Code	WT/VAL PPD	WT/VAL COLL	Other PPD	Other COLL	Declared Value for Carriage	Declared Value for Customs
LCA	LH 618/18					DMK		X		X		NVD	NVD

Airport of Destination	Flight/Date / For Carrier Use only / Flight/Date	Amount of Insurance	Insurance — If Carrier offers insurance and such insurance is requested in accordance with conditions on reverse hereof, indicate amount to be insured in figures in box marked amount of insurance
LARNACA		NIL	

Handling Information
1/one carton marked: addr.

pls. adv. consignee immed, upon arrival of shipment by phone

No of Pieces RCP	Gross Weight	kg lb	Rate Class	Commodity Item No.	Chargeable Weight	Rate / Charge	Total	Nature and Quantity of Goods (incl. Dimensions or Volume)
1	15,-	kgs	N		15,-	11,49	172,35	pers.effects - free of charge - without commercial value 1 TV-set / harmless goods - not dangerous
1	15,-	kgs					172,35	

	Prepaid	Collect
Weight Charge	172,35	
Valuation Charge		
Tax		
Total other Charges Due Agent	23,50	
Total other Charges Due Carrier		
Total prepaid / Total collect	195,85	
Currency Conversion Rates / cc charges in Dest. Currency		
For Carriers Use only at Destination / Charges at Destination		

Other Charges: AWB/CLEAR A 23,50

Insurance premium

Shipper certifies that the particulars on the face hereof are correct and that insofar as any part of the consignment contains dangerous goods, such part is properly described by name and is in proper condition for carriage by air according to the applicable Dangerous Goods Regulations.

TAC, TRANSAIRCARGO, HAM-AP
Signature of Shipper or his Agent

14.07.19xx HAMBURG TAC, HAM-AP
Executed on (Date) at (Place) Signature of Issuing Carrier or its Agent

Total collect Charges

* Luftfrachtbrief (nicht begebbar) — eine verbindliche Übersetzung dieses Frachtbriefformulars (einschließlich der Vertragsbedingungen) in die deutsche Sprache liegt bei allen Lufthansa Frachtbüros aus.

(extra copy)

Form 2812 N-86 (CGN XC 2) Printed in the Fed. Rep. of Germany

c) **Haftung:**

- innerdeutscher Luftfrachtverkehr: gemäß Luftverkehrsgesetz (LVG) für den Schaden, der an Frachtgütern während der Luftbeförderung, am Flughafen und an Bord eines Flugzeugs in der Obhut des Luftverkehrsunternehmens entsteht; keine Haftung, wenn Luftfrachtführer beweist, daß er und seine Mitarbeiter alle erforderlichen Maßnahmen zur Verhütung des Schadens getroffen haben
- internationaler Luftfrachtverkehr: gemäß Warschauer Abkommen Haftung für Schaden, der durch Zerstörung, Verlust oder Beschädigung von Gütern entsteht; auch für durch Verspätung entstandenen Schaden; Haftungsausschluß wie LVG
- die IATA-Bedingungen kehren die Beweislast um (der Geschädigte muß ein Verschulden des Luftfrachtführers beweisen) und schließen die Haftung bei Mitverschulden des Geschädigten aus; diese Bestimmungen sind in den Anwendungsbereichen von LVG und WAK nichtig
- meist wird eine Luftfracht-Versicherung auf Vermittlung der Luftverkehrsgesellschaft abgeschlossen.

d) **Bedeutung:**

- sehr schnell, pünktlich, regelmäßig, sicher
- in zunehmendem Maße witterungsunabhängig durch Technologie und EDV-Unterstützung (Automatischer Pilot)
- verhältnismäßig teuer (Brennstoffverbrauch, umfangreiche Bodenorganisation und Sicherheitsmaßnahmen für Flugzeuge); Grundlage für die Frachtberechnung ist der weltweit gültige TACT = The Air Cargo Tariff
- geeignet besonders für eilbedürftige/leicht verderbliche/hochwertige/erschütterungsempfindliche Güter/lebende Tiere.

e) Lufthansa: Zum 1.1.1995 wurde das Frachtgeschäft in die Lufthansa Cargo AG ausgegliedert.

0.2.051 Luftfrachtbrief = Air Waybill (AWB)

a) **Wesen:**

= Beweispapier für Frachtvertrag und Absendung der Ware

= Frachtrechnung

= **Verfügungspapier** (Mittel für nachträgliche Verfügungen über die Ware)

- kann als Inkassopapier verwendet werden, d. h. zum Einzug der Warenforderung, wenn Warennachnahme mit Frachtführer im Luftfrachtbrief vereinbart wurde
- kann nach WAK als „begebbarer Luftfrachtbrief“ ausgestellt werden:
  = Orderpapier
  = Traditionspapier
  – vgl. Konnossement im Seeschiffsverkehr

- Zollpapier
- kann gleichzeitig Versicherungsdokument sein bei Abschluß einer Transportversicherung über dem Frachtführer meist angeschlossene Versicherungsgesellschaft.

b) **Form:**

- Luftfrachtbrief wird in mehreren Originalen ausgestellt; nach WAK mindestens drei Ausfertigungen:
  - 1. Original „Für den Luftfrachtführer", vom Absender unterzeichnet
  - 2. Original „Für den Empfänger", von Absender und Frachtführer unterzeichnet, begleitet die Ware zum Empfänger
  - 3. Original für den Absender; wird vom Frachtführer unterzeichnet, dient dem Absender als Beweis für den Abschluß des Beförderungsvertrages und die Übergabe der Ware an den Frachtführer
- der Luftfrachtbrief kann auf Wunsch des Absenders vom Luftfrachtführer ausgestellt werden
- ein nicht begebbarer Luftfrachtbrief wird mit dem Vermerk „not negotiable" gekennzeichnet.

0.2.06 Post-Güterverkehr (Frachtpost)

a) **Wesen:** Der Güterverkehr per Post hat große Bedeutung für Unternehmen und Privatpersonen. Täglich werden ca. 2 Millionen Frachtstücke (Pakete, Päckchen) transportiert.

b) **Träger:** Deutsche Post AG

c) **Entwicklung:** Durch die bis 1995 erfolgte Realisierung des Konzeptes „Frachtpost" hat die Deutsche Post AG ihren Güterverkehr auf eine neue Grundlage gestellt. Zentrales Element der Reform sind 33 neue Frachtpostzentren als Knotenpunkte für das Gesamtnetz von ca. 480 Niederlassungen, den sog. Zustell-Basen.

d) **Frachtpost-Angebot:**

- Zustellung in einem Radius von 550 km am Tag nach Einlieferung
- Haftung bis 1 000 DM pro Sendung
- Paketverfolgungssystem („Tracking & Tracing")
- Standard-Post-Paket:
  - einfache Entgeltstruktur
  - Gewicht bis 31,5 kg
  - entfernungsunabhängiger Preis einschl. Zustellung (Frei-Haus-Preis)
  - Ein- und Auslieferungsnachweis
  - Abholservice für Kunden mit großen Versandmengen
- angebotene Zusatzleistungen:
  - Sendungen mit besonderem Wert

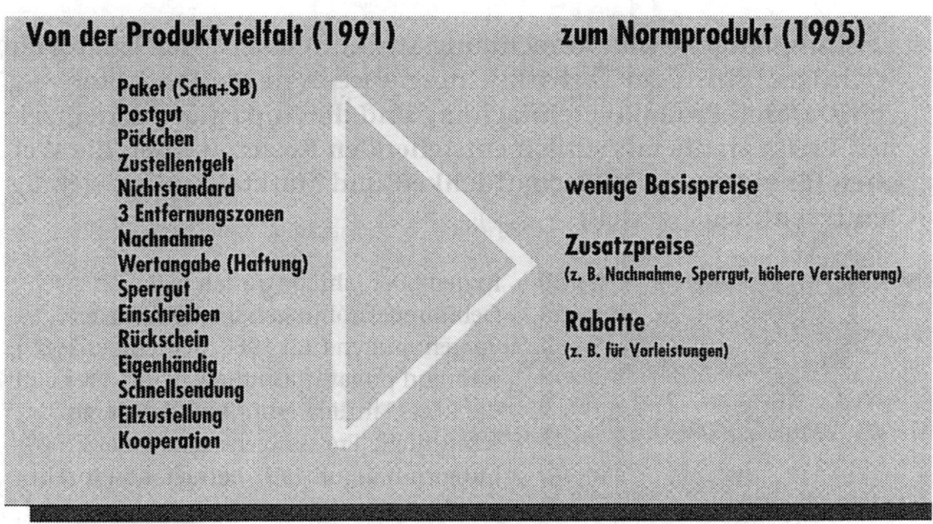

Quelle: Deutsche Post AG

- Sperrgut
- Nach- und Rücksendung
- Nachnahme (Frachtpost zieht bei Aushändigung Beträge bis zu 3 000 DM ein)
- eigenhändige Auslieferung
- Rückschein (Absender erhält eine Auslieferungsbestätigung)
- unfreies Versenden
- eigenhändige Postpakete (werden nur dem Empfänger persönlich ausgeliefert)

- Großversender
  - Haus-Haus-Preise incl. Abholung
  - Vorleistungen wie z. B. Vorsortieren können vereinbart werden

- branchenspezifische Angebote: z. B. Postpaket mit Scheckeinzug (Verrechnungsscheck bis 20 000 DM) für Versand hochwertiger Paketware

- Kooperation mit Kleingut-Speditionen

- Paket-Selbstbuchen:
  - Wenn ein Unternehmen pro Jahr mindestens 500 Paketsendungen verschickt, kann es mit dem Postdienst „Selbstbuchen" vereinbaren
  - Das Unternehmen kann dann die Sendungen im eigenen Haus versandfertig machen:
    - Gewicht ermitteln
    - Entgelt berechnen
    - Paket auszeichnen und buchen
  - vereinfachte Abrechnung, Anlieferung direkt an die Rampen der Postämter
  - spürbare Ersparnis
  - geeignet: alle Kleingüter, z. B. Pakete, Auslands-, Luftpostpakete, Postgut

- Postgut:
  - Nutzung durch Unternehmen, die Selbstbucher sind
  - Porto wird entrichtet durch
    - Freistempleraufdruck
    - Freimachung per EDV
    - oder Abbuchung vom Konto
  - Kostenersparnis
  - keine Paketkarte erforderlich, Abrechnung nur nach Gewicht
  - für Empfänger kein Zustellentgelt, bei postlagernden Sendungen kein Bereithaltungsentgelt
  - gegen Entgelt Sonderleistungen (z. B. Nachnahme, Eilzustellung, Schnellsendung)

e) **Internationale Post:**

- Premium-Pakete:
  - bevorzugte Behandlung, Beförderung auf dem schnellsten Weg (Übersee: direkter Luftweg)
  - Haftung bis zu 1 000 DM
  - Preise nach 6 Entgeltzonen
- Economy-Pakete:
  - in Europa: Landweg
  - nach Übersee: kombinierter Land-Luft-Weg
  - Haftung bis zu 400 DM
  - Preise nach 6 Entgeltzonen
- See-Pakete:
  - preisgünstigste Versand-Alternative
  - Transport in ca. 50 ausgesuchte Überseeländer möglich
  - Haftung bis zu 400 DM
- Für alle drei Paketarten ist Versand auch als Wertpaket möglich (Höchstversicherungssumme unterschiedlich, bis zu 50 000 DM).
- Preisnachlässe für Selbstbucher mit Vorleistungen (z. B. Vorsortierung nach Ländern).

f) **Consignment:**

= Sammelversand von Auslandspaketen

- Post befördert Paket-Paletten oder Rollbehälter, die erst im Zielland aufgelöst und der Inlandspost übergeben werden
- westeuropäische und zunehmend osteuropäische Länder
- Vorteile:
  - Postdienst organisiert gesamten Versand von der Abholung beim Auftraggeber bis zur Zustellung beim Kunden
  - bei Nicht-EG-Staaten erfolgt Zollabwicklung im Sammelverfahren
  - bezahlt wird – statt der normalen Entgelte – der Palettentransport bis zur Grenze
  - Beförderung im Bestimmungsland zum Inlandstarif

- monatliche Abrechnung
- aufgrund der Einführung des EG-Binnenmarktes entfällt beim grenzüberschreitenden Verkehr innerhalb der EG die Zollbehandlung; es ist nur noch eine Einlieferungsliste in 3-fach erforderlich
- Nachnahmeversand bei größeren Mengen grundsätzlich in alle Länder möglich.

0.2.07 Seeschiffahrt

0.2.070 Ausgestaltung

a) **Arten** von Seeschiffen:

- Massengutschiffe: befördern geschlossene Ladungen;
  - Bulkcarrier: Trockenfrachter, Transport von Schüttladungen (z. B. Getreide, Erz, Kohle, Düngemittel)
  - Tanker: Transport flüssiger, staub- und gasförmiger Ladung (z. B. Mineralöl, Zement, Erdgas)
- Stückgutschiffe befördern viele kleinere Sendungen (vorwiegend Linienfahrt)
- Schwergutschiffe befördern Schwer- und Sperrgut
- Voll-Container-Schiffe befördern genormte Großbehälter (Container)
- Semi-Container-Schiffe befördern Container und Stückgut
- Ro/Ro-Schiffe (roll on / roll off) ermöglichen Beladung und Löschen des Seeschiffes mit Landtransportmitteln (ohne Kran)
- Spezialschiffe wie Fähren, Hochseepontons usw. für Spezialanforderungen.

b) **Betriebsformen:**

- Linienfahrt:
  - Beförderung von Stückgütern
  - fester Fahrplan
  - einheitliche Beförderungsbedingungen und -entgelte
- Trampfahrt:
  - Einsatz von Schiffen je nach Transportbedürfnis auf beliebigen Strecken zu verschiedenen Zielen
  - Beförderung von Massengütern
  - Einsatz des Schiffes ergibt sich aus der Laderaumnachfrage des Versenders
  - Beförderungsbedingungen und -entgelte sind in der Charter Party festgelegt

c) **beteiligte Personen:**

- Verfrachter = Frachtführer (Carrier): Reederei
- Befrachter als Vertragspartner des Frachtvertrages mit dem Verfrachter (Exporteur oder – für ihn – Spediteur können Befrachter sein)
- Ablader: derjenige, der die Ware zum Schiff bringt

- Empfänger (Consignee)
- u. U. Schiffsmakler als Vermittler zwischen Be- und Verfrachter

BEISPIEL:

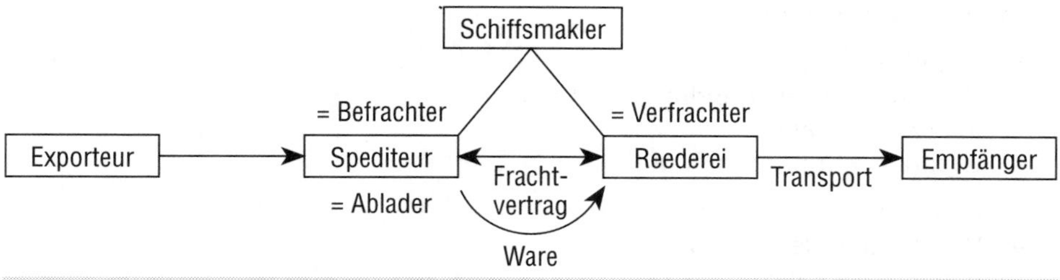

d) Rechtsgrundlagen:

- Fünftes Buch des HGB „Seehandel" (§§ 476-905)
- nationales Recht anderer Staaten
- internationale Regelungen, soweit sie zum Vertragsinhalt gemacht werden: z. B.
  - Incoterms
  - Liner Terms (Bedingungen der Linienfahrt)
  - Gross Terms (Bedingungen der Trampfahrt)
- Handelsbrauch insb. in internationalen Häfen.

e) **HGB-Vorschriften:** Das HGB regelt den Seehandel sehr ausführlich und befaßt sich dabei mit der Rolle, den Aufgaben, Rechten und Pflichten der beteiligten Personen und insbesondere Haftungsfragen. Hierzu gehören Vorschriften über

- den Reeder = Eigentümer eines Schiffes, das zum Erwerb durch Betreiben der Seefahrt dient, bzw. die Reederei bei Verwendung eines Seeschiffes durch mehrere Personen für gemeinschaftliche Rechnung
- den Kapitän
- das Frachtgeschäft zur Beförderung von Gütern (§§ 556-663b); dabei kann der Frachtvertrag sich beziehen auf
  - das Schiff im ganzen
  - einen verhältnismäßigen Teil des Schiffes
  - einen bestimmt bezeichneten Raum an Bord
  - einzelne Güter (Stückgüter)
- die Frachtberechnung (Tarifierung); hier ist in § 623 HGB auch das gesetzliche Pfandrecht des Verfrachters geregelt
- die Ausgestaltung des Transportdokuments = Konnossement (s. u. Abschnitt 0.2.071) in §§ 642 ff.
- die Beförderung von Reisenden und ihrem Gepäck
- die Haftung für Schäden = Havarie (s. u.)
- die Rechtslage bei Bergung und Hilfsleistung in Seenot

- die Rechte der Schiffsgläubiger einschl. des gesetzlichen Pfandrechts (§ 755)
- die Versicherung gegen Gefahren der Seeschiffahrt
- die Verjährung.

f) **Arten der Seefrachtverträge:**

- Stückgutfrachtvertrag:
  - Vertrag über jede Sendung von Stückgütern
  - in der Linienfahrt
  - Urkunde = Konnossement (B/L)
- Raumfrachtvertrag (Chartervertrag):
  - Vollcharter oder Teilladungen
  - in der Trampfahrt
  - Urkunde = Charter Party (C/P); Arten:
    - Vollcharter (alle Laderäume eines Schiffes)
    - Raumcharter (bestimmte bezeichnete Laderäume)
    - Teilcharter (einzelne, unbezeichnete Laderäume)

g) **Haftung:** für Schäden während der Fahrt = **Havarie** (auch: Havarei); unterschiedlich:

- große (gemeinsame) Havarie: Zur Rettung von Schiff/Ladung müssen Teile des Schiffes/der Ladung über Bord geworfen werden; Verteilung des Schadens auf alle Beteiligten (Reederei und alle Versender bzw. Empfänger, je nach vereinbartem Gefahrenübergang)
- kleine Havarie: alle gewöhnlichen und ungewöhnlichen Kosten (z. B. Schleppgebühren, Lotsen- und Hafengeld), von der Reederei getragen
- besondere (teilweise) Havarie: Einzelschäden von Schiff/Ladung durch zufällige Ereignisse (Sturm, unverschuldeter Zusammenstoß), zu Lasten des/der jeweiligen Betroffenen
- unabdingbare Haftung des Verfrachters für Ladungsschaden, der sich aus Mangel der See- und Ladungstüchtigkeit des Schiffes von Beginn der Beladung bis Auslaufen des Schiffes, ihrer Erhaltung und der Ladungsfürsorge ergibt
- gesetzliche Nichthaftung für Schäden z. B.
  - aus nautischem/technischem Verschulden des Kapitäns/der Besatzung
  - aus Feuer
  - aus Gefahren und Unfällen der See
  - aus kriegerischen Ereignissen, Unruhen
  - aus Streik, Aussperrung u. a.m.

Unbedingt erforderlich daher: Seetransportversicherung mit möglichem Schutz gegen die verschiedenen Risiken durch Katalog entsprechender Versicherungen.

0.2.071 Konnossement

= Transportdokument im Seeschiffsverkehr (eng. „Bill of Lading" = B/L)

a) **Ausstellung:** Das Konnossement wird ausgestellt auf der Grundlage eines abgeschlossenen Seefrachtvertrages gegen eine Bescheinigung, die beweist, daß die Ware einem Bevollmächtigten der Reederei (Kaiverwaltung, Kapitän, Schiffsoffizier) übergeben wurde.

Ablauf:

- Abschluß eines Seefrachtvertrages zwischen Befrachter und Verfrachter
- Ware wird vom Ablader (Spediteur, Frachtführer, Exporteur selbst) einem Bevollmächtigten der Reederei übergeben, und zwar i. d. R.
  - Kaiverwaltung oder
  - Schiffsoffizier

  gegen Empfangsbescheinigung, und zwar
  - **Quay Receipt** = Kai-Empfangsschein (bestätigt Erhalt der Ware am Kai) oder
  - **Mate's Receipt** = Empfangsschein des Schiffsoffiziers (bestätigt Erhalt der Ware auf dem Schiff).

  Diese Dokumente sind „Zwischendokumente mit Sperrwirkung", d. h. sie sind noch keine Konnossemente, diese werden jedoch allein gegen die Zwischendokumente ausgestellt.
- Ausstellung eines Konnossements, gewöhnlich durch den Ablader selbst auf Formularen der Reederei, anschließend Einholen der Unterschrift von der Reederei.

Übergabe erfolgt an:	Empfangsbescheinigung	Konnossementsart
Kaiverwaltung	Quay Receipt	Übernahmekonnossement
Schiffsoffizier	Mate's Receipt	Bordkonnossement

b) **Konnossementsarten:**

- **Bordkonnossement** (Shipped-B/L): bescheinigt die erfolgte Verladung an Bord eines bestimmten Seeschiffes
- **Übernahmekonnossement** (Received-B/L): bescheinigt die Übernahme der Waren zur Verschiffung (z. B. wenn das Schiff noch nicht im Hafen oder noch nicht gelöscht ist); kann durch den Vermerk „actually shipped on board" nachträglich in Bordkonnossement umgewandelt werden. Verwendung: insb. Linienverkehr.
- **Durchkonnossement** (Through-B/L): wird ausgestellt, wenn die Ware mit verschiedenen Beförderungsmitteln transportiert werden soll; Frachtführer 1 verpflichtet sich im Durchfrachtvertrag zur Durchführung des Weitertransports und zum Abschluß der weiteren erforderlichen Frachtverträge.
- **Containerkonnossement** (s. u.)
- **Charter Party (C/P):** Urkunde aufgrund Schiffscharterung; beinhaltet keinen Anspruch auf Auslieferung bestimmter Ware, sondern nur auf Entladung des betr. Laderaums / Schiffsteiles / des ganzen Schiffes (je nach Chartervertrag)

- **Sammelkonnossemente:** Zusammenfassung mehrerer Einzelsendungen auf einem Konnossement bei Versendung zu demselben Bestimmungshafen; Arten:
  - Spediteur-Sammelkonnossemente, d. h. Abwicklung des Sammelverkehrs durch Spediteure (Transporte z. B. nach Skandinavien, Nordamerika usw.)
  - Lieferanten-S.: Einzelsendungen desselben Exporteurs
  - Empfänger-S.: mehrere Einzelsendungen (auch verschiedener Lieferanten) an denselben Empfänger.

  Vorteile:
  - Vermeidung von Minimalfrachten für kleine Sendungen
  - Beschleunigung des Transportablaufs im Bestimmungshafen, wo meist ein Spediteur – ohne Einschaltung von Banken – anhand des ihm übersandten Sammelkonnossements für Zollabfertigung und Weitertransport sorgt.

c) **Inhalt und Bedeutung** des Konnossements: es ist

- **Empfangsbekenntnis** des Verfrachters, d. h. Bestätigung des Empfangs der zur Beförderung übernommenen Waren
- **Auslieferungsdokument,** d. h. es enthält den Herausgabeanspruch gegen den Verfrachter in Bestimmungshafen, bezogen auf eine bestimmte Ware (Ausnahme: Charter-Party-Konnossement)
- **Präsentationspapier,** d. h. zur Auslieferung der Ware muß das Konnossement (ein Original) der Reederei bzw. ihrem Bevollmächtigten (Kapitän, Agent usw.) im Bestimmungshafen vorgelegt werden
- **Traditionspapier** (Warenwertpapier): Das Konnossement **verkörpert** die Ware. Es „vertritt" sie und kann daher bei Übereignung der Ware selbst an ihre Stelle treten. Die **Eigentumsübertragung** in bezug auf die Ware vollzieht sich daher durch **Übereignung** des **Traditionspapiers** selbst. Der Besitzer des Konnossements ist zugleich mittelbarer Besitzer der Ware. (Weitere Traditionspapiere sind der Ladeschein der Binnenschiffahrt und der Orderlagerschein.)

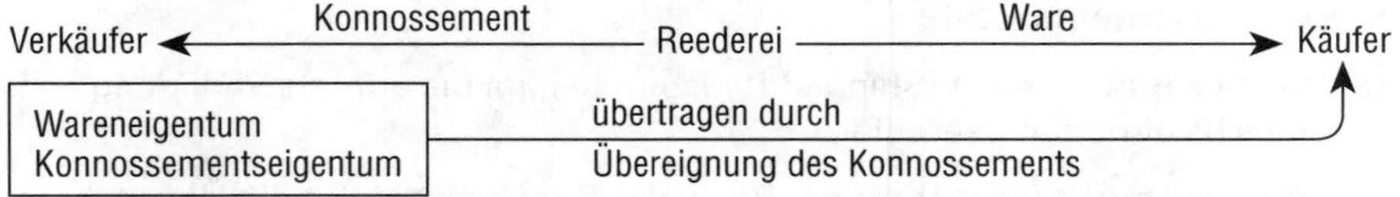

- Damit ist das Konnossement besonders gut verwendbar als **Inkasso- oder Akkreditivdokument** (siehe dort): der Verkäufer will sichergehen, daß er die Ware nur gegen Zahlung des Kaufpreises aus der Hand gibt – der Käufer will nur zahlen gegen die Ware, möglichst gegen Erwerb des Eigentums daran. Wenn Banken damit beauftragt werden, dem Käufer das Konnossement gegen Zahlung auszuhändigen, erreichen beide ihre Ziele.
- Konnossement als **Kreditunterlage**: Banken gewähren Kredite gegen Übereignung der Ware als Kreditsicherheit; dies ist durch das Konnossement leicht möglich.
- Rechtsnatur: Neben seiner Eigenschaft als Warenwertpapier ist das Konnossement – hinsichtlich seiner Übertragbarkeit – ein **gekorenes Orderpapier**, d. h.

es wird durch Hinzusetzen der Orderklausel („an Order") zum Namen des Empfängers zu einem Orderpapier und kann dann durch Einigung, **Indossament** und Übergabe übertragen werden. Ohne diese Klausel ist es grundsätzlich Rektapapier (Namenskonnossement).

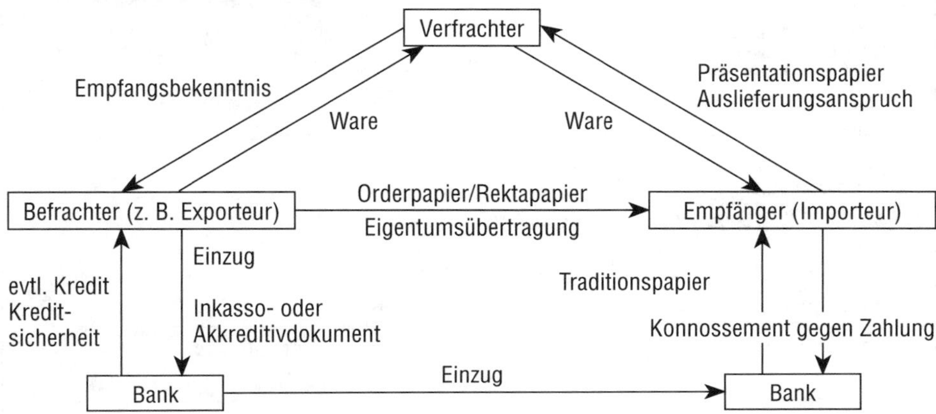

d) Konnossement in der **Praxis**:

Konnossemente enthalten folgende wichtige **Angaben**:

- Namen des Befrachters, des Verfrachters, des Kapitäns, des Empfängers
- Namen und Nationalität des Schiffes
- Verschiffungs- und Bestimmungshafen
- Ort und Tag der Ausstellung (= Abgangsdatum des Schiffes), sog. „Konnossementsdatum"
- Zahl der Ausfertigungen
- genaue Warenbeschreibung mit Art, Maß, Gewicht/Stückzahl, Markierungen der Verpackung (Kisten, Container usw.)
- Konnossemente werden in der Regel in mehreren Originalen ausgestellt; Gesamtzahl der Originale = **„voller Satz"** (full set), gewöhnlich drei = 3/3. Grund: Ausschaltung des Verlustrisikos, da Dokumente dem Empfänger gewöhnlich per Post zugesandt werden und nun in Erst- und Zweitpost aufgeteilt werden können. Die zusätzlich zu den meist drei Originalen ausgestellten Kopien tragen den Vermerk „copy not negotiable" als Hinweis darauf, daß sie keine Rechte an der Ware verbriefen.
- Importeure zahlen grundsätzlich nur gegen Übergabe eines vollen Konnossements-Satzes; Grund: im Bestimmungshafen kann bereits mit nur einem Original die Auslieferung der Ware verlangt werden; wenn der Importeur also z. B. 2/3 Originale erhält, weiß er nicht, ob die Ware nicht schon mit dem fehlenden Original von einem unberechtigten Dritten abgeholt worden ist. Falls ein Original verlorengeht, kann der Käufer
  - mit Verkäufer und Bank vereinbaren, daß der Dokumentengegenwert auf ein Sperrkonto eingezahlt wird

Hapag-Lloyd Container Linie GmbH, Hamburg **Bill of Lading** Multimodal Transport or Port to Port Shipment

Shipper:
SCHENKER INTERNATIONAL
DEUTSCHLAND GMBH
BEI DEN MUEHREN 5
D-20457 HAMBURG

Carrier: Hapag-Lloyd

Carrier's Reference:	B/L-No.:	Page:
1667525	HLCUHAM970300216	2 / 2

Consignee or Order:
FABRICAS DE HILADOS BERRI
S.A. DE C.V.
LAGO MASK 195
COL. ANAHUAC
11320 MEXICO CITY, MEXICO

Export Reference:

Notify Address (Carrier not responsible for failure to notify; see clause 20 (1) hereof):
FABRICAS DE HILADOS BERRI
S.A. DE C.V.
LAGO MASK 195
COL. ANAHUAC
11320 MEXICO CITY, MEXICO

Forwarding Agent:

Consignee's Reference:

Place of Receipt:
BAYERISCHE MOTORENWERKE AG
ABT. TL 32 /591602-10
HANAUER STRASSE 46
D-80992 MUENCHEN

Precarrying Vessel: **Voyage-No.:**

Ocean Vessel(s): FIS1-TEST-EXPRESS **Voyage-No.:** FISE031718

Port of Loading: BREMERHAVEN **Port of Discharge:** VERACRUZ

Place of Delivery: MEXICO CITY

Port(s) of Transhipment:

Container Nos., Seal Nos.; Marks and Nos.	Number and Kind of Packages, Description of Goods	Gross Weight:	Measurement:
	1 CONT. 40' X 8'6" STANDARD S.T.C.		
HLCU 4353790	33 CASES	15555,0	
SEAL: FOPPIANO	ONE SET OF METAL WOLRING MACHINERY	KGM	
	INCLUDING SPAREPARTS		
	COMMODITY : 8400000000		
	=================	============	
	33 PACKAGES	15555,0	
		KGM	

SHIPPED ON BOARD, DATE : 03.01.1997
PORT OF LOADING: BREMERHAVEN
VESSEL NAME FIS1-TEST-EXPRESS

SHIPPERS LOAD STOWAGE AND COUNT

FREIGHT PREPAID

Shipper's declared Value [see clause 7(1) and 7(2)]

Above Particulars as declared by shipper. Without responsibility or warranty as to correctness by carrier [see clause 11(1) and (2)] COPY

Total No. of Containers received by the Carrier:	Packages received by the Carrier:
1	

Movement:	Currency:
FCL/FCL	

Charge	Rate	Basis	Wt/Vol/Val	P/C	Amount

RECEIVED by the Carrier from the Shipper in apparent good order and condition (unless otherwise noted herein) the total number or quantity of Containers or other packages or units indicated in the box opposite entitled "Total No. of Containers/Packages received by the Carrier" for Carriage subject to all the terms and conditions hereof (INCLUDING THE TERMS AND CONDITIONS ON THE REVERSE HEREOF AND THE TERMS AND CONDITIONS OF THE CARRIER'S APPLICABLE TARIFF) from the Place of Receipt or the Port of Loading, whichever is applicable, to the Port of Discharge or the Place of Delivery, whichever is applicable. One original Bill of Lading, duly endorsed, must be surrendered by the Merchant to the Carrier in exchange for the Goods or a delivery order. In accepting this Bill of Lading the Merchant expressly accepts and agrees to all its terms and conditions whether printed, stamped or written, or otherwise incorporated, notwithstanding the non-signing of this Bill of Lading by the Merchant.

IN WITNESS WHEREOF the number of original Bills of Lading stated below all of this tenor and date has been signed, one of which being accomplished the others to stand void.

Place and date of issue: HAMBURG 18.03.1997

Freight payable at:

Total Freight Prepaid	Total Freight Collect	Total Freight

Number of original Bs/L: 3/3

HAPAGL-LLOYD
CONTAINER LINIE
GMBH (AS CARRIER)

90114287

Hapag-Lloyd Container Linie GmbH, Hamburg **Express Cargo Bill** Multimodal Transport or Port to Port Shipment

Express Cargo Bill · Not Negotiable

Shipper:	MEYER MASCHINENBAU G.M.B.H. HAUPTSTRASSE. 10 MUENCHEN
Carrier:	Hapag-Lloyd
Carrier's Reference:	2331191
ECB-No.:	HLCUHAM970300205
Page:	2 / 2
Consignee or Order:	MEYER OF AMERICA INC.L, INC. 42 KENNEDY PLAZA DALLAS, 1556549 TEXAS USA ATTN.: MR. UNKNOWN
Export Reference:	
Forwarding Agent:	
Notify Address (Carrier not responsible for failure to notify):	
Consignee's Reference:	
Place of Receipt:	BAYERISCHE MOTORENWERKE AG ABT. TL 32 /591602-10 HANAUER STRASSE 46 D-80992 MUENCHEN
Precarrying Vessel:	CITY CONNECTION ONE
Voyage-No.:	
Ocean Vessel(s):	FIS1-TEST-EXPRESS
Voyage-No.:	FISE031718
Port of Loading:	HAMBURG
Port of Discharge:	HOUSTON, TX
Place of Delivery:	DALLAS, TX
Port(s) of Transhipment:	BREMERHAVEN

Container Nos., Seal Nos.; Marks and Nos.	Number and Kind of Packages, Description of Goods	Gross Weight:	Measurement:
	1 CONT. 40' X 8'6" STANDARD S.T.C.		
HLCU 4245501 SEAL: ABCD4711 RUNNING NOS. 1-33	33 CASES ONE SET OF METAL WOLRING MACHINERY INCLUDING SPAREPARTS	15555,0 KGM	
	COMMODITY : 8400000000		
	=================	============	
	33 PACKAGES	15555,0 KGM	

SHIPPED ON BOARD, DATE : 03.01.1997
PORT OF LOADING: HAMBURG
VESSEL NAME CITY CONNECTION ONE

SHIPPERS LOAD STOWAGE AND COUNT

Shipper's declared Value [see clause 7(1) and 7(2)]

Total No. of Containers received by the Carrier:	Packages received by the Carrier:
1	

Movement:	Currency:
FCL/FCL	

Charge	Rate	Basis	Wt/Vol/Val	P/C	Amount
OLF				P	
THO				P	
SEA				P	
BAF				P	
CAF				P	
THD				C	
DLF				C	

Total Freight Prepaid	Total Freight Collect	Total Freight

90114289

Above Particulars as declared by shipper. Without responsibility or warranty as to correctness by carrier

RECEIVED by the Carrier from the Shipper in apparent good order and condition (unless otherwise noted herein) the total number or quantity of Containers or other packages or units indicated in the box opposite entitled "Total No. of Containers/Packages received by the Carrier" for Carriage subject to all the terms and conditions hereof (INCLUDING THE TERMS AND CONDITIONS ON THE REVERSE HEREOF AND THE TERMS AND CONDITIONS OF THE CARRIER'S APPLICABLE TARIFF) from the Place of Receipt or the Port of Loading, whichever is applicable, to the Port of Discharge or the Place of Delivery, whichever is applicable. In accepting this Express Cargo Bill the Merchant expressly accepts and agrees to all its terms and conditions whether printed, stamped or written, or otherwise incorporated, notwithstanding the non-signing of this Express Cargo Bill by the Merchant.

Place and date of issue:	
HAMBURG	17.03.1997

Freight payable at:

HAPAGL-LLOYD
CONTAINER LINIE
GMBH (AS CARRIER)

Express Cargo Bill · Not Negotiable

- vom Verkäufer eine Bankgarantie verlangen, damit er bei Nichtauslieferung der Ware den Kaufpreis zurückerhält.

- Reederei/Kapitän prüfen die verpackte Ware nicht auf ihre Übereinstimmung mit den Angaben des Abladers (Zusatz **„said to contain“** = „enthält angeblich“ im Konnossement). Wenn die Ware allerdings äußerlich beschädigt ist (insb. an der Verpackung), wird ein entsprechender Vermerk ins Konnossement aufgenommen: es ist dann **unrein**. Konnossemente ohne diesen Beschädigungsvermerk werden als **„clean“** = rein bezeichnet.

- Konnossemente enthalten einen Vermerk über die Bezahlung/Nichtbezahlung der Fracht bei Abladung der Ware: **„freight prepaid/payable at destination“** (Fracht bezahlt/zahlbar am Bestimmungsort), **„freight collect“** (Fracht zu bezahlen).

- Konnossemente enthalten oft eine **„notify address“** = Benachrichtigungsadresse (ungenau: Notadresse): der darin Angegebene (meist Spediteur) **soll** durch die Reederei von der Ankunft der Ware im Bestimmungshafen benachrichtigt werden (die Reederei haftet allerdings nicht für Versäumen der Benachrichtigung).

- Konnossemente werden oft an Order gestellt und dann **blankoindossiert**. Grund: leichtere Übertragbarkeit (wie Inhaberpapiere: durch Einigung + Übergabe).

e) **Container-Seeverkehr:** Hat auch für Europa ständig an Bedeutung gewonnen;

Vorteile:

- nahezu alle Waren bis zu bestimmter Größe sind „containerisierbar“
- kombinierte Land/See-Transporte (gedeckt oft mit **Durchkonnossementen**) sind ohne neues Stauen der Einzelwaren möglich
- volle Auslastung insb. der speziellen Vollcontainerschiffe, auch Deckverladung möglich (da Ware besser geschützt ist)
- daher kostengünstig.

Arten des Containereinsatzes:

- Haus/Haus-Verkehr: durchlaufender Container von Absender bis Empfänger
- Pier/Haus-Verkehr: durchlaufender Container vom Verschiffungshafen zum Empfänger
- Haus/Pier-Verkehr: durchlaufender Container vom Absender zum Bestimmungshafen
- Pier/Pier-Verkehr: Containereinsatz von Verschiffungshafen bis Bestimmungshafen
- Sammelcontainerverkehr: Zusammenstellung von Stückgutsendungen durch Spediteure.

Konnossement: Verwendung spezieller Container-K. (Bill of Lading for Combined Transport or Port to Port Shipment) oder Versand der Ware im Rahmen üblicher Konnossemente mit Container-**Klauseln**:

- „Shipper's load, count and stowage": für Container-Inhalt, d. h. Ladung (Ware), Stückzahl, Verstauung trägt der Versender die Haftung
- „Ship's Option": Recht der Reederei zur Verladung der Container auf/unter Deck ohne zusätzliche Haftung bei Verladung auf Deck
- im Haus/Haus- und Haus/Pier-Verkehr haftet die Reederei nicht für die Zahl der im Container verladenen Packstücke;

wegen dieser Haftungseinschränkungen sind spezielle **Transportversicherungen** notwendig.

- Seekonnossement: Hafen-zu-Hafen-(Port-to-Port-)Verschiffung
- Bill of Lading for Combined Transport (CTB/L): Vor- und/oder Nachlauf-Transport des Containers (kombinierter Transport) – **kein** Traditionspapier

f) **Seefracht**berechnung: im Konnossement ausgewiesen („freight and charges"); maßgeblich für die Berechnung:

- Gewicht oder Kubikmeter (daher bei Verladung Wiegen/Messen erforderlich)
- Schwergewichts- und Längenzuschläge
- Wert (meist Wertgrenzen, bei deren Erreichen Fracht in Prozent vom Wert berechnet wird)
- Minimalfrachten für kleine/kleinste Sendungen
- Hafenzuschläge, Verstopfungszuschläge (bei überlasteten Häfen); werden zwischen Versender und Spediteur oft pauschal durch Lumpsumfracht erfaßt.

Angabe erfolgt durch Frachtrate = Beförderungspreis pro Frachteinheit (in metrischen oder englischen Maßeinheiten).

0.2.08 Nachrichtenverkehr

0.2.080 Grundlagen

Wichtigster Träger des Nachrichtenverkehrs in der Bundesrepublik ist die Deutsche Telekom AG.

1988 ist die damalige Deutsche Bundespost durch das Poststrukturgesetz in drei eigenständige Bereiche aufgeteilt worden:

- Deutsche Bundespost POSTDIENST
- Deutsche Bundespost TELEKOM
- Deutsche Bundespost POSTBANK.

Dadurch sollten eine höhere Effektivität, mehr Raum für Innovationen und zugleich Erhalt der traditionellen Postdienste mit ihren Aufgaben für die Allgemeinheit erreicht werden. Die drei Bereiche sollten als selbständige Unternehmen agieren. Die Rechtsaufsicht lag beim Bundesminister für Post und Telekommunikation. Die drei Unternehmen waren Sondervermögen des Bundes mit eigener Wirtschafts- und

Haushaltsführung, die von dem übrigen Vermögen des Bundes und seinen Rechten und Pflichten getrennt gehalten wurden.

Zum 1.1.1995 wurden die drei Sondervermögen privatisiert. Damit wurden drei auch kaufmännisch relevante selbständige Unternehmen geschaffen:

- die Deutsche Post AG
- die Deutsche Telekom AG
- die Deutsche Postbank AG.

Durch Inkrafttreten des neuen Postgesetzes per 1.1. 1998 wurde das Bundespostministerium abgeschafft. An seine Stelle tritt eine Regulierungsbehörde. Das Postmonopol wurde ebenfalls grundsätzlich abgeschafft. Allerdings dürfen Briefe bis 200 g und Massendrucksachen (Infopost) bis 50 g bis Ende 2002 nur von der Deutschen Post AG befördert und verteilt werden.

0.2.081 Briefverkehr

a) **Brief 2000 international:** Neues Konzept der Deutsche Post AG (vormals Deutsche Bundespost POSTDIENST), eingeführt zum 1.4.1993; Merkmale:

- Straffung der Tarifstruktur
- Schaffung von 83 Briefzentren für die Sortierung und Verteilung (bis Ende 1997: ca. 65 Briefzentren in Betrieb)
- Einsatz neuer Postleitzahlen
- damit am Eingangs- und am Bestimmungsort feinere Sortierung möglich
- größere Schnelligkeit (Ziel: 95 % aller in Deutschland verschickten Briefe sollen nach einem Tag ihr Ziel erreichen)
- höhere Wirtschaftlichkeit
- Investitionen in den Aufbau des ostdeutschen Postnetzes

b) **Briefpost-System:** (siehe Übersicht)

- Standardbrief
- Kompaktbrief
- Großbrief
- Maxibrief

c) **Weitere Produkte:**

- Briefe zum Kilotarif – deutlich ermäßigte Preise
- Entgeltermäßigungen für Eigenleistungen der Postkunden, z. B.
  - Freistempelung
  - Vorsortierung (Orte/Zustellämter)
  - Palettenfähigkeit

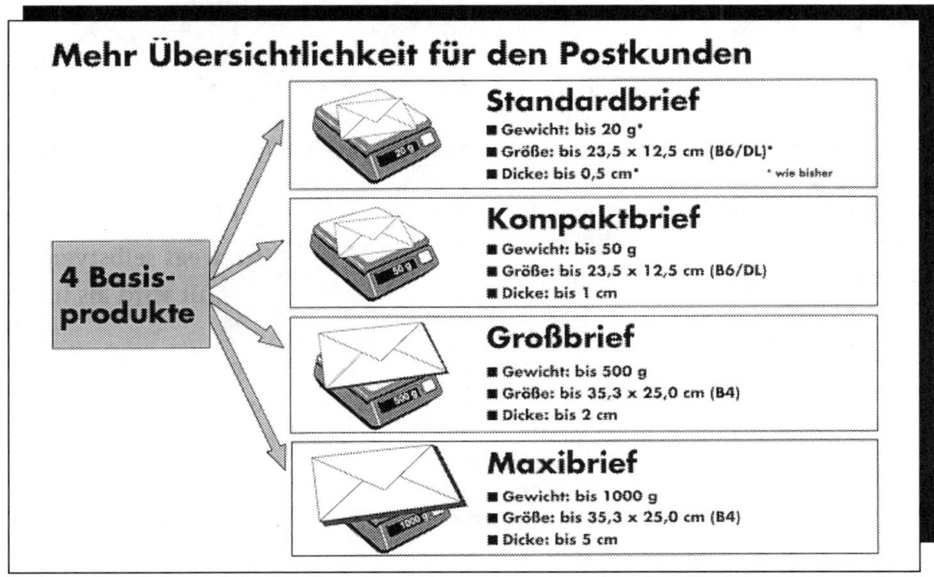

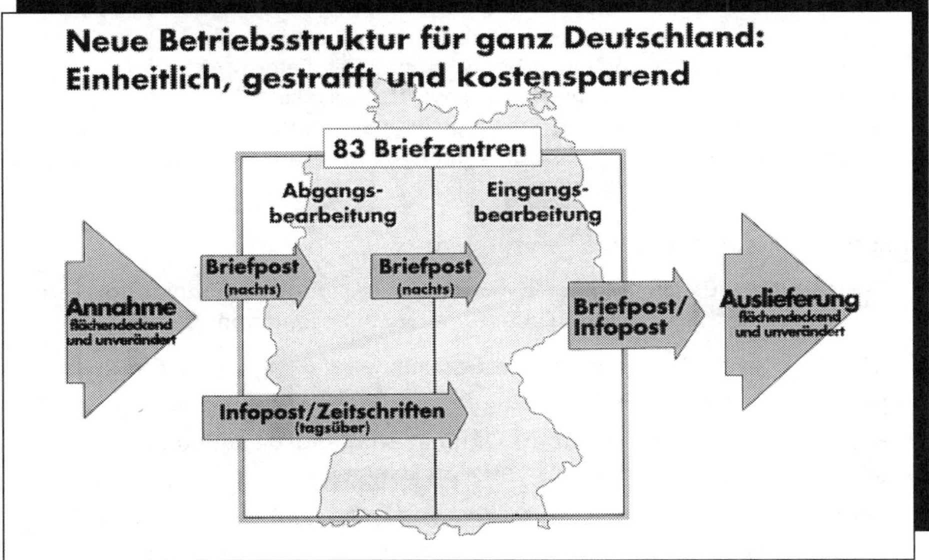

Quelle: Deutsche Post AG

- Ermäßigungen für Bücher, Notenblätter, Landkarten, Zeitungen
- Telebriefe:
  = Schnellservice, mit dem der Absender noch am Tag der Einlieferung den Empfänger erreichen kann
  - Übermittlung von Briefen, Dokumenten, Urkunden, Verträgen u. a. Vorlagen
  - Übertragung elektronisch entweder direkt zu einem Telefaxgerät oder zu einem Postamt mit Telebriefstelle, Zustellung als Brief oder Eilsendung, falls Empfänger kein Faxgerät hat
- ePOST = elektronischer Briefservice:
  - Einlieferung von Nachrichten in elektronischer Form:

Online per	– Datenfernübertragung mit Modem
	– Datex-P
	– Btx
	– Telebox
Offline per	– Magnetband
	– Diskette
Auslieferung per	– Brief (ggf. mit Eilzustellung)
	– Telebrief
	– Drucksache

- Infopost: Nachfolger für das frühere Angebot „Massendrucksache"; Kriterien:
  - schriftliche Mitteilungen oder Unterlagen desselben Absenders
  - Versender muß festgelegte Mindestmengen einliefern
  - Sendungen müssen format- und gewichtsgleich sein
  - bei Einzelgewicht bis 100g: inhaltsgleiche Sendungen
  - zugelassen sind auch z. B. individuelle Anrede, Unterschriften, Ordnungsbezeichnungen (z. B. Kundennummer).

d) **Zusätzliche und sonstige Leistungen:**

- Einschreiben: Bescheinigung der Einlieferung und Aushändigung; Vermerk „Einschreiben"; Briefsendung oder Sendung in besonderem Beutel
- Wert (Wertbrief): Wertangabe; Gebühr beinhaltet Briefentgelt, Einschreib-Entgelt für eine Briefsendung
- Rückschein: Absender erhält die Original-Empfangsbestätigung des Empfängers; nur in Verbindung mit Wert oder Einschreiben
- Eilzustellungen (Briefe, Postkarten, Blindensendungen)
- Büchersendungen
- Warensendungen
- Ausland:
  - Europabrief: schnellster Beförderungsweg (Land oder Luft), Unterteilung nach
    - Standardbrief
    - Kompaktbrief
    - Maxibrief international
    - Postkarte

- Weltbrief: Preisdifferenzierung nach Luft-/Landbeförderung; Arten:
  - Aerogramm (nur Luftbeförderung)
  - Standardbrief
  - Kompaktbrief
  - Maxibrief international
  - Postkarte
- Einschreiben, Wertbrief, Rückschein, Eilzustellung

e) **Postleitzahlen:** Leitsystem für die Postverwaltung in der Bundesrepublik; früher vierstellig. Nach der Wiedervereinigung erfolgte Kennzeichnung der jeweiligen Leitzahlen mit W für West und O für Ost. Dies war jedoch nur eine Interimslösung, zumal ca. 800 Städte und Gemeinden in West und Ost identische Postleitzahlen hatten.

Daher wurde zum 1.7.1993 ein neues **fünfstelliges** Postleitzahlen-System eingeführt. Damit waren gewaltige Umstellungsaufwendungen verbunden (so z. B. für sämtliche Vordrucke, Briefbögen und die Kundendatenbanken der Unternehmen).

Aufbau des neuen gesamtdeutschen PLZ-Systems – Briefzentrum Region 39

Beispiel für Zustellung im Großraum Musterhausen

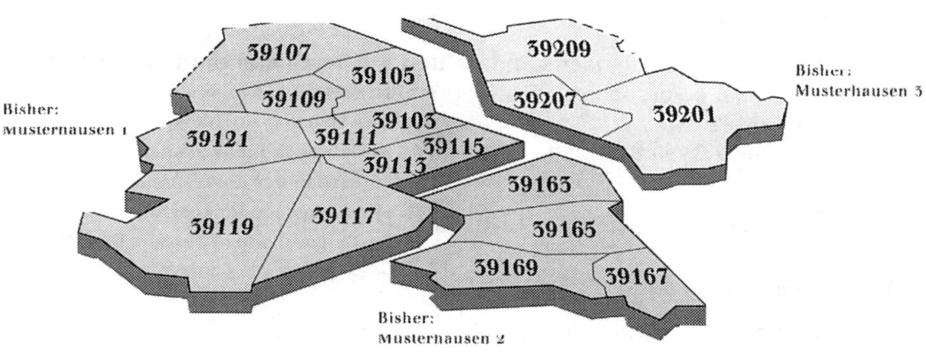

<table>
<tr><th colspan="5">Das neue gesamtdeutsche PLZ-System
Aufbau der 5stelligen Postleitzahl</th></tr>
<tr><td>3</td><td>9</td><td>1</td><td>0</td><td>9</td></tr>
<tr><td colspan="2">1.–2. Stelle
Region</td><td colspan="3">3.–5. Stelle
Städte, Stadtteile sowie Gemeinden und dort für
➤ Postfächer
➤ Großkunden
➤ Zustellung</td></tr>
</table>

Quelle: Deutsche Post AG

0.2.082 Telefondienst

a) Der Telefondienst der Deutsche Bundespost TELEKOM ist weitestgehend automatisiert (Selstwähldienst) auch bei Auslandsgesprächen.

b) **Tarifsystem:**

- Inland:
  - Differenzierung nach Zeiten:
    - Freizeittarif
    - Vormittagstarif
    - Nachmittagstarif
    - Mondscheintarif
    - Nachttarif
  - Differenzierung nach Entfernungen:
    - City
    - Region 50 (bis zu 50 km)
    - Region 200 (bis zu 200 km)
    - Fern
  - Verbindungen zum Mobilfunk:
    - C-Netz
    - C-Mobilboxen
    - D1-Netz
    - D2-Netz
    - E-Plus-Netz
- Ausland: Differenzierung nach Ländern und z. T. nach Standard- und Spartarif (Einzelheiten siehe Vorspann zu Telefonbüchern):
  - Euro 1, Euro 2
  - Welt 1, Welt 2, Welt 3, Welt 4.

0.2.083 Sonderdienste der Deutsche Telekom AG

- Telefonauskunft
- Telefonaufträge (Benachrichtigungs-, Erinnerungs-, Weckdienste)
- vermittelte Telefonverbindungen (Fernamt)
- Verbindungen zu Schiffen und mobilen Funktelefonen via Satellit
- Telegramme
- Mobilfunk:
  - C-Netz: nur in Deutschland betriebenes analoges Mobilfunknetz
  - D1-Netz
  - D2-Netz
- Cityruf: Mobilfunksystem, das regional in Rufzonen ausgestrahlt wird; Empfangsmöglichkeiten:
  - alphanumerisch: Nachrichten im Klartext, bis zu 80 Buchstaben und Ziffern
  - numerisch: Ziffern und Sonderzeichen (codierte Botschaften)
  - nur-Ton: bis zu vier verschiedene Pieptöne

- T-Online: siehe Abschnitt 0.2.084
- Begriffsklärung:
  - Telegramm
    = Übermittlung von Buchstaben/Wörtern/Zahlen durch die Post
    - Aufgabe: mündlich/fernmündlich/schriftlich/fernschriftlich
    - Übermittlung: gewöhnlich/dringend
  - Telexdienst
    = Fernschreibverkehr, d. h. Übermittlung von Nachrichten (auch international) durch öffentliches Fernschreibnetz
    - Anrufer und Empfänger müssen angeschlossen sein
    - Selbstwählverfahren (Inland und fast alle Länder der Welt)
    - Text wird auf Sendemaschine geschrieben, dort und beim Empfänger wortgetreu festgehalten (Empfänger braucht nicht anwesend zu sein)
  - Telefax:
    = Übertragung von Texten und Grafik originalgetreu über das Telekommunikationsnetz (sog. Fernkopieren)
    - die zu übertragende Abbildung wird fotoelektrisch in Rasterpunkte zerlegt, in elektrische Signale umgewandelt und gesendet (beim Empfänger entsprechend umgekehrt)
    - die eingesetzten Fernkopierer und Telefaxanlagen müssen zugelassen sein
    - wenn Absender und/oder Empfänger nicht über einen Fernkopierer verfügen, kann ein Telebrief eingesetzt werden (vgl. Abschnitt 0.2.081)
- Telefax hat für die Kommunikation von Unternehmen heute erhebliche Bedeutung.

0.2.084 T-Online

a) **Wesen:** Mit dem T-Online-Dienst stellt die Deutsche Telekom einen flächendeckenden Zugang für die dialogorientierte Datenkommunikation zur Verfügung. T-Online wurde aus der technischen Basis des früheren **Btx-Dienstes** entwickelt und unterstützt Btx weiterhin, ermöglicht **eMail** und erlaubt den Zugang zum **Internet.** Merkmale:

- Übermittlung von Daten zur Weiterverarbeitung in Personalcomputern (PC)
- dialogorientierte Kommunikation mit direkter Bildschirmausgabe.

b) **Funktionsweise:**

- T-Online greift auf vorhandene Informationen der Anbieter zu und kommuniziert mit Externen Rechnern sowie mit anderen Diensten und Netzen.
- Eine Leitzentrale arbeitet mit regionalen T-Online-Netzknoten zusammen.
- T-Online stellt ein verteiltes Datenbanksystem für flächendeckenden Massenzugriff bereit.
- Beteiligte Komponenten:
  - Terminal
  - Telefonnetz (analog oder ISDN)

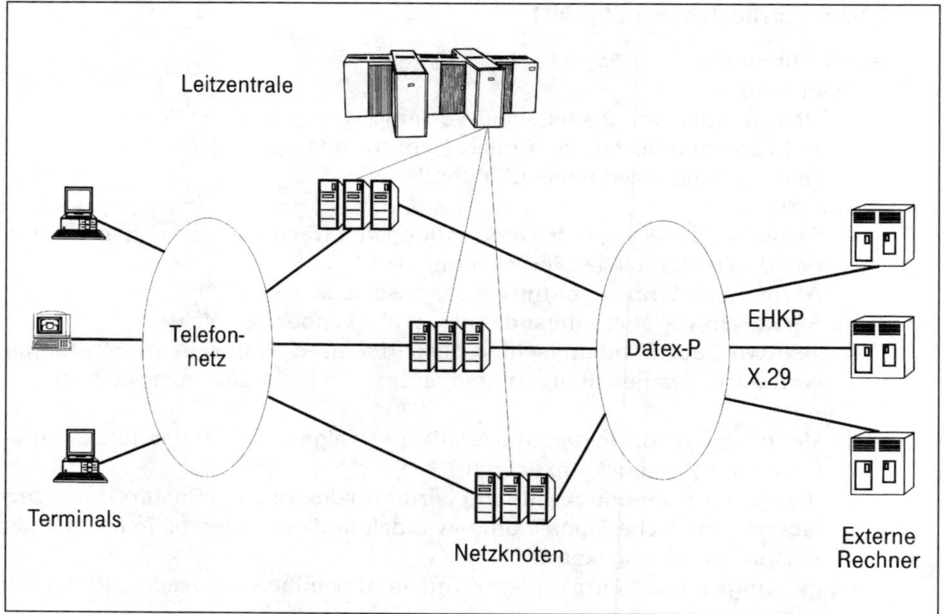

- T-Online-Netzknoten und Leitzentrale
- Datex-P-Netz: Wählanschluß mit Paketvermittlung, d. h. Aufteilung der zu übermittelnden Nachricht in einzelne „Pakete" sowie Adressieren, Zwischenspeichern und Vermitteln dieser Pakete; zwischen zwei Wählanschlüssen der Gruppe P besteht keine direkte physikalische, sondern eine logische Verbindung; feste Verbindung (sog. Standleitung) möglich
- Externe Rechner
- Übergänge zu anderen Telekommunikationsdiensten und -netzen
- Übergänge zu ausländischen Videotex-Diensten

c) **Funktionen und Leistungsmerkmale:**

- Teilnehmeridentifizierung:
  - Anschlußkennung
  - Teilnehmerkennung mit persönlichem Kennwort (PIN)
- Gastzugang zum Kennenlernen
- Informationsabruf: Aufruf von Seiten direkt oder über Suchstrukturen
- Rechnerverbund: Verbindung zu sog. Externen Rechnern, in denen Informationen vorgehalten und über den Rechnerverbund abgerufen werden
- Mitteilungsdienst: elektronischer Briefkasten für alle T-Online-Teilnehmer und -Mitbenutzer
- Datenübertragung: Austausch von sog. „transparenten Daten" zusätzlich zur textorientierten Nachrichtenübermittlung
- eMail: electronic mail, PC-gestützter Mitteilungsdienst für jeden T-Online-Nutzer
- Internet-Zugang

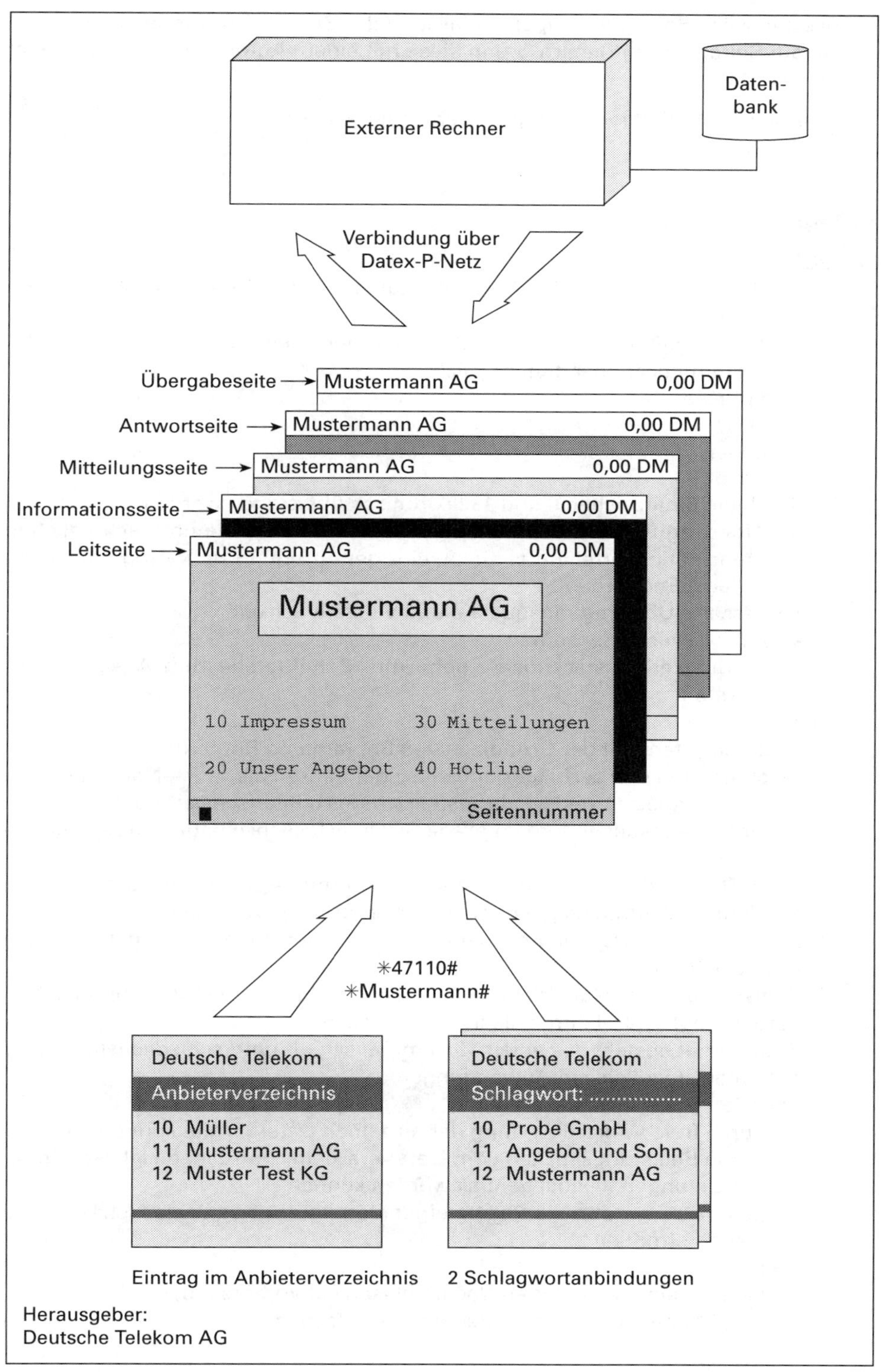

Herausgeber:
Deutsche Telekom AG

- geschlossene Benutzergruppen: Zulassung des Zugriffs nur für bestimmte Nutzer auf Seiten von Anbietern, wenn diese mit einem Autorisierungscode versehen werden
- Inkasso von Anbietervergütungen; Berechnungsbasis:
  - Seiten
  - Zeit

d) **Begriffsklärung:**

- ISDN:
  - = Integrated Services Digital Network. d. h. diensteintegrierendes digitales Telekommunikationsnetz
  - durch die Digitalisierung des bisher analogen Telefonnetzes können sämtliche Kommunikationsarten, nämlich
    - Sprache
    - Text
    - Bilder
    - Daten

    durch die Binärzeichen 0 und 1 elektronisch übertragen werden
  - die Übertragung ist in einem Netz möglich, so daß die unterschiedlichen Kommunikationsarten unter einem einzigen Anschluß zur Verfügung stehen (bis zu acht Endgeräte)
  - verbesserte Übertragungsqualität und Verständlichkeit
  - kürzerer Verbindungsaufbau
  - „Kommunikationssteckdose“: genormte Schnittstelle zum Anschluß der Endgeräte.
- Internet:
  - = Rechnersystem auf der Grundlage von Servern und Routern
  - entstanden in den sechziger und siebziger Jahren als ARPA-Net (Advanced Research Projects Agency) als ausfallsicheres militärisches Datennetz
  - in der Folge insbesondere im akademischen/wissenschaftlichen Bereich genutzt
  - jedes Datenpaket wird mit Absende- und Empfangsadresse versehen und auf dem kürzestmöglichen freien Datenkanal weitervermittelt
  - jedem angeschlossenen Rechner muß daher eine eindeutige sog. IP-Adresse zugeteilt werden
  - Registrierung der Nummernkreise der angeschlossenen Systeme oder Teilnetze erfolgt zentral durch die Internet Society
  - das Internet besteht aus einem Zusammenschluß unterschiedlichster Server mit unterschiedlichsten Anwendungen
  - Vorteile:
    - durch freie Wegezuordnung der einzelnen Datenpakete können auch extreme Belastungsspitzen vom Netz verarbeitet werden, da alle verfügbaren Leitungen flexibel genutzt werden können
    - jeder Server kann die Pakete eigenständig ohne zentrale Netzkontrolle weitervermitteln
  - Nachteile:
    - Laufzeit einer kompletten Nachricht ist nicht vorhersehbar
    - es gibt unterschiedlichste Bedieneroberflächen

  - es gibt kein vollständiges Verzeichnis der verfügbaren Angebote; allerdings wird zunehmend Software für das „Navigieren" im Internet angeboten
  - die Vertraulichkeit der übertragenen Informationen kann im globalen Netzwerk nicht garantiert werden, daher arbeiten viele Anbieter derzeit an besonderen Verschlüsselungs- und sonstigen Sicherungssystemen, um ein **Internet-Banking** zu ermöglichen
- mit Entwicklung des World-Wide-Web (WWW) wurde die Bedienung von Internet-Anwendungen stark vereinfacht
- die „Homepages" (Angebotsseiten) dienen heute vielen Unternehmen zur Darstellung ihrer Merkmale und Angebote.

0.2.1 Handelsmittler, Spediteure, Lagerhalter

0.2.10 Überblick

Der Handelskaufmann bedarf neben Güterverkehrsbetrieben, Banken und Versicherungen der Hilfe weiterer **kaufmännischer Dienstleistungsbetriebe**.

Dazu gehören

- Handelsvertreter
- Kommissionäre
- Handelsmakler

als Mittler im Handelsverkehr, insbesondere beim Abschluß von Handelsgeschäften, sowie

- Spediteure
- Lagerhalter

im Rahmen der Erfüllung dieser Geschäfte.

Sie alle sind **Kaufleute kraft Grundhandelsgewerbes** (Mußkaufleute, § 1 II HGB). Bei Ausübung ihrer Tätigkeit übernehmen diese Kaufleute einen Teil der Arbeit der eigentlichen Handelsunternehmen: **Arbeitsteilung**. Sie verfügen auf ihrem Gebiet über Spezialkenntnisse, die sie anderen Kaufleuten gegen entsprechende Vergütung zur Verfügung stellen, gute Vermittlungsmöglichkeiten durch umfangreiche Geschäftsverbindungen und haben ihren Unternehmenssitz an einem für ihr Gewerbe günstigen Standort. Damit ersparen sie den Handelsunternehmen erhebliche eigene Aufwendungen für die Einrichtung entsprechender Niederlassung, Erlangung dieser Kenntnisse oder des Kundenkreises.

0.2.11 Handelsmittler

0.2.110 Handelsvertreter (= Agent)

a) **Wesen:** Handelsvertreter ist, wer

- als selbständiger Gewerbetreibender
- ständig damit betraut ist, für einen anderen Unternehmer Geschäfte
  - zu vermitteln (Vermittlungsagent, Regelfall)
  - abzuschließen (Abschlußagent)
- und dabei im fremden Namen für fremde Rechnung handelt (§ 84 HGB).

b) **Pflichten** des Handelsvertreters (§ 86):

- Wahrung der Interessen des Auftraggebers
- auch sorgfältige Auswahl des Dritten (Geschäftspartners); Haftung für dessen Zahlungsfähigkeit (sog. Delkrederehaftung) jedoch nur bei schriftlicher Vereinbarung im voraus gegen Delkredereprovision (§ 86 b)
- Benachrichtigung des Auftraggebers über Vermittlung/Abschluß
- Sorgfaltspflicht eines ordentlichen Kaufmanns
- abweichende Vereinbarungen sind unwirksam.

c) **Rechte** des Handesvertreters = **Pflichten** des Unternehmens (§ 86 a HGB):

- Provision für alle vermittelten oder abgeschlossenen Geschäfte
- Erhalt aller erforderlichen Unterlagen (z. B. Muster, Zeichnungen, Preislisten)
- Benachrichtigung über Annahme oder Ablehnung eines von ihm vermittelten oder ohne Vertretungsmacht abgeschlossenen Geschäftes durch den Auftraggeber
- unverzügliche Unterrichtung, falls Geschäfte nur in erheblich geringerem Umfang abzuschließen sind
- bei Beendigung des Vertragsverhältnisses (Agenturvertrag): Pflicht zur angemessenen Ausgleichszahlung (§ 89 b), der Handelsvertreter soll an den von ihm eingeleiteten Geschäftsbeziehungen beteiligt werden, die ihm bei Fortsetzung seiner Tätigkeit durch Provisionen genutzt hätten
- abweichende Vereinbarungen sind unwirksam.

d) **Anwendung:**

- Handelsware (Einkaufs- und Verkaufsvertreter)
- Versicherungen
- Transportwesen
- Bausparwesen

BEISPIEL (Verkaufsvertreter):

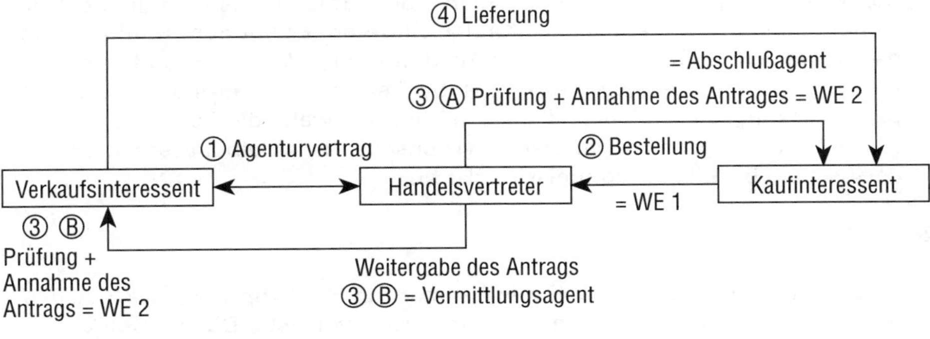

0.2.111 Kommissionär

a) **Wesen:** Kommissionär ist, wer

- gewerbsmäßig Waren oder Wertpapiere für einen anderen (den **Kommittenten**)
  - kauft (**Einkaufskommissionär**)
  - verkauft (**Verkaufskommissionär**)
- und dabei im **eigenen Namen** für **fremde Rechnung** handelt (§ 383 HGB).

b) **Pflichten:**

- Übertragung des Geschäftsergebnisses auf den Kommittenten (durch Eigentumsübertragung, Forderungsabtretung usw.)
- Treuepflicht: Wahrung der Interessen des Kommittenten, Befolgung seiner Weisungen (§§ 384-387)
- Sorgfaltspflicht eines ordentlichen Kaufmanns, insb. sorgfältige Auswahl des Dritten; Delkrederehaftung, soweit vereinbart oder handelsüblich, gegen Delkredereprovision (§ 394)
- Erteilung einer Ausführungsanzeige für Geschäfte und einer Abrechnung
- Nennung des Kontrahenten (sonst haftet der Kommissionär selbst für die Erfüllung, § 384 III)
- besondere Pflichten beim Selbsteintritt (s. u.)

c) **Rechte:**

- Anspruch auf Provision (Kommission) und Auslagenersatz (§ 396)
- gesetzliches **Pfandrecht** an der Kommissionsware für alle Ansprüche aus Kommissionsgeschäften (§ 397)

Selbsteintrittsrecht (§§ 400-405):
Bei Waren/Wertpapieren mit einem Markt- oder Börsenpreis kann der Kommissionär selbst als Verkäufer oder Käufer eintreten. Er hat dem Kommittenten nachzuweisen, daß der zur Zeit der Ausführung der Kommission bestehende Markt-/Börsenpreis eingehalten wurde. Schließt der Kommissionär ein günstigeres Deckungsgeschäft ab, gilt dessen Preis nur, wenn die Ausführungsanzeige noch nicht abgesandt war. Der Provisionsanspruch bleibt bestehen. (Besonders wichtig bei Effektenkommission der KI).

BEISPIEL:

- Auftrag des Kommittenten an Kommissionär zum Kauf von 100 Stück X-Aktien
- Selbsteintritt des Kommissionärs zum Tageskurs von 250,– DM pro Stück
- Absendung der Ausführungsanzeige
- am nächsten Tag Deckungskauf zu 245,– DM pro Stück
- Kommissionär verdient 500,– DM (Differenz Selbsteintritt – Deckungskauf) und die Provision

Verfahren:

a. Einkaufskommission

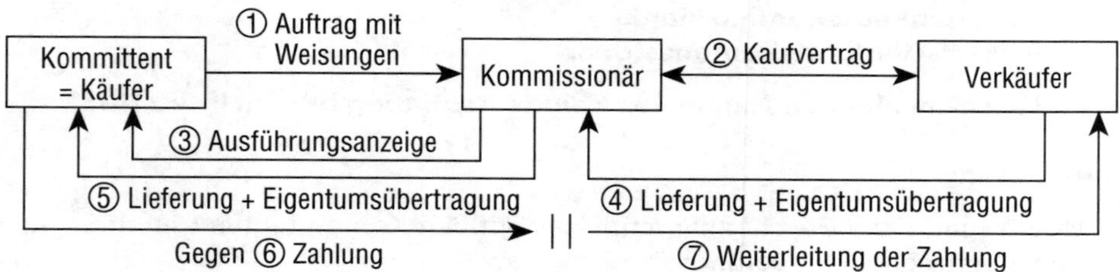

b. Verkaufskommission

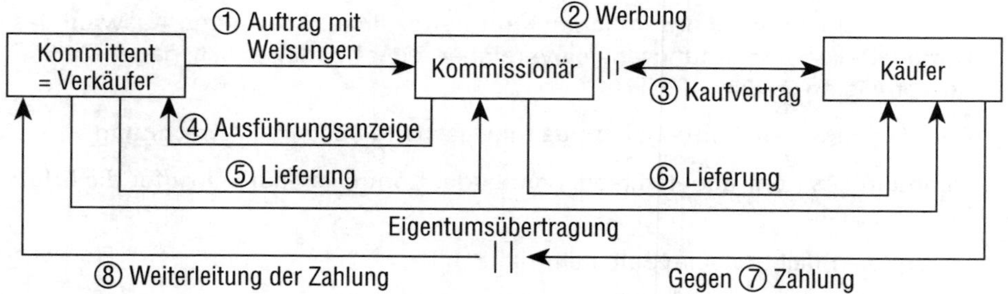

0.2.112 Handelsmakler

a) **Wesen:** Handelsmakler ist, wer

- gewerbsmäßig für andere die Vermittlung von Verträgen übernimmt,
- ohne ständig vertraglich dazu beauftragt zu sein
- wobei als Vertragsgegenstände in Frage kommen: Gegenstände des **Handelsverkehrs**, d. h. insbesondere (§ 93 HGB)
  - Waren und Wertpapiere
  - Versicherungen
  - Güterbeförderung
  - Schiffsmiete.

b) **Pflichten:**

- Haftung gegenüber beiden Parteien für durch Verschulden des Maklers entstehenden Schaden (§ 98)
- Wahrung der Interessen beider Parteien (Maklertreue)
- Sorgfaltspflicht eines ordentlichen Kaufmanns
- Beurkundung des vermittelten Geschäftes durch sog. Schlußnote (Schlußschein) für jeden Partner (§ 94)
- Führung eines Tagebuches (§§ 100-103) (ausgenommen bei Vermittlung von Versicherungs- oder Bausparverträgen)
- beachte: grds. keine Pflicht zum Tätigwerden

c) **Rechte:**

- Anspruch auf Maklerprovision (**Courtage**), die von beiden Parteien je zur Hälfte getragen werden muß (§ 99), auch ohne besondere Vereinbarung (§ 354 HGB)
- grds. kein Recht zum Selbsteintritt

BEISPIEL:

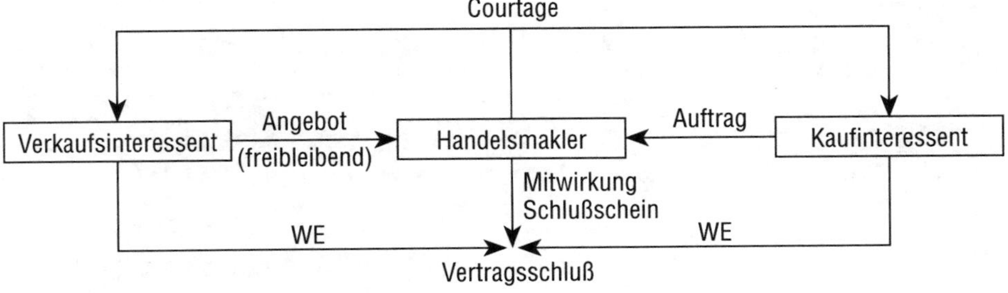

Zweigniederlassung Hamburg
Schenker & Co GmbH
TERMINAL NORD · Peutestraße 48-52 · 2000 Hamburg 28
Telefon (040) 78953-0 · Telefax (040) 78953150
Telex 2163943

SCHENKER
Internationale Spedition

VERSENDER	BEI RÜCKFRAGEN POSITIONS-NR. ANGEBEN
MARTIN MERKEL GMBH SANITASTR. 17 - 21 2102 HAMBURG 93	POSITIONS-NR. 08/566/0701/01 2 ABTEILUNG EXPORT LAND BEI RÜCKFRAGEN THOMAS HEINZE DURCHWAHL 78953148 **HAMBURG,** 07.08.89

SPEDITEUR-ÜBERNAHMEBESCHEINIGUNG FORWARDING AGENTS'S CERTIFICATE OF RECEIPT CERTIFICAT DE PRISE EN CHARGE DU TRANSITAIRE

EMPFÄNGER	
FOREIGN TRADE ENTERPRISE POLSERVICE P.O. BOX 335 PL - 00-950 WARSCHAU	

NOTIFY	
KUM BUMAR LABEDY UL. MECHANIKOW 9 PL - 44-109 GLIWICE	P E K A E S - AUTOTRANSPORT S.A. SNIADECKICH STRASSE 17 ATT: K. BRZOSKA PL - 00-950 WARSZAWA

TBL-FCR-FCT-FBL-NO.	ANZAHL DER ORIGINALE	
LKW-NR.	**VERSANDORT**	
L K W	HAMBURG	
GRENZÜBERGANG	**ENDBESTIMMUNG**	
GUDOW	WARSCHAU	
VERLADEN AM	**TRANSPORTVERSICHERUNG VERMITTELT**	**FRANKATUR**
07.08.89	NEIN/NO	FREI DEUTSCHE GRENZE

MARKE UND NUMMER	ANZAHL, ART UND INHALT DER KOLLI		BRUTTO KG
KUM BUMAR LABEDY KONTRAKT 16-460/ 9-0016 GLIWICE	1 KARTON	ROOF SHAPED SEALS E3-180, E2-140, P6-140 SAMT 1800 STCK	70,0

KONTRAKT 16-460/9-0016
L/C NR. 03/IM/443133
LIEFERKONDITION: DELIVERED AT FRG/GDR FRONTIER

ORIGINAL ORIGINAL

M U S T E R

ORIGINAL

Wir bescheinigen hiermit obige Sendung von obengenanntem Versender in äußerlich guter Beschaffenheit zur unwiderruflichen Weiterbehandlung gemäß Instruktionen des Empfangsspediteurs bzw. zur unwiderruflichen Weiterbeförderung an den obengenannten Empfänger erhalten zu haben. / Inhalt und Gewicht laut Angabe des Absenders.

We hereby certify receipt of the above consignment from the above-mentioned consignor in apparent good order and condition with the irrevocable order to forward it as per the instructions of the consignee's authorized forwarding agent or to forward it to the above-mentioned consignee, respectively. / Contents and weight as per the consignor's declaration.

Par la présente nous certifions avoir reçu l'envoi ci-dessus de l'expéditeur mentionné ci-haut en apparemment bon état avec l'ordre irrévocable de l'expédier selon les instructions de l'agent de transport autorisé par le destinataire ou de l'expédier à l'adresse du destinataire mentionné ci-haut. / Contenu et poids selon les indications de l'expéditeur.

Wir arbeiten aufgrund der Allgemeinen Deutschen Spediteur-Bedingungen (ADSp) und haben den SVS/RVS gezeichnet. Die Bedingungen stehen auf Wunsch zur Verfügung. Der Transport wird gemäß den Bedingungen der beteiligten Eisenbahnen, Straßenverkehrsunternehmen, Schiffahrts- und Luftfahrtgesellschaften und anderen Unternehmen durchgeführt.

Business is undertaken subject to the German Forwarders' Standard Terms and Conditions (ADSp) and the SVS/RVS (German Forwarding and Cartage Insurance Cover) is signed by us. The conditions are available on request. The Transport ist subject to the conditions of Railways, Trucking Companies, Shipping Companies, Airlines and other carriers participating in the transport.

Les affaires sont exécutées sur la base des Conditions Générales des Commissionaires Allemands de Transport (ADSp) et la SVS/RVS (Assurance Allemande Risque de Transport et de Camionage) est signée par nous. Le transport est effectué selon les conditions des Administrations de Chemin-de-Fer, des Transporteurs Routiers, des Compagnies Maritimes, des Compagnies Aériennes et d'autres transporteurs participant au transport.

Gerichtsstand: Hamburg.
Competent court of law: Hamburg.
Tribunal compétent: Hamburg.

SCHENKER & CO GMBH
ZWEIGNIEDERLASSUNG HAMBURG

ppa. i.V.

Zweigniederlassung Hamburg
Schenker & Co GmbH · P.O.B. 110313, 2000 Hamburg 11
Phone: (040) 36135–0 · Telefax (040) 36135216 Gr. 2/a
Telex: 217004–37 sh d · Cable: Schenkerco · Teletex 402169 SHEHH

We herewith certify having received from the below mentioned supplier the following goods – in external apparent good order and condition – for irrevocable forwarding

SCHENKER
Internationale Spedition

SUPPLIER
EFIBA HANDELSGESELLSCHAFT M.B.H.&CO
ORGANISATIONS KG
P. O. B. 1147

D-2830 BASSUM 1

OUR REF.
01/423/1274 0
AFGHANISTAN
INGEBORG JORDAN

CONSIGNEE
HAJI SHAH MOHAMMAD
S/O HAJI GHULAM MOHAMMAD
SARAI FAIZ MOHAMMAD NASIRI
JADE-I-MANDAWI
KABUL / AFGHANISTAN

Forwarding Agents Certificate of Receipt
Spediteurübernahmebescheinigung
COPY NOT NEGOTIABLE

NOTIFY
BANKE MILLIE AFGHAN
FORWARDING DEPARTMENT
P.O.BOX 522
KABUL / AFGHANISTAN

DELIVERY TO BE EFFECTED THROUGH:
BANKE MILLIE AFGHAN
FORWARDING DEPARTMENT
P.O.BOX 522
KABUL / AFGHANISTAN

FCR-NO.	NUMBER OF ORIG. FCR		
6548	3/THREE		
(OCEAN) VESSEL	PORT OF LOADING	LOCAL VESSEL	FROM
CONT.BY TRUCK/RAIL	BRAMSTEDT		
VIA/PORT OF DISCHARGE	TO/FINAL DESTINATION		
USSR	HAIRATAN/AFGHAN		

MARKS & NOS.: NUMBER AND KIND OF PACKAGES — DESCRIPTION OF GOODS AND GROSS WEIGHT KILOS AS PER SHIPPER'S DECLARATION.

CONTAINER NO.: SAID TO CONTAIN
427.732-4 1 X 40' CONT.659 BAGS SECONDHAND SHOES 13.975,0
TARE 3.460,0

THE CONTAINER IS PROPERTY OF CONSIGNEE
FREIGHT PAYABLE AT DESTINATION.

TOTAL 1 TOTAL 17.435,0

MUSTER

FREIGHT UP TO: HAIRATAN PAYABLE AT KABUL

Forwarding operations will be performed on the basis of the German Forwarder's Standard Terms and Conditions (Allgemeine Deutsche Spediteur-Bedingungen). Transportation will be subject to the terms and conditions of the carriers involved, for example of railway companies, ocean and inland water transport companies, airlines etc.
No insurance of transport-, war- or warehouse-risks will be arranged without written special order.

We hereby affirm the number of original certificate/s stated above all of the same tenor and date.

Dated at Hamburg, 09.01.89

SCHENKER & CO GMBH
ZWEIGNIEDERLASSUNG HAMBURG

COPY not negotiable

FCR 87

d) Beachte: Abgrenzung zum Zivilmakler (§§ 652 ff. BGB): dieser kann sich mit dem Nachweis einer Gelegenheit zum Vertragsabschluß begnügen, handelt i. d. R. nur im Interesse seines Auftraggebers, von dem allein er Provision erhält, vermittelt keine Geschäfte des Handelsverkehrs (z. B. Mietwohnungen, Heiraten) und kann auch nur gelegentlich tätig werden.

0.2.12 Spediteur und Lagerhalter

0.2.120 Spediteur

a) **Wesen:** Spediteur ist, wer

- gewerbsmäßig für Güterversendungen durch Frachtführer (oder Verfrachter von Seeschiffen) sorgt
- dabei in **eigenem Namen** für **fremde Rechnung** tätig ist (§ 407 HGB).

b) **Rechtsgrundlagen:**

- § 675 BGB (Geschäftsbesorgungsvertrag)
- Allgemeine Deutsche Spediteurbedingungen (**ADSp**) als AGB, meist als Vertragsinhalt vereinbart
- §§ 407 ff. HGB (Speditionsgeschäft), soweit nicht durch die ADSp abbedungen
- Verweis auf die HGB-Vorschriften zum Kommissionsgeschäft.

c) **Pflichten:**

- Wahrung der Interessen des Auftraggebers, insb. ordnungsgemäße Versendung des Gutes (§ 408 HGB)
- Sorgfaltspflicht eines ordentlichen Kaufmanns, insb. bei Auswahl von Frachtführern, Verfrachtern und Zwischenspediteuren
- Abschluß einer **Speditionsversicherung** zur Deckung vor allem von Dispositionsfehlern des Spediteurs (Abschluß von Transport- und Lagerversicherungen nur auf besonderen Auftrag)
- **Haftung:**
  - §§ 407, 390 HGB: für alle schuldhaft verursachten Schäden ohne summenmäßige Haftungsbegrenzung
  - ADSp: keine Haftung, wenn Schaden unter Speditionsversicherung fällt; entsprechend bei sonstiger Versicherung; i.ü. zum Teil Haftungsausschlüsse, sonst Begrenzung auf 20 000,– DM

d) **Rechte:**

- Provisionsanspruch ab Übergabe der Ware an Frachtführer (§ 409 HGB)
- Aufwandsersatz (§ 407)
- gesetzliches Pfandrecht zur Sicherung seiner Forderungen (§ 410)

- **Selbsteintrittsrecht:** der Spediteur kann den Transport selbst übernehmen und durchführen (§ 412; i. d. R. durch LKW), erhält dadurch zusätzlich die Rechte eines Frachtführers (Verfrachters) mit den zugehörigen Pflichten.

e) **Arten:**

- Versandspediteur (in erster Linie für den Absender tätig)
- Empfangsspediteur (auf Weisung von Absender oder Empfänger tätig), Ware ist an ihn adressiert
- Hauptspediteur als Hauptverantwortlicher für den gesamten Transport
- Zwischenspediteur für Teiltransport im Auftrag des Hauptspediteurs.

f) **Bedeutung:** der Spediteur ist auf seinem Gebiet Spezialist; d. h.

- Kenntnisse der Transportmöglichkeiten
- Kenntnisse aller erforderlichen Einfuhr-, Ausfuhr-, Zollvorschriften
- mögliche Durchführung kostengünstiger Sammelladungen
- Erbringung von Nebenleistungen (Dokumentenbeschaffung, Zoll, Versicherung)

g) **Transportdokumente:**

- **FCR = Forwarders Certificate of Receipt = Internationale Spediteur-Übernahmebescheinigung:**
  - auf den Namen eines Empfängers ausgestellt (Namenspapier)
  - Beweispapier
    - für Übernahme der Ware durch den Spediteur
    - für Erfüllung der Lieferpflicht durch den Verkäufer
  - beinhaltet Verpflichtung des Spediteurs, die Ware an bestimmten Empfänger zu liefern bzw. diesem zur Verfügung zu stellen
  - Verfügungspapier, d. h. Mittel für nachträgliche Verfügungen des Absenders, mit begrenzter Sperrwirkung (d. h. ausstellender Spediteur besitzt noch ein Verfügungsrecht, Empfänger hat noch nicht wirksam verfügt)
  - Inkasso- und Akkreditivdokument
  - weder Traditions- noch Präsentationspapier, kein Legitimationspapier
- **FCT = Forwarders Certificate of Transport = Internationales Spediteur-Durchkonnossement:**
  - Spediteur bestätigt darin die Übernahme der Ware zum Versand und zur Auslieferung in Übereinstimmung mit den Anweisungen des Absenders
  - Orderpapier, da i. d. R. an Order ausgestellt; damit Legitimationspapier
  - Beweispapier
  - Verfügungspapier mit unbeschränkter Sperrwirkung
  - Präsentationspapier
  - Inkasso- und Akkreditivdokument

- **FBL = Negotiable FIATA Combined Transport Bill of Lading = negoziierbares Konnossement für den kombinierten Transport:**
  - Spediteur bestätigt Übernahme der Ware zum Transport und Verpflichtung zur Auslieferung am Bestimmungsort an den berechtigten Inhaber eines FBL-Originals
  - Spediteur übernimmt Aufgabe eines Combined Transport Operators, d. h. Verantwortung für mehrere Transportwege mit Haftung für Störungen (Carrierhaftung)
  - Orderpapier, damit Legitimationspapier
  - Beweispapier
  - Verfügungspapier mit unbeschränkter Sperrwirkung
  - Präsentationspapier
  - Inkasso- und Akkreditivdokument.

0.2.121 Lagerhalter

a) **Wesen:**

- gewerbsmäßige Einlagerung und Aufbewahrung von Waren für andere (§ 416 HGB)

b) **Pflichten:** vgl. Kommissionär (§§ 417, 388-390)

- Sorgfaltspflichten (Schutz der Ware vor Verderb usw.)
- Prüfung der Ware bei Entgegennahme
- Ausstellung eines Lagerscheins
- Herausgabe der Ware an den Berechtigten

c) **Rechte:**

- Anspruch auf Lagergeld und Auslagenersatz (§ 420)
- gesetzliches Pfandrecht am Lagergut für alle Forderungen (§ 421)

d) **Sonderform:** Verwahrung nach Depotgesetz (insb. für Wertpapiere); unregelmäßige Verwahrung (s. dort).

e) **Lagerscheine:**

- **Orderlagerschein** (§ 363 HGB; § 1 Orderlagerscheinverordnung):
  = gekorenes Orderpapier, d. h. bei Zusetzen der Orderklausel durch Einigung, Indossament, Übergabe übertragbar
  - darf nur von staatlich konzessionierten Lagerhaltern ausgestellt werden
  = **Traditionspapier:** durch Übereignung des Papiers geht das Eigentum an der Ware über
  - geeignet als Kreditsicherheit (Sicherungsübereignung, Verpfändung)

Namenslagerschein:

- von jedem Lagerhalter ausstellbar
- Inhaber- oder Rektapapier
- kein Traditionspapier; Übereignung der Ware aber durch Einigung und Abtretung des Herausgabeanspruches (§ 931 BGB) gegen den Lagerhalter möglich, diese erfolgt durch Übertragung des Lagerscheins.

0.3 Grundstücksverkehr

0.3.0 Überblick

Der Grundstücksverkehr befaßt sich mit den Rechtsverhältnissen an Grundstücken, d. h.

- **Übertragung des Eigentums** an Grundstücken
- **Belastung** von Grundstücken durch Rechte Dritter:
  - Nutzungsrechte
  - Erwerbsrechte
  - Verwertungsrechte
- **Übertragung dieser Rechte**.

Unter den Geschäften des Wirtschaftsverkehrs nimmt der Grundstücksverkehr eine besondere Stellung ein. Diese Ausnahmestellung ist begründet durch die besondere Bedeutung, die dem Privateigentum und vor allem Eigentum an Grund und Boden in unserer Gesellschaft zukommt.

Der **Gesetzgeber** hat diese Bedeutung zum Ausdruck gebracht durch besonders strenge **Formvorschriften** für die Übertragung von Grundstücken und die Bestellung und Übertragung grundstücksgebundener Rechte sowie durch die Einrichtung eines **Grundbuches**, das über die Rechtsverhältnisse zumindest aller in privatem Besitz befindlichen Grundstücke gegenüber der Öffentlichkeit Auskunft gibt. Das Eigentum selbst ist durch die **Verfassung** geschützt und gewährleistet (Art. 14 GG).

Auch in der geschichtlichen Entwicklung nahm der Grundstücksverkehr stets eine besondere Stellung ein. Sie zeigt sich noch heute in verschiedenen altertümlichen, zunächst kaum verständlichen Begriffen sowie Rechtskonstruktionen, die sich nur noch in diesem Bereich der Wirtschaft finden.

Hieraus erklärt es sich auch, daß **Schiffe** als unbewegliche Sachen angesehen werden und die sich hieraus ergebenden Rechtsverhältnisse genauso geregelt sind wie bei Grundstücken.

0.3.1 Das Grundbuch

0.3.10 Wesen und Bedeutung

a) **Definition:** Das Grundbuch ist das beim Grundbuchamt (am Amtsgericht) geführte **öffentliche Register** aller privaten und der (auf Antrag) eingetragenen öffentlichen Grundstücke eines Amtsgerichtsbezirks (= Grundbuchbezirk).

Rechtsgrundlage: Grundbuchordnung (GBO) in der Fassung von 1994.

Ein **Grundstück** ist ein räumlich abgegrenzter Teil der Erdoberfläche, der im Grundbuch als selbständiges Grundstück eingetragen ist.

b) **Zweck** des Grundbuches: Darlegung der **Rechtsverhältnisse eines Grundstückes** gegenüber der Öffentlichkeit, insbesondere zur Klärung der Eigentumsverhältnisse und auf dem Grundstück ruhender Rechte Dritter.

c) **Bedeutung** des Grundbuches: Es genießt **öffentlichen Glauben** (§§ 892, 893 BGB), d. h.

- im Grundbuch eingetragene Tatbestände gelten gutgläubigen Dritten gegenüber als richtig (**positive Publizität**)
- eintragungspflichtige, aber nicht eingetragene Tatbestände gelten als nicht bestehend (**negative Publizität**)
- der gutgläubige Erwerb vom Nichtberechtigten ist nicht möglich bei besserem Wissen des Dritten oder bei eingetragenem Widerspruch
- das Grundbuch eignet sich durch den öffentlichen Glauben als Grundlage für alle Grundstücksgeschäfte.

Das Grundbuch kann von jedem, der ein berechtigtes Interesse nachweisen kann (z. B. bevorstehender Kaufvertrag, zu vergebender Kredit), **eingesehen** werden.

0.3.11 Inhalt und Aufbau

0.3.110 Aufbau des Grundbuches

Für das jeweilige Grundstück ist das Grundbuch**blatt** das eigentliche Grundbuch. Auf ihm werden die **Eintragungen** vorgenommen, die letztlich maßgeblich sind für die Begründung, Änderung oder Aufhebung der Rechtsverhältnisse an Grundstücken.

Die Grund**akte** enthält alle Urkunden und sonstigen Dokumente, die zu Eintragungen geführt haben und Voraussetzung für diese Eintragungen waren, und Urkunden, die noch zu Eintragungen führen werden.

Das **Handblatt** als Kopie des Grundbuchblattes wird aus praktischen Gründen geführt, insbesondere, um Interessenten nicht das Original-Grundbuchblatt zur Einsicht vorlegen zu müssen.

Grundbücher werden heute in zunehmendem Maße in Lose-Blatt-Form, d. h. als Karteien geführt.

Die Freistaaten Bayern und Sachsen, das Land Sachsen-Anhalt sowie die Freie und Hansestadt Hamburg entwickelten auf der Grundlage des Registerverfahrensbeschleunigungsgesetzes vom 20.12.1993 ein **elektronisches Grundbuch**.

Seit Dezember 1994 werden in diesen Bundesländern die Grundbücher sukzessive umgestellt.

Ziele:

- Vereinfachung der Arbeitsabläufe beim Grundbuchamt
- Beschleunigung des Eintragungs- und Auskunftsverfahrens

- automatisiertes Abrufverfahren:
  - Teilnahme nach Zulassung durch die zuständige Behörde
  - Möglichkeit für KI und Notare, die Grundbücher einschließlich der „Markentabelle" (s. u.) über ISDN-Leitung abzufragen
  - die Teilnehmer am Abrufverfahren müssen der genehmigenden Stelle die abrufberechtigten Mitarbeiter benennen
  - sämtliche Datenabrufe werden protokolliert
  - KI müssen aufgeben, ob sie aufgrund einer Bevollmächtigung des Eigentümers oder aufgrund eigener Grundpfandrechte recherchieren (und dieses ggf. nachweisen)
  - Protokolle der Abrufe werden dem BAKred zugeleitet.

Grundbuchanträge werden bei elektronischer Führung der Grundbücher in einer sogenannten **„Markentabelle"** mit Kurzdaten festgehalten.

0.3.111 Inhalt des Grundbuches

a) **Bestandsverzeichnis:**

- Die hier enthaltenen Angaben zur Beschreibung des Grundstücks sind Auszüge des **Katasters**, eines öffentlichen Verzeichnisses des Katasteramtes, das die tatsächlichen Verhältnisse sogenannter **Flurstücke** beschreibt.

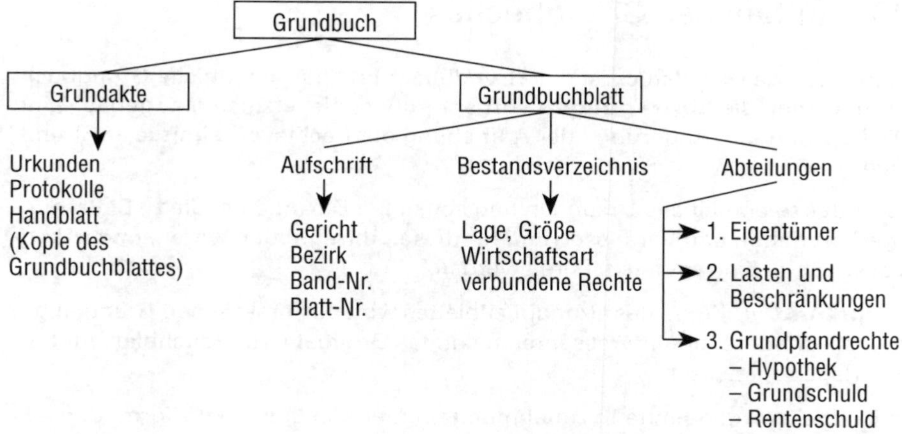

- Ein **Flurstück** ist eine abgegrenzte und katastermäßig vermessene Fläche; ein Grundstück kann aus mehreren Flurstücken bestehen.
- Im Bestandsverzeichnis sind außerdem mit dem Grundstück verbundene **Rechte** aufgeführt (z. B. Wegerecht, Brunnenrecht), die an anderen Grundstücken bestehen und in deren Grundbuchblatt unter den „Lasten und Beschränkungen" erscheinen.

b) **Lasten und Beschränkungen:**

Lasten und Beschränkungen sind Rechte Dritter bzw. anderer Grundstücke an dem belasteten Grundstück:

- Grunddienstbarkeiten stehen zwingend,
- Reallasten und Vorkaufsrechte fakultativ (d. h. bei entsprechender Vereinbarung) keiner bestimmten Person, sondern dem **jeweiligen Eigentümer** eines anderen („herrschenden") Grundstücks zu (subjektiv-dingliche Rechte).
- **Vorkaufsrecht** = die Berechtigung des Begünstigten (meist des Staates über die Gemeinde), in einen vom Eigentümer mit einem Dritten geschlossenen Kaufvertrag über das Grundstück zu denselben Bedingungen einzutreten (§§ 504 ff., 1094 ff. BGB; vgl. § 24 BBauG); beachte: mit Ausübung des Vorkaufsrechtes bestehen **zwei** Kaufverträge; um Ersatzansprüchen zu entgehen, muß der Verkäufer in den ersten Vertrag eine Auflösungsklausel aufnehmen!
- **Erbbaurecht** = das vererbbare und veräußerbare Recht, auf dem Grundstück ein Gebäude zu errichten und zu unterhalten (vgl. Verordnung über das Erbbaurecht von 1919); heute von besonderer Bedeutung im Rahmen des Wohnungseigentumsrechts (§ 30 WEG): ein Grundeigentümer stellt sein Grundstück durch Erbbaurecht gegen Erbbauzins zur Bebauung zur Verfügung; die Bauherren verkaufen Eigentumswohnungen an Interessenten; damit erzielt der Grundeigentümer Grundstückserträge ohne Kapitaleinsatz, die Käufer erlangen preisgünstiges Wohnungseigentum, da der Grundstückskaufpreis fortfällt.

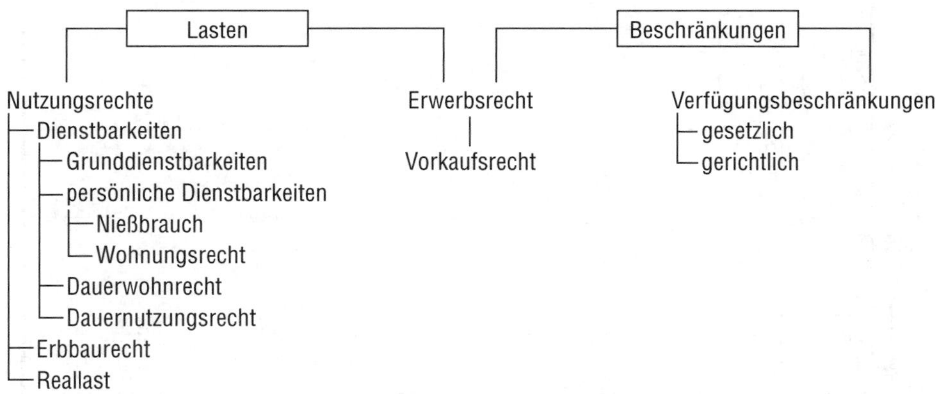

- **Nießbrauch** = das (unübertragbare) Recht, die regelmäßigen Nutzungen (Erträge) eines Grundstückes zu ziehen (§§ 1030 ff. BGB), z. B. Obsternte, Mieten.
- **Reallasten** = wiederkehrende Leistungen aus dem Grundstück an den Begünstigten (Geld, Naturalien; Erntehilfe) unter persönlicher Haftung des Eigentümers (§§ 1105 ff. BGB).
- **Grunddienstbarkeiten** = die Eintragung der folgenden Rechte zugunsten eines anderen Grundstücks (d. h. seines jeweiligen Eigentümers):
  - bestimmte **Benutzung** (Wegerecht, Brunnenrecht)
  - **Verbot** bestimmter Handlungen (Wohnverbot, Verbot bestimmter Gewerbebetriebe, z. B. wegen Lärmbelästigung)
  - **Unterlassen** bestimmter Einwirkungen auf das andere Grundstück (Schatten durch Bäume, Rauchbelästigung)
  - **Duldung** bestimmter Einwirkungen des anderen Grundstücks

  (vgl. §§ 1018 ff. BGB).

Amtsgericht Schonberg **Grundbuch von** Trienach **Band** 100 **Blatt** 3115 **Bestandsverzeichnis**

Einlegeblatt 1

Laufende Nummer der Grundstücke	Bisherige laufende Nummer d. Grundstücke	Bezeichnung der Grundstücke und der mit dem Eigentum verbundenen Rechte					Größe		
		Gemarkung (Vermessungsbezirk)	Karte		Liegenschaftsbuch	Wirtschaftsart und Lage			
			Flur	Flurstück			ha	a	qm
		a	b		c/d	e			
1	2	3					4		
1	-	Trienach	-	1953	721	Hof- und Gebäudefläche Bahnhofstraße 9		7	80

Anmerkung:
Die Eintragungen sind von dem Rechtspfleger und dem Urkundsbeamten der Geschäftsstelle zu unterschreiben. Der Behördenvorstand kann für die Unterschriftsleistung anstelle des Urkundsbeamten einen Justizangestellten ermächtigen (§ 44 GBO, § 2 AVO GBO, § 3 Nr 1 Buchst. h RpflG).

3
2
1

Bestand und Zuschreibungen		Abschreibungen	
Zur lfd. Nr. d. Grundstücke		Zur lfd. Nr. d. Grundstücke	
5	6	7	8
1	Nr 1 ist bei Umschreibung des Grundbuches von Trienach Band 18 Blatt 670 gemäß § 67 Grundbuchverfügung als Bestand eingetragen am 26. April 1965. Unterschrift Unterschrift		

GS 122 Grundbuchblatt, Einlageblatt Bestandsverzeichnis
G. Ph. Schaefer G.m.b.H., Offenbach (Main) – 1. 1969

Einlageblatt 1

Amtsgericht Schonberg **Grundbuch von** Trienach **Band** 100 **Blatt** 3115 **Erste Abteilung**

Laufende Nummer der Eintragungen	Eigentümer	Laufende Nummer der Grundstücke im Bestandsverzeichnis	Grundlage der Eintragung
1	2	3	4
1	Alma Charlotte Auguste Caroline Gerber geborene Evers.	1	Das auf dem geschlossenen Grundbuch von Trienach Band 18 Blatt 670 eingetragene Eigentum bei Umschreibung des Blattes gemäß § 67 Grundbuchverfügung hier eingetragen am 26. April 1965. Unterschrift Unterschrift
2	Ilse Erna Franziska Neumann geborene Gerber.	1	Auf Grund der Auflassung vom 24. November 1971 (ON 26) eingetragen am 15. Februar 1972. Unterschrift Unterschrift

Fortsetzung unten!

Einlegeblatt 1

Amtsgericht Schonberg **Grundbuch von** Trienach **Band** 100 **Blatt** 3115 **Zweite Abteilung**

Laufende Nummer der Eintragungen	Lfd. Nummer der betroffenen Grundstücke im Bestandsverzeichnis	Lasten und Beschränkungen
1	2	3
1	1	Grunddienstbarkeit zugunsten des jeweiligen Eigentümers des im Grundbuch von Trienach Band 100. Blatt 3100 eingetragenen Grundstücks, die Abwässer und Fäkalien dieses Grundstücks durch die an der Straßenfront liegende Leitung in das Hauptsiel abzuleiten. Unter Bezugnahme auf die Eintragungsbewilligung vom 22. Oktober 1932 eingetragen am 25. September 1933 und umgeschrieben am 26. April 1965. Unterschrift Unterschrift
2	1	Vormerkung zur Sicherung des Anspruchs auf Übertragung des Eigentums für Hans Friedrich Starck. Eingetragen am 3. Oktober 1972. Unterschrift Unterschrift

Amtsgericht Schonberg **Grundbuch von** Trienach **Band** 100 **Blatt** 3115 **Dritte Abteilung**

Einlegeblatt 1

Laufende Nummer der Eintra-gungen	Laufende Nummer der belasteten Grundstücke im Bestandsverzeichnis	Betrag	Hypotheken Grundschulden, Rentenschulden
1	2	3	4
1	1	15.000.--DM	Fünfzehntausend Deutsche Mark Hypothek mit 7% jährlich verzinslich für die Stadtsparkasse Schonberg. Unter Bezugnahme auf die Bewilligung vom 30. März 1966 (ON 21) eingetragen am 4. Mai 1966. Unterschrift Unterschrift
2	1	35.000.--DM	Fünfunddreißigtausend Deutsche Mark Grundschuld mit 12% jährlich verzinslich für die Allgemeine Bank Aktiengesellschaft, Trienach. Der jeweilige Eigentümer ist der sofortigen Zwangsvollstreckung unterworfen. Unter Bezugnahme auf die Bewilligung vom 15. September 1972 (ON 29) -unter Briefausschluß- eingetragen am 4. Oktober 1972. Unterschrift Unterschrift

3
2
1

Veränderungen			Löschungen		
Laufende Nummer d. Spalte 1	Betrag		Laufende Nummer d. Spalte 1	Betrag	
5	6	7	8	9	10
1	15.000.--DM	Löschungsvormerkung gemäß Bewilligung vom 15. September 1972 für die Allgemeine Bank Aktiengesellschaft, Trienach, als Gläubigerin des Postens 2 der Abteilung III. Eingetragen am 4. Oktober 1972. Unterschrift Unterschrift			
1	15.000.--DM	Abgetreten mit den Zinsen seit dem 18. September 1972 an Dr. Alfred Carl Neumann. Eingetragen am 5. Oktober 1972. Unterschrift Unterschrift			
2 1	35.000,--DM 15.000,--DM	Nr 2 hat den Rang vor Nr 1. Eingetragen am 6. Oktober 1972. Unterschrift Unterschrift			

GS 125 Grundbuchblatt, Einlegeblatt Dritte Abteilung
G. Ph. Schaefer G. m. b. H., Offenbach (Main) – 1. 1969

3
2
1

- **Dauerwohn- und Dauernutzungsrechte** = die veräußerlichen und vererbbaren Rechte, bestimmte Räume auf dem Grundstück auf Dauer zu bewohnen (§ 32 WEG)/gewerblich zu nutzen.
- **Wohnungsrecht** = das (nur) einer Person zustehende Recht zur Bewohnung eines Raumes auf dem Grundstück; vgl. Nießbrauch (§ 1093 BGB).
- **Verfügungsbeschränkungen** aufgrund gesetzlicher oder gerichtlicher Anordnung: Einschränkung der freien Verfügbarkeit über das Grundstück (z. B. teilweise Enteignung, Einweisung von Obdachlosen; Zwangsverwaltung, Zwangsversteigerung).

c) **Grundpfandrechte:** siehe 0.3.3

0.3.112 Grundbucheintragungen

a) Grundbucheintragungen erfolgen auf

- **Antrag** eines Beteiligten (§ 13 GBO) und
- **Eintragungsbewilligung** desjenigen, dessen Recht durch die Eintragung betroffen wird (§ 19 GBO), in grundbuchfähiger Form (Protokoll/notarielle Urkunde).

b) Da an einem Grundstück mehrere Rechte gleichzeitig bestehen können, richtet sich ihr Verhältnis zueinander nach einer bestimmten **Rangfolge**, für die die Reihenfolge der Eintragungen im Grundbuch maßgeblich ist:

- für Rechte in **derselben** Abteilung ist die zeitliche Folge der **tatsächlichen** Eintragung maßgeblich
- für Rechte in **verschiedenen** Abteilungen gilt die Datumsfolge der Eintragung (§ 879 BGB).

Bedeutung: Das höherrangige Recht wird vor dem im Rang folgenden Recht **voll** befriedigt.

Durch **Einigung** und **Eintragung** ist eine **Rangänderung** möglich; einigen müssen sich der zurücktretende und der vortretende Berechtigte (§ 880 BGB). **Erlischt** ein Recht und wird es im Grundbuch gelöscht, verbessern sich die folgenden Rechte entsprechend im Rang.

Der Eigentümer kann sich bei der Eintragung einer Belastung vorbehalten, ein bestimmtes anderes Recht dem eingetragenen Recht im Rang vorgehen zu lassen = **Rangvorbehalt** (§ 881 BGB).

c) Die **Löschung** von Eintragungen erfolgt durch

- Unterstreichen der Eintragung
- Vermerk der Löschung in besonderer Rubrik.

Sie erfordert die **Löschungsbewilligung** desjenigen, der aus der Eintragung berechtigt war. Für die Löschung von Grundpfandrechten ist zusätzlich die Zustimmung des Grundstückseigentümers erforderlich (§ 27 GBO).

d) **Vormerkung** = Eintragung zur Sicherung schuldrechtlicher Ansprüche auf Änderung bestehender Rechtsverhältnisse (§§ 883 ff. BGB).

Wirkung:

- zwischenzeitliche Verfügungen, die den gesicherten Anspruch beeinträchtigen, sind dem Vormerkungsberechtigten gegenüber unwirksam (**Sicherungswirkung**)
- die Vormerkung wird wie das gesicherte Recht behandelt (**Vollwirkung**)
- die Vormerkung sichert den entsprechenden Rang (**Rangwirkung**).

Arten:

- **Auflassungsvormerkung** zur Sicherung des Anspruches auf Übertragung des Eigentums am Grundstück; ist ratsam, da zwischen Kaufvertrag und Umschreibung nach Kauf eines Grundstücks (s. u.) gewisse Zeit vergeht und inzwischen weitere Verfügungen (insb. Belastungen) des Verkäufers erfolgen könnten (diese Verfügungen wären wirksam, da der Verkäufer noch Grundstückseigentümer ist).
- **Löschungsvormerkung** = Eintragung, durch die sich der Grundstückseigentümer einem Dritten gegenüber verpflichtet, eine vorrangige Belastung bei Erlöschen auch tatsächlich löschen zu lassen (vgl. § 883 BGB). Durch Gesetz vom 22.6.1977 wurden neue Vorschriften für die Löschung von Grundpfandrechten geschaffen (siehe Abschnitt 0.3.323).

Die Vormerkung ist **akzessorisch**, d. h. setzt das Bestehen eines Anspruchs voraus. Ihre Eintragung kann auch **zwangsweise** (durch einstweilige Verfügung/vorläufig vollstreckbares Urteil) herbeigeführt werden, wenn dem Gericht der zu sichernde Anspruch glaubhaft gemacht wird (vgl. § 885 BGB).

e) **Widerspruch** = vorläufige Eintragung, die auf falsche Grundbucheintragungen hinweist und damit den öffentlichen Glauben an die Richtigkeit dieser Eintragungen zerstört.

0.3.2 Der Grundstückskaufvertrag

0.3.20 Vertragsschluß

a) **Voraussetzungen:**

Der Kaufvertrag bedarf der notariellen **Beurkundung** (§ 313 BGB), d. h. der Notar bestätigt

- die Unterschriften der Parteien
- daß die Parteien diese Erklärungen auch abgeben wollten (§ 17 BeurkG).

Grund:

- komplizierte gesetzliche Vorschriften zum Grundstücksrecht
- i. d. R. Übertragung bedeutender Werte.

Die **Nichtbeachtung** der Formvorschrift kann **geheilt** werden, wenn Auflassung und Grundbucheintragung erfolgen; sonst führt sie zur Nichtigkeit des Vertrages.

Der BGH nimmt nach mehreren Entscheidungen von 1979 die Beurkundungspflicht sehr streng. Danach erstreckt sie sich auch auf Baupläne/Baubeschreibung, die Bestandteil des Kaufvertrages werden müssen, wenn das Haus/die Wohnung noch zu errichten sind. Zur Vermeidung von Nachteilen für Käufer ist 1980 ein spezielles Gesetz als Reaktion auf diese Entscheidungen erlassen worden.

b) **Sicherungen:**

- **vor** Vertragsschluß: Einsicht in das Grundbuch:
  - Gehört das Grundstück dem Verkäufer?
  - Stimmen seine Angaben zum Grundstück?
  - Ist das Grundstück unbelastet?
- **nach** Vertragsschluß: i. d. R. Eintragung einer **Auflassungsvormerkung** (s. o.); diese wird in der Praxis oft durch sog. **Auflassungsformel** im Kaufvertrag mitvereinbart, die
  - die dingliche Einigung (Auflassung, s. u.)
  - den Antrag auf Eintragung
  - die Eintragungsbewilligung des Verkäufers

  enthält.

c) **Inhalt** des Kaufvertrages:

Insbesondere genaue Angaben über

- das Grundstück selbst (Größe, Lage, Wirtschaftsart usw.)
- Nutzungen, Lasten, Beschränkungen, die bestehen oder zwischen Verkäufer und Käufer neu vereinbart werden
- Zeitpunkt des Übergangs der laufenden Kosten (insb. Steuern), Bezahlung der Grunderwerbsteuer (= Steuer für den Eigentumswechsel bei Übereignung inländischer Grundstücke)
- Kaufpreis.

0.3.21 Übereignung des Grundstücks

Der Eigentumserwerb an Grundstücken erfolgt durch

dingliche Einigung = **Auflassung** und **Grundbucheintragung** (§ 873 BGB).

a) **Auflassung** (dingliche, d. h. grundstücksbezogene Einigung):

- Anwesenheit der Parteien vor zuständiger Stelle (i. d. R. = Notar), Stellvertretung ist zulässig
- Abgabe der Einigungserklärungen
- Ausfertigung einer **Auflassungsurkunde**

(vgl. § 925 BGB).

b) **Grundbucheintragung:** Voraussetzungen sind

- Antrag von Käufer oder Verkäufer (§ 13 GBO) in Urkundenform
- Eintragungsbewilligung des Verkäufers (§ 19 GBO) in Urkundenform
- Vorlage der Auflassungsurkunde (§ 20 GBO)
- Vorlage sonstiger Bescheinigungen (insb. Unbedenklichkeitsbescheinigung des Finanzamtes hinsichtlich Bezahlung der Grunderwerbsteuer)
- Beachtung von Sondervorschriften in den neuen Bundesländern.

Das **Eigentum** am Grundstück geht erst **mit der Eintragung** auf den Erwerber über. Der Eintragungsvorgang dauert oft mehrere Monate (daher ist Auflassungsvormerkung besonders wichtig!).

0.3.3 Die Grundpfandrechte

0.3.30 Wesen und Bedeutung

Grundpfandrechte sind **Sicherungsrechte** an Grundstücken, die dem Begünstigten das Recht geben, in bestimmten Situationen (z. B. Nichtbezahlung einer Schuld durch den Grundstückseigentümer) aus dem Grundstück **Befriedigung** in Höhe eines bestimmten Geldbetrages zu verlangen (§§ 1113, 1191 BGB). Sie entstehen durch:

- Einigung beider Parteien über die Bestellung des Grundpfandrechtes und
- Eintragung in das Grundbuch (§ 873 BGB).

Zur Eintragung in das Grundbuch sind erforderlich:

- Antrag des Eigentümers und/oder des Begünstigten
- Bewilligung durch den Eigentümer (notariell beglaubigt).

Grundpfandrechte können auch im Rahmen der Zwangsvollstreckung aufgrund eines vollstreckbaren **Titels** entstehen; dabei wird zur Sicherung der Durchsetzbarkeit einer Forderung eine Sicherungshypothek in das Grundbuch eingetragen (§ 866 ZPO; = ZV in das unbewegliche Vermögen).

Hauptanwendungsfall für Grundpfandrechte: **langfristige Kredite**, insb. bei Gewährung durch Kreditinstitute.

0.3.31 Arten

0.3.310 Hypothek

a) **Wesen:** = Recht des Gläubigers, aus dem belasteten Grundstück eine bestimmte Summe zur Befriedigung einer Forderung zu verlangen; **akzessorisch**, d. h. die Hypothek ist unlöslich mit einer zugrundeliegenden **Forderung** verbunden:

- eine Forderung muß bestehen, wenn die Hypothek dem Gläubiger zustehen soll (§§ 1113, 1163 I 1, 1177 I BGB)
- die Hypothek wird übertragen durch Abtretung der Forderung (§ 1153): die Forderung kann nicht ohne Hypothek, die Hypothek nicht ohne die Forderung übertragen werden
- die Hypothek paßt sich in ihrer Höhe weitgehend oder völlig der Forderung an und erlischt mit ihr (vgl. § 1173).

Aufgrund der Hypothek haften dem Gläubiger daher

- das Grundstück (**dingliche Haftung**)
- die Person des Schuldners (über die Forderung; **persönliche Haftung**).

b) **Hypothekenarten:**

- Verkehrshypothek (Normalfall)
- Sicherungshypothek
- Höchstbetragshypothek (Sonderform der Sicherungshypothek)

0.3.311 Grundschuld

a) **Wesen:** = Recht des Begünstigten, aus dem Grundstück eine bestimmte Geldsumme zu fordern; **abstrakt,** d. h., die Grundschuld ist losgelöst von eventuell zugrundeliegenden Schuldverhältnissen und auf deren Existenz und Wirksamkeit für Entstehung, Wirksamkeit, Höhe und Erlöschen nicht angewiesen.

Aus der Grundschuld haftet dem Begünstigten nur das Grundstück (**dingliche Haftung**). In der Praxis wird jedoch eine sogenannte **Zweckerklärung** schuldrechtlich vereinbart. Sie verbindet die abstrakte Grundschuld mit dem Darlehen/Kredit, aus dem die persönliche Haftung hergeleitet wird.

b) Sonderform: **Rentenschuld:** aus dem Grundstück ist kein fester Geldbetrag, sondern eine Rente zu zahlen, für die nur das Grundstück haftet; abstrakt.

0.3.32 Form, Entstehung und Übertragung, Löschung

0.3.320 Form von Grundpfandrechten

Grundpfandrechte können in Form von **Briefrechten** oder **Buchrechten** bestellt werden.

a) **Briefform:** = grundsätzliche Form (§ 1116 I); das Recht wird im Grundbuch eingetragen. Es wird eine Urkunde ausgestellt (Hypotheken-, Grundschuldbrief), in der das betr. Recht mit näheren Angaben (Betrag, belastetes Grundstück) verbrieft ist.

b) **Buchform:** = Ausnahme; das Recht wird im Grundbuch eingetragen, zugleich ein Vermerk, der die Ausstellung eines Briefes ausschließt (§ 1116 II).

0.3.321 Entstehung von Grundpfandrechten

a) **Übersicht:**

	Briefhypothek	Buch-hypothek	Briefgrundschuld	Buch-grundschuld
Entstehung des Grundpfandrechts	Einigung (Grundstückseigentümer und Gläubiger) und Eintragung (Antrag und Bewilligung erforderlich)			
Erwerb durch den Gläubiger	Briefübergabe (Praxis: Aushändigungsabrede gemäß § 1117 II BGB) Valutierung	Valutierung	Briefübergabe (Praxis: Aushändigungsabrede gemäß § 1117 II BGB)	
Vor Erwerb durch den Gläubiger Bestand als	Eigentümer-grundschuld	Eigentümer-grundschuld	Eigentümer-grundschuld	

b) Besonderheit: **Eigentümergrundschuld** = im Grundbuch eingetragenes Grundpfandrecht, das dem Grundstückseigentümer selbst zusteht; eine Eigentümer**hypothek** kann zwar theoretisch entstehen, wandelt sich aber im selben Moment zur Grundschuld, da eine Forderung (Akzessorietät!) des Eigentümers gegen sich selbst nicht bestehen kann (vgl. §§ 1163, 1177 BGB).

Entstehen:

- Eigentümer läßt Grundschuld auf seinen Namen eintragen, um
  - eine Rangstelle für spätere Hypotheken freizuhalten
  - durch Abtretung und Übergabe des Grundschuldbriefes jederzeit eine Kreditsicherheit stellen zu können
- Eintragung einer Hypothek zugunsten eines Dritten, die zugrundeliegende Forderung ist aber noch nicht entstanden und/oder Einigung fehlt und/oder Briefübergabe fehlt (bei Briefrechten)
- teilweise oder völlige Tilgung der einer Hypothek zugrundeliegenden Forderung
- Hypothekengläubiger verzichtet auf hypothekarische Sicherung
- Hypothek geht (durch Erbschaft, Schenkung) auf den Eigentümer über.

0.3.322 Übertragung von Grundpfandrechten

Grundpfandrechte können vom Gläubiger auf einen Dritten übertragen werden (vgl. §§ 1153 ff. BGB). Die Technik der Übertragung ist bei Buch- und Briefrechten unterschiedlich.

a) **Hypothek:**

- Buchhypothek:
  - Forderungsabtretung (§ 398 BGB)
  - Umschreibung im Grundbuch (§ 873)
- Briefhypothek:
  - Forderungsabtretung

- schriftliche Abtretungserklärung und Briefübergabe **oder**
- formloser Abtretungsvertrag, Umschreibung im Grundbuch und Briefübergabe

- die Hypothek braucht nicht abgetreten zu werden: wegen der Akzessorietät geht sie automatisch auf den Erwerber über (§ 1153).

b) **Grundschuld:**

- Buchgrundschuld:
  - Einigung über den Übergang der Grundschuld
  - Umschreibung im Grundbuch
- Briefgrundschuld
  - Einigung über den Übergang der Grundschuld
  - schriftliche Abtretungserklärung und Briefübergabe **oder**
  - formloser Abtretungsvertrag, die Grundschuld betreffend, Umschreibung im Grundbuch und Briefübergabe
- da die Grundschuld abstrakt ist, braucht nur sie übertragen zu werden; auf eine eventuelle Forderung kommt es nicht an.

0.3.323 Löschung von Grundpfandrechten

Zur Löschung von Grundpfandrechten sind erforderlich:

- die Freigabeerklärung des bisherigen Gläubigers
- die Zustimmung des Grundstückseigentümers
- die Eintragung des Löschungsvermerks im Grundbuch.

a) Die **Löschungsbewilligung** des Gläubigers kann auch bei Bestehen des Rechtes erteilt werden. Löschungsantrag und -bewilligung (notariell beglaubigt) führen zur Löschung.

b) Die **löschungsfähige Quittung** ist eine schriftliche Freigabeerkärung und Bestätigung des Gläubigers, daß sein Anspruch vom Grundstückseigentümer erfüllt ist. Mit ihr kann der Eigentümer

- die Eintragung löschen lassen
- das Grundpfandrecht als Eigentümergrundschuld (auch ohne Umschreibung auf den Eigentümer) bestehen bleiben lassen
- das Grundpfandrecht als Eigentümergrundschuld an einen Dritten abtreten.

c) Die **Löschungsvormerkung** war früher eine Möglichkeit eines nachrangigen Hypotheken-/Grundschuldgläubigers, sicherzustellen, daß eine vorrangige Belastung nach Befriedigung auch tatsächlich gelöscht wurde und nicht z. B. als Eigentümergrundschuld bestehen blieb bzw. erneut zur Forderungssicherung verwendet wurde.

Durch Gesetz vom 22.6.1977 besteht für **nach dem** 31.12.1977 eingetragene Grundpfandrechte ein **gesetzlicher Löschungsanspruch** von gleich- oder nachrangigen Gläubigern (§§ 1179a, 1192 BGB), der dieselbe Wirkung wie früher die Vormerkung hat. Löschungsvormerkungen sind nur noch für andere Rechte möglich, z. B. Nießbrauch, Dauerwohnrecht (§ 1179).

Für **vor dem** 1.1.1978 eingetragene Grundpfandrechte besteht kein gesetzlicher Löschungsanspruch, für sie bleibt es bei der Möglichkeit der Löschungsvormerkung.

0.3.33 Abgrenzung

Typ	Wesen	Form	Haftung	Beweislast	Sonstiges
Verkehrs-Hypothek	Akzessorisch (kein Wiederaufleben)	Buchform Briefform	Grundstück + Kreditnehmer	Schuldner	
Sicherungs-Hypothek	Akzessorisch (kein Wiederaufleben)	Buchform	Grundstück + Kreditnehmer	Gläubiger	
Höchstbetrags-Hypothek	Streng akzessorisch (Lebt wieder auf)	Buchform	Grundstück + Kreditnehmer ——— Nur bis Höchstbetrag	Gläubiger	Sonderform der Sicherungshypothek ——— Höchstbetrag = Kredit + Zinsen + Kosten
Grundschuld	Abstrakt	Buchform Briefform	Grundstück	–	

Erläuterungen:

- Verkehrs- und Sicherungshypothek passen sich nur der jeweiligen Verminderung der Grundforderung an; die Höchstbetragshypothek dagegen macht jede Forderungsveränderung mit, auch eine Erhöhung (z. B. bei Kontokorrentkredit)
- **Beweislast:** Bei der Verkehrshypothek gilt der öffentliche Glaube des Grundbuches auch für die Forderung, d. h. der Schuldner muß nachweisen, daß die Forderung in Höhe der Grundbucheintragung nicht mehr besteht (da er bereits Zahlungen geleistet hat usw.). Bei der Sicherungshypothek gilt der öffentliche Glaube nicht für die Forderung, der Gläubiger muß also die wahre Forderungshöhe nachweisen. Bei der Grundschuld stellt sich – da sie abstrakt ist – die Frage nach der Beweislast nicht.

0.3.34 Zwangsvollstreckung in das Grundstück

Sie ist möglich

- bei einer **Hypothek**: wenn die durch Hypothek gesicherte Grundforderung fällig ist und vom Schuldner nicht bezahlt wird
- bei einer **Grundschuld**: wenn der Schuldner bei Fälligkeit der Grundschuld keine Zahlung auf die dingliche Sache leistet.

Voraussetzung: Vollstreckbarer **Titel** gegen den Schuldner, den der Gläubiger erhält

- durch Klage aufgrund des Grundpfandrechts und Urteil des Gerichts
- durch freiwillige Vereinbarung der Parteien, daß der Schuldner sich (ohne Urteil) der Zwangsvollstreckung unterwirft, und Eintragung eines entsprechenden Vermerks (sog. Zwangsvollstreckungsklausel) ins Grundbuch (sowie in den Brief, wenn vorhanden), § 794 ZPO.

Arten der Zwangsvollstreckung:

- **Zwangsverwaltung:** der Anspruch des Gläubigers wird aus den Erträgen des Grundstücks (insb. Mieten, Pachtgelder) befriedigt
- **Zwangsversteigerung:** der Anspruch des Gläubigers wird aus dem Erlös der Versteigerung befriedigt.

Die Art der ZV hängt vom Antrag des Gläubigers ab.

Bei einer Versteigerung wird die **Rangfolge** der Rechte am Grundstück bedeutsam:

- Rechte, die dem Gläubiger, der die ZV durchführt, **vorgehen**, bleiben **bestehen** und gehen als Grundstücksbelastungen auf den Ersteigerer über (entsprechend geringer ist der Versteigerungserlös)
- **nachrangige** Rechte **erlöschen** und werden nach Rängen befriedigt, soweit der Erlös reicht (jeder Rang wird vor dem folgenden voll befriedigt).

0.4 Handelsrecht

Achtung: während der Fertigstellung dieser Auflage wurde vom Bundesjustizministerium ein Entwurf eines Handelsrechtsreformgesetzes vorgelegt. Die Reform soll zum 1.1.1999 verwirklicht werden. Einzelheiten siehe Abschnitt 0.4.5.

0.4.0 Grundbegriffe

0.4.00 Kaufmannseigenschaft

0.4.000 Kaufmannsbegriff

a) **Definition:** Kaufmann im Sinne des HGB ist, wer ein Handelsgewerbe betreibt (§ 1 I HGB).

b) **Bedeutung:** Der Kaufmann ist neben den Bestimmungen des BGB – und vorrangig vor diesen – den Vorschriften des HGB unterworfen. Diese geben ihm zum Teil mehr Rechte als der Privatperson, um seine Tätigkeit zu erleichtern, stellen andererseits aber erhöhte Anforderungen an ihn (z. B. kaufmännische Sorgfaltspflichten) und verlangen von ihm ein größeres Verantwortungsbewußtsein.

Gegenüber dem BGB enthält das HGB **Spezial**regelungen. Das bedeutet, daß das BGB nur nachrangig zur Anwendung kommt, insbesondere dann, wenn das HGB einen bestimmten Sachverhalt nicht regelt. Beispiel: Die §§ 105 ff. HGB enthalten Regelungen über die OHG. Soweit im HGB nicht etwas anderes geregelt ist, finden nach § 105 II ergänzend die Vorschriften über die BGB-Gesellschaft Anwendung (§§ 705 ff. BGB).

Neben dem HGB gelten für Kaufleute noch andere Sondervorschriften, z. B.

- Wechselgesetz (WG)
- Scheckgesetz (ScheckG)
- Aktiengesetz (AktG)
- Gesetz betreffend die Gesellschaften mit beschränkter Haftung (GmbHG)
- Gesetz betreffend die Erwerbs- und Wirtschaftsgenossenschaften (GenG)
- Gesetz gegen den unlauteren Wettbewerb (UWG)
- Gesetz gegen Wettbewerbsbeschränkungen (GWB) u. a.m.

Im Zuge der Rechtsvereinheitlichung innerhalb der Europäischen Gemeinschaften werden zunehmend kaufmännische Regelungen berührt. Ein besonders einschneidendes Beispiel ist das Bilanzrichtliniengesetz (BiRiG), das unter anderem zu erheblichen Änderungen im HGB geführt hat.

Für Kaufleute gelten besondere Anforderungen hinsichtlich ihrer **Rechnungslegung** (siehe Abschnitt 0.4.04).

c) Als Kaufleute kommen **natürliche** und **juristische** Personen in Betracht (auch z. B. eine GmbH ist Kaufmann!). Daneben kennt das Handelsrecht noch den Begriff der **quasi-juristischen** Person, d. h. einer Personengesellschaft, die in bezug auf Rechte und Pflichten einer juristischen Person gleichgestellt ist: betrifft OHG und KG (siehe dort), die daher Kaufmannseigenschaft besitzen.

Volle **Geschäftsfähigkeit** ist **nicht** erforderlich: Auch Minderjährige können Träger von Rechten und Pflichten sein.

- Die Neuerrichtung eines Handelsgewerbes im Namen eines Minderjährigen bedarf neben der Zustimmung der gesetzlichen Vertreter einer Genehmigung des Vormundschaftsgerichts (§ 1645 BGB).
- Für den Erwerb eines bestehenden Handelsgewerbes durch einen nicht voll Geschäftsfähigen ist Genehmigung des Vormundschaftsgerichtes nur erforderlich, wenn der Erwerb entgeltlich erfolgt (§§ 1643 I, 1822 Nr. 3 BGB).
- Für den selbständigen Betrieb des Handelsgewerbes braucht der Minderjährige die Genehmigung der gesetzlichen Vertreter und des Vormundschaftsgerichtes (§ 112 BGB). Damit erlangt der Minderjährige partielle Geschäftsfähigkeit (Handelsmündigkeit) für Rechtsgeschäfte, die der Geschäftsbetrieb mit sich bringt. Ausgenommen sind z. B. Prokuraerteilung und Wechselzeichnung.

d) **Arten von Kaufleuten:**

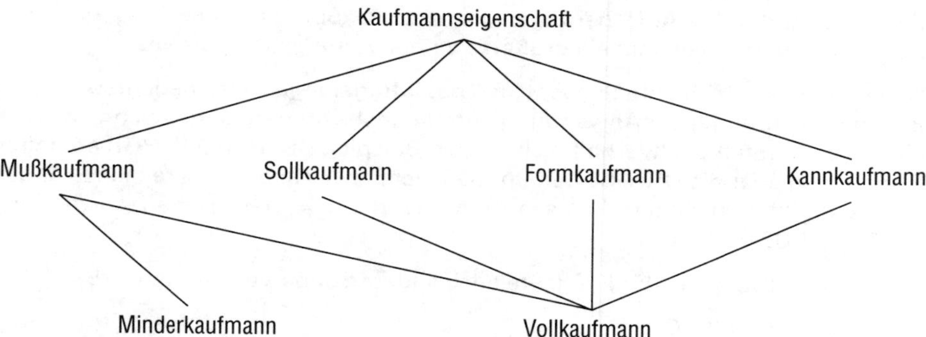

0.4.001 Handelsgeschäfte

a) **Wesen:** Nach § 343 I HGB sind Handelsgeschäfte alle Geschäfte eines Kaufmanns, die zum Betrieb seines Handelsgewerbes gehören (vgl. Abschnitt 0.4.002). Dazu zählt auch tatsächliches Verhalten (z. B. Unterlassen oder unerlaubte Handlung): auch dieses wird nach dem HGB behandelt.

Im Zweifel gelten die von einem Kaufmann vorgenommenen Rechtsgeschäfte als zum Betrieb seines Handelsgewerbes gehörig (§ 344 I). Dies erspart Kontrahenten eine detaillierte Prüfung. Die Grundhandelsgewerbe des § 1 II HGB sind auch dann Handelsgeschäfte, wenn das Handelsgewerbe gewöhnlich auf andere Geschäfte gerichtet ist (§ 343 II HGB).

BEISPIEL:

Hotelbetrieb (Sollkaufmann nach § 2 HGB) handelt gelegentlich auch mit Antiquitäten – Handelsgewerbe nach § 1 II Nr. 1 HGB.

b) Die Kaufmannseigenschaft eines Partners reicht für die Anwendung des HGB grundsätzlich aus, soweit eine Vorschrift nicht etwas anderes regelt (**einseitiges** Handelsgeschäft, § 345 HGB). Die Eigenschaft als Minderkaufmann reicht ebenfalls grundsätzlich aus; Ausnahmen: z. B. §§ 348-350 (gemäß § 351), 369ff., 377, 379 HGB.

c) **Bedeutung:** Für Kaufleute gelten gegenüber dem BGB zahlreiche strengere Vorschriften, insbesondere

- § 347: Sorgfaltspflicht eines ordentlichen Kaufmanns
- § 348: verschärfte Haftung bei Vertragsstrafen, die von einem Kaufmann im Betrieb seines Handelsgewerbes versprochen werden
- § 349: eine Bürgschaft ist selbstschuldnerisch, wenn sie für den Kaufmann ein Handelsgeschäft ist
- § 350: für Bürgschaft, Schuldversprechen und Schuldanerkenntnis ist entgegen dem BGB Schriftform nicht erforderlich
- § 352: der gesetzliche Zinssatz bei beiderseitigen Handelsgeschäften beträgt 5 % p.a. (§ 246 BGB: 4 %)
- §§ 353, 354 II: die Zinsberechnung erfolgt ab Fälligkeit (§ 288 BGB: ab Verzug)
- § 354 I: für Geschäftsbesorgung oder Dienstleistung besteht ein gesetzlicher Vergütungsanspruch (auch wenn nichts vereinbart wurde) auf Provision/Lagergeld
- § 346: Rechtsbedeutung von Handelsbräuchen (vgl. § 157 BGB)
- §§ 355-357: Kontokorrent (vgl. Abschnitt 1.1.131)
- § 362 I: Das Schweigen eines Kaufmanns ist die Annahme eines Antrages auf Geschäftsbesorgung, wenn folgende Voraussetzungen gegeben sind:
  - Gewerbe ist auf Geschäftsbesorgung gerichtet
  - und es besteht Geschäftsverbindung zum Antragsteller
  - oder der Kaufmann erbietet sich zur Geschäftsbesorgung
  - auch bei Ablehnung besteht die Pflicht, Schaden von der Ware abzuwenden (§ 362 II)
- §§ 366, 367: Besonderheiten beim gutgläubigen Erwerb (vgl. Abschnitt 0.1.221):
  - wenn ein Kaufmann im Betrieb seines Handelsgewerbes eine bewegliche Sache veräußert, die ihm nicht gehört, so genügt es, wenn sich der gute Glaube des Erwerbers auf die Befugnis des Veräußerers erstreckt, über die Sache für den Eigentümer zu verfügen
  - dasselbe gilt bei Verpfändung
  - wenn die Sache mit dem Recht eines Dritten belastet ist, genügt der gute Glaube, daß der Veräußerer ohne Vorbehalt des Rechtes über die Sache verfügen darf

- bei Erwerb von Inhaberpapieren, die gestohlen worden, verlorengegangen oder sonst abhanden gekommen sind, ist unter bestimmten Voraussetzungen der gute Glaube eines Kreditinstituts (Kaufmann, der Bankier- oder Geldwechslergeschäfte betreibt) ausgeschlossen

- §§ 373 ff.: Besonderheiten beim Handelskauf (vgl. Abschnitt 0.1.2), insb.
  - wenn der Käufer in Annahmeverzug ist, gelten zum Schutz des Verkäufers besondere Rechte, die Ware kurzfristig zu verwerten (§ 373)
  - § 376 regelt den Fixhandelskauf (vgl. § 361 BGB)
  - bei zweiseitigem Handelskauf hat der Käufer die Ware unverzüglich nach Ablieferung zu untersuchen und einen Mangel unverzüglich zu rügen; anderenfalls gilt die Ware als genehmigt (§ 377 HGB, vgl. §§ 477, 478 BGB).

0.4.002 Handelsgewerbe

a) **Definition:** Ein Handelsgewerbe ist eine selbständige wirtschaftliche Tätigkeit mit dem Ziel der Erwirtschaftung eines Gewinns, die planmäßig unter Einsatz kaufmännischer oder technischer Fertigkeiten und Hilfsmittel erfolgt. Es setzt ein **Gewerbe** voraus, das auch betrieben werden muß.

b) **Gewerbebetrieb:**

- selbständig (z. B. Prokurist ist unselbständig)
- planmäßig
- fortgesetzt, nachhaltig
- auf Gewinnerzielung gerichtet (problematisch bei Sparkassen und beim VVaG, s. u.)
- nach außen wirkend, erkennbar
- kein Freier Beruf (s. u.)

c) Das Gewerbe muß **betrieben** werden: Dies ist auch der Fall bei einem OHG-Gesellschafter (neben der OHG ist auch er selbst Kaufmann), einem Komplementär. **Kein** Betrieb liegt z. B. bei einem Kommanditisten oder einem Konkursverwalter vor (Kaufmann ist der Gemeinschuldner).

d) Bei **Freien Berufen** ist kein Gewerbe und damit keine Kaufmannseigenschaft gegeben: Legaldefinition in § 1 PartGG, z. B.

- Rechtsanwalt
- Wirtschaftsprüfer
- Steuerberater

} die Nichtausübung eines Gewerbes ist gesetzlich festgelegt

- Architekt
- Maler, Bildhauer
- Schauspieler, Sänger
- Schriftsteller
- Arzt

Wer einen Freien Beruf ausübt, kann Kaufmannseigenschaft nur über die Rechtsform einer Kapitalgesellschaft erlangen (z. B. GmbH, AG), bei der es für die Kaufmannseigenschaft auf den Unternehmensgegenstand nicht ankommt (vgl. § 6 II HGB). Als geeignete Gesellschaftsform für Freiberufler wurde ab 1.7.1995 die Partnergesellschaft eingeführt (Abschnitt 0.4.190).

e) **Sonderfälle:**

- Für die Kaufmannseigenschaft von **Sparkassen** sprechen die betrieblichen Geschäfte (vgl. §§ 1 II Nr. 4 – Bankiers- und Geldwechslergeschäfte – und Nr. 6 – Kommissionsgeschäft –). Fraglich ist aber die für ein Gewerbe erforderliche Gewinnerzielungsabsicht, da die in den Sparkassengesetzen festgelegte Hauptaufgabe in der Erfüllung ihres öffentlichen Auftrags liegt.

  Da die Sparkassen kein Eigenkapital im eigentlichen Sinne besitzen, ist für sie die Erzielung regelmäßiger Überschüsse zur Rücklagenbildung besonders wesentlich. Diese Zielsetzung reicht nach der Rechtsprechung für das Vorliegen eines Gewerbebetriebes aus.
- Dem Versicherungsverein auf Gegenseitigkeit (**VVaG**, vgl. 0.4.193) fehlt die Gewinnerzielungsabsicht. Allerdings finden über § 16 VAG die §§ 8-104, 343-460 HGB auf größere Versicherungsvereine Anwendung.
- Die **Deutsche Bundesbank** wird als Kaufmann angesehen, da sie ihre Geschäfte privatrechtlich und bankmäßig ausübt.

0.4.003 Mußkaufmann

= **Kaufmann kraft Grundhandelsgewerbes**. Hierzu gehört, wer eines der folgenden **Grundhandelsgewerbe** betreibt (§ 1 II HGB):

- Handel mit Waren und Wertpapieren (Groß- und Einzelhandel); Be- und Verarbeitung von gekauften Waren (Industrie; Bäcker, Schneiderei)
- Be- und Verarbeitung von Waren für andere, d. h. aufgrund von Werkverträgen (z. B. Reparaturbetriebe, Wäschereien)
- Versicherungen
- Banken
- Transportunternehmen
- Kommissionäre, Spediteure, Lagerhalter
- Handelsvertreter, Handelsmakler
- Verlage, Buch- und Kunsthandel
- Druckereien.

Mußkaufleute sind **Vollkaufleute**, wenn ihr Gewerbebetrieb einen in kaufmännischer Weise eingerichteten Geschäftsbetrieb **erfordert** (nicht unbedingt schon hat). Die Notwendigkeit einer kaufmännischen Organisation richtet sich vor allem nach folgenden Kriterien:

- Beschäftigtenzahl
- Vielfalt der Erzeugnisse
- Umsatzhöhe
- Lagerhaltung
- kaufmännische Buchführung
- geordnete Kassenführung
- Höhe des Anlage- und Betriebskapitals
- Höhe des Gewerbekapitals und -ertrags
- Bankverbindungen, Geschäftsbeziehungen,

wobei es auf die Gesamtbetrachtung dieser Umstände ankommt.

Auf Vollkaufleute finden die HGB-Vorschriften **volle** Anwendung.

Minderkaufleute sind zwar Mußkaufleute, betreiben also ein Grundhandelsgewerbe, benötigen hierzu jedoch keinen in kaufmännischer Weise eingerichteten Geschäftsbetrieb (§ 4 HGB). Auf sie finden die HGB-Vorschriften nur beschränkte Anwendung, d. h. sie haben **kein Recht**

- zur Führung einer Firma
- zur Eintragung ins Handelsregister
- zur Prokuraerteilung
- zur mündlichen Abgabe von Bürgschaftsversprechen und Schuldanerkenntnis (§§ 348-351 HGB)

und **keine Pflicht**

- zur Führung von Handelsbüchern
- zur Verwendung doppelter Buchführung u. a. m.
- zur Einhaltung mündlicher Bürgschaftsversprechen und Schuldanerkenntnisse.

Die Unterteilung in Voll- und Minderkaufleute gibt es nur bei den Mußkaufleuten.

Für die in § 1 II HGB aufgeführten Grundhandelsgewerbe gelten folgende Besonderheiten:

- Nr. 1: gilt nicht für **Urproduktion** (Bergbau, Erdölförderung, Steinbruch usw.), da keine „Anschaffung" vorliegt (= abgeleiteter rechtsgeschäftlicher Erwerb gegen Entgelt); Urpoduzenten sind evtl. Sollkaufleute; Nr. 1 gilt auch nicht für **Grundstücksmakler**, da eine bewegliche Sache als Handelsobjekt verlangt wird (Grundstücksmakler sind aus diesem Grunde auch nicht über Nr. 7 als Handelsmakler Kaufleute, vgl. § 93 HGB)
- Nr. 2, 9: gelten nicht für **Handwerksbetriebe** = ein Handwerk betreibende, in die Handwerksrolle eingetragene, grundsätzlich von einem Meister geleitete Betriebe, die noch nicht den Umfang eines Industriebetriebes haben (vgl. §§ 1,7 Handwerksordnung; Anlage A zur Handwerksordnung enthält ein Verzeichnis der Gewerbe, die als Handwerk oder handwerksähnlich betrieben werden können).

Die Kaufmannseigenschaft von Mußkaufleuten **entsteht** mit **Aufnahme** ihres Gewerbes, die Eintragung ins Handelsregister hat nur **deklaratorischen** (rechtsbekundenden) Charakter.

Handwerk	Industrie
persönliche Mitarbeit des Inhabers	Unternehmer ist an der Produktion nicht beteiligt
vorwiegend ausgebildete Arbeitskräfte	zahlreiche ungelernte Arbeitskräfte
Arbeiter sind mit allen Arbeiten vertraut, individuelle Leistung	Arbeitsteilung, Fließbandarbeit
manuelle Tätigkeit überwiegt	maschinelle Fertigung überwiegt
Auftragsfertigung	Produktpalette
örtlich beschränkter Kundenkreis	oft überregional
einfache Organisationsform (Meister-Gesellen-Lehrlinge)	industrielle Organisation

0.4.004 Sollkaufmann

= **Kaufmann kraft Eintragung** ins Handelsregister.

Sollkaufmann ist, wer kein **Grundhandelsgewerbe**, sondern ein sonstiges gewerbliches Unternehmen betreibt, zu dessen Führung nach Art und Umfang eine **kaufmännische Organisation** erforderlich ist (§ 2 HGB). Beispiele: Handwerksbetriebe; Hotels, Bauunternehmen, Privatkliniken, Reisegesellschaften, Theater (soweit privat) usw.

Sollkaufleute sind zur Eintragung ins Handelsregister verpflichtet. Die Kaufmannseigenschaft **entsteht** mit der **Eintragung**, die damit **konstitutiven** (rechtsbegründenden) Charakter hat.

Typische Sollkaufleute:

- Urproduzenten
- Bauunternehmer (verkaufen Häuser, also keine beweglichen Sachen; anders: Baulieferant, der bewegliche Sachen an den Bau liefert)
- Grundstückshändler und -makler
- Hotel (garni, d. h. ohne volle Küche), Pension
- Sanatorium
- Theater, Kino, Zirkus
- Werbeagentur
- Handwerksbetriebe.

0.4.005 Formkaufmann

= **Kaufmann kraft Rechtsform**. Die erforderliche Rechtsform muß **körperschaftlicher** Art sein, also letztlich auf den Verein zurückgehen. Hierher gehören:

- Kapitalgesellschaften (AG, KGaA, GmbH)
- eingetragene Genossenschaften.

Formkaufleute sind zugleich juristische Personen des Privatrechts. Die Kaufmannseigenschaft und die Rechtsform **entstehen** erst durch die **Eintragung** in das jeweilige Register (**konstitutiv**).

Formkaufleute besitzen die Kaufmannseigenschaft ohne Rücksicht auf den Geschäftsgegenstand. Es muß also kein Handelsgewerbe betrieben werden (z. B. Freier Beruf: Wirtschaftsprüfer besitzen nicht als Einzelunternehmung oder Personengesellschaft, wohl aber als Kapitalgesellschaft Kaufmannseigenschaft).

Formkaufleute sind niemals Minderkaufleute (§ 6 II HGB).

OHG und KG (**Handelsgesellschaften**) sind **keine** Formkaufleute, da sie keine juristischen Personen sind, werden ihnen jedoch gleichgestellt (§ 6 I HGB); auf sie finden die Vorschriften für Vollkaufleute also in jedem Fall Anwendung.

0.4.006 Kannkaufmann

= **Kaufmann kraft Eintragung**

Personen, die einen **land-** oder **forstwirtschaftlichen** Betrieb oder ein damit verbundenes **Nebengewerbe** betreiben, **können** sich in das Handelsregister eintragen lassen, wenn der Betrieb oder das Nebengewerbe nach Art und Umfang einen in kaufmännischer Weise eingerichteten Geschäftsbetrieb erfordern (= Voraussetzung des § 2 HGB für Sollkaufleute).

Dies gilt auch dann, wenn es sich bei dem Nebengewerbe eigentlich um ein Grundhandelsgewerbe handelt: Entscheidungsfreiheit (im Gegensatz zum Mußkaufmann mit Erfordernis der kaufmännischen Organisation, der sich eintragen lassen muß). Ist der Kaufmann eingetragen, gilt die Entscheidungsfreiheit nicht mehr, Löschung ist also nicht ohne weiteres möglich.

Beispiele für Nebengewerbe: Sägewerk, Mühle, Schnapsbrennerei, Brauerei, Molkerei, Kies- oder Sandgrube, Ziegelei, Fleischverarbeitung, Gastwirtschaft u. a. m.

Die Kaufmannseigenschaft entsteht mit der Eintragung (**konstitutiv**), vgl. § 3 HGB.

0.4.007 Fiktivkaufmann

= Kaufmann kraft Eintragung im Handelsregister nach § 5 HGB

- ist eine Firma im Handelsregister eingetragen und beruft sich jemand auf die Eintragung, so kann **nicht** geltend gemacht werden,
  - daß das unter der Firma betriebene Gewerbe kein Handelsgewerbe sei
  - daß das Gewerbe minderkaufmännisch betrieben werde

- der Eingetragene wird also als **Vollkaufmann** behandelt
- Regelung dient der Beseitigung von Abgrenzungsschwierigkeiten:
  - Liegt ein Handelsgewerbe vor?
  - Ist dieses voll- oder minderkaufmännisch?
  - Erfordert das Unternehmen einen in kaufmännischer Weise eingerichteten Geschäftsbetrieb?
- § 5 soll bei eingetragenen Unternehmen für Rechtsklarheit sorgen.

0.4.008 Scheinkaufmann

= Kaufmann kraft Auftretens als Kaufmann

- wer zurechenbar den Anschein erweckt, er sei Kaufmann, muß sich gutgläubigen Dritten gegenüber wie ein Kaufmann behandeln lassen
- Rechtsgrundlage: Lehre vom **Rechtsschein,** d. h. jemand setzt ausdrücklich, stillschweigend oder durch einfaches Handeln einen Rechtsschein
- der Dritte muß **im Vertrauen** auf den Rechtsschein gehandelt haben
- der Rechtsschein wirkt nur für, aber nicht gegen den gutgläubigen Dritten, d. h.
  - der Scheinkaufmann kann sich nicht auf den Rechtsschein berufen
  - der Dritte kann wählen, ob er sich darauf berufen will.

0.4.01 Die Firma

0.4.010 Wesen und Arten

a) **Definition:** Die Firma ist der **Name**, unter dem ein **Vollkaufmann**

- seine Geschäfte betreibt
- seine Unterschrift abgibt
- klagen kann
- verklagt werden kann (§ 17 HGB).

Unter seiner Firma ist der Vollkaufmann im **Handelsregister** eingetragen.

b) **Arten:**

- Personenfirma, z. B. „Meyer und Müller", „Schulze & Co."
- Sachfirma: dem Unternehmensgegenstand entnommen, z. B. „Hamburgische Electricitätswerke", „Deutsche Bank AG"
- Mischfirma, z. B. „Bankhaus Hermann Lampe KG"
- Phantasiefirma, z. B. „Sinalco AG"

c) Für die Art der Firma gelten folgende **Vorschriften**:

- Einzelkaufmann: Name und ausgeschriebener Vorname (§ 18 I HGB)

- OHG: Name (Vorname nicht erforderlich) wenigstens eines Gesellschafters mit Gesellschaftszusatz – oder Namen aller Gesellschafter (§ 19 I)
- KG: Name wenigstens eines Komplementärs (nicht: Kommanditisten!) mit Gesellschaftszusatz (§ 19 II); ein Hinweis auf die Gesellschaftsform „KG" ist nicht zwingend
- AG: in der Regel Sachfirma mit Bezeichnung als Aktiengesellschaft (§ 4 AktG)
- KGaA: in der Regel Sachfirma mit Zusatz „Kommanditgesellschaft auf Aktien" (§ 279 AktG)
- GmbH: Sachfirma – oder: Personenfirma (Name aller Gesellschafter oder Name eines Gesellschafters mit Gesellschaftszusatz) – und: Zusatz „mit beschränkter Haftung"
- Genossenschaft: immer Sachfirma mit Zusatz „eingetragene Genossenschaft" oder „eG"; nicht: Name von Genossen
- ist kein persönlich haftender Gesellschafter eine natürliche Person, muß die Firma eine Kennzeichnung der Haftungsbeschränkung enthalten (§ 19 V).

0.4.011 Firmengrundsätze

a) **Firmenwahrheit:** Die Firma darf keine falschen Angaben über

- ein Gesellschaftsverhältnis
- Art und Umfang
- die Verhältnisse des Inhabers

enthalten. Dies gilt besonders für den Firmen**kern**: bei Personenfirmen der Name von Vollhaftern (muß mit dem bürgerlichen Namen übereinstimmen), bei Sachfirmen der Gegenstand des Unternehmens (muß den Tatsachen entsprechen). Vgl. § 18 HGB.

b) **Firmenklarheit:** Die Firma darf keine irreführenden Angaben enthalten. Dies gilt insbesondere für den Firmen**zusatz,** soweit dieser zur Kennzeichnung nicht zwingend erforderlich ist (z. B. Tätigkeitsbereich des Unternehmens). Irreführung kommt vor allem hinsichtlich Art, Umfang und Vermögen des Unternehmens in Betracht (z. B. ein Lebensmittel-Einzelhändler nennt sich „Deutsches Lebensmittel-Vertriebs-Kontor").

c) **Firmenausschließlichkeit** (Firmenmonopol): Jede neue Firma muß sich von allen in dasselbe Handels- oder Genossenschaftsregister eingetragenen und/oder in derselben Gemeinde bestehenden Firmen deutlich unterscheiden, darf ihnen also weder gleichen noch zu sehr ähneln (§ 30 HGB; kann auch auf Nachbargemeinden erweitert werden). Dieser Firmengrundsatz gewährt also nur einen örtlich begrenzten Schutz.

d) **Firmenbeständigkeit:** Durchbrechung des Grundsatzes der Firmenwahrheit in folgenden Fällen:

- Namensänderung des Geschäftsinhabers (insbes. durch Heirat/Adoption), § 21 HGB

- Erwerb eines bestehenden Handelsgewerbes und Fortführung der Firma mit ausdrücklicher Zustimmung des bisherigen Inhabers oder der Erben, § 22 HGB
- Änderungen im Gesellschafterbestand (auch: Eintritt eines Gesellschafters in eine bisherige Einzelunternehmung), § 24 HGB.

In diesen Fällen kann der Name der Unternehmung beibehalten werden. Grund: Der mit dem Namen verbundene „good will" (Ruf) des Unternehmens, der sogar einen Marktwert hat, soll erhalten bleiben.

e) **Firmenöffentlichkeit:** Durch Eintragungspflicht ins Handels- oder Genossenschaftsregister erfolgt Publikation und damit Information der Öffentlichkeit über das Bestehen und über bestimmte Rechtsverhältnisse (Zweigniederlassungen, Prokura, Ausscheiden von Gesellschaftern, Konkurs) der Unternehmungen, §§ 29, 31 HGB.

0.4.012 Firmenschutz

= Schutz eingetragener Unternehmen gegen unbefugten Gebrauch ihrer Firma.

BEISPIEL:

Ein erfolgreiches Unternehmen ist als „Metallwarenfabrik Heinz Lapöhn" eingetragen. Ein Unternehmer gleichen Namens gründet eine Metallwarenfabrik gleicher Firma (unabsichtlich oder um sich den Kundenkreis der gut bekannten anderen Unternehmung zugänglich zu machen).

a) Öffentlich-rechtlicher Schutz: nach § 37 I HGB schreitet der Registerrichter bei Verletzung der Firmengrundsätze von Amts wegen ein und kann die Abstellung z. B. der mißbräuchlichen Firmenbenutzung durch Ordnungsgeld erzwingen.

b) Privatrechtlicher Schutz:

- § 37 II HGB: Wer durch unbefugten Firmengebrauch eines anderen in seinen Rechten verletzt wird, kann Unterlassung verlangen.
- § 3 UWG: Wer irreführende Angaben zu Zwecken des Wettbewerbs (auch im Rahmen seiner Firma) macht, kann auf Unterlassung verklagt werden.

0.4.013 Firmenfortführung

Nach dem Grundsatz der Firmenbeständigkeit kann bei Übertragung eines Handelsgewerbes auf einen Dritten auch die Firma fortgeführt werden. Dabei ergeben sich Fragen, wie dies auf Schuldner und Gläubiger des Unternehmens wirkt.

a) Erwerb unter **Lebenden** (Beispiel: A verkauft sein Handelsgewerbe für 100 000 DM an B):

- Wenn B die bisherige Firma mit oder ohne Nachfolgezusatz fortführt, haftet er grundsätzlich mit seinem gesamten Vermögen für die Geschäftsverbindlichkeiten. Er kann die Haftung durch Eintragung und Bekanntmachung im Handelsregister oder durch Mitteilung an die Gläubiger aber ausschließen (§ 25 HGB).

  Wenn B nicht haftet, liegt die Haftung bei dem Veräußerer (A) allein. Wenn der Erwerber haftet, ist der frühere Geschäftsinhaber nur haftbar, wenn die Verbindlichkeit vor Ablauf von 5 Jahren fällig **und** Ansprüche daraus gerichtich geltend gemacht sind (§ 26, entsprechende Anwendung der BGB-Verjährungsvorschriften).

- Wählt der Erwerber (B) eine neue Firma, dann haftet er für die bestehenden Verbindlichkeiten grundsätzlich nicht. Anders ist es, wenn B sich bewußt ist, das gesamte Vermögen des A mit dem Gewerbe zu übernehmen: Dann haftet A voll weiter und B mit dem übernommenen Vermögen (§ 419 BGB).

  § 419 wird abgeschafft durch Einführung der Insolvenzordnung am 1.1.1999; zu den Konsequenzen siehe Abschnitt 0.4.35.

b) Erwerb von **Todes** wegen (Erbschaft):

- Bei Fortführung der bisherigen Firma (mit oder ohne Nachfolgezusatz) haften die Erben grundsätzlich unbeschränkt, können die Haftung aber ausschließen (s. o.) oder den Geschäftsbetrieb binnen 3 Monaten einstellen, § 27 HGB.
- Bei Fortführung des Gewerbes unter neuer Firma haften die Erben für Verbindlichkeiten nur im Rahmen des allgemeinen Erbrechts (d. h. die Haftung kann auf den Nachlaß beschränkt werden).

c) Für **Geschäftsschuldner** ergeben sich bei Veräußerung oder im Erbfall folgende Wirkungen:

- Die Forderungen gelten als auf den neuen Firmeninhaber übergegangen.
- Wenn der Geschäftsübergang im Handelsregister eingetragen und bekanntgemacht worden ist, können Schuldner mit schuldbefreiender Wirkung nur an den Erwerber zahlen.

Firmenfortführung	unter Lebenden		von Todes wegen
Haftung	Veräußerer	Erwerber	Erbe(n)
bei neuer Firma	ja, voll	grds. nein	grds. nein (Erbrecht!)
Haftungsübernahme		möglich	möglich
bei bisheriger Firma	ja, Verjährung nach max. 5 Jahren	ja, voll	ja, voll
Haftungsausschluß		möglich	möglich

0.4.02 Das Handelsregister

0.4.020 Wesen

a) **Definition:** Das Handelsregister ist das vom Amtsgericht geführte öffentliche Verzeichnis aller Vollkaufleute eines Amtsgerichtsbezirks (§§ 8-16 HGB).

Amtsgericht Hamburg

HR A 72 799 — Blatt 1

Nr. der Eintragung	a) Firma b) Ort der Niederlassung (Sitz der Gesellschaft) c) Gegenstand des Unternehmens (bei juristischen Personen)	Geschäftsinhaber Persönlich haftende Gesellschafter Vorstand Abwickler	Prokura	Rechtsverhältnisse	a) Tag der Eintragung und Unterschrift b) Bemerkungen
1	2	3	4	5	6
1	a) Hamburger Autospezialreinigung Frischauf & Co. b) H a m b u r g	Michael Robert Repar., Kraftfahrzeugmachaniker Hamburg. Heiner Schmutzer, Bankkaufmann, Hamburg, Volker Frischauf, Kraftfahrzeugeinzelhandelskaufmann, Hamburg.		Offene Handelsgesellschaft. Die Gesellschaft hat am 1. Juli 1982 begonnen. Jeder der persönlich haftenden Gesellschafter Michael Robert Repar., Heiner Schmutzer, und Volker Frischauf vertritt die Gesellschaft gemeinsam mit einem anderen persönlich haftend Gesellschafter.	a) 1. September 1982
2				Der persönlich haftende Gesellschafter Michael Robert Repar. ist aus der Gesellschaft ausgeschieden.	a) 26. November 1984
					- 4. MRZ. 1986

Die unterstrichenen Eintragungen sind gelöscht, falls sich nicht aus dem sonstigen Inhalt etwas anderes ergibt.

RS 103 Handblatt HR A

Fortsetzung Rückseite

Amtsgericht Hamburg

HR B 33 496

Blatt 1

Nr. der Eintragung	a) Firma b) Sitz c) Gegenstand des Unternehmens	Grund- oder Stammkapital DM	Vorstand Persönlich haftende Gesellschafter Geschäftsführer Abwickler	Prokura	Rechtsverhältnisse	a) Tag der Eintragung und Unterschrift b) Bemerkungen
1	2	3	4	5	6	7
1	a) BADMED Sanitär- und therapeutische Geräte GmbH b) H a m b u r g c) (1) die Herstellung und der Vertrieb von Sanitär- und therapeutischen Geräten sowie der Handel mit genehmigungsfreien Waren aller Art. (2) Die Gesellschaft ist zur Vornahme aller Geschäfte berechtigt, die den Gesellschaftszweck unmittelbar oder mittelbar zu fördern geeignet sind. (3) Die Gesellschaft darf andere Unternehmen gleicher oder ähnlicher Art übernehmen, sich an ihnen beteiligen oder ihre Geschäfte führen. Die Gesellschaft darf ferner Zweigniederlassungen errichten.	50.000,--	Hans Glanz Kaufmann Hamburg,		Gesellschaft mit beschränkter Haftung. Gesellschaftsvertrag vom 23. August 1984- Die Gesellschaft hat einen oder mehrere Geschäftsführer. Ist nur ein Geschäftsführer vorhanden, vertritt er die Gesellschaft allein. Sind mehrere Geschäftsführer bestellt, so wird die Gesellschaft durch zwei Geschäftsführer gemeinsam oder durch einen Geschäftsführer zusammen mit einem Prokuristen vertreten. Alleinvertretungsbefugnis und Befreiung von den Beschränkungen des § 181 BGB können erteilt werden. Der Geschäftsführer Hans Glanz vertritt die Gesellschaft allein und ist von den Beschränkungen des § 181 BGB befreit.	a) 3. Dezember 1984 b) Ges.-Vetr.Bl. 6 ff. Sdb.
						- 5. APR. 1986

Die unterstrichenen Eintragungen sind gelöscht, falls sich nicht aus dem sonstigen Inhalt etwas anderes ergibt.

RS 104 Handblatt HR B

Fortsetzung Rückseite

b) **Eintragungen** erfolgen grundsätzlich nur auf Antrag, der vom Unternehmer oder den zur Vertretung berechtigten Personen (Inhaber, die Gesellschafter, Vorstand usw.) eingereicht wird und öffentlich beglaubigt sein muß.

Maßgebliche Stelle ist – auch bei Eintragung von Zweigniederlassungen – das Amtsgericht der Hauptniederlassung (dieses veranlaßt die Eintragung beim Amtsgericht der Zweigniederlassung).

Das Handelsregister kann in maschineller Form geführt werden. Der EDV-Einsatz im Bereich der Registergerichte breitet sich zügig aus.

c) **Aufbau:**

- Abteilung A: Einzelunternehmen, Personengesellschaften
- Abteilung B: Kapitalgesellschaften

Für **Genossenschaften** wird ein eigenes Register geführt.

0.4.021 Bedeutung

a) **Unterrichtung** der Öffentlichkeit über Rechtsverhältnisse und wirtschaftliche Tatbestände der eingetragenen Unternehmungen:

- jeder kann in das Handelsregister einsehen und Abschriften verlangen (§ 9)
- wird das Handelsregister maschinell geführt, können Daten unter bestimmten Voraussetzungen (Genehmigung) automatisch abgerufen und übermittelt werden (§ 9 a)
- Eintragungen werden veröffentlicht im Bundesanzeiger sowie in einer Tageszeitung am Platz des Handelsregisters (sog. Pflichtblatt).

b) Sicherung des Firmenmonopols

c) **Publizitätswirkung** des Handelsregisters:

- Ist eine eintragungspflichtige Tatsache **nicht eingetragen** (oder noch nicht bekanntgemacht), so darf ein **gutgläubiger** Dritter auf die bisherige Rechtslage vertrauen (Beispiele: Erlöschen der Prokura, Ausschluß der Vertretungsmacht von Gesellschaftern), § 15 I HGB.
- Eingetragene und bekanntgemachte Tatsachen **muß** ein Dritter (ab 15 Tagen nach Bekanntmachung) **gegen sich gelten** lassen, § 15 II HGB.
- Wer eine Eintragung im Handelsregister veranlaßt, muß sich bei **falscher** Eintragung und Bekanntmachung (oder richtiger Eintragung und falscher Bekanntmachung) so behandeln lassen, **als sei** die Eintragung **richtig** (sofern der Dritte gutgläubig ist), § 15 III HGB.

d) **Rechtswirkung** der Eintragungen: diese können sein

- **konstitutiv** = rechtsbegründend: durch die Eintragung wird eine Tatsache erst rechtswirksam (z. B. Rechtsfähigkeit von Kapitalgesellschaften, Kaufmannseigenschaft bei Soll-, Kann- und Formkaufleuten)
- **deklaratorisch** = rechtsbekundend: durch die Eintragung wird eine bereits rechtswirksame Tatsache bekanntgemacht und der Publizitätswirkung des Han-

delsregisters unterstellt (z. B. Gründung einer OHG, Kaufmannseigenschaft bei Mußkaufleuten).

0.4.03 Bevollmächtigte des Kaufmanns

0.4.030 Überblick

Der Kaufmann, dessen Geschäft nicht völlig unbedeutend ist, muß sich zur Ausführung seines Gewerbes anderer Personen bedienen. Neben anderen selbständigen Kaufleuten (kfm. Hilfspersonen) setzt er **unselbständige Hilfspersonen** als Angestellte ein, die z. T. die Befugnis haben, ihn zu vertreten (**Bevollmächtigte**).

Unselbständige Hilfspersonen des Kaufmanns sind:

- Handlungsgehilfen (§§ 59 ff. HGB)
  - Nichtbevollmächtigte (z. B. Buchhalter, Schreibkraft)
  - Bevollmächtigte:
    - Prokuristen (§§ 48 ff. HGB)
    - Handlungsbevollmächtigte (§§ 54 ff. HGB)
    - Angestellte in Laden/Warenlager (§ 56 HGB)
- Handlungslehrlinge (BerufsbildungsG).

0.4.031 Prokura

a) **Wesen und Umfang:**

- Berechtigung des Prokuristen zu **allen gewöhnlichen** und **außergewöhnlichen** Rechtsgeschäften **irgendeines** Handelsgewerbes: z. B. Einkauf einer Ware, Unterschreiben von Wechseln, Gründung einer Filiale; die Vollmacht gilt grundsätzlich für alle Handelsgewerbe und alle Niederlassungen, die vom Kaufmann betrieben werden (§§ 49, 50 HGB).
- Der Prokurist darf **nicht** ausüben: Geschäfte, die die Grundlage des Betriebes berühren, d. h.
  - Bilanz, Inventar, Steuererklärung unterschreiben
  - Anmeldungen zum Handelsregister vornehmen
  - Prokura erteilen
  - Gesellschafter aufnehmen
  - Geschäft verkaufen/auflösen, Konkurs anmelden
  - ohne Sondervollmacht Grundstücke belasten oder veräußern (§ 49 II; unpraktische, zweifelhafte Vorschrift, da der Prokurist in beliebigem Umfang z. B. Grundstücke erwerben/Kredite eingehen darf)

b) **Erteilung:**

- nur durch **Vollkaufleute** (auch: Handelsgesellschaften)
- nur an **natürliche** Personen
- **ausdrücklich** (§ 48 I HGB) mündlich oder schriftlich (§ 167 BGB)
- gegenüber dem Prokuristen oder der Allgemeinheit

- **Handelsregistereintragung** ist erforderlich (**deklaratorische** Wirkung)

c) **Beschränkungen des Umfangs:** nur im Innenverhältnis, **Dritten** gegenüber **unwirksam** (§ 50 HGB). **Ausnahmen:**

- Gesamtprokura = Vollmachtserteilung an mehrere Personen gemeinschaftlich, diese können nur zusammen handeln (§ 48 II HGB)
- Filialprokura mit Wirkung für eine Niederlassung des Unternehmens (§ 50 III HGB)
- bewußter Mißbrauch der Vollmacht durch den Prokuristen mit Wissen oder Wissenmüssen des Dritten.

Wegen des großen Umfangs der Befugnisse des Prokuristen und der geringen Außenwirkung von Beschränkungen ist die Prokuraerteilung für den Kaufmann ein besonderes Risiko und erfordert eine entsprechende **Vertrauensbasis**. Daher ist die Prokura **jederzeit widerruflich** und nicht übertragbar (§ 52 HGB); der Widerruf kann gegenüber dem Prokuristen oder der Öffentlichkeit erklärt werden. Wichtig ist die **Löschung der Handelsregistereintragung** wegen der Publizitätswirkung des Handelsregisters (s. o.)

0.4.032 Handlungsvollmacht

a) **Wesen:** = jede im Rahmen des Handelsgewerbes erteilte Vollmacht, die **nicht** Prokura ist (§ 54 I HGB).

b) **Umfang:** kann vom Geschäftsinhaber **frei** bestimmt werden; **grundsätzlich** umfaßt die Handlungsvollmacht alle **gewöhnlichen** Geschäfte eines **bestimmten** Handelsgewerbes (**Gesamtvollmacht**). Sie kann eingeschränkt werden auf eine bestimmte Art regelmäßig anfallender Geschäfte = **Artvollmacht** (z. B. Kassierer, Einkäufer, Verkäufer) oder auf ein einzelnes Geschäft = **Einzelvollmacht** (z. B. Prozeßvollmacht, d. h. Auftreten für den Kaufmann vor Gericht, soweit zulässig), vgl. § 54 HGB.

Der Kaufmann kann dem Handlungsbevollmächtigten jedoch auch umfangreichere Befugnisse als einem Prokuristen geben (**Generalhandlungsvollmacht**)!

Im Kreditwesen wird die Befugnis von Handlungsbevollmächtigten oft auf bestimmte Geschäfte, auf gemeinsame Zeichnung zweier Bevollmächtigter oder auf Betragsgrenzen beschränkt. Größere KI verfügen jedoch oft über General(handlungs)bevollmächtigte mit weitreichenden, umfassenden Befugnissen.

c) **Erteilung:**

- auch durch **Minderkaufleute** oder Prokuristen, sogar durch andere Handlungsbevollmächtigte
- nur an **natürliche** Personen
- auf jede Weise (auch konkludent oder stillschweigend)
- **keine Handlungsregistereintragung**.

0.4.033 Vollmacht Angestellter in Laden/Warenlager

Personen, die in Laden oder Lager eines Kaufmanns zu Verkaufszwecken tätig sind, **gelten** als Bevollmächtigte (§ 56 HGB) für entsprechende Geschäfte, wenn ein Kunde eine derartige Vollmacht vermutet.

0.4.04 Rechnungslegung bei Kaufleuten

0.4.040 Grundlagen

a) Für Kaufleute gelten besondere Anforderungen hinsichtlich ihrer Rechnungslegung. Dadurch soll es anderen Wirtschaftsteilnehmern möglich werden, in die wirtschaftlichen Verhältnisse ihrer Kontrahenten Einblick zu nehmen und davon die Entscheidung beeinflussen zu lassen, ob sie eine vertragliche Bindung eingehen wollen.

b) Jeder Kaufmann ist zur **Führung von Büchern** verpflichtet, wobei die Grundsätze ordnungsmäßiger Buchführung zu beachten sind (vgl. § 238 HGB):

- einwandfreie Form, inhaltliche Richtigkeit
- ein sachverständiger Dritter muß sich innerhalb angemessener Zeit Überblick über Geschäftsvorfälle und Lage des Unternehmens verschaffen können
- Geschäftsvorfälle müssen sich in Entstehung und Abwicklung verfolgen lassen.

Für die **Führung der Handelsbücher** gilt (§ 239 HGB):

- Eintragungen/Aufzeichnungen müssen vollständig, richtig, zeitgerecht, geordnet sein
- keine Änderung, ohne daß ursprünglicher Inhalt feststellbar (kein Radieren)
- als „Handelsbücher" sind auch Belege oder Datenträger zugelassen, sofern diese verfügbar sind und jederzeit in angemessener Frist lesbar gemacht werden können (z. B. Mikrofilm, elektronische Speichermedien).

c) Zu Beginn des Handelsgewerbes und am Schluß eines jeden Geschäftsjahres ist ein **Inventar** aufzustellen (§ 240 HGB):

= schriftliches Ergebnis der **Inventur**, d. h. der mengen- und wertmäßigen Erfassung des Vermögens und der Schulden des Unternehmens

- ein Geschäftsjahr darf 12 Monate nicht überschreiten.

d) Kaufleute sind verpflichtet, diverse Unterlagen geordnet für eine bestimmte Zeit aufzubewahren (§ 257 HGB). Dabei gelten folgende **Aufbewahrungsfristen**:

- Zehn Jahre:
  - Handelsbücher
  - Inventare
  - Eröffnungsbilanzen, Jahresabschlüsse
  - Lageberichte
  - Konzernabschlüsse und -lageberichte

- sechs Jahre:
  - empfangene Handelsbriefe } kaufmännischer Schriftverkehr
  - Kopien abgesandter Handelsbriefe } kaufmännischer Schriftverkehr
  - Buchungsbelege

Die Aufbewahrungsfrist beginnt mit dem Schluß des betreffenden Kalenderjahres der letzten Handelsbucheintragung/der Inventaraufstellung/der Bilanzfeststellung usw.

0.4.041 Jahresabschluß

Durch das am 1.1.1986 in Kraft getretene Bilanzrichtlinien-Gesetz (BiRiLiG) wurde das HGB in wesentlichen Teilen geändert. Dabei wurden auch zahlreiche Vorschriften für den Jahresabschluß aufgenommen, die einer Vereinheitlichung des Rechtes innerhalb der Europäischen Gemeinschaften dienen sollen. Sondervorschriften gelten für Kapitalgesellschaften (siehe Abschnitt 0.4.042) und eingetragene Genossenschaften (Abschnitt 0.4.043).

In den nachfolgenden Abschnitten sind zunächst systematisch und dem Aufbau des Gesetzes entsprechend die Vorschriften und Kernaussagen dargestellt. Mit dem Abschnitt 0.4.044 schließt sich ein Teil an, der die Auswirkungen in der Praxis aufzeigen soll.

a) Den Jahresabschluß bilden die **Bilanz** und die **Gewinn- und Verlustrechnung** (§ 242 HGB). Beide sind zum Schluß eines jeden Geschäftsjahres aufzustellen.

b) Der Jahresabschluß ist nach den Grundsätzen ordnungsmäßiger Buchführung aufzustellen. Er muß klar und übersichtlich sein und ist innerhalb der einem ordnungsmäßigen Geschäftsgang entsprechenden Zeit aufzustellen (§ 243 HGB), und zwar in deutscher Sprache und Währung (§ 244). Er ist vom Kaufmann (d. h. auch von allen persönlich haftenden Gesellschaftern) unter Datumsangabe zu unterzeichnen (nicht von Bevollmächtigten!), § 245 HGB.

c) Ansatzvorschriften (§§ 246-251 HGB):

- Vollständigkeit des Jahresabschlusses: sämtliche Vermögensgegenstände, Schulden, Rechnungsabgrenzungsposten, Aufwendungen, Erträge; auch unter Eigentumsvorbehalt erworbene oder an Dritte als Sicherheit übertragene Vermögensgegenstände (§ 246 I HGB)
- Keine Verrechnung von Posten der Aktiv- und der Passivseite, von Aufwendungen und Erträgen, von Grundstücksrechten und Grundstückslasten (§ 246 II HGB)
- Rückstellungen (§ 249 HGB): Bildung erfolgt für
  - ungewisse Verbindlichkeiten
  - drohende Verluste aus schwebenden Geschäften
  - im Geschäftsjahr unterlassene Aufwendungen für Instandhaltung (Nachholung binnen 3 Monaten)
  - Gewährleistungen, die ohne rechtliche Verpflichtung erbracht werden
  - genau beschriebene Aufwendungen, die am Abschlußstichtag wahrscheinlich oder sicher, aber hinsichtlich Höhe/Zeitpunkt unbestimmt sind.

Rückstellungen dürfen nur aufgelöst werden, soweit der Grund hierfür entfallen ist.

- Rechnungsabgrenzungsposten (§ 250) sind
  - Ausgaben vor dem Abschlußstichtag, die einen Aufwand für eine bestimmte Zeit danach darstellen (Ausweis auf der Aktivseite)
  - Einnahmen vor dem Abschlußstichtag, die einen Ertrag für eine bestimmte Zeit danach darstellen (Ausweis auf der Passivseite)

BEISPIEL:

Zahlung der Miete für die Geschäftsräume für Januar eines Jahres bereits im Dezember des Vorjahres (vgl. Abschnitt 3.2.11).

- Bestimmte Haftungsverhältnisse sind unter der Bilanz auszuweisen (soweit ihr Ausweis nicht aufgrund anderer Vorschriften auf der Passivseite erforderlich ist), § 251 HGB:
  - Verbindlichkeiten aus Begebung/Übertragung von Wechseln
  - Verbindlichkeiten aus Bürgschaften, Wechsel- und Scheckbürgschaften
  - Verbindlichkeiten aus Gewährleistungsverträgen
  - Haftungsverhältnisse aus der Bestellung von Sicherheiten für fremde Verbindlichkeiten.

d) **Bewertungsvorschriften:** Von besonderer Bedeutung, da von ihnen die Aussagefähigkeit des Jahresabschlusses abhängt; im einzelnen:

- allgemeine Bewertungsgrundsätze (§ 252 HGB):
  - die Wertansätze von Schlußbilanz eines Geschäftsjahres und Eröffnungsbilanz des Folgejahres müssen übereinstimmen (Grundsatz der Stetigkeit)
  - bei der Bewertung ist die Fortführung des Unternehmens zu unterstellen, wenn nicht tatsächliche oder rechtliche Gegebenheiten entgegenstehen (Grundsatz der Unternehmensfortführung)
  - die Vermögensgegenstände und Schulden sind zum Abschlußstichtag einzeln zu bewerten (also nicht pauschal; damit sind auch Sammelwertberichtigungen nicht mehr zugelassen)
  - Grundsatz der vorsichtigen Bewertung (d. h. Berücksichtigung aller vorhersehbaren Risiken und Verluste, auch wenn diese erst zwischen Abschlußstichtag und Aufstellung des Jahresabschlusses bekanntwerden); Berücksichtigung von Gewinnen nur, wenn diese am Abschlußstichtag realisiert sind
  - Berücksichtigung der Aufwendungen und Erträge unabhängig vom Zeitpunkt der entsprechenden Zahlungen
  - Beibehaltung der auf den vorhergehenden Jahresabschluß angewandten Bewertungsmethoden
- Bewertung von Vermögensgegenständen (§§ 253-255 HGB):
  - höchstens mit den Anschaffungs- oder Herstellungskosten (siehe dazu § 255 HGB)
  - vermindert um Abschreibungen:
    - beim Anlagevermögen planmäßige Abschreibungen, d. h. Verteilung auf mehrere Geschäftsjahre entsprechend der voraussichtlichen Nutzungs-

dauer; außerdem **können** außerplanmäßige Abschreibungen vorgenommen werden, um den niedrigeren Wert anzusetzen; sie **müssen** vorgenommen werden bei dauernder Wertminderung
  - beim Umlaufvermögen **müssen** Abschreibungen vorgenommen werden, um aufgrund Börsen- oder Marktpreis den niedrigeren Wert anzusetzen (**Niederstwertprinzip**); außerdem **dürfen** Abschreibungen zur Verhinderung von Wertschwankungen vorgenommen werden
  - der niedrigere Wert darf beibehalten werden, auch wenn die Gründe dafür nicht mehr bestehen
- Abschreibungen können auch aufgrund steuerlicher Vorschriften vorgenommen und beibehalten werden.

0.4.042 Sondervorschriften für Kapitalgesellschaften

Kapitalgesellschaften (AG, KG auf Aktien, GmbH) sind aufgrund der HGB-Vorschriften strengeren Anforderungen an die Rechnungslegung unterworfen. Dies betrifft Bilanzierung, Information, Publizität und Prüfung des Jahresabschlusses.

a) **Grundlagen** (§§ 264, 265 HGB):

- Der Jahresabschluß gemäß § 242 HGB ist um einen Anhang zu erweitern, der mit Bilanz und GuV eine Einheit bildet; außerdem ist ein Lagebericht zu erstellen
- verschiedene Vorschriften differenzieren nach Größenklassen (§ 267 HGB):

Größe	Bilanzsumme		Umsatzerlöse		Arbeitnehmer	
kleine Ges.	bis	5,31 Mio DM	bis	10,62 Mio DM	bis	50
mittelgroße Ges.	bis	21,24 Mio DM	bis	42,48 Mio DM	bis	250
große Ges.	über	21,24 Mio DM	über	42,48 Mio DM	über	250

(maßgeblich ist die Erfüllung von zwei der drei Merkmale)

- Jahresabschluß und Lagebericht sind binnen 3 Monaten nach Abschluß des Geschäftsjahres zu erstellen
- bei kleinen Kapitalgesellschaften genügt Aufstellung des Jahresabschlusses binnen 6 Monaten (Lagebericht braucht nicht aufgestellt zu werden)
- der Jahresabschluß hat ein den tatsächlichen Verhältnissen entsprechendes Bild der Vermögens-, Finanz- und Ertragslage zu vermitteln
- in Bilanz und GuV ist zu jedem Posten der Betrag des laufenden und des Vorjahres anzugeben
- der Anhang dient der Aufnahme von Erläuterungen (z. B. wenn Beträge des laufenden und des Vorjahres nicht vergleichbar sind; wenn ein Vermögensgegenstand oder eine Schuld unter mehrere Posten fällt usw.)

b) **Bilanz:** gesetzlich vorgegebene Gliederung: siehe Übersicht unten; wesentliche Vorschriften (§§ 266-274 a HGB):

- Aufstellung in Kontoform
- kleine Kapitalgesellschaften dürfen verkürzte Bilanz aufstellen und sind von einigen Ausweis- und Erläuterungsvorschriften befreit

- der Betrag der Forderungen/Verbindlichkeiten mit mehr als einem Jahr Restlaufzeit ist bei jedem gesondert ausgewiesenen Posten zu vermerken
- Einstellungen in die Kapitalrücklage und deren Auflösung sind bereits bei Aufstellung der Bilanz vorzunehmen
- Beteiligungen sind Anteile an anderen Unternehmen, die durch eine dauernde Verbindung dem eigenen Geschäftsbetrieb dienen sollen (§ 271); im Zweifel liegt eine Beteiligung vor, wenn der Anteil am Nominalkapital 20 % übersteigt
- Eigenkapital:
  - gezeichnetes Kapital: das Kapital, auf das die Haftung der Gesellschafter für die Verbindlichkeiten der Gesellschaft beschränkt ist; ausstehende Einlagen sind auf der Aktivseite gesondert auszuweisen
  - Kapitalrücklage: Agio bei Ausgabe von Anteilen; Betrag, der bei Ausgabe von Wandelschuldverschreibungen und Optionsanleihen erzielt wird; andere Zuzahlungen von Gesellschaftern
  - Gewinnrücklagen: Beträge, die aus dem Ergebnis gebildet worden sind.

c) **Gewinn- und Verlustrechnung:** gesetzlich vorgegebene Gliederung: siehe Übersicht S. 168; wesentliche Vorschriften (§§ 275-278 HGB):

- der Kaufmann kann Aufstellung der GuV nach dem **Gesamtkosten-** oder dem **Umsatzkosten**verfahren wählen, § 275 I
- als außerordentliche Erträge bzw. Aufwendungen sind Erträge und Aufwendungen auszuweisen, die außerhalb der gewöhnlichen Geschäftstätigkeit der Kapitalgesellschaft anfallen (Erläuterung im Anhang), § 277 IV.

d) **Bewertung:** §§ 279-283 HGB; im einzelnen:

- § 253 IV HGB nicht anwendbar: keine zusätzlichen Abschreibungen über den Rahmen des § 253 I-III hinaus, § 279 I 1
- Vornahme außerplanmäßiger Abschreibungen nur bei Finanzanlagen (außer bei voraussichtlich dauernder Wertminderung), § 279 I 2
- bei bestimmten Abschreibungen muß, wenn in späterem Geschäftsjahr die Gründe dafür nicht mehr bestehen, Zuschreibung erfolgen („Wertaufholungsgebot", § 280)
- Wertansatz des Eigenkapitals zum Nennbetrag, § 283.

e) **Anhang:** §§ 284-288 HGB

- Aufnahme der Angaben, die vom HGB vorgeschrieben sind und nicht bereits in Bilanz/GuV aufgenommen wurden, § 284 I
- Angabe der angewandten Bilanzierungs- und Bewertungsmethoden, § 284 II Nr. 1
- Angabe und Begründung von Abweichungen von den Bilanzierungs- und Bewertungsmethoden, § 284 II Nr. 3
- weitere umfangreiche und detaillierte Erläuterungen (§ 285), z. B.
  - Gesamtbetrag der Verbindlichkeiten mit Restlaufzeit von mehr als 4 Jahren
  - sonstige finanzielle Verpflichtungen, sofern diese für die Beurteilung der Finanzlage von Bedeutung sind

Bilanzgliederung nach § 266 HGB

Aktivseite

A. Anlagevermögen
- I. Immaterielle Vermögensgegenstände:
  1. Konzessionen, gewerbliche Schutzrechte und ähnliche Rechte und Werte sowie Lizenzen an solchen Rechten und Werten
  2. Geschäfts- oder Firmenwert
  3. geleistete Anzahlungen
- II. Sachanlagen:
  1. Grundstücke, grundstücksgleiche Rechte und Bauten einschl. der Bauten auf fremden Grundstücken
  2. technische Anlagen und Maschinen
  3. andere Anlagen, Betriebs- und Geschäftsausstattung
  4. geleistete Anzahlungen und Anlagen im Bau
- III. Finanzanlagen:
  1. Anteile an verbundenen Unternehmen
  2. Ausleihungen an verbundene Unternehmen
  3. Beteiligungen
  4. Ausleihungen an Unternehmen, mit denen ein Beteiligungsverhältnis besteht
  5. Wertpapiere des Anlagevermögens
  6. sonstige Ausleihungen

B. Umlaufvermögen:
- I. Vorräte:
  1. Roh-, Hilfs- und Betriebsstoffe
  2. unfertige Erzeugnisse, unfertige Leistungen
  3. fertige Erzeugnisse und Waren
  4. geleistete Anzahlungen
- II. Forderungen und sonstige Vermögensgegenstände:
  1. Forderungen aus Lieferungen und Leistungen
  2. Forderungen gegen verbundene Unternehmen
  3. Forderungen gegen Unternehmen, mit denen ein Beteiligungsverhältnis besteht
  4. sonstige Vermögensgegenstände
- III. Wertpapiere:
  1. Anteile an verbundenen Unternehmen
  2. eigene Anteile
  3. sonstige Wertpapiere

C. Rechnungsabgrenzungsposten

Passivseite

A. Eigenkapital
- I. Gezeichnetes Kapital
- II. Kapitalrücklage
- III. Gewinnrücklagen:
  1. gesetzliche Rücklage
  2. Rücklage für eigene Anteile
  3. satzungsmäßige Rücklagen
  4. andere Gewinnrücklagen
- IV. Gewinnvortrag/Verlustvortrag
- V. Jahresüberschuß/Jahresfehlbetrag

B. Rückstellungen
1. Rückstellungen für Pensionen und ähnliche Verpflichtungen
2. Steuerrückstellungen
3. sonstige Rückstellungen

C. Verbindlichkeiten
1. Anleihen, davon konvertibel
2. Verbindlichkeiten gegenüber Kreditinstituten
3. erhaltene Anzahlungen auf Bestellungen
4. Verbindlichkeiten aus Lieferungen und Leistungen
5. Verbindlichkeiten aus der Annahme gezogener Wechsel und der Ausstellung eigener Wechsel
6. Verbindlichkeiten gegenüber verbundenen Unternehmen
7. Verbindlichkeiten gegenüber Unternehmen, mit denen ein Beteiligungsverhältnis besteht
8. sonstige Verbindlichkeiten, davon aus Steuern, davon im Rahmen der sozialen Sicherheit

D. Rechnungsabgrenzungsposten

Gliederung der Gewinn- und Verlustrechnung nach § 275 HGB

I. nach Gesamtkostenverfahren

1. Umsatzerlöse
2. Erhöhung oder Verminderung des Bestands an fertigen und unfertigen Erzeugnissen
3. andere aktivierte Eigenleistungen
4. sonstige betriebliche Erträge
5. Materialaufwand:
   a) Aufwendungen für Roh-, Hilfs- und Betriebsstoffe und für bezogene Waren
   b) Aufwendungen für bezogene Leistungen
6. Personalaufwand:
   a) Löhne und Gehälter
   b) soziale Abgaben und Aufwendungen für Altersversorgung und für Unterstützung, davon für Altersversorgung
7. Abschreibungen:
   a) auf immaterielle Gegenstände des Anlagevermögens und Sachanlagen sowie auf aktivierte Aufwendungen für die Ingangsetzung und Erweiterung des Geschäftsbetriebes
   b) auf Vermögensgegenstände des Umlaufvermögens, soweit diese die in der Kapitalgesellschaft üblichen Abschreibungen überschreiten
8. sonstige betriebliche Aufwendungen
9. Erträge aus Beteiligungen,
   davon aus verbundenen Unternehmen
10. Erträge aus anderen Wertpapieren und Ausleihungen des Finanzanlagevermögens,
    davon aus verbundenen Unternehmen
11. sonstige Zinsen und ähnliche Erträge,
    davon aus verbundenen Unternehmen
12. Abschreibungen auf Finanzanlagen und auf Wertpapiere des Umlaufvermögens
13. Zinsen und ähnliche Aufwendungen,
    davon an verbundene Unternehmen
14. Ergebnis der gewöhnlichen Geschäftstätigkeit
15. außerordentliche Erträge
16. außerordentliche Aufwendungen
17. außerordentliches Ergebnis
18. Steuern vom Einkommen und vom Ertrag
19. sonstige Steuern
20. Jahresüberschuß/Jahresfehlbetrag

II. nach Umsatzkostenverfahren

1. Umsatzerlöse
2. Herstellungskosten der zur Erzielung der Umsatzerlöse erbrachten Leistungen
3. Bruttoergebnis vom Umsatz
4. Vertriebskosten
5. allgemeine Verwaltungskosten
6. sonstige betriebliche Erträge
7. sonstige betriebliche Aufwendungen
8. Erträge aus Beteiligungen,
   davon aus verbundenen Unternehmen
9. Erträge aus anderen Wertpapieren und Ausleihungen des Finanzanlagevermögens,
   davon aus verbundenen Unternehmen
10. sonstige Zinsen und ähnliche Erträge,
    davon aus verbundenen Unternehmen
11. Abschreibungen auf Finanzanlagen und auf Wertpapiere des Umlaufvermögens
12. Zinsen und ähnliche Aufwendungen, davon an verbundene Unternehmen
13. Ergebnis der gewöhnlichen Geschäftstätigkeit
14. außerordentliche Erträge
15. außerordentliche Aufwendungen
16. außerordentliches Ergebnis
17. Steuern vom Einkommen und vom Ertrag
18. sonstige Steuern
19. Jahresüberschuß/Jahresfehlbetrag

- Aufgliederung der Umsatzerlöse nach Tätigkeitsbereichen und geografisch bestimmten Märkten
- Belastung des ordentlichen und des außerordentlichen Ergebnisses durch Steuern vom Einkommen und vom Ertrag
- Zahl der beschäftigten Arbeitnehmer im Geschäftsjahresdurchschnitt
- Name und Sitz anderer Unternehmen, bei denen Beteiligung von mind. 20 % besteht
- Name und Sitz des Mutterunternehmens der Kapitalgesellschaft.

f) **Lagebericht:** soll den Geschäftsverlauf und die Lage der Kapitalgesellschaft so darstellen, daß ein den tatsächlichen Verhältnissen entsprechendes Bild vermittelt wird (§ 289 HGB), einschl.

- Vorgänge nach Schluß des Geschäftsjahres von besonderer Bedeutung
- voraussichtliche Entwicklung der Kapitalgesellschaft
- Bereich Forschung und Entwicklung
- bestehende Zweigniederlassungen der Gesellschaft.

g) Besondere Vorschriften für **Konzernabschluß** und **Konzernlagebericht** (§§ 290-315 HGB), insbesondere

- Pflicht zur Aufstellung von Konzernabschluß und -lagebericht (§ 290),
  - wenn in einem Konzern die Unternehmen unter der einheitlichen Leitung einer Kapitalgesellschaft (Mutterunternehmen) mit Sitz im Inland stehen und dem Mutterunternehmen eine Beteiligung (§ 271) gehört
  - wenn dem Mutterunternehmen folgendes zusteht:
    - die Mehrheit der Stimmrechte der Gesellschafter
    - das Recht, die Mehrheit der Mitglieder des Verwaltungs-/Leitungs-/Aufsichtsorgans zu bestellen oder abzuberufen (bei gleichzeitiger Gesellschafterstellung)
    - das Recht, einen beherrschenden Einfluß aufgrund eines mit diesem Unternehmen geschlossenen Beherrschungsvertrages oder aufgrund einer Satzungsbestimmung dieses Unternehmens auszuüben
- Befreiungen von dieser Verpflichtung, u. a. nach der Größe, d. h. wenn bei zwei aufeinander folgenden Jahresabschlüssen mindestens zwei der drei folgenden Merkmale zutreffen (§ 293):
  - **entweder** (Mutter- und Tochterunternehmen zusammengefaßt)
    Bilanzsummen abzügl. Fehlbeträge übersteigen nicht 63,72 Mill. DM
    Umsatzerlöse der vorangegangenen 12 Monate übersteigen nicht 127,44 Mill. DM
    im Jahresdurchschnitt nicht mehr als 500 Arbeitnehmer
  - **oder** (bei Konzernabschluß)
    Bilanzsumme abzügl. Fehlbetrag übersteigt nicht 53,1 Mill. DM
    Umsatzerlöse übersteigen nicht 106,2 Mill. DM
    im Jahresdurchschnitt nicht mehr als 500 Arbeitnehmer
- Befreiungen für Unternehmen, deren Mutterunternehmen ihren Sitz in einem EG-Mitgliedstaat haben, unter bestimmten Voraussetzungen (sog. befreiende Konzernabschlüsse und -lageberichte, §§ 291, 292)

- Konzernabschluß besteht aus Konzernbilanz, Konzern-GuV, Konzernanhang (§ 297)
- anzuwendende Vorschriften gemäß § 298: §§ 244-256, 265, 266, 268-275, 277-283 HGB
- im Konzernabschluß sind Jahresabschlüsse des Mutterunternehmens und der Tochterunternehmen zusammenzufassen (Vollkonsolidierung, § 300); dabei sind
  - die dem Mutterunternehmen gehörenden Anteile an einem Tochterunternehmen mit dem auf diese Anteile entfallenden Betrag des Eigenkapitals des Tochterunternehmens zu verrechnen (Kapitalkonsolidierung, § 301)
  - Ausleihungen und andere Forderungen, Rückstellungen und Verbindlichkeiten zwischen den in den Konzernabschluß einbezogenen Unternehmen wegzulassen (Schuldenkonsolidierung, § 303)
  - in der GuV die Erlöse und sonstigen Erträge aus Lieferungen und Leistungen mit den auf sie entfallenden Aufwendungen zu verrechnen (Aufwands- und Ertragskonsolidierung, § 305)
- einheitliche Bewertung der in den Konzernabschluß übernommenen Vermögensgegenstände und Schulden der Unternehmen nach den auf den Jahresabschluß des Mutterunternehmens anwendbaren Bewertungsmethoden, § 308
- besonderer Ausweis in der Konzernbilanz für **assoziierte** Unternehmen = Unternehmen, die nicht in den Konzernabschluß einbezogen sind, auf die aber von einem Konzernunternehmen ein maßgeblicher Einfluß ausgeübt wird; dieser wird vermutet, wenn das Konzernunternehmen mind. 20 % der Stimmrechte besitzt (§§ 311-312).

h) **Prüfung** von Jahresabschluß und Lagebericht: §§ 316-324 HGB

- Pflicht zur Prüfung durch Abschlußprüfer (sofern keine „kleine" Kapitalgesellschaft nach § 267 HGB), § 316
- Prüfung erstreckt sich – unter Einbeziehung der Buchführung – auf Einhaltung der Vorschriften von Gesetz, Gesellschaftsvertrag, Satzung, § 317
- Wahl des Abschlußprüfers durch die Gesellschafter (bei Konzernen: durch die Gesellschafter des Mutterunternehmens); bei GmbH Abweichung im Gesellschaftsvertrag möglich; § 318 I
- Abberufung auf Antrag der gesetzlichen Vertreter, des Aufsichtsrats oder von Gesellschaftern (bei AG/KGaA aber nur, wenn die Anteile dieser Gesellschafter 10 % des Grundkapitals oder 2 Mill. DM Nennwert erreichen = Minoritätsrecht) durch Gericht, § 318 III-V
- als Abschlußprüfer kommen in Frage Wirtschaftsprüfer, Wirtschaftsprüfungsgesellschaften; bei mittelgroßer GmbH auch vereidigte Buchprüfer und Buchprüfungsgesellschaften; Prüfer darf bei zu prüfender Gesellschaft oder verbundenem/beteiligtem Unternehmen nicht als Gesellschafter, gesetzlicher Vertreter, Aufsichtsorgan engagiert oder sonst in Interessenkollision sein (§ 319)
- Abschlußprüfer stellt schriftlichen Prüfungsbericht auf; sofern keine Einwendungen zu erheben sind, wird folgender **Bestätigungsvermerk** erteilt (§ 322):

„Die Buchführung und der Jahresabschluß entsprechen/Der Konzernabschluß entspricht nach meiner/unserer pflichtgemäßen Prüfung den gesetzlichen Vorschriften. Der Jahresabschluß/Konzernabschluß vermittelt unter Beachtung der Grundsätze ordnungsmäßiger Buchführung ein den tatsächlichen Verhältnissen entsprechendes Bild der Vermögens-, Finanz- und Ertragslage der Kapitalgesellschaft/des Konzerns. Der Lagebericht/Konzernlagebericht steht im Einklang mit dem Jahresabschluß/Konzernabschluß."

- bei Meinungsverschiedenheiten zwischen Kapitalgesellschaft und Abschlußprüfer entscheidet ausschließlich das Landgericht (Anwendung des Gesetzes über die Angelegenheiten der freiwilligen Gerichtsbarkeit), § 324.

i) **Offenlegung und Veröffentlichung:** §§ 325-329 HGB

- Einreichung beim Handelsregister:
  - Jahresabschluß mit Prüfungsvermerk
  - Lagebericht
  - Bericht des Aufsichtsrates
  - Vorschlag für Verwendung des Ergebnisses und Beschluß darüber

  unverzüglich nach Vorlage an die Gesellschafter/spätestens vor Ablauf von 9 Monaten; danach Bekanntmachung im Bundesanzeiger, bei welchem Handelsregister und unter welcher Nummer die Unterlagen eingereicht wurden (§ 325 I)
- bei großen Kapitalgesellschaften Bekanntmachung der Unterlagen im Bundesanzeiger vor Einreichung beim Handelsregister, die Bekanntmachung ist dann mit einzureichen (§ 325 II)
- bei mittelgroßen Kapitalgesellschaften muß die Bilanz nur in der für kleine Kapitalgesellschaften vorgeschriebenen Form, aber mit einer Reihe von Zusatzangaben eingereicht werden (§ 327)
- bei kleinen Kapitalgesellschaften sind nur die Bilanz und der Anhang spätestens vor Ablauf von 12 Monaten einzureichen (Anhang braucht die Angaben zur GuV nicht zu enthalten), § 326
- Prüfungspflicht des Registergerichts (Vollzähligkeit der Unterlagen, erfolgte Bekanntmachung).

k) **Straf- und Bußgeldvorschriften:** §§ 331-335 HGB, anzuwenden bei unrichtiger Darstellung, Verletzung der Berichts- oder der Geheimhaltungspflicht.

0.4.043 Sondervorschriften für Genossenschaften

Die §§ 336-339 HGB enthalten Sondervorschriften für eingetragene Genossenschaften; hervorzuheben sind:

- Der Jahresabschluß gemäß § 242 HGB ist um einen Anhang zu erweitern, der mit Bilanz und GuV eine Einheit bildet, außerdem ist ein Lagebericht aufzustellen, §§ 264 II, 265-289 sind (mit Ausnahmen) anzuwenden, § 336
- Bilanz: § 337
  - statt des gezeichneten Kapitals ist der Betrag der Geschäftsguthaben der Genossen auszuweisen
  - anstelle der Gewinnrücklagen sind die Ergebnisrücklagen auszuweisen

- Anhang: § 338
  - auch Angaben über die Zahl der im Laufe des Geschäftsjahres eingetretenen/ausgeschiedenen sowie am Jahresschluß der Genossenschaft angehörenden Genossen
  - Betrag und Veränderung der Haftsummen
- Offenlegung: § 339
  - der Vorstand hat unverzüglich nach der Generalversammlung den Jahresabschluß, den Lagebericht und den Bericht des Aufsichtsrates zum Genossenschaftsregister einzureichen
  - bei großer Genossenschaft (vgl. § 267 III) ist unverzüglich nach der Generalversammlung der festgestellte Jahresabschluß mit Bestätigungsvermerk in den dafür bestimmten Blättern bekanntzumachen und die Bekanntmachung zum Genossenschaftsregister einzureichen
  - Anwendung der größenabhängigen Erleichterungen der §§ 326-329 HGB.

0.4.044 Der Jahresabschluß von Unternehmen in der Praxis

Die Regeln und Normen für den Jahresabschluß der Unternehmen wirken sich erheblich in der kreditwirtschaftlichen Praxis aus, da zur Beurteilung der Bonität von kreditsuchenden Unternehmen die Bilanz, die Gewinn- und Verlustrechnung und die weiteren verfügbaren Unterlagen eine wesentliche Rolle spielen. Die nachfolgenden Hinweise sollen zum Verständnis beitragen.

a) **Anwendungsbereich:**

- alle Vollkaufleute: gesetzlich fixierte Grundsätze ordnungsmäßiger Buchführung (§§ 238-263 HGB)
- Kapitalgesellschaften (AG, KGaA, GmbH): strengere Vorschriften zur Rechnungslegung (§§ 264-335 HGB), nämlich Vorschriften über
  - Bilanzierung
    - Ansatz
    - Bewertung
    - Gliederung
  - Information
  - Offenlegung
  - Prüfung
- Konzerne: im Rahmen der Vorschriften für Kapitalgesellschaften geregelt (§§ 290-315 HGB)
- Genossenschaften: Verweis auf zahlreiche Vorschriften für Kapitalgesellschaften (§§ 336-339 HGB)
- zahlreiche Hinweise für Unternehmen mit Verflechtungen zu Unternehmen mit Sitz in einem EG-Mitgliedstaat.

b) **Größenklassen:** Das HGB unterscheidet nach kleinen, mittleren und großen Kapitalgesellschaften bzw. Genossenschaften, § 267 HGB. Diese Einteilung wirkt sich insb. bei den Vorschriften über Gliederung, Information, Offenlegung und Prüfung aus.

c) **Generalklauseln:**

- § 238 I HGB (allgemein):
  „Die Buchführung muß so beschaffen sein, daß sie einem sachverständigen Dritten innerhalb angemessener Zeit einen Überblick über die Lage des Unternehmens vermitteln kann. Die Geschäftsvorfälle müssen sich in ihrer Entstehung und Abwicklung verfolgen lassen."

- § 264 II HGB (Kapitalgesellschaften):
  „Der Jahresabschluß der Kapitalgesellschaft hat unter Beachtung der Grundsätze ordnungsmäßiger Buchführung ein den tatsächlichen Verhältnissen entsprechendes Bild von der Vermögens-, Finanz- und Ertragslage der Kapitalgesellschaft zu vermitteln. Führen besondere Umstände dazu, daß der Jahresabschluß ein den tatsächlichen Verhältnissen entsprechendes Bild im Sinne des Satzes 1 nicht vermittelt, so sind im Anhang zusätzliche Angaben zu machen."

d) **Ansatzvorschriften:** Hier sind Regelungen über die Aufnahme von Posten in die Aktiv- oder Passivseite der Bilanz getroffen.

- Aktivierungsvorschriften:
  - allgemein: Aktivierungsgebote, -verbote, -wahlrechte, z. B.
    - Vollständigkeitsgebot (§ 246 I): sämtliche Vermögensgegenstände, Rechnungsabgrenzungsposten
    - Verrechnungsverbot von Posten der Aktiv- und Passivseite, Aufwendungen und Erträgen, Grundstücksrechten und -lasten (§ 246 II)
    - Aktivierungsverbot für Gründungs- und Eigenkapitalbeschaffungskosten (§ 248 I)
    - Aktivierungsverbot für immaterielle Anlagen (§ 248 II)
    - Rechnungsabgrenzung: nur transitorische Posten sind zulässig (vgl. Abschn. 3.2.11)
    - Aktivierungswahlrechte für Disagio (§ 250 III), Geschäfts- oder Firmenwert (§ 255 IV), Zölle und Verbrauchsteuern (§ 250 I 2)
  - Kapitalgesellschaften: Bilanzierungshilfen
    - Aktivierungswahlrecht für Ingangsetzung und Erweiterung des Geschäftsbetriebs (§ 269)
    - Aktivierungswahlrecht für zeitliche Abgrenzung von Steuern (§ 274 II)

- Passivierungsvorschriften:
  - allgemein: Passivierungsgebote, -verbote und -wahlrechte, z. B.
    - Vollständigkeitsgebot (§ 246 I): sämtliche Schulden, Rechnungsabgrenzungsposten
    - Passivierungsgebote für
      - Rückstellungen für ungewisse Verbindlichkeiten und drohende Verluste aus schwebenden Geschäften (§ 249 I 1)
      - unterlassene Instandhaltung und Abraumbeseitigung (§ 249 I 2)
      - Auflösung von Rückstellungen nur, wenn Grund entfallen (§ 249 III 2)
    - Passivierungsverbot
      - für Rückstellungen für andere Zwecke (§ 249 III 1)
    - Passivierungswahlrechte für bestimmte unterlassene (§ 249 I 3) sowie künftige Instandhaltung (§ 249 II)
  - Kapitalgesellschaften:
    - Passivierungsgebot für latente Steuern (§ 274)

e) **Grundsätze** für den Jahresabschluß:

- Grundsatz des „true and fair view" („wahrhafte und redliche Sicht"): der Jahresabschluß der Kapitalgesellschaften soll ein den tatsächlichen Verhältnissen entsprechendes Bild der Vermögens-, Finanz-, Ertragslage vermitteln (§ 264 II)
- Grundsatz der Klarheit und Übersichtlichkeit (§ 243 II)
- Grundsatz der Unternehmensfortführung (§ 252 I Nr. 2): Bei der Bewertung ist von der Fortführung der Unternehmenstätigkeit auszugehen, sofern dem nicht tatsächliche oder rechtliche Gegebenheiten entgegenstehen, d. h. grundsätzlich ist bei der Bewertung zu unterstellen, daß das Unternehmen seine Tätigkeit fortsetzt; andernfalls (z. B. bei Überschuldung) ist dies deutlich zu machen
- Grundsatz der Stetigkeit (§ 252 I Nr. 1): Identität von Schlußbilanz des Vorjahres und Eröffnungsbilanz des Folgejahres
- Grundsatz der Bewertungsstetigkeit (§ 252 I Nr. 6): Die auf den vorhergehenden Jahresabschluß angewandten Bewertungsmethoden sind beizubehalten
- Grundsatz der Wesentlichkeit (z. B. §§ 268 IV 2, 277 IV 2): Die Rechnungslegung soll alle wesentlichen Informationen für die Beurteilung der Vermögens-, Finanz- und Ertragslage vermitteln und darf unwesentliche Informationen vernachlässigen.

f) Hinweise zur **Bilanzierung** bei Kapitalgesellschaften:

- für das Anlagevermögen ist in der Bilanz oder im Anhang die Entwicklung darzustellen: Anschaffungs- und Herstellungskosten, Zugänge, Abgänge, Umbuchungen, Zu- und Abschreibungen (§ 268 II)
- sämtliche Immobilien werden zu der Position „Grundstücke und grundstücksgleiche Rechte und Bauten einschließlich der Bauten auf fremden Grundstücken" zusammengefaßt
- Definition der **„Beteiligung"** in § 271 I:
  „Beteiligungen sind Anteile an anderen Unternehmen, die bestimmt sind, dem eigenen Geschäftsbetrieb durch Herstellung einer dauernden Verbindung zu jenen Unternehmen zu dienen. Dabei ist es unerheblich, ob die Anteile in Wertpapieren verbrieft sind oder nicht."
  Dazu gehören z. B. Anteile an einer Kapitalgesellschaft mit mehr als 5 % vom Nennwert des Grundkapitals (Nennkapital).
- Definition des **„verbundenen Unternehmens"** in § 271 II:
  Unternehmen, die als Mutter- oder Tochterunternehmen (§ 290) in den Konzernabschluß eines Mutterunternehmens einzubeziehen sind
- separater Vermerk der Forderungen bzw. Verbindlichkeiten mit Restlaufzeit bis zu einem Jahr bei jedem Einzelposten
- Zusammenfassung der „flüssigen Mittel" in nur einem Posten
- Einteilung des Eigenkapitals nach der Herkunft in gezeichnetes Kapital, Kapitalrücklagen und Gewinnrücklagen (§ 272), Gewinn-/Verlustvortrag, Jahresüberschuß/Jahresfehlbetrag
- Offenlegung der Gewinnverwendung (§ 325).

g) Hinweise zur **Gewinn- und Verlustrechnung** bei Kapitalgesellschaften:

- Unterteilung in Gesamtkostenverfahren (in Deutschland bisher üblich) und Umsatzkostenverfahren (international üblich):

	Gesamtkostenverfahren:		
	Betriebsergebnis	Position	1–8
+	Finanzergebnis	Position	9–13
=	Ergebnis der gewöhnlichen Geschäftstätigkeit	Position	14
+/–	außerordentliches Ergebnis	Position	17
–	Steuern	Position	18–19
=	Jahresüberschuß/Jahresfehlbetrag	Position	20
	Umsatzkostenverfahren:		
	Betriebsergebnis	Position	1–7
+	Finanzergebnis	Position	8–12
=	Ergebnis der gewöhnlichen Geschäftstätigkeit	Position	13
+/–	außerordentliches Ergebnis	Position	16
–	Steuern	Position	17–18
=	Jahresüberschuß/Jahresfehlbetrag	Position	19

- Kürzung der Gliederung der GuV, damit verringerte Aussagefähigkeit
- Neudefinition der außerordentlichen Aufwendungen und Erträge.

0.4.1 Unternehmensformen

0.4.10 Grundbegriffe

Gesellschaften im Überblick

Typ:	Gruppe:	Rechtsstellung:	Rechtsgrundlage:
Einzel-unter-nehmen	./.	natürliche Person	HGB (BGB)
OHG	Personen-gesellschaft	juristischen Personen angenähert (quasi-juristische Person)	HGB (BGB)
KG			
Stille Gesell-schaft			HGB
GmbH & Co KG			HGB (GmbHG)
AG	Kapital-gesell-schaft	juristische Personen	AktG
GmbH			GmbHG
KGaA			AktG
Genossen-schaft	./.		GenG

Typ	Wesen, Definition:	Mindest-gründerzahl	Mindest-kapital
Einzel-unter-nehmen	Kaufmännisches Unternehmen in Händen einer natürlichen Person	1	–
OHG	Personengesellschaft zum Betrieb eines gemeinsamen Handelsgewerbes mit mindestens 2 Vollhaftern	2	–
KG	Personengesellschaft zum Betrieb eines gemeinsamen Handelsgewerbes mit mindestens 1 Vollhafter (Kompl.) + 1 Teilhafter (Komm.)	1 Komplementär 1 Kommanditist	–
Stille Gesell-schaft	Beteiligung am Handelsgewerbe eines Kaufmanns, nach außen nicht erkennbar	1 Kaufmann 1 stiller Gesell-schafter	–
GmbH & Co KG	KG, in der eine GmbH Vollhafter ist; Personengesellschaft	1 GmbH 1 Kommanditist	–
AG	Kapitalgesellschaft mit in Aktien zerlegtem Grundkapital; Formkaufmann	1	100.000,–
GmbH	Kapitalgesellschaft; Formkaufmann	1	50.000,–
KGaA	AG, in der mindestens 1 Aktionär wie der Komplementär einer KG haftet; Kapitalgesellschaft, Formkaufmann	5	100.000,–
Genossen-schaft	dient der Förderung des Erwerbs oder der Wirtschaft der Mitglieder; Formkaufmann	7	–

Typ	Geschäftsführung:	Geschäftsvertretung:
Einzel-unternehmen	Inhaber	Inhaber
OHG	Grundsätzlich jeder Gesellschafter allein; Widerspruchsrecht der anderen	Grundsätzlich jeder Gesellschafter allein; kein Widerspruchsrecht
KG	Grundsätzlich jeder Komplementär allein (vgl. OHG); außergewöhnlichen Geschäften müssen die Kommanditisten zustimmen	Grundsätzlich jeder Komplementär allein; kein Widerspruchsrecht der Kommanditisten
Stille Gesellschaft	Nur der Kaufmann (je nach Rechtsform), nicht der Stille Gesellschafter	dto. <—
GmbH & Co KG	GmbH (Geschäftsführer)	dto. <—
AG	Vorstand (grundsätzlich alle Vorstandsmitglieder gemeinsam)	dto. <—
GmbH	Geschäftsführer	dto. <—
KGaA	Komplementäre = unabsetzbarer Vorstand	dto. <—
Genossenschaft	Vorstand (mindestens 2 Genossen)	dto. <—

Typ:	Haftung gegenüber Unternehmens-gläubigern	Gewinn-verteilung	Verlust-verteilung
Einzel-unter-nehmen	Inhaber allein, unbeschränkt	Inhaber allein	Inhaber allein
OHG	Jeder Gesellschafter unbeschränkt – unmittelbar – gesamtschuldnerisch – primär – persönlich	grundsätzlich 4 % auf die Einlage, Rest nach Köpfen	grds. nach Köpfen
KG	Komplementär: wie OHG-Ges. Kommanditist: mit seiner Einlage	grundsätzlich 4 % auf die Einlage, Rest angemessen	grds. angemessen
Stille Gesell-schaft	Kaufmann allein; im Konkurs ist der Stille Gesellschafter Gläubiger	angemessen (Vereinbarung)	grds. angemessen
GmbH & Co KG	wie KG; BEACHTE ABER: Haftungsbegrenzung bei der GmbH	wie KG	wie KG
AG	AG: mit Geschäftsvermögen Aktionär: mit Anteil am Geschäftsvermögen	Beschluß der Hauptversamm-lung; gesetzliche Rücklagenbildung	HV-Beschluß; i. d. R. Ver-lustvortrag
GmbH	wie AG; Nachschußpflicht kann vereinbart werden	grundsätzlich nach Geschäfts-anteilen	Gesellschafter-Beschluß
KGaA	KGaA: mit Geschäftsvermögen Komplementär: wie OHG-Gesellschafter	wie AG; Berück-sichtigung der per-sönlichen Haftung des Vorstands	wie AG
Genossen-schaft	Grundsätzlich wie AG; Nachschuß-pflicht kann vereinbart werden	Beschluß der General-versammlung	Beschluß der General-versammlung

0.4.100 Überblick

a) Eine Unternehmung ist eine **rechtliche** oder **organisatorische Einheit**, die **wirtschaftliche Zwecke** verfolgt („Betrieb").

Sie kann in verschiedenen **Formen** auftreten, wobei die **Einzelunternehmung** unter Leitung eines Kaufmanns als Alleininhaber am weitesten verbreitet ist und zugleich die **Urform** darstellt. Stärke der Einzelunternehmung ist die zentrale Leitung durch den Unternehmer, Schwächen sind vor allem die Alleinhaftung und die i. d. R. beschränkte Kapital- und Kreditbasis.

b) Diese Schwächen werden in der **Personengesellschaft**, wo mehrere Personen Inhaber sind, weitgehend beseitigt. Allerdings steht hier die Unternehmensleitung i. d. R. mehreren Personen zu, was die schnelle und sichere Entschlußfähigkeit beeinträchtigen kann.

Merkmale der Personengesellschaften:

- die Personen stehen im Vordergrund
- das Geschäftskapital wird von mehreren Gesellschaftern aufgebracht
- Kapital- und Kreditbasis sind damit i. d. R. weiter als bei Einzelunternehmungen
- für die Schulden der Gesellschaft haften mehrere Personen (als Voll- oder Teilhafter)
- alle Vollhafter sind zur Geschäftsführung und Vertretung berechtigt.

c) **Kapitalgesellschaften** bilden sich meist bei wachsender Betriebsgröße und höherem Kapitalbedarf heraus.

Unterschiede zu den Personengesellschaften:

- das Kapital steht im Vordergrund
- es wird i. d. R. von vielen Teilhabern aufgebracht
- dadurch meist weite Kapital- und Kreditbasis
- Geschäftsführung und Vertretung stehen gewählten Vertretern zu
- den Gläubigern haftet meist nur das Vermögen der Gesellschaft
- steuerliche Unterschiede (insb. bei Gewinnbesteuerung).

0.4.101 Grundlagen des Gesellschaftsrechts

Während sich in der Einzelunternehmung von der Struktur her keine wesentlichen Probleme auf privatrechtlichem Sektor ergeben, da der Inhaber alleinige Entscheidungs- und Verfügungsgewalt hat und seinen Prokuristen, soweit überhaupt vorhanden, jederzeit die Vollmacht entziehen kann, ist die **Gesellschaft** gekennzeichnet durch eine Mehrheit von Inhabern, die in unterschiedlicher Weise entscheidungs- und verfügungsbefugt sind, woraus sich in wesentlich größerem Umfang **Rechtsprobleme** ergeben.

Die verschiedenen Gesellschaftsformen finden ihre Entsprechung in politisch-soziologischen Organisationsformen der menschlichen Gesellschaft, z. B. Alleinherrschaft (Diktatur/Monarchie), Herrschaft einer Auslese (Oligarchie), Volksherrschaft (Demokratie) mit mehr oder minder starker Beteiligung der Mitglieder an der Ausübung der Herrschaftsgewalt. Die Diskussion um die Mitbestimmung der Arbeitnehmer und ihre Realisierung zeigen zugleich konkrete Berührungspunkte zwischen dem Recht der Unternehmungen einerseits und der Politik andererseits.

Unternehmensformen können ihrer Struktur nach **personenrechtlich** oder **körperschaftlich** organisiert sein. **Grundformen** hierfür sind – außerhalb der Einzelunternehmung – die **BGB-Gesellschaft** und der **rechtsfähige Verein**.

	Gesellschaften		andere Vereinigungen
Wesen	Privatrechtliche Personenvereinigungen zur Erreichung eines bestimmten gemeinsamen Zwecks, begründet durch Rechtsgeschäft		Merkmale der Gesellschaften fehlen, z. B. – keine Personenvereinigung – kein privatrechtl. rechtsgeschäftl. Zusammenschluß – keine Zweckgemeinschaft
Grundform	BGB-Gesellschaft	Verein	
Arten	OHG KG stille Gesellsch. Partnergesell-schaft	AG KGaA GmbH Genossenschaft VVaG bergrechtliche Gewerkschaft	Stiftungen Körperschaften, Anstalten familienrechtl. Gemeinschaften (Ehe, Gütergemeinschaft) Erbengemeinschaft sonstige Rechtsgemeinschaften

Abgrenzung von Verein (§§ 21 ff. BGB) und Gesellschaft des bürgerlichen Rechts (§§ 705 ff.):

	Verein*	BGB-Gesellschaft
Zweck, Ziel	ist von den Mitgliedern unabhängig, überdauert sie	ist an die Person der Mitglieder gebunden; kann vorübergehend sein
Organi-sation	Körperschaft, d. h. im Innen- und Außenverhältnis als einheitliches Ganzes; Satzung, Organe, einheitl. Name	von den Einzelpersönlichkeiten abhängig, deren Bindung aneinander die Gesellschaft darstellt
Mitglieder	unbeschränkte Zahl, Wechsel ohne weiteres möglich	begrenzt auf die Partner des Gesellschaftsvertrages (grds.)
Auftreten	als juristische Person	als Gesamtheit der Gesellschafter
Arten	begrenzte, gesetzlich geregelte Zahl; Vermischung ist möglich (z. B. GmbH & Co. KG)	

* Diese Ausführungen betreffen den *rechtsfähigen Verein*, der im Vereinsregister eingetragen und juristische Person ist. Nicht rechtsfähige, d. h. nicht eingetragene Vereine sollen nach § 54 BGB wie BGB-Gesellschaften behandelt werden; die Rechtsprechung sieht dies anders: auch die nicht rechtsfähigen Vereine werden dem Recht des eingetragenen Vereins unterstellt, sofern nicht Rechtsfähigkeit erforderlich ist!

Ein **Verein** kann erst bei mindestens **7 Mitgliedern** in das Vereinsregister eingetragen werden.

Die **BGB-Gesellschaft** kann von mindestens zwei natürlichen oder juristischen Personen sowie Personenhandelsgesellschaften gegründet werden.

0.4.102 Vorgesellschaften

a) **Problematik:**

- Bei der klaren und eindeutigen Einteilung des Gesellschaftsrechts in die **nicht rechtsfähige** BGB-Gesellschaft einerseits, den **rechtsfähigen** Verein andererseits ergibt sich die Frage, wie ein **nicht eingetragener**, also nicht rechtsfähiger Verein behandelt wird
- dieselbe Frage stellt sich, wenn eine Kapitalgesellschaft gegründet worden ist, in der Zeit bis zu ihrer Eintragung (durch die sie zur juristischen Person wird)
- in diesem Stadium wird die Kapitalgesellschaft als **Vorgesellschaft** bezeichnet (z. B. GmbH i.G. = in Gründung).

b) **Gesetzliche Regelung:** nach § 54,1 BGB werden auf nicht rechtsfähige Vereine die Vorschriften über die BGB-Gesellschaft angewandt; Folgen:

- rechtssystematischer Bruch, da hierdurch die beiden Grundformen des Gesellschaftsrechts miteinander vermengt werden
- eine Kapitalgesellschaft in Gründung, die ja vom Verein abgeleitet ist, müßte vor Eintragung im Handelsregister ebenfalls wie eine BGB-Gesellschaft behandelt werden, obwohl keiner der an der Gründung Beteiligten dies gewollt haben dürfte.

c) Rechtliche **Weiterentwicklung** durch Rechtsprechung und Literatur:

- auf den nicht rechtsfähigen Verein werden hinsichtlich Haftung, aber auch darüber hinaus die Vorschriften über den rechtsfähigen Verein (§§ 21 ff. BGB) angewandt, sofern nicht die Rechtsfähigkeit dafür Voraussetzung ist
- auch Vorgesellschaften werden im wesentlichen dem Recht der zu gründenden Gesellschaft (z. B. dem Recht der GmbH) unterstellt, es sei denn, die Rechtsfähigkeit ist zwingend erforderlich (Beispiel: eine GmbH in Gründung will Gesellschafterin einer anderen GmbH werden – hier ist Rechtsfähigkeit erforderlich!)
- für die Haftung gilt außerdem bei dem nicht rechtsfähigen Verein § 54,2 BGB: aus einem Rechtsgeschäft für den nicht rechtsfähigen Verein haftet der **Handelnde persönlich;** vergleichbare Vorschriften gibt es auch bei Kapitalgesellschaften (vgl. § 11 II GmbHG).

0.4.11 Einzelunternehmung

0.4.110 Wesen und Bedeutung

a) **Wesen:** = kaufmännisches Unternehmen, das einer einzelnen Person gehört, d. h. der Inhaber **allein**

- bringt das Kapital auf
- hat Geschäftsführung (Leitung des Unternehmens im Innenverhältnis) und Vertretung (gegenüber Dritten = Außenverhältnis) inne
- haftet, und zwar **unbeschränkt**, d. h. mit seinem gesamten Geschäfts- und Privatvermögen
- erhält den Gewinn, trägt aber auch das gesamte Risiko.

b) **Bedeutung:**

- freie, schnelle Entscheidungen ohne Meinungsverschiedenheiten
- zentrale Leitung in einer Hand
- dennoch Übertragung von Befugnissen an Bevollmächtigte (z. B. Prokuristen) möglich
- aber begrenzte Kapitalbasis, beschränkte Kapitalbeschaffungsmöglichkeiten, insbesondere nur bedingte Kreditwürdigkeit Kunden und Banken gegenüber, sofern die persönliche Haftung nicht genügend Sicherheit verspricht.

0.4.111 Beendigung

Die Einzelunternehmung kann beendet werden durch Auflösung oder Umwandlung in eine Gesellschaftsform.

a) **Gründe** für **Auflösung**:

- persönlich (Alter, Krankheit, Tod)
- wirtschaftlich:
  - Liquidation (= freiwillige Auflösung), z. B. aus Konkurrenzschwäche, Nachfragerückgang, gesamtwirtschaftlicher Krise
  - Konkurs (= zwangsweise Auflösung) wegen Zahlungsunfähigkeit

b) **Fortsetzung** des Unternehmens durch Aufnahme eines Gesellschafters:

- Aufnahme eines **stillen Gesellschafters** ermöglicht dem Einzelunternehmer, seine Kapitalbasis zu erweitern und dennoch die alleinige Entscheidungsgewalt zu behalten
- Aufnahme eines **Kommanditisten** (Bildung einer Kommanditgesellschaft) beläßt dem Inhaber weitgehend das Entscheidungs- und Verfügungsrecht
- Aufnahme eines **Vollhafters** (Bildung einer Offenen Handelsgesellschaft) erweitert die Haftungs- und Kreditbasis, beschneidet aber die Befugnisse des bisherigen Alleininhabers
- Bildung einer **Kapitalgesellschaft** bedingt meist völlige Umstrukturierung (= Umformung) der Unternehmensorganisation (Ausn. GmbH) und führt zum (oft gewünschten) Ausschluß der persönlichen Haftung.

Gründe für eine Umwandlung:

- Erweiterung der Kapital- und Kreditbasis
- Risikoverteilung
- Erweiterung der Haftungsbasis
- Verstärkung der Arbeitskraft, Verteilung der Verantwortung für unternehmerische Entscheidungen
- persönliche Gründe (Alter usw.)
- Hinzuziehen von Fachleuten
- Ausnutzung steuerlicher Vorteile
- Gründung von Zweigniederlassungen
- Erhaltung oder Verbesserung der Konkurrenzfähigkeit durch Erweiterung, Vergrößerung, Investierung des hinzukommenden Kapitals.

0.4.12 Gesellschaft bürgerlichen Rechts = BGB-Gesellschaft (§§ 705-740 BGB)

0.4.120 Wesen

a) Definition: § 705 BGB

- vertraglicher Zusammenschluß (ausdrücklich/stillschweigend)
- Gesellschafter:
  - natürliche Personen
  - juristische Personen
  - quasi-juristische Personen
- weitgehend dispositives, d. h. nach dem Grundsatz der Vertragsfreiheit (§ 305 BGB) abänderbares Recht
- keine Bruchteilsgemeinschaft (vgl. §§ 741-758 BGB), sondern **Gesamthandsgemeinschaft**

Abgrenzung: (vgl. Abschnitt 0.1.014)

Bruchteilsgemeinschaft	*Gesamthandsgemeinschaft*
1. Jedem Teilhaber steht an jedem einzelnen Vermögensgegenstand ein ziffernmäßig bestimmter Anteil zu (vgl. § 742 BGB)	1. Das gemeinschaftliche Vermögen bildet eine von dem übrigen Vermögen der Mitglieder gesonderte rechtliche Einheit = Sondervermögen (§ 718 BGB)
2. Über diesen Anteil kann er frei verfügen (§ 747, 1)	2. Keine Verfügungen über den Anteil am einzelnen Vermögensgegenstand sowie am gemeinsamen Vermögen
3. Er hat jederzeit Anspruch auf Aufhebung der Gemeinschaft (§ 749)	3. Teilung kann nicht verlangt werden (§ 719 I)

- keine Rechtsfähigkeit
- durch die gesamthänderische Bindung des Vermögens bildet die BGB-Gesellschaft eine Gemeinschaft, die auch Gesellschafter anderer Unternehmen – z. B. von Kapitalgesellschaften – werden kann
- gemeinsam verfolgter Zweck
- kein Handelsgewerbe
- keine Firma
- Insolvenzfähigkeit nach der Insolvenzordnung (ab 1.1.1999), Abschnitt 0.4.35

b) **Erscheinungsformen:**

- im nichtwirtschaftlichen Bereich: z. B. Schulausflug, Lottogemeinschaft, Jazzband, Mitfahrgemeinschaft, Investmentclub
- als Zusammenschluß von Minderkaufleuten, da diese keine OHG oder KG gründen können, § 4 II HGB
- als Zusammenschluß von Freiberuflern, bei denen OHG und KG entfallen, da kein Handelsgewerbe betrieben wird, z. B. Rechtsanwalts-Sozietät, Gemeinschaftspraxis von Ärzten; durch die Möglichkeit, Partnergesellschaften zu bilden (vgl. Abschnitt 0.4.190), haben Freiberufler eine evtl. geeignetere Alternative
- als Gelegenheitsgesellschaften (Zweckzusammenschlüsse), z. B.
  - Arbeitsgemeinschaften (ARGE, Baugewerbe)
  - Konsortien (z. B. Emissionskonsortium = Zusammenschluß von KI zur Übernahme und Unterbringung von Wertpapieremissionen; Kreditkonsortien von KI zur gemeinsamen Vergabe eines Großkredites)
- als überbetriebliche Zusammenschlüsse:
  - Kartell (horizontaler Zusammenschluß)
  - Konzern (horizontal oder vertikal)
  - Interessengemeinschaft
- als Holdinggesellschaften (Dachgesellschaften für mehrere Unternehmen – nicht notwendig in Form der BGB-Gesellschaft)
- als landwirtschaftliche Zusammenschlüsse.

0.4.121 Rechtsverhältnisse

a) **Geschäftsführung:** betrifft das Innenverhältnis zwischen den Gesellschaftern, d. h. Entscheidungen über die Führung der Gesellschaft (z. B. Ernennung eines Bevollmächtigten, Änderung des Gesellschaftszwecks); aber auch nach außen wirkende Entscheidungen wie der Abschluß eines Vertrages haben eine nach innen wirkende Komponente, die interne Entscheidung, so zu handeln. Für die Geschäftsführung gilt (§§ 709-713 BGB):

- gemeinschaftlich
- Zustimmung aller Gesellschafter für eine Entscheidung erforderlich (positives Konsensprinzip)

- Übertragung der Geschäftsführungsbefugnis auf einen oder mehrere Gesellschafter möglich
- wenn von mehreren Gesellschaftern jeder allein zu handeln berechtigt ist, hat jeder ein Widerspruchsrecht (kann vertraglich abweichend geregelt werden)
- Entziehung der Geschäftsführung ist bei wichtigem Grund möglich.

b) **Vertretung** (§§ 714-715): betrifft das Außenverhältnis, d. h. das Verhältnis der Gesellschaft bzw. der Gesellschafter zu Dritten (insb. Vertragspartnern); im einzelnen gilt:

- wer geschäftsführungsbefugt ist, ist im Zweifel auch vertretungsbefugt
- daher gilt grundsätzlich Gesamtvertretung (alle handeln gemeinsam, d. h. jeder unterschreibt jeden Vertrag mit)
- abweichende vertragliche Regelung möglich.

c) **Haftung** für Gesellschaftsschulden:

- Haftung des BGB-Gesellschafters: mit seinem Gesellschafts- und Privatvermögen, d. h. persönlich, unbeschränkt, unmittelbar (direkt gegenüber dem Gläubiger), gesamtschuldnerisch
- Beschränkung der Haftung auf das Gesellschaftsvermögen ist möglich, muß aber für Dritte erkennbar sein
- Vollstreckung in das Gesellschaftsvermögen: der Gläubiger benötigt einen Vollstreckungstitel gegen alle Gesellschafter
- Vollstreckung in das Privatvermögen: wenn der Gläubiger dabei auch den Anteil des Gesellschafters an der BGB-Gesellschaft zu seinen Gunsten verwerten will:
  - Pfändung des Gesellschaftsanteils des Schuldners
  - dann wird die Gesellschaft gekündigt (ohne Frist)
  - es entsteht ein Abfindungsanspruch des Gesellschafters gegen die anderen Gesellschafter, der vom Gläubiger verwertet werden kann.

d) **Sonstiges:**

- grundsätzlich gleicher Anteil der Gesellschafter am Gewinn/Verlust (kann vertraglich abweichend geregelt werden)
- die Gesellschafterstellung ist grds. unübertragbar (kann abweichend geregelt werden)
- die BGB-Gesellschaft löst sich grds. auf bei
  - Ausscheiden
  - Kündigung
  - Ausschließung
  - Tod
  - Konkurs

  } eines Gesellschafters

  Zur Insolvenzordnung (gültig ab 1.1.1999) siehe Abschnitt 0.4.35
- bei Ausscheiden eines Gesellschafters „wächst" sein Anteil den anderen Gesellschaftern zu (§ 738); für ihn entsteht ein Abfindungsanspruch.

0.4.13 Offene Handelsgesellschaft = OHG (§§ 105-160 HGB)

0.4.130 Wesen und Entstehung

a) **Definition:** § 105 HGB

= Personen(handels)gesellschaft

- Zusammenschluß zum Betrieb eines Handelsgewerbes unter gemeinsamer Firma
- Gesellschafter: mindestens zwei
  - natürliche Personen
  - juristische Personen
  - Personenhandelsgesellschaften (d. h. auch zwei OHG's können eine weitere OHG gründen!)
  - BGB-Gesellschaften

  (nicht in Betracht kommen Erbengemeinschaft, nicht rechtsfähiger Verein)
- Gleichberechtigung und unbeschränkte Haftung der Gesellschafter
- den Vorschriften über Vollkaufleute unterworfen (§ 6 I HGB).

b) **Auftreten** der OHG im Rechtsverkehr: **wie selbständiges Rechtssubjekt** (d. h. den juristischen Personen gleichgestellt): sog. **quasi-juristische Person**

- die OHG kann unter ihrer Firma Rechte (auch Eigentum) erwerben, Verbindlichkeiten eingehen (§ 124 I HGB)
- die OHG kann unter ihrer Firma klagen und verklagt werden sowie in Konkurs gehen (§§ 124 HGB, 50 ZPO, 209 KO).

c) **Gründung:** durch formfreien Gesellschaftsvertrag; notarielle Beurkundung bei Einbringung von Grundstücken (§ 313 BGB).

Wirksamkeit = Beginn der Gesellschaft im **Außenverhältnis**:

- bei Betreiben eines Grundhandelsgewerbes (Mußkaufmann) mit Aufnahme der Geschäfte (unter Zustimmung aller Gesellschafter), § 123 II HGB
- sonst (als Soll- oder Kannkaufmann bzw. wegen Gleichstellung mit Formkaufleuten) mit Eintragung ins Handelsregister (§ 123 I).

Die OHG **muß** ins Handelsregister **eingetragen** werden, ist also mindestens Sollkaufmann. Die Anmeldung zur Eintragung muß durch alle Gesellschafter erfolgen (§§ 106, 108 HGB).

0.4.131 Geschäftsführung (Innenverhältnis)

a) **Wesen:** Geschäftsführung ist das Innenverhältnis der Gesellschafter zueinander.

b) **Gesetzliche Regelung:** Gilt grundsätzlich, d. h. soweit nichts anderes vereinbart wurde:

- **Jeder Gesellschafter** ist zur Geschäftsführung berechtigt und verpflichtet (§ 114)
- jeder Gesellschafter darf gewöhnliche Handlungen **allein** durchführen (Einzelgeschäftsführung, § 115)
- jeder einzelne Gesellschafter hat ein **Widerspruchsrecht** (Vetorecht); bei Ausübung dieses Rechts muß die Handlung unterbleiben (**negatives Konsensprinzip**, § 115 I).

c) Abweichungen aufgrund vertraglicher **Vereinbarung**:

- Beschränkung der Geschäftsführung auf einige oder einen Gesellschafter (dann haben nur die geschäftsführungsberechtigten Gesellschafter ein Vetorecht)
- Gesamtgeschäftsführung aller Gesellschafter (Zustimmung aller erforderlich, **positives Konsensprinzip,** § 115 II; in der Praxis meist zu umständlich)
- Notgeschäftsführung (bei Gesamtgeschäftsführung mehrerer/aller Gesellschafter): bei Gefahr im Verzuge darf ein Gesellschafter die erforderliche Maßnahme allein treffen (§ 115 II)
- bei **außergewöhnlichen** Geschäften ist **kein** Ausschluß der Zustimmungspflicht aller möglich; **Beispiele**:
  - Kauf von Grundstücken
  - Errichtung einer Filiale
  - Bestellung von Prokuristen (Entlassung eines Prokuristen ist jedem geschäftsführungsberechtigten Gesellschafter möglich, § 116 III).

d) **Umfang:**

- Geschäftsführungsbefugnis erstreckt sich auf alle Handlungen, die der gewöhnliche Betrieb des Handelsgewerbes mit sich bringt (also abhängig von der Branche!)
- für außergewöhnliche Geschäfte ist Beschluß sämtlicher Gesellschafter erforderlich (§ 116 II).

e) **Entziehung** der Geschäftsführungsbefugnis auf Antrag der übrigen Gesellschafter, bei wichtigem Grund (insb. grobe Pflichtverletzung/Unfähigkeit), durch gerichtliche Entscheidung (§ 117).

f) **Kündigung** der Geschäftsführungsbefugnis bei wichtigem Grund (vgl. § 712 I BGB).

0.4.132 Vertretung (Außenverhältnis)

a) **Wesen:** Der Begriff der Vertretung betrifft das Verhältnis der Gesellschaft zu Dritten und die in diesem Zusammenhang zustandekommenden Rechtsgeschäfte und sonstigen Rechtshandlungen.

b) **Gesetzliche Regelung** (§§ 125-127):

- **Jeder Gesellschafter** ist zur Abgabe von Willenserklärungen gegenüber Dritten befugt, die die OHG berechtigen und verpflichten, wenn er nicht durch Gesellschaftsvertrag von der Vertretung ausgeschlossen ist
- grundsätzlich gilt **Einzelvertretung** (§ 125 I)
- kein Widerspruchsrecht der anderen Gesellschafter (Grund: Schutz der Vertragspartner, die sich sonst auf Willenserklärungen eines Gesellschafters nicht verlassen könnten).

c) Abweichungen aufgrund vertraglicher **Vereinbarung**:

- **echte Gesamtvertretung** (§ 125 II): gemeinsame Vertretung durch mehrere oder alle Gesellschafter; Unterermächtigung an einzelne Gesellschafter für bestimmte Geschäfte möglich
- **unechte Gesamtvertretung** (§ 125 III): Gesellschafter gemeinsam mit einem Prokuristen
- jede vom Gesetz abweichende Vertretungsregelung muß ins Handelsregister eingetragen werden (§ 125 IV).

d) **Umfang** (§ 126):

- alle gerichtlichen/außergerichtlichen Geschäfte/Rechtshandlungen
- auch Veräußerung/Belastung von Grundstücken
- auch Erteilung/Widerruf der Prokura
- keine Unterscheidung zwischen gewöhnlichen/außergewöhnlichen Geschäften
- keine Beschränkung der Vertretungsmacht Dritten gegenüber (Ausnahme: Gesamtvertretung; Filialvertretung; vgl. § 50 III HGB)
- die Vertretungsmacht umfaßt **nicht** die Abänderung des Gesellschaftsvertrages, Auflösung der Gesellschaft, Aufnahme weiterer Gesellschafter ohne Zustimmung aller Gesellschafter.

e) **Entzug** der Vertretungsmacht bei wichtigem Grund durch gerichtliche Entscheidung möglich, auch gegen den einzigen allein vertretungsberechtigten Gesellschafter (§ 127).

0.4.133 Haftung

a) Haftung der **OHG**: selbständig für die Schulden der Gesellschaft (§ 124 I).

b) Haftung der **Gesellschafter**: **neben** der OHG für alle Schulden der Gesellschaft, und zwar (§ 128 HGB)

- **unmittelbar**, d. h. direkt gegenüber dem jeweiligen Gläubiger, nicht nur über die OHG
- **primär**, d. h. ohne Einrede der Vorausklage gegen die OHG (zum Begriff vgl. § 771 BGB sowie Abschnitt 1.3.101 b)

- **gesamtschuldnerisch** (solidarisch): jeder Gesellschafter haftet für die gesamten Schulden der Gesellschaft (vgl. § 421 BGB), der Gläubiger kann von ihm also den Gesamtbetrag seiner Forderung verlangen (daß die Gesellschafter anschließend untereinander für Ausgleich sorgen, § 426 BGB, berührt den Gläubiger nicht)
- **persönlich**, d. h. neben dem Geschäftsvermögen auch mit dem Privatvermögen
- **unbeschränkt**, d. h. ohne Begrenzung auf einen bestimmten Betrag (anders beim Kommanditisten einer KG).

Eine entgegenstehende Vereinbarung ist Dritten gegenüber unwirksam (§ 128, 2).

Den Gesellschaftern stehen allerdings alle Einwendungen zur Verfügung, die auch die OHG erheben kann, z. B. mangelhafte Warenlieferung, Verjährung des Anspruches usw. Haftungsbeschränkungen sind nur im Innenverhältnis möglich.

Ein neu **eintretender** Gesellschafter haftet wie die übrigen Gesellschafter, d. h. auch für die vor seinem Eintritt begründeten Verbindlichkeiten (§ 130).

Ein **ausscheidender** Gesellschafter (ebenso **alle** Gesellschafter bei **Auflösung** der OHG) haftet für die vor seinem Austritt begründeten Verbindlichkeiten mit einer höchstens 5 Jahre betragenden Verjährungsfrist (§ 159).

0.4.134 Pflichten im Innenverhältnis

a) Ansprüche **Gesellschaft gegen Gesellschafter**:

- Leistung von Beiträgen (§§ 705, 706 BGB)
- Erfüllung der Geschäftsführungspflichten mit der Sorgfalt, die man in eigenen Angelegenheiten anwendet (§ 708 BGB)
- **Wettbewerbsverbot:** ein Gesellschafter darf weder in derselben Branche Geschäfte auf eigene Rechnung tätigen noch an einer anderen gleichartigen Gesellschaft als Komplementär beteiligt sein (Ausnahme: Zustimmung der anderen Gesellschafter), §§ 112, 113 HGB
- Treuepflicht gegenüber der Gesellschaft

b) Ansprüche **Gesellschafter gegen Gesellschaft**:

- Gewinnanteil (s. u.), §§ 120, 121 HGB
- Kapitalentnahme: jeder darf bis zu 4 % seines Jahresanfangskapitals entnehmen (§ 122)
- Ersatz von Aufwendungen für die Gesellschaft (§ 110)
- angemessene Vergütung für die Geschäftsführung.

0.4.135 Sonstige Grundsätze

a) **Gewinnverteilung** (soweit nichts anderes vereinbart): jeder Gesellschafter erhält

- 4 % Zinsen auf seinen Kapitalanteil
- der Rest wird nach Köpfen verteilt (§ 121)

BEISPIEL:

Jahresgewinn 16 000,– DM

Gesellschafter	Einlage	4 % Zinsen	Kopfanteil	Gesamtgewinn
A	100 000,–	4 000,–	3 200,–	7 200,–
B	40 000,–	1 600,–	3 200,–	4 800,–
C	20 000,–	800,–	3 200,–	4 000,–
	160 000,–	6 400,–	9 600,–	16 000,–

Der Gewinn wird dem Kapitalkonto des Gesellschafters gutgeschrieben.

b) **Verlustverteilung:** grds. nach Köpfen, d. h. zu gleichen Teilen (durch Abbuchungen vom Kapitalkonto jedes Gesellschafters), § 121 III.

c) **Auflösung** der OHG erfolgt, sofern nichts anderes vereinbart ist, bei

- Tod/Kündigung eines Gesellschafters
- Ablauf der Vertragslaufzeit
- Gesellschafterbeschluß
- Konkurseröffnung über das Gesellschaftsvermögen oder das Vermögen eines Gesellschafters (zur Insolvenzordnung siehe Abschnitt 0.4.35)
- Gerichtsentscheidung (auf Antrag eines Gesellschafters bei wichtigem Grund)
- Kündigung durch Privatgläubiger eines Gesellschafters, wenn bei diesem Zwangsvollstreckung fruchtlos verlaufen ist.

Zum Teil kann die Auflösung durch Fortsetzungsbeschluß der Gesellschafter verhindert werden. Vgl. §§ 131 ff. HGB.

Zu Partnergesellschaft siehe Abschnitt 0.4.190.

Zur „kapitalistischen OHG" siehe Abschnitt 0.4.191.

0.4.14 Kommanditgesellschaft = KG (§§ 161-177 HGB)

0.4.140 Wesen und Entstehung

a) **Definition:** § 161 HGB

= Personengesellschaft

- Zusammenschluß von mindestens zwei Personen zum Betrieb eines Handelsgewerbes unter gemeinsamer Firma
- mindestens ein Gesellschafter haftet unbeschränkt und persönlich (**Komplementär, Vollhafter**), mindestens einer nur mit seiner Einlage (**Kommanditist, Teilhafter**)

- den Vorschriften über Kaufleute unterworfen (§ 6 I HGB)

= Sonderform der OHG.

b) Die KG **entspricht** weitgehend **der OHG**, die Rechtsstellung des **Komplementärs** (Vollhafters) der eines OHG-Gesellschafters. Abweichungen ergeben sich aus der Rechtsstellung des Kommanditisten (vgl. § 161 II HGB).

Im Rahmen der **Gründung** haben auch die Kommanditisten an der Anmeldung zum Handelsregister mitzuwirken; Name, Stand, Wohnort und Betrag ihrer Einlagen werden eingetragen, veröffentlicht wird jedoch nur ihre Zahl (§ 162 HGB).

0.4.141 Rechtsstellung des Kommanditisten

a) **Pflichten:**

- Pflicht zur Einlage (die Höhe bestimmt der Gesellschaftsvertrag)
- Verlustbeteiligung in angemessenem Verhältnis (§ 168 II)

b) **Haftung:**

- für **Altverbindlichkeiten**, die vor Eintritt des Kommanditisten in das Unternehmen entstanden sind: nach §§ 171, 172
  - beschränkte persönliche Haftung
  - unmittelbar, primär und gesamtschuldnerisch (vgl. Abschnitt 0.4.133 b)
  - bis zur Höhe der Einlage (im Handelsregister eingetragen)
  - **keine** Haftung, **soweit** die Einlage geleistet ist
  - wenn die Einlage ganz oder teilweise zurückgewährt wird, lebt die Haftung entsprechend wieder auf (§ 172 IV)
  - entgegenstehende Vereinbarung ist Dritten gegenüber unwirksam (§ 173 II)

- **vor Eintragung:**
  - Neugründung einer KG: § 176 I HGB
    - Haftung des Kommanditisten für bis zur Eintragung begründete Verbindlichkeiten wie ein **persönlich** haftender Gesellschafter
    - es sei denn, der Gläubiger kannte seine Beteiligung als Kommanditist
    - der Kommanditist muß dem Geschäftsbeginn zugestimmt haben
    - gilt nicht bei einer KG, die ein sollkaufmännisches Gewerbe betreibt, da diese erst mit Eintragung entsteht
  - Eintritt des Kommanditisten in eine bestehende Gesellschaft: § 176 II, d. h. entsprechende Anwendung des Absatzes I mit persönlicher Haftung des Kommanditisten für Verbindlichkeiten, die zwischen Eintritt in die KG und Eintragung als Kommanditist begründet wurden – es sei denn, daß der Gläubiger die Kommanditistenstellung kannte

- **nach Eintragung:** Für jetzt entstehende Verbindlichkeiten gilt:
  - Haftung nach §§ 171, 172 bis zur Höhe der Einlage
  - wenn die Einlage geleistet ist, **keine** Haftung, sondern lediglich unternehmerisches Risiko des Einlagenverlustes z. B. bei Konkurs.

BEISPIEL:

- A tritt am 7.7. als Kommanditist in eine KG ein. Seine Eintragung erfolgt im Handelsregister am 25.7.
  - Bis zum 25.7 haftet A unbeschränkt und persönlich, sofern der Gläubiger nicht wußte, daß er Kommanditist ist, sondern ihn auch für einen Vollhafter halten konnte.
- Mit dem Datum der Registereintragung leistet A auf seine Einlage von nominell 20 000,– DM einen Betrag von 15 000,– DM.
  - Von nun an haftet A zwar persönlich, aber beschränkt auf den Betrag der rückständigen Einlage = 5 000,– DM
- Am 15.8. leistet A auf seine Einlage den Restbetrag von 5 000,– DM.
  - Nun haftet A nicht mehr.

c) **Rechte:**

- **kein** Geschäftsführungs- oder Vertretungsrecht, aber bei außergewöhnlichen Geschäften müssen die Kommanditisten **zustimmen** (entgegen § 164, der nur ein Widerspruchsrecht einräumt)
- Kontrollrecht (Informationsanspruch): Prüfung des Jahresabschlusses durch Einsicht in Bücher und Papiere sowie den schriftlich mitgeteilten Jahresabschluß (§ 166); jedoch keine laufende Kontrolle
- Gewinnanspruch: die gesetzliche Gewinnverteilung (§ 168, soweit nichts anderes vereinbart) sieht vor:
  - 4 % auf die Einlage
  - Rest: Verteilung in angemessenem Verhältnis (unter Berücksichtigung der Arbeitsleistung und Risikotragung der Komplementäre)
- Kündigungsrecht (zum Ende eines Geschäftsjahres, Sechs-Monats-Frist)
- kein Wettbewerbsverbot.

d) **Auflösung** der KG: wie OHG, jedoch nicht bei Tod/Austritt eines Kommanditisten (§ 177).

0.4.15 Stille Gesellschaft (§§ 230-237 HGB)

a) **Definition:** § 230 HGB

= Personengesellschaft

- Beteiligung eines Kapitalgebers am Handelsgewerbe eines Kaufmanns
- der stille Gesellschafter tritt nach außen nicht als Gesellschafter in Erscheinung
- nur 2 Mitglieder (mehrere Beteiligungen führen zu mehreren stillen Gesellschaften)
- Beteiligung geht in das Geschäftsvermögen des Kaufmanns über
- nur Innenverhältnis, kein Außenverhältnis.

b) **Wesen:** Der stille Gesellschafter steht zwischen der Konstruktion des Kommanditisten und einem Gläubiger. Er hat nur wenige Gesellschafterrechte und wechselt im Konkurs – im Gegensatz zu sonstigen Gesellschaftern, auch Kommanditisten – auf die Seite der Gläubiger über!

c) **Rechtsstellung** des stillen Gesellschafters:

- Pflicht zur Einlage
- weder Geschäftsführungs- noch Vertretungsrecht
- kein Widerspruchsrecht bzw. keine Zustimmungspflicht bei außergewöhnlichen Geschäften
- Recht auf angemessenen Gewinn (§ 232 HGB)
- angemessene Verlustbeteiligung maximal bis zur Einlagenhöhe; kann vertraglich ausgeschlossen werden (§ 232 II)
- kein Wettbewerbsverbot
- im Konkurs: Gläubigerrecht hinsichtlich der Einlage (§ 236) nach Abzug der (eventuellen) Verlustbeteiligung
- Kontrollrecht wie ein Kommanditist (§ 233).

d) **Abgrenzung** zum Darlehen mit Gewinnbeteiligung ist schwierig, insb. nach dem Vertrag vorzunehmen; bei Verlustbeteiligung liegt immer stille Gesellschaft vor.

0.4.16 Aktiengesellschaft = AG

0.4.160 Wesen und Bedeutung

a) **Rechtsgrundlage:** Aktiengesetz (AktG) von 1965

b) **Definition:** § 1 AktG

= Kapitalgesellschaft

= Gesellschaft mit eigener Rechtspersönlichkeit (**juristische Person**) und einem in Aktien zerlegten Grundkapital

- für die Verbindlichkeiten der Gesellschaft **haftet** den Gläubigern **nur das Gesellschaftsvermögen**

= Formkaufmann (Handelsgesellschaft), §§ 6 II HGB, 3 AktG.

c) **Bedeutung:** Die Aktiengesellschaft ist die wichtigste Rechtsform für große Unternehmungen. Ihre Vorteile liegen in der auf das Gesellschaftsvermögen beschränkten Haftung, der breiten Kapitalbasis und der Möglichkeit, durch Ausgabe neuer (junger) Aktien leicht zusätzliches Kapital zu beschaffen. Durch Ausgabe einer Vielzahl kleiner Anteile (5-DM-Aktie) wird breite Streuung des Eigentums an großen Unternehmen ermöglicht. Oft befinden sich die Majoritäten (Mehrheiten) jedoch in Händen anderer Unternehmen, insbesondere von Kreditinstituten; dies ermöglicht eine Verschachtelung wichtiger Wirtschaftszweige, die Bildung von Konzernen und schließlich von einheitlichen Größtunternehmen (Trusts) von oft internationaler Bedeutung (die sogenannten „Multis", z. B. ITT, IBM), deren Einfluß politische Dimensionen erreicht.

0.4.161 Entstehung

a) **Voraussetzungen der Gründung:**

- ein oder mehrere Gründer (seit 1994, vorher mindestens 5 Gründer, § 2 AktG)
- Abhaltung einer Gründungsversammlung; Beschluß über eine Satzung (= Gesellschaftsvertrag der Gründer), die notariell zu beurkunden ist (§ 23 I)
- Inhalt der Satzung (§ 23 II):
  - Firma (i. d. R. Sachfirma mit der Bezeichnung als „Aktiengesellschaft", § 4)
  - Sitz der Gesellschaft
  - Gegenstand des Unternehmens (insb. bei Industrie- und Handelsunternehmen Art der Erzeugnisse und Waren)
  - Höhe des Grundkapitals (mind. 100 000,– DM, § 7)
  - Höhe des Nennwertes der Aktien (pro Aktie mind. 5,– DM, höhere Nennwerte auf volle 5,– DM lautend)
  - Zahl der Aktien (nach Gattungen unterschieden)
  - ob die Aktien auf den Inhaber oder den Namen ausgestellt werden
  - Zahl der Mitglieder des Vorstands (oder Regeln, nach denen diese Zahl festgelegt wird)
  - Bestimmungen über Form der Bekanntmachungen
  - Abweichungen von den Vorschriften des Aktiengesetzes nur, wenn dort ausdrücklich zugelassen
- Wahl des ersten Aufsichtsrats durch die Gründer, des ersten Vorstands durch den Aufsichtsrat (§ 30 AktG)
- Übernahme aller Aktien durch die Gründer; zu unterscheiden:
  - bei Bareinlagen brauchen die Aktien nur mit mindestens 25 % ihres Nennwertes eingezahlt zu werden, damit Handelsregistereintragung erfolgen kann (§§ 36 II, 36a I).
  - Werden die Aktien zu einem über dem Nennwert liegenden Preis ausgegeben (Überpari-Emission), so muß für jede Aktie auch der überschießende Betrag (Aufgeld = Agio) eingezahlt werden. Eine Unter-pari-Emission ist ausgeschlossen (§ 9 I).
    („pari": Kurswert = Nennwert)
  - Anmeldung zur Eintragung ins Handelsregister kann nur erfolgen, wenn auf jede Aktie der geforderte Betrag ordnungsgemäß eingezahlt worden ist (§ 36 II)
  - bei Einpersonengründung hat der Gründer für die Erfüllung der nach Mindesteinzahlung verbleibenden Verpflichtung zur Bareinlage eine Sicherung zu bestellen (vgl. Einpersonengründung nach GmbH-Gesetz)
  - Sacheinlagen sind vollständig zu leisten (§ 36a II).

BEISPIEL bei Bargründung:

Nennwert (Nw) des Grundkapitals = 100 000,– DM
= 2 000 Aktien à 50,– DM Nennwert

Ausgabekurs:		50,— DM (Nw)
	+	4,— DM (Agio)
		54,— DM (Kurswert)

Mindesteinzahlung pro Aktie: 25 % auf Nennwert von 50,– DM

	=	12,50 DM
+ Agio	=	4,— DM
		16,50 DM

Gesamteinzahlung: 16,50 DM x 2 000 (Zahl der Aktien) = 33 000,– DM

b) **Arten** der Gründung:

- einfache Gründung (**Bargründung**): Bareinzahlung des Kapitals
- qualifizierte Gründung (**Sach- und Vorteilsgründung**):
  - Sacheinlagen der Aktionäre (Grundstücke, Kfz, Maschinen, Patente)
  - nur Vermögensgegenstände, deren wirtschaftlicher Wert feststellbar ist
  - Sachübernahme vorhandener oder herzustellender Werte von Dritten
  - Vorteile (z. B. bei Auftragsvergabe) an Aktionäre
  - Aufwandsentschädigung für Gründer

  Einzelheiten sind in der Satzung festzuhalten (§§ 26, 27 AktG).

c) **Entstehung** der AG: Mit der Übernahme aller Aktien durch die Gründer ist die AG **errichtet** (§ 29), jedoch noch nicht entstanden. Es handelt sich nun um eine „AG i.G. = in Gründung". Diese wurde früher als BGB-Gesellschaft angesehen (Grundlage war § 54 BGB, vgl. Abschnitt 0.4.102). Heute wird nach der Rechtsprechung allgemein eine Kapitalgesellschaft in Gründung, soweit möglich, dem Recht der zu gründenden Gesellschaft unterstellt. Für eine AG i.G. gilt also bereits weitgehend das Aktienrecht.

Weiteres Erfordernis: **Eintragung** ins Handelsregister. Die **Anmeldung** erfolgt durch alle Gründer, den Vorstand und den Aufsichtsrat unter Vorlage aller erforderlichen Unterlagen (Satzung, Prüfungsbericht über den Gründungsvorgang durch sog. Gründungsprüfer, § 33, Beweis von Aktienübernahme und Einzahlung u. dgl.), § 36.

Nach Prüfung nimmt das Gericht die Eintragung vor. Diese enthält (§ 39):

- Firma, Sitz der AG
- Gegenstand des Unternehmens
- Höhe des Grundkapitals
- Vertretungsbefugnis der Vorstandsmitglieder u. a.

Die Bekanntmachung der Eintragung enthält noch zusätzliche Angaben, u. a.

- Ausgabebetrag der Aktien
- Name, Beruf, Wohnort von Gründern und Aufsichtsrat (§ 40).

Vor Eintragung in das Handelsregister besteht die Aktiengesellschaft **nicht**. Wer vor Eintragung bereits im Namen der AG handelt, haftet **persönlich**; haften mehrere, gilt gesamtschuldnerische Haftung (§ 41). Vor Eintragung können Anteilsrechte nicht übertragen werden (§ 41 IV).

Durch die Eintragung wird die gegründete Gesellschaft

- Aktiengesellschaft
- juristische Person
- Kapitalgesellschaft
- Formkaufmann.

0.4.162 Rechtsverhältnisse der AG

Die AG ist als juristische Person rechtsfähig, braucht aber, um geschäftsfähig zu sein, noch **Organe**, durch die sie einen Willen bildet und handelt. Diese Organe sind insbesondere

- der Vorstand
- der Aufsichtsrat
- die Hauptversammlung.

Die Rechte und Pflichten dieser Organe regelt das Aktiengesetz. Im Vergleich mit einer politsch-demokratischen Gesellschaftsordnung läßt sich der Vorstand als Exekutive, der Aufsichtsrat als Judikative und die Hauptversammlung als Legislative ansehen.

Dieser Verleich ist problematisch, da in finanzieller Hinsicht zwar die Aktionäre die AG tragen, eine solche Gesellschaft jedoch nicht ohne **Arbeitnehmer** existieren kann. Außerdem sind viele, insb. Kleinaktionäre anonym und kennen die Verhältnisse der AG nicht genau, im Gegensatz zu den Arbeitnehmern, die zudem in ihrer wirtschaftlichen Existenz von der AG abhängen.

Daher gibt es seit 1951 (in sog. Montanbetrieben) bzw. 1952 (in Kapitalgesellschaften einer bestimmten Größe) eine **Mitbestimmung**, die durch das neue, lange Zeit heftig umstrittene Mitbestimmungsgesetz von 1976 zum Teil erheblich verändert wurde.

Diese Regelungen betreffen das Mitentscheidungsrecht der Arbeitnehmer insbesondere bei der **Wahl des Aufsichtsrats und des Vorstands**.

Seit dem 1. Juli 1976 gilt folgende Rechtslage:

① AG hat weniger als 500 Arbeitnehmer:

- Wahl aller Aufsichtsratsmitglieder durch Hauptversammlung
- Bestellung des Vorstands durch Aufsichtsrat

(§ 76 VI Betriebsverfassungsgesetz 1952); für Aktiengesellschafen, die vor dem 10.08.94 eingetragen worden sind, gilt dies nur, wenn sie Familiengesellschaften sind (d. h. Aktionär ist eine einzelne natürliche Person oder Aktionäre sind verwandt/verschwägert)

② AG gehört der Montanindustrie an (Bergbau, Eisen- und Stahlerzeugung) und hat i. d. R. mehr als 1000 Arbeitnehmer:

- Aufsichtsrat besteht aus mind. 11 Mitgliedern
  - 5 Mitgl. wählt die Hauptversammlung (davon soll 1 Mitgl. nicht Kapitalvertreter sein)
  - 5 Mitgl. wählt die Belegschaft (2 Betriebsangehörige, 2 außerbetriebliche Arbeitnehmervertreter, 1 Mitgl., das weder Arbeitnehmer ist noch einer Gewerkschaft angehört)
  - 11. Mitglied (zur Vermeidung einer Patt-Situation) wird von beiden Mitgliedsgruppen gewählt
- Vorstand wird vom Aufsichtsrat bestellt; gleichberechtigtes Vorstandsmitglied ist der „Arbeitsdirektor“, dessen Bestellung die Mehrheit der Arbeitnehmervertreter zustimmen muß und der insb. für Personalfragen zuständig ist (Zusammenarbeit mit Betriebsrat)

(Mitbestimmungsgesetz Bergbau, Eisen, Stahl von 1951)

Von dieser Regelung werden auch Obergesellschaften der Montan-Konzerne erfaßt (Mitbestimmungs-Ergänzungsgesetz von 1956)

③ AG hat i. d. R. mindestens 500, aber weniger als 2 000 Arbeitnehmer und gehört nicht der Montanindustrie an:

- Aufsichtsrat besteht aus mindestens 3 Mitgl. (höhere Zahl: durch 3 teilbar)
  - 2/3 der Mitgl. wählt die Hauptversammlung
  - 1/3 der Mitgl. wählt die Belegschaft in demokratischer Wahl (wobei zu berücksichtigen ist, daß die Belegschaft sich aus Arbeitern und Angestellten sowie aus Frauen und Männern zusammensetzt)
- der Aufsichtsrat bestellt den Vorstand

(§ 76 Betriebsverfassungsgesetz 1952, § 129 Betriebsverfassungsgesetz 1972)

④ AG beschäftigt i. d. R. mehr als 2000 Arbeitnehmer und gehört nicht der Montanindustrie an:

- Aufsichtsrat besteht aus mindestens 12, ab 10 000 Arbeitnehmern 16, ab 20 000 Arbeitnehmern 20 Mitgliedern; **paritätische** Mitbestimmung:
  - 50 % wählt die Hauptversammlung
  - 50 % wählt die Belegschaft, getrennt nach Arbeitern und Angestellten (mind. 1 Vertreter der leitenden Angestellten); Verfahren: Verhältniswahl, u. U. Wahlmännerverfahren; 2-3 Gewerkschaftsvertreter je nach Größe des AR
  - Aufsichtsrat wählt Vorsitzenden und Stellvertreter mit Zweidrittelmehrheit; wird die Mehrheit nicht erreicht, wählen die Vertreter der Anteilseigner den Vorsitzenden, die Arbeitnehmervertreter den Stellvertreter
  - bei Stimmengleichheit im Aufsichtsrat entscheidet der Vorsitzende (Stichentscheid), so daß letztlich die Anteilseigner ein leichtes Übergewicht behalten (wichtig wegen verfassungsrechtlicher Bedenken: keine Entwertung des Eigentums der Anteilseigner)

- Vorstand wird vom Aufsichtsrat bestellt; Wahl mit Zweidrittelmehrheit; wird diese Mehrheit nicht erreicht, wird ein paritätisch besetzter Vermittlungsausschuß eingesetzt; über dessen Vorschläge beschließt der Aufsichtsrat mit Mehrheit der Mitglieder; bei Stimmengleichheit hat in folgender Abstimmung wiederum der Vorsitzende den Stichentscheid

(Gesetz über die Mitbestimmung der Arbeitnehmer von 1976)

Neben der AG gelten die gesetzlichen Regelungen **auch** für andere Gesellschaftsformen:

- das Betriebsverfassungsgesetz 1952, (1) und (3), für KGaA
- das Betriebsverfassungsgesetz 1952, (3), für GmbH und, sofern ein Aufsichtsrat besteht, den VVaG, außerdem für Genossenschaften
- das Mitbestimmungsgesetz Bergbau, Eisen, Stahl von 1951, (2), für GmbH
- das Gesetz über die Mitbestimmung der Arbeitnehmer von 1976, (4), für KGaA, GmbH und Genossenschaften.

Keine Anwendung finden diese Vorschriften auf Unternehmen, die eine bestimmte, i. d. R. nicht wirtschaftliche Tendenz haben (z. B. politisch, koalitionspolitisch, konfessionell, karitativ, erzieherisch, wissenschaftlich, künstlerisch), vgl. §§ 81, 118 BetrVerfG 1972.

0.4.163 Rechtsstellung der Organe

a) **Vorstand:** wird vom Aufsichtsrat nach obigen Vorschriften für 5 Jahre bestellt (Wiederwahl zulässig), kann aus einer oder mehreren Personen bestehen; Rechte und Pflichten (§§ 76 ff. AktG):

- Geschäftsführung und Vertretung (grundsätzlich: Gesamtbefugnis, d. h. alle Mitglieder gemeinschaftlich), d. h. Leitung der Gesellschaft
- Sorgfalts- und Haftpflicht, Verantwortlichkeit:
  - Pflicht zur Sorgfalt eines ordentlichen und gewissenhaften Geschäftsleiters
  - Pflicht zur Haftung für Schäden aufgrund Pflichtverletzung; keine Ersatzpflicht, wenn die Handlung auf einem gesetzmäßigen Hauptversammlungs-Beschluß beruht; Ersatzpflicht wird nicht dadurch ausgeschlossen, daß der Aufsichtsrat die Handlung gebilligt hat
- Berichte an den Aufsichtsrat (§ 90):
  - beabsichtigte Geschäftspolitik/grundsätzliche Fragen
    (mind. einmal jährlich)
  - Rentabilität
    (in der Aufsichtsratssitzung, in der über den Jahresabschluß verhandelt wird)
  - Gang der Geschäfte, insb. Umsatz, und Lage der Gesellschaft
    (regelmäßig, mind. vierteljährlich)
  - Geschäfte, die für die Rentabilität/Liquidität der AG von erheblicher Bedeutung sein können
    (so rechtzeitig, daß der Aufsichtsrat vor Vornahme der Geschäfte Stellung nehmen kann)

- AR kann jederzeit Bericht über Angelegenheiten der AG und ihre Beziehungen zu verbundenen Unternehmen verlangen

- Vorlage des Jahresabschlusses, des Lageberichtes und des Berichtes des Aufsichtsrats in der Hauptversammlung
- Wettbewerbsverbot: Vorstandsmitglied darf weder Handelsgewerbe betreiben noch für eigene oder fremde Rechnung im Geschäftszweig der AG Geschäfte machen noch Vorstandsmitglied, Geschäftsführer oder persönlich haftender Gesellschafter einer anderen gleichartigen Gesellschaft sein (Ausnahme: Einwilligung des Aufsichtsrats)
- Anspruch auf Gehalt; meist wird außerdem Anteil am Jahresgewinn (Tantieme) gewährt.

b) **Aufsichtsrat:** wird nach obigen Vorschriften auf 4 Jahre gewählt; darf nicht zugleich Vorstandsmitglied derselben Gesellschaft sein. **Rechte** und **Pflichten** (§§ 95 ff. AktG):

- **Bestellung, Überwachung, Abberufung des Vorstandes**
- Kontrollrecht (Einsichtnahme, Prüfung von Unterlagen und Vermögenswerten der AG)
- insbesondere Prüfung von Jahresabschluß, Gewinn- und Verlustrechnung und Lagebericht
- Sorgfalts- und Haftpflicht (s. o.)
- kein Wettbewerbsverbot
- Vergütung und Gewinnbeteiligung können gewährt werden.

Eine Person darf in höchstens 10 Aufsichtsräten vertreten sein (§ 100 AktG). Verboten ist die sog. **Überkreuzverflechtung**:

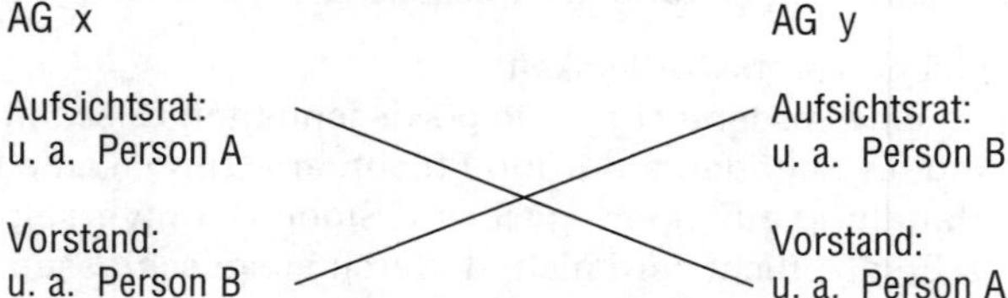

c) **Hauptversammlung:** Versammlung der **Aktionäre** (Teilhaber) der Aktiengesellschaft, mindestens einmal jährlich vom Vorstand einzuberufen (sog. „ordentliche" HV im Gegensatz zur aus besonderem Anlaß stattfindenden „außerordentlichen" HV); **Aufgaben** (§§ 118 ff. AktG):

- Wahl der Vertreter der Anteilseigner für den Aufsichtsrat (vgl. Abschnitt 0.4.162)
- **Satzungsänderungen** (mit mind. 3/4-Mehrheit), insbesondere Kapitalerhöhungen/ -herabsetzungen
- Beschluß über Gewinnverwendung, Dividendenhöhe
- **Entlastung** von Vorstand und Aufsichtsrat = Billigung der Verwaltung der Gesellschaft durch Vorstand und Aufsichtsrat; Ersatzansprüche sind dennoch möglich (§ 120)

- Bestellung des Abschlußprüfers
- Auflösung der Gesellschaft (mit 3/4-Mehrheit)
- Recht auf Erteilung von Auskünften durch Vorstand (dieser darf die Auskunft verweigern, wenn Nachteile für die Gesellschaft zu befürchten sind), § 131.

Besondere Rechte: **Minoritätsrechte**, durch die Minderheiten folgendes ermöglicht wird:

- Antrag auf gerichtliche Abberufung der Abschlußprüfer (Minderheit von 10 % oder 2 Mill. DM des Grundkapitals, § 318 III HGB)
- Einberufung einer außerordentlichen HV (5 %, § 122 I AktG)
- Bekanntmachung von Gegenständen zur Beschlußfassung der HV durch den Vorstand (5 % oder 1 Mill. DM, § 122 II).

0.4.164 Die Aktie

= **vertretbares Kapitalwertpapier** (siehe Wertpapierarten)

= **Teilhaberpapier** (Anteilspapier, Wertpapier mit variablem Ertrag)

Arten:

a) nach der **Übertragbarkeit**:

- **Inhaberaktien:** übertragbar durch Einigung und Übergabe
- **Namensaktien:** = geborene **Orderpapiere**, d. h. übertragbar durch Einigung, Indossament, Übergabe (vgl. § 68 AktG); lauten auf den Namen des Aktionärs, der im **Aktionärsbuch** der Gesellschaft eingetragen ist. Zusätzlich zur Übertragung der Rechte aus der Aktie ist zur **Geltendmachung** dieser Rechte außerdem **Umschreibung** im Aktionärsbuch erforderlich (§ 67 II).
- Sonderform: **vinkulierte Namensaktien**, bei denen die Übertragung von der **Zustimmung** der Gesellschaft abhängt. Anwendungsbereich:
  - Ausgabe laut Satzung (§ 68 II), insb. wenn die Aktien noch nicht voll eingezahlt sind (z. B. nach Gründung; bei Versicherungsgesellschaften)
  - Ausgabe laut Gesetz, wenn die Aktionäre neben der Einlage regelmäßige nicht in Geld bestehende Nebenleistungen erbringen müssen (z. B. Molkerei-AG: Milch, Zucker-AG: Zuckerrüben), § 55
- die Ausgabe von Inhaberaktien ist nicht mehr die Regel.

b) nach den verbrieften **Rechten**:

- **Stammaktien:** verbriefen die **normalen** Rechte einer Aktie, und zwar
  - Anteil am Grundkapital der AG
  - Teilnahme an der HV
  - Stimmrecht in der HV
  - Anspruch auf Dividende
  - Anspruch auf Anteil am Liquidationserlös
  - Recht auf Auskunft in der HV

- Bezugsrecht bei Ausgabe junger (neuer) Aktien (Kapitalerhöhung)

Vorzugsaktien: verbriefen bei einigen Rechten **Vorzüge**, die allerdings auf Kosten anderer Rechte gehen können:
- Vorzüge hinsichtlich des **Stimmrechts**: sog. Mehrstimmrechtsaktien; ihre Ausgabe ist grundsätzlich unzulässig – Ausnahme: wenn zur Wahrung überwiegender gesamtwirtschaftlicher Belange erforderlich und oberste Wirtschaftsbehörde des betr. Bundeslandes zustimmt (§ 12). Anwendung: Aktiengesellschaften der öffentlichen Versorgung (Elektrizität, Wasser, Gas, Transportmittel), Mehrstimmrechtsaktien bestehen hier meist zugunsten des Staates (Landes), der ohne große Kapitalbindung die AG beherrscht und für (preisgünstige) Sicherung der öffentlichen Versorgung sorgen kann (Abwehr der Gefahren bestehender Monopole).
- Vorzüge hinsichtlich des Anteils am Liquidationserlös, d. h. bei Verteilung des nach freiwilliger Auflösung der AG übrigbleibenden Betrages (§ 271 II)
- Vorzüge hinsichtlich der **Dividende**:
  kumulative Vorzugsaktien: bestimmter zugesicherter Dividendensatz wird gezahlt (soweit der Gewinn es zuläßt); Dividendenausfälle werden in späteren Jahren nachgezahlt

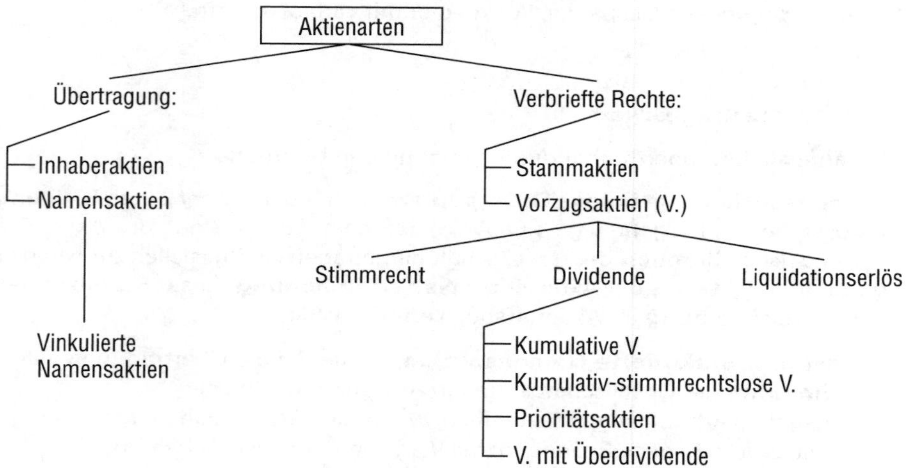

  kumulativ-stimmrechtslose Vorzugsaktien: der Dividendenvorzug geht auf Kosten des Stimmrechts; bei zweimaligen Dividendenausfällen hintereinander lebt das Stimmrecht jedoch so lange wieder auf, bis die Rückstände aufgeholt sind (§ 140)
  Prioritätsaktien: Dividende wird zuerst auf die Vorzugsaktionäre verteilt (bis zu einem Höchstsatz), den eventuellen Rest erhalten die Stammaktionäre
  Aktien mit **Überdividende**: Vorzugsaktionäre erhalten einen bestimmten Prozentsatz mehr als die Stammaktionäre.

0.4.165 Ausübung des Stimmrechts

Das Stimmrecht wird nach Aktien-Nennbeträgen ausgeübt. Je größer der Aktienbesitz, desto größer der Einfluß. Hat ein Aktionär 25 % aller Stimmen (z. B. durch Aufkaufen am Markt) erworben, muß dies der Gesellschaft mitgeteilt und von ihr veröffentlicht werden.

Verfügt ein Aktionär über einen nicht unwesentlichen Anteil am Grundkapital einer AG, spricht man von einer **Beteiligung**. Zweck von Beteiligungen ist die teilweise oder völlige **Beherrschung** anderer Unternehmen.

Stufen:

- über 25 % der Stimmen (Sperrminorität, Schachtel): Verhinderung von Satzungsänderungen, allgemein von 3/4-Mehrheits-Beschlüssen möglich
- über 50 % (Majorität): absolute Mehrheit bei Abstimmungen
- über 75 %: Durchsetzbarkeit praktisch aller Beschlüsse in der HV.

In der Praxis genügen oft 30 bis 40 % der Stimmen zur Beherrschung einer AG, da auf den HV gewöhnlich nicht alle Aktionäre vertreten sind.

Durch Aufkauf von Aktienpaketen deutscher Gesellschaften durch ausländische Staaten (insb. Ölförderstaaten) bestand zeitweilig die Gefahr der **Überfremdung**, d. h. der Beeinflussung der Unternehmenspolitk nicht unter ökonomisch-finanziellen, sondern politischen Gesichtspunkten. Daher haben einige bedeutende deutsche Aktiengesellschaften **Stimmrechtsbeschränkungen** eingeführt (z. B. Mannesmann, Deutsche Bank): diese sind nach § 134 AktG möglich

- durch Festsetzung eines Höchstbetrages an Stimmen oder
- durch Aufstellung einzelner Stimmrechtsgruppen (Abstufungen) oder
- durch Kombination beider Formen
- für alle oder bestimmte HV-Beschlüsse
- jedoch nicht für Beschlüsse, in denen Kapitalmehrheit erforderlich ist (i. d. R.: Satzungsänderungen, Kapitalerhöhungen, Fusionen)
- keine Beschränkung auf bestimmte Aktionäre.

Jeder Aktionär kann sein Stimmrecht auf der HV ausüben. **Praxis:** Banken, in deren Depot die Aktien i. d. R. hinterlegt sind, werden mit der Ausübung des Stimmrechts beauftragt (**Depotstimmrecht**, § 135 AktG).

Ablauf:

1. Bank unterrichtet Kunden von der Einberufung einer HV, übersendet den Geschäftsbericht, der Jahresabschluß (G+V, Bilanzen) und sonstige Erläuterungen enthält, und macht eigene Vorschläge für die Abstimmung zu den einzelnen Punkten der Tagesordnung der HV.

2. Aktionär = Kunde kann

- Eintrittskarte für HV anfordern
- die Bank mit der Ausübung des Stimmrechts beauftragen:

- schriftliche Vollmacht
- Erteilung von ausdrücklichen Weisungen für die Stimmrechtsausübung zu den einzelnen Gegenständen der Tagesordnung (fehlen diese, stimmt die Bank nach ihren eigenen den Aktionären vorab mitgeteilten Vorschlägen)

3. Üblich ist es, daß die Bank den Kunden um Generalvollmacht für bestimmten Zeitraum bittet (maximal 15 Monate, jederzeit widerruflich).

Praktische Konsequenz dieser Regelung ist es, daß sich viele Stimmen, mit den eigenen der Banken oft die Mehrheit, in Händen von Kreditinstituten befinden, deren Einfluß auf die Wirtschaft damit große Bedeutung besitzt. Die Geschäftspolitik vieler Unternehmen orientiert sich dadurch oft in gewissem Umfang an den Interessen der KI, zugleich aber – aufgrund der volkswirtschaftlichen Mittlerstellung der KI – letztlich an den Interessen der Gesamtwirtschaft auch im Sinne der Verbraucher, kleinen Kapitalanleger und sozial Schwächeren. Andererseits nimmt die Wirtschaft so zunehmend den Charakter eines einheitlichen Ganzen an und wird in ihrer Gesamtheit für tiefgreifende Krisen anfälliger. Daher hat es immer wieder Diskussionen über die „Macht der Banken" gegeben.

0.4.166 Kapitaländerungen

a) **Kapitalerhöhungen** = Maßnahmen zur Finanzierung der AG durch Erhöhung des Grundkapitals (§§ 182 ff. AktG); **Arten:**

- effektive Kapitalerhöhung **gegen Einlagen** (in bar oder in Sachwerten)
- **bedingte** Kapitalerhöhung: kommt so weit zustande, wie von einem Umtausch- oder Bezugsrecht Gebrauch gemacht wird; der genaue Umfang der Kapitalerhöhung ist daher zunächst ungewiß = bedingt; Anwendungsfälle (§ 192):
  - Ausgabe von Wandelschuldverschreibungen, die das Recht auf Umtausch in Aktien des Emittenten verbriefen (vgl. Abschnitt 1.4.310); Ermächtigung des Vorstands kann höchstens für fünf Jahre erteilt werden
  - Vorbereitung des Zusammenschlusses mehrerer Unternehmen
  - Gewährung von Bezugsrechten an Arbeitnehmer auf Belegschaftsaktien, wenn Gegenleistung aus Gewinnbeteiligung stammt
- **genehmigtes Kapital:** Ermächtigung des Vorstands durch die Satzung (ggf. durch Satzungsänderung), das Grundkapital innerhalb von maximal 5 Jahren bis zu einem bestimmten Nennbetrag durch Ausgabe neuer Aktien gegen Einlagen zu erhöhen (günstig wegen Handlungsfreiheit des Vorstands: Kapitalerhöhung kann so den Finanzbedürfnissen der AG und der Marktlage angepaßt werden), §§ 202 ff.
- Kapitalerhöhung **aus Gesellschaftsmitteln:** Umwandlung der Kapitalrücklage und von Gewinnrücklagen in Grundkapital durch Ausgabe von **Berichtigungsaktien** (Gratisaktien) an die bisherigen Aktionäre, §§ 207 ff.; ihr Anteil an der AG ändert sich nur nominal, nicht prozentual (Bilanz: Passivtausch); es kommen keine neuen Aktionäre hinzu.

  Bei Kapitalerhöhungen haben die alten (= bisherigen) Aktionäre ein **Bezugsrecht** für die jungen (= neuen) Aktien (siehe Effektengeschäft).

b) **Kapitalherabsetzungen** = Verminderungen des Grundkapitals (§§ 222 ff. AktG), um

- das Grundkapital einer tatsächlichen Vermögensminderung anzupassen
- Teile des Grundkapitals zurückzuzahlen/in Rücklagen umzuwandeln
- Verluste buchhalterisch auszugleichen.

Arten:

- **ordentliche** (= normale) Kapitalherabsetzung (§ 222): durch
  - Herabsetzung des Aktiennennbetrages
  - Zusammenlegung von Aktien (wenn sonst Aktien-Mindestnennbeträge unterschritten würden)
- **vereinfachte** Kapitalherabsetzung (§ 229): rein buchmäßiger Ausgleich von Wertminderungen/sonstigen Verlusten; nur zulässig, wenn freie Rücklagen ganz, gesetzliche Rücklage bis auf 10 % des neuen Grundkapitals aufgelöst werden
- Kapitalherabsetzung durch **Einziehung** von Aktien (§ 237):
  - nach Erwerb der Aktien durch die AG
  - zwangsweise nur, wenn in der Satzung angeordnet oder gestattet.

c) Kapitaländerungen sind zugleich **Satzungsänderungen,** so daß grundsätzlich 3/4-Mehrheit in der HV erforderlich ist.

d) Das Bundeskabinett hat im November 1997 eine **Reform u.a. des Aktiengesetzes** durch ein „Gesetz zur Kontrolle und Transparenz im Unternehmensbereich" beschlossen. Folgende Regelungen sind im wesentlichen vorgesehen:

- Aufsichtsrat:
  - wie bisher bis zu 10 Mandate pro Person; Vorsitzmandate werden doppelt angerechnet
  - Aufsichtsräte börsennotierter Unternehmen müssen viermal statt bisher zweimal pro Jahr tagen
  - für den Antrag auf Geltendmachung von Schadensersatzansprüchen gegen Aufsichtsräte genügen 5 % (vorher 10 %) des Grundkapitals oder 2 Mill. DM Nennbetrag
- Abschlußprüfer:
  - Bestellung vom Aufsichtsrat
  - Wirtschaftsprüfer darf ein Unternehmen nicht mehr prüfen, wenn er in den letzten 5 Jahren mehr als 30 (bisher 50) % seiner Einnahmen von dieser Gesellschaft bezogen hat; Ziel: größere Unabhängigkeit
  - bisher geltende Haftungsbeschränkung von 500 000 DM soll auf 4 Mill. DM bei börsennotierten Unternehmen, sonst 2 Mio. DM erhöht werden
- Aktien:
  - Mehrfachstimmrechte dürfen nicht mehr in die Satzung aufgenommen werden
  - Rückkauf eigener Aktien bis 10 % des Grundkapitals wird erlaubt
  - Zulassung von **Aktien ohne Nennwert (Stückaktien):** Anteil am Unternehmen ergibt sich daraus, wieviel Prozent aller Aktien der Aktionär besitzt

- Sondervorschriften für KI:
  - KI dürfen das Depotstimmrecht für Kunden nicht mehr ausüben, wenn sie selbst über 5 % der Aktien des Unternehmens halten, d.h., sie dürfen für die Aktionäre nur nach deren Einzelweisungen abstimmen
  - das KI muß die Aktionäre, für die es abstimmen will, über eigene Beteiligung an dem Unternehmen oder Entsendung eigener Mitarbeiter in den Aufsichtsrat unterrichten
  - Angabe aller Beteiligungen ab 5 % sowie aller Mandate im Jahresabschluß des KI.

0.4.167 Sonstiges

a) **Gewinnverwendung:** möglicher Ablauf:

- Einstellung in die **gesetzliche Rücklage:** mind. 5 % des Jahresüberschusses so lange, bis 10 % des Grundkapitals oder der satzungsmäßig bestimmte höhere Prozentsatz erreicht sind (§ 150 AktG)
- Einstellung in die **freien Rücklagen:** aufgrund Satzungsbestimmung höchstens die Hälfte des Jahresüberschusses (§ 58); dabei sind Beträge, die in die gesetzliche Rücklage einzustellen sind, und ein Verlustvortrag vorab abzuziehen
- Ausschüttung an die Aktionäre **(Dividende):** Beschluß der HV über die Verwendung des Bilanzgewinns (§ 174); darin sind anzugeben:
  - der Bilanzgewinn
  - die Dividende
  - die in Gewinnrücklagen einzustellenden Beträge
  - ein Gewinnvortrag
  - der zusätzliche Aufwand aufgrund des Beschlusses
- buchhalterischer Gewinnvortrag des Restes auf die neue Rechnung.

Die **gesetzliche Rücklage** dient der Deckung eines Bilanz-Unterschusses und damit letztlich dem Gläubigerschutz.

Die **freien Rücklagen** werden gemäß Satzung durch Vorstand und Aufsichtsrat oder durch HV-Beschluß gebildet, und zwar für

- Verlustdeckung
- zusätzliche Dividende
- Investitionen
- Kapitalerhöhungen usw.

Stille Reserven sind Rücklagen, die durch zu niedrige Bilanzbewertung des Vermögens entstehen, z. B. durch überhöhte Abschreibungen; ihre Bildung ist gesetzlich eingeschränkt.

Der **Jahresabschluß** der AG wird im **Lagebericht** näher erläutert, mit diesem zusammen beim Handelsregistergericht eingereicht, außerdem von der AG in den Gesellschaftsblättern bekanntgemacht (§§ 325 ff. HGB).

Zur Rechnungslegung der AG vgl. Abschnitt 0.4.04.

b) Verhältnis der Aktiengesellschaft zu **eigenen Aktien:**

- keine Zeichnung eigener Aktien durch die AG (§ 56 I)
- Erwerb eigener Aktien nur (§ 71),
  - wenn zur Abwendung schweren, unmittelbar bevorstehenden Schadens für die AG notwendig (max. 10 %)
  - wenn die Aktien den Arbeitnehmern des eigenen/eines verbundenen Unternehmens angeboten werden sollen (max. 10 %)
  - bei Erwerb zur Abfindung von Aktionären (max. 10 %)
  - bei unentgeltlichem Erwerb oder Ausführung einer Einkaufskommission durch ein KI
  - durch Gesamtrechtsnachfolge
  - aufgrund eines HV-Einziehungsbeschlusses bei Kapitalherabsetzung
  - aufgrund eines HV-Beschlusses, wenn die AG Kredit- oder Finanzinstitut ist, zum Zwecke des Wertpapierhandels (der Handelsbestand darf 5 % des Grundkapitals am Ende jedes Tages nicht übersteigen)
- aus eigenen Aktien stehen der AG keine Rechte zu (§ 71 b)
- Inpfandnahme steht dem Erwerb gleich; Ausnahme: für KI im Rahmen des laufenden Geschäfts bis zu 10 % des Grundkapitals (§ 71 e).

c) **Auflösung** der AG: §§ 262 ff. AktG

- nach Zeitablauf (Satzung)
- nach HV-Beschluß

} durch Vorstandsmitglieder als Abwickler (Liquidatoren)

- durch Konkurseröffnung
- durch Ablehnung des Konkurses mangels Masse
- aufgrund Mangels der Satzung durch das Registergericht

0.4.17 Gesellschaft mit beschränkter Haftung = GmbH

0.4.170 Wesen und Bedeutung

a) **Rechtsgrundlage:** Gesetz betreffend die Gesellschaften mit beschränkter Haftung von 1892.

b) **Definition:** vgl. § 1 GmbHG

= Kapitalgesellschaft

= Handelsgesellschaft mit eigener Rechtspersönlichkeit (juristische Person)

- kann für jeden gesetzlich zulässigen Zweck durch eine oder mehrere Personen errichtet werden (vor 1980: keine Gründung von Ein-Mann-GmbH's zulässig)
- für die Verbindlichkeiten der Gesellschaft **haftet** den Gläubigern nur das **Gesellschaftsvermögen**

= Formkaufmann, § 6 II HGB

c) **Bedeutung:** Die GmbH ähnelt in vielem der AG. Unterschiede:

- die GmbH kann mit relativ wenig Kapital und bereits von einer Person gegründet werden
- die Gesellschafter haben ein weitgehendes Mitspracherecht.

Weitere **Vorteile**:

- Haftungsbeschränkung
- relativ einfache Gründung
- grundsätzlich kein Aufsichtsrat (erst ab 500 Arbeitnehmern).

Nachteil:

- geringere Kreditwürdigkeit als bei OHG/KG wegen der Haftungsbeschränkung; bei Ein-Mann-GmbH liegt praktisch eine Einzelunternehmung mit Ausschluß der unbeschränkten Haftung vor.

0.4.171 Entstehung

Einzelheiten (vgl. auch AG):

- bereits **ein** Gründer reicht aus (bis 1980: mind. 2 Gründer)
- Errichtung eines Gesellschaftsvertrages in notarieller Form
- Mindeststammkapital 50 000,– DM (früher: 20 000,– DM), Mindeststammeinlage eines Gesellschafters 500,– DM (§ 5 GmbHG).
- Voraussetzung für die Anmeldung zum Handelsregister (§ 7):
  - Einzahlung von mind. 25 % auf jede Stammeinlage
  - Gesamt-Mindesteinzahlung auf das Stammkapital 25 000,– DM
  - Sacheinlagen sind vollständig zu leisten
  - bei Ein-Mann-Gründung muß der Gesellschafter neben der Mindesteinlage für den ausstehenden Betrag eine Sicherung stellen
- der Anmeldung sind beizufügen:
  - Gesellschaftsvertrag
  - von den Anmeldenden unterschriebene Liste der Gesellschafter mit Namen, Vornamen, Stand, Wohnort, Betrag der Stammeinlage
  - Verträge und Unterlagen bei eventueller Sachgründung
- der Gesellschaftsvertrag muß Angaben enthalten über
  - Firma und Sitz der Gesellschaft
  - Gegenstand des Unternehmens
  - Betrag des Stammkapitals
  - Betrag der Stammeinlagen
- im Handelsregister eingetragen werden Firma und Sitz der Gesellschaft, Gegenstand des Unternehmens, Höhe des Stammkapitals, Abschlußdatum des Gesellschaftsvertrages, Personen der Geschäftsführer, Art ihrer Vertretungsbefugnis

- vor Eintragung einer neugegründeten GmbH haften die **Handelnden** (also nicht zwingend alle Gesellschafter) **persönlich** und **solidarisch** (§ 11 II GmbHG, vgl. Abschnitt 0.4.102)
- die Eintragung hat **konstitutive** Wirkung, d. h. erst jetzt entsteht die GmbH (§ 11)
- der GmbH-**Anteilschein**, der dem Gesellschafter ausgestellt wird, ist – im Gegensatz zur Aktie – **kein Wertpapier**, sondern lediglich Beweis für die Leistung der Einlage. Er spielt daher für die Anteilsübertragung keine Rolle: sie erfolgt durch notariell beurkundeten Abtretungsvertrag, ist der Gesellschaft mitzuteilen und kann ihrer Genehmigung unterliegen.
- Als GmbH-**Mantel** werden die gesamten Anteile einer GmbH bezeichnet, die auch ohne den ursprünglichen Geschäftsbetrieb veräußert werden können. Damit ist eine Neugründung vermeidbar.

0.4.172 Rechtsverhältnisse der GmbH

Zur Realisierung ihrer Geschäftsfähigkeit benötigt die GmbH wie auch die AG **Organe**:

a) **Geschäftsführung** (§§ 35 ff.):

- durch einen oder mehrere Geschäftsführer
- von der Gesellschaftsversammlung (**nicht** vom Aufsichtsrat, § 46 Nr. 5) auf unbestimmte Zeit bestellt, jederzeit abberufbar
- gerichtliche und außergerichtliche Vertretung der GmbH
- Beschränkung der Geschäftsführungsbefugnis ist Dritten gegenüber unwirksam

b) **Aufsichtsrat:** muß erst ab **500 Arbeitnehmern** gebildet werden; i. ü. gelten dieselben Regelungen wie beim Aufsichtsrat der AG (also auch BetrVerfG von 1952, MitbestimmungsG Bergbau, Eisen, Stahl von 1951 und Gesetz über die Mitbestimmung der Arbeitnehmer von 1976).

c) **Gesellschafterversammlung** (§§ 45 ff.):

- je 100,– DM eines Geschäftsanteils gewähren eine Stimme (§ 47 II)
- die Befugnisse der Organe, ihre Rechte und Pflichten entsprechen weitgehend den AG-Bestimmungen; die Vorschriften des GmbH-Gesetzes sind jedoch einfacher gehalten und weniger streng
- die von der Geschäftsführung einzuberufende Gesellschafterversammlung kann – aufgrund ihrer gewöhnlich geringeren Gesellschafterzahl – öfter zusammentreten und mehr Einfluß auf die Geschäftsführung nehmen als die Hauptversammlung einer AG
- die Rechte der Gesellschafter bestimmen sich nach dem Gesellschaftsvertrag, soweit nicht gesetzliche Vorschriften entgegenstehen

- soweit der Gesellschaftsvertrag nichts anderes regelt, unterliegen der Entscheidung der Gesellschafter:
  - Feststellung des Jahresabschlusses, Verwendung des Ergebnisses
  - Einforderung von Nachzahlungen auf Stammeinlagen
  - Rückzahlung von Nachschüssen
  - Teilung/Einziehung von Geschäftsanteilen
  - Bestellung/Entlastung/Abberufung von Geschäftsführern
  - Maßregeln zur Prüfung und Überwachung der Geschäftsführung
  - Bestellung von Prokuristen und Handlungsbevollmächtigten zum gesamten Geschäftsbetrieb
  - Geltendmachung von Ersatzansprüchen gegen Geschäftsführer/Gesellschafter.

0.4.173 Nachschußpflicht

Der **Gewinn** wird grundsätzlich nach dem Verhältnis der Geschäftsanteile verteilt; Rücklagenbildung ist nicht erforderlich.

Tritt ein **Verlust** ein, so kann – wenn im Gesellschaftsvertrag vorgesehen, also **nicht grundsätzlich** – auf Beschluß der Gesellschafterversammlung u. U. von jedem Gesellschafter ein **Nachschuß** gefordert werden. Hierbei handelt es sich **nicht** um einen Anspruch der Gläubiger der GmbH gegen die Gesellschafter, sondern um eine Verpflichtung der Gesellschafter gegenüber der **GmbH selbst**.

Der Gesellschaftsvertrag kann vorsehen (§ 26):

- **unbeschränkte** Nachschußpflicht
- **beschränkte** Nachschußpflicht.

Bei Nachforderung und **Zahlungsunfähigkeit/Verzug** des Gesellschafters bestehen folgende Möglichkeiten:

- **Beschränkte** Nachschußpflicht (§ 28): **Kaduzierungsverfahren**, d. h. dem Gesellschafter wird sein Anteil abgesprochen und versteigert, mit dem Erlös der Nachschuß gedeckt;
  - Mehrerlös: erhält die GmbH
  - Mindererlös: trägt der ausgeschlossene Gesellschafter bzw. (soweit endgültig Zahlungsunfähigkeit vorliegt) die Gesamtheit aller Gesellschafter je nach Anteil (§ 24)

- **unbeschränkte** Nachschußpflicht (§ 27): **Abandonrecht jedes** Gesellschafters, d. h. er kann seinen Anteil der GmbH zur Verfügung stellen (= Verzicht); dieser wird versteigert, mit dem Erlös der Nachschuß gedeckt;
  - Mehrerlös: erhält der ausgeschiedene Gesellschafter
  - Mindererlös: trägt die GmbH, d. h. alle Gesellschafter.

Beide Verfahren haben **Schutzzweck**: Das Kaduzierungsverfahren soll die GmbH vor Säumigkeit oder Zahlungsunfähigkeit eines Gesellschafters schützen, das Abandonrecht den Gesellschaftern dienen, die sich – durch Beschluß der Versammlung – einer u. U. für sie untragbaren Verpflichtung ausgesetzt sehen. Kaduzierung ist auch bei verzögerter Zahlung des Anteils möglich.

Ist die Nachschußpflicht nicht im Gesellschaftsvertrag vorgesehen, kann sie nur mit Zustimmung **aller** Gesellschafter eingeführt werden (§ 53 III).

0.4.18 Genossenschaft

0.4.180 Wesen und Bedeutung

a) **Rechtsgrundlage**: Gesetz betreffend die Erwerbs- und Wirtschaftsgenossenschaften von 1889 (Genossenschaftsgesetz, GenG) i. d. Fassung von 1994.

b) **Definition** (§§ 1, 2 GenG):

= Gesellschaft mit eigener Rechtspersönlichkeit (**juristische Person**)

= Formkaufmann (den Handelsgesellschaften gleichgestellt), § 6 II HGB

- dient der Förderung des Erwerbs oder der Wirtschaft ihrer Mitglieder durch gemeinsamen Geschäftsbetrieb.

c) **Bedeutung:** Zusammenschluß einzelner wirtschaftlich schwacher Partner, die gemeinsam eine stärkere wirtschaftliche Stellung erlangen und als Gesamtheit dem einzelnen Genossen wirtschaftliche Hilfe leisten; Ziel ist **nicht** das Erwirtschaften eines Gewinns, sondern Erlangung **wirtschaftlicher Vorteile** durch **Solidarität** („einer für alle, alle für einen") besonders im gewerblichen und landwirtschaftlichen Bereich (z. B. gemeinsamer Großeinkauf; gemeinsame Nutzung einer Melkmaschine).

d) **Arten:** § 1 GenG

- Kreditgenossenschaften (Volksbanken, Raiffeisenbanken, Spar- und Darlehnskassen)
- Rohstoffgenossenschaften: gemeinsame Rohstoffgewinnung
- Absatzgenossenschaften (gewerblich, ländlich): gemeinsamer Verkauf
- Produktivgenossenschaften: gemeinschaftliche Herstellung und Veräußerung von Gegenständen
- Konsumgenossenschaften: gemeinsamer Einkauf (insbes. Handwerk, Einzelhandel, Landwirtschaft)
- Betriebsgenossenschaften: gemeinsame Beschaffung und Nutzung von Investitionsgütern
- Baugenossenschaft (Wohnungen, Eigenheime).

0.4.181 Entstehung, Eintritt, Ausscheiden, Auflösung

a) **Entstehung:**

- mindestens 7 Gründer (**Genossen**), § 4
- schriftliche Vereinbarung eines **Statuts** (= Satzung der Genossenschaft), in dem alle wesentlichen Fragen geregelt sein müssen (§§ 5 ff.; z. B. Firma, Sitz, Unternehmensgegenstand, Nachschußpflicht, Einberufung der Generalversammlung usw.)
- **keine** gesetzliche Mindesteinzahlung; Höhe des **Geschäftsanteils** bestimmt das Statut (§ 7); dieses kann Beteiligung eines Genossen mit mehreren Geschäftsanteilen zulassen oder vorschreiben (sog. **Pflichtbeteiligung**), § 7a
- Anmeldung zur Eintragung im **Genossenschaftsregister** (§ 11; vgl. AG)
- **vor** Eintragung: **Prüfung** insbes. der Vermögenslage der Genossenschaft durch Prüfungsverband (s. u.), § 11 II Nr. 3
- **konstitutive Eintragung** im Genossenschaftsregister (beim Amtsgericht geführt), §§ 10, 13; Inhalt: Statut, Vorstandsmitglieder; das Statut wird vom Gericht auszugsweise veröffentlicht (§ 12)
- **Firma:** muß **Sach**firma sein und den Zusatz **„eingetragene Genossenschaft"** (oder: **„eG"**) tragen, § 3.

b) **Beitritt:** §§ 15, 15a

- ist jederzeit möglich (nach Anmeldung des Statuts)
- durch schriftliche, unbedingte Erklärung des Beitretenden
- vom Vorstand dem Registergericht zur Eintragung in die Genossenliste einzureichen
- durch Eintragung ensteht die Mitgliedschaft
- den Beitretenden treffen auch bestehende Nachschußpflichten.

c) **Ausscheiden** einzelner Genossen: §§ 65 ff.; möglich durch

- Kündigung zum Ende eines Geschäftsjahres mit Dreimonatsfrist (mindestens); kündigen kann grds. der Genosse, an seiner Stelle ein Gläubiger des Genossen nach vorheriger fruchtloser Zwangsvollstreckung
- außerordentliches Kündigungsrecht bei bestimmten, den Genossen belastenden Statutenänderungen (§ 67a)
- Ausschluß (z. B. wegen Mitgliedschaft in einer entsprechenden Genossenschaft am selben Ort)
- Tod: Mitgliedschaft geht auf Erben über, erlischt grds. am Ende des betr. Geschäftsjahres
- Übertragung des Geschäftsguthabens (s. u.) auf (neuen oder bisherigen) anderen Genossen (durch das Statut ausschließbar).

d) **Pflichtprüfung** der Genossenschaft bei Gründung (§ 11) und laufend (§§ 53 ff.):

- **zweijährlich**, ab 2 Mill. DM Bilanzsumme **jährlich**
- durch **Prüfungsverband**, dem die Genossenschaft als Pflichtmitglied angehört; Prüfungsverbände bestehen regional als eingetragene Vereine, deren Mitglieder eingetragene Genossenschaften oder ihnen gehörende oder dienende Unternehmen sind und die Sondervorschriften des Genossenschaftsgesetzes unterliegen (insbes. §§ 63 ff.)
- **Gegenstand** der Prüfung: Einrichtungen, Vermögenslage, Ordnungsmäßigkeit der Geschäftsführung der Genossenschaft, Jahresabschluß unter Einbeziehung der Buchführung und des Lageberichts
- **Verfahren:**
  - Anzeige der Prüfung
  - Einsicht in Bücher, Belege, Vermögensbestände
  - schriftlicher Bericht an Vorstand.

e) **Auflösung** der Genossenschaft: §§ 78 ff.

- durch Beschluß der Generalversammlung (3/4-Mehrheit)
- durch Zeitablauf, soweit vereinbart (Statut)
- durch Gericht bei weniger als 7 Genossen oder unzulässiger Tätigkeit
- wegen gesetzwidriger Handlungen
- durch Verschmelzung, d. h. Übernahme durch andere Genossenschaft
- durch Konkurs (§§ 98 ff.)

0.4.182 Rechtsverhältnisse der Genossenschaft

Innerhalb der Genossenschaft gelten Sondervorschriften zur Mitgliedschaft des einzelnen Genossen (insbes. zur Nachschußpflicht). Als juristische Person wird die Genossenschaft vertreten durch ihren **Vorstand**.

Daneben gibt es folgende **Organe**:

- Aufsichtsrat
- Generalversammlung

a) **Mitgliedschaft:** Das Statut enthält Angaben über die Höhe des Betrages, den jeder Genosse als Beteiligung erbringen kann (**Geschäftsanteil**, § 7). Dieser Betrag muß nicht sofort voll eingezahlt werden.

Die **tatsächliche** Beteiligung des Genossen ist das **Geschäftsguthaben**, bestehend aus

- erster Einzahlung
- weiteren Teilzahlungen
- Zuschreibungen von Gewinnanteilen (§§ 7,19).

Gewinne werden erst ausgezahlt, wenn das Guthaben die Höhe des Anteils erreicht hat.

Im **Konkurs kann** eine **Nachschußpflicht** der Genossen bestehen; § 6 Nr. 3 GenG sieht folgende Möglichkeiten vor:

- **keine** Nachschußpflicht
- **beschränkte** Nachschußpflicht bis zur Höhe einer sog. **Haftsumme**, die nicht niedriger sein darf als der Geschäftsanteil (§ 119)
- **unbeschränkte** Nachschußpflicht.

Die Höhe des jeweiligen Nachschusses berechnet der Konkursverwalter an Hand der nicht durch das Genossenschaftsvermögen gedeckten Gläubigerforderungen; dann zieht er die Nachschüsse ein (§§ 106 ff.)

BEISPIEL:

DM 1 000
DM 600
DM 1000
Beschränkte Nachschußpflicht
Geschäftsanteil
Geschäftsguthaben
Haftsumme

Nachzahlung bei Konkurs:	400,– DM	auf den Geschäftsanteil
	1 000,– DM	Haftsumme
	1 400,– DM	

In der Praxis ist beschränkte Nachschußpflicht die Regel (insbes. bei Kreditgenossenschaften); die Haftsummen erlangen Bedeutung jedoch erst im Konkurs. Während der laufenden Geschäftsführung können sie dem Geschäftsguthaben zugerechnet, also als haftendes Eigenkapital angesehen werden.

b) **Vorstand** (§§ 24 ff.): besteht aus mindestens **2 Mitgliedern** (Genossen); wird grundsätzlich von der Generalversammlung gewählt (die Statuten sehen jedoch meist Bestellung durch Aufsichtsrat vor); Befugnisse: vgl. AG.

c) **Aufsichtsrat** (§§ 36 ff.): **muß** gebildet werden; besteht aus mindestens **3 Mitgliedern** (Genossen); darf keine Vergütung (Tantieme) beziehen.

Die Mitglieder des Aufsichtsrates werden bis 500 Arbeitnehmer ausschließlich von der Generalversammlung bestellt, ab 500 Arbeitnehmern gilt eine der AG entsprechende Regelung nach

- Betriebsverfassungsgesetz 1952
- Gesetz über die Mitbestimmung der Arbeitnehmer von 1976,

nicht jedoch nach dem Mitbestimmungsgesetz Bergbau, Eisen, Stahl von 1951 (Montanbetriebe), s. o. Abschnitt 0.4.162.

Befugnisse des AR: vgl. AG.

d) **Generalversammlung** (§§ 43 ff.):

- Abstimmung erfolgt nach **Köpfen**; Mehrstimmrecht (höchstens 3 Stimmen) möglich, sofern nicht 3/4-Mehrheit erforderlich
- Stimmrechts**vollmacht** ist möglich; der Bevollmächtigte kann höchstens 2 Genossen vertreten
- statt der Generalversammlung kann (ab **1 500** Genossen) bzw. **muß** (ab **3 000** Genossen) eine **Vertreterversammlung** die Rechte der Genossen wahrnehmen: Versammlung von mindestens 50 durch die Genossen gewählten Vertretern (Einzelheiten regeln die Statuten)
- Befugnisse der Generalversammlung: vgl. AG.

e) **Sonstiges:**

- Die Genossenschaft kann **Prokura** und **Handlungsvollmacht** erteilen, § 42. Die Prokura wird im Genossenschaftsregister eingetragen.
- Das Genossenschafts**register** entspricht dem Handelsregister. Es hat dieselbe **Publizitätswirkung** (§ 29), allerdings nur für Änderungen des Vorstands oder seiner Vertretungsbefugnis.

0.4.19 Weitere Unternehmensformen und Unternehmenssonderformen

0.4.190 Partnergesellschaft

Das Gesetz über Partnergesellschaften Angehöriger Freier Berufe (PartGG) von 1994, inkraftgetreten am 1.7.1995, wurde zur rechtlichen Lösung der Problematik der Freiberufler geschaffen, die dem HGB nicht unterliegen, da sie **kein Handelsgewerbe** betreiben.

a) **Definition:**

= Personengesellschaft

- Angehörige freier Berufe schließen sich zur Ausübung ihrer Berufe zusammen (§ 1 PartGG)
- nur natürliche Personen
- es wird kein Handelsgewerbe ausgeübt

= quasi-juristische Person wie die OHG: entsprechende Anwendung des § 124 HGB (§ 7 II PartGG)

- der im HGB nicht definierte Begriff der **Freien Berufe** wird festgelegt (sog. **Legaldefinition**):
  - Ärzte, Zahnärzte, Tierärzte, Heilpraktiker, Krankengymnasten, Hebammen, Heilmasseure, Dipl.-Psychologen
  - Mitglieder der Rechtsanwaltskammern, Patentanwälte

- Wirtschaftsprüfer, Steuerberater, beratende Volks- und Betriebswirte, vereidigte Buchprüfer, Steuerbevollmächtigte
- Ingenieure, Architekten
- Handelschemiker
- Lotsen
- hauptberufliche Sachverständige
- Journalisten, Bildberichterstatter
- Dolmetscher, Übersetzer
- Wissenschaftler, Künstler, Schriftsteller, Lehrer, Erzieher

- Anwendung des Rechts der BGB-Gesellschaft, soweit im PartGG nichts anderes bestimmt ist
- zahlreiche Verweise auf das **Recht der OHG,** dem die Partnergesellschaft stark angenähert ist
- die Partnerschaftssituation zwischen gemeinsam tätigen Freiberuflern wird durch entsprechende Vorschriften berücksichtigt
- **Name:** der Name mindestens eines Partners mit Zusatz „und Partner" oder „Partnerschaft", Berufsbezeichnungen aller vertretenen Berufe
- Anmeldung zum **Partnerschaftsregister** (entspricht dem Handelsregister, vgl. außerdem §§ 106 I, 108 HGB).

b) **Innenverhältnis** (§ 6 PartGG):

- die Partner erbringen ihre beruflichen Leistungen unter Beachtung des für sie geltenden Berufsrechts
- vertraglich ist Ausschluß einzelner Partner nur von der Führung der sonstigen Geschäfte möglich
- im übrigen wie bei der OHG (§§ 110-116 II, 117-119 HGB)

c) **Außenverhältnis** (§ 7 PartGG):

- Entstehung mit Eintragung in das Partnerschaftsregister (konstitutiv)
- Vertretung wie bei der OHG (§ 125 I, II, IV, §§ 126, 127 HGB).

d) **Haftung** (§ 8 PartGG):

- Haftung des Vermögens der Partnerschaft
- die Partner haften als Gesamtschuldner
- Einwendungen können wie bei der OHG geltend gemacht werden (§ 129 HGB)
- der in die Partnergesellschaft neu eintretende Partner haftet entsprechend dem eintretenden Gesellschafter bei der OHG (§ 130 HGB)
- möglich ist eine Beschränkung der Haftung aus Schäden wegen fehlerhafter Berufsausübung auf den Partner, der die berufliche Leistung zu erbringen/verantwortlich zu leiten/zu überwachen hat
- gesetzliche Beschränkung der Haftung bei gleichzeitiger Haftpflichtversicherung.

e) **Ausscheiden** eines Partners, **Auflösung** der Partnerschaft (§ 9 PartGG):

- grundsätzlich wie bei der OHG (§§ 131-144 HGB)
- Tod/Konkurs/Kündigung eines Partners (oder durch dessen Privatgläubiger) bewirken nur das Ausscheiden des Partners aus der Partnerschaft
- Verlust einer erforderlichen Zulassung zu dem Freien Beruf führt zum Ausscheiden aus der Partnerschaft
- die Vererblichkeit der Beteiligung kann bestimmt werden, sofern die Voraussetzungen als Partner erfüllt sind.

0.4.191 GmbH & Co. KG

a) **Definition:**

= Personengesellschaft

= **Kommanditgesellschaft**, in der eine **GmbH** (oder **AG**, **KGaA**) **Komplementär** ist

- Gesellschafter der GmbH können zugleich Kommanditisten der KG, bisherige Komplementäre oder dritte Personen sein.

b) **Entstehung:**

- aus einer KG (siehe Beispiel)
- aus einer GmbH (oder AG, KGaA)
- Gründung einer KG oder GmbH von vornherein mit dem Ziel der Errichtung einer GmbH & Co. KG.

c) **Rechtsverhältnisse:**

- Gründung ist erst nach Eintragung der GmbH im Handelsregister möglich
- vor Eintragung von GmbH und KG besteht eine BGB-Gesellschaft; für von dieser eingegangene Verbindlichkeiten wird anschließend ohne weiteres die KG Schuldnerin
- da die GmbH die Stellung des Komplementärs übernimmt, ergibt sich folgende Haftungskonstellation:
  - volle Haftung wie bei jeder KG für den Komplementär
  - die GmbH als Komplementär haftet aber wie jede GmbH nur mit ihrem Vermögen
  - der/die Gesellschafter der GmbH haften **nicht**
- Geschäftsführung liegt bei der GmbH, wahrgenommen durch den/die Geschäftsführer.

d) **Bedeutung:** Als **Mischform** bietet die GmbH & Co. KG insb. folgende Vorteile:

- Wahl der Rechtsform einer Personengesellschaft, ohne daß die sonst übliche persönliche Haftung effektiv eingreift

BEISPIEL:

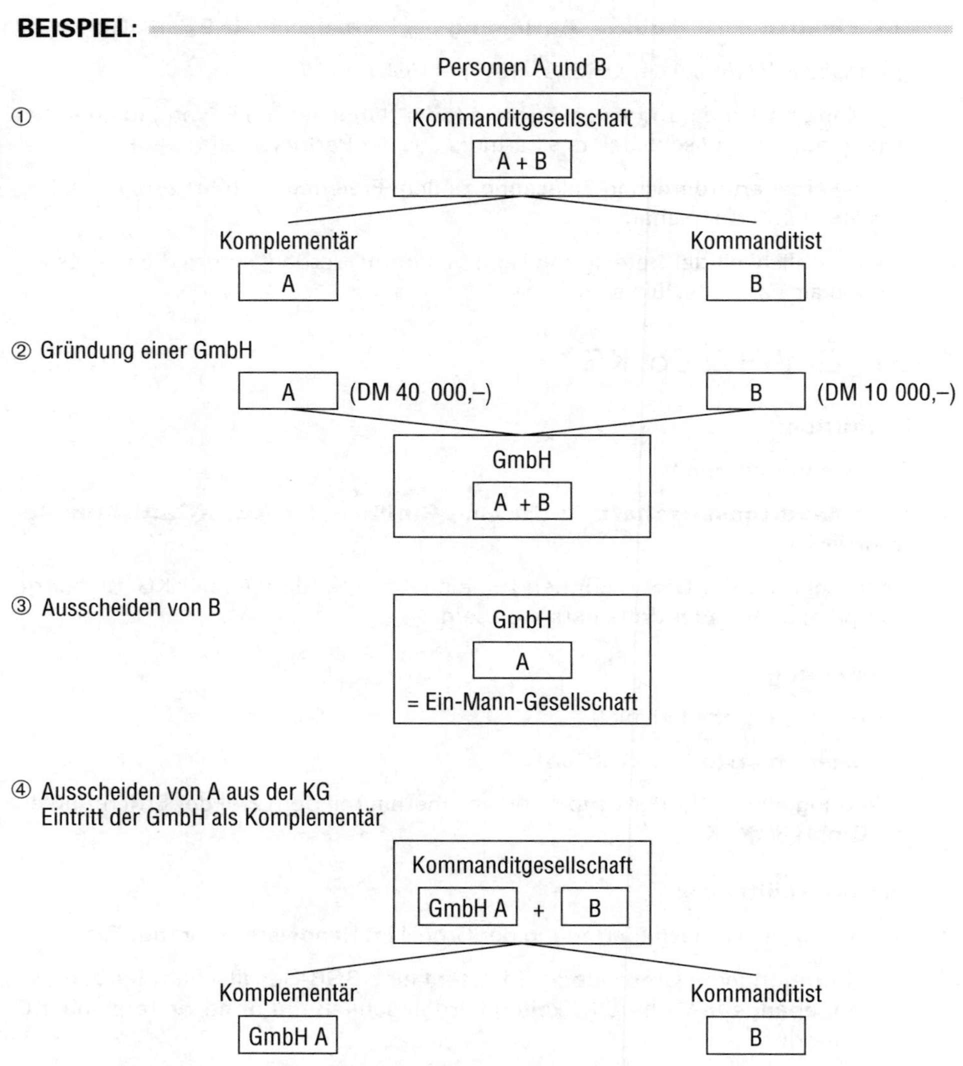

Auf diese Weise ist sogar Entstehung einer **Ein-Mann-GmbH-&-Co.-KG** möglich: A ist Alleingesellschafter einer Ein-Mann-GmbH, gründet mit sich als Kommanditist eine KG!

- geringere Publizitätspflichten für den Jahresabschluß (vgl. Abschnitt 0.4.04)
- Fortbestehen der Gesellschaft bei Tod des Geschäftsführers (der evtl. Alleininhaber der GmbH ist) (Personengesellschaft: löst sich sonst grds. auf, wenn Vollhafter stirbt)
- geringe Kapitalaufbringung (allerdings entsprechend geringere Kreditbasis)

- Steuerersparnis als Gründungsmotiv spielt aufgrund der Körperschaftsteuerreform von 1977 keine wesentliche Rolle mehr (dieser Aspekt hatte wohl in erster Linie zu der großen Verbreitung dieser Gesellschaftsform geführt)
- die GmbH & Co. KG ist an Unternehmenszusammenbrüchen überproportional beteiligt; Vertragspartner (wie z. B. Kreditinstitute) vereinbaren daher meist zusätzliche Sicherungen (z. B. persönliche Bürgschaften der Gesellschafter)
- nach einer Untersuchung im Jahre 1995 wird die Rechtsform der GmbH & Co. KG vor allem aus folgenden Gründen gewählt:
  - Haftungsbeschränkung 79 %
  - Vorteile in der Besteuerung 49 %
  - Möglichkeit der Trennung von Management und Eigentum 32 %
  - größerer Gestaltungsspielraum als bei GmbH 26 %
  - besondere Umstände, z. B. Erbfolgeregelung 25 %
  - keine Publizitätspflicht (außer gemäß Publizitätsgesetz) 22 %

e) Die Mischform „GmbH & Co. KG“ ist eine typische Unternehmenssonderform der Wirtschaft. Eine Mischform als „GmbH & Co. OHG“ ist jedoch ebenfalls denkbar. Außerdem können auch andere Kapitalgesellschaften, insbesondere Aktiengesellschaften, als Vollhafter in einer OHG oder KG auftreten. Gibt es in einer OHG oder KG keine vollhaftende natürliche Person, spricht man von einer **„kapitalistischen“** OHG bzw. KG. Für diese besonderen Unternehmen sind spezielle Vorschriften in das HGB eingefügt bzw. ergänzt worden (§§ 125a, 130a, b, 172 VI). Im einzelnen gilt:

- Die Firma einer kapitalistischen Personengesellschaft muß einen Hinweis auf die Haftungsbeschränkung enthalten.
- Die Geschäftsbriefe dieser Gesellschaft müssen Angaben über Rechtsform, Sitz der Gesellschaft, Registergericht und Registernummer sowie Firmen der Gesellschafter enthalten.
- Wird die Gesellschaft zahlungsunfähig oder deckt das Vermögen nicht mehr die Schulden (Überschuldung), müssen Konkurs oder gerichtliches Vergleichsverfahren beantragt werden.

Dies gilt nicht, wenn bei den beteiligten Gesellschaften eine natürliche Person haftet.

0.4.192 Kommanditgesellschaft auf Aktien (KGaA)

a) **Definition:**

= Kapitalgesellschaft (Aktiengesellschaft)

- mindestens ein Aktionär haftet gegenüber den Gesellschaftsgläubigern **unbeschränkt** (persönlich haftender Gesellschafter, **Komplementär**)
- die übrigen Aktionäre haben normale Aktionärsstellung (**Kommanditaktionäre**)
- §§ 278 ff. AktG.

b) **Entstehung:** i. d. R. aus einer KG, bei der erhöhter Kapitalbedarf (z. B. für Investitionen, um konkurrenzfähig zu bleiben) die Aufnahme von Gesellschaftern notwendig macht, andererseits die bisherigen Inhaber die Herrschaft behalten wollen.

c) **Rechtsverhältnisse** der KGaA:

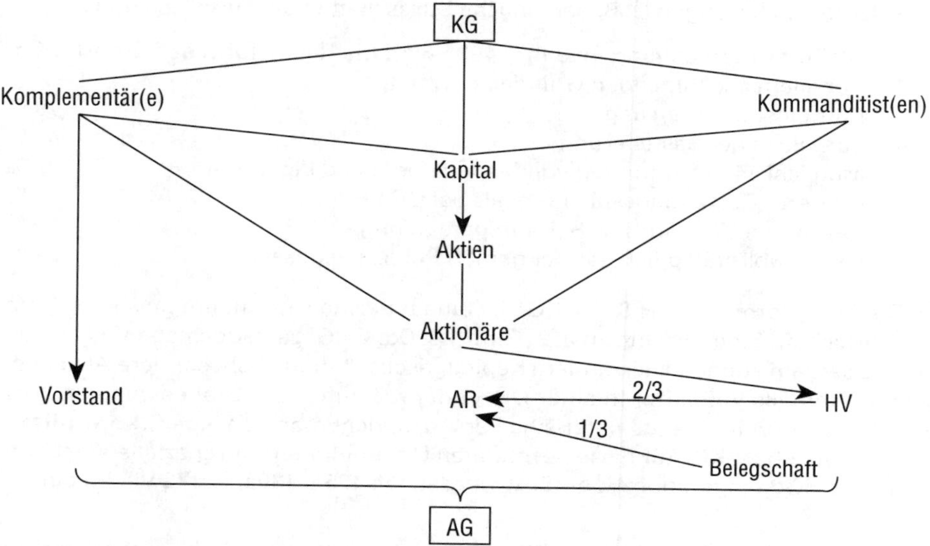

- **Vorstand:** besteht kraft Gesetzes (§ 282 AktG) aus den **Komplementären**, die (durch den Aufsichtsrat) **unabsetzbar** sind (vgl. § 285)
- **Aufsichtsrat:** Vertretung der Kommanditaktionäre gegenüber dem Vorstand; kein Komplementär darf Mitglied sein; Wahl des AR (durch Hauptversammlung bzw. Belegschaft) wie bei AG (siehe dort).
- **Hauptversammlung:** Versammlung aller Aktionäre, zu denen auch die Komplementäre gehören, da auch sie Einlagen geleistet haben, die zum in Aktien zerlegten Grundkapital der KGaA gehören. Die persönlich haftenden Gesellschafter dürfen jedoch – zum Schutz der Kommanditaktionäre – **nicht mitstimmen** bei Beschlüssen über
  - Wahl und Abberufung des Aufsichtsrats
  - Entlastung von Vorstand und Aufsichtsrat
  - Bestellung von Sonderprüfern, Wahl von Abschlußprüfern
  - Geltendmachung von/Verzicht auf Ersatzansprüche (§ 285).

Die HV-Beschlüsse bedürfen der Zustimmung der Komplementäre in Angelegenheiten, für die in einer KG das Einverständnis der persönlich haftenden Gesellschafter und der Kommanditisten erforderlich ist (§ 285 II).

d) **Bedeutung:** Starke Unternehmerpersönlichkeit erforderlich, die sich der unbeschränkten Haftung aussetzt; große Kreditwürdigkeit; oft für große bisherige Alleinunternehmungen oder Familiengesellschaften vorteilhaft; allerdings Publizitätspflicht und steuerliche Nachteile.

0.4.193 GmbH-StG (Stille Gesellschaft)

a) **Wesen:**

= Personengesellschaft

- an einer GmbH beteiligt sich eine Person (oder mehrere in Form einer BGB-Gesellschaft) als stiller Gesellschafter.

b) **Bedeutung:**

- einfache Gründung, sofern GmbH existiert (durch formlosen Vertrag)
- Haftungsvorteile des stillen Gesellschafters (siehe dort)
- Steuervorteile.

0.4.194 Versicherungsverein auf Gegenseitigkeit (VVaG)

a) **Wesen:** §§ 15 ff. Versicherungsaufsichtsgesetz (VAG)

= juristische Person

- besondere Form der Privatversicherung
- Versicherungsnehmer wird mit Abschluß des Versicherungsvertrages gleichzeitig Mitglied der Gesellschaft (Versicherer = Versicherter)
- Versicherungsleistungen werden aus den Beiträgen bestritten
- durch Rückversicherungen Vorsorge gegen Versicherungs-Unterschüsse möglich
- Haftung ist auf das Vermögen des VVaG beschränkt
- Rechtsfähigkeit durch Genehmigung der Versicherungstätigkeit durch Bundesaufsichtsamt für das Versicherungswesen
- deklaratorische Eintragung ins Handelsregister
- VVaG gilt als Kaufmann im Sinne des HGB (§ 16 VAG); diese Vorschrift des Versicherungsaufsichtsgesetzes ist erforderlich, da das HGB keine unmittelbare Anwendung findet, weil beim VVaG die Gewinnabsicht verneint wird.

0.4.195 Bergrechtliche Gewerkschaft

a) **Wesen:** vgl. Bundesberggesetz, Landesberggesetze

- Kapitalverein, d. h. juristische Person
- mit bergrechtlicher Berechtigung ausgestattet (z. B. Bergwerkseigentum)
- Mitglieder = „Gewerken“
- Nachschußpflicht (sog. „Zubuße“); Abandonrecht des Gewerken (vgl. GmbH).

b) **Rechtsverhältnisse:** vgl. AG und GmbH; Mitgliedsrechte werden verbrieft durch den **Kux** (vgl. Abschnitt 1.4.211).

c) **Bedeutung: keine** mehr, da Bergwerke heute in aller Regel als AG betrieben werden. Daher regelt das Bundesberggesetz von 1980: Noch bestehende bergrechtliche Gewerkschaften mußten bis Ende 1985 eine andere Rechtsform annehmen oder mit einer AG oder GmbH verschmelzen.

0.4.196 Partenreederei

a) **Wesen:** §§ 489 ff. HGB

- mehrere Personen verwenden **ein** ihnen gehörendes Schiff zum Erwerb durch Betreiben der Seefahrt (bei mehreren Schiffen ist die Reederei mehrfach Reeder)

= **BGB-Gesellschaft**

- **Mitreeder sind Bruchteilseigentümer des Schiffes.**

b) **Rechtsverhältnisse:**

- keine juristische Person
- aber firmenähnlicher Name
- besonderes Vertretungsorgan nicht erforderlich.

0.4.197 Europäische wirtschaftliche Interessenvereinigung (EwiV)

a) **Wesen:** seit dem 1.7.89 geltende auf der Basis des EG-Rechts geschaffene neue Rechtsform für Unternehmen.

b) **Ausgestaltung:**

- Gründung durch mindestens zwei natürliche Personen oder Gesellschaften aus verschiedenen EG-Staaten, die ein Handelsgewerbe, ein handwerkliches oder sonstiges gewerbliches Unternehmen betreiben, einen Landwirtschaftsbetrieb führen oder einen freien Beruf ausüben
- Gründung ist vollzogen mit Abschluß des Gesellschaftsvertrages und Eintragung in ein nationales Register
- die EwiV kann Träger von Rechten und Pflichten sein und Rechtsgeschäfte oder sonstige Rechtshandlungen wirksam abschließen
- Gewinne dürfen nicht erwirtschaftet werden
- Geschäftsführung und Vertretung durch Geschäftsführer
- Mitglieder haften unbeschränkt und gesamtschuldnerisch
- Arbeitnehmerzahl darf max. 500 betragen

- die EwiV darf weder unmittelbar noch mittelbar die Leitungs- oder Kontrollmacht über die Tätigkeiten ihrer Mitglieder oder eines anderen Unternehmens ausüben
- wegen dieser Einschränkungen ist kein großer Erfolg dieser Unternehmensform zu erwarten.

0.4.2 Unternehmenszusammenschlüsse

0.4.20 Überblick

Unternehmungen schließen sich zusammen, um gemeinsame Ziele zu erreichen. Triebkraft ist insbesondere der **Wettbewerb**, da der Druck der Konkurrenz letztlich gewinnschmälernd wirkt; nicht zuletzt diesem Druck versuchen Unternehmungen durch Zusammenschlüsse zu entgehen.

Gründe für derartige Zusammenschlüsse können insbesondere sein:

- Einschränkung oder Ausschaltung des für Unternehmen nachteiligen freien Wettbewerbs, **Monopol**bildung, Marktbeeinflussung, Marktbeherrschung, Unabhängigkeit vom Markt und seinen Faktoren
- Vermeidung von Überproduktion; Fehlinvestitionen
- gegenseitige wirtschaftliche **Unterstützung** (Rationalisierungen, technische Zusammenarbeit, z. B. über gemeinsame Computeranlagen, gemeinschaftliche Entwicklungs- und Forschungsprojekte).

Unternehmenszusammenschlüsse können für die Gesamtwirtschaft **nützlich** und wünschenswert sein: z. B. zur Überwindung von Krisen, Erhaltung und Verbesserung der Konkurrenzfähigkeit gegenüber dem Ausland, billigere Produkte durch gemeinsame Rationalisierungen, Forschung, technischer Fortschritt usw.

Dennoch bilden sie **Gefahren** für die freie Wirtschaft, da zusammengeschlossene Unternehmen bedeutende **Machtpositionen** vertreten. Mögliche **Nachteile** für die Gesamtwirtschaft sind insbesondere:

- Ausschaltung des Wettbewerbs, willkürliche Preisfestsetzung
- Verschlechterung der Qualität der Produkte, da Konkurrenz entfällt
- Unübersichtlichkeit der rechtlichen und wirtschaftlichen Bindungen und Abhängigkeiten.

Zusammenschlüsse von Unternehmen erfolgen durch **Verträge**, wobei es sich handeln kann um

- einfache (formlose) Abreden
- Gesellschaftsverträge
- Beteiligungen
- Fusionen (Verschmelzungen).

Es kann sich dabei um Zusammenschlüsse auf derselben Produktionsstufe handeln (**horizontal**, z. B. Hersteller von Autoreifen – Fabrikant von Autokarosserien) oder aber auf verschiedenen Produktionsstufen (**vertikal**, z. B. Hersteller von Kühlschränken – Großhändler).

Besonders wichtig ist die Frage, inwieweit rechtliche und wirtschaftliche **Selbständigkeit** eingeschränkt sind.

Die wichtigsten **Formen** sind:

Kartell – Konzern – Trust – Holdinggesellschaft – Interessengemeinschaft – Syndikat.

0.4.21 Formen von Zusammenschlüssen

0.4.210 Kartell

a) **Wesen:** relativ lose Verbindung von Unternehmen durch **Abreden**; bei Nichtbeachtung der Abmachungen sind Vertragsstrafen zu zahlen. Einzelnes:

- **Rechtliche** Selbständigkeit bleibt **erhalten**
- **wirtschaftliche** Selbständigkeit bleibt weitgehend **erhalten**, wird nur in einem Teilbereich eingeschränkt
- **horizontaler** Zusammenschluß.

b) **Arten:**

- Preiskartell (Einhaltung gleicher Preise für gleiche/entsprechende Artikel)
- Konditionenkartell (gleichartige Lieferungs- und Zahlungsbedingungen)
- Rabattkartell (Konditionenkartell für Rabatte)
- Normen-, Typenkartelle (Festlegung auf einheitliche Produktionsformen, Größen, Abmessungen, kombiniert verwendbare Produkte)
- Gebietskartell (Aufteilung des Absatzgebietes)
- Ausfuhr-, Einfuhrkartelle (Absprachen über einheitliche Liefer-, Zahlungsbedingungen, Preise usw.)
- Krisenkartell (Zusammenschluß zur Abwendung insbes. einer branchenbedingten Krise)
- Rationalisierungskartell (einheitliche innerbetriebliche Maßnahmen, z. B. Normung und Einschränkung des Angebots, zur Kosten- und Preissenkung, Leistungssteigerung).

c) Kartelle unterliegen dem Gesetz gegen Wettbewerbsbeschränkungen (**Kartellgesetz**) (siehe 0.4.22).

0.4.211 Syndikat

= Sonderform des **Kartells**: Absprache zwischen mehreren Unternehmen in Form eines **Gesellschaftsvertrages**; die neue Gesellschaft – grundsätzlich juristische Person – übernimmt für die Unternehmen als selbständige gemeinsame **Vertriebsgesellschaft** den Verkauf der Erzeugnisse.

Aufträge werden nach bestimmten, vorher vereinbarten Schlüsseln auf die Unternehmen verteilt, Lieferungen erfolgen durch die Unternehmen direkt an die Kunden, die Zahlungen nimmt das Vertriebskartell entgegen.

0.4.212 Interessengemeinschaft

a) **Wesen:**

- Zusammenschluß meist in Form einer **BGB-Gesellschaft**, der zwischen Kartell und Konzern steht
- **rechtliche** Selbständigkeit bleibt **erhalten**
- **wirtschaftliche** Selbständigkeit geht weitgehend **verloren**
- **horizontal** oder **vertikal**.

b) **Bedeutung:**

- reine **Innengesellschaft**: keine Firma, keine Rechtsgeschäfte mit Dritten
- meist **Gewinngemeinschaft**: Gewinne und Verluste mehrerer Unternehmen werden zusammengerechnet und nach bestimmtem Schlüssel verteilt
- oft Vorstufe für spätere Fusionen.

0.4.213 Konzern

a) **Wesen:**

= **Verbundenes Unternehmen** im Sinne des Aktienrechts (§§ 15 ff., 291 ff. AktG)

- Zusammenschluß von Unternehmen unter **einheitlicher Leitung**
- **rechtliche** Selbständigkeit bleibt **erhalten**
- **wirtschaftliche** Selbständigkeit geht **völlig verloren**
- **horizontal** oder **vertikal**
- Rechtsform der zusammengeschlossenen Unternehmen ist gleichgültig (also auch Personengesellschaften oder Einzelunternehmen).

b) **Entstehung:**

- Ein Unternehmen erwirbt Mehrheit der Anteile, insbes. Aktien, anderer Unternehmen und erlangt damit beherrschende Stellung („Mutter-Tochter-Gesellschaft")

- Unternehmungen tauschen ihre Anteile (Aktien) untereinander aus (Rechtsgrundlage: meist Interessengemeinschaft; „Schwestergesellschaft")
- Abschluß von Beherrschungs- und Gewinnabführungsverträgen (§ 291 AktG)
- Eingliederung (Voraussetzung: sog. Hauptgesellschaft besitzt alle Anteile einer anderen Gesellschaft; §§ 319 ff. AktG)
- Bildung einer Holdinggesellschaft (s. u.).

c) **Bedeutung:** Die einheitliche Leitung in einem Konzern ermöglicht besonders starken Einfluß auf die Wirtschaft; die rechtliche Selbständigkeit erschwert die Durchschaubarkeit der wirtschaftlichen Zusammenhänge. Verschiedenste Gründe können zur Konzernbildung führen. Sowohl horizontale (z. B. Versicherungsunternehmen; Kaufhäuser) als auch vertikale Zusammenschlüsse (insb. in der Industrie) sind verbreitet.

0.4.214 Holding-Gesellschaft

Wesen: Erwerb einer Mehrheit von Anteilen durch eine Gesellschaft an anderen Unternehmen, Beherrschung dieser Unternehmen. Die Holding-Gesellschaft wird speziell zu diesem Zweck gegründet; sie hat **keinen** eigenen **Produktionsbetrieb**, sondern ist nur **Dachgesellschaft**, „Konzernleitung".

0.4.215 Trust

= ein Großunternehmen, aus mehreren anderen Unternehmen durch **Fusion** entstanden

- **horizontal** oder **vertikal**
- **rechtliche** und **wirtschaftliche** Selbständigkeit gehen **verloren**
- Zusammenschluß erfolgt durch
  - Neugründung unter Auflösung der übrigen bisherigen Unternehmen
  - Aufnahme durch das stärkste, beherrschende Unternehmen.

0.4.216 Franchising

a) **Wesen:** Modernes Vertriebssystem für Produkte, Dienstleistungen und Know-How, d. h. Spezialkenntnisse auf bestimmten Gebieten, entsteht durch Zusammenschluß rechtlich selbständig bleibender Partner auf langfristiger vertraglicher Basis.

b) **Partner:** Unternehmen verschiedener Produktions-/Handelsstufen, also **vertikal**.

Arten:

als Franchise-Geber:	als Franchise-Nehmer:
Produzent	Handwerker Einzelhändler Direktverkäufer Großhändler
Dienstleistungszentrum	Dienstleistungsbetriebe
Großhändler	Einzelhändler Handwerker

c) **Leistungen des Franchise-Gebers:** zum Beispiel

- Nutzung von Markennamen, Warenzeichen u.ä.
- Übertragung von Spezial-Know-How
- betriebswirtschaftliche Beratung
- Werbung, Verkaufsförderung
- zentraler Einkauf.

d) Der **Franchise-Nehmer** verpflichtet sich in bestimmten Umfang zur Abnahme dieser Leistungen gegen Entgelt.

0.4.22 Der Wettbewerb der Unternehmungen

0.4.220 Überblick

Großunternehmen – seien sie durch Unternehmenszusammenschlüsse in den oben beschriebenen Formen oder auf anderem Wege entstanden – sind in einer freien Marktwirtschaft eine typische Erscheinung, bergen in einer sozialen Marktwirtschaft jedoch stets Gefahren in sich, die mit der sozialen Zielsetzung des Staates nicht vereinbar sind. Am deutlichsten wird dies bei Monopolen und anderen marktbeherrschenden Machtgruppierungen; doch auch die Marktbeeinflussung durch einzelne Unternehmen kann sich auf andere Wirtschaftsteilnehmer, insbesondere die Verbraucher nachteilig auswirken.

Daher gibt es eine Reihe gesetzlicher Vorschriften, die in den letzten Jahren zunehmend verschärft wurden und letztlich die Erhaltung eines freiheitlichen Wettbewerbs unter Wahrung sozialpolitischer Ziele bezwecken.

0.4.221 Gesetz gegen Wettbewerbsbeschränkungen (Kartellgesetz)

von 1957 in der Fassung vom 20.2.1990 (GWB).

a) **Kartellrecht:**

- Grundsatz: **Unwirksamkeit aller Kartelle** = Vereinbarungen, die geeignet sind, die Erzeugung oder die Marktverhältnisse durch **Wettbewerbsbeschränkung** zu beeinflussen (§ 1)

- Ausnahme: **anmeldepflichtige** Kartelle:
  - Konditionenkartell
  - Rabattkartell
  - Normen-, Typenkartell

  Wirksamwerden dieser Abreden nur, wenn Kartellbehörde nicht binnen 3 Monaten widerspricht.
  Im Handel sind Einkaufs-Kooperationen, die die Wettbewerbsfähigkeit kleiner und mittlerer Unternehmen verbessern, vom Kartellverbot ausgenommen.

- Ausnahme: **genehmigungspflichtige** Kartelle:
  - Strukturkrisenkartell (Situation: Absatzrückgang wegen Nachfrageänderung)
  - Rationalisierungskartell (Spezialisierung auf bestimmte Marktbereiche)
  - Einfuhr- und Ausfuhrkartelle
  - Syndikat
  - (sonstige) Sonderkartelle, wenn Wettbewerbsbeschränkung aus überwiegenden gesamtwirtschaftlichen Gründen notwendig ist;

  Genehmigung wird i. d. R. für 3 Jahre erteilt; Kartelle werden in das Kartellregister beim Bundeskartellamt eingetragen (§§ 9, 11).

- Aufsicht: erfolgt durch **Bundeskartellamt** (Berlin) sowie Bundeswirtschaftsminister und oberste Landesbehörden; Befugnisse:
  - Auskunftsrecht über wirtschaftliche Verhältnisse von Unternehmen
  - Einsichtnahme, Prüfung von Geschäftsunterlagen
  - Auskünfte von Wirtschafts- und Berufsvereinigungen
  - Durchsuchungen auf Anordnung des zuständigen Amtsrichters
  - aber keine Verwertung der Informationen in Besteuerungsverfahren.

b) **Sonstiges Wettbewerbsrecht:**

- **keine Preisbindung der zweiten Hand** (= Festsetzung von Endverbraucherpreisen durch Hersteller/Lieferer), § 15; Ausnahme: Verlagserzeugnisse (Bücher, Zeitschriften usw.), § 16; zulässig sind i.ü. nur ausdrücklich **unverbindliche Preisempfehlungen** (§ 38a)

- strenge **Mißbrauchsaufsicht** der Kartellbehörden über **marktbeherrschende Unternehmen** (Marktbeherrschung: überragende Marktstellung oder kein wesentlicher Wettbewerb vorhanden, auch bei mehreren Unternehmen, wenn zwischen ihnen praktisch kein Wettbewerb besteht), § 22; Recht der Kartellbehörden:
  - mißbräuchliches Verhalten zu untersagen

– Verträge für unwirksam zu erklären.

- Grundsatz: **Anzeigepflicht** bei Zusammenschluß von Unternehmen, wenn ein Marktanteil von mindestens 20 % erreicht/erhöht wird (Vorauss.: insgesamt mind. 500 Mill. DM Umsatz), § 23; bei größeren Unternehmen (ab 2 Mrd. DM Umsatzerlöse) unter bestimmten Voraussetzungen **Vermutung** einer Zusammenschlußwirkung (§ 23 a)

- **Fusionskontrolle** der Kartellbehörden, wenn zu erwarten ist, daß durch Zusammenschluß marktbeherrschende Stellung entsteht/verstärkt wird (Ausn.: wenn überwiegende Wettbewerbsverbesserungen erzielt werden); Befugnis der Kartellbehörden zur Untersagung oder Auflösung des Zusammenschlusses (§ 24); Einrichtung einer **Monopolkommission** zur Überwachung der Unternehmenskonzentration (§ 24b)

- Verbot aufeinander abgestimmten Verhaltens von Unternehmen, wettbewerbsbeschränkender Maßnahmen (insb. durch Zwang auf andere Unternehmen), Verbot von Liefer- oder Bezugssperren oder sonstiger Diskriminierungen (§§ 25,26).

c) Bei **Verstößen** gegen das GWB: §§ 34 ff.

- u. U. Schadensersatzpflicht gegenüber anderen geschädigten Unternehmen

- Anspruch von Unternehmen und Verbänden auf Unterlassung

- in vielen Fällen: Begehung einer Ordnungswidrigkeit, die mit **Bußgeld** (bis zu 1 Mill. DM, darüber hinaus bis zum Dreifachen des rechtswidrig erzielten Mehrerlöses) geahndet wird.

d) Gegen Verfügungen der Kartellbehörden ist **Beschwerde** beim zuständigen Oberlandesgericht zulässig; letzte Instanz (der sog. Rechtsbeschwerde) ist der Bundesgerichtshof.

e) Vergleichbare Kartellvorschriften gelten im Bereich der Europäischen Gemeinschaft; das Gemeinschaftsrecht ist dabei grundsätzlich vorrangig.

0.4.222 Recht der verbundenen Unternehmen

nach §§ 15 ff., 291 ff. AktG; Anwendung insbesondere auf Konzerne. Wichtigste Bestimmungen:

- Geltung grds., wenn Konzernunternehmen unter einheitlicher Leitung durch AG oder KGaA stehen

- jährlich sind **Konzernbilanz** und Konzern-G+V aufzustellen (für alle Unternehmen, die mit Mehrheit Konzernunternehmen gehören und/oder für Beurteilung der Vermögens- und Ertragslage des Konzerns wichtig sind) und ein Konzern-Geschäftsbericht zu veröffentlichen

- gesonderte Prüfung des Konzernabschlusses durch Konzernabschlußprüfer

- Schutz außenstehender Aktionäre (Minderheitsaktionäre) beim Abschluß von Beherrschungs- und Gewinnabführungsverträgen.

Vgl. hierzu Abschnitt 0.4.042 g.

0.4.3 Das Notleiden von Unternehmen

0.4.30 Überblick

Kennzeichnend für das Notleiden von Unternehmen ist insbesondere die Unfähigkeit, fällige Zahlungen zu leisten. Diese wird nach außen hin deutlich z. B. durch das „Platzen" von Schecks, durch protestierte Wechsel, durch Anhängigkeit von gerichtlichen Mahn- und Klageverfahren.

Die Zahlungsunfähigkeit kann ihre Gründe in vorübergehenden Liquiditätsschwierigkeiten haben; mögliche Ursachen:

- Ausfall von Forderungen (durch Zahlungsunfähigkeit anderer Schuldner)
- Lieferschwierigkeiten von Zulieferern
- schlechte finanzielle Dispositionen
- branchen- oder gesamtwirtschaftlich bedingte Umsatzrückgänge u. dgl.

Diese vorübergehenden finanziellen Engpässe lassen sich meist durch Bankkredite, Stundungen durch Gläubiger usw. überbrücken (vgl. Kontokorrentkredit).

Aber auch tiefergehende Gründe können zur Einstellung der Zahlungen führen. Ursachen für diese Entwicklung:

- **innerbetrieblich:** Kapitalmangel, Überaltung, schlechte Führung, Fehlinvestitionen, Organisationsmängel, zu hohe Privatentnahmen usw.
- **außerbetrieblich:** umfangreiche Forderungsausfälle, Konjunkturrückgang, verschärfte Konkurrenz, außenwirtschaftliche Faktoren usw.

Mögliche **Entwicklung** (Beispiel):

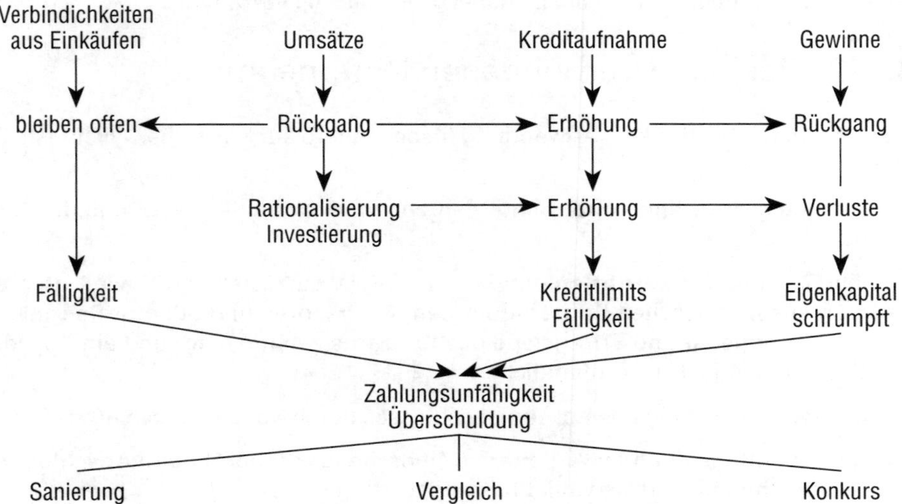

Sieht der Unternehmer diese Entwicklung kommen, kann er **Gegenmaßnahmen** treffen:

- **Sanierung** aufgrund eigener Anstrengungen
- **Vergleich** mit den Gläubigern
- **Unternehmenszusammenschluß**, Umbildung, andere Unternehmensform (z. B. Umwandlung einer KG in KGaA zwecks Kapitalbeschaffung)
- freiwillige Auflösung (**Liquidation**) als Ausweg, solange die Vermögenswerte zur Deckung der Schulden ausreichen
- **Konkurs** = zwangsweise Auflösung des Unternehmens als (negativer) Abschluß der Entwicklung.

Das zum Zeitpunkt der Erstellung dieser Auflage gültige Insolvenzrecht basiert auf der Vergleichsordnung von 1935 und der Konkursordnung von 1877. Eine Reform war jahrelang in der Diskussion.

Nunmehr wird die neue Insolvenzordnung (InsO) vom 5.10.1994 am 1.1.1999 in Kraft treten. Einzelheiten siehe Abschnitt 0.4.35.

0.4.31 Sanierung

a) **Wesen:** = „Heilung", d. h. Einsatz von Maßnahmen, die Leistungsfähigkeit und Ertragskraft des Unternehmens wiederherzustellen; Voraussetzung: Aufdeckung der Ursachen für die Krise.

b) **Maßnahmen:**

- personell: Neubesetzung der leitenden Positionen, Hinzuziehung von Fachkräften
- sachlich: Rationalisierungen, Austausch unrentabler Betriebsmittel
- organisatorisch: Neugliederung der betrieblichen Tätigkeit, z. B. Änderung des Produktionsablaufs, Einsatz der Marktforschung, verbesserte Werbung (meist mit personellen Maßnahmen gekoppelt)
- **finanziell:** besonders wichtig; mögliche **Formen**:
  - Kapitalherabsetzung, Auflösung offener oder stiller Rücklagen, Herabsetzung des Nennwertes oder Zusammenlegung von Aktien
  - Zuführung neuer Kapitalien freiwillig durch Inhaber/Gesellschafter, durch Neueinlagen von Gesellschaftern (Kapitalerhöhung bei AG), u. U. durch Einzug von Nachschüssen (GmbH, eG)
  - Veräußerung von Sachwerten
  - Änderungen der Struktur des Fremdkapitals (Umwandlung kurzfristiger in langfristige Kredite mit Zustimmung der Gläubiger), Umwandlung von Fremd- in Eigenkapital.

0.4.32 Liquidation

a) **Wesen:**

= **freiwillige** Auflösung eines Unternehmens

- Voraussetzung (grds.): Vermögenswerte reichen aus zur Deckung der Schulden
- z. T. gesetzlich geregelt (vgl. §§ 145 ff. HGB)

b) **Abwicklung:**

- Liquidationsbeschluß (bei Gesellschaften)
- Veröffentlichung, Handelsregistereintragung; Firma: Zusatz „i.L." = „in Liquidation"
- Bestellung von Liquidatoren (meist Inhaber/Gesellschafter/Geschäftsführer/Vorstand)
- Veräußerung aller Vermögenswerte, Einzug der Forderungen (bei langfristigen Forderungen: Verkauf möglich)
- Bezahlung der Schulden mit dem Erlös
- Auszahlung des Restes (sog. Liquidationserlös) an den/die Eigentümer/Gesellschafter (bei Kapitalgesellschaften und Genossenschaften erst nach Ablauf eines sog. Sperrjahres).

c) **Sonstiges:**

- Aufstellung einer Liquidationsbilanz zu Beginn und am Ende der Liquidation
- bei Personengesellschaften Haftung der Gesellschafter noch 5 Jahre lang
- oft läßt sich günstiger das gesamte Unternehmen **verkaufen**
- eine Liquidation wird – abgesehen von **wirtschaftlichen Gründen** – oft notwendig wegen Tod des Inhabers, Tod/Ausscheiden von Gesellschaftern bei Personengesellschaften (nur Vollhafter), Erbauseinandersetzungen (**persönliche Gründe**).

0.4.33 Vergleich

0.4.330 Grundbegriffe

a) **Wesen:**

= Verfahren zur **Vermeidung** der Unternehmensauflösung

- durch **Vertrag** zwischen Schuldner und Gläubiger(n)
- Rechtsgrundlage: Vergleichsordnung (VerglO) von 1935, geltend für den gerichtlichen Vergleich
- wird abgelöst durch Insolvenzordnung ab 1.1.1999, Abschnitt 0.4.35!

b) **Arten:**

- Verfahren:
  - außergerichtlicher Vergleich
  - gerichtlicher Vergleich
- Technik:
  - Stundungsvergleich: **Stundung** der Forderungen
  - Erlaßvergleich: **Erlaß** von Forderungen
  - Kombination zwischen Stundung und Erlaß
- Sonderform: Zwangsvergleich

0.4.331 Außergerichtlicher Vergleich = Akkord

a) **Wesen:**

- Der Schuldner wendet sich an einzelne, seltener an alle Gläubiger und bittet sie um Hilfe. Er kann die Gläubiger dabei willkürlich auswählen und frei mit ihnen die Vergleichsbedingungen aushandeln.
- Voraussetzung: **Interesse** der angesprochenen Gläubiger an einem Vergleich; mögliche Gründe:
  - sie brauchen das notleidende Unternehmen (z. B. einziges Transportunternehmen am Platz, Güterbeförderung müßten die Gläubiger selbst durchführen)
  - sie befürchten, bei einem Konkurs noch weniger Geld zu bekommen (was tatsächlich sehr oft der Fall ist, s. u.)
  - private Gründe (z. B. Freundschaft mit dem Schuldner).

b) **Bedeutung:**

- Vorteil: Abwicklung in der Stille und ohne Gerichtskosten
- Nachteil: wenn es nachträglich zum Konkurs kommt, kann der Teil der Forderungen, auf den vorher verzichtet wurde, nicht mehr geltend gemacht werden!

0.4.332 Gerichtlicher Vergleich

a) **Wesen:** Vertrag des Schuldners mit **allen gewöhnlichen** (d. h. nicht bevorrechtigten, vgl. Konkurs) **Gläubigern** unter Mitwirkung des **Vergleichsgerichts** (= zuständiges Amtsgericht); §§ 2, 25 ff. VerglO. Alle Vergleichsgläubiger sind **gleich** zu behandeln (§ 8).

b) **Abwicklung:**

① Antrag des Schuldners beim Vergleichsgericht (§§ 2 ff.); Inhalt: **Vergleichsvorschlag**; der Schuldner ist nur **vergleichswürdig**, wenn er

- mindestens 35 % innerhalb eines Jahres
- mindestens 40 % innerhalb von 18 Monaten
- mehr als 40 % der Forderungen bei mehr als 18 Monaten Zahlungsfrist zur Barzahlung den Gläubigern anbietet.

② Anzugeben bzw. dem Antrag beizufügen:

- Sonstiger Vergleich/Konkurs/Zwangsvollstreckung/eidesstattliche Versicherung des Schuldners innerhalb der letzten 5 Jahre
- Vermögensübersicht (Bilanz)
- Verzeichnis der Gläubiger und Forderungen, Schuldner und Schulden
- Erklärung über Vermögensverfügungen an Angehörige innerhalb der letzten 2 Jahre.

③ Prüfung des Antrags durch das Gericht; bei Ablehnung: **Anschlußkonkurs** (§ 19); Ablehnung erfolgt insb. bei fehlender Vergleichswürdigkeit, anderen Vergleichs- oder Konkursverfahren innerhalb der letzten 5 Jahre und schuldhaftem Vermögensverfall (Unredlichkeit, Leichtsinn usw.), §§ 17, 18; bei Annahme: **Vergleichseröffnung** (Vermerk im Handelsregister).

④ **Wirkung** der Eröffnung: §§ 46 ff.

- Konkursverbot: Entscheidung über beantragte Konkurseröffnung bleibt ausgesetzt bis zum rechtskräftigen Abschluß des Vergleichsverfahrens (§ 46)
- Verjährung der Gläubigeransprüche wird gehemmt (§ 55)
- Vollstreckungsverbot: keine Zwangsvollstreckungen bis zur Beendigung des Vergleichs mehr möglich (§ 47).

⑤ Ernennung eines **Vergleichsverwalters**; Aufgaben: (§§ 38 ff.)

- Prüfung der Wirtschaftslage des Schuldners
- Überwachung der Geschäftsführung und Privatausgaben des Schuldners.

⑥ Einberufung einer **Gläubigerversammlung** (Vergleichstermin, binnen eines Monats); bis zu diesem Termin sind Forderungen **anzumelden** (§ 67); Verhandlung und Abstimmung über den Vergleichsvorschlag des Schuldners: Erforderlich ist Zustimmung der Mehrheit der Gläubiger (pro Kopf) sowie von

- 75 % der Forderungen, wenn der Schuldner 50 % und mehr anbietet
- 80 % der Forderungen, wenn der Schuldner weniger als 50 % anbietet

(§ 74); die übrigen Gläubiger sind dann an das Ergebnis gebunden.

⑦ Bestätigung des Vergleichs durch das Gericht; damit verbindlich für alle Gläubiger.

⑧ **Abwicklung:** bei **Verzug** des Schuldners mit der Erfüllung (= Nichtleistung trotz schriftlicher Mahnung und mind. einwöchiger Nachfrist) leben die Forderungen wieder voll auf, Stundung und Erlaß sind **hinfällig**; desgleichen bei Konkurseröffnung vor vollständiger Erfüllung (§ 9).

⑨ Beendigung des Verfahrens durch das Gericht.

0.4.333 Besonderheit: Zwangsvergleich

Wesen: Durch Zwangsvergleich wird ein bereits eröffnetes **Konkursverfahren aufgehoben** (§§ 173 ff. KO).

Zustandekommen:

- der Schuldner bietet den Gläubigern **höhere Zahlungen** an, als im Konkurs zu erwarten wären
- Mindestgebot: 20 % der nicht bevorrechtigten Forderungen
- Zustimmung der Mehrheit der Gläubiger sowie von 75 % der Forderungen erforderlich, außerdem Bestätigung des Gerichts.

Praxis: Der Schuldner verfügt über Geldquellen, die nicht zur Konkursmasse gehören (z. B. Vermögen der Ehefrau bei rechtzeitiger Gütertrennung, Geldmittel von Freunden usw.) und versucht das Unternehmen damit zu retten.

0.4.34 Konkurs

0.4.340 Grundbegriffe

a) **Wesen:** = gerichtliches Verfahren zur **zwangsweisen** Auflösung einer Unternehmung. Rechtsgrundlage: Konkursordnung (KO) von 1877.

– wird abgelöst durch Insolvenzordnung ab 1.1.1999, Abschnitt 0.4.35! –

b) **Zweck:** gerechte und gleichmäßige Verteilung des gesamten Schuldnervermögens auf die Gläubiger; der Einzelzugriff wird unterbunden, der Schuldner einzelner Verbindlichkeiten wird **Gemeinschuldner**.

c) **Bedeutung** für den Gemeinschuldner: erheblicher Eingriff in seine geschäftliche und Privatsphäre, begleitet von totaler Aufdeckung der wirtschaftlichen Verhältnisse; der Konkurs, der durchaus nicht persönlich verschuldet sein muß, wirkt sich für die Zukunft des Unternehmers sehr negativ aus, bringt oft persönlichen Makel mit sich.

0.4.341 Abwicklung

① **Antrag** beim Konkursgericht (= für den Gemeinschuldner zuständiges Amtsgericht)

- durch den Gemeinschuldner (Einreichung eines Gläubiger- und Schuldnerverzeichnisses und einer Vermögensübersicht)
- durch einen Gläubiger unter Nachweis der Zahlungsunfähigkeit des Schuldners (z. B. Wechselprotest, fruchtlose Zwangsvollstreckung), §§ 102 ff. KO.

② **Prüfung** des Antrags durch das Konkursgericht; Möglichkeiten:

- Ablehnung, da Konkurs nicht erforderlich erscheint (Zahlungsunfähigkeit ist nicht glaubhaft)

- **Ablehnung mangels Masse:** Vermögen reicht nicht zur Deckung der Verfahrenskosten aus (§ 107)
- **Annahme** des Antrags

③ **Eröffnung** des Konkursverfahrens (§§ 108 ff.); **Maßnahmen**:

- Bekanntmachung der Eröffnung (Bundesanzeiger, Pflichtblätter)
- Ernennung des **Konkursverwalters**
- Terminsetzung für erste **Gläubigerversammlung** (binnen eines Monats)
- Anordnung des **offenen Arrests** (s. u.)
- Festsetzung einer Anmeldefrist für Forderungen (diese werden in Konkurstabelle eingetragen)
- **Eintragung** der Konkurseröffnung ins Handelsregister usw., u. U. im Grundbuch.

④ **Wirkung** der Eröffnung:

für die **Gläubiger**:

- sämtliche Forderungen werden **sofort fällig**
- das Einzelzugriffsrecht (z. B. durch Zwangsvollstreckung) **ruht** für die Dauer des Verfahrens (§ 14)

für den **Gemeinschuldner**:

- Verlust des Verwaltungs- und Verfügungsrechts über das Vermögen, soweit zur Konkursmasse gehörig (§ 6)
- von ihm erteilte Aufträge und Geschäftsbesorgungsverträge erlöschen (§ 23)
- Vermögensverfügungen des Gemeinschuldners nach Konkurseröffnung sind den Gläubigern gegenüber **unwirksam** (§§ 7, 15)
- er darf seinen Wohnort ohne Gerichtserlaubnis nicht verlassen, muß dem Konkursverwalter Auskunft erteilen, seine Ehrenämter ruhen

für die **Schuldner** des Gemeinschuldners: sog. **offener Arrest** (§§ 8, 118), d. h.

- **Verbot**, an den Gemeinschuldner zu leisten (Erfüllung tritt sonst nur ein, wenn Leistung in die Konkursmasse gelangt)
- **Anzeige** von Schulden gegenüber der Masse sowie des Besitzes von zur Konkursmasse gehörenden Sachen.

⑤ Abhaltung von **Gläubigerversammlungen**; Beschlüsse:

- Bestätigung des gerichtlich ernannten Konkursverwalters oder Neuwahl
- Unterstützung des Gemeinschuldners und seiner Familie aus der Masse
- Fortführung und/oder Beendigung der Geschäftstätigkeit usw. (§ 132)

⑥ Weitere Abwicklung erfolgt durch den **Konkursverwalter**, der das **Verwaltungs- und Verfügungsrecht** über die Konkursmasse erhält (vgl. §§ 17 ff., 117 ff. KO):

- Aufstellung von Inventar und **Konkursbilanz**
- Errechnung einer vorläufigen **Konkursquote** (= der Prozentsatz, den die nicht bevorrechtigten Gläubiger auf ihre Forderungen erhalten)
- Fortführung, schließlich Beendigung der Geschäfte.

Der Konkursverwalter hat die Interessen von Gemeinschuldner und Gläubigern gleichermaßen zu wahren.

⑦ **Konkursmasse** ist das gesamte Vermögen des Schuldners, das zur Zeit der Konkurseröffnung in seinem Eigentum steht und pfändbar ist (§ 1).

⑧ **Vor** Verteilung der Konkursmasse sind **Gläubiger mit Sonderrechten** zu berücksichtigen; solche Rechte sind:

- **Aussonderung** von Gegenständen in fremden Eigentum, die **nicht zur Masse** gehören (§§ 43-46), z. B. geliehene, gemietete, unter Eigentumsvorbehalt gelieferte Gegenstände
- **Absonderung von Massegegenständen**, die mit **Sicherungsrechten** belastet sind (§§ 47-51): gesetzliche, gerichtliche, vertragliche Pfandrechte (auch: Grundpfandrechte), Sicherungseigentum u. dgl. Die Gläubiger erhalten diese Gegenstände zur **Verwertung** (Versteigerung) und **Befriedigung** aus dem Erlös; Mehrerlös: geht in die Konkursmasse zurück; Mindererlös: Restforderungen werden als gewöhnliche Forderungen erneut angemeldet
- **Aufrechnung**, d. h. Verrechnung von Forderungen eines Gläubigers mit Verbindlichkeiten, die er dem Gemeinschuldner gegenüber hat (§§ 53 ff. KO, 387 ff. BGB); so kann der Ausfall durch die meist ungünstige Konkursquote umgangen oder gemildert werden.

⑨ Nach **Verwertung** („Versilberung") der restlichen Vermögensgegenstände durch den Konkursverwalter erfolgt **Verteilung** des Gesamterlöses in folgender Reihenfolge (**Rangordnung!**):

a) **Vorwegbefriedigung** der Massegläubiger (§§ 57-60): **Masseschulden** und **Massekosten**, Ränge: (auszugsweise)
   - Ansprüche aus Geschäften/Handlungen des Konkursverwalters
   - gerichtliche Verfahrenskosten; Kosten für Verwaltung/Verwertung/Verteilung der Masse
   - Ansprüche von Arbeitnehmern, Pensionsberechtigten usw. aus Zahlungsrückständen bis zu **6 Monaten** vor Konkurseröffnung
   - Unterstützung an Gemeinschuldner und Familie.

b) **Bevorrechtigte** Gläubiger (§ 61); Ränge:
   - Lohn- und Gehaltsforderungen u. dgl.
   - Forderungen für Steuern, öff. Abgaben (Bund, Länder, Gemeinden)
   - Forderungen von Kirchen, Schulen, öff. Verbänden
   - Forderungen von Ärzten, Apothekern, Pflegern usw.

   } jeweils für das letzte Jahr vor Konkurseröffnung

   - Unterhaltsansprüche von Kindern, Mündeln u.dgl.

c) Nichtbevorrechtigte = **gewöhnliche Gläubiger** (§ 61 I Nr. 6):

   anteilige Auszahlung des eventuellen Restes durch **Konkursquote**.

⑩ **Beendigung** des Konkursverfahrens, letzte Gläubigerversammlung (Schlußtermin), §§ 162, 163; **Wirkung** der Beendigung (§§ 164 ff.):

- Befreiung des Gemeinschuldners von den bisherigen Auflagen
- **Haftung** des Schuldners für nicht befriedigte Restforderungen **30 Jahre** lang (gleich, welche Verjährungsfrist bisher galt)
- **Einzelzugriffsrecht** der Gläubiger **lebt** wieder **auf**; Auszug aus Konkurstabelle ist Vollstreckungstitel.

0.4.342 Praxis und Zukunft des Insolvenzrechts

Die Anzahl der beantragten Konkurs- und Vergleichsverfahren hat in den achtziger und neunziger Jahren insgesamt erheblich zugenommen.

Merkmale dieser Entwicklung sind:

- häufigere Insolvenzen bei jüngeren Unternehmen (mehr als zwei Drittel sind bis zu 10 Jahre alt)
- Insolvenzgefährdung besonders kleinerer und mittlerer Unternehmen (insb. 50-200 Arbeitnehmer)
- Insolvenzgefährdung bei bestimmten Unternehmensformen (vor allem GmbH, GmbH & Co. KG)
- geringe Deckungsquote bei Konkursen selbst für bevorrechtigte Forderungen.

Folgende **Ursachen für Insolvenzen** lassen sich erkennen:

- unzureichende Eigenkapitalausstattung
- Unfähigkeit des Managements, insb. in kaufmännischer Sicht
- falsche Markteinschätzung
- verschärfter Wettbewerb
- überhöhte Investitionen
- Abhängigkeit von nur einem oder wenigen Produkten
- falsches Finanzierungsverhalten, unzureichende Finanzplanung
- große Verluste bei Debitoren sowie im Warenlager
- zu einseitige Orientierung auf die Größe des Umsatzes
- zu hohe Belastungen auf der Kostenseite, insb. bei Gehältern und Lohnnebenkosten
- Abhängigkeit von Tochtergesellschaften sowie von in Zahlungsschwierigkeiten geratenden Großlieferanten, -kunden oder vom Ausland.

Während bei fast jedem gerichtlich ermittelten Fall von Zahlungsschwierigkeiten ein Konkursverfahren beantragt wird, kommt die Konkurseröffnung nur bei weniger als 30 % zustande. In allen anderen Fällen werden die Konkursanträge mangels Masse abgelehnt. Die Quote der nicht bevorrechtigten Gläubiger liegt im Durchschnitt nur noch bei 3-5%.

Ursachen für diese Entwicklung:

- Fehlen qualifizierter Vergleichs- und Konkursverwalter
- Streben der Gläubiger nach Sonderrechten (Aus- und Absonderung), vor allem über den Eigentumsvorbehalt
- unsichere Grundlagen in wirtschaftlicher und fachlicher Hinsicht bei der Gründung von Unternehmen (hier nehmen die Bürgschaftsgemeinschaften eine wichtige Stellung ein, da sie durch kritische Auswahl der Begünstigten negative Entwicklungen wie überhöhte Kreditaufnahme verhindern können)
- Wirtschaftskriminalität.

Folgen: Ablehnung von Vergleichs- und Konkursverfahren mangels Masse führt dazu, daß die Gläubiger sich selbst schützen müssen: Wettlauf mit Vollstreckungsmaßnahmen; Arbeitnehmer stellen die Arbeit in der Regel sofort ein, da die Bundesanstalt für Arbeit ein Konkursausfallgeld nur für die letzten 3 Monate vor Konkurseröffnung zahlt.

Das überalterte Konkurs- und Vergleichsrecht befand sich jahrelang in der Diskussion. Die ab 1.1.1999 geltende Insolvenzordnung soll die bestehenden Probleme zumindest verringern.

0.4.35 Insolvenzordnung (InsO) vom 5.10.1994 – Inkrafttreten: am 1.1.1999! –

0.4.350 Historie

Das Gesetzgebungsverfahren für das neue Insolvenzrecht hat fast 20 Jahre in Anspruch genommen. Es wurde u. a. aufgrund der Folgen der Ölkrise in den 70er Jahren aufgenommen. Die eingesetzte Kommission legte 1985 einen Ersten Bericht und 1986 einen Zweiten Bericht vor.

Die Notwendigkeit einer Reform besonders der Konkursordnung hatte sich bereits bei Aufnahme des Gesetzgebungsverfahrens gezeigt und bis heute massiv verschärft, so daß im Ergebnis das Konkursrecht lediglich imstande war,

- eine gewisse Sicherung für aufgelaufene Lohn-/Gehaltsansprüche von Arbeitnehmern zu bieten
- die gesicherten Gläubiger vor Beeinträchtigungen ihrer Sicherheiten zu schützen.

Bei einer durchschnittlichen Konkursquote von 3-5 % hatte das Konkursverfahren darüber hinaus für die Gläubiger praktisch keinen Sinn mehr.

Vgl. Abschnitt 0.4.342.

0.4.351 Schwerpunkte der neuen Insolvenzordnung

a) **Vereinheitlichung des Insolvenzverfahrens:**

- Die InsO tritt an die Stelle der Konkursordnung (KO) von 1877.

- Die Gesamtvollstreckungsordnung von 1990 in der Fassung des Einigungsvertrages vom August 1990 mit Geltung in den neuen Bundesländern wird ersetzt. Damit gilt im gesamten Bundesgebiet ein **einheitliches Insolvenzrecht ab 1.1.1999.**

- Die Vergleichsordnung von 1935 wird durch die InsO ersetzt, so daß das rechtliche Ziel der Durchsetzung der **Vermögenshaftung** (§ 1 InsO) durchgängig verfolgt wird. Dafür stehen drei Wege zur Verfügung:
  - die **Liquidation** des Schuldnervermögens
  - die Sanierung des gemeinschuldnerischen Unternehmens (sog. **„investive Verwertung")**
  - die **übertragende Sanierung** (das durch Übertragung zu sanierende Unternehmen wird von dem zu liquidierenden Unternehmensträger getrennt, sog. **„sanierende Liquidation").**

- Die gesicherten Gläubiger werden in das Verfahren einbezogen (d. h. keine eigenständige Verwertung des Sicherungsgutes durch den absonderungsberechtigten Gläubiger selbst, sondern durch den Insolvenzverwalter).

- Weitere Rechtsverhältnisse werden in das Insolvenzverfahren einbezogen, z. B.
  - Ansprüche gegen am Gemeinschuldner beteiligte Personen (z. B. Haftung eines persönlich haftenden Gesellschafters, § 93)
  - Vermögen von persönlich haftenden Gesellschaftern
  - Insolvenzfähigkeit der BGB-Gesellschaft (§ 11 II Nr. 1)
  - Ansprüche auf Rückzahlung von eigenkapitalersetzenden Darlehen (§ 39 I Nr. 5).

b) **Förderung der außergerichtlichen Sanierung** mit dem Ziel der Vermeidung einer Insolvenz:

- Abschaffung von § 419 BGB (Vermögensübernahme, vgl. Abschnitt 0.4.013), Art. 33 Nr. 16 Einführungsgesetz zur InsO)
- Vereinfachung der Kapitalherabsetzung bei der GmbH (§§ 58 a ff. GmbHG, eingeführt durch Art. 48 Nr. 4 EGInsO)
- Vorrang der außergerichtlichen Einigung bei der Verbraucherinsolvenz nach §§ 304 ff. InsO.

c) **Verhinderung der Massearmut,** d. h. der unzureichenden Masse nach Durchführung des Verfahrens, und **mehr Gerechtigkeit bei der Verteilung:**

- Die Nichteröffnung des Verfahrens mangels Masse soll vermieden werden.
  - So kann das Verfahren bereits bei drohender Zahlungsunfähigkeit eröffnet werden (§ 18).
  - Für die Eröffnung müssen nur die Verfahrenskosten gedeckt sein (§ 26 I 1).
  - Die Verfahrenskosten sollen niedriger werden.
  - Generell wird eine frühzeitige Verfahrenseröffnung angestrebt.

- Bereits eröffnete Verfahren sollen nach Möglichkeit nicht wieder eingestellt werden, die Masse soll möglichst hoch ausfallen:
  - Neuregelung der Masseverbindlichkeiten
  - die Vermögensteile, die der Schuldner während des Verfahrens erlangt, werden einbezogen (§ 35)

- die Anfechtungsmöglichkeiten von Rechtshandlungen, die vor Eröffnung des Verfahrens vorgenommen wurden und die Insolvenzgläubiger benachteiligen, werden verschärft (§§ 129 ff. InsO)
- die gesicherten Gläubiger werden in das Verfahren einbezogen; ihnen wird das Recht zur eigenständigen Verwertung genommen, so daß die Gegenstände vom Insolvenzverwalter weiter genutzt werden können (vgl. § 166 I)
- Regelung der übertragenden Sanierung durch Veräußerung des Unternehmens, eines Betriebes, Warenlagers, Grundstücks usw. zur Sicherung eines möglichst hohen Marktpreises (§ 160 II Nr. 1 InsO).

- Die Verfahrenskosten zählen zu den Masseverbindlichkeiten (§ 54).

- Die Ansprüche von Arbeitnehmern sind keine Masseschulden mehr, sie richten sich stattdessen auf das Insolvenzausfallgeld.

- Rangfolge der Massegläubiger bei Masseunzulänglichkeit (§ 209 InsO):
  (1) Verfahrenskosten
  (2) Masseverbindlichkeiten, die nach Anzeige der Masseunzulänglichkeit durch den Verwalter begründet worden sind (sog. Neumasseverbindlichkeiten)
  (3) alle übrigen Masseverbindlichkeiten (sog. Altmasseverbindlichkeiten)

- Insolvenzgläubiger; keine Konkursvorrechte mehr, stattdessen Unterscheidung in
  - einfache Insolvenzgläubiger (§ 38): werden anteilig befriedigt (keine Vorrechte des Staates und der Arbeitnehmer)
  - nachrangige Insolvenzgläubiger (§ 39), z. B. aufgrund von laufenden Zinsansprüchen seit Eröffnung des Verfahrens für Forderungen.

d) **Höhere Selbständigkeit der Gläubiger:**

- durch **Mitspracherechte** der
  - absonderungsberechtigten Gläubiger (§§ 39 ff.)
  - nicht nachrangigen Insolvenzgläubiger (§ 38)
  - Massegläubiger (nach Eintritt der Masseunzulänglichkeit) (§§ 53 ff.)

  in der Gläubigerversammlung und im Gläubigerausschuß

- durch den **Insolvenzplan** (§§ 217 ff.), der den bisherigen **Vergleich ersetzt:**
  - keine Festlegung einer Mindestquote für die Gläubiger
  - die Gläubigerversammlung kann den Insolvenzverwalter mit der Erarbeitung eines Insolvenzplans beauftragen (§ 157)
  - der Insolvenzplan gibt im **darstellenden Teil** (§ 220) die bisherigen und die geplanten Maßnahmen wieder und enthält im **gestaltenden Teil** (§ 221) die Festlegung, wie die Rechtsstellung der Beteiligten durch den Plan geändert werden soll
  - über den Plan wird nach einem besonders geregelten Verfahren abgestimmt
  - der Plan muß vom Insolvenzgericht bestätigt werden (§ 248 I).

e) **Schaffung eines Verfahrens für Verbraucherkonkurse:**

= vereinfachtes Verfahren für natürliche Personen, die keine oder nur eine geringfügige selbständige Tätigkeit ausüben (§ 304)

- außergerichtliche Einigung muß nachweisbar gescheitert sein (§ 305 I Nr. 1)

- vor Eröffnung des Insolvenzverfahrens führt das Insolvenzgericht eine Entscheidung der Gläubiger über einen **Schuldenbereinigungsplan** herbei (§§ 306 ff.); nehmen die Gläubiger an, hat der Plan die Wirkung eines Prozeßvergleichs mit Vollstreckungstitel (§ 308 I 2), so daß das Verfahren beendet ist
- natürliche Personen können unter bestimmten Voraussetzungen von den im Insolvenzverfahren nicht befriedigten Verbindlichkeiten befreit werden (sog. **Restschuldbefreiung,** §§ 286 ff.).

0.4.352 Einzelregelungen der InsO

a) **Allgemeine Vorschriften:**

- Das Insolvenzverfahren dient der gemeinschaftlichen Befriedigung der Gläubiger eines Schuldners durch
  - Verwertung des Vermögens des Schuldners und Verteilung des Erlöses **oder**
  - Treffen einer abweichenden Regelung in einem Insolvenzplan insb. zum Erhalt des Unternehmens (§ 1).
- Dem redlichen Schuldner wird Gelegenheit gegeben, sich von seinen Restschulden zu befreien (§ 1, 2).
- **Insolvenzgericht:** nach § 2
  = das Amtsgericht, in dessen Bezirk ein Landgericht seinen Sitz hat
  - für den Bezirk dieses Landgerichts
  - andere/zusätzliche/abweichende Insolvenzgerichte können auf Landesebene festgelegt werden
  - örtlich zuständig ist ausschließlich das Insolvenzgericht, in dessen Bezirk der Schuldner seinen allgemeinen Gerichtsstand hat (bei selbständiger wirtschaftlicher Tätigkeit des Schuldners entscheidet der „Mittelpunkt" seiner Tätigkeit), § 3
- Rechtsmittel gegen Entscheidungen des Insolvenzgerichts: nur, soweit die InsO eine sofortige Beschwerde vorsieht (§ 6).

b) **Eröffnung des Insolvenzverfahrens:**

- **Insolvenzfähigkeit** ist gegeben (§ 11):
  - über das Vermögen
    - jeder natürlichen/juristischen Person
    - eines nicht rechtsfähigen Vereins (steht insofern einer juristischen Person gleich)
    - einer Gesellschaft ohne Rechtspersönlichkeit (OHG, KG, BGB-Gesellschaft, Partenreederei, Europäische wirtschaftliche Interessenvereinigung)
  - über einen Nachlaß
  - über das Gesamtgut einer Gütergemeinschaft, das von Ehegatten gemeinschaftlich verwaltet wird
- Insolvenzfähigkeit ist **nicht** gegeben über das Vermögen des Bundes, eines Landes oder einer juristischen Person des öffentlichen Rechts unter Landesaufsicht (§ 12)

- das Verfahren wird nur auf **Antrag** eröffnet (§ 13); antrags**berechtigt** (§§ 14, 15):
  - die Gläubiger (Voraussetzung: rechtliches Interesse an der Eröffnung, Glaubhaftmachung der Forderung und des Eröffnungsgrundes)
  - der Schuldner
  - bei juristischer Person oder Gesellschaft ohne Rechtspersönlichkeit: jedes Mitglied des Vertretungsorgans
  - bei Gesellschaft ohne Rechtspersönlichkeit oder KGaA: jeder persönlich haftende Gesellschafter
  - bei Gesellschaften generell jeder Abwickler
- **Eröffnungsgründe:**
  - **Zahlungsunfähigkeit** (= allgemeiner Eröffnungsgrund): der Schuldner ist nicht in der Lage, die fälligen Zahlungspflichten zu erfüllen (z. B. erkennbar an Einstellung der Zahlungen), § 17
  - bei Antrag des Schuldners: auch **drohende** Zahlungsunfähigkeit, d. h. der Schuldner wird voraussichtlich nicht in der Lage sein, die bestehenden Zahlungspflichten bei Fälligkeit zu erfüllen (§ 18)
  - bei juristischer Person (bzw. Gesellschaft ohne Rechtspersönlichkeit, bei der kein persönlich haftender Gesellschafter eine natürliche Person ist): auch **Überschuldung,** d. h. das Vermögen des Schuldners deckt die bestehenden Verbindlichkeiten nicht mehr (§ 19)
- **Sicherungsmaßnahmen** des Insolvenzgerichtes (§ 21): alle Maßnahmen, die erforderlich erscheinen, um bis zur Entscheidung über den Antrag Vermögensnachteile für die Gläubiger zu verhüten, d. h.
  - Bestellung eines vorläufigen Insolvenzverwalters
  - allgemeines Verfügungsverbot für den Schuldner (bzw. nur mit Zustimmung des vorläufigen Insolvenzverwalters)
  - Untersagung/Einstellung von Zwangsmaßnahmen gegen den Schuldner (Ausnahme: unbewegliche Gegenstände)
  - sogar zwangsweise Vorführung/Inhaftierung des Schuldners bzw. (juristische Person) seiner organschaftlichen Vertreter
- Abweichung des Antrags **mangels Masse,** wenn das Vermögen des Schuldners die Kosten des Verfahrens voraussichtlich nicht decken wird (§ 26)
- **Eröffnungsbeschluß** des Insolvenzgerichtes:
  - Ernennung eines **Insolvenzverwalters** (§ 27)
  - Aufforderung an die Gläubiger, ihre Forderungen innerhalb einer bestimmten Frist (mind. 2 Wochen, max. 3 Monate) beim Insolvenzverwalter anzumelden und die bestehenden Sicherungsrechte zu bezeichnen (§ 28 I)
  - Aufforderung an die Schuldner des Schulders, nicht mehr an den Schuldner, sondern an den Verwalter zu leisten (§ 28 III)
  - Benennung von Terminen für Gläubigerversammlungen: Berichtstermin, Prüfungstermin (§ 29)
  - öffentliche Bekanntmachung des Beschlusses, gesonderte Zustellung an Gläubiger, Schuldner, Schuldner des Schuldners (§ 30)
  - Information des Registergerichts (Handels-, Genossenschafts-, Vereinsregister), § 31
  - Eintragung der Eröffnung in das Grundbuch, Schiffsregister u. a. (§ 32, 33)
  - bei Ablehnung der Eröffnung: sofortige Beschwerde des Antragstellers möglich (§ 34)

c) **Insolvenzmasse:**

= das gesamte Vermögen, das dem Schuldner zur Zeit der Eröffnung des Verfahrens gehört und das er während des Verfahrens erlangt (§ 35)

- nicht: unpfändbare Gegenstände (§ 36)
- **Insolvenzgläubiger** = persönliche Gläubiger, die einen zur Zeit der Eröffnung begründeten Vermögensanspruch gegen den Schuldner haben (§ 38)
- **nachrangige Insolvenzgläubiger** (Rangfolge, § 39):
  - seit Eröffnung laufende Zinsen der Forderungen der Insolvenzgläubiger
  - Kosten der Insolvenzgläubiger aufgrund Verfahrensteilnahme
  - Geldstrafen, Ordnungsgelder usw.
  - Forderungen auf unentgeltliche Leistung
  - Forderungen auf Rückgewähr eines kapitalersetzenden Darlehens eines Gesellschafters
- nicht fällige Forderungen gelten als fällig (§ 41)
- **aussonderungsberechtigte Gläubiger** (§ 47): können geltend machen, daß ein Gegenstand nicht zur Insolvenzmasse gehört; sie sind **keine** Insolvenzgläubiger
- **absonderungsberechtigte Gläubiger:** können sich abgesondert aus einem Sicherungsgegenstand befriedigen; dazu gehören (§§ 49 ff.)
  - Rechte an unbeweglichen Gegenständen
  - Pfandrechte
  - Sicherungsübereignungen
  - Übertragungen von Rechten
  - Zurückbehaltungsrechte;

  sie sind Insolvenzgläubiger, soweit ihnen der Schuldner auch persönlich haftet (§ 52)
- **Massegläubiger:** haben Ansprüche aufgrund der Kosten des Verfahrens, der Handlungen des Insolvenzverwalters u. a.

d) **Verfahrensorgane:**

- **Insolvenzverwalter:** geeignete, geschäftskundige und von den Gläubigern sowie gegenüber dem Schuldner unabhängige natürliche Person (§ 56); er ist zur Sorgfalt eines ordentlichen und gewissenhaften Insolvenzverwalters verpflichtet und hat ggf. zu haften (§§ 60 ff.)
- Aufsicht über den Insolvenzverwalter: durch das Insolvenzgericht (§ 58)
- **Gläubigerausschuß** kann zur Unterstützung und Überwachung des Insolvenzverwalters vom Gericht eingesetzt werden (§§ 67, 69)
- **Gläubigerversammlung:**
  - Einberufung durch das Gericht
  - Teilnehmer (§ 74):
    - absonderungsberechtigte Gläubiger
    - Insolvenzgläubiger
    - Insolvenzverwalter
    - Schuldner

- Versammlung ist einzuberufen (§ 75) auf Antrag von
  - Insolvenzverwalter
  - Gläubigerausschuß
  - absonderungsberechtigten Gläubigern oder nicht nachrangigen Insolvenzgläubigern unter bestimmten Voraussetzungen
- Versammlung wird durch das Insolvenzgericht geleitet
- Stimmrecht auf Basis der Forderungsbeträge

e) **Wirkung der Verfahrenseröffnung:**

- Recht des Schuldners, das zur Insolvenzmasse gehörende Vermögen zu verwalten und darüber zu verfügen, geht auf den Insolvenzverwalter über (§ 80), es sei denn, es wird Eigenverwaltung des Schuldners unter Aufsicht eines Sachwalters entschieden (§§ 270 ff.)
- Verfügungen des Schuldners nach Eröffnung sind unwirksam (§ 81), ausgenommen, der öffentliche Glaube des Grundbuches (Schiffsregisters usw.) greift
- Leistungen an den Schuldner zur Erfüllung einer Verbindlichkeit nach Eröffnung wirken nur bei Unkenntnis der Verfahrenseröffnung schuldbefreiend (§ 82)
- Teilung/Auseinandersetzung bei zwischen dem Schuldner und Dritten bestehender (Bruchteils-)Gemeinschaft oder Gesellschaft ohne Rechtspersönlichkeit erfolgt außerhalb des Insolvenzverfahrens (§ 84)
- Insolvenzgläubiger können ihre Forderungen nur nach den Vorschriften über das Insolvenzverfahren verfolgen (§ 87)
- Zwangsvollstreckungen für einzelne Insolvenzgläubiger oder wegen Masseverbindlichkeiten sind während der Dauer des Insolvenzverfahrens unzulässig (§ 89)
- Rechte an Gegenständen der Insolvenzmasse können nach Eröffnung des Verfahrens nicht wirksam erworben werden (Ausn. öffentlicher Glaube des Grundbuches, Schiffsregisters usw. greift), § 91
- bei Gesellschaft ohne Rechtspersönlichkeit und KGaA kann die persönliche Haftung eines Gesellschafters während des Verfahrens nur vom Insolvenzverwalter geltend gemacht werden (§ 93)
- bestehendes Recht eines Insolvenzgläubigers zur Aufrechnung wird durch das Verfahren nicht berührt (§ 94)
- Schuldner ist zur Auskunft und Mitwirkung verpflichtet (§ 97)
- Unterhalt für den Schuldner und seine Familie wird von der Gläubigerversammlung beschlossen (§ 100)
- besondere Vorschriften gelten für zum Zeitpunkt der Verfahrenseröffnung zu erfüllende oder teilerfüllte Rechtsgeschäfte (§§ 103 ff.), u. a.:
  - Dienstverträge mit dem Schuldner als Dienstberechtigtem können vom Insolvenzverwalter und vom Vertragspartner ohne Rücksicht auf Vertragsdauer oder Kündigungsausschluß mit dreimonatiger Frist (wenn keine kürzere Frist gilt) gekündigt werden; bei vorzeitiger Beendigung durch den Verwalter kann der Vertragspartner als Insolvenzgläubiger Schadensersatz verlangen (§ 113)

- Vollmachten, die sich auf das zur Insolvenzmasse gehörende Vermögen beziehen, erlöschen (§ 117)
- bei Auflösung einer Gesellschaft ohne Rechtspersönlichkeit oder KGaA durch die Verfahrenseröffnung über das Vermögen eines Gesellschafters ist der geschäftsführungsberechtigte Gesellschafter mit Ansprüchen aus einstweiliger Fortführung eilbedürftiger Geschäfte Massegläubiger (§ 118)
- bestehende, die Insolvenzmasse belastende Betriebsvereinbarungen können mit Dreimonatsfrist gekündigt werden (§ 120)
- Schutzvorschriften bei Betriebsänderungen (§§ 121 ff.)

- vor Eröffnung vorgenommene Rechtshandlungen, die die Insolvenzgläubiger benachteiligen, kann der Insolvenzverwalter unter besonderen Voraussetzungen **anfechten** (§ 129).

f) **Verwaltung und Verwertung der Insolvenzmasse:**

- Sicherung der Insolvenzmasse nach der Eröffnung durch den Insolvenzverwalter (Inbesitznahme, Verwaltung, § 148)
- Hinterlegung/Anlage von Geld, Wertpapieren, Kostbarkeiten (§ 149)
- Aufstellung eines Verzeichnisses der Massegegenstände sowie eines Gläubigerverzeichnisses und einer Vermögensübersicht durch den Verwalter (§§ 151 ff.)
- handels- und steuerrechtliche Rechnungslegungspflicht des Schuldnes bleibt unberührt, wird für die Insolvenzmasse aber durch den Insolvenzverwalter erfüllt (§ 155 I); mit der Verfahrenseröffnung beginnt ein neues Geschäftsjahr (§ 155 II)
- im **Berichtstermin** Darstellung der wirtschaftlichen Lage des Schuldners und ihrer Ursachen, der Aussichten zum Erhalt des Unternehmens, der Möglichkeiten eines Insolvenzplanes, der Auswirkungen auf die Befriedigung der Gläubiger; Entscheidung der Gläubigerversammlung über den Fortgang des Verfahrens (§§ 156, 157)
- Insolvenzverwalter muß für besonders bedeutsame Rechtshandlungen die Zustimmung des Gläubigerausschusses einholen (z. B. Veräußerung des Unternehmens / eines Betriebes / des Warenlagers / eines unbeweglichen Gegenstandes aus freier Hand / der Beteiligung an anderem Unternehmen / des Rechtes auf Bezug wiederkehrender Einkünfte; die Masse erheblich belastende Darlehensaufnahme u. a.m.), § 160
- Insolvenzverwalter kann Zwangsversteigerung/-verwaltung eines unbeweglichen Gegenstandes auch bei bestehendem Absonderungsrecht betreiben (§ 165)
- Insolvenzverwalter kann bewegliche Sachen mit bestehendem Absonderungsrecht freihändig verwerten, wenn er sie in Besitz hat (§ 166); Vorwegbefriedigung der Verwertungskosten und des absonderungsberechtigten Gläubigers (§ 170)

g) **Befriedigung der Insolvenzgläubiger, Einstellung des Verfahrens:**

- Insolvenzgläubiger haben ihre Forderungen schriftlich beim Insolvenzverwalter anzumelden (§ 174)

- Prüfung der Forderungen nach Betrag und Rang im Prüfungstermin (§ 176)
- erst danach Beginn der Befriedigung (§ 187) aufgrund eines Verteilungsverzeichnisses (Verzeichnis der zu berücksichtigenden Forderungen, § 188)
- absonderungsberechtigte Gläubiger, die auf abgesonderte Befriedigung verzichtet haben oder ausgefallen sind, müssen dies nachweisen (§ 190)
- aufschiebend bedingte Forderungen werden bei Abschlagsverteilung voll berücksichtigt (§ 191)
- Bestimmung des zu zahlenden Bruchteils bei Abschlagsverteilung durch den Verwalter (bzw. Gläubigerausschuß, wenn dieser bestellt ist), § 195
- Schlußverteilung erfolgt, wenn Verwertung der Insolvenzmasse beendet ist (§ 196)
- **Schlußtermin** auf Bestimmung des Insolvenzgerichts (§ 197)
  - zur Erörterung der Schlußrechnung des Insolvenzverwalters
  - zur Erhebung von Einwendungen gegen das Schlußverzeichnis
  - zur Entscheidung der Gläubiger über die nicht verwertbaren Gegenstände der Insolvenzmasse
- eventueller Überschuß wird an den Schuldner herausgegeben (§ 199)
- sobald die Schlußverteilung vollzogen ist, beschließt das Insolvenzgericht die Aufhebung des Insolvenzverfahrens (§ 200)
- nach Aufhebung können die Insolvenzgläubiger ihre Restforderungen gegen den Schuldner unbeschränkt geltend machen (§ 201)
- Einstellung des Verfahrens **mangels Masse,** wenn die Kosten des Verfahrens nicht gedeckt werden können (§ 207)
- Anzeige der **Masseunzulänglichkeit** durch Verwalter an das Gericht, wenn die Verfahrenskosten gedeckt sind, die Masse aber nicht zur Erfüllung der sonstigen Masseverbindlichkeiten ausreicht (§ 208)
- Befriedigung der Massegläubiger nach folgender Rangordnung (§ 209):
  - Kosten des Insolvenzverfahrens
  - Masseverbindlichkeiten, die nach Anzeige der Masseunzulänglichkeit begründet sind
  - übrige Masseverbindlichkeiten (auch Unterhalt);

  danach Einstellung des Verfahrens durch das Gericht (§ 211)
- Einstellung wegen Wegfalls des Eröffnungsgrundes (§ 212)
- Einstellung mit Zustimmung aller Insolvenzgläubiger (auf Antrag des Schuldners), § 213
- öffentliche Bekanntmachung der Einstellung, Widerspruchsmöglichkeit (§ 214)

h) **Insolvenzplan:**

= Möglichkeit einer abweichenden Regelung der Befriedigung der absonderungsberechtigten Gläubiger und der Insolvenzgläubiger, der Verwertung und Verteilung der Insolvenzmasse und der Haftung des Schuldners nach Verfahrensbeendigung (§ 217)

- Vorlageberechtigung des Insolvenzverwalters und des Schuldners (§ 218)
- **darstellender Teil** (§ 220): Maßnahmen nach Verfahrenseröffnung, um die Grundlagen für die geplante Gestaltung der Rechte der Beteiligten zu schaffen
- **gestaltender Teil** (§ 221): Festlegung der Änderungen der Rechtsstellung der Beteiligten durch den Plan
- Bildung von Gläubigergruppen (§ 222):
  - absonderungsberechtigte Gläubiger
  - nicht nachrangige Insolvenzgläubiger
  - Rangklassen der nachrangigen Insolvenzgläubiger
  - Bildung von Gruppen mit wirtschaftlich gleichartigen Interessen aus Gläubigern mit gleicher Rechtsstellung möglich
  - Gleichbehandlung der Beteiligten innerhalb jeder Gruppe
- mit der vorgesehenen Befriedigung der Insolvenzgläubiger wird der Schuldner ihnen gegenüber von seinen restlichen Verbindlichkeiten befreit (sofern im Plan nicht anders vorgesehen), § 227
- Erörterung und Abstimmung der Gläubiger in einem vom Insolvenzgericht bestimmten Termin (§ 235)
- mit Rechtskraft der Bestätigung treten die festgelegten Wirkungen für und gegen alle Beteiligten ein (§ 254), das Gericht beschließt die Aufhebung des Insolvenzverfahrens (§ 258).

i) **Restschuldbefreiung:**

- wenn der Schuldner natürliche Person ist, kann er von den im Insolvenzverfahren nicht erfüllten Verbindlichkeiten (Restschulden) gegenüber den Insolvenzgläubigern befreit werden (§ 286)
- Voraussetzungen (§ 287)
  - Antrag des Schuldners
  - Abtretung der pfändbaren Forderungen auf Bezüge aus Dienstverhältnis für 7 Jahre nach Aufhebung des Verfahrens
- Entscheidung des Gerichts nach Anhörung des Verwalters und der Insolvenzgläubiger (§ 289)
- unter bestimmten Umständen Versagung der Restschuldbefreiung (§ 290, insb. bei Unredlichkeit des Schuldners).

k) **Verbraucherinsolvenzverfahren:**

- Schuldner ist natürliche Person, die keine oder nur geringfügige selbständige wirtschaftliche Tätigkeit ausübt (insb. wenn sie einen nach Art und Umfang in kaufmännischer Weise eingerichteten Geschäftsbetrieb nicht erfordert), § 304
- Eröffnungsantrag des Schuldners: vorzulegen sind (§ 305)
  - Vorlage einer Bescheinigung, daß eine außergerichtliche Einigung mit den Gläubigern über die Schuldenbereinigung auf Grundlage eines Plans innerhalb der letzten 6 Monate erfolglos versucht worden ist
  - Vermögensverzeichnis, Gläubigerverzeichnis, Schuldenverzeichnis

- Schuldenbereinigungsplan

- Verfahren ruht bis zur Entscheidung über den Schuldenbereinigungsplan (§ 306)
- Annahme wird durch Gerichtsbeschluß festgestellt (§§ 307, 308)
- werden Einwendungen erhoben und nicht durch gerichtliche Zustimmung ersetzt, wird das Verfahren wieder aufgenommen (§ 311), aber vereinfacht durchgeführt (§§ 312 ff.).

l) **Besondere Arten des Insolvenzverfahrens:**

- Nachlaßinsolvenzverfahren (§§ 315 ff.)
- Insolvenzverfahren über das Gesamtgut einer fortgesetzten Gütergemeinschaft (§ 332)
- Insolvenzverfahren über das gemeinschaftlich verwaltete Gesamtgut einer Gütergemeinschaft (§ 333 f.)

0.4.4 Finanzierung der Unternehmung

0.4.40 Grundbegriffe

Für Gründung und Existenzfähigkeit einer Unternehmung müssen insbesondere folgende **Voraussetzungen** erfüllt sein:

- **persönliche** Fähigkeiten: fundierte Sach- und allgemeinwirtschaftliche Kenntnisse, Organisationstalent, Urteilsvermögen und Entschlußkraft, Mut zum Risiko, Anpassungsfähigkeit, Zuverlässigkeit usw.
- **marktgerechte** Tätigkeit, Anpassung an die jeweiligen Marktverhältnisse, richtiger **Standort**
- ausreichendes **Kapital**.

Der **Finanzierung** des Vermögens durch hinreichende Kapitalausstattung kommt besondere Bedeutung zu.

Spiegel der Kapital- und Vermögensverhältnisse ist die **Bilanz**.

Die Bilanz ist eine zweiseitige Rechnung, deren Passivseite über die **Vermögensquellen** und deren Aktivseite über die **Vermögensverwendung** Auskunft gibt.

Aktivpositionen der Bilanz sind

- Anlagevermögen
- Umlaufvermögen;

Passivpositionen sind

- Eigenkapital
- Fremdkapital.

Das **Anlagevermögen** besteht aus **langfristig** in Grundstücken, Gebäuden, Geschäftsausstattung, Fuhrpark, Maschinen, Beteiligungen u.dgl. angelegten Mitteln.

Umlaufvermögen sind **kurzfristige** Werte wie Kassenbestände, Bankguthaben, Forderungen, Waren, Wechselforderungen u. a.m., die durch die betriebliche Tätigkeit ständig umgesetzt werden.

Das **Eigenkapital** dient in erster Linie zur Finanzierung des **Anlagevermögens**, da es zeitlich grds. unbegrenzt zur Verfügung steht. Es bedeutet Unabhängigkeit von Gläubigern, keine Zinsbelastung.

Fremdkapital stammt aus kurz-, mittel- und langfristigen **Krediten** an die Unternehmung, ist also stets befristet, d. h. **zurückzuzahlen**, und zu verzinsen. Rückzahlung ist nur möglich bei nicht zu langfristiger Verwendung und Anlage in Vermögenswerten, die sich möglichst jederzeit in liquide (=flüssige) Mittel umwandeln lassen, also in **Umlaufvermögen**.

0.4.41 Bilanzrelationen und Unternehmenskennziffern

0.4.410 Bilanzrelationen

Die Größe der einzelnen Bilanzpositionen im Verhältnis zueinander gibt Auskunft über die wirtschaftliche Lage der Unternehmung.

Wichtigste Bilanzrelationen (= Bilanzbeziehungen):

a) **Liquidität:** Vermögensteile, die Zahlungsmittel sind oder sich dazu in kurzer Zeit umwandeln lassen, sind **liquide**; ihr Verhältnis zu den kurzfristigen Verbindlichkeiten gibt über die Liquidität = **Zahlungsbereitschaft** der Unternehmung Auskunft:

- Barliquidität = Liquidität 1. Grades:

  $\frac{\text{liquide Mittel 1. Ordnung}}{\text{kurzfr. Verbindlichkeiten}}$ (= Bargeld, Bankguthaben, Wechsel)

- Liquidität 2. Grades:

  $\frac{\text{liquide Mittel 1. + 2. Ordnung}}{\text{kurzfr. Verbindlichkeiten}}$ (+ Forderungen, Wertpapiere, gängige Waren)

- Gesamtliquidität = Liquidität 3. Grades:

  $\frac{\text{liquide Mittel 1. + 2. + 3. Ordnung}}{\text{kurzfr. Verbindlichkeiten}}$ (= gesamtes Umlaufvermögen)

b) **Finanzierung** (s. u.): Eigenkapital : Fremdkapital

c) **Investierung:** Anlagevermögen : Eigenkapital

d) **Struktur des Fremdkapitals:** Gliederung nach der Fälligkeit

e) **Vermögensaufbau** (Konstitution): Anlagevermögen : Umlaufvermögen; zu beachten sind hierbei **stille Reserven** = buchmäßige Rücklagen, die durch Unterbewertung von Vermögenswerten entstehen (bewußt, d. h. durch Anwendung insb. des Niederstwertprinzips, oder zwangsläufig durch Wertschwankungen).

Eine **Bewertung** der Bilanz anhand dieser Kennzahlen ist möglich

- durch **Zeitvergleich** (Bilanzen desselben Unternehmens über mehrere Jahre)
- durch **Betriebsvergleich** (branchenübliche Kennzahlen vergleichbarer Betriebe).

0.4.411 Unternehmenskennziffern

Eine reale Einschätzung der tatsächlichen Wirtschaftslage einer Unternehmung erfordert noch zusätzliche Daten, die sich mit dem Unternehmens**erfolg** und der **Tätigkeit** der Unternehmung befassen. Sie erlauben zugleich eine Beurteilung der voraussichtlichen **zukünftigen Entwicklung**.

a) **Unternehmenstätigkeit:**

- kalkulatorische Kennziffern (Kalkulationszuschlag, Kalkulationsfaktor, Handelsspanne; s. o.)
- Lagerumschlag:

  $$\text{Durchschnittlicher Lagerbestand} = \frac{\text{Jahresanfangsbestand} + \text{Jahresendbestand}}{2}$$

  $$= \frac{\text{Jahresanfangsbestand} + 12\ \text{Monatsendbestände}}{13}$$

  Umschlagshäufigkeit = Nettoumsatz : Durchschnittl. Lagerbestand
  (Nettoumsatz = Verkauf zu Einstandspreisen)
  Durchschnittl. Lagerdauer = Berichtszeitraum : Umschlagshäufigkeit
- Forderungsumschlag:

  Durchschnittl. Forderungsbestand = (Anfangs- + Endbestand) : 2
  Umschlagshäufigkeit = Bruttoumsatz : Durchschnittl. Forderungsbestand
  (Bruttoumsatz = Verkauf zu Verkaufspreisen)
  Durchschnittl. Debitorenziel = Berichtszeitraum : Umschlagshäufigkeit
- Umsatz: Feststellung der Umschlagshäufigkeit von Bilanzpositionen, d. h. Umsatz zu Eigenkapital, Gesamtkapital, Anlagevermögen

b) **Kostenstruktur** der Unternehmung:

- Sachaufwand
- Personalaufwand
- Abschreibungen
- Zinsen
- Steuern

} in % des Umsatzes

c) **Produktivität** (= Herstellungskraft):

Umsatz : Belegschaftzahl oder Personenkosten

d) **Rentabilität** = Einträglichkeit, Verzinsung des Kapitaleinsatzes:

- Eigenkapital-R.: $\frac{\text{Jahresüberschuß x 100}}{\text{Eigenkapital}}$
- Gesamtkapital-R.: $\frac{\text{Jahresüberschuß + Zinsen f. Fremdkapital}}{\text{Eigenkapital + Fremdkapital}}$
- Betriebs-R.: $\frac{\text{Betriebsgewinn x 100}}{\text{betriebsnotw. Kapital}}$
- Umsatz-R.: $\frac{\text{Bilanzgewinn x 100}}{\text{Bruttoumsatz}}$

0.4.42 Finanzierung

Unter Finanzierung versteht man den Einsatz von **Maßnahmen** im Zusammenhang mit der **Kapitalausstattung** einer Unternehmung. Finanzierungsvorgänge finden statt

- bei Gründung eines Unternehmens
- während der Geschäftstätigkeit durch laufenden Finanzierungsbedarf
- bei Erweiterung des Betriebes (Investitionen usw.)
- aus besonderen Anlässen, z. B. Sanierung, Unternehmenszusammenschlüsse.

Finanzierungs**quellen** sind

- das Eigenkapital
- das Fremdkapital

Finanzierungsgrundsätze:

- Grad der Verschuldung soll nicht mehr als 50 % des Gesamtkapitals ausmachen (Eigenkapital = Fremdkapital); „goldene Finanzierungsregel"
- das Anlagevermögen soll vollständig durch Eigenkapital gedeckt sein (Anlagevermögen = Eigenkapital), „goldene Bilanzregel"
- das Anlagevermögen soll mindestens durch Eigenkapital + langfristiges Fremdkapital gedeckt sein („2:1-Regel")
- Gestaltung des Verhältnisses von Eigen- und Fremdkapital so, daß die Eigenkapital-Rentabilität möglichst groß ist (da der aus Fremdkapital erwirtschaftete Gewinn i. d. R. höher als der Zinsaufwand ist, erhöht die Existenz von Fremdkapital die Rentabilität des Eigenkapitals, da geringer eigener Kapitaleinsatz höheren Ertrag bewirkt)
- Erhaltungsinvestitionen (Erneuerung von Vermögenswerten) sollen aus dem Bruttoertrag, Erweiterungsinvestitionen (Schaffung neuer Vermögenswerte) aus zusätzlichem Eigen- und Fremdkapital finanziert werden.

0.4.420 Eigenkapitalfinanzierung

a) **Wesen:** Einsatz von Eigenkapital zur Durchführung von Finanzierungsaufgaben der Unternehmung.

Vorteil: zeitloses Vorhandensein; Eingehung von Risiken möglich

Nachteile: oft schwer zu beschaffen, teuer (z. B. bei Aktienemission), weitgehend unbeweglich, da keine Rückzahlungsmöglichkeit bei vorübergehendem Kapitalüberfluß besteht.

b) **Selbstfinanzierung:** Bildung von Eigenkapital aus **eigenen Mitteln** der Unternehmung;

- **unechte** Selbstfinanzierung: Bildung stiller Reserven (vgl. § 253 HGB); vorübergehende Finanzierungswirkung von **Abschreibungen**: diese führen – sofern sie zwischenzeitlich notwendige Reparaturen der Wirtschaftsgüter übersteigen – zur Freisetzung von Kapital, das sofort in gleichartigen Wirtschaftsgütern erneut investiert wird; Bildung von Rückstellungen für erwartete Verbindlichkeiten/Verluste, sofern sie das wirtschaftlich notwendige Maß übersteigen
- **echte** Selbstfinanzierung: Nichtausschüttung des versteuerten Gewinns, Einstellung in **offene Rücklagen**, Umwandlung in Eigenkapital (bei AG: sog. Kapitalerhöhung aus Gesellschaftsmitteln durch Ausgabe von Berichtigungsaktien).

c) **Eigenfinanzierung:** Bildung von Eigenkapital aus **fremden Mitteln**

- durch den Inhaber selbst (Einzelunternehmung)
- durch Aufnahme neuer Gesellschafter oder Zuzahlung der bisherigen Gesellschafter (Personengesellschaft)
- durch Erhöhung des Grund- bzw. Stammkapitals mit Ausgabe neuer Gesellschaftsanteile (Kapitalgesellschaft)
- durch Wahl einer anderen, hinsichtlich der Kapitalbeschaffung günstigeren Unternehmensform: insb.
Einzelunternehmung → Personengesellschaft (sehr selten erfolgt sofortiger Übergang zur Kapitalgesellschaft)
OHG → KG (bessere Beschaffung von Kommanditkapital)
Personengesellschaft → Kapitalgesellschaft, insb. AG/KGaA.

Die Neuaufnahme von Gesellschaftern ist oft mit Kosten, vor allem aber mit eventuellen Einschränkungen der Herrschaftsgewalt der bisherigen Inhaber verbunden (Änderung der Stimmverhältnisse in einer Kapitalgesellschaft; Bedingung eines neuen OHG-Gesellschafters, an der Geschäftsführung und Vertretung teilzunehmen).

0.4.421 Fremd(kapital)finanzierung

a) **Wesen:** Einsatz fremder Mittel, die der Unternehmung nur für begrenzte Zeit zur Verfügung stehen; die Kapitalgeber sind nicht Teilhaber, sondern lediglich Gläubiger, haben damit also grds. weder Mitspracherechte noch Anspruch auf Gewinnbeteiligung; sie erhalten Zinsen.

b) **Beschaffung:**

- Fremdkapital ist grds. nur gegen **Sicherheiten** zu erlangen, die in
  - Vermögenswerten (dingliche Sicherheiten, insb. Grundstücke)
  - Bürgschaften Dritter

  bestehen können.
- **Unterteilung** in
  - kurzfristige Fremdfinanzierung (Lieferanten-, Kunden-, Bankkredite), Laufzeit etwa bis 6 Monate
  - mittelfristige F.: bis zu 4 Jahren Laufzeit
  - langfristige F.: mind. 4 Jahre Laufzeit; Beschaffung durch langfristigen Bankkredit oder Ausgabe von **Schuldverschreibungen** auf dem Kapitalmarkt, seltener durch darlehensähnliche Einlagen stiller Gesellschafter; z. T. staatliche Finanzierungsförderung (vgl. Exportfinanzierung); besonderes Finanzierungsinstrument: **Leasing**.

c) **Vorteile:**

- grds. Rückzahlungsmöglichkeit bei Vorhandensein flüssiger Mittel (z. B. vorzeitige Tilgung, Kündigung), wodurch sich die Rentabilität erhöht
- steuerliche Vorteile (Abzugsfähigkeit der Fremdkapitalzinsen)
- flexible Anpassung an tatsächlichen Finanzierungsbedarf
- Unabhängigkeit des Unternehmens in seiner Geschäftsführung.

d) **Nachteile:**

- Zins- und Tilgungsraten sind i. d. R. auch bei Unternehmensverlusten abzuführen
- Zinsbelastung kann erheblich sein, Abwälzung auf die Preise kann die Konkurrenzfähigkeit beeinträchtigen
- Gefahr, daß Gläubiger bei auch nur vorübergehenden Zahlungsschwierigkeiten Einfluß auf das Unternehmen erlangen, Konkurs beantragen usw.

0.4.5 Reform des Handelsrechts

0.4.50 Überblick

Seit Jahren wird eine Reform des Handelsrechts diskutiert. Viele Vorschriften des nunmehr 100 Jahre alten Gesetzes mußten durch die Rechtsprechung vielfältig ausgefüllt, ergänzt, interpretiert und fortgeschrieben werden. Eine Reihe von Vorschriften paßt nicht mehr in die heutige Zeit. Frühere Bestandteile des HGB wie das Aktienrecht wurden in selbständige Gesetze ausgegliedert.

Seit 1996 liegt ein Entwurf des Bundesjustizministerium für ein Handelsrechtsreformgesetz (HRefG) vor, das voraussichtlich zum 1.1.1999 in Kraft treten wird. Hauptzielsetzungen der Reform sind

- Deregulierung
- Entbürokratisierung.

0.4.51 Einzelheiten der Handelsrechtsreform

– Achtung: Änderungen im Gesetzgebungsverfahren sind möglich! –

a) **Kaufmannseigenschaft:**

- Neuer § 1 II HGB: „Als Handelsgewerbe gilt jedes gewerbliche Unternehmen, das nach Art und Umfang einen in kaufmännischer Weise eingerichteten Geschäftsbetrieb erfordert." Damit entfällt die Unterscheidung nach Muß- und Sollkaufmann. § 2 HGB wird aufgehoben.
- § 4 entfällt, d. h. es gibt keine Unterscheidung in Voll- und Minderkaufleute mehr.

b) **Firma:**

- Neufassung des § 18 HGB: „Die Firma muß zur Kennzeichnung des Kaufmanns geeignet sein und Unterscheidungskraft besitzen." Sie darf keine irreführenden Angaben über geschäftliche Verhältnisse enthalten.
- Neuer § 19: Die Firma einer OHG bzw. KG muß die Bezeichnung OHG/KG (abgekürzt oder ausgeschrieben) enthalten, ein allgemeiner das Vorhandensein einer Gesellschaft andeutender Zusatz reicht nicht aus.
- klarstellende Regelung für die Bezeichnung des Kaufmanns/Unternehmens auf Geschäftsbriefen
- freiere Gestaltung der Namensgebung der Unternehmen

c) **Offene Handelsgesellschaft:**

- Neuer § 105 II HGB: „Eine Gesellschaft, deren Gewerbebetrieb nach Art oder Umfang einen in kaufmännischer Weise eingerichteten Geschäftsbetrieb nicht erfordert, kann als offene Handelsgesellschaft durch Eintragung der Firma des Unternehmens in das Handelsregister begründet werden."

0.5 Arbeits- und Sozialrecht

0.5.0 Überblick

Das Arbeitsrecht und das Sozialrecht sind Rechtsbereiche, die sowohl öffentlich-rechtliche als auch privatrechtliche Elemente enthalten. Beide Gebiete haben nach dem Krieg, insbesondere aber in den letzten Jahren besondere Bedeutung erlangt.

0.5.00 Arbeitsrecht

Grundlagen des Arbeitsrechts finden sich

- im **Privatrecht:** Grundsatz der Vertragsfreiheit, marktwirtschaftliche Freiheit des Arbeitsmarktes
- im **Verfassungsrecht:** Freie Entfaltung der Persönlichkeit (Art. 2 I GG), Koalitionsfreiheit (Art. 9 III GG), freie Berufswahl und -ausübung (Art. 12 GG)
- im Einigungsvertrag.

Hinzu kommt eine Reihe **spezialgesetzlicher Vorschriften**:

- Individualarbeitsrecht:
  - Recht der Arbeitsverhältnisse: §§ 611 ff. BGB, Gesetz über Mindestarbeitsbedingungen (1952), Lohnfortzahlungsgesetz (1969), Bundesurlaubsgesetz (1963), Kündigungsschutzgesetz (1969) u. a.m.
  - Berufsgruppenrecht: §§ 105 ff. Gewerbeordnung, §§ 59 ff. HGB, Seemannsgesetz (1957), Berufsbildungsgesetz (1969)
  - Arbeitsschutzrecht: Arbeitszeitgesetz (1994), Mutterschutzgesetz (1968), Jugendarbeitsschutzgesetz (1976), Heimarbeitsgesetz (1951)
- Kollektives Arbeitsrecht:
  - Tarifrecht: Tarifvertragsgesetz (1969)
  - Betriebsverfassungsrecht: Betriebsverfassungsgesetz (1988), Mitbestimmungsgesetz Bergbau, Eisen, Stahl (1951), Mitbestimmungs-Ergänzungsgesetz (1956), Personalvertretungsgesetz (1955), Mitbestimmungsgesetz der Arbeitnehmer (1976)

Diese Vorschriften tragen insbesondere der Tatsache Rechnung, daß die Bundesrepublik Deutschland nach dem Grundgesetz (Art. 20) ein **Sozialstaat** sein soll, so daß marktwirtschaftliche Grundsätze aus sozialpolitischen Gründen eingeschränkt werden müssen. Das Arbeitsrecht ist somit zugleich Sozialrecht.

Gegenstand des Arbeitsrechts ist insbesondere die **Rechtsstellung** der **Arbeitnehmer**, weiterhin die der Arbeitgeber; die Beamten sind keine Arbeitnehmer in diesem Sinne, werden jedoch weitgehend hinzugerechnet.

Der **Betrieb** ist die Beschäftigungsstätte des Arbeitnehmers, also eine **Unternehmung** in arbeitsrechtlicher Hinsicht.

Das **Individualarbeitsrecht** befaßt sich mit der Person des **einzelnen Arbeitnehmers**; das **kollektive Arbeitsrecht** bezieht sich auf arbeitsrechtliche Gruppen (**Koalitionen, Tarifpartner**).

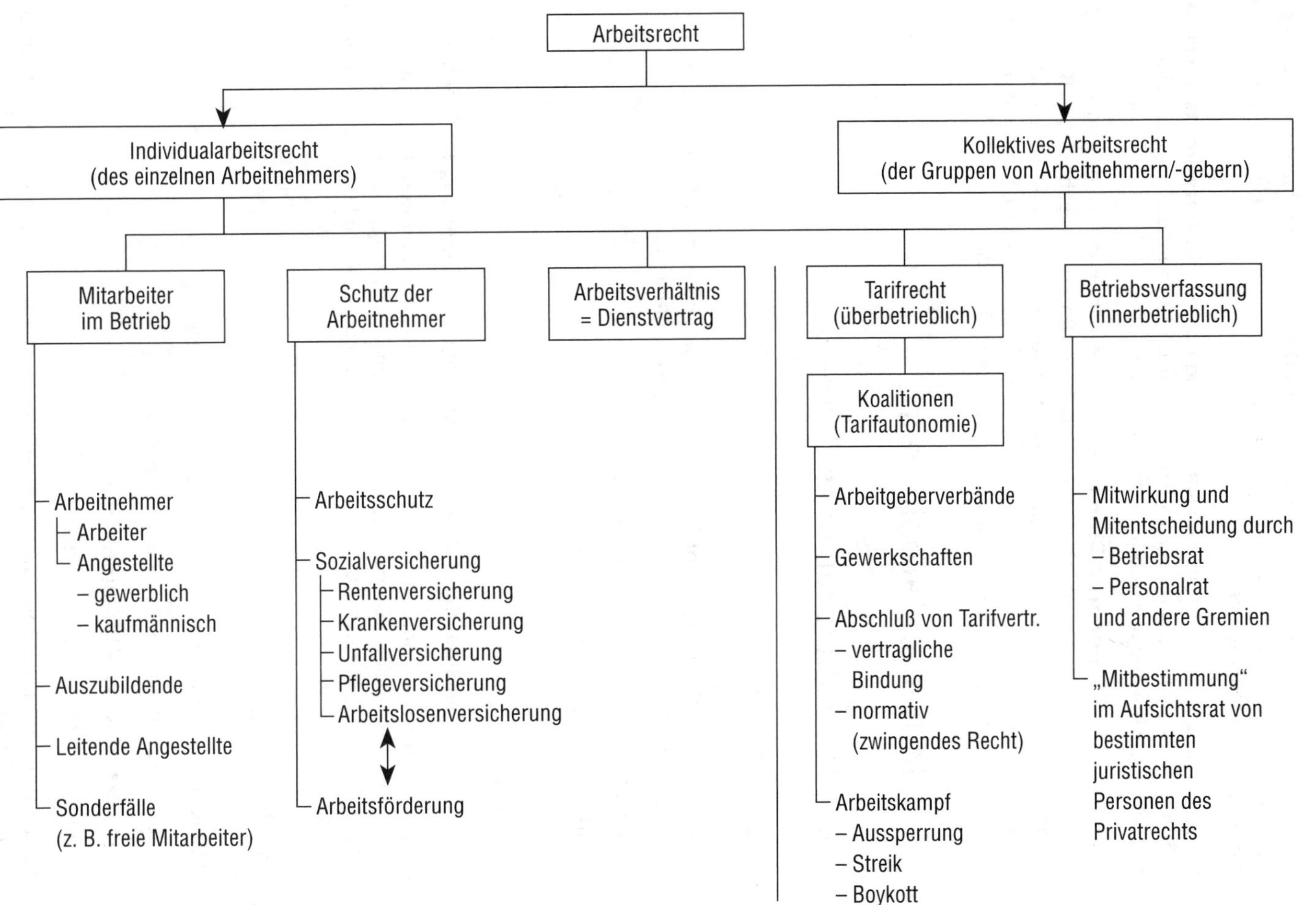

Arbeitsrecht
Individualarbeitsrecht (des einzelnen Arbeitnehmers)
Kollektives Arbeitsrecht (der Gruppen von Arbeitnehmern/-gebern)
Mitarbeiter im Betrieb
Schutz der Arbeitnehmer
Arbeitsverhältnis = Dienstvertrag
Tarifrecht (überbetrieblich)
Betriebsverfassung (innerbetrieblich)
Arbeitnehmer
Arbeiter
Angestellte
– gewerblich
– kaufmännisch
Auszubildende
Leitende Angestellte
Sonderfälle (z. B. freie Mitarbeiter)
Arbeitsschutz
Sozialversicherung
Rentenversicherung
Krankenversicherung
Unfallversicherung
Pflegeversicherung
Arbeitslosenversicherung
Arbeitsförderung
Koalitionen (Tarifautonomie)
Arbeitgeberverbände
Gewerkschaften
Abschluß von Tarifvertr.
– vertragliche Bindung
– normativ (zwingendes Recht)
Arbeitskampf
– Aussperrung
– Streik
– Boykott
Mitwirkung und Mitentscheidung durch
– Betriebsrat
– Personalrat
und andere Gremien
„Mitbestimmung“ im Aufsichtsrat von bestimmten juristischen Personen des Privatrechts

0.5.01 Sozialrecht

Das Sozialrecht ist Ausdruck der **Sozialstaatlichkeit** der Bundesrepublik Deutschland, obwohl seine Grundlagen bis in das 19.Jahrhundert zurückreichen (vgl. Sozialgesetzgebung Bismarcks).

Viele sozialrechtliche Vorschriften sind Bestandteile des **Arbeitsrechts**, da sie unmittelbar das Verhältnis zwischen Arbeitgeber und Arbeitnehmer betreffen (s. o., z. B. Arbeitsschutzrecht, Kündigungsschutzgesetz).

Das Sozialrecht im **engeren Sinn** betrifft daher insbesondere das Verhältnis des einzelnen, vor allem sozial schwachen, hilfsbedürftigen Menschen zum **Staat** sowie den Bereich der **Sozialversicherung**; hier soll in erster Linie auf die Sozialversicherung eingegangen werden (Grundlage: Sozialgesetzbuch), nicht auf die Bereiche der Sozialhilfe, Sozialversorgung und Sozialförderung.

0.5.1 Individualarbeitsrecht

0.5.10 Die Mitglieder eines Betriebes

0.5.100 Überblick

Arbeitsrecht ist **Recht der abhängigen** (unselbständigen) **Arbeit**; es dient dementsprechend dem Schutz der unselbständigen Beschäftigten:

- Arbeitnehmer: Arbeiter und Angestellte
- arbeitnehmerähnliche Personen
- Auszubildende
- leitende Angestellte.

Diesen gegenüber steht der Unternehmer bzw. die Unternehmung als Arbeitgeber.

Sonderstellungen nehmen mitarbeitende Gesellschafter, Ehegatten und Kinder, aufgrund selbständigen Dienstvertrages (oder anderer Vertragsformen) Beschäftigte (z. B. Handelsvertreter, Kommissionäre) sowie im öffentlichen Recht die Beamten ein.

0.5.101 Arbeitnehmer

a) **Wesen:** Arbeitnehmer ist, wer

- aufgrund eines privatrechtlichen Vertrages
- in **persönlicher Abhängigkeit**
- für einen anderen Dienste leistet.

Kennzeichen: Vergütung durch Lohn/Gehalt, Weisungsgebundenheit, Urlaubsanspruch, in Personalakten geführt.

b) **Arten:**

- **Angestellte:** überwiegend geistige Arbeitsleistung, insb. kaufmännische, büromäßige, verwaltende Tätigkeit
- **Arbeiter:** überwiegend körperliche (manuelle) Arbeitsleistung.

Der Unterschied hat sich heute weitgehend verwischt. Er besteht allerdings fort in verschieden ausgestalteten Arbeits- und Tarifverträgen sowie in der Betriebsorganisation (Produktion – überwiegend Arbeiter; Verwaltung – überwiegend Angestellte).

Gesetzliche Unterschiede werden allmählich beseitigt. So hat das Bundesverfassungsgericht 1990 die unterschiedlich langen Kündigungsfristen für Arbeiter und Angestellte für verfassungswidrig erklärt. Im Oktober 1993 ist daraufhin das neue Kündigungsfristengesetz in Kraft getreten. Mit diesem Gesetz gilt für **alle Arbeitnehmer** eine Grundkündigungsfrist von vier Wochen zum 15. oder zum Monatsende (s. Abschnitt 0.5.120d).

c) Unterscheidung nach Tätigkeit und Stellung im Betrieb:

- Bürogehilfen (leichtere Bürotätigkeiten, z. B. Post, Ablage, Registratur, Rechnungsschreiben)
- kaufmännische Angestellte (Handlungsgehilfen): vgl. §§ 59-83 HGB; grds. zwei- bis dreijährige Ausbildungszeit nach bestimmten Branchen, z. B. Büro-, Bank-, Versicherungs-, Großhandels-, Speditions-, Industrie-„kaufmann" (irreführende Bezeichnung!)
- Handlungsbevollmächtigte: i. d. R. kaufmännische Angestellte mit besonderen Befugnissen (s. o.).

Zur Ausübung dieser Tätigkeiten bedarf es nicht unbedingt einer entsprechenden Ausbildung mit staatlich anerkanntem Abschluß; entscheidend sind die persönlichen Fähigkeiten und die Stellung im Betrieb.

d) Durch Einfügung der §§ 611 a und b sowie 612 III in das BGB hat der Gesetzgeber aufgrund des arbeitsrechtlichen EG-Anpassungsgesetzes 1980 versucht, die **Gleichberechtigung weiblicher Arbeitnehmer** im Berufsleben zu sichern. Dies gilt für

- die Begründung von Arbeitsverhältnissen, insbesondere das Arbeitsentgelt
- den beruflichen Aufstieg
- Kündigungen
- innerbetriebliche und öffentliche Stellenausschreibungen, die grundsätzlich nicht nur für Männer oder nur für Frauen erfolgen dürfen (seitdem fehlen in den Stellenanzeigen der Zeitungen die Unterscheidungen nach „männlich – weiblich" weitgehend).

Eine unterschiedliche Behandlung ist nur zulässig, wenn ein bestimmtes Geschlecht unverzichtbare Voraussetzung für eine Tätigkeit ist.

0.5.102 Arbeitnehmerähnliche Personen

a) **Wesen:** Personen, die **persönlich** zwar **selbständig** sind, wirtschaftlich jedoch vom Arbeitgeber abhängen und daher sozial schutzwürdig sind.

b) **Arten:**

- Heimarbeiter
- Handelsvertreter mit geringem Einkommen, die für nur ein Unternehmen tätig sind,
- freie Mitarbeiter z. B. bei Fernsehen, Rundfunk, Presse.

0.5.103 Leitende Angestellte

a) **Wesen:**

- Angestellte mit besonderen Aufgaben und Fähigkeiten
- die aufgrund ihrer Sonderstellung sozial weniger schutzwürdig sind.

Gründe: Sie nehmen Vertrauensstellungen ein und üben z. T. Aufgaben der Arbeitgeberseite aus.

b) **Definition:** nach § 5 III BetrVG Personen, die

- nach Dienstvertrag und tatsächlicher Dienststellung zur selbständigen Einstellung und Entlassung von Arbeitnehmern berechtigt sind
- Generalvollmacht oder Prokura haben
- oder im wesentlichen eigenverantwortliche Aufgaben erfüllen.

In KI gehören dazu:

- Prokuristen (vgl. §§ 48 ff. HGB, s. o.), die Leitungsfunktionen wahrnehmen
- Geschäftsleiter (vgl. § 1 II KWG), Vorstandsmitglieder, Geschäftsführer, sofern sie Angestellte der Unternehmung sind; d. h. alle zur Geschäftsführung und Vertretung satzungsmäßig berufenen Angestellten; Voraussetzungen: werden von verschiedenen Gesetzen unterschiedlich geregelt (z. B. § 33 II KWG: fachliche Eignung, d. h. dreijährige Tätigkeit in leitender Stellung bei vergleichbarem Kreditinstitut).

„Direktoren" (üblicher Titel in größeren Unternehmen) sind Prokuristen oder Geschäftsleiter.

c) **Bedeutung:** Leitende Angestellte werden von der Geltung verschiedener Gesetze ausgenommen; Beispiele:

- Betriebsrat hat kein Mitbestimmungsrecht, wenn ihnen z. B. gekündigt wird (§§ 99, 105 BetrVG)
- Arbeitszeitbeschränkungen gelten nicht (§ 18 Arbeitszeitgesetz): z. B. Pflicht zur unbezahlten Leistung von Überstunden.

Zum Teil haben leitende Angestellte Sonderrechte, z. B. bei der Wahl der Belegschafts-Aufsichtsratsmitglieder nach dem Mitbestimmungsgesetz 1976 (s. o. AG).

0.5.104 Auszubildende

a) **Rechtsgrundlagen:**

- Berufsausbildungsvertrag: schriftlicher Abschluß, Einreichung bei der Industrie- und Handelskammer zur Eintragung in das „Verzeichnis der Berufsausbildungsverhältnisse"
- Tarifvertrag (s. u.)
- Berufsbildungsgesetz von 1969: umfaßt Berufsausbildung, berufliche Fortbildung sowie Umschulung.

Zusätzliche Grundlagen: (wichtig für Ausbildung zum/zur Bankkaufmann/-frau)

- Verordnung über die Berufsausbildung zum Bankkaufmann von 1979: Angabe eines Berufsbildes (umfaßt die zu erwerbenden Kenntnisse und Fertigkeiten), eines Ausbildungsrahmenplans, Regelung der Dauer der Ausbildung und der Prüfungen
- Ausbilder-Eignungsverordnung: besondere Anforderungen an Ausbilder in fachlicher und pädagogischer Hinsicht.

b) Besondere **Rechtsstellung** des Auszubildenden (i. ü. vgl. allgemeines Arbeitsrecht):

- Berufsschulpflicht
- Recht auf Ausbildung entsprechend der Ausbildungsordnung

c) **Ablauf** der Ausbildung:

- die Ausbildungsdauer zum Bankkaufmann/zur Bankkauffrau beträgt grds. 3 Jahre, kann für bestimmte Auszubildende (z. B. Handelsschüler, Abiturienten) auf 2 1/2 oder 2 Jahre verkürzt werden
- das „duale System" in der Bundesrepublik Deutschland sieht Ausbildung vor
  - durch staatliche Berufsschulen **und**
  - durch die Betriebe
- Probezeit (mind. 1, höchstens 3 Monate): Kündigung jederzeit ohne Frist möglich
- i. ü. kann der Ausbildende nur aus wichtigem Grund fristlos kündigen, der Auszubildende auch zwecks Aufgabe dieser Ausbildung mit vierwöchiger Kündigungsfrist
- Ziel der Ausbildung ist die **Abschlußprüfung**; Voraussetzungen: Ablegung von Zwischenprüfungen, Führung eines Berichtsheftes, Ausbildungszeit zurückgelegt
- die Industrie- und Handelskammer überwacht die Ausbildung und nimmt (durch Prüfungsausschüsse, in denen ein Arbeitgeber-, ein Arbeitnehmervertreter und ein Berufsschullehrer vertreten sein müssen) die Abschlußprüfung ab.

0.5.11 Das Arbeitsverhältnis

a) **Wesen:** Dienstvertrag (§§ 611 ff. BGB); schuldrechtlich, Austausch von Leistungen (Arbeit gegen Geld); Dauerschuldverhältnis, d. h. auf Dauer, meist ohne zeitliche Begrenzung angelegt.

b) **Begründung:** durch Abschluß des Arbeitsvertrages; das – grds. geltende – Prinzip der **Vertragsfreiheit** wird z. T. **eingeschränkt**:

- Abschlußgebote, z. B. Einstellung von Schwerbehinderten
- Abschlußverbote, z. B. nach Jugendarbeitsschutzgesetz
- Beschränkung der Inhaltsfreiheit durch Arbeitsschutzgesetze und Tarifvertragsrecht
- Mitspracherecht des Betriebsrates bei Neueinstellungen (§§ 99-101 BetrVG; öff. Dienst: Personalrat).

c) **Pflichten des Arbeitnehmers:**

- Arbeitspflicht; Umfang: meist nicht vertraglich festgelegt, wird aber durch Weisungsrecht des Arbeitgebers konkretisiert (näher bestimmt); Arbeitnehmer verliert Lohnanspruch bei unberechtigtem Fernbleiben, hat andererseits Recht zur Leistungsverweigerung, wenn der Arbeitgeber seinen Pflichten nicht nachkommt
- Gehorsamspflicht gegenüber Weisungen des Arbeitgebers, soweit diese berechtigt sind (angemessene Arbeit!).

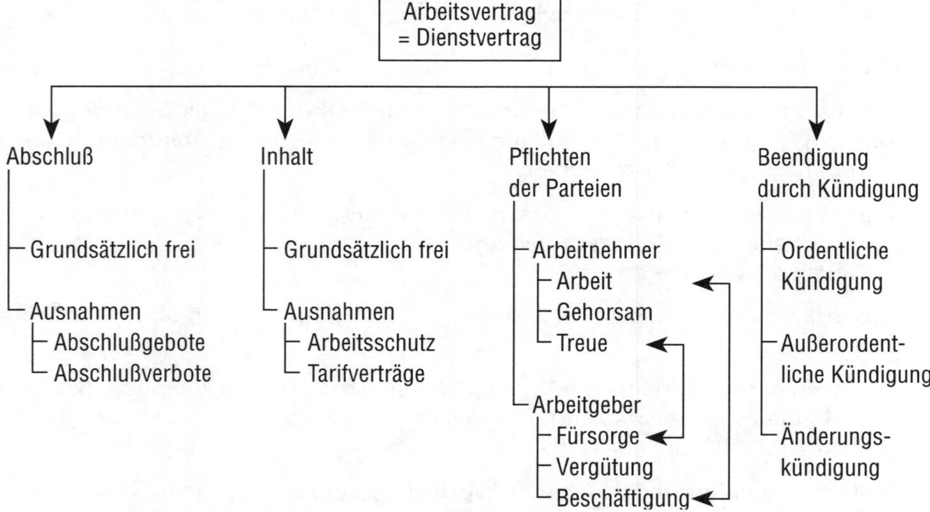

- Treuepflicht: Beitrag des Arbeitnehmers zu den unternehmerischen Zielen des Arbeitgebers, d. h.
  - Wettbewerbsverbot (vgl. §§ 60 ff. HGB für Handlungsgehilfen)
  - Wahrung von Geschäftsgeheimnissen, auch nach Ausscheiden

- keine Abwerbung anderer Mitarbeiter
- Meldung von Störungen des Betriebsablaufs u. dgl.

d) **Pflichten des Arbeitgebers:**

- Zahlung einer Vergütung (siehe e)
- Fürsorgepflicht: Sorge für das Wohl des Arbeitnehmers, keine Schädigung seiner Interessen; Einzelheiten:
  - Sorge für gefahrlose Arbeit (§§ 618, 619 BGB)
  - Schutz von Eigentum des Arbeitnehmers (Bereitstellung von Garderoben, u. U. von Parkraum usw.)
  - Beachtung aller dem Arbeitnehmer dienenden Vorschriften (insbes. Arbeitsschutz, Sozialversicherung)
- Pflicht zur Gleichbehandlung aller Arbeitnehmer bei Allgemeinmaßnahmen (nicht z. B. bei Lohnvereinbarung)
- Pflicht zur Beschäftigung (Recht des Arbeitnehmers auf Arbeit!), soweit zumutbar
- Pflicht zur Zeugniserteilung über Art und Dauer, auf Wunsch über Führung und Leistungen des Arbeitnehmers (§ 73 HGB); Praxis: in größeren Betrieben Verwendung von Personalbeurteilungsbögen mit sehr konkreten Einzelheiten über die Tätigkeit des Arbeitnehmers (einschließlich Sorgfalt, Initiative, Kollegialität, Auffassungsgabe, Tempo usw.).

e) **Arbeitsentgelt*:** Hauptpflicht des Arbeitgebers

- Lohnhöhe richtet sich nach Arbeitsvertrag und tarifvertraglicher Vereinbarung (im Zweifel gilt das Günstigste); Zahlung grds. nachträglich
- Lohn**arten**:
  - Geldlohn als Zeitlohn (i. d. R.) oder Leistungs- = Akkordlohn
  - Naturallohn, z. B. Wohnung, Verpflegung
  - Sonderformen: Zuschläge, z. B. für Überstunden; Provisionen, Gewinnbeteiligung (Tantieme); Gratifikationen; vermögenswirksame Leistungen
- da die wirtschaftliche Existenz des Arbeitnehmers von seinem Verdienst abhängt, ist dieser weitgehend geschützt – vor Dritten und dem Arbeitnehmer selbst: durch Einschränkung der Pfändbarkeit, Abtretbarkeit, Verpfändbarkeit (vgl. z. B. §§ 850 ff. ZPO)
- zusätzlich zum Lohn gezahlte **Gratifikationen** (z. B. Weihnachts-, Urlaubsgeld) sind freiwillige Leistungen, aber keine Schenkungen; bei längerer betrieblicher Übung ohne Hinweis auf die Freiwilligkeit wird daraus ein Leistungs**anspruch** (grds. nach 3 Jahren).

f) **Störungen** des Arbeitsverhältnisses: Grundsatz: **„Ohne Arbeit kein Lohn"**; diese Regel findet nur beschränkt Anwendung. Einzelheiten:

---

* „Lohn": hier im Sinne jeder Arbeitsvergütung (sonst: Entgelt an Arbeiter)

- **Lohn ohne Arbeit:**
  - Arbeitgeber kommt seiner Beschäftigungspflicht nicht nach
  - Arbeitsfreistellung kraft Gesetzes: Stellensuche; Mitwirkung bei sozialer Selbstverwaltung (z. B. Betriebsrat); Erholungsurlaub (nach Bundesurlaubsgesetz, Tarif- oder Arbeitsvertrag); an Feiertagen
  - persönliche Arbeitsverhinderung des Arbeitnehmers (z. B. wegen Krankheit): siehe Arbeitsschutzrecht
- **unverschuldete** Störungen: Arbeitnehmer ist arbeitswillig und bereit, Arbeitgeber kann ihn unverschuldet nicht beschäftigen; Lösung: derjenige, aus dessen Bereich die Störung kommt, trägt den Schaden; Einzelheiten:
  - **grds.** trägt **Arbeitgeber** das Risiko, z. B. Brand des Betriebes, Energieausfall, Absatzkrise – sofern nicht Existenz des Betriebes bedroht ist (dann evtl. Lohnkürzung, Lohnausfall)
  - **Arbeitnehmer** tragen das Risiko, wenn die Störung auf **Arbeitnehmerverhalten** beruht, z. B. Streik (auch in anderen Betrieben, wenn dieser sich z. B. durch Lieferstörungen auswirkt)
- **verschuldete** Störungen gehen zu Lasten dessen, der sie verschuldet hat.

g) **Beendigung** des Arbeitsverhältnisses durch **Kündigung**:

- **Wesen:** einseitige, empfangsbedürftige Willenserklärung
- vor jeder arbeitgeberseitigen Kündigung muß **Betriebsrat** angehört werden (§ 102 BetrVG)
- **Arten:**
  - Änderungskündigung: des Arbeitgebers, wenn der Arbeitnehmer nicht mit neuen Arbeitsbedingungen einverstanden ist, des Arbeitnehmers, wenn der Arbeitgeber den Lohn nicht erhöht
  - ordentliche (regelmäßige) Kündigung: nur an Fristen gebunden, **nicht** von **Gründen** abhängig (siehe aber Kündigungsschutz)
  - außerordentliche Kündigung: nicht an Fristen gebunden, muß jedoch **begründet** sein: Vorliegen eines **„wichtigen Grundes"** (z. B. strafbare Handlung des Arbeitnehmers gegenüber dem Arbeitgeber); muß binnen zwei Wochen nach Kenntnis des Grundes erfolgen (§ 626 BGB).

0.5.12 Arbeitsschutz und Arbeitsförderung

0.5.120 Arbeitsschutzrecht

Wesentliche Aufgabe des Arbeitsrechts – und damit sein soziales Element – ist der Schutz des Arbeitnehmers vor Nachteilen und Schädigung seiner Interessen. Das Arbeitsschutzrecht beinhaltet daher entsprechende **Pflichten der Arbeitgeber** (aber auch der Arbeitnehmer und des Staates, der insbesondere Überwachungsfunktion hat).

Mit der **Wiedervereinigung** ist das Arbeitsrecht der Bundesrepublik Deutschland bis auf einige teils befristete, teils unbefristete Ausnahmen in den neuen Bundesländern in Kraft getreten. Einige Bestimmungen des Arbeitsgesetzbuches der ehemaligen DDR gelten – überwiegend befristet – noch fort.

Auf eine detaillierte Darstellung dieser Regeln wird hier vor dem Hintergrund der nur befristeten Geltung verzichtet.

a) **Lohnfortzahlungspflicht im Krankheitsfall** (§ 616 BGB, Entgeltfortzahlungsgesetz, Tarifverträge): Pflicht des Arbeitgebers, dem Arbeitnehmer das Entgelt für 6 Wochen weiterzuzahlen;

- Voraussetzung: Krankheit ist vom Arbeitnehmer weder vorsätzlich noch grob fahrlässig herbeigeführt worden
- Höhe der Entgeltfortzahlung:
  - bis zum 30.9.1996 100 %
  - seit 1.10.1996 Geltung des neuen **Entgeltfortzahlungsgesetzes:** Entgeltfortzahlung grundsätzlich zu 80 %, nach Arbeitsunfällen und bei Berufskrankheiten weiterhin zu 100 %
  - aufgrund tarifvertraglicher oder freiwilliger Regelungen wird in einigen Branchen auch nach der Gesetzesänderung der Lohn grds. zu 100 % weitergezahlt
  - die Entgeltreduzierung kann der Arbeitnehmer im übrigen auch dadurch vermeiden, daß er von der gesetzlichen Möglichkeit Gebrauch macht, sich für jeweils 5 Krankheitstage einen Urlaubstag anrechnen zu lassen
- daneben besteht ein Anspruch auf Krankengeld in Höhe von 70 % (wichtig z. B., wenn Arbeitgeber nicht weiterzahlen will/kann), höchstens jedoch 90 % des Nettoarbeitsentgelts
- **nach** 6 Wochen zahlt die Krankenkasse grds. zeitlich unbegrenzt (wegen derselben Erkrankung für maximal 78 Wochen innerhalb von je 3 Jahren) Krankengeld in Höhe von 70 % des entgangenen Regellohns, höchstens jedoch 90 % des Nettoarbeitsentgelts.

b) **Unfallschutz:** Es gibt eine Reihe von Unfallverhütungsvorschriften der Berufsgenossenschaften; ihre Einhaltung wird durch Gewerbeaufsichtsämter (nach der Gewerbeordnung) überwacht.

Bei Arbeitsunfällen besteht **Lohnfortzahlungspflicht** des Arbeitgebers, wenn der Unfall

- vom Arbeitgeber vorsätzlich herbeigeführt wurde
- sich im **allgemeinen Verkehr** ereignet hat (z. B. Weg zur Arbeit/nach Hause).

Für typische, d. h. mit der **Arbeit** zusammenhängende Arbeitsunfälle tritt die gesetzliche Unfall**versicherung** ein.

c) **Arbeitszeit:**

- **Arbeitszeitgesetz** von 1994:
  - werktägliche Arbeitszeit grds. 8 Stunden
  - Verlängerung auf bis zu 10 Stunden zulässig, wenn innerhalb von 6 Kalendermonaten oder innerhalb von 24 Wochen im Durchschnitt 8 Stunden werktäglich nicht überschritten werden
  - Ruhepausen:
    - bei Arbeitszeit von mehr als 6 bis zu 9 Stunden: mind. 30 Minuten

  - bei Arbeitszeit von mehr als 9 Stunden: mind. 45 Minuten
  - Aufteilung der Pausen in mehrere Abschnitte von jeweils mind. 15 Minuten zulässig
  - länger als 6 Stunden hintereinander dürfen Arbeitnehmer nicht ohne Ruhepause beschäftigt werden
- Ruhezeit: nach Beendigung der täglichen Arbeitszeit mindestens 11 Stunden
- diverse Sonder- und Ausnahmeregelungen
- in Tarifverträgen können zum Teil Abweichungen vereinbart werden

Ladenschlußgesetz:
- mit Gesetz vom 30.7.1996 wurden nach über zehnjähriger Diskussion von Politik, Wirtschaft und Gewerkschaften die Ladenschlußzeiten geändert
- Verkaufsstellen (z. B. Ladengeschäfte) dürfen montags bis freitags von 6-20 Uhr, samstags von 6-16 Uhr geöffnet werden
- zulässige Öffnungszeit an den vier aufeinanderfolgenden Samstagen vor dem 24. Dezember: 6-18 Uhr, am 24. Dezember (sofern Werktag): von 6-14 Uhr
- an Sonn- und Feiertagen müssen die Verkaufsstellen geschlossen sein
- Ausnahmeregelungen für verschiedene Arten von Verkaufsstellen (z. B. Bäckereien, Tankstellen), Standorte (z. B. auf Bahnhöfen oder in Kur- und Erholungsorten) bzw. Waren (z. B. Backwarenverkauf auch am Sonntag).

d) **Kündigungsschutz:** Gesetz in der Fassung von 1969

Die Kündigung ist eine einseitige empfangsbedürftige Willenserklärung. Ihre Wirksamkeit tritt erst mit ihrem Eingang in den Machtbereich des Empfängers ein.

Die grundsätzlich zulässige **ordentliche** Kündigung ist nicht an Gründe, aber an Fristen gebunden und darf nicht sozialwidrig sein. Die **außerordentliche**, fristlose Kündigung ist dagegen nur unter bestimmten Voraussetzungen zulässig.

Die **ordentliche** Kündigung setzt die Einhaltung der gesetzlichen oder tarif- bzw. arbeitsvertraglichen Kündigungsfristen voraus. Eine Kündigung durch den Arbeitgeber muß **sozial gerechtfertigt** sein, d. h. sich stützen auf
- dringende betriebliche Erfordernisse (z. B. Verkleinerung des Betriebes, notwendige Rationalisierungen), **betriebsbedingte** Kündigung
- Gründe in der Person des Arbeitnehmers (z. B. mangelnde Leistung), **personenbedingte** Kündigung
- Gründe im Verhalten des Arbeitnehmers (Pflichtverletzungen), **verhaltensbedingte** Kündigung.

Dieser Kündigungsschutz greift nur bei Arbeitnehmern, die
- mehr als 6 Monate beschäftigt sind
- in einem Betrieb mit i. d. R. mehr als 10 Arbeitnehmern arbeiten;
  - für Arbeitnehmer, die am 30.9.1996 (Änderung des Kündigungsschutzgesetzes) in einem Betrieb angestellt waren, der zwischen 5 und 10 Beschäftigte hat, bleibt der Kündigungsschutz in diesem Betrieb bis zum 30.9.1999 bestehen
  - Teilzeitbeschäftigte werden bei der Errechnung der Beschäftigten anteilig berücksichtigt.

Ordentliche Kündigungen sind in folgenden Fällen eingeschränkt bzw. ausgeschlossen:
- in befristeten Arbeitsverhältnissen
- gegenüber Auszubildenden nach Beendigung der Probezeit
- gegenüber Arbeitnehmerinnen/Auszubildenden während der Schwangerschaft und bis 4 Monate nach Entbindung (s. u.); Ausnahme nur mit behördlicher Zustimmung
- gegenüber anerkannten Schwerbehinderten (s. u.): vorherige Zustimmung der Hauptfürsorgestelle erforderlich
- gegenüber Wehrpflichtigen ab Zustellung des Einberufungsbescheids bis Beendigung des Wehrdienstes sowie während einer Wehrübung; gleiches gilt für Zivildienstleistende
- gegenüber Mitgliedern von Betriebsräten sowie bis 1 Jahr nach Amtsniederlegung (außer bei Betriebsstillegung)
- in sonstigen besonderen Fällen (z. B. bei Bundestagsabgeordneten; bei vertraglicher Unkündbarkeit).

Ordentliche Kündigung ohne Anhörung des **Betriebsrates** ist **nichtig**. Dabei muß der Arbeitgeber den Arbeitnehmer, die Kündigungsart, den Termin und die Gründe angeben. Widerspruch des Betriebsrates hindert die Kündigung nicht (Anhörungs-, kein Mitbestimmungsrecht).

Kündigungsfristen bei ordentlicher Kündigung:
- **gesetzlich:**
  - **Grundkündigungsfrist** für Arbeitnehmer und Arbeitgeber: vier Wochen zum 15. oder zum Ende eines Kalendermonats
  - in Betrieben mit bis zu 20 Arbeitnehmern: Grundkündigungsfrist von vier Wochen **ohne festen Termin** kann einzelvertraglich vereinbart werden
  - während einer vereinbarten **Probezeit** längstens für die Dauer von sechs Monaten: 2 Wochen Kündigungsfrist
  - **verlängerte Kündigungsfristen** für die Arbeitgeberkündigung nach

2jähriger Betriebszugehörigkeit	–	einen Monat zum Monatsende
5jähriger Betriebszugehörigkeit	–	zwei Monate zum Monatsende
8jähriger Betriebszugehörigkeit	–	drei Monate zum Monatsende
10jähriger Betriebszugehörigkeit	–	vier Monate zum Monatsende
12jähriger Betriebszugehörigkeit	–	fünf Monate zum Monatsende
15jähriger Betriebszugehörigkeit	–	sechs Monate zum Monatsende
20jähriger Betriebszugehörigkeit	–	sieben Monate zum Monatsende;

    die Betriebszugehörigkeit wird vom 25. Lebensjahr des Arbeitnehmers an gerechnet
- **tarifvertraglich** können **kürzere und längere** Kündigungsfristen vereinbart werden
- **einzelvertraglich** können **längere und in eingeschränktem Umfang** (s. o.; vgl. § 622V BGB) **kürzere** Kündigungsfristen vereinbart werden.

- Für die **außerordentliche** (fristlose) Kündigung gelten folgende Voraussetzungen:
  - wichtiger Grund (die soziale Rechtfertigung wie bei ordentlicher Kündigung reicht nicht aus), d. h. für den Kündigenden ist das Abwarten der Kündigungsfrist unzumutbar; wirtschaftliche Gründe reichen nicht aus
  - Zustimmung des Betriebsrates bei fristloser Kündigung eines Betriebsratsmitglieds, der Behörde bei einer Schwangeren, der Hauptfürsorgestelle bei einem Schwerbehinderten

- Anhörung des Betriebsrates (3 Tage Bedenkzeit)
- Erklärung der Kündigung durch Arbeitgeber binnen 14 Tagen, nachdem er von dem wichtigen Grund Kenntnis erlangt hat.

Der Kündigungsschutz wird gewährleistet durch den **Kündigungsschutzprozeß**; Einzelheiten:
- die Kündigung muß zu Unrecht erfolgt sein
- der gekündigte Arbeitnehmer muß binnen 3 Wochen nach Zugang der Kündigung beim Arbeitsgericht Kündigungsschutzklage erheben
- vorläufiger Rechtsschutz: Weiterbeschäftigungsanspruch des Arbeitnehmers nach ordentlicher Kündigung, wenn der Betriebsrat widersprochen hat
- Gerichtsentscheidung: Hält das Arbeitsgericht die Kündigung für unwirksam, stellt es das Fortbestehen des Arbeitsverhältnisses (mit vollem Lohnanspruch) fest oder löst – auf Antrag – das Arbeitsverhältnis auf (der Arbeitgeber hat dann angemessene Abfindung zu zahlen).

e) **Mutterschutz:**

Arbeitszeit: grundsätzlich höchstens 8 1/2 Stunden täglich oder 90 Stunden in der Doppelwoche

keine Beschäftigung
- 6 Wochen vor der Geburt (es sei denn, Arbeitnehmerin ist bereit, zu arbeiten)
- 8 Wochen nach der Geburt (absolutes Beschäftigungsverbot)
- zusätzlich 4 Wochen bei Früh- und Mehrlingsgeburten
- Zahlung von **Mutterschaftsgeld** für die Zeit der Schutzfristen (die gesetzliche Krankenkasse ersetzt bis zu 25,– DM pro Tag; während der Mutterschutzfrist zahlt der Arbeitgeber die Differenz zum Durchschnittslohn der letzten 3 Monate zu)
- Beschäftigungsverbot z. B. für Akkord-, Fließband-, Nacht-, Sonntagsarbeit und Überstunden

Erziehungsgeld:
- Zahlung von höchstens 600,– DM für max. 24 Monate (seit 1.1.93, vorher kürzere Zeit)
- die Höhe des Erziehungsgeldes ist einkommensabhängig
- Ehegatten bestimmen gemeinsam den Berechtigten (sonst ist die Frau berechtigt)
- laufendes Mutterschaftsgeld wird angerechnet

Erziehungsurlaub:
- bis zur Vollendung des dritten Lebensjahres des Kindes

Kündigungsschutz: für werdende Mütter während der Schwangerschaft und bis 4 Monate nach Entbindung, außerdem während des Erziehungsurlaubs; Schwangerschaft muß dem Arbeitgeber mitgeteilt werden.

f) **Jugendarbeitsschutz:** Gesetz in der Fassung von 1994; geschützt: Kinder (unter 14 Jahre), Jugendliche (unter 18 Jahre); Einzelheiten:

keine Kinderarbeit (Ausnahmen: z. B. Betriebspraktikum, ab 13 Jahre: leichte Beschäftigungen in der Landwirtschaft, beim Zeitungsaustragen, beim Sport; weitere Ausnahmen können für Theater, Musik, Werbung, Film usw. erteilt werden)

Jugendliche:

- Beschäftigung Jugendlicher unter 15 Jahren verboten
- grds. max. 8 Stunden täglich, 40 Stunden pro Woche
- 8 1/2 Std. täglich zulässig, wenn an anderen Tagen derselben Woche weniger als 8 Std. gearbeitet wird
- Freistellung für die Berufsschule; keine Beschäftigung an Berufsschultagen mit mehr als 5 Unterrichtsstunden; entsprechende Freistellung jedoch nur einmal pro Woche; Freistellung für Berufsschulwochen mit planmäßigem Blockunterricht von mindestens 25 Stunden an mindestens 5 Tagen
- ab 6 Std. täglicher Arbeitszeit 1 Std. Pause
- ununterbrochene Freizeit mindestens 12 Stunden
- Beschäftigung nur von 6 bis 20 Uhr (ab 16 Jahre: in Gaststätten/Schaustellerbetrieben bis 22 Uhr, in mehrschichtigen Betrieben bis 23 Uhr, in der Landwirtschaft ab 5 oder bis 21 Uhr, in Bäckereien/Konditoreien ab 5 Uhr)
- Beschäftigung nur an 5 Tagen in der Woche
- Urlaub: mindestens 30 Werktage bei Alter unter 16, 27 Werktage/unter 17, 25 Werktage/unter 18
- keine gefährliche Arbeit, Akkordarbeit, Arbeit unter Tage (es sei denn, diese Arbeit ist zur Erreichung des Ausbildungsziels erforderlich und der Schutz des Jugendlichen ist durch die Aufsicht eines Fachkundigen gewährleistet; außer bei Akkordarbeit zusätzlich: Alter über 16 Jahre)
- vor Einstellung: ärztliches Attest erforderlich; ärztliche Untersuchung in jedem weiteren Lebensjahr.

g) **Schwerbehinderte:** Beschäftigungspflicht für 6 % der Arbeitsplätze; bei Unterschreitung dieser Zahl monatlicher Ausgleich (200,– DM) an die Hauptfürsorgestelle zu zahlen; Gewährung eines jährlichen Zusatzurlaubs, der der Dauer der regelmäßigen Arbeitswoche entspricht, d. h. 5 zusätzliche Urlaubstage bei 5-Tage-Woche.

0.5.121 Arbeitsförderung

Grundlage: Gesetz von 1969

Ziele:

- Sicherung der Vollbeschäftigung
- Vermeidung von Arbeitslosigkeit
- bessere berufliche Beweglichkeit (Mobilität), Anpassungsfähigkeit
- bessere Berufschancen, Aufstiegsmöglichkeiten.

Das Arbeitsförderungsgesetz ist sozialstaatlich motiviert und geht von dem Grundgedanken aus, daß die Verbesserung der Leistungsfähigkeit und berufliche Existenzsicherung des **einzelnen** zugleich der **Gesamtwirtschaft**, ihrer Stabilität und dem Wachstum dient.

Maßnahmen: finanzielle Förderung durch Zuschüsse, Darlehen, Kostenerstattung, Unterhaltsgeld, auf die **Rechtsanspruch** besteht, für

- betriebliche Grund- und Fach**ausbildung**

- **Fortbildung** zur Verbesserung beruflicher Chancen
- **Umschulung** zur beruflichen Anpassung, Änderung der Berufstätigkeit; wichtig insbesondere die **Rehabilitation** (Wiederherstellung, Wiedereingliederung) geistig oder körperlich Behinderter
- **Arbeitsvermittlung** grds. durch Arbeitsämter
- **Arbeitsbeschaffungs**maßnahmen, **Sicherung** der Arbeitsplätze in bestimmten Branchen sowie insbes. für ältere Arbeitnehmer
- Berufs- und Arbeits**beratung** durch Arbeitsämter für alle Arbeitnehmer, insbes. aber für Jugendliche.

0.5.2 Kollektives Arbeitsrecht

0.5.20 Überblick

Das kollektive Arbeitsrecht betrifft nicht die Arbeitnehmer als Einzelpersonen, sondern in ihrer Gesamtheit als Gruppe, **Koalition**; dies sind Zusammenschlüsse von

- **Arbeitnehmern** in **Gewerkschaften**,
- **Arbeitgebern** in **Arbeitgeberverbänden**;

diese Zusammenschlüsse sind **überbetrieblich**.

Gegenstände des kollektiven Arbeitsrechts sind

- Abschluß von **Tarifverträgen**
- **Arbeitskampf**
- **Betriebsverfassung** und **Mitbestimmung**.

0.5.21 Die Sozialpartner

0.5.210 Koalitionen

a) **Wesen:** = Zusammenschlüsse der Sozialpartner, d. h. von Arbeitnehmern und Arbeitgebern, zur Wahrung der kollektiven, d. h. die jeweilige Gruppe, den **Berufsverband** betreffenden Interessen.

b) **Definition:** Koalitionen sind

- freie, körperschaftlich organisierte (Grundform: Verein), privatrechtliche Vereinigungen
- überbetrieblich
- „koalitionsrein", d. h. entweder Arbeitgeber **oder** Arbeitnehmer
- unabhängig vom Staat
- nicht unbedingt parteipolitisch neutral

- zur „Wahrung und Förderung der Arbeits- und Wirtschaftsbedingungen" (Art. 9 III GG).

c) Koalitionen sind in Art. 9 III GG verfassungsrechtlich **geschützt**:

- positive Koalitionsfreiheit des einzelnen, d. h. das Recht, Koalitionen zu bilden
- Schutz der Koalition, ihres Bestandes, ihrer Betätigung
- negative Koalitionsfreiheit, d. h. das Recht, unorganisiert zu bleiben.

d) **Bedeutung:**

- nur Koalitionen sind, abgesehen von einzelnen Arbeitgebern, **tariffähig**
- nur Koalitionen können ihre Mitglieder vor den Arbeitsgerichten vertreten
- nur Koalitionen können rechtmäßige **Arbeitskämpfe** führen.

0.5.211 Arten von Koalitionen

a) **Arbeitgeberverbände:** ca. 1 200, nach Wirtschaftsbereichen gegliedert; auf Landesebene z. B. zu „Industrieverbänden" zusammengefaßt, auf Bundesebene zu Bundesverbänden; Spitzenorganisation: Bundesvereinigung der Deutschen Arbeitgeberverbände.

b) **Gewerkschaften:** als Industriegewerkschaften regional und nach Wirtschaftsbereichen gegliedert;

- der Deutsche Gewerkschaftsbund (DGB) umfaßt als Dachorganisation seine Einzelgewerkschaften (z. B. IG Metall, IG Farben)
- die Deutsche Angestellten-Gewerkschaft (DAG) umfaßt als Gesamtgewerkschaft einzelne Fachgruppen (z. B. Handel, Banken, Versicherungen, Industrie)
- weitere Spitzenorganisationen sind der Christliche Gewerkschaftsbund Deutschlands (CGD), der Verband der weiblichen Angestellten e.V. u. a.

0.5.22 Der Tarifvertrag

0.5.220 Grundbegriffe

a) **Wesen:**

= schriftlicher Vertrag zwischen tariffähigen Parteien

- zur Regelung von Rechten und Pflichten der Parteien (sog. schuldrechtlicher Teil)
- und zur Festsetzung von Rechtsnormen über Arbeitsverhältnisse, betriebliche und betriebsverfassungsrechtliche Fragen (normativer Teil).

b) **Schuldrechtlicher** Teil: vgl. Vertragsrecht; grundsätzlich werden geregelt:

- **Friedenspflicht:** Verpflichtung der Parteien, während der Laufzeit des Tarifvertrages keinen Arbeitskampf zu führen

- **Einwirkungspflicht:** Verpflichtung, die Mitglieder von Arbeitskämpfen abzuhalten und zur Einhaltung des Tarifvertrages anzuhalten.

c) **Normativer** Teil: = Recht der Parteien, **Rechtsnormen** zu setzen (wie der Staat durch Gesetze), die unmittelbar und zwingend für jedes Mitglied gelten (**sog. Tarifautonomie**); Außenseiter können durch „Allgemeinverbindlichkeitserklärung" oder Aufnahme in Arbeitsverträge einbezogen werden.

Die Rechtsnormen regeln z. B. Höhe des Arbeitsentgelts, Arbeitszeit, Urlaub, Fragen der Mitbestimmung im Betrieb, Einrichtung einer Kantine, Schaffung gemeinsamer Einrichtungen der Parteien usw.

Dementsprechend gibt es folgende **Arten** von Tarifverträgen:

- Mantel-(Rahmen-)tarife über allgemeine Arbeitsbedingungen
- Lohn- und Gehaltstarife.

d) Bei **Ablauf** eines Tarifvertrages gelten seine Bestimmungen bis zum Abschluß eines neuen Tarifvertrages fort. **Abweichungen** von Tarifverträgen sind nur zugunsten der Arbeitnehmer möglich (**Günstigkeitsprinzip**).

Seit 1993 gilt für ostdeutsche Betriebe eine **Härtefallklausel,** nach der Betriebe in Notlagen zeitlich befristet unter Tarif zahlen dürfen, um Arbeitsplätze zu sichern.

Die Einführung solcher Klauseln wurde auch für Westdeutschland gefordert. Entscheidungen waren bei Drucklegung (Mai 1997) noch nicht getroffen.

0.5.221 Einzelheiten

a) Tarifverträge müssen schriftlich abgeschlossen werden. Ob die Parteien tarif**zuständig** sind, ergibt sich aus ihrer Koalitionssatzung. Die Tarifautonomie umfaßt **nicht** Eingriffe in das Privatleben der Arbeitnehmer, die Grundlage der Unternehmung sowie gesetzliche Vorschriften, die zwingend sind.

b) **Unzulässig** sind

- Differenzierungsklauseln: Begünstigung der Mitglieder gegenüber nichtorganisierten Außenseitern.

c) Im **privaten Bankgewerbe** wird das Arbeitsentgelt nach bestimmten **Tarifgruppen** gezahlt, die nach Art der Tätigkeit, Umfang der Verantwortung und Grad der erforderlichen Kenntnisse 9 Gruppen umfassen; hinzu kommen Differenzierungen nach Berufsjahren, Unterhaltspflichten usw.

d) Der **Bundes-Angestellten-Tarifvertrag** (BAT), der z. B. in öffentlich-rechtlichen Sparkassen gilt, enthält einige besondere Klauseln wie z. B. die Unzulässigkeit einer ordentlichen Kündigung für mindestens 15 Jahre beschäftigte, mindestens 40 Jahre alte Arbeitnehmer.

0.5.23 Arbeitskampf

a) **Wesen:** Maßnahmen der Koalitionen zur bewußten **Störung des Arbeitsfriedens**, um durch wirtschaftlichen Druck auf die andere Partei ein bestimmtes Ziel zu erreichen.

Es gilt der Grundsatz der **Waffengleichheit**: **beide** Parteien verfügen über Kampfmittel; Arbeitgeber: **Aussperrung**; Arbeitnehmer: **Streik**; beide: **Boykott**.

b) **Streik:** = bewußte, planmäßige Arbeitsniederlegung mehrerer Arbeitnehmer; **kein Vertragsbruch**, sofern er rechtmäßig ist.

Voraussetzungen:

- durch Gewerkschaften geführt (Gegenteil: „wilder Streik")
- nur für Leistungen, die tariflich geregelt werden können
- grds. nur gegen den beteiligten Arbeitgeber (d. h. keine Proteststreiks, keine politischen Streiks; die Zulässigkeit von Sympathiestreiks ist umstritten)
- bisheriger Tarifvertrag muß abgelaufen sein (sonst würde die Friedenspflicht die Gewerkschaft binden)
- Grundsatz fairer Kampfführung: keine Gewaltanwendung, kein Mißbrauch, wenn der Betriebsstillstand die Versorgung der Bevölkerung mit lebensnotwendigen Gütern gefährdet
- Streik als letzter Ausweg: zunächst Verhandlungen (bei Scheitern meist Versuch eines Schlichtungsverfahrens), dann „Urabstimmung" der Gewerkschaftsmitglieder (meist erforderlich: 3/4-Mehrheit).

Streik hat **suspendierende** (=aufschiebende) **Wirkung**: die Hauptpflichten des Arbeitsverhältnisses (nicht Nebenpflichten wie Fürsorge-/Treuepflicht) ruhen; **fristlose Kündigung** durch den Arbeitgeber ist **unzulässig**.

Gewerkschaftsmitglieder erhalten ein **Streikgeld**; Nichtmitglieder erhalten nichts, auch keine staatliche Unterstützung (der Staat soll sich neutral verhalten!).

c) **Aussperrung:** = planmäßiger Ausschluß von Arbeitnehmern durch den Arbeitgeber von der Arbeit, zugleich von der Lohnzahlung; ebenfalls **kein Vertragsbruch**. Die Aussperrung darf aber* nicht gleichbedeutend mit Auflösung der Arbeitsverhältnisse sein, sie hat ebenfalls nur **aufschiebende Wirkung** (Ausn.: z. B. bei wilden Streiks).

d) **Boykott:** = planmäßiges Abschneiden des Gegners vom Geschäftsverkehr durch Ablehnung von Vertragsschlüssen oder Aufforderung dazu; z. B. Einstellungs- oder Arbeitssperre.

e) Die wichtige Frage, ob das Grundgesetz ein Recht zum **Arbeitskampf** gewährleistet (vgl. Art. 9 III GG), ist heute noch umstritten, obwohl die europäische Sozialcharta ein solches Recht anerkennt.

---

* So das Bundesarbeitsgericht (BAG)

f) Im **öffentlichen Dienst** gilt grundsätzlich ein **Arbeitskampfverbot**, insbes. ein Streikverbot für **Beamte**; nicht jedoch für Angestellte, sofern die Arbeitsniederlegung nicht die lebenswichtige Versorgung der Bevölkerung beeinträchtigt.

g) Möglicher **Ablauf** von Tarifverhandlungen:

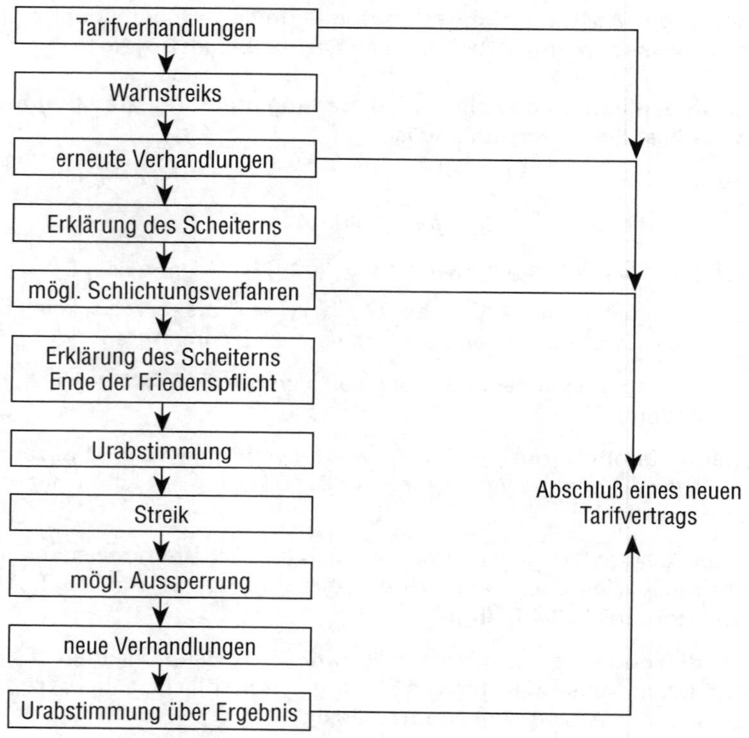

0.5.24 Betriebsverfassungsrecht (BetrVR)

a) **Wesen:** Betriebsverfassungsrecht ist **betriebsbezogenes Kollektivarbeitsrecht**; Grundgedanke, daß sich innerhalb eines Betriebes Interessengegensätze durch Zusammenarbeit von **Unternehmer** und **Belegschaft** überwinden lassen, da zugleich gemeinsames Interesse und beiderseitige Abhängigkeit vom Wohlergehen des Betriebes bestehen.

b) **Rechtsgrundlagen:**

- Betriebsverfassungsgesetz (BetrVG) von 1972 i. d. F. vom 23.12.1988
- Mitbestimmungsgesetze
- im öffentlichen Dienst: Personalvertretungsgesetze (PersVG) des Bundes und der Länder (Geltung z. B. für öffentlich-rechtliche KI, insbes. Sparkassen).

c) Das BetrVR begründet **Mitwirkungs- und Mitbestimmungsrechte der Belegschaft**. Diese wird vertreten durch den **Betriebsrat** (öff. Dienst: **Personalrat**).

Zustandekommen: in Betrieben mit mind. 5 wahlberechtigten (3 wählbaren) Arbeitnehmern durch geheime und unmittelbare **Wahl**.

- Wahlberechtigt: alle Arbeitnehmer ab 18 Jahre
- wählbar: Wahlberechtigte, die dem Betrieb seit 6 Monaten (öff. Dienst: 1 Jahr) angehören.

Weitere Betriebsinstitutionen:

- Jugend- und Auszubildendenvertretung (s. u. k)
- Betriebsversammlung
- Einigungsstelle
- Wirtschaftsausschuß.

d) **Grundsätze** der Betriebsverfassung

- Betriebsrat (BR)/Personalrat (PR) repräsentieren **alle** Mitarbeiter (keine Außenseiter!)
- BR/PR sind keine Gewerkschaftsorgane
- BR/PR sollen der Zusammensetzung der Belegschaft entsprechen, d. h. zu angemessenen Anteilen aus Arbeitern und Angestellten, Männern und Frauen bestehen; das BetrVG gilt jedoch **nicht** für leitende Angestellte, das PersVG, das grds. Beamte einschließt, **nicht** für Beamte der Besoldungsgruppe B
- BR/PR sind zu parteipolitischer Neutralität verpflichtet
- BR/PR haben sich um Gleichbehandlung aller Arbeitnehmer zu bemühen.

e) **Art der Beteiligungsrechte:** Mitwirkung oder Mitbestimmung in

- sozialen Angelegenheiten
- personellen Fragen
- wirtschaftlichen Angelegenheiten (insb. über Wirtschaftsausschuß und durch Teilnahme am Aufsichtsrat von Kapitalgesellschaften/Genossenschaften).

f) **Umfang der Mitwirkungs- und Mitbestimmungsrechte:** siehe Übersicht

Mitwirkung		Mitbestimmung			Entscheidung
Recht auf Unterrichtung	Beratung	Antrag und Kontrolle	Widerspruch	Zustimmung	bei Nicht-einigung
Betriebs- und Personal-planung	Betriebs- und Personal-planung				Arbeitgeber
	Fragen der Berufsbildung				Arbeitgeber
	regelm. Be-sprechungen				Arbeitgeber
Arbeits-schutz	Arbeitsschutz	Arbeitsschutz			Arbeitgeber, ggf. Arbeitsgericht
		Stellenaus-schreibungen			Arbeitsgericht
			Kündigungen		s. 0.5.120 d)
			Bestellung von Ausbildern		Arbeitsgericht
				soziale Angelegenheiten	Einigungsstelle
				außerordentliche Kündigung von Betriebsratsmitgl.	Arbeitsgericht
				Durchführung von Bildungs-maßnahmen	Einigungsstelle
				Versetzungen	Arbeitsgericht

Besteht Uneinigkeit über den Umfang der Rechte des Betriebsrates, so entscheiden die Arbeitsgerichte.

g) **Wirtschaftsausschuß:** In Unternehmen mit mehr als 100 ständigen Mitarbeitern ist die Errichtung eines Wirtschaftsausschusses vorgesehen. Einzelheiten:

- Der Wirtschaftsausschuß ist ein Hilfsorgan des Betriebsrates zur Unterstützung der Zusammenarbeit von Arbeitgeber und Betriebsrat
- zu den im Wirtschaftsausschuß zu behandelnden „wirtschaftlichen Angelegenheiten" i. S. des § 106 BetrVG gehören u. a. die wirtschaftliche und finanzielle Lage des Unternehmens, das Produktions- und Investitionsprogramm sowie Rationalisierungsvorhaben
- alle Mitglieder des Wirtschaftsausschusses müssen dem Unternehmen angehören, mindestens ein Mitglied muß dem Betriebsrat angehören.

h) Besonderes Mittel zur Ausübung der Beteiligungsrechte ist die **Betriebsvereinbarung** (vergleichbar dem Tarifvertrag, aber nur mit betrieblicher Wirkung, geltend für alle Mitarbeiter):

= „Normenvertrag" zwischen Betriebsrat und Arbeitgeber

- Festsetzung von **Rechtsnormen** für Abschluß, Inhalt, Beendigung von **Arbeitsverhältnissen** und sonstige betriebliche Angelegenheiten

- nur zugelassen, wenn diese Fragen nicht üblicherweise durch Tarifverträge geregelt werden
- im öff. Dienst: **Dienstvereinbarung**.

i) Das im öffentlichen Dienst geltende **PersVG** sieht – im Vergleich zum BetrVG – **geringere Befugnisse** der Personalräte vor.

k) Das Gesetz zur Bildung von **Jugend- und Auszubildendenvertretungen** in den Betrieben von 1988 (zugleich Änderung des BetrVG) sieht folgendes vor:

- Bildung einer Jugend- und Auszubildendenvertretung anstelle der bisherigen Jugendvertretung
- in Betrieben mit i. d. R. mindestens 5 Arbeitnehmern, die das 18. Lebensjahr noch nicht vollendet haben oder die zu ihrer Berufsausbildung beschäftigt sind und das 25. Lebensjahr noch nicht vollendet haben
- Zuständigkeit der JAV auch für volljährige zu ihrer Berufsausbildung Beschäftigte
- Wahl der JAV geheim, unmittelbar, gemeinsam
- Durchführung der Wahl bundesweit alle 2 Jahre in der Zeit vom 1.10. bis 30.11. (erstmals 1988).

0.5.3 Arbeitsgerichtsbarkeit

Als besondere Zivilgerichte sind die **Arbeitsgerichte** zur Entscheidung von Arbeitssachen berufen. Grundlage: Arbeitsgerichtsgesetz.

Gerichts**aufbau**:

- Arbeitsgericht (1. Instanz)
- Landesarbeitsgericht (Berufungsinstanz)
- Bundesarbeitsgericht, Erfurt (z. Zt. noch Kassel) (Revisionsinstanz).

Neben **Berufsrichtern** werden sog. **Arbeitsrichter** eingesetzt: = Laienrichter, die zur Hälfte der Arbeitgeber- und der Arbeitnehmerseite entnommen werden.

Vor jeder erstinstanzlichen Verhandlung erfolgt **Güteverhandlung**.

Normalerweise wird durch **Urteile** entschieden; bei betriebsverfassungsrechtlichen Streitigkeiten können die Arbeitsgerichte **Beschlüsse** fassen.

0.5.4 Sozialrecht

0.5.40 Überblick

Das Sozialrecht dient der sozialen Sicherung der Arbeitnehmer. Es besteht aus sozialen Vorschriften des Arbeitsrechts und aus dem **Sozialversicherungsrecht**.

Träger der Sozialversicherung sind Körperschaften des öffentlichen Rechts. Sie sind in folgenden wichtigen Zweigen tätig:

- Rentenversicherung für Arbeiter und Angestellte
- Krankenversicherung
- Unfallversicherung
- Arbeitslosenversicherung
- Pflegeversicherung.

0.5.41 Rentenversicherung

a) **Arten:**

- Angestellten-Rentenversicherung (Träger: Bundesversicherungsanstalt für Angestellte – BfA –, Berlin): Gegenstand der folgenden Ausführungen
- Arbeiter-Rentenversicherung (Träger: Landesversicherungsanstalten – LVA –)
- knappschaftliche Rentenversicherung (Bergbau).

b) **Versicherungspflicht:**

- Alle Arbeitnehmer einschl. der Auszubildenden sind versicherungspflichtig
- Ausnahmen: Angestellte, sofern sie regelmäßig wöchentlich nicht mehr als 15 Stunden arbeiten und höchstens 610,– DM (Ostdeutschland: 520,– DM) monatlich verdienen (bei höherem Einkommen Versicherungsfreiheit, wenn das Arbeitsentgelt 1/6 des gesamten Einkommens nicht übersteigt); z. T. Selbständige (insbes. Handwerker).
- **Nicht mehr** Versicherungspflichtige können sich **freiwillig** durch Beitragszahlung weiterversichern lassen. Die Versicherungszeit kann durch Nachzahlung von Beiträgen verlängert werden.
- Auch **nicht Versicherungspflichtige** können der Rentenversicherung beitreten.

c) **Beiträge:**

- derzeit (1997) 20,3 % des Bruttoverdienstes, je zur Hälfte von Arbeitgeber und Arbeitnehmer aufgebracht (bei Verdienst, der 610,– DM bzw. in Ostdeutschland 520,– DM nicht übersteigt: vom Arbeitgeber allein)
- Bemessungsgrenze (1997): 8 200,– DM Monatseinkommen, in den neuen Bundesländern 7 100,– DM
- Die Beiträge werden vom Arbeitgeber **einbehalten und abgeführt;** Versicherungsnachweis erfolgt durch Versicherungsscheckhefte jedes Versicherten, denen vom Arbeitgeber jährlich auszufüllende Versicherungskarten entnommen und dem Rentenversicherungsträger eingereicht werden, bzw. alternativ durch Datenübermittlung per EDV.

d) **Leistungen** der Angestelltenversicherung: Es besteht Anspruch des Versicherten auf Altersrente bei

- **Regelaltersrente:**
  - mit Vollendung des 65. Lebensjahres
  - nach erfüllter Wartezeit von 5 Jahren

- **Altersrente für langjährige Versicherte:**
  - mit Vollendung des 63. Lebensjahres
  - nach erfüllter Wartezeit von 35 Jahren

- **Altersrente für Schwerbehinderte, Berufs- oder Erwerbsunfähige:**
  - mit Vollendung des 60. Lebensjahres
  - sofern als Schwerbehinderter mit mindestens 50 % anerkannt oder berufs- oder erwerbsunfähig
  - nach erfüllter Wartezeit von 35 Jahren

- **Altersrente wegen Arbeitslosigkeit oder nach Altersteilzeit:**
  - mit Vollendung des 60. Lebensjahres
  - sofern Arbeitslosigkeit besteht und innerhalb der letzten eineinhalb Jahre die Arbeitslosigkeit mindestens 52 Wochen betrug
  - **oder** 24 Kalendermonate Altersteilzeit (s. u.) ausgeübt wurde
  - nach erfüllter Wartezeit von 15 Jahren
  - **und** wenn in den letzten 10 Jahren für acht Jahre Pflichtbeiträge gezahlt wurden

- **Altersrente für Frauen:**
  - mit Vollendung des 60. Lebensjahres
  - sofern nach Vollendung des 40. Lebensjahres für mehr als 10 Jahre Pflichtbeiträge gezahlt wurden
  - nach erfüllter Wartezeit von 15 Jahren.

Altersrenten können als **Vollrenten** oder **Teilrenten** in Anspruch genommen werden. Die **Altersteilzeit** soll den gleitenden Übergang in den Ruhestand fördern. Arbeitnehmer können ab dem vollendeten 55. Lebensjahr ihre Arbeitszeit um die Hälfte vermindern, müssen aber weiterhin sozialversicherungspflichtig bleiben.

Die **vorgezogenen Altersgrenzen** für Frauen, für langjährig Versicherte sowie die Altersgrenze für Rente wegen Arbeitslosigkeit oder nach Altersteilzeit werden gemäß Gesetz vom 12.12.1996 **stufenweise auf 65 Jahre angehoben.** Die Anhebung der Frauenaltersgrenze betrifft Versicherte des Geburtsjahrgangs 1940 und jünger.

Auch nach Anhebung der Altersgrenzen wird die vorzeitige Inanspruchnahme von Altersrenten möglich sein. Dann mindert sich die Rente pro Jahr des vorzeitigen Renteneintritts um 3,6 % (0,3 % pro Monat).

In jedem Fall muß ein **Antrag** gestellt werden.

- **Berufsunfähigkeitsrente**, wenn Erwerbsunfähigkeit um mehr als 50 % gemindert ist (durch Krankheit u. a.)

- **Erwerbsunfähigkeitsrente**, wenn der Beruf (nahezu) nicht mehr ausgeübt werden kann

- **Hinterbliebenenrente** für Witwen und Waisen

- **Kinderzuschuß**

e) **Rentenhöhe:** richtet sich seit dem Rentenreformgesetz 1992 nach folgenden Kriterien:

- Entgeltpunkte:
  - Messung der Arbeitsleistung des Versicherten
  - Errechnung aus versichertem Arbeitsentgelt und der Versicherungsdauer
- Zugangsfaktor:
  - Ausgleich der Vor- bzw. Nachteile aufgrund unterschiedlichen Lebensalters beim Eintritt in die Altersrente
- Rentenartfaktor:
  - unterschiedlich je nach Rentenart
  - z. B. 1,0 für Alters- und Erwerbsunfähigkeitsrenten, 0,6667 für Berufsunfähigkeitsrenten
- aktueller Rentenwert:
  - Anpassung entsprechend der Lohn- und Gehaltsentwicklung. Die Renten werden zur Jahresmitte an die Entwicklung der verfügbaren Einkommen der Arbeitnehmer des jeweiligen Vorjahres angepaßt („Nettoanpassung").

Die Berechnung der persönlichen Entgeltpunkte erfolgt durch Multiplikation des Zugangsfaktors mit den Entgeltpunkten. Die Monatsrente wird dann nach der folgenden **Rentenformel** ermittelt:

Persönliche Entgeltpunkte x Rentenartfaktor x aktueller Rentenwert

Die Renten werden laufend der Entgeltentwicklung angepaßt; sie sind **dynamisch**. Seit 1992 orientiert sich die Rentenanpassung an der Entwicklung der Nettoentgelte. Vorher galt die Bruttoentgelt-Orientierung.

f) **Betriebsrente:** Versorgungszusage, die von Betrieben ihren Mitarbeitern unter bestimmten Voraussetzungen gewährt wird; in der Höhe oft verbunden mit den Leistungen der Rentenversicherung (z. B. Auffüllung der Ruhestandsbezüge auf 75 % des letzten Nettomonatsgehalts).

Durch das Gesetz zur Verbesserung der betrieblichen Altersversorgung von 1974 wurde festgelegt, daß bei vorzeitiger Beendigung eines Arbeitsverhältnisses betriebliche Ruhegelder **unverfallbar** sind,

- wenn der Arbeitnehmer mindestens 35 Jahre alt ist und die Versorgungszusage mindestens 10 Jahre bestanden hat
- oder wenn mindestens 12jährige Betriebszugehörigkeit gegeben ist und die Versorgungszusage mindestens 3 Jahre bestanden hat.

g) **Vorruhestand:**

= vorzeitiger Eintritt von Arbeitnehmern in ein ruhestandähnliches Rechtsverhältnis aufgrund entsprechender Tarifverträge oder Einzelvereinbarungen

- Grundlage: Gesetz zur Erleichterung des Übergangs vom Arbeitsleben in den Ruhestand von 1984, ermöglichte Eintritt in den Vorruhestand bis zum 31.12.88; Ziel war die Verringerung der Arbeitslosenzahl

- Gewährung eines Vorruhestandsgeldes von mindestens 65 % des Bruttoarbeitsentgelts durch den Arbeitgeber, außerdem war der freiwerdende Arbeitsplatz mit einem Arbeitslosen oder sonst nicht unterzubringenden Auszubildenden zu besetzen
- Zahlung eines Zuschusses durch die Bundesanstalt für Arbeit von 35 % des Vorruhestandsgeldes sowie der Sozialversicherungs-Pflichtbeiträge an den Arbeitgeber
- Arbeitnehmer mußte vor den Jahren 1927 bis 1931 geboren sein und das 58. Lebensjahr vollendet haben
- durch Tarifverträge wurde der Vorruhestand z. T. mit deutlich über den gesetzlichen Rahmen und den Zeitrahmen hinausgehenden Leistungen ausgestattet.

h) **Rentenreformvorhaben:** Zu einer ständig steigenden Belastung des Rentensystems führen

- der permanente Geburtenrückgang
- verlängerte Ausbildungszeiten
- hoher Stand der Arbeitslosigkeit
- steigende Lebenserwartung.

Vor diesem Hintergrund finden vielfältige Diskussionen über die zukünftige Sicherheit der Renten und die angemessene und finanzierbare Rentenhöhe bis hin zur Infragestellung des **Generationenvertrages** (die jeweilige Generation von Arbeitnehmern finanziert die gleichzeitig bestehende Generation von Rentnern) statt.

Ein im April 1997 von Experten der Regierungskoalition vereinbartes Reformkonzept sieht folgendes vor:

- langfristige Senkung des Rentenniveaus von derzeit 70 % auf 64 %
- die Absenkung der Renten soll sukzessive durch verringerte jährliche Anpassungen erfolgen
- Senkung des Beitragssatzes durch den Einsatz zusätzlicher Steuermittel
- Kindererziehungszeiten sollen schrittweise höher bewertet werden.

Bei Redaktionsschluß dieser Auflage dauerte die heftige innenpolitische Kontroverse um diese Vorschläge an.

0.5.42 Krankenversicherung

a) **Träger:**

- Ortskrankenkassen (AOK), Innungskrankenkassen
- zugelassene Ersatzkassen (z. B. DAK, Barmer Ersatzkasse)
- Betriebskrankenkassen

b) **Versicherte:**

- **Pflichtversicherte:** grds. alle Arbeitnehmer, wenn sie mit ihrem Verdienst die Jahresarbeitsentgeltgrenze nicht überschreiten (= 75 % der Beitragsbemessungsgrenze der Rentenversicherung), d. h. für 1997 jährlich 73 800,– DM, in den neuen Bundesländern 63 900,– DM (monatlich 6 150,–/5 325,– DM); Versicherungsfreiheit vgl. Rentenversicherung
- freiwillige Versicherung aller nicht Pflichtversicherten, z. B. Arbeitnehmer mit höherem Verdienst
- zusätzlich sind pflichtversichert Rentner (grundsätzlich) und die Bezieher von Unterhaltsgeld, Arbeitslosenhilfe, Arbeitslosengeld.

c) **Beiträge:** unterschiedlich hoch; je zur Hälfte von Arbeitnehmer und Arbeitgeber getragen.

d) **Leistungen** der Krankenversicherung (vgl. Abschnitt 0.5.120):

- Krankenpflege, d. h. ärztliche Behandlung, Arznei- und Heilmittel usw. sowie Krankenhauspflege
- Krankengeld in Höhe von 70 % des entgangenen Regellohns; für dieselbe Krankheit höchstens für 78 Wochen innerhalb von 3 Jahren
- Mutterschaftshilfe
- Fürsorge für Genesende, Gesundheitsvorsorge, z. B. Kuren, Vorsorgeuntersuchungen
- Sterbegeld für die Bestattungskosten, sofern die Person am 1.1.89 selbst oder als Familienangehöriger versichert war.

0.5.43 Unfallversicherung

a) **Wesen:** Schutz aller Arbeitnehmer bei Betriebsunfällen einschließlich direktem Hin- und Heimweg sowie Berufskrankheiten.

b) **Träger:** Berufsgenossenschaften (Bankgewerbe: „Verwaltungsberufsgenossenschaft für gesetzliche Unfallversicherung", Hamburg).

c) **Leistungen:**

- Heilbehandlung bei Nichtzahlung der Krankenkasse
- Verletztengeld
- Unfallrente ab 20 % Minderung der Erwerbsfähigkeit
- Berufshilfe, z. B. Umschulung
- Sterbegeld
- Hinterbliebenenrente.

d) **Beiträge:** zahlt der Arbeitgeber **allein** (Umlage, abhängig vom Verdienst des Arbeitnehmers und Gefahrengrad in diesem Berufszweig).

0.5.44 Arbeitslosenversicherung (Arbeitsförderung)

a) **Beitragspflichtig:** grundsätzlich alle Arbeitnehmer, Versicherungsfreiheit vgl. Rentenversicherung.

b) **Träger:** Bundesanstalt für Arbeit, Nürnberg.

c) **Beiträge:** 6,5 % der Beitragsbemessungsgrenze der Rentenversicherung; d. h. 533,– DM als Monatshöchstbetrag (1997) in den alten Bundesländern, 461,50 DM in den neuen Bundesländern; von Arbeitnehmer und Arbeitgeber je zur Hälfte aufgebracht.

d) **Leistungen:**

- **Arbeitslosengeld:** Zahlung nur, wenn Versicherter in den letzten drei Jahren mindestens 12 Monate beschäftigt war, z. Zt. arbeitslos ist und bereit ist, eine zumutbare Arbeit anzunehmen (er muß für Vermittlung zur Verfügung stehen); keine Zahlung für 12 Wochen erhält, wer den Arbeitsplatz grundlos aufgegeben oder schuldhaft verloren hat, desgl. bei Teilnahme an Streik; Dauer der Unterstützung (mind. 78 Tage) ist nach vorangegangener Beschäftigungszeit gestaffelt, außerdem nach dem Alter des Arbeitslosen; über 58jährige erhalten auch dann Arbeitslosengeld oder -hilfe, wenn sie nicht bereit sind, jede zumutbare Arbeit anzunehmen; Höhe des Arbeitslosengeldes 63 % des letzten Netto-Einkommens bzw. 68 %, sofern mindestens ein Kind unterhalten wird
- Arbeitslosenhilfe (58/56 % des letzten Nettolohns), wenn noch nicht/nicht mehr Arbeitslosengeld gezahlt wird; Voraussetzung ist Bedürftigkeit (d. h. Anrechnung des Einkommens z. B. des Ehegatten)
- Kurzarbeitergeld
- Arbeitsförderung durch berufliche Ausbildung, Fortbildung, Umschulung.

0.5.45 Pflegeversicherung

a) **Wesen:**

- Versicherungsschutz für alle Bundesbürger **bei Pflegebedürftigkeit**
- pflegebedürftig sind Personen, die wegen einer körperlichen, geistigen oder seelischen Krankheit oder Behinderung für die gewöhnlichen und regelmäßig wiederkehrenden Verrichtungen im Ablauf des täglichen Lebens auf Dauer, voraussichtlich für mindestens 6 Monate, in erheblichem oder höherem Maße der Hilfe bedürfen.

b) **Träger:**

- Pflegekassen = rechtsfähige Körperschaften; zur Verringerung des Verwaltungsaufwands werden sie bei den Krankenkassen errichtet

- die Krankenkassen nehmen die Aufgaben der Pflegekassen wahr
- Grundsatz: die jeweilige Krankenkasse ist für ihre Versicherten auch für die Pflegeversicherung zuständig.

c) **Versicherungspflichtig** sind

- alle Versicherten in der gesetzlichen Krankenversicherung
- Personen, die Heil- und Krankenbehandlung nach Spezialvorschriften erhalten (z. B. Soldaten auf Zeit)
- privat Krankenversicherte und Heilfürsorgeberechtigte; diese sind verpflichtet, sich **privat** gegen das Pflegerisiko zu versichern.

d) **Beiträge:**

- Grundsatz: Arbeitnehmer/Rentner und Arbeitgeber/Rentenversicherungsträger zahlen jeweils die Hälfte
- zum Ausgleich für die Betriebe ist vorgesehen, daß die Bundesländer einen gesetzlichen Feiertag streichen; bis auf Sachsen (dort tragen die Arbeitnehmer den Beitrag allein) wurde der Buß- und Bettag als gesetzlicher Feiertag gestrichen
- Beitragssatz z.Zt. 1,7 %; Beitragsbemessungsgrenze analog der gesetzlichen Krankenversicherung.

e) **Leistungen:**

- Aufwendungen für
  - ambulante (häusliche) Pflege seit 1.4.1995
  - stationäre Pflege seit 1.7.1996
- es werden nach dem Umfang der Pflegebedürftigkeit drei Pflegestufen mit ansteigenden monatlichen Leistungen unterschieden
- in besonderen Härtefällen kann der Pflegesatz der Pflegestufe III noch gesteigert werden.

0.5.46 Sozialgerichtsbarkeit

= Sonderform der Verwaltungsgerichtsbarkeit; Grundlage: Sozialgerichtsgesetz.

Aufbau:

- Sozialgerichte als 1. Instanz
- Landessozialgerichte als Berufungsinstanz
- Bundessozialgericht (BSG), Kassel, als Revisionsinstanz.

Die Gerichte werden grundsätzlich erst tätig nach vorangegangenem Widerspruchsverfahren (= Auseinandersetzung mit der zuständigen Behörde direkt).

0.6 Steuern

0.6.0 Grundbegriffe

0.6.00 Überblick

Steuern sind öffentliche **Zwangsabgaben,** die dem Bürger vom **Staat** (Bund, Länder, Gemeinden) ohne Gewähr einer bestimmten Gegenleistung auferlegt werden:

Steuerhoheit des Staates – Steuerunterwerfung des Bürgers.

Die Steuern dienen zur Finanzierung der Aufgaben des Staates und stehen in den staatlichen Haushalten als Einnahmen den Ausgaben gegenüber.

Die Steuereinnahmen der öffentlichen Haushalte betrugen 1996 insgesamt 800 Mrd. DM; davon entfielen auf

- den Bund: 372 Mrd. DM = 46,5 %
- die Länder: 294 Mrd. DM = 36,8 %
- die Gemeinden: 95 Mrd. DM = 11,9 %
- die Europäischen Gemeinschaften: 39 Mrd. DM = 4,9 %.

Gut 90 % des gesamten Steueraufkommens entfallen auf die folgenden Steuerarten (mit den Einnahmen in 1996):

- Einkommensteuern: 318 Mrd. DM
  - darunter Lohnsteuer: 251 Mrd. DM
    Körperschaftsteuer: 29 Mrd. DM
    Kapitalertragsteuer: 25 Mrd. DM
- Umsatzsteuern: 237 Mrd. DM
- Mineralölsteuern: 68 Mrd. DM
- Tabaksteuer: 21 Mrd. DM
- Branntweinangaben: 5 Mrd. DM
- Versicherungsteuer: 14 Mrd. DM
- Kraftfahrzeugsteuer: 14 Mrd. DM
- Vermögensteuer: 9 Mrd. DM
- Erbschaftsteuer: 4 Mrd. DM
- Gewerbesteuer: 46 Mrd. DM
- Grundsteuern: 15 Mrd. DM.

Systematisch lassen sich die folgenden **Steuerarten** unterscheiden:

a) nach der Art der **Erhebung**:

- direkte Steuern: unmittelbar vom Steuerpflichtigen erhoben
- indirekte Steuern: Einrechnung in die Preise von Waren/Leistungen.

b) nach dem **Gegenstand** der Besteuerung:

- Besitzsteuern:
  - Personensteuern: Einkommen-, Vermögen-, Erbschaftsteuer
  - Realsteuern: Grundsteuer, Gewerbesteuer
- Verkehrsteuern: Besteuerung des Umsatzes bei Verkehrsgeschäften; Umsatz-, Grunderwerb-, Versicherung-, Kfz.-Steuer u. a.
- Verbrauchsteuern: Belastung einzelner Waren; Zölle.

c) nach dem Steuer**empfänger**:

- Bundessteuern: Verbrauchsteuern (außer Biersteuer), Zölle; Lohn-/Einkommensteuer zu 42,5 %, Kapitalertragsteuer zu 50 %, Umsatzsteuer ab 1996 zu 50,5 % (abzüglich EG-Anteil) u. a.

Steuereinnahmen 1996
in Mrd. DM

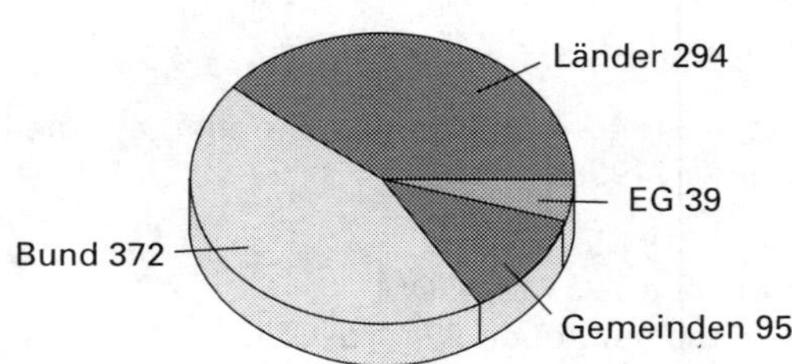

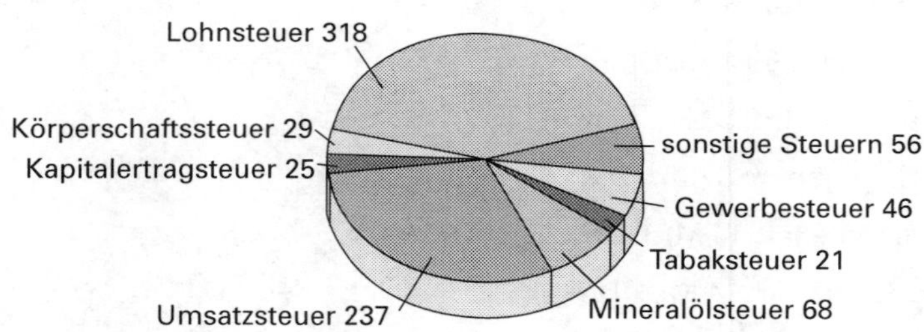

Steuereinnahmen insgesamt 800 Mrd. DM

- Landessteuern: Vermögen-, Erbschaft-, Kfz-, Biersteuer; Lohn-/Einkommensteuer zu 42,5 %, Kapitalertragsteuer zu 50 %, Umsatzsteuer ab 1996 zu 49,5 % u. a.
- Gemeindesteuern: Gewerbe-, Grund-, Vergnügungs-, Hundesteuer; Lohn-/Einkommensteuer zu 15 %, Zinsabschlag zu 12 %.

Für den Unternehmer sind Steuern

- Kostensteuern (sog. Betriebsteuern, z. B. Gewerbesteuer), die kalkuliert werden können
- Gewinnsteuern (Einkommen- und Körperschaftsteuer)
- durchlaufende Posten, die für die Finanzbehörde einbehalten und an diese abgeführt werden (Verbrauchsteuern; Lohn-, Kirchen-, Kapitalertragsteuer).

0.6.01 Finanzverwaltung

a) **Aufbau:**

- örtliche Finanzämter und Hauptzollämter
- Oberfinanzdirektionen als Aufsichtsinstanzen (zugleich Landes- und Bundesbehörden)
- Finanzministerien der Länder; Bundesfinanzministerium.

b) Gemeindesteuern werden direkt von der Gemeinde erhoben und an diese gezahlt; Besitz- und Verkehrsteuern werden von den Finanzämtern, Verbrauchsteuern von den Hauptzollämtern veranlagt.

0.6.02 Erhebung der Steuern

0.6.020 Steuerverfahren

a) **Veranlagungsverfahren:**

- Verpflichteter wird durch öffentliche Bekanntmachung zur Abgabe einer Steuer**erklärung** aufgefordert
- auf ihrer Grundlage erfolgt durch das Finanzamt die Festsetzung der Steuerschuld = **Veranlagung**
- Art der Berechnung und Höhe der Schuld werden dem Verpflichteten durch Steuer**bescheid** mitgeteilt
- Zahlung erfolgt i. d. R. durch Vorauszahlungen (aufgrund früherer Bescheide festgesetzt) und Abschlußzahlung von Differenzen (bzw. Erstattung)
- die Steuerschuld kann gestundet werden.

b) **Abzugsverfahren:** Einbehaltung der Steuer durch Dritten, Abführung an das Finanzamt; z. B.

- durch Arbeitgeber bei Lohnsteuer
- durch Emittent/Kreditinstitut bei Ertragsteuern und Zinsabschlag für Wertpapiere und Einlagenzinsen
- Empfänger erhält Bescheinigung über einbehaltene Abzüge
- spätere Veranlagung ist dennoch möglich.

Vorteil: Vereinfachung; Schutz des Staates vor Hinterziehung.

0.6.021 Rechtsmittel; Steuervergehen

a) Steuerbescheide sind **Verwaltungsakte**; gegen sie kann binnen eines Monats **Einspruch** eingelegt werden, über den grds. die nächsthöhere Behörde entscheidet.

Bei Erfolglosigkeit des Einspruchs ist **Klage** vor dem zuständigen Finanzgericht zu erheben. In bestimmten Fällen kann als Revisionsinstanz der Bundesfinanzhof (BFH), München, angerufen werden.

b) Bei **Steuervergehen** (z. B. Steuerhinterziehung, auch der Versuch; Schmuggel) wird ein **Strafverfahren** durchgeführt; solche Straftaten werden oft durch Steuerfahnder der Finanzämter aufgedeckt. Berichtigt der Steuerpflichtige seine Falschangaben rechtzeitig selbst, wird von Strafe abgesehen.

Bei **Ordnungswidrigkeiten** (z. B. unbefugte Hilfe bei Steuererklärung; leichtere Verstöße gegen Steuergesetze) werden **Bußgelder** verhängt (durch Finanzamt).

0.6.1 Besitzsteuern

0.6.10 Einkommensteuer

a) **Rechtsgrundlage:** Einkommensteuergesetz (EStG) vom 7.9.1990 in der jeweils geltenden Fassung (hier: Stand nach Jahressteuergesetz 1997).
Das Einkommensteuerrecht unterliegt ständigen Änderungen durch die verschiedensten Gesetze; für 1998/99 ist seitens der Bundesregierung eine große Steuerreform vorgesehen. Da in der Kundenberatung einkommensteuerrechtliche Überlegungen eine wesentliche Rolle spielen, ist es für jeden Berater wichtig, sich in diesem Bereich ständig auf dem laufenden zu halten.

b) **Einkommensteuerpflicht**

- Persönliche Steuerpflicht:
  - **unbeschränkt** steuerpflichtig sind alle natürlichen Personen, die ihren Wohnsitz oder gewöhnlichen Aufenthalt im Inland haben (**Steuerinländer**). Steuerpflichtig sind grundsätzlich alle Einkünfte, gleichgültig, ob im Inland oder im Ausland bezogen
  - **beschränkt** steuerpflichtig sind alle natürlichen Personen, die keinen Wohnsitz oder gewöhnlichen Aufenthalt im Inland haben, soweit sie inländische Einkünfte beziehen (**Steuerausländer**). Steuerpflichtig sind hier nur die inländischen Einkünfte im Sinne von § 49 EStG
  - die persönliche Einkommensteuerpflicht besteht unabhängig von Staatsangehörigkeit, Geschlecht, Alter und ähnlichen Merkmalen, auch unabhängig von der Höhe der Einkünfte.

Steuerpflichtige Einnahmen:
- der Einkommensteuer unterliegen alle Einnahmen, die einer der **sieben Einkunftsarten** des EStG zugeordnet werden können. Die übrigen Einnahmen bleiben bei der Einkommensteuer unberücksichtigt; hierzu zählen z. B. Spielgewinne, Lotterie-, Lotto- und Totogewinne, Erbschaften, Schenkungen und Erlöse aus privaten Verkäufen (sofern kein Spekulationsgeschäft)
- das EStG nennt in § 3 eine große Anzahl von **Steuerbefreiungen**. Diese für steuerfrei erklärten Einnahmen, z. B. Arbeitslosengeld, bleiben bei der Ermittlung des zu versteuernden Einkommens unberücksichtigt.

Höhe der Einkommensteuer:
- wenn jemand steuerpflichtige Einnahmen hat, heißt dies noch nicht, daß hierauf auch Einkommensteuer zu entrichten ist. Bemessungsgrundlage für die Einkommensteuer ist das „zu versteuernde Einkommen" eines Kalenderjahres, das sich aus der Summe aller sieben Einkunftsarten, vermindert um steuerlich abziehbare Beträge, zusammensetzt
- über die Höhe der Einkommensteuer entscheidet dann die Grundtabelle (bei Ehegatten: Splittingtabelle), die aufgrund des Steuertarifs als Anlage zum EStG geschaffen wurde.

c) **Einkommensteuertarif**/Aufbau der Steuertabellen:

Bemessungsgrundlage: Die Tarifliche Einkommensteuer bemißt sich nach dem zu versteuernden Einkommen. Ab 1996 gilt für den Einkommensteuertarif:

Grundfreibetrag: Vom zu versteuernden Einkommen bleiben steuerfrei:
1996/97: DM 12 095 (bei Ehegatten DM 24 191)
1998: DM 12 365 (bei Ehegatten DM 24 731)
ab 1999: DM 13 067 (bei Ehegatten DM 26 135)

1. linear-progressive Tarifzone: Diese erste Zone beginnt mit einem Eingangssteuersatz

	von Prozent	bei Einkommen ab DM und reicht	bis zu Prozent	bei DM
1996/97	25,9 %	DM 12 096	33,5 %	DM 55 727
1998	25,9 %	DM 12 366	33,5 %	DM 58 643
ab 1999:	25,9 %	DM 13 068	33,5 %	DM 66 365

2. linear-progressive Tarifzone: Die zweite Zone beginnt mit einem Eingangssteuersatz

	von Prozent	bei Einkommen ab DM und reicht	bis zu Prozent	bei DM
1996/97	33,5 %	DM 55 728	53,0 %	DM 120 041
1998	33,5 %	DM 58 644	53,0 %	DM 120 041
ab 1999:	33,5 %	DM 66 366	53,0 %	DM 120 041

Proportionalzone: Zu versteuernde Einkommen ab DM 120 042,– (bei Ehegatten ab DM 240 084,–) unterliegen einem gleichbleibenden Steuersatz von 53 % (im Zuge der Steuerreform ist ein deutlich geringerer Spitzensteuersatz angedacht)

Tabellensprung: Das zu versteuernde Einkommen ist auf den nächsten durch 54 ohne Rest teilbaren vollen DM-Betrag abzurunden, wenn es nicht bereits durch 54 ohne Rest teilbar ist

Ehegatten-Splitting: Für Ehegatten gibt es die Möglichkeit

- getrennter oder
- gemeinsamer Veranlagung.

Bei gemeinsamer Besteuerung wird das gesamte zu versteuernde Einkommen beider Ehegatten halbiert und die anzuwendende Steuer verdoppelt (sog. „Splitting“)

Grenzsteuersatz = Steuersatz in der Spitze: Der Grenzsteuersatz gibt an, wie hoch der letzte Teil des zu versteuernden Einkommens mit Steuern belastet wird und ist in der Anlageberatung interessant für die Ermittlung von Steuerersparnissen durch bestimmte Anlageformen

Durchschnittsteuersatz: Mit diesem Satz wird das gesamte besteuerte Einkommen durchschnittlich belastet. Der Durchschnittsteuersatz weicht vom Grenzsteuersatz ab, weil für alle Steuerpflichtigen die Steuervorteile der vorangehenden Zonen ebenfalls gelten.

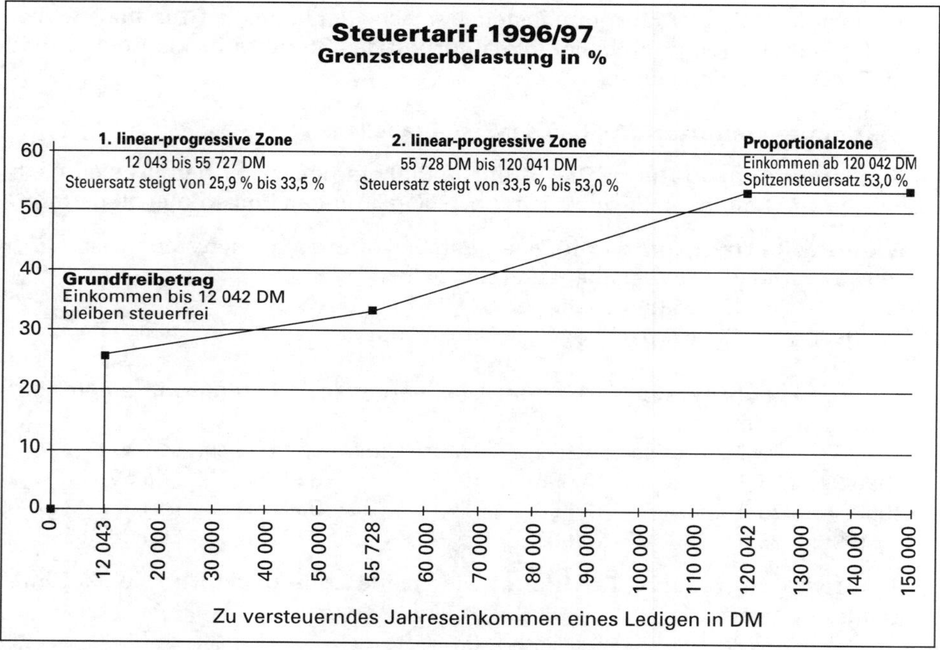

d) Der Weg zum **„zu versteuernden Einkommen“**

Die Einkommensteuer wird nicht für jede der sieben Einkunftsarten einzeln erhoben. Vielmehr wird das nachstehende Schema angewendet, um das zu versteuernde Einkommen eines Steuerpflichtigen zu ermitteln.

Einkünfte: Bei den ersten drei Einkunftsarten, den sogenannten Gewinneinkünften, sind die Einkünfte jeweils der „Gewinn“, errechnet aus Betriebseinnahmen minus Betriebsausgaben. Bei den letzten vier Einkunftsarten, den sogenannten Überschußeinkünften, sind die Einkünfte der Überschuß der Einnahmen über die Werbungskosten. Als Werbungskosten definiert der Gesetzgeber „Aufwendungen zur Sicherung, Erwerbung und Erhaltung der Einnahmen"; dies bedeutet, daß es sich um Ausgaben handelt, die in wirtschaftlichem Zusammenhang mit steuerpflichtigen Einnahmen stehen.

Die Einkünfte sind für jede Einkunftsart getrennt zu ermitteln, wobei die Einnahmen und Ausgaben/Werbungskosten immer der Einkunftsart zuzurechnen sind, zu der sie wirtschaftlich gehören. Die Einkünfte können positiv oder negativ sein. Bei der Ermittlung der Summe der Einkünfte können negative Einkünfte (Verluste) grundsätzlich mit anderen positiven Einkünften verrechnet werden. Nähere Ausführungen zu einigen Einkunftsarten siehe nächste Seiten.

- **Altersentlastungsbetrag:** Dieser Betrag wird jedem Steuerpflichtigen gewährt, der vor Beginn des Kalenderjahres, in dem er sein Einkommen bezogen hat, das 64. Lebensjahr vollendet hatte. Als Altersentlastungsbetrag werden berücksichtigt: 40 % des Arbeitslohns und der positiven Summe der Einkünfte, die nicht aus nichtselbständiger Arbeit stammen, höchstens insgesamt 3 720,– DM.

- **Sonderausgaben:** Dies sind Aufwendungen, die weder Betriebsausgaben noch Werbungskosten sind und unter die nach dem EStG nicht abziehbaren Kosten der Lebenshaltung fallen würden. Aus sozial- und wirtschaftspolitischen Gründen hat der Gesetzgeber die Sonderausgaben teilweise beschränkt, teilweise unbeschränkt zum Abzug ausdrücklich zugelassen.

1.	Einkünfte aus Land- und Forstwirtschaft	±
2.	Einkünfte aus Gewerbebetrieb	±
3.	Einkünfte aus selbständiger Arbeit	±
4.	Einkünfte aus nichtselbständiger Arbeit	±
5.	Einkünfte aus Kapitalvermögen	±
6.	Einkünfte aus Vermietung und Verpachtung	±
7.	sonstige Einkünfte	±
	Summe der Einkünfte	=
–	Altersentlastungsbetrag	–
	Gesamtbetrag der Einkünfte	=
–	Sonderausgaben	–
–	außergewöhnliche Belastung	–
	Einkommen	=
–	Haushaltsfreibetrag	–
–	Kinderfreibetrag	–
	zu versteuerndes Einkommen	=

Unbeschränkt abzugsfähig sind z. B.
- gezahlte Kirchensteuer
- Steuerberatungskosten.

Beschränkt abzugsfähig sind u. a.
- Aufwendungen des Steuerpflichtigen für seine Berufsausbildung oder seine Weiterbildung in einem nicht ausgeübten Beruf bis zu 900,– DM p.a. (1 200,– DM bei auswärtiger Unterbringung)

- Beiträge und Spenden an politische Parteien, soweit 3 000,– DM p.a. (Ehegatten: 6 000,– DM) überschritten werden (steuerliche Berücksichtigung nach § 34 g EStG), bis zu 3 000,– DM (Ehegatten: 6 000,– DM)
- bestimmte Spenden u. a. für kirchliche, wissenschaftliche und gemeinnützige Zwecke bis zu verschiedenen Höchstgrenzen
- **Vorsorgeaufwendungen:**
  - Beiträge zu Kranken-, Unfall-, Haftpflicht-, gesetzlicher Renten- und Arbeitslosenversicherung
  - Beiträge zu Versicherungen auf den Erlebens- oder Todesfall unter bestimmten Voraussetzungen

  Höchstbeträge für Vorsorgeaufwendungen:
  - Vorwegabzug für Versicherungsbeiträge 6 000,– DM (Ehegatten: 12 000,– DM); zu kürzen um unterschiedliche Vomhundertsätze gemäß § 10 EStG
  - 2 610,– DM (Ehegatten: 5 220,– DM) sind voll abziehbar
  - diese Beträge noch einmal zur Hälfte, höchstens bis zu 50 %
- Für Sonderausgaben, die nicht Vorsorgeaufwendungen sind, wird ein **Sonderausgaben-Pauschbetrag** von 108,– DM (Ehegatten: 216,– DM) abgezogen, wenn der Steuerpflichtige nicht höhere Aufwendungen nachweist.
- Hat der Steuerpflichtige Arbeitslohn bezogen und weist in seiner Steuererklärung keine oder niedrigere Vorsorgeaufwendungen nach, so tritt an ihre Stelle die Vorsorgepauschale. Sie wird durch bestimmte Vomhundertsätze vom Arbeitslohn errechnet. Die Höchstgrenzen der Pauschale entsprechen denen für Vorsorgeaufwendungen und berücksichtigen ab 1990 auch den Versicherungs-Vorwegabzug.
- Vorkostenabzug bei einer nach dem Eigenheimzulagegesetz begünstigten Wohnung (gemäß § 10 i EStG wie Sonderausgaben abziehbar – vgl. Abschnitt 1.3.40)

Außergewöhnliche Belastungen: Erwachsen einem Steuerpflichtigen zwangsläufig größere Aufwendungen als der überwiegenden Mehrzahl vergleichbarer Steuerpflichtiger, so wird auf Antrag die Einkommensteuer dadurch ermäßigt, daß der Teil der Aufwendungen, der eine bestimmte dem Steuerpflichtigen zumutbare Belastung übersteigt, vom Gesamtbetrag der Einkünfte abgezogen wird. Zu den außergewöhnlichen Belastungen zählen unter bestimmten Voraussetzungen z. B.

- Krankheitskosten
- Wiederbeschaffung von Hausrat oder Kleidung infolge von Brand, Diebstahl und Unwetter
- Kosten der Berufsausbildung der Kinder
- Unterhaltskosten nahestehender Personen
- Kinderbetreuungskosten Alleinstehender.

Für bestimmte häufiger vorkommende Fälle hat der Gesetzgeber Freibeträge und Pauschbeträge festgelegt.

Haushaltsfreibetrag von 5 616,– DM steht jedem alleinstehenden Steuerpflichtigen mit mindestens einem Kind zu.

Kinderfreibetrag: Für jedes Kind im Sinne des Gesetzes wird ein Kinderfreibetrag von 576,– DM monatlich (6 912,– DM p.a.) gewährt. Dieser Freibetrag wird ggf. auf beide Elternteile je zur Hälfte aufgeteilt, wenn z. B. die Ehegatten dauernd getrennt leben oder geschieden sind. Der Kinderfreibetrag wird nur berücksichtigt, wenn die steuerliche Freistellung des Existenzminimums für das Kind durch das monatliche gezahlte Kindergeld geringer ausfällt.

Zu versteuerndes Einkommen: Bemessungsgrundlage für die Einkommensteuer ist das zu versteuernde Einkommen. Nach ihm wird die Einkommensteuer berechnet. Für den Kundenberater ist das zu versteuernde Einkommen insofern von Bedeutung, als es auch maßgebend dafür ist, ob nach Ablauf des Kalenderjahres vom Finanzamt eine Arbeitnehmersparzulage nach dem VermBG gezahlt wird und ob ein Anspruch auf Prämie nach dem WoPG besteht. Zusätzlich kann der Berater mit Hilfe des zu versteuernden Einkommens den Grenzsteuersatz ermitteln, der in der Beratung unter steuerlichen Gesichtspunkten eine wesentliche Rolle spielt.

e) Einkünfte aus nichtselbständiger Arbeit

Die Einkünfte aus nichtselbständiger Arbeit werden ermittelt, indem vom Arbeitslohn – das sind alle Einnahmen, die einem Arbeitnehmer aus einem Dienstverhältnis zufließen – folgende Beträge abgezogen werden:
- Versorgungs-Freibetrag von 40 % der Versorgungsbezüge (z. B. Renten, Witwen- oder Waisengeld), höchstens 6 000,– DM
- Werbungskosten, mindestens jedoch Arbeitnehmer-Pauschbetrag von 2 000,– DM.

Werbungskosten für Arbeitnehmer sind z. B.
- Aufwendungen für Arbeitsmittel (Werkzeuge, typische Arbeitskleidung)
- Fahrten zwischen Wohnung und Arbeitsstätte mit Pkw, Motorrad oder öffentlichen Verkehrsmitteln (Pauschbetrag bei Benutzung eines Pkw: –,70 DM für jeden Kilometer, den die Wohnung von der Arbeitsstätte entfernt liegt, pro Arbeitstag, an dem der Pkw benutzt wird)
- Fortbildungskosten in einem ausgeübten Beruf

Ermittlung der Einkünfte aus nichtselbständiger Arbeit

	Einnahmen (= steuerpflichter Arbeitslohn lt. Lohnsteuerkarte)	DM
–	ggf. Versorgungs-Freibetrag bis zu 6 000 DM	DM
–	Arbeitnehmer-Pauschbetrag (oder höhere nachgewiesene Werbungskosten)	DM 2 000,–
=	Einkünfte aus nichtselbständiger Arbeit	DM

f) Einkünfte aus Kapitalvermögen (vgl. Abschnitt 1.4.53)

Zu den Einnahmen aus Kapitalvermögen gehören z. B. Zinsen auf Einlagen bei Kreditinstituten und festverzinsliche Wertpapiere, Dividenden zuzüglich anzurechnender oder zu vergütender Körperschaftsteuer und Erträge aus Investmentanteilen. Als Werbungskosten können anerkannt und von den Einnahmen abgesetzt werden: z. B.
- Depotgebühren, Schließfachmiete
- Vermögensverwaltungskosten
- Bürokosten, Porto, Telefongebühren
- Kosten für spezielle Wirtschafts- und Fachzeitungen.

- Mindestens wird ein Pauschbetrag von 100,– DM, bei Ehegatten 200,– DM, abgezogen. Zusätzlich kann noch ein sog. Sparer-Freibetrag von 6 000,– DM, bei Ehegatten 12 000,– DM, abgesetzt werden. (Werbungskosten-Pauschbetrag und Sparer-Freibetrag können nicht höher sein als die Einnahmen aus Kapitalvermögen.)

	Ermittlung der Einkünfte aus Kapitalvermögen
	Einnahmen (Zinsen, Dividenden, usw.)
–	Werbungskosten, mindestens Pauschbetrag 100,–/200,– DM
–	Sparerfreibetrag 6 000,–/12 000,– DM
=	Einkünfte aus Kapitalvermögen

g) **Einkünfte aus Vermietung und Verpachtung**

- Einnahmen werden hier in erster Linie erzielt aus der Vermietung oder Verpachtung von unbeweglichem Vermögen, insbes. Grundstücken, Erbbaurechten und Gebäuden (Miete, Mietnebenkosten, Pacht usw.).

- Einkünfte aus Vermietung und Verpachtung sind die Einnahmen, vermindert um die Werbungskosten wie z. B.
  - Schuldzinsen, Geldbeschaffungskosten
  - Instandhaltungskosten
  - Grundsteuer, Müllgebühr, Kanalbenutzung, Kaminkehrer
  - Hausversicherung
  - Abschreibungen (z. B. nach § 7 EStG)

	Ermittlung der Einkünfte aus Vermietung und Verpachtung
	Einnahmen
–	Werbungskosten
=	Einkünfte aus Vermietung und Verpachtung

h) **Sonstige Einkünfte**

- Sonstige Einkünfte im Sinne des EStG sind Einkünfte aus
  - wiederkehrenden Bezügen, insbes. Leibrenten
  - Unterhaltsleistungen des geschiedenen oder dauernd getrennt lebenden Ehegatten
  - Spekulationsgeschäften
  - (gelegentlichen) Leistungen
  - Abgeordnetenbezügen.

  Die Einkünfte sind für jede dieser Unterarten gesondert zu ermitteln.

- **Spekulationsgeschäfte** und ihre steuerliche Behandlung sind im Rahmen der Kundenberatung wichtig. Ein steuerpflichtiges Spekulationsgeschäft liegt immer dann vor, wenn der Zeitraum zwischen An- und Verkauf bei Grundvermögen nicht mehr als zwei Jahre und bei anderen Wirtschaftsgütern, insbes. Wertpapieren, nicht mehr als sechs Monate beträgt.

Ermittlung der Einkünfte aus einem steuerpflichten Spekulationsgeschäft

	Einnahmen = Verkaufserlös
–	Anschaffungskosten des veräußerten Wirtschaftsgutes
–	Werbungskosten
=	Einkünfte aus dem Spekulationsgeschäft

Gewinne aus Spekulationsgeschäften bleiben steuerfrei, wenn der insgesamt aus solchen Geschäften erzielte Gewinn im Kalenderjahr weniger als 1 000,– DM betragen hat (Freigrenze).

Verluste aus Spekulationsgeschäften können nur mit Gewinnen aus Spekulationsgeschäften desselben Jahres verrechnet werden; sie können also nicht die Summe der Einkünfte vermindern.

i) Lohnsteuer

- Bei Einkünften aus nichtselbständiger Arbeit schreibt das EStG vor, daß die Einkommensteuer durch Abzug vom Arbeitslohn erhoben wird (sog. Lohnsteuer). Damit ist die Einkommensteuer für Einkünfte aus nichtselbständiger Arbeit abgegolten, sofern nicht eine Veranlagung zur Einkommensteuer erfolgt; diese setzt ein, wenn
  - die Nebeneinkünfte 800,– DM übersteigen
  - der Steuerpflichtige die Veranlagung beantragt

  (weitere Gründe siehe § 46 EStG).

- Der Steuerpflichtige erhält jährlich von der Gemeinde seines Wohnsitzes die **Lohnsteuerkarte**, die dem Arbeitgeber vorgelegt wird. Sie enthält neben wichtigen persönlichen Angaben die **Steuerklasse**; nach dieser richten sich die anzuwendenden Frei- und Pauschbeträge.

Arten:

Steuerklasse	I:	nicht verheiratete oder dauernd getrennt lebende Arbeitnehmer
	II:	wie Steuerklasse I, wenn der Arbeitnehmer einen Kinderfreibetrag für mind. 1 Kind erhält, das in seiner Wohnung gemeldet ist
	III:	verheiratete Arbeitnehmer, wenn nur ein Ehegatte Lohn bezieht oder der andere Ehegatte in die Steuerklasse V eingereiht wird (auf Antrag möglich)
	IV:	Verheiratete, die beide Arbeitnehmer sind
	V:	verheiratete Arbeitnehmer, deren Ehegatte nach Steuerklasse III besteuert wird (auf Antrag möglich)
	VI:	Arbeitnehmer in weiterem Dienstverhältnis (hier sind grundsätzlich keine Frei- und Pauschbeträge in die Lohnsteuertabelle eingearbeitet)

Die einzelnen Klassen sind in sich unterteilt nach der Zahl der Kinderfreibeträge, z. B. I/ohne Kinder, I/0,5, I/1,0, I/1,5, II/1,0, III/2,0.

- Besteuert wird grundsätzlich der Bruttoarbeitslohn; Werbungskosten oder Sonderausgaben über die Pauschbeträge hinaus können – bei Überschreitung von Mindestgrenzen und entsprechendem Nachweis – als **„steuerfreier Betrag"** in die Lohnsteuerkarte eingetragen werden; sie werden dann vom Arbeitgeber berücksichtigt.

- Maßgeblich für die Lohnsteuerabzüge innerhalb eines Jahres ist die Anwendung des Steuertarifs auf das zu versteuernde Einkommen. Dieses Ergebnis kann von dem tatsächlich monatlich einbehaltenen Steuerbetrag zugunsten des Arbeitnehmers abweichen, wenn sich z. B. das Einkommen während des Jahres geändert hat, bei nicht ständiger Beschäftigung oder bei Änderung des Familienstandes. Durch die Antragsveranlagung zur ESt (früher Lohnsteuer-Jahresausgleich) – oft vom Arbeitgeber automatisch durchgeführt – wird der Nachteil ausgeglichen.

j) **Freigrenze für Nebeneinkünfte**

- Besteht das Einkommen ganz oder teilweise aus Einkünften aus nichtselbständiger Arbeit, von denen Lohnsteuer einbehalten wurde, so bleiben nicht der Lohnsteuer unterworfene Nebeneinkünfte bis zu einer Freigrenze von 800,– DM steuerfrei.
- Sind unter diesen Voraussetzungen die Nebeneinkünfte höher als 800,– DM, aber niedriger als 1 600,– DM, ist als Härteausgleich der Betrag abzuziehen, um den die Nebeneinkünfte insgesamt niedriger als 1 600,– DM sind.
- Die Freigrenze entfällt, sofern eine Veranlagung zur Einkommensteuer durchgeführt wird oder wenn die Nebeneinkünfte insgesamt negativ sind.
- Der Härteausgleich kann dazu führen, daß z. B. Einkünfte aus Kapitalvermögen auch über den Werbungskosten-Pauschbetrag von 100,– DM (Ehegatten: 200,– DM) und den Sparer-Freibetrag von 6 000,– (12 000,–) DM hinaus steuerfrei bleiben.

0.6.11 Kapitalertragsteuer

0.6.110 Verfahren

a) **Wesen:** Sonderform der Einkommensteuer; Rechtsgrundlage ist daher das EStG. Wegen der Besteuerung „an der Quelle" des Entstehens eines Kapitalertrages wird diese Steuerform auch als **Quellensteuer** bezeichnet; die Kapitalertragsteuer (KapSt) wird vom Emittenten einbehalten und abgeführt.

b) **Arten:**

- „große" Kapitalertragsteuer: Besteuerung von
  - Zinsen aus steuerbegünstigten Schuldverschreibungen, Wandelschuldverschreibungen und Gewinnobligationen
  - Dividenden aus Aktien
  - Zinsen aus Lebensversicherungen (unter bestimmten Voraussetzungen)
- „kleine" Kapitalertragsteuer (in der Öffentlichkeit als „Quellensteuer" bekannt): Besteuerung von Zinsen aus Schuldverschreibungen
  - deutscher Emittenten/Schuldner
  - ausländischer Emittenten/Schuldner mit Firmensitz im Inland.

c) **Höhe:** Zu versteuern sind

- 25 % der Bruttoeinnahmen bei
  - Dividenden
  - Zinsen aus Wandelschuldverschreibungen und Gewinnobligationen
  - außerrechnungsmäßigen und rechnungsmäßigen Zinsen aus Lebensversicherungen, sofern sie nicht gemäß § 10 EStG zum Abzug von Sonderausgaben zugelassen sind bzw. nachträglich die Steuervergünstigung verlieren (z. B. durch Auszahlung innerhalb von 12 Jahren nach Vertragsschluß – außer im Versicherungsfall – oder durch Abtretung der Ansprüche zur Sicherung oder Tilgung von Darlehen – sog. Policen-Darlehen);

  beim Empfänger der Erträge kann eine Verrechnung mit der zu erbringenden Einkommensteuerschuld vorgenommen werden
- 30 % der Zinserträge aus steuerbegünstigten Schuldverschreibungen, wobei damit die Einkommensteuerschuld abgegolten ist; liegt der individuelle Steuersatz des Steuerpflichtigen unter 30 %, kann eine Verrechnung mit der zu erbringenden Einkommensteuerschuld vorgenommen werden.

d) **Ausnahmen:** Liegt dem KI eine Nichtveranlagungsbescheinigung (NV-Bescheinigung) bzw. ein Freistellungsauftrag vor, so werden die Erträge brutto gutgeschrieben (siehe auch Abschnitt 1.4.531); im Schalterverkehr gilt diese Regelung jedoch nicht.

e) **Zeitpunkt** der KapSt-Erhebung: Zeitpunkt des steuerlichen Zuflusses des Kapitalertrages, d. h.

- Fälligkeitstag, soweit festgelegt
- tatsächlicher Tag der Zinsgutschrift bzw. Zinszahlung
- bei Dividenden der Tag, der als Auszahlungstag beschlossen wurde.

Abweichende Wertstellungen sind ohne Bedeutung.

f) **Steuerbescheinigung:** Das KI ist verpflichtet, dem Kunden über die einbehaltene und abgeführte KapSt eine **Steuerbescheinigung** auszustellen. Die Bescheinigung bezieht sich auf das einzelne Konto des Kunden.

0.6.111 Quellensteuer

a) **Vorbemerkung:** Ab 1.1.1989 galt eine zehnprozentige Kapitalertragsteuer (Quellensteuer). Nachdem in der öffentlichen Diskussion die Kritik nicht abgerissen war und ein erheblicher Abfluß von Anlagekapital in das Ausland verzeichnet werden mußte, wurde die Quellensteuer mit Wirkung vom 1.7.1989 wieder abgeschafft.

Die Einführung einer einheitlichen EG-Quellensteuer wird immer wieder diskutiert.

Nachfolgend sind das für ein halbes Jahr gültige Verfahren und die Rahmenbedingungen seiner Abschaffung in groben Zügen dargestellt. Zinserträge aus dieser Zeit unterliegen auch heute noch der 10 %igen Quellensteuer.

b) **Höhe:**

- die KapSt in Höhe von 10 % wurde vom Emittenten einbehalten und abgeführt
- sie entsprach einer Steuervorauszahlung und wurde auf die tatsächliche Steuerschuld angerechnet.

c) **Ausnahmen:** u. a.

- Zinserträge aus Giroguthaben bei Zinssatz von max. 0,5 % p.a.
- Zinsgutschriften von max. 10,– DM p.a.
- Spareinlagen mit gesetzlicher Kündigungsfrist zum Regel-Spareckzins
- alle Zinserträge, sofern dem KI eine NV-Bescheinigung vorlag
- ausländische Zinserträge (unabhängig von ausländischer KapSt).

d) **Abschaffung** der Quellensteuer: durch das „Steuerreparaturgesetz" vom Juni 1989.

e) **Bedeutung** der KapSt:

- für den Steuerpflichtigen:
  - prinzipiell gegenüber dem vorher geltenden Recht **keine** Änderung, da es sich um eine Sonderform der ESt handelt und die Steuerpflicht für Kapitalerträge schon immer gegeben war
  - diese Aussagen gelten allerdings nur für den **steuerehrlichen** Steuerpflichtigen
  - durch Besteuerung **an der Quelle** verringern sich die Möglichkeiten, die Besteuerung zu umgehen
  - das Bankgeheimnis wurde nicht berührt, der bisherige sog. **Bankenerlaß** (siehe Abschnitt 1.1.15) hat durch die Aufnahme als § 30a in das EStG sogar Gesetzeskraft erlangt
- für die KI:
  - erheblicher Verwaltungs- und dv-technischer Aufwand durch Einführung und Abschaffung der Quellensteuer
  - ebenfalls sehr großer Aufwand durch Einführung der Zinsabschlagsteuer (ZAS, siehe Abschnitt 0.6.12)
- für die Volkswirtschaft:
  - die Einführung und Abschaffung der 10 %igen KapSt war ein bedeutsamer Lernprozeß für die politisch und wirtschaftlich Handelnden
  - der Anspruch, für Steuergerechtigkeit und Steuerehrlichkeit zu sorgen, einerseits und die Zwänge aufgrund der Reaktionen des Kapitalmarktes auf der anderen Seite prallten aufeinander und erwiesen sich als nicht ohne weiteres lösbar.

0.6.12 Zinsabschlagsteuer (ZASt)

0.6.120 Grundlagen

a) **Vorbemerkung:** Mit Urteil vom 27.6.1991 hat das Bundesverfassungsgericht den Gesetzgeber verpflichtet, bis zum 1.1.93 Vorkehrungen zu treffen, durch die Zinseinkünfte nicht nur rechtlich, sondern auch tatsächlich gleich belastet werden. Damit sollte der Steuerunehrlichkeit möglichst weitgehend ein Riegel vorgeschoben werden.

b) **Neuregelung** der Besteuerung von Kapitaleinkünften:

- für Zinsen aus Kapitalforderungen wird seit dem 1.1.93 grundsätzlich ein Zinsabschlag von 30 % erhoben
- bei Einlösung von Zinsscheinen am Schalter und bei Tafelgeschäften beträgt der Zinsabschlag 35 %; hier gilt ein Freistellungsauftrag nicht, der Zinsabschlag wird generell – sowohl bei Steuerinländern als auch bei Steuerausländern – erhoben
- durch einen **Freistellungsauftrag** (s. u.) an das jeweilige KI sollen etwa 80 % der Sparer möglichst unbürokratisch vom Steuerabzug freigestellt werden; diese Freistellungsaufträge – nicht jedoch die davon betroffenen Konten/Depots – stehen dem Bundesamt für Finanzen zur Kontrolle zur Verfügung
- abzugspflichtig ist die auszahlende Stelle (KI)
- Steuerausländer wurden zur Schonung des Kapitalmarktes vom Steuerabzug ausgenommen
- der einbehaltene Zinsabschlag wird bescheinigt und kann bei der Einkommensteuer als Vorauszahlung berücksichtigt werden
- ausländische Kapitalerträge unterliegen dem Zinsabschlag, sofern sie im Inland zur Auszahlung kommen; werden die Erträge aus Kapitalvermögen bei ausländischen Instituten ausgezahlt, so greift der deutsche Zinsabschlag nicht; dennoch sind sie nach deutschem Recht einkommensteuerpflichtig.

c) **Ausnahmen:** Kein Zinsabschlag ist – aus Vereinfachungsgründen – von der Zahlstelle (KI) einzubehalten, obwohl der Ertrag grundsätzlich einkommensteuerpflichtig bleibt, bei

- Guthabenzinsen beim Girokonto, sofern der Zins nicht höher als 1 % p.a. ist
- Erträgen aus Bausparguthaben, wenn Arbeitnehmer-Sparzulage oder Wohnungsbau-Prämie gewährt wird oder der Guthabenzins 1 % p.a. nicht übersteigt
- Zinserträgen bis 20,– DM aus einem einzelnen Guthaben, sofern die Gutschrift nur einmal pro Kalenderjahr erfolgt.

Zusätzlich sind Zinszahlungen vom Zinsabschlag freigestellt, wenn dem auszahlenden KI im Zeitpunkt der Zinsgutschrift

- ein Freistellungsauftrag, dessen Auftragsvolumen noch nicht ausgeschöpft ist, oder

- eine Nichtveranlagungs-(NV-)Bescheinigung

vorliegt.

Zinszahlungen von Privatpersonen oder Unternehmen, die keine KI sind, an andere Privatpersonen, Banken oder Unternehmen unterliegen nicht dem Zinsabschlag, sofern es sich nicht um Wertpapierzinsen handelt.

0.6.121 Freistellungsauftrag

a) **Bedeutung:** Wichtig ist für Sparer/Anleger mit relativ begrenztem Kapitalvermögen, daß dieses gar nicht erst besteuert wird und hierzu auch nicht erst aufwendige Bescheinigungen vom Finanzamt besorgt werden müssen.

b) **Wesen:** Der Kunde erteilt seinem KI zur Ausnutzung seines Sparer-Freibetrages incl. Werbungskosten-Pauschbetrag (max. 6 100,– bzw. bei zusammenveranlagten Ehepaaren 12 200,– DM) einen **Freistellungsauftrag**, der bis auf Widerruf gilt.

- Bei Kapitaleinkünften von mehreren Instituten können innerhalb der Höchstbeträge mehrere Freistellungsaufträge erteilt werden
- das jeweilige KI kann dann bis zur Höhe des Freistellungsauftrages
  - Zinsen vom Zinsabschlag ausnehmen
  - Dividenden ohne Abzug von KapSt und mit Erstattung des Körperschaftsteuerguthabens gutschreiben
- der Freistellungsauftrag gilt bei Wertpapieren nur, wenn sie sich im Depot befinden; keine Berücksichtigung bei Tafelgeschäften
- der Freistellungsauftrag darf grds. nur von natürlichen Personen mit Wohnsitz im Inland (Steuerinländern) erteilt werden, nicht jedoch von Steuerausländern (die auch so befreit sind) oder juristischen Personen
- zusammenveranlagte Ehegatten müssen den Freistellungsauftrag gemeinsam erteilen
- unbeschränkt körperschaftsteuerpflichtige und nicht von der KöSt befreite Körperschaften, Personenvereinigungen und Vermögensmassen:
  - ihnen stehen bei den Einkünften aus Kapitalvermögen nach dem EStG wie natürlichen Personen ab 1.1.93 auch 6 100,– DM Sparer-Freibetrag und Werbungskosten-Pauschbetrag zu
  - Erteilung auf demselben Vordruck wie natürliche Personen, sofern das Konto auf ihren Namen lautet
  - Beantragung einer NV-Bescheinigung möglich, wenn das zu versteuernde Einkommen nicht mehr als 7 500,– DM beträgt
  - keine Geltung für Gesellschaften des bürgerlichen Rechts.

c) **Beispiele:** Bei einem Durchschnittszinssatz von 6 % für das Gesamtvermögen bleibt folgendes Vermögen **steuerfrei** bei jährlichem Zinsertrag bis zur Höhe von Sparer-Freibetrag und Werbungskosten-Pauschbetrag von

- 6 100,– DM (Ledige): Vermögen 101 666,– DM
- 12 200,– DM (Verheiratete): Vermögen von 203 333,– DM.

d) **Ausnahmen** vom Freistellungsauftrag:

- Der Freistellungsauftrag darf nur für solche Kapitalerträge erteilt werden, die steuerlich zu den Einkünften aus Kapitalvermögen zählen
- Kapitalerträge, die zu anderen Einkunftsarten zählen, sind daher auszunehmen (z. B. Betriebseinnahmen von Selbständigen, Freiberuflern, Land- und Forstwirten)
- hier sollte der Kunde mit seinem Steuerberater klären, welche Konten und Depots Kapitalerträge beinhalten, die zu den Betriebseinnahmen gehören und insofern vom Freistellungsauftrag auszunehmen sind
- Zinsabschlag bzw. KapSt sind trotz vorliegenden Freistellungsauftrags u. a. bei folgenden Konten/Depots einzubehalten:
  - Gemeinschaftskonten/-depots von
    - unverheirateten Partnern (Lebensgemeinschaften)
    - Ehegatten, die die Voraussetzungen einer Zusammenveranlagung nicht erfüllen (z. B. dauernd getrennt leben)
    - Eigentümergemeinschaften (z. B. von Eigentumswohnungen)
    - sonstigen Personengemeinschaften wie z. B. Erbengemeinschaften
  - Anderkonten/-depots, z. B. Notar-Anderkonten
  - Treuhandkonten/-depots, z. B. Mietkautionen auf den Namen des Vermieters;

  in diesen Fällen sollte im Rahmen der Beratung geklärt werden, ob eine Aufteilung und Übertragung auf Einzelkonten möglich und auch zweckmäßig ist.

0.6.122 Nichtveranlagungs-(NV-)Bescheinigung

a) **Wesen:** Natürliche Personen, die voraussichtlich nicht zur ESt zu veranlagen sind, weil ihre Einkommensverhältnisse bestimmte Voraussetzungen nicht erfüllen, können bei ihrem zuständigen Finanzamt eine sog. NV-Bescheinigung beantragen.

b) **Einzelheiten:**

- Im Gegensatz zum Freistellungsauftrag ist die NV-Bescheinigung hinsichtlich der Höhe der vom Steuerabzug freigestellten Erträge nicht begrenzt
- die NV-Bescheinigung gilt für max. 3 Jahre
- für jedes konto- oder depotführende KI wird eine eigene NV-Bescheinigung benötigt
- Geltung für Wertpapiere nur, wenn sie sich in einem Depot befinden, nicht bei Tafelgeschäften.

c) **Bedeutung:**

- Die Beantragung einer NV-Bescheinigung anstelle eines Freistellungsauftrags erscheint nur sinnvoll, wenn die Kapitalerträge den Sparer-Freibetrag überschreiten und die übrigen Einkünfte so niedrig sind, daß weitere Freibeträge wie z. B. der Grundfreibetrag der Einkommensteuertabellen (siehe Abschnitt 0.6.10 c) nicht voll ausgeschöpft werden (also z. B. bei Kindern mit fast ausschließlich Einkünften aus Kapitalvermögen)

- eine NV-Bescheinigung können auch von der KöSt befreite juristische Personen des öffentlichen Rechts beibringen (z. B. gemeinnützige und kirchliche Einrichtungen); für gemeinnützige Sportvereine reicht eine Gemeinnützigkeits-Bescheinigung des zuständigen Finanzamts, sofern das Konto/Depot auf den Namen des Vereins lautet
- unbeschränkt körperschaftsteuerpflichtige und nicht von der KöSt befreite Körperschaften, Personenvereinigungen und Vermögensmassen können beim Finanzamt eine NV-Bescheinigung (NV3B) beantragen, wenn ihr zu versteuerndes Einkommen nicht mehr als 7 500,– DM beträgt; durch die Vorlage dieser Bescheinigung beim KI bleiben dann bis zu 13 600,– DM (7 500,– DM KöSt-Grundfreibetrag zzgl. 6 100,– DM Sparer-Freibetrag/Werbungskosten-Pauschbetrag) vom Zinsabschlag befreit; keine Geltung für Gesellschaften bürgerlichen Rechts
- gegen Einreichung der Original-NV-Bescheinigung wird das KI auf Kapitalerträge des Kunden weder Zinsabschlag noch KapSt einbehalten und bei Dividenden auch das Körperschaftsteuer-Guthaben mit gutschreiben.

0.6.123 Bankgeheimnis und Kontrollen der Finanzverwaltung

a) Schreibt ein KI aufgrund einer vorliegenden NV-Bescheinigung bzw. eines Freistellungsauftrags die Bruttodividende zzgl. Körperschaftsteuer-Guthaben gut, so tritt es mit der KapSt und der KöSt in Vorlage. Diese verauslagten Beträge werden im Rahmen des standardisierten **Sammelantragsverfahrens (SaDV)** durch das Bundesamt für Finanzen erstattet, bei dem seit 1977 folgende Angaben gemacht werden müssen:

- persönliche Daten des Depotinhabers (Name, Geburtsdatum, Anschrift)
- Grundlage der Erstattung (u. a. Depotnummer und Bruttobetrag).

Das Bundesamt für Finanzen meldet üblicherweise diese Daten an das Wohnsitzfinanzamt des Steuerpflichtigen weiter.

b) Um eine mißbräuchliche Verwendung von Freistellungsaufträgen (mehrere Aufträge über die zulässigen Höchstbeträge hinaus) feststellen zu können, ist vorgesehen, daß die Angaben aus dem Freistellungsauftrag – **nicht** jedoch Angaben über die Höhe von Zinsgutschriften, Guthaben oder Kontonummern – auf Verlangen dem Bundesamt für Finanzen von den KI zu melden sind.

0.6.13 Solidaritätszuschlag

Für ein Jahr, vom 1.7.91 bis zum 30.6.92, wurde ein Solidaritätszuschlag zur Lohn-, Einkommen- und Körperschaftsteuer erhoben, und zwar in Höhe von 7,5 % der zu zahlenden Steuer. Der Solidaritätszuschlag wurde beim Lohnsteuerabzug und bei Abzug der Kapitalertragsteuer mit einbehalten.

Ab 1.1.95 wird bis auf weiteres erneut ein Solidaritätszuschlag (als Ergänzungsabgabe) erhoben.

- Höhe: 5,5 % der Bemessungsgrundlage (vom 1.1.95 bis 31.12.97: 7,5 %)
- **Bemessungsgrundlagen** sind:
  - die festgesetzte Einkommen- bzw. Körperschaftsteuer, vermindert um die anzurechnende Körperschaftsteuer
  - Vorauszahlungsbeträge auf die Einkommen- bzw. Körperschaftsteuer
  - Lohnsteuer bzw. die Jahreslohnsteuer (Einbehaltung beim Lohnsteuerabzug)
  - Kapitalertragsteuer bzw. Zinsabschlag
- **Freigrenzen:** 1 332 DM p.a. bzw. 2 664 DM bei zusammenveranlagten Ehegatten
- erhöhte steuerlich anerkannte Abzüge wie z. B. Werbungskosten oder Sonderausgaben führen zu einer geringeren festzusetzenden Lohn- bzw. Einkommensteuer und damit auch zu einem niedrigeren Solidaritätszuschlag.

0.6.14 Körperschaftsteuer

a) **Rechtsgrundlage:** Körperschaftsteuergesetz (KStG) in der Fassung vom 11.3.1991.

b) **Steuerpflichtig:** Juristische Personen des Privatrechts, nichtrechtsfähige Vereine und Stiftungen, gewerbliche Betriebe juristischer Personen des öffentlichen Rechts (unbeschränkte Steuerpflicht, d. h. für sämtliche Einkünfte); ausländische Körperschaften/Personenvereinigungen/Vermögensmassen mit ihren inländischen Einkünften (beschränkte Steuerpflicht); Befreiung für Bahn, Post, Postbank, Telekom, Bundesbank, einige öffentlich-rechtliche KI, Liquiditäts-Konsortialbank u. a. m.; vgl. §§ 1-6 KStG.

c) **Bemessungsgrundlage:** Das zu versteuernde Einkommen; Ermittlung vergleichbar dem Einkommensteuerrecht.

d) **Höhe der Steuer:**

- Steuersatz (§§ 23 ff.):
  - grds. 50 % (insbes. Kapitalgesellschaften, Genossenschaften)
  - Ermäßigung auf 46 % (grds. alle anderen Steuerpflichtigen)
  - Sonderregelungen für besondere Steuerpflichtige (z. B. Freibeträge)
- Für den ausgeschütteten Gewinn beträgt die KSt-Belastung 30 % (unabhängig vom grundsätzlich angewendeten Steuersatz); diese **Ausschüttungsbelastung** ergibt sich, ausgehend vom Steuersatz, aus einer komplizierten Berechnung („Nebenrechnung", §§ 27 ff.), die dazu führt, daß die eigentlich auf den Anteilseigner entfallende Dividende um eine Steuergutschrift erhöht wird; die sich daraus ergebende Bruttodividende unterliegt der individuellen Einkommensteuer des Anteilseigners (**Anrechnungsverfahren**).
- Die Kapitalertragsteuer bleibt hiervon unberührt.
- Durch diese Regelung ist die frühere Doppelbesteuerung ausgeschütteter Gewinne mit KSt bei der Gesellschaft und ESt (oder KSt) beim Anteilseigner seit 1977 beseitigt.

0.6.15 Vermögensteuer

- aufgrund BGH-Urteil vom 22.06.95 kann ab 1997 keine Vermögensteuer mehr erhoben werden (die Erhebung war teilweise verfassungswidrig)
- unter Berücksichtigung von Freibeträgen wurde das nach Bewertungsgesetz bewertete private und betriebliche Vermögen besteuert (Gewerbebetriebe und Grundstücke zum jeweiligen Einheitswert, Wertpapiere zum Steuerkurs)
- ehemalige Steuersätze:
  - 1,0 % für natürliche Personen (0,5 % bis 1994)
  - 0,6 % für juristische Personen

0.6.16 Realsteuern

0.6.160 Gewerbesteuer

= Gemeindesteuer für Gewerbebetriebe; Gewerbesteuergesetz (GewStG) vom 21.3.1991.

a) **Besteuerungsgrundlagen:**

- Gewerbe**ertrag**:
  - = Gewinn (ermittelt nach Einkommen- bzw. Körperschaftsteuergesetz)
  - \+ Hinzurechnungen (z. B. Dauerschuldzinsen, Renten, Dauerlasten, halbe Miete für fremde Wirtschaftsgüter, soweit nicht Grundbesitz, Gewinn des stillen Gesellschafters)
  - – Kürzungen (z. B. 1,2 % des Einheitswertes des Betriebsgrundstücks; Gewinn aus Beteiligungen)
  - – Gewerbeverlust früherer Jahre

  auf volle 100 DM abgerundet (Freibetrag 48 000 DM für natürliche Personen/Personengesellschaften).

- Gewerbe**kapital**:
  - = Einheitswert des Betriebsvermögens (nach Bewertungsgesetz von Finanzämtern alle 3 Jahre festgesetzt)
  - \+ Hinzurechnungen (z. B. Dauerschulden, fremde Wirtschaftsgüter, soweit nicht Grundbesitz)
  - – Kürzungen (Einheitswert betriebseigener Grundstücke, Beteiligung an anderer Gesellschaft)

  auf volle 1 000 DM abgerundet (Freibetrag 120 000,– DM).

b) Anwendung fester **Steuermeßzahlen** in Prozent auf den Gewerbeertrag und das Gewerbekapital:

- Steuermeßzahl für Gewerbe**kapital** einheitlich 2 ‰
- Steuermeßzahl für Gewerbe**ertrag juristischer** Personen: einheitl. 5 %
- Steuermeßzahl für Gewerbe**ertrag natürlicher** Personen/Personengesellschaften:

- für die ersten 96 000,– DM gestaffelt 1-4 %, darüber 5 %.

Durch Anwendung der Steuermeßzahlen und Addition ergibt sich der einheitliche **Steuermeßbetrag** für Gewerbeertrag und -kapital.

c) **Berechnung** der **Gewerbesteuer**: durch Anwendung des **Hebesatzes** der betr. Gemeinde = der Prozentsatz, mit dem der Steuermeßbetrag vervielfältigt wird; Höhe ist der Gemeinde überlassen, liegt i. d. R. zwischen 150 und 600 %, einheitlich für alle Gewerbebetriebe.

0.6.161 Grundsteuer

= Gemeindesteuer auf Haus- und Grundbesitz; Grundsteuergesetz (GrStG) vom 7.8.1973; Arten: A für landwirtschaftliches, B für sonstiges Grundvermögen.

Berechnung: Grundlage ist der **Einheitswert** des Grundbesitzes; auf diesen wird die **Steuermeßzahl** angewandt (2,6-3,5 ‰, vom Finanzamt festgesetzt); durch den **Hebesatz** (jährlich von der Gemeinde festgesetzt) ergibt sich die **Steuerschuld**, die grds. vierteljährlich zu zahlen ist.

0.6.2 Verkehrsteuern

0.6.20 Umsatzsteuer (Mehrwertsteuer)

a) **Wesen:** Belastung des Umsatzes von Gütern und Leistungen; entgegen dem früheren System wurde die Umsatzsteuer aus der Kalkulation herausgelöst; für Unternehmer kein Kostenbestandteil, sondern durchlaufender Posten: Die beim Verkauf erhobene Steuer (Umsatzsteuer) wird um die beim Einkauf bezahlte Steuer (Vorsteuer) gekürzt, die Differenz = **Zahllast** monatlich (bis zum 10. des folgenden Monats) an das Finanzamt überwiesen. Rechtsgrundlage: Umsatzsteuergesetz (UStG) vom 8.2.1991.

b) **Steuergegenstand:** sog. **steuerbare** Umsätze (§ 1 UStG), d. h.

- Lieferungen/sonstige Leistungen, die Unternehmer im Inland gegen Entgelt im Rahmen seines Unternehmens ausführt
- Eigenverbrauch (z. B. Privatentnahme/Privatverwendung von Betriebsgegenständen)
- Einfuhr (Einfuhrumsatzsteuer)

c) **Steuersätze:**

- grds. 16 % (seit 1.4.1998, vorher 15 %)
- Ermäßigung auf 7 % z. B. für Lebensmittel, Holz, Bücher u. a. m.
- Steuer**befreiungen** für Ausfuhrlieferungen/-leistungen, Vermietung/Verpachtung, diverse Leistungen von Kreditinstituten, ärztliche Leistungen u. a.
- Steuerpflicht setzt erst bei Jahresumsatz von 25 000 DM ein.

d) **Bemesssungsgrundlage** ist das **Entgelt**, d. h. alles, was der Empfänger der Lieferung/Leistung aufzuwenden hat; auch Auslagenersatz, Verzugszinsen, Diskont usw. Änderungen des Entgelts führen zur **Berichtigung** der Steuerkonten (z. B. Boni, Skonti, Rücksendungen, Preisnachlässe).

e) Umsatzsteuerpflichtige Umsätze bei **Kreditinstituten** sind z. B.:

- Edelmetall-Verkäufe; hierzu gehören
  - Silber- oder Platinbarren (Goldbarren sind seit 1.1.93 USt-frei)
  - alle Edelmetall-Medaillen (auch goldene)
  - alle Edelmetall-Sammlermünzen
  - alle Etuis, Sammlermappen und Kataloge für diese Geschäfte
  - Silber- und Platinmünzen, auch wenn sie im Emissionsland zwar offizielles gesetzliches Zahlungsmittel sind, jedoch wegen ihres Sammler- oder Metallwertes nicht tatsächlich umlaufen, sondern mit wesentlich höherem als dem Nennwert gehandelt werden (Goldmünzen bleiben solange USt-frei, wie sie formal als gesetzliche Zahlungsmittel gelten)
- Verwahrung und Verwaltung von Wertpapieren (Depotgeschäft) – seit 1.1.91 (steuerbefreit bleiben weiterhin die Umsätze in Wertpapieren selbst und die Vermittlung dieser Umsätze)
- Vermietung von Schrank- und Schließfächern
- Verkauf von Formularen, Plakaten, Broschüren, PC-Programmen (als Nebenleistung für steuerbefreite Geschäfte auch steuerfrei: z. B. Scheck- oder Überweisungsvordrucke)
- Vermögensverwaltung, Testamentsvollstreckung
- Verwertung von Sicherungsgut
- Lieferung von Speisen und Getränken (Kantinenwaren)
- Verkauf von Gegenständen der Betriebs- und Geschäftsausstattung (auch Altmaterial).

f) Steuer**freie** Umsätze bei Kreditinstituten sind z. B.:

- Gewährung, Vermittlung und Verwaltung von Krediten nebst Sicherheitenverwaltung
- Umsätze in gesetzlichen Zahlungsmitteln (Sortengeschäft) sowie entspr. Vermittlung
- Umsätze im Einlagengeschäft, Kontokorrentverkehr, Zahlungs- und Überweisungsverkehr sowie Inkasso von Handelspapieren
- Umsätze im Geschäft mit Wertpapieren sowie entspr. Vermittlung
- Übernahme von Verbindlichkeiten, Bürgschaften und anderen Sicherheiten sowie entspr. Vermittlung
- Verwaltung von Sondervermögen (Investmentgeschäft)
- Umsätze in Goldmünzen, die formal als gesetzliches Zahlungsmittel dienen, Goldbarren, Goldlieferansprüchen/Goldzertifikaten sowie entspr. Vermittlung

- Umsätze aus der Tätigkeit als Bausparkassen-, Versicherungsvertreter und Versicherungsmakler

(vgl. § 4 UStG).

0.6.21 Grunderwerbsteuer

a) **Rechtsgrundlage:** Grunderwerbsteuergesetz (GrEStG) vom 17.12.1982.

b) **Wesen:** Besteuerung von Erwerbsvorgängen bei Grundstücken und grundstücksgleichen Rechten (z. B. Erbbaurecht, Wohnungs- und Teileigentum).

c) **Bemessungsgrundlage** ist der Wert der Gegenleistung (Kaufpreis) bzw. der Wert des Grundeigentums.

d) **Höhe:** Die Steuer beträgt 3,5 % (seit 1.1.1997); sie ist auf volle D-Mark abzurunden.

e) **Ausnahmen:**

- Grundstückserwerb von Todes wegen und Grundstücksschenkungen unter Lebenden im Sinne des Erbschaftsteuer- und Schenkungsteuergesetzes
- Grundstückserwerb durch den Ehegatten des Veräußerers bzw. mit dem Veräußerer in gerader Linie verwandte Personen.

0.6.22 Erbschaft- und Schenkungsteuer

a) **Rechtsgrundlage:** Erbschaft- und Schenkungsteuergesetz (ErbStG) vom 19.2.1991. Der Erbschaftsteuer unterliegen Erwerbe von Todes wegen (z.B. gesetzliche Erbfolge, Testament, Vermächtnis) und Schenkungen unter Lebenden. Die mit Jahressteuergesetz 1997 am 19.12.96 verabschiedete Neuregelung gilt (rückwirkend) ab 01.01.96.

b) **Erbschaft- und Schenkungsteuerpflicht:**

- unbeschränkte Steuerpflicht tritt ein, wenn entweder der Erwerber oder der Erblasser/Schenker Inländer ist; als Inländer gelten auch deutsche Staatsangehörige, die sich noch nicht länger als 5 Jahre im Ausland aufhalten; der Steuerpflicht unterliegt der gesamte Erwerb
- beschränkte Steuerpflicht besteht bei Erwerb inländischen Vermögens, wenn weder Erwerber noch Erblasser/Schenker Inländer sind
- mehrere innerhalb von 10 Jahren von derselben Person anfallende Vermögensvorteile werden zusammengerechnet
- die Bewertung des steuerpflichtigen Vermögens erfolgt nach dem Bewertungsgesetz.

c) **Steuerklassen:** ErbStG unterteilt drei Klassen nach dem persönlichen Verhältnis zwischen Erwerber und Erblasser/Schenker, die die Staffelung von Freibeträgen und Steuersätzen bestimmen:

Steuerklasse I: Ehegatte, Kinder und Stiefkinder, Abkömmlinge der Kinder und Stiefkinder sowie bei Erwerben von Todes wegen die Eltern und Voreltern
unabhängig vom Verwandtschaftsgrad: Übergang von Betriebsvermögen einschließlich Wirtschaftsteile der Betriebe der Land- und Forstwirtschaft und wesentliche Beteiligungen an Kapitalgesellschaften

Steuerklasse II: Eltern und Voreltern, soweit sie nicht zur Steuerklasse I gehören, Geschwister und deren Kinder, Stiefeltern, Schwiegerkinder und -eltern sowie der geschiedene Ehegatte

Steuerklasse III: alle übrigen Erwerber

d) **Freibeträge und Steuerbefreiungen:**

- **Sachliche Steuerbefreiungen:** In § 13 ErbStG sind 18 Befreiungsvorschriften genannt, die sich im wesentlichen auf Gegenstände des täglichen Gebrauchs erstrecken bzw. aus öffentlichem Interesse erfolgen, z.B.
  - beim Erwerb durch Personen der Steuerklasse I:
    - Hausrat einschl. Wäsche und Kleidungsstücke bis zu 80 000 DM
    - andere bewegliche körperliche Gegenstände bis zu 20 000 DM
  - beim Erwerb durch Personen der Steuerklassen II und III:
    - Hausrat einschl. Wäsche und Kleidungsstücke sowie andere bewegliche körperliche Gegenstände bis insgesamt zu 20 000 DM

  Die Befreiungen gelten nicht für Gegenstände, die zum land- oder forstwirtschaftlichen Vermögen, zum Grund- oder Betriebsvermögen gehören, für Zahlungsmittel, Wertpapiere, Münzen, Edelmetalle, Edelsteine und Perlen.

- **Persönliche Freibeträge:** Erbschaft-/Schenkungsteuer fällt erst an, wenn der steuerpflichtige Erwerb folgende Freibeträge übersteigt:

  Steuerklasse I: 600 000 DM für Ehegatten
  400 000 DM für Kinder
  100 000 DM für die übrigen Angehörigen
  Steuerklasse II: 20 000 DM
  Steuerklasse III: 10 000 DM
  für beschränkt steuerpflichtige Personen: 2 000 DM unabhängig von der Steuerklasse.

- **Besonderer Versorgungsfreibetrag:** Außerdem wird ein besonderer Versorgungsfreibetrag gewährt:

  500 000 DM für den überlebenden Ehegatten
  100 000 DM für Kinder bis zu 5 Jahren
  80 000 DM für Kinder über 5 bis zu 10 Jahren
  60 000 DM für Kinder über 10 bis zu 15 Jahren
  40 000 DM für Kinder über 15 bis zu 20 Jahren
  20 000 DM für Kinder über 20 bis zu 27 Jahren

  Stehen dem Ehegatten bzw. den Kindern nicht der ErbSt unterliegende Versorgungsbezüge zu, wird der Versorgungsfreibetrag um den Kapitalwert dieser Versorgungsbezüge gekürzt.

e) **Steuersatz:** Tabelle in § 19 ErbStG:

Wert des steuerpflichtigen Erwerbs (§ 10) bis einschl. Deutsche Mark	Vomhundertsatz in der Steuerklasse		
	I	II	III
100 000	7	12	17
500 000	11	17	23
1 000 000	15	22	29
10 000 000	19	27	35
25 000 000	23	32	41
50 000 000	27	37	47
über 50 000 000	30	40	50

f) **Neuregelung der Grundstücks-Einheitsbewertung für die Erbschaft- und Schenkungsteuer:**

- **unbebaute Grundstücke:** Grundstücksgröße x Bodenrichtwert abzgl. 20 %
- **bebaute Grundstücke:** Bewertung von Grundbesitz nach dem Ertragswertverfahren, das zu einer Bewertung in einer Größenordnung von gut 50 % des Verkehrswertes führt
  - Ertragswert von bebauten Grundstücken: 12,5 x Jahresnettokaltmiete abzgl. Alterswertminderung (0,5 % p.a., höchstens 25 %)
  - 20 % Zuschlag für Ein- und Zweifamilienhäuser
  - Mindestwert im Ertragswertverfahren: 80 % des Bodenrichtwertes
- bei Industriegrundstücken, deren Gebäude mit Steuerbilanzwerten bewertet werden, wird der Bodenwert mit 70 % des Bodenrichtwertes angesetzt
- für Zwecke der Grundsteuer verbleibt es bei den bisherigen Einheitswerten (insbesondere 1964er Einheitswerten)

g) **Sonderregelung für Betriebsvermögen:**

- für „Betriebserben" gilt immer Steuerklasse I (unabhängig vom Familienverhältnis)
- Betriebsvermögensfreibetrag 500 000 DM – bis zu dieser Höhe kann Betriebsvermögen steuerfrei vererbt bzw. verschenkt werden
- das verbleibende Betriebsvermögen ist lediglich mit 60 % anzusetzen
- diese Regelung gilt für
  - Einzelunternehmen
  - land- und forstwirtschaftliche Betriebe
  - Beteiligungen an Personengesellschaften
  - wesentlichen Beteiligungen an Kapitalgesellschaften (mindestens 25 %)
- Voraussetzung: neuer Besitzer führt den Betrieb mindestens 5 Jahre fort

0.6.23 Sonstige Verkehrsteuern

a) **Wechselsteuer:** entfallen seit 1992

b) **Kapitalverkehrsteuer:** z. B. Börsenumsatzsteuer (BUSt, entfallen seit 1991) oder Gesellschaftsteuer (entfallen seit 1992).

c) **Kraftfahrzeugsteuer, Vergnügungsteuer, Versicherungsteuer.**

0.6.3 Sonstige Abgaben

0.6.30 Verbrauchsteuern

a) **Wesen:** indirekte Steuern; verwaltet durch Hauptzollämter.

b) **Bemessungsgrundlagen:**

- Menge (Branntwein, Mineralöl)
- Menge und Güte (Bier)
- Gewicht (Kaffee, Mineralöl)
- Stückzahl (Tabak, Schaumwein)

c) **Steuerpflichtig** ist der Inhaber des Herstellungsbetriebes.

0.6.31 Lastenausgleich

a) **Zweck:** Ausgleich von Kriegsverlusten und -schäden sowie von Härten der Währungsreform; Grundlage: Lastenausgleichsgesetz von 1952.

b) Ausgleichsberechtigte Schäden:

- Vertreibungsschäden
- Kriegsschäden
- Ostschäden
- Sparerschäden.

c) **Ausgleichsabgaben:**

- Vermögensabgabe in Höhe von grds. 50 % des Vermögens am Tag der Währungsreform
- Hypothekengewinnabgabe in Höhe von grds. 90 % (durch Währungsumstellung 1:10)
- Kreditgewinnabgabe für bestimmte gewerbliche Unternehmen.

d) **Bedeutung:** heute **keine** mehr, da sämtliche Ausgleichsabgaben abgeführt sind.

0.7 Wiederholung

Abschnitt 0.0 Grundlagen

1. Zeichnen Sie eine skizzenartige Übersicht des Wirtschaftskreislaufs!
2. Welche wichtigsten Wirtschaftsstufen lassen sich unterscheiden?
3. Welche Aufgaben nehmen die Kreditinstitute im Wirtschaftsaufbau und im Wirtschaftskreislauf wahr?
4. Ist der Wettbewerb für den Markt positiv oder negativ? Begründen Sie Ihre Auffassung!
5. Wodurch unterscheiden sich die verschiedenen Wirtschaftssysteme?
6. Welche Argumente lassen sich für, welche gegen eine Investitionskontrolle anführen?
7. Untersuchen Sie am Beispiel der Stellung der Bundesrepublik Deutschland innerhalb der Weltwirtschaft Bedeutung und Risiken der internationalen Arbeitsteilung!
8. Was ist das „Recht"? Welche Bedeutung im Rahmen des Rechts nehmen die Begriffe Rechtssicherheit, Gerechtigkeit und Zweckmäßigkeit ein?
9. Wodurch unterscheiden sich öffentliches und privates Recht?
10. Lesen Sie Art. 20 GG, und leiten Sie daraus die wichtigsten Verfassungsgrundsätze und ihre Bedeutung ab!
11. Welche Grundrechte kennen Sie ?
12. Welche verschiedenen Gerichtsbarkeiten gibt es?

Abschnitt 0.1 Lehre vom Rechtsgeschäft

1. Was sind „juristische Personen"? Wozu gibt es sie?
2. Ein 17jähriger kauft sich einen Farbfernseher im Wert von 2 000,– DM. Was ist zu beachten?
3. Grenzen Sie die Begriffe Rechtsgeschäft – Willenserklärung – Vertrag voneinander ab!
4. Wodurch unterscheiden sich Eigentum und Besitz?
5. Was versteht man unter der Vertragsfreiheit? Hat sie Grenzen?
6. Lesen Sie bitte die Allgemeinen Geschäftsbedingungen Ihres Kreditinstituts durch. Welche Bestimmungen sind für Ihr Institut besonders bedeutsam? Auf welche Kundenfragen zu den AGB stellen Sie sich ein?
7. Willenserklärungen können unter bestimmten Umständen anfechtbar oder nichtig sein. Was bedeutet das?
8. Wie kommt ein Vertrag zustande? Muß er schriftlich geschlossen werden? Kann Schweigen zum Vertragsschluß führen?

9. Welche BGB-Vertragstypen liegen in den folgenden Fällen vor?
   a) A nimmt sich einen „Leihwagen".
   b) B fährt mit der Bahn zur Arbeit.
   c) C borgt sich von D eine Tasse Mehl.
   d) E sucht sich beim Schneider einen Stoff aus und läßt daraus einen Anzug machen.
10. Welche rechtliche Bedeutung hat ein Katalogangebot?
11. Was versteht man unter dem Abstraktions-(Trennungs-)prinzip?
12. Setzen Sie nach eigenen Vorstellungen einen Kaufvertrag zwischen dem Hersteller von Möbeln und einem Großhändler auf. Welche einzelnen Punkte sollte der Vertrag enthalten?
13. Wodurch unterscheiden sich Rabatt und Skonto?
14. Stellen Sie das Kalkulationsschema eines Großhandelsbetriebs auf!
15. Erklären Sie die folgenden Arten von Kaufverträgen:
    a) einseitiger Handelskauf
    b) Gattungskauf
    c) Fixkauf.
16. Wodurch unterscheiden sich Hol-, Bring- und Schickschulden?
17. Welche Bedeutung hat der Erfüllungsort?
18. Nennen Sie mindestens fünf verschiedene Formen der Eigentumsübertragung und die Geschäfte, bei denen sie verwandt werden!
19. Ein Lieferant hat mangelhafte Ware geliefert. Schreiben Sie ihm und machen Sie ihn auf seine Pflichten und Ihre Rechte aufmerksam!
20. Wann tritt der Leistungsverzug ein, und welche Rechte stehen dem Gläubiger in diesem Fall zu?
21. Ein Schuldner kommt seiner Zahlungspflicht nicht nach. Beschreiben Sie den Weg, den ein Kaufmann einschlagen sollte, um zu seinem Geld zu kommen.
22. Kennzeichnen Sie das Wesen der Verjährung, und nennen Sie die wichtigsten Fristen!
23. Sie erhalten einen Vertreterbesuch und schließen einen Kaufvertrag ab, worin Sie sich zur Annahme eines Klaviers verpflichten, das in 24 Monatsraten zu bezahlen ist. Am nächsten Tag bereuen Sie den Kauf. Können Sie zurücktreten? Welche Vorschriften gelten für ein solches Geschäft?
24. Achten Sie bei Einkäufen einmal darauf, ob die Unternehmer ihrer Preisauszeichnungspflicht nachkommen!

Abschnitt 0.2 Kaufmännischer Dienstleistungsverkehr

1. Erläutern Sie den Begriff „Frachtführer" und nennen Sie die wichtigsten Träger des Güterverkehrs einschließlich der von ihnen verwandten Transportdokumente!
2. Welche Bedeutung hat das Frachtbriefdoppel im Eisenbahngüterverkehr?

3. Versuchen Sie, die wichtigsten Bestandteile eines Konnossements aufzuführen!

4. Das Konossement wird als „Traditionspapier“ bezeichnet; was drückt dieser Begriff aus?

5. Wodurch unterscheiden sich Handelsvertreter, Kommissionäre und Handelsmakler?

6. Was verstehen Sie unter dem „Selbsteintrittsrecht“
   a) des Kommissionärs?
   b) des Spediteurs?

7. Der Nachrichtenverkehr hat heute große Bedeutung. Nennen und beschreiben Sie die einzelnen Formen!

Abschnitt 0.3 Grundstücksverkehr

1. Was versteht man unter dem „öffentlichen Glauben“ des Grundbuches?

2. Nennen Sie mindestens vier mögliche Lasten und Beschränkungen eines Grundstücks mit ihrer Bedeutung!

3. Welche Bedeutung haben die folgenden Grundbucheintragungen:
   a) Rangvorbehalt
   b) Auflassungsvormerkung
   c) Löschungsvormerkung?

4. Beschreiben Sie kurz Abschluß und Inhalt eines Grundstückskaufvertrages!

5. Wodurch unterscheiden sich Hypothek und Grundschuld?

6. Die einer Hypothek zugrundeliegende Forderung wird beglichen, die Eintragung im Grundbuch jedoch nicht gelöscht. Was geschieht? Der Eigentümer will das eingetragene Grundpfandrecht, über das ein Brief ausgestellt wurde, übertragen. Wie macht er es?

7. Wie kann die Zwangsvollstreckung in ein Grundstück erfolgen?

Abschnitt 0.4 Unternehmungen

1. Nennen Sie vier Firmengrundsätze mit ihrer Bedeutung!

2. Ordnen Sie die folgenden Gewerbe unter den Begriff „Kaufmannsarten“ ein:
   - Spediteur
   - Hotel
   - Bauer
   - Versicherung
   - Theater
   - Privatklinik (Rechtsform: GmbH)
   - Bank
   - Städtische Brauerei
   - von einem Bauern betriebene Mühle
   - Wäscherei
   - Klempner.

3. Was versteht man unter der Publizitätswirkung des Handelsregisters? Bilden Sie Beispiele!

4. Vergleichen Sie die möglichen Befugnisse eines Prokuristen und eines Handlungsbevollmächtigen!

5. Durch das Bilanzrichtliniengesetz haben sich die Vorschriften über die Rechnungslegung von Kaufleuten wesentlich geändert. Nennen und erläutern Sie die wichtigsten Bewertungsgrundsätze für das Anlage- und das Umlaufvermögen!

6. Wodurch unterscheiden sich Personen- und Kapitalgesellschaften im allgemeinen?

7. Welche Unterschiede bestehen zwischen einem Verein und einer BGB-Gesellschaft?

8. Ein Einzelunternehmer will seinen Betrieb künftig in einer anderen Unternehmensform betreiben. Welche Gründe können ihn dazu veranlaßt haben? Beraten Sie ihn, welche Unternehmensform unter welchen Voraussetzungen für ihn in Frage kommt!

9. Wie haftet ein OHG-Gesellschafter gegenüber den Gläubigern der Gesellschaft?

10. Welche Rechtsstellung hat der Kommanditist einer KG?

11. Wie haftet der Kommanditist für Verbindlichkeiten der KG? Stellen Sie auch die Haftung für Altverbindlichkeiten (vor Eintritt in die KG) dar!

12. Beschreiben Sie kurz den Gründungsvorgang
    a) bei einer Aktiengesellschaft
    b) bei einer GmbH
    und stellen Sie Vergleiche an!

13. Was versteht man unter der „Mitbestimmung der Arbeitnehmer"? Versuchen Sie, die geltende Rechtslage zu umreißen!

14. Welche Rechte und Pflichten haben die drei Organe einer Aktiengesellschaft?

15. Erläutern Sie den Begriff „Vorzugsaktie" anhand einiger Beispiele!

16. Ein Kunde, der Inhaber eines kleinen Aktienpakets ist, fragt Sie, welche Vorteile und Nachteile es mit sich brächte, wenn er sich auf Hauptversammlungen durch seine Bank vertreten ließe.

17. Welche Möglichkeiten hat eine Aktiengesellschaft, ihr Grundkapital zu erhöhen?

18. Steht es einer Aktiengesellschaft völlig frei, wie sie ihren Gewinn verwendet? Welche Möglichkeiten bestehen?

19. Erläutern Sie im Zusammenhang mit der Genossenschaft die Begriffe
    a) Solidarität
    b) Geschäftsguthaben
    c) Haftsumme!

20. Wieviele Personen und wieviel Mindestkapital sind erforderlich für die Gründung und das rechtswirksame Entstehen einer
    - OHG
    - KG
    - AG
    - GmbH
    - Genossenschaft?

21. Ist eine „Ein-Mann-GmbH-&-Co.-KG" denkbar? Was wäre darunter zu verstehen?

22. Aus welchen Gründen schuf der Gesetzgeber die „Partnergesellschaft"?

23. Beschreiben Sie die wesentlichen Rechtsmerkmale der Partnergesellschaft.

24. Beschreiben Sie die Rechtsstellung des Vorstandes einer KGaA!

25. Welche Vorzüge, welche Nachteile können Unternehmenszusammenschlüsse für die Gesamtwirtschaft haben? Wie hat der Gesetzgeber auf die möglichen Nachteile reagiert?

26. Grenzen Sie Kartell, Konzern und Trust voneinander ab!

27. Ein Unternehmen befindet sich in Zahlungsschwierigkeiten. Welche Möglichkeiten bieten sich dem Unternehmer und den Gläubigern?

28. Erläutern Sie die folgenden Begriffe:
    a) Vergleichswürdigkeit
    b) Anschlußkonkurs
    c) Zwangsvergleich!

29. Was versteht man unter Aussonderung, Absonderung und Aufrechnung im Rahmen eines Konkursverfahrens?

30. Welche Schutzvorschriften bestehen zugunsten der Arbeitnehmer eines Unternehmens, das Konkurs anmelden mußte?

31. Suchen Sie in einer größeren Tageszeitung nach Mitteilungen
    a) über Handelsregistereintragungen
    b) über Vergleiche und Konkurse!

32. Welche grundlegenden Änderungen bringt die Insolvenzordnung mit sich?

33. Aus welchen Hauptpositionen besteht die Bilanz eines Unternehmens? Welche Aussagen lassen sich daraus ableiten?

34. In einer Diskussion taucht der Begriff „Finanzierung von Unternehmungen" auf, ohne daß die Anwesenden damit etwas anzufangen wissen. Versuchen Sie zu erklären, was es damit auf sich hat, welche Finanzierungsmöglichkeiten bestehen und welche Regeln dabei beachtet werden sollten. Üben Sie dies, indem Sie einem Laien diese Begriffe klarzumachen versuchen!

Abschnitt 0.5 Arbeits- und Sozialrecht

1. Nennen Sie einige arbeitsrechtliche Gesetze! Womit befaßt sich das Arbeitsrecht? Hat es auch für Sie Bedeutung?

2. Der Begriff des „Leitenden Angestellten" ist umstritten. Was würden Sie darunter verstehen?

3. Haben Sie sich Ihren Ausbildungsvertrag (Arbeitsvertrag) schon einmal vollständig durchgelesen? Tun Sie es! Haben Sie alles verstanden?

4. Welche Pflichten haben Arbeitnehmer bzw. Arbeitgeber aus dem zwischen ihnen bestehenden Arbeitsverhältnis?

5. Welche Voraussetzungen müssen zur Wirksamkeit einer Kündigung eingehalten werden?

6. Ein Arbeitnehmer ist schwer erkrankt. Er muß damit rechnen, für acht Monate krankgeschrieben zu bleiben; vielleicht wird er in seinem bisherigen Beruf überhaupt nicht mehr arbeiten können. Er macht sich daher große Sorgen um sich und seine Familie. Können Sie ihn mit konkreten Informationen beruhigen?
7. Eine Gewerkschaft fordert die Mitglieder zum Streik auf. Unter welchen Voraussetzungen ist das rechtmäßig? Dürfen auch Nichtmitglieder der Gewerkschaft streiken? Darf ein anderer Betrieb aus Sympathie ebenfalls bestreikt werden? Welche Gegenmaßnahmen könnte der Unternehmer eines bestreikten Betriebes ergreifen?
8. Beschaffen Sie sich bei der Personalabteilung oder beim Betriebsrat Ihres Unternehmens den für Sie geltenden Tarifvertrag, und lesen Sie ihn sorgfältig durch!
9. Welche Rechte stehen dem Betriebsrat einer Unternehmung zu?
10. Wie und von wem wird eine Jugend- und Auszubildendenvertretung gewählt? Welche Rechte und Aufgaben hat sie?
11. Beschreiben Sie kurz die wesentlichen Aufgaben, Leistungen und Voraussetzungen der Renten-, Kranken-, Arbeitslosen- und Unfallversicherung!

Abschnitt 0.6 Steuern

1. Wodurch unterscheiden sich direkte und indirekte Steuern? Welche weiteren Steuerarten kennen Sie?
2. Beschreiben Sie das Steuerveranlagungs- und -abzugsverfahren!
3. Erklären Sie folgende Begriffe aus dem Bereich der Einkommensteuer:
   a) Freibetrag/Freigrenze
   b) Werbungskosten
   c) Sonderausgaben
   d) Splitting!
4. Erläutern Sie die Gründe für die Einführung der Zinsabschlagsteuer (ZASt) und die wesentlichen Verfahrensmerkmale!
5. Beantworten Sie bitte folgende Fragen zum Freistellungsauftrag (FSA):
   a) Wer kann den FSA ausstellen und bis zu welcher Höhe?
   b) Was bewirkt ein FSA?
   c) Wie lange ist ein FSA gültig?
6. Bitte nehmen Sie zu folgenden Fragen Stellung:
   a) Wer kann eine NV-Bescheinigung wo beantragen?
   b) Was bewirkt eine NV-Bescheinigung?
   c) Bis zu welcher Höhe und wie lange ist die NV-Bescheinigung gültig?
7. Erläutern Sie den Begriff „Solidaritätszuschlag" sowie die Umstände und Folgen seiner Einführung.
8. Wann und in welcher Form sind Sie bzw. Kunden der KI vom Solidaritätszuschlag betroffen?
9. Erläutern Sie einem Kunden seine Steuerbescheinigung für eine Dividendengutschrift (Bardividende 1 000 DM) aus seinem Depot, es liegt weder eine NV-Bescheinigung noch ein Freistellungsauftrag vor.

10. Welche Bedeutung hat die Umsatzsteuer für KI und in welcher Höhe muß sie bei welchen Umsätzen von KI berücksichtigt werden?
11. Erläutern Sie Grunderwerbsvorgänge, die bei der Grunderwerbsteuer unterschiedlich behandelt werden.
12. Welche Vorgänge unterliegen der Erbschaft- und Schenkungsteuer, wie gliedern sich die Steuerklassen und welche Auswirkungen haben diese auf die Höhe der jeweiligen Erbschaft- und Schenkungsteuer?

1. Bankbetriebslehre

1.0 Grundlagen

1.0.0 Die Stellung der Kreditinstitute

Die Bedeutung der Kreditinstitute hat im Laufe der Geschichte ständig zugenommen. Das gilt gleichermaßen für Verbraucher (Privatpersonen) wie für Produzenten und Händler. Aus der heutigen komplexen und arbeitsteiligen Wirtschaft sind KI nicht mehr wegzudenken. Es gibt heute kaum noch wirtschaftliche Handlungen, an denen KI nicht in irgendeiner Form beteiligt sind, sei es in der Beratung, Finanzierung oder Abwicklung.

Darüber hinaus nehmen KI indirekt über Beteiligungen, Ausübung von Depotstimmrechten, Aufsichtsgremien usw. Einfluß. Daher ist die Frage der „Macht der Banken" ein heute aktuelles, gleichzeitig aber sehr streitiges Thema.

Im Vergleich der verschiedenen Wirtschaftsformen haben die KI im marktwirtschaftlichen System besonders großen Einfluß und eine Zentralstellung. Die Geschichte hat gezeigt, wie wichtig ein funktionierendes Bankwesen ist. Um dieses zu sichern, gibt es das Kreditwesen betreffende und auch regulierende und das einzelne KI einschränkende Vorschriften. Das Funktionieren des Kreditwesens ist Gemeininteresse, so daß die Einzelinteressen der KI zurücktreten müssen. Dadurch wird die zentrale Bedeutung der KI aber nicht gemindert, sondern stabilisiert und dauerhaft bestätigt.

Nur in einer weitgehend verwirklichten Planwirtschaft treten die KI und mit ihnen das Geld- und Kreditwesen im innerstaatlichen Bereich in den Hintergrund, bleiben jedoch notwendig für die Außenbeziehungen des planwirtschaftlich organisierten Wirtschaftssystems, da die Weltwirtschaft ein im wesentlichen freies System von Wirtschaftsbeziehungen ist.

Die unterschiedlichen **Arten** von KI ermöglichen eine Anpassung an die jeweiligen wirtschaftlichen Aufgaben und Erfordernisse. Die umfangreichen und teilweise hochkomplizierten Anforderungen haben zu einer entsprechenden Spezialisierung zahlreicher KI geführt.

1.0.00 Aufgaben der Kreditinstitute

Kreditinstitute sind im wesentlichen **Dienstleistungsbetriebe**. Hieraus erklärt sich ihre Bedeutung.

1.0.000 Kreditinstitute und Gesamtwirtschaft

Innerhalb der Gesamtwirtschaft liegt der Tätigkeitsbereich der KI im **Geldkreislauf**: sie übernehmen hier die Aufgaben

- der Abwicklung von Zahlungsvorgängen
- der Finanzierung sowohl der Produktion als auch des Konsums.

Zahlungsverkehr ist heute ohne KI nicht mehr denkbar, da Zahlungen grundsätzlich – abgesehen von Geschäften des täglichen Lebens – nicht mehr in bar, sondern **bargeldlos** durch Bewegung von **Buchgeld** ausgeführt werden. Dies beginnt bereits mit der Einrichtung von Lohn- oder Gehaltskonten für Arbeitnehmer und zeigt sich deutlich daran, daß auch einfache Kaufverträge von Verbrauchern heute weitgehend mit Zahlung durch Scheck, ec-Karte, Kreditkarte oder Überweisung erfüllt werden.

Wirtschaftliche Tätigkeit ist heute ohne Finanzierung durch Fremdkapital, also **Kreditgewährung**, kaum noch möglich. Träger des Kreditwesens in diesem Sinne sind die Kreditinstitute. Dies erstreckt sich ebenfalls auf den Bereich des Konsums, wo Konsum-, also Verbraucherkredite in den letzten Jahren zunehmend an Bedeutung gewannen.

Auch der Handel mit Wertpapieren dient letztlich der Finanzierung von Unternehmen oder öffentlichen Haushalten. Somit nehmen die am **Wertpapiergeschäft** maßgeblich beteiligten KI auch insofern Finanzierungsfunktionen wahr.

Zu beachten ist schließlich, daß die KI Machtpositionen innerhalb der Wirtschaft einnehmen, die aus ihrer Mittlerstellung und dem von ihnen verwalteten umfangreichen Kapital resultieren. Sie bieten daher für die Wirtschaftspolitik einen der wichtigsten Ansatzpunkte – insbesondere über die Geld- und Kreditpolitik der Deutschen Bundesbank –, sind andererseits aber auch selbst imstande, Wirtschaftspolitik zu betreiben. Dies zeigt sich in ihrer teilweise engen Verbindung zu Industrie- und Handelsunternehmen über Beteiligungen und Funktionen (z. B. Aufsichtsratsmandate).

1.0.001 Gliederung der Bankgeschäfte

① **Zahlungsverkehr**

a) Barverkehr

b) Überweisungsverkehr

c) Inkassogeschäfte:
   - Schecks
   - Wechsel

- Lastschriften
- Zins- und Dividendenscheine
- Dokumente

d) Sorten- und Devisengeschäfte

e) Akkreditivgeschäfte

② **Passivgeschäft**

a) Einlagengeschäfte
- Sichteinlagen
- Termineinlagen
- Spareinlagen

b) Geldaufnahme – Geldmarkt –

c) Ausgabe von Schuldverschreibungen – Kapitalmarkt –

③ **Aktivgeschäft**

a) kurz- und mittelfristige Kredite
- Kontokorrentkredite
- Diskontkredite
- Lombardkredite
- Akzeptkredite
- Avalkredite
- Konsumkredite

b) langfristige Kredite
- Investitionsdarlehen
- Realkredite
- Kommunalkredite

④ **Wertpapiergeschäft**

a) Effektenkommission (An- und Verkauf für Kunden)

b) Depotgeschäft (Verwahrung, Verwaltung)

c) Emissionsgeschäft

d) eigene Geschäfte

Zahlungsverkehr und Wertpapiergeschäft sind, soweit sie nicht für eigene Rechnung betrieben werden, Dienstleistungsgeschäfte; das Passivgeschäft dient der Kapitalbeschaffung, im Aktivgeschäft werden die fremden Gelder wieder ausgeliehen.

Die hier dargestellte Grundstruktur findet sich zwar in Kreditinstituten heute noch wieder, aber in vielfältigen Ausprägungen und Produktgestaltungen.

1.0.01 Geschichte der Kreditinstitute

Die Geschichte der KI ist zunächst die Geschichte des **Geldes**. Mit der Entwicklung des **Tauschverkehrs** im frühen **Altertum** entstand ein erstes Bedürfnis nach Tauschmitteln, Gegenständen, die allgemein begehrt waren und als wertvoll angesehen wurden (Getreide; Vieh: vgl. „pecus" = Vieh, „pecunia" = Geld; Waffen, Muscheln usw.).

Aufgrund ihrer Seltenheit, Wertbeständigkeit, Gleichmäßigkeit und Teilbarkeit wurden die **Metalle**, die zudem leicht zu transportieren waren, zu Trägern eines Tausch- und ersten Zahlungsverkehrs. Aus ihnen entwickelten sich die **Münzen**, die zunächst vollwertig waren (sog. **Kurantgelt**, d. h. aus Edelmetallen in entsprechendem Wert bestanden), später zu unterwertigen **Scheidemünzen** wurden.

Erste **Bankgeschäfte** wurden durch Priester des Altertums getätigt, die in Tempeln über sichere Aufbewahrungsmöglichkeiten verfügten und zudem als vertrauenswürdig galten. Quittungen = **Anweisungen** wurden für empfangenes Geld ausgegeben; auch **Kredite** wurden gegen Schuldscheine vergeben, jedoch zumeist nicht – wie heute – aus Kundengeldern. Wichtigstes Geschäft war jedoch das des **Geldwechselns**.

Die Geldgeschäfte wurden zunehmend durch nichtpriesterliche private und insb. staatliche Einrichtungen übernommen (Griechenland, Rom), die als (überwiegend) **Geldinstitute** noch nicht die Funktionen der heutigen KI hatten.

Im **Mittelalter** wurde die Technik des Geld- und Kreditwesens erheblich verbessert:

- Einführung der doppelten Buchführung
- Wechselbrief neben dem Geldwechsel (Anweisung)
- Verfeinerung der Abwicklung des Zahlungsverkehrs.

Zentrum der neuen Entwicklung war **Oberitalien**, wo im 16.Jahrhundert auch die ersten **Girobanken** errichtet wurden, deren Hauptaufgabe die Durchführung eines Überweisungsverkehrs war. Noch heute stammen viele Bankfachausdrücke aus dem Italienischen (z. B. „giro" = Kreis, „bilancia" = Waage, Lombardkredit: vgl. Lombardei).

In Deutschland wurden die **Fugger** und **Welser** zu Finanzherren und Bankiers großen Stils; sie demonstrierten die Macht des Geldes in der Politik durch ihre Finanzhilfe bei der Wahl Karls I. von Spanien zum deutschen Kaiser (als Karl V., 1519).

Gegen Ende des Mittelalters gelangte auch die Kreditgewährung durch Bankiers aus **Einlagen** ihrer Kunden zu größerer Bedeutung. Hinzu kam die Entwicklung der **Banknoten** zunächst als reine Depositenscheine mit voller Einlagendeckung, auch als Quittungen von Goldschmieden für hinterlegtes Geld (London), später nur noch teilgedeckt und – als Abschluß dieser Entwicklung – mit staatlicher Einlösungsgarantie versehen sowie zum **gesetzlichen Zahlungsmittel** gemacht.

In Europa wurde die erste Banknote 1661 durch die Stockholmer Bank ausgegeben. 1694 schloß sich die Bank von England an. Doch erst die „Assignaten", das Papiergeld der Französischen Revolution (1789), verhalfen der Banknote zum entscheidenden Durchbruch.

Zu dieser Zeit gab es noch keine staatlichen Notenbanken. Jede Bank durfte dementsprechend Banknoten ausgeben. Man nannte die Banken auch „Zettelbanken". Problematisch war die Frage, ob die Noten auch gedeckt waren. Als im 19. Jahrhundert nahezu alle Reiche, Staaten und Fürstentümer die Idee der Finanzierung durch Ausgabe weitgehend ungedeckter Banknoten aufgriffen, schien die Banknote am

Ende angelangt. Eine Papiergeldinflation sowie die völlige Unüberschaubarkeit des Geldwesens in Europa waren die Folge. 1871 gab es in Deutschland allein 138 verschiedene Arten von Papiergeld.

Für das neugegründete Deutsche Reich brachte das Bankgesetz von 1875 mit der Umgründung der Preußischen Bank AG in die Reichsbank die Wende. Es führte dazu, daß letztlich nur die Banknoten der Reichsbank als vertrauenswürdig angesehen wurden. Bis 1910 hatte die Reichsbank alle anderen „Zettelbanken" aufgekauft. Von nun an waren die Banknoten der Reichsbank gesetzliches Zahlungsmittel. Auch in anderen Staaten entstanden **Zentralnotenbanken**.

War erster Kreditnehmer des Mittelalters noch der Staat, so führte der Beginn der Industriellen Revolution im 19. Jahrhundert zu einem rasch zunehmenden erheblichen Kreditbedarf von Privatunternehmen. Dieser Entwicklung waren die Privatbankiers finanziell insgesamt nicht gewachsen. Stattdessen wandte das Bankgeschäft sich neuzeitlichen kapitalkräftigen Rechtsformen zu: Es entstanden die ersten **Aktienbanken**, die zum Teil auch durch Privatbankiers gegründet wurden:

- 1822 Société Générale, Brüssel
- 1852 Crédit Mobilier, Paris
- 1853 Darmstädter Bank (ging 1932 in der Dresdner Bank auf)
- 1856 Disconto-Gesellschaft, Berlin (ging 1929 in der Deutschen Bank auf)
- 1870 Commerzbank, Hamburg, und Deutsche Bank, Berlin
- 1872 Dresdner Bank.

Während die in der Industrialisierung benötigten großen Kapitalbeträge zunächst über Beteiligungen (Aktien) aufgebracht wurden, entwickelte sich später das auch heute gültige Grundprinzip, das Aktivgeschäft über das Passivgeschäft (Einlagen) zu finanzieren. Um entsprechend Einlagen zu sammeln, wurden Zweigstellen (sog. Depositenkassen) gegründet.

Aus den Aktienbanken entwickelten sich die ersten **Großbanken**. Die in dieser Zeit entstandenen sonstigen Kreditinstitute nahmen in erster Linie Sonderaufgaben wahr, die den wirtschaftlichen Notwendigkeiten bestimmter Wirtschaftsbereiche entsprachen:

- Die Vorläufer der **Sparkassen** gab es bereits im 18. Jahrhundert. Sie wurden als Waisenkassen (1749 Salem) zur Anlage von Spargeld gegründet. Andere Vorläufer der Sparkassen waren Leihhäuser. Im Gegensatz zu den Genossenschaftsbanken wurden die Sparkassen nicht von den Betroffenen selbst, sondern von wohlhabenden weitsichtigen Bürgern mit Gemeinschaftssinn gegründet. Erst Anfang des 19. Jahrhunderts entstanden Sparkassen durch Gründungen kommunaler Einrichtungen.
- Die **Kreditgenossenschaften** wurden als Selbsthilfeeinrichtungen gegründet: seit 1850 im **gewerblichen** Bereich (Schulze-Delitzsch), seit 1864 im **landwirtschaftlichen** Bereich (Raiffeisen).

Die **Bankenkrise** von 1931, letztlich verursacht durch die unbezahlbaren Kriegsschulden des Deutschen Reiches aus dem I. Weltkrieg (Reparationen), machte eine gesetzliche Regelung des Bankwesens notwendig, die die Funktionsfähigkeit des Kreditwesens erhalten und sichern sollte: das **Kreditwesengesetz** von 1934. Es führte auch die **Bankenaufsicht** ein. Das heute geltende Kreditwesengesetz (KWG) von 1961 fußt weitgehend auf dem KWG 1934.

Die jüngere Geschichte des Kreditwesens zeigt den enormen Anpassungsprozeß der Kreditwirtschaft, der noch nicht abgeschlossen ist.

In den fünfziger Jahren herrschte im Kreditwesen ein Verkäufermarkt. Aufgrund der Bedürfnisprüfung für Neueröffnungen von Zweigstellen und der staatlich vorgegebenen Soll- und Habenzinsen war kein starker Konkurrenzkampf zwischen den Bankengruppen möglich. Zum Ende dieses Jahrzehnts, als die Bedürfnisprüfung entfiel und die Großbanken sich bewußt dem Mengengeschäft zuwandten, begann der Wandel zum Käufermarkt. Dieser erlebte seinen Durchbruch, als 1967 die Zinsverordnung (1932 als Soll- und Habenzinsabkommen eingeführt) abgeschafft wurde und die KI die Zinsen selbst festlegen konnten.

Seither war (und ist) ein Sinken der Zinsspanne als Folge der zunehmend angespannten Wettbewerbssituation festzustellen. Um diesen Trend aufzufangen, wurde die Senkung der Bedarfsspanne, d. h. der zur Deckung der betriebswirtschaftlichen Kosten notwendigen Marge, durch Rationalisierung angestrebt. So erhielt der Einsatz der Datenverarbeitung besondere Dynamik, wobei auch heute noch Potentiale für Rationalisierungen vorhanden sind, deren Nutzung in erster Linie der Kundenberatung zugute kommt.

Zur Erlangung von Marktvorteilen wurden in den siebziger und achtziger Jahren zahlreiche neue Produkte geschaffen und konsequent kundenorientiert vertrieben.

In einem 1979 vorgelegten Gutachten der Bankenstrukturkommission, die 1974 eingesetzt worden war, wurde das für das deutsche Kreditwesen kennzeichnende Universalbanksystem bestätigt und betont, daß das Problem der Machtkonzentration bei KI sich nicht durch Verstaatlichung lösen läßt, wenn auch gewisse Einschränkungen als erforderlich angesehen wurden. Daneben wurde auf die insgesamt zu geringe Eigenkapitalausstattung der KI hingewiesen. Auf dieser Grundlage wurde das KWG 1984 in wesentlichen Punkten geändert. 1992 und 1994 wurde es erneut novelliert. Für 1997/98 steht durch die 6. KWG-Novelle eine weitere Reform an (vgl. Abschnitt 1.0.12).

Der Entwicklungsprozeß im Kreditgewerbe ist unverändert im Gange. Die Verbreiterung der Produktpalette hat zu einer engeren Verbindung des Kredit- und des Versicherungswesens und der Schaffung von **Allfinanzkonzepten** geführt. Dabei entstanden neue Konzernverbindungen, neue Unternehmen wurden gegründet (z. B. durch Kreditinstitute: Lebensversicherungsgesellschaften und Bausparkassen).

Andererseits findet ein intensiver **Konzentrationsprozeß** statt, von dem besonders die Kreditgenossenschaften, aber auch die Sparkassen betroffen sind. Gleichzeitig bilden sich große international bedeutende Institute heraus (vgl. die diskutierten Fusionen von Landesbanken und Großbanken).

Diese und andere Maßnahmen dienten der Vorbereitung auf den Europäischen Binnenmarkt, der zu noch weitergehenden Finanzangeboten und einer Verschärfung des Wettbewerbs auch im Kreditgewerbe führen wird.

1.0.02 Die Arten der Kreditinstitute

1.0.020 Übersicht

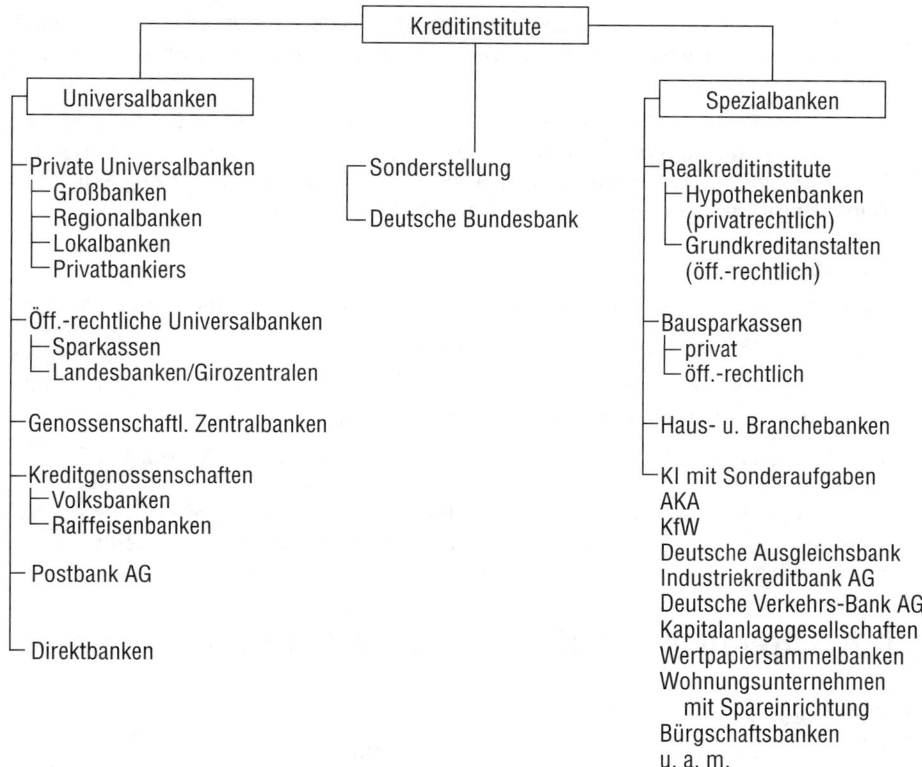

1.0.021 Private Universalbanken

a) **Wesen:**

- Betreiben aller typischen Bankgeschäfte („universell")
- in privatrechtlicher Rechtsform.

b) **Großbanken:** Rechtsform der Aktiengesellschaft; Institute:

- Deutsche Bank AG, Frankfurt
- Dresdner Bank AG, Frankfurt
- Commerzbank AG, Frankfurt

c) **Regional- und Lokalbanken:**

- KI in der Rechtsform einer Kapitalgesellschaft (AG, KGaA, GmbH)
- regional oder örtlich begrenzter Tätigkeitsbereich
- z. B. Bank für Gemeinwirtschaft (trotz bundesweiten Tätigkeitsbereichs von der Bundesbankstatistik hier erfaßt), Vereins- und Westbank AG, Hamburg (gehört zur Bayerischen Vereinsbank), Berliner Handelsgesellschaft-Frankfurter Bank (BHF-Bank)
- 3 gemischte Hypothekenbanken, die neben dem Hypothekenbankgeschäft auch das allgemeine Bankgeschäft betreiben: Bayerische Hypotheken- und Wechselbank, München (Hypo-Bank), Bayerische Vereinsbank, München, Nordhypo-Bank, Hamburg. Die beiden bayerischen Institute fusionieren.

d) **Privatbankiers:**

- Rechtsformen der Einzelunternehmung und der Personengesellschaften (OHG, KG)
- z. T. nur regionaler oder örtlicher Tätigkeitskreis
- meist auf bestimmte Geschäftszweige spezialisiert (z. B. Auslands-, Wertpapiergeschäft, Anlageberatung und Vermögensverwaltung)
- z. B. Trinkaus & Burkhardt, Sal. Oppenheim jr. & Cie., M. M. Warburg & Co.

e) **Direktbanken:** betreiben Bankgeschäfte mit Kunden per Telefon, Telefax, Brief, Online-Banking – „direkt", d.h. ohne Filialnetz; bieten wegen der vorteilhaften Kostenstruktur im Vergleich zu Filialbanken günstigere Konditionen.

1.0.022 Öffentlich-rechtliche Universalbanken

a) **Wesen:**

- Betreiben praktisch aller typischen Bankgeschäfte
- mit Schwergewicht auf dem Spargeschäft sowie der Gewährung von Realkrediten.

b) **Arten:**

- Sparkassen als rechtlich selbständige Institute
- unter Gewährträgerschaft der Gebietskörperschaften (Städte, Gemeinden, Länder usw.)
- Ausnahme: „Freie" Sparkassen (z. B. Hamburger Sparkasse, Die Sparkasse in Bremen), die private Rechtsform haben (z. B. Stiftung)
- Girozentralen/Landesbanken als Zentralstellen der Sparkassen mit regionaler Zuständigkeit entsprechend ihrem Geschäftsbereich, insb. für Zahlungs-, Wertpapier- und Außenwirtschaftsgeschäfte, zugleich als bedeutende Universalbanken mit überregionalem und internationalem Tätigkeitsfeld
- **Spitzeninstitut:** Deutsche Girozentrale – Deutsche Kommunalbank (DGZ), Frankfurt; da die Sparkassenorganisation nach dem Subsidiariditätsprinzip organisiert ist und damit die Basis, die Sparkassen, die Entscheidungsträger darstellen, hat die DGZ keine für ein Spitzeninstitut typischen Funktionen, sondern

befaßt sich mit dem Kommunalkreditgeschäft, dem Geldhandel sowie der Depotpflege der zur Sparkassenorganisation gehörenden Investmentgesellschaften (DEKA, DESPA).

c) **Sonstiges:**

- Aufbau, innere Organisation und Geschäftstätigkeit der Sparkassen richten sich nach ihrer **Satzung** (Grundlage: Mustersatzungen)
- internationaler Zusammenschluß der Sparkassen im IIS (Internationales Institut der Sparkassen, Genf, Schwerpunkt: Entwicklungshilfe) und der EWG-Sparkassenvereinigung, Brüssel.

1.0.023 Kreditgenossenschaften

a) **Wesen:**

- KI in der Rechtsform der Genossenschaft
- Betreiben aller typischen Bankgeschäfte
- Tätigkeit soll im wesentlichen den Interessen der Mitglieder dienen.

b) **Aufbau** des genossenschaftlichen Bankwesens: **dreistufig**, d. h.

- Deutsche Genossenschaftsbank (DG-Bank), Frankfurt, als Spitzeninstitut
- regionale Zentralbanken: ursprünglich 10 Institute; heute sind verblieben
  - die Westdeutsche Genossenschafts-Zentralbank eG (WGZ-Bank), Düsseldorf, für Rheinland und Westfalen
  - die Südwestdeutsche Genossenschafts-Zentralbank AG (SGZ-Bank), Karlsruhe, für Baden, Saarland, Hessen, Pfalz
  - die Genossenschaftliche Zentralbank AG (GZB-Bank), Stuttgart, für Württemberg
  - nach Übernahme der bayerischen und norddeutschen Zentralbank: die DG-Bank in regionaler Funktion für Nord-, Ostdeutschland und Bayern
- zwei Arten von Kreditgenossenschaften, die eng zusammenarbeiten und in einem Verband zusammengeschlossen sind:
  - gewerbliche Kreditgenossenschaften = Volksbanken
  - ländliche Kreditgenossenschaften = Raiffeisenbanken, Spar- und Darlehenskassen.

1.0.024 Deutsche Postbank AG

= zum 1.1.1995 errichtetes Nachfolgeinstitut der **Deutschen Bundespost Postbank**

- die Deutsche Bundespost Postbank war ein Teilbereich der Deutschen Bundespost; Aufgaben:
  - Betrieb des Postgirodienstes
  - Betrieb des Postsparkassendienstes

  Sie galt nach § 2 I KWG nicht als Kreditinstitut, betrieb aber Bankgeschäfte nach § 1 KWG und war bestimmten KWG-Vorschriften unterworfen.

Bilanz des Konzerns Deutsche Bank

Aktiva in Mio DM	(Notes)	31.12.1996	31.12.1995
Barreserve	(13)	23 157	17 913
Forderungen an Kreditinstitute	(3, 14)	136 001	109 218
Forderungen an Kunden	(3, 15)	460 068	409 529
Risikovorsorge	(4, 18)	–13 202	–14 314
Handelsaktiva	(5, 19)	177 172	110 837
Finanzanlagen	(6, 20)	55 400	49 372
Sachanlagevermögen	(7, 21)	10 375	9 062
Kapitalanlagen der Versicherungsgesellschaften	(22)	24 323	20 664
Sonstige Aktiva	(23)	12 796	9 384
Summe der Aktiva		**886 090**	**721 665**

Passiva in Mio DM	(Notes)	31.12.1996	31.12.1995
Verbindlichkeiten gegenüber Kreditinstituten	(9, 26)	213 953	178 853
Verbindlichkeiten gegenüber Kunden	(9, 27)	375 629	301 386
Verbriefte Verbindlichkeiten	(28)	141 610	126 895
Rückstellungen	(10, 29)	43 053	36 014
Sonstige Passiva	(30)	71 125	41 624
Nachrangkapital	(31)	10 425	8 300
Anteile in Fremdbesitz		605	550
Eigenkapital	(32)	29 690	28 043
Gezeichnetes Kapital		2 501	2 492
Kapitalrücklage		12 201	12 088
Gewinnrücklagen		14 088	12 566
Konzerngewinn		900	897
Summe der Passiva		**886 090**	**721 665**

Gewinn- und Verlustrechnung des Konzerns Deutsche Bank

Erfolgsrechnung in Mio DM	*(Notes)*	1.1. - 31.12. 1996	1.1. - 31.12. 1995
Zinserträge		41 566	39 220
Zinsaufwendungen		31 023	28 410
Zinsüberschuß	*(33)*	**10 543**	**10 810**
Risikovorsorge im Kreditgeschäft	*(18, 34)*	797	1 347
Zinsüberschuß nach Risikovorsorge		**9 746**	**9 463**
Provisionserträge		7 893	6 325
Provisionsaufwendungen		1 043	723
Provisionsüberschuß	*(35)*	**6 850**	**5 602**
Handelsergebnis	*(36)*	3 226	2 035
Überschuß im Versicherungsgeschäft	*(37)*	620	608
Verwaltungsaufwand	*(38)*	15 219	13 636
Sonstige Erträge	*(39)*	2 430	846
Sonstige Aufwendungen	*(40)*	2 763	1 353
Jahresüberschuß vor Steuern		**4 890**	**3 565**
Ertragsteuern	*(41)*	2 672	1 445
Jahresüberschuß		**2 218**	**2 120**

Gewinnverwendung in Mio DM	1996	1995
Jahresüberschuß	2 218	2 120
Konzernfremden Gesellschaftern zustehender Gewinn	92	71
Auf konzernfremde Gesellschafter entfallender Verlust	8	11
Einstellung in Gewinnrücklagen	1 234	1 163
Konzerngewinn	**900**	**897**

- die Deutsche Postbank AG ist **Kreditinstitut** im KWG-Sinne und kann alle damit zusammenhängenden Tätigkeiten ausüben
- sie wird seit 1.1.1995 so behandelt, als wäre ihr Erlaubnis nach § 32 KWG erteilt
- die Postbank unterliegt der allgemeinen Bankenaufsicht
- bis Ende 1997 gelten die Haftungsvorschriften des Postgesetzes
- die Privatisierung soll in 1998 durch den Börsengang umgesetzt werden.

1.0.025 Spezialbanken

a) **Realkreditinstitute:**

- private Hypothekenbanken
- öffentlich-rechtliche Grundkreditanstalten
- Aufgaben: Gewährung von Hypotheken- und Kommunaldarlehen, Finanzierung durch Ausgabe von Pfandbriefen und Kommunalobligationen.

b) **Bausparkassen:**

- private und öffentliche Institute
- Aufgaben: Finanzierung von Eigenheimen, Eigentumswohnungen und sonstigen wohnwirtschaftlichen Zwecken über Bauspardarlehen, für die zunächst Bauspareinlagen in bestimmter Höhe geleistet wurden.

c) **Haus- und Branchenbanken:**

- KI zur Abwicklung des Geld- und Kreditverkehrs von Unternehmen/Unternehmensgruppen
- z. B. KI, die zu Automobilherstellern gehören.

d) **Kapitalanlagegesellschaften** (siehe Abschnitt 1.4.301)

- Investmentgesellschaften
- unterliegen dem Gesetz über Kapitalanlagegesellschaften (KAGG)
- Ziel/Zweck: Verbesserung der Vermögensbildung

e) **Wertpapier-Sammelbanken** (siehe Abschnitt 1.4.553)

- Spezialinstitute für Sammelverwahrung von Wertpapieren und Effektengiroverkehr
- regionale Kassenvereine wurden zusammengefaßt zur **Deutschen Kassenvereins AG**

f) **Bürgschaftsbanken:**

- Bürgschaftsgemeinschaften zur Übernahme von Bürgschaften und Garantien für kleine/mittelständische Unternehmen gegen relativ geringe Kosten

- Träger: Handwerkskammern, Industrie- und Handelskammern, Innungen, Wirtschaftsverbände, Kreditinstitute
- staatliche Förderung.

g) **KI mit Sonderaufgaben:**

- Spezialkreditinstitute, die vom Staat, auf staatliche Veranlassung oder durch Eigeninitiative der Kreditwirtschaft gegründet wurden
- übernehmen bestimmte Aufgaben im allgemeinen oder öffentlichen Interesse
- Wichtigste Institute:
  - AKA Ausfuhr-Kreditgesellschaft mbH: Konsortialgründung der wichtigsten deutschen KI zur Finanzierung des Exports mit Mitteln der Konsortialbanken und der Deutschen Bundesbank
  - Kreditanstalt für Wiederaufbau (KfW):
    - öffentlich-rechtliches KI ursprünglich zur Finanzierung des Wiederaufbaus
    - heute in erster Linie strukturpolitische Finanzierungsmaßnahmen und langfristige Exportfinanzierung sowie Vergabe von Krediten an Entwicklungsländer
    - Mittel: Bundeshaushalt; Kapitalmarkt (Ausgabe von Schuldverschreibungen)
  - Deutsche Ausgleichsbank (früher Lastenausgleichsbank):
    - öffentlich-rechtliches KI zur Vorfinanzierung des Lastenausgleichs sowie zur Vergabe von Krediten insb. an Vertriebene und Kriegsgeschädigte
    - Finanzierungshilfen für sozial Schwächere, gewerblichen Mittelstand, Freiberufler und Existenzgründer (sog. Ansparförderungsprogramm) u. a.m.
    - Mittel: Bundeshaushalt; Kapitalmarkt
  - IKB Deutsche Industriebank AG: Gründung der deutschen Industrie und von KI zur Vergabe langfristiger Kredite vorwiegend an kleinere und mittlere Unternehmen; Mittel: vorwiegend Kapitalmarkt
  - Deutsche Verkehrs-Bank AG: Hausbank der Deutschen Bahn AG; Übernahme von Frachtstundungen aus Bundesmitteln
  - Liquiditäts-Konsortialbank GmbH: Gemeinschaftsgründung der Deutschen Bundesbank und der Bankenverbände zur Vergabe von Kredithilfen an in Liquiditätsschwierigkeiten geratene KI.

h) **Sonderstellung:**

- Deutsche Bundesbank als Zentral(noten)bank der Bundesrepublik Deutschland sowie als Träger der Geld- und Kreditpolitik.

Finanzierung von Technologie, Innovationen und Beteiligungen

ERP-Innovationsprogramm

Langfristige Finanzierung marktnaher Forschung und Entwicklung neuer Produkte, Verfahren oder Dienstleistungen (Programmteil I) sowie ihrer Markteinführung (Programmteil II).

Programmteil I: Förderung in der FuE-Phase

Antragsberechtigte
Unternehmen, die ein Innovationsvorhaben in Deutschland durchführen oder sich an einem solchen wesentlich beteiligen. Der Jahresumsatz des antragstellenden Unternehmens darf im Regelfall 250 Mio DM nicht überschreiten.

Verwendungszweck
Finanzierung von FuE-Kosten, die bei der Neuentwicklung oder wesentlichen Verbesserung von Produkten, Verfahren oder Dienstleistungen anfallen.
Als förderfähige Kosten gelten:

- dem Vorhaben zurechenbare Personaleinzelkosten, Gemeinkosten, Reisekosten, Materialkosten und Rechnerkosten
- Einzelkosten für FuE-Aufträge sowie für Beratungs- und ähnliche Dienste
- Investitionskosten.

Hierzu zählen auch Kosten für Qualitätssicherungssysteme, die für einen erfolgreichen Abschluß der Innovation notwendig sind.

Programmteil II: Förderung in der Markteinführungsphase

Antragsberechtigte
Unternehmen in den alten Bundesländern (ohne Berlin), deren Jahresumsatz und Beschäftigtenzahl 40 Mio DM bzw. 250 Beschäftigte nicht überschreiten und Unternehmen in den neuen Bundesländern (incl. Gesamt-Berlin), deren Jahresumsatz 250 Mio DM nicht überschreitet.
Befindet sich ein Unternehmen zu mehr als 25 % im Besitz eines Unternehmens, dessen Jahresumsatz und/oder Beschäftigtenzahl oberhalb der genannten Grenzen liegen, ist eine Förderung im Rahmen dieses Programms nicht möglich.

Verwendungszweck
Erleichterung der Markteinführung von neuen Produkten, Verfahren oder Dienstleistungen in Deutschland.
Finanziert werden Kosten für Unternehmensberatung, Ausbildung sowie Marktforschung und Marktinformation. Investitionen im Zusammenhang mit der Einführung neuer Produkte oder Produktionsverfahren können im Rahmen der Markteinführungsphase gefördert werden, sofern der Investitionsort in den neuen Bundesländern oder Berlin liegt. Die Markteinführungsphase endet spätestens drei Jahre nach Beginn der kommerziellen Nutzung.

Finanzierungsanteil

1. Finanzierungsanteil in der FuE-Phase (Programmteil I):

- bis zu 100 % der förderfähigen Kosten
- Kreditbetrag höchstens 10 Mio DM. Im Ausnahmefall kann dieser Betrag überschritten werden.

2. Finanzierungsanteil in der Markteinführungsphase (Programmteil II):

Alte Bundesländer (ohne Berlin):

- bis 50 % der förderfähigen Kosten
- Kreditbetrag höchstens 2 Mio DM

Neue Bundesländer (incl. Gesamt-Berlin):

- bis 80 % der förderfähigen Kosten
- Kreditbetrag höchstens 5 Mio DM

Im Rahmen des jeweiligen Kreditbetrages können mehrere Vorhaben gefördert werden. Ausgeschlossen ist jedoch in beiden Programmteilen die Nachfinanzierung oder Umschuldung.

Konditionen

- Zinssatz (fest ab Zusage für die gesamte Laufzeit) | Siehe beiliegende Konditionenübersicht
- Auszahlung: 100 %
- Laufzeit: Bis zu 10 Jahren bei 2 tilgungsfreien Anlaufjahren.

Antragstellung
Bei einem Kreditinstitut, das den Antrag an die KfW weiterleitet.

Besicherung
Bankühlich.

1.0.026 Daten einzelner Bankengruppen

Gruppe	Zahl der Institute (7/1993)	(1/1997)	Geschäftsvolumen Mrd. (1/1997)
Großbanken	3	3	777
Regional- u. sonstige Kreditbanken	194	193	1 086
Privatbankiers	75	60	49
Sparkassen	709	606	1 591
Landesbanken/Girozentralen	13	13	1 499
Kreditgenossenschaften	2 823	2 509	928
genoss. Zentralbanken	4	4	301
Realkreditinstitute	33	34	1 138
KI mit Sonderaufgaben	20	18	784
Auslandsbanken	143	154	358

1.0.027 Verbände der Kreditwirtschaft

a) **Aufgaben:**

- Vertretung der einzelnen Zweige der Kreditwirtschaft gegenüber der Öffentlichkeit; Beratung, Unterstützung der Behörden, Lobbytätigkeit, politische Einflußnahme
- Hilfe durch Raterteilung, Richtlinien für Ausbildung
- bei Sparkassen/Genossenschaften: Durchführung der sog. Verbandsprüfung.

b) **Arten:** insbesondere

- Bundesverband deutscher Banken: für Geschäftsbanken
- Deutscher Sparkassen- und Giroverband
- Bundesverband der Deutschen Volksbanken und Raiffeisenbanken
- Verband öffentlicher Banken.

c) Die einzelnen Verbände arbeiten zusammen in Arbeitskreisen, Ausschüssen u. dgl. (z. B. Zentraler Kreditausschuß; Wettbewerbsausschuß).

1.0.028 Ziele der KI

KI können mit ihrer Tätigkeit im wesentlichen drei Ziele verfolgen:

- möglichst großer **Gewinn (erwerbswirtschaftlich**; insbes. Geschäftsbanken)
- Förderung bestimmter Wirtschaftsgruppen, **gemeinwirtschaftliche** Aufgaben (Sparkassen und andere öff.-rechtliche KI, selten private KI)
- Förderung der Mitglieder **(genossenschaftliche** Kreditinstitute).

1.0.1 Rechtsgrundlagen

1.0.10 Überblick

Kreditinstitute unterliegen einer Vielzahl von Gesetzen und anderen Rechtsvorschriften. Diese lassen sich in zwei Gruppen aufteilen:

- Vorschriften, die das privatwirtschaftliche Handeln der KI am Markt, d. h. mit dem Kunden regeln: insbesondere
  - Bürgerliches Gesetzbuch (BGB)
  - Handelsgesetzbuch (HGB)
  - Scheck- und Wechselgesetz (ScheckG, WG)
  - AGB-Gesetz
- Vorschriften, die den Aufbau, die Struktur, die Organisation des einzelnen KI betreffen (ordnungspolitische Vorschriften) und den Rahmen für die Tätigkeit des KI setzen, insbesondere
  - Kreditwesengesetz (KWG)
  - Bundesbankgesetz (BBankG) aufgrund der darin geregelten Aufgaben und Befugnisse der Bundesbank, die sich auf die Tätigkeit der KI auswirken
  - Grundsätze des Bundesaufsichtsamtes für das Kreditwesen über das Eigenkapital und die Liquidität der KI
  - Gesetze, die jeweils nur für bestimmte KI gelten, z. B.
    - Sparkassengesetze der Bundesländer für die Sparkassen (außer Hamburg)
    - Genossenschaftsgesetz für die Volks- und Raiffeisenbanken
    - Hypothekenbankgesetz für die Realkreditinstitute
    - Gesetz über Kapitalanlagegesellschaften
    - Gesetz über Bausparkassen.

1.0.11 Einzelne privatrechtliche Vorschriften

a) **Bürgerliches Gesetzbuch (BGB):**

- Die KI tätigen täglich eine Vielzahl von Rechtsgeschäften (z. B. Kontoverträge, Darlehensverträge, Wertpapier-Kaufverträge, Kauf von Büromaschinen)
- für diese Rechtsgeschäfte gelten die BGB-Vorschriften; KI werden hier nicht anders gestellt als andere natürliche oder juristische Personen
- das BGB stellt als „lex generalis", als generelle Norm, die Grundlage dar; es findet immer dann Anwendung, wenn keine Spezialregeln („lex specialis") vorhanden sind.

b) **Handelsgesetzbuch (HGB):**

- Das HGB ist das Gesetzbuch für Kaufleute
- Kaufleute haben in bestimmten Bereichen größere Handlungsfreiheit (sie können z. B. Bürgschaften auch mündlich wirksam erklären, Prokuristen bestellen)

- Kaufleute unterliegen aber auch wesentlich weitergehenden Pflichten als Privatpersonen (z. B. kaufmännische Buchführungspflicht, Sorgfaltspflichten)
- da auch KI sich kaufmännisch betätigen, gilt für sie das HGB ebenfalls in vollem Umfang.

c) **Scheckgesetz, Wechselgesetz:** Vor Einführung der modernen Zahlungsverkehrstechniken hatten Scheck und Wechsel eine noch größere Bedeutung als heute. Dieser Tatsache trug der Gesetzgeber 1933 durch Schaffung des ScheckG und des WG Rechnung.

d) **AGB-Gesetz (AGBG):** vgl. Abschnitt 0.1.411. Für KI sind AGB als generelle und einheitliche Basis der Geschäftsverbindung zum Kunden sehr wesentlich, müssen sich aber auf dem Boden dieses Gesetzes bewegen.

e) **Exkurs:** Seit 1992 gibt es im Bereich des Bundesverbandes Deutscher Banken einen **Ombudsmann** als Schiedsstelle bei Streitigkeiten zwischen Kunden und privaten Banken, seit März 1993 für Kundenbeschwerden mit einem Streitwert von bis zu 10 000,– DM. Die KI sind dabei an die Entscheidungen des Ombudsmanns gebunden, während der Kunde auch nach der Schlichtung den Rechtsweg beschreiten kann. Die Erfahrungen mit dieser Einrichtung werden von dem Verband als sehr positiv gewertet.

1.0.12 Kreditwesengesetz (KWG) von 1961

Wichtigste Grundlage für die Tätigkeit der Kreditinstitute ist das Kreditwesengesetz von 1961.

Grundsätzlich stellt sich die Frage, warum der Gesetzgeber mit dem KWG direkt in das Kreditwesen eingreift. Der ausschlaggebende Grund liegt in der volkswirtschaftlichen Bedeutung der KI und ihrer Schlüsselfunktion, bei der das Vertrauen in das einzelne Institut, dem der Einleger sein Geld anvertraut, eine wesentliche Rolle spielt.

Wenn ein KI in Konkurs geht, kann dies für die Gesamtwirtschaft einen erheblich höheren Schaden bedeuten als z. B. bei einem Industriebetrieb. Neben der Vielzahl der Einleger kann das Vertrauen in KI generell in Mitleidenschaft gezogen werden. Dies hat die Vergangenheit mehrfach deutlich gezeigt, besonders aber die Bankenkrise von 1931, die zum Vorläufer des heutigen KWG, dem KWG 1934, führte (vgl. Abschnitt 1.0.01).

Die Folge eines einzelnen Zusammenbruchs und einer dadurch ausgelösten Vertrauenskrise kann ein sog. „Run“ sein: Die Kunden „laufen“ zur Bank und versuchen, ihre Einlagen bar zurückzuerhalten. Da der Bargeldbestand – selbst bei einem gesunden Institut – hierfür keinesfalls ausreicht, „bestätigen“ sich die Befürchtungen, das Institut ist tatsächlich zahlungsunfähig.

Die Eingriffe des Gesetzgebers und in der Folge der Bankenaufsicht sollen diese Situation verhindern. Zusätzliches Vertrauen schafft die Einlagensicherung (siehe Abschnitt 1.0.13).

Das KWG regelt folgende Bereiche:

- Geschäftsaufnahme eines KI
- Struktur- und Ordnungsvorschriften (Eigenkapital, Liquidität, Groß-, Millionen-, Organkredite)
- Melde-, Berichts- und Auskunftspflichten
- Bilanzierung und Pflichtprüfung
- Eingriffsbefugnisse der Aufsichtsbehörde.

Das KWG von 1961, das am 1.1.1962 in Kraft trat, fußt in wesentlichen Teilen auf dem KWG 1934. Es wurde seither mehrfach novelliert.

- Die KWG-Novelle von 1976 schränkte insbesondere die Vergabe von Großkrediten ein und erweiterte die Befugnisse des Bundesaufsichtsamtes in besonderen Fällen. Außerdem wird seitdem der Betrieb eines KI durch einen Einzelkaufmann ausgeschlossen.
- Die Novellierung von 1984 stand bereits im Zeichen der Angleichung an das EG-Recht. Schwerpunkt der Neuregelungen war die Berücksichtigung der Kreditinstitutsgruppen, so z. B. beim haftenden Eigenkapital und bei der Vergabe von Großkrediten.
- Die KWG-Reform von 1992 setzt die EG-Harmonisierung konsequent fort. Vorschriften des Einlegerschutzes wurden erweitert (§ 23a). Der Begriff des haftenden Eigenkapitals wurde ausgedehnt (§ 10). Bedeutsam ist auch die Aufhebung der Vorschriften über den Sparverkehr (bisherige §§ 21 bis 22a).
- Durch Gesetz vom 28.10.1994 mit Wirkung zum 31.12.1995 ist die 5. KWG-Novelle in Kraft getreten. Mit ihr sind weitere EG-Richtlinien umgesetzt worden. Folgende Änderungen sind hervorzuheben:
  - Herabsetzung der Betragsgrenzen für Kredite an **einen** Kreditnehmer sowie der Großkreditgrenze für den einzelnen Großkredit
  - Ausdehnung des Kreditbegriffs auf alle einem KI zuzuordnenden Risikoaktiva
  - erweiterte Konsolidierungsvorschriften: Einbeziehung von Finanzinstituten und Unternehmen mit bankbezogenen Hilfsdiensten.
- Zum 1.10.1998 treten die wesentlichen Vorschriften der **6. KWG-Novelle** in Kraft. Durch diese Novellierung werden folgende Richtlinien umgesetzt:
  - EG-Wertpapierdienstleistungsrichtlinie:
    - Wertpapierfirmen (zukünftig: „Wertpapierhandelsunternehmen") werden einer vergleichbaren Aufsicht wie KI unterworfen
  - EG-Kapitaladäquanz-Richtlinie
    - Marktrisiken hauptsächlich aus Geschäften mit Wertpapieren und Derivaten müssen mit haftendem Eigenkapital unterlegt werden
    - für Großrisiken aus solchen Geschäften, die die Grenzen der EG-Großkredit-Richtlinie überschreiten, wird ein spezielles Berechnungs- und Kapitalunterlegungsverfahren angewandt
  - BCCI-Folge-Richtlinie:
    - Mängel, die bei der Schließung der Bank of Credit and Commerce International (BCCI) deutlich wurden, sollen beseitigt werden
    - KI dürfen danach nicht mehr mit anderen Unternehmen verbunden werden, wenn dadurch die Aufsicht erschwert wird

- weitere vorgesehene Änderungen:
  - Begriff „Finanzunternehmen" statt „Finanzinstitut"
  - unter spezielle Aufsicht gestellt werden:
    - Dienstleistungen im Zusammenhang mit Warentermingeschäften, Devisen- und Devisentermingeschäften
    - die Ausgabe von Geldkarten sowie Netzgeldgeschäfte
    - die Vermittlung von Drittstaateneinlagen
    - Finanztransfergeschäfte
    - Sortengeschäfte
  - die Anzeigepflicht und weitere aufsichtsrechtliche Belastungen von Kredit- und Wertpapierdienstleistungsinstituten werden reduziert (Förderung des Finanzplatzes Deutschland)
  - Erleichterungen für Wertpapieremittenten
  - erweiterte Geschäftsmöglichkeiten für Kredit- und Finanzdienstleistungsinstitute
  - Großkredite, die vom Bund oder vergleichbaren Institutionen gewährleistet werden, müssen nicht auf das Eigenkapital angerechnet werden
  - die Offenlegungsgrenze für die wirtschaftlichen Verhältnisse der Darlehensnehmer (§ 18) soll auf 500 000 DM erhöht werden
  - Ausbau der Bekämpfung der Geldwäsche durch weitere Vorschriften
  - die prozentuale Relation zwischen Handelsbuch und Geschäftsvolumen (§ 2 XI KWG) soll angehoben werden, um kleinere Institute nicht zu benachteiligen.

Am 29.10.97 sind bereits wesentliche Neuregelungen der 6. KWG-Novelle in Kraft getreten:
- die Meldepflicht für Organkredite nach § 16 KWG wurde aufgehoben; ersatzweise müssen die Daten von Organkrediten ab 250 000 DM Real- und Personalkreditobligo prüfungsbereit vorgehalten werden
- nach § 14 II KWG können Vorab-Anfragen über die Millionenkredit-Verschuldung gestellt werden (siehe Muster).

Weitere Novellierungen des KWG und Änderungen der BAK-Grundsätze sind bereits abzusehen. Sie werden sich besonders mit Liquiditäts- und Eigenkapitalstandards für KI sowie mit „Finanzkonglomeraten" (Verbindungen aus KI und Versicherungen) befassen.

Im Oktober 1995 hat das Bundesaufsichtsamt die **„Mindestanforderungen an das Betreiben von Handelsgeschäften** herausgegeben.
- Geltung: für alle KI in Deutschland einschließlich ihrer rechtlich unselbständigen Niederlassungen im Ausland
- Zusammenfassung der bereits bestehenden Vorschriften für Devisen- und Wertpapierhandel, Ausdehnung auf **alle** Handelsgeschäfte der KI, auch Handel mit Derivaten
- zugleich Umsetzung von Richtlinien des Baseler Ausschusses für Bankenaufsicht für das **Risikomanagement** im Derivategeschäft.

Vorab-Anfrage

nach § 14 Abs. 2 Satz 4 KWG

An die Landeszentralbank Kreditgeber :

____

Unter Bezugnahme auf § 14 Abs. 2 Satz 4 KWG bitten wir um Mitteilung der Millionenkreditverschuldung nach § 14 KWG, die in der Millionenkreditevidenz der Deutschen Bundesbank für unseren nachstehend aufgeführten Kunden gespeichert ist.

Kunde - Name/Firma (lt. Registereintragung)		Identnummer (falls bekannt)
Postleitzahl	Wohnsitz/Sitz	
Geburtsdatum	Beruf oder Geschäftszweig	

Wir beabsichtigen, dem oben genannten Kunden einen Kredit in Höhe von 3 Millionen DM oder mehr zu gewähren oder ein bestehendes Engagement auf 3 Millionen DM oder mehr zu erhöhen. Ferner bestätigen wir ausdrücklich, daß uns die schriftliche Einverständniserklärung des oben genannten Kunden zu dieser Vorab-Anfrage vorliegt und wir Ihnen diese auf Anforderung einreichen werden.

Die Antwort zu dieser Vorab-Anfrage bitten wir

- ☐ per Post an unten genannte Adresse zu senden.
- ☐ per Telefax an Telefax-Nummer ____________________

Firma/Adresse/Unterschrift

____

Ort, Datum

____

Sachbearbeiter Telefon

Achtung:
Die nachstehenden Ausführungen berücksichtigen bereits die Änderungen aufgrund der 6. KWG-Novelle ab 1.10.1998! Einige Regelungen traten bereits zum 28.10.97 in Kraft.

Die 6. KWG-Novelle setzt folgende EU-Richtlinien in nationales Recht um:

- die Wertpapierdienstleistungsrichtlinie
- die Kapitaladäquanzrichtlinie
- die BCCI-Folgerichtlinie.

Durch die **Wertpapierdienstleistungsrichtlinie** werden Wertpapierfirmen nach den gleichen Regeln wie Kreditinstitute beaufsichtigt. Nunmehr wird im deutschen Aufsichtsrecht zwischen **Bankgeschäften** und **Finanzdienstleistungsgeschäften** unterschieden. Das Finanzkommissionsgeschäft umfaßt neben Wertpapieren auch andere Finanzinstrumente.

Kreditinstitute und Finanzdienstleistungsinstitute, die Eigenhandel betreiben, haben ein **Handelsbuch** und ein **Anlagebuch** zu führen. Die Einzelgeschäfte sind diesen Büchern zuzuordnen:

- Dem Handelsbuch werden alle Positionen in Finanzinstrumenten, handelbaren Forderungen und Anteilen zugeordnet, die zur Erzielung eines Eigenhandelserfolges im Eigenbestand gehalten werden.
- Alle nicht dem Handelsbuch zuzurechnenden Positionen gehören dem Anlagebuch an.

Die **Kapitaladäquanzrichtlinie** dient der Regelung der Eigenmittelunterlegung für die Markt- und Großkreditrisiken des Handelsbuches. Sie harmonisiert europaweit die Aufsicht über Risiken, die bei Geschäften mit Wertpapieren und Derivaten entstehen. Die Vorschriften regeln die Berechnung der Eigenmittel, die Kapitalanforderungen für das Marktrisiko in Finanzinstrumenten und die Eigenmittelunterlegung von Großrisiken in Finanzinstrumenten.

Die **Eigenmittelvorschriften** sind umfangreich neugestaltet worden.

Hinsichtlich der **Großkredite** gelten in bezug auf das Anlagebuch für alle Institute die gleichen Vorschriften wie bisher. Im Handelsbuch besteht ein erweiterter Handlungsspielraum.

Die **BCCI-Folgerichtlinie** zieht Konsequenzen aus dem Zusammenbruch der Bank of Credit and Commerce International (BCCI). Insbesondere müssen Unternehmen, die Bankgeschäfte betreiben oder Finanzdienstleistungen anbieten wollen, in bezug auf Organisation und Besitzverhältnisse eine wirksame Aufsicht ermöglichen; andernfalls wird die Zulassung entzogen oder gar nicht erteilt.

Die finanzielle Situation des Instituts muß sich jederzeit bestimmen lassen. Auch für den Einsatz der EDV müssen Sicherheitsvorkehrungen getroffen werden.

Neben der Abberufung von Geschäftsleitern kann die Bankenaufsicht nun auch gegenüber einem Institut und seinen Geschäftsleitern unmittelbar Anordnungen treffen.

Weiterhin wurden Maßnahmen zur Vereinfachung der Bankenaufsicht ergriffen. Die Grenze für die Offenlegung der wirtschaftlichen Verhältnisse eines Kreditnehmers wurde von 250 000 DM auf 500 000 DM angehoben.

Die Ausgabe elektronischen Geldes (Geldkarten, Netzgeld) wurde zum Bankgeschäft erklärt, um KWG-Vorschriften darauf anwenden zu können, weil die Gefahr bestand, daß hier ein der Aufsicht und Steuerung entzogenes Gebiet bargeldlosen Geldwesens entstehen könnte.

1.0.120 Grundlagen des Kreditwesens

a) **Definitionen:** §§ 1-3 KWG

- **Kreditinstitute** sind Unternehmen,
  - die Bankgeschäfte betreiben
  - gewerbsmäßig oder in einem Umfang, der einen in kaufmännischer Weise eingerichteten Geschäftsbetrieb erfordert (vgl. §§ 1 und 2 HGB, Abschnitt 0.4.003), § 1 I KWG.

- **Bankgeschäfte** sind nach § 1 I Nr. 1-12 KWG
  - Annahme fremder Gelder als Eigenlagen oder anderer rückzahlbarer Gelder (außer durch Inhaber-, Orderschuldverschreibungen verbrieft), Einlagengeschäft
  - Gewährung von Gelddarlehen und Akzeptkrediten (Kreditgeschäft)
  - Ankauf von Wechseln und Schecks (Diskontgeschäft)
  - Anschaffung und Veräußerung von Finanzinstrumenten im eigenen Namen für fremde Rechnung (Finanzkommissionsgeschäft)
  - Verwahrung und Verwaltung von Wertpapieren für andere (Depotgeschäft)
  - Investmentgeschäft (vgl. § 1 KAGG)
  - Eingehung der Verpflichtung, Darlehen vor Fälligkeit zu erwerben (Revolvinggeschäft)
  - Übernahme von Bürgschaften, Garantien und sonstigen Gewährleistungen für andere (Garantiegeschäft)
  - Durchführung des bargeldlosen Zahlungsverkehrs und des Abrechnungsverkehrs (Girogeschäft)
  - Übernahme von Finanzinstrumenten für eigenes Risiko zur Plazierung oder Übernahme gleichwertiger Garantien (Emissionsgeschäft)
  - Ausgabe vorausbezahlter Karten zu Zahlungszwecken (Geldkartengeschäft) – ausgenommen, Kartenemittent ist auch Leistungserbringer und Empfänger der Zahlung
  - Schaffung und Verwaltung von Zahlungseinheiten in Rechnernetzen (Netzgeldgeschäft).

  Mit den beiden letzten Punkten trägt der Gesetzgeber den neuen Entwicklungen im Kreditgewerbe und Zahlungsverkehr (GeldKarte, Internet-Banking) Rechnung.

- **Finanzdienstleistungsinstitute** im Sinne des KWG sind nach § 1 I a Unternehmen, die
  - Finanzdienstleistungen für andere erbringen
  - gewerbsmäßig oder in einem Umfang, der einen in kaufmännischer Weise eingerichteten Geschäftsbetrieb erfordert
  - keine KI sind.

- **Finanzdienstleistungen** sind nach § 1 I a
  - die Vermittlung von Geschäften über Anschaffung und Veräußerung von Finanzinstrumenten (Anlagevermittlung)

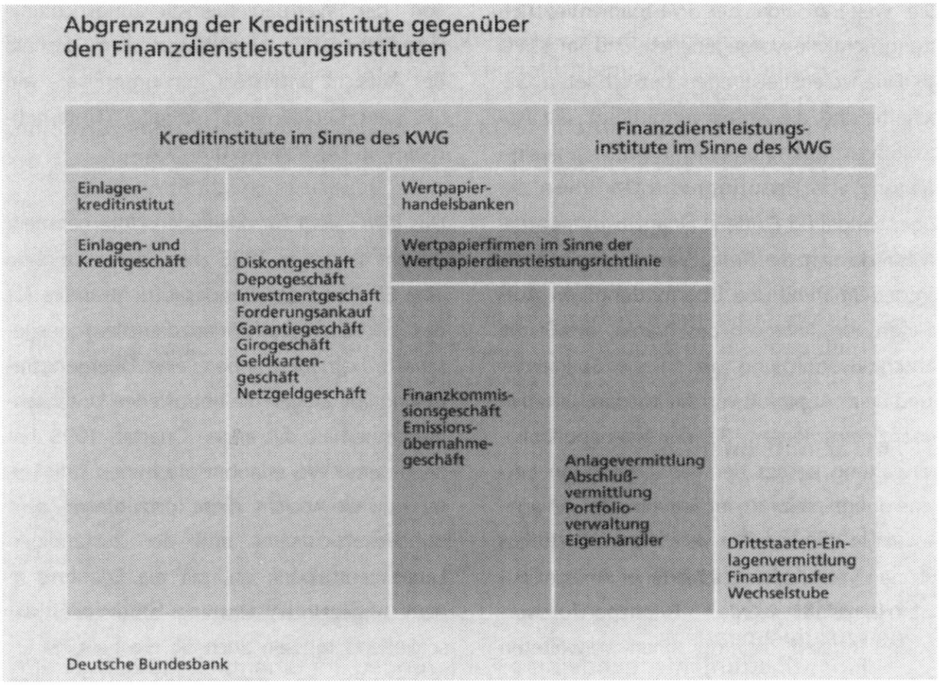

Abgrenzung der Kreditinstitute gegenüber den Finanzdienstleistungsinstituten

Kreditinstitute im Sinne des KWG

Finanzdienstleistungsinstitute im Sinne des KWG

Einlagenkreditinstitut

Wertpapierhandelsbanken

Einlagen- und Kreditgeschäft

Diskontgeschäft
Depotgeschäft
Investmentgeschäft
Forderungsankauf
Garantiegeschäft
Girogeschäft
Geldkartengeschäft
Netzgeldgeschäft

Wertpapierfirmen im Sinne der Wertpapierdienstleistungsrichtlinie

Finanzkommissionsgeschäft
Emissionsübernahmegeschäft

Anlagevermittlung
Abschlußvermittlung
Portfolioverwaltung
Eigenhändler

Drittstaaten-Einlagenvermittlung
Finanztransfer
Wechselstube

Deutsche Bundesbank

- Anschaffung und Veräußerung von Finanzinstrumenten in fremdem Namen für fremde Rechnung (Abschlußvermittlung)
- Verwaltung von in Finanzinstrumenten angelegter Vermögen für andere mit Entscheidungsspielraum (Finanzportfolioverwaltung)
- Anschaffung und Veräußerung von Finanzinstrumenten im Wege des Eigenhandels für andere (Eigenhandel)
- Vermittlung von Einlagengeschäften mit Unternehmen außerhalb des Europäischen Wirtschaftsraums (Drittstaateneinlagenvermittlung)
- Besorgung von Zahlungsaufträgen (Finanztransfergeschäft)
- Handel mit Sorten (Sortengeschäft)

Institute im Sinne des KWG (§ 1 I b):
- Kreditinstitute
- Finanzdienstleistungsinstitute

Geschäftsleiter: nach § 1 II
- natürliche Personen, die nach Gesetz, Satzung oder Gesellschaftsvertrag zur Führung der Geschäfte und zur Vertretung eines Instituts (juristische Person / Personenhandelsgesellschaft) berufen sind
- in Ausnahmefällen vom Bundesaufsichtsamt betraute Person
- Institute als Einzelkaufmann: in Ausnahmefällen vom Inhaber betraute Person

Finanzunternehmen: nach § 1 III
- Unternehmen, die keine Institute sind
- Haupttätigkeit:
  - Erwerb von Beteiligungen
  - entgeltlicher Erwerb von Geldforderungen

  - Abschluß von Leasingverträgen
  - Ausgabe/Verwaltung von Kreditkarten oder Reiseschecks
  - Handel mit Finanzinstrumenten für eigene Rechnung
  - Anlageberatung
  - Beratung von Unternehmen über Kapitalstruktur, industrielle Strategie, bei Zusammenschlüssen, Übernahmen, entspr. Dienstleistungen
  - Vermittlung von Darlehen zwischen KI (Geldmaklergeschäft)

- weitere Definitionen der Begriffe
  - Finanzholding-Gesellschaften (§ 1 III a)
  - gemischte Unternehmen (§ 1 III b)
  - Unternehmen mit bankbezogenen Hilfsdiensten (§ 1 III c)
  - Einlagenkreditinstitute, Wertpapierhandelsunternehmen, -banken (§ 1 III d)
  - Wertpapier- oder Terminbörsen (§ 1 III e)
  - u.v.a.m.

- **Finanzinstrumente:** nach § 1 XI
  - Wertpapiere (Definition in § 1 XI Nr. 1, 2)
  - Geldmarktinstrumente
  - Devisen oder Rechnungseinheiten
  - Derivate

- **Handelsbuch:** nach § 1 XII zur Ermittlung und Anrechnung von Risikopositionen zuzurechnen
  - Finanzinstrumente, handelbare Forderungen, im Eigenbestand bzw. zur Erzielung eines Eigenhandelserfolges übernommene Anteile
  - Bestände/Geschäfte zur Absicherung von Marktrisiken inkl. Refinanzierungsgeschäfte
  - Aufgabegeschäfte
  - Forderungen in Form von Gebühren, Provisionen, Zinsen, Dividenden, Einschüssen, soweit unmittelbar mit Positionen des Handelsbuches verknüpft
  - Pensions-, Darlehens-, vergleichbare Geschäfte

- **Anlagebuch:** alle Geschäfte eines Instituts, die nicht dem Handelsbuch zuzurechnen sind

- **keine Geltung als Kreditinstitute:** nach § 2 I
  - Deutsche Bundesbank
  - Kreditanstalt für Wiederaufbau
  - Sozialversicherungsträger, Bundesanstalt für Arbeit
  - private und öffentlich-rechtliche Versicherungsunternehmen
  - Unternehmen des Pfandleihgewerbes (Darlehen gegen Faustpfand)
  - Unternehmen, die Bankgeschäfte ausschließlich mit Mutter-, Tochter-, Schwesterunternehmen betreiben
  - Unternehmen, die Finanzkommission ausschließlich an reiner Derivatebörse für Mitglieder dieser Börse und mit speziellem Sicherungssystem betreiben
  - Konkretisierung dieser Vorschriften in § 2 II-V

- **keine Geltung als Finanzdienstleistungsinstitute:** nach § 2 VI
  - Deutsche Bundesbank
  - Kreditanstalt für Wiederaufbau
  - öffentliche Schuldenverwaltung
  - private und öffentlich-rechtliche Versicherungsunternehmen

- Unternehmen, die Finanzdienstleistungen ausschließlich für Mutter-, Tochter-, Schwesterunternehmen erbringen
- Unternehmen mit Finanzdienstleistung
  = ausschließlich Verwaltung von Arbeitnehmerbeteiligungen
  = ausschließlich Anlage- und Abschlußvermittlung unter bestimmten Voraussetzungen
  = ausschließlich an Derivate-Börse
- Freiberufler und Rohwaren-Handelsunternehmen, die Finanzdienstleistungen nur gelegentlich im Rahmen ihrer Berufstätigkeit/Haupttätigkeit erbringen
- Unternehmen, deren einzige Finanzdienstleistung (aber nicht Haupttätigkeit) der Handel mit Sorten ist
- diverse Ergänzungs- und Ausnahmevorschriften.

b) **Kein Betrieb** eines KI in der Rechtsform eines **Einzelkaufmanns** (2 a I KWG). Gründe dieser Regelung aus der Novellierung von 1976: Schwierigkeiten des Einzelkaufmanns bei der Beschaffung des erforderlichen Eigenkapitals und anderer zureichender Haftungsgrundlagen, Vier-Augen-Prinzip.

Sondervorschriften zu den Risikoaktiva und zum Kundenschutz bei Wertpapierhandelsunternehmen in der Rechtsform des Einzelkaufmanns oder der Personenhandelsgesellschaft (§ 2 a II).

c) Sonderregelungen für **Inhaber bedeutender Beteiligungen** an einem Institut (§ 2 b):

- „bedeutende Beteiligung" besteht ab 10 % des Kapitals oder der Stimmrechte oder bei maßgeblichem Einfluß auf die Geschäftsführung (§ 1 IX)
- Beteiligungsabsicht ist dem BAK und der Bundesbank unverzüglich anzuzeigen, desgl. wesentliche Aufstockung auf 20, 33 oder 50 % oder KI wird zu Tochterunternehmen sowie entsprechende Verringerung oder Aufgabe der Beteiligung
- Untersagung der Beteiligung durch das BAK möglich, wenn sich aufgrund von Tatsachen die mangelnde Zuverlässigkeit des Anzeigenden bzw. seiner gesetzlichen Vertreter/persönlich haftenden Gesellschafter ergibt
- Untersagung des Beteiligungserwerbs unter bestimmten Voraussetzungen.

d) **Verbotene Geschäfte:** nach § 3

- Betrieb des Einlagengeschäftes, wenn Einlegerkreis überwiegend aus Betriebsangehörigen besteht (Werksparkassen) und nicht sonstige umfangreichere Bankgeschäfte betrieben werden
- Annahme von Geldbeträgen mit Anspruch auf Darlehensgewährung aus diesem Geld (Zwecksparunternehmen), ausgenommen Bausparkassen
- Kredit- oder Einlagengeschäft, wenn Verfügung durch Barabhebung ausgeschlossen oder erheblich erschwert ist.

e) Entscheidung des BAK in **Zweifelsfällen** (§ 4).

f) **Schutz** der Bezeichnungen „Bank", „Bankier", „Sparkasse", „Volksbank", „Bausparkasse", „Spar- und Darlehenskasse" (§§ 39-42).

g) **Sondervorschriften** im Hinblick auf **ausländische Institute:** §§ 52-53d; wichtig sind insb. folgende Regelungen:

- Die Aufsicht eines anderen Staates über ein Institut bleibt neben der Aufsicht des BAK bestehen (§ 52).
- Zweigstellen eines ausländischen Unternehmens im Inland, die Bankgeschäfte betreiben oder Finanzdienstleistungen erbringen, gelten als Kreditinstitut oder Finanzdienstleistungsinstitut (§ 53 I).
- Die Aufnahme der Geschäftstätigkeit einer jeden Zweigstelle des Unternehmens bedarf der Erlaubnis (§ 53 II Nr. 5).
- Ausnahmen von der Erlaubnispflicht gelten für Einlagenkreditinstitute oder Wertpapierhandelsunternehmen mit Sitz in anderem Staat des Europäischen Wirtschaftsraums (§ 53 b I).

1.0.121 Aufsicht über Kredit- und Finanzdienstleistungsinstitute

a) **Wesen:** Institute im Sinne des KWG unterliegen, vergleichbar den Versicherungen, einer strengen Aufsicht durch den Staat. Diese Aufsicht erfüllt dabei nicht nur die Funktion der Einlagensicherung und leistet einen wesentlichen Beitrag zur Stabilisierung des Vertrauens in Kreditinstitute und Finanzdienstleistungsunternehmen, sondern sie trägt auch der besonderen volkswirtschaftlichen Bedeutung des Finanzdienstleistungssektors Rechnung.

b) **Träger** der Aufsicht sind

- in erster Linie das **Bundesaufsichtsamt für das Kreditwesen** (BAK), Bonn,
- die **Deutsche Bundesbank**, Frankfurt, direkt und über ihre Landeszentralbanken,
- das **Bundesaufsichtsamt für den Wertpapierhandel**.

Neben diesen öffentlich-rechtlichen Organen der Aufsicht gibt es u.a. Einrichtungen der kreditwirtschaftlichen Verbände, die Funktionen der Bankenaufsicht wahrnehmen und zugleich als Wirtschaftsprüfer fungieren. Hierzu gehören die Prüfungsstellen der Regionalverbände der Sparkassenorganisation und der Kreditgenossenschaften. Die von ihnen durchgeführten Verbandsprüfungen sind jedoch nicht im KWG, sondern in Spezialvorschriften geregelt.

c) Das **Bundesaufsichtsamt für das Kreditwesen** nimmt nach dem KWG eine zentrale Funktion in der Aufsicht über Kredit- und Finanzdienstleistungsinstitute ein:

- Das BAK ist eine selbständige Bundesoberbehörde, sein Präsident wird auf Vorschlag der Bundesregierung nach Anhörung der Bundesbank durch den Bundespräsidenten ernannt (§ 5 KWG).
- Aufgabe des BAK: Mißständen im Kredit- und Finanzdienstleistungswesen entgegenzuwirken; Ziele (§ 6):
  - Sicherheit der den KI anvertrauten Vermögenswerte erhalten
  - ordnungsmäßige Durchführung der Bankgeschäfte oder Finanzdienstleistungen gewährleisten
  - erhebliche Nachteile für die Gesamtwirtschaft vermeiden.

Vereinfachung der Bankenaufsicht

- Die Begrenzung von Anlagen ist weitgehend entfallen, nur noch bedeutende Beteiligungen sind begrenzt (§ 12 KWG).
- Der Konsolidierungskreis wurde bei § 10 a KWG und § 13 b KWG vereinheitlicht.
- Die Pflichtkonsolidierung ab einem Beteiligungsbesitz von 40 % wurde für den Grundsatz I aufgehoben.
- Verzicht auf Meldung der Organkredite (§ 16 KWG).
- Die Betragsgrenze für die Pflicht, sich die wirtschaftlichen Verhältnisse des Kreditnehmers offenlegen zu lassen, wurde von 250 000 DM auf 500 000 DM erhöht.
- Soweit sachlich möglich, wurden die Begriffe im Grundsatz I und in der Groß- und Millionenkreditverordnung vereinheitlicht.
- Verzicht auf ad-hoc-Meldung der Großkredite und ihrer Erhöhung.
- Gemeinsame quartalsmäßige Anzeige von Groß- und Millionenkrediten.
- Die Informationsdichte der routinemäßigen Großkreditanzeigen wurde zurückgeführt.
- Vorabanfragemöglichkeit für die Institute, die die Vergabe eines Kredites von über 3 Mio. DM beabsichtigen.
- Das für die Millionenkreditmeldungen bereits bewährte papierlose Einreichungsverfahren wird auch für die routinemäßigen Großkreditanzeigen eingeführt.
- Zur besseren Übersicht wurden die Befreiungstatbestände in die Anzeigenverordnung eingearbeitet.

Deutsche Bundesbank

Ergänzende Verordnungen zur Sechsten KWG-Novelle

Die Novellierung des Kreditwesengesetzes bedingt die Überarbeitung beziehungsweise den Erlaß einer Reihe von Rechtsverordnungen. Das Erlaubnisverfahren für Finanzdienstleistungsinstitute, die am 1. Januar 1998 zulässigerweise tätig waren, wird durch die Erstanzeigenverordnung und die Ergänzungsanzeigenverordnung geregelt. Die laufende Beaufsichtigung wird durch die Monatsausweisverordnung und für Skontroführer im Sinne des Börsengesetzes durch die Skontroführer-Monatsausweisverordnung konkretisiert.

Dem Ziel der Vereinfachung der Bankenaufsicht tragen die Anzeigenverordnung und die Verordnung über die Meldung von Groß- und Millionenkredite Rechnung. In der Anzeigenverordnung werden der besseren Übersichtlichkeit wegen die Befreiungstatbestände, die bisher in der Befreiungsverordnung geregelt wurden, unmittelbar dem jeweiligen Anzeigentatbestand zugeordnet. Mit der Groß- und Millionenkreditverordnung, die die bisherige Kreditbestimmungsverordnung ablöst, werden die bisherigen ad-hoc-Meldungen bei erstmaliger Gewährung von Großkrediten und deren Erhöhung um 20 % und mehr sowie die jährlichen Sammelanzeigen ersatzlos entfallen. Statt dessen wird es kalendervierteljährliche Meldungen geben, die die Institute in einer gemeinsamen Anzeige zusammen mit den § 14-KWG-Meldungen zu erstatten haben. Der Umfang der Angaben in diesen kombinierten §§ 13/14-KWG-Meldungen wurde auf das aufsichtsrechtlich unbedingt Notwendige beschränkt. Gleichwohl wird durch die gemeinsame Meldung der Groß- und Millionenkredite die Grundlage für eine mehr qualitative Aufsicht geschaffen.

Deutsche Bundesbank

- Abgrenzung der Aufgaben zum Bundesaufsichtsamt für den Wertpapierhandel (nach dem WpHG)
- Zusammenarbeit und gegenseitige Information mit der Deutschen Bundesbank (§ 7) – einschl. der Übermittlung von personenbezogenen Daten (§ 7 II) – sowie Aufsichtsorganen der EG-Staaten (§ 8).

d) Die Bankenaufsicht beginnt bei der **Zulassung zum Geschäftsbetrieb**. Voraussetzung für das Betreiben von Bankgeschäften oder das Erbringen von Finanzdienstleistungen: **schriftliche Erlaubnis** des BAK (§ 32). Diese wird insb. dann **versagt**, wenn folgende Voraussetzungen fehlen:

- die zum Geschäftsbetrieb erforderlichen Mittel (Vorschriften über bestimmtes Anfangskapital)
- persönliche Zuverlässigkeit von Antragsteller/Geschäftsleiter/Inhaber/persönlich haftendem Gesellschafter
- Voraussetzungen für solide und umsichtige Führung
- fachliche Eignung (d. h. ausreichende theoretische und praktische Kenntnisse sowie Leitungserfahrung).

KI müssen von mindestens **zwei Geschäftsleitern** geführt werden (**„Vier-Augen-Prinzip"**), § 33 I Nr. 5.

e) Haupttätigkeit des BAK: Laufende Aufsicht und Kontrolle bei den Instituten zusammen mit Bundesbank und Wertpapieraufsicht; dies umfaßt

- Einholung von **Auskünften**, Durchführung von **Prüfungen** (§§ 44-44 c), und zwar unvermutet und auch ohne besonderen Anlaß: dies gilt auch
  - für nachgeordnete Unternehmen, Finanzholding-Gesellschaft, Mitglieder eines Organs eines solchen Unternehmens
  - für grenzüberschreitende Auskünfte und Prüfungen auf der Grundlage spezieller Vorschriften (§ 44 a)
  - für die Prüfung der Inhaber bedeutender Beteiligungen (§ 44 b)

  Dabei kann das BAK u.a. auch die Einberufung von Haupt-, General- oder Gesellschafterversammlungen verlangen und die Ankündigung von Gegenständen zur Beschlußfassung vornehmen (§ 44 V).
- **Anzeigepflichten** der Institute (§§ 24 ff.): z. B.
  - Absicht der Bestellung, Ausscheiden von Geschäftsleitern
  - Ermächtigung und Entziehung der Einzelvertretung
  - Übernahme/Aufgabe einer Beteiligung ab 10 % Kapital/Stimmrecht
  - Änderung der Rechtsform/Firma
  - Verlust ab 25 % des haftenden Eigenkapitals
  - Eintritt von Überschuldung oder Zahlungsunfähigkeit (§ 46 b)
  - Einstellung des Geschäftsbetriebs
  - mittelbare Beteiligungen an anderen Unternehmen
  - Fusionsabsichten u.a.m.
- Einreichung von **Monatsausweisen** bei der Bundesbank (§ 25)
- besondere **Rechnungslegungsvorschriften** für Institute: insb.
  - Aufstellung des Jahresabschlusses binnen 3 Monaten nach Abschluß des Geschäftsjahres

- Vorlage von Jahresabschluß, Lagebericht und Prüfungsbericht bei BAK und Bundesbank (bei Sparkassen und Kreditgenossenschaften: auf Anforderung), § 26
- Erläuterung des Jahresabschlusses in einer Anlage, die in die Prüfung einzubeziehen ist (§ 27)
- Anzeige der bestellten Prüfer an BAK und Bundesbank; auf Verlangen des BAK ist ein anderer Prüfer zu bestellen (§ 28)
- besondere Pflichten des Prüfers z. B. hinsichtlich
  - der wirtschaftlichen Verhältnisse des Instituts
  - der Erfüllung der Anzeigepflichten und der Verpflichtungen nach dem Geldwäschegesetz
- zahlreiche weitergehende Bestimmungen finden sich im HGB sowie in der von der Bundesregierung erlassenen Rechnungslegungsverordnung (vgl. Abschnitt 3.0.23).

f) **Eingriffsbefugnisse** des BAK:

- bei unzureichenden Eigenmitteln oder unzureichender Liquidität (§ 45): Untersagung/Beschränkung von
  - Entnahmen
  - Gewinnausschüttung
  - Gewährung von Krediten
- spezielle Maßnahmen gegenüber Finanzholding-Gesellschaften (§ 45 a)
- bei Gefahr für die Erfüllung der Verpflichtungen eines Instituts gegenüber Gläubigern, insb. für die Sicherhei anvertrauter Vermögenswerte (§ 46): u. a.
  - Anweisungen für die Geschäftsführung
  - Verbot/Begrenzung der Annahme von Einlagen, Geldern oder Wertpapieren
  - Verbot der Kreditgewährung
  - Bestellung von Aufsichtspersonen
- bei Konkursgefahr (§ 46 a-c): vorübergehend
  - Veräußerungs- und Zahlungsverbot
  - Anordnung der Schließung des Instituts für den Kundenverkehr
  - Verbot der Entgegennahme von Zahlungen, die nicht zur Schuldentilgung bestimmt sind (außer wenn die zuständige Sicherungseinrichtung die Rückzahlung sicherstellt).

g) Teilweise wird auf Antrag des BAK das Gericht des Sitzes des Instituts mit bestimmten Eingriffen tätig, z. B. Bestellung von Ersatz-Geschäftsleitern, wenn zuvor Geschäftsleitern des KI die Ausübung ihrer Tätigkeit untersagt wurde (§ 46 a).

h) Eingriffe der **Bundesregierung** durch Rechtsverordnung nach Anhörung der Bundesbank (§ 47):

- Gewährung eines Aufschubs für die Erfüllung der Verbindlichkeiten des KI und Anordnung, daß in dieser Zeit keine Zwangsmaßnahmen (z. B. Zwangsvollstreckung, Konkurs) durchgeführt werden
- vorübergehende Schließung des KI für den Kundenverkehr und Ausschluß der Annahme/Leistung von Zahlungen

- vorübergehende Schließung der Börsen
- Erlaß von Vorschriften für die Wiederaufnahme des Bank- und Börsenverkehrs (§ 48).

i) Das KWG sieht eine Reihe von **Straf- und Bußgeldvorschriften** zur Durchsetzung der Erkenntnisse und Maßnahmen der Bankenaufsicht vor.

1.0.122 Eigenkapital und Liquidität der Institute

a) **Wesen:** Die Institute müssen ein **angemessenes Eigenkapital** haben (§ 10 KWG) und ihre Mittel so anlegen, daß jederzeit eine **ausreichende Zahlungsbereitschaft** gewährleistet ist (§ 11). Wegen der besonderen Bedeutung dieser Größen für die Sicherheit der Institute, besonders der Kreditinstitute, hat das Bundesaufsichtsamt im Einvernehmen mit der Bundesbank **Grundsätze über das Eigenkapital und die Liquidität** aufgestellt, nach denen die Erfüllung der Anforderungen beurteilt wird (siehe Abschnitt 1.0.125).

b) Die **Eigenmittel** bestehen nach § 10 II aus

- dem haftenden Eigenkapital und
- den Drittrangmitteln.

c) Das **haftende Eigenkapital** setzt sich zusammen aus

- dem Kernkapital und
- dem Ergänzungskapital
- unter Berücksichtigung von Abzügen.

d) Als **Kernkapital** gilt:

- bei Einzelkaufleuten/offenen Handels- und Kommanditgesellschaften:
  - das eingezahlte Geschäftskapital
  - die Rücklagen
  - nach Abzug der Entnahmen von Inhaber/persönlich haftenden Gesellschaftern sowie diesen gewährter Kredite/Schuldenüberhang beim freien Vermögen des Inhabers
- bei AG, KGaA, GmbH:
  - das eingezahlte Grund- oder Stammkapital (ohne Vorzugsaktien)
  - die Rücklagen
  - bei KGaA Vermögenseinlagen der persönlich haftenden Gesellschafter (abzgl. Entnahmen/Kredite)
- bei eingetragenen Genossenschaften:
  - Geschäftsguthaben
  - Rücklagen
- bei Sparkassen
  - Rücklagen

- bei anderen öffentlich-rechtlichen KI:
  - eingezahltes Dotationskapital
  - Rücklagen
- bei anderen KI:
  - eingezahltes Kapital
  - Rücklagen
- die Sonderposten für allgemeine Bankrisiken nach § 340 g HGB
- Vermögenseinlagen stiller Gesellschafter
- zu berücksichtigende Abzugsposten:
  - Bilanzverlust
  - immaterielle Vermögensgegenstände
  - bestimmter vom BAK festgesetzter Korrekturposten
  - nicht zu marktüblichen Bedingungen gewährte bzw. nicht banküblich gesicherte Kredite an Gesellschafter, Aktionäre u.a.

e) Das **Ergänzungskapital** besteht nach § 10 II b aus:

- Vorsorgereserven nach § 340 f HGB
- Vorzugsaktien
- bestimmten Rücklagen aus Gewinnen durch Veräußerung von Grundstücken u.a. nach § 6 EStG zu 45 %
- Genußrechtsverbindlichkeiten
- längerfristigen nachrangigen Verbindlichkeiten
- in Anhang des letzten Jahresabschlusses ausgewiesenen nicht realisierten Reserven
  - bei Grundstücken u.a. zu 45 %
  - bei Anlagebuchpositionen zu 35 %;

  weitere Präzisierung in § 10 IV a
- dem Haftsummenzuschlag (bei eingetragenen Genossenschaften).

Ergänzungskapital kann bei der Berechnung des haftenden Eigenkapitals nur bis zur Höhe des Kernkapitals berücksichtigt werden. Dabei darf das Ergänzungskapital nur bis zu 50 % des Kernkapitals aus längerfristigen nachrangigen Verbindlichkeiten und Haftsummenzuschlag bestehen.

f) **Drittrangmittel** sind

- der anteilige Gewinn bei Glattstellung aller Handelsbuchpositionen
  - abzügl. aller vorhersehbaren Aufwendungen und Ausschüttungen
  - abzügl. der bei einer Liquidation voraussichtlich entstehenden Verluste aus dem Anlagebuch
- die kurzfristigen nachrangigen Verbindlichkeiten nach § 10 VII.

Diese Vorschriften werden in § 10 II c weiter präzisiert.

g) **Rücklagen** sind in diesem Sinne nur die in der letzten Geschäftsjahresschluß-Bilanz ausgewiesenen Beträge (mit weiterer Konkretisierung in § 10 III a).

h) Von der Summe des Kern- und Ergänzungskapitals sind nach § 10 VI **abzuziehen**:

- Beteiligungen an Instituten (Ausn. Kapitalanlagegesellschaften) und Finanzunternehmen von mehr als 10 % des Kapitals dieser Unternehmen
- Forderungen aus nachrangigen Verbindlichkeiten an Institute/Finanzunternehmen, an denen das Institut zu mehr als 10 % beteiligt ist
- Forderungen aus Genußrechten an solche Unternehmen
- Vermögenseinlagen als stiller Gesellschafter bei solchen Unternehmen
- der Gesamtbetrag weiterer Beteiligungen und Forderungen, soweit er 10 % des haftenden Eigenkapitals des Instituts vor Abzug der vorstehend genannten Beträge und der weiteren Beteiligungen/Forderungen übersteigt.

i) Regelung der Eigenkapitalausstattung von **Kreditinstitutsgruppen** in § 10 a:

- eine Instituts- oder Finanzholding-Gruppe insgesamt muß angemessene Eigenmittel haben; § 10 gilt entsprechend
- Gruppendefinition:
  - Institutsgruppe besteht aus übergeordnetem Unternehmen mit Sitz im Inland und nachgeordneten Unternehmen (Tochterunternehmen, die selbst Institute, Finanzunternehmen oder Unternehmen mit bankbezogenen Hilfsdiensten sind)
  - Finanzholding-Gruppe besteht, wenn einer Finanzholding-Gesellschaft mit Sitz im Inland Tochterunternehmen nachgeordnet sind, von denen mindestens eines Einlagenkreditinstitut oder Wertpapierhandelsunternehmen ist (mit Ausnahmen).

Anmerkung des Autors: Das KWG sieht insgesamt und ganz besonders im § 10 eine Fülle weiterer Konkretisierungen, Präzisierungen und Ausnahmeregelungen vor, die sich hier sinnvoll nicht wiedergeben lassen. Sie müssen dem Gesetz direkt entnommen werden, das nun einen kaum noch überschaubaren Detaillierungsgrad bekommen hat.

Diese Fülle an Vorschriften mag aus nationalen und internationalen Gründen notwendig sein; der Transparenz und Verständlichkeit der wichtigsten Grundlage des Kredit- und Finanzdienstleistungsgewerbes, des Kreditwesengesetzes, dient sie nicht. Während früher angehende Bankkaufleute durchaus imstande waren, diese gesetzliche Grundlage zu verstehen und zu verinnerlichen, ist dies nun nahezu ausgeschlossen.

k) Nach § 11 KWG müssen die Institute ihre Mittel so anlegen, daß jederzeit eine **ausreichende Zahlungsbereitschaft** gewährleistet ist. Auch diese Aussage wird durch die Grundsätze des Bundesaufsichtsamtes präzisiert.

l) Die **Anlagepolitik** von Instituten steht in engem Zusammenhang zur Liquidität und Sicherheit. Einzelheiten regeln §§ 12, 12 a KWG:

- ein Einlagenkreditinstitut darf
  - an einem Unternehmen, das weder Institut, Finanz- oder Versicherungsunternehmen noch Unternehmen mit bankbezogenen Hilfsdiensten ist
  - keine bedeutende Beteiligung halten
  - deren Nennbetrag 15 % des haftenden Eigenkapitals des Einlagen-KI übersteigt
- ein Einlagenkreditinstitut darf
  - an solchen Unternehmen bedeutende Beteiligungen nicht halten
  - deren Nennbetrag zusammen 60 % des haftenden Eigenkapitals des Einlagen-KI übersteigt
- ein Institut hat als übergeordnetes Unternehmen einer Gruppe die Einhaltung dieser Vorschriften für die Gruppe sicherzustellen
- spezielle Vorschriften für Institute oder Finanzholding-Gesellschaften bei Erwerb einer Beteiligung an einem Unternehmen mit Sitz im Ausland u.a.

1.0.123 Kreditgeschäft

a) **Überblick:** Das KWG mißt dem Kreditgeschäft besondere Bedeutung zu, weil hier besondere Risiken drohen und weil die hierfür eingesetzten Mittel den Instituten weitestgehend von Dritten überlassen wurden. Die Anlage dieser Mittel durch Vergabe von Krediten soll daher streng überwacht werden und bestimmten Anforderungen genügen.

b) **Anwendung:** Das KWG differenziert bei Großkrediten danach, ob es sich um Nichthandelsbuch-, Handelsbuchinstitute, Instituts- und Finanzholdinggruppen handelt.

c) **Begriffe:** Der Kreditbegriff ist mittlerweile **sehr weit** gefaßt, um eine Vielzahl risikobehafteter Geschäfte dem KWG zu unterwerfen.

- **Kredit** nach §§ 13-14 KWG (§§ 19, 20):
  - Bilanzaktiva
  - Derivate (ausgenommen Stillhalterpositionen von Optionsgeschäften)
  - dafür übernommene Gewährleistungen
  - andere außerbilanzielle Geschäfte
- Bilanzaktiva sind:
  - Guthaben bei Zentralnotenbanken/Postgiroämtern
  - Schuldtitel öffentlicher Stellen, bei Zentralnotenbanken zur Refinanzierung zugelassene Wechsel
  - im Einzug befindliche Werte, für die Zahlungen bevorschußt wurden
  - Forderungen an KI und Kunden
  - Schuldverschreibungen/andere festverzinsliche Wertpapiere/Aktien/andere nicht festverzinsliche Wertpapiere (Ausn. Derivate)
  - Beteiligungen
  - Anteile an verbundenen Unternehmen
  - Leasinggegenstände
  - sonstige Vermögensgegenstände mit Adressenausfallrisiko

- andere außerbilanzielle Geschäfte:
  - eigene Ziehungen im Umlauf
  - Indossamentsverbindlichkeiten aus weitergegebenen Wechseln
  - Bürgschaften/Garantien für Bilanzaktiva
  - Erfüllungsgarantien u. a. (Ausn. in bezug auf Derivate)
  - Eröffnung/Bestätigung von Akkreditiven
  - unbedingte Verpflichtungen der Bausparkassen zur Ablösung fremder Vorfinanzierung und Zwischenkredite an Bausparer
  - Haftung aus Bestellung von Sicherheiten für fremde Verbindlichkeiten
  - bestimmte beim Pensionsgeber vom Bestand abgesetzte Bilanzaktiva
  - Verkäufe von Bilanzaktiva mit Rückgriff und Kreditrisiko
  - Terminkäufe von Bilanzaktiva mit unbedingter Abnahmeverpflichtung
  - Plazierung von Termineinlagen auf Termin
  - bestimmte noch nicht in Anspruch genommene Kreditzusagen

  beachte: Ausnahmeregelungen in § 20 von den Verpflichtungen nach §§ 13-14.

- Kredite nach **§§ 15-18 KWG** (§ 21):
  - Gelddarlehen aller Art, entgeltlich erworbene Geldforderungen, Akzeptkredite, Forderungen aus Namensschuldverschreibungen (Ausn. Namens-Pfandbriefe/-Kommunalschuldverschreibungen)
  - Diskontierung von Wechseln und Schecks
  - Geldforderungen aus sonstigen Handelsgeschäften eines KI (Ausn. aus Warengeschäften der Kreditgenossenschaften)
  - Bürgschaften/Garantien/sonstige Gewährleistungen/Haftung eines Instituts aus der Bestellung von Sicherheiten für fremde Verbindlichkeiten
  - Verpflichtung, für Erfüllung entgeltlich übertragener Geldforderungen einzustehen/sie auf Verlangen des Erwerbers zurückzuerwerben
  - Besitz an Aktien/Geschäftsanteilen eines anderen Unternehmens von mind. 25 % des Kapitals
  - Leasinggegenstände

- **keine** Kredite nach §§ 15-18:
  - Kredite an den Bund, rechtlich unselbständiges Sondervermögen von Bund oder Land, eine Gemeinde, einen Gemeindeverband
  - ungesicherte Forderungen an andere Institute aus Geldanlage-Guthaben, die spätestens in 3 Monaten fällig sind (auch: Forderungen von Genossenschaften an Zentralkassen, von Sparkassen an Girozentralen, von Zentralkassen/Girozentralen an ihre Zentral-KI)
  - von anderen Instituten angekaufte Wechsel unter bestimmten Voraussetzungen
  - abgeschriebene Kredite

- **Kreditnehmer** nach §§ 10, 13-18:
  - auch zwei oder mehr natürliche/juristische Personen/Personenhandelsgesellschaften, die eine Einheit bzw. Risikoeinheit bilden (§ 19 II)
  - insbesondere bei
    - allen Unternehmen, die demselben Konzern angehören oder durch Gewinnabführungsverträge gebunden sind oder in Mehrheitsbesitz stehen, und den mehrheitlich beteiligten Unternehmen/Personen
      (Ausn. Bund, Sondervermögen, Land, Gemeinde, Gemeindeverband, EG, ausländische Zentralregierungen, weitere Körperschaften in anderen Mitgliedstaaten des Europäischen Wirtschaftsraums u. a. m.)

  - Personenhandelsgesellschaften/Partnerschaften und ihren persönlich haftenden Gesellschaftern/Partnern
  - Personen/Unternehmen, für deren Rechnung Kredit aufgenommen wird, und dem, der den Kredit im eigenen Namen aufnimmt
- beachte weitergehende Regelungen in § 19 II-VI.

d) **Großkredite von Nichthandelsbuchinstituten** sind Kredite an einen Kreditnehmer, die **10 %** des haftenden Eigenkapitals des Instituts erreichen oder übersteigen. Für sie gilt nach § 13 KWG:

- unverzügliche Anzeige bei der Bundesbank, die die Anzeigen mit ihrer Stellungnahme an das BAK weiterleitet (§ 13 I)
- Großkredite von Nichthandelsbuchinstituten in der Rechtsform einer juristischen Person oder Personenhandelsgesellschaft dürfen nur aufgrund einstimmigen Beschlusses sämtlicher Geschäftsleiter gewährt werden (§ 13 II)
- Beschluß soll vor Kreditgewährung gefaßt werden, kann aber bei Eilbedürftigkeit nachgeholt werden
- Kredite an einen Kreditnehmer dürfen ohne Zustimmung des BAK 25 % des haftenden Eigenkapitals des Nichthandelsbuchinstitutes nicht überschreiten (Großkrediteinzelobergrenze)
- Kredite an verbundenes Unternehmen dürfen ohne Zustimmung des BAK 20 % des haftenden Eigenkapitals nicht überschreiten
- alle Großkredite zusammen dürfen ohne Zustimmung des BAK das Achtfache des haftenden Eigenkapitals nicht überschreiten (Großkreditgesamtobergrenze).

e) Für **Großkredite von Handelsbuchinstituten** gilt nach § 13 a folgendes:

- Anzeigepflicht ggü. der Bundesbank entsprechend § 13 II
- ein Großkredit besteht, wenn alle Kredite an einen Kreditnehmer zusammen 10 % der Eigenmittel erreichen oder überschreiten (differenziert nach Gesamtbuch und Anlagebuch)
- die Gesamtposition darf ohne Zustimmung des BAK 25 % des haftenden Eigenkapitals des Institutes nicht überschreiten (ggü. verbundenem Unternehmen: 20 %)
- die Großkreditgesamtobergrenze liegt ebenfalls bei dem Achtfachen des haftenden Eigenkapials
- auch bei Gesamtposition und Obergrenze wird nach Gesamtbuch und Anlagebuch differenziert.

f) Für **Großkredite von Institutsgruppen und Finanzholding-Gruppen** gelten entsprechende Vorschriften (§ 13 b).

g) **Millionenkredite:** nach § 14

= Verschuldung von Kreditnehmern ab drei Millionen D-Mark;

- die Vorschrift gilt für Kreditinstitute, Finanzleistungsinstitute und Finanzunternehmen
- Millionenkredite sind der Bundesbank viermal im Jahr zu melden
- Vorschrift gilt auch bei Gemeinschaftskrediten, wenn der Anteil des einzelnen Unternehmens diesen Betrag nicht erreicht
- die Bundesbank benachrichtigt die beteiligten kreditgebenden Unternehmen, wenn sich aus den Meldungen ergibt, daß einem Kreditnehmer von mehreren Unternehmen Millionenkredite gewährt worden sind
- Vorab-Anfrage bereits vor einer Kreditgewährung bei der Bundesbank möglich (§ 14 II 4), wenn das Unternehmen dem Kunden einen Kredit von mind. 3 Mill. DM gewähren bzw. bestehendes Engagement auf 3 Mill. DM oder mehr erhöhen will
- Berechtigung der Bundesbank zur Weiterleitung der Anzeigen an einen anderen Staat, wenn entsprechendes Abkommen vorliegt.

h) **Organkredite** (§ 15):

- Definition: Kredite an
  - Geschäftsleiter des Instituts
  - Gesellschafter des Instituts (Personenhandelsgesellschaft/GmbH) sowie persönlich haftende Gesellschafter bei KGaA
  - Mitglieder des Aufsichtsorgans
  - Prokuristen und zum gesamten Geschäftsbetrieb ermächtigte Handlungsbevollmächtigte des Instituts
  - Ehegatten und minderjährige Kinder dieses Personenkreises
  - stille Gesellschafter des Instituts
  - Unternehmen in Rechtsform juristischer Person/Personenhandelsgesellschaft, wenn ein Geschäftsleiter/Prokurist/zum gesamten Geschäftsbetrieb ermächtigter Handlungsbevollmächtigter gesetzlicher Vertreter oder Mitglied des Aufsichtsorgans ist oder entsprechende Personen dieses Unternehmens dem Aufsichtsorgan des Instituts angehören
  - Unternehmen, an denen das Institut oder ein Geschäftsleiter mit mehr als 10 % beteiligt ist oder bei denen das Institut/ein Geschäftsleiter persönlich haftender Gesellschafter ist
  - Unternehmen, die an dem Institut mit mehr als 10 % beteiligt sind
  - Unternehmen in Rechtsform als juristische Person/Personenhandelsgesellschaft, wenn einer ihrer gesetzlichen Vertreter an dem Institut mit mehr als 10 % beteiligt ist
- entsprechende Geltung für Kredite an persönlich haftende Gesellschafter, Geschäftsführer, Mitglieder des Vorstands/Aufsichtsorgans, Prokuristen/zum gesamten Geschäftsbetrieb ermächtigte Handlungsbevollmächtigte eines von dem Institut abhängigen/es beherrschenden Unternehmens sowie an ihre Ehegatten und minderjährigen Kinder
- Ausnahmevorschriften für bestimmte Größenordnungen bestimmter Kredite (Kopplung an Jahresgehalt bzw. Eigenkapital), § 15 III
- für Organkredite gilt:
  - einstimmiger Beschluß sämtlicher Geschäftsleiter und ausdrückliche Zustimmung des Aufsichtsorgans erforderlich

- Beschlüsse sind aktenkundig zu machen
- Anzeigepflicht (§ 16) bei BAK und Bundesbank ist mit Inkrafttreten von Teilen der 6. KWG-Novelle zum 29.10.97 entfallen; stattdessen sind die Daten der Organkredite ab 250.000.– DM Real- und Personalkreditobligo prüfungsbereit vorzuhalten

- Schadensersatzpflicht geregelt in § 17.

i) Nach § 18 müssen KI sich die wirtschaftlichen Verhältnisse der Kreditnehmer bei Krediten von mehr als 500 000 DM **offenlegen** lassen (insb. durch Vorlage der Jahresabschlüsse). Ausnahmen: Wenn das Verlangen nach Offenlegung offensichtlich unbegründet wäre; bei besonders gesicherten Krediten (insb. durch erstrangige Grundpfandrechte auf vom Kreditnehmer genutztes Wohneigentum unter bestimmten Voraussetzungen).

1.0.124 Sparverkehr

a) Die grundlegenden Vorschriften zum Sparen bei Kreditinstituten mit der Definition der Spareinlage in den §§ 21 bis 22a KWG sind im Rahmen der 4. KWG-Novellierung aufgehoben worden und am 1.7.1993 **außer Kraft getreten**. Diese Entscheidung stellt eine bedeutsame **Deregulierung** dar, d. h. einen Verzicht auf staatlichen Eingriff in die Vertragsfreiheit.

b) Trotz dieses Zieles bedurfte es weiterhin einer Spareinlagendefinition. Diese ist in der Verordnung über die Rechnungslegung der Kreditinstitute enthalten.

c) Konsequenz hieraus ist, daß

- für die KI volle Gestaltungsfreiheit für ihre Sparprodukte besteht,
- diese aber nur unter bestimmten Voraussetzungen
  - im Bilanzausweis
  - im Rahmen der Mindestreserve
  - nach den Liquiditätsgrundsätzen des BAK

  als Spareinlagen anerkannt werden.

Einzelheiten siehe Abschnitt 1.2.13.

1.0.125 Grundsätze über das Eigenkapital und die Liquidität der Kreditinstitute

a) **Überblick:** Die Grundsätze über das Eigenkapital und die Liquidität der Kreditinstitute dienen der Konkretisierung der §§ 10 – 11 KWG. Sie wurden vom **Bundesaufsichtsamt für das Kreditwesen** erstmals 1969 aufgestellt und seitdem mehrmals (zuletzt – unter Berücksichtigung der Drucklegung dieser Auflage – zum 1.10.1998) geändert. Dabei sind die Koordinierungs- und Harmonisierungsmaßnahmen der Europäischen Union eingeflossen, insbesondere die Richtlinien

- zur Bankrechtskoordinierung
- zu den Eigenmitteln

- zur Solvabilität
- über Großkredite
- sowie die Kapitaladäquanzrichtlinie.

Solvabilität bezeichnet die Zahlungsfähigkeit des KI (s. u. Grundsatz I).

Die Umsetzung der Kapitaladäquanzrichtlinie ist im Rahmen der 6. KWG-Novellierung erfolgt. Dieser Teil der Novelle tritt zum 1.10.1998 in Kraft. (Vgl. auch Abschnitt 1.0.12).

Nachfolgend wurden die Änderungen des Grundsatzes I zum 1.10.98 **bereits eingearbeitet!**

Der bisherige Grundsatz I a entfällt mit dem Inkrafttreten des neuenGrundsatzes I. Dabei werden Regelungen des Baseler Ausschusses für Bankenaufsicht zur Eigenkapitalunterlegung von Marktpreisrisiken übernommen, die von den Präsidenten und Gouverneuren der Zentralbanken der Länder der sog. Zehnergruppe im Dezember 1995 verabschiedet wurden.

Bei der Neufassung des Grundsatzes I sind die in Aussicht stehenden Änderungen der Solvabilitätsrichtlinie und der Kapitaladäquanzrichtlinie so weit wie möglich bereits berücksichtigt worden.

Im Grundsatz II wird aus dem Begriff „Zweigstelle" die „Zweigniederlassung".

Nach den Grundsätzen beurteilt das BAK im Regelfall, ob

- das Eigenkapital eines Instituts (§ 1 I b KWG) und einer Gruppe (§ 10 a I 1 KWG) insgesamt angemessen sind (§ 10 I, § 10 a I KWG)
- die Liquidität eines Instituts und die Liquidität der Zweigniederlassung eines Unternehmens im Sinne des § 53 b I 1 oder VII KWG ausreicht (§ 11 KWG).

Hält ein Institut/eine Zweigniederlassung die in den Grundsätzen festgelegten Grenzen nicht nur geringfügig oder wiederholt nicht ein, ist i.d.R. die Vermutung begründet, daß

- das Institut nicht über die erforderlichen Eigenmittel verfügt (Grundsatz I)
- oder daß die Liquidität zu wünschen übrig läßt (Grundsätze II und III).

Ausnahmevorschriften: Für folgende Institute gilt nur Grundsatz I:

- Hypothekenbanken (ohne erweiterten Geschäftsbetrieb nach § 46 I HypBankG)
- Schiffspfandbriefbanken
- Bausparkassen (auch als unselbständige Einrichtungen)
- öffentlich-rechtliche Grundkreditanstalten
- Teilzahlungsinstitute
- KI, die ausschließlich Revolving- und Garantiegeschäft betreiben (§ 1 I 2 Nr. 7 und 8 KWG)
- Finanzdienstleistungsinstitute (Ausn. bei Betrieb des Finanzkommissionsgeschäfts nach § 1 I 2 Nr. 4 KWG).

Über die nachfolgend dargestellten Bemessungskriterien, Berechnungsmethoden und Meßzahlen der Grundsätze hinaus gibt es im BAK-Text der Grundsätze noch erheblich weitergehende Differenzierungen, um möglichst präzise Angaben der Institute zu erreichen (bitte im Zweifel nachlesen!).

b) **Grundsatz I:**

- keine Anwendung auf Kapitalanlagegesellschaften und Finanzdienstleistungsinstitute (Ausn. wenn sie Eigenhandel betreiben bzw. als Anlage-, Abschlußvermittler, Finanzportfolioverwalter unter bestimmten Voraussetzungen tätig sind). § 1 Grundsatz I
- weitere Ausnahmevorschriften
- das Verhältnis zwischen dem **haftenden Eigenkapital** und den **gewichteten Risikoaktiva** darf **8 %** täglich zum Geschäftsschluß nicht unterschreiten (§ 2 I Grundsatz I).
- ein Institut erfüllt demnach die Eigenkapitalanforderungen nach dem sog. **Solvabilitäts-Koeffizienten**, wenn das Verhältnis des haftenden Eigenkapitals zur Summe aller mit Bonitätsrisiken behafteten und entsprechend gewichteten Geschäfte mindestens 8 % beträgt; das Institut könnte dann mit seinem Eigenkapital für mindestens 8 % vollständig ausgefallene Forderungen einstehen, so daß sich hieraus ein Maßstab für die **Zahlungsfähigkeit** des Instituts ergibt
- die Summe der Anrechnungsbeträge für die **Marktrisikopositionen** (und Optionsgeschäfte) darf den um die Drittrangmittel vermehrten Differenzbetrag zwischen dem haftenden Eigenkapital und der zu 8 % berücksichtigten Summe der Risikoaktiva täglich bei Geschäftsschluß nicht übersteigen (§ 2 II Grundsatz I)
- zu jedem Monatsultimo ist eine **Gesamtkennziffer** zu ermitteln (§ 2 III Grundsatz I): Verhältnis zwischen
  - den anrechenbaren Eigenmitteln des Instituts
  - und der Summe aus gewichteten Risikoaktiva und den mit 12,5 multiplizierten Anrechnungsbeträgen für die Marktrisikopositionen und Optionsgeschäfte
- entsprechend ist bei Institutsgruppen zu verfahren (§ 3 Grundsatz I)
- **Risikoaktiva:** grds. (§ 4 Grundsatz I)
  - Bilanzaktiva
  - außerbilanzielle Geschäfte
  - Swapgeschäfte
  - Termingeschäfte und Optionsrechte
- **Marktrisikopositionen** (§ 5 Grundsatz I):
  - Währungsgesamtposition (aus allen auf fremde Währung oder auf Gold lautenden Posten des Instituts zu ermitteln)
  - Rohwarenposition (z.B. andere Edelmetalle als Gold)
  - Handelsbuch-Risikopositionen (zins- und aktienkursbezogene Risiken, Adressenausfallrisiko)
- **Bilanzaktiva** (§ 7 Grundsatz I):
  - Guthaben bei Zentralnotenbanken und Postgiroämtern
  - Schuldtitel öffentlicher Stellen / zur Refinanzierung bei Zentralnotenbanken zugelassene Wechsel

- im Einzug befindliche, bevorschußte Werte
- Forderungen an KI und Kunden
- Schuldverschreibungen und andere festverzinsliche Wertpapiere (Ausn. Verbriefung von Termingeschäften und Optionsrechten)
- Aktien und andere nicht festverzinsliche Wertpapiere (Ausn. Verbriefung von Termingeschäften und Optionsrechten)
- Warenbestand von Kreditgenossenschaften mit Warengeschäft
- Beteiligungen
- Anteile an verbundenen Unternehmen
- Sachanlagen
- Leasinggegenstände (als Leasinggeber)
- Sonstige Vermögensgegenstände
- Rechnungsabgrenzungsposten

- **außerbilanzielle Geschäfte** (§ 8 Grundsatz I):
  - zu 100 %: z.B.
    - abgerechnete eigene Ziehungen im Umlauf
    - Indossamentsverbindlichkeiten aus weitergegebenen Wechseln
    - Bürgschaften und Garantien für Bilanzaktiva
    - Bestellung von Sicherheiten für fremde Verbindlichkeiten
    - Plazierung von Termineinlagen auf Termin
  - zu 50 %: z.B.
    - Eröffnung und Bestätigung von Akkreditiven
    - Erfüllungsgarantien, Gewährleistungen u.a.
    - noch nicht in Anspruch genommene Kreditzusagen mit Ursprungslaufzeit ab 1 Jahr unter bestimmten Voraussetzungen
  - zu 20 %:
    - Eröffnung und Bestätigung von Dokumentenakkreditiven, die durch Warenpapiere gesichert werden

- **Bewertung** der Risikoaktiva:
  - nach der **Marktbewertungsmethode** mit dem potentiellen Aufwand bei Ausfall des Vertragspartners für die Eindeckung und einem Zuschlag (§ 10)
  - nach der **Laufzeitmethode** in Höhe der mit laufzeitbezogenen Prozentsätzen angesetzten Bemessungsgrundlage (§ 12)

- **Gewichtung** der Risikoaktiva nach bestimmten Bonitätsgewichten (z.B. 0 %, wenn die Erfüllung der Risikoaktiva vom Bund, einem Land usw. geschuldet oder gewährleistet wird), § 13

Der Grundsatz I befaßt sich darüber hinaus mit weiteren Einzelheiten und Berechnungsgrundlagen

- zur Währungsgesamtposition
- zur Rohwarenposition
- zu den Handelsbuch-Risikopositionen (z.B. Zinsnettoposition, Aktiennettoposition) einschließlich der Berechnungsmethoden
- zur Optionsposition
- zur Verwendung von vorgeschlagenen oder eigenen Risikomodellen.

Außerdem stellt der Grundsatz I sog. **qualitative Anforderungen** (§ 36):

- Gestaltung der Arbeits- und Ablauforganisation des Instituts so, daß eine zeitnahe Ermittlung der potentiellen Risikobeträge gewährleistet ist
- ausführliche Dokumentation
- **organisatorische Trennung** der Erstellung/Pflege/Weiterentwicklung der Risikomodelle und der täglichen Ermittlung der potentiellen Risikobeträge und der Erfüllung weiterer Anforderungen vom Handel
- weitere Anforderungen
- regelmäßige (mindestens einmal jährliche) Prüfung der Einhaltung der Anforderungen durch die Innenrevision.

c) **Grundsatz Ia:** tritt mit Einführung des neuen Grundsatzes I am 1.10.1998 **außer Kraft**.

Grundsatz Ia enthielt folgende Regelungen: Bestimmte Risikopositionen eines KI sollten insgesamt 42 % des haftenden Eigenkapitals täglich bei Geschäftsschluß nicht übersteigen.

Risikopositionen und **Begrenzung**:

(1) Unterschied zwischen bestimmten Aktiv- und Passivpositionen
- in Devisen
- in Edelmetallen:

max. 21 % des haftenden Eigenkapitals

(2) Summe bestimmter Risikomeßzahlen aus
- Zinstermingeschäften
- Zinsoptionsgeschäften:

max. 14 %

(3) Unterschied zwischen Lieferansprüchen und -verpflichtungen aus sonstigen Termin- und Optionsgeschäften mit Preisrisiko:

max. 7 %.

c) **Grundsatz II:** Die langfristigen Anlagen eines KI (abzüglich Wertberichtigungen) sollen die Summe der langfristigen Finanzierungsmittel nicht übersteigen.

- **Langfristige Anlagen:**
  - Forderungen an KI und Kunden mit vereinbarter Laufzeit/Kündigungsfrist von 4 Jahren oder länger
  - nicht börsengängige Wertpapiere
  - Beteiligungen
  - Anteile an herrschender oder mit Mehrheit beteiligter Gesellschaft
  - Grundstücke und Gebäude
  - Betriebs- und Geschäftsausstattung
- **langfristige Finanzierungsmittel:**
  - Eigenkapital
  - Verbindlichkeiten gegenüber KI und Kunden mit vereinbarter Laufzeit/Kündigungsfrist von 4 Jahren oder länger (ohne Spareinlagen)
  - 10 % der Sicht- und Termineinlagen (unter 4 Jahren) von Nichtbanken

- 60 % der Spareinlagen
- umlaufende/vorverkaufte Schuldverschreibungen mit mehr als 4 Jahren Laufzeit
- 60 % der umlaufenden/vorverkauften Schuldverschreibungen mit bis zu 4 Jahren Laufzeit
- 60 % der Pensionsrückstellungen
- für Girozentralen/Zentralkassen: 20 % der Verbindlichkeiten gegenüber angeschlossenen KI mit Laufzeit/Kündigungsfrist ab 6 Monaten/unter 4 Jahren.

Dieser Grundsatz beinhaltet die **„Goldene Bankregel"**, nach der das langfristige Geschäft der KI auch langfristig finanziert werden soll, damit jederzeit eine ausreichende Zahlungsbereitschaft gewährleistet ist. Er zeigt zugleich die große Bedeutung der Spareinlagen als Mittel zur Finanzierung des langfristigen Kreditgeschäfts auf.

d) **Grundsatz III:** Die kurz- und mittelfristigen Anlagen eines KI (abzüglich Wertberichtigungen) sollen die Summe der kurz- und mittelfristigen Finanzierungsmittel nicht übersteigen.

Kurz- und mittelfristige Anlagen:
- 20 % der Forderungen an KI mit vereinbarter Laufzeit/Kündigungsfrist ab 3 Monaten/unter 4 Jahren
- Forderungen an Kunden mit vereinbarter Laufzeit/Kündigungsfrist von weniger als 4 Jahren
- Forderungen/Eventualforderungen aufgrund von Wechseln und Solawechseln im Bestand bzw. Umlauf
- börsengängige Anteile, Investmentanteile
- sonstige Aktiva

kurz- und mittelfristige Finanzierungsmittel:
- 10 % der Verbindlichkeiten gegenüber KI mit
  - täglicher Fälligkeit
  - vereinbarter Laufzeit/Kündigungsfrist unter 3 Monaten
- 50 % der Verbindlichkeiten gegenüber KI mit vereinbarter Laufzeit/Kündigungsfrist ab 3 Monaten/unter 4 Jahren
- 80 % der Verbindlichkeiten gegenüber KI aus von der Kundschaft bei Dritten benutzten Krediten
- 20 % der Spareinlagen
- 60 % der sonstigen Verbindlichkeiten gegenüber Kunden
  - mit täglicher Fälligkeit
  - mit vereinbarter Laufzeit/Kündigungsfrist von weniger als 4 Jahren
- 20 % der umlaufenden/vorverkauften Schuldverschreibungen bis 4 Jahre Laufzeit
- 80 % der eigenen Akzepte/Solawechsel im Umlauf (bzw. den Kreditnehmern abgerechnet)

zuzüglich Überschuß/abzüglich Unterschuß aus Grundsatz II.

e) Monatliche Meldung der für die Grundsätze wichtigen Daten über die **Monatliche Bilanzstatistik** an die Bundesbank.

f) **Bedeutung** der BAK-Grundsätze: Mit den aufgestellten Relationen wird der mögliche **geschäftspolitische Rahmen** gesetzt. Sie haben dadurch erhebliche Auswirkungen auf die Geschäftspolitik der KI. Zu wenig Eigenkapital kann die geschäftspolitischen Möglichkeiten begrenzen. Eine ungünstige Bilanzstruktur hat erheblichen Einfluß auf die Liquidität.

Um mehr (ertragreiches) Geschäft machen zu können, muß mehr Eigenkapital zur Verfügung stehen. Bedingt durch ihre Rechtsform haben die KI allerdings unterschiedliche Möglichkeiten der Eigenkapitalbeschaffung.

1.0.13 Einlagensicherung

1.0.130 Überblick

Die volkswirtschaftlich entscheidende Aufgabe der Kreditinstitute besteht in der Gewährung von **Krediten** an Unternehmen und Haushalte zur Produktion bzw. zum Konsum von Gütern. Die eigenen Mittel der KI reichen zur Erfüllung dieser Aufgabe bei weitem nicht aus; daher nehmen sie **Einlagen** entgegen, die i. d. R. verzinst werden, und stellen dieses Geld der Kunden den Kreditnehmern zur Verfügung.

Da die KI aber **fremdes** Geld ausleihen, besteht zunächst ein Risiko darin, daß dieses Geld nicht wieder zurückgezahlt werden könnte. Ein weiteres Risiko entsteht dann, wenn KI den auf langfristige Finanzierungen gerichteten Wünschen der Kreditnehmer nur noch durch die sog. „Fristentransformation" nachkommen können, d. h. dadurch, daß sie die ihnen überlassenen Gelder zu längeren Fristen ausleihen, als die Einleger eigentlich auf sie verzichten wollen („aus kurz mach lang").

Diese Risiken erfordern nicht nur eine ständige Überwachung des Geschäftsgebarens der KI, sondern auch verschiedene Vorschriften, deren Ziel letztlich die Sicherung der Einlagen ist und die von Richtlinien für das Kreditgeschäft bis zur Einrichtung von Sicherungsfonds für Einlagen reichen.

Nach § 23 a KWG muß ein Institut, bei dem Einlagen nicht durch eine geeignete inländische Einlagensicherungseinrichtung gedeckt sind, die Kunden, die keine KI sind, deutlich darauf hinweisen (AGB, Preisaushang, Verträge).

Ein Institut, das Finanzkommissions- oder Emissionsgeschäfte betreibt, muß die Kunden vor Beginn der Geschäftsbeziehung auf die Anlegerentschädigungseinrichtung hinweisen, der er angehört (bzw. gleichwertiger Schutz).

1.0.131 Einzelne Formen der Einlagensicherung

a) **Mindestreserve** (§ 16 BBankG): Zur Beeinflussung des Geldumlaufs und der Kreditgewährung kann die Bundesbank verlangen, daß die KI einen bestimmten Teil der Kundeneinlagen (zwischen 0 und 30 %) zinslos auf einem Konto bei der Bundesbank unterhalten (vgl. Abschnitt 5.1.012); dieses Geld, ursprünglich als Liquiditätsreserve für Zahlungsschwierigkeiten des einzelnen KI gedacht, steht den KI jedoch jederzeit **voll** zur Verfügung, sofern nur im **Monatsdurchschnitt** der erforderliche Betrag erzielt wird. Dieses System bringt es mit sich, daß die Mindestreserve praktisch **keine** einlagensichernde Bedeutung hat.

b) **Gewährträgerhaftung/Anstaltslast: alle** öffentlich-rechtlichen KI unterstehen dem Staat, d. h. einer Körperschaft, die zugleich für sie einzustehen hat. Der Staat übernimmt also bei öffentlich-rechtlichen KI die Gewährleistung für die Aufrechterhaltung des Geschäftsbetriebs (Anstaltslast) und bei einem Zusammenbruch im Außenverhältnis die volle Garantie für die Einlagen (Gewährträgerhaftung).

c) Dies gibt es bei **privatrechtlichen KI nicht:** hier stehen zwar Inhaber hinter dem Unternehmen (Einzelunternehmer, vollhaftende Gesellschafter, Aktionäre usw.), doch ihre finanzielle Gewähr ist entweder **beschränkt** oder durch zu geringes Privatvermögen **unzureichend**.

d) Eine Einlagensicherung im engeren Sinne, d. h. die Möglichkeit für Einleger, ihren Forderungsbetrag trotz Zahlungsunfähigkeit der Schuldnerbank zurückzuerhalten, besteht in der Bundesrepublik Deutschland nicht kraft Gesetzes, sondern auf **freiwilliger Basis** als Selbsthilfe-Maßnahmen der Kreditwirtschaft in Form der **Einlagensicherungsfonds** (sog. gruppenspezifische Lösung, orientiert an der Zugehörigkeit eines KI zu einem Verband).

Der Fall Herstatt zeigte 1974 auf, daß die Kapitalausstattung dieser Fonds bei einem Bankenzusammenbruch derartigen Umfangs völlig unzureichend war; sie wurde daher erheblich erweitert.

Der Stützungsfonds der Sparkassen wird mit einer jährlichen Verbandsumlage von 0,3 ‰ der Kundenforderungen auf insgesamt 3 ‰ der Kundenforderungen aufgefüllt. Die Kreditgenossenschaften bringen für ihren Garantiefonds jährlich 0,5 ‰ insb. der Kundenforderungen auf.

Dabei setzen die Sparkassen und die genossenschaftlichen KI ihre Mittel vorwiegend dazu ein, vorbeugend die Zahlungsschwierigkeiten eines angeschlossenen KI zu beseitigen und so mittelbar den Einleger zu schützen.

Der Bundesverband deutscher Banken bevorzugt – statt der Institutssicherung – den unmittelbaren Schutz des Einlegers durch Auszahlung des ausstehenden Einlagenbetrages. Dies erfordert ein umfangreiches Sicherungssystem, insbes. in finanzieller Hinsicht. Das System schützt den einzelnen Einleger (sofern es sich um Nichtbanken-Kundschaft handelt) bis zu 30 % des haftenden Eigenkapitals des betreffenden KI. Jährlicher Beitrag der Mitgliedsbanken: 0,3 ‰ der Verbindlichkeiten aus dem Bankgeschäft gegenüber Nichtbanken.

Das Sicherungssystem des deutschen Kreditgewerbes wird als bestes in der Welt und als Garantie für die absolute Sicherheit der Einlagen angesehen. Allerdings hat der Einleger keinerlei Rechtsanspruch auf Schutz, d. h. auf Zahlung seiner Einlage aus dem Sicherungsfonds.

Auch in den anderen bedeutenden Industriestaaten gibt es Einlagensicherungssysteme, beispielsweise in der Schweiz bis zu 30 000 sfrs, in den USA bis zu 100 000 US-$ und in Japan bis zu 10 Mio. Yen.

Die EG-Kommission hat mittlerweile den Entwurf einer Richtlinie für die Einlagensicherungssysteme vorgelegt. Danach müssen **alle** KI einem solchen System angeschlossen sein. Der gemeinschaftlich gültige Mindestbetrag der Sicherung je Einleger soll 15 000 ECU betragen; die Mitgliedsstaaten sollen aber höhere Sicherungen einführen oder beibehalten dürfen.

e) **Liquiditäts-Konsortialbank GmbH:** Diese Gemeinschaftsgründung der Kreditwirtschaft und der Bundesbank dient zur Unterstützung von KI, die sich in Liquiditätsschwierigkeiten befinden. KI können nach Prüfung durch die Liquiditäts-Konsortialbank Wechsel ziehen, die im Rahmen eines speziellen Rediskont-Kontingents bei der Bundesbank rediskontiert werden.

1.0.2 Der Bankbetrieb

1.0.20 Überblick

Wie andere Betriebe setzen auch Kreditinstitute **Produktionsfaktoren** ein, um ihre Leistungen zu erbringen:

- Arbeit:
  - elementare Arbeitsleistung: ausführende Tätigkeiten
  - dispositive Arbeitsleistung: leitende, planende, ordnende Tätigkeiten
- Betriebsmittel:
  - Grundstücke und Gebäude
  - Betriebs- und Geschäftsausstattung
  - Büromaschinen
  - EDV-Anlagen und -Einrichtungen
- eingesetztes Kapital.

Die **Organisation** bildet den Rahmen, innerhalb dessen sich die betriebliche Tätigkeit bewegt. Ihre wesentlichen Aufgaben sind (vgl. Abschnitt 4.1):

- Bereitstellung einer übersichtlichen, den Aufgaben entsprechenden **Aufbauorganisation**
- Schaffung und detaillierte Beschreibung der **Ablauforganisation** für den betrieblichen Leistungsprozeß.

Die **Datenverarbeitung** ist unverzichtbares Instrument, um die Vielzahl, Komplexität und Quantität der Vorgänge im Kreditinstitut schnell und sicher abzuwickeln (vgl. Abschnitt 4.2). So ließe sich der bargeldlose Zahlungsverkehr ohne Datenverarbeitung nicht bewerkstelligen.

Die **Geschäftspolitik** hat die Aufgabe, den Handelnden **Ziele** für ihre Aufgabenerfüllung zu geben.

Das **Marketing** dient der Unterstützung der Geschäftspolitik und ihrer Umsetzung in Richtung auf den Absatz der Bankdienstleistungen. Im Mittelpunkt des Marketing steht der **Kunde**.

Das **Personalwesen** stellt den **Mitarbeiter** in den Mittelpunkt, denn dieser ist der entscheidende Leistungsträger in einem Dienstleistungsbetrieb.

Die **Revision** hat die Aufgabe, die Ordnungsmäßigkeit aller Tätigkeiten in einem KI zu prüfen und sicherzustellen sowie für die Beseitigung und Verhinderung von Fehlern und Unkorrektheiten zu sorgen.

1.0.21 Geschäftspolitik

a) **Wesen:** Formulierung der **Zielsetzungen** für das Unternehmen. Ausdruck dieser Ziele können sein

- ausformulierte Unternehmensziele
- Besprechungen des Vorstands mit den leitenden Mitarbeitern, um die Ziele und insbesondere Zieländerungen deutlich zu machen
- Rundschreiben an alle Mitarbeiter.

Ausformulierte Unternehmensziele fehlen noch in vielen Kreditinstituten. Die Zielsetzung für das Handeln der Mitarbeiter ergibt sich dann aus einer Fülle von Einzelentscheidungen.

b) **Träger:**

- in erster Linie die Geschäftsleitung (Vorstand)
- das Vorstandssekretariat oder eine vergleichbare Stelle
- alle leitenden Mitarbeiter
- alle Mitarbeiter.

c) **Instrumente:**

- Grundentscheidung über geschäftliche Richtungen und Schwerpunkte, z. B.
  - Aufbau einer Zweigstellenorganisaion für die Kundenbetreuung vor Ort
  - Schwerpunkte der Tätigkeit z. B. im Auslandsgeschäft oder im Wertpapiergeschäft, in der Betreuung der vermögenden Privatkunden oder der mittelständischen Firmenkunden usw.
- Wahl einer besonderen Rechtsform oder geschäftlichen Ausrichtung, mit der bereits eine weitgehend festgelegte Zielsetzung verbunden wird, z. B.
  - Universalbank
  - Hypothekenbank
  - Sparkasse
  - Direktbank
- Produktpolitik, d. h. Entscheidung über die Art der Produkte, die den Kunden angeboten werden sollen, z. B.
  - Teilfinanzierungsgeschäft
  - Allfinanzgeschäft (einschl. Lebensversicherung und Bausparen)
  - Angebot eigener Kreditkarten
  - Einsatz von Geldausgabeautomaten
- Preispolitik, d. h. Festlegung der Preise (Zinsen und Gebühren), zu denen den Kunden die Leistungen zur Verfügung gestellt werden, erkennbar am Preisaushang und im Preisverzeichnis
- Technikeinsatz, z.B. für Online-Banking
- Standortpolitik, d. h. Entscheidungen über Standorte für Zweigstellen, Repräsentanzen (Ausland?)

- Kooperationspolitik, d. h. welchen Verbänden gehört ein Institut an, mit welchen anderen Unternehmen (z. B. Korrespondenzinstitute, auch im Ausland, Versicherungen, Bausparkassen) arbeitet es zusammen.

d) **Identität:** Für den Mitarbeiter ist es sehr wichtig, ein möglichst klares Bild von „seiner" Bank/Sparkasse zu haben, denn nur so ist es ihm möglich,

- sich mit seiner Bank/Sparkasse zu identifizieren,
- gegenüber Dritten glaubwürdig und überzeugend aufzutreten,
- das Unternehmenskonzept mitzutragen und zu „leben".

Viele Unternehmen befassen sich mit dieser Frage unter dem Begriff „Corporate Identity" und versuchen, die wesentlichen Aussagen zu formulieren, um Fragen, die die Mitarbeiter hierzu haben, beantworten zu können, z. B.

- Steht das einmalige Geschäft oder die dauerhafte Kundenbeziehung im Vordergrund?
- Geht die Betreuung des Kunden so weit, daß er in seinem Interesse beraten wird, oder hat das Interesse des KI stets Vorrang?

1.0.22 Personalwesen

Bedeutung: Aufgabe des Personalwesens ist die Betreuung der Mitarbeiter. Da diese die Leistungsträger im Kreditinstitut sind, stellt ein modernes Personalmanagement die Mitarbeiter in den Mittelpunkt und behandelt sie in einer der Kundenbetreuung vergleichbaren Weise.

1.0.220 Personalbeschaffung

a) Kreditinstitute haben ebenso wie andere Unternehmen grundsätzlich ständigen Personalbedarf. Dieser ergibt sich aus

- der **Fluktuation**, d. h. den Abgängen von Mitarbeitern aufgrund
  - von Kündigungen
  - Mutterschaft, evtl. mit anschließendem Erziehungsurlaub
  - längerdauernden Krankheiten, Todesfällen
  - Eintritts in den Ruhestand
- zusätzlichem Bedarf von Mitarbeitern für bestimmte Aufgaben.

b) Da Mitarbeiter, die neue Aufgaben übernehmen oder ausscheidende Mitarbeiter ersetzen sollen, eine zum Teil längere Einarbeitungszeit benötigen, braucht jedes Institut

- eine gezielte Personalplanung, die die Fluktuation berücksichtigt
- eine Nachfolgeplanung für vakant werdende Arbeitsplätze.

Hilfreich sind klare Vorstellungen darüber, welche Tätigkeiten in einer bestimmten Stelle anfallen (**Stellen-, Aufgabenbeschreibungen**) und welche **Anforderungen** daraus für neue Mitarbeiter resultieren.

c) Die **Auswahlentscheidung** nimmt eine zentrale Stellung ein. Fehler, die hier gemacht werden, belasten ein Kreditinstitut unter Umständen Jahrzehnte und können für den Mitarbeiter selbst dauernde Unzufriedenheit bedeuten. Daher gibt es eine Reihe von Auswahl**instrumenten**, die in unterschiedlicher Kombination eingesetzt werden:

- Testverfahren
- Gruppengespräche
- Einzelgespräche
- Assessment-Centers (mehrtägige Veranstaltungen, bei denen unterschiedliche Aufgaben von meist mehreren Kandidaten zu bearbeiten sind und ein Kreis von Beobachtern die Entscheidung fällt).

d) Als **Auswahlverfahren** lassen sich unterscheiden:

- interne Stellenausschreibung, d. h., innerhalb des Betriebes wird auf die freie Stelle unter Nennung der Anforderungen hingewiesen
- Ausschreibung durch Stellenanzeige in Tageszeitungen usw.

e) Der **Berufsausbildung** als Medium der Personalbeschaffung kommt besondere Bedeutung zu. Das KI hat hier die Möglichkeit, einen Kreis von Nachwuchsmitarbeitern umfassend auf eine spätere Tätigkeit vorzubereiten und dabei die Fähigkeiten, Stärken und Schwächen dieser Menschen kennenzulernen. Daher rekrutieren heute die meisten KI den größten Teil ihres Bedarfs an Nachwuchskräften aus den Reihen der eigenen Auszubildenden.

1.0.221 Personalverwaltung

a) **Wesen:** Aufgabe der Personalverwaltung ist es, unter Beachtung der Vorschriften des Arbeitsrechts

- Verträge mit dem Mitarbeiter zu schließen
- die Einhaltung der Verträge zu überwachen
- den Mitarbeiter im Rahmen der Fürsorgepflicht des Arbeitgebers im gesamten sozialen Bereich zu betreuen
- die Erfüllung der Arbeitgeberpflichten sicherzustellen (Gehaltszahlung, Urlaubsgewährung, angemessener Arbeitsplatz usw.)
- die Personalakte zu führen.

Zum Arbeits- und Sozialrecht siehe Abschnitt 0.5.

b) Die **Vertragsgestaltung** erstreckt sich auf

- den Arbeitsvertrag (Vollzeit-, Teilzeit-, Aushilfsverhältnis)
- soziale Vereinbarungen, die z. T. auch über Betriebsvereinbarungen geregelt sind
- die Umsetzung tarifvertraglicher Regelungen
- die Gestaltung außertariflicher Regelungen

- eine evtl. betriebliche oder überbetriebliche Altersversorgung
- spezielle Vertragsverhältnisse (z. B. Sterbekasse, Sportgemeinschaft).

c) Hinsichtlich der Frage, ob die Verträge von den Mitarbeitern **eingehalten** werden, nimmt das Personalwesen die Arbeitgeberfunktion ein. Seine Aufgabe ist es, die Interessen des Arbeitgebers zu wahren, ohne dabei die Fürsorgepflicht dem Mitarbeiter gegenüber zu verletzen.

Für Vertragsverletzungen durch den Mitarbeiter gibt es ein abgestuftes Sanktionssystem, angefangen bei mündlichen und schriftlichen Verweisen über Abmahnungen bis hin zu Kündigungen. Die Mitbestimmungsrechte des Betriebsrates sind zu beachten.

d) Die **soziale Betreuung** umfaßt insbesondere

- die Weiterleitung von Beiträgen an die Sozialversicherungsträger
- die Beratung in generellen und konkreten Fragen der Kranken- und Rentenversicherung
- die Krankenfürsorge (z. B. Betriebsarzt)
- die soziale Fürsorge und Beratung (z. B. Einrichtung eines Sozialberaters, Suchtberatung)
- die Beteiligung an vorbeugenden Maßnahmen des Gesundheitsschutzes (z. B. Grippeschutzimpfungen), der Unfallverhütung (gemeinsam mit der zuständigen Fachkraft für Arbeitssicherheit), der Sicherstellung von Hilfeleistungen (z. B. Erste-Hilfe-Kurse)
- die Zuschußleistung zu Krankheitskosten (sog. Beihilfe)
- Sonderleistungen wie Jubiläumsgeld, Geschenke zu besonderen Geburtstagen, Pensionärsbetreuung
- Sonderkonditionen, in KI z. B. gebührenfreie Kontoführung, Vorzugszinsen.

e) Zur **Erfüllung der Arbeitgeberpflichten** gehören in erster Linie

- Gehaltszahlung einschl. detaillierter Gehaltsabrechnung
- Angebot eines angemessenen Arbeitsplatzes (belichtet, gut belüftet, den Arbeitsstättenrichtlinien entsprechend, mit der erforderlichen Ausstattung versehen), der den Fähigkeiten des Mitarbeiters entspricht
- Einhaltung der Vorschriften des Arbeitsschutzrechtes (z. B. Urlaub, Mutterschutz, Arbeitszeit, Jugendarbeit)
- Gewährung aller tarifvertraglichen, durch Betriebsvereinbarung geregelten und einzelvertraglich festgeschriebenen Leistungen.

f) Die **Personalakte** spiegelt die vertraglichen und sonstigen Beziehungen zwischen Arbeitgeber und Mitarbeiter wider. Sie enthält sämtliche Verträge, die Bewerbungsunterlagen, die Beurteilungen und die gesamte Korrespondenz mit dem Mitarbeiter (z. B. Beförderungsschreiben, Gewährung von Sonderurlaub usw.). Der Mitarbeiter ist berechtigt, Einsicht in seine Personalakte zu verlangen.

g) Basis einer guten Personalverwaltung ist ein funktionierendes **Personalinformationssystem**. Dieses basiert auf dem Gehaltsabrechnungsprogramm, das bereits einen Großteil der wesentlichen Daten über den Mitarbeiter liefert (Name, Anschrift, Geburtsdatum, Gehalt, Steuerklasse, Familienstand, Zahl der Kinder usw.).

Weitere wichtige gespeicherte Informationen können die bisherigen Einsatzorte und die absolvierte Aus- und Weiterbildung sein.

Personalinformationssysteme sind wichtige Hilfsmittel einer gezielten Personalplanung und Mitarbeiterbetreuung. Sie finden ihre Grenzen in der totalen Überwachung („gläserner Mitarbeiter"), die aber meist weder vom Arbeitgeber angestrebt noch von Betriebs-/Personalrat zugelassen wird.

1.0.222 Personalentwicklung

a) **Wesen:** Aufgabe der Personalentwicklung (PE) ist es, das vorhandene Leistungspotential der Mitarbeiter zu erfassen und optimal zu nutzen. Dies bedeutet nicht ausnutzen, denn es ist heute unstreitig, daß nur gut motivierte Mitarbeiter gute Leistungen erbringen. Das bedeutet, daß mit einem menschlichen Arbeitsklima, in dem die Mitarbeiter Freude an der Arbeit haben, auch das Interesse des Betriebes an kontinuierlicher, möglichst hoher Arbeitsleistung gesichert werden kann.

b) **Adressaten:** Vielfach wird unter Personalentwicklung noch die gezielte Förderung junger Nachwuchskräfte für Führungspositionen verstanden. Das heutige Verständnis ist wesentlich umfassender: Es erfaßt sämtliche Mitarbeiter und erstreckt sich auf

- Aufstiegsentwicklung (Karriere, Laufbahn)
- Qualifikationsentwicklung (Erweiterung des Fachwissens, Spezialistenentwicklung)
- Persönlichkeitsentwicklung.

Damit werden von der Personalentwicklung letztlich alle Mitarbeiter erfaßt, niemand wird ausgeschlossen.

c) **Voraussetzungen** für ein funktionierendes PE-System:

- mindestens mittelfristige Personalplanung
- Nachfolgeplanung (welche Mitarbeiter scheiden wann aus?)
- eindeutige Vorstellungen über die Anforderungen zu besetzender Positionen (z. B. aufgrund eines Anforderungsprofils, einer Stellenbeschreibung)
- eingespieltes Beurteilungsssystem.

d) **Beurteilungen:** Wichtiges Instrument der Personalentwicklung, da es dazu dient, den Leistungsstand und das Potential des Mitarbeiters zu erfassen. Beurteilungen sollten sich daher nicht auf vergangenheitsbezogene Aspekte beschränken, sondern auch Perspektiven, anzustrebende Verhaltensänderungen und Leistungsbeweise sowie Vereinbarungen darüber enhalten, was von beiden Seiten innerhalb welchen Zeitraums zu tun ist.

Oft werden Beurteilungen ergänzt um eine Selbsteinschätzung des Mitarbeiters.

e) Entscheidender Dreh- und Angelpunkt ist das **Mitarbeitergespräch** und damit die Rolle des Vorgesetzten, der seine Mitarbeiter nicht nur beurteilt, sondern ihnen seine Einschätzung erläutert, mit ihnen über ihre Ziele spricht, ihnen Alternativen aufzeigt, mögliche Wege bespricht, sie berät und betreut. Dazu gehört auch Offenheit in bezug auf Schwächen.

f) Weitere **Instrumente** der Personalentwicklung sind besondere Auswahlverfahren wie das Assessment Center (s. o. Abschnitt 1.0.220 c), die nicht nur der Auswahl geeigneter Nachwuchs-Führungskräfte dienen, sondern durch die hierbei einschätzbare Leistungsfähigkeit und Persönlichkeit Ansatzpunkte für persönliche Entwicklungspläne und Gespräche bieten.

Außerdem sind zu nennen

- Traineeprogramme
- Betreuungsprogramme für Studenten
- Hospitationsprogramme u. a. m.

1.0.223 Aus- und Weiterbildung

a) Als **Ausbildung** in diesem Sinne wird in einem Kreditinstitut die Berufsausbildung zum Bankkaufmann verstanden (vgl. Abschnitt 0.5.104). Diese verläuft nach dem **dualen System** mit der theoretischen Ausbildung in der Berufsschule und der praktischen Ausbildung im KI.

b) Die **Weiterbildung** wird unterteilt in

- Aufstiegsweiterbildung: standardisierte Maßnahmen, festgelegte Bildungsgänge (instituts- und verbandsinterne Lehrgänge, Bankakademie usw.), die mit einer Prüfung und oft auch mit einem Titel abschließen
- Anpassungsweiterbildung: Maßnahmen, die
  - der Erweiterung des Fachwissens dienen
  - die Anpassung an neue Anforderungen, Techniken, Produkte usw. ermöglichen.

c) Wichtig ist es, daß Bildungsmaßnahmen in KI nicht nach dem „Gießkannenprinzip" stattfinden, sondern geplant nach einem Konzept, das in die Personalplanung und die Personalentwicklung integriert wird und die dort vereinbarten Ziele und getroffenen Entscheidungen unterstützt und ergänzt.

Dies setzt voraus, daß der Bildungs**bedarf** gründlich ermittelt und dabei die Betroffenen einbezogen werden.

Damit Bildungsmaßnahmen nicht verpuffen und die oft sehr schwierige Umsetzung in die Praxis gelingt, ist es wichtig, daß sie vorbereitet und nachbereitet werden. Dies geschieht in erster Linie durch Mitarbeitergespräche, wobei wiederum die Vorgesetzten eine entscheidende Rolle einnehmen.

d) Der **Erfolg** von Bildungsmaßnahmen ist kaum meßbar. Dennoch spielt heute der Begriff des „Bildungscontrolling" zunehmend eine Rolle, da auch bei solchen Investitionen eine sinnvolle Relation von Aufwand und Ertrag gegeben sein muß.

1.0.224 Personalführung

a) **Wesen:** Der Begriff der Personalführung beschreibt die Aufgabe des Vorgesetzten, seine Mitarbeiter zu **betreuen**, sie **anzuleiten**, zu **motivieren** und so ihr **Leistungspotential** zu nutzen.

b) **Methoden:** Gute Personalführung ist Ausdruck einer entsprechenden Persönlichkeit, bei der Selbstbewußtsein und Einfühlungsvermögen wesentliche Voraussetzungen sind. Daher ist Personalführung auch nur in begrenztem Umfang erlernbar. Trainierbar sind allerdings einzelne Methoden wie

- Mitarbeitergepräche, insb. Kritikgespräche
- Beurteilungen und deren Voraussetzungen, nämlich Beobachtung, Interesse, Aufmerksamkeit
- Kommunikation, d. h. aktives Zuhören, Gesprächsstil, Feedback = Rückkoppelung (Rückmeldung von Beobachtungen und Gefühlen)
- Austragen von Konflikten.

c) **Aufgaben** im Rahmen der Personalführung:

- anleiten, einweisen, unterweisen
- informieren, einbeziehen, beteiligen, mitdenken lassen
- beurteilen, Lob und Tadel, konstruktive Kritik
- kontrollieren, korrigieren, Interesse zeigen
- beraten und betreuen, ermutigen, unterstützen
- delegieren, Verantwortung übertragen
- weiterbilden, fördern, entwickeln
- Ziele geben, Wege zeigen
- Vorbild sein.

d) **Führungsstile:** In der Managementlehre und Führungswissenschaft gibt es eine Reihe von modellhaften Führungsstilen. Die heutige Wirklichkeit in Kreditinstituten läßt im wesentlichen drei Stilrichtungen erkennen:

- autoritärer Führungsstil: nicht mehr gegenwartsgerecht, aber noch vorhanden
- kooperativer Führungsstil: in mehr oder minder deutlicher Ausprägung überall vorhanden, aber oft nicht konsequent betrieben
- situativer Führungsstil: meist persönlichkeitsgeprägt; die Führungskraft verhält sich so, wie es nach ihrer Einschätzung die Situation gebietet, und wechselt dabei den Führungsstil.

Wichtiges Führungs**prinzip** ist heute das Management by Objectives = das Führen durch Zielvereinbarungen, also über Absprachen bezüglich der in einem festgelegten Zeitraum zu erbringenden Leistungen (z. B. Qualitäts-, Erfolgs-, Absatz-, persönliche Entwicklungsziele).

e) Viele Institute legen ihre Führungsprinzipien und Grundaussagen zur Mitarbeiterführung in **Führungsleitlinien** nieder. Problem dieser Leitlinien ist, sie nicht nur zu formulieren, sondern auch zu **leben**.

1.0.23 Marketing

1.0.230 Grundbegriffe

a) Unter Marketing versteht man die Gesamtheit aller unternehmerischen **Maßnahmen** zur Lenkung, Förderung und Sicherung des **Absatzes** als wichtigster Hauptfunktion eines Handels- oder Dienstleistungsbetriebes.

Dahinter steht ein Unternehmens-Grundkonzept, das dem Absatz, d. h. dem Vertrieb der Leistungen des Unternehmens, den Vorrang einräumt.

b) Der Begriff des **„Verkaufens"** war dem Kreditgewerbe zunächst fremd und hat erst in den siebziger Jahren Bedeutung erlangt. Der Wettbewerb in einem verteilten Markt bringt es mit sich, daß der Berater heute zugleich Verkäufer der Dienstleistungen und Produkte und des ganzen Unternehmens ist.

Schulungen in Verkaufstechniken und -methoden (verkäuferisches Denken und Handeln) gehören daher heute zum Standard inner- und überbetrieblicher Bildungsmaßnahmen im Kreditgewerbe und werden z. T. auch in der Ausbildung zum Bankkaufmann eingesetzt.

c) Marketing ist ein **strategischer** Ansatz, der eine **Konzeption** voraussetzt, in deren Sinne die Marketing-Instrumente eingesetzt werden.

1.0.231 Marketingkonzeption

a) Die Konzeption, nach der die Marketinginstrumente eingesetzt werden, muß in enger Abstimmung mit der Geschäftspolitik aufgestellt werden.

b) Grundlage einer Konzeption ist eine intensive **Marktforschung**. Sie dient

- der Ermittlung der momentanen und zukünftigen Marktsituation und Absatzmöglichkeiten durch **Marktanalyse** (Momentaufnahme),
- der Feststellung von Wandlungen, Tendenzen usw. durch laufende, kurz- bis langfristige **Marktbeobachtung**.

Dabei werden regelmäßige periodische Schwankungen, Zufallsbewegungen, Konjunktureinflüsse und strukturelle Verschiebungen im gesamtwirtschaftlichen Gefüge berücksichtigt.

c) Das Marketing benötigt ebenso wie die Geschäftspolitik eindeutige **Ziele**. Da das Marketing kundenbezogen ist, stellt sich hier die Frage nach dem **Adressaten** der absatzorientierten Bemühungen. Dementsprechend lassen sich unterschiedliche **Kundengruppen** (Zielgruppen) aufstellen:

- Privatkundschaft
  - Kundschaft im Mengengeschäft: Ansatzpunkt ist das Girokonto (Lohn- und Gehaltsempfänger) oder das Sparkonto (z. B. Jugendliche, Ruhegehaltsempfänger)
  - vermögende Privatkundschaft (Individualkunden): Zielrichtung ist Betreuung im Rahmen der Vermögensanlage
- Firmenkundschaft
  - mittelständische Unternehmer (z. B. Handwerker, Einzelhändler)
  - größere Unternehmen
  - andere Kreditinstitute
- öffentliche Haushalte, Verbände, ausländische Staaten usw.

d) Wesentliche Frage einer Marketingkonzeption ist, wie das Kreditinstitut sich im Markt sieht, ob bestimmte Kundengruppen bevorzugt, neue Märkte erschlossen, neue Produkte aufgenommen werden sollen.

1.0.232 Absatzpolitik

a) **Wesen:** Die Absatzpolitik ist die Gesamtheit aller unternehmerischen Maßnahmen, die möglichst günstige **Voraussetzungen** für den Absatz schaffen sollen. Sie orientiert sich an den Bedürfnissen und Wünschen der Kunden.

b) **Preispolitische** Maßnahmen sind Preisdifferenzierungen z. B. nach Absatzgebieten, Käuferschichten, Jahreszeit und Wirtschaftslage. Mittel der KI ist in erster Linie der **Zins**, darüber hinaus Gebühren (z. B. für die Kontoführung), Provisionen usw. Die KI betreiben auf diesem Gebiet heute intensiven Wettbewerb. Dies wird z. B. deutlich, wenn die Bundesbank ein Zinssignal gesetzt hat und die KI vor der Frage stehen, ihre Preise zu verändern.

c) **Mengenpolitische** Maßnahmen dienen der Einwirkung auf Preise durch am Markt vorhandene Mengen, die – z. B. durch bewußte Verknappung – zur künstlichen Anregung der Nachfrage oder zu gewollten Preissteigerungen führen können. KI selbst haben auf die im Wirtschaftskreislauf vorhandene **Geldmenge** nur geringen Einfluß; Mengenpolitik wird für die KI vielmehr durch die Deutsche Bundesbank im Rahmen ihrer Geld- und Kreditpolitik betrieben.

d) Die **Sortimentspolitik** betreiben KI, indem sie den Kunden eine Vielfalt von Dienstleistungen anbieten. Die Angebotspalette ist in den letzten zehn Jahren ständig erweitert worden. Hierzu gehören strukturelle Erweiterungen wie die Aufnahme von Versicherungen in das Angebot ebenso wie Verbreiterungen (z. B. im Wertpapiergeschäft durch eine Vielzahl neuer Papiere und Vertragsarten).

e) **Präferenzpolitische** Maßnahmen (= Bevorzugungsmaßnahmen) bestehen in der Berücksichtigung und Steuerung des Kunden**verhaltens**, das sich in der Bevorzugung bestimmter Betriebe und/oder Leistungen ausdrückt; Gründe für diese Bevorzugung durch Kunden können bedingt sein

- sachlich (Auswirkung der Leistungsqualität)
- persönlich (Vorliebe für bestimmtes Unternehmen, z. T. familiär oder traditionell bedingt)
- psychologisch (Einfluß der Werbung; Übereinstimmung mit Charakterhaltungen und z. T. unbewußten Neigungen des Kunden)
- räumlich (günstige Lage)
- zeitlich (unterschiedliches Interesse für verschiedene Leistungsangebote zu verschiedenen Zeiten, z. B. Hang zum Sparen in Krisenzeiten).

f) Die **Standortpolitik** ist wesentlicher Teil der Absatzpolitik. Ansätze zum standortunabhängigen Verkauf wie z. B. Btx/Online- bzw. Internet-Banking oder sogenannte Direktbanken, die ihre Leistungen per Brief, Telefax, Telefon, EDV offerieren, erlangen zunehmend Bedeutung. Dabei spielt die Frage, wie der Kunde das KI erreicht, heute noch eine wesentliche Rolle. Dementsprechend lassen sich unterscheiden

- zentraler Absatz
- dezentraler Absatz über Zweigstellen (Filialen, Geschäftsstellen, Verkaufsbüros, Repräsentanzen)
- Verkauf beim Kunden selbst: z. B.
  - Besuch im Betrieb durch Firmenkundenbetreuer
  - Außendienst
- Direkt-Banking.

g) Die zunehmende Bedeutung der **Kundenselbstbedienung** macht die Standortpolitik noch differenzierter. Die Kundenbedürfnisse werden unterschieden nach Leistungen, die auch durch Automaten erbracht werden können (z. B. Geld abheben, Kontoauszüge abholen), und persönlicher Betreuung. Ansätze in der Praxis:

- Selbstbedienungszweigstellen
- alleinstehende Geldausgabeautomaten
- Zweigstellen mit Selbstbedienung und begrenzter Beratung
- Zweigstellen mit umfassender Beratung in allen Bereichen
- reine Beratungsstellen (Verkaufsbüros).

1.0.233 Werbung

a) **Wesen:** Werbung ist der planmäßige Einsatz von Mitteln, die geeignet sind, Leistungen bekannt und begehrenswert zu machen. Sie dient dazu,

- neue Kunden zu gewinnen (z. B. Einführungswerbung)
- Stammkunden zu behalten (Erinnerungswerbung)

- neue Leistungen bekanntzumachen (Neuheitenwerbung)
- neue Bedürfnisse zu wecken (Bedarfswerbung).

b) Damit die jeweiligen Ziele erreicht werden, müssen **Werbebotschaften** eingesetzt werden. Diese sind häufig nach der sog. **AIDA-Formel** aufgebaut. AIDA bedeutet (in englischen Begriffen)

A = Attention (Aufmerksamkeit erregen)
I = Interest (Interesse am Zielobjekt binden)
D = Desire (Wünsche nach dem Produkt im Kunden wecken)
A = Action (dem Kunden die Möglichkeit geben, tätig zu werden, z. B. durch ausgegebene Kupons für kostenlose Information).

c) Die **Alleinwerbung** wird von einem einzelnen Unternehmen, die **Gemeinschaftswerbung** von einer ganzen Branche betrieben. Sie kann in einer **Einzel**umwerbung bestehen, gerichtet auf den einzelnen, persönlich angesprochenen Kunden, oder in **Massen**umwerbung, wobei insb. die Massenmedien (Presse, Funk, Fernsehen) eingesetzt werden.

d) **Mittel** der Werbung sind das gesprochene und geschriebene Wort, Bilder und Zeichen, die Ware selbst (KI: Plakate mit Abbildungen von Münzen, Geldscheinen), das mit ihr Erreichbare (Fotos von Autos, Häusern, Reiszielen) sowie Werbegeschenke (kleinere Zugaben, z. B. Kugelschreiber, Kalender).

Der Einsatz der Werbemittel sollte von folgenden Grundsätzen beherrscht sein:

- Wahrheit und Klarheit
- Wirksamkeit
- Wirtschaftlichkeit.

e) Die Werbe**politik** läßt sich bei KI unterscheiden nach

- Produktwerbung (die Leistung steht im Vordergrund; Ziel ist das Vertrauen in die Leistung)
- Imagewerbung (das ganze Unternehmen, sein Ansehen steht im Vordergrund; Ziel ist das Vertrauen in das Unternehmen).

Eine besondere Werbeart sind **Public Relations** (= „öffentliche Beziehungen"), d. h. die Öffentlichkeitsarbeit des Unternehmens, als besondere Form der Imagewerbung. Hierzu gehört der direkte Kontakt zu den Medien (besonders Journalisten).

1.0.24 Revision

a) **Wesen:** Revision ist die nachträgliche Überprüfung betrieblicher Vorgänge mit dem Ziel der Beseitigung von Fehlern. Eine darüber hinausgehende Zielsetzung betrifft die Herstellung und Erhaltung der Betriebs- und Ablaufsicherheit und führt zu einer Beratungsfunktion des Revisoren.

In KI ist eine funktionierende Revision besonders wichtig, da zum Teil erhebliche Vermögenswerte betreut werden und diese nicht dem Institut selbst gehören, sondern ihm vom Kunden anvertraut wurden.

b) **Durchführung:** Prüfungsmaßnahmen in KI können durchgeführt werden durch

- **externe** Prüfungsstellen, z. B.
  - Bundesaufsichtsamt für das Kreditwesen (BAK)
  - Deutsche Bundesbank (z. B. Einhaltung der Mindestreserve- und Großkreditvorschriften)
  - Prüfungsverbände (Kreditgenossenschaften)
  - Prüfungsstellen der Sparkassen- und Giroverbände (Sparkassen)
  - Wirtschaftsprüfer
- **interne** Prüfungseinrichtungen = **Innenrevision**.

Die Prüfungen können aufgrund vorheriger Ankündigung oder überraschend (unvermutet) erfolgen. Sie können den Bestand oder Vorgang lückenlos aufnehmen oder aber stichprobenartig. Wesentliche Prüfungshandlungen sind das Aufnehmen, das Vergleichen und das Abstimmen.

Die nachträglichen Prüfungsmaßnahmen der Revision werden ergänzt durch

- Kontrollmaßnahmen = vorsorgliche Überwachung von Arbeitsvorgängen (z. B. unvermutete Kassenprüfungen); Grundsätze:
  - Einsatz von Kontrolleuren, Vier-Augen-Prinzip
  - Verantwortlichkeit der Vorgesetzten
  - mechanische Kontrollen (z. B. Schlüssel, fortlaufende Numerierung)
  - programmierte Kontrolle (Bestandteil von EDV-Programmen), z. B.
    - Plausibilitätskontrolle (ist eine Eingabe denkbar und möglich?)
    - Prüfziffernrechnung (z. B. bei Kontonummern: Einstellung einer zusätzlichen Ziffer in die Kontonummer, die sich aus einem Rechenvorgang mit den anderen Ziffern ergibt)
- Sicherungsmaßnahmen = vorbeugende Regeln, z. B.
  - Unterschriftenregelung
  - Belegaufbewahrung und -vernichtung
  - Schlüsselverwahrung und -verwaltung (z. B. Doppelverschluß)
  - Dienstanweisungen über Verhalten bei Überfällen usw.

c) **Grundsätze** der Revision:

- Unabhängigkeit
- Recht auf Information
- Innenrevision: unterstützt die Geschäftsleitung und ist dieser unmittelbar unterstellt.

d) **Gegenstand** der Revision: **Sämtliche** Tätigkeitsbereiche in einem Kreditinstitut; Schwerpunkte:

- Kreditgeschäft: Zielsetzung ist die Vermeidung von Ausfällen durch
  - Einhaltung der Bearbeitungsvorschriften, Kompetenzen
  - ordnungsgemäße Prüfung der wirtschaftlichen Verhältnisse des Kreditnehmers
  - ausreichende, den Vorschriften entsprechende Sicherheiten
- Organisation und Datenverarbeitung (sog. Systemprüfung): Zielsetzung ist die Gewährleistung der Ordnungsmäßigkeit, Wirtschaftlichkeit und Sicherheit der

Arbeitsabläufe; dabei hat die EDV-Revision mittlerweile erhebliche Bedeutung erlangt, da die wichtigsten Arbeitsvorgänge maschinell oder zumindest EDV-gestützt ablaufen

- Bestände: Sicherstellung, daß die in Beständen gehaltenen Werte vollständig vorhanden und Zu- und Abgänge nachweisbar sind; z. B.
  - Kassenbestand
  - Tresorbestände
  - Wechsel
  - Wertformulare (z. B. Schecks)
- Depotgeschäft (sog. Depotprüfung): externe Revision der
  - Anschaffung und Veräußerung
  - Verwahrung und Verwaltung

  von Wertpapieren
- Jahresabschluß: interne und im Anschluß daran externe, gesetzlich vorgeschriebene Prüfung, die sich besonders erstreckt auf
  - Erstellung von Bilanz und Gewinn- und Verlustrechnung
  - Lagebericht
  - vollständige und richtige Erfassung sämtlicher Geschäftsvorfälle
  - Ordnungsmäßigkeit der Buchführung.

e) Die **Ergebnisse** von Prüfungen werden in **Revisionsberichten** (Prüfungsberichten) festgehalten. Diese enthalten

- Prüfungsauftrag
- Gegenstand und Umfang der Prüfung
- Feststellungen und Wertung der Ergebnisse
- beim Jahresabschluß: Bestätigungsvermerk, vgl. Abschnitt 0.4.042 h.

f) Anforderungen des Bundesaufsichtsamtes für das Kreditwesen an die **Innenrevision** in Kreditinstituten:

- Voraussetzung für die Funktionsfähigkeit der Innenrevision ist eine schriftlich fixierte Ordnung des gesamten Betriebes (Kompetenzen, Arbeitsabwicklung).
- Die Prüfungsergebnisse sollen über Ordnungsmäßigkeit des Betriebsablaufs, aufgetretene Mängel und Gefahren für das KI Aufschluß geben.
- Trennung der Innenrevision von anderen betrieblichen Funktionen.
- Möglichst selbständige Aufgabenwahrnehmung durch die Revision.
- Erstellung schriftlicher Revisionsberichte regelmäßig, zeitnah, bei drohenden Gefahren unverzüglich; Vorlage bei der Geschäftsleitung.
- Der Revisionsbericht hat neben Feststellungen auch Beurteilungen des Prüfungsgebietes zu enthalten.
- Die Erledigung von Beanstandungen ist zu überwachen.
- Schwerwiegende Feststellungen gegen Mitglieder der Geschäftsleitung sind der gesamten Geschäftsleitung unverzüglich schriftlich zu berichten und von dieser unverzüglich dem Vorsitzenden des Aufsichtsorgans zu unterbreiten.

1.1 Kontoführung und Zahlungsverkehr

1.1.0 Überblick

1.1.00 Zahlungsverkehr und Zahlungsmittel

Der **Zahlungsverkehr** der **Kreditinstitute** besteht in der Durchführung von baren, halbbaren und unbaren (bargeldlosen) Zahlungen für Kunden sowie für eigene Rechnung.

Gegenstand des Zahlungsverkehrs ist Geld im weitesten Sinne als **Zahlungsmittel**.

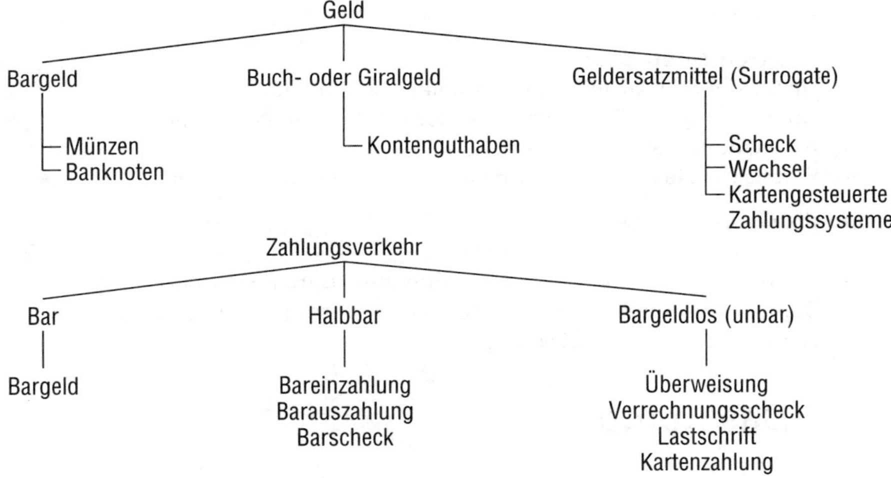

Die heutigen Aufgaben der Kreditinstitue im Zahlungsverkehr beschränken sich auf die halbbaren und bargeldlosen Zahlungsformen. Der Umfang dieses Dienstleistungsgeschäftes nimmt immer zu und entspricht damit der Abnahme der Barzahlungen im gesamten Wirtschaftsverkehr. (Beispiele: Löhne/Gehälter werden nicht mehr in „Tüten" bar ausgezahlt, sondern auf Lohn- oder Gehaltskonten überwiesen; größere Käufe auch von Privatpersonen werden nicht bar, sondern durch Eurocheque, Kreditkarte oder Überweisung bezahlt.) Für den elektronischen Ersatz von Kleinstzahlungen wird seit 1996 die Geldkarte getestet.

Träger des Zahlungsverkehrs sind

- Deutsche Bundesbank
- Geschäftsbanken (Groß-, Regional-, Lokalbanken, Privatbankiers)
- Sparkassen und Girozentralen
- Kreditgenossenschaften
- Postbank

- Netzbetreiber (für POS, POZ usw.)
- Clearingzentralen (für eurocheque, Geldautomaten u. a. m.).

1.1.01 Bedeutung des Zahlungsverkehrs

a) **Barzahlungen** treten in der Praxis immer mehr in den Hintergrund.

b) Der **bargeldlose Zahlungsverkehr** ist für das heutige Wirtschaftsleben praktisch unentbehrlich. Bedeutung:

- für die **Kunden**:
  - schnelle, sichere, bequeme Zahlungen, Verminderung der (riskanten) Bargeldhaltung
  - Gewinn durch Zinsen
  - niedrige Kosten
- für die **Kreditinstitute**:
  - zinsbringende Ausleihung von Teilen der Einlagen
  - Ausnutzung von Differenzen bei der Wertstellung (Valutierung)
  - Ansatzpunkt für weitere Geschäfte
  - Einblick in die Zahlungs- und Geschäftsmoral des Kunden
- für die **Gesamtwirtschaft**:
  - Verminderung des Bargeldumlaufs
  - Vermehrung des Buch-(Giral-)geldumlaufs durch Geldschöpfung
  - Sammlung kleiner, sonst brachliegender Beträge zur Kreditgewährung
  - schnelle Zahlungsabwicklung.

1.1.1 Das Konto

Grundlage und unabdingbare **Voraussetzung** für den Geschäftsverkehr zwischen KI und Kunde ist die Einrichtung eines **Kontos** für den Kunden unter Abschluß eines Kontovertrages.

1.1.10 Grundlagen

a) **Definition:** Das Konto ist eine zweiseitige Rechnung des Kreditinstituts über Forderungen und Verbindlichkeiten gegenüber dem Kunden aufgrund der Geschäftsbeziehung.

b) **Bedeutung:**

- für das Kreditinstitut: Erhalt von Geldern zur Verwendung im Kreditgeschäft
- für den Kunden:
  - Verminderung der Bargeldhaltung
  - Teilnahme am bargeldlosen Zahlungsverkehr
  - zinsbringende Geldanlage.

c) **Einrichtung** eines Kontos: setzt den Abschluß eines **Kontovertrages** voraus.

Vorgang:

- Antrag des Kunden auf Kontoeröffnung = 1. Willenserklärung
- Inhalt des Antrags: Kontobezeichnung, Person des Kontoinhabers, Kontoart, Verfügungsberechtigung, Anerkennung der AGB und Zustimmung zu Meldungen an die „Schufa", Unterschrift des Antragstellers
- **Legitimationsprüfung:** erforderlich aufgrund
  - § 154 Abgabenordnung (AO): kein Konto darf unter falschem oder erdichtetem Namen eröffnet werden (um Steuerhinterziehungen zu vermeiden)
  - Geldwäschegesetz: Prüfung der Legitimation des Handelnden und Klärung der wirtschaftlichen Berechtigung
  - eigenen Interesses der Bank (z. B. Haftbarmachung des Kunden bei unberechtigter Überziehung und Nicht-Rückzahlung)
  - eventueller Minderjährigkeit des Antragstellers
- Annahme des Eröffnungsantrags durch das KI = 2. Willenserklärung
- Anforderung einer **Unterschriftsprobe**: in dieser Weise hat der Kunde künftig zu unterzeichnen.

Das KI richtet nun eine **Kontokarte** ein, die mit der Kontobezeichnung und der Unterschriftsprobe versehen wird und auf der Verfügungen, ausgegebene Formulare (z. B. Schecks) und Kreditvermerke eingetragen werden. Vom Computer erstellte Kontoblätter können an die Stelle der Kontokarte treten.

d) Der **Kontovertrag** ist ein Geschäftsbesorgungsvertrag (§ 675 BGB), der für beide Parteien Rechte und Pflichten beinhaltet:

- das **Kreditinstitut** hat
  - erteilte Aufträge weisungsgemäß auszuführen
  - das Konto zu führen und abzurechnen
- der **Kunde** muß
  - jederzeit für ausreichende Deckung sorgen (Guthaben bzw. Einhalten eines Kreditlimits)
  - Gebühren bzw. Preise für die Kontoführung zahlen (durch Abbuchung vom Konto).

1.1.11 Kontoinhaber und Kontoverfügung

1.1.110 Kontoinhaber

Zum Abschluß des Kontovertrages sind – wie für jeden zweiseitig verpflichtenden Vertrag – **Rechtsfähigkeit** und **Geschäftsfähigkeit** erforderlich. Daraus folgt:

- nicht voll geschäftsfähige natürliche Personen (z. B. Minderjährige) können ohne Zustimmung ihrer gesetzlichen Vertreter kein Konto einrichten (die Kontoeröffnung ist auch nicht lediglich rechtlich vorteilhaft, § 107 BGB); Ausnahme: gesetzliche Vertreter haben einem Arbeitsvertrag des Minderjährigen zugestimmt: = Einwilligung zur Kontoeinrichtung, wenn Vergütung bargeldlos erfolgt

Kontobezeichnung/Vorname, Name (ggf. Geburtsname): Schönfeld & Sulzbach		1. Konto-Nr. 1234 135 223
		2.
1. Anschrift: Bahnhofstr. 22-24, 22355 Hamburg		3.
2. Anschrift:		4.
Telefon: - privat - 606 50 55 / - Firma - 606 50 51	Tel. Stichwort:	Konto eröffnet am: 23.11.96
Geschäftszweig/Beruf/Arbeitgeber: Einzelhandel/Elektro	Geschäftszweig/Beruf/Arbeitgeber:	

Für obiges Konto gelten folgende Zeichnungsbefugnisse

Vorname, Name	Geburtsdatum in seiner / Ihrer Eigenschaft als	Die Bevollmächtigten sind berechtigt, mit Verbindlichkeit für mich / uns, Wechsel zu akzeptieren *) zeichnet	E, A od. B **)
1. Johann Schönfeld	04.03.47 pers.hft.Ges.	[signature]	E
2. Ernst Sulzbach	12.06.45 pers.hft.Ges.	[signature]	E
3. Harald Heinsen	09.02.50 Bevollm.	[signature]	A
4.			
5.			

*) falls nicht erwünscht, diesen Absatz bitte streichen

**) Es zeichnet: E = einzeln, A = mit einem anderen Zeichnungsberechtigten gemeinsam, B = mit einem Zeichnungsberechtigten zu A gemeinsam

bei Geschäftsgiro: Fotokopie direkt an Auskunftei

Leerfelder abstreichen!

Schufa-Klausel

Ich/Wir willige(n) ein, daß die Hamburger Sparkasse (Haspa) der für meinen/unseren Wohnsitz zuständigen SCHUFA-Gesellschaft (Schutzgemeinschaft für allgemeine Kreditsicherung) Daten über die Beantragung, die Aufnahme und Beendigung dieser Kontoverbindung übermittelt.

Unabhängig davon wird die Haspa der SCHUFA auch Daten aufgrund nicht vertragsgemäßen Verhaltens (z. B. Scheckkartenmißbrauch durch den rechtmäßigen Karteninhaber, Scheckrückgabe mangels Deckung, Wechselprotest, beantragter Mahnbescheid bei unbestrittener Forderung sowie Zwangsvollstreckungsmaßnahmen) melden. Diese Meldungen dürfen nach dem Bundesdatenschutzgesetz nur erfolgen, soweit dies zur Wahrung berechtigter Interessen des Kreditinstituts, eines Vertragspartners der SCHUFA oder der Allgemeinheit erforderlich ist und dadurch meine/unsere schutzwürdigen Belange nicht beeinträchtigt werden.

Soweit hiernach eine Übermittlung erfolgen kann, befreie(n) ich/wir die Haspa zugleich vom Bankgeheimnis.

Die SCHUFA speichert die Daten, um den ihr angeschlossenen Kreditinstituten, Kreditkartenunternehmen, Leasinggesellschaften, Einzelhandels-, Versandhandels- und sonstigen Unternehmen, die gewerbsmäßig Geld- oder Warenkredite an Konsumenten geben, Informationen zur Beurteilung der Kreditwürdigkeit von Kunden geben zu können. An Unternehmen die gewerbsmäßig Forderungen einziehen und der SCHUFA angeschlossen sind, können zum Zwecke der Schuldnerermittlung Adreßdaten übermittelt werden. Die SCHUFA stellt die Daten ihren Vertragspartnern nur zur Verfügung, wenn diese ein berechtigtes Interesse an der Datenübermittlung glaubhaft darlegen. Die SCHUFA übermittelt nur objektive Daten ohne Angabe des Kreditgebers; subjektive Werturteile, persönliche Einkommens- und Vermögensverhältnisse sind in SCHUFA-Auskünften nicht enthalten.

Ich kann/Wir können Auskunft bei der SCHUFA über die mich/uns betreffenden gespeicherten Daten erhalten. Die Adresse der SCHUFA lautet:

SCHUTZGEMEINSCHAFT FÜR ALLGEMEINE KREDITSICHERUNG GMBH
WENDENSTRASSE 4 · 20097 HAMBURG

Ich/Wir willige(n) ein, daß im Falle eines Wohnsitzwechsels die vorgenannte SCHUFA die Daten an die dann zuständige SCHUFA übermittelt.
Weitere Informationen über das SCHUFA-Verfahren enthält ein Merkblatt, das auf Wunsch zur Verfügung gestellt wird.

[signature]

Unterschrift des/der Kontoinhaber/s

1 534 01-5 09.95 1074

1

Hamburger Sparkasse

Text des Girokonto-Eröffnungsantrages (zur Aushändigung an den Kunden)

Ich/Wir beantrage(n) hiermit die Eröffnung bzw. Weiterführung eines Girokontos bei der Hamburger Sparkasse (Haspa) unter der umstehenden Bezeichnung. Ihre **Satzung,** Ihre **Allgemeinen Geschäftsbedingungen** und die **Sonderbedingungen für den Überweisungsverkehr** hängen in allen Filialen zur Einsicht aus. Das **Preisverzeichnis mit Wertstellungsgrundsätzen,** die **Sonderbedingungen für den Scheckverkehr** und die **Sonderbedingungen für den Lastschriftverkehr** können dort eingesehen werden. Der Inhalt dieser Unterlagen ist mir (uns) bekannt; ich (wir) erkenne(n) ihn für meinen (unseren) Geschäftsverkehr mit Ihnen als verbindlich an. Bei Gemeinschaftskonten sind Mitteilungen der Haspa wirksam, wenn sie einem der Inhaber gegenüber abgegeben werden (auch bei gemeinsamer Zeichnungsbefugnis) und jeder von ihnen ist berechtigt, das Konto aufzulösen.

Vollmachten: Die neben dem Kontoinhaber umstehend als Zeichnungsberechtigte aufgeführte(n) Person(en) ist/sind von mir (uns) - soweit ihre handelsrechtlichen Befugnisse nicht weitergehen - bevollmächtigt, mich (uns) der Haspa gegenüber in allen Giroangelegenheiten, die sich aus der Geschäftsverbindung mit Ihnen ergeben, rechtsgültig zu vertreten. Die Bevollmächtigten sollen insbesondere berechtigt sein, über mein (unser) jeweiliges Guthaben und über mir (uns) etwa eingeräumte Kredite jeder Art in beliebiger Weise in meinem (unserem) Namen, **auch zu eigenen Gunsten** und zugunsten Dritter zu verfügen sowie **das Konto zu überziehen.** Sie sind ferner berechtigt, Kontoauszüge, Abrechnungen, Saldenbestätigungen und sonstige Schriftstücke für mich (uns) entgegenzunehmen, zu prüfen und anzuerkennen. Die Bevollmächtigten dürfen auch in meinem (unserem) Geschäftsverkehr mit Ihnen mit Verbindlichkeit für mich (uns) Wechsel ausstellen sowie Wechsel und Schecks girieren. Die Vollmacht behält auch für den Fall Geltung, daß das Konto zu einer anderen Filiale verlegt wird. Die Bevollmächtigten sind dazu berechtigt. Die Bevollmächtigung gilt Ihnen gegenüber so lange, wie Ihnen ein schriftlicher Widerruf nicht zugegangen ist. Sie wirkt **über den Tod** des Vollmachtgebers **hinaus** und bleibt so lange in Kraft, bis sie durch den Rechtsnachfolger des Inhabers, nachdem dieser sich gemäß den Allgemeinen Geschäftsbedingungen legitimiert hat, schriftlich widerrufen wird.

Dieses Konto wird für meine (unsere) eigene Rechnung geführt und nicht für einen anderen wirtschaftlich Berechtigten: ❑ ja ❑ nein

Ich (Wir) möchte(n) den Service der Haspa nutzen, auch telefonisch und/oder per Telefax informiert und beraten zu werden: ❑ ja ❑ nein

- bei juristischen Personen geschieht die Kontoeröffnung durch die vertretungsberechtigten Organe (Vorstand) sowie durch Prokuristen
- nicht rechtsfähige Personenvereinigungen können nicht selbst handeln, sondern dies müssen ihre Mitglieder durch gemeinschaftliches Auftreten tun; das Konto kann allerdings auf den Namen eines hierzu ermächtigten Mitglieds eröffnet werden.

1.1.111 Verfügungsberechtigung

a) **Verfügungsberechtigt** kann sein:

- der Kontoinhaber selbst
- sein gesetzlicher Vertreter
- ein rechtsgeschäftlicher Vertreter (Bevollmächtigter)

(vgl. Übersicht).

b) **Legitimationsprüfung** nach § 154 Abgabenordnung: Seit dem 1.1.92 muß jedes KI jederzeit Auskunft geben können, über welche Konten, Depots und Kundenmietfächer eine Person **verfügungsberechtigt** ist (Kontoinhaber, gesetzlicher Vertreter bzw. Bevollmächtigter). Über ältere Vorgänge brauchen derartige Aufzeichnungen nicht angefertigt zu werden.

Auf dem Konto sind Angaben zur Person und zum Legitimationspapier festzuhalten.

Konto- und Depot-Vollmacht

an die
Bayerische Hypotheken- und Wechsel-Bank
Aktiengesellschaft

Zutreffendes bitte ankreuzen

- ☐ Original für die Bank
- ☐ Beleg für Vollmachtgeber
- ☐ Beleg für Bevollmächtigte(n)

1) **nicht zutreffendes bitte streichen**

HYPO BANK

Kontonummer(n) ____________________ Kontoinhaber (Name, Vorname, Anschrift) ____________________

Hierdurch bevollmächtige(n) ich/wir (Name, Vorname, Geburtsname, Geburtsdatum, Anschrift des/der Bevollmächtigten)

____

mich/uns im Geschäftsverkehr mit der Bank zu vertreten. Die Vollmacht gilt für die obengenannten Konten/Depots einschließlich der bestehenden und künftigen - auch von dem/den Bevollmächtigten eröffneten - Unterkonten und Unterdepots, soweit Ihnen nicht eine anderweitige Weisung von mir/uns zugeht.

Werden mehrere Personen bevollmächtigt, so [1] ist jede für sich allein / sind diese nur gemeinschaftlich vertretungsberechtigt.

Im einzelnen gelten folgende Regelungen:

1. Umfang der Vollmacht

Der/Die Bevollmächtigte(n) darf/dürfen - auch zu eigenen Gunsten - alle Geschäfte vornehmen, die mit der Konto- und Depotführung in unmittelbarem Zusammenhang stehen.
Er/Sie darf/dürfen insbesondere

- über jeweilige Guthaben(z.B. durch Überweisungsaufträge, Barabhebungen, Schecks) verfügen,
- eingeräumte Kredite beanspruchen,
- von der Möglichkeit vorübergehender Kontoüberziehungen im banküblichen Rahmen Gebrauch machen,
- Wertpapiere und Devisen an- und verkaufen sowie die Auslieferungen an sich verlangen,
- Abrechnungen, Kontoauszüge, Wertpapier-, Depot- und Erträgnisaufstellungen sowie sonstige Abrechnungen und Mitteilungen entgegennehmen und anerkennen.

Diese Vollmacht berechtigt **nicht**

- zum Abschluß von Börsentermin und Devisentermingeschäften
- zum Abschluß von Schrankfach- und Verwahrverträgen,
- zur Beantragung von ec- und Kreditkarten,
- zur Bestellung und Rücknahme von Sicherheiten,
- zur Entgegennahme von Konto- und Kreditkündigungen.

2. Auflösung von Konto/Depot

Zur Auflösung des Kontos/Depots ist/sind der/die Bevollmächtigte(n) erst nach dem Tode des Kontoinhabers berechtigt. Bei mehreren Kontoinhabern besteht diese Berechtigung erst nach dem Tode aller Kontoinhaber.

3. Untervollmachten

Zur Erteilung von Untervollmachten ist/sind der/die Bevollmächtigte(n) nicht berechtigt.

4. Geltungsdauer der Vollmacht

Die Vollmacht kann vom Kontoinhaber jederzeit widerrufen werden. Sie gilt bis zu ihrem Widerruf gegenüber der Bank, der aus Beweisgründen schriftlich erfolgen soll. Bei mehreren Kontoinhabern führt der Widerruf der Vollmacht eines Kontoinhabers zum Erlöschen der Vollmacht.
Die Vollmacht erlischt nicht mit dem Tode des/der Kontoinhaber(s); sie bleibt für die Erben des jeweils verstorbenen Kontoinhabers in Kraft.
Der Widerruf eines von mehreren Erben bringt die Vollmacht nur für den Widerrufenden zum Erlöschen. Der/Die Bevollmächtigte(n) kann/können dann von der Vollmacht nur noch gemeinsam mit dem Widerrufenden Gebrauch machen. Die Bank kann verlangen, daß sich der Widerrufende als Erbe ausweist.

____
(Ort/Datum)

Unterschrift des/der Kontoinhaber(s)

____
(Vorname, Name (in Druckbuchstaben))

Hinweis für den/die Bevollmächtigte(n):
Die Bank ist gesetzlich verpflichtet, Name und Anschrift des/der Bevollmächtigten festzuhalten; sie wird deshalb diese Daten speichern.

____
(Ort/Datum)

Unterschrift des/der Bevollmächtigten

____
(Vorname, Name (in Druckbuchstaben))

Art. 1001604 Konto- und Depotvollmacht (09/96)

Seite 1

c) Eine **Vollmacht**, d. h. die rechtsgeschäftliche Verfügungsmacht über ein fremdes Konto, kann erteilt werden

- nach BGB:
  - im Rahmen einer Generalvollmacht
  - aufgrund einer Spezialvollmacht
- nach HGB:
  - im Rahmen einer Handlungsvollmacht
  - im Rahmen einer Prokura
  - durch ausdrücklich zu diesem Zweck erteilte Handlungsvollmacht (Artvollmacht).

Die Vollmacht kann zeitlich befristet oder unbeschränkt gelten; in diesem Fall gilt sie über den Tod des Kontoinhabers im Zweifel hinaus (§§ 672, 168 BGB). Die Vollmacht kann aber auch ausdrücklich ausgesprochen sein

- bis zum Tode
- für den Todesfall
- über den Tod hinaus.

Bei General- und Handlungsvollmachten ergibt sich die Verfügungsberechtigung i. d. R. aus einem Unterschriftsprobenblatt, das beim kontoführenden Kreditinstitut hinterlegt wird.

Generalbevollmächtigter und Prokurist können sich andernfalls durch Vollmachtsurkunde bzw. beglaubigten Handelsregisterauszug sowie durch persönliche Legitimation ausweisen. Sie dürfen nicht nur über das Konto verfügen, sondern auch Kredite aufnehmen und Wechselverbindlichkeiten eingehen. (Diese Befugnisse hat ein Handlungsbevollmächtigter nur nach besonderer Ermächtigung.)

1.1.112 Kontenarten nach der Verfügungsmöglichkeit

a) **Einzelkonten:**

- ein Kontoinhaber
- er allein ist verfügungsberechtigt (außerdem evtl. ein Bevollmächtigter).

b) **Gemeinschaftskonten:** mehrere Personen sind gemeinsam Kontoinhaber;

- **Oder**-Konto: jeder Kontoinhaber ist allein verfügungsberechtigt („der eine oder der andere")
- **Und**-Konto: die Kontoinhaber sind nur gemeinsam verfügungsberechtigt.

Darüber hinaus können auch hier Bevollmächtigte verfügungsberechtigt sein.

c) **Anderkonten:**

- Kontoinhaber ist ein **Treuhänder**, z. B. Notar, Rechtsanwalt, Wirtschaftsprüfer
- Anderkonten dienen zur treuhänderischen Verwahrung und Verwaltung von Vermögenswerten, die dem Treuhänder nicht gehören; sie werden unter dem Namen und Titel des Treuhänders geführt

Kontoinhaber kann sein:	Verfügungsberechtigt ist:
1. Natürliche Personen	
a) Geschäftsunfähige →	Gesetzliche Vertreter – grundsätzlich beide Eltern – bzw. der überlebende Teil – bzw. der sorgebrechtigte Teil – evtl. Vormund – ggf. Betreuer
b) Minderjährige →	evtl. Kontoinhaber selbst (sonst → Gesetzliche Vertreter)
c) Mündel (z. B. Waisen, uneheliche Kinder) →	Vormund über → Zinsen + Vormundschaftsgericht über → Vermögen
d) voll Geschäftsfähige →	Kontoinhaber ggf. Betreuer Bevollmächtigter:
– Privatperson → – Minderkaufmann → – Vollkaufmann →	nach BGB Bevollmächtigter Handlungsbevollmächtigter Prokurist
2. Personengesellschaften	
a) OHG →	jeder Gesellschafter allein } soweit nichts anderes vereinbart
b) KG →	jeder Komplementär allein } soweit nichts anderes vereinbart
c) Partnergesellschaft →	jeder Partner allein } soweit nichts anderes vereinbart
d) BGB-Gesellschaft →	alle Gesellschafter zusammen } soweit nichts anderes vereinbart
(2. und 3.) →	Bevollmächtigte (Prokura, Handlungsvollmacht)
3. Juristische Personen des Privatrechts	
a) AG, GmbH, Vereine, Stiftungen, Genossenschaft, Versicherungsverein a. G. →	alle Mitglieder des Vorstandes bzw. Geschäftsführer gemeinsam } soweit nichts anderes vereinbart
b) KGaA →	jeder Komplementär allein } soweit nichts anderes vereinbart
4. Juristische Personen des öffentlichen Rechts →	der bestimmte gesetzliche Vertreter

- Verfügung Bevollmächtigter ist nur eingeschränkt möglich
- hier gelten neben den AGB besondere Geschäftsbedingungen für Anderkonten.

d) Hinsichtlich der Verfügungsberechtigung sind auch bestehende **Vormundschaften, Pflegschaften und Betreuungen** zu berücksichtigen (vgl. Abschnitt 0.1.041). Neben den Vormundschaften für Minderjährige und den Pflegschaften z. B. im Rahmen von Nachlaßangelegenheiten sind besonders die **Betreuungen** zu berücksichtigen, die nach dem neuen Betreuungsgesetz seit dem 1.1.1992 die Vormundschaften für Volljährige wegen Entmündigung usw. sowie die Pflegschaften für Volljährige wegen Gebrechlichkeit usw. ersetzt haben.

Praxis:

- Der Aufgabenkreis des Betreuers ergibt sich aus dem Betreuerausweis; daraus ist erkennbar, ob dazu auch die Betreuung in **Vermögenssachen** gehört. Ist dies **nicht** der Fall, kann der Betreute weiter uneingeschränkt verfügen, der Betreuer gegenüber dem KI nicht tätig werden.
- Wenn für die Betreuung in Vermögenssachen ein **Einwilligungsvorbehalt** vom Vormundschaftsgericht angeordnet wurde (ergibt sich ebenfalls aus dem Betreuerausweis), sind Verfügungen grds. nur durch den Betreuer – i. d. R. mit entsprechendem Beschluß des Vormundschaftsgerichts – möglich. Ggf. darf der Betreute mit Einwilligung des Betreuers über Taschengeldbeträge auf einem Girokonto verfügen.
- Für Verfügungen eines Betreuers, eines Vormundes für Minderjährige sowie eines Nachlaßpflegers gilt eine Betragsgrenze von 5 000,– DM für Verfügungen über **vorhandene** Vermögenswerte des Mündels/Pfleglings ohne Beschluß des Vormundschaftsgerichts.

1.1.113 Besondere Verfügungsrechte

a) Bei **Tod** des Kontoinhabers:

- Erben mit Erbschein (oder Testament u. Protokoll der Eröffnung)
- Testamentsvollstrecker mit Testamentsvollstreckungszeugnis
- für den Todesfall Bevollmächtigter
- über den Tod hinaus Bevollmächtigter.

b) Zugunsten von **Gläubigern**:

- im **Konkurs** Verfügungsrecht des Konkursverwalters (evtl. zusammen mit einem Vertreter der Gläubiger = Mitglied des Gläubigerausschusses)
- bei **Pfändung** von Kontenguthaben: sog. Pfändungs- und Überweisungsbeschluß (§§ 828 ff. ZPO)
  - verbietet dem KI die Leistung an den Schuldner
  - verbietet dem Schuldner die Verfügung über die gepfändete Forderung an das KI

- berechtigt den Gläubiger zur Einziehung der Forderung, d. h. zur Verfügung
- Voraussetzung: vollstreckbarer und zugestellter Titel
- durch Vorankündigung der Pfändung können zwischenzeitliche Verfügungen verhindert werden, da diese als Sperrung des Kontos wirkt
- beachte: das Pfandrecht des KI selbst nach AGB am Kontoguthaben des Kunden muß auch der Pfändungsgläubiger gegen sich gelten lassen

- möglich ist **Beschlagnahme** von Bankguthaben durch Justiz- und Finanzbehörden

- der Kontoinhaber kann selbst über sein Guthaben zugunsten Dritter verfügen (abgesehen von normalen Zahlungsvorgängen):
  - durch **Abtretung** (Zession), die dem sog. Zessionar alle Rechte des bisherigen Kontoinhabers verschafft (§§ 398 ff. BGB)
  - durch **Verpfändung**, die dem Gläubiger ein Zugriffsrecht auf das Guthaben gibt (muß dem KI angezeigt werden; Schuldner bleibt Gläubiger der Forderung gegenüber dem KI).

1.1.12 Kontoführung durch das KI

a) Die KI erstellen für die Buchungen eines Tages auf einem Konto einen **Kontoauszug** (Tagesauszug). Daß eine Buchung an einem bestimmten Tag erfolgt, bedeutet jedoch nicht, daß der gutgeschriebene Betrag dem Kontoinhaber vom Buchungstag an zur Verfügung steht oder der belastete Betrag mit diesem Tag nicht mehr verfügbar ist: entscheidend ist die **Wertstellung**, ein zusätzlicher Datumsvermerk neben dem gebuchten Betrag auf Kontoblatt und Auszug.

Die Wertstellung (Valutierung) drückt folgendes aus:

- ein **belasteter** Betrag steht dem Kontoinhaber vom Datum der Wertstellung an nicht mehr zur Verfügung

- über einen **gutgeschriebenen** Betrag darf der Kontoinhaber zwar sofort verfügen – das Geld steht ihm jedoch erst vom Wert an zur **eigenen** Verfügung; ist sein Konto sonst ungedeckt, nimmt er also eine **Überziehung** in Anspruch, für die Sollzinsen zu zahlen sind.

Haspa®

Kontoauszug — Hamburger Sparkasse, Bankleitzahl (BLZ) 200 505 50

Kontonummer	Kontobezeichnung	Vortrag vom	Auszug-Nr.
1234/567890	MARIANNE KUNDE	18.06.97	25
	Saldovortrag/Übertrag DM *)		211,06-

Buchungstag	Wertstellung	Erläuterungen	Belastungen/Gutschriften DM *)
2006	2006	HASPA-GELDAUTOMAT 180 /1 AM20.06. UM 13.42 UHR KARTE 3	100,00-
2106	2106	BARSCHECK 574	50,00-
2406	2206	HASPA-GELDAUTOMAT 010 /1 AM22.06. UM 12.33 UHR KARTE 3	200,00-
2506	2506	ALFRED C. TOEPFER VERDIENSTABRECHNUNG 06.97/1	3.548,75
2606	2606	HAMBURGER GASWERKE GMBH HGW0441487220	25,00-
2706	2706	IKEA 146 HAMBURG PDZ94036006 26.06 16.59 ME3	185,80-
2706	2606	HASPA-GELDAUTOMAT 010 /1 AM26.06. UM 19.52 UHR KARTE 3	100,00-

Wichtige Unterlagen liegen fuer Sie zum Abholen bereit! Ihr Berater

Ihr Dispo DM	Auszug vom	Neuer Saldo DM *)
15.000,00	07.07.1997	2.676,89

Bitte Einwendungsfristen und Hinweise auf der Rückseite beachten.

*) Belastungen und Schuldsalden werden mit „-" gekennzeichnet. Kapitalerträge sind einkommensteuerpflichtig.

7 534 02-7 06.96 1002

Für die Zinsberechnung auf einem Konto ist also in jedem Fall die Valuta entscheidend, nicht der Buchungstag.

In der Praxis der KI haben sich bestimmte Wertstellungsregeln herausgebildet, die als **Wertstellungsgrundsätze** Eingang in das Preisverzeichnis gefunden haben. Beispiele:

- Gutschriften
  - Überweisungen: Wert Buchungstag oder vorgegebene Valuta
  - Bareinzahlungen: Wert Einzahlungstag
- Einzugsschecks (Sofortgutschriften Eingang vorbehalten)
  - Schecks gezogen auf das eigene Institut: Wert Buchungstag
  - Schecks gezogen auf sonstige KI: Wert 1 Geschäftstag nach dem Buchungstag
- Barauszahlungen: Wert Auszahlungstag
- Lastschriften: Wert Buchungstag oder vorgegebene Valuta.

Aufgrund eines BGH-Urteils von 1989 wurden diese Wertstellungsgrundsätze zugunsten der Kunden verbessert, so daß die früher für die KI möglichen **Wertstellungsgewinne** erheblich abgebaut wurden. Allerdings mußten die KI daraufhin die Kunden durch höhere Preise für die Kontoführung stärker an den immensen Kosten des Zahlungsverkehrs beteiligen.

b) Die Kreditinstitute intensivieren die Installation von **Selbstbedienungs-Kontoauszugsdruckern** in ihren Kundenräumen und in Selbstbedienungs-(SB-)Zonen. Diese Geräte ermöglichen es dem Kunden, während der Geschäftszeit den aktuellen Kontoauszug mittels einer Codekarte selbst ausdrucken zu lassen (in SB-Zonen rund um die Uhr). Im Zuge des electronic banking holt der Kunde seinen Auszug per Datenfernübertragung vom Bankcomputer auf seinen PC. Beides bedeutet eine wesentliche Entlastung für den Servicebereich.

c) Die Behandlung des Kontos richtet sich nach der jeweiligen Kontoart. Grundsätzlich werden alle Konten mindestens **jährlich** abgeschlossen; für Zahlungsverkehrskonten (Giro-, Kontokorrentkonto) erfolgt der Abschluß i. d. R. vierteljährlich, z. T. monatlich oder halbjährlich.

Zweck des Abschlusses:

- Kontrollmöglichkeit für KI (Hausrevision) und Kunden
- Verbuchung von Zinsen, Gebühren/Preisen, Auslagen.

Die **Konditionen** der KI sind unterschiedlich nach dem mit der Kontoführung verbundenen Arbeitsaufwand, werden für eine Kontoart jeweils jedoch einheitlich erhoben und durch Aushang im Schalterraum bekanntgemacht (Preisaushang bzw. Preisverzeichnis). Für gute Kunden gelten Sonderkonditionen.

Durch Konditionen werden geregelt:

- Zinsen = zeitabhängige Vergütungen für Kapitalüberlassung
- Provisionen = zeitunabhängige Vergütungen für bestimmte Leistungen (grds.; z. T. werden irreführende Begriffe verwendet oder Provisionen auch zeitabhängig gerechnet, z. B. Avalprovision)

- Gebühren/Preise dienen unmittelbar zur Deckung von Kosten des KI.

1.1.13 Kontoarten nach der Verwendung

1.1.130 Girokonto

a) **Wesen:**

- Verbuchung von Sichteinlagen
- Geld ist jederzeit fällig, d. h. verfügbar
- nur kreditorische Führung (d. h. auf Guthabenbasis)
- Verzinsung der Guthaben möglich (i. d. R. bis 11/2%; meist jedoch zinslos geführt).

b) **Bedeutung:**

- Abwicklung des Zahlungsverkehrs
- Abwicklung sonstiger Geschäfte zwischen Kunde und KI, für die kein besonderes Konto erforderlich ist.

1.1.131 Kontokorrentkonto

a) **Wesen:**

- Verbuchung von Sichteinlagen
- Verbuchung kurzfristiger (sog. Kontokorrent-)Kredite
- Geld (Guthaben bzw. Kredit) ist jederzeit verfügbar
- debitorische oder kreditorische Führung
- Verzinsung der Guthaben möglich (siehe Girokonto)
- Sollzinsen für debitorische Führung (d. h. auf Kreditbasis).

b) **Rechtsgrundlage:** § 355 HGB; Inhalt:

- Kaufmannseigenschaft eines der Partner erforderlich (KI)
- gegenseitige Verrechnung beiderseitiger Ansprüche und Leistungen
- Berechnung von Zinseszinsen zulässig
- maßgeblich für Forderung/Verbindlichkeit ist der **Saldo** = Differenz der beiden Kontoseiten
- regelmäßige Feststellung des Saldos (mindestens jährlich)
- jederzeit kündbares Verhältnis.

c) **Bedeutung:** Abwicklung des Zahlungsverkehrs und aller sonstigen Geschäfte zwischen Kunde und KI, für die kein besonderes Konto erforderlich ist.

Die KI unterscheiden meist nicht zwischen Giro- und Kontokorrentkonto: i. d. R. werden alle Konten als „Girokonten“ (Sparkassen) oder als „Laufende Konten“ (= Kontokorrentkonten; Geschäftsbanken) bezeichnet ohne Rücksicht darauf, ob sie überzogen werden dürfen oder nicht.

1.1.132 Depositenkonto

a) **Wesen:**

- Verbuchung von Termineinlagen
- nur kreditorische Führung möglich

b) **Bedeutung:** keine Zahlungsverkehrs-Umsätze, da die Gelder festgelegt (terminiert) sind: Fest- und Kündigungsgelder.

1.1.133 Sparkonto

a) **Wesen:**

- Verbuchung von Spareinlagen (siehe dort)
- nur kreditorische Führung
- Verfügung nur mit Sparbuch (+ Ausweiskarte u. a.); keine Verfügung durch Überweisung oder Scheck.

b) **Bedeutung:**

- Verbuchung von Geldern, die der Anlage oder Ansammlung von Vermögen dienen
- nicht für den Zahlungsverkehr bestimmt.

1.1.134 Depotkonto

a) **Wesen:**

- Verbuchung von in Verwahrung genommenen Wertpapieren
- genaue Angaben zu diesen Papieren

b) **Bedeutung:** Sicherung des Herausgabeanspruchs des Kunden für die ihm gehörenden Papiere.

1.1.14 Allgemeine Geschäftsbedingungen (AGB) der Kreditinstitute

a) **Wesen:** Die AGB sind von den Kreditinstituten aufgestellte Bestimmungen, die Grundlage für ihre Geschäftsbeziehungen zu ihren Kunden sein sollen.

Aufgrund des AGB-Gesetzes von 1976 werden AGB nicht mehr automatisch Bestandteil aller Rechtsgeschäfte zwischen KI und Kunde, sondern müssen durch ausdrücklichen Hinweis, deutlichen Aushang am Ort des Vertragsabschlusses, mit Kenntnisnahmemöglichkeit und Einverständnis des Kunden **einbezogen** werden (vgl. Abschnitt 0.1.411).

Dabei werden relativ strenge Anforderungen an den Inhalt der AGB gestellt.

b) Wesentlicher **Inhalt**:

- Kennzeichnung und Abgrenzung der einzelnen Tätigkeiten des KI
- Eingrenzung der Haftung gegenüber dem Kunden im gesetzlich zulässigen Umfang (aufgrund des AGB-Gesetzes wurden Überarbeitungen der bis dahin gültigen AGB vorgenommen)
- grundlegende Voraussetzungen für das Tätigwerden des KI
- für einzelne Arten von Bankgeschäften bzw. in ihrem Zusammenhang anfallende Rechtshandlungen (z. B. Abtretung von Forderungen, Sicherungsübereignung) gelten besondere Geschäftsbedingungen, deren Geltung jeweils durch Unterschrift des Kunden herbeigeführt wird (Formularverträge)
- die AGB stimmen bei den einzelnen Arten von KI wörtlich, bei allen KI inhaltlich überein.

c) **Bedeutung:**

- Als Bestandteil aller Bankverträge sind die AGB eine der Rechtsgrundlagen des Kreditwesens
- Vereinheitlichung der Geschäftsbeziehungen zu den Kunden, Typisierung der Geschäfte, rationelles, schnelleres Arbeiten
- eine Wirkung der AGB ist die weitgehend gleiche Behandlung der Kunden; nur bei wichtigen Kunden/größeren Geschäften werden Sonderbedingungen (z. B. Sonderkonditionen) unabhängig von den AGB ausgehandelt
- Überschaubarkeit der Risiken für das KI, Sicherungswirkung
- durch Übereinstimmung der AGB unter den KI Einschränkung des destruktiven (schädigenden), vor allem des risikoreichen Wettbewerbs innerhalb der Kreditwirtschaft.

d) **Wesentliche AGB-Klauseln – AGB-Banken – Fassung 1.1.1993** (Kurzfassung: bitte im Original nachlesen!):

1: Die AGB gelten für die gesamte Geschäftsverbindung zwischen KI und Kunde; daneben gelten für einzelne Geschäftsbeziehungen (z. B. ec-Service, Scheckverkehr, Sparverkehr, ...) Sonderbedingungen.

2: Das KI ist im Rahmen der gesetzlichen Bestimmungen zur Verschwiegenheit über alle kundenbezogenen Informationen verpflichtet (Bankgeheimnis). Bankauskünfte erteilt ein KI nur bei juristischen Personen oder im Handelsregister eingetragenen Kaufleuten ohne vorherige Zustimmung, sofern keine anderslautende Weisung vorliegt.

3: Das KI haftet bei der Erfüllung seiner Verpflichtungen für jedes Verschulden seiner Mitarbeiter und der Personen, die es zur Erfüllung seiner Verpflichtungen hinzuzieht. Das KI kann Aufträge an Dritte weiterleiten und haftet dann nur für die sorgfältige Auswahl und Unterweisung des Dritten.

7: Das KI erteilt jeweils zum Ende des Kalenderquartals einen Rechnungsabschluß. Einwendungen wegen Unrichtigkeit sind innerhalb eines Monats nach Zugang des Rechnungsabschlusses zu erheben – Unterlassung gilt als Genehmigung.

11: Mitwirkungspflichten des Kunden z. B.
- Änderungen von Name, Anschrift und Vertretungsbefugnissen sind dem KI unverzüglich mitzuteilen
- Aufträge jeder Art müssen ihren Inhalt zweifelsfrei erkennen lassen, und der Kunde hat auf Richtigkeit und Vollständigkeit zu achten
- Hält der Kunde bei der Ausführung eines Auftrages besondere Eile für nötig, hat er dies außerhalb des Formulars dem KI gesondert mitzuteilen
- Der Kunde hat Mitteilungen der Bank auf ihre Richtigkeit und Vollständigkeit unverzüglich zu überprüfen und etwaige Einwendungen unverzüglich zu erheben.

12: Für die Höhe der Zinsen und Entgelte im Privatkundengeschäft gelten der „Preisaushang" und ergänzend das „Preisverzeichnis"; außerhalb des standardisierten Privatkundengeschäft bestimmt das KI die Preise nach billigem Ermessen. Bei einer Erhöhung von Zinsen und Entgelten kann der Kunde das betroffene Geschäft mit sofortiger Wirkung kündigen.

Der Kunde trägt alle Auslagen, die anfallen, wenn das KI in seinem Auftrag oder seinem mutmaßlichen Interesse tätig wird oder wenn Sicherheiten bestellt, verwaltet, freigegeben oder verwertet werden.

13: Das KI kann für alle Ansprüche aus der Geschäftsverbindung die Bestellung bankmäßiger Sicherheiten verlangen. Werden Umstände bekannt, die eine Neubewertung des Risikos rechtfertigen, kann das KI auch nachträglich die Bestellung oder Verstärkung von Sicherheiten verlangen. Bei Krediten, die unter das Verbraucherkreditgesetz fallen, besteht der Anspruch auf Bestellung oder Verstärkung von Sicherheiten grundsätzlich nur, soweit die Sicherheiten im Kreditvertrag angegeben sind.

14: (AGB-Pfandrecht) Das KI erwirbt ein Pfandrecht an allen Wertpapieren und Sachen, die im bankmäßigen Geschäftsverkehr in seinen Besitz gelangen, auch an den Ansprüchen, die dem Kunden gegen die Bank zustehen oder zukünftig zustehen werden (z. B. Kontoguthaben). Das Pfandrecht dient zur Sicherung aller Ansprüche, die dem KI aus der bankmäßigen Geschäftsbeziehung gegen den Kunden zustehen.

16: Falls der realisierbare Wert aller Sicherheiten den Gesamtbetrag aller Ansprüche aus der bankmäßigen Geschäftsverbindung übersteigt, hat das KI auf Verlangen des Kunden Sicherheiten nach seiner Wahl freizugeben.

18: Kündigungsrechte des Kunden für die gesamte Geschäftsverbindung oder einzelne Geschäftsbeziehungen jederzeit ohne Einhaltung einer Kündigungsfrist, es sei denn, es ist anderes vereinbart.

19: Kündigungsrecht des KI für die gesamte Geschäftsverbindung oder einzelne Geschäftsbeziehungen unter Einhaltung einer angemessenen Frist, es sei denn, es ist anderes vereinbart; für die Kündigung eines laufenden Kontos oder Depots beträgt die Kündigungsfrist mindestens einen Monat. Dem KI ist aus wichtigem Grund eine Kündigung auch ohne Einhaltung einer Frist möglich.

20: Schutz der Einlagen – Verweisung auf den Einlagensicherungsfonds.

II: Bedingungen für den Handel in Wertpapieren, Devisen und Sorten

III: Bedingungen für das Verwahrungsgeschäft

Anmerkung: Bis zur Neuformulierung und Einführung neuer Sonderbedingungen für das Wertpapiergeschäft gelten die Nummern 29 bis 39 der AGB-Fassung 1.1.1988 fort.

1.1.15 Das Bankgeheimnis

a) **Wesen:** Die Kreditinstitute erlangen durch die Geschäftsbeziehung zu ihren Kunden, insb. durch Kontoführung und Kreditgewährung, aber auch durch Vermögensverwahrung und -verwaltung Einblick in die wirtschaftlichen Verhältnisse, die Zahlungsmoral und die Vermögenslage ihrer Kunden.

Über diese Tatsachen dürfen grundsätzlich keine Auskünfte erteilt werden:

- **Pflicht** der KI zur Geheimhaltung
- **Recht** der KI zur Verweigerung von Auskünften.

b) **Rechtsgrundlagen:**

- Vertrauensverhältnis zwischen KI und Kunde (vertragliche Nebenpflicht, Ziffer 2 AGB)
- seitens des Kunden: allgemeines Persönlichkeitsrecht, Anspruch auf Schutz der Privatsphäre (Art. 1, 2 Abs.1 GG)
- seitens des KI: Art. 12 GG (Freiheit der Wahl und Ausübung eines Berufes, hier der Kundenbetreuung, allerdings mit der Möglichkeit der gesetzlichen Einschränkung)
- Abgabenordnung (s. u.).

c) Eine besondere Rolle spielt der **Schutz der Bankkunden** im Verhältnis zu den **Finanzbehörden**. Diesen Aspekt des Bankgeheimnisses regelte seit 1949 der sog. **Bankenerlaß**, eine Verwaltungsanordnung der Finanzverwaltung (neugefaßt 1979) mit der Zielsetzung der Selbstbeschränkung der Finanzbehörden bei Auskunftsersuchen und Betriebsprüfungen in KI.

Im Zuge der Einführung der zehnprozentigen Kapitalertragsteuer (Quellensteuer) wurde der Bankenerlaß 1988 als § 30a in die Abgabenordnung aufgenommen, hat heute also Gesetzesrang und blieb in dieser Form auch trotz Abschaffung der Quellensteuer erhalten:

- Bei der Ermittlung haben die Finanzbehörden auf das Vertrauensverhältnis zwischen KI und Kunde besondere Rücksicht zu nehmen
- die Finanzbehörden dürfen von KI keine einmalige oder periodische Mitteilung über Konten bestimmter Art/Höhe zur allgemeinen Überwachung verlangen

COMMERZBANK

Allgemeine Geschäftsbedingungen

Grundregeln für die Beziehung zwischen Kunde und Bank

1. Geltungsbereich und Änderungen dieser Geschäftsbedingungen und der Sonderbedingungen für einzelne Geschäftsbeziehungen

(1) Geltungsbereich
Die Allgemeinen Geschäftsbedingungen gelten für die gesamte Geschäftsverbindung zwischen dem Kunden und den inländischen Filialen der Bank (im folgenden Bank genannt). Daneben gelten für einzelne Geschäftsbeziehungen (zum Beispiel für das Wertpapiergeschäft, für den ec-Service, für den Scheckverkehr, für den Sparverkehr) Sonderbedingungen, die Abweichungen oder Ergänzungen zu diesen Allgemeinen Geschäftsbedingungen enthalten; sie werden bei der Kontoeröffnung oder bei Erteilung eines Auftrags mit dem Kunden vereinbart. Unterhält der Kunde auch Geschäftsverbindungen zu ausländischen Filialen, sichert das Pfandrecht der Bank (Nr. 14 dieser Geschäftsbedingungen) auch die Ansprüche dieser ausländischen Filialen.

(2) Änderungen
Änderungen dieser Geschäftsbedingungen und der Sonderbedingungen werden dem Kunden schriftlich bekanntgegeben. Sie gelten als genehmigt, wenn der Kunde nicht schriftlich Widerspruch erhebt. Auf diese Folge wird ihn die Bank bei der Bekanntgabe besonders hinweisen. Der Kunde muß den Widerspruch innerhalb eines Monats nach Bekanntgabe der Änderungen an die Bank absenden.

2. Bankgeheimnis und Bankauskunft

(1) Bankgeheimnis
Die Bank ist zur Verschwiegenheit über alle kundenbezogenen Tatsachen und Wertungen verpflichtet, von denen sie Kenntnis erlangt (Bankgeheimnis). Informationen über den Kunden darf die Bank nur weitergeben, wenn gesetzliche Bestimmungen dies gebieten oder der Kunde eingewilligt hat oder die Bank zur Erteilung einer Bankauskunft befugt ist.

(2) Bankauskunft
Eine Bankauskunft enthält allgemein gehaltene Feststellungen und Bemerkungen über die wirtschaftlichen Verhältnisse des Kunden, seine Kreditwürdigkeit und Zahlungsfähigkeit; betragsmäßige Angaben über Kontostände, Sparguthaben, Depot- oder sonstige der Bank anvertraute Vermögenswerte sowie Angaben über die Höhe von Kreditinanspruchnahmen werden nicht gemacht.

(3) Voraussetzungen für die Erteilung einer Bankauskunft
Die Bank ist befugt, über juristische Personen und im Handelsregister eingetragene Kaufleute Bankauskünfte zu erteilen, sofern sich die Anfrage auf ihre geschäftliche Tätigkeit bezieht. Die Bank erteilt jedoch keine Auskünfte, wenn ihr eine anderslautende Weisung des Kunden vorliegt. Bankauskünfte über andere Personen, insbesondere über Privatkunden und Vereinigungen, erteilt die Bank nur dann, wenn diese generell oder im Einzelfall ausdrücklich zugestimmt haben. Eine Bankauskunft wird nur erteilt, wenn der Anfragende ein berechtigtes Interesse an der gewünschten Auskunft glaubhaft dargelegt hat und kein Grund zu der Annahme besteht, daß schutzwürdige Belange des Kunden der Auskunftserteilung entgegenstehen.

(4) Empfänger von Bankauskünften
Bankauskünfte erteilt die Bank nur eigenen Kunden sowie anderen Kreditinstituten für deren Zwecke oder die ihrer Kunden.

3. Haftung der Bank; Mitverschulden des Kunden

(1) Haftungsgrundsätze
Die Bank haftet bei der Erfüllung ihrer Verpflichtungen für jedes Verschulden ihrer Mitarbeiter und der Personen, die sie zur Erfüllung ihrer Verpflichtungen hinzuzieht. Soweit die Sonderbedingungen für einzelne Geschäftsbeziehungen oder sonstige Vereinbarungen etwas Abweichendes regeln, gehen diese Regelungen vor. Hat der Kunde durch ein schuldhaftes Verhalten (zum Beispiel durch Verletzung der in Nr. 11 dieser Geschäftsbedingungen aufgeführten Mitwirkungspflichten) zu der Entstehung eines Schadens beigetragen, bestimmt sich nach den Grundsätzen des Mitverschuldens, in welchem Umfang Bank und Kunde den Schaden zu tragen haben.

(2) Weitergeleitete Aufträge
Wenn ein Auftrag seinem Inhalt nach typischerweise in der Form ausgeführt wird, daß die Bank einen Dritten mit der weiteren Erledigung betraut, erfüllt die Bank den Auftrag dadurch, daß sie ihn im eigenen Namen an den Dritten weiterleitet (weitergeleiteter Auftrag). Dies betrifft zum Beispiel die Einholung von Bankauskünften bei anderen Kreditinstituten oder die Verwahrung und Verwaltung von Wertpapieren im Ausland. In diesen Fällen beschränkt sich die Haftung der Bank auf die sorgfältige Auswahl und Unterweisung des Dritten.

(3) Störung des Betriebs
Die Bank haftet nicht für Schäden, die durch höhere Gewalt, Aufruhr, Kriegs- und Naturereignisse oder durch sonstige von ihr nicht zu vertretende Vorkommnisse (zum Beispiel Streik, Aussperrung, Verkehrsstörung, Verfügungen von hoher Hand im In- oder Ausland) eintreten.

4. Grenzen der Aufrechnungsbefugnis des Kunden

Der Kunde kann gegen Forderungen der Bank nur aufrechnen, wenn seine Forderungen unbestritten oder rechtskräftig festgestellt sind.

5. Verfügungsberechtigung nach dem Tod des Kunden

Nach dem Tod des Kunden kann die Bank zur Klärung der Verfügungsberechtigung die Vorlegung eines Erbscheins, eines Testamentsvollstreckerzeugnisses oder weiterer hierfür notwendiger Unterlagen verlangen; fremdsprachige Urkunden sind auf Verlangen der Bank in deutscher Übersetzung vorzulegen. Die Bank kann auf die Vorlage eines Erbscheins oder eines Testamentsvollstreckerzeugnisses verzichten, wenn ihr eine Ausfertigung oder eine beglaubigte Abschrift der letztwilligen Verfügung (Testament, Erbvertrag) nebst zugehöriger Eröffnungsniederschrift vorgelegt wird. Die Bank darf denjenigen, der darin als Erbe oder Testamentsvollstrecker bezeichnet ist, als Berechtigten ansehen, ihn verfügen lassen und insbesondere mit befreiender Wirkung an ihn leisten. Dies gilt nicht, wenn der Bank bekannt ist, daß der dort Genannte (zum Beispiel nach Anfechtung oder wegen Nichtigkeit des Testaments) nicht verfügungsberechtigt ist, oder wenn ihr dies infolge Fahrlässigkeit nicht bekannt geworden ist.

6. Maßgebliches Recht und Gerichtsstand bei kaufmännischen und öffentlich-rechtlichen Kunden

(1) Geltung deutschen Rechts
Für die Geschäftsverbindung zwischen dem Kunden und der Bank gilt deutsches Recht.

(2) Gerichtsstand für Inlandskunden
Ist der Kunde ein Kaufmann, der nicht zu den Minderkaufleuten gehört, und ist die streitige Geschäftsbeziehung dem Betriebe seines Handelsgewerbes zuzurechnen, so kann die Bank diesen Kunden an dem für die kontoführende Stelle zuständigen Gericht oder bei einem anderen zuständigen Gericht verklagen; dasselbe gilt für eine juristische Person des öffentlichen Rechts und für öffentlich-rechtliche Sondervermögen. Die Bank selbst kann von diesen Kunden nur an dem für die kontoführende Stelle zuständigen Gericht verklagt werden.

(3) Gerichtsstand für Auslandskunden
Die Gerichtsstandsvereinbarung gilt auch für Kunden, die im Ausland eine vergleichbare gewerbliche Tätigkeit ausüben, sowie für ausländische Institutionen, die mit inländischen juristischen Personen des öffentlichen Rechts oder mit einem inländischen öffentlich-rechtlichen Sondervermögen vergleichbar sind.

Kontoführung

7. Rechnungsabschlüsse bei Kontokorrentkonten (Konten in laufender Rechnung)

(1) Erteilung der Rechnungsabschlüsse
Die Bank erteilt bei einem Kontokorrentkonto, sofern nicht etwas anderes vereinbart ist, jeweils zum Ende eines Kalenderquartals einen Rechnungsabschluß; dabei werden die in diesem Zeitraum entstandenen beiderseitigen Ansprüche (einschließlich der Zinsen und Entgelte der Bank) verrechnet. Die Bank kann auf den Saldo, der sich aus der Verrechnung ergibt, nach Nr. 12 dieser Geschäftsbedingungen oder nach der mit dem Kunden anderweitig getroffenen Vereinbarung Zinsen berechnen.

(2) Frist für Einwendungen; Genehmigung durch Schweigen
Einwendungen wegen Unrichtigkeit oder Unvollständigkeit eines Rechnungsabschlusses hat der Kunde spätestens innerhalb eines Monats nach dessen Zugang zu erheben; macht er seine Einwendungen schriftlich geltend, genügt die Absendung innerhalb der Monatsfrist. Das Unterlassen rechtzeitiger Einwendungen gilt als Genehmigung. Auf diese Folge wird die Bank bei Erteilung des Rechnungsabschlusses besonders hinweisen. Der Kunde kann auch nach Fristablauf eine Berichtigung des Rechnungsabschlusses verlangen, muß dann aber beweisen, daß zu Unrecht sein Konto belastet oder eine ihm zustehende Gutschrift nicht erteilt wurde.

8. Storno- und Berichtigungsbuchungen der Bank

(1) Vor Rechnungsabschluß
Fehlerhafte Gutschriften auf Kontokorrentkonten (zum Beispiel wegen einer falschen Kontonummer) darf die Bank bis zum nächsten Rechnungsabschluß durch eine Belastungsbuchung rückgängig machen, soweit ihr ein Rückzahlungsanspruch gegen den Kunden zusteht; der Kunde kann in diesem Fall gegen die Belastungsbuchung nicht einwenden, daß er in Höhe der Gutschrift bereits verfügt hat (Stornobuchung).

(2) Nach Rechnungsabschluß
Stellt die Bank eine fehlerhafte Gutschrift erst nach einem Rechnungsabschluß fest und steht ihr ein Rückzahlungsanspruch gegen den Kunden zu, so wird sie in Höhe ihres Anspruchs sein Konto belasten (Berichtigungsbuchung). Erhebt der Kunde gegen die Berichtigungsbuchung Einwendungen, so wird die Bank den Betrag dem Konto wieder gutschreiben und ihren Rückzahlungsanspruch gesondert geltend machen.

(3) Information des Kunden; Zinsberechnung
Über Storno- und Berichtigungsbuchungen wird die Bank den Kunden unverzüglich unterrichten. Die Buchungen nimmt die Bank hinsichtlich der Zinsberechnung rückwirkend zu dem Tag vor, an dem die fehlerhafte Buchung durchgeführt wurde.

9. Einzugsaufträge

(1) Erteilung von Vorbehaltsgutschriften bei der Einreichung
Schreibt die Bank den Gegenwert von Schecks und Lastschriften schon vor ihrer Einlösung gut, geschieht dies unter dem Vorbehalt ihrer Einlösung, und zwar auch dann, wenn diese Papiere bei der Bank selbst zahlbar sind. Reicht der Kunde andere Papiere mit dem Auftrag ein, von einem Zahlungspflichtigen einen Forderungsbetrag zu beschaffen (zum Beispiel Zinsscheine), und erteilt die Bank über den Betrag eine Gutschrift, so steht diese unter dem Vorbehalt, daß die Bank den Betrag erhält. Der Vorbehalt gilt auch dann, wenn die Papiere bei der Bank selbst zahlbar sind. Werden Schecks oder Lastschriften nicht eingelöst oder erhält die Bank den Betrag aus dem Einzugsauftrag nicht, macht die Bank die Vorbehaltsgutschrift rückgängig. Dies geschieht unabhängig davon, ob in der Zwischenzeit ein Rechnungsabschluß erteilt wurde.

(2) Einlösung von Lastschriften und vom Kunden ausgestellter Schecks
Lastschriften und Schecks sind eingelöst, wenn die Belastungsbuchung nicht spätestens am zweiten Bankarbeitstag nach ihrer Vornahme rückgängig gemacht wird. Barschecks sind bereits mit Zahlung an den Scheckvorleger eingelöst. Schecks sind auch schon dann eingelöst, wenn die Bank im Einzelfall eine Bezahltmeldung absendet. Lastschriften und Schecks, die über die Abrechnungsstelle einer Landeszentralbank vorgelegt werden, sind eingelöst, wenn sie nicht bis zu dem von der Landeszentralbank festgesetzten Zeitpunkt an die Abrechnungsstelle zurückgegeben werden.

10. Risiken bei Fremdwährungskonten und Fremdwährungsgeschäften

(1) Auftragsausführung bei Fremdwährungskonten
Fremdwährungskonten des Kunden dienen dazu, Zahlungen an den Kunden und Verfügungen des Kunden in fremder Währung bargeldlos abzuwickeln. Verfügungen über Guthaben auf Fremdwährungskonten (zum Beispiel durch Überweisungsaufträge zu Lasten des Fremdwährungsguthabens) werden unter Einschaltung von Banken im Heimatland der Währung abgewickelt, wenn sie die Bank nicht vollständig innerhalb des eigenen Hauses ausführt.

(2) Gutschriften bei Fremdwährungsgeschäften mit dem Kunden
Schließt die Bank mit dem Kunden ein Geschäft (zum Beispiel ein Devisentermingeschäft) ab, aus dem sie die Verschaffung eines Betrages in fremder Währung schuldet, wird sie ihre Fremdwährungsverbindlichkeit durch Gutschrift auf dem Konto des Kunden in dieser Währung erfüllen, sofern nicht etwas anderes vereinbart ist.

(3) Vorübergehende Beschränkung der Leistung durch die Bank
Die Verpflichtung der Bank zur Ausführung einer Verfügung zu Lasten eines Fremdwährungsguthabens (Absatz 1) oder zur Erfüllung einer Fremdwährungsverbindlichkeit (Absatz 2) ist in dem Umfang und solange ausgesetzt, wie die Bank in der Währung, auf die das Fremdwährungsguthaben oder die Verbindlichkeit lautet, wegen politisch bedingter Maßnahmen oder Ereignisse im Lande dieser Währung nicht oder nur eingeschränkt verfügen kann. In dem Umfang und solange diese Maßnahmen oder Ereignisse andauern, ist die Bank auch nicht zu einer Erfüllung an einem anderen Ort außerhalb des Landes der Währung, in einer anderen Währung (auch nicht in Deutscher Mark) oder durch Anschaffung von Bargeld verpflichtet. Die Verpflichtung der Bank zur Ausführung einer Verfügung zu Lasten eines Fremdwährungsguthabens ist dagegen nicht ausgesetzt, wenn sie die Bank vollständig im eigenen Haus ausführen kann. Das Recht des Kunden und der Bank, fällige gegenseitige Forderungen in derselben Währung miteinander zu verrechnen, bleibt von den vorstehenden Regelungen unberührt.

Mitwirkungspflichten des Kunden

11. Mitwirkungspflichten des Kunden

(1) Änderungen von Name, Anschrift oder einer gegenüber der Bank erteilten Vertretungsmacht
Zur ordnungsgemäßen Abwicklung des Geschäftsverkehrs ist es erforderlich, daß der Kunde der Bank Änderungen seines Namens und seiner Anschrift sowie das Erlöschen oder die Änderung einer gegenüber der Bank erteilten Vertretungsmacht (insbesondere einer Vollmacht) unverzüglich mitteilt. Diese Mitteilungspflicht besteht auch dann, wenn die Vertretungsmacht in ein öffentliches Register (zum Beispiel in das Handelsregister) eingetragen ist und ihr Erlöschen oder ihre Änderung in dieses Register eingetragen wird.

(2) Klarheit von Aufträgen
Aufträge jeder Art müssen ihren Inhalt zweifelsfrei erkennen lassen. Nicht eindeutig formulierte Aufträge können Rückfragen zur Folge haben, die zu Verzögerungen führen können. Vor allem hat der Kunde bei Aufträgen zur Gutschrift auf einem Konto (zum Beispiel bei Überweisungsaufträgen) auf die Richtigkeit und Vollständigkeit des Namens des Zahlungsempfängers, der angegebenen Kontonummer und der angegebenen Bankleitzahl zu achten. Änderungen, Bestätigungen oder Wiederholungen von Aufträgen müssen als solche gekennzeichnet sein.

(3) Besonderer Hinweis bei Eilbedürftigkeit der Ausführung eines Auftrags
Hält der Kunde bei der Ausführung eines Auftrags besondere Eile für nötig (zum Beispiel weil ein Überweisungsbetrag dem Empfänger zu einem bestimmten Termin gutgeschrieben sein muß), hat er dies der Bank gesondert mitzuteilen. Bei formularmäßig erteilten Aufträgen muß dies außerhalb des Formulars erfolgen.

(4) Prüfung und Einwendungen bei Mitteilungen der Bank
Der Kunde hat Kontoauszüge, Wertpapierabrechnungen, Depot- und Erträgnisaufstellungen, sonstige Abrechnungen, Anzeigen über die Ausführung von Aufträgen sowie Informationen über erwartete Zahlungen und Sendungen (Avise) auf ihre Richtigkeit und Vollständigkeit unverzüglich zu überprüfen und etwaige Einwendungen unverzüglich zu erheben.

(5) Benachrichtigung der Bank bei Ausbleiben von Mitteilungen
Falls Rechnungsabschlüsse und Depotaufstellungen dem Kunden nicht zugehen, muß er die Bank unverzüglich benachrichtigen. Die Benachrichtigungspflicht besteht auch beim Ausbleiben anderer Mitteilungen, deren Eingang der Kunde erwartet (Wertpapierabrechnungen, Kontoauszüge nach der Ausführung von Aufträgen des Kunden oder über Zahlungen, die der Kunde erwartet).

Kosten der Bankdienstleistungen

12. Zinsen, Entgelte und Auslagen

(1) Zinsen und Entgelte im Privatkundengeschäft
Die Höhe der Zinsen und Entgelte für die im Privatkundengeschäft üblichen Kredite und Leistungen ergibt sich aus dem „Preisaushang – Regelsätze im standardisierten Privatkundengeschäft" und ergänzend aus dem „Preisverzeichnis". Wenn ein Kunde einen dort aufgeführten Kredit oder eine dort aufgeführte Leistung in Anspruch nimmt und dabei keine abweichende Vereinbarung getroffen wurde, gelten die zu diesem Zeitpunkt im Preisaushang oder Preisverzeichnis angegebenen Zinsen und Entgelte. Für die darin nicht aufgeführten Leistungen, die im Auftrag des Kunden oder in dessen mutmaßlichem Interesse erbracht werden und die, nach den Umständen zu urteilen, nur gegen eine Vergütung zu erwarten sind, kann die Bank die Höhe der Entgelte nach billigem Ermessen (§ 315 des Bürgerlichen Gesetzbuches) bestimmen.

(2) Zinsen und Entgelte außerhalb des Privatkundengeschäfts
Außerhalb des Privatkundengeschäfts bestimmt die Bank, wenn keine andere Vereinbarung getroffen ist, die Höhe von Zinsen und Entgelten nach billigem Ermessen (§ 315 des Bürgerlichen Gesetzbuches).

(3) Änderung von Zinsen und Entgelten
Die Änderung der Zinsen bei Krediten mit einem veränderlichen Zinssatz erfolgt aufgrund der jeweiligen Kreditvereinbarungen mit dem Kunden. Das Entgelt für Leistungen, die vom Kunden im Rahmen der Geschäftsverbindung typischerweise dauerhaft in Anspruch genommen werden (zum Beispiel Konto- und Depotführung), kann die Bank nach billigem Ermessen (§ 315 des Bürgerlichen Gesetzbuches) ändern.

(4) Kündigungsrecht des Kunden bei Änderungen von Zinsen und Entgelten
Die Bank wird dem Kunden Änderungen von Zinsen und Entgelten nach Absatz 3 mitteilen. Bei einer Erhöhung kann der Kunde, sofern nichts anderes vereinbart ist, die davon betroffene Geschäftsbeziehung innerhalb eines Monats nach Bekanntgabe der Änderung mit sofortiger Wirkung kündigen. Kündigt der Kunde, so werden die erhöhten Zinsen und Entgelte für die gekündigte Geschäftsbeziehung nicht zugrundegelegt. Die Bank wird zur Abwicklung eine angemessene Frist einräumen.

(5) Auslagen
Der Kunde trägt alle Auslagen, die anfallen, wenn die Bank in seinem Auftrag oder seinem mutmaßlichen Interesse tätig wird (insbesondere für Ferngespräche, Porti) oder wenn Sicherheiten bestellt, verwaltet, freigegeben oder verwertet werden (insbesondere Notarkosten, Lagergelder, Kosten der Bewachung von Sicherungsgut).

(6) Besonderheiten bei Verbraucherkrediten
Bei Kreditverträgen, die nach § 4 des Verbraucherkreditgesetzes der Schriftform bedürfen, richten sich die Zinsen und die Kosten (Entgelte, Auslagen) nach den Angaben in der Vertragsurkunde. Fehlt die Angabe eines Zinssatzes, gilt der gesetzliche Zinssatz; nicht angegebene Kosten werden nicht geschuldet (§ 6 Abs. 2 des Verbraucherkreditgesetzes). Bei Überziehungskrediten nach § 5 des Verbraucherkreditgesetzes richtet sich der maßgebliche Zinssatz nach dem Preisaushang und den Informationen, die die Bank dem Kunden übermittelt.

Sicherheiten für die Ansprüche der Bank gegen den Kunden

13. Bestellung oder Verstärkung von Sicherheiten

(1) Anspruch der Bank auf Bestellung von Sicherheiten
Die Bank kann für alle Ansprüche aus der bankmäßigen Geschäftsverbindung die Bestellung bankmäßiger Sicherheiten verlangen, und zwar auch dann, wenn die Ansprüche bedingt sind (zum Beispiel Aufwendungsersatzanspruch wegen der Inanspruchnahme aus einer für den Kunden übernommenen Bürgschaft). Hat der Kunde gegenüber der Bank eine Haftung für Verbindlichkeiten eines anderen Kunden der Bank übernommen (zum Beispiel als Bürge), so besteht für die Bank ein Anspruch auf Bestellung oder Verstärkung von Sicherheiten im Hinblick auf die aus der Haftungsübernahme folgende Schuld jedoch erst ab ihrer Fälligkeit.

(2) Veränderungen des Risikos
Hat die Bank bei der Entstehung von Ansprüchen gegen den Kunden zunächst ganz oder teilweise davon abgesehen, die Bestellung oder Verstärkung von Sicherheiten zu verlangen, kann sie auch später noch eine Besicherung fordern. Voraussetzung hierfür ist jedoch, daß Umstände eintreten oder bekannt werden, die eine erhöhte Risikobewertung der Ansprüche gegen den Kunden rechtfertigen. Dies kann insbesondere der Fall sein, wenn

- sich die wirtschaftlichen Verhältnisse des Kunden nachteilig verändert haben oder sich zu verändern drohen, oder
- sich die vorhandenen Sicherheiten wertmäßig verschlechtert haben oder zu verschlechtern drohen.

Der Besicherungsanspruch der Bank besteht nicht, wenn ausdrücklich vereinbart ist, daß der Kunde keine oder ausschließlich im einzelnen benannte Sicherheiten zu bestellen hat. Bei Krediten, die unter das Verbraucherkreditgesetz fallen, besteht ein Anspruch auf die Bestellung oder Verstärkung von Sicherheiten nur, soweit die Sicherheiten im Kreditvertrag angegeben sind; wenn der Nettokreditbetrag DM 100.000,– übersteigt, besteht der Anspruch auf Bestellung oder Verstärkung auch dann, wenn der Kreditvertrag keine oder keine abschließenden Angaben über Sicherheiten enthält.

(3) Fristsetzung für die Bestellung oder Verstärkung von Sicherheiten
Für die Bestellung oder Verstärkung von Sicherheiten wird die Bank eine angemessene Frist einräumen. Beabsichtigt die Bank, von ihrem Recht zur fristlosen Kündigung nach Nr. 19 Absatz 3 dieser Geschäftsbedingungen Gebrauch zu machen, falls der Kunde seiner Verpflichtung zur Bestellung oder Verstärkung von Sicherheiten nicht fristgerecht nachkommt, wird sie ihn zuvor hierauf hinweisen.

14. Vereinbarung eines Pfandrechts zugunsten der Bank

(1) Einigung über das Pfandrecht
Der Kunde und die Bank sind sich darüber einig, daß die Bank ein Pfandrecht an den Wertpapieren und Sachen erwirbt, an denen eine inländische Filiale im bankmäßigen Geschäftsverkehr Besitz erlangt hat oder noch erlangen wird. Die Bank erwirbt ein Pfandrecht auch an den Ansprüchen, die dem Kunden gegen die Bank aus der bankmäßigen Geschäftsverbindung zustehen oder künftig zustehen werden (zum Beispiel Kontoguthaben).

(2) Gesicherte Ansprüche
Das Pfandrecht dient der Sicherung aller bestehenden, künftigen und bedingten Ansprüche, die der Bank mit ihren sämtlichen in- und ausländischen Filialen aus der bankmäßigen Geschäftsverbindung gegen den Kunden zustehen. Hat der Kunde gegenüber der Bank eine Haftung für Verbindlichkeiten eines anderen Kunden der Bank übernommen (zum Beispiel als Bürge), so sichert das Pfandrecht die aus der Haftungsübernahme folgende Schuld jedoch erst ab ihrer Fälligkeit.

(3) Ausnahmen vom Pfandrecht
Gelangen Gelder oder andere Werte mit der Maßgabe in die Verfügungsgewalt der Bank, daß sie nur für einen bestimmten Zweck verwendet werden dürfen (zum Beispiel Bareinzahlung zur Einlösung eines Wechsels), erstreckt sich das Pfandrecht der Bank nicht auf diese Werte. Dasselbe gilt für die von der Bank selbst ausgegebenen Aktien (eigene Aktien) und für die Wertpapiere, die die Bank im Ausland für den Kunden verwahrt. Außerdem erstreckt sich das Pfandrecht nicht auf die von der Bank selbst ausgegebenen eigenen Genußrechte/Genußscheine und nicht auf die verbrieften und nicht verbrieften nachrangigen Verbindlichkeiten der Bank.

(4) Zins- und Gewinnanteilscheine
Unterliegen dem Pfandrecht der Bank Wertpapiere, ist der Kunde nicht berechtigt, die Herausgabe der zu diesen Papieren gehörenden Zins- und Gewinnanteilscheine zu verlangen.

15. Sicherungsrechte an Einzugspapieren und diskontierten Wechseln

(1) Sicherungsübereignung
Die Bank erwirbt an den ihr zum Einzug eingereichten Schecks und Wechseln im Zeitpunkt der Einreichung Sicherungseigentum. An diskontierten Wechseln erwirbt die Bank im Zeitpunkt des Wechselankaufs uneingeschränktes Eigentum; belastet sie diskontierte Wechsel dem Konto zurück, so verbleibt ihr das Sicherungseigentum an diesen Wechseln.

(2) Sicherungsabtretung
Mit dem Erwerb des Eigentums an Schecks und Wechseln gehen auch die zugrundeliegenden Forderungen auf die Bank über; ein Forderungsübergang findet ferner statt, wenn andere Papiere zum Einzug eingereicht werden (zum Beispiel Lastschriften, kaufmännische Handelspapiere).

(3) Zweckgebundene Einzugspapiere
Werden der Bank Einzugspapiere mit der Maßgabe eingereicht, daß ihr Gegenwert nur für einen bestimmten Zweck verwendet werden darf, erstrecken sich die Sicherungsübereignung und die Sicherungsabtretung nicht auf diese Papiere.

(4) Gesicherte Ansprüche der Bank
Das Sicherungseigentum und die Sicherungsabtretung dienen der Sicherung aller Ansprüche, die der Bank gegen den Kunden bei Einreichung von Einzugspapieren aus seinen Kontokorrentkonten zustehen oder die infolge der Rückbelastung nicht eingelöster Einzugspapiere oder diskontierter Wechsel entstehen. Auf Anforderung des Kunden nimmt die Bank eine Rückübertragung des Sicherungseigentums an den Papieren und der auf sie übergegangenen Forderungen an den Kunden vor, falls ihr im Zeitpunkt der Anforderung keine zu sichernden Ansprüche gegen den Kunden zustehen oder sie ihn über den Gegenwert der Papiere vor deren endgültiger Bezahlung nicht verfügen läßt.

16. Begrenzung des Besicherungsanspruchs und Freigabeverpflichtung

(1) Deckungsgrenze
Die Bank kann ihren Anspruch auf Bestellung oder Verstärkung von Sicherheiten solange geltend machen, bis der realisierbare Wert aller Sicherheiten dem Gesamtbetrag aller Ansprüche aus der bankmäßigen Geschäftsverbindung (Deckungsgrenze) entspricht.

(2) Freigabe
Falls der realisierbare Wert aller Sicherheiten die Deckungsgrenze nicht nur vorübergehend übersteigt, hat die Bank auf Verlangen des Kunden Sicherheiten nach ihrer Wahl freizugeben, und zwar in Höhe des die Deckungsgrenze übersteigenden Betrages; sie wird bei der Auswahl der freizugebenden Sicherheiten auf die berechtigten Belange des Kunden und eines dritten Sicherungsgebers, der für die Verbindlichkeiten des Kunden Sicherheiten bestellt hat, Rücksicht nehmen. In diesem Rahmen ist die Bank auch verpflichtet, Aufträge des Kunden über die dem Pfandrecht unterliegenden Werte auszuführen (zum Beispiel Verkauf von Wertpapieren, Auszahlung von Sparguthaben).

(3) Sondervereinbarungen
Ist für eine bestimmte Sicherheit ein anderer Bewertungsmaßstab als der realisierbare Wert, eine andere Deckungsgrenze oder eine andere Grenze für die Freigabe von Sicherheiten vereinbart, so sind diese maßgeblich.

17. Verwertung von Sicherheiten

(1) Wahlrecht der Bank
Im Falle der Verwertung hat die Bank unter mehreren Sicherheiten die Wahl. Sie wird bei der Verwertung und bei der Auswahl der zu verwertenden Sicherheiten auf die berechtigten Belange des Kunden und eines dritten Sicherungsgebers, der für die Verbindlichkeiten des Kunden Sicherheiten bestellt hat, Rücksicht nehmen.

(2) Erlösgutschrift nach dem Umsatzsteuerrecht
Wenn der Verwertungsvorgang der Umsatzsteuer unterliegt, wird die Bank dem Kunden über den Erlös eine Gutschrift erteilen, die als Rechnung für die Lieferung der als Sicherheit dienenden Sache gilt und den Voraussetzungen des Umsatzsteuerrechts entspricht.

Kündigung

18. Kündigungsrechte des Kunden

(1) Jederzeitiges Kündigungsrecht
Der Kunde kann die gesamte Geschäftsverbindung oder einzelne Geschäftsbeziehungen (zum Beispiel den Scheckvertrag), für die weder eine Laufzeit noch eine abweichende Kündigungsregelung vereinbart ist, jederzeit ohne Einhaltung einer Kündigungsfrist kündigen.

(2) Kündigung aus wichtigem Grund
Ist für eine Geschäftsbeziehung eine Laufzeit oder eine abweichende Kündigungsregelung vereinbart, kann eine fristlose Kündigung nur dann ausgesprochen werden, wenn hierfür ein wichtiger Grund vorliegt, der es dem Kunden, auch unter angemessener Berücksichtigung der berechtigten Belange der Bank, unzumutbar werden läßt, die Geschäftsbeziehung fortzusetzen.

19. Kündigungsrechte der Bank

(1) Kündigung unter Einhaltung einer Kündigungsfrist
Die Bank kann die gesamte Geschäftsverbindung oder einzelne Geschäftsbeziehungen, für die weder eine Laufzeit noch eine abweichende Kündigungsregelung vereinbart ist, jederzeit unter Einhaltung einer angemessenen Kündigungsfrist kündigen (zum Beispiel den Scheckvertrag, der zur Nutzung der Scheckkarte und von Scheckvordrucken berechtigt). Bei der Bemessung der Kündigungsfrist wird die Bank auf die berechtigten Belange des Kunden Rücksicht nehmen. Für die Kündigung der Führung von laufenden Konten und Depots beträgt die Kündigungsfrist mindestens einen Monat.

(2) Kündigung unbefristeter Kredite
Kredite und Kreditzusagen, für die weder eine Laufzeit noch eine abweichende Kündigungsregelung vereinbart ist, kann die Bank jederzeit ohne Einhaltung einer Kündigungsfrist kündigen. Die Bank wird bei der Ausübung dieses Kündigungsrechts auf die berechtigten Belange des Kunden Rücksicht nehmen.

(3) Kündigung aus wichtigem Grund ohne Einhaltung einer Kündigungsfrist
Eine fristlose Kündigung der gesamten Geschäftsverbindung oder einzelner Geschäftsbeziehungen ist zulässig, wenn ein wichtiger Grund vorliegt, der der Bank, auch unter angemessener Berücksichtigung der berechtigten Belange des Kunden, deren Fortsetzung unzumutbar werden läßt. Ein solcher Grund liegt insbesondere vor, wenn der Kunde unrichtige Angaben über seine Vermögenslage gemacht hat, die für die Entscheidung der Bank über eine Kreditgewährung oder über andere mit Risiken für die Bank verbundene Geschäfte (zum Beispiel Aushändigung der Scheckkarte) von erheblicher Bedeutung waren, oder wenn eine wesentliche Verschlechterung seiner Vermögenslage eintritt oder einzutreten droht und dadurch die Erfüllung von Verbindlichkeiten gegenüber der Bank gefährdet ist. Die Bank darf auch fristlos kündigen, wenn der Kunde seiner Verpflichtung zur Bestellung oder Verstärkung von Sicherheiten nach Nr. 13 Absatz 2 dieser Geschäftsbedingungen oder aufgrund einer sonstigen Vereinbarung nicht innerhalb der von der Bank gesetzten angemessenen Frist nachkommt.

(4) Kündigung von Verbraucherkrediten bei Verzug
Soweit das Verbraucherkreditgesetz Sonderregelungen für die Kündigung wegen Verzuges mit der Rückzahlung eines Verbraucherkredits vorsieht, kann die Bank nur nach Maßgabe dieser Regelungen kündigen.

(5) Abwicklung nach einer Kündigung
Im Falle einer Kündigung ohne Kündigungsfrist wird die Bank dem Kunden für die Abwicklung (insbesondere für die Rückzahlung eines Kredits) eine angemessene Frist einräumen, soweit nicht eine sofortige Erledigung erforderlich ist (zum Beispiel bei der Kündigung des Scheckvertrages die Rückgabe der Scheckvordrucke).

Schutz der Einlagen

20. Einlagensicherungsfonds

Die Bank ist dem Einlagensicherungsfonds des Bundesverbandes deutscher Banken e. V. (im folgenden Einlagensicherungsfonds genannt) angeschlossen. Soweit der Einlagensicherungsfonds oder ein von ihm Beauftragter Zahlungen an einen Kunden leistet, gehen dessen Forderungen gegen die Bank in entsprechender Höhe Zug um Zug auf den Einlagensicherungsfonds über. Entsprechendes gilt, wenn der Einlagensicherungsfonds die Zahlungen mangels Weisung eines Kunden auf ein Konto leistet, das zu seinen Gunsten bei einer anderen Bank eröffnet wird. Die Bank ist befugt, dem Einlagensicherungsfonds oder einem von ihm Beauftragten alle in diesem Zusammenhang erforderlichen Auskünfte zu erteilen und Unterlagen zur Verfügung zu stellen.

- anläßlich der Steuerprüfung bei einem KI dürfen Guthabenkonten oder Depots zwecks Nachprüfung der ordnungsmäßigen Versteuerung weder festgestellt noch abgeschrieben werden (vorausgesetzt, es wurde bei Errichtung eine Legitimationsprüfung nach § 154 II AO vorgenommen)
- in Vordrucken für Steuererklärungen soll die Angabe der Nummern von Konten oder Depots grds. nicht verlangt werden (Ausnahme, soweit steuermindernde Ausgaben oder Vergünstigungen geltend gemacht werden bzw. für Zahlungen ein Konto anzugeben ist)
- ein KI soll um Auskunft und Vorlage von Urkunden erst dann gebeten werden, wenn die Auskunft oder Vorlage vom Steuerpflichtigen nicht zu erlangen ist (vgl. §§ 93 ff. AO); Auskünfte können bei „hinreichendem Anlaß" verlangt werden, Ermittlungen „ins Blaue hinein" sind unzulässig
- Auskünfte können außerdem von KI verlangt werden
  - im Steuerfahndungsverfahren (§§ 208 ff. AO)
  - im Steuerstrafverfahren (§§ 369 ff. AO)
  - im Bußgeldverfahren wegen Steuerodnungswidrigkeiten
- bei Tod eines Kunden hat das KI unaufgefordert Guthaben ab 2 000,–DM der Finanzbehörde zu melden, Schließfächer/Verwahrstücke sind in jedem Fall zu melden.

d) **Grenzen** des Bankgeheimnisses: Auskünfte dürfen bzw. müssen erteilt werden

- bei **Zustimmung** des Kunden (Beispiel: der Kunde gibt seine Bank als Referenz gegenüber Geschäftspartnern an)
- gegenüber **Aufsichtsbehörden** im Rahmen der gesetzlichen Bestimmungen (Bundesaufsichtsamt, Bundesbank, z. B. Meldung von Groß-, Millionen-, Organkrediten)
- im **Strafprozeß**, insb. im Rahmen von Steuerstrafverfahren:
  - gegenüber dem Strafrichter (das Bankgeheimnis ist hier kein Berufsgeheimnis; anders z. B. bei Ärzten, Rechtsanwälten)
  - gegenüber der Staatsanwaltschaft
  - **umstritten:** Auskunftspflicht gegenüber Hilfsbeamten der Staatsanwaltschaft, z. B. Kriminalpolizei (diese ist nicht, wie die Staatsanwaltschaft selbst, nach § 161a StPO ermächtigt)
  - im Zivilprozeß: Zeugnisverweigerungsrecht und Verschwiegenheitspflicht der Angestellten eines KI nach § 383 I Nr. 6 ZPO (Amts-, Berufsgeheimis).

e) **Bankauskunftsverfahren:** Wenn ein berechtigtes Interesse besteht, sind Auskunftserteilungen

- an eigene Kunden
- an KI für deren eigene Zwecke sowie deren Kunden

möglich. Die Auskünfte sind **allgemein** zu halten, Betragsangaben über Konto- und Depotstände sowie Vermögenswerte sind nach den AGB ausgeschlossen.

Die Spitzenverbände haben sich auf „Grundsätze für die Durchführung des Bankauskunftsverfahrens zwischen Kreditinstituten" geeinigt, die folgende Regelungen beinhalten (Fassung vom 1.5.1987):

- Auskunftsanfragen sollen grds. schriftlich gestellt werden (nur ausnahmsweise fernschriftlich/fernmündlich)
- der Anfragegrund ist anzugeben, damit das „berechtigte Interesse" glaubhaft wird, außerdem, ob die Auskunft im eigenen oder im Kundeninteresse eingeholt wird
- der Name des Kunden, in dessen Interesse angefragt wird, wird nur dann genannt, wenn der Kunde, über den eine Auskunft erteilt wird, darauf Anspruch hat
- Bankauskünfte sollen allgemein gehalten sein und grds. schriftlich erteilt werden (mündliche Auskünfte: schriftlich bestätigen)
- Bankauskünfte werden nur aufgrund vorhandener Erkenntnisse gegeben (keine Recherchen)
- Auskunftsverweigerungen sollen allgemein gehalten sein und nicht als negative Auskunft verstanden werden können
- eine im Kundeninteresse eingeholte Auskunft wird inhaltlich unverändert an diesen weitergegeben; der Kunde ist ausdrücklich darauf hinzuweisen, daß er die Informationen nur für den angegebenen Zweck verwenden und nicht an Dritte weitergeben darf.

f) **SCHUFA-Meldungen:**

- Meldungen durch KI an die Schutzgemeinschaft für allgemeine Kreditsicherung (SCHUFA) = Gemeinschaftseinrichtung des Kreditgewerbes mit 9 regionalen SCHUFA-Gesellschaften
- Aufgabe der SCHUFA:
  - Sammlung und Speicherung von Informationen
  - Bereitstellung der Informationen für Vertragspartner, um diese vor Schaden und Verlusten im Konsumentenkreditgeschäft zu schützen
  - Gegenseitigkeitsprinzip, d. h. Auskünfte werden nur an Vertragspartner gegeben, die selbst Informationen an die SCHUFA geben
- Inhalt der Datensammlung:
  - Stammdaten (Vorname, Name, Geburtsdatum, Anschrift)
  - von Vertragspartnern übermittelte Daten
  - Daten aus öffentlichen Registern
  - keine Konten-/Depotbestände, keine weitergehenden persönlichen Daten oder Einkommens-, Vermögensverhältnisse
- Meldungen durch KI:
  - Aufnahme und Abwicklung eines Girokontovertrages
  - Konsumentenkreditgeschäft bis zu 250 000,– DM (Kreditaufnahme, Bürgschaft)
  - Ausgabe einer Kreditkarte (z. B. EUROCARD, VISA)
  - vertragswidriges Verhalten
  - Zwangsvollstreckungsmaßnahmen
- **SCHUFA-Klausel:**
  - Einwilligung des Kunden, daß das KI bestimmte Daten an die SCHUFA weiterleitet

- Hinweis, daß das KI die SCHUFA über vertragswidriges Verhalten und über die Einleitung von Zwangsvollstreckungsmaßnahmen informieren wird
- Einwilligung wird schriftlich im Rahmen der Girokontoeröffnung, der Kreditgewährung und der Bestellung von Bürgschaften eingeholt.

Text der Schufa-Klausel auf Girokonto-Eröffnungsanträgen

Ich/Wir willige(n) ein, daß die Hamburger Sparkasse (Haspa) der für meinen/unseren Wohnsitz zuständigen SCHUFA-Gesellschaft (Schutzgemeinschaft für allgemeine Kreditsicherung) Daten über die Beantragung, die Aufnahme und Beendigung dieser Kontoverbindung übermittelt.

Unabhängig davon wird die Haspa der SCHUFA auch Daten aufgrund nicht vertragsgemäßen Verhaltens (z. B. Scheckkartenmißbrauch durch den rechtmäßigen Karteninhaber, Scheckrückgabe mangels Deckung, Wechselprotest, beantragter Mahnbescheid bei unbestrittener Forderung sowie Zwangsvollstreckungsmaßnahmen) melden. Diese Meldungen dürfen nach dem Bundesdatenschutzgesetz nur erfolgen, soweit dies zur Wahrung berechtigter Interessen des Kreditinstituts, eines Vertragspartners der SCHUFA oder der Allgemeinheit erforderlich ist und dadurch meine/unsere schutzwürdigen Belange nicht beeinträchtigt werden.

Soweit hiernach eine Übermittlung erfolgen kann, befreie(n) ich/wir die Haspa zugleich vom Bankgeheimnis.

Die SCHUFA speichert die Daten, um den ihr angeschlossenen Kreditinstituten, Kreditkartenunternehmen, Leasinggesellschaften, Einzelhandels-, Versandhandels- und sonstigen Unternehmen, die gewerbsmäßig Geld- oder Warenkredite an Konsumenten geben, Informationen zur Beurteilung der Kreditwürdigkeit von Kunden geben zu können. An Unternehmen die gewerbsmäßig Forderungen einziehen und der SCHUFA angeschlossen sind, können zum Zwecke der Schuldnerermittlung Adreßdaten übermittelt werden. Die SCHUFA stellt die Daten ihren Vertragspartnern nur zur Verfügung, wenn diese ein berechtigtes Interesse an der Datenübermittlung glaubhaft darlegen. Die SCHUFA übermittelt nur objektive Daten ohne Angabe des Kreditgebers; subjektive Werturteile, persönliche Einkommens- und Vermögensverhältnisse sind in SCHUFA-Auskünften nicht enthalten.

Ich kann/Wir können Auskunft bei der SCHUFA über die mich/uns betreffenden gespeicherten Daten erhalten. Die Adresse der SCHUFA lautet:

SCHUTZGEMEINSCHAFT FÜR ALLGEMEINE KREDITSICHERUNG GMBH
WENDENSTRASSE 4 · 20097 HAMBURG

Ich/Wir willige(n) ein, daß im Falle eines Wohnsitzwechsels die vorgenannte SCHUFA die Daten an die dann zuständige SCHUFA übermittelt.

Weitere Informationen über das SCHUFA-Verfahren enthält ein Merkblatt, das auf Wunsch zur Verfügung gestellt wird.

1.1.2 Der Barverkehr

1.1.20 Grundlagen

Der heutige Barverkehr der Kreditinstitute ist die Fortsetzung der früheren Geldwechsel- und Geldaufbewahrungsgeschäfte. Kreditinstitute müssen an Kunden, die Sichteinlagen bzw. fällige sonstige Gelder herausverlangen, **jederzeit** die erforderlichen Barbeträge **auszahlen** können.

Sie müssen also immer ausreichende **Bargeldbestände** halten. Andererseits wird in der Praxis grundsätzlich nicht alles fällige Geld herausverlangt, sondern nur ein bestimmter Prozentsatz. Die KI halten daher i. d. R. nur einen Mindestbetrag und verwenden den Rest (sog. Bodensatz) für Kreditgewährung gegen Zinsen.

Dementsprechend brauchen die KI auch keineswegs den Einlagen entsprechende Kassenbestände zu halten. Dies bringt es allerdings mit sich, daß ein Kreditinstitut, dessen Zahlungsfähigkeit zweifelhaft geworden ist (gleich, ob zu Recht oder nicht), eventuellen verstärkten Rückzahlungsforderungen der Kunden nicht gewachsen ist und bei einem sog. „Run" seine Schalter schließen muß.

Da die Kreditinstitute Bargeld **für die Kunden** verwahren, müssen sie für Sicherheit des Barverkehrs sorgen:

- Diebstahlsicherung
- Verhinderung von Verfügungen Nichtberechtigter.

Sicherungs**mittel** hierfür sind:

- bei Verfügungen Kontrolle des Kontostandes sowie der Unterschrift (problematisch bei Verfügungen in einer anderen als der kontoführenden Geschäftsstelle)
- keine Ein- oder Auszahlung ohne **Beleg**
- tägliche Aufnahme des Kassenbestandes, u. U. überwacht von Kontrollperson
- regelmäßige Kontrollen (Hausrevision)
- nicht zu hohe Kassenbestände
- Tresoraufbewahrung des Geldes
- kugelsicheres Glas, Alarmanlagen usw.

Sicherheitsfragen im Zusammenhang mit dem Barverkehr regeln die **Unfallverhütungsvorschriften „Kassen"** der Verwaltungsberufsgenossenschaften, in denen die Mitarbeiter von Kreditinstituten gegen Unfälle versichert sind. Unter anderem enthalten die 1988 neu aufgelegten UVV Kassen folgende Regelungen:

- Betriebsstätten mit Bargeldverkehr müssen mit einer elektrisch überwachten Überfall-Meldeanlage ausgestattet sein
- Arbeitsplätze, an denen Banknoten angenommen oder ausgegeben werden, sind mit amtsberechtigten Telefonanschlüssen auszustatten
- Kassenhallen müssen eine optische Raumüberwachungsanlage haben (z. B. automatische Kamera)
- Banknotenbestände müssen gesichert werden (z. B. durch Zeitverschluß, Tresor)
- Fenster und Eingänge müssen gesichert werden, Gebäude und Geldautomaten beleuchtet sein.

1.1.21 Kassengeschäfte der KI

1.1.210 Ein- und Auszahlungen

a) **Einzahlungen** können erfolgen

- auf fremdes Konto
- auf eigenes Konto.

Grundlage ist der **Einzahlungsbeleg**, der über die Kassenregistriermaschine mit einem Registrieraufdruck versehen wird und als Beleg zur Buchhaltung geht.

Für den Kunden kann eine Quittung ausgestellt werden, die unterschrieben (selten) oder ebenfalls mit einem Registrieraufdruck versehen wird.

Bei Einzahlung von 20 000,– DM oder mehr ist das Geldwäschegesetz zu beachten (vgl. Abschnitt 1.1.213).

b) **Auszahlungen** erfolgen

- an den Kontoinhaber durch **Auszahlungsquittung** (Kassenquittung oder Barscheck)

- an Dritte durch **Barscheck.**

Vor Auszahlung sind zu **prüfen:**

- Unterschrift auf Beleg und Kontoblatt
- Deckung des Kontos.

Bei Auszahlung von 20 000,– DM oder mehr ist ebenfalls das Geldwäschegesetz zu beachten (Abschnitt 1.1.213).

c) **Freiposten** für Barumsätze: Aufgrund eines BGH-Urteils aus 1996 sind für Barumsätze auf eigenen Privatgirokonten an Kassen pro Monat mindestens fünf kostenfreie Buchungsposten einzuräumen.

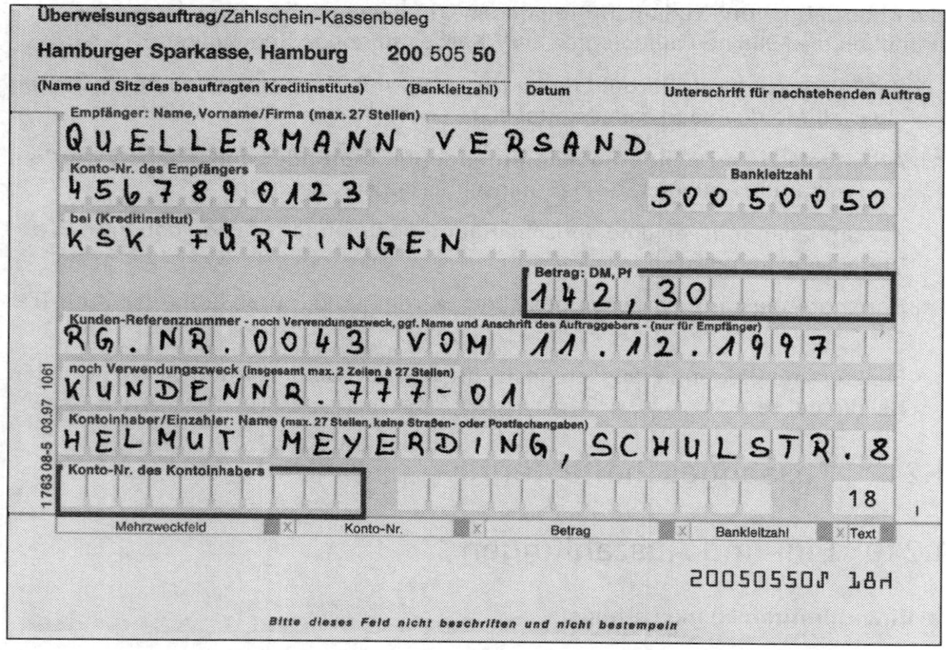
Überweisungsauftrag/Zahlschein-Kassenbeleg

Hamburger Sparkasse, Hamburg 200 505 50

(Name und Sitz des beauftragten Kreditinstituts) (Bankleitzahl) Datum Unterschrift für nachstehenden Auftrag

Empfänger: Name, Vorname/Firma (max. 27 Stellen)
QUELLERMANN VERSAND

Konto-Nr. des Empfängers
4567890123

Bankleitzahl
50050050

bei (Kreditinstitut)
KSK FÜRTINGEN

Betrag: DM, Pf
142,30

Kunden-Referenznummer - noch Verwendungszweck, ggf. Name und Anschrift des Auftraggebers - (nur für Empfänger)
RG.NR.0043 VOM 11.12.1997

noch Verwendungszweck (insgesamt max. 2 Zeilen à 27 Stellen)
KUNDENNR.777-01

Kontoinhaber/Einzahler: Name (max. 27 Stellen, keine Straßen- oder Postfachangaben)
HELMUT MEYERDING, SCHULSTR. 8

Konto-Nr. des Kontoinhabers

18

1763 08-5 03.97 1061

Mehrzweckfeld | Konto-Nr. | Betrag | Bankleitzahl | Text

20050550⑆ 18⑈

Bitte dieses Feld nicht beschriften und nicht bestempeln

1.1.211 Tag-Nacht-Tresor

Da Geschäfte, Kaufhäuser usw. noch zu Tageszeiten geöffnet haben, an denen die Schalter der KI geschlossen sind, ergibt sich für sie das Problem der sicheren Verwahrung der Tageseinnahmen über Nacht.

Dieses Problem lösen die sog. Tag-Nacht-Tresore: sie geben den Kunden die Möglichkeit zur Einzahlung von Geld außerhalb der Kassenstunden der KI.

Ablauf:

- Vertrag zwischen KI und Kunde, Anerkennung der Bedingungen für die Benutzung von Tag-Nacht-Tresoren

Prüfstempel

GEBÜHRENPFLICHTIGE KASSENQUITTUNG

Kontonummer
2234332280

Name / Kontobezeichnung
HORST HUBASCH

DM
1.000,-

Betrag in Worten
tausend

Ich/Wir bescheinige/n, den genannten Betrag von der Hamburger Sparkasse richtig empfangen zu haben.

HAMBURG, 11. 6. 19xx
Ort / Datum

Horst Hubasch
Unterschrift des Empfängers

1536 02-8 03.89 1084 Verp. 500 St.

Diese Quittung ist nur bei Barauszahlung im Hause der Hamburger Sparkasse zu verwenden!

× Konto-Nr. × Betrag × Bankleitzahl × Text

9999999999999⑁ 20050550⑁ 01⑈

Bitte dieses Feld nicht beschreiben und nicht bestempeln

Hamburger Sparkasse

Einzahlung auf **eigene** Girokonten

Kontonummer
1249 / 456 330

für Kontoinhaber
GABI HELMER

DM
2.000,-

Betrag in Worten (unter 1000 DM entbehrlich. Freies Feld durchstreichen)
zweitausend

Datum
9. Aug. 19xx

Empfangsbescheinigung

Hamburger Sparkasse

1 763 04-4 05.92 1061

Für die Quittung ist bei maschineller Buchung der Maschinendruck ausreichend. 1

- Einwurf von Kassetten in Einwurföffnungen an der Außenseite der KI bzw. in Selbstbedienungszonen
- Öffnung der Kassetten durch zwei Bankangestellte (um bankinterne Veruntreuung zu verhindern)
- Kontrolle des Inhalts (Bargeld, Einzahlungsbeleg)
- Verbuchung des Betrages auf dem angegebenen Konto.

Bedeutung: Möglichkeit für Geschäftsleute,

- außerhalb der Kassenstunden größere Geldbeträge sicher zu deponieren
- gleichzeitig Einzahlungen zu leisten.

1.1.212 Geldautomaten

a) **Wesen:** computergesteuerter Automat zur Auszahlung von Bargeld in Form von Banknoten.

b) **Benutzung:**

- Einführung einer Karte in den hierfür vorgesehenen Schlitz; folgende Karten werden akzeptiert:
  - eurocheque-Karte (in Deutschland bei praktisch allen KI, darüber hinaus in einigen europäischen Staaten, insb. Dänemark, Frankreich, Großbritannien, Italien, Luxemburg, Portugal, Spanien)
  - instituts- oder organisationseigene Karten (z. B. S-Card, BANK-CARD)
  - Kreditkarten (z. B. Eurocard, VISA)
- Prüfung der Echtheit der Karte
- Prüfung, ob die Karte gesperrt ist
- Eingabe einer Persönlichen Identifikations-Nummer (PIN) durch den Kunden; diese Nummer ist nur ihm bekannt und soll von ihm weder notiert noch Dritten weitergegeben werden; der Kunde darf bei der PIN-Eingabe lediglich zwei Fehlversuche haben
- Prüfung der PIN durch den Rechner (die PIN ist weder im Magnetstreifen der Karte noch im Geldautomaten gespeichert, sondern wird aufgrund kartenspezifischer Daten geprüft)
- Eingabe des gewünschten Geldbetrages durch den Kunden, ggf. mit Angabe der gewünschten Stückelung
- Prüfung der Verfügungsberechtigung direkt am Konto des Kunden (Online-Autorisierung)
- Rückgabe der Karte
- Ausgabe des Geldes.

c) **Bedeutung:** Die Geldautomaten (GA) haben sich mittlerweise auch in der Bundesrepublik durchgesetzt. Kunden erwarten heute diesen Service. Daher wird das

GA-Netz modernisiert und erweitert. Auch mit der zunehmenden internationalen Nutzbarkeit von Geldautomaten wird ihre Akzeptanz steigen.

Für die Kunden ist die Möglichkeit, rund um die Uhr Bargeld bekommen zu können, ein wesentlicher Aspekt. Die Tatsache, daß ein größerer Teil der Verfügungen während der Schalteröffnungszeiten der KI vorgenommen wird, zeigt außerdem, daß viele Kunden für die Barabhebung den Geldautomaten gegenüber der personenbedienten Kasse bevorzugen.

Für die KI können sich durch den Einsatz von GA Rationalisierungsvorteile ergeben, wenn weniger personenbediente Kassen erforderlich sind. Allerdings ist dies keineswegs durchgängig feststellbar. Im Zweifel rentiert sich ein Geldautomat nicht selbst, sondern stellt eine zusätzliche kostspielige Serviceleistung dar.

d) **Technische Entwicklung:** Neben den reinen Geld**ausgabe**automaten gibt es heute bereits eine Reihe weiterer Angebote im Rahmen der Kundenselbstbedienung, die allerdings nur allmählich Verbreitung finden:

- Sortenwechsler: wechseln ausländisches Bargeld in inländische Währung
- Geldautomaten mit sog. Sparbuchmodul, d. h. der Möglichkeit, Abhebungen vom Sparbuch vorzunehmen; das maschinenlesbare Sparbuch wird vom Automaten fortgeschrieben
- Geldautomaten, die auch Einzahlungen annehmen
- Kombinationen von Geldautomaten und Kontoauszugsdruckern
- Selbstbedienungsterminals (Kundenterminals) mit Funktionsvielfalt: z. B.
  - Eingabe von Überweisungen
  - Eingabe / Änderung / Löschung von Daueraufträgen
  - Abruf von Kontenübersichten
  - Abruf eines bewerteten Depotauszugs
  - Erteilung von Wertpapieraufträgen
  - Eingabe freier Nachrichten (z. B. Beratungswunsch)
  - Abruf von Informationen

  Solche Terminals werden über hauseigene Programme gesteuert, die wesentlich leistungsfähiger und komfortabler als T-Online (Btx) sind.

Die **Kundenselbstbedienung** wird in den nächsten Jahren erhebliche Bedeutung bekommen, da sie den Instituten eine Möglichkeit bietet, Massengeschäft kostengünstig abzuwickeln, und den Kunden einen zusätzlichen Komfort, der rund um die Uhr an sieben Tagen in der Woche zur Verfügung steht.

Daher gehen die Institute dazu über,

- Selbstbedienungszonen und
- Automatenfilialen

einzurichten.

1.1.213 Geldwäschegesetz

a) **Wesen:** Vor dem Hintergrund der zunehmenden Drogenkriminalität und der organisierten Kriminalität auch in Deutschland wurden 1993 das Gesetz zur Bekämpfung des illegalen Rauschgifthandels und anderer Erscheinungsformen der Organisierten Kriminalität (OrgKG) und das Gesetz über das Aufspüren von Gewinnen aus schweren Straftaten (Geldwäschegesetz, GwG) erlassen.

Damit soll verhindert werden, daß Geldbeträge aus derartigen kriminellen Aktivitäten in den legalen Wirtschafts- und Finanzkreislauf eingeschleust werden. Zugleich wird dadurch eine EG-Richtlinie zur Geldwäsche in nationales Recht umgewandelt.

b) **Träger:** Die Banken und Sparkassen müssen einen wesentlichen Teil der Pflichten nach dem Geldwäschegesetz übernehmen. Diese treffen in erster Linie die mit der Entgegennahme von Geld beschäftigten Mitarbeiter und führen zu erheblichen Belastungen.

c) **Einzelheiten:**

- Bei der Aufnahme einer Geschäftsverbindung durch erstmalige Eröffnung von Konten und Depots und der Vergabe von Schließfächern darf künftig auch dann nicht auf die Vorlage eines Legitimationspapiers verzichtet werden, wenn der Kontoerrichter dem KI persönlich bekannt ist.
- Zulässige Legitimationspapiere sind Personalausweise und Reisepässe (also nicht z. B. Führerscheine).
- Die KI bzw. ihre Mitarbeiter sind verpflichtet,
  - bei bestimmten Geschäftsvorfällen den Kunden zu identifizieren
  - in Identifizierungsfällen den „wirtschaftlich Berechtigten" zu erfragen
  - die bei der Identifizierung sowie hinsichtlich des wirtschaftlich Berechtigten getroffenen Feststellungen aufzuzeichnen und 6 Jahre aufzubewahren
  - bei Verdacht auf Geldwäsche Anzeige zu erstatten (Verdachtsanzeige)
  - durch organisatorische Maßnahmen die Einhaltung der gesetzlichen Vorschriften sicherzustellen.
- Die Identifizierungspflicht besteht
  - bei Annahme und Abgabe von Bargeld/Wertpapieren/Edelmetallen im Wert von 20 000,– DM oder mehr (z. B. Bareinzahlungen, Tafelgeschäfte), unabhängig davon, ob ein Konto eingeschaltet wird
  - bei mehreren derartigen Geschäften, die zusammengerechnet diesen Betrag ausmachen
  - bei Abschluß von Lebensversicherungsverträgen, sofern Prämienzahlung nicht über Konto des VS-Nehmers erfolgt und die Summe der Prämien 2 000,– DM p.a. übersteigt / bei Einmalzahlung 5 000,– DM überschreitet / mehr als 5 000,– DM auf Beitragsdepot gezahlt werden
  - bei Verdachtsfällen – unabhängig von Betragsgrenzen.
- Auf Identifizierung kann verzichtet werden, wenn der Kunde persönlich bekannt ist und bei Kontoeröffnung oder früherem Geschäft bereits identifiziert wurde, sowie in weiteren Fällen.

- Wann ein Verdacht besteht, hängt vom Einzelfall ab; die mit in Frage kommenden Transaktionen befaßten Mitarbeiter werden darüber informiert, worauf zu achten ist.
- Geldwäsche ist strafbar. Einzelheiten regelt § 261 StGB.

1.1.3 Der Überweisungsverkehr

1.1.30 Grundlagen

a) **Wesen** der Überweisung:

= Auftrag an ein Kreditinstitut, einen Geldbetrag zu Lasten des Kontos des Ausstellers (Auftraggebers) und zugunsten des Kontos des Empfängers zu übertragen, evtl. unter Einschaltung anderer KI.

b) **Voraussetzungen:**

- Auftraggeber und Empfänger müssen Kontoinhaber sein
- System von Kontoverbindungen zwischen den KI (sog. **Gironetze**)

c) **Rechtsgrundlage: Geschäftsbesorgungsvertrag** zwischen Bank und Kunde (d. h. entgeltliche Besorgung eines übertragenen Geschäfts, § 675 BGB).

d) **Rechtliche Bedeutung:**

- Zahlungen durch Überweisung erfolgen nur an **Erfüllungs Statt**, d. h.
- das ursprüngliche Schuldverhältnis erlischt, stattdessen entsteht eine Forderung des Empfängers (Gläubigers) auf Gutschrift und Auszahlung gegen das KI (§ 364 I BGB)
- zur Schuldentilgung durch Überweisung ist die **Zustimmung des Gläubigers** erforderlich, da die Überweisung (und Buchgeld allgemein) kein gesetzliches Zahlungsmittel ist (Abdruck von Kontonummern auf Geschäftsbriefen gilt als stillschweigendes Einverständnis mit Überweisung).

e) **Formular:**

- bisher dreiteilig – zukünftig zweiteilig

  Original = Belastungsaufgabe für beauftragte Bank
  1. Durchschlag = Gutschriftsträger, geht bis zum Empfänger (entfällt seit 1.6.1997)
  2. Durchschlag = Durchschrift für den Kontoinhaber

- **maschinenlesbarer** Überweisungsvordruck: geeignet für den Einsatz von Schriftenlesesystemen (SLS), die Klarschrift (Schreibmaschinen- und Handschrift) unter bestimmten Voraussetzungen lesen können und so die schnellere Übertragung sämtlicher Felder aus einem Überweisungsbeleg in einen Datensatz ermöglichen.

Ausfüllhinweise für Überweisungen

Sie schreiben mit der Hand? Dann bitte mit Großbuchstaben.

Und am besten mit dem Kugelschreiber: schwarz oder blau.

Für jeden Buchstaben gibt es ein Kästchen. Auch der Punkt und das Komma benötigen ein eigenes Kästchen. Tragen Sie einfach – im Feld links beginnend – einen Buchstaben nach dem anderen ein. Buchstaben und Ziffern müssen einzeln stehen. Unser Computer benötigt zwischen den Zeichen einen kleinen Abstand.

Schreiben Sie bitte so, daß Ihre Zeichen eindeutig erkennbar sind. Ein A soll eindeutig ein A sein und nicht auch als H gelesen werden können.

Fassen Sie sich kurz. Lassen Sie beim Empfänger und beim Absender den Ortsnamen weg. Kürzen Sie den Verwendungszweck sinnvoll ab.

Überweisungsauftrag an 201 902 06
Volksbank Hamburg Ost-West eG
01.08.94 Absender
Datum | Unterschrift für nachstehenden Auftrag

① ZAHLUNGSEMPFAENGER, FRITZ
② 1234567890 201 902 06 ③
④ VOLKSBANK HAMBURG
Betrag: Bei HAND-BLOCKSCHRIFT auch das Komma in ein Extra-Kästchen 234,00 ⑤
RE. NR. 4711 V. 20.07.94
ABSENDER, EMIL
5678 9012 51

Für die Ausführung maßgeblicher Betrag.

① Name, Vorname/Firma des Empfängers Nachname immer voranstellen (möglichst nicht mehr als 27 Stellen)

② Kontonummer des Empfängers (unbedingt erforderlich!)

③ Bankleitzahl des Empfänger-Kreditinstitutes

④ Name des Empfänger-Kreditinstitutes

⑤ Betrag

Überweisungsauftrag immer von links beginnend eintragen. Der freie Raum kann durch einen waagerechten Strich entwertet werden

Ausfüllhinweise für Überweisungen

Sie haben eine Schreibmaschine? Dann bleibt für Sie (fast) alles beim alten!

Die Kästchen auf dem Überweisungsvordruck können Sie vergessen und fortlaufend schreiben.

Sie brauchen nur auf die Zeilen zu achten.

Schreiben Sie den DM- und Pf-Betrag in das vorgesehene Feld.

Achten Sie auf saubere Typen Ihrer Schreibmaschine. Auch schwacher Farbkontrast macht unserem Computer manchmal Schwierigkeiten. Proportionalschrift kann unser Computer nur bedingt lesen, da die Zeichenbreite nicht einheitlich ist.

Mehr als 54 Zeichen Verwendungszweck kann unser Computer nicht verarbeiten. Kürzen Sie sinnvoll ab.

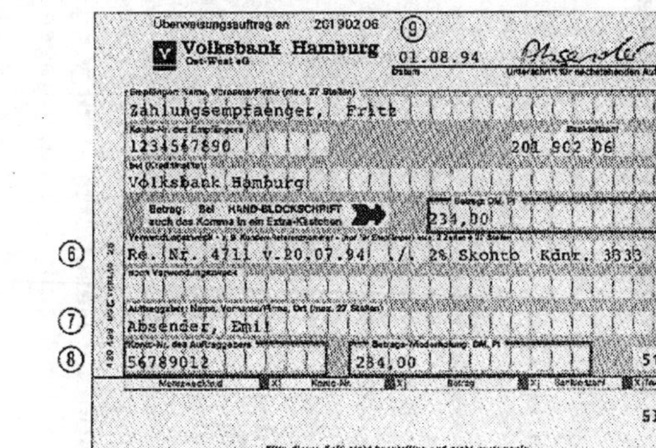

Überweisungsauftrag an 201 902 06 ⑨
Volksbank Hamburg Ost-West eG
01.08.94 Absender ⑩
Datum | Unterschrift für nachstehenden Auftrag

Zahlungsempfaenger, Fritz
1234567890 201 902 06
Volksbank Hamburg
Betrag: Bei HAND-BLOCKSCHRIFT auch das Komma in ein Extra-Kästchen 234,00
⑥ Re. Nr. 4711 v.20.07.94 ./. 2% Skonto Kdnr. 3833
⑦ Absender, Emil
⑧ 56789012 284,00 51

Für die Ausführung maßgeblicher Betrag.

⑥ Verwendungszweck in Kurzform (möglichst nicht mehr als 2 x 27 Stellen)

⑦ Ihr Name, Postleitzahl und Ort (ggf. sinnvoll gekürzt, möglichst nicht mehr als 27 Stellen)

⑧ Ihre Kontonummer

⑨ Datum

⑩ Ihre Unterschrift für den Überweisungsauftrag (in der hinterlegten Form)

f) **Sicherungen** im Überweisungsverkehr:

- Prüfung von Unterschrift und Kontostand durch den Kontoführer
- Übereinstimmung des Betrages in Worten und Ziffern auf der Überweisung erforderlich
- Abzeichnung der Überweisung durch den Kontoführer
- Verwendung eines Sicherungsstempels, um unberechtigten Austausch zu verhindern, sowie als Nachweis der eigenen Bearbeitung
- Abzeichnung des Überweisungsträgers (Gutschriftsträgers) durch Kontrollperson.

1.1.31 Überweisungsarten

1.1.310 Grundformen

Überweisungen lassen sich nur selten innerhalb einer KI-Niederlassung (Hausübertrag) bzw. innerhalb eines Kreditinstituts (Institutsgiro) abwickeln, da i. d. R. Auftraggeber und Empfänger Konten bei verschiedenen KI unterhalten. Je nach Zahl der eingeschalteten Institute lassen sich ein- und mehrgliedrige Überweisungen unterscheiden.

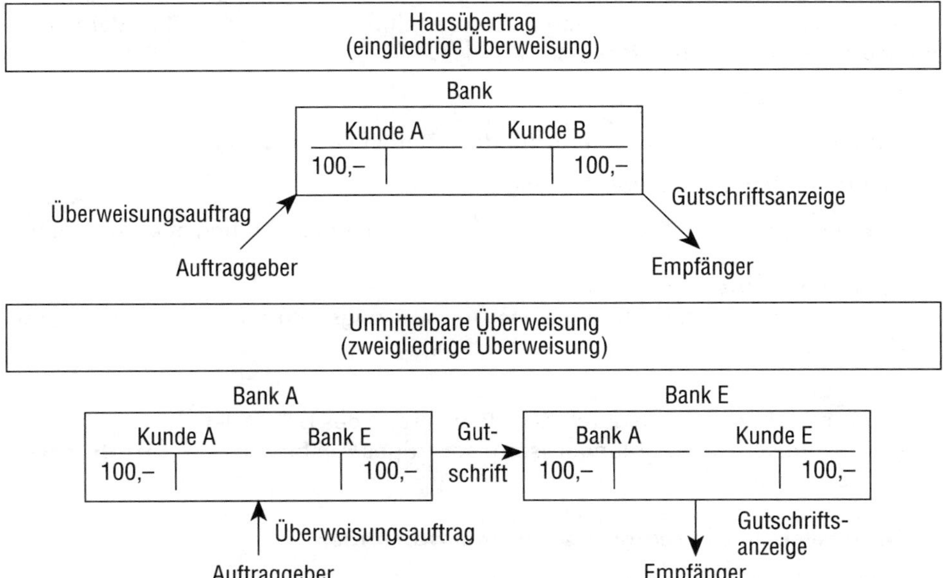

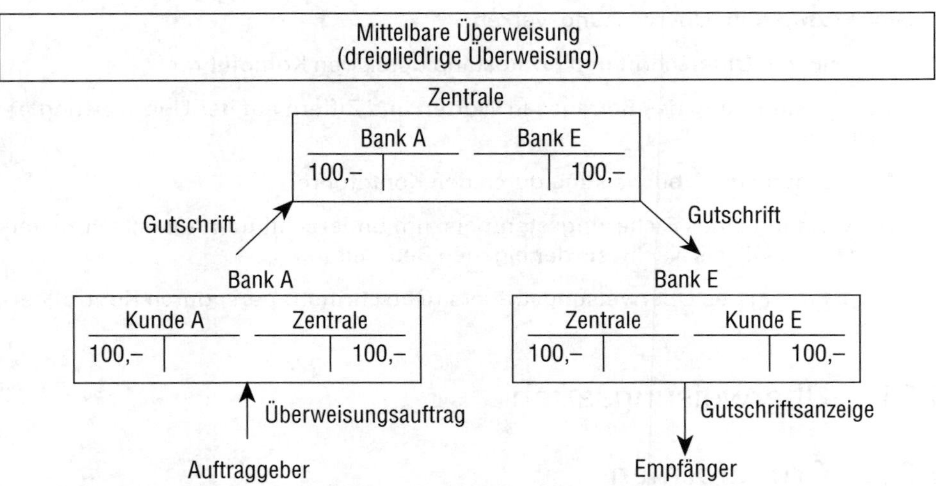

Desgleichen mit zwei Zentralstellen (viergliedrig) und zusätzlich einer weiteren Verrechnungsstelle, die zwischen den Zentralstellen steht (fünfgliedrig)

1.1.311 Sonderformen

a) **Dauerüberweisungen**

Wesen: Regelmäßige Zahlungen in gleichbleibender Höhe an denselben Empfänger (z. B. Miete, Versicherungsprämie) werden durch das KI ausgeführt. Voraussetzung: einmaliger **Dauerauftrag** des Kunden.

Bedeutung des Dauerauftrags:

- Vereinfachung, Arbeitsersparnis für den Kunden
- Schutz vor Versäumen von Zahlungsterminen
- allerdings grds. gebührenpflichtig (2,– bis 5,– DM für Einrichtung oder Änderung).

b) **terminierte Überweisungen**

- Wesen: einmalige Ausführung eines Überweisungsauftrages zu einem späteren Zeitpunkt
- Bedeutung:
  - Terminüberwachung durch KI (z. B. während des Urlaubes)
  - Ausnutzung von Zahlungsfristen (sofortiges Ausfertigen der **terminierten** Überweisung)

c) **Eilüberweisungen/telegrafische Überweisungen**

- Wesen: gleichtägige Weiterleitung und sofortige Verfügbarkeit beim Empfänger; Verrechnung erfolgt auf dem normalen Weg (siehe auch Spargiroverkehr); besondere Einreichungsfristen und Kennzeichnung der Überweisung sind zu berücksichtigen; Sonderform mit Avis an Empfänger möglich; zusätzlicher Preis für Sonderleistung

- Bedeutung:
  - Zeitgewinn, damit u. U. Zinsgewinn
  - rechtzeitige Erfüllung von Verbindlichkeiten

d) **Sammelüberweisungen**

Wesen: mehrere Überweisungen an verschiedene Empfänger, zusammengefaßt in nur einer Belastungsaufgabe, die vom Auftraggeber unterschrieben wird.

Bedeutung:

- Arbeitserleichterung
- Einsparen von Buchungen (d. h. evtl. auch von Buchungsgebühr).

e) **Beleglose Überweisung:**

- Wesen: Es wird kein herkömmlicher Überweisungsauftrag erteilt, sondern das KI erhält den Auftrag aufgrund besonderer Vereinbarungen per
  - Diskette/Magnetband mit Datenträger-Begleitzettel
  - T-Online-Auftrag (Btx)
  - Datenfernübertragung (DFÜ) vom Computer des Kunden
  - per Telefax oder telefonisch (z. B. Telefon-/Direktbanking)
- Bedeutung:
  - keine Belege für Kunde und KI (Belege bedeuten für beide Seiten Aufwand)
  - Kostenersparnis für Kunde und KI
  - schnellere Weiterverarbeitung
  - besonders geeignet für Kunden mit einer Vielzahl von Überweisungen.

1.1.32 Die Gironetze

Kreditinstitute, die Zahlungen durch Überweisung auszuführen, Schecks und Lastschriften einzuziehen haben usw., brauchen dazu Verbindungen

- in ihrem eigenen Bereich zwischen Hauptstelle (Zentrale), Filialen und Zweigstellen
- mit anderen KI derselben Art und ihren Niederlassungen
- mit KI, die einem anderen Bereich des Kreditwesens angehören.

Die dementsprechend bestehenden Systeme von **Kontoverbindungen zwischen KI** bezeichnet man als **Gironetze**. Sie ermöglichen den Austausch ausschließlich von **Buchgeld** und sind damit unabdingbare Voraussetzung für reibungslosen Ablauf des **bargeldlosen Zahlungsverkehrs**.

1.1.320 Grundlagen

Stehen zwei Personen bzw. Unternehmen miteinander in Kontoverbindung, so ist **nur einer** von beiden **kontoführende Stelle**, der andere führt auf einem Gegenkonto lediglich **Kontrollbuchungen** (Erinnerungs-, Pro-memoria-Konten) durch.

Bestehen derartige Kontoverbindungen zwischen Kreditinstituten, bezeichnet man das Konto

- bei der kontoführenden Stelle als **Lorokonto**,

Hamburger Bank

HAMBURGER BANK VON 1861 VOLKSBANK EG

Bestätigung Dauerauftragsanlage

Frau
Martina Muster
Musterstraße 3

21224 Rosengarten

Konto/Skontro-Nr. : 7654321 / 0
Sachgruppen-Nr. : 0
Dauerauftrags-Nr. : 6

Verwendungszweck : Autoversicherung

Auftraggeber : Martina Muster

Empfänger : Martina Muster
Empfängerkonto : 1001234567 / 0
Bankleitzahl : 201 900 03
Bankbezeichnung : HAMBURGER BANK VON 1861 VOLKSBANK
Betrag : 200,00

Abruf-Bezeichnung : Erstellung am 15. des Monats

Nächste Ausführung: 15.07.1997
Angelegt am : 28.04.1995
Geändert am : 19.07.1996

Ich/Wir bestätige(n) die Richtigkeit der vorstehenden Angaben.

Datum: 01.07.1997 Unterschrift des Kunden : ____________________

- bei der Korrespondenzbank, die das Gegenkonto führt, als **Nostrokonto**.

Lorokonto = „Euer Konto bei uns"

Nostrokonto = „Unser Konto bei Euch".

Nur auf dem **Lorokonto** wird **maßgeblich** gebucht, d. h. diese Buchung ist entscheidend

- für Rechtzeitigkeit einer Zahlung
- für Erfüllung, wenn diese durch Gutschrift erfolgen soll (Normalfall: Erfüllung mit Auftragserteilung und Abbuchung)

- für Zinsberechnung (Soll- oder Habenzinsen).

Welches von zwei KI für das andere kontoführende Stelle sein soll, muß vereinbart werden.

1.1.321 LZB-Giroverkehr

a) **Träger:**

- Deutsche Bundesbank, Frankfurt/Main (DBB)
- Landeszentralbanken, Hauptverwaltungen (LZB)
- Niederlassungen der LZB

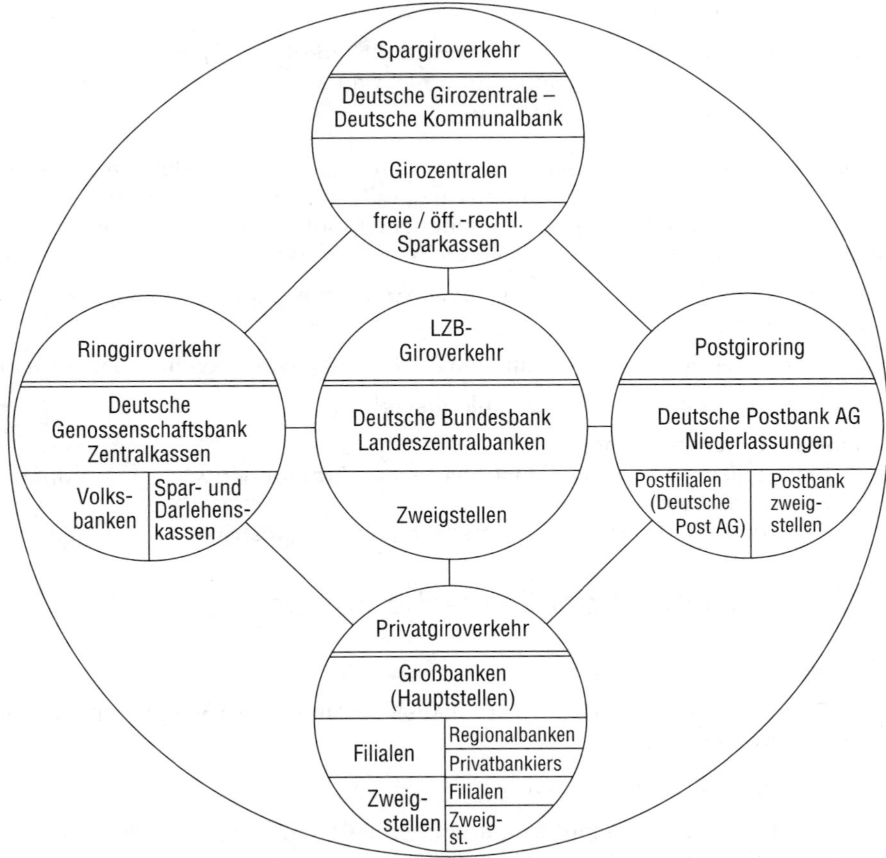

b) **Wesen:**

- Konten für KI und öffentliche Verwaltungen; für Wirtschaftsunternehmen (Nichtbanken) und Private nur in Ausnahmefällen
- nur **Girokonten**, d. h. kreditorische Führung; Mindesteinlage 5,– DM
- keine Verzinsung; daher gibt es hier keine Wertstellung (Valutierung)

- Verfügungen: Verwendung von LZB-Vordrucken (Vordruckzwang); Ausnahme: KI können eigene Überweisungsträger verwenden
- Überweisungen:
  - Einzelüberweisungen (bis 5 Stück)
  - Sammelüberweisungen (ab 6 Stück bzw. bei Verwendung von Vordrucken der KI)
  - Platzüberweisungen (ausgeführt am LZB-Platz)
  - Fernüberweisungen

c) **Bedeutung:**

- besonders schnelle, kostengünstige Abwicklung
- Platzüberweisungen werden am selben Tag, Fernüberweisungen sofort nach Ankunft gutgeschrieben
- besonders geeignet für Privatbankiers und Niederlassungen ausländischer KI, die kein eigenes Gironetz haben und nicht an andere Gironetze, z. B. der Geschäftsbanken, angeschlossen sind.

d) **Elektronische Öffnung** der Deutschen Bundesbank: In den letzten Jahren verstärkt die Bundesbank ihre Bemühungen, den Zahlungsverkehr elektronisch abzuwickeln, und bietet den KI hierzu verschiedene Möglichkeiten an, mit ihr im Wege der Datenfernübertragung (DFÜ) in Verbindung zu treten:

- Elektronische Abrechnung (EAF): vollelektronisches Clearing von ausgewählten Überweisungen
- Elektronischer Schalter (ELS): Ein- und Auslieferung von Individualüberweisungen
- geplant: Elektronischer Massenzahlungsverkehr
- außerdem weitere Dienste:
  - Elektronisches Kontoinformationssystem (EKI) für den Abruf von Kontoauszügen und Salden
  - Elektronischer Informationsaustausch z. B. für statistische Meldungen.

1.1.322 Giroverkehr der Deutsche Postbank AG

a) **Träger:**

- die Deutsche Postbank AG (ist seit 1.1.1995 ein Unternehmen mit Vollbanklizenz, also ein Kreditinstitut)
- die Postbank-Niederlassungen
- Zahlstellen: u. a. Postagenturen und Postfilialen der Deutsche Post AG sowie Niederlassungen und Zweigstellen der Postbank

b) **Wesen:**

- Konten für jedermann, sofern die Schufa-Auskunft nicht dagegen spricht
- keine Guthabenverzinsung
- seit 1996 sind individuelle Dispositionskredite möglich

c) **Instrumente** im Postbank-Zahlungsverkehr:

Geld aufs Konto:
- Überweisung, bargeldlos von Postbank-Girokonto bzw. von Konto bei Bank oder Sparkasse zu Postbank-Girokonto
- Einreichung von Scheck oder Zahlungsanweisung zur Verrechnung mittels „Postbank-Giroauftrag"
- Bareinzahlung mittels Zahlschein, Betrag unbegrenzt, am Postschalter einzahlen, auf eigenes Postbank-Girokonto für Privatkunden gebührenfrei, auf ein anderes Postbank-Girokonto gegen Gebühr
- Zahlungen aus dem Ausland, keine besondere Gebühr

Bargeld vom Konto:
- in rund 17 000 Postfilialen mit Auszahlungsschein und Postbank Card oder Postbank ec-Karte (Postbank Bargeld-Service)
- mit PIN und Postbank Card oder Postbank ec-Karte an bestimmten Postschaltern (Postbank Karten-Banking)
- mit eurocheque und ec-Karte an allen Postschaltern im Inland mit ec-Kennzeichnung gebührenfrei sowie im Geltungsbereich der eurocheques bei Banken und Sparkassen gegen übliche Gebühren
- an Postbank-Geldautomaten gebührenfrei mit Postbank Card und PIN einmal täglich bis zu 500,– DM und mit ec-Karte und PIN einmal täglich bis zu 1 000,– DM
- an ec-Geldautomaten mit ec-Karte und PIN im In- und Ausland gegen übliches Entgelt

bargeldlos zahlen:
- Überweisung (Einzel- und ab 5 Stück als Sammelüberweisung)
- Terminierte Überweisung (Ausführung zu späterem Termin; bis zu einem halben Jahr)
- Dauerauftrag
- Eilüberweisung (Abwicklung noch am gleichen Tag gegen besondere Gebühr)
- T-Online-Überweisung (Postbank Online-Service / Btx)
- Lastschrift
- Postscheck, als Zahlungsmittel zur Verrechnung
- eurocheque
- electronic cash/POZ
- Eurocard / VISA Card
- Auslandsauftrag

Postanweisung / telegrafische Postanweisung:
- Höchstbetrag 3 000,– DM
- am Postschalter einzahlen
- an Empfänger auszahlen
- Gebührenstufen: bis 100,–, 500,–, 1 000,–, 2 000,– und 3 000,– DM
- als telegrafische Postanweisung möglich

Zahlungsanweisung zur Verrechnung (ZzV):
- Höchstbetrag 20 000,– DM (bei Auszahlung am Schalter max. 3 000,– DM)
- Lastschrift auf dem Konto des Auftraggebers
- Barauszahlung / Kontogutschrift beim Empfänger

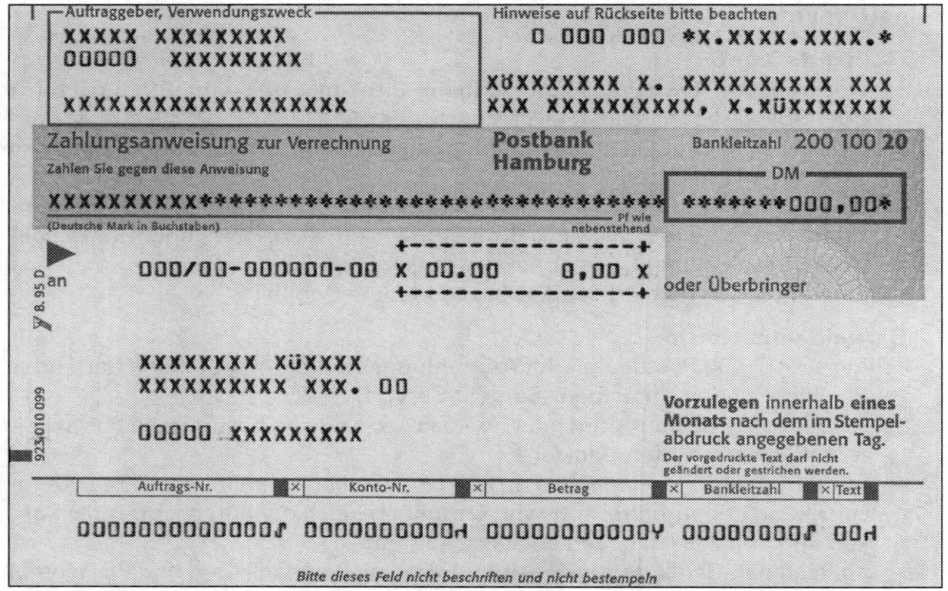

Auftraggeber, Verwendungszweck
XXXXX XXXXXXXX
00000 XXXXXXXX
XXXXXXXXXXXXXXXXXX

Hinweise auf Rückseite bitte beachten
0 000 000 *X.XXXX.XXXX.*
XÜXXXXXXX X. XXXXXXXXX XXX
XXX XXXXXXXXX, X.XÜXXXXXX

Zahlungsanweisung zur Verrechnung
Zahlen Sie gegen diese Anweisung
Postbank Hamburg
Bankleitzahl 200 100 20
DM
XXXXXXXXX********************************
******000,00*
(Deutsche Mark in Buchstaben) Pf wie nebenstehend

an
000/00-000000-00 X 00.00 0,00 X
oder Überbringer

XXXXXXX XÜXXXX
XXXXXXXXX XXX. 00
00000 XXXXXXXX

Vorzulegen innerhalb eines Monats nach dem im Stempelabdruck angegebenen Tag.
Der vorgedruckte Text darf nicht geändert oder gestrichen werden.

923010 099 8.95 D

Auftrags-Nr. | Konto-Nr. | Betrag | Bankleitzahl | Text

Bitte dieses Feld nicht beschriften und nicht bestempeln

- **Nachnahme:**
  - Höchstbetrag 3 000,– DM
  - Gutschrift des beim Ausliefern der Sendung eingezogenen Betrags (abzüglich Zahlkartengebühr) auf Postbank Girokonto
  - Gebühr für Sendung und Nachnahmegebühr

1.1.323 Spargiroverkehr

a) **Träger:**

- Deutsche Girozentrale – Deutsche Kommunalbank als Spitzeninstitut (in die laufende Zahlungsverkehrsabwicklung nicht eingeschaltet)
- Girozentralen (Landesbanken)
- freie bzw. öffentlich-rechtliche Sparkassen

b) **Wesen:**

- Konten für jedermann
- Giro- oder Kontokorrentkonten
- Verzinsung von Giroguthaben gewöhnlich erst bei bestimmter Höhe des Guthabensaldos; üblich sind 0,5 % ab 10 000,– DM Guthaben.

c) **Abwicklung:**

- Auftragserteilung durch
  - normalen Vordruck
  - Zahlschein (Bareinzahlung zugunsten von Konten auch bei anderen Instituten)
- Hausverkehr: Kontoübertrag innerhalb einer Sparkasse

- Platz- und Nachbarschaftsverkehr: Überweisungen an eigene Zweigstellen, andere Sparkassen oder netzfremde KI am eigenen Platz bzw. in der Nachbarschaft ggf. unter Einschaltung des LZB-Giroverkehrs oder der LZB-Abrechnung
- Fernverkehr: Überweisungen an weiter entfernte Institute des eigenen oder eines fremden Gironetzes; Arten (Unterscheidungen nach Schnelligkeit der Weiterleitung):
  - normale Abwicklung über die zuständige Girozentrale, ggf. Einschaltung einer zweiten Girozentrale (beide stehen miteinander in Kontoverbindung):

Weiterleitung im **Elektronischen Zahlungsverkehr für individuelle Überweisungen (EZÜ)** (vgl. Abschnitt 1.1.33):
- gilt für alle Überweisungen (seit 1.6.1997)
- Gutschriftsträger verbleibt bei G 1
- beleglose Weiterleitung der Daten aus dem Gutschriftsträger
- Online-Verbuchung zwischen den beteiligten Girozentralen

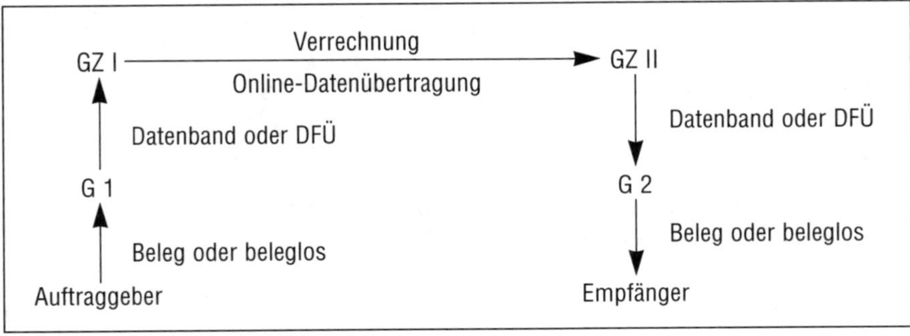

- Weiterleitung im **Eilüberweisungsverkehr** (A):
  - gilt für nicht EZÜ-pflichtige Überweisungen
  - nur zulässig, wenn zwischen G1 und G2 vereinbart (z. B. im Nachbarschaftsverkehr)
  - Verrechnung: im EZÜ überwiesene Eilüberweisungs-Gegenwerte
  - praktisch kaum noch von Bedeutung
- Weiterleitung im **Blitzgiroverkehr:**
  - innerhalb der Sparkassenorganisation, nicht netzübergreifend
  - Übermittlung durch Telefon, Telefax, Teletex, Fernschreiben, Telegramm
  - gesichert durch Verschlüsselung
  - Gutschrift oder Barauszahlung am gleichen Tag möglich
  - Verrechnung: im EZÜ überwiesene Blitzgiro-Gegenwerte

1.1.324 Ringgiroverkehr

a) **Träger:**

- Deutsche Genossenschaftsbank
- Zentralkassen der gewerblichen und ländlichen Kreditgenossenschaften (= Ringhauptstellen)
- gewerbliche Kreditgenossenschaften (Volksbanken), ländliche Kreditgenossenschaften (Raiffeisenbanken, Spar- und Darlehnskassen u. a.) (= Ringstellen)

b) **Wesen:**

- Konten für jedermann (früher: nur für Mitglieder)
- Kontokorrent- oder Girokonten
- z. T. Verzinsung von Guthaben

c) **Überweisungsverkehr:**

- Abwicklung des Ringstellenverkehrs grds. über Ringhauptstellen (Zentralkassen)
- Verrechnung zwischen den Ringhauptstellen grds. direkt
- Spitzenausgleich über Deutsche Genossenschaftsbank möglich
- Blitzgiro: weitgehend entsprechend dem Spargiroverkehr

1.1.325 Privatgiroverkehr

a) **Träger:**

- Großbanken mit eigenen Gironetzen, bestehend aus
  - Hauptstellen („Zentrale Frankfurt")
  - Filialen
  - Zweigstellen

  Hinsichtlich des Gironetzes sind nur die Deutsche Bank AG, die Dresdner Bank AG und die Commerzbank AG als Großbanken anzusehen.
- Regionalbanken mit kleineren Netzen, bestehend aus Hauptstellen, Filialen und Zweigstellen in beschränkter Zahl
- Lokalbanken und Privatbankiers.

b) **Wesen:**

- Konten für jedermann
- Kontokorrent- oder Girokonten
- z. T. Verzinsung

c) **Abwicklung:**

- Ausführung größerer Überweisungsaufträge nach Möglichkeit im eigenen Gironetz
- kleinere Aufträge werden meist über die Landeszentralbank abgewickelt, selbst wenn die Gutschrift im eigenen Netz erfolgen soll (aus Kostengründen).

1.1.326 Abkommen zum Überweisungsverkehr

a) **Wesen:** Vereinbarung der Spitzenverbände des Kreditgewerbes in der Fassung von 1996. Durch dieses Abkommen wurde die Grundlage geschaffen, beleghaft erteilte Überweisungsaufträge so in Datensätze umzuwandeln, daß die beleglose Weiterleitung möglich wird. Das Abkommen begründet Rechte und Pflichten nur zwischen den beteiligten KI.

b) **Inhalt:**

- KI nehmen Überweisungsaufträge in belegloser Form oder auf den gemäß den Richtlinien für einheitliche Zahlungsverkehrsvordrucke gestalteten Vordrucken entgegen und erfassen diese für die zwischenbetriebliche Weiterleitung auf EDV-Medien (EZÜ-Verfahren)
- EZÜ bedeutet Elektronischer Zahlungsverkehr für individuelle Überweisungen
- telefonische Aufträge sowie an Selbstbedienungsterminals erteilte Aufträge sind wie EZÜ-Aufträge zu bearbeiten und weiterzuleiten
- folgende Daten sind für den EZÜ zu erfassen:
  - Bankleitzahl des endbegünstigten KI
  - Kontonummer des Empfängers
  - Name des Empfängers, wobei der Zuname oder Firmenname am Anfang stehen soll
  - Betrag
  - Verwendungszweck
  - Kontonummer des auftraggebenden Kontoinhabers (bei Bareinzahlungen internes Konto des erstbeauftragten KI)
  - Name des Kontoinhabers/Einzahlers und Ort
  - Bankleitzahl des erstbeauftragten KI
  - Textschlüssel.
- das erstbeauftragte KI hat die richtige und vollständige Erfassung sicherzustellen (es haftet für die korrekte Erfassung) und die Daten durch eine max. 11stellige Referenznummer zu ergänzen
- für die Weiterleitung und Bearbeitung der Aufträge gelten die Richtlinien für Datenträgeraustausch bzw. Datenfernübertragung
- Haftungsregelungen, falls durch unrichtige Erfassung/Weiterleitung der Daten Schäden entstehen
- bei Überweisungen ab Beträgen von 20 000 DM, die nicht im Rahmen des normalen Geschäftsverkehrs mit dem Zahlungsempfänger liegen oder gegen deren Ordnungsmäßigkeit im Einzelfall Bedenken bestehen, wird vom KI des Emp-

fängers erwartet, daß es durch das erstbeauftragte KI bei dem Kontoinhaber zurückfragt. Dies gilt insbesondere bei neueröffneten Konten.

- Verfahrensbeschreibung für die beleglose Rückgabe von unanbringlichen Überweisungen
- Rückrufe von Überweisungen
- einheitliche Formulare für Überweisungsnachfragen und Zweitschriftanforderungen.

1.1.4 Der Scheckverkehr

1.1.40 Grundbegriffe

1.1.400 Wesen und Bedeutung

a) **Definition:** Der Scheck ist eine Anweisung an ein Kreditinstitut (**Bezogener**), zu Lasten des Kontos des **Ausstellers** einen bestimmten Geldbetrag gegen **Vorlage** des Schecks zu zahlen.

b) **Rechtsgrundlage:** Scheckgesetz von 1933

c) **Rechtsnatur:**

= Wertpapier, d. h. eine Urkunde, die ein privates Vermögensrecht verbrieft, wobei zur Ausübung des Rechts der Besitz des Papiers erforderlich ist.

= **geborenes Orderpapier**, d. h. übertragbar durch Einigung, Indossament und Übergabe.

Durch die **Überbringerklausel** („Zahlen Sie... an... oder Überbringer") wird der Scheck zum **Inhaberpapier**, d. h. übertragbar durch Einigung und Übergabe. Dies gilt im Inland **grundsätzlich**, da alle Scheckvordrucke die Überbringerklausel tragen und eine Streichung der Klausel nach den „Bedingungen für den Scheckverkehr" als nicht erfolgt gilt.

Orderschecks kommen häufig im Auslandsgeschäft vor.

Durch die **negative** Orderklausel („nicht an Order") wird die Übertragung als Orderpapier ausgeschlossen; der Scheck wird zum **Rektapapier**, d. h. übertragbar durch Einigung, Abtretung (Zession) und Übergabe; Rektaschecks kommen im Inland praktisch nicht vor.

d) **Rechtliche Bedeutung:**

Wird der Scheck zur Tilgung von Schulden verwandt, so erfolgt die Hingabe des Schecks als Zahlungsmittel nur **erfüllungshalber** (§ 364 II BGB), d. h.

- das alte Schuldverhältnis bleibt bestehen
- es entsteht zusätzlich ein neues Schuldverhältnis auf Einlösung des Schecks gegen die bezogene Bank

- beide Schuldverhältnisse erlöschen mit Einlösung des Schecks.

e) **Wirtschaftliche Bedeutung:**

- Schecks als halbbares Zahlungsmittel
  - Schuldner zahlt mit Scheck, Gläubiger erhält den Gegenwert in bar von der bezogenen Bank
  - Aussteller verschafft sich mittels des Schecks Bargeld z. B. bei seinem oder anderen KI
- Scheck als bargeldloses Zahlungsmittel: Bezahlung von Schulden durch Verrechnungsschecks, deren Gegenwert dem Gläubiger gutgeschrieben wird
- keine umfangreiche Bargeldhaltung erforderlich
- Scheckeinlösung erfolgt i. d. R. erst einige Tage nach Ausstellung: Zinsgewinn für den Schuldner, da das Buchgeld auf seinem Konto länger verbleibt als z. B. bei Überweisung
- Scheck als Sicherungsmittel:
  - durch Scheckkarte (Einlösungsgarantie)
  - durch Scheckprozeß (s. u.).

1.1.401 Form und Inhalt

a) **Gesetzliche Bestandteile** sind Teile der Scheckurkunde, die vollständig vorhanden sein müssen, damit ein Scheck im Sinne des Scheckgesetzes vorliegt (Art. 1, 2 ScheckG):

- Bezeichnung als Scheck im Text der Urkunde
- unbedingte Anweisung, eine bestimmte Geldsumme zu zahlen
- Name dessen, der zahlen soll (Bezogener)
- Zahlungsort (bei Fehlen ist dies der Ort des Bezogenen)
- Ort (bei Fehlen Ort des Ausstellers) und Tag der Ausstellung
- Unterschrift des Ausstellers.

b) **Kaufmännische Bestandteile** sollen die Bearbeitung, Einlösung, Abwicklung erleichtern:

- Schecknummer (wichtig bei Schecksperren)
- Kontonummer des Ausstellers (für die Einlösung)
- Bankleitzahl (s. u. Abschnitt 1.1.910)
- Kodierzeile (für automatisches Sortieren der Schecks)
- Zahlungsempfänger (Scheck ist geborenes Orderpapier)

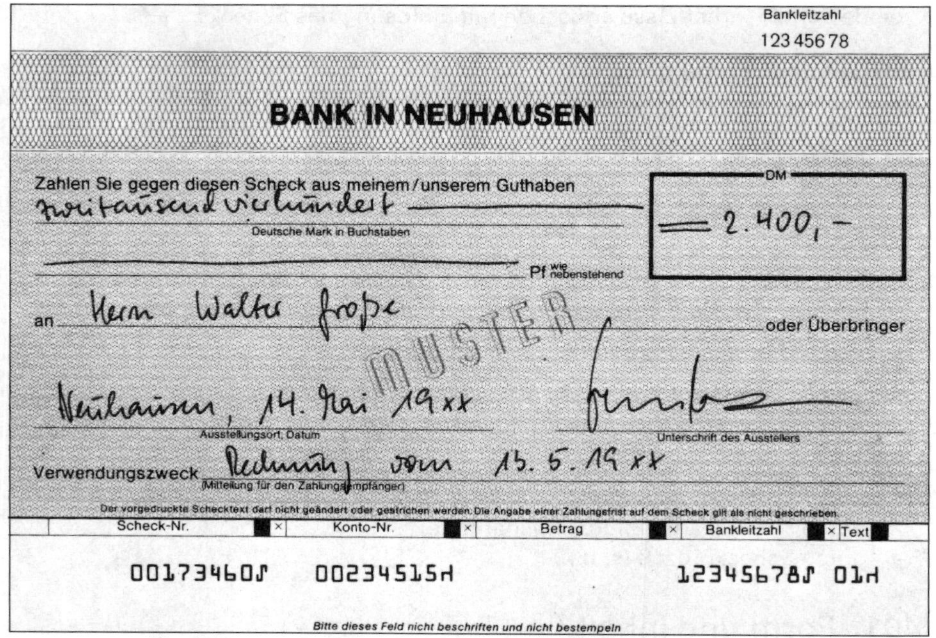

Bankleitzahl
123 456 78

BANK IN NEUHAUSEN

Zahlen Sie gegen diesen Scheck aus meinem/unserem Guthaben
zweitausendvierhundert
Deutsche Mark in Buchstaben

DM
— 2.400,–

Pf wie nebenstehend

an Herrn Walter Große oder Überbringer

MUSTER

Neuhausen, 14. Mai 19xx
Ausstellungsort, Datum

Unterschrift des Ausstellers

Verwendungszweck Rechnung vom 13.5.19xx
(Mitteilung für den Zahlungsempfänger)

Der vorgedruckte Schecktext darf nicht geändert oder gestrichen werden. Die Angabe einer Zahlungsfrist auf dem Scheck gilt als nicht geschrieben.

Scheck-Nr.	Konto-Nr.	Betrag	Bankleitzahl	Text
00173460	00234515		12345678	01

Bitte dieses Feld nicht beschriften und nicht bestempeln

- Überbringerklausel: ermächtigt das KI zur Auszahlung an jeden Vorleger (Überbringer, Inhaber); das KI ist zur Legitimationsprüfung berechtigt, aber nicht verpflichtet; Scheck wird übertragbar wie ein Inhaberpapier
- Wiederholung der Schecksumme in Ziffern (zur leichteren Bearbeitung; maßgeblich ist bei Abweichungen der **Betrag in Buchstaben**).

c) **Vordruckzwang:** Schecks müssen auf Formularen der bezogenen Kreditinstitute ausgestellt werden, wenn sie von diesen eingelöst werden sollen. Als Schecks im Sinne des Scheckgesetzes gelten jedoch alle Urkunden, die alle gesetzlichen Bestandteile enthalten.

1.1.402 Voraussetzungen für die Scheckausstellung

a) **Scheckfähigkeit:**

- **passive** Scheckfähigkeit = die Fähigkeit, Schecks auf sich ziehen zu lassen (d. h. Scheckformulare mit eingedrucktem bezogenem Institut zur Ausfüllung durch Kunden auszugeben); nach Art. 3, 54 ScheckG sind passiv scheckfähig:
  - Banken, Kreditgenossenschaften, Deutsche Bundesbank
  - Sparkassen
  - Deutsche Postbank AG
- **aktive** Scheckfähigkeit = die Fähigkeit, Schecks zu ziehen, d. h. auszustellen; Voraussetzungen: Rechts- und Geschäftsfähigkeit; aktiv scheckfähig sind somit
  - natürliche Personen, soweit voll geschäftsfähig
  - Handelsgesellschaften, insbes. OHG, KG
  - juristische Personen.

b) Bestehen einer **Kontoverbindung** in Form eines Giro- oder Kontokorrentkontos (nicht: Sparkontos!); **Deckung** auf diesem Konto, d. h. Guthaben bzw. Kreditgewährung (aber auch ungedeckte Schecks sind gültig).

c) **Scheckvertrag** zwischen Kunde und KI = Geschäftsbesorgungsvertrag (§ 675 BGB); **Pflichten**:

- der Kunde muß die „Bedingungen für den Scheckverkehr" anerkennen und die Vordrucke des betreffenden KI benutzen
- das KI muß gedeckte Schecks des Kunden einlösen.

Die Bedingungen für den Scheckverkehr (z. T. im Scheckheft abgedruckt) sind damit Bestandteil des Kontovertrages. Einzelne **Bedingungen**:

- besonders sorgfältige Aufbewahrung der Schecks, Vernichtung unbrauchbar gewordener Vordrucke, sofortige Verlustanzeige
- Recht des KI zur Prüfung der Berechtigung des Scheckeinreichers
- Einlösung **vordatierter** Schecks (Vorlage erfolgt vor angegebenem Ausstellungsdatum) ohne Rückfrage
- Recht zur Meldung der Nichteinlösung ungedeckter Schecks an Kreditschutzorganisationen
- Streichung der Überbringerklausel gilt als nicht erfolgt
- Risiko trägt der Kunde (z. B. bei Abhandenkommen, Fälschung usw.), Haftung des KI ist weitgehend beschränkt.

1.1.41 Scheckarten

Grundsätzlich lassen sich – nach der **Übertragbarkeit** – unterscheiden:

- Inhaberscheck
- Orderscheck (Namensscheck)
- Rektascheck (s. o.).

Aufgrund der Überbringerklausel haben Schecks im Inland jedoch die Funktion von Inhaberpapieren.

1.1.410 Scheckarten nach der Einlösung

a) **Barscheck:** wird vom bezogenen KI in bar an den **Überbringer** eingelöst. Geeignet für Barabhebungen des Ausstellers vom eigenen Konto und zur Weitergabe als Zahlungsmittel. Riskant (insbes. bei Verlust), da an **jeden** Überbringer ausgezahlt werden darf und der Barscheck somit praktisch dem Bargeld gleichgestellt ist.

b) **Verrechnungsscheck:** Vermerk „nur zur Verrechnung": quer, gewöhnlich links oben, über die Vorderseite des Schecks; zwei **parallele Striche** reichen nach einem sehr zweifelhaften Gerichtsurteil von 1976 nicht aus.

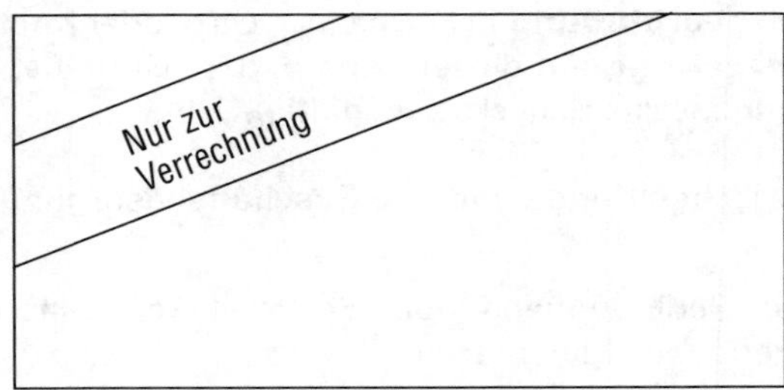

Der Betrag wird nicht bar ausgezahlt, sondern nur dem Konto des Empfängers gutgeschrieben (**Buchgeld**). Der Verrechnungsscheck ist geeignet als Mittel für bargeldlose Zahlungen; er ist sicherer als der Barscheck (der Weg der Einlösung kann zurückverfolgt werden). Vgl. Art. 39 ScheckG.

c) **Gekreuzter Scheck:** im Scheckgesetz vorgesehen (Art. 37, 38), jedoch noch **nicht in Kraft**. Gekreuzte Schecks kommen dagegen im Ausland (insbesondere England) vor. In der Bundesrepublik Deutschland wurden sie bisher wie Verrechnungsschecks behandelt.

Arten:

- allgemeine Kreuzung: Der Scheck darf nur an einen Bankier oder einen Kunden des Bezogenen bezahlt werden (Art. 38 I ScheckG).

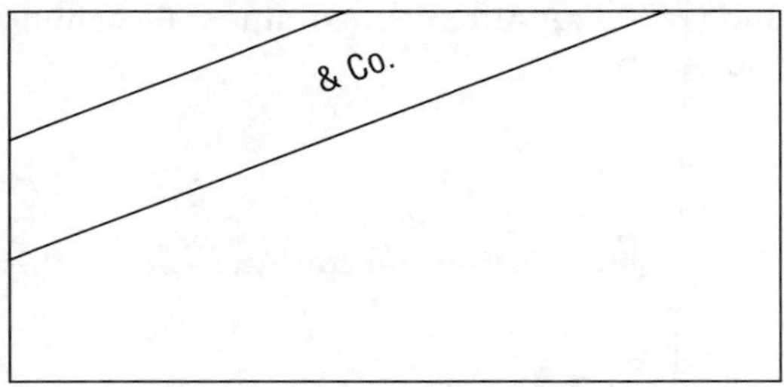

- besondere Kreuzung: Der Scheck darf vom Bezogenen nur an den bezeichneten Bankier oder, wenn dieser selbst der Bezogene ist, an dessen Kunden bezahlt werden (Art. 38 II ScheckG).

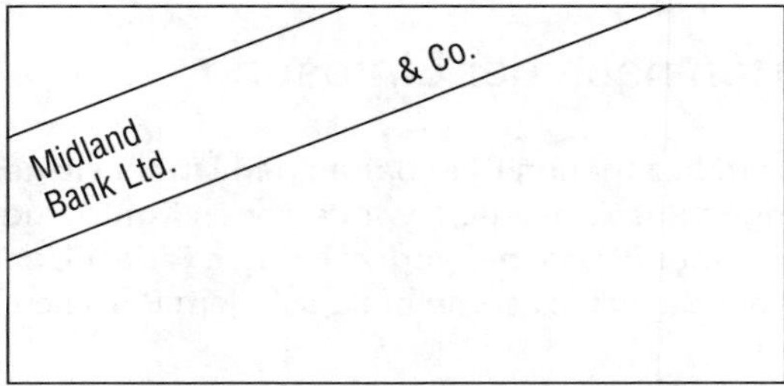

Die Kreuzung dient zur Sicherung bei Diebstahl des Schecks. Diesem Sinn entspricht es auch, daß ein Bankier einen gekreuzten Scheck nur von seinem Kunden oder von einem anderen Bankier erwerben darf.

1.1.411 eurocheque (Scheckkartenscheck)

a) **Wesen:** Kreditinstitute geben zusammen mit einheitlichen eurocheque-Vordrucken Scheckkarten an ihre Kunden aus, die Angaben über

- die Konto-Nummer des Kunden
- eine Nummer der Scheckkarte
- den Namen des Kunden und seine Unterschrift
- ein Gültigkeitsdatum (Ende eines Jahres)
- das ausgebende Kreditinstitut

enthalten. Die Scheckkarte (ec-Karte) wird heute als Multifunktionskarte genutzt (vgl. Abschnitt 1.1.832).

Für aufgrund der Scheckkarte ausgestellte Schecks **garantieren** die bezogenen KI die Einlösung bis zu 400,– DM (oder bis zu dem in dem jeweiligen Land geltenden ec-Garantiehöchstbetrag) ohne Rücksicht auf das Vorhandensein ausreichender Deckung.

Die Garantie gilt gegenüber jedem Schecknehmer in Europa und in den an das Mittelmeer grenzenden Staaten.

b) **Voraussetzungen:**

- Unterschrift des Kunden, Name des KI und Kontonummer auf eurocheque und Scheckkarte müssen übereinstimmen.
- Die Scheckkarten-Nummer muß auf der Rückseite des eurocheques vermerkt sein.
- Das Ausstellungsdatum des Schecks muß innerhalb der Gültigkeitsdauer der Scheckkarte liegen.
- Vorlage des Schecks innerhalb der Vorlegungsfrist (s. u.).

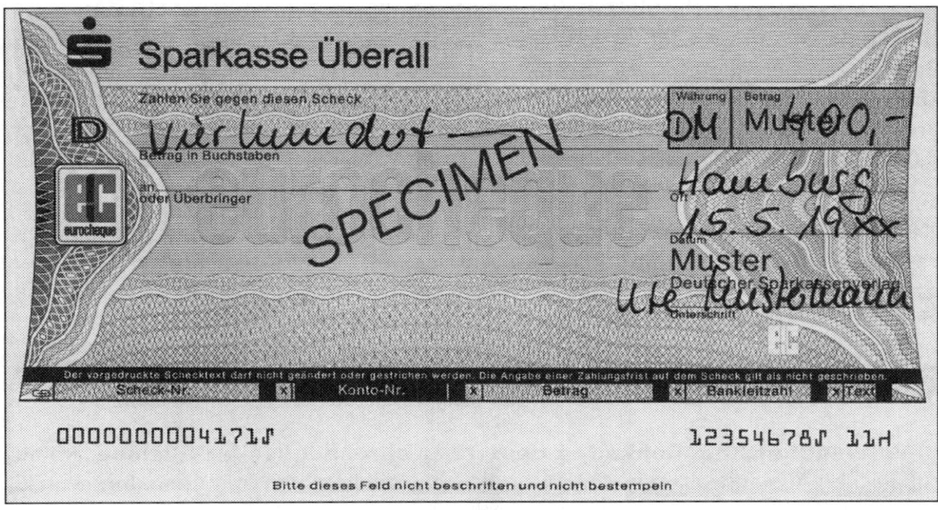

Sparkasse Überall

Zahlen Sie gegen diesen Scheck

D Vierhundert —

Betrag in Buchstaben

an oder Überbringer

Währung: DM | Betrag: Muster 400,–

Hamburg

Ort

15.5.19xx

Datum

Muster Deutscher Sparkassenverlag

Ute Mustermann

Unterschrift

SPECIMEN

eurocheque

Der vorgedruckte Schecktext darf nicht geändert oder gestrichen werden. Die Angabe einer Zahlungsfrist auf dem Scheck gilt als nicht geschrieben.

Scheck-Nr. | Konto-Nr. | Betrag | Bankleitzahl | Text

0000000004171⑈ 12354678⑈ 11⑆

Bitte dieses Feld nicht beschriften und nicht bestempeln

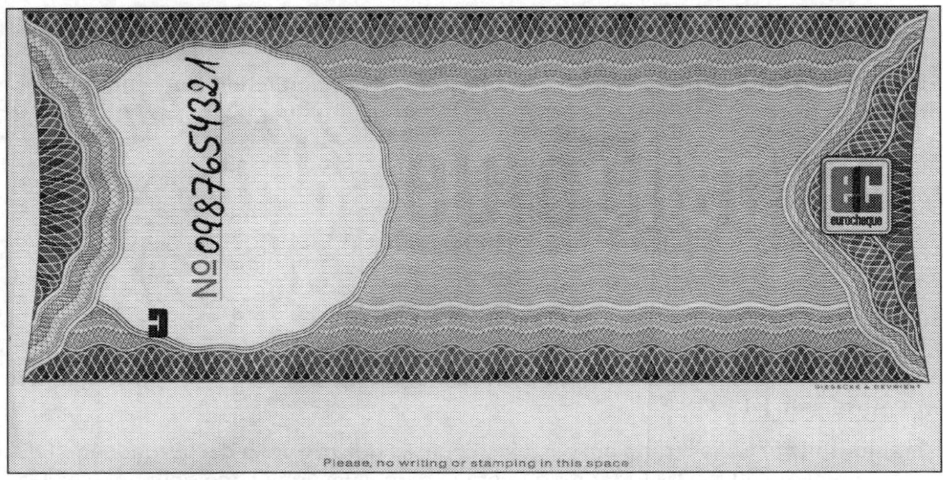

c) **Bedeutung:** Sicherung des Scheckverkehrs, insbesondere des Schecknehmers vor ungedeckten Schecks; damit Förderung der Verwendung dieses Zahlungsmittels, das in der Tat in Europa entscheidende Bedeutung erlangt hat.

Das **Verlustrisiko** für den Scheckkarteninhaber ist eingeschränkt: mit Erhalt der Scheckkarte ist der Aussteller **versichert** bei einer Selbstbeteiligung von 10 % pro Scheck, höchstens 400,– DM pro Scheckkarte.

Bei den **Sparkassen** erfolgt die Schadensregulierung durch den Haftungsfonds der Sparkassenorganisation ähnlich wie bei einer Versicherung. Einen gültigen Rechtsanspruch gegenüber dem Haftungsfonds hat jedoch nur die jeweilige Sparkasse und nicht der Scheckkarteninhaber. Der Schadensbetrag wird in voller Höhe ersetzt. Allerdings gilt bei Schäden mit Originalkarte grds. eine Betragsgrenze von 6 000,– DM. Die Haftung ist ausgeschlossen, wenn ec-Karte und Scheck gemeinsam im Kfz. aufbewahrt wurden.

Bei **ec-Geldautomaten**-Schadensfällen werden entstandene Schäden im Interesse einer zügigen und reibungslosen Abwicklung und zum Schutz der Kunden großzügig erstattet, sofern auf Seiten des Kunden nicht Vorsatz oder grobe Fahrlässigkeit festzustellen sind (z. B. unsachgemäße Verwendung der PIN).

Widerrruf und Sperre von eurocheques können aufgrund der Zahlungsgarantie innerhalb der Vorlegungsfrist vom bezogenen KI nicht beachtet werden.

d) **Verwendungsmöglichkeiten deutscher eurocheques im Ausland:** Im europäischen Ausland sowie in den Mittelmeer-Anrainerstaaten (mit Ausnahme von Libyen und Syrien) hat der eurocheque große Bedeutung erlangt. In den meisten Ländern ist die Ausstellung von eurocheques ausländischer KI in Landeswährung möglich; daher fehlt bei den Schecks der (früher übliche) Währungseindruck – ist vom Kunden zu ergänzen. In anderen Ländern ist der eurocheque zur Bargeldbeschaffung bei den KI verwendbar.

eurocheques
Verwendungsmöglichkeiten deutscher eurocheques im Ausland

Ausstellung bei Banken und Nichtbanken in der Währung des Landes (Aktivländer des ec-Systems)

Land	Nationalitäten-kennzeichen	Höchstbetrag pro Scheck	
Ägypten*		EGP	700,–
Algerien		DZD	12 000,–
Andorra	AND	PTA	25 000,–
		O.FF	1 400,–
Belgien	B	BFR	7 000,–
Bosnien-Herzegowina**/***/****			
Dänemark	DK	DKR	1 500,–
Finnland	SF	FMK	1 300,–
Frankreich*****	F	FF	1 400,–
Gibraltar		GIB	100,–
Griechenland		DR	45 000,–
Großbritannien	UK	£	100,–
Irland	IR	IR£	140,–
Island		ISK	13 000,–
Israel	IL	NIS	600,–
Italien	I	LIT	300 000,–
Jugoslawien (Rest-)**/***			
Kroatien	HR	HRK	1 500,–
Lettland**/***			
Liechtenstein	CH	SFR	300,–
Luxemburg	L	LF	7 000,–
Malta	M	ML	70,–
Marokko	MA	MAD	2 000,–
Mazedonien**/***			
Monaco	F	FF	1 400,–
Niederlande	NL	HFL	300,–
Norwegen	N	NKR	1 300,–
Österreich	A	öS	2 500,–
Polen	PL	PLZ	500,–
Portugal	P	ESC	35 000,–
Russische Föderation**/***/****	SU		
San Marino	I	LIT	300 000,–
Schweden	S	SKR	1 800,–
Schweiz	CH	SFR	300,–
Slowakische Republik	SK	SKK	6 500,–
Slowenien	SI	SIT	25 000,–
Spanien	E	PTA	25 000,–
Tschechische Republik	CZ	CSK	6 500,–
Tunesien		TND	200,–
Ungarn	H	HUF	30 000,–
Zypern (griech. Teil)	CZ	CYP	125,–

* Einlösung nur bei Banken
** eurocheques werden vorübergehend in DM (bis maximal DM 400,–) ausgestellt
*** Seit dem 01. Februar 1996 auch bis max. US-$ 200,– möglich
**** Die Akzeptanz von eurocheques ist zur Zeit nicht gewährleistet
***** Die Auszahlungsmöglichkeiten von eurocheques bei Banken sind stark eingeschränkt, dem Kunden ist die Geldautomatennutzung zu empfehlen. Der Einsatz von eurocheques im Nichtbankenbereich ist weiterhin unverändert möglich.

Gebühren:
Kostenfreie Auszahlung bei Kreditinstituten; Ausnahme: Besonderheiten bei regionaler Steuergesetzgebung möglich (z. B. Italien, Frankreich).
Gebührenberechnung im Verrechnungsweg:
1,75 % des Scheckgegenwertes, mindestens DM 2,50 maximal DM 12,–

Diese Tabelle unterliegt ständiger Anpassung an aktuelle Gegebenheiten; so sind z. B. bei Redaktionsschluß die Republiken Serbien und Montenegro wegen des Wirtschaftsembargos vom ec-System ausgenommen, und in einigen früheren jugoslawischen Republiken werden keine ec-Instrumente ausgegeben

- **Ausstellung nur bei Banken in DM** – Höchstbetrag: 400,– DM bzw. 200,– US-$ pro Scheck

  (Passivländer des ec-Systems)

  Albanien (nur in DM), Bulgarien, Libanon, Rumänien, Türkei

e) **Auszahlung ausländischer eurocheques in Deutschland:**

Kartengarantierte eurocheques ausländischer KI (Aktivländer des ec-Systems) werden in Deutschland auf DM ausgestellt; Höchstbetrag 400,– DM; Auszahlung ohne Preisberechnung (wird über GZS auf dem Inkassowege erhoben); Achtung: ausländische eurocheques sind meist Orderschecks und deshalb vom Aussteller bzw. vom Vorleger zu indossieren.

f) **Vereinfachtes eurocheque-Clearing:** Für eurocheques gilt ein vereinfachtes Clearing. Über die jeweiligen ec-Clearingstellen – für Deutschland die GZS Gesellschaft für Zahlungssysteme mbH – werden die eurocheques verrechnet; dabei können eurocheques nicht nur bis zum garantierten Höchstbetrag, sondern auch darüber hinaus bis zu 1 000 ECU bzw. bis zu bestimmten Höchstbeträgen in den Währungen der einzelnen Länder (z. B. 2 000,– DM) verrechnet werden.

- Stellen Kunden deutscher Institute eurocheques im Ausland auf ausländische Währung aus, erhalten sie grundsätzlich den Scheckbetrag ohne Abzug von Gebühren und Kursabschlägen (Ausnahmen sind möglich bei regionaler Steuergesetzgebung z. B. Italien, Frankreich). Erst bei der Umrechnung und Einlösung der eurocheques in Deutschland werden Kosten in Rechnung gestellt (1,75 % vom Scheckgegenwert, mindestens 2,50 DM höchstens 12,– DM) und zusammen mit dem Scheckgegenwert dem Konto des Ausstellers belastet.
- Für eurocheques, die von Kunden ausländischer Institute in Deutschland ausgestellt werden, erhalten die deutschen KI eine Gebühr von 1,0 % vom Scheckgegenwert, maximal 10,– DM.

1.1.412 Bestätigte Schecks

a) Die Bestätigung von Schecks, d. h. die Garantie ihrer Einlösung durch eine Bank auf dem Scheck, ist **verboten** (§ 23 BBankG); der Betrag von 400,– DM bei eurocheques in Verbindung mit einer ec-Scheckkarte ist **außerhalb** des Schecks durch das ausgebende KI garantiert.

Grund des Verbots: Die Schaffung von Ersatzgeld soll verhindert werden (keine unkontrollierte Vermehrung der umlaufenden Geldmenge).

b) **Ausnahme:** Die **Deutsche Bundesbank** darf auf sie gezogene Schecks mit einem Bestätigungsvermerk versehen; sie haftet dann für die Einlösung, wenn der Scheck innerhalb von 8 Tagen zur Zahlung vorgelegt wird.

c) **Vorgang:**

- Bestätigung des von einem KI über sein LZB-Konto auf die Bundesbank gezogenen Schecks
- gleichzeitig Belastung des Girokontos des Ausstellers mit dem Scheckbetrag
- Umbuchung des Betrages auf ein Deckungskonto (sog. Asservatenkonto)
- Auszahlung des Schecks nur bei der bestätigenden LZB, sonst nur Einreichung als Verrechnungsscheck möglich
- nach 8 Tagen Erlöschen der Einlösungsgarantie, sofern der Scheck noch nicht vorgelegt wurde; von nun an wird der Scheck bei Vorlage wie unbestätigter Scheck behandelt
- nach 15 Tagen Rückbuchung
- Bestätigungsprovision für die LZB zuzüglich der Gebühren des ausführenden KI.

d) **Bedeutung:** Verwendbar für größere Zahlungen (z. B. auf Auktionen, bei Messen), die zur Sicherheit des Schuldners nicht in bar (wegen Verlust-, Diebstahlrisiko), zur Sicherung des Gläubigers nicht durch einfachen (evtl. ungedeckten) Scheck ausgeführt werden sollen.

1.1.42 Abwicklung des Scheckverkehrs

1.1.420 Ausgabe von Schecks

Im Inlandszahlungsverkehr sind für Kunden heute eurocheques von vorrangigem Interesse; daneben werden Standardschecks als Mittel der Beschaffung von Bargeld bei dem kontoführenden Kreditinstitut an Kunden ausgegeben.

Voraussetzung für die Ausgabe von eurocheques an Kunden sind eine einwandfreie Kontoführung und Bonität. In Zweifelsfällen sollte geprüft werden, ob diesem Kunden auch ein Kredit in Höhe von 4 000,– DM gewährt werden würde (= bei 10 ec-Schecks garantierter Betrag).

Üblicherweise erfolgt die Ausgabe von eurocheques erst nach halbjährlicher einwandfreier Kontoführung und nur bis zu 10 Vordrucken; gute Kunden erhalten bis zu 25 ec-Schecks.

Das KI erhebt i. d. R. eine Gebühr von ca. 0,10 DM pro Vordruck sowie 10,– DM jährlich für die Scheckkarte.

Fritz Muntermann
Am Aufstieg 12
2000 Hamburg 50

Bitte verwenden Sie den anhängenden Scheck wie folgt:

Rechnungs-Nr.	Datum	Rechnungs-Betrag	Skonto	Zahlungs-Betrag
22332	01.04.	2.100,20	./.	2.100,20
22333	02.04.	1.700,--	2 %	1.666,--
22334	02.04.	3.000,--	2 %	2.940,--
				6.706,20

2

Nur zur Verrechnung

Bankleitzahl
000 000 00

Deutsche Bank
Aktiengesellschaft

Hamburg

Zahlen Sie gegen diesen Scheck
sechstausendsiebenhundertundsechs Pf
Deutsche Mark in Buchstaben wie nebenstehend

DM
==6.706,20

an
Firma
Friedhelm Munter
Erikastr. 399

2000 Hamburg 97

Schema-Nr. 2
Format 18 cm x 8"

oder Überbringer

2000 Hamburg 50
Ausstellungsort
22.04.93
Datum
F. Muntermann

Unterschrift des Ausstellers
Der vorgedruckte Schecktext darf nicht geändert oder gestrichen werden. Die Angabe einer Zahlungsfrist auf dem Scheck gilt als nicht geschrieben.

Scheck-Nr.	X	Konto-Nr.	X	Betrag	X	Bankleitzahl	X	Text

7654321H 00000000⑈

1.1.421 Verwendung des Schecks

Schecks lassen sich folgendermaßen verwenden:

a) durch den **Aussteller**:

- Barscheck:
  - Barabhebung
  - Weitergabe als Zahlungsmittel
- Verrechnungsscheck:
  - Weitergabe als Zahlungsmittel

b) durch den **Schecknehmer**:

- Barscheck:
  - Bareinlösung
  - Weitergabe als Zahlungsmittel
- Verrechnungsscheck:
  - Einreichung bei seinem KI zum Einzug
  - Weitergabe als Zahlungsmittel

1.1.422 Vorlegungsfristen

Schecks sollen nur Zahlungsmittel, nicht (wie der Wechsel) Kreditmittel sein; daher ist ihre Umlaufzeit begrenzt.

a) **Fristen** für die Vorlage von Schecks im Inland, die ausgestellt sind

- im Inland: 8 Tage
- in Europa einschließlich Mittelmeerländer: 20 Tage
- in sonstigen Ländern: 70 Tage.

Die Vorlegungsfrist beginnt mit Ausstellung laut Scheck und endet an einem Werktag (d. h. dem nächsten Werktag, falls letzter Tag ein Samstag, Sonntag oder Feiertag ist). Vgl. Art. 29 ScheckG.

b) Schecks sind bei **Sicht** zahlbar (Art. 28 ScheckG). Eine Zahlungsfrist auf einem Scheck gilt als nicht geschrieben, eine Vordatierung wird nicht beachtet. Die Einlieferung in eine Abrechnungsstelle (siehe dort) kommt der Vorlage des Schecks zur Zahlung gleich (Art. 31 ScheckG).

c) **Rechtliche Bedeutung** der Vorlegungsfristen:

- nach Ablauf der Vorlegungsfrist besteht keine Verpflichtung (aber ein Recht) des bezogenen KI zur Einlösung
- nach Art. 32 ScheckG ist **Widerruf** (Schecksperre) erst nach Ablauf der Vorlegungsfrist bindend (**kann** jedoch vorher beachtet werden)
- nach einem BGH-Urteil vom 13.06.88 **muß** die Schecksperre vom KI jedoch auch innerhalb der Vorlegungsfrist beachtet werden, da dies seit langem Praxis

und die Praxis auch weitgehend bekannt sei, so daß sie Handelsbrauch geworden sei

- bei nicht rechtzeitiger Vorlage geht das scheckrechtliche Rückgriffsrecht (insb. gegen den Aussteller) verloren (Anspruch muß dann im normalen Verfahrensweg durchgesetzt werden).

1.1.423 Einlösung des Schecks

a) Das bezogene KI **muß einlösen**,

- wenn der Scheck innerhalb der Vorlegungsfrist vorgelegt wird
- nicht widerrufen ist
- und Deckung vorhanden ist.

b) Das bezogene KI **kann** die Einlösung **verweigern**,

- wenn keine ausreichende Deckung vorhanden ist
- nach Ablauf der Vorlegungsfrist
- wenn der Scheck Formfehler aufweist (z. B. gesetzlicher Bestandteil fehlt, soweit es sich nicht um entscheidende Fehler wie etwa das Fehlen der Unterschrift des Ausstellers handelt).

c) Das bezogene KI **muß** die Einlösung **verweigern**

- bei Widerruf des Schecks (auch wenn der Scheck innerhalb der Vorlegungsfrist vorgelegt wird, s. o. 1.1.422 c)
- bei Zweifeln an der Berechtigung zur Vorlage (z. B. abweichende Unterschrift, Rasuren u. dgl., soweit erkennbar).

d) Bei Einlösung geht der Scheck als **Quittung** in den Besitz des bezogenen KI über; ohne Aushändigung der Urkunde braucht nicht geleistet zu werden.

1.1.424 Nichteinlösung und Rückgriff

a) **Grundbegriffe:**

Wird die Scheckeinlösung vom Bezogenen berechtigterweise abgelehnt (s. o.), kann der Inhaber **Rückgriff (Regreß)** nehmen; dieser richtet sich

- gegen den Aussteller
- gegen Indossanten (vgl. Wechsel): selten, da der Scheck im Inland als Inhaberpapier verwendet wird und daher bei Weitergabe als Zahlungsmittel nicht indossiert zu werden braucht (anders bei Verwendung als Orderpapier).

b) Voraussetzungen des Rückgriffs: Art. 40 ScheckG

- Nichteinlösung trotz rechtzeitiger Vorlage

- Beweis dieser Tatsachen durch
  - **Vorlegungsvermerk** (Nicht-bezahlt-Vermerk) einer Bank oder Abrechnungsstelle auf der Rückseite des Schecks: z. B.

Vorgelegt am 26.11.96 und nicht bezahlt.
Hamburg, den 26. November 1996
HANDELSBANK AG, HAMBURG

  - Protesturkunde (unüblich; vgl. Wechsel)

Dresdner Bank
Aktiengesellschaft

Retourenhülle (Lastschrift)
für nicht bezahlte Einzugspapiere
Bitte stets nur ein Einzugspapier gefaltet und mit Faltkante nach unten einlegen.

Wir haben Ihr Konto belastet
We debit your account
Nous débitions votre compte de

Einreicher: Peter Berger, Frankfurt

Bankleitzahl

Konto-Nr. des Einreichers: 3 804 287 00

bei (Kreditinstitut): Dresdner Bank

Inliegende(r) ☐ Lastschrift ☒ Scheck ☐ BSE-Scheck[1])

☒ Nichtbezahlung
☐ Schecksperre
☐ fehlendem Abbuchungsauftrag
☐ Widerspruchs
☐ nicht vorhandenem Konto unter dieser Nummer
☐

	DM
Betrag	3.100,--
fremde Kosten und Spesen	10,--
Provision 10,--	
+ Spesen 2,--	12,--

6.6.97 es Frankfurt

[1]) siehe Hinweis auf der Rückseite

Wert: 02 07

DM: 3.122,--

Datum

Dresdner Bank
Aktiengesellschaft

-Muster-

Sch 533 (1-3) 96.01

XXXX

Wert | X | Konto-Nr. | X | Betrag | X | Bankleitzahl | X | Text

33H

Bitte dieses Feld nicht beschriften und nicht bestempeln

c) **Regreßansprüche** des Inhabers („Protestanten"):

- Scheckbetrag
- 6 % Zinsen seit dem Vorlegungstag; bei im Inland ausgestellten und zahlbaren Schecks 2 % über dem Bundesbank-Diskontsatz, mindestens 6 %
- Protestkosten und sonstige Auslagen
- Rückscheckprovision: 1/3 % des Scheckbetrages.

d) Gegenüber dem Scheckinhaber haften alle Scheckverpflichteten als Gesamtschuldner.

e) Unbezahlte eurocheques müssen von bezogenen Instituten unverzüglich, jedoch nicht später als 40 Tage nach dem Versanddatum, zurückgegeben werden.

f) Durchsetzung der Ansprüche ist im **Scheckprozeß** möglich (Urkundenprozeß wie der Wechselprozeß, vgl. dort). Zur Beschleunigung des Verfahrens kann auch ein **Scheckmahnbescheid** eingesetzt werden (vgl. Abschnitt 1.1.533 f).

Retourenhülle (Lastschrift)
für Einzugspapiere

Dresdner Bank
Aktiengesellschaft
500 800 00
BLZ

Kto.-Nr. des Zahlungsempfängers [1]	Zahlungsempfänger (freigestellt)	BLZ der 1. Inkassostelle [1]
	Volksbank Groß-Gerau	508 900 20

☐ Rücklastschrift ☒ Rückscheck

Erläuterung

☐ Widerspruch des Zahlungspflichtigen
☐ Angaben über den Zahlungspflichtigen nicht eindeutig
☐ Abbuchungsauftrag liegt nicht vor
☐
☐ Rückruf
☒ Schecksperre
☐ Konto erloschen

Betrag	5.400,--
Rückgabe-Gebühr	7,50
DM	5.407,50

6.6.97 es Frankfurt -Muster-

[1]) Angabe nur erforderlich sofern nicht in Codierzeile enthalten.

Sch509 (1-2) 91.07.

Bitte stets nur ein Original-Rückpapier gefaltet mit Faltkante nach unten einlegen.

Mehrzweckfeld X Konto-Nr. X Betrag X Bankleitzahl X Text

09H

Bitte dieses Feld nicht beschriften und nicht bestempeln

Nur zur Verrechnung

Bankleitzahl
500 700 10

Deutsche Bank
Aktiengesellschaft

Eschborn

Zahlen Sie gegen diesen Scheck aus meinem/unserem Guthaben
siebentausendneunhundertdreißig Pf
Deutsche Mark in Buchstaben wie nebenstehend

DM 7.930,—

an Frank Gutermuth
Am Glaubensweg 35
3325 Entenhausen

oder Überbringer

6115 Lützelbach
Ausstellungsort, Datum
14.2.1989

Dr. Maus
Unterschrift des Ausstellers

Der vorgedruckte Schecktext darf nicht geändert oder gestrichen werden. Die Angabe einer Zahlungsfrist auf dem Scheck gilt als nicht geschrieben.

Am .... vorgelegt und nicht bezahlt.
Frankfurt am Main, den 16.2.89
Deutsche Bank
Aktiengesellschaft
Filiale Eschborn

03-002 687

Scheck-Nr. X Konto-Nr. X Betrag X Bankleitzahl X Text

62865477⑁ 9101115⑂ 50070010⑁ 01⑂

Bitte dieses Feld nicht beschriften und nicht bestempeln

1.1.425 Scheckinkasso der Kreditinstitute

Kreditinstitute können mit Schecks auf vier Arten zu tun haben:

- eigene Scheckausstellung auf Filialen oder andere KI, meist zugunsten des Kunden (z. B. Bankschecks in fremder Währung zur Begleichung von Schulden)
- Einlösung von Schecks zu Lasten des Kontos des Kunden = Ausstellers
- Auszahlung des Scheckbetrages bei Vorlage von Scheck und Scheckkarte eines anderen KI durch den Aussteller (gewöhnlich kostenfrei, wenn KI dem eigenen Gironetz angehört, sonst Gebühr von bis zu 5,– DM); Einzug für eigene Rechnung
- **Einzug (Inkasso)** von Schecks im Auftrag und für Rechnung des Kunden.

Für das Scheckinkasso der KI gilt folgender Ablauf:

a) Vom Kunden eingereichte Verrechnungsschecks werden ihnen i. d. R. **sofort** gutgeschrieben „Eingang vorbehalten" = **„E.v."** mit Wertstellung 1-4 Tage später (je nach vermutlicher Einlösungsdauer).

Bei Kunden von zweifelhafter Bonität erfolgt die Gutschrift erst „nach Eingang" des Gegenwertes = **„n. E."**, da die E. v.-Gutschrift für die Bank ein Risiko darstellt: sie hat zwar ein Recht zur **Rückbelastung** – dies nützt ihr jedoch nur, wenn noch Guthaben vorhanden ist. Dennoch ist E. v.-Gutschrift die **Regel**.

b) Auf das KI selbst gezogene Schecks werden an den Kontoführer weitergeleitet, dem Ausstellerkonto belastet, dem Konto des Einreichers meist Wert Einreichungstag gutgeschrieben.

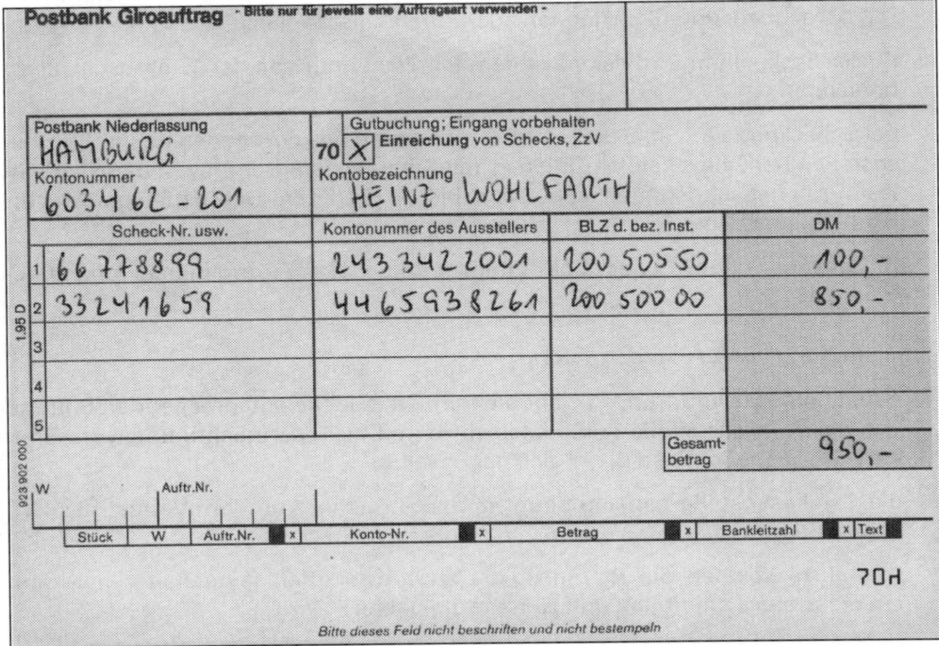

Postbank Giroauftrag - Bitte nur für jeweils eine Auftragsart verwenden -

Postbank Niederlassung: HAMBURG
Kontonummer: 603462-201

Gutbuchung; Eingang vorbehalten
70 [X] **Einreichung** von Schecks, ZzV
Kontobezeichnung: HEINZ WOHLFARTH

	Scheck-Nr. usw.	Kontonummer des Ausstellers	BLZ d. bez. Inst.	DM
1	66778899	2433422001	200 505 50	100,-
2	33241659	4465938261	200 500 00	850,-
3				
4				
5				

Gesamtbetrag: 950,-

1.95 D
923 902 000

W | Auftr.Nr.

Stück | W | Auftr.Nr. | x | Konto-Nr. | x | Betrag | x | Bankleitzahl | x | Text

70H

Bitte dieses Feld nicht beschriften und nicht bestempeln

Platzschecks (die am gleichen Platz zahlbar sind) werden über die Abrechnung weitergegeben; Gutschrift Wert nächster Werktag.

Fernschecks (an anderen Plätzen zahlbar): Weitergabe über das eigene Gironetz oder den Scheckeinzug der Bundesbank; Gutschrift Wert 2-4 Tage später.

c) Rechtzeitig vorgelegte, aber nicht eingelöste Schecks werden mit dem Vorlegungsvermerk versehen (s. o.) und nach dem Scheckrückgabeabkommen zurückgegeben.

1.1.426 Scheckabkommen

a) **Wesen:** Vereinbarung der Spitzenverbände der Kreditwirtschaft zwecks einheitlicher Rückgabe nicht eingelöster Schecks im Scheckeinzugsverkehr. Dieses Abkommen begründet Rechte und Pflichten nur zwischen den beteiligten KI. Grundlage: Scheckabkommen von 1993.

b) **Rückgabe** nicht eingelöster Schecks nach dem Scheckabkommen:

- nicht eingelöste Schecks sind mit dem Vorlegungsvermerk zu versehen (vom bezogenen KI rechtsgültig zu unterschreiben)
- Rückgabe nicht eingelöster Schecks spätestens am auf den Tag der Vorlage folgenden Geschäftstag (bei Platzschecks: in der 1. Abrechnung bzw. zu dem in den Abrechnungsbestimmungen vorgesehenen Termin)
- Rückgabeweg ist den KI freigestellt (entweder direkt an die 1. Inkassostelle oder Rückgabe über den normalen Inkassoweg)
- bezogenes KI kann für Rückschecks ein Rückscheckentgelt von höchstens 10,– DM berechnen; unter Umständen auch einen Zinsausgleich
- Rückscheckgebühr (Provision) ist dem Einreicher nur von der 1. Inkassostelle zu berechnen
- bei Scheckbeträgen ab 5 000,– DM Verpflichtung des bezogenen KI, die 1. Inkassostelle über Telex, Telefax, Teletex, Telefon oder Telegramm von der Nichteinlösung zu benachrichtigen (spätestens bis 14.30 Uhr am Geschäftstag nach Vorlage – Eilnachricht)
- zurückgenommene Schecks dürfen nicht erneut zum Einzug in den Verkehr gebracht werden.

c) Behandlung von **Ersatzschecks**:

- gehen Schecks verloren, so zieht die Verluststelle die entsprechenden Beträge von der 1. Inkassostelle durch Lastschrift im Einzugsermächtigungsverfahren ein (hierzu ermächtigen die KI sich gegenseitig)
- die 1. Inkassostelle benachrichtigt ihren Einreicher von dem Verlust des Originalschecks
- die 1. Inkassostelle, die vor Einzug die Scheckmerkmale festgehalten hat, kann ein Ersatzstück anfertigen und zum Einzug geben

- das bezogene KI sperrt den verlorengegangenen Scheck, benachrichtigt den Aussteller, behandelt das Ersatzstück wie einen Scheck und belastet gegebenenfalls das Konto des Ausstellers.

1.1.427 Abkommen über das beleglose Scheckeinzugsverfahren (BSE-Abkommen)

a) **Wesen:** Vereinbarung der Spitzenverbände des Kreditgewerbes in der Fassung von 1993. Das Abkommen begründet Rechte und Pflichten nur zwischen den beteiligten KI.

b) **Inhalt:**

- Beleglose Weiterleitung von zum Einzug gegebenen Schecks, wenn diese
  - auf inländische KI gezogen sind und
  - auf Beträge unter 5 000,– DM lauten.
- Schecks werden von der ersten Inkassostelle oder durch das Clearingzentrum in Datensätze umgewandelt; die richtige Erfassung ist sicherzustellen. Die Daten sind nach den „Richtlinien für den beleglosen Datenträgeraustausch" zu formatieren.
- zu erfassende Daten: Scheck-Nr., Konto-Nr., Betrag, BLZ, Textschlüssel
- der Datensatz wird um eine max. 11stellige Referenznummer ergänzt
- erste Inkassostelle prüft formale Ordnungsmäßigkeit des Schecks und verwahrt die Originalschecks (bei Mikroverfilmung: Verwahrung der Originalschecks für 2 Monate)
- Deutsche Bundesbank wickelt die BSE-Vorgänge im Rahmen des beleglosen Datenträgeraustausches über ihr Gironetz ab; Gutschrift des Gegenwertes am Geschäftstag nach dem Einreichungstag
- Scheckrückrechnungen sind vom bezogenen KI spätestens an dem auf den Tag des Eingangs der Scheckdaten folgenden Geschäftstag an die 1. Inkassostelle zu leiten
- bei scheckkartengarantierten eurocheques sollen keine Rückrechnungen vorgenommen werden, wenn der Scheckbetrag innerhalb der Einlösungsgarantie liegt
- die erste Inkassostelle bestätigt im Auftrag des bezogenen KI die Nichteinlösung durch folgenden Vermerk auf der Scheckkopie bzw. dem Originalscheck: „Vom bezogenen KI am ... nicht bezahlt"
- kein **scheckrechtlicher** Regreß möglich, da BSE-Scheck dem bezogenen KI nicht körperlich vorgelegen hat und insofern der Nichteinlösungsvermerk formal kein ausreichender **Vorlegungs**vermerk ist (privatrechtlicher Regreß bleibt selbstverständlich möglich).

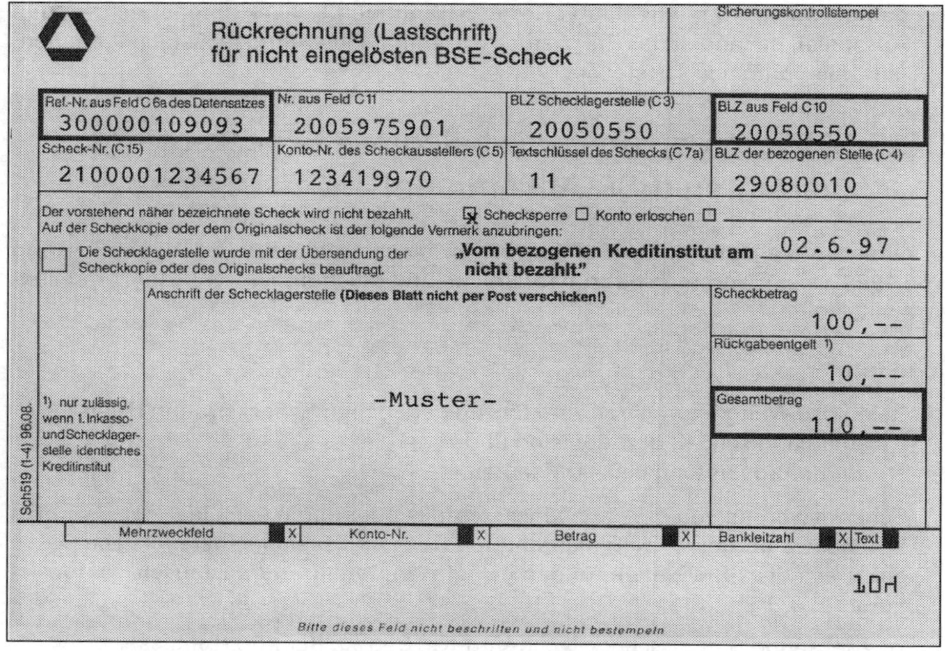
Rückrechnung (Lastschrift)
für nicht eingelösten BSE-Scheck

Sicherungskontrollstempel

Ref.-Nr. aus Feld C 6a des Datensatzes	Nr. aus Feld C 11	BLZ Schecklagerstelle (C 3)	BLZ aus Feld C 10
300000109093	2005975901	20050550	20050550
Scheck-Nr. (C 15)	Konto-Nr. des Scheckausstellers (C 5)	Textschlüssel des Schecks (C 7a)	BLZ der bezogenen Stelle (C 4)
2100001234567	123419970	11	29080010

Der vorstehend näher bezeichnete Scheck wird nicht bezahlt. ☒ Schecksperre ☐ Konto erloschen ☐
Auf der Scheckkopie oder dem Originalscheck ist der folgende Vermerk anzubringen:

☐ Die Schecklagerstelle wurde mit der Übersendung der Scheckkopie oder des Originalschecks beauftragt.

„Vom bezogenen Kreditinstitut am 02.6.97 **nicht bezahlt."**

Anschrift der Schecklagerstelle **(Dieses Blatt nicht per Post verschicken!)**

-Muster-

Scheckbetrag 100,--
Rückgabeentgelt 1) 10,--
Gesamtbetrag 110,--

1) nur zulässig, wenn 1. Inkasso- und Schecklagerstelle identisches Kreditinstitut

Sch519 (1-4) 96.08.

Mehrzweckfeld | X | Konto-Nr. | X | Betrag | X | Bankleitzahl | X | Text

10H

Bitte dieses Feld nicht beschriften und nicht bestempeln

1.1.428 Abkommen über den beleglosen Einzug von Scheckgegenwerten ab 5 000,– DM (GSE-Abkommen)

a) **Wesen:** Vereinbarung der Spitzenverbände des Kreditgewerbes in der Fassung von 1994. Das Abkommen begründet Rechte und Pflichten nur zwischen den beteiligten KI.

b) **Inhalt:**

- Abkommen ähnlich dem BSE-Abkommen (s. o.), jedoch für Schecks ab 5 000,– DM (Großbetrag-Schecks)
- überleitendes KI ist ausschließlich die Deutsche Bundesbank
- die Bundesbank ist ermächtigt, die Scheckgegenwerte beleglos einzuziehen
- Schecks werden an die bezogenen KI oder die von ihnen benannten Stellen ohne Verrechnung ausgeliefert
- bezogene KI sind verpflichtet, den rechtzeitigen und vollständigen Eingang der zu den GSE-Datensätzen gehörenden Schecks zu überwachen
- Eilnachricht durch das bezogene KI an die erste Inkassostelle, wenn der Scheck nicht innerhalb von zwei Bankarbeitstagen nach Belastung vorgelegt wird; der Scheck ist zu sperren.

1.1.429 Scheckeinzug durch die Bundesbank

a) **Grundlagen:** Allgemeine Geschäftsbedingungen der Deutschen Bundesbank – Vereinfachter Scheck- und Lastschrifteinzug für die Kreditinstitute sowie BSE-Abkommen (s. u.).

b) **Vereinfachter Scheckeinzug:**

- Einzug von DM-Schecks innerhalb der Bundesrepublik über das Gironetz der Bundesbank
- nur für KI, die Konto bei einer LZB unterhalten
- Schecks müssen den Richtlinien für einheitliche Zahlungsverkehrs-Vordrucke entsprechen
- Verrechnungsschecks, versehen mit der Bankleitzahl des bezogenen KI
- Einreichung von Einlieferungsverzeichnissen
- Rückseite der Schecks: Stempelvermerk „An LZB" (ohne Angabe des Landes und der Stelle der LZB) + Ort, Name des einreichenden KI und Bankleitzahl
- Gutschrift erfolgt E. v. am nächsten Geschäftstag.

1.1.430 eurocheque-Verrechnung über die GZS (eurocheque-Clearing)

a) **Wesen:** Zentrale Verrechnung von

- von deutschen Kunden im europäischen Ausland ausgestellten eurocheques
- von Kunden dieser Länder in Deutschland ausgestellten eurocheques

über die GZS (Gesellschaft für Zahlungssysteme mbH, vgl. Abschnitt 1.1.912).

b) **Ablauf:**

- in Deutschland ausgestellte eurocheques ausländischer Aussteller werden über die Gironetze und deren Spitzeninstitute in Frankfurt der Gesellschaft für Zahlungssysteme zugeleitet und von dieser ins Ausland weitergeleitet und verrechnet
- im Ausland ausgestellte eurocheques deutscher Bankkunden werden möglichst bei ausländischen Zentraleinrichtungen (soweit vorhanden) gesammelt und direkt mit der Gesellschaft für Zahlungssysteme ausgetauscht und verrechnet, von dieser dann an die inländischen bezogenen KI weitergeleitet
- Abrechnung und Verrechnung (siehe eurocheque, Abschnitt 1.1.411)
- anstelle der Original-Schecks werden Ersatzbelege (Lastschriften) ausgefertigt.

1.1.5 Der Wechselverkehr

1.1.50 Grundbegriffe

1.1.500 Wesen

a) **Definition:**

Der **gezogene Wechsel** ist eine unbedingte Anweisung des Ausstellers an den Bezogenen, eine bestimmte Geldsumme zu einem bestimmten Zeitpunkt an den Begünstigten (Remittenten, Wechselnehmer) zu zahlen.

b) **Rechtsgrundlage:** Wechselgesetz (WG) von 1933

c) **Rechtsnatur:**

= **Wertpapier**, d. h. Urkunde, die ein privates Vermögensrecht verbrieft, wobei zur Ausübung des Rechts der Besitz des Papiers erforderlich ist

= **geborenes Orderpapier**, d. h. übertragbar durch Einigung, Indossament, Übergabe.

Der Wechsel kann rechtlich **nicht** zum **Inhaberpapier** werden. In der Praxis ist dies jedoch durch Blankoindossament möglich: der Wechsel bleibt dann Orderpapier, kann aber wie ein Inhaberpapier weitergegeben werden.

Durch die Rektaklausel „nicht an Order" im Wechseltext wird der Wechsel zum **Rektapapier** (übertragbar nur durch Einigung, Abtretung, Übergabe).

d) Die Wechselforderung ist **abstrakt**, d. h. losgelöst vom eventuell zugrundeliegenden Schuldverhältnis (Beispiel: die Nichtigkeit des Kaufvertrages hat keinen Einfluß auf die Gültigkeit der Wechselforderung); vgl. auch Wechselprozeß.

e) Jeder, der einen Wechsel **unterschreibt** (als Aussteller, Bezogener = Akzeptant, Indossant, Bürge), **haftet** grundsätzlich für Annahme und Bezahlung des Wechsels.

1.1.501 Wechselarten

Der **gezogene** Wechsel enthält grds. Angaben über **drei** verschiedene Beteiligte:

- Aussteller = Trassant („der, der zieht")*
- Bezogener = Trassat („der, auf den gezogen wird")*; der Bezogene nimmt durch Unterschrift die Wechselschuld an (Akzept) und wird damit zum Akzeptanten
- Begünstigter = Remittent, Wechselnehmer.

Diese Dreiteilung kann durchbrochen werden, wenn **zwei** der drei Personen **identisch** sind: Aussteller = Begünstigter oder Aussteller = Bezogener.

Beim **Solawechsel** gibt es überhaupt nur zwei Beteiligte: Aussteller und Begünstigter – ein „Bezogener" fehlt, weil der Solawechsel kein „gezogener" Wechsel ist.

a) **Gezogener Wechsel (Tratte)* an fremde Order:** Aussteller, Bezogener und Begünstigter sind verschiedene Personen:

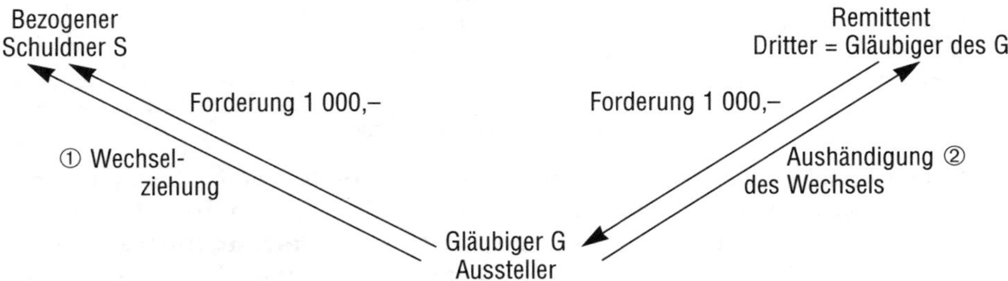

Dieser Fall kommt verhältnismäßig selten vor, da

- die Forderung des Gläubigers (Aussteller) gegen den Schuldner (Bezogener)
- und die Forderung des Drittgläubigers (Remittent) gegen den Gläubiger (Aussteller)

identisch sein müßten; die Forderung des Drittgläubigers könnte auch höher sein, müßte dann jedoch teilweise mittels des Wechsels, zum Teil auf andere Weise beglichen werden. Praktischer ist daher der Wechsel an eigene Order (s. u.), bei dem sich außerdem – durch Indossament des Ausstellers an einen Dritten – derselbe Effekt wie bei einem gezogenen Wechsel an fremde Order erreichen läßt.

b) **Gezogener Wechsel an eigene Order:** Aussteller = Remittent

Aussteller
Gläubiger
Remittent
Forderung
Wechselziehung
Bezogener
Schuldner

Dies ist der Normalfall eines gezogenen Wechsels.

c) **Trassiert-eigener Wechsel:** Aussteller = Bezogener; heute vor allem verwendet bei Ziehungen von Hauptniederlassungen auf Filialen usw.

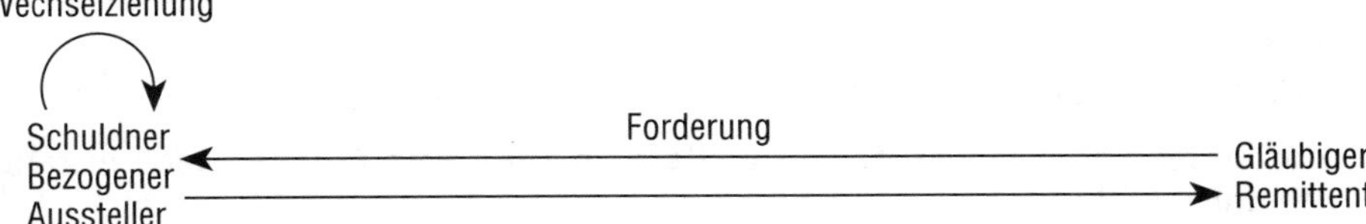

d) Besonderheit: **Solawechsel (eigener** Wechsel), Art. 75-78 WG

= unbedingtes Versprechen des Ausstellers gegenüber dem Begünstigten, eine bestimmte Geldsumme zu einem bestimmten Zeitpunkt zu zahlen.

Bedeutung:

= ein in Wechselform gekleidetes **Zahlungsversprechen** des Ausstellers, der wie ein Akzeptant haftet.

* Lat. „trahere" = ziehen

Entsprechend unterschiedlich zum gezogenen Wechsel ist der Text:

- Tratte: „Gegen diesen Wechsel zahlen **Sie**..."
- Solawechsel: „Gegen diesen Wechsel zahle **ich**..."

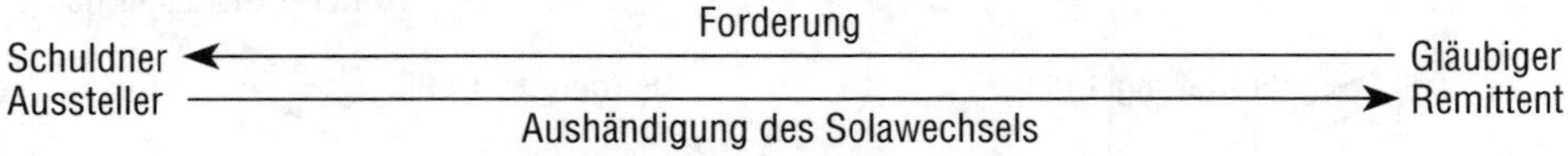

Forderung
Schuldner ← Gläubiger
Aussteller → Remittent
Aushändigung des Solawechsels

Der Solawechsel, der somit nur 7 gesetzliche Bestandteile hat, ist weniger sicher, da nur der Aussteller, nicht zusätzlich und in erster Linie der Bezogene haftet. Dennoch wird er regelmäßig, insb. zugunsten von KI, als **Sicherungsmittel** verwendet, da er praktisch ein besonderer **Schuldschein** ist, dem die **Wechselstrenge** (s. u.) zugute kommt. Als Finanzierungsmittel wird er verwendet, wenn der Aussteller als besonders sicher gelten kann: insb. Solawechsel **staatlicher** Stellen (z. B. Schatzwechsel, Vorratswechsel).

1.1.502 Bedeutung des Wechsels

Der Wechsel kann auf unterschiedliche Weise verwendet werden; dies kommt auch in verschiedenartiger Ausgestaltung des Wechsels zum Ausdruck. In erster Linie ist der Wechsel allerdings **Kredit- und Sicherungsmittel**.

a) **Zahlungsmittel:**

Der Wechsel als **Geldsurrogat** (Geldersatzmittel) ist ein Mittel, Zahlungen zu leisten bzw. Forderungen zu realisieren.

Die Zahlung mit Wechsel erfolgt nur **erfüllungshalber** (§ 364 II BGB; vgl. Scheck), d. h.

- das alte Schuldverhältnis bleibt bestehen
- es entsteht zusätzlich ein neues Schuldverhältnis auf Einlösung des Wechsels gegen den Bezogenen (der auch dritte, d. h. dem Begünstigten unbekannte Person sein kann, vgl. gezogener Wechsel an fremde Order)
- beide Schuldverhältnisse erlöschen mit Einlösung des Wechsels.

b) **Kreditmittel:**

Verwendung des Wechsels als Mittel zur Einräumung eines Kredites:

- durch Gewährung eines **Zahlungsziels** im Rahmen z. B. eines Kaufvertrages (Handelswechsel)
- durch Gewährung eines **Darlehens** (Finanzwechsel).

Als Kreditmittel kann der Wechsel verwandt werden zwischen

- Aussteller und Bezogenem
- Aussteller = Begünstigtem und Kreditinstitut (Diskontierung)
- Kreditinstitut und Bundesbank (Rediskontierung).

c) **Sicherungsmittel:**

- Die Wechselforderung ist durch **Wechselstrenge** und Abstraktheit schnell eintreibbar; das gilt für jeden Wechsel

- oft haften neben dem Bezogenen und dem Aussteller auch noch andere Personen wechselmäßig: Indossanten, Garanten
- z. T. werden Wechsel ausschließlich als Sicherungsmittel zur Sicherung bestehender Forderungen verwandt (z. B. im Außenhandel, oft durch Sichtwechsel; bei Kontokorrentkrediten = Kautionswechsel, Debitorenziehung)
- typisches Sicherungsmittel ist insb. der **Solawechsel**.

d) **Geldanlagemittel:**

- Wechsel sind besonders sicher
- Wechsel bringen günstige Zinserträge (sog. **Diskont**)
- daher zur kurzfristigen Geldanlage geeignet, insb. durch KI
- besonders gut als Anlagemittel verwendbar sind:
  - Schatzwechsel (kurzfristige Finanzierung öffentlicher Haushalte)
  - Vorratsstellenwechsel (Finanzierung der öffentliche Vorratshaltung)
  - AKA-Wechsel aus dem Plafond B (Exportfinanzierung).

e) **Kreditpolitisches Mittel:**

Über ihren Diskontsatz für **Rediskontierung**, d. h. Ankauf von Wechseln von Kreditinstituten, hat die Deutsche Bundesbank die Möglichkeit, die Liquidität und das Kreditvolumen der KI und der Gesamtwirtschaft zu lenken und zu beeinflussen. Demselben Zweck dienen die Rediskontkontingente = Kreditlimits (-grenzen) für Rediskont-Kredite.

Im Zuge der Europäischen Währungsunion wird es voraussichtlich das Diskontgeschäft der Bundesbank/LZB in der herkömmlichen Form nicht mehr geben – die Bundesbank beabsichtigt jedoch, auch zukünftig Handelswechsel als refinanzierungsfähige Sicherheiten zuzulassen.

f) **Beispiel** für die Verwendung eines Wechsels:

① G und S schließen einen Kaufvertrag; G (Gläubiger) gewährt dem S (Schuldner) ein Zahlungsziel

② G stellt einen Wechsel aus; S ist Bezogener; S akzeptiert den Wechsel
→ Wechsel = Zahlungs-, Sicherungs-, Kreditmittel

③ ein Dritter = D hat gegen G eine Forderung; G indossiert den Wechsel an D und händigt ihn D aus
→ Wechsel = Zahlungs-, Sicherungs-, Kreditmittel im Verhältnis von D zu G

④ D verkauft den Wechsel an ein KI und indossiert ihn an das KI, dieses diskontiert den Wechsel
→ Wechsel = Zahlungs- und Kreditmittel für D, Sicherungs- und Geldanlagemittel für das KI

⑤ das KI verkauft den Wechsel an die Bundesbank und indossiert ihn entsprechend, die Bundesbank rediskontiert den Wechsel
→ Wechsel als Kreditmittel für das KI, als Sicherungs-, Geldanlage- und kreditpolitisches Mittel für die Bundesbank

⑥ die Bundesbank als letzter Inhaber legt den Wechsel bei Fälligkeit dem Bezogenen zur Zahlung vor, dieser löst ein
→ Wechsel als Zahlungsmittel; mit Einlösung erlöschen sämtliche Verbindlichkeiten der Beteiligten aus dem Kaufvertrag und aus den gewährten Krediten.

1.1.503 Form und Inhalt der Wechselurkunde

Die Wechselurkunde ist ein genormtes Formular mit eingedruckten Bestandteilen, die verhindern sollen, daß Wechsel unübersichtlich oder unvollständig ausgefertigt werden. Die Formulare sind üblicherweise nicht beim KI, sondern im Schreibwarenhandel erhältlich.

a) **Gesetzliche Bestandteile:** müssen grds. vorhanden sein, wenn das Wechselgesetz Anwendung finden soll (Art. 1, 2 WG).

- Bezeichnung als **Wechsel** im Text der Urkunde in der Sprache, in der sie ausgestellt ist
- **unbedingte Anweisung, eine bestimmte Geldsumme** zu zahlen; Bedingung (z. B. „gegen Rechnung Nr. 34/76") macht den Wechsel ungültig; Zinssatz ist zulässig bei Sicht- und Nachsichtwechseln, gilt sonst als nicht geschrieben (Art. 5 WG)
- **Verfalltag** (Verfall**zeit**), Art. 33 ff. WG; Möglichkeiten:
  - Tag- oder Präziswechsel (z. B. „am 26.9.94")
  - Datowechsel (Frist nach Ausstellungsdatum, z. B. „90 Tage dato")
  - Sichtwechsel (Sicht = Vorlage zur Akzeptierung; bei Vorlage fällig)
  - Nachsichtwechsel (z. B. „180 Tage nach Sicht")

  Fehlt diese Angabe, liegt ein Sichtwechsel vor.
- Name dessen, der zahlen soll = **Bezogener** (möglichst genaue Angabe)
- Zahlungsort (Wechselschulden sind Holschulden):
  - Fehlen der Angabe: Ort des Bezogenen = Zahlungsort
  - **Zahlstellenwechsel:** der Wechsel ist bei einem Dritten (insb. KI) am Wohnort des Bezogenen zahlbar
  - **Domizilwechsel:** Zahlungsort und Wohnort des Bezogenen sind nicht identisch (Praxis: Bezogener wohnt an einem Nebenplatz = Nicht-LZB-Platz, Zahlungsort ist Bankplatz, d. h. Sitz einer LZB-Niederlassung: billigerer Einzug, günstigere Rediskontierung und Diskontierung)
- **Begünstigter** (= Remittent, Wechselnehmer)
- **Ort und Tag der Ausstellung** (Fehlen des Ortes: Ort des Ausstellers)
- **Unterschrift des Ausstellers.**

Monatsangaben bei Ausstellungsdatum und Verfallzeit sind auszuschreiben (oder üblich abzukürzen).

b) **Kaufmännische Bestandteile** dienen zur Erleichterung der Abwicklung:

- Wiederholung des Verfalltages, des Zahlungsortes, Angabe der Ortsnummer des Zahlungsortes (= erste drei Stellen der Bankleitzahl) in der rechten oberen Ecke

Angenommen

Heinemann & Co.

Heinemann

Zweckform Einheitswechsel A Din 5004

Hannover, den 30. Juni ....
Ort und Tag der Ausstellung (Monat in Buchstaben)

200	Hamburg	30.09...
Nr. d. Zahl.-Ortes	Zahlungsort	Verfalltag

Gegen diesen **Wechsel** – erste Ausfertigung – zahlen Sie am 30. September ....
Monat in Buchstaben

an eigene Order

DM ===15.000,-
Betrag in Ziffern

Deutsche Mark Fünfzehntausend=====
Betrag in Buchstaben

Pfennig wie oben

Bezogener Heinemann & Co.
Domshof 6
in 20095 Hamburg
Ort und Straße (genaue Anschrift)

Zahlbar in Hamburg
Zahlungsort
bei Handelsbank AG, Zentrale
Name des Kreditinstituts
1234567890
z. L. Konto Nr.

HANNOVERSCHE ZUCKERRÜBEN AG
Rübenacker 1, 30165 Hannover

Unterschrift und genaue Anschrift des Ausstellers

SOLA-WECHSEL

Hamburg, den 30. Juni 19 ..
Ort und Tag der Ausstellung (Monat in Buchstaben)

200	Hamburg	15.11...
Nr. d. Zahl.-Ortes	Zahlungsort	Verfalltag

Gegen diesen **Sola-Wechsel** zahlen wir am 15. November 19 ..
Monat in Buchstaben

an Fa. Wilhelm Kefir & Sohn, Hamburg 17 DM --10.000,--
Betrag in Ziffern

Deutsche Mark zehntausend-- Pfennig wie oben
Betrag in Buchstaben

Zahlbar in Hamburg
bei Hamburger Sparkasse, Hauptstelle
Name des Kreditinstituts

ADAM & EVA Boutique
Mönckebergstr. 1029
2000 Hamburg 1
Inh. Adam [illegible] Schmidt
Unterschrift und genaue Anschrift des Ausstellers

Stempelmarken auf der Rückseite unmittelbar unter diesem Rande aufkleben

71 RNK Verlags-Nr. 828

- Zusatz „erste Ausfertigung" u. a. (Duplikatklausel) bei mehreren Ausfertigungen des Wechsels
- Wiederholung der Wechselsumme in Ziffern (maßgeblich ist der Betrag in **Worten**)
- Domizil- oder Zahlstellenvermerk
- Anschrift des Ausstellers
- Wechselkopiernummer (zur Bearbeitung im Kreditinstitut).

1.1.504 Wechselarten im Überblick

Erläuterung:

- Handelswechsel: dient zur Finanzierung von Waren- und Dienstleistungsgeschäften
- Finanzwechsel: dient allein zur Geldbeschaffung (Grundgeschäft kann fehlen oder Darlehnsvertrag sein); besondere Formen:
  - Gefälligkeitswechsel: wird aus Gefälligkeit akzeptiert, um den Aussteller Geldbeschaffung (durch Diskontkredit) zu ermöglichen; Aussteller übernimmt auch die Einlösung
  - Bankakzepte = besondere Gefälligkeitswechsel, von Banken (gegen Provision) akzeptiert und meist auch diskontiert
  - Kellerwechsel: gegenseitige Wechselziehungen zum Zweck der Geldbeschaffung (Wechselreiterei) bzw. Ziehungen auf fingierte Personen

- Debitorenziehungen: von KI auf Kreditnehmer gezogene Wechsel zur Sicherung des Kredites (Kautionswechsel).

1.1.51 Ausstellung, Annahme und Übertragung des Wechsels

1.1.510 Ausstellung

Voraussetzung: **Wechselfähigkeit**, d. h.

- Rechtsfähigkeit
- volle Geschäftsfähigkeit; beschränkt Geschäftsfähige benötigen zur Eingehung von Wechselverbindlichkeiten die Zustimmung der gesetzlichen Vertreter und des Vormundschaftsgerichtes.

Wechselunterschriften, die wegen fehlender Wechselfähigkeit oder aus anderen Gründen (Fälschung, erfundene Unterschriften u. a. m.) **ungültig** sind, haben auf die Gültigkeit der übrigen Unterschriften **keinen Einfluß** (Art. 7 WG).

1.1.511 Annahme (Akzeptierung)

a) **Einholen** des Akzepts:

- jeder Wechselinhaber ist berechtigt, das Akzept einzuholen (Art. 21 WG)
- Nachsichtwechsel müssen innerhalb eines Jahres akzeptiert sein (Aussteller kann kürzere oder längere Frist bestimmen, Indossanten können Vorlegungsfrist abkürzen), Tag- und Datowechsel können bis zum Verfalltag vorgelegt werden; Sichtwechsel werden nicht akzeptiert, da bei Sicht (= Vorlage zur Annahme) der Wechsel bereits zahlbar ist
- Vorlage im Geschäftslokal oder in der Wohnung des Bezogenen; ein Tag **Bedenkzeit**; Rücknahme des Akzepts ist noch vor Rückgabe des Wechsels möglich.

b) Der **Aussteller** kann bestimmen, daß

- der Wechsel vorgelegt werden **muß** = Vorlagegebot (evtl. unter Einhaltung einer Frist)
- der Wechsel nicht vorgelegt werden **darf** = Vorlageverbot (s. u.)
- der Wechsel nicht vor einem bestimmten Tag vorgelegt werden darf.

Nichtbeachtung führt zum Verlust des Rückgriffsrechts. Vgl. Art. 22 WG.

c) **Aussteller** und **Indossanten haften für die Annahme** bis zur Akzeptierung. Der Aussteller kann diese Haftung durch Vorlageverbot ausschließen.

d) **Bedeutung** der Annahme:

- das Akzept ist die Erklärung des **Bezogenen**, für den Wechsel einzustehen

- damit tritt zur Zahlungsaufforderung des Ausstellers ein **Zahlungsversprechen** des Bezogenen hinzu, der sich dadurch wechselrechtlich verpflichtet
- auch ohne Akzept ist der Wechsel gültig: aus ihm haftet dann der Aussteller für die Einlösung
- Bedeutung des Begriffs **„Akzept"**:
  - Annahmeerklärung des Bezogenen
  - der akzeptierte Wechsel selbst.

e) **Akzeptarten:**

- **Voll**akzept: vollständiger Text, links auf die Vorderseite des Wechsels gesetzt („querschreiben"):

  „ Angenommen für
  .... DM
  Ort, Datum
  Unterschrift"

Die Datumsangabe kann besonders wichtig sein z. B. bei Nachsichtwechseln.

- **Kurz**akzept: nur Unterschrift des Bezogenen (grds. ausreichend)
- **Blanko**akzept: Annahme eines unvollständig ausgefüllten Wechsels, insb. bei Fehlen der Wechselsumme; denkbar nur bei großem Vertrauen des Akzeptanten gegenüber dem Aussteller
- **Teil**akzept: Annahme des Wechsels nur für einen Teil der Wechselsumme
- Bürgschaftsakzept (**Aval**akzept): selbstschuldnerische Haftung eines Bürgen für den Aussteller (im Zweifel, Art. 31 WG) oder den Bezogenen (bei ausdrücklichem Hinweis)
- **Gefälligkeits**akzept: Akzeptierung eines Gefälligkeitswechsels (s. o.)
- **Ehrenannahme** anstelle des Bezogenen, wenn dieser die Annahme ablehnt.

1.1.512 Übertragung

a) **Wesen:** Wird ein Wechsel nicht bis zum Ende der Laufzeit aufbewahrt und dann dem Bezogenen vorgelegt, kann er verwendet werden

- als Zahlungsmittel (Weitergabe an Gläubiger)
- als Kreditmittel (Diskontkredit einer Bank).

In diesen Fällen muß er auf der Rückseite (ital. „in dosso" = auf dem Rücken) mit einem **Indossament** versehen werden (vgl. Art. 11 WG).

Die Übertragung des Wechsels erfolgt also grundsätzlich durch

- Einigung, Indossament, Übergabe (Orderwechsel, Normalfall).

Ist auf dem Wechsel bereits ein Blankoindossament vorhanden (s. u.), ist ein neues Indossament nicht erforderlich, da jeder neue Inhaber seinen Namen in das Blankoindossament einsetzen kann; Übertragung erfolgt hier – wie bei Inhaberpapieren – durch

- Einigung und Übergabe (blankoindossierter Orderwechsel), Art. 14 Nr. 3 WG.

Ist ein Wechsel mit einer Rektaklausel („nicht an Order") versehen, kann er nur übertragen werden durch

- Einigung, Abtretung (Zession), Übergabe (Rektawechsel).

b) **Funktionen des Indossaments:**

- **Transportfunktion:** das Indossament bewirkt die Übertragung der wechselmäßigen Rechte vom **Indossanten** auf den **Indossatar** (Art. 14 WG);
  - Indossant = derjenige, der indossiert, d. h. der bisherige Inhaber, der das Indossament auf den Wechsel setzt
  - Indossatar = derjenige, an den indossiert wird, d. h. der neue Inhaber
- **Legitimationsfunktion:** = Berechtigungsnachweis, d. h., eine ununterbrochene (lückenlose) Kette von Indossamenten legitimiert den Inhaber als Berechtigten (Art. 16 WG); dies gilt auch bei Blankoindossamenten (selbst bei Erwerb eines gestohlenen Wechsels), wenn der Erwerber gutgläubig war
- **Garantiefunktion:** jeder Indossant **haftet** grundsätzlich für **Annahme** und **Bezahlung** des Wechsels (Art. 15 WG, die Haftung kann beschränkt werden).

c) **Indossamentsarten:**

- **Voll**indossament: vollständiger Text, z. B.

  „Für mich an die Order
  von Paul Meier
  Ort, Datum
  Unterschrift"

- **Kurz-** oder **Blanko**indossament: nur Unterschrift des Indossanten
- **Inkasso**indossament (Prokura-, Vollmachtsindossament): Bevollmächtigung des Indossatars zum Einzug des Wechsels, Übertragung des Besitzes, nicht des Eigentums am Wechsel; gekennzeichnet z. B. durch „Wert zum Einzug", „zum Inkasso" (Art.18 W 6)
- **Pfand**indossament: Übertragung des Besitzes und Einräumung eines Verwertungsrechtes gegenüber dem Indossatar als Sicherheit für dessen Forderung; z. B. „Wert zum Pfand", „Wert zur Sicherheit" (Art. 19 WG)
- **Rekta**indossament „nicht an Order": der Wechsel kann zwar noch weiter indossiert werden, aber der Indossant beschränkt seine Haftung auf den Indossatar (Art. 15 II WG)
- **Angst**indossament: „ohne Obligo", „ohne Gewähr" = Haftungsausschluß des Indossanten gegenüber den nachfolgenden Wechselnehmern.

Rekta- und Angstindossament führen meist zum Ausschluß weiterer Übertragung, da der Wechsel offensichtlich unsicher ist und sich kaum ein Gläubiger zur Entgegennahme bereit erklären dürfte.

d) Bis zum 31.12.91 waren im Inland umlaufende Wechsel zu versteuern. Seitdem gibt es die **Wechselsteuer** nicht mehr.

Für uns an die Order

Fa. Heinrich Lange KG

Hannover, 4. April 19..
HANNOVERSCHE ZUCKERRÜBEN AG

Heinrich Lange KG

Für mich an die Order der Firma

Karl-Friedrich C. Thomsen
in Peine

Pricke, Wulff & Co.

An die Order

Johannes Scheer, Peine

Peine, 28. April 19..

KARL-FRIEDRICH C. THOMSEN

Für mich an Firma

Paulsen & Co., Hannover

ohne Obligo

JOHANNES SCHEER

An
Deutsche Bank AG, Fil. Hannover

Hannover, 24. Juni 19..

PAULSEN & CO.

1.1.52 Wechseleinlösung

1.1.520 Vorlage zur Zahlung

Der Wechsel ist am **Zahlungstag** oder an einem der **zwei** auf den Zahlungstag folgenden Werktage (= **Vorlegungstage**) zur Zahlung vorzulegen, Art. 38 I WG.

Zahlungstag = der Tag, an dem die Zahlung erstmals verlangt werden kann; grundsätzlich sind Zahlungstag und Verfalltag identisch; Ausnahme: Verfalltag = Samstag, Sonntag oder gesetzlicher Feiertag: Zahlungstag = nächster Werktag.

Die Einlieferung in eine **Abrechnungsstelle** steht der Vorlage zur Zahlung gleich (Art. 38 II WG).

Mit **Versäumen** der Vorlegungsfrist **verliert** der Wechselinhaber die **Rückgriffsansprüche** gegen

- Aussteller
- Indossanten
- nicht aber gegen den Bezogenen

Vorlegungsort ist der genannte Zahlungsort, der sich befinden kann

- beim Bezogenen
- bei einer Domizilstelle
- bei einer Zahlstelle.

Vorlegungs**zeit:** Geschäftszeit.

Verfalltag	Zahlungstag	letzter Vorlegungstag*
Montag	Montag	Mittwoch
Dienstag	Dienstag	Donnerstag
Mittwoch	Mittwoch	Freitag
Donnerstag	Donnerstag	Montag
Freitag	Freitag	Montag (!)**
Samstag	Montag	Mittwoch
Sonntag	Montag	Mittwoch
Karfreitag	Dienstag	Donnerstag
Freitag, 1.5.	Montag, 4.5.	Mittwoch, 6.5.

* Aufgrund der Geschäftsordnung für die Abrechnungsstelle zu Hamburg können Wechsel seit dem 03.05.1982 grundsätzlich nur noch insgesamt zweimal dem Bezogenen zur Zahlung vorgelegt werden. Die Vorlegungszeit verkürzt sich also hier um einen Werktag.

** Bei Wechseln, die am Freitag fällig sind, erfolgt in der Praxis bereits am Montag der folgenden Woche die letzte Vorlage, da einige Oberlandesgerichte in diesem Sinne entschieden und einen erst am Dienstag protestierten Wechsel nicht zum Wechsel-Prozeß zugelassen haben.

1.1.521 Einlösung durch Bezogenen oder Beauftragte

a) Bei Vorlage sind vom Bezogenen bzw. von Domizil- oder Zahlstelle zu **prüfen**:

- formale Ordnungsmäßigkeit der Urkunde
- Echtheit des Akzepts
- Ordnungsmäßigkeit und Lückenlosigkeit der Indossamentenkette
- Legitimation des Wechselinhabers, d. h. Identität mit dem durch die Indossamente bezeichneten Gläubiger.

b) **Rechte** des Bezogenen: Art. 40 WG

- Recht auf Teilzahlung mit entsprechendem Vermerk auf dem Wechsel und Quittierung
- Aushändigung des quittierten Wechsels gegen Zahlung
- Zahlung **vor** Verfall braucht der Inhaber des Wechsels nicht anzunehmen.

c) **Wirkung** der Zahlung: **Schuldbefreiung** für den, der zahlt.

- Bezogener zahlt: Wechselschuld **aller** Wechselschuldner erlischt
- Aussteller oder Indossant zahlt: Wechselschuld bleibt **bestehen** (wegen des Rückgriffs)
- Schuldbefreiung tritt überhaupt nur ein, wenn der Zahlende in **gutem Glauben** an die Berechtigung des Wechselinhabers ist (leichte Fahrlässigkeit schadet jedoch nicht, Art. 40 III WG).

d) Ist der Wechsel **domiziliert**, d. h. bei einem KI zahlbar gestellt (gegen Domizilprovision), ist vor Einlösung das Vorliegen eines Einlösungsauftrages des Bezogenen zu prüfen.

1.1.522 Wechselinkasso der Kreditinstitute

Wechsel können vom letzten Inhaber selbst dem Bezogenen vorgelegt werden. Diese Aufgabe übernehmen jedoch auch die KI im Rahmen ihrer Inkassogeschäfte gegen eine sog. Inkassoprovision. Besonders geeignet – wegen der bequemen Verrechnung – sind bei einem anderen KI zahlbar gestellte Wechsel.

a) Eingezogen werden von KI

- **Diskontwechsel** (für das KI selbst)
- **Inkassowechsel** (für den Kunden).

b) **Verfahren:**

Wechsel sind bei einem **Kreditinstitut** zahlbar gestellt:

- am **Platz** des KI: Einzug durch
  - Kontoverrechnung und Übersendung an das KI des Bezogenen
  - Abrechnung

- an **fremdem** Platz: Einzug durch
  - Kontoverrechnung und Übersendung
  - eigenes Einzugs-(Giro-)Netz
  - LZB (nur, wenn Wechsel an einem **Bankplatz** zahlbar ist; entgeltlich)
  - Versand direkt an Domizil- oder Zahlstelle

Wechsel sind beim **Bezogenen** zahlbar gestellt:

Einzug durch Versand an Filiale/Korrespondenzbank mit Bitte um Einzug (bei Wechseln über höhere Beträge); am Platz Vorlage durch Boten möglich.

c) **Gutschrift** des Gegenwertes:

- sofort bei Einreichung E.v. (Eingang vorbehalten), Wert einige Inkassotage später; selten angewandt (sog. valutierte Wechsel; in der Bilanz des KI als Bestand auszuweisen)
- nach Eingang des Gegenwertes (**n.E.**) = gewöhnliches Verfahren
- Abzug der Inkassoprovision.

1.1.523 Wechselabkommen

a) **Wesen:** Vereinbarung der Spitzenverbände des Kreditgewerbes von 1987 betreffend den Einzug von Wechseln und die Rückgabe nicht eingelöster und zurückgerufener Wechsel; ersetzt das Wechseleinzugsabkommen und das Wechselrückgabeabkommen. Anwendung nicht für im Ausland zahlbare Wechsel.

b) **Wechseleinzug:**

- 1. Inkassostelle prüft
  - formelle Ordnungsmäßigkeit des Wechsels
  - Legitimation des Einreichers durch ordnungsmäßige Indossamentenkette
- 1. Inkassostelle versieht den Wechsel auf der Rückseite mit dem Vermerk „Vollmacht gemäß Wechselabkommen", Namen, BLZ, Ort der Ausfertigung (ohne Unterschrift); Wirkung wie Inkassoindossament
- Berechtigung der beteiligten KI zu folgenden Handlungen:
  - Inkasso des Wechsels
  - Quittierung und Aushändigung bei Einlösung
  - Protest bei Nichteinlösung
  - Erteilung einer Untervollmacht
  - Abtretung der Wechselrechte an einen Dritten (bei Bezahlung des Wechsels nicht für den Bezogenen)
  - Vornahme von Inkassoindossamenten
- letzte Inkassostelle hat Protest als Vertreterin der 1. Inkassostelle zu erheben.

c) **Rückgabe** nicht eingelöster oder zurückgerufener Wechsel:

- Rückgabe nach Nichtzahlung unmittelbar an 1. Inkassostelle:
  - protestierte Wechsel mit Protesturkunde spätestens am 1. Geschäftstag nach Erhalt vom Protestbeamten

  - Wechsel ohne Protest spätestens am 1. Geschäftstag nach Ablauf der Frist für die Vorlegung zur Zahlung

- Rückgabe zurückgerufener Wechsel unverzüglich nach Eingang des Rückrufs an 1. Inkassostelle
- Verpflichtung der 1. Inkassostelle zur Rücknahme nicht eingelöster Wechsel
- bei Einzug über Deutsche Bundesbank bzw. im LZB-Abrechnungsverfahren sind Wechsel im Falle der Nichtbezahlung auf demselben Weg zurückzugeben
- Rückgabegebühren:
  - unbezahlte Wechsel:
    - Protestkosten
    - Auslagenersatz
    - Provision i. H. v. 1/3 % der Wechselsumme
  - zurückgerufene Wechsel : Höchstgebühr von 25,– DM
- Zinsausgleich kann durch das KI, das den Wechsel zurückgibt, bei Wechseln ab 10 000,– DM geltend gemacht werden, wenn der Wertstellungsverlust 30,– DM oder mehr beträgt; Zinssatz: Diskontsatz der Bundesbank am Tag der Rückgabe des Wechsels.

1.1.53 Nichteinlösung = Notleiden des Wechsels

1.1.530 Grundlagen

a) **Gründe** für das Notleiden: Art. 43 WG

- Bezogener verweigert die Annahme (Protest **mangels Annahme**): dies hat wechselrechtliche Folgen nur für Aussteller und Indossanten, da der Bezogene keine Haftung übernommen hat (er hat nicht unterschrieben)
- Bezogener verweigert die Zahlung (Protest mangels **Zahlung**)
- Bezogener wird während der Laufzeit des Wechsels unsicher bzw. zahlungsunfähig (Protest mangels **Sicherheit**) – gleich, ob er akzeptiert hat oder nicht; Anzeichen:
  - Einstellung der Zahlungen durch Bezogenen
  - fruchtlose Zwangsvollstreckung in sein Vermögen
  - Eröffnung eines Konkursverfahrens über sein Vermögen
  - Eröffnung eines gerichtlichen Vergleichsverfahrens über sein Vermögen
  - Eröffnung eines Konkurs- oder gerichtlichen Vergleichsverfahrens über das Vermögen des Ausstellers eines Wechsels, der nicht zur Annahme vorgelegt werden darf.

b) Der Wechsel gilt als **Kredit- und Sicherungsmittel** deswegen, weil bei seinem Notleiden besondere gesetzliche **Sicherungen** eingreifen:

- Haftung von in aller Regel mehreren Unterzeichnern (neben dem Bezogenen der Aussteller und die Indossanten)

- **Wechselstrenge:** formelle und materielle (sachliche) Wirkungen:
  - strenge Formvorschriften bei Ausstellung
  - Vorlegungs- und Protestbestimmungen
  - Wechselprozeß = Urkundenprozeß

  } formelle Wechselstrenge

  - für Inhalt der Wechselverpflichtung ist nur die Wechselurkunde maßgeblich (Abstraktheit)
  - gesamtschuldnerische Haftung aller Wechselschuldner

  } materielle Wechselstrenge

1.1.531 Wechselprotest

a) **Definition:** = Urkunde, die beweist, daß der Wechsel ordnungsgemäß (rechtzeitig/am richtigen Ort) zur Annahme oder Zahlung vorgelegt wurde und nicht akzeptiert oder bezahlt worden ist, vgl. Art. 44 WG.

b) **Bedeutung:** Der Protest ist (grds., sofern nicht darauf verzichtet wird) gesetzliche **Voraussetzung für den Rückgriff** (Regreß).

c) **Aufnahme** des Protestes erfolgt durch

- Notar (in der Regel)
- Gerichtsbeamten.

d) **Fristen** für Protesterhebung:

- Protest mangels Zahlung muß
  - bei einem Wechsel, der an einem bestimmten Tag oder bestimmte Zeit nach Ausstellung oder nach Sicht zahlbar ist, an einem der beiden auf den Zahlungstag folgenden Werktage erhoben werden
  - bei einem Sichtwechsel innerhalb der Frist erhoben werden, die für die Vorlegung zur Annahme eines Nachsichtwechsels gilt.
- Protest mangels Annahme muß innerhalb der Frist erhoben werden, die für die Vorlegung zur Annahme gilt.

e) **Besonderheiten:**

- **Protesterlaß**klausel („ohne Kosten", „ohne Protest") auf dem Wechsel: letzter Inhaber = Vorleger braucht keinen Protest bei Nichtzahlung erheben zu lassen; Folgen:
  - Protesterlaß des Ausstellers gilt für alle Wechselverpflichteten; sie sind befreit von der Pflicht zur Bezahlung der Protestkosten; bei Rückgriff muß ohne Vorlage der Protesturkunde gezahlt werden
  - Protesterlaß eines Indossanten/Bürgen gilt nur für diesen, verpflichtet aber dennoch alle Wechselbeteiligten zur Bezahlung der Kosten eines trotzdem erhobenen Protestes
- **Wand**protest: Bezogener ist am angegebenen Ort (Wohnung/Geschäft) nicht anzutreffen
- **Wind**protest: angegebene Geschäfts-/Wohnräume sind nicht auffindbar.

Protest

Auf Antrag de r Hamburgische Landes-bank -Girozentrale-

als Vertreterin de r Bremer Landesbank

habe ich heute den angehefteten Wechsel, der auf

gezogen ist, der auf dem Wechsel angegebenen Zahlstelle

Vereins- und Westbank Aktiengesellschaft

hier, in ihrem Geschäftslokal

Alter Wall 20/32

zur Zahlung vorzuzeigen versucht.

Das Geschäftslokal war verschlossen. Einlaß war nicht zu erlangen.

D er *Bezogene oder ein Vertreter de* s *Bezogenen war nicht anwesend. Ich habe deshalb mangels Zahlung* Wechsel -*Protest erhoben.*

Hamburg, den 27. April 1983

Der Notar

Gebühren: KostO. v. 20. 8. 75

*Protestgeb. § 51*1	*DM*	26,50
*Wegegeb. § 51*2	„	3,--
	„	
Umsatz-Steuer	„	3,84
	DM	33,34

DR. PAUL-JOACHIM VON WISSEL NOTARIATSSIEGEL HAMBURG

f) **Benachrichtigungspflicht:** Nach Protesterhebung hat Benachrichtigung (Notifikation) der Beteiligten zu erfolgen: Art. 45 WG

- der Wechselinhaber muß
  - den Aussteller
  - den unmittelbaren Vormann

binnen 4 Tagen benachrichtigen

- jeder Indossant hat seinen unmittelbaren Vormann binnen 2 Tagen zu benachrichtigen.

Bei **Versäumen** der Benachrichtigungspflicht:

- kein Verlust des Rückgriffsrechts
- aber Haftung für den entstandenen Schaden bis zu Höhe der Wechselsumme.

1.1.532 Rückgriff (Regreß)

a) Gegenüber dem Wechselinhaber **haften** als **Gesamtschuldner**:

- Aussteller
- Akzeptant
- Indossanten
- Bürgen.

b) Rückgriffs**möglichkeiten**:

- gegen **jeden einzeln**, gegen **mehrere** oder **alle zusammen**
- gegen den unmittelbaren Vormann (**Reihenregreß**)
- gegen irgendeinen anderen Wechselschuldner (**Sprungregreß**)

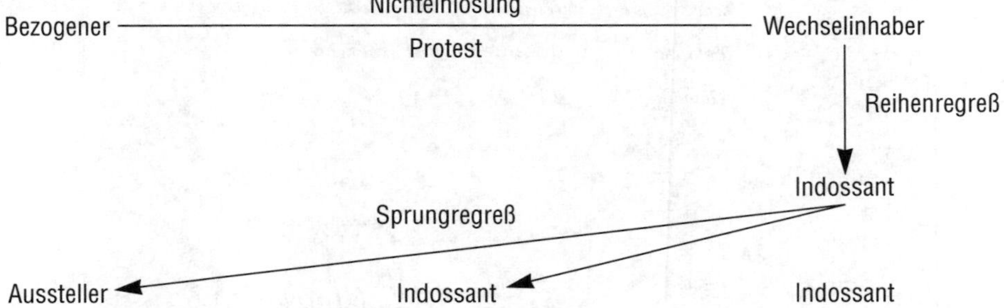

c) Rückgriffs**ansprüche**: geltend gemacht durch **Rückrechnung**

- Wechselsumme (bzw. der Betrag, den der jeweilige Rückgriffsschuldner selbst zahlen mußte, als er im Regreß in Anspruch genommen wurde)
- Zinsen: 2 % über LZB-Diskontsatz, mindestens 6 %
- Protest-, Benachrichtigungs-, sonstige Kosten und Auslagen
- Provision: 1/3 % der Wechselsumme.

d) Die Rückgriffsanprüche sind **letztlich** vom **Aussteller** zu tragen, der sich dann erneut an den Bezogenen wenden kann. Am sinnvollsten und kostengünstigsten ist daher der Sprungregreß vom letzten Inhaber direkt zum Aussteller, vorausgesetzt, dieser ist zahlungsfähig und -willig.

1.1.533 Wechselprozeß

a) **Wesen:** = besondere Form des **Urkundenprozesses** (§§ 592 ff., insb. §§ 602-605 ZPO); diese Prozeßart geht davon aus, daß bei Vorliegen einwandfreier rechtsgültiger **Urkunden** (§§ 414, 416 ZPO) Ansprüche schnell durchgesetzt werden sollen.

Kennzeichen:

- verkürzte Einlassungsfristen
- begrenzte Beweismittel
- beschränkte Einreden des Beklagten
- sofortige Vollstreckbarkeit des Urteils.

b) **Verkürzte Einlassungsfristen** (= Frist zwischen Zustellung der Klage und mündlicher Verhandlung, für „Einlassung" = Erwiderung des Beklagten auf die Klage): **mindestens** (nicht etwa höchstens)

- 24 Stunden, wenn Wohn- oder Geschäftssitz des Schuldners = Ort des Gerichts
- 3 Tage, wenn der Ort des Bezogenen innerhalb des Gerichtsbezirks liegt
- 7 Tage, wenn Ort des Bezogenen anderer Ort im Inland ist.

Maßgeblich ist jeweils das zuständige Gericht (Amtsgericht, ab 5 000,– DM Streitwert Landgericht).

c) **Begrenzte Beweismittel:** zugelassen sind

- Urkunden:
  - Wechsel
  - Protesturkunde
  - Rückrechnung
- auf Antrag: Parteivernehmung; zulässig, wenn für Erhaltung der Wechselansprüche Protesterhebung nicht erforderlich war.

d) **Beschränkte Einreden** des Beklagten:

- gegen die Urkunden (z. B. Fälschung, Formmangel, unterbrochene Indossamentenkette)
- gegen den Kläger, wenn es sich um eigene Rechtsbeziehungen zwischen Beklagtem und Kläger handelt (z. B. Fehlen oder Nichtigkeit des Grundgeschäftes, Stundung, Aufrechnung).

Die Beweisführung des Beklagten ist ebenfalls nur mit Urkunden und Parteivernehmung zulässig.

e) Das Urteil im Wechselprozeß ist **sofort vollstreckbar**: Durchführung einer Zwangsvollstreckung gegen den Schuldner unmittelbar anschließend möglich. Hat der Beklagte der Klage widersprochen, liegt jedoch nur **vorläufige** Vollstreckbarkeit vor: Überprüfung in ordentlichem Zivilprozeß möglich (sog. **Nachverfahren**).

f) **Wechselmahnbescheid:** Möglichkeit der Durchsetzung von Ansprüchen aus Wechseln durch **gerichtliches Mahnverfahren** (siehe dort).

Bei Widerspruch des Schuldners kommt es zum Prozeß, bei Nichtbeachtung erhält der Gläubiger ebenfalls einen vorläufig vollstreckbaren Titel für die Zwangsvollstreckung.

Bedeutung: kostengünstiger als Wechselprozeß; in der Praxis besonders häufig verwandt.

1.1.534 Sonstiges

a) **Abwendung von Protest und Rückgriff:**

- **Prolongation** = Gewährung eines Zahlungsaufschubs für den Bezogenen durch den Aussteller; Ausstellung eines neuen Wechsels
- **Ehreneintritt** eines Dritten vor oder nach Nichtzahlung, meist zugunsten des Bezogenen und vor Protesterhebung, und zwar (Art. 55 ff. WG)
  - durch Zahlung (sog. Ehrenzahlung)
  - durch Ehrenannahme
  - durch Bürgschaft auf dem Wechsel (Dritter übernimmt selbstschuldnerische Haftung).

In den ersten beiden Fällen wird eine sog. **Notadresse** = Name des Eintretenden neben den Namen des Bezogenen gesetzt.

b) **Verjährung** der Wechselansprüche:

Gläubiger	Schuldner	Frist	Beginn
letzter Inhaber Aussteller	Akzeptant	3 Jahre	Verfalltag
letzter Inhaber	Aussteller Indossanten	1 Jahr	Protesterhebung
Indossanten	Vormänner Aussteller	6 Monate	Einlösungstag

1.1.54 Wechselgeschäfte der Kreditinstitute

Die Vielzahl der Wechselgeschäfte, die von KI übernommen werden, soll nachfolgend im Überblick dargestellt werden.

a) Wechsel-Inkasso:

- Verwahrung und Verwaltung bis zur Fälligkeit
- Einlösung als Domizilstelle

- Wechselvorlage auf dem Inkassoweg
- ggf. Protesterhebung

b) Wechseldiskont: vgl. Abschnitt 1.3.31

- Diskont = Wechselankauf
- Rediskont = Refinanzierung durch Diskontkredit der Deutschen Bundesbank

c) Ankauf von Schatzwechseln (vgl. Abschnitt 1.4.110)

d) à-forfait-Wechsel (vgl. Abschnitt 1.3.360):

- Ankauf gut gesicherter Im-/Export-Wechselforderungen unter Ausschluß der Einreicherhaftung
- Laufzeit in der Praxis 2-5 Jahre

e) Akzeptkredite (vgl. Abschnitt 1.3.34)

- KI akzeptiert einen vom Kunden gezogenen Wechsel

f) Lombardwechsel:

- Wechsel zur Sicherung von Darlehen an Kunden eines KI (Bedeutung: gering).

1.1.55 Quittungen

Bis zum 31.12.92 konnten die Arbeitgeber einiger Baubranchen bestimmte tariflich vereinbarte Leistungen (Lohnausgleich/Urlaubsentgelt) von Einrichtungen der Tarifvertragsparteien (z. B. Urlaubs- und Lohnausgleichskasse der Bauwirtschaft) mittels sogenannter Quittungen einziehen (analog zum Wechseleinzug).

Seit 1993 erfolgt die Abwicklung im Lastschrifteinzugsverfahren; das Verfahren zum Einzug von Quittungen wird nicht mehr angewendet.

1.1.6 Der Lastschriftverkehr

1.1.60 Grundlagen

1.1.600 Wesen

a) Im Rahmen des Lastschriftverfahrens wird zugunsten des Zahlungsempfängers (Gläubigers) über sein KI (1.Inkassostelle) von dem Konto des Zahlungspflichtigen (Schuldners) bei demselben oder einem anderen KI (Zahlstelle) der sich aus der Lastschrift ergebende Betrag eingezogen. Die Lastschrift ist also ein vom Gläubiger seinem KI erteilter Einzugsauftrag – ohne Zahlungsverpflichtung der Zahlstelle.

b) Im einzelnen ist die Lastschrift

- Einzugspapier

- Sichtpapier, d. h. bei Vorlage fällig,
- sie steht dem Scheck nahe (vgl. Kontenrahmen der KI)
- sie kann im Vereinfachten Scheckeinzug der Bundesbank eingezogen werden.

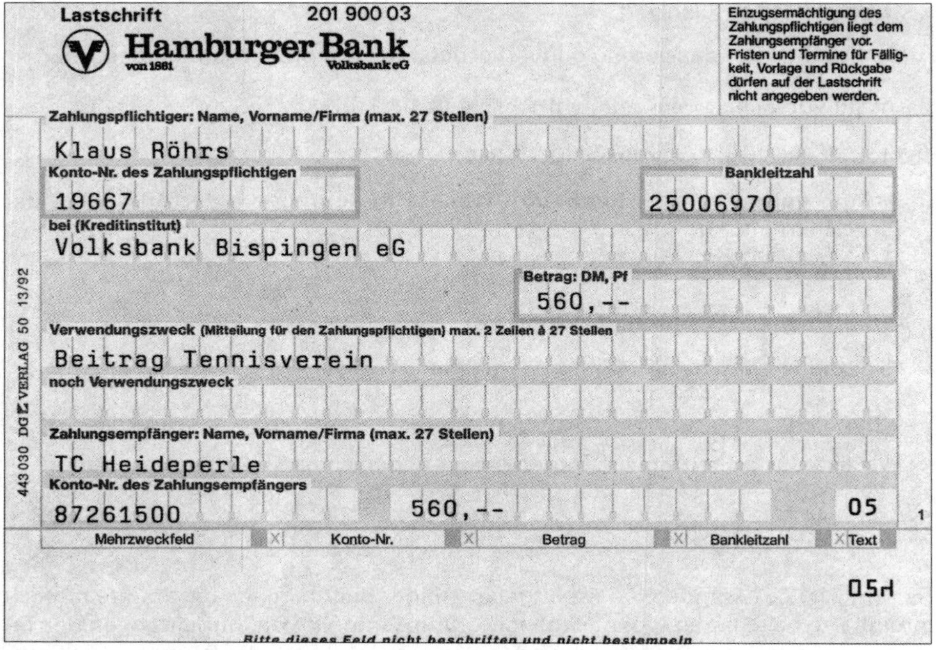

Lastschrift 201 900 03

Hamburger Bank von 1861 Volksbank eG

Einzugsermächtigung des Zahlungspflichtigen liegt dem Zahlungsempfänger vor. Fristen und Termine für Fälligkeit, Vorlage und Rückgabe dürfen auf der Lastschrift nicht angegeben werden.

Zahlungspflichtiger: Name, Vorname/Firma (max. 27 Stellen)
Klaus Röhrs

Konto-Nr. des Zahlungspflichtigen: 19667

Bankleitzahl: 25006970

bei (Kreditinstitut): Volksbank Bispingen eG

Betrag: DM, Pf: 560,--

Verwendungszweck (Mitteilung für den Zahlungspflichtigen) max. 2 Zeilen à 27 Stellen
Beitrag Tennisverein

noch Verwendungszweck

Zahlungsempfänger: Name, Vorname/Firma (max. 27 Stellen)
TC Heideperle

Konto-Nr. des Zahlungsempfängers: 87261500 560,-- 05 1

Mehrzweckfeld | Konto-Nr. | Betrag | Bankleitzahl | Text

05H

Bitte dieses Feld nicht beschriften und nicht bestempeln

443 030 DG VERLAG 50 13/92

1.1.601 Voraussetzungen

a) **Zustimmung** des Zahlungspflichtigen (Schuldners):

Da der Zahlungsempfänger (Gläubiger) mittels der Lastschrift über das Konto des Schuldners verfügt, muß dieser mit der Verfügung einverstanden sein. Er kann seine Zustimmung erklären

- gegenüber dem Gläubiger (**Einzugsermächtigung**)
- gegenüber seinem (des Schuldners) Kreditinstitut (**Abbuchungsauftrag**).

b) **Zulassung** des Zahlungsempfängers zum Lastschriftverkehr:

- zweifelsfreie Bonität erforderlich, da Mißbrauchsgefahr besteht
- Einhaltung einer Vereinbarung für den Einzug von Lastschriften:
  - Einzug ausschließlich fälliger Forderungen
  - Zustimmung des Schuldners
  - Rückbelastung bei Nichteinlösung.

c) Verwendung **einheitlicher Formulare**; hat ein Gläubiger eine Vielzahl von Forderungen durch Lastschriften einzuziehen, kann er selbst die Formulare durch EDV-

Anlagen ausfüllen lassen (sog. Endlosband) oder dem KI die Daten auf Magnetband, Diskette oder Kassette liefern bzw. seinem KI per Datenfernübertragung (DFÜ) zuleiten.

1.1.602 Bedeutung des Lastschriftverkehrs

a) **Für den Gläubiger:**

- schnellerer Zahlungseingang, da er den Zahlungszeitpunkt selbst bestimmt
- Erhöhung der Liquidität, geringere Außenstände
- keine Überwachung der Zahlungseingänge, da Nichtzahlung durch Rückgabe der Lastschrift sofort erkennbar ist
- Reduzierung und Vereinfachung des Mahnwesens
- aber: Übernahme der Kosten für die Zahlung.

b) **Für den Schuldner:**

- kein Ausfüllen von Überweisungen oder Schecks
- keine Terminüberwachung, kein Vergessen von Zahlungsterminen
- keine Gebühren wie beim Dauer(überweisungs)auftrag
- aber: Einschränkung der Liquidität und Dispositonsfreiheit.

c) Für die **KI**: rationelle Durchführung des Zahlungsverkehrs, insbesondere im beleglosen Lastschriftverkehr (vgl. Abschnitt 1.1.613).

1.1.61 Durchführung des Lastschriftverkehrs

1.1.610 Einzugsermächtigungsverfahren

a) **Wesen:** Einzugsermächtigung = schriftliche, widerrufliche Ermächtigung des Gläubigers durch den Schuldner, Lastschriften auszustellen (i. d. R. mit weiteren Angaben: Zeitabstände, Zweck, ungefähre Höhe).

b) Prüfung der **Rechtmäßigkeit** der Lastschriften könnte hier allenfalls durch Inkassostelle (= KI des Gläubigers) erfolgen; diese verpflichtet jedoch den Gläubiger durch Vereinbarung, nur rechtmäßige Lastschriften einziehen zu lassen.

Die Lastschriften erhalten den Vermerk

„Einzugsermächtigung des Zahlungspflichtigen
liegt dem Zahlungsempfänger vor"

c) **Abwicklung:**

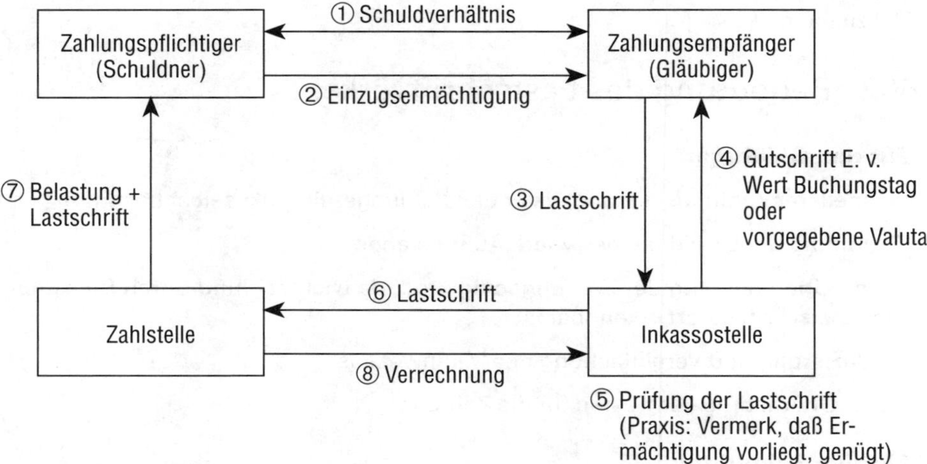

d) Einer Lastschrift aufgrund Einzugsermächtigung kann, da ihre Berechtigung von sonst niemandem geprüft wird, binnen **6 Wochen widersprochen** werden.

e) Aufgrund der Struktur des Lastschriftverkehrs geht der Schuldner davon aus, daß mit der Erteilung einer Einzugsermächtigung sichergestellt ist, daß die von ihm geschuldete Leistung rechtzeitig dem Gläubiger zur Verfügung steht. Wenn eine Lastschrift mangels Deckung zurückgegeben wird, ist dies nicht der Fall.

In einem Urteil vom 28.2.1989 hat der Bundesgerichtshof (BGH) klargestellt, daß in diesem Fall der Schuldner von seinem KI von der Rückgabe der Lastschrift zu benachrichtigen ist, damit er Maßnahmen ergreifen kann. Die Benachrichtigung ist zumindest am Tag der Rückgabe der Lastschrift zur Post zu geben.

1.1.611 Abbuchungsauftrag

a) **Wesen:** = schriftliche, widerrufliche Beauftragung der Zahlstelle (= KI des Schuldners) durch den Zahlungspflichtigen, vom Zahlungsempfänger ausgestellte Lastschriften zu Lasten seines Kontos einzulösen (i. d. R. mit weiteren Angaben zwecks Überprüfbarkeit versehen).

b) Prüfung der **Rechtmäßigkeit** erfolgt aufgrund des Auftrages durch die Zahlstelle; da nur dem Abbuchungsauftrag entsprechende, insoweit also rechtmäßige Lastschriften eingelöst werden, ist **kein Widerspruch** des Zahlungspflichtigen möglich.

Die Lastschriften im Abbuchungsverfahren tragen **keinen** Vermerk über das Vorliegen einer Einzugsermächtigung.

Die Sparkasse in Bremen

Lastschrift-Einzugsverkehr
Vereinbarung über den Einzug von Forderungen durch Lastschriften
– Einzugsermächtigungsverfahren –

Kontonummer
100 73 888

Vereinbarung zwischen

BKV
Bahnhofstr. 123
28194 Bremen

– nachstehend „Zahlungsempfänger" genannt und der

Die Sparkasse in Bremen, Postfach 10 78 80, 28078 Bremen
– nachfolgend „Sparkasse" genannt –

Es wird folgende Vereinbarung getroffen:

1. Der Zahlungsempfänger ist berechtigt, sofort fällige Forderungen, für deren Geltendmachung nicht die Vorlage einer Urkunde erforderlich ist, durch Lastschriften im Einzugsermächtigungsverfahren einzuziehen.

2. Der Einzug erfolgt in belegloser Form durch die Einreichung eines Datenträgers (Magnetband, Diskette o. ä.) mit dem jeweils vorgeschriebenen Begleitzettel. Es gelten die „Sonderbedingungen für die Teilnahme am beleglosen Datenträgeraustausch-Verfahren".
Beleglose Einzugermächtigungs-Lastschriften sind durch den Textschlüssel „05" zu kennzeichnen.

3. Der Zahlungsempfänger verpflichtet sich, Lastschriften nur dann zum Einzug einzureichen, wenn ihm eine schriftliche Einzugsermächtigung des Zahlungspflichtigen vorliegt.
Der Mustertext für eine Einzugsermächtigung ist auf der Rückseite abgedruckt.
Der Zahlungsempfänger hat der Sparkasse auf Verlangen die Einzugsermächtigung vorzulegen.

4. Fristen und Termine für Fälligkeit, Vorlage und Rückgabe dürfen in der Lastschrift nicht angegeben werden.

5. Der Gesamtbetrag der einzuziehenden Forderungen wird dem Zahlungsempfänger in zwei Summen – getrennt nach Lastschriften z. L. Sparkasse Bremen und anderen Instituten – auf seinem oben genannten Konto von der Sparkasse unter „Eingang vorbehalten" beleglos gutgeschrieben.

6. Der Zahlungsempfänger erklärt sich mit der Rückbelastung nicht eingelöster Lastschriften einverstanden. Eine Rückbelastung ist auch bei denjenigen Lastschriften zulässig, denen der Zahlungspflichtige widersprochen hat. Die Sparkasse ist weder berechtigt noch verpflichtet, die Berechtigung eines Widerspruchs des Zahlungspflichtigen zu prüfen.

7. Für nicht eingelöste Lastschriften wird eine Rücklastschriftprovision und der Ersatz der durch die Rückbelastung entstandenen eigenen und fremden Auslagen berechnet. Teileinlösungen werden im Lastschriftverfahren nicht vorgenommen.

8. Der Zahlungsempfänger darf Lastschriften, die ihm zurückbelastet worden sind, nicht erneut zum Einzug einreichen.

9. Alle Folgen eines Zuwiderhandelns gegen die vorstehende Vereinbarung sowie alle Nachteile des Abhandenkommens, der mißbräuchlichen Verwendung, der Fälschung oder Verfälschung von Lastschriften trägt der Zahlungsempfänger. Die Sparkasse haftet im Rahmen des von ihr zu vertretenden Verschuldens nur in dem Maße, als sie im Verhältnis zu anderen Ursachen an der Entstehung des Schadens mitgewirkt hat.

10. Die Sparkasse und der Zahlungsempfänger sind berechtigt, die Vereinbarung über den Einzug von Forderungen mit dreimonatiger Frist zu kündigen. Die Sparkasse kann die Vereinbarung insbesondere fristlos kündigen, wenn die Vereinbarung vom Zahlungsempfänger nicht eingehalten worden ist oder sonst Umstände eintreten, die geeignet sind, die Sicherheit und ordnungsgemäße Abwicklung des Lastschrift-Einzugsverkehrs zu beeinträchtigen, oder der Zahlungsempfänger in Zahlungsschwierigkeiten geraten ist.

11. **Es wird ausdrücklich darauf hingewiesen, daß die Allgemeinen Geschäftsbedingungen der Sparkasse in Bremen (AGB) Vertragsbestandteil und damit verbindlich sind. Die Bedingungen liegen in den Geschäftsräumen der Sparkasse zur Einsichtnahme aus. Der Zahlungsempfänger erhält ein Exemplar, sofern er es wünscht.**

12. Die Sparkasse ist jederzeit berechtigt, von dem Zahlungsempfänger die Stellung ihr genehmer Sicherheiten zu verlangen, soweit über gutgeschriebene Beträge vor Ablauf der Widerspruchsfrist verfügt worden ist/werden soll.

Sondervereinbarung ____________________

Unterschriften

Ort, Datum
Bremen, 15. Juli 1997

Firmenstempel und Unterschrift
PKV
ppa Meyer

Ort, Datum ____________________

Die Sparkasse in Bremen

Bearbeitungsvermerke der Sparkasse

Belegvolumen ca. __________ Lastschriften ☐ mtl. ☐ 1/4-jährl. ☐ 1/2-jährl. ☐ jährlich

Bonitätsprüfung durchgeführt ____________________

☐ Schufa-Auskunft ☐ Selbstauskunft

11 120 – 5.95 **Original für Sparkasse** **bitte wenden 1**

Die Sparkasse in Bremen

Sonderbedingungen für die Teilanhme am beleglosen Datenträgeraustausch-Verfahren

A. Allgemeine Verfahrensbestimmungen

1. **Die Sparkasse in Bremen**, Postfach 10 78 80, 28078 Bremen (nachstehend „Sparkasse" genannt) nimmt zur Vereinfachung des automatisierten Zahlungsverkehrs durch beleglosen Datenträgeraustausch Magnetbänder, Disketten (8-, 5¼- und 3½-Zoll), Magnetband- und Streamerkassetten als Datenträger mit Ausführungsaufträgen für Lastschriften und Überweisungen entgegen. Bei Ausführungsaufträgen für Lastschriften
   - muß der Auftraggeber als Einreicher mit der Sparkasse einen Lastschrifteinzugsvertrag abgeschlossen haben,
   - müssen dem Auftraggeber als Zahlungsempfänger Einzugsermächtigungen der Zahlungspflichtigen vorliegen, oder der Zahlungspflichtige muß seinem kontoführenden Kreditinstitut (Zahlstelle) einen Abbuchungsauftrag erteilt haben.

2. Die Datenträger müssen in Satz- und Dateiaufbau sowie in den Spezifikationen den Angaben gemäß der Anlage 3 entsprechen.

3. Für die Angaben zum Verwendungszweck und Auftraggeber sind die in Anlage 1 enthaltenen Grundsätze zu beachten.

4. Für die Verwendung von Textschlüsseln gelten die „Richtlinien für einheitliche Zahlungsverkehrsvordrucke" und Anlage 2.

5. Vor der Anlieferung eines Datenträgers an die Sparkasse ist eine Aufzeichnung mit dem vollständigen Inhalt des Datenträgers, einschließlich eventueller Erweiterungsteile, zu erstellen. Die Sparkasse ist berechtigt, die Überlassung der Aufzeichnung zu verlangen.

6. Bei Anlieferung eines Datenträgers an die Sparkasse ist für jede logische Datei ein unterschriebener Datenträgerbegleitzettel gemäß Anlage 3, Ziffer 3 beizufügen. Die Datenträger sind durch Aufkleber gemäß Anlage 3, Ziffer 2 zu kennzeichnen.

7. Der Auftraggeber ist verpflichtet, vor der Anlieferung die Kontrollmaßnahmen gemäß den Aufzählungen in Anlage 3, Ziffer 4 durchzuführen. Der Inhalt der vom Auftraggeber gelieferten Datenträger ist mindestens 10 Geschäftstage in der Form nachweisbar zu halten, damit der Sparkasse auf Anforderung kurzfristig besonders gekennzeichnete Duplikat-Datenträger geliefert werden können.

8. Nach Anlieferung eines Datenträgers können in Ausnahmefällen Rückrufe von einzelnen Lastschriften oder Überweisungen nur außerhalb des Datenträgeraustausch-Verfahrens auf Vordrucken der Sparkasse vorgenommen werden. Berichtigungen sind nur durch Rückruf und erneute Auftragserteilung möglich. Von der Sparkasse wird gewährleistet, daß rechtzeitig erteilte Rückrufe, sofern Konten der Sparkasse betroffen sind, ordnungsgemäß beachtet werden. Die Sparkasse haftet jedoch nicht für weitergeleitete Rückrufaufträge, die von anderen Kreditinstituten nicht ordnungsgemäß beachtet wurden.

   Der Rückruf eines Datenträgers ist ausgeschlossen, sobald die Sparkasse mit dessen Bearbeitung begonnen hat.

9. Die Rückgabe nichtbezahlter Lastschriften erfolgt außerhalb des Datenträgeraustausch-Verfahrens.

B. Behandlung der Datenträger durch die Sparkasse

1. Die Sparkasse ist berechtigt, empfangene Datenträger ganz oder teilweise auszudrucken. Der Kunde kann den Ausdruck von Belegen nicht verlangen.

2. Ergeben sich bei einer von der Sparkasse durchgeführten Kontrolle des Datenträgers Fehler, wird sie die fehlerhaften Datensätze mit ihrem vollständigen Inhalt nachweisen und dem Auftraggeber unverzüglich mitteilen. Die fehlerhaften Datensätze können von der weiteren Bearbeitung ausgeschlossen werden.

3. Stellt die Sparkasse fest, daß sie einen angenommenen Datenträger wegen seiner Beschaffenheit nicht bearbeiten kann oder daß Unstimmigkeiten zwischen dem Datenträger und Begleitzettel bestehen, ist sie berechtigt, den Datenträger und den Begleitzettel zurückzugeben. Der Auftraggeber ist zur Rücknahme verpflichtet; er kann sich nicht darauf berufen, daß eine Bearbeitung des Datenträgers auf seiner Anlage möglich ist.

4. Die Annahme und Rückgabe von Datenträgern durch die Sparkasse erfolgt nach individuellen Vereinbarungen.

C. Haftung

1. Der Auftraggeber ist gegenüber der Sparkasse und den Kreditinstituten, die seine Daten bearbeitet haben, für alle Schäden und Nachteile verantwortlich, wenn die von ihm angelieferten Datenträger bzw. Daten nicht in ordnungsgemäßem Zustand bzw. unrichtig oder unvollständig sind.

2. Die Sparkasse haftet nur für grobes Verschulden und nur in dem Maße, in dem ihr Verhalten zur Entstehung eines Schadens beigetragen hat.

   Die Schadensersatzpflicht beschränkt sich auf den Betrag des jeweiligen Vorgangs.

   Die Sparkasse verpflichtet sich, im Falle eines Schadens bzw. bei Fehlleitung eines Betrages unverzüglich alle Maßnahmen einzuleiten, die zur Klärung der Sachlage dienen können.

D. Schlußbestimmungen

1. Die in diesen Sonderbedingungen erwähnten Anlagen sind Bestandteil des mit dem Auftraggeber geschlossenen Vertrages. Sie beruhen auf entsprechenden Vereinbarungen der am Datenträgeraustausch-Verfahren beteiligten Kreditinstitute. Änderungen dieser Vereinbarungen sind für die beteiligten Kreditinstitute als auch für den Auftraggeber verbindlich. Die Sparkasse wird den Auftraggeber rechtzeitig über etwaige Änderungen unterrichten.

2. Vereinbart die Sparkasse mit dem Kunden bestimmte Termine für die Einlieferung von Datenträgern, beinhaltet dies eine Absprache über Ausführungstermine nur dann, wenn die Sparkasse ausdrücklich die Bearbeitung zu dem vereinbarten Zeitpunkt verbindlich zugesagt hat.

3. Die Konditionen für die Abwicklung des beleglosen Datenträgeraustausches zwischen dem Kunden und der Sparkasse werden gesondert vereinbart.

Anlagen zu den Sonderbedingungen

Anlage 1: Merkblatt zur Abfassung von Verwendungszweck- und Auftraggeberangaben im beleglosen Zahlungsverkehr.

Anlage 2: Zugelassene Textschlüssel und Textschlüsselergänzungen.

Anlage 3:
- Aufbau und Spezifikation der Datenträger
  - ☐ Magnetbänder
  - ☐ 8-Zoll-Disketten
  - ☐ PC-Disketten im 5¼- und 3½-Zoll-Format
  - ☐ ______
- Kennzeichnung der Datenträger
- Inhalt des Datenträger-Begleitzettels
- Kontrollmaßnahmen (Plausibilitäts- und Feldinhaltsprüfungen)

32 081 — 1.94

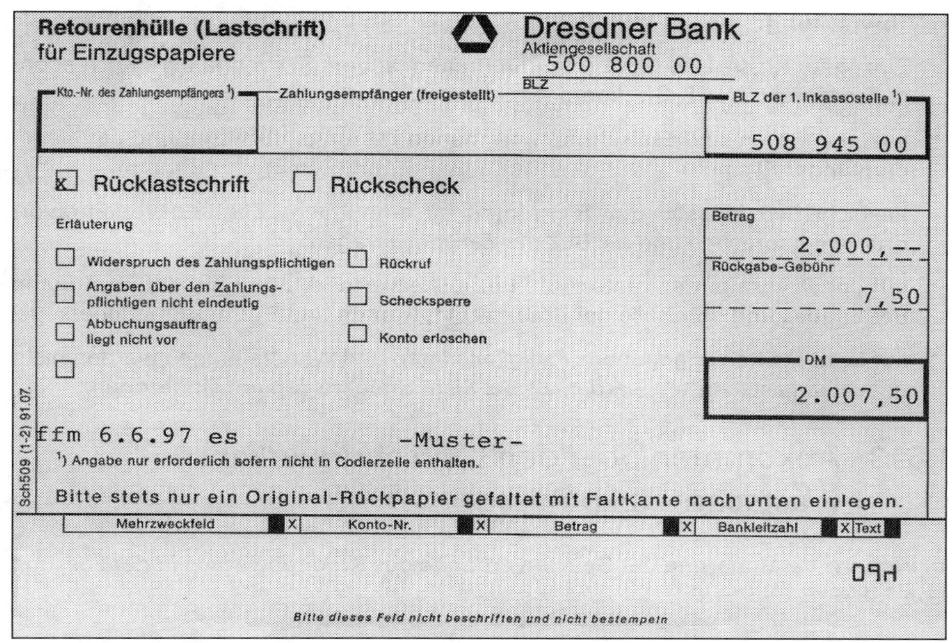

Retourenhülle (Lastschrift)
für Einzugspapiere

Dresdner Bank
Aktiengesellschaft
500 800 00
BLZ

Kto.-Nr. des Zahlungsempfängers [1]
Zahlungsempfänger (freigestellt)
BLZ der 1. Inkassostelle [1]
508 945 00

[x] Rücklastschrift [ ] Rückscheck

Erläuterung

[ ] Widerspruch des Zahlungspflichtigen
[ ] Rückruf
[ ] Angaben über den Zahlungspflichtigen nicht eindeutig
[ ] Schecksperre
[ ] Abbuchungsauftrag liegt nicht vor
[ ] Konto erloschen
[ ]

Betrag 2.000,--
Rückgabe-Gebühr 7,50
DM 2.007,50

ffm 6.6.97 es -Muster-

[1]) Angabe nur erforderlich sofern nicht in Codierzeile enthalten.

Sch509 (1-2) 91.07.

Bitte stets nur ein Original-Rückpapier gefaltet mit Faltkante nach unten einlegen.

Mehrzweckfeld X | Konto-Nr. X | Betrag X | Bankleitzahl X | Text

Bitte dieses Feld nicht beschriften und nicht bestempeln

c) Abwicklung:

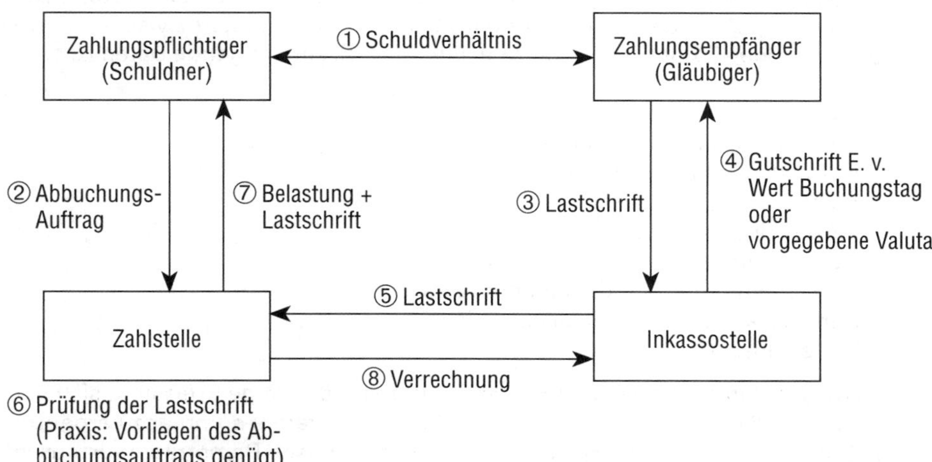

1.1.612 Vereinfachter Lastschrifteinzug

a) **Wesen:** Entsprechend dem vereinfachten Scheckeinzug (Abschnitt 1.1.427) führt die Deutsche Bundesbank auf der Grundlage ihrer AGB auch einen Vereinfachten Lastschrifteinzug für die KI durch.

b) **Abwicklung:**

- Einzug für KI, die LZB-Girokonto unterhalten (andere KI können über Korrespondenzbanken mit LZB-Girokonto teilnehmen)
- ausgenommen sind Lastschriften, bei denen Zahlungspflichtiger und Zahlungsempfänger KI sind
- Lastschriften müssen den Richtlinien für einheitliche Zahlungsverkehrsvordrucke entsprechen und die BLZ der Zahlstelle tragen
- auf der Rückseite der Lastschrift: Einreichervermerk „An LZB“ (ohne Angabe des Landes und der Stelle der LZB) mit Ort, Namen und BLZ des Einreichers
- auf Lastschriften angegebene Fälligkeitsdaten und Wertstellungen werden nicht beachtet, Lastschriften werden als bei Sicht zahlbare Papiere eingezogen.

1.1.613 Abkommen über den Lastschriftverkehr (Lastschriftabkommen)

a) **Wesen:** Vereinbarung der Spitzenverbände des Kreditgewerbes in der Fassung von 1995.

b) **Inhalt:**

- von Kunden beleghaft eingereichte Lastschriften werden von der ersten Inkassostelle auf EDV-Medien erfaßt und im Verrechnungsverkehr zwischen den KI beleglos abgewickelt (EZL-Verfahren). Für den EZL sind folgende Daten zu erfassen:
  - Bankleitzahl der Zahlstelle
  - Kontonummer des Zahlungspflichtigen
  - Name des Zahlungspflichtigen
  - Betrag
  - Verwendungszweck
  - Kontonummer des Zahlungsempfängers
  - Bezeichnung des Zahlungsempfängers
  - Bankleitzahl der ersten Inkassostelle
  - Textschlüssel
- das KI, das den Auftrag in den EZL einführt, hat die richtige Erfassung sicherzustellen und die Daten durch eine max. 11stellige Referenznummer zu ergänzen; die Daten sind nach den „Richtlinien für den beleglosen Datenträgeraustausch“ zu formatieren
- Haftungsregelungen für den Fall, daß durch unrichtige Erfassung/Weiterleitung der Daten Schäden entstehen. Bei Abbuchungsauftragslastschriften haftet jedoch die Zahlstelle, wenn sie den Lastschriftbetrag einem nichtzahlungspflichtigen Kontoinhaber belastet, obwohl dieser Fehler bei Prüfung auf Vorliegen des Abbuchungsauftrages zu vermeiden gewesen wäre. Eine Haftung des Zahlungsempfängers für unrichtige Angaben im Originalbeleg bleibt unberührt. Bei Einzugsermächtigungslastschriften haftet die erste Inkassostelle der Zahlstelle für jeden Schaden, der dieser durch unberechtigt eingereichte Lastschriften entsteht

- nicht eingelöste Lastschriften sind beleglos, unter Angabe des Rückgabegrundes im Datensatz, zurückzugeben und dürfen von der 1. Inkassostelle in keiner Form erneut zum Einzug gegeben werden
- Lastschriften, die nicht eingelöst werden, weil
  - sie unanbringlich sind
  - auf dem Konto des Zahlungspflichtigen keine Deckung vorhanden ist
  - bei Abbuchungsauftrags-Lastschriften der Zahlstelle kein Abbuchungsauftrag vorliegt,

  sind von der Zahlstelle spätestens an dem auf den Tag des Eingangs folgenden Tag an die 1. Inkassostelle zurückzugeben. Der Zahlstelle ist freigestellt, auf welchem Wege sie die Lastschriften zurückgibt und zurückrechnet. Bei Lastschriften ab 2 000,– DM hat die Zahlstelle die 1. Inkassostelle außerdem bis 14.30 Uhr des auf den Tag des Eingangs folgenden Geschäftstages unter Einsatz von Telefax, Telefon, Telex oder Telegramm von der Nichteinlösung zu benachrichtigen (Eilnachricht)
- die Zahlstelle kann für Rücklastschriften pauschalen Auslagenersatz und Bearbeitungsprovision berechnen; unter Umständen auch einen Zinsausgleich.

1.1.7 Die Abrechnung

1.1.70 Grundlagen

a) **Wesen:** Abrechnung (Skontration, **Clearing**) ist

- die Verrechnung von Forderungen und Verbindlichkeiten (Aufrechnung, vgl. §§ 387 ff. BGB)
- zwischen den Kreditinstituten eines Platzes
- über die bei der LZB unterhaltenen Girokonten
- aufgrund des Austausches von Einzugspapieren und Überweisungen.

b) **Einzelheiten:** Abrechnungsverfahren werden seit 1775 (England) zur Vereinfachung der Abwicklung gegenseitiger Ansprüche angewandt; im internationalen Zahlungsverkehr erfolgt zwischen Zentralnotenbanken ein **bilateraler** (zweiseitiger) Ausgleich, während im Inlandszahlungsverkehr das **multilaterale** Clearing zwischen vielen Beteiligten kennzeichnend ist.

c) **Bedeutung:**

- Durch die gegenseitige Aufrechnung der Ansprüche unter den beteiligten Kreditinstituten kommt nicht nur ein relativer (verhältnismäßiger) Saldo zwischen zwei Beteiligten, sondern ein **absoluter** (umfassender) **Saldo** zustande, der die **Gesamtforderung** oder **Gesamtschuld** eines KI gegenüber allen anderen Beteiligten wiedergibt.
- Dadurch erfolgt wesentliche Vereinfachung der Verrechnung, Verringerung der Anzahl der erforderlichen Buchungen.

- Durch das Zusammentreffen von Bankvertretern (oder -boten) an einer Stelle gelingt schneller und rationeller Austausch der Papiere.

1.1.71 Abwicklung

1.1.710 Technik der Abrechnung

Beispiel: beteiligt sind die Kreditinstitute A – B – C – D.

Nach Austausch der Abrechnungspapiere ergibt sich folgendes Bild:

Gläubiger	Schuldner				Gesamtforderung
	A	B	C	D	
A	–	270 000,–	480 000,–	210 000,–	960 000,–
B	440 000,–	–	260 000,–	170 000,–	870 000,–
C	290 000,–	160 000,–	–	320 000,–	770 000,–
D	190 000,–	240 000,–	420 000,–	–	850 000,–
Gesamtschuld	920 000,–	670 000,–	1 160 000,–	700 000,–	3 450 000,–

Kreditinstitut	A	B	C	D	Summe
Gesamtforderung	960 000,–	870 000,–	770 000,–	850 000,–	3 450 000,–
Gesamtschuld	920 000,–	670 000,–	1 160 000,–	700 000,–	./. 3 450 000,–
Saldo	+ 40 000,–	+ 200 000,–	./. 390 000,–	+ 150 000,–	./. –,–

Die sich hieraus ergebenden **Salden** werden über die LZB-Girokonten verbucht.

1.1.711 LZB-Abrechnung und Hamburger Abrechnung

Die Abrechnung im inländischen Zahlungsverkehr wird grundsätzlich über Abrechnungsstellen der Landeszentralbanken durchgeführt (**LZB-Einheitsabrechnung**). Nur in Hamburg bestand eine selbständige Einrichtung der wichtigsten Hamburger Kreditinstitute in der Rechtsform eines **nicht eingetragenen Vereins** als Abrechnungsstelle (**„Große“** oder **„Hamburger Abrechnung“**), die LZB Hamburg war hier nur gleichberechtigtes Mitglied.

Der Hamburger Abrechnung gehörten zuletzt nur noch 13 KI an. Wegen des weit überwiegenden und weiter zunehmenden elektronischen Austausches wurde im Juni 1997 die Aufhebung der Hamburger Abrechnung beschlossen.

1.1.8 Besondere Zahlungsmittel

1.1.80 Der Reisescheck

a) **Wesen:** Reiseschecks = scheckähnliche **Anweisungen (keine** Schecks im Sinne des Scheckgesetzes aufgrund von Formmängeln), die von vornherein **gedeckt** sind, da sie nur gegen Zahlung des aufgedruckten Betrages ausgegeben werden.

b) **Arten:**

- DM-Reiseschecks:
  - verkauft von deutschen KI als Kommissionären
  - bezogen sind ausländische Banken (insb. American Express Co., Thomas Cook, Citicorp, VISA)
  - feste Beträge, aufgedruckt, über 50,–, 100,–, 200,– und 500,– DM
  - unbeschränkte Gültigkeitsdauer
  - innerhalb der Bundesrepublik Deutschland gebührenfrei eingelöst

- Währungs-Reiseschecks:
  - verkauft von deutschen KI als Kommissionären
  - bezogen sind ausländische Korrespondenzbanken
  - von besonderer Bedeutung: Travellers Cheques = Reiseschecks der amerikanischen und englischen Banken (insb. Thomas Cook, Citibank, New York und – führend – American Express Co.)

- ECU-Reiseschecks:
  - lautet auf die Europäische Währungseinheit (European Currency Unit)
  - feste Beträge, aufgedruckt, über 50 oder 100 ECU
  - z. Zt. noch geringe Akzeptanz bei Hotels und im Einzelhandel
  - Vorteil der Stabilität der ECU gegenüber anderen Währungen.

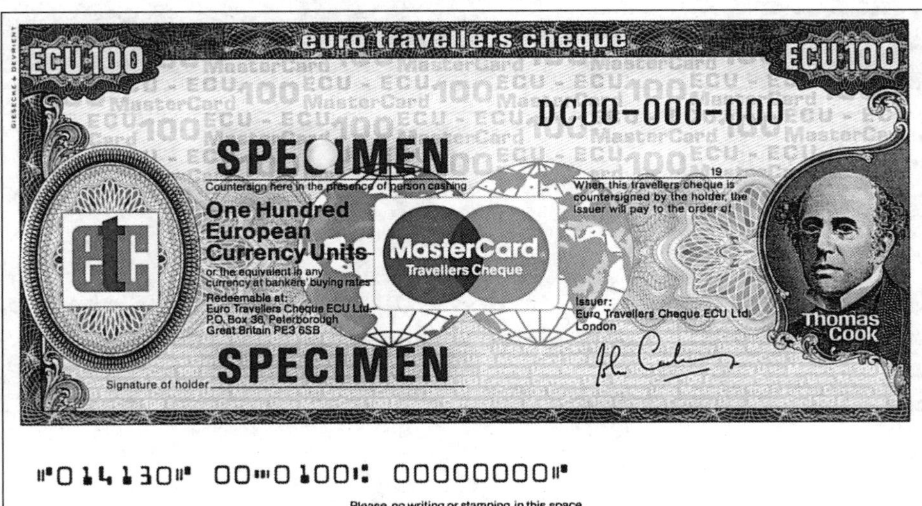

c) **Abwicklung:**

- Kauf der Reiseschecks am Bankschalter
  - Leistung der 1. Unterschrift
  - Bezahlung des Gegenwertes

- Einlösung bei einer Bank, Hotels, Geschäften usw.
  - Leistung der 2. Unterschrift in Gegenwart des Empfängers
  - bei Zweifeln Legitimierung durch Lichtbildausweis möglich.

Beim **Verlust** von Reiseschecks wird meist bis zu 1 000,– DM sofortiger Ersatz geleistet (Vorlage der Verkaufsabrechnung, eines Ausweises sowie einer eidesstattli-

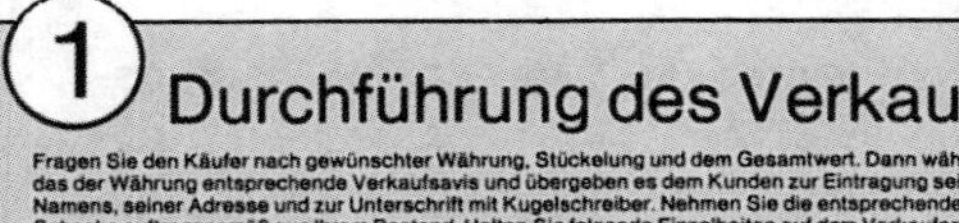

1 Durchführung des Verkaufs

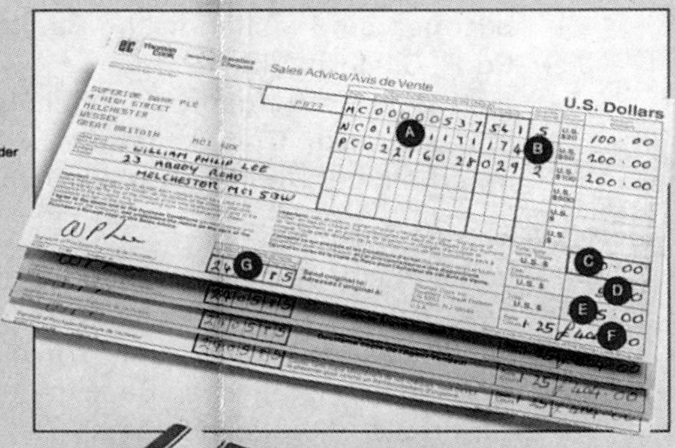

Fragen Sie den Käufer nach gewünschter Währung, Stückelung und dem Gesamtwert. Dann wählen Sie das der Währung entsprechende Verkaufsavis und übergeben es dem Kunden zur Eintragung seines Namens, seiner Adresse und zur Unterschrift mit Kugelschreiber. Nehmen Sie die entsprechenden Schecks auftragsgemäß aus Ihrem Bestand. Halten Sie folgende Einzelheiten auf dem Verkaufsavis fest:

- **A** Von jeder Stückelung der verkauften Schecks die Seriennummern, die sich aus einem Präfix (ein oder zwei Buchstaben), einer zweistelligen und einer dreistelligen Zahl zusammensetzen
- **B** Anzahl der Schecks und Betrag
- **C** Die Gesamtsumme aller verkauften Schecks
- **D** Der Provisionsbetrag
- **E** Die Gesamtsumme inklusive Provision
- **F** Umrechnungskurs und Gegenwert in Landeswährung
- **G** Verkaufsdatum.

Geben Sie Reisenden in die U.S.A. folgende Zusatzinformation:
- Es sollten immer Reiseschecks in US$ mitgenommen werden
- Es wird empfohlen, die Reiseschecks in gängig gestaffelten Nennwerten mitzunehmen, so wie man bei Bargeld verfahren würde
- Die US$ Reiseschecks werden wie Bargeld benutzt-so wie in den U.S.A. allgemein üblich. Banken lösen normalerweise keine Reiseschecks ein; Geschäfte, Restaurants, Hotels und viele andere Einrichtungen jedoch nehmen den Reisescheck bereitwillig an und geben Bargeld in angemessener Form zurück.

2 Verkaufsabschluss

Heften Sie die Reiseschecks in eine Scheckhülle und nehmen Sie die Kaufsumme entgegen; danach ist noch folgendes Wichtiges zu beachten:

- Bitten Sie den Käufer bevor er Ihre Geschäftsräume verläßt jeden Scheck mit Federhalter oder Kugelschreiber zu unterschreiben. Weisen Sie ihn darauf hin, daß die Gegenzeichnung erst im Augenblick der Einlösung erfolgen darf
- Trennen Sie das vierteilige Verkaufsavis und überreichen Sie dem Käufer die gelbe Kopie als Quittung
- Erinnern Sie den Käufer daran, das Verkaufsavis an einem sicheren Ort aufzubewahren, getrennt von den Schecks; im Falle einer notwendigen Rückerstattung ist das Verkaufsavis vorzulegen
- Die blaue und die grüne Kopie verbleiben in Ihrem Büro; das weiße Original erhält Thomas Cook (siehe unter Punkt Abrechnung)
- Sollte während des Verkaufsvorgangs ein Scheck beschädigt werden, stempeln oder schreiben Sie das Wort 'cancelled' quer über die für die Zeichnung und Gegenzeichnung vorgesehenen Felder. Die ungültigen Schecks senden Sie bitte zurück an das zuständige Scheckzentrum.

3 Verrechnung

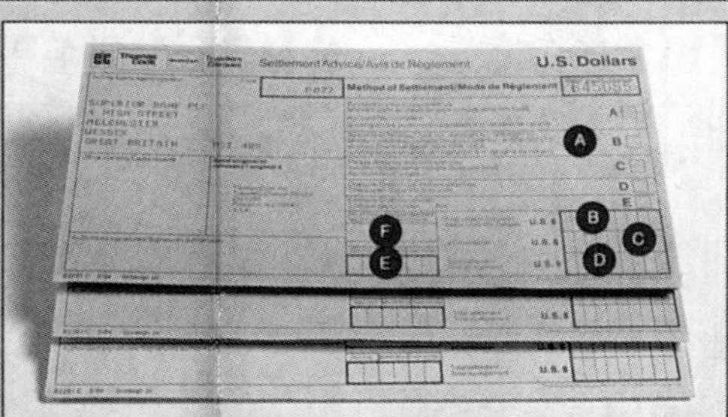

Trennen Sie die Verkaufsavise je nach Währung. Für jede Währung wird ein entsprechendes Verrechnungsavis mit folgenden Einzelheiten erstellt:

- **A** vereinbarte Abrechnungsmethode
- **B** Gesamtwert der verkauften Schecks
- **C** Rück-Kommission (falls sie anfällt)
- **D** Gesamtsumme inklusive Rück-Kommission
- **E** Datum der Abrechnung
- **F** Anzahl der in der Abrechnung enthaltenen Verkaufsavise

Trennen Sie die drei Teile des Abrechnungsavises. Die blaue und die grüne Kopie bleiben bei Ihnen. Das rosa Original wird an die Verkaufsavise geheftet, zusammen mit einem Additionsstreifen, der alle verkauften Schecks summenmäßig auflistet. Senden Sie die Unterlagen an das zuständige Scheckzentrum. Die Zahlung sollte immer auf dem zwischen Ihnen und Thomas Cook vereinbarten Wege erfolgen.

Bei allem Schriftverkehr geben Sie bitte Ihre Code Nummer als Verkaufsagent an und die vorgedruckte Seriennummer des Abrechnungsavises; dies ermöglicht eine schnelle Antwort auf Rückfragen.

4 Annahme und Einlösung

ETC Thomas Cook MasterCard Reiseschecks sind bei Banken und Einzelhandelsgeschäftsstellen auf der ganzen Welt höchst willkommen und genießen absolutes Vertrauen. Muster in jeder Währung sowie eine exakte Beschreibung der Schecks finden Sie in den ETC Thomas Cook MasterCard Richtlinien für Zahlungsagenten zur leichteren Erkennung. Die Schecks werden wie folgt eingelöst:

- Mit Federhalter oder Kugelschreiber versieht der Kunde jeden Scheck mit seiner Zweitunterschrift
- Die Gegenzeichnung muß genau übereinstimmen mit der Erstunterschrift auf der linken unteren Hälfte des Schecks
- Im Zweifelsfalle bitten Sie den Kunden, unter Ihrer Aufsicht auf der Rückseite die Schecks zu unterzeichnen
- Stempeln Sie jeden eingelösten Scheck deutlich auf der Rückseite mit Ihrem Firmenstempel und senden Sie ihn zur Erstattung auf dem normalen Bankweg ein
- Schecks, die deutlich Änderungen oder Beschädigungen aufweisen, sind nicht einzulösen, sondern zum Einzug an das zuständige Scheckzentrum zu senden, und zwar auf dem normalen Bankweg.

5 Bestellungen

Es ist wichtig, daß die Bestellungen für Schecks, Avise und anderes Material so rechtzeitig bei Ihrem ETC Thomas Cook Verkaufsbüro veranlaßt werden, daß dem normalen Postlauf Rechnung getragen ist. In außergewöhnlichen Notfällen können Bestellungen auch per Telefon oder Telex aufgegeben werden.
Es gibt unterschiedliche Bestellformulare für:

- Reiseschecks
- Avise und anderes Material

Der Inhalt jeder Reiseschecklieferung wird gleich nach Erhalt anhand der beigefügten Empfangsbestätigung (Trust Receipt) überprüft. Jede Abweichung muß sofort dem Versandzentrum gemeldet werden. Ist der Inhalt auf seine Richtigkeit überprüft, wird die Empfangsbestätigung mit einer autorisierten Unterschrift, Datum und Stempel versehen und an die vorgedruckte Adresse zu Thomas Cook zurückgeschickt; die auf der Rückseite abgedruckten Bedingungen sind damit anerkannt.

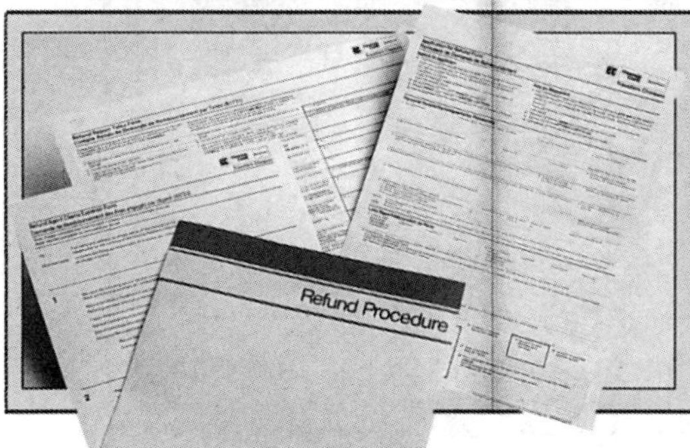

6 Rückerstattung

Alle Käufer sind gegen Verlust oder Diebstahl geschützt, vorausgesetzt, sie haben die auf dem Verkaufsavis und in der Scheckhülle vermerkten Bedingungen voll erfüllt.
In der Ihnen separat überreichten Mappe 'Rückerstattungsverfahren' finden Sie alle notwendigen Informationen zur Unterstützung der Kunden bei Verlust oder Diebstahl der Reiseschecks. Die Mappe enthält folgende Unterlagen:

- Ausführliche Hinweise (besonders für den Fall einer Notrückerstattung ohne vorherige Kontaktaufnahme mit Thomas Cook)
- Antragsformulare zur Rückerstattung (vom Kunden selbst auszufüllen)
- Telexformulare für Rückerstattungsmeldungen
- Formulare zur Rücküberweisung von Ihnen entstandenen Unkosten und Dienstleistungsprovision

Folgen Sie bitte den Richtlinien bei jeder Rückerstattung.

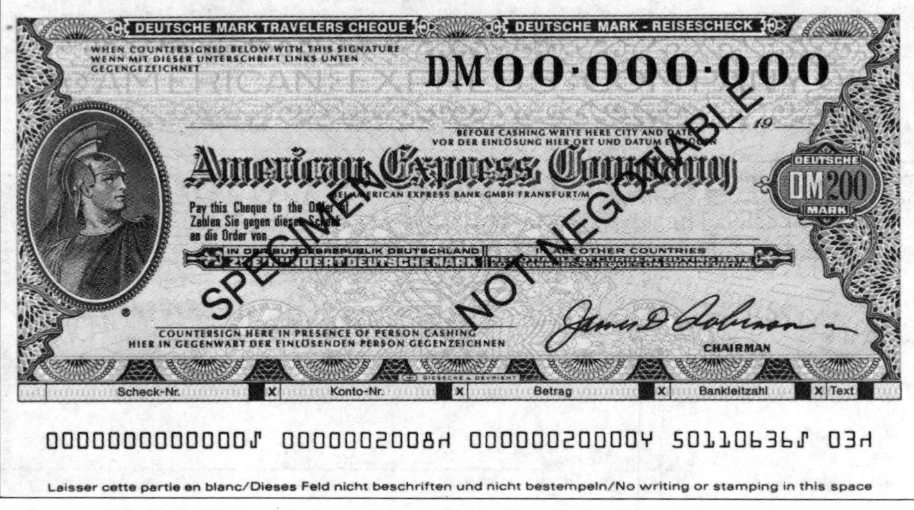

chen Erklärung über den Verlust). Es kommt hierbei jedoch auf den Einzelfall an (z. B. Verlust der Schecks und der Ausweispapiere).

d) **Bedeutung:**

- Größere Sicherheit als bei Verwendung von Bargeld auf Reisen
- vielfältige Einlösungsmöglichkeiten
- schnelle Abwicklung des Verrechnungsvorgangs
- innerhalb Europas jedoch z. T. verdrängt durch eurocheques.

1.1.81 Der Kreditbrief

a) **Definition:** = Anweisung des ausstellenden KI an andere KI, an den in der Urkunde Genannten gegen Legitimierung Zahlungen bis zu einem bestimmten Höchstbetrag innerhalb der Gültigkeitsdauer zu leisten.

b) **Arten:**

- **Spezial**kreditbrief:
  - beschränkte Anzahl von KI, im Kreditbrief genannt, die als Zahlstellen dienen
  - Avisierung (schriftliche Ankündigung) des Briefes an diese KI
- **Zirkular**kreditbrief:
  - größere Anzahl von KI, in einer Korrespondentenliste genannt
  - keine Avisierung

c) **Abwicklung:**

- Antrag des Kunden auf Ausstellung eines Kreditbriefes
- bankmäßige Bearbeitung:
  - Ausstellung des Briefes
  - Aushändigung an den Kunden
  - Belastung des Auftraggebers mit dem Gesamt(höchst)betrag und Umbuchung auf ein Deckungskonto
  - Leistung einer Unterschriftsprobe durch den Kunden
  - Avisierung des (Spezial-)Kreditbriefes an die im Brief genannten KI, Beifügung der Unterschriftsprobe
- Vorlage des Kreditbriefes durch den Kunden bei einem der KI
- Legitimations- und Unterschriftsprüfung, Auszahlung gegen Doppelquittung, Absetzen des Betrages auf dem Kreditbrief (damit mehrfache Ausnutzung bis zum Höchstbetrag möglich ist)
- Verrechnung des auszahlenden mit dem ausstellenden KI.

d) **Bedeutung:** nur noch selten verwendet

- im Reisezahlungsverkehr
- bei Geschäftsreisen, z. B. Messebesuchen u. a.

1.1.82 Das Barakkreditiv

a) **Definition:** = vertragliche Verpflichtung eines Kreditinstitutes, für Rechnung des Auftraggebers innerhalb einer bestimmten Frist bis zu einem bestimmten Höchstbetrag gegen Legitimation an den genannten Begünstigten Zahlung zu leisten.

b) **Vorgang:**

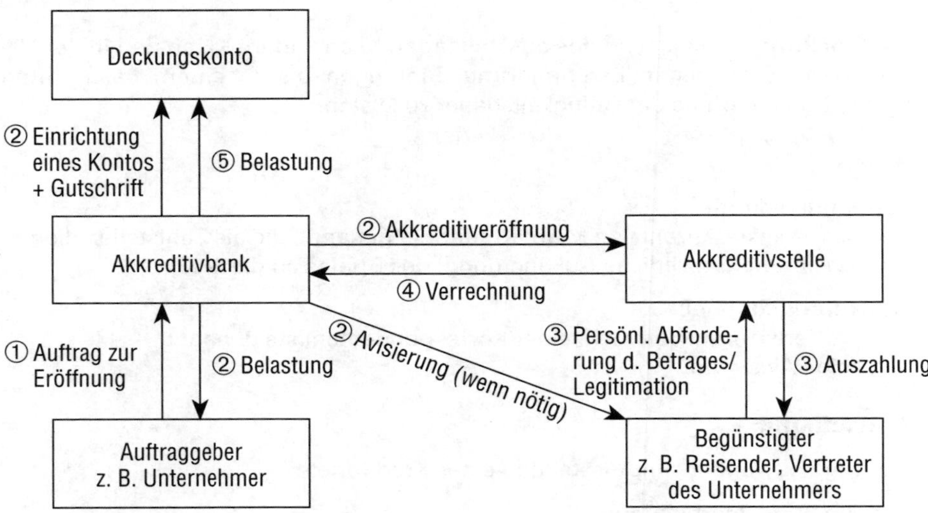

c) **Rechtsbeziehungen:**

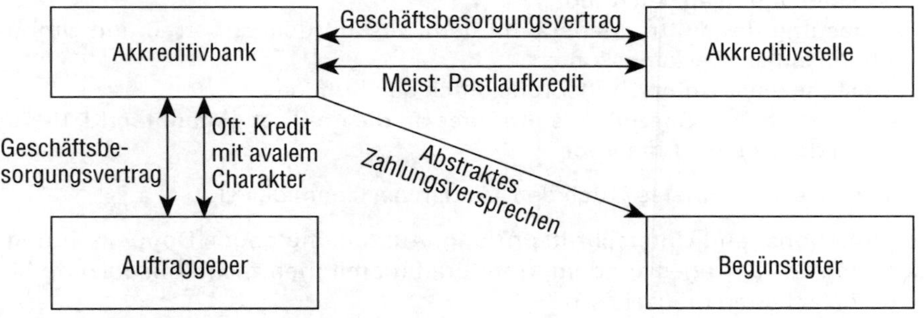

d) **Bedeutung:** nur noch sehr gering; vgl. Kreditbrief.

Im Gegensatz dazu hat das **Dokumentenakkreditiv** im Auslandsgeschäft im Rahmen von Gütertransporten und internationalen Kaufverträgen **größte** Bedeutung (siehe dort).

1.1.83 Kartengesteuerte Zahlungssysteme

1.1.830 Überblick

Im Rahmen des beleglosen Zahlungsverkehrs haben sich Zahlungssysteme, die durch von der Kreditwirtschaft ausgegebene Karten gesteuert werden, immer mehr durchgesetzt. Hierzu zählen:

- Kundenkarten der einzelnen KI (z. B. S-card, BANKCARD)
- eurocheque-Service mit der eurocheque-Karte
- Kreditkarten (z. B. EUROCARD, VISA-Karte)

Verfügungsmöglichkeiten mit Karten

Verfügungsmöglichkeit	Kundenkarte	ec-Karte	EUROCARD	EUROCARD-GOLD	VISA-CARD	VISA-CARD-GOLD
Bargeldservice						
an Kassen/Schaltern	je nach KI	je nach KI	max. 4 000 DM innerhalb von 7 Tagen		max. 4 000 DM innerhalb von 7 Tagen	
an ausl. Schaltern 2)	nicht möglich	mit eurocheque	1 000 US-$/7 Tage	5 000 US-$/30 Tage	1 000 US-$/7 Tage	5 000 US-$/30 Tage
an Geldautomaten 1)	1 000 DM	1 000 DM	1 000 DM	1 000 DM	1 000 DM	1 000 DM
max. wöchentlich			4 000 DM	4 000 DM	4 000 DM	4 000 DM
an ausl. Geldautomaten 1) 2)	z.Z. noch nicht	1 000 DM	1 000 US-$	5 000 US-$/30 Tage	1 000 US-$	5 000 US-$/30 Tage
max. wöchentlich 2)			1 000 US-$		1 000 US-$	
Bargeldlos zahlen						
mit eurocheque	nicht möglich	400 DM	entfällt	entfällt	entfällt	entfällt
electronic cash 1)	z.Z. noch nicht	4 000 DM	entfällt	entfällt	entfällt	entfällt
edc/Maestro	z.Z. noch nicht	2 000 DM	entfällt	entfällt	entfällt	entfällt
POZ	nicht möglich	Händler-Ermessen	entfällt	entäfllt	entfällt	entfällt
Kartenzahlung	entfällt	entfällt	individueller Verfügungsrahmen		individueller Verfügungsrahmen	
Kunden/Überweisungsterminals	je nach KI	je nach KI	nicht möglich	nicht möglich	nicht möglich	nicht möglich
Versicherungsleistungen 3)	keine	keine	Verkehrsmittel-Unfall	weitere Vers.	Verkehrsmittel-Unfall	weitere Vers.
Zusätzl. Leistung						
Telefon-chip	nicht üblich	nicht üblich	möglich	möglich	nicht möglich	nicht möglich
Telekom-connect-Service	nicht möglich	nicht möglich	möglich	möglich	nicht möglich	nicht möglich
Karte mit Foto			möglich	möglich	möglich	möglich
Kontoauszugdrucker	tw. bundesweit	tw. bundesweit	nicht möglich	nicht möglich	nicht möglich	nicht möglich

1) Kontoautorisierung vorausgesetzt
2) in Landeswährung
3) je nach Anbieter variieren die Versicherungsleistungen

Mit diesen Karten stehen den Kunden diverse Nutzungsmöglichkeiten zur Verfügung.

1.1.831 Kundenkarten

a) **Wesen:** Karte im ec-Format mit Magnetstreifen bzw. Mikrochip; die Karte kann mit PIN ausgestattet sein. Grundlage ist ein Girokonto, für dessen Kontoinhaber und auf ausdrücklichen Wunsch auch für Bevollmächtigte die Kundenkarte ausgegeben werden kann. Kundenkarten ermöglichen die Nutzung von:

- Kontoauszugsdruckern
- Geldausgabeautomaten des eigenen KI und ggf. der eigenen Institutsgruppe
- electronic cash/edc Maestro
- ggf. weiteren SB-Medien.

b) **Grundlage:** Kunde und KI vereinbaren „Bedingungen für die Kundenkarte", die u. a. die Sorgfaltspflichten und Obliegenheiten des Kunden, Benutzung von Geldausgabeautomaten und POS- bzw. ec-Kassen sowie Haftungsfragen regeln.

c) **Zentraler Sperrenannahmedienst:** Telefon 069/740987 Frankfurt (Main); nach Schalterschluß und am Wochenende sonst über das kartenausgebende KI; einzuschalten bei Verlust der Karte oder falls ein Unbefugter Kenntnis von der PIN erlangt.

1.1.832 ec-Karte (eurocheque-Karte)

a) **Wesen:** Die KI geben zur Nutzung des eurocheque-(ec-)Service ec-Karten und eine persönliche Geheimzahl (PIN) aus. Die ec-Karten sind inzwischen zu Multifunktionskarten weiterentwickelt worden und dienen

- als Garantiekarte für den eurocheque – PIN nicht erforderlich (vgl. Abschnitt 1.1.411)
- zur Abhebung von Geldbeträgen an ec-Geldautomaten im In- und Ausland – PIN erforderlich (vgl. Abschnitt 1.1.212)
- zur bargeldlosen Bezahlung an inländischen electronic cash-Terminals bzw. internationalen edc-Maestro-System-Terminals – PIN erforderlich (vgl. Abschnitt 1.1.93)
- zur bargeldlosen Bezahlung an POZ-Terminals – PIN nicht erforderlich (vgl. Abschnitt 1.1.93)
- zur bargeldlosen Bezahlung mittels einfachem Lastschriftverfahren – ohne Zahlungsgarantie – an besonderen Kassen einzelner Anwender – PIN nicht erforderlich
- zur Erteilung von Überweisungsaufträgen an Selbstbedienungsterminals – PIN erforderlich
- zur Abhebung von Geldbeträgen ohne Scheck an PIN-Kassen des eigenen KI – PIN erforderlich

Bedingungen für die CARD
Fassung Juli 1996

A. Automatenservice
(Geldautomaten, electronic cash, edc, GeldKarte)

I. Allgemeine Bestimmungen

1. Verwendungsmöglichkeiten und Leistungen
Der Karteninhaber kann die *CARD* für folgende Dienstleistungen nutzen:

1.1 Ohne Einsatz der persönlichen Geheimzahl (PIN)

- Als GeldKarte zum bargeldlosen Bezahlen an automatisierten Kassen des Handels- und Dienstleistungsbereichs, die mit dem GeldKarten-Logo gekennzeichnet sind (GeldKarten-Terminals).

1.2 In Verbindung mit der persönlichen Geheimzahl (PIN)

a) Zur Abhebung von Geldbeträgen an in- und ausländischen Geldautomaten, die mit dem *EUFISERV*- oder ec-Geldautomatenzeichen gekennzeichnet sind.

b) Zur bargeldlosen Zahlung an automatisierten Kassen im Rahmen des
- inländischen electronic cash-Systems,
- internationalen edc-Systems (electronic debit card) im Ausland.

In einigen Ländern kann anstelle der PIN die Unterschrift gefordert werden. Auf diese Kassen wird im Inland durch das electronic cash- und im Ausland durch das edc-Logo hingewiesen.

c) Zum Aufladen der GeldKarte an Ladeterminals, die mit dem GeldKarten-Logo gekennzeichnet sind.

Des weiteren erleichtert die *CARD* die Identifikation des Kunden und die Legitimation zur Prüfung im Geschäftsverkehr. Sie ermöglicht damit einen schnelleren und sicheren Geschäftsablauf.

2. Karteninhaber
Die *CARD* wird auf die Person des Kontoinhabers ausgestellt und gilt ausschließlich für das auf der Karte angegebene Konto. Auf Wunsch des Kontoinhabers können *CARDs* auch für Kontobevollmächtigte ausgestellt werden.

Ein Widerruf der Vollmacht wird erst mit der Rückgabe der *CARD* an die Sparkasse/Landesbank wirksam. Die Sparkasse/Landesbank wird jedoch nach Widerruf der Vollmacht für die Nutzung an Geldautomaten, automatisierten Kassen sowie für die Aufladung der GeldKarte eine elektronische Sperre eingeben. Bis zum Wirksamwerden der Sperre hat der Kontoinhaber die Aufwendungen, die aus der Nutzung der *CARD* entstehen, zu tragen. Trotz der Sperre kann die *CARD* bis zu ihrer Rückgabe weiterhin zum Verbrauch der noch in der GeldKarte gespeicherten Beträge verwendet werden.

3. Sperre und Einziehung der *CARD*
Die Sparkasse/Landesbank darf die *CARD* sperren und den Einzug der *CARD* (z. B. an Geldautomaten) veranlassen, wenn sie berechtigt ist, den Kartenvertrag aus wichtigem Grund zu kündigen. Die Sparkasse/Landesbank ist zur Einziehung oder Sperre der *CARD* auch berechtigt, wenn die Nutzungsberechtigung der Karte durch Gültigkeitsablauf oder durch ordentliche Kündigung endet. Ein zum Zeitpunkt der Einziehung noch in der GeldKarte gespeicherter Betrag wird dem Karteninhaber erstattet.

4. Allgemeine Sorgfalts- und Mitwirkungspflichten des Kunden

4.1 Aufbewahrung der *CARD*
Die *CARD* ist mit besonderer Sorgfalt und getrennt von Formularen für Auszahlungspapiere (besonders Scheck- und Überweisungsvordrucken) aufzubewahren. Auch die *CARD* alleine ist sorgfältig aufzubewahren, um z. B. einen Mißbrauch im Rahmen des edc-Systems zu verhindern. Insbesondere darf die *CARD* nicht unbeaufsichtigt im Kraftfahrzeug aufbewahrt werden. Darüber hinaus kann jeder, der im Besitz der *CARD* ist, den in der GeldKarte gespeicherten Betrag verbrauchen.

4.2 Unterrichtungs- und Anzeigepflichten
Stellt der Karteninhaber den Verlust seiner *CARD* oder mißbräuchliche Verfügungen mit seiner *CARD* fest, so ist die Sparkasse/Landesbank, und zwar möglichst die kontoführende Stelle, unverzüglich zu benachrichtigen. Den Verlust der *CARD* kann der Karteninhaber auch gegenüber dem Zentralen Sperrannahmedienst[1] anzeigen. In diesem Fall ist eine Kartensperre nur möglich, wenn der Name der Sparkasse/Landesbank – möglichst mit Bankleitzahl – und die Kontonummer angegeben werden. Der Zentrale Sperrannahmedienst sperrt alle für das betreffende Konto ausgegebenen *CARDs* für die weitere Nutzung an Geldautomaten, automatisierten Kassen sowie für die Aufladung der GeldKarte. Zur Beschränkung der Sperre auf die abhanden gekommene Karte muß sich der Karteninhaber mit seiner Sparkasse/Landesbank, möglichst mit der kontoführenden Stelle, in Verbindung setzen.

Wird die *CARD* gestohlen oder mißbräuchlich verwendet, ist unverzüglich Anzeige bei der Polizei zu erstatten.

II. Benutzung von Geldautomaten und automatisierten Kassen

1. Die *CARD* ermöglicht an Geldautomaten tägliche Auszahlungen bis zur Höhe des dem Karteninhaber von der Sparkasse/Landesbank mitgeteilten Limits im Rahmen des vorhandenen Guthabens und/oder eines evtl. eingeräumten Kredits.

2. Der Karteninhaber ist berechtigt, für Bezahlungen an automatisierten Kassen tägliche Verfügungen bis zur Höhe des ihm von der Sparkasse/Landesbank mitgeteilten Limits im Rahmen des vorhandenen Guthabens und/oder eines evtl. eingeräumten Kredits vorzunehmen.

3. Für Verfügungen an Geldautomaten und automatisierten Kassen wird dem Karteninhaber eine persönliche Geheimzahl bekanntgegeben, die neben der *CARD* als weiteres Berechtigungsmerkmal einzugeben ist. Der Karteninhaber hat dafür Sorge zu tragen, daß keine andere Person Kenntnis von der persönlichen Geheimzahl erlangt, sie darf insbesondere nicht auf der *CARD* vermerkt oder in anderer Weise zusammen mit dieser aufbewahrt werden; denn jede Person, die im Besitz der *CARD* ist und die persönliche Geheimzahl kennt, kann zu Lasten des auf der *CARD* angegebenen Kontos an Geldautomaten und automatisierten Kassen verfügen (z. B. Geld am Geldautomaten abheben).

4. Ist eine *CARD* gesperrt, so wird sie von dem Geldautomaten eingezogen. Wird die persönliche Geheimzahl dreimal nacheinander falsch eingegeben, so kann die *CARD* für jede weitere Verwendung an Geldautomaten und automatisierten Kassen sowie Selbstbedienungsterminals nicht mehr eingesetzt werden. Der Karteninhaber sollte sich in diesem Fall mit der Sparkasse/Landesbank, möglichst mit der kontoführenden Stelle, in Verbindung setzen.

[1] Telefon 0 69/74 09 87

5. Der Karteninhaber darf Verfügungen mit seiner ♟*CARD* nur im Rahmen des Kontoguthabens oder eines vorher für das Konto eingeräumten Kredits vornehmen.

Auch wenn der Karteninhaber diese Nutzungsgrenze bei seinen Verfügungen nicht einhält, ist die Sparkasse/Landesbank berechtigt, den Ersatz der Aufwendungen zu verlangen, die aus der Nutzung der ♟*CARD* entstehen. Verfügungen mit der ♟*CARD* über den eingeräumten Kreditrahmen hinaus führen weder zur Einräumung eines Kredites noch zur Erhöhung eines zuvor eingeräumten Kredits; die Sparkasse/Landesbank ist berechtigt, in diesen Fällen den höheren Zinssatz für geduldete Kontoüberziehungen zu verlangen.

6. Die Sparkasse/Landesbank ist gegenüber den Betreibern von Geldautomaten und automatisierten Kassen vertraglich verpflichtet, die Beträge, über die unter Verwendung der an den Karteninhaber ausgegebenen ♟*CARD* verfügt wurde, an die Betreiber zu vergüten. Die Zahlungspflicht beschränkt sich auf den jeweils autorisierten Betrag.

Einwendungen und sonstige Beanstandungen des Karteninhabers aus dem Vertragsverhältnis zu dem Unternehmen, bei dem bargeldlos an einer automatisierten Kasse bezahlt worden ist, sind unmittelbar gegenüber diesem Unternehmen geltend zu machen.

III. Haftungsfragen

Sobald der Sparkasse/Landesbank oder dem Zentralen Sperrannahmedienst der Verlust der ♟*CARD* angezeigt worden ist, trägt die Sparkasse/Landesbank die **danach** durch mißbräuchliche Verfügung an Geldautomaten und automatisierten Kassen entstandenen Schäden.

Für Schäden, die **vor** der Verlustanzeige entstanden sind, haftet der Kontoinhaber, wenn sie auf einer schuldhaften Verletzung seiner Sorgfalts- und Mitwirkungspflichten beruhen. Hat die Sparkasse/Landesbank zu der Entstehung eines Schadens beigetragen, so bestimmt sich nach den Grundsätzen des Mitverschuldens, in welchem Umfang Sparkasse/Landesbank und Kontoinhaber den Schaden zu tragen haben.

Die Sparkasse/Landesbank übernimmt auch die vom Kontoinhaber zu tragenden Schäden, die **vor** der Verlustanzeige entstanden sind, sofern der Karteninhaber seine Sorgfalts- und Mitwirkungspflichten (vgl. Abschnitte I, Nr. 4 und II, Nr. 3) nicht grob fahrlässig verletzt hat.

Grobe Fahrlässigkeit des Karteninhabers liegt insbesondere vor, wenn

- die persönliche Geheimzahl auf der ♟*CARD* vermerkt oder zusammen mit der ♟*CARD* verwahrt war (z. B. der Originalbrief, in dem die PIN dem Karteninhaber mitgeteilt wurde),
- die persönliche Geheimzahl einer anderen Person mitgeteilt und der Mißbrauch dadurch verursacht wurde,
- der Karteninhaber der Sparkasse/Landesbank oder dem Zentralen Sperrannahmedienst nach Feststellen des Kartenverlustes das Abhandenkommen nicht **umgehend** meldet, obwohl ihm dies ohne weiteres möglich war und der Schaden durch die Verspätung verursacht wurde. Schäden, die nach der Verlustmeldung entstehen, werden von der Sparkasse/Landesbank erstattet.

Die Haftung des Kontoinhabers beschränkt sich auf 1.000 DM pro Kalendertag.

Eine Übernahme des vom Kontoinhaber zu tragenden Schadens durch die Sparkasse/Landesbank erfolgt nur, wenn der Kontoinhaber die Voraussetzungen der Haftungsentlastung glaubhaft darlegt und Anzeige bei der Polizei erstattet.

Wird die ♟*CARD* mißbräuchlich im Rahmen des edc-Verfahrens ohne persönliche Geheimzahl nur mit Unterschrift verwendet, so erstattet die Sparkasse/Landesbank diese Schäden in voller Höhe.

IV. Benutzung als GeldKarte

1. Servicebeschreibung
Die mit einem Chip ausgestattete ♟*CARD* kann auch als GeldKarte eingesetzt werden. Der Karteninhaber kann an GeldKarten-Terminals des Handels- und Dienstleistungsbereichs bargeldlos bezahlen.

2. Aufladen und Entladen der GeldKarte
Der Karteninhaber kann seine GeldKarte an den mit dem GeldKarten-Logo gekennzeichneten Ladeterminals innerhalb des ihm von seiner Sparkasse/Landesbank eingeräumten Verfügungsrahmens (vgl. Abschnitt II, Nr. 1) zu Lasten des auf der Karte angegebenen Kontos aufladen. Vor dem Aufladevorgang muß er seine persönliche Geheimzahl (PIN) eingeben. Der Karteninhaber kann seine GeldKarte darüber hinaus auch gegen Bargeld sowie im Zusammenwirken mit einer anderen Karte zu Lasten des Kontos, über das die Umsätze mit dieser Karte abgerechnet werden, aufladen. Die Sparkasse/Landesbank unterrichtet den Karteninhaber über die Höhe des Betrages, den die GeldKarte maximal aufnehmen kann.

Aufgeladene Beträge, über die der Karteninhaber nicht mehr mittels GeldKarte verfügen möchte, können bei der kartenausgebenden Sparkasse/Landesbank entladen werden. Die Entladung von Teilbeträgen ist nicht möglich.

Bei einer Funktionsuntüchtigkeit der GeldKarte erstattet die kartenausgebende Sparkasse/Landesbank dem Karteninhaber den nicht verbrauchten Betrag.

Benutzt der Karteninhaber seine ♟*CARD*, um seine GeldKarte oder die GeldKarte eines anderen aufzuladen, so ist die persönliche Geheimzahl (PIN) am Ladeterminal einzugeben. Die Auflademöglichkeit besteht nicht mehr, wenn die PIN dreimal hintereinander falsch eingegeben wurde. Der Karteninhaber sollte sich in diesem Fall mit seiner Sparkasse/Landesbank, möglichst mit der kontoführenden Stelle, in Verbindung setzen.

3. Sofortige Kontobelastung
Benutzt der Karteninhaber seine ♟*CARD*, um seine GeldKarte oder die GeldKarte eines anderen aufzuladen, so wird der Ladebetrag sofort nach dem Aufladen der GeldKarte dem Konto, das auf der ♟*CARD* angegeben ist, belastet.

4. Zahlungsvorgang mittels GeldKarte
Beim Bezahlen mit der GeldKarte ist die PIN **nicht** einzugeben.

Bei jedem Bezahl-Vorgang vermindert sich der in der GeldKarte gespeicherte Betrag um den verfügten Betrag.

5. Haftung bei Verlust aufgeladener GeldKarten
Bei Verlust der ♟*CARD* erstattet die Sparkasse/Landesbank den in der GeldKarte vorhandenen Betrag **nicht,** denn jeder, der in Besitz der ♟*CARD* ist, kann den in der GeldKarte gespeicherten Betrag ohne Einsatz der PIN verbrauchen.

6. Haftung für Schäden durch mißbräuchliche Aufladevorgänge

Sobald der Sparkasse/Landesbank oder dem Zentralen Sperrannahmedienst der Verlust der ♦*CARD* angezeigt worden ist, trägt die Sparkasse/Landesbank die **danach** durch mißbräuchliche Aufladevorgänge entstandenen Schäden.

Für Schäden, die **vor** der Verlustanzeige entstanden sind, haftet der Kontoinhaber, wenn sie auf einer schuldhaften Verletzung seiner Sorgfalts- und Mitwirkungspflichten beruhen. Hat die Sparkasse/Landesbank zu der Entstehung eines Schadens beigetragen, so bestimmt sich nach den Grundsätzen des Mitverschuldens, in welchem Umfang Sparkasse/Landesbank und Kontoinhaber den Schaden zu tragen haben.

Die Sparkasse/Landesbank übernimmt auch die vom Kontoinhaber zu tragenden Schäden, die **vor** der Verlustanzeige entstanden sind, sofern der Karteninhaber seine Sorgfalts- und Mitwirkungspflichten (vgl. Abschnitte I, Nr. 4 und II, Nr. 3) nicht grob fahrlässig verletzt hat.

Grobe Fahrlässigkeit des Karteninhabers liegt insbesondere vor, wenn

- die persönliche Geheimzahl auf der ♦*CARD* vermerkt oder zusammen mit der ♦*CARD* verwahrt war (z. B. der Originalbrief, in dem die PIN dem Karteninhaber mitgeteilt wurde)
- die persönliche Geheimzahl einer anderen Person mitgeteilt und der Mißbrauch dadurch verursacht wurde,
- der Karteninhaber der Sparkasse/Landesbank oder dem Zentralen Sperrannahmedienst nach Feststellen des Kartenverlustes das Abhandenkommen nicht **umgehend** meldet, obwohl ihm dies ohne weiteres möglich war und der Schaden durch die Verspätung verursacht wurde. Schäden, die nach der Verlustmeldung entstehen, werden von der Sparkasse/Landesbank erstattet.

Die Haftung des Kontoinhabers beschränkt sich auch unter Berücksichtigung von Schäden an Geldautomaten und an automatisierten Kassen im electronic cash- und edc-System auf 1.000 DM pro Kalendertag.

Eine Übernahme des vom Kontoinhaber zu tragenden Schadens durch die Sparkasse/Landesbank erfolgt nur, wenn der Kontoinhaber die Voraussetzungen der Haftungsentlastung glaubhaft darlegt und Anzeige bei der Polizei erstattet.

B. Erteilung von Überweisungsaufträgen an Selbstbedienungsterminals

1. Serviceumfang

Der Karteninhaber kann unter Verwendung seiner ♦*CARD* und der persönlichen Geheimzahl seiner Sparkasse/Landesbank an Selbstbedienungsterminals Überweisungsaufträge bis maximal 2.000 DM pro Tag erteilen, soweit dem Karteninhaber von seiner Sparkasse/Landesbank nicht ein anderer Betrag mitgeteilt wurde. Die Aufträge werden ebenso wie auf Überweisungsvordrucken hereingegebene Aufträge von der Sparkasse/Landesbank im Rahmen des banküblichen Organisationsablaufes bearbeitet.

2. Sorgfalts- und Mitwirkungspflichten

Es gelten die Regelungen unter A. Automatenservice, Abschnitte I, Nr. 4 und II, Nr. 3.

3. Fehleingabe der Geheimzahl

Die ♦*CARD* kann an Selbstbedienungsterminals, Geldautomaten sowie an automatisierten Kassen nicht mehr eingesetzt werden, wenn die persönliche Geheimzahl dreimal hintereinander falsch eingegeben wurde.

4. Schadensregulierung

Sobald der Sparkasse/Landesbank oder dem Zentralen Sperrannahmedienst der Verlust der ♦*CARD* angezeigt worden ist, übernimmt die Sparkasse/Landesbank **danach** durch mißbräuchliche Überweisungsaufträge entstandene Schäden.

Für Schäden, die **vor** der Verlustanzeige entstanden sind, haftet der Kontoinhaber, wenn sie auf einer schuldhaften Verletzung seiner Sorgfalts- und Mitwirkungspflichten beruhen. Hat die Sparkasse/Landesbank zu der Entstehung eines Schadens beigetragen, so bestimmt sich nach den Grundsätzen des Mitverschuldens in welchem Umfang Sparkasse/Landesbank und Kontoinhaber den Schaden zu tragen haben.

Die Sparkasse/Landesbank übernimmt auch die vom Kontoinhaber zu tragenden Schäden, die **vor** der Verlustanzeige entstanden sind, sofern der Karteninhaber seine Sorgfalts- und Mitwirkungspflichten (vgl. A. Automatenservice, Abschnitte I, Nr. 4 und II, Nr. 3) nicht grob fahrlässig verletzt hat.

Grobe Fahrlässigkeit des Karteninhabers liegt insbesondere vor, wenn

- die persönliche Geheimzahl auf der ♦*CARD* vermerkt oder zusammen mit der ♦*CARD* verwahrt war (z. B. der Originalbrief, in dem die PIN dem Karteninhaber mitgeteilt wurde),
- die persönliche Geheimzahl einer anderen Person mitgeteilt und der Mißbrauch dadurch verursacht wurde,
- der Karteninhaber der Sparkasse/Landesbank oder dem Zentralen Sperrannahmedienst nach Feststellen des Kartenverlustes das Abhandenkommen nicht **umgehend** meldet, obwohl ihm dies ohne weiteres möglich war und der Schaden durch diese Verspätung verursacht wurde. Schäden, die nach der Verlustmeldung entstehen, werden von der Sparkasse/Landesbank erstattet.

Die Haftung des Kontoinhabers beschränkt sich auf 2.000 DM pro Kalendertag.

Eine Übernahme des vom Kontoinhaber zu tragenden Schadens durch die Sparkasse/Landesbank erfolgt nur, wenn der Kontoinhaber die Voraussetzungen der Haftungsentlastung glaubhaft darlegt und Anzeige bei der Polizei erstattet.

C. Kontoauszugsdrucker

1. Zweckbestimmung
Der Kontoauszugsdrucker ermöglicht dem Inhaber einer Automatenkarte (ec-Karte, *CARD* oder sonstige automationsgerechte Legitimationskarte), Kontoauszüge einschließlich der darin enthaltenen Rechnungsabschlüsse für das in der Karte angegebene Konto ausdrucken zu lassen.

2. Bereithaltung von Belegen
Anlagen zu den Kontoauszügen, soweit sie am Kontoauszugsdrucker nicht mit ausgedruckt werden können, werden dem Kunden auf Anforderung bei der kontoführenden Stelle zur Verfügung gestellt.

Die Sparkasse/Landesbank ist berechtigt, dem Kunden die Anlagen auch ohne Anforderung gegen Auslagenersatz zuzusenden.

3. Haftung der Sparkasse/Landesbank
Kontoauszüge werden im Rahmen der im Zeitpunkt der Abfrage bestehenden technischen Möglichkeiten erstellt. Die Kontoauszüge beinhalten die Kontobewegungen, die bis zum Abruf verbucht und für den Kontoauszugsdrucker bereitgestellt sind. Bei Funktionsstörungen haftet die Sparkasse/Landesbank im Rahmen ihres Verschuldens.

4. Zusendung von Auszügen
Ohne Anforderung des Kunden kann ein Kontoauszug erstellt und dem Kontoinhaber gegen Auslagenersatz zugesandt werden, wenn ein Kontoauszug innerhalb von 35 Tagen nicht am Kontoauszugsdrucker abgerufen wurde oder die Speicherkapazität des Geräts erschöpft ist.

5. Gesperrte Automatenkarte
Ist eine Automatenkarte gesperrt, so wird sie vom Kontoauszugsdrucker abgelehnt bzw. eingezogen. Der Kunde hat sich sodann an die kontoführende Stelle zu wenden. Die Sparkasse/Landesbank haftet für Schäden, die dadurch entstehen, daß die Automatenkarte vom Gerät abgewiesen, eingezogen oder ungültig gemacht wird, im Rahmen ihres Verschuldens.

6. Sorgfaltspflichten
Die Automatenkarte ist zur Vermeidung von Mißbräuchen sorgfältig aufzubewahren. Bei einem Verlust der Automatenkarte ist die Sparkasse/Landesbank unverzüglich zu benachrichtigen.

Der Kontoinhaber trägt alle Folgen und Nachteile des Abhandenkommens, der unsachgemäßen oder mißbräuchlichen Verwendung, der Fälschung oder Verfälschung seiner Automatenkarte sowie der Karte eines Bevollmächtigten. Die Sparkasse/Landesbank haftet nur für grobes Verschulden und nur in dem Maße, als sie im Verhältnis zu anderen Ursachen an der Entstehung des Schadens mitgewirkt hat.

7. Widerruf der Sparkasse/Landesbank
Die Sparkasse/Landesbank kann jederzeit die Berechtigung des Kunden zur Benutzung des Kontoauszugsdruckers schriftlich widerrufen.

- zur Abholung von Kontoauszügen an Kontoauszugsdruckern – PIN gewöhnlich nicht erforderlich
- zur Nutzung weiterer SB-Komponenten (z. B. SB-Kundenmietfächer)
- als Telefonkarte, sofern mit entsprechendem Chip ausgestattet
- als elektronische Geldbörse (Geldkarte), sofern mit entsprechendem Chip ausgerüstet – PIN erforderlich zum Laden der Geldkarte; beim Bezahlen mit der Geldkarte: PIN nicht erforderlich (vgl. Abschnitt 1.1.935)

b) **Grundlage:** Kunde und KI vereinbaren „Sonderbedingungen für die Verwendung der ec-Karte"; sie regeln u. a.

- Sorgfalts- und Mitwirkungspflichten des Kunden
- Garantiebedingungen für den eurocheque
- Nutzung der einzelnen Service-Leistungen (z. B. ec-Geldautomaten, electronic cash-Terminals = POS-Kassen und POZ-Kassen)
- Kontobelastung und Umrechnung von Umsätzen in Fremdwährung
- Verfügungsrahmen
- Schadens-/Haftungsregelung
- Adressenbekanntgabe bei nicht bezahlten POZ-Lastschriften
- Gültigkeit der ec-Karte.

c) **Zentraler Sperrenannahmedienst:** Telefon 069/740987 Frankfurt (Main) nach Schalterschluß und am Wochenende, sonst über das kartenausgebende KI, einzuschalten bei Verlust der Karte, mißbräuchlichen Verfügungen mit der Karte oder falls ein Unbefugter Kenntnis von der PIN erlangt.

1.1.833 Kreditkarten

a) **Wesen:** bargeldlose Zahlungsform zum Erwerb von Waren oder zur Inanspruchnahme von Dienstleistungen mittels eigenhändig unterschriebener Ausweiskarte, nachträgliche Verrechnung.

b) **Arten:**

- EUROCARD (in Deutschland führend; vgl. Abschnitt 1.1.834)
- VISA-Karte (weltweit führend)
- Amexco (American Express Co.)
- Diners Club
- zahlreiche Kundenkarten diverser Unternehmen
- Co-Branding-Karten werden gemeinsam mit einem Unternehmen herausgegeben (z. B. KI, Handelsunternehmen, Dienstleister).

Sonderbedingungen für die Verwendung der ec-Karte

A. ec-Service

(Verfahren mit Zahlungsgarantie: eurocheque, Geldautomaten, electronic cash, edc, GeldKarte sowie das PIN-Auszahlungsverfahren der Hamburger Sparkasse [Haspa])

B. POZ-System

(Bargeldloses Bezahlen ohne Zahlungsgarantie mittels Lastschrift)

C. Erteilung von Überweisungsaufträgen an Selbstbedienungsterminals

D. Kontoauszugsdrucker

A. ec-Service

I. Geltungsbereich

Der Karteninhaber kann die ec-Karte für folgende Dienstleistungen nutzen:

1. ohne Einsatz der persönlichen Geheimzahl (PIN)

   a) als Garantiekarte für den eurocheque,

   b) als GeldKarte zum bargeldlosen Bezahlen an automatisierten Kassen des Handels- und Dienstleistungsbereiches, die mit dem GeldKarten-Logo gekennzeichnet sind (GeldKarten-Terminals).

2. in Verbindung mit der persönlichen Geheimzahl (PIN)

   a) zur Abhebung an in- und ausländischen Geldautomaten, die mit dem ec-Zeichen gekennzeichnet sind,

   b) für PIN-Auszahlungen an Haspa-Kassen,

   c) zur bargeldlosen Zahlung an automatisierten Kassen im Rahmen des

   - inländischen electronic cash-Systems,
   - internationalen edc-Systems (electronic debit card) im Ausland. In einigen Ländern kann anstelle der PIN die Unterschrift gefordert werden.

   Auf diese Kassen wird im Inland durch das electronic cash- und im Ausland durch das edc-Logo hingewiesen.

   d) zum Aufladen der GeldKarte an Ladeterminals, die mit dem GeldKarten-Logo gekennzeichnet sind.

II. Allgemeine Regeln

1. Karteninhaber

Die ec-Karte gilt für das auf ihr angegebene Konto. Sie kann nur auf den Namen des Kontoinhabers oder einer Person ausgestellt werden, der der Kontoinhaber Kontovollmacht erteilt hat. Ein Widerruf der Vollmacht wird für den ec-Service erst mit Rückgabe der ec-Karte an die Haspa wirksam. Die Haspa wird jedoch für die ec-Karte nach Widerruf der Vollmacht für die Nutzung an ec-Geldautomaten, automatisierten Kassen und für die Nutzung im PIN-Auszahlungsverfahren der Haspa sowie für die Aufladung der GeldKarte eine elektronische Sperre eingeben. Bis zum Wirksamwerden der Sperre hat der Kontoinhaber die Aufwendungen, die aus der Nutzung der ec-Karte entstehen, zu tragen.

Trotz der Sperre kann die ec-Karte bis zu ihrer Rückgabe weiterhin für die Ausstellung garantierter Schecks und zum Verbrauch der noch in der GeldKarte gespeicherten Beträge verwendet werden. Die Aufwendungen, die aus der weiteren Nutzung der ec-Karte bis zu ihrer Rückgabe an die Haspa entstehen, hat der Kontoinhaber zu tragen.

2. Finanzielle Nutzungsgrenze

Der Karteninhaber darf Verfügungen mit seiner ec-Karte nur im Rahmen des Kontoguthabens oder eines vorher eingeräumten Kredits vornehmen.

Auch wenn der Karteninhaber diese Nutzungsgrenze bei seinen Verfügungen nicht einhält, ist die Haspa berechtigt, den Ersatz der Aufwendungen zu verlangen, die aus der Nutzung der ec-Karte entstehen. Verfügungen mit der ec-Karte über den eingeräumten Kreditrahmen hinaus führen weder zur Einräumung eines Kredites noch zur Erhöhung eines zuvor eingeräumten Kredits; die Haspa ist berechtigt, in diesen Fällen den höheren Zinssatz für geduldete Kontoüberziehungen zu verlangen.

3. Umrechnung von Fremdwährungen

Nutzt der Karteninhaber die ec-Karte für Verfügungen, die nicht auf D-Mark lauten, wird das Konto gleichwohl in D-Mark belastet. Die Umrechnung von Fremdwährungsbeträgen wird im Inland von der Stelle vorgenommen, die den Vorgang vom Ausland zur weiteren Bearbeitung erhält. Dabei legt sie den Devisenbriefkurs des dem Eingang vorangegangenen Börsentages zugrunde. Die Haspa gibt dem Kontoinhaber mit dem Kontoauszug den Eingangstag und den Umrechnungskurs bekannt.

4. Rückgabe der ec-Karte und der eurocheque-Vordrucke

Mit Aushändigung einer neuen, spätestens aber nach Ablauf der Gültigkeit der ec-Karte ist die Haspa berechtigt, die alte ec-Karte zurückzuverlangen. Endet die Berechtigung, die ec-Karte zu nutzen, vorher (z.B. durch Kündigung der Kontoverbindung oder des ec-Kartenvertrages), so hat der Karteninhaber die ec-Karte unverzüglich an die Haspa zurückzugeben. Ein zum Zeitpunkt der Rückgabe noch in der GeldKarte gespeicherter Betrag wird dem Karteninhaber erstattet. Endet die Berechtigung zur Nutzung von eurocheque-Vordrucken, so sind nicht benutzte Vordrucke unverzüglich entweder an die Haspa zurückzugeben oder entwertet zurückzusenden.

5. Sperre und Einziehung der ec-Karte

Die Haspa darf die ec-Karte sperren und den Einzug der ec-Karte (z.B. an ec-Geldautomaten) veranlassen, wenn sie berechtigt ist, den Kartenvertrag aus wichtigem Grund zu kündigen. Die Haspa ist zur Einziehung oder Sperre der ec-Karte auch berechtigt, wenn die Nutzungsberechtigung der Karte durch Gültigkeitsablauf oder durch ordentliche Kündigung endet. Ein zum Zeitpunkt der Einziehung noch in der GeldKarte gespeicherter Betrag wird dem Karteninhaber erstattet.

6. Allgemeine Sorgfalts- und Mitwirkungspflichten des Kunden

6.1 Unterschrift

Die Haspa händigt die ec-Karte gegen besondere Empfangsbescheinigung am Schalter aus. Der Karteninhaber hat die ec-Karte nach Erhalt unverzüglich auf dem Unterschriftsfeld zu unterschreiben.

6.2 Aufbewahrung der ec-Karte und der eurocheque-Vordrucke

ec-Karte und eurocheque-Vordrucke sind mit besonderer Sorgfalt und getrennt voneinander aufzubewahren, um zu verhindern, daß sie abhanden kommen und mißbräuchlich zur Ausstellung kartengarantierter Schecks genutzt werden. Insbesondere dürfen weder die ec-Karte noch die eurocheque-Vordrucke unbeaufsichtigt im Kraftfahrzeug aufbewahrt werden.

Auch die eurocheque-Vordrucke alleine sind sorgfältig aufzubewahren, da sie nach Verlust auch ohne ec-Karte als nicht garantierte Bar- oder Verrechnungsschecks mißbräuchlich verwendet werden können.

Die Haftung bei Verlust alleine von eurocheque-Vordrucken richtet sich nach den Sonderbedingungen für den Scheckverkehr.

Auch die ec-Karte alleine ist sorgfältig aufzubewahren, um z.B. einen Mißbrauch im Rahmen des edc-Systems zu verhindern. Darüber hinaus kann jeder, der im Besitz der ec-Karte ist, den in der GeldKarte gespeicherten Betrag verbrauchen.

6.3 Sorgfältige Ausfüllung von eurocheque-Vordrucken

Die eurocheque-Vordrucke sind deutlich lesbar auszufüllen. Der Scheckbetrag ist in Ziffern und in Buchstaben unter Angabe der Währung so einzusetzen, daß nichts hinzugeschrieben werden kann. Hat sich der Kunde beim Ausstellen eines eurocheque-Vordrucks verschrieben oder ist der eurocheque auf andere Weise unbrauchbar geworden, so ist dieser zu vernichten.

6.4 Geheimhaltung der persönlichen Geheimzahl (PIN)

Der Karteninhaber hat dafür Sorge zu tragen, daß keine andere Person Kenntnis von der persönlichen Geheimzahl erlangt. Die Geheimzahl darf insbesondere nicht auf der Karte vermerkt oder in anderer Weise zusammen mit dieser aufbewahrt werden.
Denn jede Person, die die persönliche Geheimzahl kennt und im Besitz der Karte ist, kann zu Lasten des auf der ec-Karte angegebenen Kontos Verfügungen tätigen (z.B. Geld am Geldautomaten abheben).

6.5 Unterrichtungs- und Anzeigepflichten

Stellt der Karteninhaber den Verlust seiner ec-Karte oder mißbräuchliche Verfügungen mit seiner ec-Karte fest, so ist die Haspa[1], und zwar möglichst die kontoführende Stelle, unverzüglich zu benachrichtigen. Den Verlust der ec-Karte kann der Karteninhaber auch gegenüber dem Zentralen Sperrannahmedienst[2] anzeigen. In diesem Fall ist eine Kartensperre nur möglich, wenn der Name des kartenausgebenden Kreditinstituts (Haspa) - möglichst mit Bankleitzahl - und die Kontonummer angegeben werden. Der Zentrale Sperrannahmedienst sperrt alle für das betreffende Konto ausgegebenen ec-Karten für die weitere Nutzung an ec-Geldautomaten und automatisierten Kassen. Zur Beschränkung der Sperre auf die abhandengekommene Karte muß sich der Karteninhaber mit der Haspa, möglichst mit der kontoführenden Stelle, in Verbindung setzen.
Wird die ec-Karte gestohlen oder mißbräuchlich verwendet, ist unverzüglich Anzeige bei der Polizei zu erstatten.

III. Besondere Regeln für einzelne Nutzungsarten

1. eurocheque-Garantieverfahren

1.1 Zustandekommen der Garantie / unvollständig ausgefüllte eurocheques

Wird bei Ausstellung eines eurocheques die ec-Karte verwendet, so garantiert die Haspa die Zahlung des Scheckbetrages jedem Schecknehmer in Europa und in den an das Mittelmeer angrenzenden Ländern bis zu einem Betrag von 400 DM oder bis zur Höhe des in dem jeweiligen Land maßgeblichen ec-Garantiehöchstbetrages. Dazu müssen folgende Voraussetzungen erfüllt sein:

Der Name des Kreditinstituts (Haspa), die Konto- und die ec-Kartennummer sowie die Unterschriften auf eurocheque und ec-Karte müssen übereinstimmen. In Deutschland ausgestellte eurocheques sind für 8 Tage, in anderen Ländern ausgestellte eurocheques sind für 20 Tage seit dem Ausstellungsdatum garantiert. Die Frist ist gewahrt, wenn der eurocheque innerhalb dieser Fristen der Haspa vorgelegt, einem inländischen Kreditinstitut zum Inkasso eingereicht oder der GZS, Gesellschaft für Zahlungsysteme mbH, Frankfurt, zugeleitet wurde.

Die Haspa wird auf jeden mit der ec-Kartennummer versehenen eurocheque für Rechnung des Karteninhabers Zahlung leisten, sofern die obengenannten Voraussetzungen eingehalten sind.

Als Scheck im Sinne des eurocheque-Verfahrens gelten auch solche Papiere, bei denen der Ausstellungsort und/oder das Ausstellungsdatum fehlen. Fehlt das Ausstellungsdatum, so gilt das Papier an dem Tag ausgestellt, an dem es der ersten Inkassostelle zum Einzug eingereicht wird.

[1] Tel.: 040/35 79-0 (Haspa-Zentrale)
[2] Tel.: 069/74 09 87

1.2 Beschränkte Sperrmöglichkeit für eurocheques

Erfüllt ein eurocheque die Garantievoraussetzungen, so ist die Haspa zur Einlösung verpflichtet. Ein solcher Scheck kann nicht gesperrt werden.

Übersteigt der Scheckbetrag den garantierten Höchstbetrag, braucht die Haspa den eurocheque nur in der garantierten Höhe einzulösen. Sie wird hinsichtlich des darüberhinausgehenden Betrages und bei eurocheques, die die Garantievoraussetzungen nicht erfüllen, eine Schecksperre beachten, wenn diese der Haspa so rechtzeitig zugeht, daß ihre Berücksichtigung im Rahmen des ordnungsgemäßen Arbeitsablaufs möglich ist.

1.3 Einlösung von eurocheques nach Verlust von ec-Karte und eurocheque-Vordrucken

Werden ec-Karte und eurocheque-Vordrucke nach einem Abhandenkommen gemeinsam mißbräuchlich verwendet, so ist die Haspa gegenüber einem gutgläubigen Schecknehmer zur Einlösung der eurocheques verpflichtet, wenn die Voraussetzungen über das Zustandekommen der Garantie (vgl. Ziff. 1.1) eingehalten sind und die Unterschriften auf dem eurocheque dem äußeren Anschein nach den Eindruck der Echtheit erwecken. Durch eine Sperre der ec-Karte und die Anzeige des Verlustes von eurocheque-Vordrucken kann die mißbräuchliche Verwendung der eurocheque-Vordrucke und deren Einlösung nicht verhindert werden.

1.4 Beweisregel

Ist die Nummer der an den Karteninhaber ausgegebenen ec-Karte auf dem eurocheque vermerkt, so ist er nach dem Beweis des ersten Anscheins unter Verwendung der ec-Karte ausgestellt worden.

1.5 Haftung für Schäden aufgrund gemeinsamer mißbräuchlicher Verwendung von ec-Karte und eurocheque-Vordrucken

Hat der Karteninhaber die ihm nach diesen Bedingungen obliegenden Sorgfalts- und Mitwirkungspflichten erfüllt, trägt die Haspa die Schäden in vollem Umfang, die aus einer gemeinsamen mißbräuchlichen Verwendung von ec-Karte und eurocheque-Vordrucken resultieren.

Hat der Karteninhaber durch ein schuldhaftes Verhalten zur Entstehung eines Schadens beigetragen, so bestimmt sich nach den Grundsätzen des Mitverschuldens, in welchem Umfang Haspa und Kontoinhaber den Schaden tragen.

Die Haspa übernimmt den vom Kontoinhaber zu tragenden Schaden bis zu 6.000 DM je Schadensfall; eine Schadensübernahme erfolgt dann nicht, wenn ec-Karte und eurocheque-Vordrucke gemeinsam in einem Kraftfahrzeug aufbewahrt wurden oder der Kontoinhaber seiner Pflicht zur Erstattung einer Anzeige bei der Polizei nicht nachkommt.

2. ec-Geldautomaten-Service, bargeldlose Bezahlung an automatisierten Kassen und PIN-Auszahlungen an Haspa-Kassen sowie die Aufladung der GeldKarte

2.1 Verfügungsrahmen

Für Verfügungen an ec-Geldautomaten, automatisierten Kassen und für PIN-Auszahlungen an Haspa-Kassen sowie für die Aufladung der GeldKarte teilt die Haspa dem Kontoinhaber einen jeweils für einen bestimmten Zeitraum geltenden Verfügungsrahmen mit. Bei der Nutzung der ec-Karte an ec-Geldautomaten und automatisierten Kassen des electronic cash- sowie edc-Systems wird geprüft, ob der Verfügungsrahmen durch vorangegangene Verfügungen bereits ausgeschöpft ist. Verfügungen, mit denen der Verfügungsrahmen überschritten würde, werden unabhängig vom aktuellen Kontostand und einem vorher eingeräumten Kredit von der Haspa abgewiesen. Der Karteninhaber darf den Verfügungsrahmen nur im Rahmen des Kontoguthabens oder eines für das Konto eingeräumten Kredits in Anspruch nehmen.

Der Kontoinhaber kann mit der kontoführenden Stelle eine Änderung des Verfügungsrahmens für alle zu seinem Konto ausgegebenen ec-Karten vereinbaren. Ein Bevollmächtigter, der eine ec-Karte erhalten hat, kann nur eine Herabsetzung für diese Karte vereinbaren.

2.2 Fehleingabe der Geheimzahl

Die ec-Karte kann an ec-Geldautomaten, an automatisierten Kassen sowie an Selbstbedienungsterminals nicht mehr eingesetzt werden, wenn die persönliche Geheimzahl dreimal hintereinander falsch eingegeben wurde. Der Karteninhaber sollte sich

B. Das POZ-System außerhalb des ec-Systems

1. Service-Beschreibung

Das POZ-System ermöglicht den Handels- und Dienstleistungsunternehmen die automatische Erstellung von Einzugsermächtigungslastschriften unter Verwendung der ec-Karte zum Zwecke des bargeldlosen Bezahlens. Bei der Zahlung an Kassen, die das POZ-Logo tragen, zieht das Unternehmen die Forderungen gegen den Karteninhaber mittels Lastschrift ein, für die der Karteninhaber dem Unternehmen jeweils eine schriftliche Einzugsermächtigung erteilt.

2. Sperrabfrage

Im Rahmen des POZ-Systems sind bis zu jeweils 60 DM Verfügungen möglich, ohne daß zuvor das Unternehmen prüfen muß, ob die Karte gesperrt ist. Auch im Hinblick auf diese eingeschränkte Sperrabfrage muß der Karteninhaber seine Kontoauszüge sorgfältig prüfen.

3. Widerspruch bei POZ-Lastschriften

Der Karten-/Kontoinhaber kann Belastungen des Kontos aus POZ-Lastschriften widersprechen. Der Widerspruch ist unverzüglich nach Kenntniserlangung von der Belastungsbuchung zu erheben.

4. Adressenbekanntgabe

Wird eine POZ-Lastschrift nicht bezahlt, so teilt die Haspa dem Unternehmen, das die Lastschrift erteilt hat, auf Anfrage den Namen und die Adresse des Karteninhabers mit, sofern dem Unternehmen eine wirksame schriftliche Einwilligung des Karteninhabers vorliegt, die Sperrdatei abgefragt wurde und ein ec-Kartenverlust der Haspa nicht angezeigt worden war.

C. Erteilung von Überweisungsaufträgen an Selbstbedienungsterminals

1. Serviceumfang

Der Karteninhaber kann unter Verwendung seiner ec-Karte und der persönlichen Geheimzahl der Haspa an Selbstbedienungsterminals Überweisungsaufträge bis maximal 2.000 DM pro Tag erteilen, soweit dem Karteninhaber von der Haspa nicht ein anderer Betrag mitgeteilt wurde. Die Aufträge werden ebenso wie auf Überweisungsvordrucken hereingegebene Aufträge von der Haspa im Rahmen des banküblichen Organisationsablaufes bearbeitet.

2. Sorgfalts- und Mitwirkungspflichten

Es gelten die Regelungen unter A. ec-Service, II. 6.2, 6.4. und 6.5.

3. Fehleingabe der Geheimzahl

Die ec-Karte kann an Selbstbedienungsterminals, ec-Geldautomaten sowie an automatisierten Kassen nicht mehr benutzt werden, wenn die persönliche Geheimzahl dreimal hintereinander falsch eingegeben wurde.

4. Schadensregulierung

Sobald der Haspa oder dem Zentralen Sperrannahmedienst der Verlust der ec Karte angezeigt worden ist, übernimmt die Haspa danach durch mißbräuchliche Überweisungsaufträge entstandene Schäden.

Für Schäden, die vor der Verlustanzeige entstanden sind, haftet der Kontoinhaber, wenn sie auf einer schuldhaften Verletzung seiner Sorgfalts- und Mitwirkungspflichten beruhen. Hat die Haspa zu der Entstehung eines Schadens beigetragen, so bestimmt sich nach den Grundsätzen des Mitverschuldens, in welchem Umfang die Haspa und der Kontoinhaber den Schaden zu tragen haben.

Die Haspa übernimmt auch die vom Kontoinhaber zu tragenden Schäden, die vor der Verlustanzeige entstanden sind, sofern der Karteninhaber keine Sorgfalts- und Mitwirkungspflichten (vgl. A. ec-Service, II. Nr. 6.2, 6.4, 6.5) grob fahrlässig verletzt hat.

Grobe Fahrlässigkeit des Karteninhabers liegt insbesondere vor, wenn:

- die persönliche Geheimzahl auf der ec-Karte vermerkt oder zusammen mit der ec-Karte verwahrt war (z.B. der Originalbrief, in dem die PIN dem Karteninhaber mitgeteilt wurde),

- die persönliche Geheimzahl einer anderen Person mitgeteilt und der Mißbrauch dadurch verursacht wurde,

- der Karteninhaber der Haspa oder dem Zentralen Sperrannahmedienst nach Feststellen des Kartenverlustes das Abhandenkommen nicht umgehend meldet, obwohl ihm dies ohne weiteres möglich war und der Schaden durch diese Verspätung verursacht wurde. Schäden, die nach der Verlustmeldung entstehen, werden von der Haspa erstattet.

Die Haftung des Kontoinhabers beschränkt sich auf 2.000 DM pro Kalendertag.
Eine Übernahme des vom Kontoinhaber zu tragenden Schadens durch die Haspa erfolgt nur, wenn der Kontoinhaber die Voraussetzungen der Haftungsentlastung glaubhaft darlegt und Anzeige bei der Polizei erstattet.

D. Kontoauszugdrucker

1. Zweckbestimmung

Der Kontoauszugsdrucker ermöglicht dem Inhaber einer ec Karte, Kontoauszüge einschließlich der darin enthaltenen Rechnungsabschlüsse für das in der Karte angegebene Konto ausdrucken zu lassen.

2. Bereithaltung von Belegen

Anlagen zu den Kontoauszügen, soweit sie am Kontoauszugsdrucker nicht mit ausgedruckt werden können, werden dem Kunden auf Anforderung bei der kontoführenden Stelle zur Verfügung gestellt. Die Haspa ist berechtigt, dem Kunden die Anlagen auch ohne Anforderung gegen Auslagenersatz zuzusenden.

3. Haftung der Haspa

Kontoauszüge werden im Rahmen der im Zeitpunkt der Abfrage bestehenden technischen Möglichkeiten erstellt. Die Kontoauszüge beinhalten die Kontobewegungen, die bis zum Abruf gebucht und für den Kontoauszugsdrucker bereitgestellt sind.

Bei Funktionsstörungen haftet die Haspa im Rahmen ihres Verschuldens.

4. Zusendung von Auszügen

Ohne Anforderung des Kunden kann ein Kontoauszug erstellt und dem Kontoinhaber gegen Auslagenersatz zugesandt werden, wenn ein Kontoauszug innerhalb von 35 Tagen nicht am Kontoauszugsdrucker abgerufen wurde oder die Speicherkapazität des Geräts erschöpft ist.

5. Gesperrte Automatenkarte

Ist eine Automatenkarte gesperrt, so wird sie vom Kontoauszugsdrucker abgelehnt bzw. eingezogen. Der Kunde hat sich sodann an die kontoführende Stelle zu wenden. Die Haspa haftet für Schäden, die dadurch entstehen, daß die Automatenkarte vom Gerät abgewiesen, eingezogen oder ungültig gemacht wird, im Rahmen ihres Verschuldens.

6. Sorgfaltspflichten

Die Automatenkarte ist zur Vermeidung von Mißbräuchen sorgfältig aufzubewahren. Bei einem Verlust der Automatenkarte ist die Haspa unverzüglich zu benachrichtigen.

Der Kontoinhaber trägt alle Folgen und Nachteile des Abhandenkommens, der unsachgemäßen oder mißbräuchlichen Verwendung, der Fälschung oder Verfälschung seiner Automatenkarte sowie der Karte eines Bevollmächtigten. Die Haspa haftet nur für grobes Verschulden und nur in dem Maße, als sie im Verhältnis zu anderen Ursachen an der Entstehung des Schadens mitgewirkt hat.

7. Widerruf der Haspa

Die Haspa kann jederzeit die Berechtigung des Kunden zur Benutzung des Kontoauszugsdruckers schriftlich widerrufen.

c) **Bedeutung:** Nachdem in Deutschland Kreditkarten über lange Jahre exklusives Medium für eine Minderheit waren und die Zahl der Vertragsunternehmen (Akzeptanzstellen) relativ begrenzt war, so daß die Kreditkarte oft gar nicht eingesetzt werden konnte, wurde mit der EUROCARD-Konzeption der deutschen KI über die GZS ein breiter Markt erschlossen.

Seit Ende der 80er Jahre ist durch zunehmenden Wettbewerb Bewegung in den Markt gekommen; die Zahl der Kreditkarten und Akzeptanzstellen hat sich seither auch in Deutschland stark erhöht, so daß man heute von einem Massenzahlungsmittel sprechen kann. Dies wurde nicht zuletzt erreicht durch entsprechende Cobranding-Angebote (z. B. ADAC-VISA-Karte, LTU- oder Bertelsmann-EUROCARD) oder auch durch Pauschalangebote (z. B. Kontoführung, ec-Karte und VISA-Karte zu einem Jahrespreis bei der noris/Verbraucherbank).

Kartenunternehmen	Akzeptanzstellen		Kunden	
	Deutschland	weltweit	Deutschland	weltweit
EUROCARD im MasterCard-Verbund	305 000	13,1 Mio.	7,8 Mio.	435,1 Mio.
VISA	280 000	13,0 Mio.	4,0 Mio.	510 Mio.
Amexco	203 000	3,9 Mio.	1,2 Mio.	37,8 Mio.
Diners Club	180 000	3,6 Mio.	340 000	7,6 Mio.

Stand: Oktober 1996

1.1.834 EUROCARD

a) **Wesen:** Kreditkarte, die von der GZS (Gesellschaft für Zahlungssysteme mbH, vgl. Abschnitt 1.1.912) herausgegeben und über das deutsche Kreditgewerbe vertrieben wird; entweder als

- rechtliche und wirtschaftliche Eigenemission des KI (Lizenznehmer der GZS; Risiko und Erträge beim KI; teilweise Inanspruchnahme von Serviceleistungen der GZS) oder
- KI als Kooperationspartner der GZS (wirtschaftliches Risiko trägt die GZS; Abwicklung durch GZS).

Mit der EUROCARD kann der Karteninhaber im In- und Ausland bei Vertragsunternehmen des EUROCARD/MasterCard-Verbundes (Kooperationspartner ist Interbank Master Charge, siehe Kennzeichnung „MasterCard" auf der EUROCARD)

- Waren und Dienstleistungen bargeldlos bezahlen und
- an zugelassenen Geldausgabeautomaten sowie an bestimmten Bankschaltern – dort zusätzlich gegen Vorlage eines Ausweispapieres – Bargeld beziehen
- an speziellen Kreditkarten-Telefonen telefonieren.

Kundenvorteile über den Leistungsumfang hinaus:

- Zins- und Liquiditätsvorteil (Abbuchung i. d. R. erst nach einigen Wochen)
- Ersparnis bei Buchungskosten (Kartengesellschaft faßt Umsätze zu Monatsabrechnungen zusammen)

- Kein Hin- und Herwechseln von ausländischen Währungen
- Umrechnung von Fremdwährungsumsätzen in DM zum Devisenbriefkurs des dem Eingang vorangegangenen Börsentages
- 3-Monats-Test für Privatkarten
- großzügigerer Verfügungsrahmen als bei ec-Karte.

b) **Arten:**

- „normale" EUROCARD
- EUROCARD Gold
- Firmenkarten (als EUROCARD oder EUROCARD Gold)
- Co-Branding-EUROCARD (z. B. LTU-, Bertelsmann-EUROCARD).

c) **Leistungsumfang:** ist Teil des Wettbewerbs zwischen den einzelnen KI, die eine EUROCARD herausgeben; die hier aufgezeigten Leistungen können im Einzelfall abweichen.

- **EUROCARD:**
  - bargeldloses Bezahlen von Waren und Dienstleistungen im In- und Ausland (Akzeptanzstellen sind mit EUROCARD- oder MasterCard-Zeichen gekennzeichnet)
  - Anmietung vonLeihwagen ohne Kautionsstellung
  - Hotelzimmer-Reservierung bei bestimmten Hotelketten

Bargeldservice	*Schalter*	*Geldautomaten*
Inland	max. 4 000 DM in 7 Tagen	max. 1 000 DM täglich, max. 4 000 DM in 7 Tagen
Ausland regionale Sonderregelungen	max. 1 000 US $ in Landeswährung in 7 Tagen	

  - emergency cash (bei Notsituationen durch Verlust/Diebstahl der Karte) max. 1 000 US-$ in Landeswährung
  - Sicherheit bei Verlust/Diebstahl: Haftung nur bis Kartensperre, max. 100 DM
  - Ersatzkartenservice per weltweitem Kurierdienst
  - Telefon für Kartensperre und Ersatzkartenbestellung (0 69) 79 33 19 10
  - Versicherung gem. Übersicht unter d)

- **EUROCARD Gold:** wie EUROCARD; zusätzlich
  - umfangreicherer Versicherungsschutz (unterschiedlicher Umfang möglich)
  - verbesserter Bargeldservice im Ausland: max. 5 000 US-$ in Landeswährung in 30 Tagen

- **Firmen-EUROCARD:** entsprechen in Preis und Leistung der EUROCARD bzw. der EUROCARD Gold für Privatkunden; Mindestabnahmemenge: 10 Karten; Vorteile für das Unternehmen:
  - Reisekostenvorschüsse werden reduziert, dadurch Liquiditätsvorteile und Zinsgewinne
  - monatl. Umsatzabrechnung, dadurch weitere Liquiditätsvorteile und Zinsgewinne

- Entlastung der Reisestelle und Buchhaltung durch weniger Verwaltungsaufwand
- Umrechnung von Fremdwährungsumsätzen ist günstiger als Sortenkäufe; kein Rücktausch von Sorten, also kein Wechselkursrisiko
- Jahresbeiträge für die Karte sind als Betriebsausgaben steuerabzugsfähig
- ggf. umfassender Versicherungsschutz für den Mitarbeiter

- EUROCARD mit Foto:
  - EUROCARD und EUROCARD Gold können auf Wunsch mit dem Foto des Karteninhabers ausgestattet werden
  - diese Maßnahme soll dem Kartenmißbrauch durch fremde Personen vorbeugen

- Bargeldlos telefonieren mit der EUROCARD / EUROCARD Gold
  - **Telefon-Chip** der Deutschen Telekom kann auf Wunsch und gegen Aufpreis in die Karte integriert werden; es gelten die Bedingungen der Telekom für die T-Card; Nutzung von Kartentelefonen und öffentlichen FAX-Geräten der Deutschen Telekom sowie der Zugtelefone der Deutschen Bahn
  - **Connect-Service** der Deutschen Telekom gemäß gesondertem Auftrag an die Telekom; es gelten die Bedingungen des Connect-Service der Telekom; Kosten entstehen nur dann, wenn der Service genutzt (telefoniert) wird – bargeldlos telefonieren ohne Telefon-Chip; Nutzung in Deutschland und in weltweit über 50 Ländern: Connect-Zugangsnummer wählen, EUROCARD-Nr. und Connect-Pin wählen und die gewünschte Telefonnummer; Abrechnung über die EUROCARD Monatsabrechnung – Gesprächsnachweis von der Telekom

d) **Versicherungsleistungen** (können vom emittierenden Institut individuell gestaltet werden):

	EUROCARD	EUROCARD Gold
Verkehrsmittel-Unfall-Versicherung	X	X
Auslandsreise-Krankenversicherung		X
Reise-Service-Versicherung		X
Auslands-Auto-Schutzbrief-Versich.		X
Kraftfahrzeug-Reise-Haftpflicht-Versicherung für Mietfahrzeuge		X
Reise-Rechtsschutz-Versicherung für Mietfahrzeuge		X
Reise-Privat-Haftpflicht-Versicherung		X

e) **Preise** (sind Bestandteil der Preispolitik des KI und können je nach Leistungsumfang abweichen; teilweise werden EUROCARD und VISA im Paket zu einem ermäßigten Preis angeboten oder sind sogar in einem pauschalen Preis für die Girokontoführung enthalten; es existieren auch Preismodelle, die vom Kartenumsatz abhängig sind):

Jahresbeitrag	***Hauptkarte***	***Zusatzkarte***
EUROCARD	40 DM	30 DM
EUROCARD Gold	100-130 DM	80 DM

- **Bargeld-Service**

– Verfügungen am Geldautomaten	2 %, mindestens 10 DM
– Verfügungen am Schalter	3 %, mindestens 10 DM
– Fremdwährungsumsätze	1 % des Umsatzes (Aufschlag auf Fremdwährungskurs)
– Fremdwährungsumrechnung	Devisenbriefkurs des dem Eingang der Abrechnung vorausgehenden Börsentages

- **Kreditkarten mit Telefon-Chip**

– zusätzlicher Jahresbeitrag für Chip	5 bis 20 DM
– Telefonkosten je Einheit	–,18 DM (–,70 DM bei Zugtelefon)

- **Connect-Service der Telekom** (Auszug aus Preisliste der Deutschen Telekom)

– Grundpreis je Verbindung	2,50 DM innerhalb Deutschland (3,– DM international)
– Preis je Minute	–,37 DM Billigtarif innerhalb Deutschland 3,22 DM Übersee (2,07 DM USA/Kanada)

f) **Schadensfälle:** Mit gestiegenen Umsatzzahlen gehen auch steigende Betrugsversuche mit Kreditkarten einher; die Kartengesellschaften sind ständig bemüht, neue wirksame Maßnahmen zur Vorbeugung zu entwickeln:

- Gültigkeitsdatum der Karte ab/bis (Verlustrisiko beim Versand)
- Foto auf der Karte (ggf. auch Wunsch)
- Früherkennungs-Software gegen organisierte Kriminalität, die auf Einsatzgewohnheiten des Karteninhabers abstellt und bei Autorisierung die Wahrscheinlichkeit eines Mißbrauches errechnet.

1.1.835 VISA

a) **Wesen:**

- VISA ist eine Organisation, die Karteninhabern weltweit eine schnelle, kostengünstige und sichere Abwicklung kartengestützter Transaktionen ermöglichen will
- VISA selbst gibt keine Karten aus und betreibt auch kein Händlergeschäft; dies ist Sache der Mitgliedsinstitute
- das wichtigste VISA-Prinzip ist es, allen Mitgliedsbanken und Sparkassen die größtmögliche Freiheit bei der Ausübung ihres Kartengeschäfts zu bieten
- Konzeption und Vertrieb, Marketing, Produkt- und Preisgestaltung ist für die Emittenten völlig frei.

b) **Organisationsaufbau:**

- bei VISA International können ausschließlich Banken und Sparkassen Mitglied werden (im Oktober 1996 waren es ca. 20 000 Geldinstitute weltweit)
- Mitgliedschaft berechtigt zur Benutzung des VISA Markenzeichens und des VISA Systems nach einem detaillierten Regelwerk
- globale Strategie von VISA International bestimmt ein internationaler Verwaltungsrat, dessen Mitglieder aus den sechs autonomen regionalen Verwaltungs-

Karteninhaber in Deutschland (in Tausend)

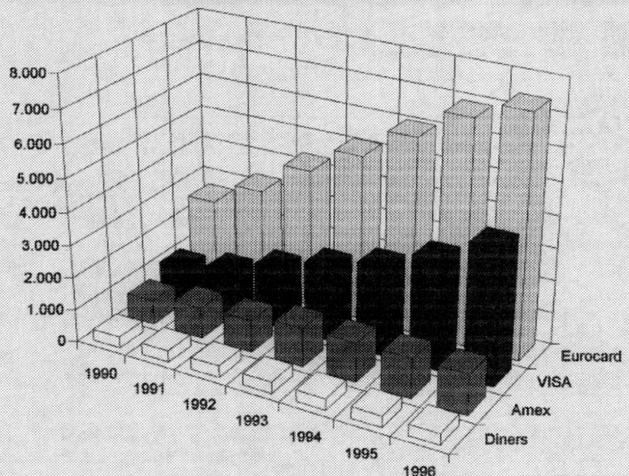

Umsatz in Deutschland 1990-1996 (in Millionen DM)

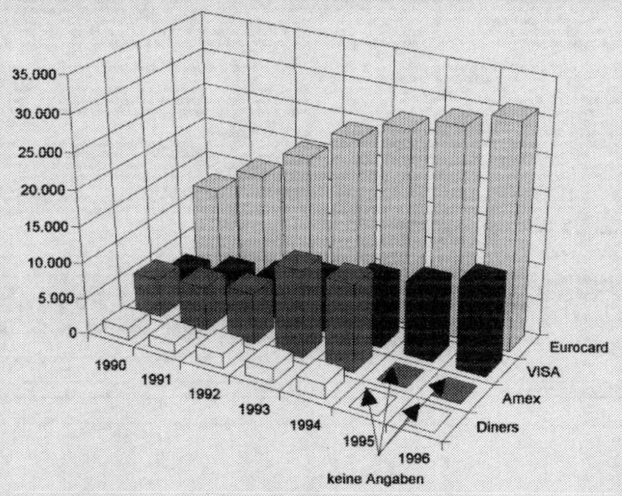

Quelle: Presseveröffentlichungen bzw. Publikationen der Kartengesellschaften

KARTENANTRAG

über

Hamburger Sparkasse
20454 Hamburg

EUROCARD DEUTSCHLAND
Unternehmensbereich der
GZS Gesellschaft für Zahlungssysteme mbH
Postfach 11 07 11, 60486 Frankfurt, Telefon 069 / 79 33-22 00

DSV-Codierung: Abweich/KTO | Produkt | ErfassART | Marfix ID | Karten-ART | Abrech-KTO | Art A/Z | Gebühren | Versand-ART | PIN Y/N | JahresGeb-KZ

EUROCARD-Standard

Ich beantrage die Ausstellung einer **EUROCARD**

- [X] mit integriertem Telefonchip
- [X] als Hauptkarte für mich zum Jahresbeitrag von z. Zt. 040,– DM
- [ ] als Zusatzkarte gemeinsam mit nachstehendem/r Mitantragsteller/in zum Jahresbeitrag von z. Zt.

EUROCARD-Gold

Ich beantrage die Ausstellung einer **EUROCARD GOLD**

- [ ] mit integriertem Telefonchip
- [ ] als Hauptkarte für mich zum Jahresbeitrag von z. Zt. ___,– DM
- [ ] als Zusatzkarte gemeinsam mit nachstehendem/r Mitantragsteller/in zum Jahresbeitrag von z. Zt.

Die vom Karteninhaber zu zahlenden Entgelte setzen sich aus dem Jahresbeitrag und den karteneinsatzabhängigen Zusatzentgelten zusammen.
Die karteneinsatzabhängigen Zusatzentgelte betragen zur Zeit:

- für den Bargeldauszahlungsservice
  - am Bankschalter **3%** des EUROCARD-Umsatzes, mindestens jedoch 10,– DM pro Auszahlung
  - am Geldautomaten **2%** des EUROCARD-Umsatzes, mindestens jedoch 10,– DM pro Auszahlung
- für den Auslandseinsatz **1%** des EUROCARD-Umsatzes, (bar/unbar)

Ergänzend gelten der Preisaushang und das Preisverzeichnis des Instituts, bei dem der Kartenantrag gestellt wird.

Bei Beantragung einer Zusatzkarte bitte Name und Kartennummer des/der Hauptkarteninhabers/in angeben.

Name des/der Hauptkarteninhabers/in: ____ Karten-Nr. des/der Hauptkarteninhabers/in: 5232 ____

Bei gleichzeitiger Beantragung einer Haupt- und Zusatzkarte bitte 2 Kartenanträge ausfüllen.
Eine EUROCARD GOLD ist als Zusatzkarte nur erhältlich, wenn es sich bei der zugehörigen Hauptkarte auch um eine EUROCARD GOLD handelt.

Bei Austausch in eine andere EUROCARD bitte bisherige Kartennummer angeben: 5232 ____

Persönliche Angaben Privatanschrift (1)

Vorname: Hans
Nachname: Berghoff
Anredeschl. 1 = Herr 2 = Frau: 1
Staatsangehörigkeit deutsch: [x] ja [ ] nein
Straße und Hausnummer (kein Postfach): Hasenstr. 12
PLZ: 22333
Wohnort: Hamburg
Geburtsdatum TTMMJJJJ: 22031957
Telefon privat (Vorwahl): 040 (Rufnummer): 12321122
geschäftlich (Vorwahl): 040 (Rufnummer): 322322
So soll der Name auf der Karte erscheinen: ____
PIN gewünscht ja [x] nein [ ]

Korrespondenzadresse (2) (wenn abweichend von Privatanschrift)

c/o Anschrift: ____
Straße und Hausnummer, Postfach: ____
PLZ: ____ Wohnort: ____

Einzugsermächtigung

Ich bin/Wir sind damit einverstanden, daß alle im Zusammenhang mit der beantragten Karte von mir zu entrichtenden Beträge mittels Lastschrift eingezogen werden. Sofern nicht anders vereinbart, werden in der Regel die Kartenjahresbeiträge mit Beginn der Kartenlaufzeit jährlich und die EUROCARD-Umsätze mindestens einmal monatlich abgerechnet.

Konto-Nr.: 1423553222 BLZ: 20050550
Name des/der Kontoinhabers/in (nur bei Abweichung von Karteninhaber/in): ____

Ermächtigung zur Datenübermittlung zwischen GZS und Kreditinstitut

Ich/Wir ermächtige(n) das Kreditinstitut über das der Kartenantrag eingereicht wird (nachfolgend „Kreditinstitut"), gegenüber der GZS die im Zusammenhang mit der Ausstellung und Benutzung der EUROCARD erforderlichen Angaben zur Festsetzung des Verfügungsrahmens zu erteilen. Außerdem ermächtige(n) ich/wir die GZS, das Kreditinstitut über die Summe der noch nicht abgerechneten Umsätze (getrennt nach Bargeld- und Händlerumsätzen) zu unterrichten, wenn diese die Annahme rechtfertigen, daß der festgesetzte Verfügungsrahmen für den Abrechnungszeitraum nicht ausreicht bzw. begründeter Verdacht besteht, daß die Karte mißbräuchlich eingesetzt wird oder dem Kreditinstitut Anhaltspunkte dafür vorliegen, daß eine Verschlechterung meiner/unserer Bonität droht. Darüber hinaus ermächtige(n) ich/wir die GZS, mit dem Kreditinstitut meine/unsere oben dargestellten persönlichen Angaben auf Übereinstimmung zu überprüfen sowie das Kreditinstitut über Kündigungen und Kartensperren zu unterrichten. Angaben über Einzelumsätze werden in keinem Fall weitergegeben.

Schufaklausel

Ich/Wir willige(n) ein, daß das Kreditinstitut der für meinen/unseren Wohnsitz zuständigen SCHUFA-Gesellschaft (Schutzgemeinschaft für allgemeine Kreditsicherung) Daten über die Beantragung, den Abschluß und die Beendigung dieses Kreditkartenvertrages übermittelt.
Unabhängig davon wird das Kreditinstitut der SCHUFA auch Daten aufgrund nicht vertragsmäßigen Verhaltens (z.B. Einziehung der Kreditkarte wegen mißbräuchlicher Verwendung durch den Karteninhaber, beantragter Mahnbescheid, bei unbestrittener Forderung sowie Zwangsvollstreckungsmaßnahmen) melden. Diese Meldungen dürfen nach dem Bundesdatenschutzgesetz nur erfolgen, soweit dies zur Wahrung berechtigter Interessen des Kreditinstituts, eines Vertragspartners der SCHUFA oder der Allgemeinheit erforderlich ist und dadurch meine/unsere schutzwürdigen Belange nicht beeinträchtigt werden.
Soweit hiernach eine Übermittlung erfolgen kann, befreie(n) ich/wir das Kreditinstitut zugleich vom Bankgeheimnis.
Die SCHUFA speichert die Daten, um den ihr angeschlossenen Kreditinstituten, Kreditkartenunternehmen, Leasinggesellschaften, Einzelhandelsunternehmen einschließlich des Versandhandels und sonstiger Unternehmen, die gewerbsmäßig Geld- oder Warenkredite an Konsumenten geben, Informationen zur Beurteilung der Kreditwürdigkeit von Kunden geben zu können. An Unternehmen, die gewerbsmäßig Forderungen einziehen und der SCHUFA vertraglich angeschlossen sind, können zum Zwecke der Schuldnerermittlung Adreßdaten übermittelt werden. Die SCHUFA stellt die Daten ihren Vertragspartnern zur Verfügung, wenn diese ein berechtigtes Interesse an der Datenübermittlung glaubhaft darlegen. Die SCHUFA übermittelt nur objektive Daten ohne Angabe des Kreditgebers; subjektive Werturteile, persönliche Einkommens- und Vermögensverhältnisse sind in SCHUFA-Auskünften nicht enthalten. Ich kann/Wir können Auskunft bei der SCHUFA über die mich/uns betreffenden gespeicherten Daten erhalten. Die Adresse der SCHUFA wird mir/uns zusammen mit der Übersendung meiner/unserer Karte bekanntgegeben. Ich/Wir willige(n) ein, daß im Falle eines Wohnsitzwechsels die Daten an die dann zuständige SCHUFA übermittelt werden. Weitere Informationen über das SCHUFA-Verfahren enthält ein Merkblatt, das auf Wunsch zugesandt wird.

Ergänzend gelten die umseitig abgedruckten Kundenbedingungen.

Hamburg, 23.05.19xx
Ort, Datum | Unterschrift des/der Antragstellers/in | Unterschrift des/der Mitantragstellers/in

Vom emittierenden Institut auszufüllen

Datum	Kdverb. seit (MMJJ)	TDM	Abr.-Schl.	Versandschl.	JS-Schl.	Sonderver.	Institutsnummer (Bankleitzahl)	(BN)	Folge-Nr.
							20050550	00	684

Bei Rückfragen wenden Sie sich bitte an: (Name und Telefon - mit Vorwahl- /Telefax)

Stempel und Unterschriften des Kreditinstituts | Ort, Datum

Deutscher Sparkassenverlag GmbH (Fassung 05/95)

Blatt 1 an Sparkassenverlag

räten stammen (Asien/Pazifischer Raum; Kanada; Mittel- und Osteuropa; Naher Osten und Afrika; Europäische Union; Lateinamerika; USA)

- von 1981 bis 1987 wurden in Deutschland VISA Karten durch die Bank of Amerika ausgegeben
- 1987 übernahm die jetzige Santander Direct Bank AG die Mitgliedschaft der Bank of Amerika, und es wurden weitere Banken Mitglied; 1995 folgten der Deutsche Sparkassen- und Giroverband und 1996 die Deutsche Bank AG.

c) **Kartenarten:**

- VISA Classic (Standard)
- VISA Premier (Gold)
- VISA Electron
- VISA Corporate
- VISA Business
- VISA Pruchasing Karte
- VISA TravelMoney
- VISA Cash

d) **Leistungsumfang:** im wesentlichen mit EUROCARD vergleichbar (siehe auch dort)

- VISA Classic (Standard):
  - Standard-Kreditkarte
  - Leistungsumfang je nach Mitgliedsinstitut
  - zwei Abrechnungsvarianten:
    - monatliche Abrechnung in einer Summe oder über mehrere Monate verteilt
    - sofortige Kontobelastung innerhalb weniger Tage (i. d. R. bei Guthabenverzinsung)
- VISA Premier (Gold)
  - gesamte Leistungspalette einer Travel & Entertainmentkarte
  - höherer Ausgabenrahmen als VISA Classic
  - Hotel-Reservierungs-Service
  - spezieller Hotel-Bargeld-Service
  - exklusiver Service für Notfälle auf Reisen oder bei Kartenverlust
  - Reiseversicherung
  - zwei Abrechnungsvarianten:
    - monatliche Abrechnung in einer Summe oder über mehrere Monate verteilt
    - sofortige Kontobelastung innerhalb weniger Tage (i. d. R. bei Guthabenverzinsung)
- VISA Electron
  - für ausschließlich elektronische Terminals
  - jede Transaktion wird von der Bank autorisiert
- VISA Corporate
  - für Geschäftsreisende und große Unternehmen mit hohem Reiseaufkommen
  - detaillierte Ausgaben-Dokumentation am Monatsende für effizientes Reisekosten-Management

- VISA Business
  - speziell für Bedürfnisse der Mitarbeiter kleiner und mittlerer Unternehmen
- VISA Purchasing Karte
  - vereinfacht und optimiert den Einkaufsprozeß von Unternehmen
  - Business-to-Business-Bereich
- VISA TravelMoney
  - Kunde zahlt eine beliebige Summe an seine Bank
  - Kunde wählt eine PIN
  - mit Karte und PIN jederzeit im Ausland auf Guthaben zurückgreifen in Landeswährung
- VISA Cash
  - elektronische Geldbörse
  - speichert bestimmte Geldsumme in Form elektronischer Daten in einem Mikrochip
  - gedacht für Bezahlung kleiner Beträge bis ca. DM 15
  - wiederaufladbare Karte oder auch Einwegkarte
  - weltweiter Test in zahlreichen Pilotprojekten

e) **Co-branding:**

- die Mitgliedsbanken können mit Unternehmen bzw. Organisationen außerhalb des Kreditgewerbes Kooperations-Kartenprogramme entwickeln (sog. „Affinity- oder Cobranding"-Karten)
- damit Erschließung spezieller Marktsegmente möglich
- Teil der Strategie zum Kartenabsatz außerhalb des eigenen Vertriebsnetzes
- Beispiele: ADAC VISA Karte, Lufthansa Air Plus VISA Karte, FC Bayern München VISA Karte

f) **Preise:** vergleichbar mit EUROCARD (siehe dort).

1.1.9 Modernisierung des Zahlungsverkehrs der Kreditinstitute

1.1.90 Überblick

Der bargeldlose Zahlungsverkehr umfaßte 1992 ein Volumen von über 32 Billionen D-Mark. Ca. 65 % wurden bereits elektronisch abgewickelt.

Kennzeichnend für die heutige Situation des Zahlungsverkehrs der KI sind folgende Elemente:

- Vielzahl von Kreditinstituten unterschiedlichster rechtlicher und praktischer Ausgestaltung
- sehr große Zahl von Kunden (fast jeder unterhält heute mindestens ein Konto bei einem KI) mit vielfältigen Wünschen und Interessen (unterschiedlich insb. nach Privatkunden und Unternehmen)

- immer mehr zunehmender Umfang des bargeldlosen Zahlungsverkehrs
- verschiedenartige Zahlungsmöglichkeiten und Zahlungsverkehrsinstrumente
- immer noch die Notwendigkeit der Verwendung von Bargeld
- umfangreiche Beziehungen wirtschaftlicher Art zum Ausland; Reisezahlungsverkehr
- rechtliche Anforderungen an die KI im Zahlungsverkehr, die mit der technischen und praktischen Entwicklung oft nicht schritthalten
- Fehlen international einheitlicher Rechtsnormen.

Die Aufgaben der KI im Zahlungsverkehr lassen sich aufgrund dieser vielfältigen Anforderungen nur noch bewältigen

- durch zunehmenden Einsatz der **Technik**, insbes. der Elektronischen Datenverarbeitung (EDV)
- durch Bemühen um **Vereinheitlichung**:
  - gemeinsame Verrechnungszentralen der innerdeutschen Gironetze
  - Vereinheitlichung des internationalen Zahlungsverkehrs
  - Verwendung einheitlicher Vordrucke und Formulare mit möglichst unmittelbarem Zugang zu Computern
  - Anschluß möglichst aller Kreditinstitute sowie aller in Frage kommenden Kunden an gemeinschaftliche technische Systeme
  - noch weitergehendes Zurückdrängen des baren und halbbaren Zahlungsverkehrs als bisher.

Diese Probleme sind bisher schon weitgehend erkannt worden; ihre Lösung kann allerdings nur schrittweise erfolgen. Diesen Bemühungen entsprechen zahlreiche **Neuerungen** der letzten 25 Jahre:

- Vervollkommnung des Überweisungsverkehrs durch Anbieten von Sammel- und Daueraufträgen
- einheitliche Belege im Überweisungs-, Scheck- und Lastschriftverkehr
- Scheck-, Wechsel- und Lastschriftabkommen
- Verstärkung des Lastschriftverkehrs (insbes. Einzugsermächtigungsverfahren)
- vermehrte Einführung von Lohn-/Gehaltskonten
- Einführung der ec-Scheckkarte (1967)
- straffe Durchgliederung der verschiedenen Girosysteme
- Unterhaltung von Bundesbank-Girokonten durch praktisch alle KI
- Einsatz eigener, Zugang zu fremden EDV-Anlagen
- Ausfertigung computergerechter Belege für oder durch den Kunden
- im Barverkehr und halbbaren Verkehr: Tag-Nacht-Tresore, Geldausgabeautomaten, Automatische Bankschalter
- Kontoauszugsdrucker in den Kassenstellen mit Selbstbedienung der Kunden
- Bildschirmtext/Datex-J/T-Online („home banking“: Erledigung von Bankgeschäften von zu Hause aus)
- belegloser Datenträgeraustausch (Magnetband-Clearing-Verfahren)

- Datenfernverarbeitung (im weitesten Sinne)
- Point-of-sale-Terminals (z. B. in Kaufhäusern)
- Geldkarte als Bargeldersatz (eingeführt 1997).

Die **Organisation** eines Bankbetriebs, die den vielfältigen Anforderungen gerecht werden soll und ständig alle Neuentwicklungen schon aus Wettbewerbsgründen aufmerksam verfolgt und prüft, muß zudem noch den folgenden Prinzipien genügen: **Schnelligkeit – Sicherheit – Wirtschaftlichkeit**.

Besonders positiv ist es zu werten, daß es den Kreditinstituten gelungen ist, trotz ihrer Organisation in unterschiedlichen kreditwirtschaftlichen Verbänden und ihres Wettbewerbs miteinander eine Vielzahl von organisationsübergreifenden **Vereinheitlichungen** zu schaffen. Dadurch lassen sich die Zahlungsverkehrsvorgänge auch technisch einheitlich abwickeln, d. h., die technische Kommunikation wird ermöglicht.

Grundlage hierfür ist eine Vielzahl zwischen den Spitzenverbänden der Kreditinstitute geschlossener **Abkommen**. Hervorzuheben sind:

- Vereinbarung über Richtlinien für einheitliche und neutrale Zahlungsverkehrsvordrucke
- Richtlinien für eine einheitliche Codierung von zwischenbetrieblich weiterzuleitenden Zahlungsverkehrsbelegen (Codierrichtlinien)
- Abkommen für den zwischenbetrieblichen belegbegleitenden Datenträgeraustausch
- Vereinbarung über Richtlinien für den beleglosen Datenträgeraustausch (Magnetband-Clearing-Verfahren)
- Abkommen zum Überweisungsverkehr
- Vereinbarung über Sicherungsmaßnahmen im zwischenbetrieblichen Überweisungsverkehr
- Abkommen über den Lastschriftverkehr (Lastschriftabkommen)
- Abkommen über die Rückgabe nicht eingelöster Schecks und die Behandlung von Ersatzstücken verlorengegangener Schecks im Scheckeinzugsverkehr (Scheckabkommen)
- Vereinbarung über das eurocheque-System
- Abkommen über das beleglose Scheckeinzugsverfahren (BSE-Abkommen)
- Abkommen über den Einzug von Wechseln und die Rückgabe nicht eingelöster und zurückgerufener Wechsel (Wechselabkommen)
- Abkommen über die Datenfernübertragung zwischen Kunden und KI (DFÜ-Abkommen)

1.1.91 Vereinheitlichung des Zahlungsverkehrs

1.1.910 Bankleitzahl (BLZ)

a) **Wesen:** Merkmal zur Identifizierung von Kreditinstituten anhand achtstelliger Zahl, verwendet auf Belegen, die den Bereich eines Instituts verlassen sollen; wichtig insbes. für (automatisiertes) Sortieren von Vorgängen im Zahlungsverkehr; eingeführt 1970.

b) **Inhalt und Aufbau:**

Stelle							
1	2	3	4	5	6	7	8
Clearing-Gebiet							
LBZ-Platz (LZB Orts-Nummer)							
			Netznummer (Bankengruppe)				
				interne Niederlassungsnummer			

Stelle 1-3 **Clearing-Gebietsnummer**	**Land/Landesteil**
1	Berlin, Brandenburg, Mecklenburg-Vorpommern
2	Bremen, Hamburg, Niedersachsen, Schleswig-Holstein
3	Rheinland (Regierungsbezirke Düsseldorf, Köln)
4	Westfalen
5	Hessen, Rheinland-Pfalz, Saarland
6	Baden-Württemberg
7	Bayern
8	Sachsen, Sachsen-Anhalt, Thüringen

Stelle 4 **Netz-Nummer**	**Institut (Bankengruppe)**
0	Bundesbank/Landeszentralbanken
1	Postbank bzw. KI soweit nicht in einer anderen Gruppe erfaßt
2-3	KI soweit nicht in einer anderen Gruppe erfaßt
4	Commerzbank
5	Sparkassen und Girozentralen
6/9	Genossenschaftliche Zentralbanken, Kreditgenossenschaften sowie ehemalige Genossenschaften
7	Deutsche Bank
8	Dresdner Bank
Stelle 5-8 **interne** **Niederlassungsnummer**	- in Absprache mit Bundesbank grundsätzlich frei wählbar - 100 in Stellen 4-6 für Postbank reserviert - unselbständige Filialen von KI ohne eigenes LZB-Girokonto können eine eigene BLZ durch eine von der übergeordneten Niederlassung in den Stellen 7 und 8 abweichende Numerierung erhalten

Beispiel: BLZ 593 500 10 Kreissparkasse Saarlouis
5 = Clearinggebiet Saarland
93 = LZB-Bankplatz SaarlouisO

5 = Sparkasse
0 = Bankplatz
0
} 500 = LZB-Konto-Nr.
10 = interne Kennzeichnung

c) **BIC-Code:** internationale Norm – ISO 9362 – für Bankadressen (Bank Identifier Code – BIC)

- zur erleichterten Verarbeitung von Nachrichten mittels Datenfernübertragung
- Vergabe durch S.W.I.F.T.
- besteht aus 8 oder 11 zusammenhängenden Zeichen
  - Bankcode (4 Zeichen)
  - Ländercode (2 Zeichen)
  - Ortscode (2 Zeichen)
  - ggf. Filialcode (3 Zeichen)

1.1.911 Vordruckgestaltung

a) Grundlage für die im Kreditgewerbe einheitliche Vordruckgestaltung sind die **Richtlinien für einheitliche Zahlungsverkehrsvordrucke**. Die Normierung betrifft in erster Linie

- das Format (Maße, Raumaufteilung)
- die Eignung für optische Beleglesung (Codierzeile)
- Papierbeschaffenheit usw.

b) Durch die **Codierung** in einem speziell dafür vorgesehenen Bereich des Formulars (Codierzeile) wird die maschinelle Lesbarkeit der Belege über optische Belegleser gewährleistet. Einzelheiten sind in den Richtlinien für eine einheitliche Codierung von zwischenbetrieblich weiterzuleitenden Zahlungsverkehrsbelegen (**Codierrichtlinien**) niedergelegt:

- Verwendung der OCR-A1-Schrift (Optical Character Recognition, optische Erkennung von Zeichen, Schriftgröße A 1) mit den Zahlen von 1 bis 9 und drei Hilfszeichen:
  - (Gabel) für den Betrag
  - (Stuhl) für Kontonummer und Textschlüssel
  - (Haken) für Bankleitzahl, Mehrzweckfeld und Schecknummer
- Die Codierzeile eines Beleges umfaßt fünf Felder (von rechts):
  - Feld 1: Textschlüssel zur Bezeichnung der Zahlungsverkehrsart, z. B.
    - 01 = Inhaberscheck
    - 05 = Lastschrift aus Einzugsermächtigungsverfahren
    - 11 = eurocheque
  - Feld 2: Bankleitzahl
    - Gutschriftsträger: BLZ des begünstigten KI
    - Scheck: BLZ des bezogenen KI
    - Lastschrift: BLZ der Zahlstelle
  - Feld 3: Betrag bzw. Summe
  - Feld 4: Kontonummer
    - des Auftraggebers (Überweisungsauftrag)
    - des Empfängers (Gutschriftsträger)
    - des Ausstellers (Scheck)
    - des Zahlungspflichtigen (Lastschrift)

- Feld 5: Mehrzweckfeld
  - für Schecknummer bei Schecks
  - für Ordnungsziffern des Kunden (z. B. Großkunde, der seinerseits die Belege codiert) bei Überweisungen, Lastschriften

▒ zu codieren sind (sog. **Codierpflicht**):
- bei Überweisungen: Bankleitzahl, Betrag (Textschlüssel ist eingedruckt)
- bei Schecks: Betrag (Textschlüssel, Bankleitzahl sind eingedruckt)
- bei Lastschriften: Bankleitzahl, Betrag (Textschlüssel ist eingedruckt)

▒ für Falschcodierungen haftet das KI, das diese verursacht hat; größere Zahlungen werden konventionell ausgeführt, d. h. ohne maschinelle Beleglesung

▒ von der Codierpflicht erfaßt werden
- Einzel-Zahlungsträger (Überweisungen, Lastschriften, Schecks)
- Summenbelege (Zusammenfassung für die Verbuchung von Einzelbelegen)
- Korrekturhüllen (Ersatzbelege).

Beispiele für Codierzeilen:

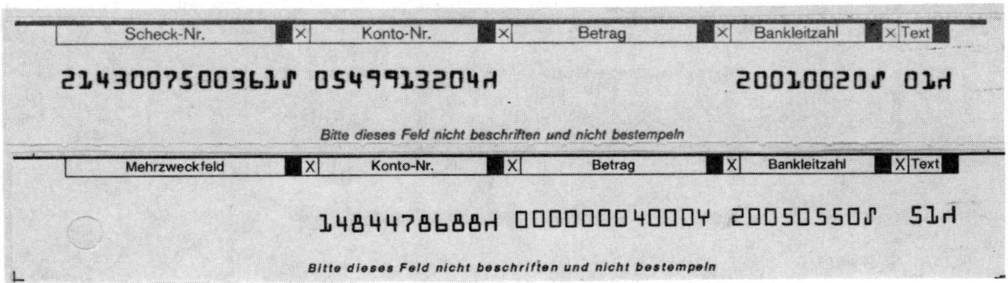

Scheck-Nr. | Konto-Nr. | Betrag | Bankleitzahl | Text

2143007500361⑆ 0549913204⑈ 20010020⑆ 01⑈

Bitte dieses Feld nicht beschriften und nicht bestempeln

Mehrzweckfeld | Konto-Nr. | Betrag | Bankleitzahl | Text

1484478688⑈ 000000040004 20050550⑆ 51⑈

Bitte dieses Feld nicht beschriften und nicht bestempeln

c) **Neutrale Zahlungsverkehrsvordrucke** sind Vordrucke ohne Eindruck des KI. Sie werden i. d. R. von Unternehmen zusammen mit Rechnungen ausgegeben (z. B. Versandhäuser, Versorgungsunternehmen wie Elektrizitäts- oder Gaswerke, Versicherungen); Ausfertigung einschließlich Codierung erfolgen beim Verwender mit Hilfe seiner Datenverarbeitungsanlage.

Die Herstellung und Verwendung dieser Vordrucke bringt eine Reihe von Risiken, Problemen und Zusatzkosten mit sich, die die Sicherheit und die reibungslose Abwicklung des Zahlungsverkehrs beeinträchtigen können. Daher bedarf die Verwendung derartiger Vordrucke der vorherigen Zulassung durch das kontoführende KI. Diese sollen neutrale Zahlungsverkehrsvordrucke nur dann zulassen, wenn dem betreffenden Kontoinhaber daraus wesentliche Rationalisierungsvorteile für die Abwicklung der an ihn zu leistenden Zahlungen entstehen.

1.1.912 Gesellschaft für Zahlungssysteme mbH (GZS)

a) **Wesen:**

= Einrichtung der Spitzenverbände des deutschen Kreditgewerbes zur Pflege, Sicherung und Weiterentwicklung bestehender und zukünftiger Zahlungssysteme in der deutschen Kreditwirtschaft; Sitz: Frankfurt/Main

Dienstleister für die deutsche Kreditwirtschaft:
Die GZS steht mit 32 Clearing-Zentralen in Verbindung

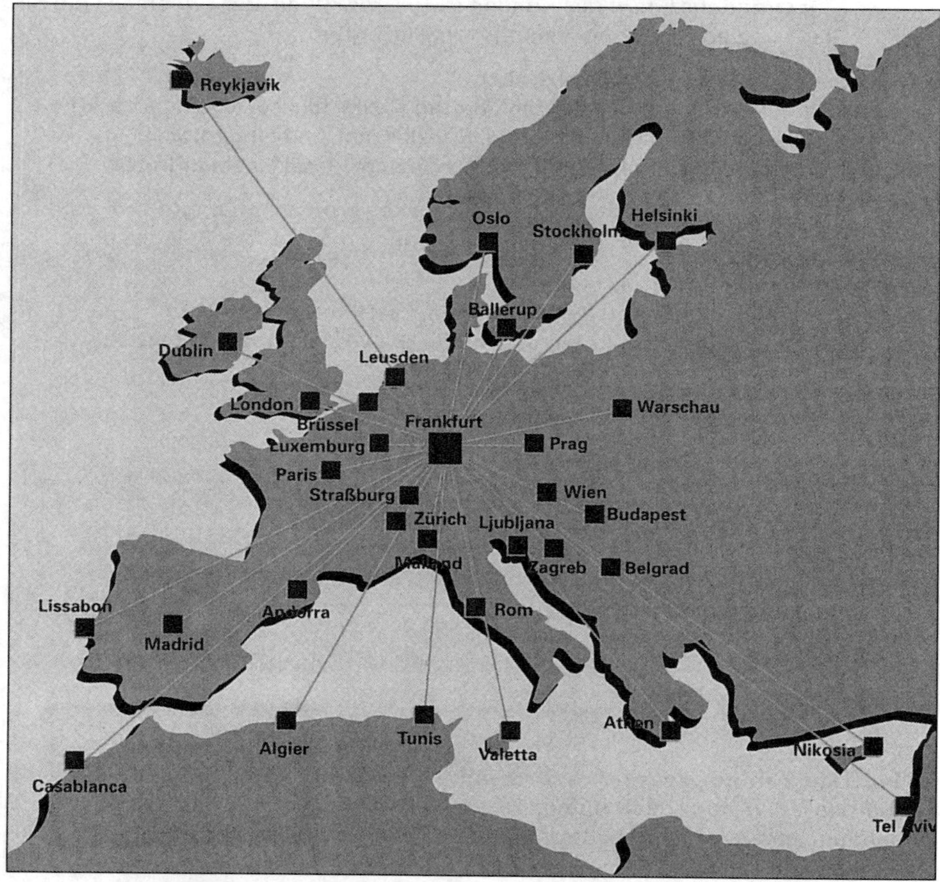

Quelle: Geschäftsbericht 1992 der GZS

- In der GZS sind die Eurocard Deutschland GmbH und die Deutsche Eurocheque-Zentrale GmbH aufgegangen; seit 1997 neu strukturiert in eine Lizenzhalter- und eine Processing-Gesellschaft.

b) **Aufgaben:**

- Unterstützung des Eurocheque-Systems: zentrale Verrechnung (vgl. Abschnitt 1.1.428), Zusammenarbeit mit eurocheque international in Brüssel, Steigerung der ausländischen Akzeptanz des eurocheques
- Förderung des Geldautomatensystems auf der Basis von ec-Karten, Weiterentwicklung der Technik
- der Lizenzgesellschaft obliegt es, das EUROCARD-System zu fördern und die damit verbundenen Interessen der Kreditwirtschaft wahrzunehmen

- die Processing-Gesellschaft kümmert sich um die operative Betreuung und Unterstützung des Kreditkartengeschäftes, nicht nur für EUROCARD, sondern auch für VISA
- Ausgabe der Kreditkarten (vgl. Abschnitt 1.1.831), Akquisition und Betreuung von Vertragsunternehmen, Erweiterung der Leistungspalette, Betreuung der Karteninhaber, Autorisierung von Verfügungen
- Entwicklung, Verbreitung und Unterstützung des electronic cash-Systems (vgl. Abschnitt 1.1.93), insb. Mitwirkung beim Aufbau des erforderlichen Datenkommunikationsnetzes, Betreiben, Kontrolle und Verwaltung der Netzknoten
- Weiterentwicklung der vorhandenen und Entwicklung neuer Zahlungssysteme.

1.1.92 Elektronischer Zahlungsverkehr

1.1.920 Grundlagen

a) Die Weiterentwicklung des bargeldlosen Zahlungsverkehrs hat in Form des **beleglosen** Zahlungsverkehrs durch Einsatz elektronischer Medien zur Datenübermittlung stattgefunden. Voraussetzung hierfür war die Durchdringung zunächst der Kreditinstitute und in der Folge der gesamten Wirtschaft mit elektronischer Datenverarbeitung, die mit dem Einsatz der Personal Computer (PC) bzw. Mikrocomputer einen neuen Höhepunkt erreicht hat. Heute wird der Zahlungsverkehr zwischen den KI überwiegend beleglos abgewickelt; Einzelheiten regeln diverse Abkommen der Spitzenverbände der Kreditwirtschaft.

b) Es gibt drei grundlegende Ansätze für den Elektronischen Zahlungsverkehr:

- die beleghafte Erteilung von Aufträgen durch den Kunden und ihre Umwandlung in elektronische Daten beim Kreditinstitut
- die beleglose Auftragserteilung durch Erstellung entsprechender elektronischer Datenträger, die körperlich weitergeleitet werden (z. B. Disketten)
- die beleglose Auftragserteilung und Weiterleitung der Daten im Wege der Datenfernübertragung (DFÜ).

c) Als elektronische **Datenträger** kommen besonders in Betracht

- Disketten (verbreitet sind 3 1/4" sowie 5 1/2")
- Kassetten
- Magnetbänder für große Datenmengen
- Magnetplatten (selten).

Da die Datenträger nicht genormt sind, bedeutet deren Entgegennahme für das KI das Problem, sie in Formate umzuwandeln, die innerhalb des Institutes weiterverarbeitet werden können. Diese Arbeit leisten Konvertierungsanlagen.

d) Die **Datenfernübertragung** (DFÜ) zwischen Kunden und Kreditinstituten befindet sich erst im Aufbau. Sie setzt neben einer elektronischen Leitungsverbindung, die durch die Deutsche Telekom hergestellt wird, Datenverarbeitungsanlagen auf beiden Seiten voraus, die miteinander **kommunizieren** können. Hierfür werden i. d. R. Personal Computer eingesetzt. Programme, die den Vorgang der Datenübertragung steuern, werden von den Kreditinstituten vertrieben und im Softwarehandel angeboten.

e) Der elektronische Zahlungsverkehr bedeutet sowohl für den Kunden als auch für das Kreditinstitut Rationalisierungseffekte und trägt damit in erheblichem Maße zur Begrenzung der Kosten für Zahlungsverkehrs-Transaktionen bei. Er ist damit heute bereits zu einem Wettbewerbsfaktor geworden. Das Institut, dem es gelingt, den Zahlungsverkehr mit dem Kunden elektronisch abzuwickeln, gewinnt bzw. vertieft dadurch meist die Kundenbeziehung und hat Ansatzpunkte für weitere gewinnbringende Geschäfte.

1.1.921 Belegloser Datenträgeraustausch (DTA)

a) **Wesen:** Abwicklung von Zahlungsverkehrsvorgängen im Verrechnungsverkehr von Kreditinstituten ohne Einsatz von Belegen. Grundlage: Vereinbarung über Richtlinien für den beleglosen Datenträgeraustausch (**Magnetband-Clearing-Verfahren**) zwischen KI.

b) **Ablauf:** KI nehmen Aufträge von Kunden beleghaft, telefonisch oder auf Datenträgern bzw. per DFÜ entgegen. Neben Magnetbändern werden auch Kassetten und Disketten sowie Magnetplatten akzeptiert. Einbezogen werden Überweisungen, Lastschriften und Einzugsaufträge für Schecks. Beleghaft erteilte Kundenaufträge können auf der Grundlage des Abkommens zum Überweisungsverkehr oder des BSE-Abkommens in Datensätze verwandelt und auf Datenträgern weitergeleitet werden.

c) **Bedeutung:** Die Vereinheitlichung, die durch bestimmte Formate für die elektronisch weiterzuleitenden Datensätze erreicht wurde, macht die beschleunigte Bearbeitung der Zahlungsverkehrsvorgänge erst möglich.

1.1.922 Datenfernübertragung (DFÜ)

a) **Wesen:** Abwicklung von Zahlungsverkehrsvorgängen im Verrechnungsverkehr von Kreditinstituten ohne Einsatz von Belegen. Grundlage: z. B. AGB und Sonderbedingungen der Bundesbank und ggf. Vereinbarung über Datenfernübertragung zwischen KI.

b) **Ablauf:** KI nehmen Aufträge von Kunden beleghaft, telefonisch oder auf Datenträgern bzw. per DFÜ entgegen. Neben Magnetbändern werden auch Kassetten und Disketten sowie Magnetplatten akzeptiert. Einbezogen werden Überweisungen, Lastschriften und Einzugsaufträge für Schecks. Beleghaft erteilte Kundenaufträge können auf der Grundlage des Abkommens zum Überweisungsverkehr oder des BSE-Abkommens in Datensätze verwandelt und per DFÜ weitergeleitet werden.

c) **Bedeutung:** Neuere Sicherungs- und Verschlüsselungsverfahren lassen die Datenübertragung per Filetransfer sicherer werden. Es brauchen keine Datenträger mehr körperlich bewegt zu werden, was die Abwicklung von Zahlungsverkehrsvorgängen weiter beschleunigt.

1.1.93 POS-System des deutschen Kreditgewerbes

1.1.930 Überblick

a) **Wesen:** Das POS-System ermöglicht es den Kunden, an speziellen Ladenkassen z. B. in Kaufhäusern, Supermärkten, Boutiquen, Restaurants und an Tankstellen mit den vom deutschen Kreditgewerbe ausgegebenen Karten (ec-Karte, Kundenkarte, Kreditkarte) ohne Bargeld oder Scheck zu bezahlen. Dabei wird der Zahlungsvorgang = **Transaktion** elektronisch verarbeitet und weitergeleitet. Es gibt z.Z. vier grundsätzlich verschiedene Verfahren:

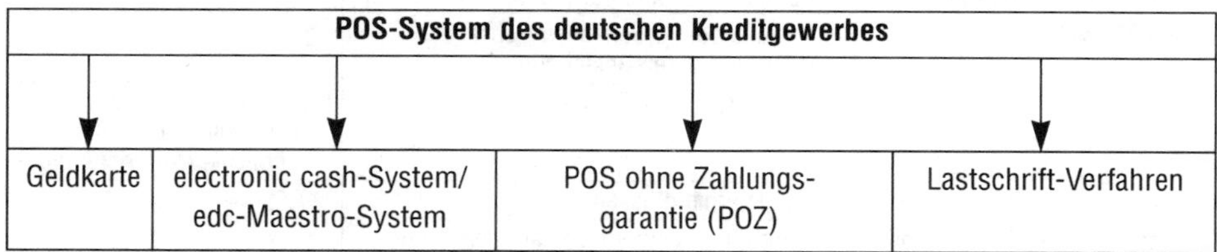

b) **Entwicklung:** Das deutsche Kreditgewerbe hatte sich 1988 auf eine gemeinsame Vorgehensweise geeinigt, bei der die Gesellschaft für Zahlungssysteme (GZS) eine zentrale Rolle spielen sollte. Die Entwicklung lief seinerzeit unter der Bezeichnung **POS = Point of Sale** = Ort des Kaufes. Die Diskussionen um die entstehenden Kosten für die Hardware sowie um die Transaktionskosten führten dazu, daß die Ölmultis eigene Netze aufbauten und sich Netzbetreiber (z. B. Bankverlag, easycash, inas, Telecash) unabhängig von der GZS gründeten. Darüber hinaus wurden von der Ursprungsidee abgewandelte, vereinfachte Verfahren entwickelt.

1.1.931 electronic cash-System/edc-Maestro-System

a) **Wesen:** Das electronic cash-System der deutschen Kreditwirtschaft ermöglicht es den Kunden, an speziellen Ladenkassen mit den vom deutschen Kreditgewerbe ausgegebenen Karten zu bezahlen. Dabei wird die Zahlung bis zu bestimmten Verfügungsgrenzen vom Kreditgewerbe autorisiert und garantiert, der Zahlungsvorgang = Transaktion elektronisch verarbeitet und weitergeleitet. Parallel zur Einführung von electronic cash in Deutschland hat sich das deutsche Kreditgewerbe an der Konzeption eines internatioanlen POS-Systems unter der Steuerung von Europay International beteiligt, das auf den verschiedenen nationalen POS-Systemen aufbaut. Für die internationale Nutzung wurden zwei gemeinsame Akzeptanzzeichen – edc/Maestro – entwickelt (edc = electronic debit card oder European debit card = in Europa einsetzbar, während Maestro auch eine außereuropäische Nutzung zuläßt).

b) **zugelassene Karten:** an Terminals des electronic cash-Systems können folgende Karten eingesetzt werden:

- ec-Karten, von deutschen KI ausgegeben
- Sonstige Karten („Kundenkarten")
  - BANK-CARD der Volks- und Raiffeisenbanken
  - S-CARD der Sparkassen und Landesbanken
  - Kundenkarten der Deutschen Bank
  - Dresdner ServiceCard
- von ausländischen KI ausgegebene Karten, die das edc- und/oder Maestro-Logo tragen

c) **Zahlungsvorgang bei electronic cash-Zahlungen:**

electronic cash		
Händlerseite	***Kundenseite***	***Autorisierungsstelle***
1. Ermittlung Kaufbetrag an der Kasse	2. Kunde zieht seine Karte durch Kartenleser	
	3. Eingabe der persönlichen Geheimzahl (PIN) und deren Bestätigung	
	4. Bestätigung Kaufbetrag	5. prüft Kartensperre und finanzielle Verfügungsmöglichk. (Autorisierung)
	6. Kunde erhält Kassenbon	
8. Gutschrift aller Tages-Transaktionen auf Händler-Konto	7. Transaktion wird vom KI auf dem Girokonto belastet	

- Autorisierung des electronic cash-Umsatzes, d. h. es wird bestätigt, daß der Kunde zu einer Verfügung generell und auch in dieser Höhe berechtigt ist – das kartenausgebende KI garantiert den Umsatz. Die Autorisierung erfolgt direkt am Kundenkonto.
- Limit bei regionaler Autorisierung 2 000,– DM pro Tag (bei Konto-Autorisierung sind 4 000,– DM vorgesehen)
- innerhalb eines Tages werden die Transaktionen des Kunden im regionalen Rechner gespeichert, so daß Mehrfachverfügungen bis zur Höhe des Limits addiert werden können.

d) **Vertragliche Regelungen**

Das electronic cash-System der deutschen Kreditwirtschaft wurde in einem Vertragswerk zusammengefaßt, das vom Bundeskartellamt genehmigt und von den Verbänden der Kreditwirtschaft unterzeichnet wurde. Einzelheiten:

- **Sonderbedingungen für den ec-Service** = Bedingungen für die Kunden des Kreditgewerbes (vgl. Abschnitt 1.1.832)
- **Vertrag über die Zulassung als Netzbetreiber im electronic cash-System der deutschen Kreditwirtschaft (Netzbetreibervertrag):**
  - Netzbetreiber stellt den Anwendern electronic cash-Terminals, die durch Rechner des Netzbetreibers gesteuert werden, bereit (electronic cash-Terminal-Netz)

- keine Kostenübernahme durch die Kreditwirtschaft (weder für Anschaffung noch für Betrieb)
- der Kreditwirtschaft obliegt die Genehmigung der electronic cash-Umsätze in ihren Autorisierungssystemen
- bestimmte Sicherheitsanforderungen der Kreditwirtschaft sind für Terminals und Netz zu erfüllen, bei Abweichungen Haftung des Netzbetreibers für daraus resultierende Schäden
- zur Bezahlung an electronic cash-Terminals ist neben der Karte die PIN einzugeben; die PIN darf nur durch den Karteninhaber eingegeben werden
- Netzbetreiber sollen aus den electronic cash-Umsätzen der Händler Lastschriftdateien erstellen, die entweder der Händler oder der Netzbetreiber der Kreditwirtschaft einreicht
- der Netzbetreiber ermittelt die von den seinem Netz angeschlossenen Händlern geschuldeten electronic cash-Entgelte und überweist diese vierteljährlich an die kartenausgebenden KI
- zur Reklamationsbearbeitung hat der Netzbetreiber alle ein- und ausgehenden Nachrichten zu speichern und 6 Monate aufzubewahren

Bedingungen für die Teilnahme von Handels- und Dienstleistungsunternehmen am electronic cash-System der deutschen Kreditwirtschaft (Händlerbedingungen):

- Teilnahme setzt den Anschluß an ein Betreibernetz voraus, sofern Teilnehmer nicht selbst Netzbetreiber ist (z. B. Mineralölkonzerne)
- der Netzbetreiber ist für Aufstellung der electronic cash-Terminals sowie deren technische Betreuung verantwortlich
- das kartenausgebende KI gibt mit der Nachricht über die positive Autorisierung die Erklärung ab, daß es den electronic cash-Umsatz begleicht; vorausgesetzt, er wurde innerhalb von 8 Tagen eingereicht
- edc/Maestro-Umsätze müssen beim kartenausgebenden Institut im Ausland innerhalb von 12 Tagen vorliegen
- Entgelt für den Betrieb des electronic cash-Systems und die Autorisierung:
  - Umsätze bis 50 DM: –, 15 DM je Umsatz
  - Umsätze über 50 DM: 0,3 % vom Umsatz
  - edc/Maestro-Umsätze: jeweils 0,95 % vom Umsatz

    Entgelt wird vom Netzbetreiber ermittelt, eingezogen und an das kartenausgebende KI abgeführt
- zur Bezahlung an electronic cash-Terminals ist neben der Karte die PIN einzugeben; die PIN darf nur durch den Karteninhaber eingegeben werden
- Netzbetreiber sollen aus den electronic cash-Umsätzen der Händler Lastschriftdateien erstellen, die entweder der Händler oder der Netzbetreiber der Kreditwirtschaft einreicht.

e) **Rahmenbedingungen**

Händler benötigt folgende electronic cash-Hardware:

- electronic cash-Terminal; muß mindestens die Funktionen „Autorisierung" (Genehmigung) und „Storno" (Rückgängigmachen) von bargeldlosen Zahlungen erfüllen; Arten:
  - Stand-alone-System („alleinstehendes" Terminal, das alle Funktionen beinhaltet)
  - Terminal mit Kassenanbindung (Zusatzgerät, das bestimmte elektronische Kassen erweitern kann)

electronic cash

Bargeldloser Zahlungsverkehr – schnell und einfach

So schnell und einfach funktioniert das Bezahlen mit electronic cash:

1.
Das Kassenpersonal ermittelt den Rechnungsbetrag. Der Kunde entscheidet sich für die bargeldlose Zahlung mit electronic cash.

2.
Der Kartenleser der Kasse liest den Magnetstreifen der eurocheque-Karte.

3.
Der Kunde tippt seine persönliche Geheimzahl (PIN) auf der Kundeneinheit ein und identifiziert sich dadurch als rechtmäßiger Inhaber der eurocheque-Karte.

4.
Der Kunde bestätigt den Rechnungsbetrag. Das System bestätigt elektronisch die Genehmigung mit „Zahlung erfolgt".

5.
Der Kunde erhält einen Kassenbeleg mit allen wichtigen Informationen über den Zahlungsvorgang.

Kassen mit „electronic-cash“-Funktionen

Datenübertragung

GZS Zentralrechner

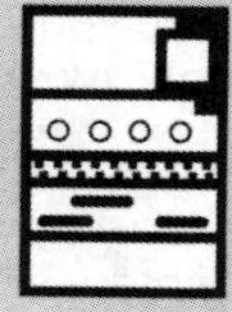

DATEX-P Leitungsverbindung

Autorisierungs systeme (Rechenzentren der Banken und Sparkassen)

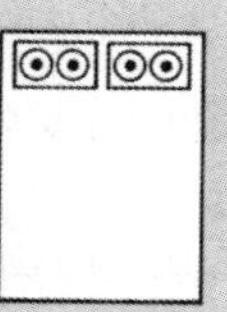

Quelle: GZS

  - Terminal zu einem Warenwirtschaftssystem (d. h. mit zentraler Steuerung insb. der Lagerhaltung)
- Kartenleser (zunächst für Magnetstreifen, später auch für Chipkarten = Hybridleser)
- Kundenbedieneinheit zur PIN-Eingabe
- Display (Anzeige) für Kunden und Kassierer
- Drucker für Quittung und Journal
- Umsatzspeicher (meist beim Netzbetreiber)
- Datenfernübertragungseinrichtung zur Autorisierung, ggf. auch zur Zahlungsverkehrsabwicklung
- Notstromversorgung, damit die ständige Verfügbarkeit des electronic cash-Systems gewährleistet ist und keine Umsatzdaten verlorengehen können
- MM-Sicherheitsmodul (Kartenechtheitsprüfung) bzw. Aufnahmemöglichkeit wird empfohlen.

- Händler schließt mit seinem KI eine electronic cash-Vereinbarung, mit einem Netzbetreiber eine entsprechende Vereinbarung (sofern er nicht selber ein Netz betreibt). Mit dem KI sind ggf. Vereinbarungen über die Teilnahme am Datenträgeraustausch (DTA) bzw. am DFÜ-Verfahren zu treffen.

f) **Kosten:**

- Terminalkosten je nach Leistungsvermögen und Anbieter
- Transaktionskosten gemäß Vereinbarung (einheitlich für alle KI oder auch differenziert)
- Inkassokosten für Einzug der ec cash-Umsätze (z. B. -,10 DM je Posten)
- DFÜ-Kosten je nach Leitungsart und Dienst der Telekom.

1.1.932 electronic cash-offline

a) **Wesen:** Im Rahmen eines im Mikrochip der Karte hinterlegten offline-Limits (1 000 DM) kann an entsprechenden Terminals ohne eine online-Verbindung wie bei electronic cash bezahlt werden. Neben der Betragsautorisierung findet auch eine PIN-Prüfung im Chip der jeweiligen Karte statt.

b) **Zahlungsvorgang und Autorisierung:** Jedes Bezahlen reduziert das gespeicherte Limit. Wenn das offline-Limit verbraucht ist bzw. für den jeweiligen Zahlungsvorgang nicht mehr ausreicht, wird eine online-Verbindung zum Autorisierungssystem aufgebaut. Hier findet u. a. eine Sperrenprüfung statt. Ist die Karte nicht gesperrt, wird der Zahlungsvorgang online abgewickelt und das offline-Limit im Chip der Karte wieder auf 1 000 DM heraufgesetzt.

c) **Vorteile:** Für Händler ergeben sich gegenüber dem herkömmlichen electronic cash Kostenvorteile und für Kunden und Händler Zeitvorteile durch schnellere Abwicklung.

1.1.933 POS-System ohne Zahlungsgarantie (POZ)

a) **Wesen:** Das **POZ-System** (s-cash in der Sparkassenorganisation) ermöglicht Handels- und Dienstleistungsunternehmen die Erstellung von Lastschriften an POZ-Terminals mittels der im Magnetstreifen der ec-Karte gespeicherten Daten. Es steht ausschließlich zur Nutzung mit deutschen ec-Karten zur Verfügung. Bei Beträgen über 60 DM ist vertraglich vorgeschrieben, daß eine Sperrabfrage über einen Konzentrator (vergleichbar den Netzbetreibern beim electronic cash-System) in den Autorisierungszentralen der deutschen Kreditwirtschaft veranlaßt wird. Eine Zahlungsgarantie ist damit nicht verbunden.

b) **Zahlungsvorgang bei POZ-Zahlungen:**

POS ohne Zahlungsgarantie (POZ)		
Händlerseite	***Kundenseite***	***Konzentrator***
1. Ermittlung Kaufbetrag an der Kasse	2. Kunde zieht seine Karte durch Kartenleser	3. prüft Kartensperre (bei Beträgen über 60 DM vorgeschrieben)
	4. Kunde unterschreibt Beleg: – Einzugsermächtigung und – Einwilligung zur Datenweitergabe	
	5. Kunde erhält Kassenbon	
7. Lastschrifteinzug: Gutschrift aller Tages-Transaktionen auf Händler-Konto	6. Transaktion wird vom KI auf dem Girokonto belastet	

- anhand der GA-Sperren-Datei des Kreditgewerbes wird geprüft, ob die ec-Karte gesperrt ist

- das kartenausgebende KI wird dem Händler Namen und Adresse des ec-Karteninhabers auf Anfrage gegen Erstattung der Aufwendungen mitteilen, wenn
  - eine POZ-Lastschrift nicht eingelöst oder der Belastung widersprochen und
  - die Sperrdatei abgefragt wurde und
  - eine wirksame Einwilligung in die Weitergabe vorliegt.

c) **Vertragliche Regelungen:** Das POZ-System der deutschen Kreditwirtschaft wurde in einem Vertragswerk zusammengefaßt, das vom Bundeskartellamt genehmigt und von den Verbänden der Kreditwirtschaft unterzeichnet wurde.

- **Sonderbedingungen für den ec-Service** = Bedingungen für die Kunden des Kreditgewerbes (vgl. Abschnitt 1.1.832)

- **Vertrag über die Zulassung als Konzentrator im POZ-System (Konzentratorvertrag):**
  - keine Übernahme einer Einlösungsgarantie durch die Kreditwirtschaft
  - keine Kostenübernahme durch die Kreditwirtschaft (weder für Anschaffung noch für Betrieb)
  - Konzentrator stellt sicher, daß keine Aufforderung zur PIN-Eingabe am Terminal erscheint
  - bestimmte Sicherheitsanforderungen der Kreditwirtschaft sind für Terminals

und Netz zu erfüllen, bei Abweichungen Haftung des Netzbetreibers für daraus resultierende Schäden

- Konzentrator soll aus den POZ-Umsätzen der Händler Lastschriftdateien erstellen, die entweder der Händler oder der Konzentrator der Kreditwirtschaft einreicht
- der Konzentrator ermittelt die von den seinem Netz angeschlossenen Händlern geschuldeten POZ-Entgelte und überweist diese vierteljährlich an die kartenausgebenden KI

Bedingungen für die Teilnahme am POZ-System (Händlerbedingungen):

- Teilnahme am POZ-System muß zu Barzahlungspreisen und -bedingungen geschehen
- Teilnahme setzt den Anschluß an ein Konzentratornetz voraus, sofern nicht selbst Konzentrator
- der Konzentrator ist für Verbindung der POZ-Terminals mit dem Sperrabfragesystem der Kreditwirtschaft zuständig sowie für deren technische Betreuung verantwortlich
- das Unternehmen ist verpflichtet, für jeden Umsatz von mehr als 60 DM die Sperrdatei des Kreditgewerbes abzufragen
- Entgelt für den Betrieb des POZ-Systems und die Sperrabfrage: POZ-Umsätze über 60 DM oder je Sperrabfrage: -,10 DM
  Entgelt wird vom Konzentrator ermittelt, eingezogen und an das kartenausgebende KI abgeführt
- Konzentrator soll aus den POZ-Umsätzen der Händler Lastschriftdateien erstellen, die entweder der Händler oder der Konzentrator der Kreditwirtschaft einreicht
- keine Übernahme einer Einlösungsgarantie durch die Kreditwirtschaft
- Lastschrift wird zurückgegeben, wenn sie unanbringlich ist oder keine ausreichende Deckung besteht bzw. der Kunde widerspricht
- das kartenausgebende KI wird dem Händler Namen und Adresse des ec-Karteninhabers auf Anfrage gegen Erstattung der Aufwendungen mitteilen, wenn eine POZ-Lastschrift nicht eingelöst oder der Belastung widersprochen und die Sperrdatei abgefragt wurde und eine wirksame Einwilligung in die Weitergabe vorliegt.

d) **Rahmenbedingungen:**

Händler benötigt folgende POZ-Hardware:

- POZ-Terminal; ähnlich dem electronic cash-Terminal (siehe dort)
- Kartenleser (zunächst für Magnetstreifen, später auch für Chipkarten = Hybridleser)
- Drucker für Kundenbelege (einschl. Einzugsermächtigung/beschränkte Befreiung vom Bankgeheimnis)
- Datenfernübertragungseinrichtung zum Konzentrator, ggf. auch zur Zahlungsverkehrsabwicklung

Händler schließt mit seinem KI eine POZ-Vereinbarung, mit einem Konzentrator eine entsprechende Vereinbarung (sofern er nicht selber ein Netz betreibt). Mit dem KI sind ggf. Vereinbarungen über die Teilnahme am Lastschriftverfahren, am Datenträgeraustausch (DTA) bzw. am DFÜ-Verfahren zu treffen.

e) **Kosten:**

- Terminalkosten je nach Leistungsvermögen und Anbieter
- DFÜ-Kosten je nach Leitungsart und Dienst der Telekom
- Transaktionskosten/Sperrabfragekosten gemäß Vereinbarung: -,10 DM/POZ-Transaktion, die über 60 DM liegt oder für die eine Sperrabfrage durchgeführt wurde
- Inkassokosten für Einzug der POZ-Umsätze (z. B. -,10 DM je Posten)

1.1.934 Unkonventionelles Lastschrift-Verfahren

a) **Wesen:** Neben dem electronic cash- und dem POZ-System hat sich noch ein vereinfachtes, unkonventionelles Lastschrift-Verfahren in einigen Fällen entwickelt (z. B.: Peek & Cloppenburg), bei dem der Händler die ec-Karte als Informationsquelle für Kontodaten des Kunden nutzt, jedoch keine Sperrabfrage tätigt oder den Umsatz autorisieren läßt. Es wird wie beim POZ-System eine Lastschrift am Kassenterminal erzeugt – jedoch ohne daß das kartenausgebende KI vom Bankgeheimnis befreit wird; für den Händler gibt es keine Garantie – er trägt das volle Risiko einer eventuellen Nicht-Einlösung der Lastschrift.

b) **Zahlungsvorgang beim Lastschrift-Verfahren:**

(unkonventionelles) Lastschrift-Verfahren	
Händlerseite	***Kundenseite***
1. Ermittlung Kaufbetrag an der Kasse	2. Kunde zieht seine Karte durch Kartenleser
	3. Kunde unterschreibt Einzugsermächtigung
	4. Kunde erhält Kassenbon
6. Lastschrifteinzug	5. Lastschrift wird vom KI auf dem Girokonto belastet

c) **Vertragliche Regelung:** Es gibt hierzu keine gesonderte vertragliche Regelung; für die Abwicklung des Lastschrift-Verfahrens sind die üblichen Vereinbarungen zu treffen (vgl. Abschnitt 1.1.6).

d) **Rahmenbedingungen:**

- Händler benötigt folgende Hardware:
  - Kartenleser (zunächst für Magnetstreifen, später auch für Chipkarten = Hybridleser)
  - Drucker für Kundenbelege (einschl. Einzugsermächtigung)
  - ggf. Datenfernübertragungseinrichtung zur Zahlungsverkehrsabwicklung

e) **Kosten:**

- normale Inkassokosten für Einzug der Lastschriften (z. B. -,10 DM je Posten)
- es entstehen **keine Kosten** für Autorisierung bzw. Abfrage der Sperrdatei
- **keine Kosten** für Netzbetreiber bzw. Konzentrator.

1.1.935 Elektronische Geldbörse/Geldkarte

a) **Wesen:** Die „Geldkarte" (Markenname der elektronischen Geldbörse) ist ein neues Zahlungssystem der deutschen Kreditwirtschaft auf der Grundlage der ec-Karte, das beim Bezahlen genau die Merkmale des Bargeldes aufweist. Auch kontoungebundene Karten sind möglich. Da sich das bisherige electronic cash-System weniger für die Abwicklung kleinerer Beträge eignete, mußte für diesen Bereich ein anderes Verfahren entwickelt werden, um bargeldlose Zahlungsabwicklung dennoch einfach, kostengünstig, sicher und zuverlässig zu ermöglichen. Der Mikrochip in der ec-Karte kann mit bis zu 400 DM (immer wieder) aufgeladen werden; an speziellen Kassenterminals im Handel und Dienstleistungsbereich kann dann das „Geld" auf das Händlerterminal „übertragen" werden – ohne PIN-Eingabe, Autorisierung und Wartezeit.

b) **Aufladung:** Ähnlich zum Geldautomaten nach Eingabe der Karten-PIN an entsprechenden Terminals der KI menügesteuerte Auswahl des gewünschten Betrages – max. 400 DM; Kosten beim eigenen KI voraussichtlich ein Buchungsposten bzw. 2,– DM bei Aufladung bei fremden KI.

c) **Zahlungsvorgang:** Bezahlung an entsprechend gekennzeichneten Kassenterminals bzw. Automaten ohne PIN-Eingabe, ohne Scheck und ohne Unterschrift; Kleinstbeträge immer abgezählt und ohne Wechselgeld. Die Ausgaben sind durch den in der Karte geladenen Betrag garantiert. Auf dem Kassenterminal erscheint – nur für den Kunden sichtbar – das Kartenguthaben und die Kaufsumme; diese ist vom Kunden durch Knopfdruck zu bestätigen. Zum Schluß erscheint auf dem Display das auf der Karte verbliebene Restguthaben.

d) **Händlergutschrift:** Einmal täglich sendet der Händler seine Datensätze an eine Evidenzzentrale der deutschen Kreditwirtschaft und erhält Kontogutschrift über die Summe aller von ihm eingereichten Transaktionen.

e) **Rahmenbedingungen:** Händler benötigt folgende Hardware:

- Terminal; ähnlich dem electronic cash-Terminal (siehe dort)
- Kartenleser (für Chipkarten = Hybridleser) mit Anzeigefunktion für Geldkartenguthaben
- Drucker für Kundenbelege
- Kosten des Händlers für die Gutschrift des „elektronischen Geldes": 0,3 % vom Umsatz, mind. DM 0,02 je Umsatz.

f) **Schattensaldo:** bei Aufladung einer Geldkarte wird ein Schattensaldo ebenfalls aufgeladen; Verfügungen reduzieren den Schattensaldo. Funktionen des Schattensaldos:

- Sicherheitskomponente: sollte es Unbefugten gelingen, den Saldo im Chip zu manipulieren, würde der Schattensaldo durch Verfügungen ins Minus geraten
- Servicefunktion: sollte ein Chip einmal irreparabel defekt sein, könnte über den Schattensaldo das Restguthaben ermittelt und dem Kunden gutgeschrieben werden.

g) **Eigene (Kunden)karten des Handels:** Deutsche Telekom, Deutsche Bahn und der Verband deutscher Verkehrsunternehmen favorisieren ihre eigene „Pay-Card", auch der Einzelhandel entwickelt eine eigene aufladbare „P-Card".

h) **Geldmengensteuerung:** Nicht endgültig geklärt sind notenbank- und geldpolitische Aspekte; das Notenbankmonopol der nationalen Zentralbanken und das Münzmonopol der Staaten sind berührt, wenn Geld zukünftig vermehrt als elektronisches Geld umläuft. Die europäischen Zentralbanken haben daher empfohlen, die Ausgabe von Geldkarten auf KI zu beschränken, um so die geldpolitische Einflußnahme zu sichern.

1.1.94 Electronic banking – EDV-Kundenservice

1.1.940 Überblick

a) Die zunehmende Verbreitung der Datenverarbeitung hat dazu geführt, daß Geschäftskunden, zunehmend aber auch Privatkunden von ihren Instituten elektronische Kommunikationsmöglichkeiten erwarten. Aus Kundensicht sollen diese dazu führen,

- schneller umfassende Informationen zu erhalten (z. B. Kontoabfragen; Datenbankdienste)
- den Zahlungsverkehr elektronisch abwickeln zu können
- EDV-gestützte Beratungsleistungen zu nutzen (z.B. Finanzplanung)
- Bankdienstleistungen zumindest teilweise 24 Stunden am Tag und 7 Tage die Woche in Anspruch nehmen zu können (z. B. Kontoabfragen, Zahlungsverkehrsabwicklung)

b) Die KI haben sich auf diesen Bedarf durch erhebliche Investitionen und einen entsprechenden Angebotskatalog eingestellt. Sie präsentieren ihre Leistungspalette unter griffigen Kurzbezeichnungen (S-DatenService der Sparkassen, db-Electronic Banking der Deutschen Bank usw.) auf der Hannover-Messe (CeBIT), in Zeitungsanzeigen und durch aufwendige Kundenpräsentationen (z. B. das Electronic Banking Center der Dresdner Bank in Frankfurt).

Die KI sehen auf diesem Gebiet eine Möglichkeit, in dem eigentlich weitgehend verteilten Markt neues Terrain für sich zu gewinnen und durch umfassende Beratung des Kunden (Abwicklung, Software, Hardware) diesen langfristig an sich binden zu können; darüber hinaus wird im Bereich des Zahlungsverkehrs der Erfassungsaufwand eingespart.

Auch die Entwicklung des Telefonbanking und der Direktbanken war eine logische Fortsetzung des Wettbewerbsaspektes, wie auch der Einstieg ins Internet.

c) Die Angebote der KI bzw. einzelnen Institutsgruppen sind heute bereits weitgehend einheitlich und miteinander vergleichbar; teilweise wird dieselbe Software unter verschiedenen Namen angeboten. Unabhängig von der individuellen Bezeichnung lassen sich die in der Übersicht dargestellen Leistungen (ohne Anspruch auf Vollständigkeit) unterscheiden.

d) Teilweise gelten günstigere Postenpreise für beleglos eingereichte Zahlungsverkehrsaufträge und Wertpapierumsätze.

e) Für die Zukunft erwarten Branchenkenner, daß das Standardgeschäft von reinen Computerbanken erledigt wird, wie bereits in den USA üblich.

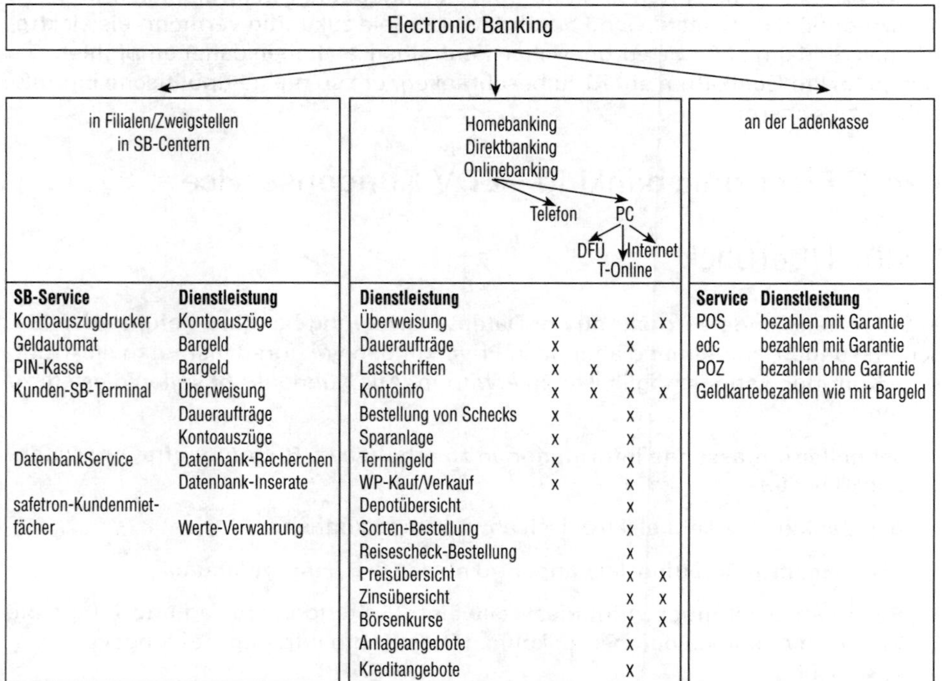

1.1.941 Telefon-/Direktbanking

a) **Wesen:** Abwicklung von Bankgeschäften am Telefon bzw. mit Spracherkennungscomputer

b) **Voraussetzung:** Telefon und Vereinbarung entsprechender Geschäftsbedingungen

c) **Sicherung:** Gesichert durch persönliche Geheimzahl (Telefon-PIN), bei einigen Geschäftsvorfällen zusätzlich durch ein weiteres vereinbartes persönliches Kennwort (Zusatzkennwort); bei Kontoverfügungen durch einen individuell festgelegten Verfügungsrahmen.

d) **Leistungen:** Zahlungsverkehrsabwicklung (inländische und Euro-Zahlungen), Kontoinformationen.

1.1.942 T-Online

a) **Wesen:** Abwicklung von Bankgeschäften per Online-Dienst der Deutschen Telekom (T-Online – früher BTX bzw. Datex-J). Von den ca. 65 Mio. Girokonten wurden Anfang 1996 bereits 1,8 Mio. über T-Online geführt.

b) **Voraussetzung:** PC mit Modem bzw. ISDN-Card und entsprechende Software sowie Vereinbarung mit KI.

c) **Sicherung:** Gesichert durch persönliche Geheimzahl (BTX-PIN oder Online-PIN), einmalig verwendbare Transaktionsnummern (TAN) bei jeder Auftragserteilung und bei Kontoverfügungen durch einen individuell festgelegten Verfügungsrahmen.

d) **Leistungen** (je nach KI und Software unterschiedlich):

- Abfrage von Informationen (z. B. Wertpapier-, Devisenkurse, Börsenberichte, Preis- und Zinsübersicht)
- Girokontoführung (z. B. Kontostand, Kontoauszüge, Überweisungen, Lastschriften, Daueraufträge, Verwaltung von Zahlungsverkehrsvorgängen)
- Kontodisposition (Cash Management)
- Kapitalanlagen (WP-Umsätze, Spar- und Termingeldanlagen)
- Bestellung von Unterlagen (z. B. Informationsbroschüren, Vordrucke)

e) Die anderen Onlinedienste (z. B. Compuserv, American Online [AOL], Europe Online) haben begonnen, Homebanking zu ermöglichen; die Zukunft dürfte jedoch dem Internet gehören.

1.1.943 Internet

a) **Wesen:** Abwicklung von Bankgeschäften über das internet; diese Variante des online-banking befindet sich in der Entwicklung.

b) **Voraussetzung:** PC mit Modem bzw. ISDN-Card, Zugang zu internetfähigem Onlinedienst bzw. Provider und entsprechende Software sowie Vereinbarung mit KI.

c) **Sicherung:** Gesichert durch persönliche Geheimzahl (Online-PIN), einmalig verwendbare Transaktionsnummern (TAN) bei jeder Auftragserteilung; bei Kontoverfügungen durch einen individuell festgelegten Verfügungsrahmen; an der Sicherung des Datentransfers wird gearbeitet – der Zentrale Kreditausschuß (ZKA) arbeitet an einem neuen Homebanking-Standard.

d) **Leistungen:**

- Abfrage von Informationen (z. B. Wertpapier-, Devisenkurse, Börsenberichte, Preis- und Zinsübersicht)

- Girokontoführung (z. B. Kontostand, Kontoauszüge, Überweisungen, Lastschriften, Daueraufträge, Verwaltung von Zahlungsverkehrsvorgängen)
- Bestellung von Unterlagen (z. B. Informationsbroschüren, Vordrucke)

e) Vorreiter in Deutschland 1996 sind Spardabank, Hamburg (die das Sicherheitsproblem mit einem Adapter – zusätzliche Hardware – löst), und Stadtsparkasse Dortmund, weltweit sind Anfang 1996 bereits über 400 Banken im Internet erreichbar.

1.1.944 Datenträgeraustausch (vgl. Abschnitt 1.1.921)

a) **Wesen:** Abwicklung von Bankgeschäften durch Einreichung von Datenträgern (Diskette, Magnetband bzw. Kassette)

b) **Voraussetzung:** PC oder EDV-Anlage und entsprechende Software sowie Vereinbarung mit KI

c) **Sicherung:** Gesichert durch Datenträgerbegleitzettel, der wie Sammelüberweisung zu unterschreiben ist

d) **Leistungen:** Einreichung von Zahlungsverkehrsaufträgen (z. B. Überweisungen, Lastschriften und Akkreditivaufträgen)

1.1.945 Datenfernübertragung (DFÜ)

a) **Wesen:** Abwicklung von Bankgeschäften durch Datenfernübertragung direkt vom Kunden-PC/Computer an den Bankrechner (belegIos); die Daten können direkt mit dem Kunden-Computer weiter be-/verarbeitet werden (z. B. in der Kundenfinanzbuchhaltung).

b) **Voraussetzung:** PC oder EDV-Anlage und entsprechende Software sowie Vereinbarung mit KI

c) **Sicherung:** Gesichert durch entsprechende spezielle Datenübertragungsverfahren

d) **Leistungen:**

- Einreichung von Zahlungsverkehrsaufträgen (z. B. Überweisungen, Lastschriften und Akkreditivaufträgen)
- Kontoinformation (z. B. Kontostände, Umsätze, Auszüge)
- Bankrechner ist praktisch rund um die Uhr zu erreichen
- schnelle Informationsübermittlung durch Nutzung der Datex-Leitungen der Telekom (besonders für große Datenmengen geeignet).

1.1.946 Software für Kundenrechner (PC)

Zur vereinfachten (beleglosen) Abwicklung des Inlands- und Auslandszahlungsverkehrs ihres Kunden bieten die KI Software für Kunden-PCs an – insbesondere zur Nutzung der oben dargestellten Leistungen.

1.1.947 ELKO-Cash / Cashmanagement

a) **Wesen:** Zusammenfassung der oben dargestellten Leistungen in einem Software-Produkt, das u. a. folgende Möglichkeiten bietet:

- Erstellung von DATA-Dateien (Überweisungen, Lastschriften)
- Erstellung von Auslandszahlungen
- Datenfernübertragung (DATA-Dateien, Auslandszahlungen, beliebige Dateien)
- Rundruf bei allen KI und Abfrage aller Kontostände
- Tagesauszüge (Kontostände, Salden, valutarische Salden)
- Einstellung von Vormerkposten und Planungsdaten des Kunden
- Kontodisposition und automatischer Liquiditätstransfer.

b) **Voraussetzung:** PC oder EDV-Anlage und entsprechende Software sowie Vereinbarung mit KI

c) **Sicherung:** Gesichert durch entsprechende spezielle Datenübertragungsverfahren, teilweise durch elektronische Unterschriften (EU).

1.1.948 Datenbank-Dienste

Kommunikation mit internationalen Datenbanken (heute stehen mehr als 4 000 Datenbanken zur Verfügung), um für den Kunden

- Informationen abzurufen:
  - Produkt- und Marktentwicklungen
  - Konkurrenzvergleich
  - Kooperationswünsche
  - Produktinformationen (z. B. Patente)
  - Unternehmensinformationen (z. B. Registereintragungen)
- Recherchen (Untersuchungen) durchzuführen (Voraussetzung ist eine möglichst konkrete Frage, z. B. nach Herstellern eines bestimmten Produktes in einem bestimmten Land)
- eigene Inserate in internationale Datenbanken einzustellen
- Kontakte herzustellen

1.1.949 Weitere Leistungen

Diese variieren nach den einzelnen KI bzw. Institutsgruppen; z. B.

- Sparen und Termineinlage im Onlinedienst/Telefon- bzw. Direktbanking
- Brokerage (Wertpapiergeschäfte und Depotverwaltung im Onlinedienst/Telefon- bzw. Direktbanking)
- Bilanzanalyse der Bilanzen des Kunden
- Lohn- und Gehaltsabrechnung für den Kunden
- Finanzplanung, d. h. EDV-gestützte betriebswirtschaftliche Beratung
- Mitgliederverwaltung für Vereine und Verbände
- DV-gestützte Beratung über öffentliche Förderprogramme.

1.2 Anlage auf Konten/Passivgeschäft

1.2.0 Überblick

Das Gebiet der Dienstleistungsgeschäfte der Kreditinstitute (Zahlungsverkehr, Wertpapiergeschäft) nimmt nach seinem Umfang den größten Raum der Bankentätigkeit ein. Von größerer Bedeutung für die Kreditinstitute, insbesondere im Hinblick auf die angestrebte Erzielung von Gewinnen, sind das **Aktivgeschäft** und das **Passivgeschäft**.

Die für die Gesamtwirtschaft äußerst wichtige Funktion der KI, Kredite zu gewähren, vollzieht sich im Rahmen des Aktivgeschäfts. Voraussetzung ist eine ausreichende Ausstattung mit Mitteln (**„Geld"** = kurzfristig, **„Kapital"** = mittel- bis langfristig), die zur Kreditvergabe herangezogen werden können.

Zur Erfüllung der Kreditwünsche der Kundschaft (Unternehmen und Haushalte) würden die **eigenen** Mittel des jeweiligen KI bei weitem nicht ausreichen (sie erreichen meist weniger als 5 % der Bilanzsumme). Daher müssen **fremde** Mittel beschafft werden; hierzu dient das **Passivgeschäft** der KI („passiv" deshalb, weil das KI Verbindlichkeiten eingeht, die auf der Passivseite der Bilanz als Fremdkapital auszuweisen sind).

Das Passivgeschäft der KI umfaßt folgende **Bereiche:**

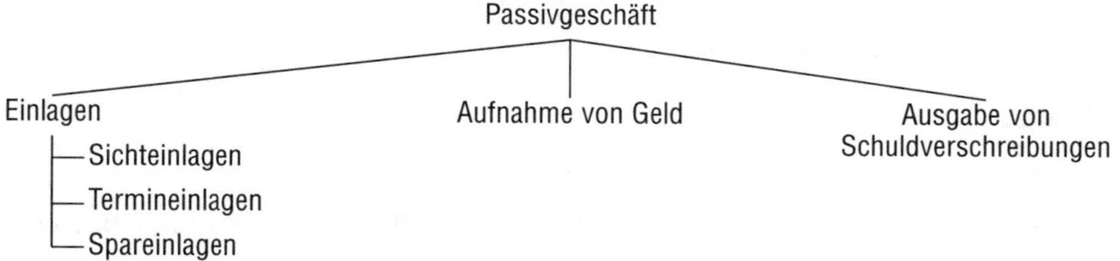

1.2.1 Anlage auf Konten

1.2.10 Rechtsgrundlagen des Einlagengeschäfts

a) **Rechtsnatur** der Einlagen: Darlehen (§ 607 BGB) oder unregelmäßige Verwahrung (§ 700 BGB).

- **Darlehen** = entgeltliche oder unentgeltliche Überlassung von Geld (oder anderen vertretbaren Sachen) zum Verbrauch mit Verpflichtung zur Rückgabe von Sachen gleicher Art, Menge, Güte; in wirtschaftlicher Sicht steht das Interesse des Darlehnsnehmers im Vordergrund, gewöhnlich ergreift er die Initiative.
- **Unregelmäßige Verwahrung** = Hinterlegung vertretbarer Sachen gegen Vergütung mit Verpflichtung des Verwahrers zur Herausgabe von Sachen gleicher Art, Menge und Güte. Der Verwahrer wird Eigentümer der Sache und darf sie verbrauchen. Wirtschaftlich ist das Interesse des Hinterlegers (Geldgebers) vorrangig; er erstrebt

- sichere Verwahrung der Sachen
- Zinsen als Vergütung für die Verbrauchsberechtigung des Verwahrers; daher liegt die Initiative hier meist beim Hinterleger.

Die rechtlichen Unterschiede zwischen Darlehen und unregelmäßiger Verwahrung sind gering, da auch bei letzterer die Darlehnsvorschriften weitgehend anzuwenden sind. Aus dem wirtschaftlichen Unterschied erklären sich jedoch

- der Zinsunterschied zwischen Krediten von KI und Einlagen bei KI
- die Nichtgewährung von Zinsen für Sichteinlagen (grundsätzlich).

b) **Gesetzliche Grundlagen** des Einlagengeschäfts: vor allem

- Bürgerliches Gesetzbuch (s. o.)
- Handelsgesetzbuch (insbes. Vorschriften über Kontokorrent)
- Verordnung über die Rechnungslegung der Kreditinstitute (z. B. § 21 IV für Spareinlagen).

1.2.11 Sichteinlagen

a) **Wesen:**

- Guthaben auf Giro- oder Kontokorrentkonten
- bei Sicht, d. h. täglich fällig (ohne gekündigt werden zu müssen)
- Einleger kann jederzeit unbeschränkt verfügen.

b) **Zweck:**

- in erster Linie Abwicklung des Zahlungsverkehrs
- Verrechnung sonstiger Geschäfte mit dem KI (z. B. Wertpapierkauf, Abzug von Depotgebühren).

c) **Verfügungen:** in beliebiger Weise mit KI-Vordrucken, mittels elektronischer Medien oder per Telefon:

- Auszahlungsquittung
- Scheck
- Überweisung, Lastschrift u. a.m.
- mit ec- oder Kontokarte sowie Kreditkarten und mit PIN (Persönlicher Identifikations-Nummer) am Geldautomaten
- mit Online-Diensten (Electronic Banking)
- mittels Telefon-Banking.

d) **Bedeutung** für den **Kunden**:

- Teilnahme am bargeldlosen Zahlungsverkehr (Kostenersparnis)
- Minderung des Risikos durch geringere Bargeldhaltung

- z. T. Verzinsung der Guthaben (i. d. R. dann nur 1/2 % p.a., oft erst ab 10 000,– DM Guthaben; bei einigen KI, insb. Direktbanken, höhere Verzinsung); aufgrund des geringen Ertrages ist es für Kunden jedoch ratsam, nur soviel Sichteinlagen zu halten, wie für die laufende Zahlungsabwicklung notwendig
- auch andere **KI** können „Kunden" sein (sog. Bankenkundschaft): Kontoverbindung von Korrespondenzbanken (insbes. auch mit ausländischen KI, z. T. in fremder Währung), von kleineren KI bei größeren Instituten; die Einlagen von KI werden mit bis zu 3 % verzinst.

e) **Bedeutung** für das **Kreditinstitut**:

- Verfügungsmöglichkeit über den **Bodensatz** (= Durchschnittsbetrag, über den die Kunden gewöhnlich nicht verfügen) durch Kreditvergabe; die dabei entstehende große Zinsspanne zwischen Soll- und Habenzinsen soll zur Kostendeckung für Kontoführung und Zahlungsverkehrs-Dienstleistungen dienen
- Ausnutzung von Wertstellungsdifferenzen bei Gutschriften/Belastungen (z. B. Hausübertrag: Belastung sofort, Gutschrift erst Wert nächster Tag; das Geld steht für einen Tag ausschließlich dem KI zur Verfügung, das den Gesamtbetrag aus derartigen Vorgängen als „Tagesgeld" auf dem Geldmarkt ausleihen kann)
- Nachteil: hohe Kosten für Zahlungsverkehrsabwicklung, nicht immer durch Gebühren + Zinsen für Ausleihung des Bodensatzes zu decken
- die zunehmende Sensibilität der Kunden führt dazu, daß Wertstellungsgewinne erheblich reduziert werden (vgl. Abschnitt 1.1.12).

1.2.12 Termineinlagen

a) **Wesen:**

- Guthaben auf Termingeldkonten (Depositenkonten)
- befristete Einlagen.

b) **Arten:**

- **Festgeld:** Vereinbarung einer festen Laufzeit
- **Kündigungsgelder:** Vereinbarung einer bestimmten Kündigungsfrist.

c) **Zweck:**

- vorübergehende Festlegung von Geldern, die für den laufenden Zahlungsverkehr nicht benötigt werden
- Erzielung einer höheren Verzinsung gegenüber Sichteinlagen
- besonders geeignet, wenn der Termin von vornherein feststeht oder frühzeitig erkennbar ist, zu dem das Geld benötigt wird.

d) **Zinsen:**

- abhängig von der Laufzeit, der Höhe des hinterlegten Betrages

- Gutschrift: am Ende der Laufzeit (Festgelder) bzw. bei Fälligkeit (Kündigungsgelder), bei längeren Laufzeiten vierteljährlich oder halbjährlich bzw. nach Vereinbarung.

e) **Rückzahlung:** Fällige Termineinlagen werden nach AGB als Sichteinlagen behandelt. Im Zweifel sollte die Weiterführung des Guthabens bei Fälligkeit, sofern es nicht abgehoben wird, von vornherein vereinbart werden.

1.2.13 Spareinlagen (Grundbegriffe)

1.2.130 Grundlagen

a) Im Rahmen der 4.Novelle des KWG wurden die den Sparverkehr regelnden §§ 21-22a mit Wirkung zum 1.7.1993 **aufgehoben.** Mit der Beseitigung dieses bisherigen gesetzlichen Eingriffs in den Sparverkehr haben die KI bei der Entwicklung neuer Sparprodukte nunmehr grundsätzlich volle Gestaltungsfreiheit.

KI werden jedoch auch weiterhin Einlagen als Spareinlagen ausweisen, die bevorzugten Mindestreservesätze für Spareinlagen in Anspruch nehmen und die Berücksichtigung im Rahmen des Grundsatzes II des Bundesaufsichtsamtes erreichen wollen. Dazu ist es erforderlich, daß die Bestimmungen über Spareinlagen in der neuen Fassung der **Verordnung über die Rechnungslegung der Kreditinstitute (Rechnungslegungsverordnung, RechKredV)** beachtet werden.

Zur Regelung des Sparverkehrs im Verhältnis Kunde – KI gelten seit 1.7.1993 **Sonderbedingungen für den Sparverkehr**, die je nach Institutsgruppe unterschiedlich ausgestaltet sind.

b) **Wesen** der Spareinlagen:

- früher: nach § 21 KWG
- seit 1.7.93: nach § 21 IV der RechnungslegungsVO der KI zuzüglich der jeweils geltenden Sonderbedingungen für den Sparverkehr
- als einheitlich können noch folgende Merkmale für Spareinlagen gelten:
  - Guthaben auf Sparkonten
  - durch Ausfertigung einer Urkunde gekennzeichnet (Sparbuch, Sparurkunde)
  - bestimmt zur Anlage oder Ansammlung von Vermögen.

c) **Nicht** als Spareinlagen gelten Gelder zur Verwendung im Zahlungsverkehr sowie von vornherein befristet entgegengenommene Gelder.

d) Bis zum 30.6.93 unter den seinerzeit geltenden gesetzlichen Regelungen begründete Spareinlagen genießen Besitzstand, auch für künftige Zinsgutschriften.

e) **Sparer:** Ab 1.7.93 können neben den Privatpersonen auch Kommunen, Sozialversicherungsträger, nicht rechtsfähige Vereine und BGB-Gesellschaften weiterhin Spareinlagen im Sinne der Rechnungslegungsverordnung begründen. **Nicht** mehr zum Einlegerkreis gehören Kapitalgesellschaften, Genossenschaften, wirtschaftliche Vereine, Personenhandelsgesellschaften und ausländische Unternehmen mit

Sonderbedingungen für den Sparverkehr

Gemäß § 3 der Satzung nimmt die Hamburger Sparkasse - nachstehend Haspa genannt - von jedermann Spareinlagen in Höhe von mindestens DM 1,-- an. Näheres bestimmen die nachfolgenden Sonderbedingungen:

1. Spareinlagen
Spareinlagen sind Einlagen, die die Haspa als solche annimmt und durch Ausfertigung einer Urkunde, insbesondere eines Sparbuchs, als Spareinlage kennzeichnet.
Spareinlagen dienen der Ansammlung oder Anlage von Vermögen, nicht aber dem Geschäftsbetrieb oder dem Zahlungsverkehr.
Geldbeträge, die von vornherein befristet angenommen werden, gelten nicht als Spareinlagen; ausgenommen sind Geldbeträge, die aufgrund von Vermögensbildungsgesetzen geleistet werden.

2. Sparurkunde
Die Haspa erstellt bei der ersten Einlage ein Sparbuch und händigt es dem Sparer aus. Anstelle des Sparbuchs kann die Sparkasse auch andere Sparurkunden, zum Beispiel in Loseblattform oder als Sparkarte, ausstellen.

3. Legitimationswirkung der Sparurkunde
Die Haspa ist berechtigt, aber nicht verpflichtet, an jeden Vorleger der Sparurkunde fällige Zahlungen zu leisten und ihn als zur Kündigung berechtigt anzusehen, es sei denn, ihr ist die fehlende Berechtigung des Vorlegers bekannt oder infolge grober Fahrlässigkeit unbekannt.

4. Ein- und Auszahlungen, Vorlage der Sparurkunde
Die Haspa vermerkt in der Sparurkunde mit Angabe des Tages Einzahlungen, Auszahlungen, sonstige Gutschriften und Belastungen sowie den jeweiligen Kontostand. Die Rückzahlung von Spareinlagen und die Auszahlung von Zinsen können nur gegen Vorlage der Sparurkunde verlangt werden. Für Einzahlungen, sonstige Gutschriften und Belastungen kann die Haspa die Vorlage der Sparurkunde verlangen. Die Vorlage kann die Haspa auch sonst bei berechtigtem Interesse verlangen. Ohne Buchvorlage geleistete Einzahlungen sowie sonstige Gutschriften und Belastungen trägt die Haspa bei der nächsten Vorlage der Sparurkunde nach.
Bei Rückzahlung der gesamten Spareinlage wird die Haspa die Sparurkunde entwerten.

5. Sorgfaltspflichten des Sparers
Der Sparer ist der Haspa gegenüber zur sorgfältigen Aufbewahrung der Sparurkunde verpflichtet. Er ist verpflichtet, Eintragungen in die Sparurkunde sofort nach deren Erhalt auf ihre Richtigkeit zu prüfen und Einwendungen unverzüglich zu erheben.

6. Gläubiger der Spareinlage
Als Gläubiger einer Spareinlage erkennt die Haspa, sofern nichts anderes vereinbart ist, nur den an, auf dessen Namen die Sparurkunde und das Sparkonto lauten.

7. Abtretung und Verpfändung der Spareinlage
Die Abtretung oder Verpfändung einer Spareinlage kann nur mit Zustimmung der Haspa erfolgen.

8. Verzinsung
Soweit nichts anderes vereinbart ist, vergütet die Haspa den von ihr jeweils durch Aushang in den Geschäftsstellen bekanntgegebenen Zinssatz. Für bestehende Spareinlagen tritt eine Änderung des Zinssatzes, unabhängig von einer Kündigungsfrist, mit Bekanntmachung der Änderung durch Aushang in Kraft, sofern nichts anderes vereinbart ist.

Die Verzinsung beginnt mit dem Tage der Einzahlung und endet mit dem der Rückzahlung vorhergehenden Kalendertag. Der Monat wird zu 30 Tagen, das Jahr zu 360 Tagen gerechnet.
Soweit nichts anderes vereinbart ist, werden die aufgelaufenen Zinsen zum Schluß des Kalenderjahres gutgeschrieben, dem Kapital hinzugerechnet und mit diesem vom Beginn des neuen Kalenderjahres an verzinst. Wird über die gutgeschriebenen Zinsen nicht innerhalb von zwei Monaten nach Gutschrift verfügt, unterliegen sie der für die Spareinlage vereinbarten Kündigungsregelung. Bei Auflösung des Sparkontos werden die Zinsen sofort gutgeschrieben.

9. Kündigung
Die Kündigungsfrist beträgt mindestens drei Monate. Von Spareinlagen mit einer Kündigungsfrist von drei Monaten können - soweit nichts anderes vereinbart ist - ohne Kündigung je Sparkonto bis zu DM 3.000,-- innerhalb eines Kalendermonats zurückgefordert werden. Eine Auszahlung von Zinsen innerhalb von zwei Monaten nach Gutschrift wird hierauf nicht angerechnet.
Ein Anspruch auf vorzeitige Rückzahlung besteht darüber hinaus nicht. Stimmt die Haspa gleichwohl ausnahmsweise einer vorzeitigen Rückzahlung zu, hat sie das Recht, für diese vorzeitige Rückzahlung eine Provision zu verlangen. Sie kann auf die Berechnung dieser Vorschußprovision in besonderen Fällen verzichten, beispielsweise, wenn der Sparer in wirtschaftliche Not geraten ist oder wenn die Spareinlage bei unveränderter Laufzeit in anderer Form bei ihr angelegt wird.
Die Höhe der Vorschußprovision wird durch Aushang in den Geschäftsstellen bekanntgegeben.

10. Verjährung
Mit Ablauf von 30 Jahren nach Ende des Kalenderjahres, in dem die letzte Gutschrift oder Belastung (ausgenommen Zinsgutschriften und Kostenbelastungen) auf einem Sparkonto erfolgte, kann die Verzinsung der Spareinlage eingestellt werden. Nach Ablauf eines weiteren Zeitraumes von fünf Jahren, innerhalb dessen der Anspruch aus der Spareinlage nicht geltend gemacht wurde, verjährt der Anspruch.
Nach Eintritt der Verjährung kann die Spareinlage der Sicherheitsrücklage zugeführt werden, wenn zuvor durch dreimonatigen Aushang in den Geschäftsstellen darauf hingewiesen worden ist.

11. Sicherungsvereinbarung
Um zu verhindern, daß Unbefugte über eine Spareinlage verfügen, können die Haspa und der Sparer schriftlich vereinbaren, daß die Haspa nur gegen Vorlage eines besonderen Ausweises oder unter Beachtung einer anderen Sicherungsvereinbarung zahlt.

12. Sperrvermerke
Auf Antrag des Sparers kann die Haspa eine Spareinlage sperren. Inhalt und Wirkung der Sperre richten sich nach der Vereinbarung.

13. Verlust der Sparurkunde
Der Verlust (Abhandenkommen, Vernichtung) einer Sparurkunde ist der Haspa unverzüglich anzuzeigen. Die Haspa veranlaßt unverzüglich eine Sperre. Bis zur Durchführung der Sperre leistet sie vorbehaltlich Nr.3 befreiend an den Vorleger.
Im Falle eines Verlustes der Sparurkunde kann die Haspa nach freiem Ermessen nach Ablauf von drei Monaten, nachdem der Verlust der Haspa glaubhaft gemacht worden ist, eine neue Sparurkunde ausstellen oder die Ausstellung einer neuen Sparurkunde von der Durchführung eines gerichtlichen Aufgebotsverfahrens abhängig machen.
Wird eine als abhanden oder vernichtet gemeldete Sparurkunde durch einen Dritten vorgelegt, so wird die Haspa in die Sparurkunde einen Sperrvermerk eintragen, an den Dritten aber Zahlungen erst leisten, wenn entweder der Sparer sich damit einverstanden erklärt hat oder die Sach- und Rechtslage in anderer Weise zugunsten des Dritten geklärt worden ist.

14. Einbehaltung der Sparurkunde
Besteht Verdacht, daß unbefugt Änderungen in der Sparurkunde vorgenommen worden sind, so wird die Sparurkunde von der Haspa gegen Empfangsbescheinigung einbehalten, um eine Klärung herbeizuführen. Nur nach Maßgabe dieser Klärung werden zugunsten bzw. zu Lasten solcher Sparkonten Ein- und Auszahlungen oder sonstige Verfügungen zugelassen.

Juli 1993 **Hamburger Sparkasse**

vergleichbarer Rechtsform, es sei denn, daß diese Unternehmen gemeinnützigen, mildtätigen oder kirchlichen Zwecken dienen. Ferner können von diesen Unternehmen Gelder als Spareinlagen entgegengenommen werden, wenn es sich um Sicherheiten gemäß § 550b BGB (Mietkautionen) oder § 14 IV des Heimgesetzes handelt.

1.2.131 Sparbuch (Sparkassenbuch, vgl. § 40 KWG)

a) **Wesen:**

= Urkunde, Wertpapier im Sinne eines weiten Wertpapierbegriffes

= Beweispapier für die Leistung von Einlagen

- entspricht einem Rektapapier, es verkörpert jedoch nicht die Forderung: **Übertragung** des Sparguthabens ist daher nur durch **Abtretung** der **Forderung** möglich (diese ist in der Übergabe des Sparbuches allerdings meist bereits zu sehen).

b) **Rechtsnatur:**

= Schuldurkunde: es enthält das Versprechen des KI, die geleistete Einlage auszuzahlen, und den Herausgabeanspruch des Gläubigers

= **qualifiziertes Legitimationspapier:** das Sparbuch enthält zwar den Namen des Gläubigers der Forderung, die Leistung kann aber im Rahmen der versprochenen Leistung (z. B. fällige Einlagen) an **jeden Inhaber** mit schuldbefreiender Wirkung erfolgen

= **hinkendes Inhaberpapier:** jeder Inhaber ist berechtigt, die versprochene Leistung zu fordern (Inhaberpapier), das KI ist jedoch nicht verpflichtet, ohne Prüfung der Legitimation auszuzahlen (hinkend).

c) **Ausstellung** des Sparbuches: Voraussetzungen sind:

- Abschluß eines Sparvertrages
- ggf. Mindesteinlage (i. d. R. 1,– DM) gemäß den jeweiligen Sonderbedingungen für den Sparverkehr
- Anlage von Kontounterlagen.

Oft wird mit dem Kunden eine zusätzliche Legitimierungsmöglichkeit vereinbart bzw. vom Kreditinstitut automatisch eingeführt (Stichwort, Beschränkung der Auszahlung: nur an Kontoinhaber persönlich wird im Sparbuch eingetragen, Auszahlung ist dann nur gegen Legitimation zulässig).

d) **Verlust** eines Sparbuches (Sparkasssenbuches): der Kunde muß bestimmte Maßnahmen ergreifen, um sich vor Verlust seines Guthabens zu schützen:

- unverzügliche Anzeige des Verlustes beim KI
- Antrag auf **Sperrung** des Kontos
- Bei **Sparkassenbüchern** (ausgegeben von Sparkassen, laut § 1807 BGB mündelsicher):

- Kraftloserklärung des Sparkassenbuches durch Geschäftsleitung (Vorstand) der Sparkasse oder
- Ausstellung eines neuen Buches ohne Kraftloserklärung (bei Nachweis der Vernichtung oder geringeren Beträgen) oder
- gerichtliches Aufgebotsverfahren (§§ 1003 ff. ZPO):
  (1) Erlaß eines Aufgebots durch zuständiges Gericht (=gerichtliche Aufforderung zur Anmeldung von Ansprüchen)
  (2) Veröffentlichung des Aufgebots
  (3) Aufgebotsfrist (i. d. R. 6 Monate)
  (4) Kraftloserklärung des Sparbuches durch Urteil
  (5) Veröffentlichung des Urteils
  Wegen der Langwierigkeit und des Aufwands ist die Bedeutung dieses Verfahrens geringer geworden.

- bei **Sparbüchern**:
  - Kraftloserklärung durch Vorstand (meist nach 3 Monaten)
  - gerichtliches Aufgebot

- Voraussetzung für Kraftloserklärung: Verlust der Urkunde und Anspruch müssen glaubhaft gemacht werden.

Die nachfolgend dargestellten Gerichtsentscheidungen zur Verfügung Unberechtigter über Spareinlagen dürften nach dem Wegfall der KWG-Vorschriften zum Sparverkehr analog anzuwenden sein (versprochene Leistung = jeweils vereinbarter Freibetrag sowie wirksam gekündigte und fällige Einlagen).

Wird von einem Unberechtigten über eine Spareinlage mit gesetzlicher Kündigungsfrist mit dem (gefundenen/gestohlenen) Buch verfügt und zahlt das KI mehr als 2 000,– DM innerhalb von 30 Tagen aus (s. u.), so wird es nur in Höhe von 2 000,– DM frei (versprochene Leistung), alle darüber hinausgehenden Beträge kann der wirklich Berechtigte verlangen: eine Abrede über vorzeitige Auszahlung des Guthabens kann nur mit dem Berechtigten getroffen werden (Urteil des BGH vom 24.4.1975)! Entgegenstehende Bestimmungen der KI sind nichtig (§§ 21 I KWG, 134 BGB; vgl. § 22 III KWG).

In Urteilen des OLG Hamm und des LG Hamburg wurde jedoch die Aufteilung einer Auszahlung in Teile mit bzw. ohne schuldbefreiende Wirkung abgelehnt. Das KI würde vielmehr hinsichtlich des **Gesamt**betrages von seiner Verpflichtung nicht frei.

Allerdings kann – gem. BGH-Urteil vom 24.4.1975 – jeder Inhaber des Spar(kassen)-buches das Guthaben kündigen, um es sich nach Ablauf der Kündigungsfrist auszahlen zu lassen.

1.2.132 Verfügungen über Spareinlagen

a) **Grundsätzliches:**

- keine Verfügung durch Überweisung oder Scheck, da Spareinlagen nicht Zahlungsverkehrszwecken dienen sollen (§ 21 IV KWG **vor** dem 1.7.93 bzw. jetzt § 21 IV RechKredV):
  - nach der bis zum 30.6.93 geltenden Rechtslage ließ das Bundesaufsichtsamt Überweisungen zu Lasten von Sparkonten in bestimmten Ausnahmefällen

zu (z. B. wenn durch die Überweisung die Abhebung und sofortige Einzahlung auf ein anderes Konto vermieden werden), vgl. BAKred-Mitteilung 1/64
- es ist davon auszugehen, daß diese Handhabung auch zukünftig im wesentlichen beibehalten wird, um die Anerkennung von Einlagen als Spareinlagen nicht zu gefährden.

- Verfügungen dürfen grundsätzlich **nur mit dem Sparbuch** erfolgen. Verfügungen **ohne** Sparbuch wurden nach den bis 30.6.93 geltenden Regelungen in folgenden Fällen zugelassen:
  - Belastung fälliger Forderungen des KI (z. B. Hypothekenzinsen)
  - Dauerauftrag von einem Sparkonto auf ein anderes bei demselben KI
  - Überweisung auf laufendes Konto des Sparers
  - Auszahlung bei nachgewiesenem Verlust des Sparbuches.

  Die neuen Bedingungen für den Sparverkehr sehen ebenfalls vor, daß die Rückzahlung von Spareinlagen nur gegen Vorlage des Buches **verlangt** werden kann. Demnach dürften die genannten Ausnahmefälle auch weiterhin praktische Bedeutung behalten.

b) **Vorschüsse:**

= Abhebungen des Kunden über die fälligen Einlagen hinaus

- ohne vorherige Kündigung

- bzw. nach Kündigung vor Ablauf der Kündigungsfrist

- Berechnung von **Vorschußzinsen:**
  - bis 30.6.93 vorgeschrieben gemäß § 22 III KWG
  - seit 1.7.93 in der RechKredV **nicht** mehr vorgeschrieben
  - vertragliche Regelungen sind jedoch erforderlich, da sonst die Spareinlagen-Qualität gemäß RechKredV gefährdet wäre (s. o.)
  - Sonderbedingungen der Sparkassen: Vorschußzins-Berechnung bei vorzeitigen Verfügungen vorgesehen
  - Sonderbedingungen der privaten Banken: vorzeitige Verfügungen grundsätzlich ausgeschlossen
  - Berechnungsmethode:
    - genaue Berechnung, d. h. Berücksichtigung von Freibeträgen der folgenden Monate
    - oder vereinbarte „90-Tage-Methode", d. h. keine Berücksichtigung von Freibeträgen der Folgemonate
  - Höhe der Vorschußzinsen nach der KWG-Regelung bis 30.6.93: sie müssen die zu vergütenden Habenzinsen um mindestens ein Viertel übersteigen; ab 1.7.93 gemäß Vereinbarung.

- **Verzicht** auf Vorschußzinsen nach der Alt-Regelung (Weitergeltung nach Aussage des Bundesaufsichtsamtes möglich) bei:
  - wirtschaftlicher Notlage des Sparers
  - Übertragung des Guthabens auf andere Spar-/Bausparkonten bei demselben KI mit mindestens gleicher Kündigungsfrist
  - Wohnsitzwechsel des Sparers und dadurch bedingter Übertragung des Kontos
  - Belastung des Kaufpreises für Wertpapiere mit mindestens gleichlanger Laufzeit
  - Verfügungen zum Zwecke der Erbauseinandersetzung.

1.2.14 Sparformen

1.2.140 Kontensparen

a) **Wesen:** Anlage von Spargeldern auf Konten bei KI (auch: Deutsche Postbank AG); Rückzahlung des Geldes grds. erst nach Kündigung und Ablauf der Kündigungsfrist, die vertraglich vereinbart werden kann, mindestens aber drei Monate betragen muß, wenn die Einlagen als **Spareinlagen im Sinne der RechKredV** gelten sollen (s. o.).

b) **Ausgestaltung bis zum 30.6.93:**

- Spareinlagen mit gesetzlicher Kündigungsfrist:
  - Frist betrug 3 Monate
  - 2 000,– DM waren innerhalb von 30 Zinstagen ohne Kündigung frei (damals gültiger § 22I KWG)
  - Verzinsung zum sog. **Spareckzins**
- Spareinlagen mit vereinbarter Kündigungsfrist:
  - Fristen betrugen mindestens 6, darüber hinaus gewöhnlich 12, 24 und 48 Monate
  - Kündigung frühestens 6 Monate nach Einzahlung (Mindestlaufzeit daher 12 Monate)
  - kein Freibetrag.

c) **Ausgestaltung seit dem 1.7.93:** auf der Grundlage der **Rechnungslegungsverordnung** (RechKredV), d. h.

- Kündigungsfrist muß mindestens drei Monate betragen
- Kündigungssperrfristen sind nicht mehr erforderlich, aber zulässig
- Freibetrag: vertraglich zu regeln; maximal 3 000,– DM innerhalb eines Kalendermonats, unabhängig von der vereinbarten Kündigungsfrist

BEISPIEL:

vorschußzinsfreie Abhebung liegt in folgendem Fall vor:

Abhebung 3 000,– DM am 31.5.
Abhebung 3 000,– DM am 1.6.
Grund: verschiedene Kalendermonate

- Vorschußzinsen: keine vorgeschriebene Regelung, d. h. es gibt keine Verpflichtung für KI, bei vorzeitiger Verfügung über Spareinlagen Vorschußzinsen zu berechnen; wenn die Eigenschaft der Gelder als Spareinlagen nicht gefährdet werden soll, ist jedoch der Abschluß einer entsprechenden vertraglichen Vereinbarung erforderlich
- die jeweils geltenden Zinssätze werden durch Aushang in den Schalterräumen der KI bekanntgemacht.

d) **Spareinlagen außerhalb der Rechnungslegungsverordnung:**

- kein Schutz der Bezeichnung „Spareinlage"
- KI können Einlagen als „Spareinlagen" entgegennehmen, die nicht den Bestimmungen der RechKredV entsprechen
- Bilanzausweis, Behandlung bei der Mindestreserve und Berücksichtigung in den Grundsätzen II und III als Spareinlagen ist dann jedoch nicht möglich.

1.2.141 Bausparen

a) **Wesen:** Erbringung von Sparleistungen an eine **Bausparkasse** mit dem Ziel, zu einem späteren Zeitpunkt ein **Bauspardarlehen** zu bekommen. Sparziel ist also die sich aus Sparsumme, Darlehen und Zinsen ergebende Gesamtsumme.

b) **Vertragspartner** sind öffentlich-rechtliche oder privatrechtliche Bausparkassen. Diese arbeiten gewöhnlich mit anderen KI oder Institutsgruppen zusammen und sind wirtschaftlich mit diesen verbunden.

c) **Verwendung** der Bausparmittel (Sparguthaben, Zinsen, Darlehen): zur Finanzierung von

- Neubau oder Kauf eines Wohnhauses
- Um- oder Anbau
- Erwerb eines Grundstücks zwecks späterer Bebauung
- Erwerb einer Eigentumswohnung
- Ablösung von Baudarlehen anderer KI
- Durchführung von Energiesparmaßnahmen, Modernisierungen, Reparaturen
- anderen wohnwirtschaftlichen Zwecken.

d) **Ablauf:**

- Abschluß eines Bausparvertrages
- Erbringung der vertraglich vereinbarten Mindestsparleistung (i. d. R. 40-50 % der Vertragssumme)
- Ablauf der vertraglich vereinbarten Mindestvertragsdauer (Wartezeit), i. d. R. 18 Monate, und Erreichen einer **Mindestbewertungszahl**
- Zuteilung des Bausparvertrages auf Antrag aufgrund einer Bewertungskennziffer (abhängig von der bisherigen Vertragslaufzeit und der Sparsumme); Wirkung:
  - Fälligkeit des Sparguthabens
  - Gewährung eines Bauspardarlehens in Höhe der restlichen Vertragssumme
- Besicherung des Bauspardarlehens gewöhnlich durch Grundschuld an zweiter Rangstelle
- gleichbleibende Raten für das Bauspardarlehen.

e) **Konditionen:**

- Zinsspanne zwischen Verzinsung des Bausparguthabens und Zinssatz für das Bauspardarlehen liegt gewöhnlich bei 2-3,5 % (je nach Tarif)
- Zins- und Tilgungsbeitrag 5-8 ‰ pro Monat (je nach Tarif)
- Rückzahlung des Darlehens spätestens nach 12 Jahren.

f) **Zwischenfinanzierung** der Bausparsumme wird von der Bausparkasse oder anderen KI vorgenommen.

g) **Staatliche Förderung:** durch Wohnungsbau-Prämie oder Sonderausgabenabzug, siehe Abschnitt 1.2.151.

h) Bauspareinlagen gelten nicht als Spareinlagen im Sinne der Rechnungslegungsverordnung.

1.2.142 Sparbriefe, Sparkassenbriefe, Sparschuldverschreibungen

a) **Wesen:** Verbriefung einer erbrachten Geldleistung in einer Form, die zwischen Wertpapieren einerseits, Spareinlagen andererseits angesiedelt ist; aber **keine** Spareinlagen im Sinne der Rechnungslegungsverordnung; Ausgabe der Papiere durch KI.

- Sparbriefe (Sparkassenbriefe):
  - Namensschuldverschreibungen (Rektapapiere)
  - qualifizierte Legitimationspapiere nach § 808 BGB
- Sparschuldverschreibungen(-obligationen):
  - Inhaberschuldverschreibungen
  - Orderschuldverschreibungen.

b) **Laufzeit:** mind. 1 Jahr, meist

- 4-6 Jahre (Sparbriefe)
- 4-10 Jahre (Sparschuldverschreibungen).

c) **Verzinsung:** Festzins; Ausgestaltung:

- Normalform:
  - Ausgabe zum Nennwert
  - Rückzahlung zum Nennwert
  - halbjährliche oder jährliche Zinszahlung
- Aufzinsung:
  - Ausgabe zum Nennwert
  - Rückzahlung zum Nennwert zuzüglich Zinsen und Zinseszinsen, d. h. keine zwischenzeitlichen Zinszahlungen
- Abzinsung:
  - Ausgabe zum Nennwert abzüglich Zinsen und Zinseszinsen

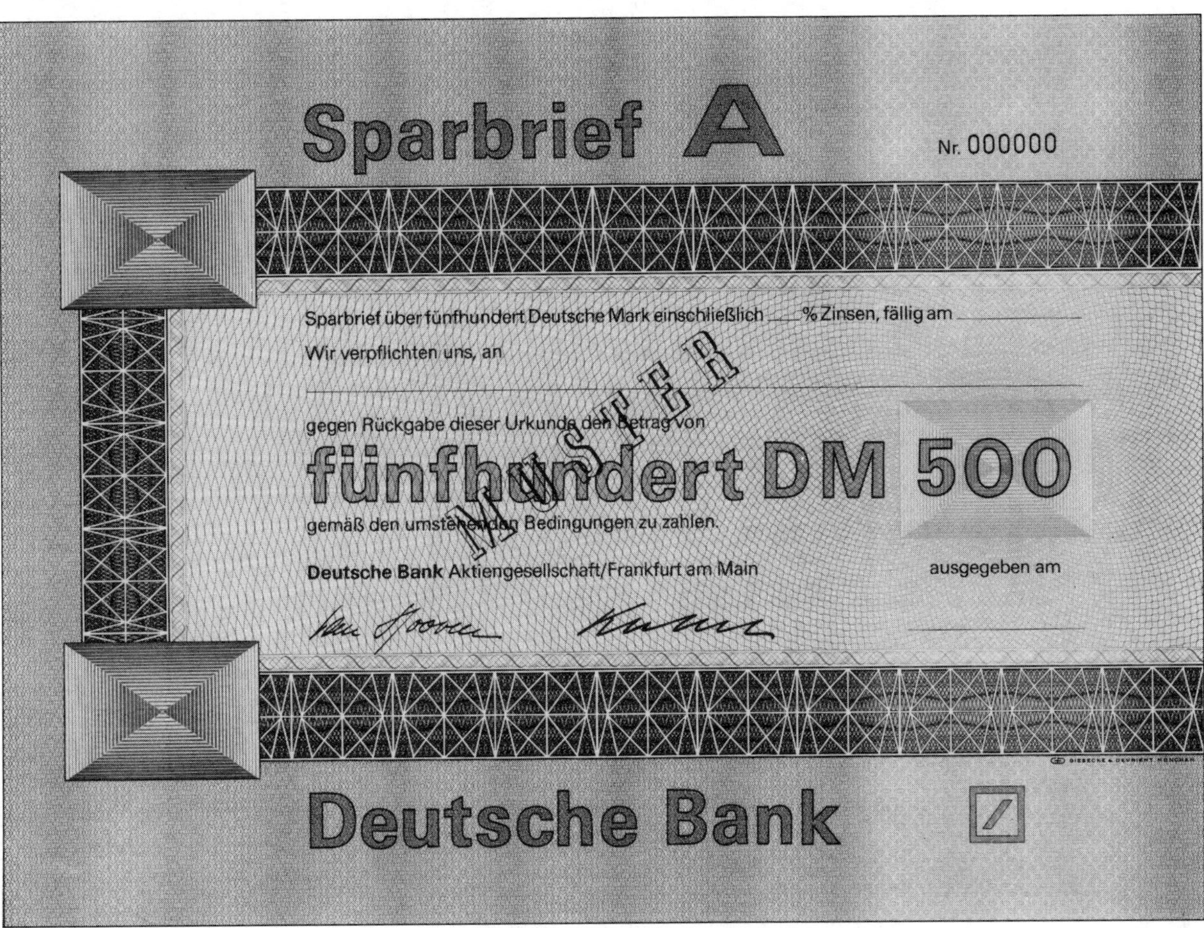

Sparbrief A

Nr. 000000

Sparbrief über fünfhundert Deutsche Mark einschließlich ___ % Zinsen, fällig am ___

Wir verpflichten uns, an

gegen Rückgabe dieser Urkunde den Betrag von

fünfhundert DM 500

gemäß den umstehenden Bedingungen zu zahlen.

Deutsche Bank Aktiengesellschaft/Frankfurt am Main

ausgegeben am

MUSTER

Deutsche Bank

Nr.: 0 00000 | Tag der Ausstellung | Tag der Fälligkeit

DIE SPARKASSE IN BREMEN

GEGR. 1825 – MÜNDELSICHERE ÖFFENTLICHE SPARKASSE

SPARKASSENBRIEF

NAMENSSCHULDVERSCHREIBUNG ZU EINEM ZINSSATZ VON

%

MUSTER

ÜBER DM

DIE SPARKASSE IN BREMEN ZAHLT AN

zum oben angegebenen Fälligkeitstag gegen Rückgabe dieser Urkunde

Die Zinsen werden

☐ nachträglich zum 31. Dezember eines jeden Jahres bzw. am Fälligkeitstag vergütet

☐ [illegible] bei Erwerb der Schuldverschreibung auf den Kaufpreis angerechnet (Abzinsung)

Die zutreffende Regelung wurde mit einem X versehen!

Es gelten die umseitig abgedruckten Bedingungen.
Der Sparkassenbrief ist nur gültig mit zwei rechtsverbindlichen Unterschriften.

Bremen, den

DIE SPARKASSE IN BREMEN

R. OLDENBOURG · MÜNCHEN

100 DM
Serie 13
Nr. 000000

BfG
Bank für Gemeinwirtschaft
Aktiengesellschaft
Frankfurt am Main

Sparschuldverschreibung

über

100

Einhundert Deutsche Mark

Die Bank für Gemeinwirtschaft Aktiengesellschaft verpflichtet sich hiermit, nach Ablauf von sieben Jahren, vom Tag der Ausgabe an gerechnet, gegen Rückgabe dieser Urkunde an ihren Bankschaltern Einhundert Deutsche Mark zu zahlen.
Eine vorzeitige Einlösung ist jederzeit möglich. Der jährliche Einlösungsbetrag bei vorzeitiger Einlösung ist aus der umseitig wiedergegebenen Tabelle ersichtlich.
Bei Einlösung an einem Zwischentermin werden die angefallenen Zinsen für das laufende Jahr zeitanteilig mit dem Zinssatz des jeweiligen laufenden Jahres berechnet.

MUSTER

Bank für Gemeinwirtschaft
Aktiengesellschaft

Ausgegeben am: ________ Kontrolle: ________

- Rückzahlung zum Nennwert
- keine zwischenzeitlichen Zinszahlungen

BEISPIEL:

bei fünfjähriger Laufzeit und 7,25 % Zinsen wird ein Sparbrief mit einem Nennwert von 1 000,– DM für 704,71 DM erworben.

d) Bei Sparbriefen ist Rückgabe vor Fälligkeit i. d. R. ausgeschlossen, bei Sparschuldverschreibungen möglich.

e) **Bedeutung:** heute wichtige, von Kunden gern in Anspruch genommene Alternative zum Kontensparen, wenn ein Betrag mittelfristig angelegt werden soll.

1.2.143 Weitere Sparformen

Nachfolgend eine Auswahl der wichtigsten aktuellen Sparformen. Es ist damit zu rechnen, daß der zunehmende Wettbewerb zu permanenten Veränderungen der Produktpalette im Sparverkehr führen wird.

Aus betriebswirtschaftlichen Gründen ist dabei auch eine Straffung der Angebotsvielfalt wahrscheinlich.

a) **Prämiensparen:** Sparform, die von KI als Ersatz für das weggefallene ehemals staatlich geförderte Prämienbegünstigte Sparen angeboten wird. Merkmale:

- Sparvertrag mit fester Laufzeit, meist 4 oder 7 Jahre
- monatliche Sparraten
- Verfügbarkeit nach vorheriger Kündigung, frühestens 3 Monate vor Vertragsablauf
- einmaliger Bonus (daher auch die Bezeichnung „Bonussparen“) des KI auf den eingezahlten Betrag zum Ende der Vertragsdauer (z. B. 14 % bei 7jähriger Laufzeit).

b) **Ratensparverträge mit flexiblem Verfügungszeitpunkt:**

- Sparvertrag kann unter Einhaltung einer Kündigungsfrist (i. d. R. 3 Monate) jederzeit gekündigt werden
- monatliche Sparraten
- je nach vertraglicher Ausgestaltung: ggf. Erhöhung der Sparraten möglich
- Prämienzahlung jährlich; je nach Vertragsgestaltung ggf. erst nach prämienfreien Jahren
- mit tatsächlicher Laufzeit steigender Prämiensatz
- Bemessungsgrundlage für die Prämie: entweder die Jahres**sparleistung** oder die Jahres**zinsen**

c) **Gewinn- oder Lotteriesparen:**

- feste Sparraten
- lotteriemäßige Ausspielung eines Teils der Einlage und der Zinsen
- kommt vor bei Sparkassen und Kreditgenossenschaften.

d) **Sparpläne:**

- Kombination mehrerer Sparformen, z. B. Konten- und Wertpapiersparen
- Anlage der Spargelder nach einem Sparplan, der auf die individuellen Wünsche des Kunden zugeschnitten ist und seinen Möglichkeiten entspricht
- festgelegte Sparraten und Fristen
- meist Wiederanlage der Zinsen
- Erreichen eines bestimmten Sparziels wird angestrebt.

Deutsche Bank-Sparplan

Datum: 23.06.19xx | Fil.-Nr.: 233 | Konto-Nr.: 1234567

Ich schließe mit der Deutschen Bank AG den nachstehenden Sparplan ab und eröffne ein Sparkonto. Hierfür gelten die umseitigen Bedingungen. Ergänzend gelten Ihre Bedingungen für Sparkonten sowie Ihre Allgemeinen Geschäftsbedingungen. Diese Bedingungen können in jeder Geschäftsstelle eingesehen werden und werden auf Wunsch zugesandt. Der Zinssatz ist variabel und wird jeweils durch Aushang in den Geschäftsräumen der Bank bekanntgegeben.
Für diesen Sparplan schließe ich auf einem gesonderten Vordruck eine Risiko-Lebensversicherung ab: ☐ ja ☒ nein
Nach Eingang der ersten Einzahlung erhalte ich von Ihnen eine Sparurkunde, die Vertragsbeginn und Vertragsende enthält.

Vorname, Name: Rüdiger Schnell

Einzahlung und Vertragsdauer

DM	Zahlungsweise	Dynamisierung des regelmäßigen Sparbetrags um	Vertragsdauer
250,--	monatl. ☒ vierteljährl. ☐ einmalig ☐	5 %	10 Jahre

Einzug der Sparbeträge

zu Lasten Konto-Nr.	jeweils am	erstmals (MMJJ)	einmalig am	BLZ
2332345678	1. ☒ 15. ☐	079X		200 700 00

Bankverbindung: Deutsche Bank AG in Hamburg

ggf. abweichende Kontobezeichnung:

Zusatzvereinbarung: Sparplan zugunsten eines Dritten (Vertragstext siehe Rückseite)

Name und Anschrift	Geburtsdatum	Eintritt des Rechtserwerbs
		☐ mit meinem Tode ☐ bei Vertragsende (spätestens mit meinem Tode) am (spätestens mit meinem Tode)

GZ R

Deutsche Bank

1 18-054 10 91 *Ausfertigung für den Kunden*

e) **Wachstumssparen** (Zuwachssparen):

- Konten-Sparvertrag mit festgelegter Laufzeit
- einmalige Einzahlung oder Sparraten
- Grundlage der Verzinsung: meist Spareckzins
- jährliche Gewährung eines steigenden Bonus
- Kündigungsfrist gemäß Vereinbarung.

f) **Plus-Sparen** (Ultimosparen):

- monatliche Überweisung zu Lasten Girokonto, zugunsten Sparkonto
- überwiesen wird fester Betrag (Dauerauftrag) oder Restguthaben.

g) **Vermögenssparen:** (nicht zu verwechseln mit Vermögenswirksamem Sparen):

- Sparkonto mit vereinbarter Kündigungsfrist
- Zinssatz und dessen vierteljährliche Anpassung orientieren sich an der Umlaufrendite öffentlicher Anleihen mit bestimmter Laufzeit
- Vereinbarung über Ersteinlage und spätere Zinszahlungen zwischen Kunde und KI.

h) **Sparvertrag mit Versicherungsschutz:**

- Ratensparvertrag über monatliche oder vierteljährliche Sparraten oder Einmalzahlung
- Absicherung des Sparziels durch Risikolebensversicherung auf den Todesfall
- Vertragsdauer wählbar zwischen 8 und 25 Jahren
- Verzinsung variabel
- Prämie (Bonus) in Höhe von bis zu 30 % (abhängig von der Vertragsdauer).

i) **Festzinssparen:**

- Sparkonto mit z. B. dreimonatiger Kündigungsfrist
- Festzinsvereinbarung für einen festen, vorher vereinbarten Betrag
- Vertragsdauer z. B. 6 Monate – ein – zwei – drei Jahre
- nach Ablauf der Festzinsvereinbarung Verzinsung mit dem üblichen Zinssatz für Spareinlagen mit dreimonatiger Kündigungsfrist, sofern nicht andere Vereinbarungen getroffen werden.

j) **Vermögenswirksames Sparen:** siehe Abschnitt 1.2.150.

k) **Wohnungsbau-Prämiensparen:** siehe Abschnitt 1.2.151.

1.2.15 Staatliche Sparförderung

Aufgrund der besonderen Bedeutung des Sparens für die Gesamtwirtschaft (siehe Abschnitt 1.2.16) hat sich der Staat grundsätzlich entschlossen, Sparförderung zu betreiben. Die Intensität dieser Förderung hat in den vergangenen Jahren abgenommen und schließlich unter anderem in der Abschaffung des Prämienbegünstigten Sparens ihren Ausdruck gefunden.

Die grundlegenden Ziele der staatlichen Sparförderung gelten aber prinzipiell auch noch heute: den Beziehern kleiner Einkommen die Bildung von **Vermögen** zu ermöglichen bzw. zu erleichtern; dies entspricht der sozialstaatlichen Zielsetzung des

Grundgesetzes der Bundesrepublik Deutschland.

Im Mittelpunkt der Unterstützung stehen heute die Möglichkeit von Arbeitnehmern, Teile ihres Lohns/Gehalts als **vermögenswirksame Leistung** anzulegen, sowie die Förderung des Wohnungsbaus.

Da andererseits die staatlichen Leistungen zu Lasten der Haushalte gehen, sind sie nicht starr festgelegt, sondern variabel und können der jeweiligen Wirtschafts- und Haushaltslage angepaßt werden.

Grundlage der staatlichen Sparförderung sind (Stand: 1996) in erster Linie

- das Fünfte Vermögensbildungsgesetz (VermBG)
- das Wohnungsbau-Prämiengesetz (WoPG)
- das Einkommensteuergesetz.

1.2.150 Vermögensbildung

a) **Wesen:** Staatliche Förderung für Arbeitnehmer mit relativ niedrigem Einkommen, wenn der **Arbeitgeber für den Arbeitnehmer** Geldleistungen anlegt. Die Anlageformen sind vorgeschrieben. Der Arbeitnehmer muß die Anlageform frei wählen können. Die Förderung erfolgt durch Gewährung einer **Arbeitnehmer-Sparzulage.**

b) **Rechtsgrundlage:** 5. Vermögensbildungsgesetz in der ab 1994 geltenden Fassung.

c) Begünstigter **Höchstbetrag** pro Jahr: 936,– DM; vermögenswirksame Leistungen sind

- steuerrechtlich: Einnahmen
- sozialversicherungsrechtlich: Arbeitsentgelt.

d) **Arbeitnehmer-Sparzulage:**

- Beantragung der Prämie durch den Arbeitnehmer bei seinem zuständigen Finanzamt; Antragstellung spätestens bis zum Ablauf des zweiten Kalenderjahres nach dem Anlagejahr
- für den **Arbeitnehmer** ist die Zulage kein steuerpflichtiges Einkommen und sozialversicherungsrechtlich kein Arbeitsentgelt
- Höhe der Zulage: 10 %
- Zulage wird erst mit Ablauf der Sperrfrist, Zuteilung des Bausparvertrages oder bei unschädlicher Verfügung ausgezahlt.

e) **Einkommensgrenzen: 27 000,– / 54 000,– DM zu versteuerndes Einkommen**

f) **Anlageformen:**

- Konten- und Versicherungssparen (seit 1990 ohne Zulage, sog. „Null-Förderung")
- Bausparen:
  - Anlage nach dem Wohnungsbau-Prämiengesetz (s. u. Abschnitt 1.2.151)
  - Aufwendungen des Arbeitnehmers
    - zum Bau, Erwerb, Ausbau, zur Erweiterung eines Wohngebäudes/einer Eigentumswohnung
    - zum Erwerb eines Dauerwohnrechts
    - zum Erwerb eines Grundstücks für Wohnungsbauzwecke
    - zur Erfüllung für derartige Zwecke eingegangener Verpflichtungen (die Objekte müssen im Inland liegen)
- Beteiligungssparen:
  - Aktien
  - Wandelschuldverschreibungen
  - Gewinnschuldverschreibungen des Arbeitgebers
  - Namensschuldverschreibungen des Arbeitgebers und Darlehensforderungen gegen den Arbeitgeber unter bestimmten Voraussetzungen
  - Anteilscheine an Wertpapier- oder Beteiligungs-Sondervermögen (Investmentzertifikate)
  - Genußscheine von Nicht-Kreditinstituten
  - Gewinnschuldverschreibungen und Genußscheine von KI für eigene Mitarbeiter
  - GmbH- oder Genossenschaftsanteile
  - stille Beteiligungen oder Genußrechte am Unternehmen des Arbeitgebers (sofern der Arbeitnehmer nicht Mitunternehmer wird).

g) **Begünstigter:** Die Anlage kann erfolgen

- für den Arbeitnehmer
- für Ehegatten, Kinder (unter 17), Eltern – wenn der Arbeitnehmer ein Kind unter 17 Jahen ist – (Ausnahme: Wertpapierkaufverträge, Beteiligungs-Verträge/-Kaufverträge).

h) Vielfach sind vermögenswirksame Leistungen Bestandteil von Tarifverträgen oder Betriebsvereinbarungen. Sie können dann auch von Arbeitnehmern in Anspruch genommen werden, deren Einkommen die Grenzen des 5. VermBG übersteigt. Dann entfällt die Gewährung der Arbeitnehmer-Sparzulage.

1.2.151 Wohnungsbau-Sparförderung

a) **Wesen:** Begünstigung von Aufwendungen zur Förderung des Wohnungsbaus durch Zahlung einer Wohnungsbauprämie oder Steuervergünstigung.

b) **Rechtsgrundlage:** Wohnungsbau-Prämiengesetz (WoPG) von 1992.

c) **Begünstigte Aufwendungen:**

- Beiträge an Bausparkassen (ohne vermögenswirksame Leistungen, für die Anspruch auf Arbeitnehmer-Sparzulage besteht) mit dem Ziel, später ein Baudarlehen zu erhalten
- vermögenswirksame Leistungen, für die kein Anspruch auf Arbeitnehmer-Sparzulage besteht (wegen Überschreitung der dort niedrigeren Einkommensgrenzen), sind begünstigte Aufwendungen
- Ersterwerb von Anteilen an Bau- und Wohnungsgenossenschaften
- Sparverträge mit 3- bis 6jähriger Dauer zum Bau/Erwerb von Kleinsiedlungen, Eigenheim, Eigentumswohnung, Dauerwohnrecht, Wohnbesitz; Partner: Kreditinstitut, Wohnungs-/Siedlungsunternehmen, Organ der staatlichen Wohnungspolitik.

d) **Form der Begünstigung:** nach Wahl des Sparers

- Prämie:
  - 10 %
  - Prämienberechtigte: unbeschränkt einkommensteuerpflichtige Personen, die das 16. Lebensjahr vollendet haben oder Vollwaisen sind
- Steuervergünstigung: Sonderausgabenabzug vom steuerpflichtigen Einkommen (§ 10 EStG), Anrechnung: 50 % der begünstigten Bausparbeiträge; seit 1996 ist der Sonderausgabenabzug nicht mehr möglich
- Arbeitnehmer-Sparzulage nach dem VermBG für vermögenswirksame Leistungen
- Seit 1996 können vermögenswirksame Leistungen prämienberechtigt sein, wenn durch ein zu versteuerndes Einkommen zwischen 27 000,–/54 000,– DM und 50 000,–/100 000,– DM (Alleinstehende/Verheiratete) kein Anspruch auf Arbeitnehmer-Sparzulage, jedoch Anspruch auf Wohnungsbau-Prämie besteht.
- **Kumulierungsverbot:** keine „Aufhäufung" mehrerer Förderformen, sondern der Sparer hatte bis 1995 ein **Wahlrecht** zwischen Sonderausgabenabzug und Wohnungsbau-Prämie.

e) **Höchstbeträge** für die Aufwendungen:

- bis 1995: 800,–/1 600,– DM (Alleinstehende/Verheiratete)
- seit 1996: 1 000,–/2 000,– (Alleinstehende/Verheiratete)

f) **Einkommensgrenzen:**

- bis 1995: 27 000,–/54 000,– (Alleinstehende/Verheiratete)
- seit 1996: 50 000,–/100 000,– DM (Alleinstehende/Verheiratete)
- maßgeblich ist das zu versteuernde Einkommen des Sparjahres.

g) **Sperrfrist:**

- bei Inanspruchnahme der Wohnungsbauprämie: 7 Jahre, d. h. keine Auszahlung/Rückzahlung/Abtretung/Beleihung der Beiträge/Ansprüche; unschädliche Verfügungen:
  - bei Übertragung auf Angehörige unter bestimmten Voraussetzungen
  - bei Einsatz der Mittel für wohnwirtschaftliche Zwecke
  - bei Tod oder Erwerbsunfähigkeit des Sparers oder des Ehegatten
  - bei andauernder Arbeitslosigkeit des Sparers (mind. ein Jahr ununterbrochen)
  - in anderen begrenzten Sonderfällen
- bei Sonderausgabenabzug: 10 Jahre.

1.2.152 Versicherungssparen

a) **Wesen:** Abschluß einer **Lebensversicherung** auf den Erlebens- oder Todesfall gegen laufenden Beitrag; nach Ablauf der Vertragszeit oder bei Tod wird die **volle** Versicherungssumme ausgezahlt. Die staatliche Vergünstigung besteht nicht in Prämien, sondern als **Steuervorteil** durch Sonderausgabenabzug. Hinzu kommt die Steuerfreiheit der Erträge, sofern die Mindestdauer (s. u.) eingehalten wird.

b) **Einzelheiten:**

- Mindestvertragsdauer 12 Jahre = zugleich Sperrfrist
- versicherungstechnische **Vertragstypen**:
  - gemischte Lebensversicherung (auf Todes- oder Erlebensfall)
  - gemischte Lebensversicherung für zwei verbundene Leben (Ehegattenversicherung, fällig bei Tod des zuerst Sterbenden oder Ende des Vertrags)
  - gemischte Lebensversicherung mit Teilauszahlung
  - Termefixe-Versicherung (unabhängig von Tod oder Erleben zu festem Termin auszahlbar)
  - Aussteuerversicherung
  - Ausbildungsversicherung
- Gewinnanteile der Versicherungsgesellschaften müssen zur Erhöhung der Versicherungsleistung verwendet werden.

1.2.16 Bedeutung des Sparens

a) Für die **Sparer**:

- Ansammlung von Geld für die Finanzierung von
  - Anschaffungen
  - Reisen
  - sonstigen Vorhaben (z. B. Aussteuer der Kinder)
- **Vorsorge** für
  - Alter
  - Krankheit
  - besondere (ungeplante) Aufwendungen (z. B. Arbeitslosigkeit)

- Bildung von **Vermögen**, sichere Geldanlage, Erzielung von Erträgen (Zinsen, Prämien usw.)
- **Unabhängigkeit** von sozialen, gesellschaftlichen, wirtschaftlichen Zwängen.

b) Für die **Kreditinstitute**:

- Erlangung mittel- und langfristigen **Fremdkapitals** in großem Umfang (Mai 1996 ca. 1 310 Mrd. DM einschließlich ca. 221 Mrd. DM Sparbriefe)
- **Ausleihung** der Mittel im Kreditgeschäft, insb. in langfristiger Form
- Erzielung von **Erträgen** (Sollzinsen für Kredite ./. Habenzinsen für Einlagen) bei relativ niedrigem Arbeitsaufwand (da Spareinlagen nur beschränkt für Zahlungsverkehr verfügbar sind) und geringer Mindestreserve.

c) Für den **Sozialstaat**:

- Sparen kann – bei entsprechender Förderung – zur **Vermögensbildung** insb. bei sozial Schwächeren führen
- es dient damit der Verwirklichung sozialer **Gerechtigkeit**
- die **gesellschaftspolitischen** Probleme, die sich aus ungerechter Vermögensverteilung ergeben und zu sozialen Spannungen führen, werden gemindert
- die Bedeutung des Sparens verlangt dem Staat jedoch erhöhte **Wachsamkeit** im Bereich der Einlagensicherung und der Erhaltung des Wertes der Währung (der Kaufkraft) ab
- das Sparen bekommt dadurch **politische** (auch parteipolitische) **Dimensionen**.

d) für die **Gesamtwirtschaft**:

Sparkreislauf:

- Die Haushalte (Verbraucher) verwenden ihr Einkommen gewöhnlich weitgehend für den Konsum und bestimmen dadurch die Nachfrage nach Konsumgütern auf dem Markt.
- Sparen bedeutet daher für sie einen **Aufschub** des Verbrauchs oder sogar einen **Konsumverzicht**. Damit verringert sich entsprechend die Nachfrage auf dem Markt: die Preise gehen zurück, sofern die Rahmenbedingungen ansonsten unverändert bleiben.
- Kreditinstitute **sammeln** die (sonst brachliegenden) Spargelder und verwenden sie zur Vergabe von **Krediten**
  - an die Haushalte zur Erhöhung des Konsums; Wirkung: im Regelfall entsprechende Erhöhung der Nachfrage und damit der Preise
  - an die Unternehmen (in vergleichsweise größerem Umfang) zur Erhöhung ihrer Güterproduktion durch Investitionen, Rationalisierungen usw.; Wirkung: größeres Güterangebot, dadurch Sinken der Preise; andererseits: größere Nachfrage der Unternehmen auf dem Investitionsgütermarkt, die hieraus sich ergebenden Preiserhöhungen werden auf Konsumgüterpreise abgewälzt.

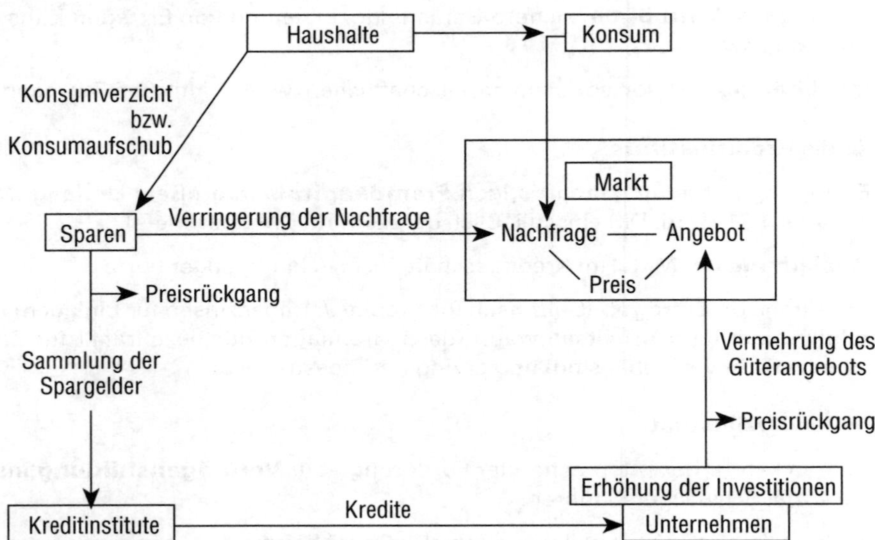

Trotz der teilweise gegensätzlichen Wirkung des Sparens auf das Preisniveau überwiegen die preisverringernden Faktoren, so daß das Sparen volkswirtschaftlich als **Preisstabilisator** und **Inflationshemmer** anzusehen ist.

Daher kann es für den Staat auch in gesamtwirtschaftlicher Hinsicht nützlich sein, das Sparen zu **fördern** (durch Prämien, Zulagen, Steuervergünstigungen usw.), wie es auch in der Bundesrepublik Deutschland geschieht; zu Zeiten einer gemäßigten Inflationsrate und wirtschaftlicher Rezession muß dagegen die staatliche Sparförderung u. U. beschränkt werden (so z. B. 1975 und 1982).

Es kann sogar notwendig werden, die Haushalte zum Sparen zu zwingen. Formen des **Zwangssparens**:

- überhöhte Sozialversicherungspflicht
- hohe Steuerbelastung (d. h. evtl. Haushaltsüberschüsse des Staates)
- Zwangsanleihen (mit Kaufzwang)
- überhöhte Preisfestsetzung durch den Staat (zur Verringerung der Nachfrage)
- Rationierung von Konsumgütern u. a.m.

Für Unternehmen hat das Sparen doppelte Bedeutung:

- das Sparen der Haushalte ermöglicht **Fremdfinanzierung** durch Kredite der Banken
- das eigene Sparen der Betriebe (Einbehaltung von Gewinnen) ermöglicht **Eigenfinanzierung**.

1.2.2 Aufgenommene Gelder

1.2.20 Wesen

a) **Wesen:** Aufgenommene Gelder = fremde Mittel, die das KI aus eigenem Interesse, d. h. **auf eigene Initiative** beschafft.

b) **Gründe** für die Geldaufnahme:

- Beschaffung zusätzlicher Mittel für Kreditvergabe
- vorübergehende starke **Liquiditätsanspannung** (meist zu bestimmten Terminen, z. B. für Steuer-, Lohn-, Gehaltszahlungen)
- Einhaltung eines bestimmten **Mindestreserve-Solls** (im Monatsdurchschnitt)
- Aufbesserung des Bilanzbildes für einen Bilanzierungs-Stichtag (sog. „window-dressing").

c) **Möglichkeiten** der Geldbeschaffung:

- Kreditaufnahme bei KI des eigenen Netzes, insb.
  - der Sparkassen bei ihren Girozentralen
  - der Genossenschaftsbanken bei ihren Zentralkassen
- Darlehensgewährung unter großen KI als Korrespondenzbanken (sog. „erste Adressen")
- Refinanzierung der KI bei der Deutschen Bundesbank (siehe dort):
  - Rediskontierung bestimmter Handelswechsel
  - Lombardierung (Verpfändung) von Effekten, Wechseln, Ausgleichsforderungen
  - Verkauf von Offenmarkttiteln und Ausgleichsforderungen
  - Wertpapierpensionsgeschäfte
- Finanzierung über den Geldmarkt (s. u.)
- längerfristige Finanzierung über den Kapitalmarkt (s. u.) durch Ausgabe von Schuldverschreibungen (s. u.)

1.2.21 Der Geldmarkt

1.2.210 Grundlagen

a) **Wesen:** Auf dem Geldmarkt vollzieht sich ein **Handel** mit kurzfristigen Krediten („Geld") zwischen Kreditinstituten untereinander und mit der Deutschen Bundesbank zur Beschaffung liquider Mittel (Kreditnehmer) bzw. zur gewinnbringenden Anlage überschüssiger Liquidität (Kreditgeber) für begrenzte Zeit.

b) **Geldgeber** (Träger):

- Kreditinstitute
- Kapitalsammelstellen (z. B. Versicherungen, Bausparkassen)
- öffentliche Verwaltungen
- Großunternehmen
- Deutsche Bundesbank.

c) **Teilnehmer:** nur

- Kreditinstitute (für eigene Rechnung oder als Mittler im Kundenauftrag)
- Deutsche Bundesbank
- sehr große Unternehmen.

d) **Voraussetzungen** für die Teilnahme am Geldmarkt:

- zweifelsfreie Bonität aller Beteiligten
- Verzicht auf reale Sicherheiten: daher kommt der Bonität entscheidende Bedeutung zu (vgl. Personalkredit)
- genaue Einhaltung der Vereinbarungen über Betrag, Verzinsung und insb. Laufzeit
- Angebot und Nachfrage ist nur nach großen Beträgen möglich (beginnend i. d. R. bei 500 000,– DM).

1.2.211 Abwicklung

a) **Gegenstände** des Geldmarktes:

- Geld: Guthaben bei KI oder (vor allem) bei den Landeszentralbanken;
  - **Tagesgeld:** Kreditgewährung für einen Tag, rückzahlbar bis spätestens 12 Uhr des nächsten Tages, ohne Kündigung fällig
  - **täglich Geld:** Kredit ohne festen Rückzahlungstermin, der 24 Stunden vor Ablauf zu kündigen ist (d. h. täglich, nicht aber bei Sicht fällig); in der Praxis selten
  - **Ultimogeld:** Tages- oder täglich Geld, das über einen Ultimo (eines Monats, Quartals, halben Jahres, Jahres) aufgenommen wird zur Bilanzaufbesserung und zum Ausgleich von Liquiditätsanspannungen (da besonders viele Zahlungen – insb. für Kunden – zu diesen Terminen zu leisten sind)
  - **Termingeld:** Fest- oder Kündigungsgeld mit Laufzeit/Kündigungsfrist von meist 1, 3, 6, 12, höchstens 24 Monaten.
- **Geldmarktpapiere:** Gläubigerpapiere (Schuldverschreibungen, Wechsel), die von der Bundesbank zu festgesetzten Rücknahmesätzen oder gegen Zinsabschlag angekauft werden:
  - Schatzwechsel
  - unverzinsliche Schatzanweisungen („U-Schätze").

b) **Durchführung** des Geldhandels:

- der Geldmarkt existiert nicht räumlich-gegenständlich wie der Kapitalmarkt (Effektenbörse), sondern nur durch telefonische oder fernschriftliche Verbindung zwischen den Beteiligten
- wichtig ist der ständige **Kontakt** zum Markt, d. h. die Kenntnis der jeweils geltenden Konditionen; diese lassen sich durch gegenseitige Nennung von An- und Verkaufskursen (= Zinssätze für die Annahme oder Abgabe von Geld) erfragen
- **Abschlüsse** werden telefonisch/fernschriftlich getätigt, sofort ausgeführt vom Kreditgeber durch Anweisung an das kontoführende Institut (meist LZB) und anschließend schriftlich bestätigt; „das gesprochene Wort gilt"
- die **Zinssätze** = Preise bestimmen sich frei nach Angebot und Nachfrage, sofern nicht durch besonderes Verhalten der Bundesbank beeinflußt (Kreditpolitik über Diskont- und Lombardsatz, Rediskont-Kontingente, Offenmarktpolitik)
- wichtigster Geldhandelsplatz in der Bundesrepublik Deutschland ist Frankfurt
- vergleichbar, jedoch in wesentlich größerem Umfang und mit z. T. spekulativer Natur spielt sich der **Devisenhandel** ab (siehe dort)
- Besonderheit: Wechsel- und Wertpapier-Pensionsgeschäfte, d. h. Ankauf mit Rückkaufvereinbarung; die Wertpapier-Pensionsgeschäfte haben in den letzten Jahren erhebliche Bedeutung erlangt (vgl. Abschnitt 5.1.013).

1.2.22 Ausgabe von Schuldverschreibungen

a) **Wesen:** Beschaffung mittel- bis **langfristiger** fremder Mittel („Kapital") durch Ausgabe von Gläubigerpapieren auf dem **Kapitalmarkt** (Effektenbörse).

b) **Arten** von Wertpapieren zur Finanzierung der KI:

- Kassenobligationen } siehe Effektengeschäft
- Bankschuldverschreibungen } siehe Effektengeschäft
- Sparbriefe } siehe Spargeschäft
- Sparschuldverschreibungen } siehe Spargeschäft

1.3 Kreditgeschäft (Aktivgeschäft)

1.3.0 Überblick

1.3.00 Wesen und Bedeutung des Kredits

1.3.000 Wesen

Das Wort „Kredit" hat in der deutschen Sprache verschiedenen Inhalt:

a) Kredit = befristete Überlassung von **Kaufkraft**, meist gegen Zinsen (oder sonstiges Entgelt), im Vertrauen auf spätere **Rückzahlung** in voller Höhe zum vereinbarten Zeitpunkt.

b) Kredit = die Anerkennung einer Person als **kreditwürdig**, d. h. bereit und fähig zur Erfüllung finanzieller Verpflichtungen („er hat Kredit").

c) Kredit = das anvertraute **Kapital** selbst.

Wesensmerkmal des Kredites ist seine Eigenschaft als **Finanzierungsmittel**: für den Kreditnehmer stellt er Fremdkapital dar, er ist also Mittel der Fremdfinanzierung. (Vgl. 0.4.4 Finanzierung der Unternehmung)

1.3.001 Bedeutung in volkswirtschaftlicher Sicht

Kredite dienen der Finanzierung

- des Konsums (Verbrauchs)
- der Produktion
- der Güterverteilung
- sonstiger wirtschaftlicher Tätigkeiten und Aufgaben
- des Staates (der öffentlichen Haushalte).

a) Die Finanzierung des **Konsums**, d. h. der Verbraucher, ermöglicht den privaten Haushalten

- einen umfangreichen Güterverbrauch, der durch Erhöhung der Nachfrage zu Preissteigerungen führt, andererseits die Wirtschaftstätigkeit der Unternehmen anregt und einer Rezession (gekennzeichnet durch Rückgang der Produktion, Arbeitslosigkeit) entgegenwirkt
- die Anschaffung teurer Anlagegüter (Grundstücke, Haus, Auto usw.) ohne die Notwendigkeit, das Kapital sofort selbst aufbringen oder vorher ansparen zu müssen
- die Bildung von Privateigentum

- die Ausnutzung inflationärer Tendenzen (das zurückzuzahlende Geld hat einen niedrigeren Wert als das erhaltene Geld; bei Einkommenssteigerung entsprechend der Inflationsrate läßt sich der Kredit daher leichter zurückzahlen)
- die Verwirklichung eines hohen Lebensstandards (dies birgt allerdings die Gefahr der Überschätzung der eigenen finanziellen Leistungskraft in sich).

b) Die Fremdfinanzierung ermöglicht den **öffentlichen Haushalten**

- die Durchführung wichtiger gemeinwirtschaftlicher Aufgaben ohne sofortige Einnahmenerhöhung (z. B. durch Steuererhöhungen) (Risiko der zu hohen Staatsverschuldung, die im schlimmsten Fall sogar zu einem Staatsbankrott führen könnte)
- die Vermehrung des Geldumlaufs
- die gezielte Ankurbelung einzelner Wirtschaftszweige oder der Gesamtwirtschaft durch die staatliche Ausgabenpolitik.

c) Besonders bedeutsam ist die Finanzierung der **Güterbeschaffung** (Produktion, Bereitstellung von Gütern); eine **ausreichende Kreditversorgung** ermöglicht

- durch gezielte Investitionen eine Erhöhung des Güterangebots und damit Verringerung der Konsumgüterpreise (oft allerdings bei gleichzeitiger Erhöhung der Preise für Investitionsgüter durch verstärkte Nachfrage der Unternehmen)
- durch Rationalisierungen Verbilligung, u. U. auch Verbesserung der Produkte
- die Anwendung und Ausnutzung fördernder technischer Entwicklungen, neuer Produktionsmethoden usw.
- die Gewährleistung weitgehender, u. U. optimaler Bedarfsdeckung
- Erhöhung des Bruttoinlandproduktes und des gesamten Lebensstandards, des Wohlstands der Bevölkerung
- allgemein: stetiges Wirtschaftswachstum.

d) Eine **unzureichende Kreditversorgung** umgekehrt bewirkt

- geringere Investitionsmöglichkeiten der Unternehmen
- dadurch Gefahr der Stagnation der Wirtschaft, u. U. sogar einer Rezession
- Versuch der Unternehmen, Ausgleich über Verteuerung der Güter zur Beibehaltung oder Erhöhung bisheriger Gewinne zu schaffen
- inflationäre Tendenz durch zu geringes oder zu teures Güterangebot
- geringere Sparmöglichkeiten der privaten Haushalte, die die Kreditversorgung der Wirtschaft weiter beschneiden, da den KI zur Ausleihung weniger Einlagen zur Verfügung stehen
- Notwendigkeit scharfer staatlicher Eingriffe (z. B. Preisstop, Zwangssparen usw.).

e) Bedeutung der **Kreditinstitute**: Die KI sammeln zeitweise nicht benötigte finanzielle Mittel insb. bei den Haushalten und leihen diese als Kredite wiederum an die Wirtschaft aus.

f) Bedeutung des **Kreditgeschäfts** für die **KI**: Es stellt bei den meisten KI die Haupteinnahmequelle dar und dient daher zur Deckung der gesamten Habenzinsen sowie eines Teiles der sonstigen Kosten (insb. aus dem sehr kostenintensiven Zahlungsverkehr und sonstigen Dienstleistungsgeschäften). (Vgl. Bankkostenrechnung, Abschnitt 3.3)

1.3.01 Rechtsgrundlagen

1.3.010 BGB-Vorschriften

a) Vorschriften über das **Darlehen,** §§ 607 ff. BGB:

- entgeltliche oder unentgeltliche Überlassung von Geld (oder anderen vertretbaren Sachen)
- Verpflichtung zur Rückerstattung von Geld (Sachen) gleicher Art, Güte, Menge
- Fälligkeit von Zinsen grds. jährlich nachträglich (bei kürzerer Laufzeit: bei Darlehensrückzahlung), sofern nichts anderes vereinbart ist (§ 608)
- bei Darlehen ohne Terminierung (Fristbestimmung) der Rückzahlung: Kündigung erforderlich; Fristen (grds.):
  - bis 300,– DM: 1 Monat
  - über 300,– DM: 3 Monate

  } § 609 BGB
- Darlehnsversprechen (Vorvertrag, Kreditzusage) kann widerrufen werden, wenn wesentliche Verschlechterung der Vermögensverhältnisse des (zukünftigen) Kreditnehmers eintritt (§ 610).

b) Gesetzliches **Kündigungsrecht** für Darlehen: Die lange Zeit umstrittene Vorschrift des § 247 BGB wurde 1986 abgeschafft und durch § 609 a BGB ersetzt, gilt aber für vor dem 1.1.1987 geschlossene Verträge fort. Zu unterscheiden sind also:

- § 247 BGB:
  - für vor dem 1.1.1987 geschlossene Verträge
  - grds. unabdingbar, d. h. nicht durch AGB abänderbar
  - Kündigungsrecht des Kreditnehmers nach Ablauf von 6 Monaten mit Kündigungsfrist von weiteren 6 Monaten
  - Vorauss.: mehr als 6 % p.a. Zinsen sind vereinbart
  - keine Geltung für Inhaber- und Orderschuldverschreibungen
  - Ausschluß des Kündigungsrechts möglich bei Darlehen für die Zeit, in der sie zur Deckungsmasse von Schuldverschreibungen gehören (z. B. Hypothekendarlehen für Hypothekenpfandbriefe, Realkredite als Deckung für Sparkassenbriefe)
- § 609 a BGB:
  - für nach dem 31.12.1986 geschlossene Verträge
  - unabdingbar

- Darlehen mit variablem Zinssatz: Schuldner kann jederzeit mit einer Frist von drei Monaten kündigen
- Darlehen mit Festzinssatz:
  (1) Privatdarlehen
    = Darlehen an natürliche Personen, die nicht durch Grundpfandrechte gesichert sind und nicht gewerblichen oder beruflichen Zwecken dienen
    - Kündigung durch Schuldner frühestens nach Ablauf von sechs Monaten nach Empfang des vollständigen Darlehens
    - Einhaltung einer Kündigungsfrist von drei Monaten

  (2) Hypotheken-, Investitionsdarlehen und Darlehen für gewerbliche Zwecke:
    - Kündigung frühestens zum Zeitpunkt des Ablaufs der Zinsbindung
    - Einhaltung einer Kündigungsfrist von einem Monat
    - nach Ablauf von 10 Jahren kann in jedem Falle unter Einhaltung einer Frist von 6 Monaten gekündigt werden
    - bei neuer Vereinbarung nach Empfang des Darlehens tritt der Zeitpunkt dieser Vereinbarung an die Stelle des Zeitpunktes der Auszahlung

- Darlehen an die öffentliche Hand: Kündigungsrecht des Schuldners kann durch Vertrag eingeschränkt oder ausgeschlossen werden.

1.3.011 Verbraucherkreditgesetz vom 17.12.90 (VerbrKrG)

a) **Anwendungsbereich:**

- Kreditverträge zwischen gewerblichem Kreditgeber und natürlicher Person als Verbraucher
- Kreditbeträge über 400,– DM

Einzelheiten hierzu siehe Abschnitt 0.1.410.

b) **Anforderungen:**

- Kreditverträge bedürfen der Schriftform
- Ausnahmen: Dispositions- und Überziehungskredite
- erforderliche Angaben im Kreditvertrag:
  - Nettokreditbetrag oder (bei Kreditlinien) die Höchstgrenze des Kredites
  - Gesamtbetrag aller vom Kunden zu leistenden Teilzahlungen einschließlich Zinsen und sonstiger Kosten:
    - bei Krediten mit **variablen Konditionen** ist ein **fiktiver Gesamtbetrag** auf Grundlage der bei Vertragsschluß maßgeblichen Bedingungen anzugeben
    - bei **Realkrediten,** grundpfandrechtlich abgesicherten **Zwischenkrediten** und **Rahmenkrediten** (Abrufdarlehen) ist **kein** Gesamtbetrag anzugeben
  - Art und Weise der Rückzahlung
  - Zinssatz und alle sonstigen Kosten des Kredites, die im einzelnen zu beziffern sind

- **effektiver Jahreszins** oder (bei variablen Konditionen) der **anfängliche** effektive Jahreszins
- unter welchen Voraussetzungen preisbestimmende Faktoren geändert werden können
- auf welchen Zeitraum Belastungen bei der Berechnung des effektiven Jahreszinses verrechnet werden
- Kosten einer Restschuldversicherung oder sonstiger mit dem Kreditvertrag im Zusammenhang abgeschlossener Versicherungen
- zu bestellende Sicherheiten.

c) Das **Fehlen** von Angaben im Kreditvertrag führt zu schwerwiegenden **Konsequenzen** für das KI:

- Nichtigkeit des Kreditvertrags, sofern die Schriftform insgesamt nicht gewahrt ist oder eine der o.a. Angaben fehlt
- sofern der Kunde den Kredit dennoch in Anspruch nimmt, wird der Kreditvertrag gültig; fehlende Angaben führen jedoch zu Konsequenzen:
  - fehlende Angabe des Effektivzinses: Kredit wird nur mit 4 % p.a. verzinst
  - zu niedrige Angabe des Effektivzinses: Kürzung des Nominalzinses um die Differenz
  - fehlende Angabe über Sicherheiten: kein Anspruch auf Sicherheitenbestellung, es sei denn, Kreditbetrag übersteigt 100 000,– DM
  - fehlende Angabe über die Voraussetzungen, unter denen preisbestimmende Faktoren geändert werden können: Zinsänderung zu Ungunsten des Kreditnehmers nicht zulässig
  - fehlende Kosten: Erhebung nicht zulässig.

d) **Sonderregelungen/Erleichterungen** für einzelne Kreditarten:

- Dispositionskredite:
  - KI muß den Kunden unterrichten über
    - Höhe der Kreditlinie
    - den zum Zeitpunkt der Unterrichtung geltenden Jahreszins
    - die Bedingungen, zu denen der Zinssatz geändert werden kann
    - die Regelung für die Beendigung des Vertrages
  - diese Bedingungen sind dem Kreditnehmer **spätestens** nach der ersten Inanspruchnahme des Kredites schriftlich zu bestätigen
  - Kunde ist während der Inanspruchnahme des Kredites über Zinsänderungen zu unterrichten (kann auch durch Aufdruck auf dem Kontoauszug geschehen)
- Überziehungen: Überzieht der Kunde sein Konto länger als drei Monate
  - über die eingeräumte Kreditlinie hinaus oder
  - ohne daß ihm eine Kreditlinie eingeräumt wurde,

  so muß das KI ihn über den Jahreszins und andere Kosten informieren; ebenfalls durch Ausdruck auf Kontoauszug möglich.

e) **Widerrufsrecht:**

- Binnen einer Woche kann der Kunde seine auf Abschluß des Kreditvertrages gerichtete Willenserklärung widerrufen

- hatte der Kreditnehmer die Darlehensvaluta bereits erhalten, bleibt der Widerruf nur wirksam, wenn der Kunde den Kredit innerhalb von zwei Wochen zurückbezahlt
- dieses Widerrufsrecht muß dem Kunden deutlich schriftlich dargelegt und von ihm gesondert unterschrieben werden; geschieht dies nicht, erlischt das Widerrufsrecht erst nach einem Jahr
- das KI kann die Auszahlung des Kredites bis zum Ablauf der Widerspruchsfrist verweigern
- das Widerrufsrecht gilt nicht für grundpfandrechtlich gesicherte Baukredite.

f) **Kunden-Unterschriften bei Vertragsabschluß:**

Urkunde	Unterschrift
Kreditvertrag	erforderlich, nicht jedoch bei Überziehungskrediten
Bestätigung des Erhalts einer Vertragsausfertigung	aus Beweisgründen sinnvoll, aber nicht zwingend erforderlich
Widerrufsbelehrung	erforderlich, nicht jedoch bei Überziehungskrediten und Realkrediten
Bestätigung der Aushändigung der Widerrufsbelehrung	aus Beweisgründen sinnvoll, aber nicht zwingend erforderlich

g) **Verzug:**

- Kommt der Kunde mit Zahlungen in Verzug, ist der geschuldete Betrag mit 5 % p.a. über dem jeweiligen Diskontsatz der Bundesbank zu verzinsen, sofern das KI nicht im Einzelfall einen höheren oder der Kunde einen niedrigeren Schaden nachweist
- nach Eintritt des Verzuges anfallende Zinsen sind auf einem gesonderten Konto zu verbuchen und dürfen nicht in ein Kontokorrent mit dem geschuldeten Betrag oder anderen Forderungen eingestellt werden
- für die fälligen Zinsen steht dem KI Schadensersatz in Höhe des gesetzlichen Zinssatzes zu (4 % p.a.)
- Teilzahlungen des in Verzug geratenen Schuldners werden zunächst auf die Kosten der Rechtsverfolgung, dann auf die Tilgung und rückständige Vertragszinsen und erst zuletzt auf die Verzugszinsen angerechnet (Abweichung von § 367 I BGB)
- Ratenkredite dürfen wegen Zahlungsverzuges nur gekündigt werden, wenn der Kunde mit mindestens zwei aufeinanderfolgenden Teilzahlungen ganz oder teilweise und mit mindestens 10 %, bei einer Laufzeit des Kreditvertrags über 3 Jahre mit 5 % des Kreditbetrages in Verzug ist
- außerdem muß dem Kreditnehmer seitens der KI erfolglos eine zweiwöchige Frist zur Begleichung des Rückstands gesetzt worden sein, mit der Androhung der Einforderung der gesamten Restschuld
- spätestens mit dieser Fristsetzung soll das KI dem Kunden ein Gespräch über die Möglichkeiten einer einvernehmlichen Regelung anbieten.

1.3.012 Preisangabenverordnung (PAngV) vom 14.3.1985

in der Fassung vom 18.12.1992.

a) **Wesen:** siehe Abschnitt 0.1.414.

b) **Angabepflichten:** Bei Krediten an Privatkunden (an Firmenkunden nur, sofern der Kredit für den privaten Bedarf aufgenommen wird) sind anzugeben:

- der **effektive Jahreszins** bei Krediten mit für die gesamte Laufzeit festen Konditionen
- der **anfängliche effektive Jahreszins** bei Krediten mit veränderbaren Konditionen
- der **neue anfängliche effektive Jahreszins** ab 1.7.1993 bei Konditionenänderungen wie
  - pauschalen Zinssatzänderungen
  - Vereinbarung neuer Konditionen bei auslaufenden Festzinssätzen
  - individuellen Konditionenänderungen
  - Veränderungen des materiellen Vertragsinhalts.

c) **Errechnung** des effektiven Jahreszinses:

- **Einzubeziehen** sind
  - Nominalzins
  - Zinssollstellungstermine
  - Tilgungshöhe
  - tilgungsfreie Zeiträume
  - Agio / Disagio
  - Bearbeitungskosten
  - Maklerprovisionen und sonstige Kreditvermittlungskosten
  - Zahlungstermine
  - Annuitäten-Zuschußdarlehen und Zusatzdarlehen zur Finanzierung eines Disagios oder Agios, sofern sie mit dem Kredit eine Einheit bilden
  - von den Zahlungsterminen abweichende Termine für die Tilgungsverrechnung
  - Höhe der Restschuld
  - obligatorische Restschuld- bzw. Risikolebensversicherung
  - Inkassokosten (ohne übliche Lastschriftkosten)
- **nicht einzubeziehen** sind:
  - Bereitstellungszinsen und Aufschläge für Teilauszahlungen
  - individuell unterschiedliche Aufwendungen im Zusammenhang mit der Absicherung des Darlehens, z. B. Notariatsgebühren, Grundbuchkosten, Schätzungsgebühren
  - Ansparleistungen
  - Prämien einer Kapitallebensversicherung, die zur späteren Tilgung dienen soll
- 360-Tage-Methode / Angabe mit zwei Kommastellen

- Verrechnung von Disagien und Bearbeitungskosten:
  - Angabe, auf welchen Zeitraum diese Belastungen verrechnet werden
  - Verrechnungszeit muß konkret ersichtlich sein (Praxis: gesamte Darlehenslaufzeit oder Dauer Festzinsbindung oder anderer Zeitraum).

1.3.013 Vorschriften der Einlagensicherung

a) In Betracht kommen insbesondere

- Mindestreservevorschriften (§ 16 BBankG)
- Normativbestimmungen des Kreditwesengesetzes (insb. §§ 10-18 KWG)
- Grundsätze des Bundesaufsichtsamtes über Eigenkapital und Liquidität der KI.

b) Nach diesen Vorschriften sind die Kreditinstitute bestimmten Einschränkungen in ihrem Aktivgeschäft unterworfen, da sie weit überwiegend **nicht eigene Mittel**, sondern **ihnen anvertraute Kundengelder**, also fremde Mittel, zur Kreditgewährung verwenden. Die Anlage dieser Gelder im Rahmen des Kreditgeschäftes hat daher nach folgenden **Gesichtspunkten** zu erfolgen:

- **sicher:** Anlage der Gelder so, daß Verluste weitgehend vermieden werden
- **liquide:** Anlage der Gelder so, daß das KI jederzeit seinen Zahlungsverpflichtungen, insbesondere gegenüber den Kunden, nachkommen kann
- **rentabel** (gewinnbringend): Anlage der Gelder so, daß ein angemessener Ertrag für das eingesetzte Kapital gewährleistet ist (d. h. Deckung der Habenzinsen + Überschuß).

Sicherheit und Liquidität einerseits, Rentabilität andererseits stehen zueinander im **Gegensatz**: langfristige (d. h. illiquide) und riskante (also unsichere) Anlagen erbringen die größten Erträge. Die erwähnten staatlichen Vorschriften dienen dazu, bei Einräumung eines relativ weiten Handlungsspielraums Sicherheit und Liquidität der KI zu gewährleisten.

1.3.014 Sparkassengesetze und Mustersatzungen

a) **Wesen:** Für die Sparkassen gelten hinsichtlich der Sicherheit und der Liquidität besondere Vorschriften, die in den einzelnen Bundesländern in Mustersatzungen niedergelegt sind. Aufgrund des öffentlichen Auftrags der Sparkassen mit den Elementen

- Daseinsvorsorge
- Förderung des Sparens
- Befriedigung des örtlichen Kreditbedarfs
- Unterstützung der kommunalen Aufgaben

ergab sich ursprünglich die starke Ausrichtung auf das Spargeschäft einerseits und möglichst risikolose Anlagen andererseits.

Um den Sparkassen auch bei härter werdendem Wettbewerb die Erfüllung ihrer Aufgaben zu ermöglichen (Wettbewerbsgleichheit), sind in vielen Bundesländern Bestrebungen im Gange, das sog. **Enumerationsprinzip**, das die erlaubten Geschäfte gesetzlich festlegt, **aufzugeben** bzw. an die heutigen Bedingungen **anzupassen**.

Damit steht der Aufnahme neuer banküblicher Geschäfte dann nicht mehr das Zulassungserfordernis durch das jeweils zuständige Ministerium im Wege.

b) **Beispiel:** Sparkassengesetz für Baden-Württemberg i.d.F. vom 23.1.1992: „Die Sparkassen dürfen alle banküblichen Geschäfte betreiben, soweit dieses Gesetz, die auf Grund dieses Gesetzes erlassenen Rechtsverordnungen oder die Satzung keine Einschränkungen vorsehen".

Die Sparkassengeschäftsordnung regelt dann z. B.:

- ungesicherte Kredite: Gesamtbetrag darf das Neunfache des haftenden Eigenkapitals nicht übersteigen
- Höchstbetrag für Personalkredite: einem Kreditnehmer dürfen an Personalkrediten insgesamt nicht mehr als 27,5 % des haftenden Eigenkapitals der Sparkasse gewährt werden
- Anlage der Sparkassenmittel in Wertpapieren usw.

c) Im Rahmen der Einlagensicherung haben die **Mustersatzungen** geringere Bedeutung aufgrund der daneben bestehenden Gewährträgerhaftung (siehe Abschnitt 1.0.131).

1.3.015 Sonstige Vorschriften

Zu Rechtsgrundlagen des Kreditgeschäftes werden über das zuvor Gesagte hinaus außerdem noch

- die **Allgemeinen Geschäftsbedingungen der KI** (durch ausdrückliche Einbeziehung)
- die **Formularverträge** der KI im Kreditgeschäft
- verschiedene **Allgemeine Bedingungen** für Teilbereiche des Aktivgeschäfts, z. B. für die Abtretung von Forderungen usw. (ausdrückliche Einbeziehung).

1.3.02 Kreditarten

Unterscheidung ist möglich nach folgenden Gesichtspunkten:

a) nach der **Befristung** (Laufzeit):

- kurzfristig (i. d. R. bis 12 Monate)
- mittelfristig (i. d. R. bis 4 Jahre)
- langfristig

b) nach der **Höhe**: im normalen Kreditgeschäft kein wesentliches Unterscheidungskriterium; nach dem KWG bzw. den Grundsätzen des Bundesaufsichtsamtes (vgl. Abschnitt 1.0.12) sind aber folgende Kreditarten wichtig:

- Großkredite
- Millionenkredite
- Kredite über 250 000,– DM (Offenlegung der wirtschaftlichen Verhältnisse des Kreditnehmers).

c) nach der **Besicherung**:

- reiner **Personalkredit** (Blankokredit): als Sicherheit dient die Person des Kreditnehmers, seine persönliche Kreditwürdigkeit
- **verstärkter** Personalkredit: als Sicherheit dienen neben der Person des Kreditnehmers noch andere **Personen**, z. B.
  - alle Wechselschuldner (beim Diskontkredit)
  - Mithaftung von Bürgen/Garanten (Avalkredite)
  - Mithaftung der Drittschuldner aufgrund der abgetretenen Forderungen (Zessionskredite)
- **Realkredit** = dinglich gesicherter Kredit: als Sicherheiten dienen z. B.
  - Pfandrecht
  - Sicherungsübereignung
  - Grundpfandrechte (Hypotheken, Grundschulden)

Im Sparkassenbereich wird der Realkredit üblicherweise als langfristiger Kredit definiert, der durch die Bestellung von Grundpfandrechten an Grundstücken oder grundstücksgleichen Rechten innerhalb des in der Satzung festgelegten Gebietes besichert ist.

Dabei sind die Beleihungsgrundsätze zu beachten; Beleihungshöhe im Realkreditgeschäft grundsätzlich max. 60 % des Beleihungswertes.

d) nach der Art der Gewährung (**Bereitstellung**):

- Barkredite, Geldkredite (**Geldleihe**): Bereitstellung von Geld (z. B. Kontokorrent-, Diskont-, Lombardkredite)
- Aval- oder Akzeptkredite (**Kreditleihe**): Kreditgeber stellt seinen guten Namen zur Verfügung (durch Wechselunterschrift, Bürgschaft, Garantie)
- Warenkredite: Bereitstellung von Waren ohne sofortige vollständige Bezahlung (z. B. Ratenkauf, Lieferantenziel, Teilzahlungskredite)

e) nach dem **Verwendungszweck**:

- Produktionskredite (Investitionskredite): Finanzierung der Produktion, Verteilung, Bereitstellung von Gütern
- Konsumkredite: Finanzierung des Verbrauchs von Konsumgütern

f) nach dem **Kreditnehmer**:

- privater Kredit (an private Haushalte)

- gewerblicher Kredit (an Unternehmen und selbständige Gewerbetreibende)
- öffentlicher Kredit (an öffentliche Körperschaften und Anstalten, z. B. Kommunalkredit)

g) nach der **Form** der Gewährung:

- Buchschulden (Verbuchung auf Konten, in Büchern; typischer Bankkredit)
- Briefschulden (Verbriefung von Ansprüchen in Urkunden, z. B. Hypothekenbrief, Schuldverschreibung)
- Wechselschulden (Verbriefung von Ansprüchen in einer Wechselurkunde; besondere Form der Briefschuld)

h) nach der **Tätigkeit der Banken**:

- von KI **gewährte** Kredite (KI = Kreditgeber)
- von KI **vermittelte** Kredite (KI = Kreditvermittler), z. B. bei Außenhandelsfinanzierung, Realkrediten, Effektenemission, Schuldscheindarlehen, Treuhandkrediten.

1.3.1 Kreditsicherheiten

Da Kreditinstitute im Rahmen ihres Kreditgeschäfts über **fremde Gelder** verfügen, die zwar in ihr Eigentum übergegangen sind (vgl. Darlehnsvertrag, unregelmäßige Verwahrung), bei Anforderung jedoch an die Gläubiger (insb. Einleger) zurückzuzahlen sind, muß besonderer Wert auf die Sicherheiten für vergebene Kredite gelegt werden.

Kreditsicherheiten sollen es ermöglichen, bei Ausfall des Kreditnehmers **in kurzer Zeit** durch Verwertung bzw. Realisierung der Sicherheit den Kreditbetrag zurückzuerhalten – möglichst **ohne** Notwendigkeit einer **Klage** oder eines sonstigen Gerichtsverfahrens, das zu Zeitverlusten führen könnte.

Nachdem die Rechtsprechung die frühere Praxis der KI, Sicherheiten nach billigem (eigenem) Ermessen freizugeben, für nicht mehr zulässig erklärt hat, ist die Freigabe von Sicherheiten in den AGB ab 1.1.1993 neu geregelt worden. Das KI hat auf Verlangen des Kunden Sicherheiten nach Wahl des KI freizugeben, falls der realisierbare Wert aller Sicherheiten

- den Gesamtbetrag aller zu sichernden Forderungen nicht nur vorübergehend um mehr als 20 % übersteigt (**AGB der Sparkassen)** bzw.
- die Deckungsgrenze nicht nur vorübergehend übersteigt (**AGB der Banken**); die Deckungsgrenze ist als Gesamtbetrag aller Ansprüche aus der bankmäßigen Geschäftsverbindung definiert: In den individuell vereinbarten Sicherungsverträgen können jedoch andere Bewertungsmaßstäbe, Deckungsgrenzen oder andere Grenzen für die Freigabe von Sicherheiten vereinbart werden.

1.3.10 Bürgschaft

1.3.100 Wesen

a) **Definition:** Die Bürgschaft ist ein Vertrag, durch den sich der Bürge gegenüber dem Gläubiger eines Dritten (Schuldner, Kreditnehmer) verpflichtet, für dessen Verbindlichkeiten und ihre Erfüllung einzustehen (§ 765 BGB).

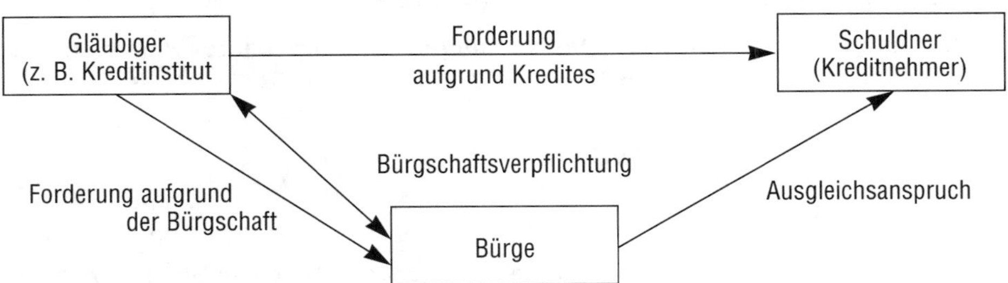

Der Bürgschaftsvertrag ist **einseitig** (nur für den Bürgen) **verpflichtend**.

b) **Akzessorietät** der Bürgschaft: sie ist immer an das Bestehen einer **zugrundeliegenden Schuld** gebunden und von dieser **abhängig** (akzessorisch), d. h.: (§ 767 BGB)

- die Bürgschaftsverpflichtung **entsteht** erst mit Bestehen/Entstehen der Hauptschuld
- ihre **Höhe** hängt von der Hauptschuld ab, die Bürgschaft paßt sich Erhöhungen und Verminderungen der Hauptschuld an (z. B. bei Kontokorrentkredit) und erfaßt auch alle gesetzlichen Erweiterungen (z. B. gesetzliche Verzugszinsen)
- die Bürgschaft **erlischt** gleichzeitig mit der Hauptschuld, kann aber auch – durch entsprechende Ausgestaltung – zur Sicherung weiterer im Zusammenhang mit dem Darlehensvertrag stehender Ansprüche (z. B. aus Bereicherung) dienen
- der Bürge kann gegenüber dem Gläubiger die gleichen **Einreden** geltend machen wie der Hauptschuldner (z. B. Stundung/Verjährung/Aufrechnung, § 768 BGB).

c) mit der **Leistung** des Bürgen an den Gläubiger geht dessen Forderung gegen den Hauptschuldner auf den Bürgen über (**gesetzlicher Forderungsübergang**, § 774 BGB, d. h. ohne besondere vertragliche Übertragung), und zwar einschließlich aller sonstigen **Sicherheiten** (z. B. Pfandrechte usw.).

d) **Erlöschen** der Bürgschaft:

- mit Erlöschen der Hauptschuld
- mit Geltendmachung eines vertraglich vereinbarten Kündigungsrechts durch den Bürgen
- bei Aufgabe einer sonstigen Kreditsicherheit durch den Gläubiger ohne Zustimmung des Bürgen (§ 776 BGB); die Vorschrift wird in der Praxis oft im Vertrag ausgeschlossen

- mit Zeitablauf, wenn der Gläubiger nicht anzeigt, daß er bereits gegen den Schuldner vorgeht und den Bürgen noch in Anspruch nehmen wird (§ 777 BGB)
- bei befreiender Schuldübernahme durch einen Dritten (§ 418 BGB).

e) **Form** der Bürgschaft:

- grundsätzlich (nach BGB) Schriftform erforderlich (§ 766 BGB)
- eigenhändige Unterschrift erforderlich (§ 126 BGB)
- Ausnahme: Bürgschaften von Vollkaufleuten im Rahmen ihres Handelsgewerbes sind formfrei gültig (§ 350 HGB).

1.3.101 Bürgschaftsarten

a) Nach der Höhe der Bürgschaftsverpflichtung:

- **unlimitierte** Bürgschaft: Bürge haftet für **alle** Ansprüche des Gläubigers gegen den Schuldner, z. T. (bei entsprechender Vereinbarung) auch für **zukünftige** Forderungen (z. B. alle Forderungen einer Bank aus Kredit, Wertpapierkauf, Depotgebühren usw.)
- **Höchstbetrags**bürgschaft: Haftung des Bürgen bis zu **einem** Höchstbetrag, der sich zusammensetzen kann aus
  - Hauptschuld
  - Zinsen
  - Kosten (Provisionen, Spesen).

b) Nach der **Stellung** des Bürgen zum Hauptschuldner:

- **„Gewöhnliche" Bürgschaft** nach BGB (§ 765):
  - dem Bürgen stehen auch die Einreden des Schuldners zu (z. B. Anfechtung, Aufrechnung usw.)
  - der Bürge hat die **Einrede der Vorausklage**, d. h. er kann verlangen, daß der Gläubiger die erfolglose Zwangsvollstreckung in die beweglichen Sachen des Schuldners nachweist.
- **Ausfallbürgschaft:** der Bürge haftet nach dem Schuldner (§§ 771-773 BGB):
  - der Bürge hat die Einrede der Vorausklage (s. o.)
  - Gläubiger muß die erfolglose Zwangsvollstreckung in das gesamte Vermögen des Schuldners nachweisen
  - er haftet nur für den vom Hauptschuldner nachweislich nicht geleisteten Teil = Ausfall.
- **Modifizierte Ausfallbürgschaft:**
  - der Bürge verpflichtet sich, für den Ausfall einzutreten, d. h.
  - es wird zwischen Gläubiger und Bürge vereinbart, wann der Ausfall als eingetreten bzw. nachgewiesen gilt (z. B. nach drei erfolglosen Mahnungen).
- **Selbstschuldnerische Bürgschaft:** der Bürge haftet neben dem Schuldner, d. h. wie der Hauptschuldner selbst (§ 773 BGB):
  - der Bürge hat auf die Einrede der Vorausklage verzichtet, d. h.
  - er hat auf Anforderung des Gläubigers zu leisten, ohne daß dieser sich vorher an den Hauptschuldner wenden müßte.

Anwendung:
- Bürge verzichtet auf die Einrede der Vorausklage (§ 773 I Nr. 1 BGB)
- Bürge ist **Vollkaufmann**, die Bürgschaft ist für ihn ein Handelsgeschäft: kraft Gesetzes selbstschuldnerische Bürgschaft (z. B. Bürgschaften von KI), § 349 HGB.

c) Bei **Mehrheit** von Bürgen:

- **Mitbürgschaft** (§ 769 BGB):
  - mehrere Personen bürgen für dieselbe Verbindlichkeit
  - sie haften als Gesamtschuldner
  - der Gläubiger kann nach seiner Wahl einen Bürgen für die Gesamtforderung in Anspruch nehmen
  - der in Anspruch genommene Bürge hat einen Ausgleichsanspruch gegenüber den anderen Mitbürgen
- **Nachbürgschaft:**
  - Verbürgung gegenüber dem Gläubiger, daß der Hauptbürge seine Verpflichtung erfüllt
  - Verpflichtung des Nachbürgen ist von der Hauptbürgschaft abhängig und dieser gegenüber subsidiär (nachrangig)
- **Rückbürgschaft:**
  - Verbürgung gegenüber dem Hauptbürgen, daß der Hauptschuldner eventuelle Rückgriffsansprüche des Bürgen erfüllt
  - Rückbürge kann erst dann in Anspruch genommen werden, wenn der Hauptbürge bereits gezahlt hat und vom Hauptschuldner kein Ersatz zu erlangen ist.

d) **Scheck- und Wechselbürgschaft** (sog. Aval): keine Bürgschaft im Sinne des BGB, da keine Akzessorietät besteht und der Bürge nicht subsidiär (nachrangig), sondern selbständig gesamtschuldnerisch haftet. Die Rechtsfolgen richten sich ausschließlich nach Scheck- bzw. Wechselrecht.

e) **Kreditauftrag:** z. B. ein Kreditinstitut gewährt einem Dritten im Auftrag eines anderen (Kunden) einen Kredit; der Auftraggeber haftet wie ein Bürge (§ 778 BGB; § 349, 2 HGB).

1.3.102 Die Bürgschaft in der Praxis

a) **Kreditinstitute** verlangen die Abgabe von Bürgschaftserklärungen zu ihren Gunsten auf **Vordrucken**, in denen viele gesetzliche Regelungen vertraglich ausgeschlossen oder umgestaltet werden (Vertragsfreiheit!):

- KI verlangen i. d. R. **selbstschuldnerische** Bürgschaften
- die Bürgschaften sind grds. **unbefristet**
- die Bürgschaft bleibt bestehen, wenn das KI sonstige Sicherungen aufgibt
- die Ansprüche des KI gegen den Hauptschuldner gehen erst nach vollständiger Zahlung durch den Bürgen auf diesen über
- der Bürge verzichtet auf die Einreden der Anfechtbarkeit und der Aufrechenbarkeit

- u. U. Unterschrift des Bürgen zur Anerkennung der Schufa-Klausel = Einwilligung des Bürgen, daß das KI die Daten über die Bürgschaft und die vertragsgemäße Abwicklung der Geschäftsbeziehung an die Schufa weitergeben darf (Privatkundengeschäft).

b) **Entwicklung der Rechtsprechung zum Bürgschaftsrecht:**

Bis in die jüngste Vergangenheit bevorzugten die Kreditinstitute **unlimitierte** Bürgschaften. Außerdem haftete der Bürge auch für **künftige** Forderungen des KI. Mit diesen Vertragsgestaltungen beschäftigte sich die Rechtsprechung intensiv:

- BGH-Urteil vom 1.6.1994:
  Die formularmäßige Erweiterung der Bürgenhaftung auf **alle bestehenden und künftigen Verbindlichkeiten** des Hauptschuldners sei nicht wirksam, sofern die Bürgschaftserklärung **aus Anlaß der Gewährung eines Tilgungsdarlehens** abgegeben werde. Diese Erweiterung sei dann **überraschend** und werde gemäß § 3 AGBG (vgl. Abschnitt 0.1.411) nicht Vertragsbestandteil.

- BGH-Urteil vom 18.5.1995:
  Abkehr vom bisherigen **Leitbild der Bürgschaft** als betragsmäßig unbegrenzter Verpflichtung, für die Verbindlichkeiten des Hauptschuldners einzustehen. Nach der neuen Rechtsprechung leitet der BGH nunmehr aus § 767 I 3 BGB ab, daß eine Bürgschaft nach ihrem gesetzlichen Leitbild eine **betragsmäßige Begrenzung** voraussetze.

  Folge: eine **formularmäßige Erstreckung** der Bürgschaft auf sämtliche Ansprüche aus der bankmäßigen Geschäftsverbindung ist nunmehr als Abweichung vom gesetzlichen Leitbild anzusehen, so daß eine **Inhaltskontrolle** nach § 9 AGBG erfolgen kann (vgl. Abschnitt 0.1.411). Im Rahmen der Inhaltskontrolle kommt der BGH dann zu dem Ergebnis, daß der Bürge bei der formularmäßigen Globalbürgschaft **unangemessen benachteiligt** werde.

  Der BGH reduzierte die Zweckerklärung auf ihren höchstzulässigen Inhalt, abgeleitet aus dem konkreten **Anlaß** der Bürgschaftsübernahme.

Folgen für die Praxis:

- Bei der Verbürgung durch **Nichtkaufleute** (Geltung des AGB-Gesetzes!) ist die Hereinnahme unlimitierter und/oder auch für künftige Forderungen des KI geltender Bürgschaften **nicht mehr zulässig.**

- Ausnahme: Alleiniger oder Mehrheits-Gesellschafter einer GmbH, der auch gleichzeitig Alleingeschäftsführer ist, verbürgt sich für die Verbindlichkeiten der GmbH.

c) In der Praxis ergeben sich Probleme oft bei einer **Mehrheit von Sicherungsgebern**.

Für die **Mitbürgschaft** erleichtern die gesetzlichen Regelungen die Entscheidung. Beispiel:

Der Schuldner hat zur Sicherung der Gläubigerforderung ein Pfand bestellt sowie drei Bürgschaften gegenüber dem Gläubiger bewirkt.

Nimmt der Gläubiger nun – bei Ausfall des Schuldners – Bürge C in Anspruch, geht auf diesen die Gläubigerforderung über (§ 774 BGB), so daß er gegen den Schuldner einen Erstattungsanspruch hat. Da auch die Sicherheiten mit auf ihn übergehen (§§ 412, 401 BGB), erhält er ein Verwertungsrecht am Pfand sowie – aufgrund der gesamtschuldnerischen Haftung – einen Ausgleichsanspruch in Höhe von je 1/3 gegen die Mitbürgen (§ 426 BGB):

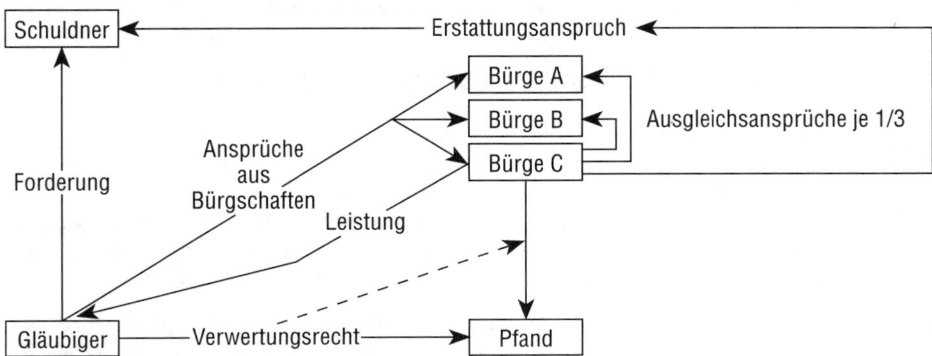

Haben verschiedene Personen zugunsten des Schuldners gegenüber dem Gläubiger **persönliche** (Bürgschaft) und **dingliche Sicherheiten** gestellt, so stehen diesen Sicherungsgebern beim Fehlen anderweitiger Vereinbarungen gegenseitige Ausgleichsansprüche anteilig zu (BGH-Urteil vom 26.6.89).

1.3.11 Garantie

a) **Wesen:** Die Garantie ist ein einseitig verpflichtender Vertrag des Garanten mit dem Gläubiger eines Dritten, in dem der Garant ein **abstraktes Leistungsversprechen** abgibt.

b) Die versprochene **Leistung** ist unter bestimmten Voraussetzungen und in genau festgelegten **Situationen** zu erbringen, z. B.

- Gewährleistung für mangelfreie Ware durch Hauptschuldner – Garantieleistung des Garanten, wenn die Ware nicht mangelfrei ist.
- Gewährleistung für Einhaltung eines Angebots durch einen Vertragspartner – Garantieleistung des Garanten bei Nichteinhaltung.

Die Leistung kann also auch auf ein bestimmtes Schuldverhältnis gerichtet und zu dessen Absicherung bestimmt sein, ist von diesem jedoch rechtlich völlig unabhängig (**abstrakt**), sowohl im Entstehen als auch hinsichtlich Höhe, Laufzeit, Erlöschen usw.

Der Garant kann die dem Hauptschuldner gegenüber dem Gläubiger zustehenden Einreden und Einwendungen **nicht** geltend machen.

c) **Anwendung:** in Fällen, in denen bei Geschäften unter Kaufleuten für Nichteinhaltung bestimmter Verpflichtungen eine **Vertragsstrafe** (Konventionalstrafe) vorgesehen ist (unabhängig von einem evtl. eingetretenen Schaden, seiner Höhe und der Möglichkeit der Geltendmachung von Schadensersatzansprüchen), um den Schuldner zur Erfüllung seiner Pflichten anzuhalten.

In der Praxis werden seltener Garantien zugunsten von Kreditinstituten abgegeben, sondern **KI** treten zugunsten ihrer Kunden **als Garanten** auf (sog. Avalkredit, siehe dort).

d) Die Garantie ist gesetzlich **nicht geregelt**, unterliegt also auch keiner Formvorschrift. Sie ist der Bürgschaft vergleichbar, unterscheidet sich von dieser jedoch durch ihre Abstraktheit, d. h. das Fehlen der **Akzessorietät**.

1.3.12 Abtretung (Zession) von Forderungen

1.3.120 Wesen

a) **Definition:** Die Zession ist ein Vertrag, durch den der Gläubiger (Zedent) einer Forderung diese auf einen anderen (Zessionar) überträgt; mit Vertragsschluß tritt der neue Gläubiger an die Stelle des bisherigen Gläubigers (§ 398 BGB).

Durch die Abtretung erwirbt ein Kreditinstitut als Zessionar von seinem Kreditnehmer, dem Zedenten, eine Forderung gegen einen sog. Drittschuldner als **Sicherheit** für einen gewährten (oder zu gewährenden) Kredit.

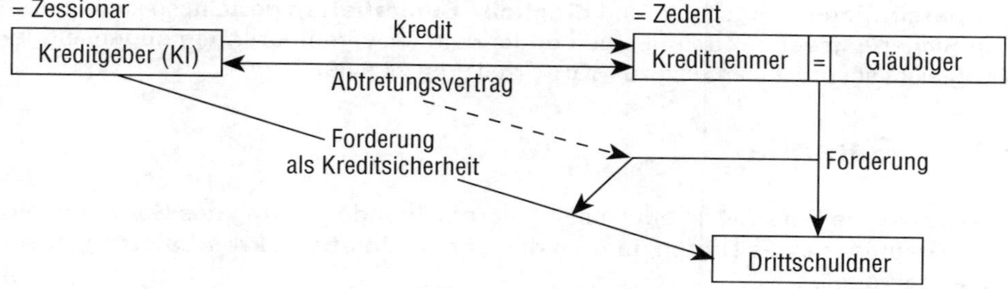

b) **Form** der Zession:

- grds. ist der Abtretungsvertrag **formfrei** gültig
- Bankpraxis: Vertrag kommt zustande durch
  - schriftliche Abtretungserklärung des Kreditnehmers (= WE I)
  - Entgegennahme durch die Bank (= WE II).

c) Die Zession ist **abstrakt**. Zu ihrer Wirksamkeit ist die Zustimmung des Drittschuldners nicht erforderlich.

Folgende Forderungen sind **nicht abtretbar**:

- Forderungen, deren Abtretung durch Vertrag zwischen Gläubiger und Drittschuldner ausgeschlossen wurde (§ 399 BGB), es sei denn, das der Forderung zugrundeliegende Rechtsgeschäft ist für beide Seiten ein Handelsgeschäft oder der Schuldner ist eine juristische Person des öffentlichen Rechts oder ein öffentlich-rechtliches Sondervermögen (§ 354 a HGB); in diesen Fällen kann der Drittschuldner jedoch – auch nach Offenlegung der Zession – **mit schuldbefreiender Wirkung an den Zedenten** zahlen

- unpfändbare Forderungen (§ 400; vgl. z. B. Pfändungsgrenzen der Zivilprozeßordnung für Lohn/Gehalt/Renten innerhalb des Existenzminimums)
- höchstpersönliche Ansprüche, zweckgebundene Forderungen (z. B. Subventionen).

d) Folgende mit der Forderung **verbundene Sicherungsrechte** werden automatisch **mitübertragen** (§ 401 BGB):

- Hypotheken
- Pfandrechte
- Bürgschaften.

Folgende Sicherheiten gehen **nicht** automatisch auf den neuen Gläubiger über:

- Eigentumsvorbehalt
- Sicherungsübereignung
- anderweitige Forderungsabtretung
- Garantie.

e) Da die Zession nur zur Sicherheit und daher **treuhänderisch** (fiduziarisch) erfolgt, tritt die abgetretene Forderung grds. nicht an die Stelle, sondern **neben** die zu sichernde Forderung des Zessionars gegen den Zedenten (Unterschied zu Forfaitierung und Factoring).

Daraus folgt, daß der Zessionar

- bei Inanspruchnahme des Drittschuldners einen **Mehrbetrag** an den **Zedenten** geben muß
- bei Nichtinanspruchnahme (der Zedent zahlt seinen Kredit selbst zurück) die Forderung auf den Zedenten **rückübertragen** muß.

Möglich ist die Abtretung einer Forderung **erfüllungshalber** (§ 364 II BGB; Gläubiger muß sich dann zuerst an Drittschuldner wenden) oder **an Erfüllungs Statt** (§ 364 I BGB; die ursprüngliche Forderung des Schuldners erlischt).

f) Zession als **Sicherheit für Bankkredite**: KI akzeptieren Abtretung von Forderungen aus

- Waren- und Dienstleistungsgeschäften
- Sparverträgen, Sparbriefen
- Lebensversicherungsverträgen; die Abtretung kann steuerliche Konsequenzen haben
- Arbeitsverträgen (Lohn- und Gehaltsansprüche; insb. bei Kleinkrediten)
- Miet- und Pachtverträgen.

Deutsche Bank
Aktiengesellschaft

Allgemeine Bedingungen für die Abtretung von Forderungen (ABAF)

Zwischen Sicherungsgeber und Bank wird folgendes vereinbart:

1. Rechte Dritter

Der Sicherungsgeber versichert, daß er über die von der Abtretung erfaßten Forderungen uneingeschränkt verfügungsberechtigt ist, insbesondere

- daß die an die Bank abgetretenen Forderungen nicht bereits an Dritte abgetreten sind (Vorausabtretungen aufgrund von Lieferungsbedingungen fallen nicht unter diese Erklärung) und
- daß Rechte Dritter an den Forderungen nicht bestehen.

Der Sicherungsgeber wird an die Bank auch in Zukunft nur solche Forderungen abtreten, auf die die obigen Voraussetzungen zutreffen.

2. Haftung für Bestand

Der Sicherungsgeber haftet für den Bestand der abgetretenen Forderungen.

3. Kontokorrentverhältnis

Besteht zwischen dem Sicherungsgeber und den Drittschuldnern ein echtes oder unechtes Kontokorrentverhältnis oder wird ein solches später begründet, so tritt er hiermit der Bank zusätzlich die Ansprüche auf Kündigung des Kontokorrentverhältnisses, auf Feststellung des gegenwärtigen Saldos sowie die Forderungen aus gezogenen oder in Zukunft zu ziehenden Salden ab.

4. Übergang von Nebenrechten

(1) Mit den abgetretenen Forderungen gehen alle für diese haftenden Sicherheiten sowie die Rechte aus den zugrunde liegenden Rechtsgeschäften auf die Bank über. Liegen den abgetretenen Forderungen Lieferungen unter Eigentumsvorbehalt zugrunde oder sind dem Sicherungsgeber bewegliche Sachen zur Besicherung dieser Forderungen übereignet, so besteht Übereinstimmung, daß Vorbehaltseigentum und Sicherungseigentum auf die Bank übergehen; die Herausgabeansprüche des Sicherungsgebers gegen den unmittelbaren Besitzer sind zugleich an die Bank abgetreten. Hat der Sicherungsgeber das Sicherungsgut in unmittelbarem Besitz, so wird die Übergabe dadurch ersetzt, daß er das Sicherungsgut für die Bank unentgeltlich in Verwahrung nimmt.

(2) Sind für die Übertragung solcher Sicherheiten besondere Erklärungen und Handlungen erforderlich, wird der Sicherungsgeber diese auf Verlangen der Bank abgeben bzw. vornehmen.

5. Beeinträchtigung der abgetretenen Forderungen

Verändern sich die an die Bank abgetretenen Forderungen infolge von Beanstandungen, Preisnachlässen, Zahlungseinstellungen der Drittschuldner, Aufrechnungen oder aus anderen Gründen nachträglich in ihrem Wert, so ist der Sicherungsgeber verpflichtet, der Bank hiervon, soweit und sobald sie ihm bekannt werden, unverzüglich Kenntnis zu geben. Das gleiche gilt, wenn sich der Fälligkeitstag verändert oder dem Sicherungsgeber Umstände zur Kenntnis kommen, welche die Zahlungsfähigkeit von Drittschuldnern beeinträchtigen.

6. Pfändung der abgetretenen Forderungen

Werden die Rechte der Bank an den ihr abgetretenen Forderungen durch Pfändung beeinträchtigt oder gefährdet, hat der Sicherungsgeber die Bank unverzüglich zu unterrichten. Er hat der Bank Abschrift des Pfändungs- und Überweisungsbeschlusses sowie aller sonstigen zu einem Widerspruch gegen die Pfändung erforderlichen Schriftstücke zu übersenden und den Pfändungsgläubiger unverzüglich schriftlich von dem Sicherungsrecht der Bank zu unterrichten.

7. Einziehungsbefugnis/Übergang von Rechten an Schecks und Wechseln

(1) Die Befugnis zur Einziehung der Forderungen steht, sofern nichts Abweichendes vereinbart wird, der Bank als Gläubigerin der an sie abgetretenen Forderungen zu. Soweit auf diese Forderungen Zahlungen beim Sicherungsgeber eingehen, ist er verpflichtet, der Bank die Eingänge unverzüglich spezifiziert anzuzeigen und abzuliefern.

(2) Bei Zahlungen durch Schecks geht das Eigentum an diesen Papieren auf die Bank über, sobald der Sicherungsgeber es erwirbt. Erfolgt Zahlung durch Wechsel, so tritt der Sicherungsgeber die ihm daraus zustehenden Rechte hiermit im voraus sicherungshalber an die Bank ab. Die Übergabe der Schecks und Wechsel wird dadurch ersetzt, daß der Sicherungsgeber sie zunächst für die Bank in Verwahrung nimmt oder, falls er nicht unmittelbaren Besitz an ihnen erlangt, den ihm zustehenden Herausgabeanspruch gegen Dritte hiermit im voraus an die Bank abtritt; er wird die Papiere mit seinem Indossament versehen und unverzüglich an die Bank abliefern.

8. Rechte von Vorbehaltslieferanten

(1) Falls an die Bank eine Forderung abgetreten ist, die von einem Lieferanten des Sicherungsgebers aufgrund eines branchenüblichen verlängerten Eigentumsvorbehaltes gegenwärtig oder zukünftig berechtigterweise in Anspruch genommen werden kann, soll die Abtretung erst mit Erlöschen des verlängerten Eigentumsvorbehaltes wirksam werden. Soweit die Forderung einem Lieferanten nur teilweise zusteht, ist die Abtretung an die Bank zunächst auf den Forderungsteil beschränkt, der dem Sicherungsgeber zusteht; der Restteil wird auf die Bank erst übergehen, wenn er durch den verlängerten Eigentumsvorbehalt nicht mehr erfaßt wird.

(2) Soweit der Sicherungsgeber gegenwärtig oder zukünftig von einem Lieferanten die Rückabtretung der diesem aufgrund des verlängerten Eigentumsvorbehalts abgetretenen Forderung oder die Abführung des diesem zugeflossenen Erlöses verlangen kann, tritt der Sicherungsgeber diese Rechte mit allen Nebenrechten bereits hiermit an die Bank ab; entsprechendes gilt für ein etwaiges Anwartschaftsrecht auf Rückerwerb einer auflösend bedingt abgetretenen Forderung.

(3) Die Bank ist berechtigt, den verlängerten Eigentumsvorbehalt durch Befriedigung des Lieferanten abzulösen.

9. Auskunftspflicht und Prüfungsrecht

(1) Der Sicherungsgeber verpflichtet sich, der Bank auf Verlangen alle Auskünfte, Nachweise und Urkunden zu geben, die zur Prüfung, Bewertung und Geltendmachung der abgetretenen Forderungen erforderlich sind.

(2) Die Bank ist berechtigt, zur Prüfung, Bewertung und Geltendmachung der abgetretenen Forderungen die Unterlagen des Sicherungsgebers einzusehen oder durch einen Bevollmächtigten einsehen zu lassen.

(3) Erlischt die dem Sicherungsgeber erteilte Einziehungsbefugnis, so kann die Bank die Aushändigung aller Unterlagen über die abgetretenen Forderungen verlangen.

20-016 7 95

10. Vereinbarungen der Bank mit Drittschuldnern

(1) Soweit die Bank Forderungen selbst einzieht, darf sie alle Maßnahmen und Vereinbarungen mit Drittschuldnern treffen, die zur Realisierung der Forderungen erforderlich sind, insbesondere Stundungen oder Nachlässe gewähren und Vergleiche abschließen. Die Bank wird bei der Einziehung von Forderungen die gleiche Sorgfalt anwenden, die sie in eigenen Angelegenheiten anzuwenden pflegt.

(2) Eine Verpflichtung zum Einzug übernimmt die Bank nicht. Der Sicherungsgeber ist verpflichtet, auf Verlangen der Bank für diese die Forderungen auf seine Kosten einzuziehen.

11. Rechtserhaltende Klausel

Sollte eine Bestimmung des Abtretungsvertrages oder der ihn ergänzenden Allgemeinen Bedingungen für die Abtretung von Forderungen (ABAF) nicht rechtswirksam sein oder nicht durchgeführt werden, so wird dadurch die Gültigkeit des übrigen Vertragsinhalts nicht berührt; das gilt insbesondere, wenn die Unwirksamkeit sich nur auf einzelne Forderungen oder Forderungsteile erstreckt.

Diese Allgemeinen Bedingungen für die Abtretung von Forderungen (ABAF) sind Bestandteil des Sicherungsabtretungsvertrages vom gleichen Tag.

Ort, Datum

Ort, Datum

Deutsche Bank
Aktiengesellschaft

Der Sicherungsgeber

Datum Unterschrift

Unterschrift geprüft:

Kundeninformation

Hinweise zu möglichen steuerlichen Folgen bei der Abtretung/ Verpfändung von Ansprüchen aus Kapitallebensversicherungen nach dem Steueränderungsgesetz 1992

Sehr geehrte Kundin, sehr geehrter Kunde,

das Steueränderungsgesetz 1992 hat für die Behandlung von Kapitallebensversicherungen, die zur Tilgung oder Sicherung eines Kredites/Darlehens dienen, einige einschneidende Änderungen gebracht. Wir geben Ihnen diese Information zu einzelnen Aspekten nach dem Stand der derzeit zu erwartenden Folgen und Auswirkungen des Gesetzes. Wir bitten Sie, hiervon vor einer Unterzeichnung einer Abtretung/Verpfändung von Rechten und Ansprüchen aus einer Kapitallebensversicherung oder der Erklärung über deren Sicherungszweck Kenntnis zu nehmen.

1. Steuerlicher Ansatz der Finanzierungskosten des Kredites/Darlehens als Betriebsausgaben oder Werbungskosten

Wenn die Finanzierungskosten (Zinsen, Disagio, Bearbeitungskosten usw.) des Kredites/Darlehens steuerlich Betriebsausgaben oder Werbungskosten sind und die Rechte und Ansprüche aus einer Kapitallebensversicherung ganz oder teilweise zur Tilgung oder Sicherung dieses Kredites/ Darlehens dienen, können Ihnen grundsätzlich folgende Nachteile entstehen:

a) Die Versicherungsbeiträge können nicht mehr als Sonderausgaben geltend gemacht werden - evtl. sogar für die gesamte Restlaufzeit der Lebensversicherung.

b) Die Erträge aus den in den Beiträgen zur Lebensversicherung enthaltenen Sparanteilen sind zu versteuern.

Wie stark sich diese neuen Vorschriften steuerlich für Sie auswirken, hängt von Ihrem persönlichen Steuersatz im jeweiligen Veranlagungszeitraum ab.

Auch wenn der Versicherungsnehmer nicht zugleich Kreditnehmer ist, kann ihn diese Steuerschädlichkeit in gleichem Umfang treffen.

2. Nicht betroffene Vorgänge

a) Stichtag 13.02.92

Die Abtretung/Verpfändung ist nicht steuerschädlich, wenn die Verpflichtung hierzu zu diesem Zeitpunkt bereits bestanden hat und der Kredit/das Darlehen bis zum Stichtag in voller Höhe ausgezahlt war.

b) Kein steuerlicher Ansatz der Finanzierungskosten als Betriebsausgaben oder Werbungskosten

Wenn die Kosten des Kredites/Darlehens nicht steuerlich geltend gemacht werden können, treten bei einer Abtretung/Verpfändung der Lebensversicherungs-Ansprüche die oben beschriebenen Nachteile nicht ein. Damit sind Finanzierungen im privaten Bereich - auch Hypothekendarlehen für eigengenutzte Wohnobjekte - praktisch ohne steuerliche Auswirkungen. Dies gilt auch, wenn die Finanzierungskosten des Kredites/Darlehens z. B. für ein Arbeitszimmer im eigengenutzten Wohneigentum steuerlich als Werbungskosten geltend gemacht werden können, sofern hierbei die Ausnahmeregelungen gemäß der umseitigen Ziffer 3. a) eingehalten worden sind.

1 656 04 - 0 03.93 2000

-bitte wenden-

c) Abtretungen/Verpfändungen der Lebensversicherungs-Ansprüche nur für den Todesfall

Sofern die Ansprüche aus einer Kapitallebensversicherung nur für den Fall des Ablebens der versicherten Person abgetreten wurden, ist dies steuerunschädlich.

3. Ausnahmeregelungen

a) Finanzierung von Anlagevermögen und Wirtschaftsgütern

Sofern der Kredit/das Darlehen unmittelbar und ausschließlich zur Finanzierung von Anschaffungs- oder Herstellungskosten eines Wirtschaftsgutes, das dauernd zur Erzielung von Einkünften bestimmt ist (z. B. dem Erwerb von Immobilien), aber nicht einer Forderung dient, bleibt die Abtretung/Verpfändung von Lebensversicherungs-Ansprüchen zur Sicherung des Kredites/Darlehens ohne steuerliche Folgen, wenn die Abtretung/Verpfändung auf die Anschaffungs- und Herstellungskosten des angeschafften Wirtschaftsgutes beschränkt wird.

b) Sicherung von Betriebsmittelkrediten (für insgesamt höchstens 3 Jahre) durch Lebensversicherungs-Ansprüche

Die Dauer der Abtretung/Verpfändung(en) für Betriebsmittelkredite, die zur Überbrückung von Liquiditätsengpässen dienen, darf während der gesamten Laufzeit der Lebensversicherung insgesamt 3 Jahre nicht übersteigen. In diesem Fall tritt die Steuerschädlichkeit (gem. Ziffer 1.) nur in den jeweiligen Veranlagungszeiträumen ein, in denen die Versicherung als Sicherheit dient. Bei Überschreitung der Höchstdauer von 3 Jahren entfällt jede Steuerbegünstigung.

4. Nutzungsänderungen

Eine spätere Änderung der Nutzung des Wirtschaftsgutes kann nachträglich zur Steuerschädlichkeit führen.

5. Meldung an das Finanzamt

Die Kreditinstitute sind durch das Steueränderungsgesetz 1992 verpflichtet worden, sämtliche Abtretungen/Verpfändungen von Lebensversicherungs-Ansprüchen, die zur Tilgung oder Sicherung von Krediten und Darlehen von insgesamt mehr als DM 50.000,-- dienen, bei ihrem zuständigen Finanzamt anzuzeigen. Es ist davon auszugehen, daß sich Ihr zuständiges Finanzamt in einem derartigen Fall mit der Bitte um zusätzliche Angaben zum Kredit/Darlehen und der Lebensversicherung an Sie wendet, um die Frage der Steuerbegünstigung zu prüfen.

Eine Gewähr für die Richtigkeit der obigen Informationen können wir nicht übernehmen.

In Zweifelsfragen hinsichtlich der steuerlichen Auswirkung der Abtretung/Verpfändung von Ansprüchen aus Kapitallebensversicherungen wenden Sie sich deshalb bitte an Ihren Steuerberater/Wirtschaftsprüfer bzw. Ihr zuständiges Finanzamt.

Hamburger Sparkasse

Hamburg, im März 1993

1.3.121 Stille und offene Zession

a) **Stille Zession:** Drittschuldner wird von der Forderungsabtretung nicht unterichtet; Wirkung:

- Drittschuldner zahlt mit **schuldbefreiender Wirkung** an den **Zedenten**
- der Zedent muß die erhaltene Zahlung an den Zessionar abführen
- Forderungsabtretung und damit Kreditaufnahme des Zedenten werden nicht bekannt
- da dies dem Kreditnehmer in aller Regel lieber ist: stille Zession = übliche Form der Forderungsabtretung an KI.

Hierbei treten jedoch z. T. erhebliche **Gefahren** für das Kreditinstitut auf:

- Forderung besteht überhaupt nicht
- Forderung ist bereits abgetreten (Prioritätsprinzip, d. h. Vorrang des zuerst eingeräumten Sicherungsrechts)
- Abtretung ist durch Vertrag zwischen Zedent und Drittschuldner ausgeschlossen oder von der Zustimmung des Drittschuldners abhängig; siehe aber Sonderregelung in § 354 a HGB
- Drittschuldner zahlt schuldbefreiend an Zedenten (§ 407 BGB), die Kreditsicherheit ist also wertlos, wenn der Zedent das Geld einbehält und verbraucht.

Sicherungsmöglichkeiten für das KI:

- Prüfung der Bonität des Zedenten
- **Zessionsprüfung**, d. h. Prüfung des Drittschuldners, des Wertes und Risikos dieser Forderung
- **Überdeckung** des Kreditbetrages durch abgetretene Forderungen, um gegen Ausfälle geschützt zu sein (z. B. Kreditbetrag 100 000,– DM; Zessionsbetrag 120 000,– DM); dieses Ergebnis läßt sich erreichen, indem der Gesamtbetrag der abgetretenen Forderungen zu einem unter 100 % liegenden Satz bevorschußt wird
- **Risikostreuung** durch Auswahl möglichst kleiner Forderungen in entsprechend größerer Zahl gegen möglichst viele verschiedene Drittschuldner
- **Offenlegungsvorbehalt:** KI behalten sich das Recht vor, die stille Zession durch Benachrichtigung des Drittschuldners jederzeit in offene Abtretung umwandeln zu können; hierzu läßt sich das KI von vornherein Blanko-Abtretungsanzeigen durch den Kunden unterschreiben.

b) **Offene Zession:**

- Benachrichtigung des Drittschuldners von der Abtretung
- dieser kann **schuldbefreiend** nur an den Zessionar zahlen (aber: Sonderregelung in § 354 a HGB)
- Nachteil für Zedenten: Abtretung und Kreditaufnahme werden bekannt

- Vorteil für das KI: Zessions-Risiken werden weitgehend ausgeschaltet, da das KI sich die Korrektheit und Wirksamkeit der Forderung vom Drittschuldner bestätigen läßt.

1.3.122 Technik der Abtretung

a) Die Abtretung von Forderungen ist in folgenden **Formen** möglich:

- **Einzelabtretungen:** Forderungen werden als Kreditsicherheiten durch Einzelverträge an den Kreditgeber abgetreten; verwendbar, wenn eine oder wenige Forderungen, die als gesichert gelten können, zur Deckung des Kreditbetrages ausreichen: insb. bei **Kleinkrediten** an Privatkundschaft der KI (z. B. Abtretung von Lohn-/Gehaltsansprüchen, Forderungen gegen Lebensversicherungsgesellschaften)
- **Pauschalabtretungen:** Abtretung einer Vielzahl von Forderungen für umfangreichere Kredite insb. auch über längere Laufzeit an Unternehmen; fällig werdende Forderungen werden zur Kreditrückzahlung verwandt oder durch neue Forderungsabtretungen ergänzt. **Arten**:
  - Mantelzession
  - Globalzession.

b) **Mantelzession:**

- **ein** Abtretungsvertrag
- Kreditnehmer reicht beim Kreditinstitut Rechnungskopien oder Debitorenlisten ein, aus denen hervorgeht:
  - Höhe der Forderung
  - Fälligkeit
  - Name des Drittschuldners
  - Gegenstand des Geschäfts
- Abtretung wird **wirksam** mit **Einreichung** dieser Unterlagen (diese hat also konstitutive = rechtsbegründende Wirkung)
- Kunde verpflichtet sich i. d. R., durch Einreichung neuer Unterlagen stets für Einhaltung eines bestimmten Gesamtbetrages an abgetretenen Forderungen zu sorgen.

c) **Globalzession:**

- **ein** Abtretungsvertrag
- Abtretung aller gegenwärtigen und **zukünftigen** Forderungen gegen bestimmten Kundenkreis
- da für Abtretung insb. zukünftiger Ansprüche die Forderungen hinreichend bestimmt sein müssen: pauschale Fixierung des **Kundenkreises**, der von der Zession erfaßt sein soll, z. B. Kunden von A bis K (Anfangsbuchstaben), Kunden im Raum Niedersachsen usw.
- nähere Bestimmung der Forderungen und ihres Gesamtbetrages durch regelmäßige Bestandsverzeichnisse, die vom Zedenten einzureichen sind

- Forderungsabtretung ist **wirksam** mit **Entstehung** der Forderung (Einreichung der Forderungsverzeichnisse hat also nur deklaratorische = rechtsbekundende Wirkung)
- daher i. d. R. besondere Eignung als Kreditsicherheit.

d) Zessionen sind rechtlich **problematisch**: sie können gesetzes- oder sittenwidrig sein (§§ 134, 138 BGB); mögliche **Gründe**:

- **Übersicherung**, d. h. zu hohe Überdeckung des Kreditbetrages durch die Zession:
  - gemäß BGB-Rechtsprechung muß die Zession betragsmäßig begrenzt sein
  - die Begrenzung kann sich am Gesamtumfang des Kredites orientieren (Nennbetrag, Kreditkosten, Rechtsverfolgungskosten, potentielle Verzugskosten)
  - die KI vereinbaren i. d. R. einen Zuschlag von 20 % auf den Kreditnennbetrag
- **Knebelung** des Schuldners, d. h. unzumutbare Beschränkung in seiner wirtschaftlichen Freiheit:
  - die BGB-Rechtsprechung führte seit Anfang der 90er Jahre zu dem Erfordernis einer **Freigabeklausel**
  - eine Freigabeverpflichtung „nach billigem Ermessen" des KI war unzureichend
  - vielmehr müsse sie sich nach der betragsmäßig genau bestimmten Deckungsgrenze richten (vgl. Formular „Gobalabtretung" Nr. 7)
  - BGH-Anfragebeschluß 1996: der BGH hält am Erfordernis einer ausdrücklichen und ermessensunabhängigen Regelung der Verpflichtung des KI zur Freigabe überschießender Deckung **nicht fest**
  - die **Freigabeverpflichtung** des Sicherungsnehmers für endgültig nicht mehr benötigte Sicherheiten ergebe sich bereits aus der fiduziarischen (treuhänderischen) Rechtsnatur der Abtretung
  - die sich daran anschließende Fragestellung, ob dann die Vereinbarung einer konkreten Deckungsgrenze weiterhin erforderlich ist, wurde noch nicht entschieden (Anrufung des Großen Senats für Zivilsachen des BGH)
- **Verleitung zum Vertragsbruch:**
  - der Kreditgeber weiß, daß der Kreditnehmer Waren üblicherweise nur unter verlängertem Eigentumsvorbehalt beziehen kann (d. h. die Forderungen gegen Drittschuldner stehen dem Lieferanten zu), fordert ihn aber dennoch zur Forderungsabtretung auf
  - durch dingliche Verzichtsklauseln, nach denen Forderungen erst dann auf das KI übergehen, wenn oder insoweit sie nicht mehr dem verlängerten Eigentumsvorbehalt unterliegen, kann dem entgegengewirkt werden (vgl. Formular „Gobalabtretung" Nr. 4.1)
- **unzureichende/unangemessene Verwertungsklauseln:**
  - erforderlich ist eine klare Regelung des Zeitpunktes, ab welchem die Forderung eingezogen werden kann
  - dabei muß dem Kreditnehmer die Verwertung so rechtzeitig angedroht werden, daß er noch Anstrengungen unternehmen kann, Zahlung zu leisten
  - die Verwertungsregelung der Nr. 20 AGB der Banken (Fassung vom 1.1.89) hielt lt. BGH-Urteil vom 7.7.92 der Inhaltskontrolle nach § 9 AGBG nicht stand (vgl. Abschnitt 0.1.411).

Sparkasse

Abtretung von Außenständen (Globalabtretung)

Hamburger Sparkasse
Ecke Adolphsplatz/Gr. Burstah
20457 Hamburg

9/93

Bankleitzahl **200 505 50**

Geschäftszeichen

Ort, Datum

Zur Sicherung **aller Ansprüche gem. Nr. 2, insbesondere aus der gesamten Geschäftsverbindung,** tritt/treten

– nachstehend der Zedent genannt – der Sparkasse die ihm/ihnen aus Warenlieferungen und Leistungen sowie aus

gegen alle Kunden bzw. Schuldner mit den Anfangsbuchstaben

gegenwärtig und zukünftig zustehenden Forderungen ab. Sie sind unter Nr. 1.1 näher bezeichnet.

1 Angaben zu den abgetretenen Forderungen

1.1 Die Abtretung bezieht sich auf die Forderungen, die in dem Geschäftsbetrieb[1] entstanden sind oder künftig entstehen. Mit den Forderungen werden alle Nebenansprüche (insbesondere auch etwaige Verzugszinsen) abgetreten. Die Abtretung umfaßt, auch für den Fall, daß eine durch die Abtretung erfaßte Forderung infolge einer Mängelrüge u. ä. des Kunden nicht oder nicht voll realisiert werden kann, die etwaigen Gewährleistungsansprüche des Zedenten gegenüber seinen Lieferanten.
Für die Bestimmung des Anfangsbuchstabens ist bei Einzelpersonen oder Firmen, die einen oder mehrere Familiennamen enthalten, der erste Buchstabe des ersten Familiennamens maßgebend, im übrigen der erste Buchstabe der Firmenbezeichnung.

1.2 Nachsicherungspflicht des Zedenten

Der Zedent ist zur Abtretung weiterer Forderungen oder – falls dies nicht möglich und er zugleich der Kreditnehmer ist – zur Bestellung anderer Zusatzsicherheiten verpflichtet, wenn der Gesamtbetrag der abgetretenen Forderungen, gerechnet nach dem Nennwert, unter

☐ Deutsche Mark liegt.

☐ 100 + v. H. des Betrags der Forderungen der Sparkasse aus
Kredit Konto-Nr. liegt. Die Koppelung an die aufgeführten Forderungen dient lediglich der vereinfachten Berechnung des Mindestbetrages. **Die Sicherungsabrede gem. Nr. 2 wird dadurch nicht eingeschränkt. Die Nachsicherungspflicht besteht nicht bei erkennbar nur kurzfristiger Unterschreitung des vorgenannten Betrages oder Vomhundertsatzes oder soweit eine Freigabepflicht nach Nr. 7 besteht oder hierdurch entstehen würde.** Unberührt bleibt die Nachsicherungspflicht nach den Allgemeinen Geschäftsbedingungen der Sparkasse.
Forderungen, die aus anderen Gründen als noch nicht eingetretener Fälligkeit nicht oder z. Z. nicht geltend gemacht werden können (vgl. z. B. Nr. 1.4), bleiben bei der Ermittlung des o. g. Mindestbetrages unberücksichtigt. Dies gilt auch für der Sparkasse nicht geeignet erscheinende Forderungen, deren Rückübertragung von der Sparkasse angeboten oder angekündigt wird. Die Rückübertragung erfolgt erst nach Erfüllung der entsprechenden Nachsicherungspflicht. Für neu abgetretene Forderungen gelten die Bestimmungen dieses Vertrages entsprechend.

1.3 Der Zedent verpflichtet sich, der Sparkasse [2] laufend Bestandsverzeichnisse[3] der oben bezeichneten Forderungen zu übersenden, erstmals mit Abschluß dieses Vertrages. Das Bestehen der Forderungen wird durch Vorlage der Rechnungskopien oder sonstiger Belege, wie sie im einzelnen in dem Verzeichnis aufgeführt sind, glaubhaft gemacht. Die Nichtberücksichtigung einer der Abtretung unterliegenden Forderung in einem Bestandsverzeichnis beeinträchtigt die Rechtswirksamkeit der Forderungsabtretung nicht.

1.4 Der Zedent versichert für alle in die Bestandsverzeichnisse gem. 1.3 aufgenommenen Forderungen, daß sie zu Recht bestehen und weder gepfändet, verpfändet noch anderweitig abgetreten sind (mit Ausnahme von Abtretungen aufgrund verlängerter Eigentumsvorbehaltsrechte von Lieferanten). Er hat auf Verlangen der Sparkasse anzugeben, welche der ins Bestandsverzeichnis aufgenommenen Forderungen aufgrund verlängerten Eigentumsvorbehalts von Lieferanten an diese abgetreten sind, bei welchen Forderungen die Abtretung ausgeschlossen ist oder der ausdrücklichen Zustimmung des Drittschuldners bedarf, und ob Drittschuldnern zur Aufrechnung geeignete Gegenforderungen gegen den Zedenten zustehen und gegebenenfalls welche. Außerdem hat der Zedent auf Verlangen und unter Angabe des Grundes die Forderungen zu kennzeichnen, deren sofortiger Geltendmachung Hindernisse rechtlicher oder tatsächlicher Art entgegenstehen.

Sollte eine abgetretene Forderung im Verhältnis zwischen dem Zedenten und dem Drittschuldner in eine laufende Rechnung (sei es ein echtes oder ein sogenanntes uneigentliches Kontokorrent) einzustellen sein, so werden auch die Ansprüche auf Kündigung des Kontokorrentverhältnisses und auf Feststellung des Saldos sowie die Saldoforderungen abgetreten, die sich bei sämtlichen Rechnungsabschlüssen und insbesondere bei Beendigung des Kontokorrentverhältnisses ergeben. Kontokorrentforderungen sind in den Bestandsverzeichnissen ausdrücklich zu kennzeichnen. Beabsichtigt der Zedent, künftig mit einem bereits erfaßten Drittschuldner ein Kontokorrentverhältnis zu begründen, wird er vorher die Zustimmung der Sparkasse einholen.

2 Sicherungszweck

Die Forderungen dienen **zur Sicherheit für alle bestehenden und künftigen, auch bedingten oder befristeten Forderungen** der Sparkasse gegen

– nachstehend der Kreditnehmer genannt – aus ihrer Geschäftsverbindung (insbesondere aus laufender Rechnung, Krediten und Darlehen jeder Art und Wechseln) sowie aus Wechseln, die von Dritten hereingegeben werden, Bürgschaften, Abtretungen oder gesetzlichem Forderungsübergang. Ist der Kreditnehmer eine Personenmehrheit, werden in gleicher Weise auch Forderungen gegen jede Einzelperson gesichert. Im Falle eines Wechsels des Inhabers oder einer Änderung der Rechtsform der Firma des Kreditnehmers dient die Abtretung auch zur Sicherung aller Forderungen gegen den Rechtsnachfolger des Kreditnehmers.

3 Besondere Vereinbarungen

[1] Auszufüllen, wenn der Zedent mehrere Geschäftsbetriebe unterhält und Forderungen aus einzelnen oder allen Geschäftsbetrieben einbezogen werden sollen.
[2] Hier ist der zeitliche Abstand einzusetzen. [3] z. B. Vordruck Nr. 193 685.

4

4.1 Übergang der Forderungen

Die gegenwärtigen Forderungen gehen mit dem Abschluß dieses Vertrages, die künftigen mit ihrer Entstehung auf die Sparkasse über; Forderungen, die dem verlängerten Eigentumsvorbehalt eines Lieferanten des Zedenten unterliegen, sind mit dem Zeitpunkt an die Sparkasse abgetreten, in dem sie nicht mehr durch den verlängerten Eigentumsvorbehalt erfaßt werden. Soweit Forderungen nur zum Teil von einem verlängerten Eigentumsvorbehalt erfaßt sind, erstreckt sich die Abtretung an die Sparkasse zunächst auf den dem Zedenten zustehenden Forderungsteil; der dem verlängerten Eigentumsvorbehalt unterliegende Forderungsteil ist mit dem Zeitpunkt an die Sparkasse abgetreten, in dem er nicht mehr dem verlängerten Eigentumsvorbehalt unterliegt. Der Zedent tritt hiermit seine gegen den Lieferanten gerichteten Ansprüche auf Übertragung (Freigabe) der Forderungen an die Sparkasse ab.

Ist eine abgetretene Forderung versichert oder wird sie später versichert, so umfaßt die Abtretung auch die Versicherungsansprüche. Der Zedent übergibt der Sparkasse hierzu Abtretungsanzeigen, mit der die Sparkasse jederzeit die Abtretung dem Kreditversicherer anzeigen und – soweit erforderlich – dessen Zustimmung zur Abtretung einholen kann.

4.2 Sicherungsrechte

Neben den Forderungen werden alle für sie haftenden Sicherheiten sowie die Rechte aus den zugrunde liegenden Rechtsgeschäften, soweit sich dies nicht bereits aus dem Gesetz ergibt (§ 401 BGB), auf die Sparkasse übertragen. Darunter fallen auch Sicherungseigentum und vorbehaltenes Eigentum. Die Übergabe wird dabei durch die Abtretung der Ansprüche auf Herausgabe der Gegenstände ersetzt. Die Gegenstände, an denen sich der Zedent das Eigentum vorbehalten hat oder die ihm zur Sicherheit übereignet sind, sowie die sonstigen Sicherungsrechte werden in den Bestandsverzeichnissen gemäß Nr. 1.3 besonders angeführt, soweit sie sich nicht schon aus anderen der Sparkasse eingereichten Urkunden ergeben. Der Zedent verpflichtet sich, der Sparkasse schriftliche Anzeigen über den Übergang dieser Rechte auf sie zu erteilen, die die Sparkasse den Drittschuldnern entsprechend der Regelung zu 4.3 bekanntzugeben berechtigt ist.

4.3 Offenlegung, Einziehung

Der Zedent übergibt der Sparkasse auf Verlangen Abtretungsanzeigen an die Drittschuldner. Die Sparkasse wird sie den Drittschuldnern vorläufig nicht vorlegen, ist jedoch, und zwar auch aus in der Person des Zedenten liegenden Gründen, unter den Voraussetzungen der Nr. 6.2 dazu berechtigt, wenn wichtige Gründe vorliegen, insbesondere die Rückführung des Kredits gefährdet erscheint. Auch kann sie die Forderungen bei Fälligkeit unmittelbar einziehen, wenn sie dies nach ihrem billigen Ermessen für erforderlich halten darf. Für den Fall, daß sie von diesen Rechten Gebrauch macht, verpflichtet sich der Zedent, auch seinerseits die Drittschuldner zur Zahlung an die Sparkasse anzuhalten. Solange die Sparkasse von diesen Rechten keinen Gebrauch macht, ist der Zedent verpflichtet, die Forderungen selbst einzuziehen. In jedem Fall, in dem der Gegenwert einer abgetretenen Forderung – in voller Höhe oder in Teilbeträgen, in bar oder in anderer Form, z. B. in Schecks oder Wechseln – unmittelbar bei ihm eingeht, verpflichtet sich der Zedent, die Sparkasse auf ihr Verlangen von dem Empfang unverzüglich unter genauer Bekanntgabe der Forderung, auf die der Gegenwert entfällt, zu benachrichtigen und die eingegangenen Beträge oder sonstigen Gegenwerte, z. B. Schecks oder Wechsel, an die Sparkasse weiterzuleiten.

Bei Zahlungen auf die der Sparkasse abgetretenen Forderungen durch Schecks geht das Eigentum an diesen auf die Sparkasse über, sobald es der Zedent erwirbt. Erfolgen Zahlungen auf die der Sparkasse abgetretenen Forderungen durch Wechsel, so tritt der Zedent die ihm daraus zustehenden Rechte hiermit im voraus sicherungshalber an die Sparkasse ab. Die Übergabe der Schecks und Wechsel wird zunächst dadurch ersetzt, daß der Zedent sie für die Sparkasse verwahrt oder – falls er nicht den unmittelbaren Besitz an ihnen erlangt – seinen Herausgabeanspruch gegen Dritte hiermit im voraus an die Sparkasse abtritt; er wird die Papiere mit seinem Indossament versehen und unverzüglich an die Sparkasse abliefern.

Andere Verfügungen über die Forderungen, beispielsweise im Rahmen von Factoring-Geschäften, sind nur mit ausdrücklicher Zustimmung der Sparkasse zulässig.

Es steht im billigen Ermessen der Sparkasse, ob sie die eingegangenen Gegenwerte dem Zedenten wieder zur Verfügung stellt. Tut sie es nicht, mindert sich der Mindestbetrag nach Nr. 1.2, bei dessen Unterschreitung Nachsicherungspflicht gem. Nr. 1.2 besteht, um den einbehaltenen Betrag.

Soweit die Sparkasse die Forderungen selbst einzieht, kann sie mit den Drittschuldnern alle Maßnahmen und Vereinbarungen treffen, die sie für erforderlich halten darf, um den Gegenwert der Forderungen zu erhalten. Die Sparkasse wird bei der Einziehung dieselbe Sorgfalt anwenden, die sie in eigenen Angelegenheiten anzuwenden pflegt.

5 Weitere Pflichten des Zedenten

5.1 Der Zedent verpflichtet sich, jede Maßnahme zu vermeiden, durch die Dritten, die an den Forderungen rechtlich oder wirtschaftlich interessiert sind, die Gläubigerstellung der Sparkasse verborgen bleibt, und in seinen Geschäftsbüchern und Bestandsverzeichnissen die Forderungen als an die Sparkasse abgetreten und die Sicherungsrechte als auf die Sparkasse übergegangen zu kennzeichnen. Die Sparkasse kann jederzeit Einsicht in diese Bücher nehmen.

5.2 Der Zedent verpflichtet sich, die Sparkasse umgehend zu benachrichtigen, wenn die abgetretenen Forderungen oder die gemäß 4.2 übergegangenen Sicherungsrechte von einem Dritten gepfändet werden und dem pfändenden Dritten die Abtretung bzw. den Übergang der Rechte mitzuteilen. Er verpflichtet sich weiter, der Sparkasse von allen sonstigen Beeinträchtigungen der Forderungen, z. B. durch eine Verminderung der Zahlungsfähigkeit der Drittschuldner, durch eine Mängelrüge der Drittschuldner oder durch die Begründung einer Aufrechnungsmöglichkeit zugunsten der Drittschuldner, Kenntnis zu geben.

5.3 Über die Erhaltung und Sicherung aller der Sparkasse abgetretenen Forderungen oder die übergegangenen Sicherungsrechte hat der Zedent selbst zu wachen und die Sparkasse entsprechend zu unterrichten, sofern dies dem Zedenten möglich ist.

6 Verwertungsrecht der Sparkasse

6.1 Die Sparkasse ist berechtigt, bei Vorliegen eines wichtigen Grundes, insbesondere wenn der Kreditnehmer den Verpflichtungen gegenüber der Sparkasse in von ihm zu vertretender Weise nicht nachkommt, über die abgetretenen Forderungen und über die Sicherungsrechte auch in anderer Weise als durch Einziehung bzw. Veräußerung nach ihrem billigen Ermessen zu verfügen, insbesondere die übereigneten Sachen freihändig zu verwerten oder unter Berechnung eines angemessenen Preises selbst zu übernehmen und sich damit für ihre Forderungen zu befriedigen. Der Ausbedingung sofortiger Barzahlung des Kaufpreises bedarf es nicht. Beim Einzug darf die Sparkasse ohne vorherige Befragung des Zedenten alle Maßnahmen und Vereinbarungen mit Drittschuldnern treffen, die sie zur Eintreibung von Forderungen für zweckmäßig hält, insbesondere Stundungen oder Nachlässe gewähren und Vergleiche abschließen. Eine Verpflichtung zum Einzug übernimmt die Sparkasse nicht. Das gleiche gilt, wenn der Zedent seinen Verpflichtungen aus diesem Vertrag nicht nachkommt. Die Berechtigung tritt auch dann ein, wenn der Mindestbetrag der abgetretenen Forderungen unter den Mindestbetrag gemäß Nr. 1.2 absinkt und der Zedent – wenn er zugleich der Kreditnehmer ist – seiner Nachsicherungspflicht nicht nachkommt.

6.2 Zur Offenlegung und Verwertung ist die Sparkasse erst nach vorheriger Androhung mit angemessener Nachfrist (soweit nicht untunlich) berechtigt. Diese Frist wird so bemessen sein, daß sie dem Zedenten sowohl das Vorbringen von Einwendungen als auch das Bemühen um Zahlung der geschuldeten Beträge zur Abwendung der Verwertung ermöglicht. Sie wird in der Regel vier Wochen betragen. Eine Fristsetzung ist nicht erforderlich, wenn der Zedent seine Zahlungen eingestellt hat oder die Eröffnung eines gerichtlichen Insolvenzverfahrens über sein Vermögen beantragt worden ist.

Unter mehreren Sicherheiten hat die Sparkasse das Wahlrecht. Bei der Auswahl und Verwertung wird die Sparkasse auf die berechtigten Belange des Zedenten tunlichst Rücksicht nehmen. Die Sparkasse wird dem Zedenten erteilte Gutschriften über Verwertungserlöse so gestalten, daß sie als Rechnungen im Sinne des Umsatzsteuerrechts anzusehen sind. Einen etwa gegenüber der Schuld erzielten Mehrerlös hat sie dem Zedenten zu vergüten.

6.3 Reicht der Zessionserlös nicht zur Befriedigung sämtlicher durch die Abtretung gesicherten Forderungen aus, so wird er nach billigem Ermessen der Sparkasse verrechnet.

7 Freigabe von Sicherheiten

Die Sparkasse ist zur Freigabe ihrer Rechte aus der Forderungsabtretung verpflichtet, sobald sie wegen aller ihrer Ansprüche gegen den Kreditnehmer befriedigt ist.

Sie ist schon vorher auf Verlangen zur Freigabe von Forderungen aus dieser Zession nach ihrer Wahl verpflichtet, wenn und soweit der realisierbare Wert der abgetretenen Forderungen sowie aller sonstigen Sicherheiten den Gesamtbetrag aller gesicherten Forderungen zuzüglich eines Zuschlags von 20 v. H. (für Verzugs-, Verwertungs- und sonstige Nebenkosten) nicht nur kurzfristig übersteigt. Der realisierbare Wert der abgetretenen Forderungen wird mit 75 v. H. ihres Nennwertes festgelegt. Soweit Forderungen nicht auf die Sparkasse übergegangen sind (z. B. bei Abtretungsverboten, verlängerten Eigentumsvorbehalten) oder mit Rechten Dritter belastet sind (vgl. z. B. Nr. 1.4), werden sie nicht angerechnet. Der realisierbare Wert von sonstigen Sicherheiten wird nach den Grundsätzen ordnungsgemäßer Kreditsicherung ermittelt, soweit hierzu keine anderen Regelungen in den Sicherungsverträgen getroffen worden sind. Die Sparkasse kann diese Freigabepflicht auch dadurch erfüllen, daß sie andere Sicherheiten in entsprechendem Umfange freigibt.

Soweit der Zedent selbst der Kreditnehmer ist, wird die Sparkasse, wenn sie von einem Bürgen oder einem sonstigen Dritten befriedigt wird, ihre Rechte auf diesen übertragen, es sei denn, ihr werden Ansprüche anderer nachgewiesen. In allen anderen Fällen wird die Sparkasse ihre Rechte auf den Zedenten zurückübertragen, es sei denn, dieser hat der Übertragung an einen Dritten zugestimmt.

Soweit der Sparkasse noch andere, nicht vom Kreditnehmer gestellte Sicherheiten zur Verfügung stehen, die sie selbst nicht mehr benötigt, prüft sie nicht, ob der Zedent Ansprüche auf diese Sicherheiten hat. Sie wird solche Sicherheiten grundsätzlich an den Sicherungsgeber zurückgeben, soweit der Zedent nicht nachweist, daß die Zustimmung des Sicherungsgebers zur Herausgabe an ihn vorliegt.

8 Rechtswirksamkeit

Sollten Vereinbarungen, die in diesem Vertrag getroffen sind, ganz oder teilweise der Rechtswirksamkeit ermangeln oder nicht durchgeführt werden, so sollen dennoch die übrigen Vereinbarungen wirksam bleiben.

9 Allgemeine Geschäftsbedingungen

Es wird ausdrücklich darauf hingewiesen, daß ergänzend die Allgemeinen Geschäftsbedingungen der Sparkasse (AGB) Vertragsbestandteil sind. Die AGB hängen/liegen in den Kassenräumen der Sparkasse zur Einsichtnahme aus.

*Der Vertrag und die Durchschrift sind von **allen** auf Seite 1 genannten Zedenten zu unterschreiben!*

Anlage(n)

Ort, Datum (falls abweichend von Seite 1)

Firma und Unterschrift(en) des Zedenten

Legitimation

Legitimation geprüft und für die Richtigkeit der Unterschrift(en):	*Unterschrift des Sachbearbeiters*

Für die Sparkasse

[1] Jeder Vertragspartner der Sparkasse erhält ein Exemplar der AGB, soweit noch keine Geschäftsverbindung besteht und der Vertragsabschluß außerhalb der Sparkasse erfolgt.

Seit dem 1.1.93 (neue AGB) wird die Verwertung der Sicherheiten – mit Ausnahme des AGB-Pfandrechts –

- bei den Sparkassen in den **Sicherungsverträgen** und
- bei den Banken hinsichtlich des Wahlrechtes und der Berücksichtigung der Kundeninteressen in den **AGB** und hinsichtlich der weiteren Verwertungsregeln ebenfalls in den **Sicherungsverträgen**

geregelt.

Die Verwertung von Sicherheiten aus dem AGB-Pfandrecht ist weiterhin in den AGB geregelt und den Anforderungen der neuen Rechtsprechung angepaßt worden (siehe Abschnitt 1.3.133).

1.3.13 Pfandrecht

1.3.130 Wesen und Entstehung

a) **Definition:** Das Pfandrecht ist ein **dingliches** Recht an fremden **beweglichen Sachen** oder **Rechten**

- zur Sicherung einer Forderung, d. h. **akzessorisch**
- mit Berechtigung des Gläubigers, sich aus dem belasteten Rechtsgegenstand durch **Verwertung** zu befriedigen

(§§ 1204 ff. BGB).

b) Das Pfandrecht kann auch für **künftige** oder bedingte Forderungen bestellt werden, wird aber erst mit ihrer Entstehung wirksam (Akzessorietät).

c) **Entstehung:**

- aufgrund gesetzlicher Vorschrift = **gesetzliches Pfandrecht**: Verwertungsrecht des Besitzers beweglicher Sachen für Ansprüche aus
  - Werkvertrag (Vergütungsanspruch des Werkunternehmers, § 647 BGB)
  - Kommissionsvertrag (Kommissionsanspruch des Kommissionärs, § 397 HGB)
  - Speditionsvertrag (Provisionsanspruch des Spediteurs, § 410 HGB)
  - Lagervertrag (Anspruch des Lagerhalters auf Lagergeld, § 421 HGB)
  - Frachtvertrag (Vergütungsanspruch des Frachtführers, § 440 HGB);

  Herausgabeanspruch und Verwertungsrecht des Gläubigers für Ansprüche aus
  - Mietvertrag (Mietanspruch des Vermieters, § 559 BGB)
  - Pachtvertrag (Anspruch des Verpächters auf Pacht, §§ 581, 559 BGB)
  - Beherbergungsvertrag (Anspruch des Gastwirts auf Vergütung, § 704 BGB);

  das gesetzliche Pfandrecht soll Sicherung der Ansprüche dieser Gläubiger ermöglichen;

BEISPIEL

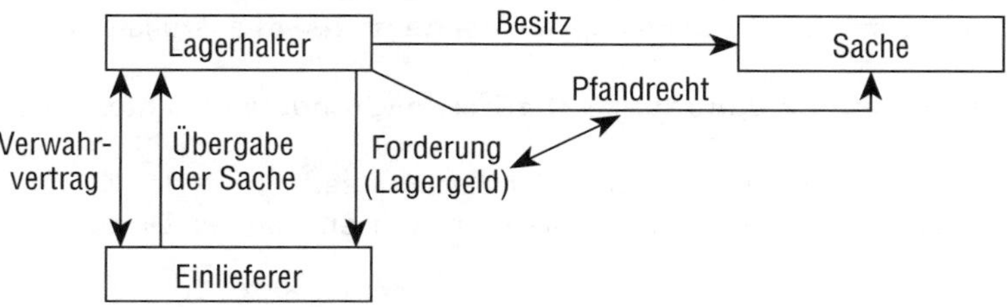

- durch Pfändung im Rahmen der Zwangsvollstreckung aufgrund durch Gericht erteilter Befugnis = **Pfändungspfandrecht**
- durch Vertrag zwischen **Verpfänder** und **Pfandgläubiger** = **vertragliches Pfandrecht**: als Kreditsicherheit im Rahmen des Kreditgeschäfts ist nur dieses Pfandrecht für die KI interessant, die folgenden Ausführungen sollen darauf beschränkt bleiben.

1.3.131 Das vertragliche Pfandrecht

a) Verpfändung **beweglicher Sachen** (sog. Mobiliarpfandrecht):

Bestellung durch **Einigung und Übergabe** (vgl. Eigentumsübertragung), § 1205 BGB;

- der Pfandgläubiger muß **Besitzer** werden: **Faustpfandprinzip**
- der Verpfänder bleibt **Eigentümer**.

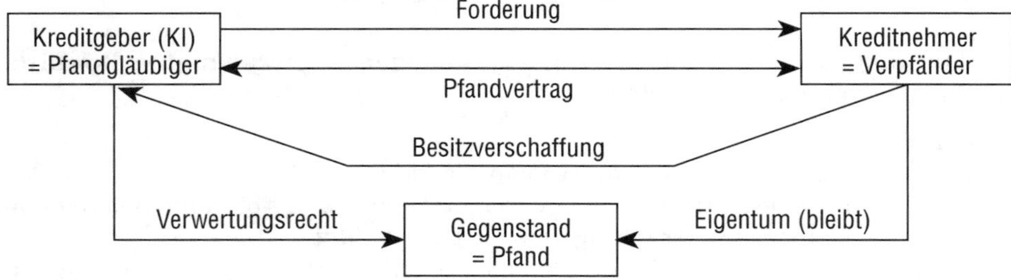

Besitzverschaffung:

- **unmittelbarer** Besitz, d. h. effektive Übergabe an den Pfandgläubiger (nicht erforderlich, wenn das Pfand schon in Händen des Gläubigers ist, z. B. Wertpapiere bei einer Bank)
- **mittelbarer** Besitz, d. h. Übergabe des Pfandes an einen Dritten mit alleinigem **Herausgabeanspruch** des Pfandgläubigers; befindet die Sache sich bereits bei einem Dritten (z. B. Lagerhalter), muß der mittelbare Besitz auf den Gläubiger übertragen (durch Abtretung des Herausgabeanspruches) und dem Dritten die Verpfändung **angezeigt** werden (§ 1205 II BGB)

- **Mitbesitz**, d. h. das Pfand wird unter Mitverschluß gebracht (z. B. Lagerraum mit zwei Schlössern) oder einem Dritten mit der Weisung übergeben, es nur an Eigentümer (Schuldner) und Pfandgläubiger **gemeinsam** auszuliefern (§ 1206 BGB).

b) Verpfändung **unbeweglicher Sachen**: siehe Grundpfandrechte.

c) Verpfändung von **Rechten**: durch Verpfändungserklärung des Kreditnehmers = Verpfänders; bei Forderungen ist Verpfändungsanzeige an den Drittschuldner erforderlich.

Nicht verpfändbar sind

- unübertragbare Forderungen
- unpfändbare Forderungen

} vgl. Forderungsabtretung.

Vgl. §§ 1273 ff. BGB.

Verpfändbar sind insb. auch **Wertpapiere**: Bestellung des Pfandes durch

- Einigung über die Verpfändung des Papiers
- \+ Übergabe (bei Inhaberpapieren)
- \+ Übergabe + Indossierung (bei Orderpapieren).

Bestellung eines Pfandrechts an Forderungen, über die **Rektapapiere** ausgestellt sind, durch

- Verpfändung des verbrieften **Rechtes**
- \+ Anzeige an den Emittenten (ggf. ist dessen Zustimmung erforderlich, z. B. bei Sparkassenbriefen).

1.3.132 Das Pfandrecht in der Bankpraxis

Kreditinstitute gewähren auf der Grundlage von Pfändern sog. **Lombardkredite**. Als Pfänder kommen in Betracht:

- **Waren:**
  - Übergabe einer schriftlichen Verpfändungserklärung
  - Übergabe eines indossierten Orderlagerscheins bzw. Abtretung des Herausgabeanspruches unter Anzeige an den Lagerhalter;

  die Sicherungsübereignung von Waren wird i. d. R. vorgezogen, da das KI damit eine bessere Rechtsstellung erlangt (Eigentum) und der Kreditnehmer über die Waren verfügen kann (Weiterverkauf).

- **Wertpapiere:**
  - Übergabe einer schriftlichen Verpfändungserklärung
  - Übergabe von blanko- oder pfandindossierten Orderpapieren
  - Sperrung des Depots des Kunden beim KI
  - laufende Überwachung der Kurse der betreffenden Papiere;

  Wertpapiere eignen sich als Sicherheit besonders, wenn sie vom KI für den Kunden bei einem Dritten verwahrt werden (sog. Drittverwahrung, siehe dort) und vom KI zur Refinanzierung benutzt werden dürfen (sog. Drittverpfändung).

- **Sparguthaben:**
  - Übergabe einer schriftlichen Verpfändungserklärung
  - Übergabe des Sparbuches (ohne rechtliche Bedeutung für die Entstehung des Pfandrechtes, aber zur Geltendmachung der Rechte wichtig)
  - Benachrichtigung der kontoführenden Stelle, diese hat zu bestätigen bzw. muß ggf. zustimmen;

  führt das kreditgewährende KI das Sparkonto, so ist die Verpfändung dennoch sinnvoll, da die AGB-Pfandklausel Verfügungen des Kunden zunächst nicht ausschließt. In der Praxis werden deshalb auch hier gesonderte Verträge geschlossen.

  Verpfändungen vermögenswirksamer Leistungen oder Bausparguthaben während der Sperrfrist sind prämien- bzw. steuervergünstigungsschädlich oder führen zum Verlust der Arbeitnehmersparzulage.

- Ansprüche aus **Lebensversicherungen**:
  - Übergabe einer schriftlichen Verpfändungserklärung
  - Übergabe des Versicherungsscheines
  - Anzeige an die Lebensversicherungsgesellschaft (evtl. ist deren Zustimmung erforderlich)
  - Beleihung zum sog. Rückkaufswert.

1.3.133 Die Haftung des Pfandes

a) **Vergleich** der grundsätzlichen Gesetzesregelung (§§ 1204 ff. BGB) und der Bankpraxis aufgrund der AGB:

Grundsätzlich:	Bankpraxis:
A. Form der Verpfändung (Einigung)	
formlos	schriftliche Verpfändungserklärung (WE I), Entgegennahme durch das KI (WE II)
B. Haftung des Pfandes	
für die Forderung, für die es bestellt wurde	für alle Forderungen des KI gegen den Kunden (Allgemeine Pfandklausel in den AGB)
C. Verwertung des Pfandes (Vorgang)	
1. Nichtzahlung des Kunden	
2. Androhung des Pfandverkaufes	
3. Wartefrist	
Verwertung: – durch öffentliche Versteigerung (grundsätzlich) – freihändig durch Makler (Pfänder mit Markt-/Börsenpreis)	

b) **Erlöschen** der Pfandhaftung mit Erlöschen des Pfandrechts:

- mit Erlöschen der zugrundeliegenden Forderung (§ 1252 BGB; Akzessorietät!)
- mit Verwertung des Pfandes
- mit Rückgabe des Pfandes durch den Pfandgläubiger (§ 1253 BGB)
- mit Verzicht des Gläubigers auf das Pfandrecht (§ 1255 BGB).

c) Der **Erlös** der Pfandverwertung gebührt in Höhe der Forderung dem Gläubiger und führt zur Erfüllung, ein Mehrerlös steht dem Pfandeigentümer zu (§ 1247 BGB).

1.3.14 Grundpfandrechte

Vgl. hierzu Abschnitt 0.3.3!

Eignung und Verwendung der Grundpfandrechte als **Kreditsicherheiten**:

a) **Verkehrshypothek:**

Verwendung für langfristige Kredite (Hypothekarkredite), ggf. mit Eintragung einer Zwangsvollstreckungsklausel in das Grundbuch.

b) **Sicherungshypothek:**

Wird selten verwandt, da der öffentliche Glaube des Grundbuches nicht für die Grundforderung gilt (Beweislast trägt der Gläubiger).

Verkehrs- und Sicherungshypothek sind für kurzfristige Kredite, insbes. Kontokorrentkredite, **ungeeignet**, da sie sich einem Wiederaufleben der Grundforderung nicht anpassen.

c) **Höchstbetragshypothek:**

Für langfristige Kredite kaum verwandt, da Sonderform der Sicherungshypothek (s. o.).

Für Kontokorrentkredite **geeignet**, da sie sich einem Wiederaufleben der Grundforderung anpaßt (strenge Akzessorietät).

Nachteil: Eintragung einer Zwangsvollstreckungsklausel ist nicht möglich.

d) **Grundschuld:**

Für **alle Kredite geeignet**, da abstrakt, d. h. von einer (in aller Regel bestehenden) Grundforderung weitgehend unabhängig, und da Eintragung einer Zwangsvollstreckungsklausel möglich ist.

Am besten geeignet als Eigentümergrundschuld in Briefform, die durch Übergabe des Briefes und Abtretung ohne Grundbuchumschreibung übertragen werden kann.

In der KI-Praxis dominiert jedoch die Buchgrundschuld.

1.3.15 Sicherungsübereignung

1.3.150 Wesen und Bedeutung

a) **Definition:** Sicherungsübereignung = Übertragung eines Sicherungsgutes vom Schuldner (Kreditnehmer) auf den Gläubiger (Kreditgeber) in der Weise, daß

- der **Gläubiger Eigentümer** (und damit mittelbarer Besitzer) wird,

- der **Schuldner** unmittelbarer **Besitzer** des Gutes bleibt.

Die zur Eigentumsübertragung grundsätzlich erforderliche Übergabe der Sache wird ersetzt durch ein sog. **Besitzkonstitut** (Besitzmittlungsverhältnis) in Form eines Vertrages, bei dem typischerweise nur der unmittelbare Besitz zu übertragen ist:

- Leihvertrag
- Mietvertrag
- Verwahrvertrag
- Kommissionsvertrag

(vgl. § 930 BGB).

Die **Sicherungsabrede** bildet den Rechtsgrund der abstrakten Sicherungsübereignung. **Inhalt:**

- Verpflichtung des **Sicherungsgebers,**
  - das Eigentum an der Sache dem KI zu übertragen
  - die Sache ordnungsgemäß zu behandeln und ggf. zu versichern
- Verpflichtung des **KI**,
  - das Eigentum nur entsprechend der Vereinbarung ordnungsgemäß zu verwerten
  - das Eigentum nach Tilgung der besicherten Forderung(en) an den Sicherungsgeber zurückzuübertragen; sofern die Sicherungsübereignung auflösend bedingt vereinbart wurde, steht dem Sicherungsgeber ein dingliches Anwartschaftsrecht zu.

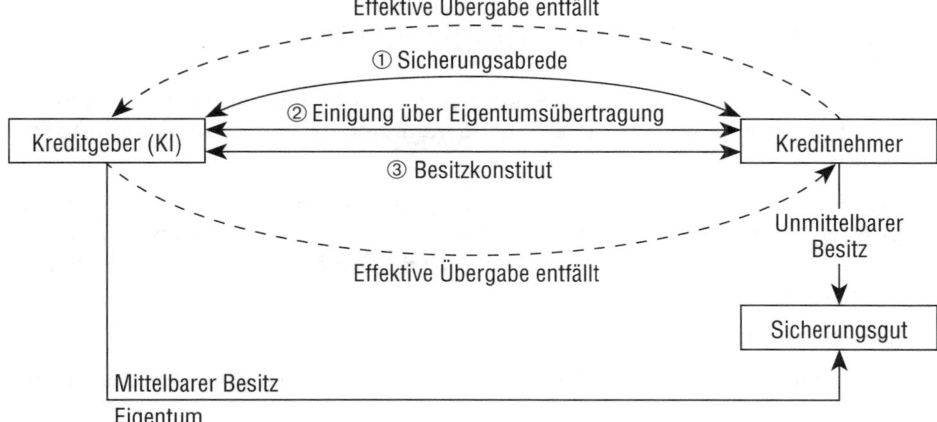

Die Sicherungsabrede begrenzt die Rechtsstellung des KI im **Innenverhältnis** zum Sicherungsgeber (nur **Sicherungs**eigentum, Treuhandverhältnis).

b) **Bedeutung:**

- Die Sicherungsübereignung ist **gesetzlich nicht geregelt**, sie wurde aus der Praxis heraus entwickelt und ist weit bedeutender als die Verpfändung beweglicher Sachen, da der Sicherungsgeber den sicherungsübereigneten Gegenstand weiter nutzen kann; im Gegensatz zur Verpfändung beweglicher Sachen ist die Sicherungsübereignung **abstrakt**

- die Sicherungsübereignung ist **formfrei** gültig; aus Beweisgründen und wegen der übrigen Absprachen wird der Vertrag generell schriftlich geschlossen
- das Kreditinstitut wird **treuhänderischer Eigentümer**, d. h., es hat ein Verwertungsrecht nur bei Ausfallen der Forderung; das Sicherungsgut geht nicht in das Vermögen des Sicherungsnehmers über, sondern muß durch Veräußerung verwertet werden, der Erlös dient zur Deckung der Forderung; wird die Forderung vom Kreditnehmer beglichen, hat das KI die Pflicht zur **Rückübereignung** (sofern kein Anwartschaftsrecht des Kreditnehmers besteht, d. h. das Eigentum automatisch an ihn zurückfällt); im Konkurs ist der Sicherungseigentümer absonderungsberechtigt (siehe Abschnitt 0.4.341)
- der **Kunde** (Kreditnehmer) behält die unmittelbare **Verfügungsmöglichkeit** über das Sicherungsgut und kann es, soweit möglich, im Betrieb weiter verwenden (z. B. Maschinen, Kraftfahrzeuge) oder – mit Genehmigung des KI – verkaufen (dann ist der erzielte Erlös an das KI abzuführen oder für Ersatz zu sorgen)
- das KI braucht das Sicherungsgut nicht einlagern zu lassen oder sonst aufzubewahren; es profitiert von dessen Weiterverwendung ebenso wie der Kreditnehmer, da dadurch die Kreditrückzahlung eher möglich ist
- die Sicherungsübereignung, die rechtlich dem Pfandrecht nahesteht, bringt also in wirtschaftlicher Hinsicht einige Vorteile mit sich; sie kann sich auch auf als Pfänder ungeeignete Güter erstrecken.

1.3.151 Risiken und Schutzmöglichkeiten

a) Aufgrund der Tatsache, daß der Kreditnehmer unmittelbarer Besitzer des Sicherungsgutes bleibt, bringt die Sicherungsübereignung für den Kreditgeber besondere **Gefahren** mit sich:

- Eigentumsvorbehalt auf dem Sicherungsgut, der dem Sicherungseigentum grds. vorgeht (gutgläubiger Erwerb durch das KI erfolgt bei Besitzkonstitut erst, wenn die Sache dem KI übergeben wird, § 933 BGB – hierauf aber wird ja grds. verzichtet)
- Sicherungsgut ist bereits übereignet
- Sicherungsgut verliert an Wert (Verderb/Rückgang des Marktpreises/Absatzschwierigkeiten usw.)
- Sicherungsgut wird verkauft und nicht ersetzt
- Sicherungsgut ist nicht bestimmbar, da nicht gekennzeichnet
- Sicherungsgut unterliegt gesetzlichem Pfandrecht
- Sicherungsgut ist wesentlicher Bestandteil oder Zubehör eines Grundstücks und haftet daher für ein Grundpfandrecht (sog. Zubehörhaftung)

- Sicherungseigentum geht unter durch Verbindung/Vermischung des Sicherungsgutes mit anderen Sachen.

b) **Sicherungsmöglichkeiten** für das KI:

- genaue Bestimmung/Kennzeichnung des Sicherungsgutes (**Bestimmheit** erforderlich)
- Versicherung des Gutes (z. B. Kaskoversicherung bei Kfz)
- laufende Kontrolle des Sicherungsbestandes
- bei Eigentumsvorbehalt: Sicherung eines Anwartschaftsrechtes für das KI (es wird dann automatisch Eigentümer, wenn der Kreditnehmer die Forderung des Lieferanten begleicht)
- Überprüfung der Bonität des Kunden.

c) Zu beachten ist, daß die Sicherungsübereignung sittenwidrig und damit **nichtig** sein kann (§ 138 BGB; vgl. Forderungsabtretung):

- bei Übersicherung oder Knebelung
- bei Kredittäuschung, wenn aufgrund der Sicherungsübereignung andere Gläubiger über die Kreditwürdigkeit des Kreditnehmers getäuscht werden
- werden sämtliche Gegenstände eines Kreditnehmers sicherungsweise übereignet, kann eine Vermögensübernahme (§ 419 BGB) vorliegen.

1.3.152 Einzelne Sicherungsgüter in der Bankpraxis

a) **Waren:**

- gesonderte Aufbewahrung; Abschluß eines **Raumsicherungsvertrages**, durch den das KI Eigentümer aller in einem bestimmten Raum befindlichen Güter wird, oder eines **Mantelvertrages**, durch den das KI Eigentum an allen in vom Schuldner einzureichenden Listen angegebenen Gütern erwirbt
- Markierung, soweit möglich
- Führung eines gesonderten Bestandsbuches, regelmäßige Bestandsmeldungen an das KI
- Durchführung von Lagerbesichtigungen
- bei Genehmigung zu Verkauf/Verarbeitung:
  - Pflicht des Kunden zur Ergänzung im Rahmen eines Mindestbestandes an Sicherungseigentum des KI
  - oder Abführung der Erlöse bzw. Abtretung der entstandenen Forderungen bzw. Übertragung des Eigentums an der neuen (durch Verarbeitung entstandenen) Sache auf das KI.

b) **Kraftfahrzeuge:**

- Kennzeichnung des Wagens (selten)
- Übergabe des Kraftfahrzeug-Briefes an die Bank: dieser ist zwar kein Traditionspapier, d. h. er verbrieft weder das Eigentum am Kfz, noch ist er zur Übereig-

Deutsche Bank

Aktiengesellschaft

Fahrzeug-Sicherungsübereignungsvertrag

Kreditnehmer (auch dann angeben, wenn er mit dem Sicherungsgeber identisch ist)

Michaela Schulz
Rosenstieg 11
22455 Hamburg

Sicherungsgeber

Michaela Schulz
Rosenstieg 11
22455 Hamburg

Bank

Deutsche Bank Aktiengesellschaft
(nachfolgend »Bank« genannt)

Fahrzeugart	Hersteller/Typ	Amtliches Kennzeichen
PKW	BMW/ 318 i	HH- MS 100

Fahrzeug-Ident.-Nr.	Tag der Erstzulassung	Fahrzeugbrief-Nr.
WBACBO11OX0FC47308	06.07.1997	8899776600

Standort bei Nichtbenutzung

Rosenstieg 11
22455 Hamburg

[XX] Enger Sicherungszweck (siehe 2.1), Bezeichnung der Forderungen der Bank:

Persönlicher Kredit (PK) 600 07 23456 80

[ ] Weiter Sicherungszweck (siehe 2.2)

Zwischen Sicherungsgeber und Bank wird folgendes vereinbart:

1. Gegenstand der Sicherungsübereignung

1.1 Der Sicherungsgeber übereignet der Bank als Sicherheit gemäß Ziffer 2 das oben beschriebene Fahrzeug nebst gesamtem Zubehör (nachstehend »Sicherungsgut« genannt).

1.2 Soweit der Sicherungsgeber Eigentum oder Miteigentum an dem Sicherungsgut hat oder dieses künftig erwirbt, überträgt er der Bank das Eigentum oder Miteigentum. Soweit der Sicherungsgeber das Anwartschaftsrecht auf Eigentumserwerb (aufschiebend bedingtes Eigentum) an dem von seinem Lieferanten unter Eigentumsvorbehalt gelieferten Sicherungsgut hat, überträgt er hiermit der Bank dieses Anwartschaftsrecht.

1.3 Die Übergabe des Sicherungsgutes an die Bank wird dadurch ersetzt, daß die Bank dem Sicherungsgeber das Sicherungsgut leihweise überläßt. Soweit Dritte unmittelbaren Besitz am Sicherungsgut erlangen, tritt der Sicherungsgeber bereits jetzt seine bestehenden und künftigen Herausgabeansprüche an die Bank ab.

2. Sicherungszweck *(Zutreffendes ist oben angekreuzt)*

2.1 Enger Sicherungszweck

Die Übereignung und die Übertragung der sonstigen mit diesem Vertrag bestellten Rechte erfolgt zur **Sicherung der Ansprüche der Bank** gegen den Kreditnehmer **aus dem oben bezeichneten Kreditvertrag,** und zwar auch dann, wenn die vereinbarte Kreditlaufzeit verlängert und/oder der Kredit ohne Erhöhung des Restkreditbetrages umgeschuldet wird.

2.2 Weiter Sicherungzweck

Die Übereignung und die Übertragung der sonstigen mit diesem Vertrag bestellten Rechte erfolgt zur **Sicherung aller bestehenden, künftigen und bedingten Ansprüche,** die der Deutsche Bank AG mit ihren sämtlichen in- und ausländischen Geschäftsstellen **aus der bankmäßigen Geschäftsverbindung** gegen den Kreditnehmer zustehen.

Hat der Kreditnehmer die Haftung für Verbindlichkeiten eines anderen Kunden der Bank übernommen (z. B. als Bürge), so sichern die Übereignung und die sonstigen mit diesem Vertrag übertragenen Rechte die aus der Haftungsübernahme folgende Schuld erst ab deren Fälligkeit und nur, wenn der Sicherungsgeber zugleich der Kreditnehmer ist.

3. Ablösung von Eigentumsvorbehalten

Der Sicherungsgeber ist verpflichtet, einen etwa bestehenden Eigentumsvorbehalt durch Zahlung des Kaufpreises zum Erlöschen zu bringen. Die Bank ist befugt, eine Kaufpreisrestschuld des Sicherungsggebers auf dessen Kosten an den Lieferanten zu zahlen.

4. Übergabe des Fahrzeug-/Anhängerbriefes

Für die Dauer des Eigentums der Bank übergibt der Sicherungsgeber dieser den über das Sicherungsgut ausgestellten Fahrzeug-/Anhängerbrief.

5. Behandlung des Sicherungsgutes/Unterhaltungkosten

5.1 Der Sicherungsgeber hat das Sicherungsgut in ordnungsgemäßem und betriebsfähigem Zustand zu halten und insbesondere die notwendigen Reparaturen sachgerecht durchführen zu lassen. Der Sicherungsgeber hat die Wartungs-, Pflege- und Gebrauchsempfehlungen des Lieferanten bzw. des Herstellers zu befolgen.

5.2 Der Sicherungsgeber trägt alle das Sicherungsgut betreffenden Gefahren, Haftungen, Steuern, Abgaben und sonstigen Lasten, auch soweit sie aus dem Betrieb des Sicherungsgutes herrühren. Der Sicherungsgeber ist verpflichtet, die Bank von allen Verbindlichkeiten zu befreien, die ihr als Eigentümerin des Sicherungsgutes etwa erwachsen sollten.

6. Versicherung des Sicherungsgutes

6.1 Der Sicherungsgeber verpflichtet sich, für das Sicherungsgut während der Dauer der Sicherungsübereignung eine Fahrzeug-Versicherung, insbesondere eine Fahrzeugvollkaskoversicherung zu unterhalten.

1 20-033 1 95
Ausfertigung für die Bank

6.2 Die Bank ist berechtigt, der Versicherungsgesellschaft unter Übersendung einer Kopie dieses Vertrages von dem Eigentumsübergang Mitteilung zu machen und zu ihren Gunsten einen Sicherungsschein für die Fahrzeug-Versicherung und/oder eine Bestätigung über das Bestehen der Haftpflichtversicherung zu beantragen. Wenn der Sicherungsgeber die Versicherung nicht oder nicht ausreichend bewirken sollte, darf die Bank dies auf Kosten des Sicherungsgebers tun.

(3) Der Sicherungsgeber tritt hiermit die ihm gegen die Versicherungsgesellschaft zustehenden gegenwärtigen und künftigen Ansprüche aus der Fahrzeug-Versicherung an die Bank ab. Weiterhin tritt der Sicherungsgeber hiermit an die Bank alle Schadensersatzansprüche ab, die ihm im Falle einer Beschädigung des Sicherungsgutes durch Dritte gegen diese bzw. deren Haftpflichtversicherer zustehen werden.

7. Ersatzteile und Zubehör

Später ausgebaute Teile bleiben bis zu dem Zeitpunkt im Eigentum der Bank, indem sie durch gleichwertige Teile ersetzt sind; hinzuerworbene Bestandteile und Zubehörstücke gehen mit der Einbringung in das Eigentum der Bank über und werden dem Sicherungsgeber gleichfalls zur leihweisen Benutzung überlassen.

8. Informationspflichten des Sicherungsgebers

8.1 Der Sicherungsgeber hat der Bank unverzüglich anzuzeigen, wenn die Rechte der Bank an dem Sicherungsgut durch Pfändung oder sonstige Maßnahmen Dritter beeinträchtigt oder gefährdet werden sollten, und zwar unter Übersendung einer Abschrift des Pfändungsprotokolls sowie aller sonstigen zu einem Widerspruch gegen die Pfändung erforderlichen Schriftstücke. Außerdem hat der Sicherungsgeber den Pfändungsgläubiger oder sonstige Dritte unverzüglich schriftlich von dem Eigentumsrecht der Bank in Kenntnis zu setzen.

8.2 Auch von sonstigen, das Sicherungsgut betreffenden Ereignissen, insbesondere von Schadensfällen, hat der Sicherungsgeber der Bank unverzüglich Mitteilung zu machen.

9. Standort des Sicherungsgutes/Prüfungrecht der Bank

9.1 Das Sicherungsgut befindet sich, soweit es nicht benutzt wird, auf dem umseitig genannten Grundstück. Jede Veränderung des Standortes ist der Bank bekanntzugeben. Der Bank steht das Recht der Kontrolle des Sicherungsgutes zu; zu diesem Zweck hat der Sicherungsgeber der Bank freien Zutritt zu dem Grundstück und gegebenenfalls der Garage zu verschaffen.

9.2 Soweit sich das Sicherungsgut in unmittelbarem Besitz Dritter befindet, werden diese vom Sicherungsgeber hiermit angewiesen, der Bank Zutritt zum Sicherungsgut zu gewähren.

10. Nachweis der Mietzahlungen

Soweit das Sicherungsgut in gemieteten Räumen abgestellt wird, hat der Sicherungsgeber auf Verlangen der Bank den Nachweis zu erbringen, daß die Mieten für diese Räume jeweils bezahlt sind.

11. Übereignungsanzeige

Die Bank ist berechtigt, die Übereignung der zuständigen Kraftfahrzeugzulassungsstelle anzuzeigen.

12. Herausgabe des Sicherungsgutes an die Bank

Die Bank ist zur Wahrung ihrer berechtigten Belange befugt, die Herausgabe des Sicherungsgutes zu verlangen, wenn der Sicherungsgeber erheblich gegen die Pflicht zur sorgfältigen Behandlung des Sicherungsgutes verstößt. Dies gilt auch, wenn der Sicherungsgeber seine Zahlungen eingestellt hat oder die Eröffnung eines gerichtlichen Insolvenzverfahrens über sein Vermögen beantragt hat. Die Bank darf die Herausgabe des Sicherungsgutes ferner verlangen, wenn sie gemäß Nr. 13 Abs. 1 wegen des Zahlungsverzuges des Kreditnehmers zur Verwertung des Sicherungsgutes befugt ist.

13. Verwertungsrecht der Bank

13.1 Die Bank ist berechtigt, das Sicherungsgut zu verwerten, wenn der Kreditnehmer mit fälligen Zahlungen auf die durch diesen Vertrag gesicherten Forderungen in Verzug ist.

13.2 Die Verwertung wird die Bank dem Sicherungsgeber mit einer Frist von mindestens einer Woche androhen, wenn der Abschluß dieses Vertrages ein beiderseitiges Handelsgeschäft ist. Stellt dieser Vertragsabschluß kein beiderseitiges Handelsgeschäft dar, beträgt die Frist mindestens einen Monat. In der Androhung wird die Bank den Betrag bezeichnen, wegen dessen die Verwertung erfolgen soll.

13.3 Die Bank darf das Sicherungsgut auch durch freihändigen Verkauf im eigenen Namen oder im Namen des Sicherunggebers veräußern. Sie wird auf die berechtigten Belange des Sicherungsgebers Rücksicht nehmen. Sie kann auch von dem Sicherungsgeber verlangen, daß dieser nach ihren Weisungen das Sicherungsgut bestmöglich verwertet oder bei der Verwertung mitwirkt. Der Sicherungsgeber hat alles bei der Verwertung des Sicherungsgutes Erlangte unverzüglich an die Bank herauszugeben.

14. Rückübertragung, Sicherheitenfreigabe

14.1 Nach Befriedigung ihrer durch diesen Vertrag gesicherten Ansprüche hat die Bank an den Sicherungsgeber die mit dieser Vereinbarung übertragenen Sicherheiten zurückzuübertragen und einen etwaigen Übererlös aus der Verwertung herauszugeben. Die Bank wird jedoch das Sicherungsgut an einen Dritten übertragen, falls sie hierzu verpflichtet ist; dies ist zum Beispiel dann der Fall, wenn der Sicherungsgeber zugleich Kreditnehmer ist und ein Bürge die Bank befriedigt hat.

14.2 Die Bank ist schon vor vollständiger Befriedigung ihrer durch die Sicherungsübereignung gesicherten Ansprüche verpflichtet, auf Verlangen das ihr übertragene Sicherungsgut sowie auch etwaige andere, ihr bestellte Sicherheiten (z. B. abgetretene Forderungen, Grundschulden) nach ihrer Wahl an den jeweiligen Sicherungsgeber ganz oder teilweise freizugeben, sofern der realisierbare Wert sämtlicher Sicherheiten **120 %** der gemäß Ziffer 2 gesicherten Ansprüche der Bank nicht nur vorübergehend überschreitet.

15. Bewertung des Sicherungsgutes

15.1 Soweit keine abweichende Vereinbarung getroffen worden ist, wird zur Ermittlung des realisierbaren Wertes des Sicherungsgutes vom Neuwert (Listenpreis bei Neuzulassung) ausgegangen.

15.2 Von diesem Neuwert wird ein Sicherheitsabschlag in Höhe von

| 30 % |

anteilig für jedes angefangene Jahr ab Erstzulassung fallend (degressiv) vom jeweils vorausgegangenen Wert vorgenommen. Sofern kein Prozentsatz eingesetzt und auch anderweitig nichts vereinbart worden ist, ist ein Satz von 20 % maßgeblich.

16. Rechtswirksamkeit

Sollte eine Bestimmung dieses Vertrages nicht rechtswirksam sein oder nicht durchgeführt werden, so wird dadurch die Gültigkeit des übrigen Vertrages nicht berührt.

Ergänzend gelten die Allgemeinen Geschäftsbedingungen der Bank, die in jeder Geschäftsstelle eingesehen werden können und die auf Wunsch zugesandt werden.

Ort, Datum

Ort, Datum

Deutsche Bank
Aktiengesellschaft

Unterschrift des Sicherungsgebers

Vertretungsbefugnis und Unterschrift geprüft: Datum Unterschrift

nung erforderlich – aber gutgläubiger Eigentumserwerb am Kfz durch einen Dritten ist ohne den Brief nicht möglich, so daß auch bei Weiterverkauf dem KI das Sicherungseigentum erhalten bleibt

- Abtretung der Versicherungsansprüche an das KI, evtl. Abschluß einer Kaskoversicherung und Ausstellung eines Sicherungsscheins für das KI
- u. U. Benachrichtigung der Kfz-Zulassungsstelle von der Sicherungsübereignung mit der Aufforderung, keinen neuen Brief auszustellen (falls der Kunde den Kfz-Brief als „verloren" melden sollte).

1.3.16 Patronatserklärung

a) **Wesen:** Erklärung des „Patronatsherrn" (i. d. R. **Konzern-Muttergesellschaft**) gegenüber einem Kreditinstitut, daß dessen Kreditnehmer (**Konzern-Tochtergesellschaft**) von der Muttergesellschaft wirtschaftlich unterstützt wird und die Absicherung eines gegebenen/zu vergebenden Kredites in diese Unterstützung u. U. einbezogen wird.

b) **Bedeutung:** zunehmende Verwendung der Patronatserklärung an Stelle insbes. von

- Bürgschaft
- Garantie
- Kreditauftrag,

vorwiegend im Rahmen von Konzernunternehmungen.

c) **Rechtsnatur:** umstritten und nur anhand des praktischen Einzelfalls zu beurteilen; die Patronatserklärung kann von völlig unverbindlicher Darstellung der Verbindung zur Tochtergesellschaft bis zu einer der Bürgschaft oder Garantie vergleichbaren Haftung der Muttergesellschaft reichen.

d) **Praxis:** Kreditinstitute akzeptieren i. d. R. nur noch Erklärungen, die einen gewissen Grad an **Rechtsbindungswillen** erkennen lassen und eine **Haftung** der Muttergesellschaft ermöglichen; verlangt werden dann **Standardformulierungen**, deren Auslegung weitgehend als gesichert gelten kann.

e) **Inhalt** üblicher Patronatserklärungen:

- Darstellung der Verbindung zwischen Patronatsherrn und Kreditnehmer (Kenntnis des Kredites und seiner Einzelheiten; Billigung)
- Erklärung der Absicht, wirtschaftliche Verbindung zum Kreditnehmer aufrechtzuerhalten (z. B. Kapitalausstattung mit liquiden Mitteln) oder andernfalls in einem Gespräch mit dem KI eine Lösung zu finden; Verpflichtung, Anteile der Tochtergesellschaft nicht einseitig zu veräußern
- Verpflichtung, für Rückzahlung des Kredites durch Tochtergesellschaft zu sorgen (ohne Anspruch der Tochtergesellschaft: sog. unechter Vertrag zugunsten Dritter, vgl. § 328 II BGB); Leistung nur an Tochtergesellschaft und nur zur Sicherung der Bank (nicht anderer Gläubiger)

- keine Einrede der Vorausklage
- Verpflichtung des Patronatsherrn hat Schadensersatzcharakter
- wichtig: Vereinbarung **deutschen Rechts**, falls Patronatsherr ausländischer Konzern ist.

1.3.2 Technik der kurzfristigen Kreditgewährung

1.3.20 Voraussetzungen

Kreditinstitute verfügen im Rahmen ihres Aktivgeschäftes über fremde Gelder. Zu ihrer Sicherung ist nicht nur besonderer Wert auf die Kreditsicherheiten zu legen, sondern durch **Auswahl des Kreditnehmers** soll sichergestellt werden, daß vorhandene Absicherungen vergebener Kredite nicht erst in Anspruch genommen werden müssen.

1.3.200 Kreditfähigkeit

a) **Wesen:** Kreditfähig ist, wer **rechtlich** zum Abschluß wirksamer Kreditverträge imstande ist.

b) Kreditfähig sind

- natürliche Personen, wenn voll geschäftsfähig
- Minderjährige mit Zustimmung der gesetzlichen Vertreter **und** Genehmigung des Vormundschaftsgerichtes
- Personenhandelsgesellschaften (unter ihrer Firma)
- juristische Personen des privaten und des öffentlichen Rechts
- nicht rechtsfähige Personenvereinigungen (z. B. BGB-Gesellschaft, nicht eingetragener Verein) unter gemeinsamer gesamtschuldnerischer Verpflichtung ihrer Mitglieder.

1.3.201 Kreditwürdigkeit

a) **Wesen:** Kreditwürdig ist, wer in **wirtschaftlicher** Hinsicht die Gewähr bietet bzw. die Erwartung rechtfertigt, daß er zur vertragsgemäßen Erfüllung imstande sein wird (hinsichtlich Kreditrückzahlung, Zinszahlung, Einhalten von Terminen usw.). Zu unterscheiden sind

- **persönliche** Kreditwürdigkeit nach Wesen, Charakter, Eigenschaften des Kreditnehmers
- **materielle** Kreditwürdigkeit nach wirtschaftlicher Stellung, Entwicklung und Zukunftsaussichten.

b) **Einzelheiten:** Siehe **Übersicht**; **Erklärung**:

- Einholung von Auskünften insbes. über Auskunfteien: z. B. SCHUFA = Schutzgemeinschaft für allgemeine Kreditsicherung (Gemeinschaftseinrichtung der deutschen Kreditwirtschaft), Schimmelpfeng, Creditreform u. a.; diese Institute erhalten von den ihnen angeschlossenen Unternehmen Informationen über Kunden (gewährte Kredite, Besicherung, Konkurs u. a.m.) und geben diese wiederum gesammelt heraus

- Einsicht in **Geschäftsbücher** und andere Unterlagen des Kreditnehmers ist erforderlich zur Ergänzung der Angaben, die sich der Bilanz und der GuV (Gewinn- und Verlustrechnung) entnehmen lassen; von besonderem Interesse sind die **kalkulatorischen Kennziffern** (vgl. Abschnitt 0.4.41) und ihre Übereinstimmung mit den tatsächlichen Gegebenheiten der Unternehmung. Ziel ist auch hier – wie bei der Bilanzprüfung – der **Zeit-** und der **Betriebsvergleich.**

1.3.202 insbesondere: Bilanzprüfung

a) Durch **Bilanzanalyse** werden die vorliegenden Bilanzen des Kreditnehmers aufbereitet: Zusammenfassung der wichtigsten Positionen insbes. nach dem Grad ihrer **Flüssigkeit**, Errechnung von **Bilanzrelationen** (Verhältniszahlen, vgl. 0.4.41).

b) Die **Bilanzkritik** besteht in der Auswertung der ermittelten Angaben im Zeit- und Betriebsvergleich. Von besonderer Bedeutung sind dabei

- **Eigenkapitalausstattung:** Verhältnis des Eigenkapitals zum Fremdkapital, zur Bilanzsumme; insbes. unter Berücksichtigung stiller Reserven, soweit bekannt; Bewertung ist branchenbedingt

- **Vermögensaufbau:**
  - Verhältnis von Anlage- und Umlaufvermögen zueinander (Auflösung stiller Reserven, soweit möglich); hohes Anlagevermögen bedeutet starke Kapitalbindung, Kostenbelastung – hohes Umlaufvermögen macht die Unternehmung beweglicher, anpassungsfähiger
  - Verhältnis von Umsatz und Warenbeständen zueinander (branchenbedingt)
  - Verhältnis zwischen Umsatz und Forderungsbeständen (Forderungsumschlag, durchschnittliches Debitorenziel); abhängig insbes. von den gewährten Zahlungszielen

- **Liquidität:** Verhältnis der liquiden Mittel nach dem Grad ihrer Flüssigkeit zu kurzfristigen Verbindlichkeiten; dabei soll die Liquidisierbarkeit des Umlaufvermögens grds. der Laufzeit des Fremdkapitals entsprechen (vgl. Goldene Bankregel); ein Vergleich mit durchschnittlichem Monatsumsatz ergibt, ob eine eventuelle Unterdeckung als bedenklich anzusehen ist

- **Struktur des Fremdkapitals** nach Fristigkeit, Art der Verschuldung, Besicherung usw.

- **Investierung** = Verhältnis des Anlagevermögens zum Eigenkapital (grds. ist volle Deckung erwünscht) (vgl. 0.4.42)

- **Rentabilität:** Verzinsung des Kapitaleinsatzes.

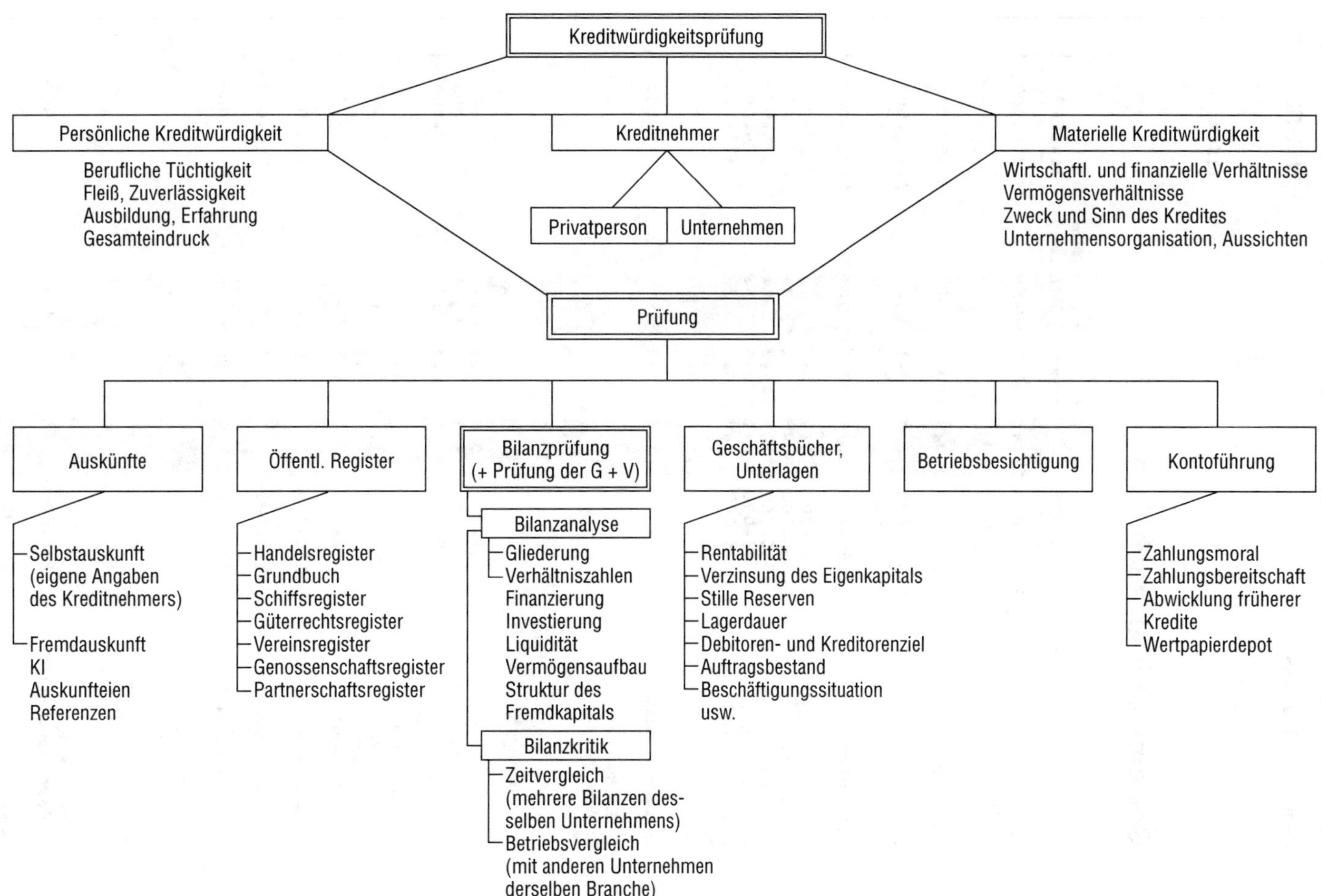
Kreditwürdigkeitsprüfung
Persönliche Kreditwürdigkeit
Berufliche Tüchtigkeit
Fleiß, Zuverlässigkeit
Ausbildung, Erfahrung
Gesamteindruck
Kreditnehmer
Privatperson
Unternehmen
Materielle Kreditwürdigkeit
Wirtschaftl. und finanzielle Verhältnisse
Vermögensverhältnisse
Zweck und Sinn des Kredites
Unternehmensorganisation, Aussichten
Prüfung
Auskünfte
Selbstauskunft (eigene Angaben des Kreditnehmers)
Fremdauskunft
KI
Auskunfteien
Referenzen
Öffentl. Register
Handelsregister
Grundbuch
Schiffsregister
Güterrechtsregister
Vereinsregister
Genossenschaftsregister
Partnerschaftsregister
Bilanzprüfung (+ Prüfung der G + V)
Bilanzanalyse
Gliederung
Verhältniszahlen
Finanzierung
Investierung
Liquidität
Vermögensaufbau
Struktur des Fremdkapitals
Bilanzkritik
Zeitvergleich (mehrere Bilanzen desselben Unternehmens)
Betriebsvergleich (mit anderen Unternehmen derselben Branche)
Geschäftsbücher, Unterlagen
Rentabilität
Verzinsung des Eigenkapitals
Stille Reserven
Lagerdauer
Debitoren- und Kreditorenziel
Auftragsbestand
Beschäftigungssituation
usw.
Betriebsbesichtigung
Kontoführung
Zahlungsmoral
Zahlungsbereitschaft
Abwicklung früherer Kredite
Wertpapierdepot

Hamburger Sparkasse

Bilanz-

für Firma

TISCHLEREI

Gewinn- u. Verlustrechnung

	Bilanz per 31.12.94	%	% der Branche	Abw. geg.Vorj.	Bilanz per 31.12.93
59 Umsatzerlöse	4.043.000	122,5	95,1	39,3+	3.120.000
60 davon Ausland					
Bestandsveränd.	743.000-				630.000
Gesamtleistung	3.300.000	100,0	100,0		3.750.000
63 **Wareneinsatz**	1.321.000	40,0	43,1	5,0-	1.688.000
64 Erhaltene Skonti	1.000		0,3		1.000
Rohertrag:	1.980.000	60,0	57,2	5,0+	2.063.000
66 Sonst. betr. Erträge	13.000	0,4	0,3		15.000
67 **Pers. Aufw.**	1.205.000	36,5	31,1	3,3+	1.245.000
68 Sonst. Aufw.	510.000	15,5	14,3	1,5+	525.000
69 **Zinsaufwendungen**	135.000	4,1	2,3	2,0+	78.000
70 **Abschr. Sachanl.**	95.000	2,9	3,4	0,2-	115.000
71			0,2		
72			0,7		
Betriebsergebnis:	48.000	1,5	5,9	1,6-	115.000
74 Ertr. Finanzanlagen					
75 Aufw. Finanzanlagen					
76					
77					
Finanz-/Bet.-Ergebnis					
79 Aufl. Rückst./Rückl.	31.000	0,9	0,1	0,2+	28.000
80 Zuw. Rückst./Rückl.	42.000	1,3		0,3+	37.000
81 Sonst. a. o. Erträge	8.000	0,2	5,1	0,4-	23.000
82 Abschr. Fin.-Anl.					
83 Sonderabschr.			3,1		
84 Abschr. UV	38.000	1,2	0,2	1,1+	3.000
85 EE.-Steuern			0,1		
86 Sonst. a. o. Aufw.	1.000		0,1	0,1-	2.000
87					
88 **Gesellsch. Bez.**	130.000	3,9	3,0	0,4+	130.000
Neutrales Ergebnis	172.000-	5,2	1,4-	2,0-	121.000-
Jahresgew./-verl.:	124.000-	3,8	4,6	3,6-	6.000-
91 Gewinnvortrag			0,2		
92 Verlustvortrag			1,1		
93 Entn. Rücklage					
94 Einst. Rücklage					
95					
96					
97 Ausschüttungen			0,2		
98 **Bilanzgew./-verl.:**	124.000-	3,8	3,5	3,6-	6.000-
Eigenkapital-Veränd.	160.000-				
Gesell.darl.-Veränd.					
Bilanzgewinn-Veränd.					

Hamburger Sparkasse

Bilanz-

für Firma

TISCHLEREI

Aktiva

	Bilanz per 31.12.94	%	% der Branche	Abw. geg.Vorj.	Bilanz per 31.12.93
00 Geldmittel/Schecks	6.000	0,3	4,0	0,8–	26.000
01 Wertpapiere UV	12.000	0,7		0,7+	
02 Ford. a. L. u. L. b. 1 J.	679.000	38,4	16,8	14,4+	547.000
03					
Flüssige Mittel I	697.000	39,5	20,8	14,3+	573.000
04 Waren			7,4		
05 Unf. Erzeugn./Anz.	157.000	8,9	17,2	29,5–	875.000
06 Ford. a. L. u. L. ü. 1 J.					
07					
Flüssige Mittel II	157.000	8,9	24,7	29,5–	875.000
08 Kurzfr. Ford. verb. U.					
09 Kurzfr. Konz.-Ford.					
10 Sonstiges UV	45.000	2,5	8,2	0,8+	38.000
Umlaufvermögen:	899.000	50,9	53,7	14,4–	1.486.000
11 Konzernbeteilig.					
12 Sonst. Beteilig.	1.000	0,1	0,2	0,1+	1.000
13 Langfr. Konz.-Ford.					
14 Langfr. Ausl.			1,8		
15 Ford. an Gesellsch.	(78.000)				(36.000)
16					
Finanzanlagen	1.000	0,1	2,0	0,1+	1.000
17 Grdst./Gebäude	545.000	30,9	21,7	6,1+	565.000
18 Anlagen in Bau			3,4		
19 Sonst. Sachanl.	165.000	9,3	15,0	0,6–	225.000
20 Immat. Vermögen	(18.000)				(24.000)
21					
Sachanlagen	710.000	40,2	40,1	5,5+	790.000
Anlagevermögen:	711.000	40,3	42,1	5,6+	791.000
22 Konsolid. Ausgl.	( )				( )
23 Minuskapital	156.000	8,8	4,3	9,0+	
51 **Bilanzsumme**	1.766.000	100,0	100,0		2.277.000

Analyse

GMBH & CO. KG

Datum: 16.01.96 Blatt: 1

Kontonummer/Gruppe: 0721133528/10 0
Branche: 032 Anzahl d. Vergleichsbilanzen: 25
Bilanz für: 12 Monate
Verteiler: KREDITSEKRETARIAT
Empfänger: HERR ARNOLD

Passiva

	Bilanz per 31.12.94	%	% der Branche	Abw. geg. Vorj.	Bilanz per 31.12.93
24 Verb. a. L. u. L. b. 1 J.	180.000	10,2	11,5	0,5+	220.000
25 Wechselverbindl.	50.000	2,8	1,9	2,8+	
26 Bankverbindl.	463.000	26,2	17,9	9,4+	383.000
27 DARIN HASPA	376.000	21,3	2,1	21,3+	
28 S. Kurzfr. Verbindl.	250.000	14,2	10,3	12,3+	43.000
29 Kurzfr. Konz.-Verb.					
30 Kurzfr. Verb. verb. U.			0,1		
31 Kurzfr. Rückst.	55.000	3,1	2,3	1,0+	47.000
32 Bilanzgewinn			0,2		
33					
Zwischensumme	998.000	56,5	44,1	26,1+	693.000
34 Kundenanz.	70.000	4,0	10,3	30,7−	790.000
35 Verb. a. L. u. L. ü. 1 J.					
Kurzfr. Verbindl.:	1.068.000	60,5	54,4	4,6−	1.483.000
36 Mittelfr. Verbindl.			16,7		
37 Langfr. Verbindl.	510.000	28,9	8,0	2,3+	605.000
38 Langfr. Konz.-Verb.					
39 Langfr. Verb. verb. U.			0,2		
40 Langfr. Rückst.	18.000	1,0	0,1	0,3+	15.000
41 Pens. Rückst.			1,5		
42 Gesell. Darlehen	170.000	9,6	14,4	2,1+	170.000
43			0,6		
Langfr. Verbindl.:	698.000	39,5	41,4	4,8+	790.000
44 DARIN BANK	490.000	27,7	24,4	1,1+	605.000
45 DARIN HASPA	455.000	25,8	6,5	25,8+	
46 Eigenkapital			4,2	0,2−	4.000
47 Rücklagen					
48 S. Posten m. R.					
49 Konsolid. Ausgl.					
50					
Eigenkap.-Pos.:			4,2	9,0−	4.000
51 **Bilanzsumme**	1.766.000	100,0	100,0		2.277.000

52 **Event. Verbindl.**

53 Nicht passivierte Pensionsrückst.

Analyse

Datum: 16.01.96 Blatt: 2

GMBH & CO. KG

Kontonummer/Gruppe: 0721133528/10 0
Branche: 032 Anzahl d. Vergleichsbilanzen: 25
Bilanz für: 12 Monate
Verteiler: KREDITSEKRETARIAT
Empfänger: HERR ARNOLD

Kennzahlen

Bilanzstruktur:

		Vorjahr			Vorjahr
Umlaufvermögen	50,9 %	(65,3 %)	kurzfr. Fremdkapital	60,5 %	(65,1 %)
Anlagevermögen	40,3 %	(34,7 %)	langfr. Fremdkapital	39,5 %	(34,7 %)
Minuskapital	8,8 %	(0,0 %)	Eigenkapital-Pos.	0,0 %	(0,2 %)

Zusätzliche Kennzahlen:

	Jahr: 94	Vorjahr	Vorjahr Branche
Anlagendeckung I	%	1 %	%
Anlagendeckung II	81 %	100 %	102 %
Liquidität I	70 %	83 %	56 %
Liquidität II	80 %	98 %	93 %
Debitorenumschlagsdauer in Tagen	55	63 *	38
Kreditorenumschlagsdauer in Tagen	61	47 *	55
Lagerumschlagsdauer in Tagen	141	187 *	100
Entwicklung der Gesamtleistung	12,0- %	%	
Umsatzrentabilität	1,5 %	3,1 %	7,2 %
Gesamtkap. Umschl.-Häufigkeit	1,9	1,6	1,9
Gesamtkapitalverzinsung	10,4 %	8,5 %	17,9 %
Cash-flow-Rate	4,3 %	6,1 %	10,3 %
Entschuldungsdauer in Jahren	11,7	6,3	3,8
Cash-flow in TDM	143 *	230	

Bewegungsbilanz:

Kurzfristiger Bereich:	Mittelverwendung	Mittelherkunft
Flüssige Mittel I	124.000	
Flüssige Mittel II		718.000
Weiteres Umlaufvermögen	7.000	
Kurzfristige Verbindlichkeiten	415.000	
Saldo		172.000
Langfristiger Bereich:		
Anlagevermögen	15.000	
Minuskapital	156.000	
Langfristige Verbindlichkeiten	95.000	
Langfristige Rückstellungen		3.000
Gesellschafter-Darlehen		
Eigenkapital-Positionen	4.000	
Afa		95.000

Zuordnungen/Kompensationen

Aktiva

Um das vom Unternehmer bzw. von den Gesellschaftern dem Unternehmen zur Verfügung gestellte Eigenkapital zu ermitteln, werden Forderungen an Gesellschafter (Position 15) mit den Eigenkapitalpositionen (Positionen 46 bis 50) verrechnet. Ferner werden mit dem Eigenkapital folgende Positionen verrechnet:

- Immaterielle Vermögenswerte, wie Firmenwert, Wettbewerbsverbote und ähnliches (Position 20),
- eventuell vorhandene Aktiva-Konsolidierungsausgleichsposten (Postion 22),
- Verlustvorträge.

Passiva

Sofern Posten mit Rücklagenanteil (z.B. Rücklagen nach § 6b Einkommensteuergesetz) vorhanden sind, werden sie je zur Hälfte dem Eigenkapital (Position 48) und den langfristigen Rückstellungen (Position 40) zugeordnet. Damit wird die mögliche Steuerlast bei Auflösung der Posten pauschal berücksichtigt.

Bei Kapitalgesellschaften wird der Bilanzgewinn den kurzfristigen Mitteln zugeordnet.

Strukturkennzahlen

Die folgenden Kennzahlen geben die prozentualen Anteile an dem Gesamtkapital (Bilanzsumme) wieder.

Bilanzstruktur

Vermögensaufbau

Anlagenintensität = Anlagevermögen (einschließlich Minuskapital) in Prozent der Bilanzsumme

Intensität des Umlaufvermögens = Umlaufvermögen in Prozent der Bilanzsumme

Zusammensetzung des Gesamtkapitals

Eigenkapitalquote = Eigenkapital in Prozent der Bilanzsumme

Langfristige Verschuldung = langfristiges Fremdkapital in Prozent der Bilanzsumme

Kurzfristige Verschuldung = kurzfristiges Fremdkapital in Prozent der Bilanzsumme

Finanzierung und Liquidität

Anlagendeckung I

Die Kennziffer zeigt auf (in Prozent), in welcher Höhe das Anlagevermögen durch das Eigenkapital finanziert wurde.

$$\frac{\text{Eigenkapital}}{\text{Anlagevermögen}} \times 100 = \qquad \%$$

Anlagendeckung II

Die Kennziffer zeigt auf (in Prozent), in welcher Höhe das Anlagevermögen (eventuell zzgl. Minuskapital) durch langfristiges Kapital finanziert wurde.

$$\frac{\text{Eigenkapital} + \text{langfristiges Fremdkapital}}{\text{Anlagevermögen} + \text{ggf. Minuskapital}} \times 100 = \qquad \%$$

Das Anlagevermögen (eventuell zzgl. Minuskapital) sollte langfristig finanziert sein.

Wenn der Prozentsatz 100 übersteigt, stehen langfristige Mittel zur Finanzierung des Umlaufvermögens zur Verfügung, z.B. „eiserner Bestand im Warenlager". Dies bedeutet eine größere finanzielle Stabilität.

Liquidität

Die folgenden Kennziffern dienen zur Beurteilung der Liquidität.

Liquidität I

$$\frac{\text{flüssige Mittel 1}}{\text{kurzfristiges Fremdkapital ./. Kundenzahlungen ./. Verbindlichkeiten aus Lieferungen und Leistungen über 1 Jahr}} \times 100 = \qquad \%$$

Liquidität II

$$\frac{\text{flüssige Mittel 1} + \text{flüssige Mittel 2}}{\text{kurzfristiges Fremdkapital}} \times 100 = \qquad \%$$

Je höher der Prozentsatz der Liquidität II über 100 liegt, desto günstiger ist die Liquidität. Hier zeigt sich die positive Auswirkung eines Überhanges an langfristigen Finanzierungsmitteln.

Umschlagsdauer

Um die Debitoren-, Kreditoren- und Lagerumschlagsdauer zu ermitteln, werden die Bestände des letzten und des vorletzten Abschlusses addiert und durch zwei geteilt, damit eine „durchschnittliche Bestandshöhe" errechnet werden kann.

Debitorenumschlagsdauer in Tagen

$$\frac{\text{Forderungen aus Lieferungen und Leistungen (Positionen 02 u. 06)}}{\text{Umsatzerlöse}} \times 360 =$$

Kreditorenumschlagsdauer in Tagen

$$\frac{\text{Verbindlichkeiten aus Lieferungen und Leistungen (Positionen 24 u. 35)} + \text{Wechselverbindlichkeiten}}{\text{Wareneinsatz ./. Skontoerträge}} \times 360 =$$

Lagerumschlagsdauer in Tagen

$$\frac{\text{Waren} + \text{unfertige Erzeugnisse}}{\text{Wareneinsatz ./. Skontoerträge}} \times 360 =$$

Erläuterung zur Bilanzanalyse

Die Struktur der Bilanzanalyse weicht häufig von dem Aufbau Ihrer Originalbilanz ab, so daß die folgenen Erläuterungen Ihnen helfen sollen, die Bilanzanalyse zu nutzen. Bei Fragen wenden Sie sich bitte an Ihren Firmenkundenberater.

Ertragskennzahlen

Einige der folgenden Ertragskennzahlen sind auf der Basis der Gesamtleistung (= 100 %) ermittelt. Das ist beim Handelsunternehmen der Umsatz, bei einem Produktionsunternehmen die wertmäßige Produktionsleistung und errechnet sich wie folgt:

	Umsatz
+	Bestandserhöhungen
./.	Bestandsminderungen
=	Gesamtleistung

Ist der Gewinn Bestandteil der Kennzahlenermittlung, wird das Betriebsergebnis zugrunde gelegt. Das Betriebsergebnis ergibt sich durch Aussonderung außerordentlicher Ertrags- und Aufwandsposten und zeigt den wirtschaftlichen Erfolg des Abrechnungszeitraumes. Die sonstigen betrieblichen Erträge werden, wenn sie im Abschluß nicht erläutert sind, dem neutralen Ergebnis zugeordnet.

Umsatzentwicklung

(Veränderung in Prozent gegenüber Vorjahr)

$$\frac{\text{Gesamtleistung des letzten Jahres ./. Gesamtleistung des Vorjahres}}{\text{Gesamtleistung des Vorjahres}} \times 100 = \qquad \%$$

Aus der ausgewerteten Gewinn- und Verlustrechnung ergeben sich als Anteile an der Gesamtleistung folgende Kennzahlen:

Materialaufwandsquote	Position 63
Rohgewinnspanne bzw. Handelsspanne	siehe Rohertrag
Personalaufwandsquote	Position 67
Sachaufwandsquote	Position 68
Zinsaufwandsquote	Position 69
Abschreibungsaufwandsquote	Position 70
Umsatzrentabilität	siehe Betriebsergebnis

Die Umsatzrentabilität (auch: Gewinnspanne) gehört zu den wichtigsten Kennzahlen für die Beurteilung der Ertragskraft. Mit ihr lassen sich die Erfolge über mehrere Jahre miteinander vergleichen. Verbesserungen oder Verschlechterungen innerhalb eines Unternehmens lassen Rückschlüsse auf eine veränderte Wirtschaftlichkeit zu. Im Branchenvergleich ergeben sich Hinweise auf die Stellung des Unternehmens im Verhältnis zu anderen Unternehmen der Branche.

Gesamtkapitalverzinsung

Die Kennzahl „Gesamtkapitalverzinsung" zeigt an, welche Rendite das gesamte im Unternehmen gebundene Kapital (Eigenkapital + Fremdkapital = Bilanzsumme) erbringt. Dabei wird dem Betriebsergebnis der Zinsaufwand für das Fremdkapital zugeschlagen. Die Gesamtkapitalverzinsung bietet so vor allem im Branchenvergleich eine geeignete Grundlage zur Beurteilung der Ertragskraft.

$$\frac{\text{Betriebsergebnis + Zinsaufwand}}{\text{Bilanzsumme}} \times 100 = \qquad \%$$

Eigenkapitalverzinsung

Wegen der Gefahr einer Fehlbeurteilung bei zu geringem Eigenkapital wurde auf diese Kennziffer verzichtet.

Cash-flow

Diese Kennziffern dienen zur Beurteilung der Ertrags- und Finanzkraft (siehe auch Entschuldungsdauer). Der Cash-flow umfaßt den Teil der betrieblichen Einnahmen, der dem Unternehmen zur Zahlung der einkommenabhängigen Steuern, zur Gewinnausschüttung, zur Finanzierung von Investitionen und zur Rückzahlung von Fremdkapital zur Verfügung steht.

Cash-flow vor Steuern

	Betriebsergebnis
+	Erhöhung der Pensionsrückstellungen
+	Abschreibungen auf Sachanlagen
=	Cash-flow

Cash-flow-Rate

$$\frac{\text{Cash-flow}}{\text{Gesamtleistung}} \times 100 = \qquad \%$$

Entschuldungsdauer

Vorausgesetzt, der Cash-flow fällt weiterhin in gleicher Höhe an und verbleibt in voller Höhe dem Unternehmen, können die Verbindlichkeiten (ohne Pensionsverbindlichkeiten) in dem errechneten Zeitraum zurückgezahlt werden.

$$\frac{\text{Nettoverschuldung*)}}{\text{Cash-flow}} = \qquad \text{Jahre}$$

*) Nettoverschuldung:

Fremdkapital
./. Geldmittel
./. Wertpapiere des Umlaufvermögens
./. Pensionsrückstellungen
./. Kundenanzahlungen oder unfertige Erzeugnisse, sofern diese Position niedriger als die Kundenanzahlung ist.

Sonstige Kennzahlen

Gesamtkapitalumschlag

Mit der Kennziffer „Gesamtkapitalumschlag" wird untersucht, wie oft das gesamte eingesetzte Kapital (Eigenkapital + Fremdkapital = Bilanzsumme) im Jahr umgeschlagen, d.h. über die Umsätze (Verkaufserlöse) bzw. die Gesamtleistung „verflüssigt" wurde.

Gesamtkapitalumschlag:

$$\frac{\text{Gesamtleistung}}{\text{Bilanzsumme}} = \qquad \text{mal}$$

Bewegungsbilanz

Die Bewegungsbilanz zeigt die Veränderungen in der Herkunft des Kapitals und die Verwendung der Mittel auf. Die Darstellung weist den langfristigen und kurzfristigen Bereich gesondert aus.

Die Bruttoinvestitionen im Anlagevermögen werden durch Vergleich der Anfangsbestände und Jahresendbestände zzgl. Abschreibungen errechnet (Anlageabgänge gehen durch Saldierung mit Zugängen unter).

Zur Beurteilung werden außerdem Werte herangezogen, die zugleich wesentliche Grundlagen zur Bewertung des Ertragswertes und der Ertragsfähigkeit von **Aktien** im Rahmen der Vermögensanlage in Wertpapieren sind: Cash Flow, Ertrags- und Substanzwert, Dividendenrendite, Kurs-Gewinn-Verhältnis u. a. (siehe Effektengeschäft).

1.3.21 Der Kreditvertrag

1.3.210 Vorverhandlungen

a) **Wesen:** i. d. R. mündliche Erörterungen zwischen Kunde und Vertreter des Kreditinstituts über

- Kredithöhe
- Laufzeit
- geeignete Sicherheiten usw.

b) **Zweck:** Beratung des Kunden; Feststellung, ob die persönlichen und wirtschaftlichen Voraussetzungen für eine Kreditgewährung gegeben sind, ob die weitere Bearbeitung des Ersuchens des Kunden sinnvoll ist, welche Art von Kredit in Frage kommt.

1.3.211 Kreditantrag des Kunden

a) **Wesen:** in rechtlicher Hinsicht lediglich **Anfrage**, die zur Abgabe eines Angebotes durch das KI führen soll.

b) **Inhalt:**

- Angaben über die Person des Kreditnehmers
- Höhe und Laufzeit des beantragten Kredites, Form der Bereitstellung, Rückzahlungsmodalitäten
- Kreditsicherheiten, die der Kunde anbieten kann
- Angaben über bereits bestehende Kredite und deren Besicherung
- Angaben über sonstige Konten bei dem KI, deren Umsätze, bestehende Wertpapierdepots, Sparverträge u. a. m.
- Informationen zu miteingereichten Bilanzen, Gewinn-und-Verlust-Rechnungen, soweit vorhanden.

c) **Zweck:** schnelle Überschaubarkeit der für die Kreditgewährung bedeutsamen Daten. Der Kreditantrag wird gewöhnlich vom Sachbearbeiter des KI und dem Kunden gemeinsam ausgefüllt.

1.3.212 Abschluß des Kreditvertrages

a) **Prüfung** des Antrags des Kunden; Untersuchung insbes. im Hinblick auf

- Kreditfähigkeit
- Kreditwürdigkeit
- Wert und Bedeutung der angebotenen Sicherheiten (z. B. Bonität von Drittschuldnern bei Forderungsabtretung, des Bürgen oder Garanten, Wert von Gegenständen bei Verpfändung oder Sicherungsübereignung usw.).

b) Kredit**bewilligung** = Entscheidung über Kreditvergabe: je nach Höhe bzw. Besicherung des Kredits

- durch Sachbearbeiter bzw. Vorgesetzte(n) (bei kleineren Krediten)
- durch Kreditausschuß bei Sparkassen (Kredite mittlerer Höhe)
- durch gesamten Vorstand/alle Geschäftsführer mit einstimmigem Beschluß (bei **Großkrediten** = Kredite, die 10 % des haftenden Eigenkapitals des KI betragen oder übersteigen, § 13 KWG).

c) **Kreditbewilligungsschreiben** = Kreditzusage an den Kunden: befristetes Angebot, 1.Willenserklärung; **Inhalt**:

- Kreditbetrag
- Laufzeit (Befristung)
- Konditionen (Zinsen, oft mit **Gleitklausel** zugunsten des KI in Abhängigkeit z. B. vom LZB-Diskontsatz oder dem jeweiligen Kapitalmarktzins; Kosten; Disagio bei Auszahlung des Kredites zu weniger als 100 %)
- erforderliche Sicherheiten (auf der Grundlage der Prüfung der Bank)
- Art der Bereitstellung
- u. U. Angabe des Verwendungszwecks (z. T., z. B. bei Investitionsdarlehen, ist Zweckbindung möglich)
- Hinweis auf Geltung der AGB und sonstiger Allgemeiner Bedingungen
- Kündigungsmöglichkeiten, insbes. zugunsten der Bank; außerordentliches Kündigungsrecht
- Rückzahlung (in Raten oder in einer Summe zu vereinbarten Zeitpunkten)
- Widerrufsbelehrung bei Verbraucherkrediten (vgl. Abschnitt 1.3.011).

d) **Annahmeerklärung** des Kunden (2. Willenserklärung) durch Unterschrift (bei Dispositions-/Überziehungskrediten: durch Inanspruchnahme, also konkludentes Handeln). Oft verlangt das KI zusätzlich vom Kunden

- **Ausschließlichkeitserklärung:** Kunde verpflichtet sich, nur bei dem kreditgewährenden KI Konten zu unterhalten/Kredite aufzunehmen
- **Negativerklärung** (-klausel): Kunde verpflichtet sich, während der Kreditlaufzeit anderen KI keine Kreditsicherheiten zu überlassen (hierzu gehört auch die

Selbstauskunft bitte deutlich ausfüllen	Girokonto-Nr. Antragsteller	Girokonto-Nr. Mitantragsteller
	1234 555666	1234 555689

Antragsteller	**Mitantragsteller**
Vor- und Zuname: Bernd-Christoph H e l l e r	Vor- und Zuname: Ann-Katrin H e l l e r
Straße: Sonnenstr. 86	Straße: Sonnenstr. 86
Plz., Wohnort: 22358 Hamburg — Telefon: 604 05 06	Plz., Wohnort: 22358 Hamburg — Telefon:
Geburtsdatum/Geburtsname: 14.06.53 — Staatsangehörigkeit: dt.	Geburtsdatum/Geburtsname: 12.07.54 geb. Pabst — Staatsangehörigkeit: dt.
Vorherige Anschrift (innerhalb von 3 Jahren) bzw. 2. Wohnsitz	Vorherige Anschrift (innerhalb von 3 Jahren) bzw. 2. Wohnsitz
Familienstand: ☐ ledig ☒ verheiratet ☐ verwitwet ☐ geschieden ☐ getrennt lebend	Familienstand: ☐ ledig ☒ verheiratet ☐ verwitwet ☐ geschieden ☐ getrennt lebend
Anzahl der unterhaltsberechtigten Kinder 2 Alter 5 + 7	Anzahl der unterhaltsberechtigten Kinder ____ Alter ____
Güterstand: ☐ gesetzlich ☒ Gütergemeinschaft ☐ Gütertrennung	Güterstand: ☐ gesetzlich ☐ Gütergemeinschaft ☐ Gütertrennung
Arbeitgeber/Anschrift/Renten-/Pensionsstelle: Hamburger Unterstützungskasse, Ringweg 111, 22366 Hamburg	Arbeitgeber/Anschrift/Renten-/Pensionsstelle: Schreibwaren Schulz, Luftstr. 1, 22358 Hamburg
beschäftigt als: Angestellter — seit: 1986	beschäftigt als: Verkäuferin — seit: 1989
vorheriger Arbeitgeber (innerhalb von 3 Jahren): Handelskammer Hamburg	vorheriger Arbeitgeber (innerhalb von 3 Jahren):

Ermittlung des frei verfügbaren Monatseinkommens:

Einnahmen			**Ausgaben**		
Lohn/Gehalt/Rente/Pension Darlehensn.	DM	4.800,--	Miete/Belastung für Eigenheim (jeweils incl. Nebenkosten)	DM	1.200,--
Lohn/Gehalt/Rente/Pension Mitantr.st.	DM	1.050,--			
Spesen/Tantieme	DM		Versicherungsprämien	DM	600,--
Einkünfte aus Nebentätigkeit	DM		Unterhalt	DM	
Einküfte aus Gewerbebetrieb (gem. beigef. Bilanz, Steuerbescheid u. ä.)	DM		Sonstiges	DM	
			Kfz-Betriebs-Kosten	DM	250,--
Sonstiges, z. B. Kinder-, Wohngeld	DM	300,--	Ratenzahlung **(Neuantrag)**	DM	450,--
			Ausgaben für Haushalt	DM	2.200,--
Gesamteinnahmen	DM	6.150,--			
./. Gesamtausgaben	DM	4.700,--	Gesamtausgaben	DM	4.700,--
Freies Einkommen	DM	1.450,--			

Antragsteller	Mitantragsteller
Verbindlichkeiten incl. Hypothekendarlehen: TDM 165 Institut Haspa	Verbindlichkeiten incl. Hypothenkendarlehen: TDM Institut
Sparguthaben/Wertpapiere Haspa: TDM 85 — andere Institute: TDM	Sparguthaben/Wertpapiere Haspa: TDM — andere Institute: TDM
Lebensversicherungen bei — Versicherungssummen ☒ Kap ☐ Ris.: TDM 250 seit 1988; TDM seit; TDM seit	Lebensversicherungen bei — Versicherungssummen ☐ Kap. ☐ Ris.: TDM seit; TDM seit; TDM seit
Bausparverträge bei — Vertragssummen TDM; Guthaben TDM	Bausparverträge bei — Vertragssummen TDM; Guthaben TDM
Grundstück/Eigenheim/Eigentumswohung: Lage 22358 Hamburg	Grundstück/Eigenheim/Eigentumswohnung: Lage
Fahrzeug (Fabrikat/Baujahr): Volvo 745 (1987) — Leasing ☐ ja ☒ nein	Fahrzeug (Fabrikat/Baujahr): Golf (1988) — Leasing ☐ ja ☒ nein

Unterschrift des Antragstellers	Datum 25.08.19XX	Unterschrift des Mitantragstellers

Unterlassung der Veräußerung oder Belastung von Grundstücken). Dennoch getroffene Verfügungen sind **wirksam**, die Negativerklärung ist also **keine Kreditsicherheit**

- Anerkennung der Schufa-Klausel bei Krediten an Privatkunden.

e) Die Stellung von Sicherheiten durch den Kunden kann in den Kreditvertrag einbezogen werden; oft wird jedoch zusätzlich ein **Kreditsicherungsvertrag** geschlossen (i. d. R. Formularverträge).

1.3.213 Kreditabwicklung

a) **Bereitstellung** des Kredites:

- **in laufender Rechnung:** Verfügungen über den Kredit werden dem laufenden Konto belastet, wobei der Kunde ein Limit (Kreditlinie) einzuhalten hat; über zurückgezahlte Beträge kann wieder verfügt werden (Überziehungskredit)
- als **Darlehen** (Vorschuß): der zugesagte Kredit wird dem laufenden Konto gutgeschrieben und einem Darlehenskonto belastet; zurückgezahlte Beträge sind nicht wieder verfügbar.
- als Aval- oder Akzeptkredit durch Abgabe einer Haftungserklärung des KI (**Kreditleihe**)
- als Abrufdarlehen.

b) **Kreditüberwachung:** beginnt mit der Auszahlung (oder sonstigen Bereitstellung) des Kreditbetrages an den Kunden; Ziel: Vorbeugung gegen Ausfall von Kreditnehmern. Überwacht werden

- Rückzahlung
- Zinszahlungen
- Einhaltung von Kreditlimits / Zusagen (z. B. Kontokorrent-, Diskontkredit)
- Wert der gestellten Sicherheiten, Veränderungen des Sicherungsbestandes z. B. durch Verkauf (bei Sicherungsübereignung), Begleichung abgetretener Forderungen durch Zahlung an Zedenten usw.
- wirtschaftliche und finanzielle Lage des Kreditnehmers (ständige Prüfung der Kreditwürdigkeit, insbes. bei längerfristigen Krediten anhand der Bilanzen usw.)
- gesamte Kreditverpflichtung des Kreditnehmers (sog. Engagement)
- Kontoführung, Kontoumsätze
- Entwicklung der Branche des Kreditnehmers
- Wirtschafts- und Zinsentwicklung im In- und Ausland.

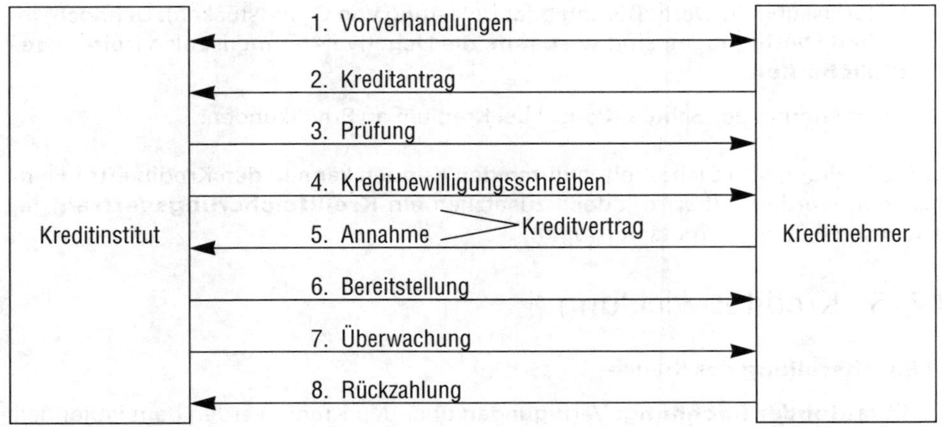

1.3.3 Einzelne kurz- und mittelfristige Kreditarten und deren Verwendungsmöglichkeiten

1.3.30 Kontokorrentkredit (KKK)

1.3.300 Wesen und Bedeutung

a) **Wesen:**

- Einräumung eines Kreditlimits auf laufendem Konto
- wechselnde Inanspruchnahme
- formal kurzfristig; üblich sind Laufzeitverlängerungen (**Prolongationen**) bei entsprechend guter Bonität
- Abrechnung über das laufende (Kontokorrent-)Konto

b) **Rechtsgrundlagen:**

- Kontovertrag
- Kreditvertrag einschließlich der AGB
- BGB-Bestimmungen über das Darlehen (§§ 607 ff.)
- Definition des Kontokorrents nach § 355 HGB (vgl. Abschnitt 1.1.131)

c) **Bedeutung:** der Kontokorrentkredit wird verwendet als

- Betriebsmittel-, Produktions-, Umsatz-, Umlauf-, Umschlagskredit zur Finanzierung der **Produktion** und des **Warenumschlags**
- **Überziehungskredit** zur Überbrückung vorübergehender Liquiditätsanspannungen
- **Saisonkredit** zur Deckung eines regelmäßig wiederkehrenden saisonal anfallenden Kreditbedarfs (Überbrückung der Zeit zwischen Einkauf und Absatz der Waren)
- **Zwischenkredit** zur Vorfinanzierung eines Bauprojekts vor Auszahlung der eigentlichen Darlehnsvaluta
- **persönlicher Dispositionskredit** für Überziehungen von Privatkunden in festgesetztem Rahmen.

1.3.301 Einzelheiten

a) **Besicherung** des KKK durch

- Person des Kreditnehmers (oft als reiner oder verstärkter Personalkredit vergeben)
- Abtretung (Zession) von Forderungen aus Waren- und Dienstleistungsgeschäften, von Lohn-/Gehaltsforderungen, von Ansprüchen aus Versicherungs- und Sparverträgen
- Bürgschaften (selten: Garantien)
- Verpfändung von Wertpapieren (sog. unechter Lombardkredit)
- Grundschulden
- Sicherungsübereignung.

b) **Konditionen:**

- Sollzinsen: i. d. R. D* + 5 1/2 bis 6 1/2 % (**Netto-Zinssatz**) auf den in Anspruch genommenen Kredit **oder** (seltene Regelung)

  Sollzinsen von i. d. R. D + 1 1/2 % + **Kreditprovision** von 4 % p. a. (die Kreditprovision kann anrechenbar sein, d. h. berechnet auf nicht in Anspruch genommene Teile des Kredites, oder nicht anrechenbar, d. h. berechnet auf die gesamte Kreditzusage)

---

* D = Diskontsatz der Deutschen Bundesbank

- Überziehungsprovision von meist 3 bis 3 1/2 % p.a. bei Überziehungen, d. h. Inanspruchnahmen
  - über die Kreditlaufzeit hinaus
  - ohne Kreditzusage
  - über das Kreditlimit hinaus
- Porti und sonstige Auslagen
- nach der Preisangabenverordnung (PAngV) hat das KI den anfänglichen effektiven Jahreszins anzugeben, sofern der Kredit privaten Kreditnehmern zur Verfügung gestellt wird, die den KKK nicht für selbständige berufliche oder gewerbliche Zwecke verwenden.

1.3.31 Diskontkredit

1.3.310 Wesen und Bedeutung

a) **Wesen:** = Gewährung eines Kredites durch **Ankauf** von Wechseln vor Fälligkeit und Bereitstellung des Gegenwertes auf laufendem Konto.

b) **Rechtsnatur:**

- nach **früherer** Meinung: Kaufvertrag (§ 433 ff. BGB) mit Modifizierung der Gewährleistungsvorschriften durch die AGB der KI
- nach heute herrschender Meinung: **Darlehensvertrag** (§§ 607 ff. BGB)
- in jedem Fall liegt wirtschaftlich ein Kredit vor, der dem gewährenden KI bei Nichteinlösung durch den Bezogenen eine **Rückbelastungsmöglichkeit** gegen den Kreditnehmer (also den zur Zeit des „Ankaufs" Berechtigten) eröffnet.

c) **Rechtsgrundlagen:**

- Kreditvertrag einschließlich der AGB der KI
- BGB-Bestimmungen über das Darlehen bzw. den Kaufvertrag
- Wechselgesetz

d) **Bedeutung:**

- für den **Kreditnehmer**:
  - Erhöhung der Liquidität
  - niedrigere Kosten als beim KKK
  - Verringerung der Außenstände, Mobilisierung von Forderungen
  - da mit eventuellem Rückgriff gerechnet werden muß: in der Bilanz des Kreditnehmers als **Eventualverbindlichkeit** unter dem Strich auszuweisen
- für das **Kreditinstitut**:
  - große Sicherheit durch
    Haftung aller Wechselverpflichteten für Annahme und Einlösung
    Wechselstrenge, Wechselprozeß (schnelle Durchsetzbarkeit von Ansprüchen)

bereits erfolgte Bonitätsprüfung des Bezogenen durch den Kreditnehmer (der ja mit dem Wechsel als Zahlungsmittel einverstanden gewesen sein muß)
zugrundeliegendes Warengeschäft (Sonderbedingungen für Wechseldiskontgeschäfte: die dem Wechsel zugrundeliegenden Forderungen einschließlich der Sicherheiten gelten als **auf die Bank übertragen**)
- evtl. Refinanzierungsmöglichkeit durch Rediskontierung bei der Deutschen Bundesbank (s. u.).

1.3.311 Abwicklung des Diskontkredites

a) Abschluß eines **Kreditvertrages** mit Einräumung einer sog. **Diskontlinie** (= Kreditlimit für die Einreichung von Wechseln zur Diskontierung).

b) **Einreichung** von Wechseln durch den Kunden zum Diskont; **Prüfung** durch das KI:

- formale Ordnungsmäßigkeit des Wechsels
- Höhe der bisherigen und jetzigen Ausnutzung der Diskontlinie
- Bonität der Wechselverpflichteten
- Prüfung des Wechsels selbst im Hinblick auf das Grundgeschäft (Handels- oder Finanzwechsel?)
- Wechsellaufzeit
- Rediskontfähigkeit des Wechsels (s. u.).

c) **Ankauf** der Wechsel, u. U. nach Auswahl und Zurückweisung einiger Wechsel, die den Anforderungen nicht genügen; Durchführung folgender **Arbeiten**:

- **Kopieren** der Wechsel: wichtige Wechselangaben werden in Karteien bzw. Dateien festgehalten, insb. um Überwachung des Kredites und des Wechselmaterials zu ermöglichen:
  - Wechselkopierbuch (Eintragung der Wechsel in der Reihenfolge des Ankaufs nach der ihnen vom KI gegebenen laufenden Nummer; Übernahme aller wichtigen Daten des Wechsels und des Kredites)
  - Verfallkartei (zeitliche Einordnung zur Überwachung der Verfalltermine)
  - Bezogenenobligo (Liste aller vom KI diskontierten Wechsel eines Bezogenen, wichtig für Bonitätsprüfung, bei Protestierung anderer Wechsel dieses Bezogenen usw.)
  - Einreicherobligo (Liste aller von einem Kreditnehmer zum Diskont eingereichten Wechsel, wichtig für Überprüfung der Einhaltung der Diskontlinie)
- Wechsel**abrechnung**, Bereitstellung des Erlöses auf laufendem Konto des Kunden
- Einsortierung der Wechsel in das **Portefeuille** (Depot) des KI nach den Gesichtspunkten
  rediskontfähig – nicht rediskontfähig; Verfalltag.

d) **Verwendung** der Wechsel durch das KI:

- Aufbewahrung bis zum Verfall, einige Tage vorher Aussendung zum Einzug oder
- während der Laufzeit Rediskontierung bei der Bundesbank.

e) **Konditionen:**

- **Diskont** = Zinsen für die Zeit vom Ankaufstag bis zum Verfalltag: i. d. R.
  - D + 3 1/2 % p. a. für rediskontfähige Wechsel
  - D + 4 1/2 % p. a. für nicht rediskontfähige Wechsel, ggf. je nach Geschäftspolitik des KI auch deutlich mehr;
    der Diskont ist außerdem gewöhnlich gestaffelt nach der Höhe der Wechselbeträge (z. B. bis/ab 10 000,– DM)
- Inkassoprovision für Wechsel, die nicht bei einer Bank zahlbar gestellt sind
- evtl. Auslagen.

1.3.312 Rediskontierung

a) **Wesen:** Refinanzierung der Kreditinstitute bei der jeweils zuständigen Landeszentralbank (LZB) durch Verkauf von Diskontwechseln zum **Diskontsatz** der Deutschen Bundesbank (§§ 15, 19 I Nr. 1 BBankG).

b) **Bedingungen** für den Rediskont:

- formale Ordnungsmäßigkeit: u. a.
  - DIN-Vordrucke (Nr. 5004) (Ausnahmen sind möglich)
  - keine Änderung gesetzlicher Bestandteile
  - keine zerrissenen Wechsel
  - Wechselsumme in Ziffern und Buchstaben
  - Vollindossament des KI an die LZB („An Landeszentralbank" ohne Orts-/Landesbezeichnung)
  - lückenlose Indossamentenkette
- materielle Voraussetzungen:
  - gute Handelswechsel (Grundlage: Warengeschäft oder Dienstleistung)
  - drei „gute" Unterschriften, d. h. von als zahlungsfähig bekannten Verpflichteten; zwei Unterschriften reichen, wenn anderweitige Sicherheit gewährleistet ist (z. B. bei Bankakzepten: vgl. Akzeptkredit)
  - Restlaufzeit höchstens 3 Monate, Mindestlaufzeit 20 Tage
  - Zahlbarkeit bei einem KI an einem Bankplatz (= LZB-Platz)
  - Tratten müssen akzeptiert sein
- Einreichung mit ausgefüllten Vordrucken der LZB (sog. Ankaufsrechnungen)

c) **Konditionen:**

- Diskont für die Restlaufzeit entsprechend dem Diskontsatz der Bundesbank

d) **Sonstiges:**

- z.Z. kein Ankauf von
  - Sichtwechseln
  - nicht akzeptierten Nachsichtwechseln
- angekauft werden z.Z. auch
  - Bankakzepte
  - Debitorenziehungen

  } sofern Handelsgeschäft zugrunde liegt
- Bedingungen an das Wechselmaterial können im Rahmen der administrativen Kreditpolitik der Bundesbank geändert werden (vgl. § 15 BBankG; siehe Abschnitt 5.1.01)
- Ankauf von Wechseln erfolgt nur im Rahmen der **Rediskont-Kontingente** = Kreditlimits (Diskontlinien) der Bundesbank für jedes einreichende KI
- das Rediskontgeschäft ist über Diskontsatz, Rediskont-Bedingungen und Rediskont-Kontingente Ansatz für die **Kreditpolitik** der Deutschen Bundesbank zur Beeinflussung und Steuerung der **Liquidität** und des **Kreditvolumens** der Kreditinstitute.

1.3.32 Lombardkredit

1.3.320 Wesen und Bedeutung

a) **Wesen:** = kurzfristiges Darlehen über einen festen Betrag gegen **Verpfändung** marktgängiger beweglicher Sachen und Rechte.

b) **Rechtsgrundlagen:**

- Kreditvertrag einschließlich der AGB
- BGB-Bestimmungen über Darlehen (§§ 607 ff.) und Pfandrecht (§§ 1204 ff.)
- verschiedene Vorschriften des HGB, des Depotgesetzes u. a. m.

c) **Bedeutung:**

- die Laufzeit des Darlehens kann vom Schuldner je nach Bedarf bestimmt werden (Rückzahlung ist jederzeit in einer Summe oder in Teilbeträgen möglich)
- Lombardkredit dient zur vorübergehenden kurzfristigen Geldbeschaffung bei Liquiditätsanspannungen
- der Kreditbedarf muß betragsmäßig im wesentlichen feststehen (sonst ist u. U. ein Kontokorrentkredit angebracht), Inanspruchnahme in einer Summe oder in Teilbeträgen
- der Kreditnehmer behält das Eigentum an den Pfändern; das KI kann bei Verzug in der Rückzahlung die Pfänder verwerten und sich aus dem Erlös befriedigen, vgl. Abschnitt 1.3.133 a.

1.3.321 Abwicklung

a) Geeignete **Pfänder** (mit Angabe der gewöhnlichen bzw. bei Sparkassen vorgeschriebenen **Beleihungs-Höchstgrenzen**):

- Pfandbriefe, Kommunalobligationen, öffentlich-rechtliche Schuldverschreibungen (bis 90 %, Sparkassen bis 80 % des Kurswertes)
- Aktien (bis 70 %, Sparkassen bis 60 % des Kurswertes)
- Industrieobligationen (bis 80 %, Sparkassen bis 60 % des Kurswertes)
- Investment-Zertifikate (bis 70/80 %, Sparkassen bis 50/80 % des Rücknahmepreises, abhängig u. a. von den Anlagebedingungen der Investmentgesellschaft)
- lombardfähige, d. h. für Lombardkredit der Bundesbank geeignete Wechsel und Schatzwechsel (bis 90 % des Nennwertes)
- Waren (wenn marktgängig, bis 75 %, sonst bis 50 % des Handelswertes)
- Spar- und Bausparkassenguthaben (bis 100 %)
- Forderungen aus Lebensversicherungen (bis 90 % des Rückkaufwertes)
- Sparkassenbriefe, Sparbriefe, Sparschuldverschreibungen (bis zum Nominal- oder von der Laufzeit abhängigen Wert)
- sonstige Forderungen (bis 75 %, bei öffentlichen Schuldnern bis 90 %).

b) In der Praxis gewähren KI den Kunden meist keinen **echten**, d. h. in einer Summe auszahlbaren Lombardkredit, sondern einen durch Pfänder besicherten **Kontokorrentkredit** (sog. **unechter Lombardkredit**).

c) **Konditionen:**

Nettokonditionen oder Zinsen + Kreditprovision, zusammen i. d. R. in gleicher Höhe wie die Kosten eines Kontokorrentkredites; Maßstab, auch für Konditions-Änderungen, ist zumindest der Lombardsatz der Deutschen Bundesbank.

1.3.322 Lombardkredit der Deutschen Bundesbank

a) **Wesen:** Refinanzierungsmöglichkeit für KI durch Aufnahme eines kurzfristigen Kredites bei der Bundesbank gegen **Verpfändung**, Maximallaufzeit 3 Monate. Aus kreditpolitischen Gründen kann die Gewährung von Lombardkrediten begrenzt oder ausgesetzt werden (vgl. Abschnitt 4.1.011).

b) **Bedeutung:** Lombardkredite werden von KI in Anspruch genommen

- bei Ausschöpfung der Rediskont-Kontingente (dann insb. durch Verpfändung der rediskontfähigen, aber nicht mehr diskontierbaren Wechsel), wenn zusätzlicher Liquiditätsbedarf besteht
- bei Liquiditätsbedarf nur für wenige Tage (da bei Rediskontierung die Kreditlaufzeit von der Restlaufzeit des Wechselmaterials abhängt).

c) Geeignete **Pfänder** (§ 19 I Nr. 3 BBankG):

- rediskontfähige Wechsel und Schatzwechsel
- Schatzwechsel, die vom Bund, seinen Sondervermögen oder einem Bundesland ausgestellt und innerhalb von drei Monaten, vom Tag des Ankaufs an gerechnet, fällig sind
- festverzinsliche sog. lombardfähige Wertpapiere und Schuldbuchforderungen des Bundes, der Länder oder von Sondervermögen des Bundes sowie nach einem „Verzeichnis der bei der Deutschen Bundesbank beleihbaren Wertpapiere"
- Ausgleichsforderungen (s. u.) auch ohne zeitliche Begrenzung soweit und solange das Darlehen der Bundesbank zur Aufrechterhaltung der Zahlungsbereitschaft des Verpfänders erforderlich ist (§ 24 I BBankG); als Verpfänder kommen neben KI auch Versicherungen und Bausparkassen in Betracht.

d) **Technik** der Kreditgewährung:

- Darlehen:
  - Belastung eines sog. LZB-Lombarddarlehnskontos
  - Gutschrift auf LZB-Girokonto
- Verpfändung: bei Wertpapieren
  - Einlieferung der Wertpapiere für Lombardkredite, den Giroüberzugslombard (s. u.) und Offenmarktgeschäfte (vgl. Abschnitt 5.1.013) in ein sog. **Dispositionsdepot** bei der Bundesbank
  - generelle Verpfändungserklärung des KI
  - bei Inanspruchnahme des Lombardkredites Entnahme entsprechender Wertpapiere aus dem Dispositionsdepot durch die Bundesbank und schriftliche Bestätigung an das KI.

e) Besondere Form der Kreditgewährung: **Giroüberzugslombard:**

- Bundesbank bzw. LZB räumt dem KI nach vorheriger Ermächtigung automatisch einen (ständig latent bestehenden) Lombardkredit ein, sofern das LZB-Girokonto überzogen wird: Schuldsaldo zu Lasten des KI wird von der LZB abgedeckt
- Praxis: Entnahme entsprechender Wertpapiere aus dem Dispositionsdepot (s. o.) und Ausstellung des Pfandscheins („Lombarddarlehnsaufnahme"); der Pfandschein wird beim Kontoführer des LZB-Girokontos hinterlegt.

f) **Konditionen:** Abrechnung zum Lombardsatz der Deutschen Bundesbank, sofern bestimmte Grenzen von den KI nicht überschritten werden.

g) Exkurs: **Ausgleichsforderungen:**

- Wesen: Schuldbuchforderungen gegen die öffentliche Hand, und zwar
  - der Bank deutscher Länder gegen den Bund aufgrund der Auszahlung der ersten Beträge in Deutscher Mark nach der Währungsreform von 1948
  - der Kreditinstitute, Versicherungen und Bausparkassen gegen das Bundesland, in dem das jeweilige Unternehmen seinen Sitz hat, aufgrund der Umstellung von Bilanzpositionen durch die Währungsreform zu unterschiedlichen Sätzen (grds. 1 :10) und des Ausfalls von Forderungen insb. der KI

gegen das Deutsche Reich und die NSDAP; die Differenz auf der Aktivseite wurde durch die Position „Ausgleichsforderungen" gedeckt

– der KI der **ehemaligen DDR** gegen den **Ausgleichsfonds:**
  – zur Durchführung der Währungsumstellung wurde von der DDR ein Ausgleichsfonds errichtet
  – den KI wurde, soweit ihre Vermögenswerte zur Deckung der aus der DM-Einführung und der Währungsumstellung hervorgegangenen Verbindlichkeiten nicht ausreichten, eine verzinsliche Forderung gegen den Ausgleichsfonds zugeteilt (Beginn: 1.7.90, Zinssatz: 3-Monats-FIBOR)
  – Höhe der Zuteilung: bis die Vermögenswerte ausreichten, ein Eigenkapital auszuweisen, das mindestens 4 % der Bilanzsumme erreichte und bei dem die Auslastung des Grundsatzes I höchstens das 13fache betrug

- Bedeutung:
  – die Ausgleichsforderungen der Deutschen Bundesbank an den Bund werden mit 1 % p.a. verzinst, jedoch nicht getilgt; Betrag: 8,7Mrd.DM (einschl. unverzinslicher Schuldverschreibung aus der Währungsumstellung in Berlin/West)
  – die Ausgleichsforderungen der KI aus der Währungsreform wurden vom Bund verzinst und aus dem **Fonds zum Ankauf von Ausgleichsforderungen** getilgt; dieser Fonds wurde jeweils mit der Zuführung von Mitteln aus dem Bundesbank-Reingewinn aufgefüllt; die Tätigkeit dieses Fonds **endete** nach Abwicklung der restlichen Ausgleichsforderungen Ende 1995
  – an Ausgleichsforderungen aus der Währungsumstellung in der ehemaligen DDR waren Ende 1995 78 Mrd. DM zugeteilt; darunter waren 65 Mrd. DM in Schuldverschreibungen umgetauscht.

1.3.33 Konsumkredite

1.3.330 Überblick

a) **Wesen:**

- kurz-, mittel- und langfristige Kredite
- Gewährung an **private Kreditnehmer** (Verbraucher)
- Zweck: Finanzierung **langlebiger Gebrauchsgüter** (z. B. Fernseher, Möbel, Autos)
- Besicherung: insb. durch die **Person** des Kreditnehmers und seine wirtschaftliche Stellung.

b) **Technik** der Kreditgewährung:

- als Darlehen
- Rückzahlung in festen Raten (Tilgung + Zinsen) oder in einer Summe
- **Laufzeitzinsdarlehen:** Zinsen (pro Monat) werden vom **ursprünglichen** Kreditbetrag berechnet und zu Beginn der Kreditlaufzeit kapitalisiert; sie erhöhen die Darlehensverpflichtung des Kreditnehmers

- **Staffelzinsdarlehen** mit Pro-anno-Zins: Zinsen werden jeweils mit der Fälligkeit der Monatsrate berechnet, auf dem Darlehenskonto gebucht und mit der Zahlung verrechnet.

c) **Rechtsgrundlagen:**

- Darlehensvorschriften des BGB (§§ 607 ff. BGB)
- Kreditvertrag mit Anerkennung der AGB und der SCHUFA-Klausel
- Verbraucherkreditgesetz (vgl. Abschnitte 0.1.410 und 1.3.011)
- im Konsumkreditgeschäft ggf. die speziellen Vorschriften des VerbrKrG über den **finanzierten Abzahlungskauf:**
  - Kaufvertrag und Kreditvertrag bilden ein **verbundenes Geschäft**, wenn der Kredit der Finanzierung des Kaufpreises dient und beide Verträge als **wirtschaftliche Einheit** anzusehen sind
  - die wirtschaftliche Einheit ist insbesondere dann anzunehmen, wenn sich der Kreditgeber beim Vertragsabschluß der Mitwirkung des Verkäufers bedient
  - der Käufer kann die Kreditrückzahlung verweigern, soweit Einwendungen aus dem verbundenen Kaufvertrag ihn gegenüber dem Verkäufer zur Verweigerung der Leistung berechtigen würden
  - bei Sachmängeln kann die Kreditrückzahlung erst verweigert werden, wenn die vertraglich oder gesetzlich vorgesehene Nachbesserung fehlgeschlagen ist
  - die Vorschriften über verbundene Geschäfte finden keine Anwendung auf Kreditverträge, die der Finanzierung des Erwerbs von Wertpapieren, Devisen oder Edelmetallen dienen.

1.3.331 Privatdarlehen

a) **Wesen:**

- Barkredit
- zur Finanzierung des Konsums
- verstärkter Personalkredit

b) **Besicherung:**

- grds. Abtretung von Lohn-/Gehaltsansprüchen in stiller Form
- Mitverpflichtung des Ehegatten, damit gesamtschuldnerische Verpflichtung (alternativ Bürgschaft)
- alle weiteren im Kreditgeschäft gebräuchlichen Sicherheiten kommen vor.

c) **Höhe:** bis ca. 30 000,– DM

d) **Laufzeit:** 6-72 Monate

e) **Bereitstellung:** durch Kontogutschrift (Ausnahme: Barauszahlung)

Privat-Darlehen mit Festzinssatz (PDF)

Zwischen dem Darlehensnehmer

Heike Liebenow
Arnikastieg 99

22175 Hamburg

Darlehen Nr. 7216/198494 (bitte bei Schriftwechsel stets angeben)	
Kundenberaterin Frau Laas	Telefon (040) 35 79-0

und der Hamburger Sparkasse - nachstehend Haspa genannt - wird hiermit ein Privat-Darlehensvertrag zu folgenden Konditionen geschlossen:

Nettokreditbetrag	DM	20.000,00	= Auszahlungsbetrag		
Zinsen	DM	3.456,00	= Summe aller Zinsen		
Kosten	DM	400,00	= einmalige Bearbeitungskosten		
Gesamtbetrag	DM	23.856,00			
			Auszahlung am	16.04.97	
Zinssatz p.a.		8,25 %	auf Gutschriftskonto	0123456789	BLZ 20010020
(Festzinssatz für gesamte Laufzeit, Zinsberechnung auf das jeweilige Restkapital, Fälligkeit und Verrechnung der Zinsen nachträglich mit jeder Monatsrate)			Rückzahlung in	45 Monatsraten	
			von	DM 520,00	
			jeweils	Mitte des Monats	
			erstmals fällig am	15.05.97 und	
effektiver Jahreszins		9,78 %	einer letzten Rate von	DM 456,00 fällig am 15.02.01	
(bei Verteilung der Kosten auf gesamte Laufzeit)			vom Einzugskonto	0123456789	BLZ 20010020

Zu bestellende Sicherheiten (ggf. neben bereits vorhandenen Sicherheiten):

Zur Sicherung sämtlicher, auch künftiger Ansprüche aus diesem Darlehen tritt der Darlehensnehmer hiermit die gegenwärtigen und künftigen pfändbaren Teile seines Arbeitseinkommens (unabhängig von der Art der Bezeichnung, u.a. also Lohn, Gehalt, Provisionen, Dienstbezüge, Tantiemen, Gewinnbeteiligungen, Pensionen, Betriebsrenten) sowie seine Ansprüche auf Abfindungen gegen die gegenwärtigen und künftigen Arbeitgeber, Auftraggeber und Dienstherren an die Haspa ab. Im selben Umfang tritt der Darlehensnehmer seine Ansprüche auf Arbeitslosengeld/-hilfe, Unterhaltsgeld, Übergangsgeld, Krankengeld sowie seine Rentenansprüche auf Verletzten- und Hinterbliebenenrente, Rente wegen Berufsunfähigkeit, Erwerbsunfähigkeit, Alters sowie wegen Todes gegen die gegenwärtigen und künftigen Versicherungs-/Leistungsträger an die Haspa ab.

Die Abtretung ist auf einen Betrag **in Höhe von DM 24.000,00** (Nettokreditbetrag zuzügl. 20%) begrenzt und besteht solange, bis die Haspa auf die Abtretung hin einen Betrag in dieser Höhe erhalten hat. Im übrigen gilt Ziff. 6 der beigehefteten Bedingungen.

Die Abtretung bestätigt ggf. bereits bestehende Abtretungen derselben Ansprüche und ergänzt diese im übrigen bis zur angegebenen Betragsgrenze.
Für dieses Darlehen gelten ergänzend die beigehefteten Bedingungen für Privat-Darlehen der Haspa.

Der/Die Darlehensnehmer handelt/handeln für eigene Rechnung: (X) ja. / ( ) nein.

Hamburg, 14.04.97

Hamburger Sparkasse

Heike Liebenow

04/97/01 163213-2

PDV
PDF

Anlage zum Privat-Darlehensvertrag

Bedingungen für Privat-Darlehen

1. **Kosten**
Die einmaligen Bearbeitungskosten für den Vertragsabschluß werden als verzinsliches Agio erhoben. Bei einer vorzeitigen Beendigung des Vertragsverhältnisses werden diese Kosten nicht erstattet.

2. **Gesamtbetrag**
Der Gesamtbetrag enthält alle vom Darlehensnehmer zur Tilgung des Darlehens sowie zur Zahlung der Zinsen und Kosten an die Haspa zu entrichtenden Zahlungen.
Bei Darlehen mit variablem Zins erfolgt die Angabe eines Gesamtbetrages unter der Annahme, daß der Zinssatz sich nicht ändert.

3. **Berechtigung zur Kontobelastung**
Die Haspa ist berechtigt, fällige Zahlungen einem bei der Haspa unterhaltenen Konto des Zahlungspflichtigen zu entnehmen. Sofern auf dem belasteten Konto keine ausreichende Deckung vorhanden ist, gilt die Zahlung in bezug auf die Ansprüche der Haspa bei alsbaldiger Stornierung als nicht erfolgt.

4. **Abtretung des Auszahlungsanspruches**
Der Anspruch auf Auszahlung des Darlehens kann nur mit schriftlicher Zustimmung der Haspa abgetreten oder verpfändet werden.

5. **Kündigung**
Wegen Zahlungsverzuges kann die Haspa nur kündigen, wenn der Darlehensnehmer mit mindestens zwei aufeinanderfolgenden Monatsraten ganz oder teilweise und mit mindestens zehn vom Hundert (bei einer Laufzeit des Darlehensvertrages über drei Jahre mit fünf vom Hundert) des Nennbetrages des Darlehens in Verzug ist und die Haspa dem Darlehensnehmer erfolglos eine zweiwöchige Frist zur Zahlung des rückständigen Betrages mit der Erklärung gesetzt hat, daß sie bei Nichtzahlung innerhalb der Frist die gesamte Restschuld verlange. Die Haspa ist berechtigt, das Darlehen aus wichtigem Grunde jederzeit fristlos zu kündigen.

6. **Sicherheiten**

a) Abtretung von Arbeitseinkommen, Abfindungen und laufenden Geldleistungen
Die Haspa darf derartige Abtretungen zwecks Verwertung der Sicherheit erst dann offenlegen, wenn mindestens zwei Monatsraten nicht rechtzeitig bedient wurden und eine anschließende Mahnung vergeblich erfolgte, in der die Offenlegung dem/den Abtretenden mit einer ergebnislos abgelaufenen Frist von zwei Wochen angedroht wurde. Sofern durch Rückzahlung oder aus einem anderen Grunde eine Übersicherung eintritt, ist die Haspa in der Höhe der Übersicherung zur Rückübertragung der Abtretung verpflichtet. Eine Übersicherung liegt z. B. vor, soweit die Abtretung (bzw. bei Gesamtschuldnern jede einzelne Abtretung für sich) einen Betrag übersteigt, der sich aus dem jeweiligen Restkapital zuzüglich 20 % berechnet.

b) sonstige Sicherheiten
Soweit im Einzelfall weitere Sicherheiten bestellt sind und der realisierbare Wert aller Sicherheiten die gesicherten Forderungen um mehr als 20 % übersteigt, ist die Haspa zur Freigabe nach ihrer Wahl in entsprechender Höhe verpflichtet.

Hamburger Sparkasse

Ausfertigung für die Hamburger Sparkasse

Datenübermittlung

Ich/Wir willige(n) ein, daß die Hamburger Sparkasse der für meinen/unseren Wohnsitz zuständigen SCHUFA-Gesellschaft (Schutzgemeinschaft für allgemeine Kreditsicherung) Daten über die Beantragung, die Aufnahme (Kreditnehmer, Mitschuldner, Kreditbetrag, Laufzeit, Ratenbeginn) und vereinbarungsgemäße Abwicklung (z. B. vorzeitige Rückzahlung, Laufzeitverlängerung) dieses Kredits übermittelt.

Unabhängig davon wird die Hamburger Sparkasse der SCHUFA auch Daten aufgrund nicht vertragsgemäßer Abwicklung (z. B. Kündigung des Kredits, Inanspruchnahme einer vertraglich vereinbarten Lohnabtretung, beantragter Mahnbescheid bei unbestrittener Forderung sowie Zwangsvollstreckungsmaßnahmen) melden. Diese Meldungen dürfen nach dem Bundesdatenschutzgesetz nur erfolgen, soweit dies zur Wahrung berechtigter Interessen der Hamburger Sparkasse, eines Vertragspartners der SCHUFA oder der Allgemeinheit erforderlich ist und dadurch meine/unsere schutzwürdigen Belange nicht beeinträchtigt werden.

Soweit hiernach eine Übermittlung erfolgen kann, befreie(n) ich/wir die Hamburger Sparkasse zugleich vom Bankgeheimnis.

Die SCHUFA speichert die Daten, um den ihr angeschlossenen Kreditinstituten, Kreditkartenunternehmen, Leasinggesellschaften, Einzelhandelsunternehmen einschließlich des Versandhandels und sonstigen Unternehmen, die gewerbsmäßig Geld- oder Warenkredite an Konsumenten geben, Informationen zur Beurteilung der Kreditwürdigkeit von Kunden geben zu können. An Unternehmen, die gewerbsmäßig Forderungen einziehen und der SCHUFA vertraglich angeschlossen sind, können zum Zweck der Schuldnerermittlung Adreßdaten übermittelt werden. Die SCHUFA stellt die Daten ihren Vertragspartnern nur zur Verfügung, wenn diese ein berechtigtes Interesse an der Datenübermittlung glaubhaft darlegen. Die SCHUFA übermittelt nur objektive Daten ohne Angabe des Kreditgebers; subjektive Werturteile, persönliche Einkommens- und Vermögensverhältnisse sind in SCHUFA-Auskünften nicht enthalten.

Ich kann/Wir können Auskunft bei der SCHUFA über die mich/uns betreffenden gespeicherten Daten erhalten. Die Adresse der SCHUFA lautet:

SCHUFA Schutzgemeinschaft für allgemeine Kreditsicherung GmbH
Wendenstraße 4, 20097 Hamburg

Ich/Wir willige(n) ein, daß im Falle eines Wohnsitzwechsels die vorgenannte SCHUFA die Daten an die dann zuständige SCHUFA übermittelt. Weitere Informationen über das SCHUFA-Verfahren enthält ein Merkblatt, das auf Wunsch zur Verfügung gestellt wird.

Datum ______________ Unterschrift(en) ______________

Widerrufsbelehrung

Der Kunde kann seine auf Abschluß des Darlehensvertrages gerichtete Willenserklärung binnen einer Frist von einer Woche schriftlich widerrufen. Die Frist beginnt mit der Aushändigung dieser vom Kunden unterschriebenen Widerrufsbelehrung an ihn. Zur Wahrung der Frist genügt die rechtzeitige Absendung des Widerrufs an die

Hamburger Sparkasse, Ecke Adolphsplatz/Großer Burstah, 20457 Hamburg.

Der Widerruf gilt jedoch als nicht erfolgt, wenn der Kunde das empfangene Darlehen nicht binnen zweier Wochen entweder nach Erklärung des Widerrufs oder nach Auszahlung des Darlehens zurückzahlt.

Datum ______________ Kunde(n) ______________

1 632 23-1 11.96 1326

f) **Rückzahlung:** durch Monatsraten (Tilgung und Zinsen) oder in einer Summe (Zinsbelastung monatlich oder vierteljährlich, Tilgung des Darlehensbetrages zu einem festen Rückzahlungszeitpunkt)

g) **Kosten:**

- Zinssatz vom allgemeinen Zinsniveau abhängig
- Festzinssatz oder variabler Zinssatz
- Zinssatz (monatlich oder jährlich berechnet) vom ursprünglichen Kreditbetrag oder von der jeweiligen Restschuld
- 2 % Bearbeitungsgebühr
- nach Preisangabenverordnung (PAngV) müssen KI bei Festzinsdarlehen den Effektivzinssatz und bei Darlehen mit variablem Zinssatz den anfänglichen effektiven Jahreszins angeben.

h) **Beispiel:**

- Kreditbetrag 20 000,– DM
- Zinssatz 0,39 % p.m.
- Laufzeit 72 Monate
- Gesamtkosten 6 016,– DM (effektiver Zins 9,50 % p. a.)
- Gesamtzinsen (in den Gesamtkosten enthalten) 5 616,– DM
- Bearbeitungsgebühr insgesamt 400,– DM
- 1. Rate 314,– DM, folgende Raten 71 x 362,– DM.

1.3.332 Dispositionskredit

a) **Wesen:**

- Kontokorrentkredit
- Zulassung von Überziehungen für Privatpersonen als Kontoinhaber
- Finanzierung des Konsums, Erfüllung vorübergehender Zahlungsverpflichtungen

b) **Einräumung:**

- i. d. R. durch einfache Mitteilung des KI an den Kunden und durch Verfügung des Kunden bei Bedarf
- oft auch stillschweigend durch Zulassung der Kontoüberziehung
- beachte aber Verbraucherkreditgesetz (Abschnitt 1.3.011)
- Laufzeit: bis auf weiteres

c) **Höhe:** unterschiedlich;

- bis 20 000,– DM
- oder entsprechend dem einfachen oder mehrfachen monatlichen Nettoeinkommen des Kunden
- abhängig insb. bei stillschweigender Gewährung von
  - Bonität des Kunden
  - bisheriger Kontoführung
  - Höhe der Umsätze, insb. der regelmäßigen Eingänge

d) **Bedeutung:**

- Erleichterung der persönlichen Dispositionen für Privatkunden
- Förderung der Bereitschaft der Kunden zu Ausgaben über die augenblickliche finanzielle Leistungsfähigkeit hinaus (insb. durch Gewährung des Dispos im Zusammenhang mit der Ausgabe von Eurocheques und Scheckkarten sowie Kreditkarten)
- gute Verdienstmöglichkeit für die KI
- allerdings mit relativ hohem Risiko für das KI verbunden, da meist reiner **Personalkredit**, als Sicherheit dient die persönliche Kreditwürdigkeit des Kunden.

1.3.333 Abrufdarlehen

a) **Wesen:**

- Barkredit, Einräumung eines Kredit**rahmens**
- zur Finanzierung des Konsums
- verstärkter Personalkredit
- Vorratskredit für späteren Bedarf, wird dem Kunden auf **Abruf** zur Verfügung gestellt.

b) **Besicherung:**

- grds. Abtretung von Lohn-/Gehaltsansprüchen in stiller Form
- Mitverpflichtung des Ehegatten
- alle weiteren im Kreditgeschäft gebräuchlichen Sicherheiten.

c) **Höhe:** unterschiedlich, ca. 20 000,– bis 50 000,– DM; die Höhe des Kreditrahmens wird abgestellt auf die Bonität des Kunden.

d) **Laufzeit:** unbefristet.

e) **Bereitstellung:**

- Verfügung des Kunden durch Kontogutschrift in einer Summe oder in Teilbeträgen

ABD	Anlage zum Abrufdarlehensvertrag

Bedingungen für Abrufdarlehen

1. **Inanspruchnahme des Darlehens (Abruf)**
Der Darlehensnehmer ist berechtigt, den Darlehensrahmen ganz oder in Teilbeträgen von mindestens DM 5.000,–, bei entsprechender Rückführung auch wiederholt, in Anspruch zu nehmen.

2. **Bearbeitungskosten**
Die Bearbeitungskosten werden auf den jeweiligen Abrufbetrag berechnet, auf dem Darlehenskonto gebucht und mit der nächsten Monatsrate verrechnet. Eine Erstattung bei vorzeitiger Rückzahlung wird nicht vorgenommen.

3. **Berechtigung zur Kontobelastung**
Die Haspa ist berechtigt, fällige Zahlungen einem bei der Haspa unterhaltenen Konto des Zahlungspflichtigen zu entnehmen. Sofern auf dem belasteten Konto keine ausreichende Deckung vorhanden ist, gilt die Zahlung in bezug auf die Ansprüche der Haspa bei alsbaldiger Stornierung als nicht erfolgt.

4. **Abtretung des Auszahlungsanspruches**
Der Anspruch auf Auszahlung des Darlehens kann nur mit Zustimmung der Haspa abgetreten oder verpfändet werden.

5. **Kündigung des in Anspruch genommenen Abrufbetrages**
Wegen Zahlungsverzuges kann die Haspa nur kündigen, wenn der Darlehensnehmer mit mindestens zwei aufeinanderfolgenden Monatsraten ganz oder teilweise und mit mindestens zehn vom Hundert (bei einer Laufzeit des Darlehensvertrages über drei Jahre mit fünf vom Hundert) des Nennbetrages des Darlehens in Verzug ist und die Haspa dem Darlehensnehmer erfolglos eine zweiwöchige Frist zur Zahlung des rückständigen Betrages mit der Erklärung gesetzt hat, daß sie bei Nichtzahlung innerhalb der Frist die gesamte Restschuld verlange. Aus einem sonstigen wichtigen Grund kann das Darlehen jederzeit fristlos gekündigt werden.

6. **Kündigung des Darlehensrahmens**
Der Darlehensrahmen kann beiderseits jederzeit mit einer Frist von drei Monaten gekündigt werden. Aus einem wichtigen Grund kann dies auch fristlos erfolgen.

7. **Sicherheiten**

a) Abtretung von Arbeitseinkommen, Abfindungen und laufenden Geldleistungen
Die Haspa darf derartige Abtretungen zwecks Verwertung der Sicherheiten erst dann offenlegen, wenn mindestens zwei Monatsraten nicht rechtzeitig bedient wurden und eine anschließende Mahnung vergeblich erfolgte, in der die Offenlegung dem/den Abtretenden mit einer ergebnislos abgelaufenen Frist von zwei Wochen angedroht wurden. Sofern durch Rückzahlung oder aus einem anderen Grunde eine Übersicherung eintritt, ist die Haspa in der Höhe der Übersicherung zur Rückübertragung der Abtretung verpflichtet.
Eine Übersicherung liegt z. B. vor, soweit die Abtretung (bzw. bei Gesamtschuldnern jede einzelne Abtretung für sich) nach der Kündigung des Darlehensrahmens einen Betrag übersteigt, der sich aus dem jeweiligen Restkapital zuzüglich 20 % berechnet.

b) sonstige Sicherheiten
Soweit im Einzelfall weitere Sicherheiten bestellt sind und der realisierbare Wert aller Sicherheiten die gesicherten Forderungen nicht nur vorübergehend um mehr als 20 % übersteigt, ist die Haspa zur Freigabe nach ihrer Wahl in entsprechender Höhe verpflichtet.

Hamburger Sparkasse

Datenübermittlung

Ich/Wir willige/n ein, daß die Hamburger Sparkasse der für meinen/unseren Wohnsitz zuständigen SCHUFA-Gesellschaft (Schutzgemeinschaft für allgemeine Kreditsicherung) Daten über die Beantragung, die Aufnahme (Kreditnehmer, Mitschuldner, Kreditbetrag, Laufzeit, Ratenbeginn) und vereinbarungsgemäße Abwicklung (z. B. vorzeitige Rückzahlung, Laufzeitverlängerung) dieses Kredits übermittelt.

Unabhängig davon wird die Hamburger Sparkasse der SCHUFA auch Daten aufgrund nicht vertragsgemäßer Abwicklung (z. B. Kündigung des Kredits, Inanspruchnahme einer vertraglich vereinbarten Lohnabtretung, beantragter Mahnbescheid bei unbestrittener Forderung sowie Zwangsvollstreckungsmaßnahmen) melden. Diese Meldungen dürfen nach dem Bundesdatenschutzgesetz nur erfolgen, soweit dies zur Wahrung berechtigter Interessen der Hamburger Sparkasse, eines Vertragspartners der SCHUFA oder der Allgemeinheit erforderlich ist und dadurch meine/unsere schutzwürdigen Belange nicht beeinträchtigt werden.

Soweit hiernach eine Übermittlung erfolgen kann, befreie(n) ich/wir die Hamburger Sparkasse zugleich vom Bankgeheimnis.

Die SCHUFA speichert die Daten, um den ihr angeschlossenen Kreditinstituten, Kreditkartenunternehmen, Leasinggesellschaften, Einzelhandelsunternehmen einschließlich des Versandhandels und sonstigen Unternehmen, die gewerbsmäßig Geld- oder Warenkredite an Konsumenten geben, Informationen zur Beurteilung der Kreditwürdigkeit von Kunden geben zu können. An Unternehmen, die gewerbsmäßig Forderungen einziehen und der SCHUFA vertraglich angeschlossen sind, können zum Zweck der Schuldnerermittlung Adreßdaten übermittelt werden. Die SCHUFA stellt die Daten ihren Vertragspartnern nur zur Verfügung, wenn diese ein berechtigtes Interesse an der Datenübermittlung glaubhaft darlegen. Die SCHUFA übermittelt nur objektive Daten ohne Angabe des Kreditgebers; subjektive Werturteile, persönliche Einkommens- und Vermögensverhältnisse sind in SCHUFA-Auskünften nicht enthalten.

Ich kann/Wir können Auskunft bei der SCHUFA über die mich/uns betreffenden gespeicherten Daten erhalten. Die Adresse der SCHUFA lautet:

SCHUFA Schutzgemeinschaft für allgemeine Kreditsicherung GmbH
Wendenstraße 4, 2000 Hamburg 1

Ich/Wir willige(n) ein, daß im Falle eines Wohnsitzwechsels die vorgenannte SCHUFA die Daten an die dann zuständige SCHUFA übermittelt. Weitere Informationen über das SCHUFA-Verfahren enthält ein Merkblatt, das auf Wunsch zur Verfügung gestellt wird.

Datum ____________________ Unterschrift(en) ____________________

Widerrufsbelehrung

Der Kunde kann seine auf Abschluß des Darlehensvertrages gerichtete Willenserklärung binnen einer Frist von einer Woche schriftlich widerrufen. Die Frist beginnt mit der Aushändigung dieser vom Kunden unterschriebenen Widerrufsbelehrung an ihn. Zur Wahrung der Frist genügt die rechtzeitige Absendung des Widerrufs an die

Hamburger Sparkasse, Ecke Adolphsplatz/Großer Burstah, 2000 Hamburg 11.

Der Widerruf gilt jedoch als nicht erfolgt, wenn der Kunde das empfangene Darlehen nicht binnen zweier Wochen entweder nach Erklärung des Widerrufs oder nach Auszahlung des Darlehens zurückzahlt.

Datum ____________________ Kunde(n) ____________________

1

Ausfertigung für die Hamburger Sparkasse

1 632 24-9 04.93 1326

- Mindestabrufbetrag wird vom KI festgelegt
- bereits zurückgeführte Darlehensbeträge können vom Kreditnehmer wieder abgerufen werden.

f) **Rückzahlung:**

- monatliche Rückzahlungsrate, z. B. 20,– DM je angefangene 1 000,– DM des abgerufenen Darlehensbetrages
- Erhöhung der monatlichen Rückzahlungsrate oder Sondertilgungen des Kreditnehmers jederzeit möglich.

g) **Kosten:** vom allgemeinen Zinsniveau abhängig

- variabler Zinssatz (jährlich berechnet)
- 1 % Bearbeitungsgebühr auf den Abrufbetrag, also erst bei Inanspruchnahme des Abrufdarlehens.

h) **Rechtsgrundlagen:**

- Kreditvertrag einschl. der AGB
- Anerkennung der SCHUFA-Klausel im Kreditvertrag
- Angabe des anfänglichen effektiven Jahreszinses durch das KI im Kreditvertrag
- Beachtung weiterer Vorschriften wie VerbrKrG.

i) **Bedeutung:**

- individuelle Nutzungsmöglichkeiten für Privatkunden
- auf die persönlichen Verhältnisse des Kunden zugeschnitten
- Intensivierung der Geschäftsverbindung
- für KI sichere Ertragsquelle, da Abrufdarlehen nur für bonitätsmäßig einwandfreie Kunden mit einer langjährigen, ausschließlich positiven Geschäftsverbindung zur Verfügung gestellt wird.

1.3.334 Teilzahlungskredite

a) **Wesen:**

- Ratenkredit
- Finanzierung des Konsums, insb. von langlebigen Gebrauchsgütern
- verstärkter Personal- und dinglich gesicherter Kredit
- Kreditgeber: insb. Teilzahlungs-Kreditinstitute (diese gehören wirtschaftlich meist zu anderen KI, z. B. zu Großbanken).

b) **Arten:**

① **A-Geschäft** (direkte Kundenfinanzierung):
- Käufer und KI schließen einen Kreditvertrag; Käufer unterzeichnet Schuldurkunde
- Käufer erhält Heft mit Zahlungsanweisungen (Kauf-, Kreditschecks, Warengutscheine) mit vorgedruckten Beträgen für den Einkauf bei den Vertragsfirmen des KI **oder** Barauszahlung des Kredites (heute üblicherweise direkt an den Käufer)

② **B-Geschäft** (indirekte Kundenfinanzierung), heute am weitesten verbreitet:
- Globalkreditvertrag zwischen KI und Verkäufer
- Käufer und Verkäufer schließen Kaufvertrag, Käufer unterschreibt zugleich Antragsformular für Kredit des KI an ihn, vom Verkäufer an das KI weitergeleitet
- Käufer erhält die Ware i. d. R. nur dann sofort ausgehändigt, wenn er selbst Anzahlung leistet
- KI zahlt nach Prüfung des Antrags auf Anweisung des Käufers den Kreditbetrag an den Verkäufer aus
- i. d. R. wird dem Käufer die Sache unter Eigentumsvorbehalt übertragen; da der Käufer dem KI das Eigentum an der Sache (das er noch nicht besitzt) zur Sicherheit übertragen muß, wird das KI Anwartschaftsberechtigter auf das Eigentum; mit Auszahlung des Kredites an den Verkäufer erwirbt das KI dann automatisch das Eigentum (analog §§ 929, 930 in Verbindung mit §§ 133, 157 BGB)

③ **C-Geschäft** (indirekte Kundenfinanzierung): wie B-Geschäft, aber:
- Verkäufer zieht auf den Käufer Wechsel zugunsten des KI
- Käufer akzeptiert die Wechsel
- KI diskontiert die Wechsel und zahlt den Erlös an den Verkäufer aus.

c) **Sicherheiten:**

- Abtretung von Lohn-/Gehaltsansprüchen
- selbstschuldnerische Bürgschaften
- Sicherungsübereignung der finanzierten Gegenstände durch Käufer an das KI
- beim B-Geschäft: Verkäufer als Bürge oder Mitschuldner gegenüber dem KI
- beim C-Geschäft: Haftung der Wechselverpflichteten (Verkäufer als Aussteller, Käufer als Bezogener und Akzeptant).

d) **Rückzahlung:** in Raten, direkt an das KI

e) **Laufzeit:** i. d. R. bis 24 Monate

f) **Kosten:** sehr unterschiedlich zwischen den einzelnen KI.

1.3.34 Akzeptkredit

1.3.340 Wesen und Bedeutung

a) **Wesen:**

- Kreditgewährung eines KI durch Akzeptierung eines vom Kunden gezogenen Wechsels
- zunächst keine Bereitstellung von Geld, sondern des guten Namens des Kreditinstitutes als Wechsel-Hauptschuldner (**Kreditleihe**)
- in der Praxis werden Akzeptkredite in aller Regel mit einem **Diskontkredit** (Selbstdiskontierung, d. h. Ankauf des vom KI akzeptierten Wechsels durch das KI selbst) verbunden (Geldleihe)
- Kunde verpflichtet sich, den Wechselbetrag rechtzeitig (spätestens 1 Tag vor Wechselverfall) beim KI anzuschaffen.

b) **Rechtsgrundlagen:**

- Kreditvertrag einschließlich der AGB
- Wechselgesetz, Wechselsteuergesetz
- BGB-Bestimmungen über Geschäftsbesorgungsvertrag (§ 675) und Darlehen (§§ 607 ff.)

c) **Rechtsnatur** des Akzeptkredites: zu unterscheiden ist zwischen

- **Außenverhältnis**, d. h. Verhältnis der Beteiligten gegenüber Dritten (wichtig bei Weitergabe des Wechsels durch das KI): das KI wird durch Akzept Wechselhauptschuldner und muß den Wechsel einlösen – unabhängig von der Zahlungsfähigkeit und -bereitschaft des Kreditnehmers = Kunden, dieser kann als Aussteller im Rückgriff in Anspruch genommen werden, falls (was kaum vorkommt) das KI als Akzeptant ausfällt
- **Innenverhältnis:** aufgrund des Kreditvertrages ist der Kunde Kreditnehmer der Akzeptbank und daher zur Zahlung an sie verpflichtet; aufgrund des im Kreditvertrag liegenden Geschäftsbesorgungsvertrages muß der Kunde den Wechselbetrag rechtzeitig vor Fälligkeit dem KI zur Verfügung stellen
- für das KI ist der reine Akzeptkredit lediglich eine **Eventualverbindlichkeit**. Bilanziert werden nur Akzepte im Umlauf (vgl. Abschnitt 3.1.221).

d) **Bedeutung** des Akzeptkredites:

- für den **Kunden**:
  - Schaffung eines Zahlungs- und Kreditmittels (wichtig insb. im Zusammenhang mit Warengeschäften, aus denen der Kunde als Lieferant keine Wechsel erhalten konnte, sondern seinen Abnehmern offene Zahlungsziele ohne direkte Refinanzierungsmöglichkeit gewähren mußte)
  - Inanspruchnahme eines Diskontkredits ohne das Erfordernis der Einreichung von Handelswechseln

- billiger als Kontokorrent- und Lombardkredit
- i. d. R. keine weitere Sicherheitenstellung erforderlich

- für das **KI**:
  - gute Refinanzierungsmöglichkeit
  - beim reinen Akzeptkredit (ohne Selbstdiskontierung) Verdienst durch Akzeptprovision ohne Einsatz eigener Mittel
  - bei Verbindung mit Diskontkredit: zusätzlicher Zinsertrag
  - allerdings u. U. risikoreiches Geschäft für das KI, da es auf die rechtzeitige Anschaffung des Wechselbetrages durch den Kunden angewiesen ist, wenn es selbst nicht finanzielle Mittel einsetzen will; hat es den Ausfall des Kunden nicht vorausgesehen, d. h. die nun an den Wechselinhaber zu zahlenden Mittel nicht bereitgehalten, kann es selbst in wirtschaftliche Schwierigkeiten geraten (vgl. Bankenkrise von 1931)
  - daher Gewährung von Akzeptkrediten nur an Kunden mit zweifelsfreier **Bonität**.

1.3.341 Abwicklung

a) Kreditvertrag zwischen KI und Kunde (**Akzeptkreditzusage**)

b) Kunde reicht auf das KI gezogene **Tratten** ein; diese werden vom KI **akzeptiert** und eingebucht („Kundentrattenkonto an Eigene Akzepte").

c) **Möglichkeiten** der Verwendung der Akzepte:

- Aushändigung an den Kunden; dieser kann sie
  - als Zahlungsmittel weitergeben
  - bei einem anderen (evtl. besonders zinsgünstigen) KI diskontieren lassen (vgl. Rembourskredit)

- üblicherweise: **Selbstdiskontierung** durch das akzeptierende KI, Abrechnung des Erlöses an den Kunden (von diesem Regelfall soll hier ausgegangen werden)

d) **Kosten:**

- Akzeptprovision: 1/4 % p.m.

- Diskont: D + 1/2 % p. a. (Bruttosatz) **oder** D + 2-3 % (Nettosatz, schließt dann die Akzeptprovision ein)

e) **Refinanzierungsmöglichkeit** des KI bei der Bundesbank (sofern dem Wechsel ein Warengeschäft zugrunde liegt)

f) 1-2 Tage vor Verfall Anschaffung des Wechselbetrages durch den Kunden, bei Vorlage des Wechsels durch den Inhaber **Einlösung** durch die Akzeptbank (Buchung: „Eigene Akzepte an Einreicherkonto", z. B. LZB-Girokonto, und „Kundenkonto an Kundentrattenkonto").

1.3.35 Avalkredit

1.3.350 Wesen und Bedeutung

a) **Wesen:** = Kreditgewährung nicht durch Bereitstellung von Geld, sondern durch Übernahme einer **Bürgschaft** oder **Garantie** für den Kunden (**Kreditleihe**).

b) **Inhalt** der Verpflichtung des Kreditinstituts:

- Verpflichtung gegenüber einem Dritten, für die Erfüllung der Verbindlichkeiten des Kreditnehmers gegenüber dem Dritten einzustehen (**Bürgschaft**; akzessorisch)
- Verpflichtung gegenüber einem Dritten durch Übernahme der Gewährleistung für einen vom Kreditnehmer gegenüber dem Dritten herbeizuführenden Erfolg oder für einen vom Kreditnehmer eventuell verursachten Schaden, d. h. Pflicht zur Erbringung einer bestimmten Geldleistung (jedoch unabhängig von dem zugrundeliegenden Rechtsgeschäft oder der Höhe des verursachten Schadens: **Garantie**, abstrakt)
- das KI geht damit eine **Eventualverbindlichkeit** ein (d. h. es wird nur eventuell in Anspruch genommen), die in der Bilanz unter dem Strich auszuweisen ist.

c) **Rechtsgrundlagen:**

- Kreditvertrag einschließlich der AGB
- Geschäftsbesorgungsvertrag (§ 675 BGB) zwischen KI und Avalkreditnehmer
- Bestimmungen des BGB und des HGB über Bürgschaft (Garantie ist gesetzlich nicht geregelt)
- u. U. Wechselgesetz (bei Wechselaval, Art. 30 ff. WG).

d) **Bedeutung:**

- Geschäfte werden nicht immer Zug um Zug abgewickelt, sondern oft ist von einem Partner eine Vorleistung zu erbringen; die Gegenleistung kann für den Vorleistenden durch Aval einer Bank sichergestellt werden.
- Der Kunde braucht daher keine liquiden Mittel in Anspruch zu nehmen bzw. einen Kredit aufzunehmen, um die Gegenleistung sofort zu erfüllen; er spart Kosten.
- Besonders groß ist das Sicherungsbedürfnis im **Auslandsgeschäft** (wegen schwieriger Feststellung der Bonität des Partners, großer Entfernungen, unterschiedlicher Rechtsordnungen) und bei Geschäften über **Investitionsgüter** (wegen hoher Vertragssummen, Notwendigkeit fester Termine, Feststellung von Mängeln des Gutes erst bei längerer Verwendung).
- Das avalierende KI erzielt einen **Ertrag** (Avalprovision) **ohne Einsatz** von flüssigen Mitteln (da es in den meisten Fällen nicht in Anspruch genommen wird).

1.3.351 Abwicklung

a) Abschluß eines Kreditvertrages (in üblicher Form nach vorheriger Prüfung der Kreditwürdigkeit).

b) Stellung von **Sicherheiten** zugunsten des avalierenden KI (hierauf wird in vielen Fällen verzichtet).

c) Ausstellung und Aushändigung einer Bürgschafts- und Garantie**urkunde** (Formulare des KI oder des Kunden), bei Wechselaval Abgabe einer entsprechenden Erklärung auf der Wechselurkunde.

d) Bürgschaften von KI sind grundsätzlich **selbstschuldnerisch**, da sie für das KI als Vollkaufmann ein Handelsgeschäft darstellen (§ 349 HGB).

e) **Einbuchung** der Kreditgewährung durch das KI:

„Avalforderungen an Avalverbindlichkeiten" (Ausbuchung entsprechend umgekehrt) auf sogenannten **Pro-Memoria-Konten** (Erinnerungskonten), da es sich um Eventualverpflichtungen handelt.

f) **Kosten: Avalprovision** in unterschiedlicher Höhe je nach Laufzeit, Zweck des Avals, gestellten Sicherheiten (für eventuellen Rückgriff des KI nach eigener Inanspruchnahme) und der Art und dem Risiko des Grundgeschäftes.

g) **Laufzeit** von Avalkrediten: i. d. R. kurzfristig (bei möglicher ausdrücklicher oder automatischer Verlängerung = revolvierend); auch unbefristet möglich.

1.3.352 Arten von Bankbürgschaften

a) **Zollaval:**

- Stundung von Zollgebühren (insb. von Importzöllen) durch die Binnenzollämter bis zu 3 Monaten
- Voraussetzung: Bürgschaft einer Bank für fristgemäße Zahlung der Zollschuld
- Bedeutung: Importeur braucht nicht sofort liquide Mittel, sondern kann die Zollschuld durch den im Inland erzielten Weiterverkaufserlös begleichen; wichtig insb. beim Lohnveredelungsverkehr.

b) **Frachtaval:**

- Stundung von Frachtgeldern durch die Deutsche Bahn AG bis zu 15 Tagen
- d. h. als Zahlungstermine werden der 1. und 16. jedes Monats zugelassen
- Voraussetzung: Bürgschaft einer Bank für fristgemäße Frachtzahlung gegenüber der Deutschen Verkehrs-Bank AG (Hausbank der Deutsche Bahn AG)
- Bedeutung: Kreditnehmer benötigt nicht sofort liquide Mittel, sondern kann das Frachtgeld durch die Weiterverkaufserlöse begleichen.

c) Bürgschaften für die **Stundung von Kaufgeldern**:

- Stundung von Kaufgeldern für Holz durch staatliche Forstverwaltungen, für Branntwein durch die Bundesmonopolverwaltung für Branntwein
- Voraussetzung: Bürgschaft einer Bank in Urkundenfom (Branntwein) bzw. auf vom Kunden akzeptierten Wechseln (Holz)
- Bedeutung: s. o.

d) Bürgschaften für die **Erfüllung von Zahlungsverpflichtungen**:

- für die Zahlung des Restbetrages bei nicht voll eingezahlten Aktien
- für die Erfüllung von Zahlungspflichten aus Waren- oder Dienstleistungsgeschäften.

e) **Prozeßbürgschaften:**

- Bürgschaften für den Beklagten nach erfolgtem Urteil, um die Zwangsvollstrekkung zunächst abzuwenden und seine Rechtsmittel (Berufung, Revision) auszuschöpfen; d. h.
  - Bürgschaften für die Zahlung der Schuld (laut Urteil)
  - Bürgschaften für die Zahlung der Anwaltskosten
- Bürgschaften für den Kläger nach ergangenem Urteil, um ihm die Durchsetzung eines vorläufig vollstreckbaren Titels zu ermöglichen, aber sicherzugehen, daß er den eingetriebenen Betrag zurückzahlt, wenn der Beklagte (und Unterlegene) in der nächsten Instanz gewinnt.

1.3.353 Arten von Bankgarantien (insbesondere im Auslandsgeschäft)

a) **Anzahlungsgarantie:**

- Käufer (Importeur) einer Ware leistet Anzahlung gegen Garantie der Bank des Verkäufers (Exporteurs)
- Zweck: Sicherstellung der Rückzahlung des angezahlten Betrages, falls der Verkäufer seinen Verpflichtungen nicht nachkommt.

b) **Bietungsgarantie:**

- öffentliche Ausschreibung eines Projekts (= Aufforderung des Staates an Privatunternehmen, für die Durchführung öffentlicher Vorhaben, z. B. Straßen-, Schul- oder Krankenhausbau, innerhalb einer bestimmten Frist Angebote abzugeben)
- Einreichung von Angeboten durch Unternehmer mit der Verpflichtung zur Zahlung einer **Vertragsstrafe** bis zu 10 % des Auftragswertes, falls der Anbieter bei Erteilung des Zuschlags (= Annahme des Angebots) zu seinem Angebot nicht mehr steht/stehen kann
- Garantie einer Bank für die Zahlung der Vertragsstrafe (Konventionalstrafe).

c) **Lieferungs- und Leistungsgarantie:**

- Verkäufer verpflichtet sich, eine nach Form, Menge, Qualität und Zeitpunkt vertragsmäßige Lieferung zu erbringen; andernfalls ist Vertragsstrafe bis zu 20 % des Warenwertes zu zahlen
- Bank garantiert die Vertragsstrafe.

d) **Gewährleistungsgarantie:**

- Verkäufer verpflichtet sich, insbesondere technisch einwandfreie Ware zu liefern (vor allem bei Investitionsgütern üblich) und dafür eine bestimmte Zeit lang (bei Investitionsgütern meist 6 Monate ab Betriebsbereitschaft des Anlagegutes) mit Zahlung einer Vertragsstrafe einzustehen
- Bank garantiert die Vertragsstrafe.

e) **Konnossementsgarantie:**

- der Importeur einer Ware, die per Seeschiff zu versenden war, erhält entgegen dem Vertrag (oft im Rahmen eines Akkreditivs) nicht alle Konnossementsoriginale, sondern nur einen Teil oder kein Original (da verlorengegangen oder sonst abhandengekommen)
- die Bank des Exporteurs garantiert gegenüber dem Importeur, daß ihm aus fehlenden Originalen kein Schaden entstehen wird, **und/oder**
- die Bank garantiert gegenüber der Reederei, daß sie für berechtigte Ansprüche Dritter einstehen wird, wenn der Importeur ohne Vorlage von Konnossementsoriginalen die Ware ausgeliefert bekommt
- vgl. hierzu Konnossement und Auslandsgeschäft!

1.3.36 Besondere Finanzierungsformen

1.3.360 Forfaitierung

a) **Wesen:**

- Ankauf von Buch- oder Wechselforderungen durch einen Forfaiteur (Forderungskäufer), i. d. R. durch Vermittlung von KI
- **Verzicht auf Rückgriff** gegen den Forderungsverkäufer (Forfaitist) bei Ausfall der Forderung (dabei sind auch wirtschaftliche und politische Risiken eingeschlossen)
- Anwendungsbereich: insb. Forderungen aus Exportgeschäften
- Grundlage: Kaufvertrag zwischen Forfaitist und Forfaiteur.

b) **Bedeutung:**

- Erhöhung der Liquidität des verkaufenden Unternehmens (Zahlungsziel braucht nicht abgewartet zu werden)

- Abgabe des Risikos von Forderungsausfällen (anders: Diskontkredit)
- Verkürzen der Bilanz
- als besonderes Finanzierungsmittel mögliche Wirkung: Förderung des Exports.

c) **Abwicklung:**

- bei **Buch**forderungen: Vertrag zwischen Käufer und Verkäufer mit einer besonderen Haftungsausschlußklausel
- bei **Wechsel**forderungen bzw. mobilisierten (d. h. durch Wechselziehung „beweglichen", refinanzierungs-geeigneten) Buchforderungen:
  - Schuldversprechen des Schuldners in Form eines Solawechsels
  - Indossament des Gläubigers: „ohne Rückgriff" (sog. **à-forfait-Wechsel**)
  - Beibringung eines Bankavals auf dem Wechsel
  - zu beachten: gezogene Wechsel sind für Forfaitierung ungeeignet, da sich die Ausstellerhaftung nach deutschem Wechselrecht nicht einschränken läßt (möglicher Ausweg: schriftliche Nebenabrede zwischen Gläubiger und Forfaiteur)
- als besondere Sicherheit kann eine Bürgschaft des Bundes mit voller Risikoabdeckung beigebracht werden (sog. Deckblattbürgschaft)
- bei erstklassigen Schuldnern u. U. Verzicht auf diese Sicherheiten.

d) **Konditionen:**

- abhängig von der Bonität der Beteiligten, der Währung, der Laufzeit; i. d. R. Zinsabschlag von 8 bis 13 %
- Laufzeit: bis 5 Jahre.

1.3.361 Factoring

a) **Wesen:**

- Grundlage: Kaufvertrag
- Ankauf von meist kurzfristigen Forderungen durch eine Factoring-Gesellschaft (= selbständige Unternehmen, die von Kreditinstituten und Industrie- sowie anderen Unternehmen gegründet und getragen werden – Refinanzierungsmöglichkeit – und z. T. Kreditinstitute im Sinne des KWG sind)
- grundsätzlich Übernahme des **vollen Risikos** für Forderungsausfall durch den Käufer
- Übernahme nicht einzelner, sondern jeweils **aller** Forderungen aus Waren- und Dienstleistungsgeschäften eines Unternehmens
- Übernahme der zugehörigen **Dienstleistungs**aufgaben
  - Rechnungsausfertigung
  - Buchhaltung
  - Einzug der Forderungen
  - Mahn- und Klagewesen.

b) **Bedeutung** für den Verkäufer:

- Erhöhung der Liquidität bei Abgabe des Risikos
- Erhöhung der Umlaufgeschwindigkeit des Kapitals, höhere Rentabilität, Ermöglichung besserer Finanzplanung
- Einsparung von Verwaltungsaufgaben und -aufwendungen wie Buchhaltung, Mahnwesen usw.
- Nachteil: immer mehr Unternehmen schließen die Abtretung der gegen sie gerichteten Forderungen in ihren Geschäfts- bzw. Auftragsbedingungen aus (s. o. 1.3.120 c).

c) **Arten:**

- offenes Factoring: Verkauf und Forderungsabtretung werden dem Schuldner mitgeteilt, dieser kann schuldbefreiend nur an Factoring-Gesellschaft zahlen
- stilles Factoring: keine Mitteilung (vgl. stille Zession)
- echtes Factoring: volle Risikoübernahme durch den Käufer (daneben gibt es das unechte Factoring mit Rückgriffsmöglichkeit gegen den Verkäufer, das praktisch jedoch lediglich die Durchführung der Verwaltungsarbeit für Forderungen durch einen Dritten unter Bevorschussung der Forderungsbeträge darstellt).

d) **Konditionen:**

- Zahlung auf die Forderungen bis 90 %, der Rest dient als Sicherheit für Mängelrügen, Skonti usw.
- Zinsen: ca. 4-5 % über LZB-Diskontsatz
- Dienstleistungsgebühr auf den Umsatz (bis 2,5 %)
- Delcrederegebühr für Forderungsausfälle (um 1 %).

1.3.362 Leasing

a) **Wesen und Rechtsnatur:**

= Gebrauchsüberlassung von Investitions- oder Konsumgütern auf Zeit und gegen Entgelt

- Mietverhältnis besonderer Art
- Leasinggesellschaft (**Leasinggeber**) verpflichtet sich gegenüber ihrem Kunden (**Leasingnehmer**), ihm einen Mietgegenstand für einen festgelegten Zeitraum zu überlassen
- Leasinggeber bleibt Eigentümer des Leasinggegenstandes
- Leasingnehmer verpflichtet sich, vereinbarte Leasingraten zu entrichten und ggf. vereinbarten weiteren Verpflichtungen nachzukommen (z. B. Abschluß von Versicherungs- oder Wartungsverträgen)
- **Leasingerlasse des Bundesfinanzministeriums** regeln die Voraussetzungen für die steuerliche Anerkennung der Leasingraten als Betriebsausgaben:

- feste Grundmietzeit (40-90 % der AfA-Nutzungsdauer)
- innerhalb der Grundmietzeit müssen die Anschaffungskosten bezahlt werden (Grundmietpreis + Kosten) – ausgenommen beim Teilamortisations-Vertrag
- Mietvertrag muß während der Mietzeit für beide Parteien unkündbar sein
- nach Ablauf der Grundmietzeit gibt es mehrere Möglichkeiten je nach Leasingart (s. u.)
- Mietobjekte dürfen nicht gezielt auf die Bedürfnisse des Leasingnehmers zugeschnitten sein
- Risiken müssen zu Lasten des Mieters gehen (Ansprüche aus Garantien auf Wartung und Service tritt Leasinggeber an Leasingnehmer ab)

- Überlassung des Gebrauchs von Investitionsgütern, die nicht den Bestimmungen der Leasingerlasse entsprechen, gelten nicht als Leasing im engeren Sinne.

b) **Arten:**

- nach Art der Güter:
  - Mobilien-Leasing, d. h.
    - Investitionsgüter-Leasing (z. B. LKW, Computeranlagen)
    - Konsumgüter-Leasing (z. B. Privat-PKW)
  - Immobilien-Leasing

- nach Stellung des Leasinggebers:
  - Hersteller
  - Dritter (= herstellerunabhängige Leasinggesellschaften)

- Vollamortisations-Verträge:
  - Leasingraten decken während der Vertragslaufzeit die Anschaffungs-/Herstellungskosten für
    - das Investitionsobjekt
    - die Verzinsung des eingesetzten Kapitals (i. d. R. finanziert sich der Leasinggeber zu 100 % fremd)
    - das Entgelt für das übernommene Risiko
    - den Gewinn des Leasinggebers
  - während der vereinbarten Vertragslaufzeit kann der Vertrag bei ordnungsmäßiger Erfüllung von beiden Vertragspartnern nicht gekündigt werden (Grundmietzeit)
  - für den Zeitpunkt des Ablaufs der Grundmietzeit können verschiedene Varianten vereinbart werden:
    - Rückgabe des Objektes
    - Kaufoption
    - Verlängerungsoption

- Teilamortisations-Verträge: Vereinbarung einer unkündbaren Grundmietzeit, innerhalb derer ein bestimmter, im voraus festgelegter Prozentsatz der Anschaffungs-/Herstellungskosten (Restwert) nicht amortisiert wird; Formen:
  - mit Andienungsrecht des Leasinggebers:
    - auf Verlangen des Leasinggebers muß der Leasingnehmer den Gegenstand zu einem bei Vertragsbeginn vereinbarten Kaufpreis erwerben
    - er hat jedoch keinen Anspruch auf den Erwerb

- mit Aufteilung des Mehrerlöses:
  - Veräußerung des Gegenstandes nach Ablauf der Grundmietzeit durch den Leasinggeber
  - Mehrerlös gegenüber dem nicht amortisierten Restwert wird zwischen Leasinggeber und -nehmer aufgeteilt (Leasinggeber muß mindestens 25 % erhalten, damit der Gegenstand ihm steuerlich zugerechnet werden kann)
  - Mindererlös zu Lasten des Leasingnehmers

- kündbare Leasingverträge:
  - keine Vereinbarung einer festen Grundmietzeit
  - Leasingnehmer kann unter Fristeinhaltung kündigen; erste Kündigungsmöglichkeit zwischen 40 und 90 % der AfA-Zeit
  - zur Abdeckung der Gesamtkosten muß Leasingnehmer dem Leasinggeber ggf. entsprechend Abschlagszahlung leisten.

c) **Ergänzende Vereinbarungen:** z. B.

- Full-Service-Vertrag: Leasinggeber übernimmt Wartung, Reparatur, Versicherung und ggf. andere vereinbarte Serviceleistungen
- Maintenance-Leasing: Leasinggeber ist nur für Aufwendungen zur Instandhaltung des Gegenstandes zuständig.

d) **Sonderformen:** z. B.

- Sale-and-Lease-Back: „Verkaufe und lease zurück", Leasingnehmer verkauft ein Leasingobjekt, dessen Eigentümer er ist – i. d. R. Immobilien – und least es zurück; Zweck: Freisetzung von bisher gebundenem Kapital
- Revolving-Leasing: nach Ablauf vereinbarter Frist wird der Leasinggegenstand durch einen anderen ausgetauscht (z. B. um technisch auf den aktuellsten Stand zu kommen).

e) **Wirtschaftliche Bedeutung** des Leasing:

- besondere Finanzierungsform im Rahmen der Anschaffung und Nutzung von Investitions- und Konsumgütern
- ca. 18 % aller Ausrüstungsinvestitionen werden heute über Leasing abgewickelt
- gesamte Leasingquote (1996): 12,3 % der gesamtwirtschaftlichen Investitionen (ohne Wohnungsbau)
- Tendenz: weiter steigend.

f) **Vor- und Nachteile** gegenüber herkömmlicher Finanzierung:

- **Vorteile:**
  - kein Ausweis des Leasinggegenstandes als Anlagevermögen und der aus dem Leasingvertrag resultierenden Verbindlichkeiten in der Bilanz des Leasingnehmers (Bilanzoptik)
  - Geschäftsleitungen von Unternehmen sind oft verpflichtet, vor der Anschaffung von Investitionsgütern und der Kreditaufnahme die Zustimmung der zuständigen Gremien einzuholen; das Recht zur Eingehung von Mietverpflichtungen ist jedoch häufig nicht eingeschränkt

- praktische Lösung für den Leasingnehmer: Objekt auf Zeit; Wartung, Versicherung, Finanzierung, Bauhaftung, Verwertung aus einer Hand
- i. d. R. 100 %-Finanzierung
- Bonitätsanforderungen sind tendenziell geringer gegenüber herkömmlicher Finanzierung durch KI (starke Objektbezogenheit des Leasing); bei Leasing über ein KI werden allerdings i. d. R. dem Kreditgeschäft vergleichbare Bonitätsanforderungen gestellt
- u. U. Sonderkonditionen, wenn Leasing vom Hersteller als Absatzinstrument genutzt wird
- steuerliche Gestaltungsmöglichkeiten: degressive Kalkulation der Leasingraten oder Leasingsonderzahlungen ziehen Betriebsausgaben zeitlich vor

Nachteile:
- ggf. höhere Kosten
- Verfügungsmöglichkeit über das Objekt stark eingeschränkt
- ggf. Probleme bei der Abwicklung.

Eine Bewertung eines Leasingangebotes im Einzelfall ist nur unter Berücksichtigung aller Vor- und Nachteile sowie insb. der steuerlichen Auswirkungen möglich.

1.3.363 Öffentliche Förderprogramme

a) **Wesen:** Förderungsmaßnahmen durch Bereitstellung von Finanzierungshilfen

- des Bundes, der Länder, der Europäischen Union
- durch Zuschüsse und zinsgünstige Darlehen
- insb. für den Mittelstand und für Existenzgründungen.

b) **Träger:**

- Deutsche Ausgleichsbank (DtA)
- **Kreditanstalt für Wiederaufbau** (KfW):
  - gegründet 1948
  - Rechtsform: Körperschaft des öffentlichen Rechts
  - Sitz: Frankfurt/Main
  - Gründungszweck: Bereitstellung von Mitteln aus dem Marshallplan (European Recovery-Program – ERP – Europäisches Wiederaufbau-Programm) zur Finanzierung der dringendsten Wiederaufbauvorhaben der deutschen Wirtschaft nach dem 2.Weltkrieg
  - Träger: Bund und Bundesländer
  - heutige Aufgabenstellung: Förderung der deutschen Wirtschaft durch Vergabe von Investitions- und Exportkrediten und durch Übernahme von Bürgschaften; Kredite und Zuschüsse im Auftrag der Bundesregierung an Entwicklungsländer
  - wesentliche gegenwärtige Schwerpunktaufgabe ist außerdem die Kreditgewährung für Investitionen in den **neuen Bundesländern**
  - Mittelbeschaffung: am Kapitalmarkt, aus Bundesmitteln sowie beim ERP-Sondervermögen.

c) **Bedeutung:** Im Rahmen des Kreditgeschäfts gehört die Kenntnis der öffentlichen Förderprogramme zu den Voraussetzungen für eine qualifizierte Firmenkundenberatung. Die Vielzahl der angebotenen Programme macht einen aktuellen Überblick schwierig. Die KI bieten daher teilweise bereits computergestützte Beratungs- und Informationsprogramme an.

d) **Arten:** (Auswahl)

- ERP-Aufbauprogramm (Ost): langfristige Finanzierung von Investitionsvorhaben in den neuen Bundesländern und in Berlin (Ost)
- ERP-Regionalprogramm (West): langfristige Finanzierung von Investitionen kleiner und mittlerer Unternehmen in den alten Bundesländern
- KfW-Umweltprogramm: langfristige Investitionskredite für Umweltschutzmaßnahmen der gewerblichen Wirtschaft
- ERP-Ausbildungsplatzprogramm: Schaffung zusätzlicher betrieblicher Ausbildungsplätze
- DtA-Existenzgründungsprogramm: Investitionen zur Errichtung und zum Erwerb von Betrieben, Beschaffung der Erstausstattung für Warenlager, Büro usw.
- KfW-Mittelstandsprogramme: langfristige Finanzierung von Investitionen im In- und Ausland für mittelständische Unternehmen
- Bürgschaften/Garantien von Bürgschaftsgemeinschaften, wenn kleine und mittlere Unternehmen keine bankküblichen Sicherheiten beibringen können
- Bürgschaften der Deutschen Ausgleichsbank für Kredite an Freiberufler

1.3.4 Das langfristige Kreditgeschäft

Langfristige Kredite werden zu folgenden **Zwecken** vergeben:

- Durchführung von Investitionen (Erstellung, Erweiterung, Modernisierung von Produktionsanlagen)
- Finanzierung des privaten und gewerblichen Wohnungsbaus
- Finanzierung des Schiffsbaus (Herstellung, Umbau, Reparaturen)
- Durchführung von Investitionsmaßnahmen der öffentlichen Hand (Bau von Krankenhäusern, Vorsorgeeinrichtungen, Verkehrswegen usw.)
- langfristige Exportfinanzierung

Die **Besicherung** langfristiger Finanzierungen erfolgt in erster Linie durch Grundpfandrechte. Die Technik der Kreditgewährung soll nachfolgend am Beispiel des Realkredites erläutert werden; sie entspricht im wesentlichen der Abwicklung aller durch Grundpfandrechte abgesicherten langfristigen Kredite.

1.3.40 Realkredite

1.3.400 Grundbegriffe

a) **Wesen:** Realkredite sind

- langfristige Kredite
- besichert durch Hypotheken oder Grundschulden
- bei Sparkassen/Realkreditinstituten: innerhalb von 60 % des Beleihungswertes
- verwendet i. d. R. zur Finanzierung von
  - Neu- und Umbauten sowie Modernisierungen im privaten Wohnungsbau (sog. „Hypothekendarlehen")
  - Erstellung oder Erweiterung von Produktionsanlagen sowie Neu- und Umbauten in der gewerblichen Wirtschaft (Investitionskredite, gewerbliche Finanzierungen)
  - Schiffsbau
- insoweit zweckgebunden
- gebunden an ein bestimmtes Objekt, das zugleich Gegenstand der Finanzierung und Kreditsicherheit ist
- gelegentlich auch als „Allzweckhypothek", also ohne besondere Zweckbindung, eingesetzt.

b) **Rechtsgrundlagen:**

- gesetzliche Bestimmungen über Darlehen, Rechte an Grundstücken, Grundpfandrechte im BGB; Grundbuchordnung
- Hypothekenbankgesetz
- Gesetz über die Pfandbriefe und verwandten Schuldverschreibungen öffentlich-rechtlicher Kreditanstalten (Pfandbriefgesetz)
- Kreditwesengesetz
- Sparkassengesetze der Länder
- sonstige Rechtsquellen.

c) **Träger** der Finanzierung:

- Sparkassen und Landesbanken/Girozentralen
- Bausparkassen
- Realkreditinstitute
  - private Hypothekenbanken
  - öffentlich-rechtliche Grundkreditanstalten
- Schiffspfandbriefbanken
- weitere private KI, vor allem Großbanken, Kreditgenossenschaften

- Versicherungsgesellschaften als Kapitalgeber.

d) **Beliehen** werden:

- Grundstücke (privat/gewerblich/land- und forstwirtschaftlich genutzt)
- Erbbaurechte
- Wohnungs- und Teileigentum
- Dauerwohnrechte (in der Praxis ohne Bedeutung).

1.3.401 Bedeutung des Realkredits

a) **Entwicklung:** Kernbereich des Einsatzes von Realkrediten ist die Finanzierung des **Wohnungsbaus**. Nach dem Krieg hatte zunächst der Wiederaufbau, dann der Bau von Eigenheimen neben dem gewerblich-industriellen Bau die Bauwirtschaft zu hoher Kapazität gebracht und für kontinuierliche Auslastung gesorgt.

Ein Bruch in dieser Entwicklung war erstmals in den Jahren 1973-75 erkennbar (zahlreiche Zusammenbrüche von Baufirmen). 1976 setzte eine erneute Belebung ein, die zwischen 1977 und 1979 zu einem weiteren Bau-Boom führte. Aufgrund starken Anstiegs der Zinsen im Jahre 1981 wurde die Bauwirtschaft in eine erneute Rezession geführt. Eine deutliche Belebung ergab sich in den folgenden sechs Jahren nicht. Der Anteil der Bauinvestitionen am Bruttosozialprodukt ging von 15,5 % Mitte der Siebziger Jahre auf 11,5 % im Jahre 1984 zurück.

Das Jahr 1988 brachte eine Trendwende. Die Bauwirtschaft expandierte so stark wie seit Ende des vorangegangenen Jahrzehnts nicht mehr. Die stärksten Impulse gingen vom Wohnungsbau aus. Auch der Gewerbebau und die Bautätigkeit im öffentlichen Bereich verstärkten sich.

Die Wiedervereinigung Deutschlands gab der Bauwirtschaft weitere Impulse, so daß sich dieser Wirtschaftsbereich von der allgemeinen Rezessionstendenz ab 1992 abkoppeln konnte. Der Baubereich zählte auch weiterhin zu den Wachstumsbranchen, wobei sich die Wachstumsraten in Ost und West auseinanderentwickelten. Während im Westen lediglich im Wohnungsbau noch Zuwächse erzielt wurden, im öffentlichen Bau die angespannte Finanzlage und bei den gewerblichen Bauten die eingetrübte Konjunktur bremste, profitierte Ostdeutschland hauptsächlich von den milliardenschweren Programmen für den „Aufbau Ost".

Seit 1995/96 verschlechterte sich die Lage in der Bauwirtschaft deutlich. In den alten Bundesländern schwächte sich auch die Nachfrage im Wohnungsbau ab, da sich die Versorgung mit Wohnungen deutlich verbessert hatte. In den neuen Bundesländern ist die Erneuerung der Bausubstanz und der Infrastruktur bereits relativ weit vorangekommen; im Bereich des Wirtschaftsbaues entstanden örtlich Überkapazitäten.

Für 1997 wird mit einem Rückgang der Bauproduktion das Erreichen des Tiefpunktes in dieser krisenhaften Entwicklung prognostiziert. Positive Impulse für den Bausektor könnten von dem im März 1997 von der Bundesregierung beschlossenen „Konzept zur Verstetigung beschäftigungsfördernder Investitionen" ausgehen.

Eigenheimzulagegesetz im Überblick			
	Neubau (gültig seit 01.01.96)	**Altbau** (gültig seit 01.01.96)	**Ausbauten und Erweiterungen** (gültig seit 01.01.97)
Fördergrundbetrag	max. DM 5 000 p.a. (5 % der Anschaffungs-/Herstellungskosten, max. auf DM 100 000)	max. DM 2 500 p.a. (2,5 % der Anschaffungs-/Herstellungskosten, max. auf DM 100 000)	max. DM 2 500 p.a. (2,5 % der Herstellungskosten, max. auf DM 100 000)
Bemessungsgrundlage	Anschaffungs-/Herstellungskosten der Wohnung zuzüglich der Anschaffungskosten für Grundstück	Anschaffungs-/Herstellungskosten der Wohnung zuzüglich der Anschaffungskosten für Grundstück	Herstellungskosten
Förderdauer	Förderung max. 8 Jahre lang	Förderung max. 8 Jahr lang	Förderung max. 8 Jahre lang
Kinderzulage	8 x DM 1 500 je Kind (von der Einkommensteuer unabhängige Zulage)		
Ökozulage	8 Jahre lang Förderung mit 2 % der Bemessungsgrundlage, max. DM 500 p.a. (Energiesparende Maßnahmen wie z. B. Einbau einer Wärmepumpe, Solaranlage oder Anlage zur Wärmerückgewinnung; Maßnahme vor Beginn der Eigennutzung und vor 1.1.1999 abgeschlossen)		nicht möglich
Niedrigenergiehauszulage	8 Jahre lang Förderung mit DM 400 p.a. (Jahres-Heizwärmebedarf der Wohnung muß den nach der Wärmeschutzverordnung vom 16.08.96 geforderten Wert um mindestens 25 % unterschreiten; Wohnung vor dem 1.1.1999 vom Anspruchsberechtigten fertiggestellt oder angeschafft)		nicht möglich
Einkommensgrenze	Gesamtbetrag der Einkünfte max. DM 120 000/240 000 (Durchschnitt aus Jahr der Antragstellung und Vorjahr)		
Zahlung der Eigenheimzulage	Zahlung einmal jährlich zum 15. März direkt vom zuständigen Finanzamt (1. Zahlung innerhalb 1 Monat ab Bekanntgabe des Bescheides)		
Höchstbetrag der Zulage	Summe aus Fördergrundbetrag (ohne Ökozulage und Energiehauszulage) und Kinderzulage für max. 8 Jahre darf die Bemessungsgrundlage/Anschaffungs- und Herstellungskosten) nicht überschreiten		**wie vorstehend, jedoch max. bis 50 % der Bemessungsgrundlage**
Objektbeschränkung	Jeder kann die Eigenheimzulage nur für eine Wohnung, einen Ausbau oder eine Erweiterung (Objekt) in Anspruch nehmen (zusammenveranlagte Eheleute insgesamt 2 Objekte) – Absetzungen nach § 7 b EStG bzw. § 15 BerlinförderungsG und Abzugsbeträge nach § 10 e EStG bzw. § 15 b BerlinförderungsG stehen der Eigenheimzulage gleich		

Weitere Förderung von Bauherren und Erwerbern nach § 10 i EStG (wie Sonderausgaben abziehbar):

- **Vorkostenpauschale DM 3 500**
  - im Jahr der Herstellung oder Anschaffung
  - Voraussetzung: Eigenheimzulage in Anspruch genommen
  - deckt alle Vorkosten ab (z. B. Disagio und sonstige Finanzierungskosten, Gerichts- und Notarkosten)
  - damit lohnt aus steuerlicher Sicht ein Disagio nicht bei eigengenutzten Immobilien
- **Erhaltungsaufwand vor Bezug bis zu DM 22 500**
  - Erhaltungsaufwendungen bis zum Beginn der Eigennutzung
  - dürfen nicht zu Herstellungs- oder Anschaffungskosten gehören („anschaffungsnaher Aufwand" beachten)
  - müßten im Falle der Vermietung/Verpachtung als Werbungskosten abziehbar sein
  - unabhängig von Eigenheimzulage, damit keine Einkommensgrenze und kein Objektverbrauch

b) **Förderung:** Die Entwicklung des Wohnungsbaus wurde und wird durch den Staat intensiv gefördert (Bausparen, Eigenheimzulagegesetz, Förderungsprogramme z. B. für Modernisierungen und energiesparende Baumaßnahmen, Übernahme von Gewährleistungen – 1b-Hypotheken –, Gewährung von Zuschüssen).

Steuervorteile für Bauherren: siehe Übersichten auf S. 627.

c) **Kreditwirtschaft:** Bauwirtschaft und Realkreditgeschäft der KI stehen in einem engen Zusammenhang. Die Verteuerung von Bauleistungen kann zu einem Nachlassen der Bauneigung und zu einer geringeren Inanspruchnahme von Realkrediten führen. Umgekehrt hat das Zinsniveau, das sich ein Kunde im Realkreditgeschäft auch langfristig sichern kann, Auswirkungen auf die Verschuldensbereitschaft der Bauwilligen.

d) **Arten:**

- Hypotheken- und Grundschulddarlehen (im folgenden behandelt)
- Schiffshypothekarkredite (vergeben insbesondere von Schiffspfandbriefbanken, aber auch von Landesbanken/Girozentralen und Sparkassen)
- Persönliche Hypothekendarlehen (Allzweckhypothek):
  - langfristige Darlehen (meist bis 15 Jahre)
  - durch Hypotheken oder Grundschulden besichert
  - Darlehensgeber: besonders Sparkassen, Kreditgenossenschaften, Großbanken
  - nicht zweckgebunden, d. h. beliebig durch den Darlehensnehmer verwendbar
  - auch zweit- oder drittstellige Eintragung der Belastung kann ausreichen.

1.3.402 Beleihungsobjekte

Die Objekte einer langfristigen Beleihung werden nach der Art ihrer **Nutzung** unterschieden, wobei die jeweilige Hauptquelle des jährlichen Rohertrages maßgeblich ist.

a) **Grundstücke:**

- unbebaute Grundstücke: beleihungsfähig sind grds. nur Baugrundstücke, für die also die für eine Bebauung erforderlichen öffentlich-rechtlichen Voraussetzungen geschaffen sind
- Haus- und Wohngrundstücke: ab 80 % des Jahresrohertrages aus Nutzung zu Wohnzwecken
- überwiegend gewerblich genutzte Grundstücke: ab 80 % des Jahresrohertrages aus gewerblicher Nutzung
- gemischt genutzte Grundstücke: Nutzung zu Wohn- und gewerblichen Zwecken
- land- und forstwirtschaftlich genutzte Grundstücke.

b) **Erbbaurecht:** veräußerliches und vererbbares grundstücksgleiches Recht (vgl. Abschnitt 0.3.111); den Haus- und Wohngrundstücken zu Wohnzwecken bei der Beleihung gleichgestellt mit der Besonderheit, daß zur Bewertung nur Bau- und Ertragswert, nicht aber der Bodenwert herangezogen werden können.

c) **Wohnungs- und Teileigentum:**

- Wohnungseigentum ist Sondereigentum an einer Wohnung, verbunden mit einem Miteigentumsanteil an dem zugehörigen Gemeinschaftseigentum; vgl. Wohnungseigentumsgesetz
- Teileigentum ist Sondereigentum an gewerblich genutzten Räumen, verbunden mit entsprechendem Miteigentum.

Beleihung: Wohnungseigentum wird Haus- und Wohngrundstücken, Teileigentum den ausschließlich gewerblich genutzten Grundstücken gleichgestellt.

d) **Dauerwohnrecht:** vgl. Abschnitt 0.3.111 und Wohnungseigentumsgesetz.

1.3.403 Ermittlung des Beleihungswertes

a) **Wesen:** Beleihungswert ist der Wert, der unter wirtschaftlich vorsichtiger Berücksichtigung aller den Wert eines Beleihungsobjektes bildenden und beeinträchtigenden Faktoren der Beleihung durch das KI zugrundegelegt wird – d. h. der Wert, der sich bei einer notfalls erforderlichen Zwangsvollstreckung in das Objekt aller Voraussicht nach erzielen läßt.

Grundlage der Beleihungswertermittlung sind der Bodenwert, der Bauwert und der Ertragswert. Hinzu kommt die Schätzung des Objektes.

b) **Bodenwert** = der Wert der reinen Grundstücksfläche unabhängig von der Bebauung. Anhaltspunkte für die Bewertung:

- früher: Einheitswert = Grundlage für die Grundbesteuerung, festgesetzt durch Bewertungsgesetz (heute ohne Bedeutung)
- Verkehrswert = der Preis, der sich bei Verkauf unter gewöhnlichen Umständen erzielen läßt; Richtwerte sind von bei kreisfreien Städten und Landkreisen gebildeten Gutachterausschüssen zu erfahren
- Vergleichswerte (besondere Berücksichtigung der örtlichen Verhältnisse; Preise zugrunde legen, die für Grundstücke gleicher Art und Lage auf Dauer als angemessen anzusehen sind)
- Erschließungskosten bzw. die vom Grundeigentümer zu erbringenden Beiträge (vgl. §§ 127 ff. BBauG) (Erschließung = Anlage von Straßen und Bürgersteigen, Kanalisation, Strom- und Versorgungsanschluß, Straßenbeleuchtung usw.)
- Lage, Nutzungsmöglichkeiten des Grundstücks.

c) **Bauwert** = der Wert der auf dem Grundstück vorhandenen und noch zu errichtenden Gebäude. Maßgeblich sind die „angemessenen Herstellungskosten"; vorhandene Bebauung: Berücksichtigung von Wertminderungen durch Abnutzung und Alter. Berechnungsmethoden:

- **Abschlagsverfahren** (überwiegend bei Neubauten angewandt): Abschlag in Höhe von 10 bis zu 33 % von den tatsächlichen Herstellungskosten (Erfassung insb. der Kosten, die die Verwertbarkeit nicht erhöhen)
- **Indexverfahren:** Anwendung eines Baukosten-Index auf der Basis 1913=100 % (Bundesaufsichtsamt: 1914=100 %) unter Berücksichtigung der zwischenzeitlichen Baupreiserhöhungen; festgesetzt durch die jeweiligen Aufsichtsbehörden (amtlicher Index des Statistischen Bundesamtes;) zugrundegelegt wird der Kubikmeter umbauten Raumes.

Realistischer und daher in der Praxis bevorzugt angewandt ist das Abschlagverfahren.

d) Aus der Addition von Bauwert und Bodenwert ergibt sich der **Bau- und Bodenwert** = **Sachwert**.

e) **Ertragswert** = der Wert, der sich bei Kapitalisierung des Reinertrages aus Vermietung des Objektes ergibt.

- Ermittlung des Reinertrages:
  - maßgeblich sind die nachhaltig erzielbaren Erträge (nicht unbedingt die tatsächlichen Mieteinnahmen)
  - Ermittlung des Jahresrohertrages bei Vermietung des Objektes (fiktiv zu ermitteln, wenn Eigennutzung vorliegt)
  - Abzug der Betriebsausgaben (Verwaltungs-, Betriebskosten, Instandhaltung, Abschreibungen usw.), oft anhand von Erfahrungswerten pauschaliert (25–35 %)
- Kapitalisierung des Reinertrages zum landesüblichen Zinsfuß, d. h. welches Kapital ergibt zu einem festen Zinssatz diesen Ertrag? Der „landesübliche" Zinsfuß

ergibt sich aus dem Zinsniveau am Kapitalmarkt, d. h. bei Refinanzierung langfristiger Finanzierungen. In der Regel rechnen die Kreditinstitute mit einem Zinssatz von 5 % p. a.

f) **Schätzung** = unter Berücksichtigung der konkreten Umstände des einzelnen Objektes vorgenommene, meist durch spezielle Unterlagen (Bauzeichnung und -beschreibung) und Besichtigung ergänzte Wertermittlung durch Sachverständige, d. h.

- sachkundige Mitarbeiter der KI
- amtlich bestellte Sachverständige
- Schätzungsbehörden.

g) **Festsetzung des Beleihungswertes** durch den zuständigen Mitarbeiter bzw. das entsprechende Gremium des KI (z. B. Sparkassen: Kreditausschuß). Vorgehen:

- rechnerische Ermittlung:

$$\text{Beleihungswert} = \frac{\text{Bau- und Bodenwert} + \text{Ertragswert}}{2}$$

- Überprüfung und Korrektur des rechnerischen Ergebnisses im Hinblick darauf, ob nach Art und Nutzung des Objektes mehr Gewicht auf Bau- und Bodenwert oder auf den Ertragswert zu legen ist. In aller Regel wird der **nachhaltige Ertragswert bevorzugt** (insb. bei gewerblichen Objekten), so daß der Beleihungswert sich sogar allein am Ertragswert ausrichten kann.

1.3.404 Beleihungsgrenze und Besicherung

a) Eine Beleihung des Objektes in voller Höhe des Beleihungswertes durch Hypothekendarlehen im Rahmen des Realkredites ist nicht möglich. Dies wird bei den verschiedenen KI durch gesetzliche und satzungsrechtliche Vorschriften ausgeschlossen.

b) Statt dessen wird eine **Beleihungsgrenze** festgesetzt = der prozentuale Anteil vom Beleihungswert, der maximal im Rahmen des eigentlichen Realkredites ausgezahlt werden darf:

- grds. 60 % des Beleihungswertes (bei Realkreditinstituten gesetzlich, bei Sparkassen satzungsrechtlich vorgeschrieben)
- Ausdehnung auf bis zu 80 % ist möglich, wenn volle Gewährleistung einer Körperschaft/Anstalt des öffentlichen Rechts vorliegt
- bei Bausparkassen bis zu 80 %.

Die genannten Grenzen werden grds. nur bei Wohnungsbaufinanzierungen ausgeschöpft. Gewerbliche Finanzierungen werden besonders im Hinblick auf das erhöhte Risiko aus der gewerblichen Betätigung des Darlehensnehmers und die oftmals eingeschränkte Verwertbarkeit des Objektes vorsichtiger gehandhabt (Beleihungsgrenze oft bei 40-50 %).

c) **Besicherung:** Realkredite werden durch Hypotheken und Grundschulden in Buch- und Briefform besichert, wobei die Grundschuld überwiegt (ungeachtet der Bezeichnung „Hypothekendarlehen", die daher sachlich meist falsch ist). Die meisten Grundpfandrechte werden heute unter Briefausschluß in das Grundbuch eingetragen.

Rangstelle:

- Sparkassen, Realkreditinstitute: grds. 1.Rang; in Mustersatzung und Hypothekenbank- bzw. Pfandbriefgesetz ist dies eine **Soll**vorschrift, von der abgewichen werden kann, soweit die Beleihungsgrenze eingehalten wird. Bezeichnung: **Ia-Hypothekendarlehen** (Ia-Grundschulddarlehen).
- Bausparkassen: 2. Rang.

Wird durch eine Körperschaft/Anstalt des öffentlichen Rechts (meist Land oder öffentlich-rechtliches KI) eine Bürgschaft oder Garantie gewährt („volle Gewährleistung"), so wird das zusätzliche Darlehen in 2.Rangstelle als **„Ib-Hypothek/ Grundschuld"** gewährt.

Ia- und Ib-Finanzierung gelten zusammen als einheitlicher Realkredit.

d) **Zusätzlicher Kreditbedarf:** Oft gelingt es dem Darlehensnehmer nicht, die erforderlichen 40 % bzw. (bei öffentlicher Gewährleistung) 20 % Eigenmittel aufzubringen. In diesem Fall kann das KI, wenn es das wirtschaftliche Risiko für vertretbar hält, außerhalb des Realkredites zusätzliche Mittel in Form eines gedeckten Personal- oder Blankokredites bereitstellen. Diese Kredite werden meistens kurz- oder mittelfristig und grds. zu einem variablen Zinssatz gewährt.

Viele KI gewähren Gesamtdarlehen zu Realkreditkonditionen bis zu maximal 80 % des Beleihungswertes, einige KI sogar bis zu maximal 80 % der angemessenen Herstellungs- bzw. Erwerbskosten.

Möglich sind sogar 100-Prozent-Finanzierungen (Vollfinanzierungen), die die gesamten Kosten des Baus/Erwerbs eines Eigenheims decken. Die hohe monatliche Belastung begrenzt solche Finanzierungen auf bestimmte Einkommensgruppen. Dabei werden hinsichtlich der Ausgestaltung der Finanzierung insbesondere erwartete Einkommenssteigerungen einbezogen. Für KI sind diese Finanzierungen problematisch und bedenklich und haben allenfalls Ausnahmecharakter.

1.3.405 Konditionen

a) **Zinsen:** Bei einem Realkredit hat der Darlehensnehmer i. d. R. die Wahl zwischen folgenden Zinstypen:

- **Festzins:** der Zinssatz wird für einen bestimmten Zeitraum fest vereinbart und kann in dieser Zeit nicht einseitig verändert werden (beachte allerdings § 247 BGB für vor 1987 geschlossene Verträge sowie § 609a BGB, siehe Abschnitt 1.3.01); nach Ablauf der Festschreibungsfrist
  - tritt ein variabler Zinssatz ein
  - wird ein neuer Festzinssatz vereinbart

  } Zinsanpassung

- werden vielfach die Konditionen insgesamt neu vereinbart (Konditionenanpassung), so daß auch ein neues Damnum anfallen kann (s. u.).

Festzinssätze von 5 bis meist 15 Jahren, u. U. sogar für die gesamte Darlehenslaufzeit können besonders von Realkreditinstituten (einschließlich der Landesbanken/Girozentralen) angeboten werden, da diese sich auf dem Kapitalmarkt entsprechend langfristig und zinskonstant refinanzieren können („kongruente" Refinanzierung), außerdem von Bausparkassen aufgrund ihrer besonderen Refinanzierungssituation und von Versicherungen. Problematisch ist dies für andere KI, die meist Festzinssätze nur für 5 Jahre offerieren, da ihnen entsprechende Refinanzierungsmittel nicht länger zur Verfügung stehen (z. B. Spar- und Sparkassenbriefe).

Die Höhe der Festzinssätze hängt von den Refinanzierungsmöglichkeiten am Kapitalmarkt ab.

- **Variabler Zinssatz:** wird vornehmlich von Nicht-Realkreditinstituten, also Sparkassen und Geschäfts- sowie Genossenschaftsbanken angeboten. Dem KI sind Anpassungen des Zinssatzes an die Marktverhältnisse möglich; Grundlage sind die Sparzinsen. Gelegentlich werden Höchstzinssätze vereinbart, die der variable Zinssatz innerhalb einer bestimmten Laufzeit nicht übersteigen wird („Cap").

b) **Damnum:** Der Darlehensnehmer erhält das Darlehen meist nicht zu 100 %, sondern mit einem Abschlag von bis zu 10 % ausgezahlt, der „Hypothekendamnum" heißt, oft aber unrichtig als „Disagio" bezeichnet wird.

Gründe für den Abschlag:

- Ausgleich des Disagios bei der Ausgabe von Pfandbriefen und anderen Schuldverschreibungen, das kapitalmarktabhängig ist; das Disagio wird mit einem Zuschlag („Einmalmarge") an den Darlehensnehmer als Damnum weitergegeben.
- Deckung von Bearbeitungs- und Geldbeschaffungskosten über die eigentlichen Provisionen hinaus
- steuerliche Gründe beim Darlehensnehmer (Absetzbarkeit des Damnums).

Meist hat der Darlehensnehmer die Möglichkeit, zwischen verschiedenen Zins- und Auszahlungsvarianten zu wählen, z. B.

6,5 % Zinsen – 98,5 % Auszahlung
6,0 % Zinsen – 96,5 % Auszahlung
5,5 % Zinsen – 94,0 % Auszahlung.

Nach der Preisangabenverordnung ist der anfängliche effektive Jahreszins dem Kreditnehmer anzugeben.

Um den benötigten Finanzierungsbetrag zu erhalten, muß bei Vereinbarung eines Damnums der Darlehens-Nominalbetrag also entsprechend höher angesetzt werden. Ist dies im Hinblick auf die Beleihungsgrenze nicht möglich, kann ein **Tilgungsstreckungsdarlehen** vereinbart werden:

- neben dem Hauptdarlehen erhält der Darlehensnehmer ein zusätzliches Darlehen in Höhe des Damnums (Tilgungsstreckungsdarlehen)

- die für das Hauptdarlehen vereinbarten Tilgungsbeträge werden zunächst für die Tilgung des Zusatzdarlehens eingesetzt
- bis das Tilgungsstreckungsdarlehen getilgt ist, wird die Tilgung des Hauptdarlehens ausgesetzt.

BEISPIEL:

Hauptdarlehen 100 000,– DM, Auszahlungskurs 96 %, Tilgung 1 %:

ausgezahlter Darlehensbetrag	96 000,– DM
Tilgungsstreckungsdarlehen	4 000,– DM
jährliche Tilgung	1 000,– DM

Ohne Berücksichtigung der ersparten Zinsen (siehe Abschnitt 1.3.406) ist das Tilgungsstreckungsdarlehen nach 4 Jahren getilgt.

c) **Bereitstellungszinsen:** Die Vereinbarung eines Realkredites erfolgt i. d. R. rechtzeitig vor Baubeginn/Kauf, so daß zwischen Darlehenszusage und Auszahlung ein längerer Zeitraum liegt. Außerdem erfolgen bei Bauvorhaben die Zahlungen des Bauherren an die Bauhandwerker meist nach Baufortschritt, so daß auch die Darlehensauszahlung dem Baufortschritt angepaßt werden kann; das ist wichtig für die Risikolage des KI, da das zu errichtende Objekt bei Ermittlung des Beleihungswertes wie ein fertiges Objekt behandelt wird; i. d. R. darf daher die Auszahlung nur so erfolgen, daß die ausgezahlten Beträge durch die vorhandene Bausubstanz hinreichend gedeckt sind.

Üblicher Auszahlungsrhythmus: z. B.

25 % bei Fertigstellung der Kellerdecke
25 % bei Rohbaufertigstellung
25 % bei Fertigstellung des Innenausbaus
25 % bei endgültiger Fertigstellung (Gebrauchsabnahmeschein).

Da das KI bei Darlehenszusage über die Refinanzierungsmittel grds. bereits verfügen muß (z. B. Realkreditinstitut: entsprechend Verkauf von Pfandbriefen) und diese Mittel bis zur Darlehensauszahlung in aller Regel nur niedriger verzinslich vorübergehend anlegen kann, wird ein die Differenz ungefähr abdeckender Zins erhoben: Für die Zeit von Darlehenszusage bis Auszahlung berechnet das KI auf den nicht ausgezahlten Darlehensteil Bereitstellungszinsen von gewöhnlich ca. 2 % p. a.

d) **Zinsen** für einen **Zwischenkredit**: Benötigt der Darlehensnehmer die Finanzierungsmittel bereits vor den genannten Baufortschrittsterminen, z. B. für übliche Voraus- und Anzahlungen, wird eine Zwischenfinanzierung erforderlich, die i. d. R. auf Kontokorrentkreditbasis erfolgt, in aller Regel aber höchstens 80-90 % des Darlehensbetrages ausmacht. Unter Umständen – insbesondere bei Finanzierungen von Realkreditinstituten – tritt hierfür ein anderes KI ein.

e) Bearbeitungsgebühr (falls erhoben: 1/2-1 % der Darlehenssumme), Schätzungskosten (meist 1-2 ‰), Notar- und Gerichtskosten (Eintragung des Grundpfandrechts; sofern das Grundstück erst erworben wird: Beurkundung des Kaufvertrags und der Auflassung; Beglaubigung der Bewilligung zur Eintragung des Grundpfandrechts; Auszahlung des Darlehens vor Eintragung gegen Notarbestätigung usw.) treten als weitere Kosten auf.

1.3.406 Rückzahlung

a) Grundsätzlich werden Realkredite nicht in einer Summe am Ende der Laufzeit, sondern in Teilbeträgen gleichzeitig mit der Zinszahlung getilgt. Die Laufzeit des Darlehens hängt dabei ab

- von der Höhe des Tilgungssatzes
  - Wohnungsbaufinanzierung: i. d. R. 1 % p. a.
  - gewerbliche Finanzierung: i. d. R. mindestens 2 % p. a.
- von der Frage, ob ersparte Zinsen zur Tilgung verwendet werden (Amortisations- oder Abzahlungsdarlehen). Bei Amortisationsdarlehen ist die Laufzeit auch von der Höhe des Zinssatzes abhängig (siehe b).

In der Regel beträgt die Laufzeit bei Wohnungsbaufinanzierungen 30 bis 35 Jahre.

b) **Amortisationsdarlehen** (Tilgungsdarlehen) = Regelfall: der Schuldner erbringt gleichbleibende Tilgungsbeiträge = **feste Annuitäten**, die sich aus Zinsen und Tilgung zusammensetzen; da die Zinsen (gerechnet auf die Restschuld) mit fortschreitender Tilgung geringer werden, nimmt bei gleichbleibender Rückzahlungsrate der Tilgungsanteil ständig zu (vgl. Beispiel, Abschnitt 1.3.408): „Tilgung zuzüglich ersparter Zinsen". Je höher der Zinssatz ist, desto geringer ist die Darlehenslaufzeit.

c) **Abzahlungsdarlehen** (selten vereinbart): der Schuldner erbringt geringer werdende = **fallende Annuitäten**, die sich aus festen Tilgungsraten und aus entsprechend der Rückzahlung abnehmenden Zinsraten zusammensetzen.

d) **Tilgungsverrechnung:** die KI nehmen zu unterschiedlichen Zeitpunkten die Verrechnung der Raten mit dem Schuldsaldo vor. Da von der Höhe der Restschuld die Höhe der zu zahlenden Zinsen abhängt, hat der Rhythmus der Tilgungsverrechnung Bedeutung für die Effektivverzinsung bei Realkrediten. Üblich ist jährlich, halb- oder vierteljährlich nachträgliche Tilgungsverrechnung.

e) Zur Frage der **Zulässigkeit** der nachträglichen Tilgungsverrechnung hat der Bundesgerichtshof am 24.11.1988 ein Grundsatzurteil von außerordentlich weitreichender Bedeutung (und entsprechenden finanziellen Konsequenzen für zahlreiche KI) gefällt:

- Bei einem Hypothekendarlehen, bei dem nach AGB die in der gleichbleibenden Jahresleistung enthaltenen Zinsen jeweils nach dem Kapitalstand am Schluß des abgelaufenen Tilgungsjahres berechnet werden, ist die entsprechende AGB-Klausel **unwirksam**, wenn erst in einer gesonderten Klausel vierteljährliche Raten vorgesehen sind und der effektive Jahreszins oder die Gesamtbelastung im Vertrag nicht angegeben werden
- die Unwirksamkeit gründet sich auf einen Verstoß gegen das **Transparenzgebot** des AGB-Gesetzes
- unwirksam sind jedoch nur Darlehensverträge, die **nach** dem Inkrafttreten des AGB-Gesetzes (01.04.1977) abgeschlossen wurden
- nachdem durch die neue Preisangaben-Verordnung seit dem 01.10.1985 die Verpflichtung besteht, dem Kreditnehmer den Effektivzins zu benennen, entfällt in

Neuverträgen von diesem Datum an die Unwirksamkeit der nachträglichen Tilgungsverrechnung.

Allerdings haben viele Kreditinstitute bereits vorher bei Neuverträgen mit abgeänderten Bedingungen gearbeitet, da die Fragwürdigkeit der herkömmlichen Tilgungsverrechnung bereits seit Jahren diskutiert wird.

1.3.407 Darlehensabwicklung

a) Die **Vorverhandlungen** nehmen bei Realkrediten breiten Raum ein, da die erforderliche Darlehenshöhe bestimmt, die Möglichkeit der Inanspruchnahme öffentlicher Förderung geprüft, die Sicherheiten bestellt, das Objekt beurteilt und bewertet und die komplexen Einzelheiten des Darlehensvertrages abgestimmt werden müssen.

b) **Darlehensantrag** des Kunden: enthält u. a.

- Angaben zur Person des Darlehensnehmers
- Gesamtkosten des Projekts und Finanzierungsvorschlag
- Ermächtigung des KI zur Grundbucheinsicht.

c) Vom Darlehensnehmer einzureichende **Unterlagen**:

- Grundbuchauszug
- Katasterauszug (Abzeichnung der Flurkarte)
- Liegenschaftsauszug (Liegenschaften = alle Grundstücksrechte, bebauten Grundstücke usw. des Darlehensnehmers; bei Katasteramt geführt)
- Einheitswertbescheid des Finanzamtes (abnehmende Bedeutung)
- Nachweise über Aufwendungen und Erträge des Grundstücks
- Baupläne, Baubeschreibungen, Bauzeichnungen, Baukosten-Voranschläge
- Berechnung des umbauten Raumes
- Finanzierungsplan
- Bescheinigung über Erschließungsbeiträge
- Bescheinigung über eine gleitende (d. h. dem Baufortschritt entsprechende) Neuwertversicherung der zuständigen Brandkasse/Feuerversicherung
- Anforderung einer entsprechenden Realrechtsbestätigung bei der Feuerversicherung durch das KI.

d) Prüfung von **Kreditfähigkeit** und **Kreditwürdigkeit** des Darlehensnehmers.

e) **Beleihungswertermittlung** und Festsetzung des Darlehensbetrages.

f) **Interne Kreditentscheidung** des KI in den dafür zuständigen Gremien.

Hamburger Sparkasse • 20454 Hamburg

Postanschrift:
20454 Hamburg

Herrn Jens Mustermann
Frau Gabriele Mustermann
Organisationsweg 3

29558 Lippstadt

Ihr Zeichen	Ihr Schreiben vom	Unser Zeichen	Datum
			22.04.97

Darlehen Nr. 7216/123456
Grundstück Musterring 8
Grundbuch Wandsbek Blatt 3479

(Bei allen Zuschriften bitte angeben!)

Sehr geehrte Frau Mustermann,
sehr geehrter Herr Mustermann,

gern bieten wir Ihnen ein Darlehen von

DM ==100.000,--

zu den nachstehenden Bedingungen an:

1. Für uns ist eine Grundschuld von DM 100.000,-- mit Unterwerfung unter die sofortige Zwangsvollstreckung gemäß beigefügtem Urkundenentwurf an rangerster Stelle in Abt. III, jedoch nach den Rechten Abt. II/1 und 2 (Grunddienstbarkeiten) in das obige Grundbuch einzutragen. Das Recht Abt. II/4 (Altenteil) hat dem neu einzutragenden Grundpfandrecht den Vorrang einzuräumen.
   Darüber hinaus hat die in Abt. II zu Ihren Gunsten einzutragende Auflassungsvormerkung unserer Grundschuld den Vorrang einzuräumen und ist nach erfolgter Eigentumsumschreibung zu löschen.
   Ferner sind die Rechte Abt. III/1 und 3 zu löschen.

2. Falls das Grundpfandrecht nicht an rangerster Stelle einzutragen ist und es sich bei den vor- bzw. gleichrangigen Rechten um Grundschulden handelt, sind uns sämtliche bestehenden und/oder künftig entstehenden Ansprüche auf Rückübertragung, Aufhebung, Verzicht oder Löschung dieser Grundschuld(en) sowie der Anspruch auf Aushändigung des/der Grundschuldbriefe(s) - sofern ein solcher gebildet ist - abzutreten.

Zentrale, Ecke Adolphsplatz / Gr. Burstah, gegenüber der Börse, Hamburg • Bankleitzahl 200 505 50
Telefon (040) 35 79-0 • S.W.I.F.T.-Adresse HASP DE HH XXX • Telex 2 162 609 • Telefax (040) 35 79 34 18 • Btx * 952000 # (BKZ 10, 11, 14)
Präses des Verwaltungsrates: Peter Mählmann • Vorstand: Dr. Karl-Joachim Dreyer,
Dr. Friedhelm Steinberg, Werner Matthews, Jürgen Ullrich, Günter Wolfertz

3. Der Zinssatz für das Darlehen beträgt zur Zeit 4,25 % jährlich. (Effektivzinsangaben gemäß Preisangabenverordnung: Der anfängliche effektive Jahreszins beträgt 5,79 % bei Verrechnung der Abschlußvergütung auf den Zeitraum der Zinsfestschreibung). Die Zinsen werden auf den jeweiligen Kapitalstand zu den unter Ziffer 4 genannten Leistungsterminen berechnet.

Bis zum 30.06.2002 bleiben die oben und ggf. unter Ziffer 9 genannten Zinssätze unverändert. Die vertragliche Kündigung gemäß Ziffer 9 der beigefügten Bedingungen sowie die Veränderung des Tilgungssatzes / der Tilgungsvereinbarung sind während dieser Zeit ausgeschlossen. Nach Ablauf der Festzinsvereinbarung wird das Darlehen - sofern keine abweichenden Vereinbarungen getroffen werden - zu dem dann gültigen variablen Zinssatz für Neuausleihungen mit 100 % Auszahlung weitergeführt.

Bei einer allgemeinen Änderung des Zinsniveaus für gleichartige Darlehen, insbesondere bei einer Veränderung des Geld- und Kapitalmarktzinssatzes sind wir - sofern wir hierauf nicht für einen bestimmten Zeitraum verzichtet haben - berechtigt, den Zinssatz mit sofortiger Wirkung durch Erklärung Ihnen gegenüber zu senken oder zu erhöhen, ohne daß es einer Kündigung unsererseits bedarf.

Werden fällige Beträge (Zinsen und/oder Tilgungen) während oder nach Ablauf der Vertragslaufzeit bzw. nach erfolgter Kündigung nicht gezahlt, so sind wir berechtigt, die sich für diesen Fall nach allgemeinen Rechtsgrundsätzen bzw. getroffenen Vereinbarungen ergebenden Ansprüche, insbesondere den Verzugsschaden auf die fälligen Beträge, geltend zu machen.

4. Zur Tilgung des Darlehens sind 1,0 % jährlich vom Anfangskapital zuzüglich der durch die Rückzahlung ersparten Zinsen zu zahlen.
Die sich hieraus ergebende Leistungsrate (Zinsen und Tilgung) ist in vierteljährlichen Teilbeträgen von z. Z. DM 1.312,50 jeweils am Ultimo eines jeden Quartals (Leistungstermin) zu zahlen, erstmals an dem zweiten auf die vollständige Auszahlung folgenden Leistungstermin.

Bis zum Tilgungsbeginn sind nur die vereinbarten Zinsen zu den genannten Leistungsterminen zu zahlen, erstmals an dem auf die erste Auszahlung folgenden Leistungstermin.

Alle fälligen Beträge werden wir dem in der Annahmeerklärung genannten Konto belasten.

5. Es wird eine einmalige Abschlußvergütung von 6 % der Darlehenssumme, das sind DM 6.000,-- , erhoben. Das Darlehen wird daher zu 94 % ausgezahlt, unbeschadet der Verpflichtung, das Darlehen zu 100 % zu tilgen. Die Abschlußvergütung wird bei der ersten Auszahlung einbehalten.

Die Abschlußvergütung setzt sich zusammen aus Bearbeitungsprovision (laufzeitunabhängige Kosten der Geldbeschaffung und Bearbeitung) sowie ggf. Disagio (laufzeitabhängige, vorausbezahlte Zinsen).

Soweit die Abschlußvergütung 2 % der Darlehenssumme nicht übersteigt, stellt diese ausschließlich eine Bearbeitungsprovision dar, die bei vorzeitiger Rückzahlung des Darlehens bzw. bei Verzicht nicht - auch nicht teilweise - erstattet wird. Sofern die Abschlußvergütung mehr als 2 % beträgt, sind 2 % der Darlehenssumme die Bearbeitungsprovision, während der darüber hinausgehende Teil das Disagio für den Zeitraum der Zinsfestschreibung darstellt.

6. Ferner sind einmalige Schätzungskosten von DM 200,-- zu entrichten, die wir dem in der Annahmeerklärung genannten Konto belasten bzw. gesondert in Rechnung stellen.

7. Vom Tage der Auszahlung des ersten Teilbetrages, spätestens ab 15.05.97 bis zur vollen Inanspruchnahme des Darlehens sind Bereitstellungszinsen von 2,0 % jährlich auf den nicht ausgezahlten Teil des Darlehens zu entrichten.

8. Über den Darlehensgegenwert abzüglich der nach Ziffer 5 errechneten Abschlußvergütung kann verfügt werden, sobald uns nachstehende Unterlagen vorliegen bzw. zur Einsichtnahme vorgelegen haben:
Benachrichtigung des Grundbuchamtes über die Eintragung des Grundpfandrechtes an der vereinbarten Rangstelle

-vollstreckbare Ausfertigung der Grundschuldbestellungsurkunde

9. Bei der Finanzierung von Neubauten, Um- und Erweiterungsbauten sowie Modernisierungsmaßnahmen wird - wenn die unter Ziffer 8 genannten Unterlagen vorliegen - das Darlehen während der Bauzeit entsprechend dem Baufortschritt aufgrund eines mit uns abzustimmenden Zahlungsplanes ausgezahlt.

Die einzelnen Raten werden nach Abruf durch den Bauherrn und/oder den Architekten und nach Prüfung des Baustandes durch uns auf ein bei der Hamburger Sparkasse zu eröffnendes Baukonto überwiesen.

Die ausgezahlten Teilbeträge sind abweichend von dem in Ziffer 3 genannten Zinssatz **mit z. Z. 4,75 % jährlich zu verzinsen.** Eine Erhöhung oder Ermäßigung dieses Zinssatzes bleibt für den Fall, daß die Sparkasse für derartige Darlehen den Zinssatz allgemein ändert, vorbehalten.

Die Auszahlung der letzten 10 % des Darlehensbetrages kann erfolgen, wenn das Bauvorhaben entsprechend den eingereichten Zeichnungen und Berechnungen durchgeführt ist und uns folgende Unterlagen eingereicht sind:

Vorläufige Deckungsbestätigung für die Feuerversicherung,

Den endgültigen Feuerversicherungsschein reichen Sie uns bitte nach.

10. Es handelt sich um ein Gesamtdarlehen, bestehend aus XXXXXXXXXXXXX DM Realkredit und XXXXXXXXXX DM XXXXXXXXXXXXXXXXX nachrangigem Darlehen.

11. Soweit nicht Rechte Dritter geltend gemacht und erforderlichenfalls nachgewiesen werden, sind wir berechtigt, Sicherheiten an denjenigen zurückzugeben, der sie gestellt hat. Dies gilt auch bei mehreren Darlehensnehmern, wenn nur einer von ihnen das Darlehen ganz oder überwiegend zurückgezahlt hat. Wenn ein Bürge oder ein sonstiger Dritter uns befriedigt, können wir die Sicherheiten statt dessen auf den Bürgen oder sonstigen Dritten übertragen.

12. **Im übrigen sind die „Allgemeinen Bedingungen für Darlehen gegen Bestellung von Grundpfandrechten", von denen wir Ihnen ein Exemplar als Anlage zur Kenntnis übersenden, vereinbart.**

Bitte bestätigen Sie uns die Annahme unseres Angebotes innerhalb von 2 Wochen durch Unterzeichnung der Annahmeerklärung auf der Rückseite der beigefügten Kopie dieses Schreibens und der ggf. beigefügten Anlage(n), die wesentlicher Bestandteil dieses Darlehensvertrages ist/sind.

Mit freundlichen Grüßen

Hamburger Sparkasse

Anlagen

Die Kopie bitte unterzeichnet
zurück an die Hamburger Sparkasse

Annahmeerklärung

Ich bin/Wir sind mit den Bedingungen Ihres Darlehensangebotes einverstanden und nehme(n) das Angebot hiermit als Gesamtschuldner an.

Ich/Wir weise(n) die Hamburger Sparkasse an, das bewilligte Darlehen wie folgt zu valutieren:

An ______________________________

auf das Konto Nr.: ______________________________

bei der ______________ Bankleitzahl: ______________

Verwendungszweck: ______________________________

____

☐ Bitte zahlen Sie am ______________ .
☐ **Den Zeitpunkt der Zahlung gebe(n) ich/wir noch gesondert auf.**

Bei mehreren Darlehensnehmern sind Sie, soweit nicht bereits vorstehend eine gemeinsame Weisung erteilt ist, ermächtigt, das Darlehen auf Weisung jedes einzelnen mit Wirkung für uns alle auszuzahlen.

Ich/Wir ermächtige(n) Sie hiermit widerruflich, fällige Zahlungen von meinem/unserem Konto mittels Lastschrift einzuziehen.

Haspa Kto.-Nr.: oder bei ______________________________
(Geldinstitut)

in ______________ Bankleitzahl: ______________

Kto.-Nr.: ______________________________

Vor- und Zuname des Kontoinhabers:

Weist das Konto die erforderliche Deckung nicht auf, ist das Kreditinstitut nicht zur Einlösung verpflichtet.

______________, den ______________

____
(Unterschriften)

Vermerke der Sparkasse

Die Unterschrift des Kunden wurde in meiner Gegenwart geleistet/stimmt mit der beim

Konto Nr. ______________ hinterlegten Unterschrift überein.

Die Vertretungsbefugnis wurde mir durch ______________________ nachgewiesen.

Legitimation: ______________________

____
Stempel und Unterschrift

Anlage zum Darlehensvertrag

Darlehen Nr. 7216/123456

zwischen Jens und Gabriele Mustermann

(nachstehend: „Kunde")

und der Hamburger Sparkasse (nachstehend „Haspa") vom 22.04.97

Ergänzende Angaben und Vereinbarungen aufgrund des am 01.01.91 in Kraft getretenen Verbraucherkreditgesetzes:

1. Der Nettokreditbetrag (= auszuzahlender Kreditbetrag) beträgt

   DM 94.000,--

2. Außer den an die Haspa zu zahlenden im Darlehensvertrag näher bezeichneten Kosten sind vom Kunden auch die Kosten etwaiger Sicherheiten zu tragen. Hierbei handelt es sich gegebenenfalls um die Notar- und Gerichtskosten gem. Kostenordnung bei Bestellung grundpfandrechtlicher Sicherheiten, die Kosten der Bestellung und Prüfung sonstiger Sicherheiten und schließlich die einer etwaigen Versicherung, bezogen auf das Sicherungsgut.

   Die Kosten und Prämien der in Ziffer 4. aufgeführten Versicherung(en) – soweit im Zusammenhang mit diesem Darlehensvertrag abgeschlossen –

   ☐ betragen DM

   ☐ können zur Zeit nicht beziffert werden, sie werden zwischen dem Kunden und der jeweiligen Versicherungsgesellschaft unter Berücksichtigung der Tarife unmittelbar vereinbart und reguliert.

3. Der anfängliche effektive Jahreszins beträgt bei Verrechnung der im Darlehensvertrag genannten Abschlußvergütung/Bearbeitungskosten bzw. einmaligen Kosten – wie im einzelnen im Darlehensvertrag näher ausgeführt – auf

   5 Jahre/~~Gesamtlaufzeit~~ gemäß Preisangabenverordnung 5,79%.

   Da diesem Darlehen ein variabler Zinssatz zugrunde liegt, ist die Haspa berechtigt, solange sie hierauf nicht für einen bestimmten Zeitraum verzichtet hat, bei einer allgemeinen Änderung des Zinsniveaus für gleichartige Darlehen, insbesondere bei einer Veränderung des Geld- und Kapitalmarktzinssatzes, den vereinbarten Zinssatz mit sofortiger Wirkung zu senken oder zu erhöhen, ohne daß es einer Änderungskündigung bedarf. In diesem Zusammenhang darf die Haspa auch die Teilzahlungs-/Leistungsrate entsprechend ändern.

4. Außer den der Haspa bereits bisher gestellten bzw. im Darlehensvertrag ausdrücklich erwähnten Sicherheiten sind als weitere Sicherheiten neu zu bestellen:

5. Die Haspa kann – soweit es sich nicht um ein Darlehen gegen Grundpfandrechte und zu hierfür üblichen Bedingungen handelt – abweichend von der entsprechenden Bedingung im Darlehensvertrag diesen wegen Zahlungsverzugs nur kündigen, wenn der Kunde mit mindestens zwei aufeinanderfolgenden Teilzahlungen ganz oder teilweise und mindestens zehn vom Hundert (bei einer Laufzeit des Darlehensvertrages über 3 Jahre mit fünf vom Hundert) des Nennbetrages des Darlehens in Verzug ist und die Haspa dem Kunden erfolglos eine zweiwöchige Frist zur Zahlung des rückständigen Betrages mit der Erklärung gesetzt hat, daß sie bei Nichtzahlung innerhalb der Frist die gesamte Restschuld verlange.

Datum	Kunde	**Hamburger Sparkasse**

Grundschuld und persönliche Haftungsübernahme
mit jeweiliger Vollstreckungsklausel

Abt./Hauptfiliale: Zentrale Kreditabt.
Diktatzeichen: wo/li
Hamburg, den 22.04.97

Urkundenrolle Nr. 1725

für das Jahr 1997

Verhandelt in der Freien und Hansestadt Hamburg

Vor dem Notar Jürgen Burmehl
Notar in Hamburg
Amtssitz: Hamburg-Altona, Elbchaussee 1

erschien(en) heute Jens und Gabriele Mustermann
Organisationsweg 3
29558 Lippstadt

und erklärte(n) zu meinem Protokoll:

I. Grundschuldbestellung

1. Ich/Wir

Jens und Gabriele Mustermann
Organisationsweg 3, 29558 Lippstadt

— nachfolgend auch „Eigentümer" genannt —

bin/sind Eigentümer/Erbbauberechtigter des/der im

Grundbuch von Wandsbek

Band - Blatt 3479

eingetragenen Pfandobjekts/Pfandobjekte

2. Der Eigentümer bewilligt und beantragt, für die

Hamburger Sparkasse

Ecke Adolphsplatz/Gr. Burstah
20457 Hamburg

– nachfolgend „Haspa" genannt —

in das angegebene Grundbuch eine Grundschuld von

DM ==100.000,--

(in Worten: Deutsche Mark==einhunderttausend--)

einzutragen.

Die Grundschuld ist ab dem 22.April 1997 mit 15,0 vom Hundert jährlich verzinslich.

Die Zinsen sind ¼jährlich am letzten Tag eines jeden Kalendervierteljahres nachträglich fällig.

Die Grundschuld kann beiderseits jederzeit mit einer Frist von einem Monat gekündigt werden. Die Kündigung ist nur zum Ende eines Kalendermonats zulässig.

Sofern die Zwangsversteigerung oder Zwangsverwaltung des — bei mehreren Pfandobjekten auch nur eines — Pfandobjekts angeordnet oder hinsichtlich des Vermögens eines Eigentümers die Eröffnung des Konkurs- oder Vergleichsverfahrens beantragt wird, kann die Grundschuld fristlos gekündigt werden.

Die Erteilung eines Grundschuldbriefes ist ausgeschlossen.

Falls in dieser Urkunde mehrere Anträge enthalten sind, gelten sie nicht als einheitlicher Antrag.

Nach Erledigung des Antrages bzw. sämtlicher Anträge ist der Haspa eine unbeglaubigte Grundbuchblattabschrift auszuhändigen.

II. Schuldrechtliche Vereinbarungen

1. Abtretung von Rückgewähransprüchen

Soweit es sich bei den vor- oder gleichrangigen Rechten um Grundschulden handelt, tritt der Eigentümer sämtliche bestehenden und/oder künftig entstehenden Ansprüche auf Rückübertragung, Aufhebung, Verzicht oder Löschung dieser Grundschuld(en) sowie den Anspruch auf Aushändigung des/der Grundschuldbriefe(s) — soweit ein solcher gebildet ist — als zusätzliche Sicherheit neben der Grundschuld an die Haspa zu ihrer Rangverbesserung ab. Für den Fall einer Zwangsversteigerung tritt der Eigentümer den auf die vorrangige(n) Grundschuld(en) entfallenden Erlösanteil — soweit dieser dem Eigentümer zusteht — an die Haspa ebenfalls zur Rangverbesserung ab.

Hat der Eigentümer die vorgenannten Ansprüche bereits anderweitig abgetreten, so tritt er hiermit seine etwaigen — auch zukünftigen — Ansprüche auf Rückgewähr dieser Abtretungen an die Haspa ab.

2. Zweckerklärung

Die Grundschuld und die abgetretenen Rückgewähransprüche sichern alle — auch bedingten und befristeten — gegenwärtigen und zukünftigen Ansprüche der Haspa gegen den Eigentümer und/oder — soweit mehrere Eigentümer vorhanden sind — auch gegen einzelne von ihnen aus ihrer bankmäßigen Geschäftsverbindung. Damit sind (u.a.) insbesondere Ansprüche gemeint aus laufender Rechnung, aus Gewährung von Krediten jeder Art (einschließlich Avalen und Kreditaufträgen) und aus Wechseln. Mitgesichert sind darüber hinaus evtl. gegenwärtige und künftige gesetzliche Ansprüche im Zusammenhang mit der Geschäftsverbindung.

Ein mehreren Eigentümern gehörendes Pfandobjekt dient dabei insgesamt als Sicherheit für alle Ansprüche, für die jene — gleich aus welchem Rechtsgrund (z.B. auch als Bürge) — gemeinsam haften. Für Ansprüche nur gegen einzelne von mehreren Eigentümern dient lediglich der jeweilige Bruchteil (z.B. Miteigentumsanteil) am Pfandobjekt als Sicherheit.

3. sonstige Vereinbarungen

Zahlungen an die Haspa tilgen nicht die Grundschuld, sondern die persönlichen Forderungen der Haspa.

Im Falle der Zwangsversteigerung ist die Haspa berechtigt, die Grundschuld nur in Höhe ihrer persönlichen Forderungen geltend zu machen.

Soweit vor- oder gleichrangige Rechte bestehen, wird die Haspa hiermit unwiderruflich bevollmächtigt, Löschungsurkunden (Löschungsbewilligungen bzw. löschungsfähige Quittungen) für den Eigentümer in Empfang zu nehmen und den Löschungsantrag für diesen zu stellen.

Sämtliche Gerichts- und Notariatskosten sowie alle anderen Kosten der Erklärungen in dieser Urkunde und ihrer Ausführung trägt der Eigentümer.

Jeder Ehegatte stimmt, soweit erforderlich, der Erklärung des anderen Ehegatten zu.

III. Dingliche Vollstreckungsklausel

Wegen dieser Grundschuld nebst den einzutragenden vorerwähnten Zinsen ab dem 22. April 1997 unterwirft sich der Eigentümer der sofortigen Zwangsvollstreckung aus dieser Urkunde in das/die vorgenannte Pfandobjekt(e).

Diese Unterwerfung unter die sofortige Zwangsvollstreckung soll auch gegen den jeweiligen Eigentümer des Pfandobjekts/der Pfandobjekte gelten. Der Eigentümer bewilligt und beantragt daher die Eintragung der Unterwerfung unter die Zwangsvollstreckung bei der Grundschuld in das Grundbuch.

IV. Persönliche Haftungsübernahme und Vollstreckungsklausel

Für die Zahlung des Grundschuldbetrages und der Zinsen übernehme(n) ich/wir
Jens und Gabriele Mustermann

(als Gesamtschuldner) die persönliche Haftung. Die Haspa kann mich/uns hieraus jederzeit und ohne vorherige Zwangsvollstreckung in den belasteten Grundbesitz in Anspruch nehmen.

Ich/Wir unterwerfe(n) mich/uns wegen dieser persönlichen Haftung der sofortigen Zwangsvollstreckung aus dieser Urkunde in mein/unser gesamtes Vermögen.

V. Vollstreckbare Ausfertigung

Ich/Wir weise(n) den beurkundenden Notar hiermit unwiderruflich an, der Haspa sofort eine vollstreckbare Ausfertigung dieser Verhandlung zu erteilen, ohne daß irgendwelche Nachweise der Fälligkeit oder ähnliches vorher erbracht zu werden brauchen.

Vorgelesen, genehmigt und unterschrieben:

Wir schließen uns den Anträgen an.

Für die Kosten übernehmen wir die Haftung.

Hamburger Sparkasse

g) **Bewilligungsschreiben** = verbindliche Darlehenszusage des KI mit Angabe der Darlehensbedingungen.

h) **Annahmeerklärung** des Darlehensnehmers (Abgabe eines schriftlichen Schuldanerkenntnisses nach § 781 BGB); damit verbunden:

- Erteilung der Eintragungsbewilligung für das Grundpfandrecht
- Antrag auf Eintragung der Belastung im Grundbuch
- Hypotheken- oder Grundschuldbestellung.

i) **Darlehensauszahlung** (Valutierung): Ggf. wird zunächst der Zwischenkredit bereitgestellt. Voraussetzung ist grundsätzlich, daß die **Eintragung** des Grundpfandrechts zugunsten des KI im Grundbuch erfolgt ist.

Wegen der langen Bearbeitungszeiten der Grundbuchämter kann die Auszahlung auch auf **Notaranderkonto** erfolgen. Voraussetzung ist das Bestehen eines Notar-Treuhandauftrages (Anweisung an den Notar, die Zahlung an den Begünstigten erst dann weiterzuleiten, wenn die Eintragung des Grundpfandrechtes und ggf. des Eigentümerwechsels wie vereinbart gewährleistet ist).

Möglich ist auch die Auszahlung gegen **Notarbestätigung** = die Erklärung eines Notars, daß er die Eintragung des Grundpfandrechts als gewährleistet ansieht.

Gelegentlich zahlen KI das Darlehen bereits an den Kreditnehmer aus, wenn der Rechtspfleger beim Grundbuchamt die Eintragung verfügt hat. Bis zur Eintragung des Grundpfandrechts kann dann noch einige Zeit vergehen.

1.3.408 Beispiele

1. **Beispiel für die Berechnung des Darlehensbetrages** (Darlehensvaluta):

a) Bau- und Bodenwert:

240 000,– DM Bodenwert (1 000 m² à 240,– DM)
180 000,– DM Bauwert
420 000,– DM Bau- und Bodenwert

b) Ertragswert:

16 400,– DM Erträge p. a.
6 200,– DM Aufwendungen p. a.
10 200,– DM Reinertrag

$$Z = \frac{K \cdot i \cdot p}{100} \qquad K = \frac{Z \cdot 100}{i \cdot p}$$

$$\text{K (Kapital)} = \frac{\text{10 200 (Zinsen) DM} \times 100}{\text{1 (Jahr)} \times \text{5 (\% Zinsfuß)}} = \underline{\underline{\text{204 000,– DM}}} \text{ Ertragswert}$$

c) Beleihungswert:

420 000,– DM Bau- und Bodenwert
204 000,– DM Ertragswert

624 000,– DM /: 2
= 312 000,– DM Beleihungswert

(Der endgültige Beleihungswert ist aber letztlich von Art und Nutzung des Objektes abhängig, vgl. Abschnitt 1.3.402 f.)

Hier wird der Beleihungswert beispielsweise festgelegt mit 300 000,– DM.

d) Beleihungsgrenze: 60 % des Beleihungswertes = 180 000,– DM

e) Zwischenkredit: 85 % der Beleihungsgrenze = 153 000,– DM

f) Darlehensbetrag:

180 000,– DM Beleihungsgrenze
./. 14 400,– DM 8 % Disagio

165 600,– DM

2. **Beispiel für die Rückzahlung eines Hypothekendarlehens:**

Darlehnsbetrag 120 000,– DM

Zinssatz 5 % – jährliche Tilgungsverrechnung (siehe Abschnitt 1.3.406 e)

Tilgungsrate pro Jahr 1 %

a) **Amortisationsdarlehen**

Zinsen	Tilgung	Annuität	Darlehensverringerung	Jahr
			120 000,– DM	0
6 000,–	1 200,–	7 200,–	1 200,– DM	1
			118 800,– DM	
5 940,–	1 260,–	7 200,–	1 260,– DM	2
			117 540,– DM	
5 877,–	1 323,–	7 200,–	1 323,– DM	3
			116 217,– DM	

b) **Abzahlungsdarlehen**

Zinsen	Tilgung	Annuität	Darlehensverringerung	Jahr
			120 000,– DM	0
6 000,–	1 200,–	7 200,–	1 200,– DM	1
			118 800,– DM	
5 940,–	1 200,–	7 140,–	1 200,– DM	2
			117 600,– DM	
5 880,–	1 200,–	7 080,–	1 200,– DM	3
			116 400,– DM	

1.3.41 Kommunalkredit

a) **Wesen:**

- Vergabe i. d. R. langfristiger Kredite an Körperschaften und Anstalten des öffentlichen Rechts, insb. an Gemeinden und Gemeindeverbände (sog. „reine" Kommunaldarlehen)
- Vergabe von i. d. R. grundpfandrechtlich gesicherten Krediten an andere Kreditnehmer unter voller Gewährleistung einer Körperschaft/Anstalt des öffentlichen Rechts (sog. „kommunalverbürgte Darlehen", vgl. „Ib-Hypothekendarlehen", Abschnitt 1.3.403).

  Vgl. § 1 Nr. 2 Hypothekenbankgesetz. Im folgenden werden nur **reine** Kommunaldarlehen behandelt.
- Zweck: Finanzierung öffentlicher Aufgaben im Rahmen außerordentlicher Haushalte
- Gemeinden benötigen die Genehmigung ihrer Aufsichtsbehörde (Gesamtgenehmigung des Etats und der Haushaltssatzung genügt).

b) **Kreditgeber:**

- Sparkassen
- Landesbanken/Girozentralen
- Realkreditinstitute
- Groß- und Regionalbanken.

c) **Besicherung:**

- Haftung des Schuldners mit seinem gesamten Vermögen
- Sicherungswirkung hat besonders die **Steuerkraft** des Schuldners
- keine spezielle Kreditsicherung, insb. keine Absicherung durch Grundpfandrechte.

d) **Refinanzierung:**

- bei Sparkassen aus dem Einlagengeschäft (Begrenzung des Kommunalkreditgeschäftes durch Regionalprinzip, d. h. Beschränkung auf den von der Sparkasse betreuten Bereich, und Kontingentierung, d. h. Beschränkung auf Teile der Einlagen, i. d. R. auf 17,5 % der langfristigen und 25 % der Gesamteinlagen – in neueren Sparkassengesetzen-/Verordnungen gibt es diese Kontingentierung nicht mehr)
- bei Realkreditinstituten und Landesbanken/Girozentralen durch Ausgabe von Kommunalobligationen (vgl. Abschnitt 1.4.112).

1.3.42 Schuldscheindarlehen, Treuhandkredite und durchgeleitete Kredite

1.3.420 Schuldscheindarlehen

a) **Wesen:**

- Kreditaufnahme von privaten Unternehmen, öffentlich-rechtlichen Körperschaften und Kreditinstituten mit Sonderaufgaben (z. B. Deutsche Ausgleichsbank, Landwirtschaftliche Rentenbank, Kreditanstalt für Wiederaufbau)
- gewöhnlich mittel- bis langfristige Kreditgewährung, große Beträge (i. d. R. über eine Million DM)
- Gestaltung:
  - entweder Ausstellung eines Schuldscheins (= Beweisurkunde, kein Wertpapier, einseitige Erklärung) durch den Kreditnehmer
  - oder schuldscheinlos, stattdessen Abschluß von Darlehensverträgen
- Kreditgeber: Kapitalsammelstellen (Versicherungen; Sparkassen, Landesbanken/ Girozentralen, Großbanken)
- KI sind grundsätzlich lediglich als **Vermittler** tätig, treten rechtlich jedoch als primärer Kreditgeber auf
- teilweise auch Vergabe durch die KI, ohne daß sich diese bei anderen Kapitalsammelstellen refinanzieren.

b) **Abwicklung:**

- Darlehensvertrag zwischen Kreditnehmer und KI und/oder Ausstellung eines Schuldscheins durch den Kreditnehmer (selten)
- Plazierung des Kredites an Kapitalsammelstellen durch
  - Darlehensverträge zwischen KI und Kapitalsammelstelle(n)
  - Teilabtretung der Forderung gegen den Kreditnehmer an den/die sekundären Kreditgeber
- Tilgung erfolgt über das KI.

c) **Besicherung:** durch Grundschulden oder Bürgschaften öffentlich-rechtlicher Körperschaften; auf diese Weise wird diese Form der Kapitalanlage für Versicherungsgesellschaften möglich, da **deckungsstockfähig** (vgl. 1.4.103 d). Darüber hinaus gibt es auch die Darlehensgewährung ohne Besicherung (blanko).

d) **Bedeutung:**

- für den Kapitalgeber:
  - sichere und verhältnismäßig liquide Kapitalanlage (auch für KI, wenn keine sekundären Kreditgeber eingeschaltet werden)
  - u. U. höhere Rendite als bei Anlage z. B. in Industrieobligationen

- für den Vermittler (KI):
  - entweder reine Vermittlungsfunktion ohne Obligo, d. h. Erzielung eines Ertrages (Vermittlungsprovision) ohne Risiko und ohne Einsatz eigener Mittel (heute selten)
  - oder: der Vermittler tritt auf sein Obligo als Kreditgeber auf, d. h. Erzielung eines Ertrages (Vermittlungsprovision) unter Eingehung eines Risikos, aber ohne Einsatz eigener Mittel
  - oder: das KI tritt als Kapitalgeber auf, sekundäre Kreditgeber werden nicht eingeschaltet, d. h. Einsatz eigener Mittel des KI mit vollem Risiko
  - Bilanzausweis: Forderungen an Kunden
- für den Kreditnehmer:
  - geringere Kosten als bei Finanzierung durch Ausgabe von Schuldverschreibungen (Emissionskosten)
  - weitgehend individuelle Gestaltungsmöglichkeiten
  - einfache und schnelle Abwicklung
  - feste Zinssätze über die vereinbarte Laufzeit

e) BEISPIEL:

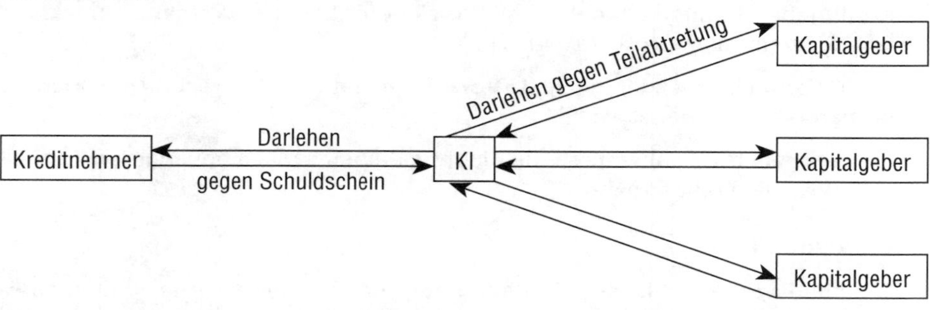

Kann das vermittelnde KI nicht den gesamten Betrag placieren, d. h. auf Kapitalgeber verteilen, so gibt es Teile „in Pension" d. h. es überträgt Anteile an dem Schuldschein (bzw. der Forderung) auf andere mit der Maßgabe, die Anteile zu einem vorher bestimmten Zeitpunkt und einem vereinbarten Preis zurückerwerben zu können; ein dabei auftretender Differenzbetrag stellt praktisch die Verzinsung für diese Anlage dar. Partner der Anlage sind insbes. andere KI.

1.3.421 Treuhandkredite (Durchlaufende Kredite)

a) **Wesen:**

- gezielte Förderung bestimmter Wirtschaftszweige durch den Staat aus Kreditprogrammen; gefördert werden z. B.
  - Unternehmen in den neuen Bundesländern
  - Unternehmen des Mittelstandes
  - Unternehmen bestimmter grundsätzlich oder je nach Wirtschaftslage förderungsbedürftiger und (aus gesamtwirtschaftlicher Sicht) förderungswürdiger Branchen (z. B. Handwerk, Schiffbau, Bauwirtschaft)

- gezielte Anlage von Mitteln durch Kapitalsammelstellen
- **Kreditinstitute** treten ausschließlich als **Vermittler** ohne jede Haftung auf, erhalten eine geringe Bearbeitungsgebühr
- Bilanzierung: auf Aktiv- und Passivseite der Bankbilanz in gleicher Höhe als „Durchlaufende Kredite".

b) **Arten:**

- nach dem Zweck:
  - Treuhandkredite zur wirtschaftlichen Förderung
  - Treuhandkredite zur Kapitalanlage
- nach der Art der Gewährung:
  - in eigenem Namen (des vermittelnden KI) gewährte Treuhandkredite
  - in fremdem Namen (des Treugebers) gewährte Treuhandkredite

c) **Kapitalgeber:** vorwiegend Bund und Bundesländer über Kreditanstalt für Wiederaufbau und Deutsche Ausgleichsbank.

d) **Durchgeleitete Kredite:** Treuhandkredite, bei denen die Hausbanken die Kreditmittel mit **eigenem Kreditrisiko** an den Kreditnehmer weiterleiten.

1.4 Anlage in Wertpapieren/ Wertpapiergeschäft

1.4.0 Grundlagen

1.4.00 Das Wertpapier

1.4.000 Wesen des Wertpapiers

a) **Definition:**

Ein Wertpapier ist eine Urkunde, die ein privates Vermögensrecht verbrieft, wobei zur Ausübung dieses Rechtes der Besitz des Papiers erforderlich ist. „Das Recht aus dem Papier folgt dem Recht am Papier."

b) **Abgrenzung:**

- **Beweisurkunden** und Beweiszeichen dienen dazu, dem Inhaber die Beweisbarkeit eines ihm zustehenden Rechts zu erleichtern, eine Wirkung, die alle Urkunden haben. Das Recht kann auch ohne Vorlage der Urkunde geltend gemacht werden (vgl. § 371 S. 2 BGB), „das Recht am Papier folgt dem Recht aus dem Papier" (§ 952 BGB). Beispiele: Schuldschein (§ 371 BGB), Frachtbrief (§ 426 HGB), notarieller Kaufvertrag (§ 313 BGB)
- **Legitimationspapiere** berechtigen bei Vorlage den Schuldner, an jeden Inhaber mit schuldbefreiender Wirkung ohne notwendige Nachprüfung der Berechtigung leisten zu dürfen (sog. Liberationswirkung); nur der wirklich Berechtigte darf die Leistung verlangen (i. ü. vgl. Beweisurkunden). Beispiele: Gepäckschein (§ 29 EVO), Quittung (§ 370 BGB), Garderobenmarke.
- **Wertpapiere** hingegen müssen stets vorgelegt werden (**Vorlegungspapiere**); der Schuldner hat Anspruch auf Aushändigung der Urkunde gegen seine Leistung (**Einlösungspapier**).

c) **Entstehung** von Wertpapierverbindlichkeiten: nach der sog. Rechtsscheinstheorie sind erforderlich

- Ausstellung des Papiers (einseitiges nicht empfangsbedürftiges Schuldversprechen)
- Abschluß eines sog. Begebungsvertrages, durch den der Erwerber Eigentümer des Papiers wird
- fehlt ein Begebungsvertrag, ist aber durch Wertpapierausfertigung für gutgläubige Dritte der Anschein gegeben, als läge dieser Vertrag vor, so wird er fingiert, d. h. als bestehend angenommen.

Wirkung: wird ein Wertpapier rechtswirksam ausgefertigt, vom ersten Erwerber jedoch unrechtmäßig erlangt (z. B. bei Täuschung, Drohung, Wucher, fehlender Geschäftsfähigkeit usw.), so betrifft dies zwar ihn, nicht jedoch einen Dritten, der vom

Ersterwerber gutgläubig das Papier erworben hat, und alle weiteren Erwerber (Ausnahme: wenn bereits bei Ausstellung des Papiers Geschäftsunfähigkeit, Zwang, Fälschung o.ä. vorlag).

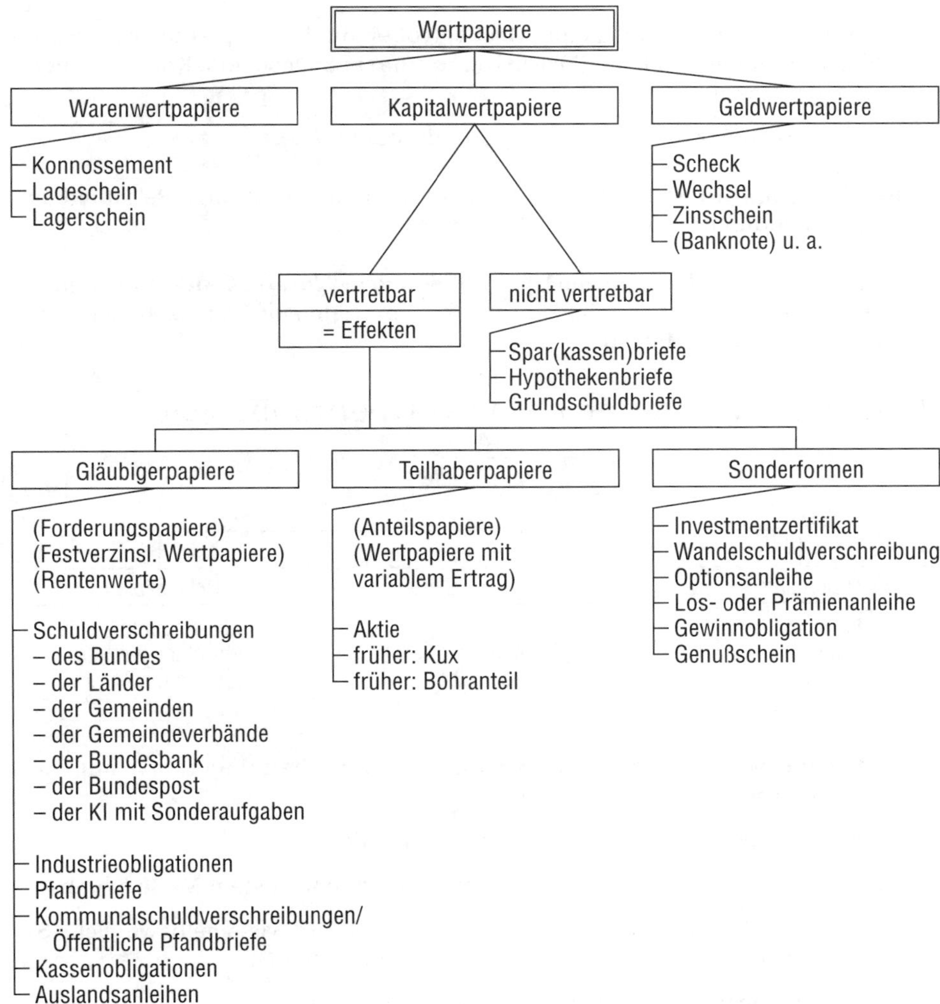

1.4.001 Wertpapierarten nach verbrieftem Recht

Wertpapiere können verbriefen

- Forderungsrechte (Schuldrechte)
- Mitgliedschaftsrechte (Anteilsrechte)
- Sachenrechte (dingliche Rechte).

a) **Forderungspapiere** verbriefen Geld- oder Warenforderungen: z. B. Scheck, Wechsel, Schuldverschreibung, Lagerschein, Konnossement.

b) **Sachenrechtliche** Wertpapiere verbriefen

- Ansprüche auf Herausgabe einer Sache, wobei mit dem Papier über die Sache selbst verfügt werden kann (**Traditionspapiere:** Ladeschein, Konnossement, Orderlagerschein)
- dingliche Rechte (z. B. Hypotheken-, Grundschuldbriefe).

c) **Mitgliedspapiere** verbriefen die Mitgliedschaft an juristischen Personen und die damit verbundenen Rechte (z. B. Aktie).

d) Hieraus ergibt sich die mögliche Unterscheidung in **Waren-, Geld- und Kapitalwertpapiere**. Waren- und Geldwertpapiere verbriefen im Gegensatz zu Kapitalwertpapieren keinen Ertrag.

1.4.002 Wertpapierarten nach der Übertragbarkeit

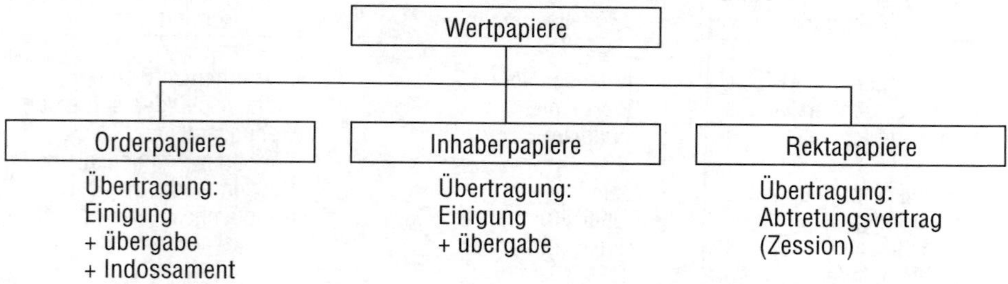

a) **Inhaberpapiere** lauten auf den jeweiligen Inhaber (Überbringer) bzw. auf überhaupt keinen bestimmten Berechtigten:

- der bloße **Besitz** des Papiers reicht zur Legitimation aus
- die Umlauffähigkeit ist daher bei Inhaberpapieren in höchstem Maße gegeben
- das Recht wird mit dem Papier übertragen; dieses wird wie eine bewegliche Sache behandelt und entsprechend übereignet (§§ 929 ff. BGB)
- die Gutglaubensvorschriften des BGB gelten (§§ 932 ff.).

Inhaberpapiere sind u. a.

- Überbringerscheck
- Inhaberaktie
- Inhaberschuldverschreibung

b) **Orderpapiere** lauten auf eine bestimmte Person oder deren „Order": d. h. diese Person ist berechtigt, die im Papier versprochene Leistung an einen anderen zu „ordern" durch Übertragungsvermerk auf der Rückseite („in dosso") = **Indossament**; daraus folgt:

- die Legitimation erfolgt durch lückenlose Indossamentenkette
- das Recht wird mit dem Papier übertragen; dieses ist zu indossieren
- gutgläubiger Erwerb ist möglich z. B. nach Art. 16 II, 17 WG.

Man unterscheidet:

- **geborene Orderpapiere:** Orderklausel ist nicht erforderlich, das Papier ist von Entstehung an Orderpapier
  - Scheck
  - Wechsel
  - Namensaktie
  - Namensinvestmentzertifikat
- **gekorene Orderpapiere:** grundsätzlich Rektapapiere, die erst durch Orderklausel „an Order" o.ä. zu Orderpapieren gemacht („gekürt") werden (vgl. z. B. § 363 HGB):
  - Konnossement
  - Ladeschein
  - Orderlagerschein
  - Orderschuldverschreibungen von Kaufleuten, des Bundes, der Länder oder anderen Emittenten
  - Ordertransportversicherungspolice
  - kfm. Anweisungen
  - kfm. Verpflichtungsscheine.

c) **Rektapapiere** lauten auf eine bestimmte Person: an diese ist die versprochene Leistung „rekta" = direkt zu erbringen. Das verbriefte Recht steht im Vordergrund: „Das Recht am Papier folgt dem Recht aus dem Papier", d. h. die Übertragung des Rechts erfolgt nicht sachenrechtlich durch Übereignung des Papiers, sondern schuldrechtlich durch **Abtretung** (Zession) der Forderung; damit hat der neue Berechtigte automatisch einen Anspruch auf Aushändigung der Urkunde. Gutgläubigen Forderungserwerb über die Urkunde gibt es hier nicht. Daher wird das Rektapapier zu den Wertpapieren im weiteren Sinn gerechnet oder sogar als „unechtes" Wertpapier bezeichnet.

Rektapapiere sind

- **geborene** Rektapapiere (Rektaklausel nicht notwendig):
  - Namenslagerschein
  - Hypotheken- oder Grundschuldbrief (letzterer kann auch auf den Inhaber lautend ausgestellt werden)
  - Konnossement, Ladeschein, Lagerschein ohne Orderklausel
  - qualifizierte Legitimationspapiere, d. h. Spar(kassen)buch, Pfandschein, Depotschein und Versicherungspolice (Besonderheit: Liberationswirkung, d. h. schuldbefreiende Leistung durch Schuldner an Inhaber möglich)
  - Spar(kassen)brief
- **gekorene** Rektapapiere:
  - geborene Orderpapiere, die mit der negativen Orderklausel (Rektaklausel) „nicht an Order" versehen werden
  - Inhaberpapiere, die nachträglich auf bestimmten Namen umgeschrieben werden.

1.4.01 Begriff und Bedeutung der Effekten

a) **Wesen:** Effekten sind **vertretbare Kapitalwertpapiere**, d. h. sie werden behandelt als bewegliche Sachen, die im Verkehr nach Zahl (oder Maß, Gewicht) bestimmt zu werden pflegen (§ 91 BGB).

Effekten können demnach untereinander ausgetauscht werden, wenn sie zu derselben **Art** (z. B. Aktie) und **Gattung** (z. B. Aktie des Volkswagenwerks) gehören und den gleichen Nennwert bzw. die gleiche Stückelung haben.

Die Vertretbarkeit von Effekten kann durchbrochen werden z. B. bei Schuldverschreibungen, die durch eine bestimmte Nummer gekennzeichnet sind, um bei teilweiser Rückzahlung des Emittenten durch Auslosung genau bestimmt werden zu können.

b) **Bedeutung:**

- Effekten verbriefen Vermögenswerte
- die verbrieften Werte können leicht bewertet werden (insbes. durch Ermittlung von Kursen = Preisen)
- die in den Papieren verbrieften Rechte können leicht übertragen werden, insbesondere, wenn es sich um Inhaberpapiere handelt.

c) **Besonderheit:** zu den Effekten (=„effektive", d. h. tatsächlich vorhandene, verbriefte Werte) gehören auch die **Wertrechte** = Rechte, die zwar üblicherweise in **Wertpapieren** verbrieft werden, in diesem Fall jedoch **buchmäßig**, d. h. ohne Ausgabe effektiver Urkunden erfaßt sind; dabei handelt es sich also um **brieflose Wertpapiere** = Buchforderungen, insbes. Schuldbuchforderungen (siehe dort). Merkmale:

- Stückelosigkeit
- Börsenfähigkeit, d. h. Behandlung wie Wertpapiere
- vereinfachte Verwaltung und Ausgabe
- keine Druckkosten, keine Verwahrung erforderlich.

d) **Form** von Effekten:

- **Mantel:** verbrieft das eigentliche Vermögensrecht
- **Bogen:** enthält
  - Zinsscheine (bei Gläubigereffekten)
  - Dividendenscheine (bei Anteilspapieren)
  - Ertragsscheine (bei Investment-Anteilen)
  - Talon = Erneuerungsschein zum Bezug neuer Bogen, wenn die bisherigen Bogen verbraucht sind; = Legitimationspapier.

Zins- und Dividendenscheine sowie Ertragsscheine gehören selbst zu den Geldwertpapieren.

Format von Effekten: DIN-A 4,

- bei Gläubigerpapieren und Vorzugsaktien Hochformat
- bei Stammaktien und Investmentzertifikaten Querformat.

Dividendenscheine können bei Ausgabe neuer Aktien zu **Bezugsscheinen** erklärt werden, die dann das Recht des „Altaktionärs" auf Bezug junger Aktien verbriefen.

Ohne Bogen werden ausgegeben:

- Schatzwechsel
- unverzinsliche Schatzanweisungen.

e) **Bankpraxis:** die in Kreditinstituten oft verwandten Ausdrücke „Wertpapier" und „Wertpapiergeschäft" beziehen sich auf Effekten und das Geschäft mit ihnen, also mit vertretbaren Kapitalwertpapieren.

1.4.1 Gläubigerpapiere

1.4.10 Grundbegriffe

1.4.100 Wesen

a) **Definition:** Gläubigerpapiere = vertretbare Kapitalwertpapiere, die Forderungsrechte gegen in der Regel feste **Zins**zahlungen verbriefen. Folgende Begriffe werden verwendet:

- Forderungspapiere
- Festverzinsliche Wertpapiere
- Wertpapiere mit festem Ertrag
- Obligationen
- Schuldverschreibungen
- Anleihen
- Rentenwerte.

Diese Begriffe beinhalten zum Teil gewisse Unterschiede, ohne daß diese im Sprachgebrauch klar zum Ausdruck kommen: alle Begriffe werden gleichwertig zueinander gebraucht.

Gläubigerpapiere werden ausgegeben zur Beschaffung **kurz-, mittel- und langfristiger Finanzierungsmittel**.

b) **Inhalt** des Papiers:

- Anspruch auf Rückzahlung mindestens zum Nennwert
- Anspruch auf Zinszahlung.

c) **Aussteller:**

- Bankschuldverschreibungen
  - Aussteller: u.a. Hypothekenbanken, Realkreditinstitute, Banken, Landesbanken, Sparkassen

- z. B.: Bankschuldverschreibungen, Sparkassenobligationen, Pfandbriefe und Kommunalobligationen
- ca. 54 % der 1994 umlaufenden deutschen Rentenwerte

▪ Emissionen der öffentlichen Hand
- Aussteller: Bund und seine Sondervermögen, Länder, Gemeinden
- z. B.: Bundesanleihen, Bundesobligationen, Bundesschatzbriefe, Finanzierungsschätze
- ca. 46 % der 1994 umlaufenden deutschen Rentenwerte

▪ Industrieobligationen
- Aussteller: private Emittenten
- z. B.: Industrieobligationen
- weniger als 1 % Anteil an den 1994 umlaufenden deutschen Rentenwerten

d) **Ausgabe:** Aufteilung der Gesamtanleihe in **einzelne Stücke**, die als Teilschuldverschreibungen über unterschiedliche, vor allem niedrige Nennwerte lauten. Grund: Ansprechen breiter Anlegerkreise.

Die Ausgabe erfolgt zu den jeweiligen Kapitalmarktbedingungen

▪ hinsichtlich des Zinssatzes

▪ hinsichtlich des Ausgabekurses, der gewöhnlich **unter pari**, d. h. unter dem Nennwert liegt (z. B. 98 %).

Der Kurs wird in Prozent des Nennwertes ausgedrückt.

e) **Genehmigungspflicht:** Die §§ 795 und 808a BGB wurden 1990 aufgehoben. Früher durfte die Ausgabe von Inhaber- und Orderschuldverschreibungen, in denen die Zahlung einer bestimmten Geldsumme versprochen wird, nur mit staatlicher Genehmigung erfolgen. Zielsetzung: Schutz der deutschen Währung vor zu vielen geldähnlichen Papieren.

1.4.101 Verzinsung und Besicherung

a) Die **Verzinsung** von Gläubigerpapieren erfolgt

▪ über einen festen, auf dem Mantel aufgedruckten Jahreszinssatz

▪ durch halbjährliche oder jährliche Zinszahlungen.

Diese Art der Zinszahlung hat den Gläubigerpapieren den Namen „Festverzinsliche" eingebracht. Man muß jedoch berücksichtigen, daß es heute auch Gläubigerpapiere folgender Art gibt:

▪ mit **variablem** (veränderlichem) Zinssatz, der in bestimmten Zeitabständen dem gültigen Zinsniveau angepaßt wird

▪ mit **Abzinsung,** d. h. Verkauf der Anleihe zu einem Ausgabekurs unter dem Nennwert (abhängig von der Laufzeit) und Tilgung am Ende der Laufzeit zum Nennwert (sog. Zerobonds oder Nullkupon-Anleihen, vgl. Abschnitt 1.4.116)

▪ mit **Aufzinsung,** d. h. der Jahreszinsertrag wird nicht sofort ausgeschüttet, sondern dem Kapital zugeschlagen und weiter verzinst (Zinseszinseffekt); am

Ende der Laufzeit Auszahlung von Kapital und Gesamt-Zinsertrag (z. B. Bundesschatzbrief Typ B)

- mit **Kombizins,** d. h. Kombination einer Nullkupon-Anleihe mit einer Hochkuppen-Anleihe (vgl. Abschnitt 1.4.117)
- mit **Stufenverzinsung,** d. h. ein anfänglich relativ niedriger Zins steigt innerhalb der Laufzeit stufenartig bis zu einem relativ hohen Zins an (z. B. Bundesschatzbrief, Stufenzinsanleihe – vgl. Abschnitt 1.4.117).

Zinstermine bei halbjährlicher Zinszahlung:

J/J = 2. Januar + 1. Juli
F/A = 1. Februar + 1. August
M/S = 1. März + 1. September
A/O = 1. April + 1. Oktober
M/N = 2. Mai + 1. November
J/D = 1. Juni + 1. Dezember.

Auszahlung erfolgt gegen Einreichung des betreffenden Zinsscheins für das vergangene Halbjahr.

Bei Wechsel des Wertpapier-Eigentümers werden anteilige **Stückzinsen** für die Zeit berechnet, die seit dem letzten Zinstermin vergangen ist, und dem Verkäufer vergütet. Der Zinsschein wird mit dem Wertpapier dem Käufer überlassen, so daß dieser die vollen Zinsen für den letzten Zinszeitraum erhält; davon ist der Verkäuferanteil abzuziehen.

Zwei Geschäftstage vor dem nächsten Zinstermin wird der betreffende Zinsschein getrennt. Erfolgt jetzt der Verkauf des Papiers, erhält der Verkäufer über den Zinsschein den vollen Zins; vom Kaufpreis wird ein entsprechender Anteil des Käufers zu dessen Gunsten abgezogen (Minuszinsen).

Defektivzinsen: Kauft der Kunde ein festverzinsliches Wertpapier vor Beginn des ersten Zinszahlungszeitraumes, so werden die Zinsen vom Tag des Erwerbs bis zum Beginn des ersten Zinszahlungszeitraumes vorab vergütet und vom Kaufpreis abgezogen; sogenannte Defektivzinsen. Diese zu vergütenden Zinsen unterliegen auch der Einkommensteuer und dem Zinsabschlag.

b) **Konversion** ist die Änderung der **Ausstattung** einer Anleihe, insbes. Änderung des Zinssatzes (selten: Änderung der Laufzeit oder der Rückzahlungsbedingungen). Durchführung:

- Einzug der Wertpapiere, Überstempelung des alten Zinssatzes mit dem neuen Satz (selten)
- Kündigung der alten Anleihe und Neuemission (i. d. R.).

Grund: Änderung der Verhältnisse auf dem Kapitalmarkt für vergleichbare Papiere. Der Gläubiger hat bei Konversionsangeboten die Wahl zwischen der veränderten Ausstattung und der Rückzahlung.

Zwangskonversion, d. h. Zwangstausch alter gegen neue Stücke, kann dem Anleger bei öffentlichen Anleihen auferlegt werden.

Eine besondere Form der Konversion ist die **Arrosion**: Heraufsetzung des Zinssatzes bei öffentlicher Anleihe gegen

September 10% Schuldverschreibung von 1974 Serie 7 DM 1000,-

DEUTSCHE BANK
AKTIENGESELLSCHAFT

DM 1000,- Nr.

10% Inhaber-
Teilschuldverschreibung

über Eintausend Deutsche Mark

DM 1000

der 10% Deutsche Mark-Schuldverschreibung
von 1974 Serie 7 im Gesamtnennbetrag
von fünfzig Millionen Deutsche Mark.

Wir verpflichten uns, dem Inhaber dieser
Teilschuldverschreibung gemäß den umstehenden
Bedingungen den Betrag von
eintausend Deutsche Mark mit 10% jährlich
zu verzinsen und die Teilschuldverschreibung
bei Fälligkeit bedingungsgemäß einzulösen.

Frankfurt am Main, im September 1974

DEUTSCHE BANK
AKTIENGESELLSCHAFT

Kontrollunterschrift

- Verzicht des Gläubigers auf einen Teil seines Anspruches oder
- Zuzahlung des Gläubigers und
- Hinausschieben des/der Rückzahlungstermine.

c) **Besicherung** von Gläubigerpapieren: durch

- Eintragung einer **Gesamtsicherungshypothek** oder -grundschuld zu Lasten des Schuldners, meist zugunsten der Emissionsbank
- Haftung des Gesamtvermögens des Schuldners für die Anleihe (bei öffentlichen Anleihen tritt die Steuerkraft des Emittenten hinzu)
- **Negativklausel** (Negativerklärung): = Verpflichtung des Schuldners, während der Laufzeit der Anleihe keine weitere Anleihe aufzunehmen bzw. künftige Anleihen nicht auf Kosten dieser Emission oder günstiger zu besichern
- **Garantie** oder **Bürgschaft** eines Dritten (meist Bund oder Land) für Kapital zuzüglich Zinsen und Kosten, gewöhnlich gegenüber der Emissionsbank
- Hypothekenbanken: Bildung einer besonderen Hypotheken-Deckungsmasse für ausgegebene Pfandbriefe (siehe dort)
- andere KI: Emittenten haften mit ihrem gesamten Vermögen.

1.4.102 Rückzahlung von Anleihen

Die Rückzahlung von Gläubigerpapieren erfolgt zu den in den Ausgabebedingungen festgelegten Konditionen (mindestens zu **pari**, d. h. zum Nennwert, oder über pari) und Terminen.

Arten:

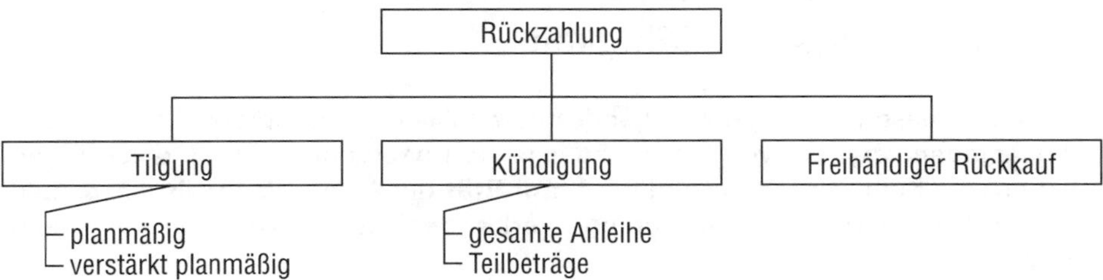

a) **Planmäßige Tilgung:**

- Einhaltung einer tilgungsfreien Zeit
- danach Tilgung in einer Summe oder Auslosung von Jahresraten zur Rückzahlung (heute selten):
  - gleichbleibende Raten
  - steigende Raten (ein bestimmter jährlich gleichbleibender Kapitalbetrag wird für Zinszahlung und Tilgung verwandt; da die Gesamtzinsen sinken, steigt die Tilgungsrate)
  - fallende Raten (selten)

b) **verstärkt planmäßige Tilgung:**

- Erweiterung der planmäßigen Tilgung durch Auslosung weiterer Raten
- möglich: Anrechnung der zusätzlichen Raten auf künftige (planmäßige) Rückzahlungsbeträge
- Bedeutung: damit ist weitgehende Anpassung der jährlichen Tilgungsbelastung an die jeweilige Liquiditätslage möglich:
  - bei ausreichender Liquidität: zusätzliche Rückzahlungen
  - bei Liquiditätsknappheit: Anrechnung dieser Beträge

c) **Kündigung** (heute ist die Kündigung durch den Schuldner oft ausgeschlossen):

- der gesamten Anleihe nach Ablauf einer kündigungsfreien Zeit (meist 5 Jahre)
- von Teilbeträgen (ebenfalls nach kündigungsfreier Zeit) unter Beachtung einer meist sechsmonatigen Kündigungsfrist zu den jeweiligen Zinsterminen.

d) **Freihändiger Rückkauf** der Papiere an der Börse (soweit der Schuldner sich diese Möglichkeit in den Ausgabebedingungen vorbehalten hat): wenn der Kurswert zuzüglich der Ankaufsspesen niedriger ist als der Rückzahlungspreis, ist für den Schuldner z. T. erhebliche Kostenersparnis möglich.

Allerdings führen umfangreichere Rückkäufe an der Börse schnell zu Kurssteigerungen (durch Erhöhung der Nachfrage) und machen diese Möglichkeit für den Schuldner erneut hinfällig.

e) Wenn die Rückzahlung in Teilbeträgen erfolgt, werden die hiervon betroffenen Papiere durch Auslosung bestimmt. Zu diesem Zweck ist jedes Papier mit Kennziffern und Buchstaben (Serien, Gruppen usw.) versehen.

1.4.103 Mündelsicherheit, Lombardfähigkeit, Deckungsstockfähigkeit

a) **Wesen:** = besondere Eigenschaften festverzinslicher Wertpapiere, die sie für spezielle Anlagen bzw. Verwendungsmöglichkeiten geeignet machen; diese Eigenschaften sind Kennzeichen besonderer **Liquidität** der Anlage, **Bonität** des Schuldners und **Sicherheit** der Wertpapiere, verbunden oft mit (zum Teil nur wenig) geringerer Rentabilität.

b) **Mündelsicherheit:**

= Eignung zu Anlage von Mündelgeld (d. h. vom Vormundschaftsgericht treuhänderisch für Mündel verwahrtes Geld)

- geeignet sind Schuldverschreibungen, bei denen
  - der Schuldner besonders zahlungsfähig ist (d. h. Anleihen des Bundes, der Länder)
  - von zahlungsfähigen Dritten (Bund, Land) Bürgschaft oder Garantie übernommen wurde
  - die Bundesregierung mit Zustimmung des Bundesrats die Mündelsicherheit erklärt hat (Pfandbriefe sowie Wertpapiere kommunaler Körperschaften und deren Kreditinstituten).

Sonstige mündelsichere Anlagemöglichkeiten (gemäß § 1807 BGB):

- durch sichere Grundpfandrechte im Inland besicherte Forderungen
- Bundes- oder Landesschuldbuchforderungen
- Spareinlagen bei inländischen öffentlichen Sparkassen, die zur Mündelgeldanlage für geeignet erklärt sind.

c) **Lombardfähigkeit**

= Eignung von Wertpapieren zur Besicherung eines Lombardkredites der Deutschen Bundesbank

- geeignet sind die im Lombardverzeichnis („Verzeichnis der bei der Deutschen Bundesbank beleihbaren Wertpapiere") enthaltenen festverzinslichen Papiere
- die Lombardfähigkeit kann insbes. neuen Papieren auf Antrag verliehen werden.

d) **Deckungsstockfähigkeit**

= Eignung von Wertpapieren zur Anschaffung durch Lebensversicherungsgesellschaften aus Mitteln des sog. Deckungsstocks

- Deckungsstock (Prämienreservefonds) = Summe aller letztlich aus Prämienzahlungen der Versicherungsnehmer entstandenen Kapitalien, die bei Lebensversicherungsgesellschaften zur Deckung von Versicherungsansprüchen bestimmt sind
- geeignet sind
  - alle mündelsicheren Papiere
  - weitere festverzinsliche Wertpapiere, die vom Bundesaufsichtsamt für das Versicherungs- und Bausparwesen für deckungsstockfähig erklärt wurden
  - Investment- und Immobilienzertifikate
  - Aktien, sofern sie voll eingezahlt und an einer inländischen Börse in den amtlichen Handel oder den geregelten Markt eingeführt sind.

1.4.11 Einzelne Gläubigerpapiere

1.4.110 Öffentliche Schuldformen

a) **Emittenten:**

- Bund
- Länder
- Gemeinden/Städte/Gemeindeverbände
- öffentlich-rechtliche Kreditintitute mit Sonderaufgaben
- Sondervermögen des Bundes: Erblastentilgungsfonds (ELF), Bundeseisenbahnvermögen (BEV), ERP-Sondervermögen, Entschädigungsfonds, Fonds „Deutsche Einheit" sowie bis 1993 Deutsche Bundesbahn (DB) und Deutsche Reichs-

bahn (DR) bzw. bis 1994 Deutsche Bundespost (DBP), Treuhandanstalt (THA) und Kreditabwicklungsfonds (KAF)

- Ausgleichsfonds Währungsumstellung (Anstalt des öffentlichen Rechts)

b) **Bedeutung:** Beschaffung von kurz-, mittel- und langfristigem Kapital

- zur Finanzierung öffentlicher Aufgaben im Rahmen außerordentlicher Haushalte
- zur Finanzierung von Investitionen der Sondervermögen des Bundes
- zur Finanzierung der besonderen Aufgaben von öffentlich-rechtlichen Spezialkreditinstituten, z. B. Kreditanstalt für Wiederaufbau (KfW), Deutsche Ausgleichsbank, Deutsche Bau- und Bodenbank AG, Deutsche Verkehrs-Bank AG (DV-Bank) u.a.m.

c) **Besicherung:**

- meist keine besonderen Sicherheiten: es haftet vor allem die Steuerkraft des Schuldners sowie sein sonstiges Vermögen
- u. U. Bürgschaft/Garantie des Bundes oder der Länder
- Bund haftet für Verbindlichkeiten seiner Sondervermögen
- für Verbindlichkeit der ehemaligen Sondervermögen haftet der Bund auch weiterhin direkt oder indirekt über die Rechtsnachfolger der Sondervermögen.

d) **Schuldformen:** Die öffentliche Hand verschuldet sich in Form der

- Verbuchung des Gläubigeranspruches in einem Bundes- oder Landesschuldbuch (Schuldbuchforderungen, s. u. 1.4.111)
- Verbriefung des Gläubigerrechts (Wertpapiere, öffentliche Gläubigerpapiere im eigentlichen Sinne; heute: nur noch selten)

Folgende Arten lassen sich unterscheiden: (vgl. Übersicht)

- **Bundesschatzbriefe** sind (entgegen der Bezeichnung) Schuldbuchforderungen. Merkmale:
  - Daueremission, die seit 1969 der Vermögensbildung breiter Bevölkerungskreise dienen soll
  - freihändiger Verkauf, gebühren- und spesenfei
  - Erwerb nur durch natürliche Personen und gebietsansässige Einrichtungen, die gemeinnützigen, mildtätigen und kirchlichen Zwecken dienen, kein Erwerb durch KI oder durch Gebietsfremde
  - keine Börseneinführung
  - jederzeit Rückgabe zu 100 % zuzüglich Zinsen, jedoch frühestens nach einem Jahr Laufzeit und nur bis zu 10 000 DM je Gläubiger innerhalb von 30 Zinstagen
  - Arten:
    - Typ A: jährliche Zinszahlung, 6 Jahre Laufzeit, Mindestanlage 100,– DM
    - Typ B: Zinsansammlung (Aufzinsung); Zinseszinsen; 7 Jahre Laufzeit, Mindestanlage 100,– DM

- i. d. R. jährlich steigende Zinsen sollen Anleger anreizen zum Halten bis zur Endfälligkeit

Finanzierungsschätze des Bundes werden als Diskontpapiere emittiert
- Zinsertrag ist die Differenz zwischen Ausgabekurs und Nennwert (Abzinsung)
- Daueremission ohne vorzeitige Rückgabemöglichkeit
- keine Börseneinführung
- erwerbsberechtigt ist jedermann mit Ausnahme von KI
- Mindestanlagebetrag 1 000 DM – höchstens 500 000 DM je Person und Geschäftstag
- Laufzeiten: ca. 12 und ca. 24 Monate

Bundesobligationen:
- Daueremission des Bundes, in Serien ausgegeben
- seit 1979 zur Förderung der Eigentums- und Vermögensbildung in allen Bevölkerungsschichten und zur Öffnung einer weiteren Finanzierungsquelle des Bundes
- Laufzeit 5 Jahre, von Schuldner und Gläubiger unkündbar
- fester Nominalzins und variabler Ausgabekurs
- freihändiger Verkauf der laufenden Serie, bis die Marktlage einen anderen Nominalzins erfordert, längstens jedoch für 3 Monate
- Ersterwerb nur durch natürliche Personen und gebietsansässige Einrichtungen, die gemeinnützigen, mildtätigen und kirchlichen Zwecken dienen (ab Börsenhandel Erwerb durch jedermann)
- ein Teilbetrag der jeweiligen Serie wird im Tenderverfahren untergebracht – nach Abschluß des freihändigen Verkaufs (seit August 1995)
- Erst-Erwerb gebühren- und spesenfrei
- Börseneinführung zum amtlichen Handel
- kleinste Stückelung: 100 DM
- nur Buchrechte (Schuldbuchforderungen)

Kassenobligationen:
- mittelfristige verzinsliche Schatzanweisungen, entsprechend ihrer Laufzeit zwischen Geld- und Kapitalmarkt angesiedelt
- Laufzeit 3 bis 6 Jahre

Bundesanleihen:
- Einmalemission des Bundes und seiner Sondervermögen
- seit 1952 in unregelmäßigen Abständen mehrmals im Jahr aufgelegt
- Laufzeit i. d. R. 10 Jahre, jedoch auch 12, 15 und 30 Jahre
- Verkauf im kombinierten Konsortial- und Tenderverfahren
- Erwerb unterliegt keinerlei Erwerbsbeschränkungen
- Börseneinführung zum amtlichen Handel
- kleinste Stückelung: 1 000 DM (100 DM bis 1992)
- fester Nominalzins über gesamte Laufzeit
- heute nur noch Wertrechte

Bundesfloater:
- Bundesanleihe mit variabler Verzinsung
- erstmals 1990 von Bund, Bahn und Post eingesetzt
- Zinszahlung alle drei Monate und erneute Zinsfestsetzung (angepaßt an 3-Monats-DM-LIBOR bzw. FIBOR)

- Anleihen von 1990 sind mit Schuldnerkündigungsrecht ausgestattet

Schatzanweisungen werden seit Mai 1991 als Einmalemission von der Bundesbank im Auftrag und für Rechnung der Sondervermögen des Bundes angeboten.
- Ausstattung mit 4 Jahren Laufzeit und festem Zins
- Verkauf in unterschiedlichen Zeitabständen im Wege der Ausschreibung (Tenderverfahren), bei dem der Verkaufskurs von den Bietern bestimmt wird
- Erwerb grundsätzlich für jedermann möglich, jedoch Beteiligung an der Ausschreibung unmittelbar nur für KI
- Einführung an allen deutschen Börsen zum amtlichen Handel
- Emission der Bundesschatzanweisungen wurde 1995 zugunsten der Bundesobligationen eingestellt
- die Länder emittieren ebenfalls Schatzanweisungen mit teilweise ähnlichen Bedingungen, aber insbesondere längeren Laufzeiten

Unverzinsliche Schatzanweisungen (Finanzierungs-U-Schätze):
- Geldmarktpapiere (Diskontpapiere) zur Finanzierung der kurzfristigen Kassenhaltung öffentlicher Haushalte
- Einmalemission im Tenderverfahren
- Laufzeiten bis zu 2 Jahre
- als Emissionen des Bundes sind sie bei der Deutschen Bundesbank zahlbar
- die Veränderung der Abgabe- und Rücknahmesätze bei Schatzwechseln und U-Schätzen ermöglicht es der Bundesbank, die Attraktivität dieser Papiere für Anleger (insbes. KI) zu erhöhen oder zu verringern und damit auf die bei KI vorhandenen liquiden Mittel einzuwirken (sog. Offenmarktpolitik). Die Bundesbank ist zur Rücknahme der Papiere verpflichtet, allerdings nur zu ihren jeweils geltenden Sätzen (in den Ausgabe-Bedingungen kann die vorzeitige Rücknahme ausgeschlossen sein; dies ist bei Finanzierungsschätzen generell der Fall).
- kein Börsenhandel
- Mindeststückelung: 500 000 DM

Unverzinsliche Schatzanweisungen des Bundes (Bubills):
- U-Schätze; Einmal-Emission im Tenderverfahren zu individuellen Bietungssätzen der KI (amerikanisches Verfahren)
- kurze Laufzeit (z. B. 6 Monate)
- Diskontpapier (Eurozinsmethode)
- Bieterkreis: KI mit LZB-Girokonto
- Nennbetrag für Gebote: 1 000 000 DM oder ein ganzes Vielfaches
- lombardfähig und geeignet für WP-Pensionsgeschäfte
- keine Börseneinführung

Schatzwechsel:
- Diskontpapiere, 3-Tages-Schatzwechsel
- für die Kassenfinanzierung des Bundes seit 1968 bedeutungslos
- Einsatz im Rahmen der Offenmarktpolitik der Bundesbank zur kurzfristigen Liquiditätsabschöpfung am Geldmarkt
- formal eine Emission des Bundes, jedoch erhält der Bund keine Gutschrift des Gegenwertes, dieser wird bei der Bundesbank stillgelegt (de facto handelt es sich um eine Bundesbankemission)

Typ	Markt	Stückelung	Laufzeit	Verzinsung	Aussteller	Bemerkungen
Unverzinsliche Schatzanweisungen (U-Schätze, Bubills)	Geldmarkt; nicht börsenfähig; Offenmarktpapiere	500 000 DM oder Vielfaches (Bubills: 1 Mio DM)	3 – 6 – 9 – 12 – 18 – 24 Monate	Abgabe- und Rücknahmesätze (Diskontabzug im voraus)	Bund	Inhaberpapiere für Großanleger; Emittent: Bundesbank; lombardfähig Bubills: Erwerber nur KI mit LZB-Konto
Bundesbank-Liquiditäts-U-Schätze (Bulis/U-Schätze)	Geldmarkt; nicht börsenfähig; Offenmarktpapiere	100 000 DM oder Vielfaches	3 – 6 – 9 Monate	abgezinst; Verkauf im Versteigerungsverfahren	Bund	Emittent: Bundesbank; ausschließlich zu geldpolitischen Zwecken; lombardfähig
Finanzierungsschätze	Geldmarkt; nicht börsenfähig;	1 000 – 500 000 DM, auf volle 1 000,– DM	12 und 24 Monate	wie U-Schätze	Bund	Inhaberpapiere für Kleinanleger; Daueremission der Bundesbank; lombardfähig; kein Erwerb durch KI
Schatzwechsel	Geldmarkt; nicht börsenfähig; Offenmarktpapiere	10 000 DM oder Vielfaches (Praxis: ab 10 Mill. DM)	30 – 59/ 60–90 Tage	wie U-Schätze	Bund/Länder	Sola-, Finanzwechsel; Emittent: Bbk., Landesbanken, rediskont- u. lombardfähig
Kassenobligationen	Geld- und Kapitalmarkt; börsenfähig (geregelter Markt)	5 000 DM oder Vielfaches	3 – 6 Jahre	feste Sätze mittlerer Höhe	Bund/Länder/ Bahn/Post	Emittent: Bundesbank/DVK-Bank/ Landesbanken; lombardfähig; Wertrechte
Schatzanweisungen	Kapitalmarkt; börsenfähig (amtlicher Handel)	5 000 DM oder Vielfaches	2 und 4 Jahre	feste Sätze; Verkaufskurse im Tenderverfahren ermittelt	Bund und Sondervermögen	Daueremission der Bundesbank; unmittelbar nur für inländische KI, mittelbar für jedermann
Bundesobligationen	Kapitalmarkt; börsenfähig (amtlicher Handel)	100 DM oder Vielfaches	5 Jahre	feste Sätze im freihändigen Verkauf; Teilbetrag im Tenderverfahren	Bund	Daueremission der Bundesbank; nach Zweiterwerb durch KI lombardfähig (soweit börsennotiert)
Anleihen	Kapitalmarkt; börsenfähig (amtlicher Handel)	1 000 DM oder Vielfaches	5 – 30 Jahre/ meist 8 – 12 Jahre	feste Sätze, Höhe laufzeitabhängig	Bund/Länder/ Bahn/Post/ öff. KI u. a.	lombardfähig
Bundesschatz briefe	Kapitalmarkt; nicht börsenfähig	Typ A: 100 DM Typ B: 100 DM	Typ A: 6 J. Typ B: 7 J.	fester, jährlich steigender Zinssatz; Typ B: Aufzinsung	Bund	Daueremission der Bundesbank; kein Erwerb durch KI

- **Bundesbank-Liquiditäts-U-Schätze** (Bulis):
  - kurzfristige Geldmarkttitel, die die Bundesbank allen in- und ausländischen Interessenten zum Kauf anbietet
  - dienen nach § 42 BBankG ausschließlich zu geldpolitischen Zwecken
  - Verkauf erfolgte 1993 und 1994 im sog. amerikanischen Versteigerungsverfahren, in dem die Interessenten die Kurse nennen, zu denen sie solche Papiere übernehmen möchten; die Verzinsung wird also von den Bietern mitbestimmt; im Rahmen der Zuteilung akzeptiert die Bundesbank der Reihe nach die für sie günstigsten Gebote, d. h. beginnend mit den höchsten Kursen
  - Bundesbank behält sich vor, während der Laufzeit der Papiere Ankaufsangebote zu unterbreiten, wenn dies aus geldpolitischer Sicht sinnvoll erscheint (Offenmarktgeschäfte)
  - keine Börseneinführung
  - Titel sind lombardfähig
- **Fundierungsschuldverschreibungen:**
  - gemäß Londoner Schuldenabkommen von 1953 lebten mit Wirksamwerden der deutschen Einheit am 3.10.1990 Zinsansprüche aus bestimmten Anleihen des Deutschen Reiches (Dawes-/Young-/Kreuger-Anleihen) und des Freistaates Preußen wieder auf. Zur Abgeltung der neu berechneten Zinsansprüche wurden 15 Tranchen sog. Fundierungsschuldverschreibungen aufgelegt
  - zum amtlichen Handel an der Frankfurter Börse eingeführt
  - Verzinsung mit 3 % p.a. seit dem 3.10.90, Zinszahlung halbjährlich A/O
  - Laufzeiten bis zu 20 Jahre (endfällig am 3.10.2010)
  - Tilgung in Jahresraten von 2,5 % (Dawes- und Preußen-Anleihe) bzw. 1,25 % (Young- und Kreuger-Anleihe) seit dem 3.10.95

1.4.111 Besonderheit: Schuldbuchforderungen

a) **Wesen:**

- Anleihen des Bundes, der Sondervermögen und der Länder können in Briefform oder in Buchform (als **Wertrechte**, s. o.) herausgegeben werden
- bei Buchrechten verbrieft die **Eintragung** im Bundesschuldbuch bzw. den Länderschuldbüchern das Forderungsrecht des Gläubigers
- das Bundesschuldbuch wird von der Bundesschuldenverwaltung, Bad Homburg vdH, geführt
- für die Gläubiger werden einzelne Konten eingerichtet.

b) **Arten:**

- **Einzel**schuldbuchforderungen: Abwicklung des Geschäfts mit jedem Anleger einzeln

- **Sammel**schuldbuchforderungen: Eintragung eines großen Betrages auf den Namen einer Wertpapiersammelbank, die die Abwicklung mit einzelnen Gläubigern (Anlegern) übernimmt (Schuldbuchgiroverkehr, siehe dort).

c) **Bedeutung:**

- für den Schuldner:
  - Verminderung des Umlaufs effektiver Stücke
  - Einsparung von Druck- und Emissionskosten
  - Erleichterung der Kursbeeinflussung (sog. Kurspflege, siehe dort)
  - seltener Wechsel der Gläubiger, da Umlauffähigkeit insbes. bei Einzelschuldbuchforderungen eingeschränkt
- für den Gläubiger:
  - Einsparung von Depotgebühren für Verwahrung und Verwaltung effektiver Stücke
  - kein Verlustrisiko (heute sowieso bedeutungslos).

1.4.112 Pfandbriefe und Kommunalschuldverschreibungen/Öffentliche Pfandbriefe

a) **Wesen:**

= mündelsichere Wertpapiere

- festverzinslich
- ausgegeben von Realkreditinstituten und Girozentralen (s. u.).

b) **Zweck** der Ausgabe:

- Pfandbriefe: langfristige Finanzierung von hypotheken- und grundschuldbesicherten Krediten
- Kommunalschuldverschreibungen/Öffentliche Pfandbriefe: langfristige Finanzierung von Kommunalkrediten (beachte: Schuldner = Emittent der Kommunalschuldverschreibungen/Öffentliche Pfandbriefe ist nicht die betr. Gemeinde, die finanziert wird, sondern das Realkreditinstitut!)
- die jeweiligen **Kreditsicherheiten** dienen zugleich zur **Besicherung der Wertpapiere**

c) Emittenten:

- privatrechtliche KI:
  - Hypothekenbanken
  - Schiffspfandbriefbanken

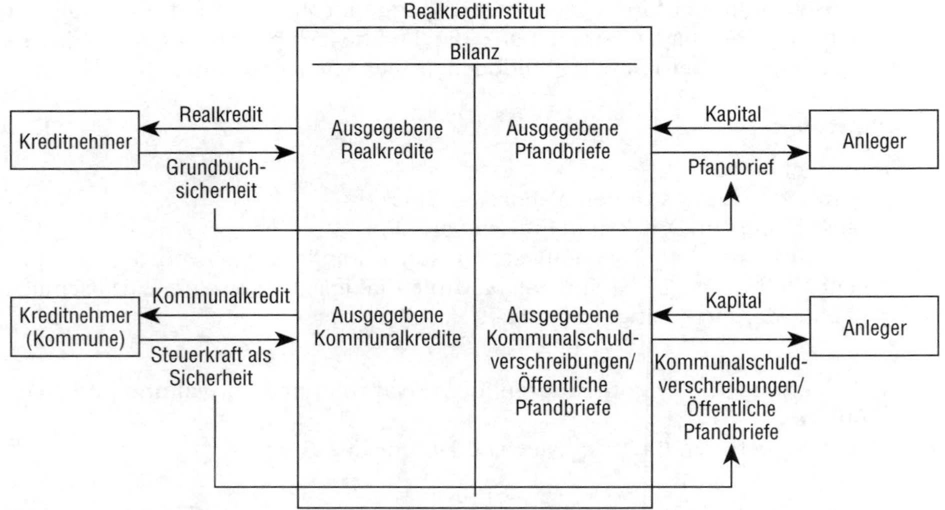

- öffentlich-rechtliche KI:
  - Girozentralen (Staats-, Landesbanken)
  - Grundkreditanstalten
  - Deutsche Pfandbriefanstalt
  - Landeskreditbank
  - Landschaften und Stadtschaften = auf genossenschaftlicher Basis gegründete öffentlich-rechtliche Agrar- bzw. gewerbliche Realkreditinstitute.

d) **Rechtsgrundlagen:**

- Hypothekenbankgesetz (HypBankG) i.d.F. von 1990
- Gesetz über Schiffspfandbriefbanken (SchiffsbankG) i.d.F. von 1992
- Gesetz über Pfandbriefe und verwandte Schuldverschreibungen öffentlich-rechtlicher Kreditanstalten (ÖffentlPfandbriefG) i.d.F. von 1986
- BGB-Bestimmungen über Grundpfandrechte

e) **Sicherungsbestimmungen:**

- Errichtung einer **Hypothekenbank** nur mit staatlicher Genehmigung in der Rechtsform einer AG oder KGaA (§ 2 HypBankG)
- Beschränkung der **Geschäftstätigkeit** dieser Hypothekenbanken im wesentlichen (§§ 1, 5 HypBankG) auf
  - Vergabe von Hypothekar- und Grundschuldkrediten, Ausgabe von Pfandbriefen
  - Vergabe von Kommunalkrediten, Ausgabe von Kommunalschuldverschreibungen / Öffentlichen Pfandbriefen
  - Aufnahme von Globaldarlehen (z. B. Schuldscheindarlehen
  - Effektenkommissionsgeschäft, Verwahrung und Verwaltung von Wertpapieren
  - Inkassogeschäfte

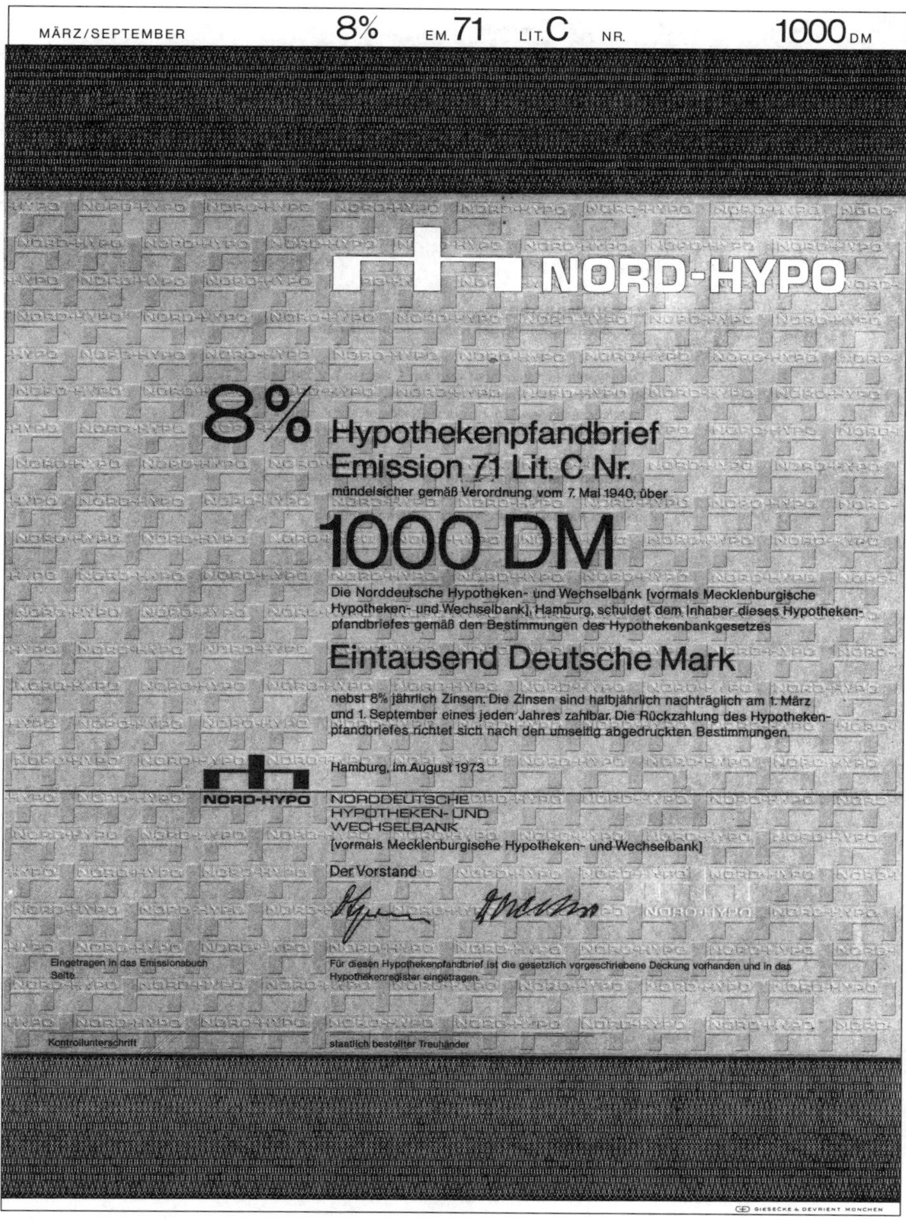

MÄRZ/SEPTEMBER 8% EM. 71 LIT. C NR. 1000 DM

NORD-HYPO

8% Hypothekenpfandbrief Emission 71 Lit. C Nr.

mündelsicher gemäß Verordnung vom 7. Mai 1940, über

1000 DM

Die Norddeutsche Hypotheken- und Wechselbank [vormals Mecklenburgische Hypotheken- und Wechselbank], Hamburg, schuldet dem Inhaber dieses Hypothekenpfandbriefes gemäß den Bestimmungen des Hypothekenbankgesetzes

Eintausend Deutsche Mark

nebst 8% jährlich Zinsen. Die Zinsen sind halbjährlich nachträglich am 1. März und 1. September eines jeden Jahres zahlbar. Die Rückzahlung des Hypothekenpfandbriefes richtet sich nach den umseitig abgedruckten Bestimmungen.

Hamburg, im August 1973

NORD-HYPO

NORDDEUTSCHE HYPOTHEKEN- UND WECHSELBANK
[vormals Mecklenburgische Hypotheken- und Wechselbank]

Der Vorstand

Eingetragen in das Emissionsbuch Seite

Für diesen Hypothekenpfandbrief ist die gesetzlich vorgeschriebene Deckung vorhanden und in das Hypothekenregister eingetragen.

Kontrollunterschrift

staatlich bestellter Treuhänder

GIESECKE & DEVRIENT MÜNCHEN

NORD-HYPO

2. Zinsschein zum 8% Hypothekenpfandbrief Em. 71 Lit. C über
1000 Deutsche Mark, fällig am 1. Sept. 1974 mit 40,- DM.
Norddeutsche Hypotheken- und Wechselbank
[vormals Mecklenburgische Hypotheken- und Wechselbank]
Hamburg, im Aug. 1973

2 Em. 71
40,- DM
1. Sept. 1974

GIESECKE & DEVRIENT

NORD-HYPO

4. Zinsschein zum 8% Hypothekenpfandbrief Em. 71 Lit. C über
1000 Deutsche Mark, fällig am 1. Sept. 1975 mit 40,- DM.
Norddeutsche Hypotheken- und Wechselbank
[vormals Mecklenburgische Hypotheken- und Wechselbank]
Hamburg, im Aug. 1973

4 Em. 71
40,- DM
1. Sept. 1975

GIESECKE & DEVRIENT

NORD-HYPO

3. Zinsschein zum 8% Hypothekenpfandbrief Em. 71 Lit. C über
1000 Deutsche Mark, fällig am 1. März 1975 mit 40,- DM.
Norddeutsche Hypotheken- und Wechselbank
[vormals Mecklenburgische Hypotheken- und Wechselbank]
Hamburg, im Aug. 1973

3 Em. 71
40,- DM
1. März 1975

GIESECKE & DEVRIENT

NORD-HYPO

6. Zinsschein zum 8% Hypothekenpfandbrief Em. 71 Lit. C über
1000 Deutsche Mark, fällig am 1. Sept. 1976 mit 40,- DM.
Norddeutsche Hypotheken- und Wechselbank
[vormals Mecklenburgische Hypotheken- und Wechselbank]
Hamburg, im Aug. 1973

6 Em. 71
40,- DM
1. Sept. 1976

GIESECKE & DEVRIENT

NORD-HYPO

5. Zinsschein zum 8% Hypothekenpfandbrief Em. 71 Lit. C über
1000 Deutsche Mark, fällig am 1. März 1976 mit 40,- DM.
Norddeutsche Hypotheken- und Wechselbank
[vormals Mecklenburgische Hypotheken- und Wechselbank]
Hamburg, im Aug. 1973

5 Em. 71
40,- DM
1. März 1976

GIESECKE & DEVRIENT

NORD-HYPO

8. Zinsschein zum 8% Hypothekenpfandbrief Em. 71 Lit. C über
1000 Deutsche Mark, fällig am 1. Sept. 1977 mit 40,- DM.
Norddeutsche Hypotheken- und Wechselbank
[vormals Mecklenburgische Hypotheken- und Wechselbank]
Hamburg, im Aug. 1973

8 Em. 71
40,- DM
1. Sept. 1977

GIESECKE & DEVRIENT

NORD-HYPO

7. Zinsschein zum 8% Hypothekenpfandbrief Em. 71 Lit. C über
1000 Deutsche Mark, fällig am 1. März 1977 mit 40,- DM.
Norddeutsche Hypotheken- und Wechselbank
[vormals Mecklenburgische Hypotheken- und Wechselbank]
Hamburg, im Aug. 1973

7 Em. 71
40,- DM
1. März 1977

GIESECKE & DEVRIENT

NORD-HYPO

10. Zinsschein zum 8% Hypothekenpfandbrief Em. 71 Lit. C über
1000 Deutsche Mark, fällig am 1. Sept. 1978 mit 40,- DM.
Norddeutsche Hypotheken- und Wechselbank
[vormals Mecklenburgische Hypotheken- und Wechselbank]
Hamburg, im Aug. 1973

10 Em. 71
40,- DM
1. Sept. 1978

GIESECKE & DEVRIENT

NORD-HYPO

9. Zinsschein zum 8% Hypothekenpfandbrief Em. 71 Lit. C über
1000 Deutsche Mark, fällig am 1. März 1978 mit 40,- DM.
Norddeutsche Hypotheken- und Wechselbank
[vormals Mecklenburgische Hypotheken- und Wechselbank]
Hamburg, im Aug. 1973

9 Em. 71
40,- DM
1. März 1978

GIESECKE & DEVRIENT

NORD-HYPO

12. Zinsschein zum 8% Hypothekenpfandbrief Em. 71 Lit. C über
1000 Deutsche Mark, fällig am 1. Sept. 1979 mit 40,- DM.
Norddeutsche Hypotheken- und Wechselbank
[vormals Mecklenburgische Hypotheken- und Wechselbank]
Hamburg, im Aug. 1973

12 Em. 71
40,- DM
1. Sept. 1979

GIESECKE & DEVRIENT

NORD-HYPO

11. Zinsschein zum 8% Hypothekenpfandbrief Em. 71 Lit. C über
1000 Deutsche Mark, fällig am 1. März 1979 mit 40,- DM.
Norddeutsche Hypotheken- und Wechselbank
[vormals Mecklenburgische Hypotheken- und Wechselbank]
Hamburg, im Aug. 1973

11 Em. 71
40,- DM
1. März 1979

GIESECKE & DEVRIENT

NORD-HYPO

14. Zinsschein zum 8% Hypothekenpfandbrief Em. 71 Lit. C über
1000 Deutsche Mark, fällig am 1. Sept. 1980 mit 40,- DM.
Norddeutsche Hypotheken- und Wechselbank
[vormals Mecklenburgische Hypotheken- und Wechselbank]
Hamburg, im Aug. 1973

14 Em. 71
40,- DM
1. Sept. 1980

GIESECKE & DEVRIENT

NORD-HYPO

13. Zinsschein zum 8% Hypothekenpfandbrief Em. 71 Lit. C über
1000 Deutsche Mark, fällig am 1. März 1980 mit 40,- DM.
Norddeutsche Hypotheken- und Wechselbank
[vormals Mecklenburgische Hypotheken- und Wechselbank]
Hamburg, im Aug. 1973

13 Em. 71
40,- DM
1. März 1980

GIESECKE & DEVRIENT

NORD-HYPO

16. Zinsschein zum 8% Hypothekenpfandbrief Em. 71 Lit. C über
1000 Deutsche Mark, fällig am 1. Sept. 1981 mit 40,- DM.
Norddeutsche Hypotheken- und Wechselbank
[vormals Mecklenburgische Hypotheken- und Wechselbank]
Hamburg, im Aug. 1973

16 Em. 71
40,- DM
1. Sept. 1981

GIESECKE & DEVRIENT

NORD-HYPO

15. Zinsschein zum 8% Hypothekenpfandbrief Em. 71 Lit. C über
1000 Deutsche Mark, fällig am 1. März 1981 mit 40,- DM.
Norddeutsche Hypotheken- und Wechselbank
[vormals Mecklenburgische Hypotheken- und Wechselbank]
Hamburg, im Aug. 1973

15 Em. 71
40,- DM
1. März 1981

GIESECKE & DEVRIENT

NORD-HYPO

18. Zinsschein zum 8% Hypothekenpfandbrief Em. 71 Lit. C über
1000 Deutsche Mark, fällig am 1. Sept. 1982 mit 40,- DM.
Norddeutsche Hypotheken- und Wechselbank
[vormals Mecklenburgische Hypotheken- und Wechselbank]
Hamburg, im Aug. 1973

18 Em. 71
40,- DM
1. Sept. 1982

GIESECKE & DEVRIENT

NORD-HYPO

17. Zinsschein zum 8% Hypothekenpfandbrief Em. 71 Lit. C über
1000 Deutsche Mark, fällig am 1. März 1982 mit 40,- DM.
Norddeutsche Hypotheken- und Wechselbank
[vormals Mecklenburgische Hypotheken- und Wechselbank]
Hamburg, im Aug. 1973

17 Em. 71
40,- DM
1. März 1982

GIESECKE & DEVRIENT

NORD-HYPO

20. Zinsschein zum 8% Hypothekenpfandbrief Em. 71 Lit. C über
1000 Deutsche Mark, fällig am 1. Sept. 1983 mit 40,- DM.
Norddeutsche Hypotheken- und Wechselbank
[vormals Mecklenburgische Hypotheken- und Wechselbank]
Hamburg, im Aug. 1973

20 Em. 71
40,- DM
1. Sept. 1983

GIESECKE & DEVRIENT

NORD-HYPO

19. Zinsschein zum 8% Hypothekenpfandbrief Em. 71 Lit. C über
1000 Deutsche Mark, fällig am 1. März 1983 mit 40,- DM.
Norddeutsche Hypotheken- und Wechselbank
[vormals Mecklenburgische Hypotheken- und Wechselbank]
Hamburg, im Aug. 1973

19 Em. 71
40,- DM
1. März 1983

GIESECKE & DEVRIENT

- Erwerb, Veräußerung, Beleihung, Verpfändung von Hypothekar-, Grundschuld- und Kommunalkrediten
- Entgegennahme von Einlagen

Deckungsprinzip: umlaufende Pfandbriefe müssen in Höhe des Nennwertes durch Hypotheken mit mindestens gleicher Höhe und mindestens gleichem Zinssatz, umlaufende Kommunalschuldverschreibungen durch Kommunalkredite mit gleicher Verzinsung zu mindestens 90 % gedeckt sein (in Höhe von bis zu 10 % ist **Ersatzdeckung** durch andere liquide Anlagen möglich, z. B. Schuldverschreibungen des Bundes, Bundesbankguthaben), § 6 HypBankG.

Schuldverschreibungen und Kredite müssen außerdem annähernd gleiche Laufzeiten haben (sog. **Laufzeitkongruenz**), § 9 HypBankG.

Alle Sicherheiten für vergebene Kredite, insbes. Hypotheken, müssen zu einer **Deckungsmasse** zusammengefaßt, in ein
- Hypothekenregister (für Pfandbriefdeckung)
- Deckungsregister (für Kommunalschuldverschreibungsdeckung) eingetragen und bei privaten Hypothekenbanken unter die Aufsicht eines staatlich bestellten Treuhänders gestellt sein, §§ 22, 29 HypBankG.

Umlaufgrenzen:
- bei (privaten) Hypothekenbanken: für beide Typen von Schuldverschreibungen Gesamtumlaufgrenze i.H. des **60**fachen des haftenden Eigenkapitals, § 7 HypBankG
- bei gemischten Hypothekenbanken (die auch andere Bankgeschäfte betreiben dürfen: Bayerische Hypotheken- und Wechselbank, Bayerische Vereinsbank, Norddeutsche Hypotheken- und Wechselbank): Gesamtumlaufgrenze (Pfandbriefe und Kommunalschuldverschreibungen) = das **48**fache des haftenden Eigenkapitals (§ 46 II HypBankG)
- bei Schiffspfandbriefbanken Pfandbriefumlaufgrenze = das 30fache des haftenden Eigenkapitals (keine Ausgabe von Kommunalschuldverschreibungen)
- bei öffentlich-rechtlichen Kreditanstalten allgemeine Umlaufgrenze für alle Realkredite und öffentlich verbürgte Kredite entsprechend den Grundsätzen des Bundesaufsichtsamtes für das Kreditwesen.

Regelungen für das **Kreditgeschäft:**
- Hypothekarkredite von Hypothekenbanken dürfen 60 % des Beleihungswertes nicht übersteigen (§ 11 II HypBankG)
- der Beleihungswert darf den durch sorgfältige Ermittlung festgestellten Verkaufswert nicht übersteigen; bei der Wertfeststellung sind nur die dauerhaften Eigenschaften und der nachhaltig erzielbare Ertrag zu berücksichtigen (§ 12 I HypBankG)
- es gelten Einschränkungen für Hypotheken an Bauplätzen und Neubauten u.a.m. (§ 12 III HypBankG)

Den Gläubigern von Pfandbriefen und Kommunalschuldverschreibungen haftet neben der Deckungsmasse das gesamte Vermögen der Hypothekenbank; im Konkurs sind sie bevorrechtigte Gläubiger.

Laufzeit der Schuldverschreibungen: i. d. R. heute 5-15 Jahre.

1. SEPTEMBER 8½% REIHE 50 NR. ● ● WKN 296 250 10 000 DM

DIE BANK
NORDHYPO

8½% Inhaberschuldverschreibung
Reihe 50 Nr. ● ●

10 000 DM

Die Norddeutsche Hypotheken- und Wechselbank Aktiengesellschaft, Hamburg, schuldet dem Inhaber dieser Inhaberschuldverschreibung

Zehntausend Deutsche Mark

nebst 8½% jährlich Zinsen. Die Zinsen sind jährlich nachträglich am 1. September eines jeden Jahres zahlbar.

Für die Verzinsung und Rückzahlung dieser Inhaberschuldverschreibung haftet die Bank mit ihrem gesamten Vermögen.

Die Rückzahlung der Inhaberschuldverschreibung richtet sich nach den umseitig abgedruckten Bedingungen.

Hamburg, im August 1991

NORDHYPO

NORDDEUTSCHE
HYPOTHEKEN- UND
WECHSELBANK
Aktiengesellschaft

Der Vorstand

Kontrollunterschrift

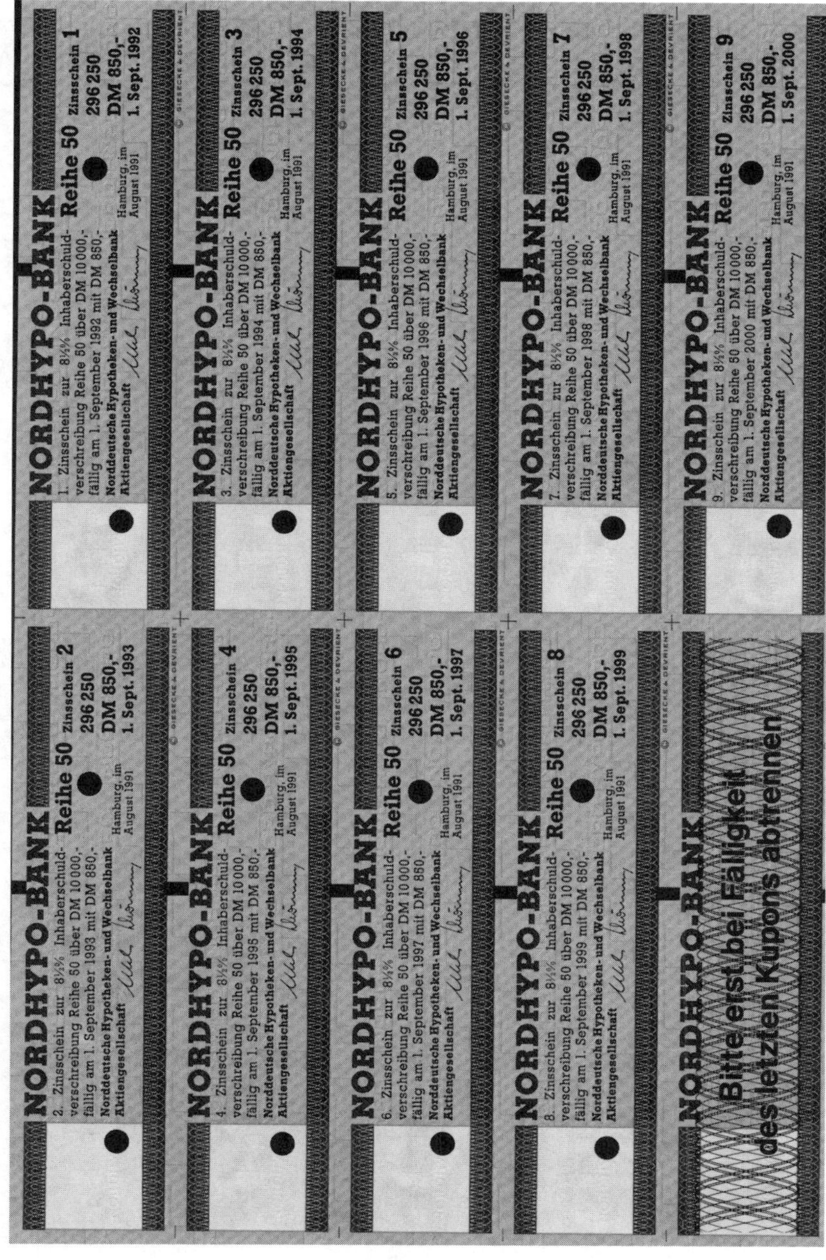

NORDHYPO-BANK
1. Zinsschein zur 8½% Inhaberschuldverschreibung Reihe 50 über DM 10 000,- fällig am 1. September 1992 mit DM 850,-
Norddeutsche Hypotheken- und Wechselbank Aktiengesellschaft
Hamburg, im August 1991
Reihe 50 Zinsschein 1
296 250
DM 850,-
1. Sept. 1992

NORDHYPO-BANK
2. Zinsschein zur 8½% Inhaberschuldverschreibung Reihe 50 über DM 10 000,- fällig am 1. September 1993 mit DM 850,-
Norddeutsche Hypotheken- und Wechselbank Aktiengesellschaft
Hamburg, im August 1991
Reihe 50 Zinsschein 2
296 250
DM 850,-
1. Sept. 1993

NORDHYPO-BANK
3. Zinsschein zur 8½% Inhaberschuldverschreibung Reihe 50 über DM 10 000,- fällig am 1. September 1994 mit DM 850,-
Norddeutsche Hypotheken- und Wechselbank Aktiengesellschaft
Hamburg, im August 1991
Reihe 50 Zinsschein 3
296 250
DM 850,-
1. Sept. 1994

NORDHYPO-BANK
4. Zinsschein zur 8½% Inhaberschuldverschreibung Reihe 50 über DM 10 000,- fällig am 1. September 1995 mit DM 850,-
Norddeutsche Hypotheken- und Wechselbank Aktiengesellschaft
Hamburg, im August 1991
Reihe 50 Zinsschein 4
296 250
DM 850,-
1. Sept. 1995

NORDHYPO-BANK
5. Zinsschein zur 8½% Inhaberschuldverschreibung Reihe 50 über DM 10 000,- fällig am 1. September 1996 mit DM 850,-
Norddeutsche Hypotheken- und Wechselbank Aktiengesellschaft
Hamburg, im August 1991
Reihe 50 Zinsschein 5
296 250
DM 850,-
1. Sept. 1996

NORDHYPO-BANK
6. Zinsschein zur 8½% Inhaberschuldverschreibung Reihe 50 über DM 10 000,- fällig am 1. September 1997 mit DM 850,-
Norddeutsche Hypotheken- und Wechselbank Aktiengesellschaft
Hamburg, im August 1991
Reihe 50 Zinsschein 6
296 250
DM 850,-
1. Sept. 1997

NORDHYPO-BANK
7. Zinsschein zur 8½% Inhaberschuldverschreibung Reihe 50 über DM 10 000,- fällig am 1. September 1998 mit DM 850,-
Norddeutsche Hypotheken- und Wechselbank Aktiengesellschaft
Hamburg, im August 1991
Reihe 50 Zinsschein 7
296 250
DM 850,-
1. Sept. 1998

NORDHYPO-BANK
8. Zinsschein zur 8½% Inhaberschuldverschreibung Reihe 50 über DM 10 000,- fällig am 1. September 1999 mit DM 850,-
Norddeutsche Hypotheken- und Wechselbank Aktiengesellschaft
Hamburg, im August 1991
Reihe 50 Zinsschein 8
296 250
DM 850,-
1. Sept. 1999

NORDHYPO-BANK
9. Zinsschein zur 8½% Inhaberschuldverschreibung Reihe 50 über DM 10 000,- fällig am 1. September 2000 mit DM 850,-
Norddeutsche Hypotheken- und Wechselbank Aktiengesellschaft
Hamburg, im August 1991
Reihe 50 Zinsschein 9
296 250
DM 850,-
1. Sept. 2000

NORDHYPO-BANK
Bitte erst bei Fälligkeit des letzten Kupons abtrennen

27. November 8¾% Deutsche Mark-Anleihe von 1991/1995 WKN 405 550 DM 1000,-

Deutsche Finance (Netherlands) B.V.
Amsterdam, Niederlande
unter der unbedingten und unwiderruflichen Garantie der
Deutsche Bank Aktiengesellschaft
Frankfurt am Main, Bundesrepublik Deutschland

DM 1000,- Nr. 000000

8¾% Inhaber-Schuldverschreibung
über eintausend Deutsche Mark

DM 1000,-

der 8¾% Deutsche Mark-Anleihe von 1991/1995 im Gesamtnennbetrag von siebenhundertfünfzig Millionen Deutsche Mark der Bundesrepublik Deutschland (DM 750 000 000,-), eingeteilt in
150 000 Schuldverschreibungen zu je DM 1000,-
Nr. 000001 – 150000
60 000 Schuldverschreibungen zu je DM 10 000,-
Nr. 150001 – 210000.

Für diese Schuldverschreibung gelten die umseitig abgedruckten Anleihebedingungen. Danach verpflichtet sich Deutsche Finance (Netherlands) B.V. insbesondere, 8¾% p. a. Zinsen auf eintausend Deutsche Mark zu zahlen und diese Schuldverschreibung dem Inhaber bei Fälligkeit bedingungsgemäß einzulösen. Die Zinsen werden jährlich nachträglich am 27. November eines jeden Jahres, erstmals am 27. November 1992, gezahlt.

Amsterdam, im November 1991

Deutsche Finance (Netherlands) B.V.

Kontrollunterschrift

SPECIMEN

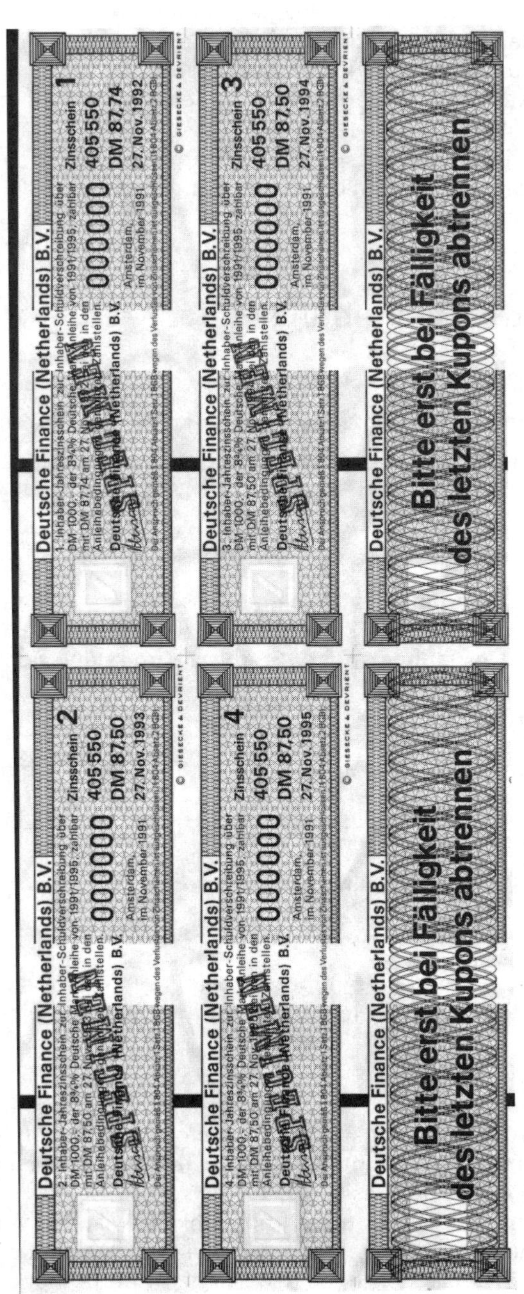

Deutsche Finance (Netherlands) B.V.

1. Inhaber-Jahreszinsschein zur Inhaber-Schuldverschreibung über DM 1000,- der 8¾% Deutsche Mark-Anleihe von 1991/1995, zahlbar mit DM 87,74 am 27. November 1992 in den Anleihebedingungen genannten Zahlstellen.

Deutsche Finance (Netherlands) B.V.

SPECIMEN

000000

Zinsschein 1

405 550

DM 87,74

Amsterdam, im November 1991

27. Nov. 1992

Der Anspruch gemäß § 804 Absatz 1 Satz 1 BGB wegen des Verlustes von Zinsscheinen ist ausgeschlossen (§ 804 Absatz 2 BGB)

© GIESECKE & DEVRIENT

Deutsche Finance (Netherlands) B.V.

2. Inhaber-Jahreszinsschein zur Inhaber-Schuldverschreibung über DM 1000,- der 8¾% Deutsche Mark-Anleihe von 1991/1995, zahlbar mit DM 87,50 am 27. November 1993 in den Anleihebedingungen genannten Zahlstellen.

Deutsche Finance (Netherlands) B.V.

SPECIMEN

000000

Zinsschein 2

405 550

DM 87,50

Amsterdam, im November 1991

27. Nov. 1993

Der Anspruch gemäß § 804 Absatz 1 Satz 1 BGB wegen des Verlustes von Zinsscheinen ist ausgeschlossen (§ 804 Absatz 2 BGB)

© GIESECKE & DEVRIENT

Deutsche Finance (Netherlands) B.V.

3. Inhaber-Jahreszinsschein zur Inhaber-Schuldverschreibung über DM 1000,- der 8¾% Deutsche Mark-Anleihe von 1991/1995, zahlbar mit DM 87,50 am 27. November 1994 in den Anleihebedingungen genannten Zahlstellen.

Deutsche Finance (Netherlands) B.V.

SPECIMEN

000000

Zinsschein 3

405 550

DM 87,50

Amsterdam, im November 1991

27. Nov. 1994

Der Anspruch gemäß § 804 Absatz 1 Satz 1 BGB wegen des Verlustes von Zinsscheinen ist ausgeschlossen (§ 804 Absatz 2 BGB)

© GIESECKE & DEVRIENT

Deutsche Finance (Netherlands) B.V.

4. Inhaber-Jahreszinsschein zur Inhaber-Schuldverschreibung über DM 1000,- der 8¾% Deutsche Mark-Anleihe von 1991/1995, zahlbar mit DM 87,50 am 27. November 1995 in den Anleihebedingungen genannten Zahlstellen.

Deutsche Finance (Netherlands) B.V.

SPECIMEN

000000

Zinsschein 4

405 550

DM 87,50

Amsterdam, im November 1991

27. Nov. 1995

Der Anspruch gemäß § 804 Absatz 1 Satz 1 BGB wegen des Verlustes von Zinsscheinen ist ausgeschlossen (§ 804 Absatz 2 BGB)

© GIESECKE & DEVRIENT

Deutsche Finance (Netherlands) B.V.

Bitte erst bei Fälligkeit des letzten Kupons abtrennen

Deutsche Finance (Netherlands) B.V.

Bitte erst bei Fälligkeit des letzten Kupons abtrennen

f) **Sonderformen:** Spezialschuldverschreibungen

- **Landwirtschaftsbriefe:**
  - Ausgabe durch Landwirtschaftliche Rentenbank
  - Zweck: Finanzierung landwirtschaftlicher Vorhaben (Investitionen in land- und ernährungswirtschaftlichen Betrieben)
  - keine direkte Darlehnsvergabe an Darlehnsnehmer, sondern über andere Kreditinstitute
  - Besicherung der Landwirtschaftsbriefe entsprechend den Pfandbriefen
  - Ausgabe von Inhaberschuldverschreibungen bis zum 6fachen des haftenden Eigenkapitals
  - Laufzeit i. d. R. 8-10 Jahre, unkündbar, zu festem Termin rückzahlbar.

1.4.113 Schuldverschreibungen der Kreditinstitute

a) **Wesen:**

= Kassenobligationen und Schuldverschreibungen von Banken und Sparkassen

- zur Finanzierung des kurz-, mittel- und langfristigen Kreditgeschäfts.

b) **Arten:**

- Schuldverschreibungen mit festem Zinssatz für die gesamte Laufzeit
- Schuldverschreibungen mit variablem Zinssatz = sog. Floating-Rate-Notes; der Zinssatz wird in bestimmten Zeitabständen (i. d. R. 3 oder 6 Monate) an die Sätze des Termingeldmarktes angepaßt; derzeit im Inland noch selten (siehe Abschnitt 1.4.117)
- Null-Kupon-Anleihen = Zerobonds (siehe Abschnitt 1.4.116)
- Wertzuwachsanleihen, die zu 100 % emittiert und zu einem höheren Kurs zurückgezahlt werden (Aufzinsung)
- Kombizinsanleihen (vgl. Abschnitt 1.4.117)
- Stufenzinsanleihen (vgl. Abschnitt 1.4.117).

c) **Besicherung:**

- die emittierenden KI haften mit ihrem gesamten Vermögen, z. B. auch mit den Darlehensforderungen an Kunden und Wertpapieren des eigenen Bestands.

d) **Bedeutung:**

- Für das Kreditinstitut: durch Ausgabe eigener Schuldverschreibungen wird das KI dem Trend zu höherverzinslichen Anlageformen gerecht, erfüllt also Kundenansprüche; durch die im Vergleich zu Spareinlagen deutlich höhere Verzinsung verteuert sich jedoch die Passivseite
- für den Kunden: durch die Auswahlmöglichkeit zwischen verschiedenen Anleihetypen kann die Anlageentscheidung individuell gestaltet werden, z. B.
  - Teilnahme an Zinsänderungen nach einer Niedrigzinsphase
  - Sicherung eines bestimmten Zinsniveaus unter Berücksichtigung des Zinseszinseffektes über eine lange Laufzeit (Zerobonds)
  - steuerliche Gesichtspunkte

1.4.114 Industrieobligationen

a) **Wesen:**

= Schuldverschreibungen großer Industrieunternehmen

- zur langfristigen Finanzierung insbes. von Investitionsvorhaben.

b) **Besicherung:**

- Bonität des Schuldners, seine wirtschaftliche Lage, Zukunftsaussichten
- Eintragung einer Gesamtsicherungshypothek oder -grundschuld zugunsten der Emissionsbank(en) als Treuhänderin
- Negativerklärung
- u. U. sogenannte **Gesamthaftungsverpflichtung**: das Unternehmen verpflichtet sich zur Haftung mit seinem Gesamtvermögen.

c) **Bedeutung:**

- meist höhere Verzinsung als bei öffentlichen Anleihen, um Anleger anzureizen (da nicht mündelsicher und risikoreicher)
- wegen der geringeren Begleitkosten werden Schuldscheindarlehen i. d. R. bevorzugt.

1.4.115 Auslandsanleihen (Auslandsbonds)

a) **Wesen:**

- Anleihen deutscher Emittenten im Ausland
- Anleihen ausländischer Emittenten in Deutschland
- Anleihen ausländischer Emittenten im Ausland
- als Emittenten treten auf:
  - Staaten
  - Städte
  - deutsche, ausländische und internationale Kreditinstitute (z. B. Weltbank)
  - große Industrieunternehmen (insb. multinationale Konzerne).

b) **Arten:**

- DM-Auslandsanleihen
- Währungsanleihen
- auf mehrere Währungen lautende Anleihen (Wahlrecht des Anlegers für Währung der Zins- und Tilgungszahlungen)
- auf ECU lautende Anleihen (vgl. Abschnitt 5.1.032); erstmals 1981 emittiert
- Doppelwährungsanleihen: Kaufpreis und Zinszahlungen in einer Währung, Rückzahlung in einer anderen Währung.

c) **Bedeutung:**

- besondere politische Risiken
- u. U. Währungsrisiken (geringer bei Anleihen mit Währungsoptionsrecht)
- Emittenten haben die Möglichkeit, an andere Kapitalmärkte heranzutreten (z. B. wegen eines günstigeren Zinsniveaus).

d) **Entwicklung:** Nachdem die Deutsche Bundesbank den Finanzplatz Bundesrepublik Deutschland seit 1.5.1985 durch die Zulassung neuer Gestaltungsmöglichkeiten attraktiver gemacht hat (sog. Restliberalisierung, z. B. über Zerobonds, Floating-Rate-Notes, Doppelwährungsanleihen), treten ausländische Emittenten im Bereich der DM-Auslandsanleihen verstärkt an den deutschen Kapitalmarkt heran.

Die Einführung der Kleinen Kapitalertragsteuer (Quellensteuer) ab 1.1.1989 und die im Ausland gebotenen höheren Zinsen haben ab Ende 1988 zu einer erheblichen Umleitung der Kapitalströme geführt. Die nicht der Quellensteuer unterliegenden DM-Auslandsanleihen konnten neue Absatzrekorde erzielen. Noch deutlich stärker wandten sich die deutschen Anleger den Fremdwährungsanleihen zu, da diese wesentlich höhere Zinsen als DM-Papiere bieten, allerdings verbunden mit einem Kursrisiko.

Die Abschaffung der Quellensteuer per 1.7.1989 hat zu einer Normalisierung des Anlageverhaltens beigetragen.

Mit der 1989 beschlossenen Novellierung des Börsengesetzes wurde ein wesentlicher Beitrag zur Stärkung des Finanzplatzes Deutschland geleistet. Dabei wurde der Kreis der Anleger, die Börsentermingeschäfte abschließen dürfen, erweitert und die gegenseitige Anerkennung von Börsenzulassungsprospekten innerhalb der EG auch im deutschen Recht verankert. Seit 1989 können Wertpapiere auch in ausländischer Währung und in der europäischen Rechnungseinheit ECU an deutschen Börsen notiert werden (siehe Abschnitt 1.4.501).

Wichtig waren auch die Abschaffung des staatlichen Emissions-Genehmigungsverfahrens nach §§ 795 und 808a BGB sowie der Börsenumsatzsteuer zum 1.1.1991.

1.4.116 Zerobonds

a) **Wesen:**

- Zerobonds sind Nullkupon-Anleihen: Der Anleger erhält während der gesamten Laufzeit keine Zinsausschüttung
- Zinsen werden in Form höherer Rückzahlung am Ende der Laufzeit gezahlt
- Verzinsung = Unterschied zwischen Kaufpreis und Einlösungsbetrag, vgl. abgezinster Spar(kassen)brief
- eingesetztes Kapital wächst durch Zinseszinseffekt von Jahr zu Jahr schneller.

b) **Bedeutung:**

- neue Anleiheform, die in den letzten Jahren größeres Interesse gefunden hat und auch von deutschen Daueremittenten eingesetzt wird

- da Erträge erst bei Einlösung am Ende der Laufzeit zu versteuern sind, ergibt sich ein besonders interessanter Effekt, wenn der Anleger dann nicht mehr berufstätig ist und eine niedrigere Progressionsstufe in der Einkommensteuer hat
- bei Veräußerung von Zerobonds vor Fälligkeit wird nicht der tatsächliche Kurs(gewinn), sondern ein rechnerischer Wertzuwachs für die Besteuerung zugrundegelegt; Berechnungsgrundlage dafür ist die Emissionsrendite
- da Zerobonds mit einem deutlich unter dem Nennwert liegenden Kurs gehandelt werden, macht sich eine Veränderung des Kapitalmarktzinsniveaus überproportional bemerkbar: Steigt der Kapitalmarktzins, sinkt der Kurs der Zerobonds deutlich stärker als bei anderen Papieren; sinkt der Kapitalmarktzins, steigt der Kurs entsprechend stärker.

c) **Stripped-Bonds:**

- Sonderform der Zerobonds
- entstehen, wenn Zinskupons von der Schuldverschreibung getrennt gehandelt werden
- die Hauptforderung – verbrieft im Mantel – ist dann quasi ohne Verzinsung und wird daher „abgezinst" wie ein Zerobond
- die einzelnen Zinskupons stellen bis zur jeweiligen Zinsfälligkeit ebenfalls „Zerobonds" dar
- werden vorzugsweise unter institutionellen Anlegern gehandelt

1.4.117 Neue Finanzierungsinstrumente

a) **Entstehung und Bedeutung:** Seit dem Ende der Siebziger Jahre entstanden an den internationalen Finanzmärkten neue Formen von Wertpapieren und ähnliche Formen der Finanzierung. Die Deutsche Bundesbank hat mit der sog. Restliberalisierung des deutschen Kapitalmarktes (vgl. Abschnitt 1.4.115d) ab Mai 1985 auch deutschen Schuldnern und Gläubigern die Möglichkeit eröffnet, sich an diesen Finanzinnovationen zu beteiligen. Seither ist eine große Anzahl von Emissionen neuartiger Geld- und Kapitalmarktpapiere erfolgt.

b) **Arten:**

- Doppelwährungsanleihen (siehe Abschnitt 1.4.115 b)
- Zerobonds (siehe Abschnitt 1.4.116)
- Kombizins-Anleihe:
  - Kombination einer Nullkupon-Anleihe mit einer Hochkupon-Anleihe
  - Beispiel: 10 Jahre Laufzeit; in den ersten 5 Jahren keine Zinsen und in den folgenden 5 Jahren dann jeweils 19 % Zinsen ergibt bei Emissionskurs von 101,70 % eine Rendite von 7,54 %
  - seit 1992 als Steuersparmodell entwickelt (der Steuerspareffekt wurde durch Schreiben des Bundesministers der Finanzen vom 30.4.93 relativiert: Versteuerung der Emissionsrendite, wenn Besitzzeit kürzer als Laufzeit)

- Stufenzins-Anleihe:
  - Anleihe mit anfänglich relativ niedrigem Zins
  - Zins steigt innerhalb der Laufzeit stufenartig an bis zu einem relativ hohen Zins
  - Emittent will Anreiz zum Durchhalten bis Laufzeitende geben, bei Kombination mit einem vorzeitigen Rückgaberecht ohne Kursrisiko (z. B. Bundesschatzbrief)
  - KI wollen bilanzwirksame Anlagealternative zum Bundesschatzbrief offerieren
- Floating-Rate-Notes („Floater")-Anleihen mit variabler Verzinsung:
  - Zinssatz der Anleihe wird in regelmäßigen Abständen (drei bzw. sechs Monate gemäß Vereinbarung) an die aktuellen Geldmarktsätze angepaßt
  - als Basiszins dient i. d. R. ein Zins für Termineinlagen unter Kreditinstituten, z. B.
    - FIBOR (Frankfurt Interbank Offered Rate)
    - LIBOR (London Interbank Offered Rate)
  - Floater zeichnen sich für den Anleger durch ein geringes Kursrisiko aus, denn durch die regelmäßige Neufestsetzung des Zinses pendelt sich der Kurs immer wieder in der Nähe des Nennwertes ein
  - für den Schuldner bietet die Ausgabe von Floatern die Möglichkeit, sich langfristige Mittel zu Geldmarktkonditionen zu beschaffen
- Euronotes:
  - Mischform zwischen Wertpapier- und Kreditgeschäft
  - erstklassige Unternehmen erhalten Kreditzusagen durch KI, für die die Banken von den Schuldnern nicht börsennotierte Schuldtitel (sog. Euronotes) erhalten
  - diese Titel werden dann bei Anlegern plaziert
  - i. d. R. gehen die KI die Verpflichtung ein, bei den Anlegern nicht unterzubringende Titel selbst zu übernehmen
  - neben vielen weiteren Spielarten haben insb.
    - RUF's = Revolving Underwriting Facilities
    - NIF's = Notes Issuance Facilities

    Bedeutung erlangt
- DM-Commercial-Paper (CP's):
  - CP's sind typischerweise unbesicherte Inhaberschuldverschreibungen mit Laufzeiten von wenigen Tagen bis unter 2 Jahren
  - Ausgabe von inländischen Unternehmen, Tochtergesellschaften ausländischer Unternehmen sowie staatlichen Stellen (z. B. Post, Treuhand)
  - Daueremissionen, Begebung über KI in Form einzelner Ziehungen im Rahmen eines CP-Programmes
  - Mindestprogrammgröße bisher 100 Mio. DM, einzelne Teilschuldverschreibungen i. d. R. Stückelung von 500 000,– DM
  - CP's sind mindestreserve-frei
  - Erwerber sind in- und ausländische institutionelle Anleger wie Kapitalanlagegesellschaften und Versicherungen, aber auch große Unternehmen
- DM-Einlagen-Zertifikate (Certificate of Deposits, CD's):
  - CD's sind Geldmarktpapiere mit Laufzeiten von unter einem Jahr, die Termineinlagen mit Festzinssatz verbriefen

- Ausgabe in größeren Stückelungen von Banken und banknahen Unternehmen
- CD's sind mindestreservepflichtig

- Anleihen mit Zinsoptionsscheinen:
  - der Anleger ist berechtigt, innerhalb einer bestimmten Zeitspanne zu bereits festgelegten Bedingungen einen festen Nennbetrag einer bestimmten Anleihe zu erwerben
  - in der letzten Zeit wurden am deutschen Kapitalmarkt vor allem börsennotierte selbständige Optionsscheine (Zins-Warrants) emittiert

- Anleihen in Verbindung mit Swaps:
  - diesen Anleihen liegen Tauschbeziehungen hinsichtlich der Zinszahlungs- und/oder der Währungsverbindlichkeiten zugrunde
  - diese Swaps ergeben sich aus der Tatsache, daß Schuldner auf unterschiedlichen Kapitalmärkten hinsichtlich ihrer Bonität und ihres Standings unterschiedlich beurteilt werden
  - Ziel dieses Finanzierungsinstruments ist es, relative Vorteile, die ein Swap-Partner gegenüber dem anderen an einem bestimmten Kapitalmarkt hat, zum beiderseitigen Vorteil auszugleichen
  - die beteiligten Schuldner tauschen dann im Innenverhältnis ihre Verpflichtungen aus beiden Anleihen aus
  - die Beziehungen zwischem dem Emittenten der Anleihe und dem Anleger ändern sich nicht.

1.4.2 Anteilspapiere

1.4.20 Gemeinsames

a) **Wesen:**

- Anteilspapiere verbriefen Teilhaberrechte (Mitgliedschaftsrechte) an einem Unternehmen
- die Anteilseigner sind Gesellschafter = Mitinhaber
- kennzeichnend ist das grundsätzliche Mitbestimmungsrecht der Anteilseigner.

b) **Ertrag:** Anteilspapiere garantieren gewöhnlich keine regelmäßige Verzinsung in bestimmter Höhe, sondern verbriefen variable (veränderliche) Erträge, die allerdings von der Erwirtschaftung eines **Gewinns** und dessen Höhe abhängig sind (Dividendenpapiere).

c) **Arten:**

- Aktie = Beteiligung an einer Aktiengesellschaft
- früher: Kux = Beteiligung an einer bergrechtlichen Gewerkschaft
- früher: Bohranteil = Beteiligung an einer Bohrgesellschaft.

50 DM
DEUTSCHE BANK
AKTIENGESELLSCHAFT
AKTIE
AKTIE ÜBER FÜNFZIG DEUTSCHE MARK
Der Inhaber dieser Aktie ist bei der Deutsche Bank Aktiengesellschaft
nach Maßgabe ihrer Satzung als Aktionär beteiligt.
Frankfurt am Main, im Mai 1966
DEUTSCHE BANK
AKTIENGESELLSCHAFT
AUFSICHTSRAT
VORSTAND
KONTROLLBEAMTER
VORSITZENDER

DEUTSCHE BANK AKTIENGESELLSCHAFT
14. GEWINNANTEILSCHEIN zur Aktie Nr. über Fünfzig Deutsche Mark
Frankfurt am Main, im Mai 1966 — DEUTSCHE BANK AKTIENGESELLSCHAFT
14 GEWINN-ANTEIL-SCHEIN

DEUTSCHE BANK AKTIENGESELLSCHAFT
13. GEWINNANTEILSCHEIN zur Aktie Nr. über Fünfzig Deutsche Mark
Frankfurt am Main, im Mai 1966 — DEUTSCHE BANK AKTIENGESELLSCHAFT
13 GEWINN-ANTEIL-SCHEIN

DEUTSCHE BANK AKTIENGESELLSCHAFT
16. GEWINNANTEILSCHEIN zur Aktie Nr. über Fünfzig Deutsche Mark
Frankfurt am Main, im Mai 1966 — DEUTSCHE BANK AKTIENGESELLSCHAFT
16 GEWINN-ANTEIL-SCHEIN

DEUTSCHE BANK AKTIENGESELLSCHAFT
15. GEWINNANTEILSCHEIN zur Aktie Nr. über Fünfzig Deutsche Mark
Frankfurt am Main, im Mai 1966 — DEUTSCHE BANK AKTIENGESELLSCHAFT
15 GEWINN-ANTEIL-SCHEIN

DEUTSCHE BANK AKTIENGESELLSCHAFT
18. GEWINNANTEILSCHEIN zur Aktie Nr. über Fünfzig Deutsche Mark
Frankfurt am Main, im Mai 1966 — DEUTSCHE BANK AKTIENGESELLSCHAFT
18 GEWINN-ANTEIL-SCHEIN

DEUTSCHE BANK AKTIENGESELLSCHAFT
17. GEWINNANTEILSCHEIN zur Aktie Nr. über Fünfzig Deutsche Mark
Frankfurt am Main, im Mai 1966 — DEUTSCHE BANK AKTIENGESELLSCHAFT
17 GEWINN-ANTEIL-SCHEIN

DEUTSCHE BANK AKTIENGESELLSCHAFT
20. GEWINNANTEILSCHEIN zur Aktie Nr. über Fünfzig Deutsche Mark
Frankfurt am Main, im Mai 1966 — DEUTSCHE BANK AKTIENGESELLSCHAFT
20 GEWINN-ANTEIL-SCHEIN

DEUTSCHE BANK AKTIENGESELLSCHAFT
19. GEWINNANTEILSCHEIN zur Aktie Nr. über Fünfzig Deutsche Mark
Frankfurt am Main, im Mai 1966 — DEUTSCHE BANK AKTIENGESELLSCHAFT
19 GEWINN-ANTEIL-SCHEIN

DEUTSCHE BANK AKTIENGESELLSCHAFT
22. GEWINNANTEILSCHEIN zur Aktie Nr. über Fünfzig Deutsche Mark
Frankfurt am Main, im Mai 1966 — DEUTSCHE BANK AKTIENGESELLSCHAFT
22 GEWINN-ANTEIL-SCHEIN

DEUTSCHE BANK AKTIENGESELLSCHAFT
21. GEWINNANTEILSCHEIN zur Aktie Nr. über Fünfzig Deutsche Mark
Frankfurt am Main, im Mai 1966 — DEUTSCHE BANK AKTIENGESELLSCHAFT
21 GEWINN-ANTEIL-SCHEIN

DEUTSCHE BANK AKTIENGESELLSCHAFT
24. GEWINNANTEILSCHEIN zur Aktie Nr. über Fünfzig Deutsche Mark
Frankfurt am Main, im Mai 1966 — DEUTSCHE BANK AKTIENGESELLSCHAFT
24 GEWINN-ANTEIL-SCHEIN

DEUTSCHE BANK AKTIENGESELLSCHAFT
23. GEWINNANTEILSCHEIN zur Aktie Nr. über Fünfzig Deutsche Mark
Frankfurt am Main, im Mai 1966 — DEUTSCHE BANK AKTIENGESELLSCHAFT
23 GEWINN-ANTEIL-SCHEIN

DEUTSCHE BANK AKTIENGESELLSCHAFT
26. GEWINNANTEILSCHEIN zur Aktie Nr. über Fünfzig Deutsche Mark
Frankfurt am Main, im Mai 1966 — DEUTSCHE BANK AKTIENGESELLSCHAFT
26 GEWINN-ANTEIL-SCHEIN

DEUTSCHE BANK AKTIENGESELLSCHAFT
25. GEWINNANTEILSCHEIN zur Aktie Nr. über Fünfzig Deutsche Mark
Frankfurt am Main, im Mai 1966 — DEUTSCHE BANK AKTIENGESELLSCHAFT
25 GEWINN-ANTEIL-SCHEIN

DEUTSCHE BANK AKTIENGESELLSCHAFT
28. GEWINNANTEILSCHEIN zur Aktie Nr. über Fünfzig Deutsche Mark
Frankfurt am Main, im Mai 1966 — DEUTSCHE BANK AKTIENGESELLSCHAFT
28 GEWINN-ANTEIL-SCHEIN

DEUTSCHE BANK AKTIENGESELLSCHAFT
27. GEWINNANTEILSCHEIN zur Aktie Nr. über Fünfzig Deutsche Mark
Frankfurt am Main, im Mai 1966 — DEUTSCHE BANK AKTIENGESELLSCHAFT
27 GEWINN-ANTEIL-SCHEIN

DEUTSCHE BANK AKTIENGESELLSCHAFT
30. GEWINNANTEILSCHEIN zur Aktie Nr. über Fünfzig Deutsche Mark
Frankfurt am Main, im Mai 1966 — DEUTSCHE BANK AKTIENGESELLSCHAFT
30 GEWINN-ANTEIL-SCHEIN

DEUTSCHE BANK AKTIENGESELLSCHAFT
29. GEWINNANTEILSCHEIN zur Aktie Nr. über Fünfzig Deutsche Mark
Frankfurt am Main, im Mai 1966 — DEUTSCHE BANK AKTIENGESELLSCHAFT
29 GEWINN-ANTEIL-SCHEIN

DEUTSCHE BANK AKTIENGESELLSCHAFT
ERNEUERUNGSSCHEIN ZUR AKTIE ÜBER FÜNFZIG DEUTSCHE MARK Nr.
Gegen Rückgabe dieses Erneuerungsscheines werden neue Gewinnanteilscheine, deren erster auf Nummer 31 lautet, nebst Erneuerungsschein ausgehändigt.
Nr. Frankfurt am Main, im Mai 1966
DEUTSCHE BANK AKTIENGESELLSCHAFT
Aufsichtsrat Vorstand
Vorsitzender
ERNEUERUNGS-SCHEIN
DM 50.-

1.4.21 Die einzelnen Anteilspapiere

1.4.210 Aktie

a) **Wesen:** = vertretbares Kapitalwertpapier, das ein Teilhaberrecht an einer Aktiengesellschaft verbrieft (vgl. Abschnitt 0.4.16).

b) Verbriefte **Rechte**:

- **Stammaktie:**
  - Anteil am Grundkapital der AG
  - Teilnahme an der Hauptversammlung
  - Stimmrecht in der HV
  - Anspruch auf Dividende
  - Anspruch auf Anteil am Liquidationserlös
  - Recht auf Auskunft in der HV
  - Bezugsrecht bei Ausgabe junger Aktien
- **Vorzugsaktie:** Vorzüge hinsichtlich
  - der Dividende
  - des Stimmrechts (Aktien mit Mehrfachstimmrecht sind in der Bundesrepublik grds. nicht mehr zulässig, § 12 AktG)
  - des Anteils am Liquidationserlös.
    Den Vorteilen der Vorzugsaktien steht als Nachteil vielfach die Stimmrechtslosigkeit gegenüber.

c) **Erträge der Aktienanlage:**

- Dividenden zzgl. Körperschaftsteuerguthaben
- Kursgewinne:
  - Nennwert der Aktie bezeichnet nur den Teilbetrag vom Gesellschaftskapital
  - Kurswert bestimmt sich aus Angebot und Nachfrage (an der Börse) und weicht fast immer vom Nennwert ab
  - Kursgewinne repräsentieren die Vermögenszuwächse der AG (Kursverluste die Vermögensverluste)
- Bezugsrechtserlöse (vgl. Abschnitt 1.4.413)
- Aktien sind risikobehaftete Kapitalanlagen und können als solche keine Erträge garantieren; auch sind insbesondere Kursverluste möglich

d) **Besondere Aktienarten:**

- **Globalaktien** = Sammelurkunden über mehrere Anteilsrechte aus Aktien, ausgestellt zur Vereinfachung der Abwicklung und Verwaltung, jederzeit umtauschbar in einzelne Aktien
- **Belegschaftsaktien** = Aktien, die an Belegschaftsmitglieder der Aktiengesellschaft vergeben werden, gewöhnlich zu einem Vorzugskurs, veräußerbar dann erst nach Ablauf einer Sperrfrist; Anlageform für Arbeitnehmer nach dem 936-DM-Gesetz.

- **Volksaktien** = Aktien, die im Rahmen der Privatisierung von Bundesvermögen zu günstigen Kursen an Privatpersonen ausgegeben werden, meist in begrenzter Anzahl, um breite Bevölkerungskreise und insbes. die Bezieher geringerer Einkommen zur Anlage und Vermögensbildung zu veranlassen (z. B. Aktien des Volkswagenwerkes, der Preussag, der VEBA = Vereinigte Elektrizitäts- und Bergwerks-AG, der Deutschen Telekom AG: 1996 wurden 500 Mio. T-Aktien zum Nennwert von 5,– DM/Stück plaziert).
- **Interimsscheine** (Zwischenscheine) = Urkunden, die nach Gründung oder Kapitalerhöhung einer AG ausgegeben werden können, allerdings erst nach Eintragung bzw. Umschreibung im Handelsregister, wenn sich die Ausgabe der eigentlichen Aktien verzögert; = auf den Namen des Aktionärs lautende Orderpapiere.
- **Berichtigungsaktien** = normale Aktien, die bei Umwandlung offener Rücklagen in Grundkapital an die bisherigen Aktionäre ausgegeben werden (Kapitalerhöhung aus Gesellschaftsmitteln); da die Rücklagen dem Aktionär als Inhaber der AG auch vorher zustanden, ändert sich an der Höhe seiner Kapitalbeteiligung nichts, sie wird zwar nominell höher, doch wird der Kurswert i. d. R. entsprechend geringer werden, da das gleichgebliebene Vermögen der AG sich nun auf eine größere Zahl von Aktien verteilt.

BEISPIEL:

Grundkapital	10 000 000,– DM	
Kurswert der alten Aktien	250,– DM	pro 50-DM-Aktie
Kapitalerhöhung	2 500 000,– DM	aus Gesellschaftsmitteln
Kurswert	200,– DM	pro 50-DM-Aktie

Ein Aktionär, dessen 4 Aktien bisher insgesamt 1 000,– DM wert waren, hat nun 5 Aktien à 50,– DM Nennwert, die insgesamt denselben Kurswert haben dürften.

Der für Berichtigungsaktien gelegentlich verwandte Begriff „Gratisaktien“ trifft also nicht zu, denn der Aktionär erhält nichts „gratis“.

Auch hinsichtlich der Dividende ändert sich nichts, da der anfallende Gewinn nunmehr auf eine größere Zahl von Aktien entfällt. Ausnahme: wenn die Gesellschaft aus optischen Gründen darauf verzichtet, den Dividendensatz (in % des Nennwertes) entsprechend zu verringern.

BEISPIEL:

Betrug die Dividende bisher 8 %, so erhielt ein Aktionär mit vier 50-DM-Aktien 16,– DM Dividende. Nun wäre der Dividendensatz auf 6,4 % zu senken. Bleibt er dennoch bei 8 %, erhält dieser Aktionär nun 20,– DM Dividende.

1.4.211 Weitere Anteilspapiere

a) **Kux:**

= Anteilspapier, das früher die Mitgliedschaft an sog. bergrechtlichen Gewerkschaften verbriefte, Rektapapier

- nur noch historisch bedeutsam; der amtliche Handel in Kuxen wurde bereits 1970 eingestellt; noch bestehende bergrechtliche Gewerkschaften wurden bis 1985 aufgelöst oder umgewandelt.

b) **Bohranteil:**

= früher: Anteil an einer Bohrgesellschaft, Rektapapier

- Bohrgesellschaften wurden zur Finanzierung der Mineralienschürfung gegründet; heute bedeutungslos.

1.4.3 Wertpapiersonderformen

1.4.30 Investmentzertifikat

1.4.300 Wesen und Bedeutung

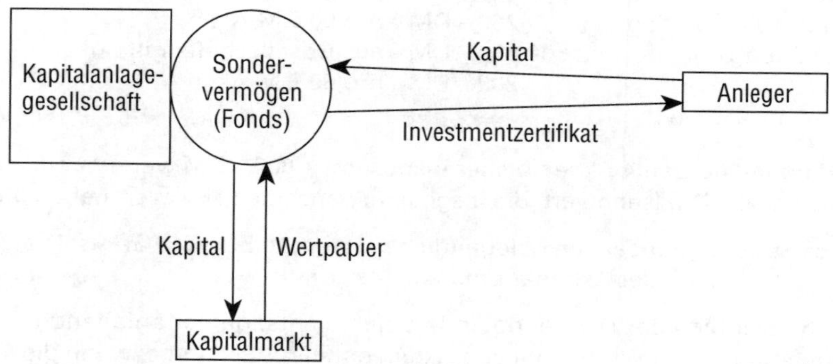

a) **Wesen:**

= Anteilspapier besonderer Art, das einen Anteil am **Sondervermögen** (Fonds) einer Kapitalanlagegesellschaft verbrieft (keinen Anteil an der Gesellschaft selbst!)

= Inhaber- oder Namensanteilschein.

b) **Verbrieft** werden

- Miteigentum des Anlegers am Sondervermögen nach Bruchteilen
- **oder** Gläubigerstellung des Anlegers, d. h. das Fondsvermögen steht im treuhänderischen Eigentum der Investmentgesellschaft

- Anspruch auf Ausschüttung der Erträge (Ausnahme: sog. Wachstumsfonds, bei dem die Erträge in das Fondsvermögen fließen und zur erneuten Anlage dienen)
- Anspruch auf jederzeitige Rücknahme des Zertifikats gegen Auszahlung seines Wertes (bei sog. offenen Fonds).

c) **Bedeutung:**

- für den **Anleger**:
  - er wird Miteigentümer oder Gläubiger eines gut gemischten, nach dem Gesichtspunkt der Risikostreuung angelegten Depots
  - diese Anlageform kann er bereits mit wenig Geld wählen
  - Verwahrung und Verwaltung der Papiere des Fondsvermögens erfolgen durch die Investmentgesellschaft
  - Rückgabe des Anteils ist jederzeit möglich
- für die **Gesamtwirtschaft**:
  - Gewinnung neuer Sparerkreise für das Wertpapiersparen
  - Förderung der Vermögensbildung in privater Hand, insbesondere auch in unteren Einkommensschichten.

d) **Arten von Investmentfonds:**

- **Wertpapier**fonds (vgl. Abschnitt 1.4.303)
- **Immobilien**fonds: Beteiligung von Anlegern mit kleineren Beträgen an Grundstücks-, Haus-, Wohnungseigentum; Arten:
  - offene Fonds: fortlaufende Neuausgabe von Zertifikaten und entsprechende Kapitalanlage in Immobilien möglich
  - geschlossene Fonds: bestimmte Anzahl von Objekten wird durch feste Zahl von Zertifikaten finanziert.
- **Waren**fonds (z. B. Goldfonds, Whiskyfonds)
- **Leasing**fonds.

1.4.301 Kapitalanlagegesellschaften (Investmentgesellschaften)

a) **Rechtsgrundlage:** Gesetz über Kapitalanlagegesellschaften (KAGG) i.d.F. von 1970.

b) **Wesen:** = Unternehmen, die folgende Aufgaben erfüllen:

- Sammlung von Kapital in einem Fonds
- Anlage der Mittel im eigenen Namen für fremde, d. h. gemeinsame Rechnung der Anteilseigner in Wertpapieren oder Immobilien nach dem Grundsatz der Risikomischung
- strenge Trennung des **Sondervermögens** (Fonds) vom eigenen Vermögen der Gesellschaft
- Ausgabe von Investment-Zertifikaten gegen Einzahlung durch die Anleger

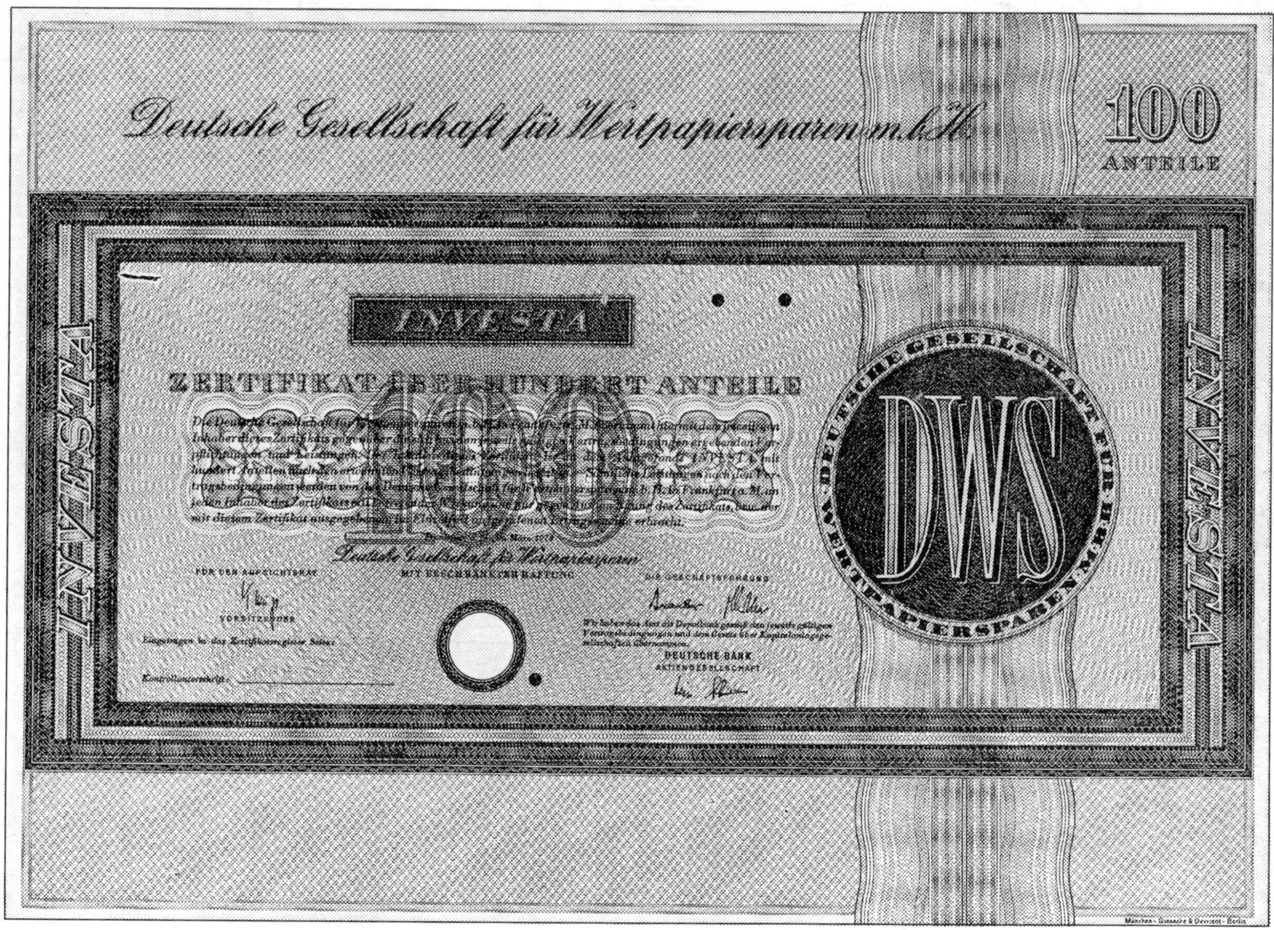
Deutsche Gesellschaft für Wertpapiersparen m.b.H.
100
ANTEILE
INVESTA
ZERTIFIKAT ÜBER HUNDERT ANTEILE
DWS
DEUTSCHE GESELLSCHAFT FÜR WERTPAPIERSPAREN M.B.H.
INVESTA
INVESTA
Deutsche Gesellschaft für Wertpapiersparen
MIT BESCHRÄNKTER HAFTUNG
FÜR DEN AUFSICHTSRAT
VORSITZENDER
DIE GESCHÄFTSFÜHRUNG
DEUTSCHE BANK
AKTIENGESELLSCHAFT

Deutsche Gesellschaft für Wertpapiersparen m.b.H.
18. ERTRAGSSCHEIN zum Zertifikat über HUNDERT ANTEILE
18
17. ERTRAGSSCHEIN zum Zertifikat über HUNDERT ANTEILE
17
20. ERTRAGSSCHEIN zum Zertifikat über HUNDERT ANTEILE
20
19. ERTRAGSSCHEIN zum Zertifikat über HUNDERT ANTEILE
19
22. ERTRAGSSCHEIN zum Zertifikat über HUNDERT ANTEILE
22
21. ERTRAGSSCHEIN zum Zertifikat über HUNDERT ANTEILE
21
24. ERTRAGSSCHEIN zum Zertifikat über HUNDERT ANTEILE
24
23. ERTRAGSSCHEIN zum Zertifikat über HUNDERT ANTEILE
23
26. ERTRAGSSCHEIN zum Zertifikat über HUNDERT ANTEILE
26
25. ERTRAGSSCHEIN zum Zertifikat über HUNDERT ANTEILE
25
28. ERTRAGSSCHEIN zum Zertifikat über HUNDERT ANTEILE
28
27. ERTRAGSSCHEIN zum Zertifikat über HUNDERT ANTEILE
27
30. ERTRAGSSCHEIN zum Zertifikat über HUNDERT ANTEILE
30
29. ERTRAGSSCHEIN zum Zertifikat über HUNDERT ANTEILE
29
Frankfurt a. M., im März 1972
Deutsche Gesellschaft für Wertpapiersparen m.b.H.
INVESTA
ERNEUERUNGSSCHEIN zum ZERTIFIKAT über HUNDERT ANTEILE
Frankfurt a. M., im März 1972
Deutsche Gesellschaft für Wertpapiersparen m.b.H.
ERNEUERUNGSSCHEIN

- die Aktionärsrechte für erworbene Aktien werden durch die Investmentgesellschaft ausgeübt (insb. Stimmrecht; nicht: Einbehalten der von der AG ausgeschütteten Gewinne)
- treuhänderische Verwahrung der erworbenen Effekten durch eine Depotbank.

c) Grundlegende **Rechtsvorschriften**:

- Gründung einer Kapitalanlagegesellschaft nur in der Rechtsform einer AG oder GmbH
- eingezahltes Nennkapital mind. 5 Mio. DM
- Investmentgesellschaften sind **Kreditinstitute** (vgl. § 1 KWG) und unterliegen damit der Bankenaufsicht
- Beschränkung der Geschäftstätigkeit auf Aufbau und Verwaltung des Fondsvermögens (Ausnahme: eigenes Vermögen der Gesellschaft).

d) **Anlagevorschriften** für Wertpapierfonds:

- Anlage hat entsprechend den Vorschriften der Satzung der Gesellschaft zu erfolgen
- Kauf von in- und ausländischen Effekten, die an der Börse im amtlichen Handel oder im geregelten Markt gehandelt werden, sowie entsprechenden Bezugsrechten
- Kauf von Papieren **eines** Emittenten:
  - nur bis zu 5 % des Fondsvermögens (maximal bis zu 10 %, wenn dies in den Vertragsbedingungen vorgesehen ist und der Gesamtwert der Wertpapiere dieser Aussteller 40 % vom Wert des Sondervermögens nicht übersteigt)
  - Pfandbriefe und Kommunalschuldverschreibungen sowie Schuldverschreibungen des Bundes, eines Bundeslandes, der EG, eines Mitgliedsstaates der EG oder von OECD-Staaten (unter bestimmten Bedingungen) werden bei der Berechnung der Grenzen nur mit der Hälfte ihres Wertes angesetzt
  - für alle von der Investmentgesellschaft verwalteten Fonds dürfen Aktien erworben werden, wenn die Stimmrechte hieraus 10 % der gesamten Stimmrechte nicht übersteigen
- maximal 49 % des Sondervermögens dürfen in Bankguthaben und Einlagenzertifikaten von KI sowie in bestimmten Geldmarktpapieren angelegt werden
- für Wertpapierfonds dürfen Edelmetalle und Zertifikate über Edelmetalle nicht erworben werden
- Wertpapier-Optionen:
  - nur an in- oder ausländischer Börse handelbare Optionen
  - Basispreise aller Optionsgeschäfte zusammen
    - maximal 20 % des Fondsvermögens
    - in Wertpapieren **eines** Emittenten zusammen maximal 2 % des Fondsvermögens
    - wird ein Optionsgeschäft durch ein Gegengeschäft geschlossen, sind beide nicht anzurechnen
  - Wertpapier-Kaufoptionen nur mit Wertpapieren, die zum Fondsvermögen gehören – kein Verkauf während der Optionslaufzeit

- Wertpapier-Verkaufsoption darf nur erworben werden, wenn sich die entsprechenden Papiere zum Zeitpunkt des Erwerbs der Verkaufsoption im Sondervermögen befinden

- Devisen-Terminverkauf nur zulässig als Kurssicherung für Vermögensgegenstände des Fondsvermögens in gleichem Umfang und in gleicher Währung

- Finanzterminkontrakte, die an einer in- oder ausländischen Börse gehandelt werden:
  - dürfen zur Absicherung von Vermögensgegenständen des Sondervermögens verkauft werden
  - nicht zur Absicherung dienende Finanzkontrakte dürfen bis max. 20 % des Fondsvermögens abgeschlossen werden
  - Summe aller Finanzkontrakte darf 20 % des Fondsvermögens nicht übersteigen
  - wird ein Finanzkontrakt durch ein Gegengeschäft geschlossen, sind beide Kontrakte nicht anzurechnen.

e) **Sicherungsvorschriften:**

- Einschaltung einer Depotbank für Verwahrung der Papiere; Aufgaben der Depotbank:
  - Verwahrung der Fondspapiere
  - Kauf und Verkauf von Fondswerten nach Weisung der Investmentgesellschaft
  - Verwaltung der Fondswerte (z. B. Abtrennen von Zins- und Dividendenscheinen)
  - Mitwirkung bei Ausgabe und Rücknahme der Investmentzertifikate

- das Fondsvermögen haftet nicht für die Schulden der Investmentgesellschaft.

f) **Erträge:**

- gewöhnliche Erträge (Zinsen, Dividenden) müssen an die Anleger ausgeschüttet werden (Ausnahme: Wachstumsfonds)

- außergewöhnliche Erträge (insb. Kursgewinne) können ausgeschüttet werden

- 5 % der Erträge (oder vereinbarte Prozentsätze vom Fondsvermögen) gehen als Verwaltungsgebühr an die Investmentgesellschaft.

g) **Vorschriften des KAGG für offene Immobilienfonds:**

- das Sondervermögen muß aus mindestens 10 Grundstücken bestehen

- kein Grundstück darf bei Erwerb 15 % des Wertes des Sondervermögens überschreiten

- die Fondsliegenschaften werden von einem neutralen Sachverständigenausschuß bewertet.

1.4.302 Ausgabe- und Rücknahmepreise von Investmentzertifikaten

a) Berechnung des **Ausgabepreises** (Beispiel):

		DM
	Wertpapiervermögen (Umrechnung zu Tageskursen)	42 000 000,–
+	Barvermögen	6 800 000,–
+	Sonstiges Vermögen (z. B. Steuererstattungsansprüche)	1 200 000,–
=	**Inventarwert netto**	50 000 000,–
:	Zahl der umlaufenden Anteile	: 1 000 000
=	Tageswert je Anteil	50,00
+	Zuschlag für Ausgabekosten, hier 3 % (für Ausgabe der Zertifikate, 0,75-5,26 %)	1,50
=	**Ausgabepreis**	**51,50**

b) Berechnung des **Rücknahmepreises** (Beispiel):

		DM
	Inventarwert netto	50 000 000,–
:	Zahl der umlaufenden Anteile	: 1 000 000
=	Tageswert je Anteil = Rücknahmepreis	50,00

1.4.303 Wertpapierfonds

a) Die Kapitalanlagegesellschaften für die Wertpapierfonds befinden sich zum größten Teil in Händen der wichtigen deutschen KI:

- DWS Deutsche Gesellschaft für Wertpapiersparen mbH – Deutsche Bank
- DIT Deutscher Investment Trust – Dresdner Bank
- Adig Allgemeine Deutsche Investment-GmbH – Commerzbank, Bayerische Vereinsbank u.a.m.
- DEKA Deutsche Kapitalanlagegesellschaft mbH – Sparkassen, Girozentralen
- Union-Investment-Gesellschaft mbH – Kreditgenossenschaften.

Spätestens seit Einführung der Zinsabschlagsteuer in Deutschland haben die luxemburgischen Töchter der deutschen Kapitalanlagegesellschaften an Bedeutung und Geschäftsvolumen erheblich zugenommen.

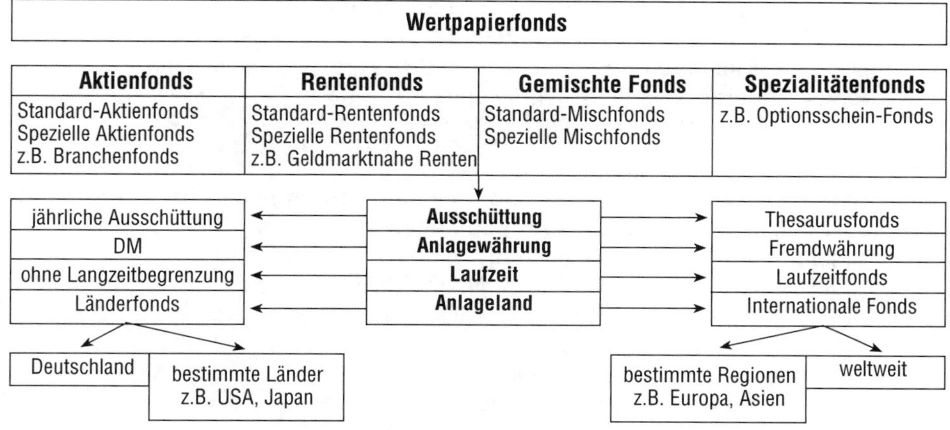

b) **Arten:**

- Aktienfonds
  - Standard-Aktienfonds: Anlage des Fondsvermögens im wesentlichen in Aktien, breit gestreut
  - Spezielle Aktienfonds: Fondsvermögen spezialisiert auf bestimmte Marktausschnitte, z. B. Branchenfonds (Aktien best. Industriezweige wie Energie, Technologie)
  - nur inländische Aktien, nur ausländische Aktien oder gemischt
  - mit Erträgnisausschüttung oder ohne = thesaurierend

- Rentenfonds:
  - Standard-Rentenfonds: Anlage des Fondsvermögens im wesentlichen in (in- und/oder ausländischen) festverzinslichen Wertpapieren (Renten), breit gesteut
  - Spezielle Rentenfonds: Fondsvermögen spezialisiert auf bestimmte Marktausschnitte, z. B. Geldmarktnahe Rentenfonds
  - mit/ohne Erträgnisausschüttung

- Gemischte Fonds
  - im Fondsvermögen befinden sich Aktien und Renten (in- und/oder ausländische)
  - mit/ohne Erträgnisausschüttung

- Spezialitätenfonds:
  - Fondsvermögen zusammengestellt aus „Spezialitäten"
  - häufig dadurch bewußt geringere Risikostreuung
  - Beispiele: Optionsschein-Fonds, Genußschein-Fonds
  - nicht zu verwechseln mit „Spezialfonds" (s. u.)

- Laufzeitfonds:
  - Fonds mit festgesetzter Laufzeit
  - wird zum festgesetzten Termin aufgelöst, das Fondsvermögen an die Anteilsinhaber zurückgezahlt
  - Zielgruppe: insb. Kapitalanleger, die eine konkrete Laufzeitvorstellung haben

- erstmals seit Juli 1990 auf dem deutschen Markt
- Verkauf wird meist nach kurzer Zeit (3 Monate) eingestellt
- kürzere bis längere Laufzeiten (je nach Strategie der Gesellschaft)
- Aktien-, Renten- oder gemischte Fonds
- in- und/oder ausländische Papiere

▪ Geldmarktfonds/geldmarktnahe Fonds:
  - Anlage des Fondsvermögens in Tages- und Termingeldern (am Euromarkt) sowie in festverzinslichen Wertpapieren mit sehr kurzer Restlaufzeit und in Anleihen mit variabler Verzinsung
  - Anlage in verschiedenen Währungen möglich
  - Anlageerfolg hängt ab von der Entwicklung der Geldmarktzinsen und der Anlagewährung
  - insb. interessant bei inverser Zinsstruktur
  - keine Erträgnisausschüttung (Thesaurierungsfonds)
  - Investmentfonds nach ausländischem Recht (Luxemburg)
  - nach deutschem Recht max. 49 % des Fondsvermögens in bestimmten Geldmarktpapieren und Bankguthaben (Bundesbank sieht Probleme mit der Geldmengensteuerung, da keine Mindestreservepflicht)

▪ Spezialfonds:
  - nur **ein** Anteilseigner (z. B. Versicherungsgesellschaft)
  - dennoch offener Fonds
  - Anlage z. B. der deckungsstockfähigen Papiere
  - rationelle Vermögensverwaltung für Anteilsinhaber, da nur Zertifikate des Fonds
  - Vermögens-/Depotverwaltung übernimmt Kapitalanlagegesellschaft

▪ Dachfonds:
  - nach deutschem Investmentrecht darf eine Kapitalanlagegesellschaft für einen Fonds keine Anteile an einem anderen Sondervermögen und keine ausländischen Investmentanteile erwerben (Fonds mit Investmentanteilen)
  - unter bestimmten Voraussetzungen dürfen jedoch bis zu max. 5 % des Sondervermögens in Investmentanteilen angelegt sein, jedoch nicht mehr als 10 % der ausgegebenen Anteile des anderen Fonds

▪ Wachstums-/Thesaurus-Fonds:
  - nicht ausschüttende Fonds, die die Erträgnisse wieder anlegen und so Zinseszinseffekte erzielen
  - Aktien-, Renten- oder gemischte Fonds
  - hierher gehören i. d. R. Laufzeit-, Geldmarkt- und geldmarktnahe Fonds
  - nach deutschem Einkommensteuerrecht gelten die Erträge mit Abschluß des Geschäftsjahres als steuerlich zugeflossen
  - Kursgewinne nach Ablauf der sechsmonatigen Spekulationsfrist im Privatvermögen steuerfrei.

c) **Wiederanlagerabatt:** Die ausschüttenden Fonds bieten i. d. R. an, die Erträgnisse zu Sonderkonditionen in neuen Fondsanteilen wieder anzulegen:

▪ Wiederanlagerabatt je nach Fonds 1-3 % auf den Ausgabepreis (bei Zuwachskonten sogar zum Rücknahmepreis)

- dabei meist großzügige Vorgehensweise (z. B. können statt 14 auch 20 Anteile mit Rabatt erworben werden).

1.4.304 Investment-Pläne

a) Die Kapitalanlagegesellschaften bieten i. d. R. ihren Kunden die Anlage auf sogenannten **Zuwachs- oder Ansparplankonten**:

- geeignet für regelmäßiges oder auch gelegentliches Investmentsparen, auch in kleineren Beträgen
- ggf. geeignet für Anlage von vermögenswirksamen Leistungen nach dem 5. VermBG bis zu 936,– DM p.a.
- größere Einmalzahlungen möglich
- Erwerb von Bruchteilen eines Anteils am Fondsvermögen ist möglich; dadurch Sparen von festen Beträgen
- jährliche Ausschüttungen werden grundsätzlich automatisch in zusätzlichen Anteilen des jeweiligen Fonds spesenfrei unter Ausnutzung des Wiederanlagerabatts bzw. zum Rücknahmepreis angelegt, dadurch Zinseszinseffekt
- Cost-average-Effekt:
  - Anleger zahlt regelmäßig einen festen Betrag auf sein Zuwachskonto
  - bei hohen Anteilswerten erwirbt er relativ weniger Anteile als ein Anleger, der immer eine bestimmte Anzahl von Anteilen erwirbt (umgekehrt bei niedrigen Anteilswerten)
  - dadurch durchschnittlich günstigerer Einstandspreis je gekaufte Anteile bei gleichem Kapitaleinsatz

b) Kombination mit **Auszahlplan** möglich:

- Auszahlung von regelmäßigen „Renten" zu Lasten des Anteilsvermögens
- Rückgabe von Bruchteilen eines Anteils ist möglich (dadurch feste Beträge)
- Vermögensverzehr oder nur Rückgabe von Anteilen in Höhe der kalkulierten Erträgnisse.

1.4.305 Ausländische Investmentzertifikate

a) **Rechtsgrundlagen:**

- Gesetz über den Vertrieb ausländischer Investmentanteile von 1969
- Gesetz über Kapitalanlagegesellschaften

b) Einzelne **Vorschriften**:

- die ausländische Gesellschaft muß einen inländischen zuverlässigen, geeigneten Repräsentanten haben (insb. KI)
- die Verwahrung muß durch eine Depotbank erfolgen
- in der Bundesrepublik Deutschland muß mindestens eine Zahlstelle bestehen

- der Erwerber eines Zertifikats muß dessen Eigentümer werden
- die Anteile müssen jederzeit zurückgegeben werden können
- das Fondsvermögen darf nicht aus Investmentzertifikaten anderer Gesellschaften bestehen
- Wertpapiere dürfen erst verkauft werden, wenn sie bereits erworben wurden (keine sog. Hedge Fonds mit Effekten-Arbitrage zulässig)
- Publizitätsvorschriften
- bei unrichtigen oder unvollständigen wesentlichen Prospektangaben hat der Käufer ab Bekanntwerden ein Rücktrittsrecht für 6 Monate
- ein außerhalb der Geschäftsräume der Gesellschaft/des Repräsentanten geschlossener Vertrag kann binnen 2 Wochen widerrufen werden (gilt insb. für Abschlüsse bei Vertreterbesuchen).

c) **Ausländische thesaurierende Wertpapierfonds:** Seit Einführug der Zinsabschlagsteuer im Jahre 1993 haben diese Fonds insbesondere in Luxemburg erhebliche Kapitalzuwächse zu verzeichnen. Das Kapital wird dabei i. d. R. wieder an den deutschen Kapitalmarkt zurückgeschleust (sog. „Recycling" deutscher Spargelder).

- Kapitalanlagen unterliegen ausländischem, nicht deutschem Recht
- Erträge werden nicht ausgeschüttet, sondern wiederangelegt (thesauriert); sie gelten dennoch am Ende des Geschäftsjahres als dem Anleger zugeflossen
- Erträge unterliegen bei Steuerinländern (deutschen Anlegern) voll der deutschen Einkommensteuer
- bei Verwahrung im Ausland unterliegen sie nicht der deutschen Zinsabschlagsteuer.

1.4.31 Weitere Wertpapier-Sonderformen

1.4.310 Wandelschuldverschreibung

a) **Wesen:**

= Industrieobligation mit normaler Ausstattung

- zusätzlich besteht Recht des Anlegers auf **Umtausch** der Schuldverschreibung in Aktien des Emittenten
- der Anleger hat also die **Wahl**,
  - Gläubiger zu bleiben
  - Mitinhaber der AG zu werden.

b) **Voraussetzungen** für die Ausgabe:

- Beschluß der Hauptversammlung der AG mit 3/4-Mehrheit, Wandelschuldverschreibungen auszugeben, d. h. eine **bedingte Kapitalerhöhung** durchzuführen („bedingt", weil der tatsächliche Umfang der Kapitalerhöhung davon abhängt, ob und inwieweit umgetauscht wird; vgl. § 192 AktG)

- Einräumung eines Bezugsrechts für die bisherigen (Alt-)Aktionäre.

c) **Umtausch:**

- innerhalb eines genau bestimmten Zeitraums
- zu einem festgesetzten Preis, meist unter **Zuzahlung** (wenn von Emission der Wandelanleihe bis zum Umtausch wesentliche Steigerung des Kurswertes der Aktien zu erwarten ist)
- ob und wann umgetauscht wird, hängt ab von
  - Kurs und Tendenz der Aktien
  - Höhe der Zuzahlung
  - Verhältnis Zinsen – Dividenden
  - Geldwertschwankungen (bei inflationärer Tendenz sind Aktien vorteilhafter, da sie sich der Geschwindigkeit und dem Ausmaß der Geldentwertung weitgehend anpassen, während Forderungen entwertet werden)
- nach Umtausch **erlischt das Forderungsrecht** aufgrund der Schuldverschreibung, der bisherige Gläubiger wird Anteilseigner (Aktionär)
- bei Nichtumtausch bleibt das Forderungsrecht bestehen, die Anleihe wird entsprechend den Anleihebedingungen getilgt (meist am Ende der Laufzeit).

d) **Bedeutung:**

- für den **Emittenten**:
  - Ankaufsreiz für die Anleger durch Umtauschrecht, daher ist meist gute Unterbringung der Anleihe möglich
  - Verbindung von Rückzahlung der Schulden und Erhöhung des Grundkapitals, für Tilgung der Anleihe ist (bei unvollständigem Umtausch) keine Liquidität erforderlich (in der Bilanz: **Passivtausch**, aus Fremdkapital wird Eigenkapital)
  - Zinsen mindern den zu versteuernden Gewinn
- für den **Anleger**:
  - Kombination von festem Ertrag (vor Umtausch) und Erhaltung des Wertes des eingesetzten Kapitals (nach Umtausch) bei – dann – variablem Ertrag
  - möglicher Umtauschgewinn (durch entsprechend hohen Kurswert der Aktien zum Umtauschzeitpunkt).

Nachteile:

- für den **Emittenten**: Unsicherheit über das Ausmaß der realen Kapitalerhöhung; Ausgabe der Aktien unter Wert bei unerwarteter Kursentwicklung
- für den **Anleger**: niedrigere Zinsen als bei normalen Industrieobligationen.

1.4.311 Optionsanleihe

a) **Wesen:**

= Industrieobligation mit normaler Ausstatttung

- zusätzlich besteht Recht des Anlegers auf **Bezug** (nicht Umtausch!) von Aktien des Emittenten
- nach § 221 AktG werden Optionsanleihen weitgehend den Wandelschuldverschreibungen gleichgestellt; es liegt ebenfalls eine **bedingte Kapitalerhöhung** vor.

b) **Bedeutung:**

- Forderungsrecht aufgrund der Schuldverschreibung bleibt nach Bezug bestehen, entsprechend den Anleihebedingungen erfolgt Rückzahlung
- durch günstige Kursentwicklung der Aktien sind besondere Bezugsgewinne möglich
- obwohl es sich um eine bedingte Kapitalerhöhung handelt, steht der Umfang der tatsächlichen Erhöhung des Grundkapitals von vornherein fest, da praktisch jede Option ausgeübt wird (denn sie bringt dem Berechtigten nur Vorteile).

1.4.312 Los- oder Prämienanleihen

Wesen: = öffentliche Anleihen (dürfen nur vom Staat ausgegeben werden), bei denen die Zinsen nicht ausgezahlt werden (verbriefen also keinen Zins**auszahlungs**anspruch), sondern nach Festsetzung von Gewinnen lotteriemäßig ausgespielt werden. Nur geringe praktische Bedeutung.

1.4.313 Gewinnschuldverschreibungen

Wesen: = Industrieobligationen, die eine (geringe) festliegende Grundverzinsung und darüber hinaus einen von der jeweiligen Dividendenhöhe abhängigen Aufzins (also eine Gewinnbeteiligung) verbriefen.

1.4.314 Genußscheine

a) **Wesen:**

= börsenfähige Wertpapiere, die sowohl Gläubiger- als auch Vermögensrechte verbriefen; sie nehmen damit eine Zwischenstellung zwischen Anleihen und Aktien ein

- **Anleihecharakter:**
  - i. d. R. feste (Basis-)Verzinsung, die abhängig vom Gewinn des Unternehmens dynamisiert werden kann (Zusatzausschüttung)
  - vielfach begrenzte Laufzeit

- Höhe des Nennwertes ist rechtlich nicht bestimmt (auch Unter-pari-Emission möglich)

- **aktienähnlicher Charakter:**
  - Genußscheine nehmen gewöhnlich an den Geschäftsverlusten des Emittenten teil, haben also Eigenkapitalcharakter
  - gewinnabhängige Verzinsung
  - z. T. gesondertes Optionsrecht oder Umtauschrecht in Aktien des emittierenden Unternehmens

- Genußscheine können unabhängig von der Rechtsform des Unternehmens ausgegeben werden. Das Emissionsvolumen ist nicht der Höhe nach begrenzt (z. B. bei Vorzugsaktien: max. 50 % des Aktienkapitals).

b) **Bedeutung:**

- für den **Emittenten:**
  - die Gestaltung der Konditionen ist äußerst variabel und kann genau auf die Kapitalbedürfnisse des Unternehmens ausgerichtet werden
  - kein Stimmrecht, d. h. die ursprünglichen Besitz- und Führungsrechte des Unternehmens bleiben gewahrt
  - Zinsen sind steuerlich absetzbar (Betriebsausgaben), wenn die Beteiligung am Liquidationserlös ausgeschlossen und nur Gewinnbeteiligung vereinbart wird
  - nach § 10 V KWG besteht für KI die Möglichkeit der Anrechenbarkeit von Genußscheinkapital als zusätzliche haftende Eigenmittel (vgl. Abschnitt 1.0.122)
  - Genußscheine sind eine Möglichkeit, die Arbeitnehmer im Rahmen des 936-DM-Gesetzes am Vermögen des Unternehmens zu beteiligen

- für den **Erwerber**:
  - Konditionen und Ausgestaltung können deutlich voneinander abweichen, d. h. erschwerte Vergleichbarkeit
  - der Anleger hat die Möglichkeit, sich an anderen Unternehmen als nur Aktiengesellschaften zu beteiligen
  - i. d. R. liegt die Verzinsung über dem jeweiligen Kapitalmarktzinsniveau
  - Ausschüttung gewöhnlich erst nach Feststellung des Jahresabschlusses
  - das Genußscheinkapital wird i. d. R. gegenüber den Ausschüttungen an die Aktionäre vorrangig bedient
  - gewöhnlich Verlustteilnahme bis zur Höhe des Nennwertes
  - kein Stimmrecht
  - kein Anspruch auf das bei Dividendenzahlungen übliche Körperschaftsteuerguthaben, aber Abführung der Kapitalertragsteuer (25 %) an der Quelle.

1.4.4 Emissionsgeschäft

1.4.40 Überblick

a) **Wesen:** Emission ist die Ausgabe von Effekten und ihre Unterbringung auf dem Kapitalmarkt durch den Emittenten selbst (**Selbstemission**) oder durch Kreditinstitute (**Fremdemission**).

b) **Rechtsvorschriften:**

- BGB- und HGB-Vorschriften (Kauf, Auftrag, Verwahrung, Kommission usw.)
- Vorschriften über die Zulassung von Effekten zum Börsenhandel
- Börsengesetz
- Aktiengesetz
- Depotgesetz

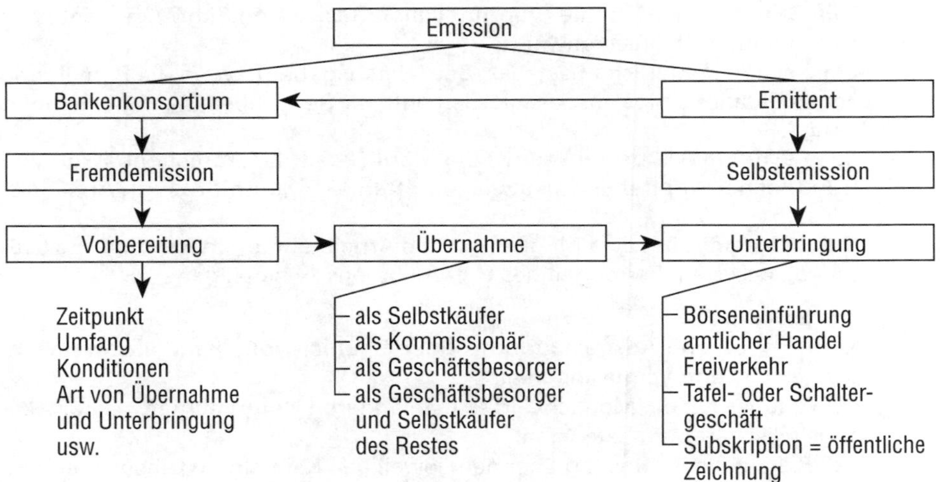

c) **Arten:**

- Bei der **Selbstemission** übernimmt der Emittent selbst die Ausgabe der Effekten. Gewöhnlich sind hierzu nur Kreditinstitute in der Lage, da sie
  - direkte Verbindung zu einer Vielzahl von Kunden haben
  - an der Effektenbörse vertreten sind
  - Wertpapiere auch verwahren und verwalten;

  Ausnahme: die Papiere bleiben von vornherein in Händen weniger Erwerber.

- Die **Fremdemission** wird von Kreditinstituten für den Emittenten vorgenommen, und zwar (selten) von einem einzelnen KI oder von einem sogenannten Emissionskonsortium (in der Regel), bestehend aus mehreren KI.

- **Emissionskonsortium:**
  = Gesellschaft des Bürgerlichen Rechts
  - Zustandekommen durch Konsortialvertrag

- die Konsorten (KI) wählen eine Konsortialführerin für Geschäftsführung und Vertretung (vgl. § 710 BGB)
- die gesamtschuldnerische Haftung wird ausgeschlossen (entgegen § 427 BGB)
- das Gesellschaftseigentum ist Alleineigentum des jeweiligen Konsorten, der den betreffenden Vermögensteil eingebracht hat (nicht Gesamthandseigentum, entgegen § 719 BGB)
- das Konsortium erhält eine Emissionsvergütung
- im übrigen vgl. BGB-Gesellschaft (§§ 705 ff. BGB).

d) **Bedeutung der Fremdemission:**

- der Emittent erhält schnell oder sogar sofort Geld (= Gegenwert der Effekten)
- der Emittent bedient sich der Organisation, des Vertriebssystems, der Kundenkontakte und der Erfahrung der Konsortialkreditinstitute
- der Emittent erhält über die KI unmittelbaren Kontakt zu den Anlegern; über ein KI als Börsenbank erlangt er den Zugang seiner Papiere zum Börsenhandel, soweit alle Voraussetzungen (s. u.) gegeben sind; damit ist bestmöglicher Absatz der Emission gewährleistet
- die Bonität der Konsortialbanken überträgt sich auf den Emittenten selbst
- der Emittent wird von den KI beraten; diese übernehmen für ihn Verwaltungsaufgaben (Prospekt, Börsenzulassung usw.)
- der Emittent spart durch Fremdemission Zeit, Kosten und Risiken.

1.4.41 Abwicklung des Emissionsgeschäftes anhand der Fremdemission

1.4.410 Vorbereitung der Emission = 1. Stufe

a) Emittent nimmt Kontakt mit Kreditinstituten auf, gewöhnlich über seine Hausbank. Die in Frage kommenden KI schließen sich zu einem **Emissionskonsortium** zusammen.

b) **Ablauf** der Vorbereitung:

- Verhandlungen zwischen Emittent und Konsortium über
  - Zeitpunkt, Umfang, Konditionen } der Emission
    (Ausgabekurse, Höhe eventueller Verzinsung usw.)
  - Art der Übernahme (s. u.)
  - Art der Unterbringung (s. u.)
  - eventuell Wahl einer Wertpapier-Sonderform (z. B. Wandelschuldverschreibung oder Optionsanleihe; Vorzugsaktien) u. a. m.
- Abschluß des Übernahmevertrages zwischen Emittent und Konsortium

- Vorbereitung der Unterbringung (Ausfertigung eines Prospektes, öffentliche Ankündigung, Werbung in Zeitungen usw.)

1.4.411 Übernahme = 2. Stufe

Die Art der Emission bestimmt das **Rechtsverhältnis** zwischen Emittent und Konsortium (Vertrag), das die Rechte und Pflichten der Beteiligten regelt.

Die Übernahmeart hat **Bedeutung** für Verteilung des **Absatzrisikos**, d. h. des Risikos für die nicht vollständige Unterbringung der Emission.

Arten der Übernahme:

a) KI als **Selbstkäufer** (Übernahmekonsortium):

- KI werden Eigentümer der Effekten
- KI tragen volles Absatzrisiko
- Emittent erhält sofort den Gegenwert für den übernommenen Betrag
- KI verdienen die Spanne zwischen Übernahme- und Verkaufskurs.

Zu unterscheiden sind:

- **feste** Übernahme: KI übernehmen die gesamte Emission
- teilweise feste Übernahme mit **Optionsrecht**:
  - KI übernehmen einen Teil fest
  - sie haben das Recht (Option), einen weiteren Teil oder den Rest der Emission später zu denselben Bedingungen zu übernehmen.

b) KI als **Kommissionäre** (Verkaufskonsortium):

- KI übernehmen die Emission zum Verkauf im eigenen Namen für fremde Rechnung
- Emittent trägt das volle Absatzrisiko
- Emittent erhält Abrechnung (und Geld) nur für die jeweils verkauften Papiere
- KI verdienen eine Provision (Bonifikation, relativ gering, da nur Aufwandsentschädigung, denn die KI übernehmen kein Risiko).

c) KI als **Geschäftsbesorger** (Verkaufskonsortium):

- KI übernehmen die Emission zum Verkauf im fremden Namen für fremde Rechnung (des Emittenten)
- Emittent trägt das volle Absatzrisiko
- Emittent erhält Abrechnung nur für die jeweils verkauften Papiere.

d) KI als **Geschäftsbesorger und Selbstkäufer des Restes** (Garantiekonsortium):

= Sonderform, wird oft gewählt, um den Emittenten hinsichtlich des Absatzrisikos möglichst günstig zu stellen

- KI übernehmen die Emission zunächst als Geschäftsbesorger
- KI verpflichten sich, nicht untergebrachte Teile der Emission als Selbstkäufer zu übernehmen
- damit tragen die KI das volle Absatzrisiko, der Emittent ist davon befreit
- Emittent erhält sofort den vollen Gegenwert der Emission.

1.4.412 Unterbringung = 3. Stufe

Folgende **Arten** der Unterbringung lassen sich unterscheiden:

a) Auflegung zur **öffentlichen Zeichnung = Subskription** mit folgendem Vorgang:

- Veröffentlichung des sog. Zeichnungsprospektes, der alle notwendigen und werbewirksamen Angaben zum Emittenten und zur Emission enthält; rechtlich = Aufforderung zur Abgabe eines Angebots
- Zeichnung durch den Kunden (= 1. Willenserklärung, d. h. Verpflichtung des Kunden, die gezeichneten Stücke anzunehmen); Zeichnung der Kunden werden von dem KI innerhalb einer bestimmten Zeichnungsfrist angenommen.
- Zuteilung nach Ablauf der Zeichnungsfrist; wenn die vorhandenen Stücke zur Erfüllung der Zeichnungsanträge nicht ausreichen, muß **repartiert** (d. h. die Zuteilung beschränkt) werden; ein Rechtsanspruch auf Erhalt aller gezeichneten Stücke besteht nicht (da bisher lediglich eine Willenserklärung vorliegt); Zuteilung = 2. Willenserklärung
- **Konzertzeichnung:** wenn eine Überzeichnung der Emission erwartet wird (d. h. es wird mit Zuteilung gerechnet), wird von Konzertzeichnern mehr gezeichnet, als diese tatsächlich erwerben wollen, damit sie bei Repartierung zumindest den gewünschten Anteil erhalten.

b) **Tafelgeschäft** (Schaltergeschäft):

- Veröffentlichung eines Verkaufsprospektes
- Verkauf der Emission direkt am Schalter der Konsortialbanken.

c) **Börseneinführung:**

- Verkauf der Emission nach vorheriger Zulassung direkt und unmittelbar über die Börse
- gebräuchlich nur für Reste einer freihändig oder durch Subskription veräußerten Emission.

d) In der Praxis findet heute in erster Linie der **freihändige Verkauf** Anwendung:

- der aufwendige Einsatz der Werbung zum „Anheizen" der Nachfrage für eine relativ kurz zu bemessende Zeichnungsfrist entfällt
- der Verkauf kann der tatsächlich vorhandenen – durch Zeitungsartikel und Kundenberater der Konsortialbanken angeregten – Nachfrage angepaßt werden
- die ohnehin erst nach einem Zulassungsverfahren mögliche Börseneinführung bleibt für nicht untergebrachte Teile der Emission offen
- der Emittent benötigt oft nicht sofort den vollen Betrag an Eigen- und Fremdkapital, der Verkauf kann daher dem tatsächlichen Kapitalbedarf angepaßt werden; insbesondere bei Anleihen spart der Emittent insofern zunächst die entsprechenden Zinsaufwendungen.

e) Besonderheit: **Tenderverfahren** = Absatz von Wertpapieren durch öffentliche Ausschreibung zu einem Mindestkurs (Wertpapier-Zuteilung gegen Höchstgebot), angewandt meist nur bei Kassenobligationen der öffentlichen Hand unter Einschaltung der Deutschen Bundesbank.

1.4.413 Besonderheit: Emission junger Aktien

a) **Wesen:**

- Beschluß der Hauptversammlung einer AG mit 3/4-Mehrheit, das Grundkapital durch Ausgabe junger (neuer) Aktien zu erhöhen, d. h. eine genehmigte Kapitalerhöhung durchzuführen (vgl. Abschnitt 0.4.166); durch eine solche **Kapitalerhöhung gegen Einlagen** fließen dem Unternehmen neue Mittel zu
- die Aktionäre haben ein gesetzliches **Bezugsrecht**, d. h. Anspruch auf einen Teil der Emission entsprechend ihrem Anteil am Grundkapital der AG; Ausübung innerhalb einer bestimmten Frist von mindestens zwei Wochen (§ 186 I AktG)
- dieses Bezugsrecht kann in der Hauptversammlung durch 3/4-Mehrheits-Beschluß ausgeschlossen werden (§ 186 III AktG).

b) Das Bezugsrecht hat einen **Wert**, der sich daraus ergibt, daß der Bezugspreis der jungen Aktien in der Regel niedriger ist als der Kurswert der alten Aktien. Dieser Wert soll die Altaktionäre **entschädigen**, da der Kurs der alten Aktien durch die Kapitalerhöhung sinken muß (denn das gleichbleibende Vermögen verteilt sich nunmehr auf eine größere Anzahl von Anteilen).

c) Der (rechnerische) **Wert des Bezugsrechts** errechnet sich nach folgender **Formel**:

$$B = \frac{K_a - K_n}{\frac{m}{n} + 1}$$

B = Bezugsrechtswert

K_a = Kurs der alten Aktien

K_n = Kurs der neuen (jungen) Aktien

$\frac{m}{n}$ = Bezugsverhältnis alte Aktien: neue (junge) Aktien

Wenn die jungen Aktien nicht voll dividendenberechtigt sind, muß ein Dividendennachteil durch Addition, ein Dividendenvorteil durch Subtraktion berücksichtigt werden.

Die Formel lautet dann:

$$B = \frac{K_a - \left[K_n \begin{array}{l} + \text{Dividendennachteil} \\ - \text{Dividendenvorteil} \end{array}\right]}{\frac{m}{n} + 1}$$

d) Will ein Altaktionär keine jungen Aktien beziehen, so kann er seine Bezugsrechte **verkaufen**. Die Bezugsrechte werden an der Börse gehandelt, wobei (insb. durch große Nachfrage) der Kurswert den rechnerischen Wert übersteigen kann, so daß ein Verkauf Gewinn und nicht nur Entschädigung bringt.

e) Über junge Aktien kann auch schon vor Ausgabe effektiver Stücke im **Jungscheingiroverkehr** verfügt werden (siehe Effektengiroverkehr).

1.4.5 Effektenhandel und Effektenbörsen

1.4.50 Die Börse

1.4.500 Wesen und Bedeutung

a) **Wesen:**

- Eine Börse ist ein **Markt** für **vertretbare Güter** (Waren, Wertpapiere) und Dienstleistungen.
- An Börsen werden nur **Verpflichtungsgeschäfte** (z. B. Kaufverträge) getätigt, die Erfüllungsgeschäfte folgen später.
- Daher sind die gehandelten Güter an der Börse selbst **nicht** effektiv **vorhanden**.
- An Börsen erfolgt regelmäßiges, direktes und konzentriertes Aufeinandertreffen von Angebot und Nachfrage.
- **Arten** von Börsen:
  - Effektenbörsen
  - Devisenbörsen
  - Warenbörsen
  - Versicherungsbörsen
  - Frachtenbörsen.

- Formen von Börsen:
  - Präsenzbörsen
  - Computerbörsen.
- Die **Effektenbörse** ist ein Markt für vertretbare Kapitalwertpapiere. Effektenbörsen befinden sich in der Bundesrepublik Deutschland in Berlin – Bremen – Düsseldorf – Frankfurt – Hamburg – Hannover – München – Stuttgart.

b) **Bedeutung der Effektenbörse:**

= **Kapitalbeschaffungsstelle:** Durch Emissionen von Aktien und festverzinslichen Wertpapieren und Börseneinführung können Emittenten der unterschiedlichsten (wirtschaftlichen) Herkunft, soweit sie über einwandfreie Bonität verfügen, Kapital beschaffen, d. h. Eigenkapital (durch neue Aktionäre) oder Fremdkapital (durch neue Gläubiger) aufnehmen.

= **Kapitalumschlagsstelle:** Anleger an der Börse können jederzeit
  - Geld in Kapitalanlagen umwandeln
  - Wertpapiere in liquide Mittel umwandeln
  - langfristige Anlagen in kurzfristige konvertieren (umwandeln) und umgekehrt
  - die Anlageart wechseln (z. B. von der Gläubigerstellung zur Mitinhaberschaft).

= **Kapitalbewertungsstelle:** Die Börse bewertet die Kapitalanlagen (Aktien/Anleihen) durch **Kurse** = Preise für jedes Wertpapier, die sich aus Angebot und Nachfrage ergeben. Insbesondere bei Aktien werden die Kurse durch Informationen über Geschäftsentwicklung und Vermögensverhältnisse der Gesellschaft beeinflußt und dienen damit als Grundlage für Kauf- bzw. Verkaufsentscheidungen.

- Die Börse erfüllt eine ähnliche Funktion wie die Kreditinstitute nach dem Modell des Wirtschaftskreislaufs: zum Konsum nicht benötigte Finanzmittel der Anleger werden hier gesammelt und dienen der Finanzierung der Emittenten durch Kreditaufnahme (Ausgabe von Schuldverschreibungen) bzw. Erweiterung des Grundkapitals (Ausgabe von Aktien).
- Die Kursentwicklung an der Börse gibt oft unmittelbaren Aufschluß über die gesamtwirtschaftliche Situation und Entwicklung; für Eingeweihte lassen die Kurse zuweilen Monate im voraus eine Änderung der gesamtwirtschaftlichen Lage erkennen, z. B. einen neuen wirtschaftlichen Aufschwung. Deshalb wird die Börse als **„Wirtschaftsbarometer"** bezeichnet. Im einzelnen lassen die Kurse erkennen:
  - wirtschaftlichen Fortschritt
  - Stagnation
  - wirtschaftliche Rückentwicklung
  - Geldwertveränderungen
  - allgemeine Liquiditätslage der Wirtschaft usw.

1.4.501 Organisation der Effektenbörse

a) **Rechtsgrundlagen:**

- Börsengesetz von 1896/1908 i.d.F. von 1996; Inhalt: Regelungen über
  - Börsenaufsicht
  - Börsenorgane
  - zum Börsenbesuch zugelassene Personen
  - Feststellung von Preisen/Kursen
  - Zulassung von Wertpapieren zum Börsenhandel
  - Börsenterminhandel;
- eine Novellierung des Börsengesetzes ist durch das Zweite Finanzmarkt-Förderungsgesetz mit Wirkung zum 1.1.1995 durchgeführt worden; wesentliche Neuerungen:
  - Gründung einer **Wertpapier-Aufsichtsbehörde** für den Wertpapierhandel
  - Einrichtung einer **Handelsüberwachungsstelle** an jeder Börse
  - Verschärfung der Vorschriften über die Börsenzulassung
  - Vorschriften über die Beachtung von Kundenweisungen (Ausführungsplatz, Präsenz- oder elektronischer Handel)
- Börsenordnung (an jeder deutschen Börse vom Börsenrat auf der Grundlage des Börsengesetzes erlassen): detaillierte Regelungen über
  - Geschäftszweig und Organisation der Börse
  - Aufgaben der Handelsüberwachungsstelle
  - Veröffentlichung der Preise und Kurse
  - Zusammensetzung und Wahl der Mitglieder der Zulassungsstelle
  - Zulassung zum Börsenbesuch und zur Teilnahme am Handel
  - Bedeutung der Kurszusätze und -hinweise
- Börsenzulassungs-Verordnung
- Börsentermingeschäfts-Zulassungsverordnung
- Verordnung über die Feststellung des Börsenpreises von Wertpapieren.

b) **Träger der Börsen:**

- Frankfurter Wertpapierbörse: Träger ist die **Deutsche Börse AG;** sonst eingetragene Vereine oder Industrie- und Handelskammern.

  Das Schaubild auf der nächsten Seite stellt die Konzernstruktur der Deutschen Börse AG dar.

Der Deutschen Börse obliegt also u.a. die organisatorische und technische Integration von Kassamarkt, Terminmarkt und Abwicklung der Geschäfte.

Das insbesondere von Frankfurter Börsenkreisen vertretene Konzept eines einheitlichen Trägers für alle deutschen Börsen ist jedoch bisher nicht verwirklicht worden.

Über die Zukunft und die künftigen Aufgaben der Regionalbörsen wird gegenwärtig diskutiert. Weitgehende Einigkeit besteht aber darüber, daß die kleineren Börsen insbesondere für die Durchdringung des regionalen Wirtschaftsraumes von Bedeutung sind.

Konzernstruktur

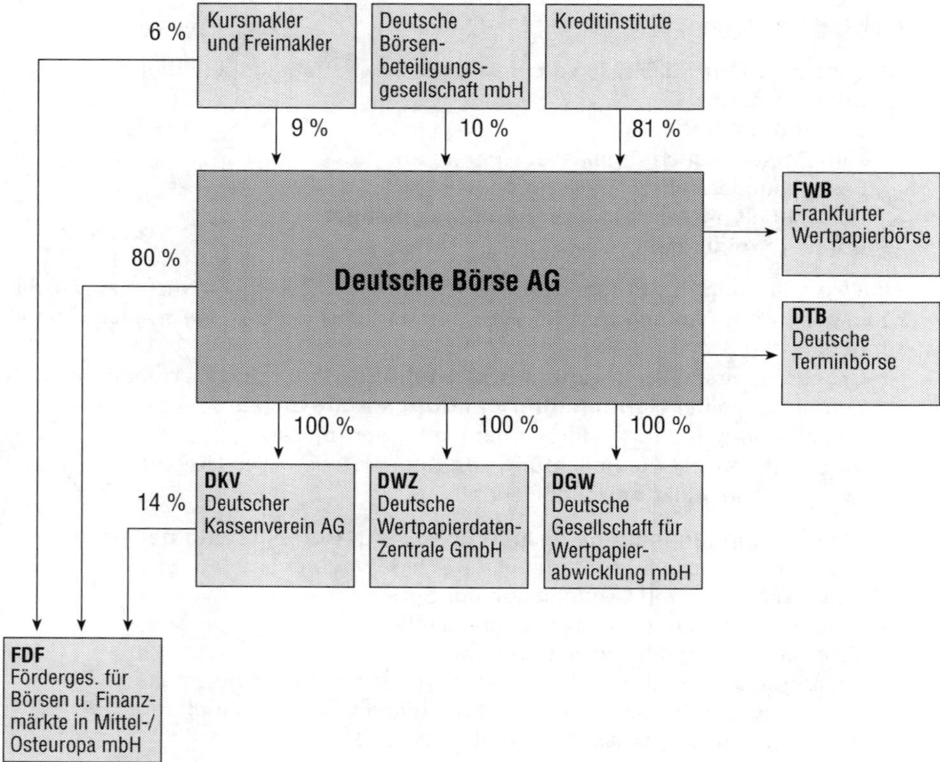

Quelle: Deutsche Börse AG

c) **Aufsicht über die Börse und den Wertpapierhandel:**

- Ziel der Aufsicht: Gewährleistung von
  - Anlegerschutz
  - Information des Marktes über bedeutende Veränderungen bei börsennotierten Unternehmen
  - Transparenz des Börsengeschehens
  - Schutz vor Insidervergehen
  - ordnungsgemäßer Durchführung und Abwicklung des Wertpapierhandels sowie ordnungsgemäßer Preis- und Kursfeststellung
- seit dem 1.1.1995 aufgrund des **Zweiten Finanzmarkt-Förderungsgesetzes** Neustrukturierung der Börsenaufsicht in Form eines **dreistufigen Systems:**
  - **Handelsüberwachungsstelle** an jeder Börse:
    - Organ der Börse
    - eigenverantwortliche Überwachung des Handels und der Geschäftsabwicklung
    - Erfassung aller Daten über den Börsenhandel und die Geschäftsabwicklung sowie entsprechende Auswertung der Daten

  - Sachverhaltsermittlungen bei Zweifeln an der richtigen Feststellung von Börsenpreisen
  - bei Mißbrauchsverdacht: Information der Geschäftsführung und der Börsenaufsichtsbehörde
- **Börsenaufsichtsbehörden der Länder** (Landesaufsicht):
  - nach Landesrecht zuständige oberste Landesbehörde
  - Rechts- und Marktaufsicht, d. h. Aufsicht über die Einhaltung der börsenrechtlichen Vorschriften und Anordnungen sowie über die ordnungsgemäße Durchführung des Handels und der Geschäftsabwicklung
  - Insiderermittlungen vor Ort
  - die Börsenaufsichtsbehörde kann sich bei der Durchführung ihrer Aufgaben anderer Personen und Einrichtungen bedienen; z. B. Nutzung der Erkenntnisse der Handelsüberwachungsstelle
- **Bundesaufsichtsamt für den Wertpapierhandel** (Bundesaufsicht):
  - selbständige Bundesoberbehörde im Geschäftsbereich des Bundesfinanzministeriums
  - Aufdeckung und Verfolgung von Insiderverstößen
  - Überwachung der Einhaltung von Publizitätspflichten
  - internationale Zusammenarbeit mit Wertpapieraufsichtsbehörden
  - Überwachung der Einhaltung von Verhaltensregeln für Kundengeschäfte (vgl. Abschnitt 1.4.70 i).

d) **Exkurs: Insiderproblematik**

- **Insiderpapiere** sind gemäß § 12 Wertpapierhandelsgesetz (WpHG) u.a.
  - Wertpapiere, die an einer inländischen Börse zum Handel zugelassen oder in den Freiverkehr einbezogen sind
  - als Insiderpapiere gelten auch Terminkontrakte

- **Insider** (Primärinsider) ist gemäß § 13 WpHG, wer
  - als Mitglied des Geschäftsführungs- oder Aufsichtsorgans oder als persönlich haftender Gesellschafter des Emittenten oder eines mit dem Emittenten verbundenen Unternehmens
  - aufgrund seiner Beteiligung am Kapital des Emittenten oder eines mit dem Emittenten verbundenen Unternehmens oder
  - aufgrund seines Berufes oder seiner Tätigkeit bestimmungsgemäß

  Kenntnis von einer nicht öffentlich bekannten Tatsache hat, die sich auf Emittenten von Insiderpapieren oder auf Insiderpapiere bezieht und die geeignet ist, im Falle ihres öffentlichen Bekanntwerdens den **Kurs** erheblich zu **beeinflussen (= Insidertatsache).**

  Dabei ist eine Bewertung, die ausschließlich aufgrund öffentlich bekannter Tatsachen erstellt wird, keine Insidertatsache, selbst wenn sie den Kurs von Insiderpapieren erheblich beeinflussen kann.

- **Insidergeschäfte** sind gemäß § 14 WpHG **verboten,** d. h. einem Insider ist es verboten,
  - unter Ausnutzung seiner Kenntnis von einer Insidertatsache Insiderpapiere für eigene oder fremde Rechnung oder für einen anderen zu erwerben oder zu veräußern,
  - einem anderen eine Insidertatsache unbefugt mitzuteilen oder zugänglich zu machen

- einem anderen auf der Grundlage seiner Kenntnis von einer Insidertatsache den Erwerb oder die Veräußerung von Insiderpapieren zu empfehlen.

Einem **Dritten,** der **Kenntnis** von einer Insidertatsache hat (Sekundärinsider), ist es verboten, unter Ausnutzung dieser Kenntnis Insiderpapiere für eigene oder fremde Rechnung oder für einen anderen zu erwerben oder zu veräußern. Für Sekundärinsider gilt nicht das Empfehlungs- und Weitergabeverbot.

- **Strafvorschriften:** Verbotenerweise durchgeführte Insidergeschäfte werden mit Freiheitsstrafe bis zu 5 Jahren oder mit Geldstrafe bestraft.

e) **Exkurs: Publizitätspflichten des Emittenten**

= sog. **Ad-hoc-Publizität**

- Grundlage: § 15 WpHG
- Verpflichtung des Emittenten, dessen Wertpapiere zum Handel an einer inländischen Börse zugelassen sind, **neue Tatsachen,** die sich auf die Vermögens-, Finanz- und Ertragslage oder den allgemeinen Geschäftsverlauf **in kursrelevanter Weise auswirken,** unverzüglich dem Bundesaufsichtsamt für den Wertpapierhandel, den betreffenden Börsen sowie der sog. Bereichsöffentlichkeit mitzuteilen, so daß die Marktteilnehmer von der Tatsache Kenntnis nehmen können
- Veröffentlichung der Tatsachen in mindestens einem überregionalen Börsenpflichtblatt oder mittels elektronischer Informationssysteme, die bei KI allgemein verbreitet sind.

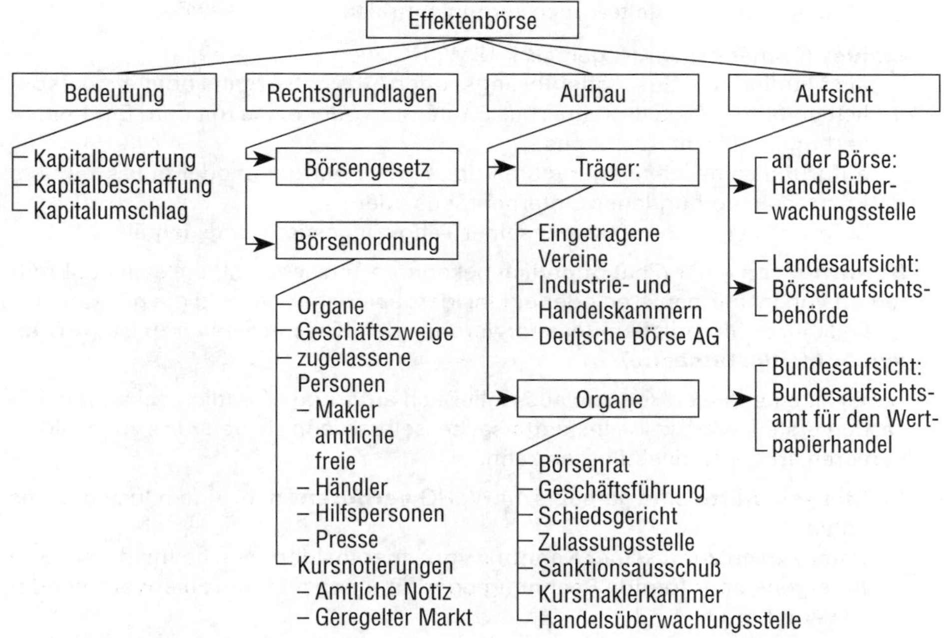

1.4.502 Börsenorgane

a) **Börsenrat:**

- an jeder Börse zu bilden (§ 3 BörsG)
- Erlaß der Börsen- und der Gebührenordnung
- Bestellung und Abberufung der Geschäftsführer im Benehmen mit der Börsenaufsichtsbehörde
- Überwachung der Geschäftsführung
- Erlaß einer Geschäftsordnung für die Geschäftsführung
- Erlaß der Bedingungen für die Börsengeschäfte
- sofern von der jeweiligen Börsenordnung vorgesehen: Zustimmung des Börsenrates zu Maßnahmen der Geschäftsführung von grundsätzlicher Bedeutung erforderlich
- Mitglieder:
  - höchstens 24 Personen
  - KI, Kursmakler, freie Makler, Emittenten und Anleger müssen vertreten sein
  - KI-Vertreter dürfen nicht mehr als die Hälfte der Mitglieder stellen.

b) **Geschäftsführung:**

- an jeder Börse zu bilden (§ 3c BörsG)
- Leitungskompetenz, d. h. Geschäftsführung und Vertretung für die Börse
- besteht aus einer oder mehreren Personen
- Bestellung für höchstens fünf Jahre (wiederholte Bestellung ist zulässig)
- Aufgaben im einzelnen (u.a.):
  - Zulassung von Personen zum Börsenhandel und zum Börsenbesuch
  - Regelung der Organisation; Bestimmung von Ort und Zeit der Börsenversammlungen
  - Bestimmung der in einem elektronischen Handelssystem handelbaren Wertpapiere
  - Überwachung der Einhaltung von Gesetzen, Verordnungen usw.
  - Beauftragung von Maklern mit der Feststellung des Börsenpreises im geregelten Markt
  - Verteilung der Geschäfte nach Anhörung der Kursmaklerkammer auf die einzelnen Kursmakler
  - Ausübung der Ordnungs- und Disziplinargewalt
  - Entscheidung über die Aufnahme, Aussetzung und Einstellung einer amtlichen Notierung sowie einer Preisfeststellung von Wertpapieren

c) **Schiedsgericht:**

- von den Parteien und/oder vom Vorstand ausgewählte Börsenbesucher

- Entscheidung bei Streitigkeiten aus Börsengeschäften, Auslegung der gesetzlichen Bestimmungen, von Handelsbräuchen usw.

d) **Sanktionsausschuß:** § 9 BörsG

- Einrichtung und Verfahren nach Rechtsverordnung der zuständigen Landesregierung
- Bestrafung von Personen, die bei ihrer Börsentätigkeit ehrenrührige Handlungen vorgenommen/gegen kaufmännisches Vertrauen bzw. gegen börsenrechtliche Vorschriften oder Anordnungen verstoßen haben usw.
- mögliche Maßnahmen:
  - Verweise an alle Börsenbesucher
  - Ausschluß von der Börse für höchstens 30 Sitzungstage
  - Festsetzung von Ordnungsgeldern bis 50 000,– DM
  - sind Kursmakler (bzw. Stellvertreter) die Betroffenen: anstelle des Sanktionsausschusses entscheidet die Börsenaufsichtsbehörde.

e) **Zulassungsstelle:**

- Mitglieder:
  - besteht aus mindestens 20, höchstens 24 Mitgliedern
  - Wahl durch den Börsenrat für die Dauer von 3 Jahren
  - die Mitglieder dürfen mindestens zur Hälfte nicht berufsmäßig am Börsenhandel mit Wertpapieren beteiligt sein
- Funktion: Entscheidung über die Zulassung von Wertpapieren zum amtlichen Handel (siehe Zulassungsverfahren).

f) **Zulassungsausschuß:**

- Mitglieder: siehe Zulassungsstelle
- Funktion: Entscheidung über die Zulassung von Wertpapieren zum geregelten Markt.

g) **Kursmaklerkammer:**

= Berufsvertretung der Makler an den Börsen, an denen mind. 8 Kursmakler bestellt sind

- Anhörung bei der Bestellung von Kursmaklern
- Wahrung der Maklerinteressen gegenüber anderen Börsenbesuchern
- Anhörung bei der Verteilung der Geschäftsbereiche unter den Maklern.

1.4.503 Börsenbesucher

a) **Grundlagen:** vgl. § 7 BörsG; zum Besuch der Börse und zur Teilnahme am Handel ist eine Zulassung der Geschäftsführung erforderlich.

- **Börsenbesucher:**
  - Makler

- Händler
- Hilfspersonen

- am **Handel** teilnehmen dürfen nur **Vollkaufleute;** Voraussetzungen:
  - persönliche Zuverlässigkeit
  - fachliche Eignung
  - entsprechende Berufsausbildung (Bankkaufmann/-frau, vergleichbares Studium, praktische Erfahrungen, spezielle Ausbildung)
  - grds. Stellung einer Sicherheit von max. 500 000,– DM; KI müssen diese Sicherheit nicht stellen
  - Nachweis eines Eigenkapitals von mindestens 100 000,– DM, sofern der Kaufmann weder KI noch Kursmakler ist
- Angestellte von zugelassenen Unternehmen (insbes. KI) müssen zuverlässig sein und die notwendige berufliche Eignung haben.

b) **Börsenmakler** sind Handelsmakler nach §§ 93 ff. HGB und Kaufleute kraft Grundhandelsgewerbe (§ 1 II HGB).

- **amtliche Makler = Kursmakler:**

  = Vollkaufleute, im Handelsregister eingetragen
  - Bestellung und Entlassung durch die Börsenaufsichtsbehörde nach Anhörung der Kursmaklerkammer (soweit vorhanden) und der Geschäftsführung
  - Leistung eines Eides mit der Verpflichtung zur getreuen Erfüllung ihrer Aufgaben
  - Voraussetzung: der Kursmakler darf grds. kein sonstiges Handelsgewerbe betreiben, auch nicht an einem solchen als Kommanditist oder stiller Gesellschafter beteiligt sein; er darf weder gesetzlicher Vertreter noch Prokurist oder Angestellter eines Kaufmanns sein
  - Aufgaben: Vermittlung von Geschäften in den ihnen zugewiesenen Wertpapieren zwischen Börsenhändlern; Feststellung der amtlichen Kurse
  - Eigengeschäfte und Aufgabegeschäfte (= Geschäfte, bei denen der Kontrahent erst gesucht und später benannt wird) darf der Kursmakler nur tätigen,
    - soweit dies zur Ausführung ihm erteilter Aufträge notwendig ist oder
    - bei Fehlen marktnah limitierter Aufträge
    - bei Vorliegen unlimitierter Aufträge, die sonst nur zu nicht marktgerechten Kursen zu vermitteln wären
  - Eigen- und Aufgabegeschäfte des Kursmaklers dürfen nur zum Marktausgleich vorgenommen werden; sie dürfen nicht tendenzverstärkend wirken.
- **Freie Makler:**
  = ebenfalls Vollkaufleute
  - Bestimmung durch die Geschäftsführung ohne Vereidigung
  - Vermittlung von Geschäften zwischen Händlern in Freiverkehrswerten und teilweise in Werten des Geregelten Marktes sowie in amtlich gehandelten Werten
  - möglich: Auftreten als Händler, und zwar auch in amtlich gehandelten Werten (diese Geschäfte brauchen bei der amtlichen Notierung aber nicht berücksichtigt zu werden; Ausnahme: Hamburg).

c) **Händler:**

= die Deutsche Bundesbank und alle KI nach dem KWG, vertreten durch befugte Mitarbeiter („Börsenhändler")

- Kauf und Verkauf von Effekten direkt mit anderen Händlern oder – in der Regel – über Makler.

d) **Personen ohne Handelsbefugnis** = Hilfspersonen: Boten, Bedienung von Fernschreibern und Telefonen, Pressevertreter.

e) Amtliche Makler sind kraft ihres Amtes zum Börsenbesuch zugelassen, alle anderen Börsenbesucher müssen zur Börse ausdrücklich zugelassen werden.

1.4.504 Zulassungsverfahren

a) **Wesen:** förmliches Verfahren zur Zulassung von Effekten zum amtlichen Börsenhandel.

b) **Bedeutung:** Zielsetzung des Verfahrens sind

- die Gewährleistung, daß nur Emittenten mit zweifelsfreier Bonität an der Börse vertreten sind
- der Schutz der Anleger vor Verlust ihres Kapitals, vor Übervorteilung und ihrer (teilweise bestehenden) wirtschaftlichen Unkenntnis
- die Information der Öffentlichkeit über die Börseneinführung von Wertpapieren.

c) **Rechtsgrundlage:** Börsengesetz; Verordnung über die Zulassung von Wertpapieren zur amtlichen Notierung an einer Wertpapierbörse (Börsenzulassungs-Verordnung) i. d. F. vom 17.7.1996.

d) **Zulassungsvoraussetzungen:**

- Aktien: voraussichtlicher Kurswert der zuzulassenden Aktien von mind. 2,5 Mill. DM
- andere Wertpapiere: Gesamtnennbetrag von mind. 500 000,– DM
- geringere Beträge können von der Zulassungsstelle zugelassen werden
- der Emittent zuzulassender Aktien muß grds. mind. drei Jahre als Unternehmen bestanden und seine Jahresabschlüsse offengelegt haben
- die Wertpapiere müssen frei handelbar sein; Ausnahmen: nicht voll eingezahlte Wertpapiere oder Aktien, deren Erwerb der Zustimmung bedarf, können zugelassen werden, sofern der Börsenhandel nicht beeinträchtigt wird
- die Stückelung der Wertpapiere muß den Bedürfnissen des Börsenhandels und des Publikums Rechnung tragen
- zuzulassende Aktien müssen in einem oder mehreren EG-Mitgliedstaaten ausreichend gestreut sein.

e) **Prospekt:**

= schriftliche Information, die über die tatsächlichen und rechtlichen Verhältnisse Auskunft gibt, die für die Beurteilung der zuzulassenden Wertpapiere wesentlich sind

- muß in deutscher Sprache abgefaßt sein und richtig sowie vollständig sein
- wichtigste Angaben:
  - Personen/Gesellschaften, die für den Inhalt des Prospekts die Verantwortung übernehmen
  - zuzulassende Wertpapiere
  - Emittent der Papiere
  - Prüfung der Jahresabschlüsse des Emittenten
- **Prospekthaftung:** Emittent und Antragsteller haften für die Richtigkeit der Prospektangaben und für eventuelle durch falsche Angaben entstehende Schäden, sofern Vorsatz oder grobe Fahrlässigkeit vorliegt (§ 45 BörsG).

f) **Ablauf des Zulassungsverfahrens:**

(1) **Antrag** des Emittenten zusammen mit einem an einer inländischen Börse zugelassenen KI auf Zulassung des Wertpapiers (ist der Emittent ein solches KI, kann er den Antrag allein stellen); beizufügen sind auf Verlangen insb.:
  - beglaubigter Handelsregisterauszug
  - Satzung/Gesellschaftsvertrag
  - Jahresabschlüsse und Lageberichte für die drei dem Antrag vorausgegangenen Geschäftsjahre
  - Nachweis über die Rechtsgrundlage der Emission (Aktien: Beschluß der Hauptversammlung)
  - Musterstück jeden Nennwertes (soweit es ausgedruckte Einzelurkunden gibt)

(2) **Prüfung** der eingereichten Unterlagen durch die Zulassungsstelle

(3) **Veröffentlichung** des Zulassungsantrags durch die Zulassungsstelle auf Kosten der Antragsteller
  - im Bundesanzeiger
  - in mindestens einem überregionalen Börsenpflichtblatt
  - durch Börsenbekanntmachung

(4) **Zulassung** des Wertpapiers frühestens drei Werktage nach Veröffentlichung des Antrags

(5) **Veröffentlichung** der Zulassung als Bestandteil der Veröffentlichung des Prospekts

(6) **Einführung** in den amtlichen Börsenhandel frühestens am dritten Werktag nach erster Prospektveröffentlichung.

g) **Befreiung** von der Prospektpflicht:

- für bestimmte Wertpapiere, z. B.
  - bereits an einer anderen Börse zum amtlichen Handel zugelassene Papiere
  - Schuldverschreibungen von Gesellschaften oder juristischen Personen mit

Sitz in einem Mitgliedstaat der Europäischen Wirtschaftsgemeinschaft, sofern diese unter Staatsmonopol stehen, gesetzlich geschaffen/geregelt sind oder staatliche Gewährleistung genießen

- im Hinblick auf bestimmte professionelle Anleger
- im Hinblick auf einzelne Prospektangaben.

h) **Informationspflicht** des Emittenten für alle neuen Tatsachen, die Einfluß auf die Kursentwicklung bzw. die Fähigkeit des Emittenten, seinen Verpflichtungen nachzukommen, haben. Verpflichtung zur Vorlage von **Zwischenberichten** für Emittenten zugelassener Aktien.

i) Zulassung zum **geregelten Markt**:

- möglich, wenn das Papier an dieser Börse nicht zum amtlichen Handel zugelassen ist
- Aktien im Nennbetrag von mindestens 500 000,– DM müssen am Markt zur Verfügung stehen
- Antrag durch Emittenten zusammen mit KI oder mit einem anderen Unternehmen, das die fachliche Eignung und die erforderliche Zuverlässigkeit für die Beurteilung des Emittenten sowie für die Gewährleistung eines ordnungsgemäßen Börsenhandels und eines hinreichenden Schutzes des Publikums besitzt
- Zulassung durch an der Börse eingerichteten Zulassungsausschuß
- anstelle eines Zulassungsprospekts ist ein Unternehmensbericht zu veröffentlichen, der Angaben enthält, die für Anlageentscheidungen von wesentlicher Bedeutung sind (Unternehmensentwicklung, Geschäftslage, Aussichten, Jahresabschluß)
- die Vorschriften über Prospekthaftung gelten entsprechend.

k) Zulassung zum **Freiverkehr**: Gemäß den Richtlinien für den Freiverkehr erfolgt die Zulassung durch Freiverkehrsausschüsse. Meist ist nur der Aushang des Antrags und der Entscheidung im Börsensaal vorzunehmen.

l) Zulassung zum sog. **Neuen Markt** an der Frankfurter Wertpapierbörse:

- möglich, wenn das Papier weder zum amtlichen Handel noch zum geregelten Markt zugelassen ist
- das Emissionsvolumen muß mindestens zehn Millionen DM betragen
- der Emittent sollte mindestens einen **Betreuer,** dies können KI und Wertpapierhandelshäuser sein, verpflichten
- Zulassung durch einen Beirat, der sich aus Vertretern von KI, Emittenten, Investoren und der Politik zusammensetzt
- der zu erstellende Zulassungsprospekt muß nach internationalen Standards erstellt werden
- mindestens 50 % des Emissionsvolumens müssen aus einer Kapitalerhöhung stammen

- nach Zulassung zum Neuen Markt müssen Altaktionäre ihre Aktien über mindestens sechs Monate halten.

Näheres zum **Neuen Markt** vgl. Abschnitt 1.4.518 d.

1.4.51 Börsenhandel

1.4.510 Überblick

a) **Börsenkurse** werden notiert als

- Stückkurse
- Prozentkurse.

b) Wertpapiere werden an der Börse gehandelt

- im amtlichen Handel
- im geregelten Markt
- im Freiverkehr
- im Neuen Markt (nur an der Frankfurter Wertpapierbörse).

Unter den KI finden außerdem ein sog. Telefonverkehr und ein Handel mittels elektronischer Systeme statt.

c) **Effektengeschäfte** können

- sofort zu erfüllen sein = Kassamarkt
- zu einem späteren Zeitpunkt zu erfüllen sein = Terminmarkt

d) **Notierungsarten** im amtlichen Kassa-Handel:

- Anfangs- und Schlußkurse
- variable Notierungen
- Einheitskurs.

e) Aufgaben der **Kursmakler** sind

- die Vermittlung von Geschäften (Kauf-, Verkaufsaufträge)
- die amtliche Feststellung der Kurse (siehe Abschnitt 1.4.503).

1.4.511 Angebot und Nachfrage

a) **Grundlage** des Börsenhandels sind Angebot und Nachfrage in bezug auf bestimmte an der Börse gehandelte Effekten. Beide Seiten werden vertreten durch die **Börsenhändler**. Diese sind in aller Regel tätig für **Kreditinstitute**.

b) Kreditinstitute vertreten durch ihre Händler an der Börse

- **eigene** Interessen

- die Interessen ihrer **Kunden**.

c) Die eigenen Interessen der Kreditinstitute sind verbunden mit konkreten **Kursvorstellungen** hinsichtlich der Frage, zu welchen Kursen bestimmte Papiere gekauft oder verkauft werden sollen. Dagegen sind **Arbitrage**-Geschäfte der jeweiligen Marktlage an verschiedenen Börsenplätzen überlassen.

d) Grundlage für die Kauf- und Verkaufsentscheidungen der Kunden ist die Beratung bei ihren Kreditinstituten, sofern sie aufgrund ihrer Marktkenntnis nicht eigene Vorstellungen haben. Entscheidend für das Auftreten der Händler an der Börse im Auftrag der Kunden sind die **Kundenaufträge**.

e) Die Kundenaufträge müssen daher Angaben zu den **Kursen** enthalten, zu denen Wertpapiere erworben oder veräußert werden sollen; diese Angaben können konkret oder allgemein sein. Enthalten sie Hinweise auf bestimmte Kurse, spricht man von **Limitierung** (Begrenzung) der Order (des Auftrags).

f) Folgende **Limitierungsarten** sind zu beachten:

- **feste** Limitierung: z. B. „248", d. h.
  - Kauf: das Papier darf höchstens 248 (DM) kosten
  - Verkauf: das Papier muß mindestens 248 bringen
- **unlimitierter** Auftrag:
  - **bestens:** Verkaufsauftrag
  - **billigst:** Kaufauftrag;

  der Auftrag soll jedoch in jedem Fall ausgeführt werden (d. h. Ausführung zum Tageskurs)

g) **Stop-Orders:** Arten:

- Stop-loss-Auftrag: limitierter Verkaufsauftrag, der erst dann berücksichtigt wird, wenn der aktuelle Aktienkurs bei einer Abwärtsbewegung einen bestimmten Stand (Stop-loss-Limit) erreicht hat; Beispiel: zum Kurs von 250,– DM gekaufte Aktien; Kurs steigt auf 285,– DM; bei nunmehr fallender Tendenz gibt Inhaber den Auftrag, die Aktien mit 275,– DM stop-loss zu verkaufen: Auftrag darf nicht ausgeführt werden, solange der Kurs über 275,– DM liegt; bei Erreichen des Limits wird der Auftrag zur Bestens-Order, auszuführen zum nächsten Bezahlt-Kurs
- Stop-Buy-Auftrag: limitierter Kaufauftrag mit Stop-buy-Limit oberhalb des Tageskurses; bei Erreichen des Limits wird der Auftrag automatisch zur Billigst-Order.

1.4.512 Amtlicher Handel

= Handel in verzinslichen Werten und Aktien, die von der Zulassungsstelle einer Börse nach Prüfung zugelassen werden.

a) Im amtlichen Handel sind folgende **Effekten** vertreten:

- Aktien bekannter inländischer Aktiengesellschaften, z. B. VW, BASF, Deutsche Bank
- Aktien von Gesellschaften mit regionaler Bedeutung an der in ihrem Geschäftsbereich liegenden Börse, z. B. HEW (in Hamburg)
- Aktien internationaler (ausländischer) Großunternehmen
- Schuldverschreibungen deutscher und ausländischer Emittenten.

b) **Börsenkurse** im amtlichen Handel (werden von vereidigten amtlichen Kursmaklern ermittelt):

- **Stückkurse:**
  - Angabe des Kurses (Marktpreises) pro Stück eines Wertpapiers in DM
  - bei unterschiedlichen Nennbeträgen der effektiven Stücke einer Emission gilt der Kurs für das jeweils kleinste Stück (d. h. den niedrigsten Nennwert, also 5,– DM, 50,– DM, zuweilen 100,– DM)
  - Stückkurse werden für Aktien notiert
- **Prozentkurse:**
  - Angabe des Preises in Prozent ohne Rücksicht auf die Stückelung der jeweiligen Emission (oder für jeweils 100,– DM Nennwert)
  - Prozentkurse werden für festverzinsliche Wertpapiere notiert.

c) **Geschäftsarten:**

- **Kassamarkt:** Erfüllung sofort (in Deutschland 2 Börsentage nach Vertragsschluß)
- **Terminmarkt:** Erfüllung zu einem späteren Termin
  - Fixgeschäfte (Festgeschäfte): Termingeschäfte, die unbedingt erfüllt werden müssen
  - bedingte Termingeschäfte: von ihnen kann gegen Entgelt zurückgetreten werden, sog. Optionsgeschäfte
    - Kaufoption
    - Verkaufsoption
    - kombinierte Option
- der Abschluß eines Kassageschäftes verpflichtet zur sofortigen Erfüllung (am 2. Börsentag nach Abschluß)
- das Termingeschäft sieht Erfüllung zu einem späteren Zeitpunkt vor.

d) Arten der **Kursfeststellung** im amtlichen Handel (Kassamarkt):

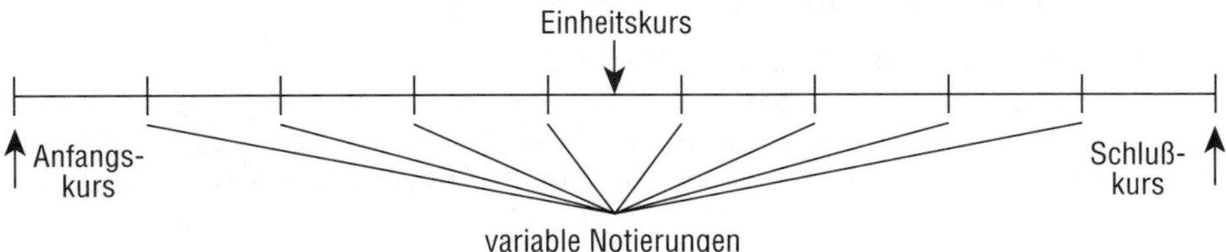

- Anfangs- und Schlußkurse werden zu Beginn bzw. am Ende der täglichen Börsenzeit ermittelt; die Berechnung entspricht i. d. R. der Einheitskursfeststellung
- **variable** (fortlaufende) Notierungen werden geführt für jedes einzelne Geschäft, das über das betreffende Papier geschlossen wurde
- der **Einheitskurs** betrifft eine Vielzahl kleinerer Umsätze, die zusammen nach einem einheitlichen Kurs abgerechnet wurden, dessen Ermittlung sich nach der Erzielbarkeit des größtmöglichen Umsatzes richtet (s. u.)
- der Einheitskurs wird oft als „Kassakurs" bezeichnet, obwohl auch variable Notierungen Geschäfte des Kassamarktes betreffen
- seit Juli 1997 werden Eröffnungs-, Kassa- und Schlußkurse in DAX- und M-DAX-Werten an allen deutschen Wertpapierbörsen (Ausnahme: Stuttgart) einheitlich festgestellt (**Dachskonto**).

1.4.513 Einheitskursfeststellung

a) **Wesen:**

- die Kursberechnung ergibt sich aus Angebot und Nachfrage anhand einer Vielzahl von Aufträgen, die dem jeweiligen amtlichen Kursmakler von den Händlern genannt werden
- der Einheitskurs wird börsentäglich einmal (ab 12:00 Uhr, in Stuttgart um 10:45 Uhr) durch die amtlichen Makler ermittelt und amtlich festgestellt
- zum Einheitskurs abgerechnet werden **kleinere Umsätze** (die nicht in der variablen Notierung untergebracht werden können):
  - Aufträge, die unter einem „Schluß" der variablen Notierung liegen
  - Spitzenbeträge, die einen oder mehrere Schlüsse der variablen Notierung übersteigen.

b) **Berechnung:** der Makler muß folgende Bedingungen beachten:

- zum Einheitskurs muß der **größtmögliche** Umsatz zustandekommen
- alle Bestens- und Billigstaufträge müssen ausgeführt werden
- alle über dem Einheitskurs limitierten Kaufaufträge müssen ausgeführt werden
- alle unter dem Einheitskurs limitierten Verkaufsaufträge müssen ausgeführt werden
- zum Einheitskurs limitierte Aufträge müssen zumindest teilweise ausgeführt werden können.

c) **Arten von Kursnotierungen:** (anhand von Beispielen)

- **123 b (bezahlt) oder 123 ohne Zusatz:**
  - es haben Umsätze stattgefunden
  - alle Kauf- und Verkaufsaufträge wurden ausgeführt
  - zum Kurs von 123 bestehen weder weiteres Angebot noch weitere Nachfrage

- **241 G (Geld):**
  - es haben keine Umsätze stattgefunden
  - zum Kurs von 241 besteht nur Nachfrage („Geld")
- **169 B (Brief):**
  - es haben keine Umsätze stattgefunden
  - zum Kurs von 169 besteht nur Angebot („Brief")
- **328 b G (bezahlt und Geld):**
  - es haben Umsätze stattgefunden
  - alle Verkaufsaufträge wurden ausgeführt
  - von den Kaufaufträgen wurden
    alle Billigst-Aufträge,
    alle über dem Einheitskurs limitierten Aufträge,
    die zu 328 limitierten Aufträge nur zum Teil ausgeführt
  - zu 328 liegen noch Kaufaufträge (Nachfrage) vor
- **277 b B (bezahlt und Brief):**
  - es haben Umsätze stattgefunden
  - alle Kaufaufträge wurden ausgeführt
  - von den Verkaufsaufträgen wurden
    alle Bestens-Aufträge,
    alle unter dem Einheitskurs limitierten Aufträge,
    die zu 277 limitierten Aufträge nur zum Teil ausgeführt
  - zu 277 liegen noch Verkaufsaufträge (Angebot) vor
- **89 ebG oder ebB (etwas bezahlt Geld/Brief):**
  - wie oben (bz B/bz G)
  - die zum Einheitskurs limitierten Kauf- bzw. Verkaufsaufträge konnten jedoch nur zu einem sehr geringen Teil ausgeführt werden
- **314 rat G** oder **rat B (rationiert);**

  an einigen Börsen stattdessen: **314 G** oder **B (repartiert):**
  - alle Kaufaufträge (G) oder alle Verkaufsaufträge (B) wurden nur teilweise ausgeführt
  - es wurde prozentual repartiert/rationiert = zugeteilt
  - der Prozentsatz der Repartierung wird meist mit angegeben
- **G** oder – **B (gestrichen Geld/Brief):**
  - ein Kurs konnte nicht festgestellt werden, da überwiegend Nachfrage/Angebot bestand
- **293 – T (gestrichen Taxe)**
  - es haben keine Umsätze stattgefunden
  - der Kurs wurde geschätzt.

Sonstige Kurszusätze:

- **exD (nach Dividende):** Notierung am 1.Börsentag nach der Hauptversammlung der betreffenden AG, wenn die zu zahlende Dividende im Kurs nicht mehr enthalten ist (sie wird auf dem Markt vor Ausschüttung in den Kurswert voll einbezogen, da der Aktieninhaber, der das Papier am Tag der HV in Händen hält, die volle Dividende erhält; „Stückdividende" entsprechend den Stückzinsen bei Gläubigerpapieren gibt es nicht)

Beispiel für Einheitskursberechnung

Kaufaufträge		Verkaufsaufträge	
Stück	Limit	Stück	Limit
600	105	200	104
250	106	280	105
280	107	320	106
320	108	440	107
300	billigst	250	bestens

Zum Kurs von:	Wollen kaufen: (St.)	Wollen verkauf.: (St.)	Umsatz (St.)
104	600 250 280 320 300	200 250	
	1 750	450	450
105	600 250 280 320 300	200 280 250	
	1 750	730	730
106	250 280 320 300	200 280 320 250	
	1 150	1 050	1 050
107	280 320 300	200 280 320 440 250	
	900	1 490	900
108	320 300	200 280 320 440 250	
	620	1 490	620

Einheitskurs: 106, da größter Umsatz (1 050 Stück)

	Käufe	Verkäufe
1. Alle Bestens- und Billigstaufträge ausgeführt	300	250
2. Alle Kaufaufträge über Einheitskurs ausgeführt	280 320	
3. Alle Verkaufsaufträge unter Einheitskurs ausgeführt		280 200
4. Alle Verkaufsaufträge zum Einheitskurs ausgeführt		320
5. Kaufaufträge zum Einheitskurs nur teilweise ausgeführt	150 (von 250)	
Rest: 100 St. Kaufaufträge	1 050	1 050

Es haben Umsätze stattgefunden (Notierung: „b“)
Es besteht noch Nachfrage zum Kurs von 106 (Notierung: „G“)
Der Einheitskurs lautet **„106 bG“**

- **exB (nach Bezugsrecht):** Notierung am 1. Tage des Bezugsrechtshandels, wenn der Wert des Bezugsrechts im Kurs nicht mehr enthalten, sondern als Wertpapier verselbständigt ist.

d) **Vorankündigungen:**

= Angaben des Maklers an der Maklertafel, wenn er sieht, daß die vorliegenden Aufträge zu erheblichen Kursänderungen gegenüber dem Vortag bzw. dem zuletzt notierten Kurs führen werden:

+) oder –) = Änderung um mehr als 5 % (Aktien) bzw. 1,5 % (Festverzinsliche).

++) oder – –) = Änderungen um mehr als 10 % (Aktien) bzw. 3 % (Festverzinsliche).

+++) oder – – –) = Änderungen um mehr als 20 % bei Aktien

Bei Aktien beziehen sich die Kursveränderungen auf den Kurswert, bei Festverzinslichen auf den Nennwert.

Die Feststellung dieser Kurse erfolgt nur mit Zustimmung des aufsichtsführenden Mitgliedes der Geschäftsführung.

Ggf. wird lediglich ein Tax-Kurs festgestellt. Sofern die vorliegenden Aufträge nur durch beschränkte Zuteilung oder Abnahme (Repartierung/Rationierung) ausgeführt werden können, muß die Kursfeststellung im Einvernehmen mit dem aufsichtsführenden Mitglied der Geschäftsführung erfolgen.

Zweck der Vorankündigungen:

- Händler sollen Nachdispositionen treffen können (zur Vermeidung großer Kursschwankungen)
- Erleichterung der Kursbildung.

1.4.514 Variable (fortlaufende) Notierung

a) **Wesen:**

- fortlaufende Kursbildung während der gesamten Börsenzeit
- Notierung eines Kurses für jedes abgeschlossene Geschäft
- Mindestumsätze für variable Notiz: Geschäfte über sogenannte „Schlüsse“
  - 50 Stück (Aktien) bei 50-DM-Aktien, 100 Stück bei 5-DM-Aktien
  - in Stuttgart und Bremen keine Mindestgröße
  - 5 000,– DM (Festverzinsliche)

  Es können immer nur ganze Schlüsse oder ein Vielfaches davon gehandelt werden (z. B. 50, 100, 350, 900 Stück usw.; maßgeblich ist das kleinste Stück), Ausnahmen Stuttgart und Bremen.
- Kleinere Umsätze bzw. „Spitzen“ werden zum Einheitskurs abgerechnet; Beispiel: Auftrag über 235 Stück
  - 200 Stück = vier Schlüsse: variable Notierung
  - 35 Stück = Spitze: Einheitskurs.

b) Gehandelte **Papiere**:

- grundsätzlich nur Papiere von Gesellschaften mit größerer Bedeutung (gewöhnlich Mindestgrundkapital 10 Mill. DM)
- Papiere, bei denen generell größere Umsätze zu erwarten sind
- in Hamburg und Bremen: alle amtlich gehandelten Werte.

1.4.515 Bedeutung der Notierungsarten

a) **Einheitskurs:**

- Zusammenfassung vieler unterschiedlicher Kursvorstellungen zu einem Kurs
- dadurch Übersichtlichkeit des Marktes
- der Einheitskurs läßt jedoch während der Börsenzeit keine Tendenz erkennen
- allenfalls im Vergleich der Einheitskurse mehrerer Börsentage sind Entwicklungen ablesbar.

b) **Variable Notierung:**

- die Kurse passen sich ständig und schnell der jeweiligen Marktlage an
- während der Börsenzeit sind Tendenzen erkennbar
- zwischenzeitliche wirtschaftliche und politische Einflüsse wirken sich sofort auf die Kurse aus
- allerdings kommen Abweichungen zum Einheitskurs vor
- einzelne Kurse insb. für größere Geschäfte sind nicht unbedingt auch für kleinere Umsätze aussagefähig, da in ihnen nur die Spezialinteressen der jeweiligen Vertragspartner zum Ausdruck kommen.

1.4.516 Terminmarkt

= Markt für Geschäfte, die erst zu einem späteren **Zeitpunkt**, der genau vereinbart wird, bzw. innerhalb einer von vornherein vereinbarten **Laufzeit** auf Abruf zu erfüllen sind

- Effektentermingeschäfte waren an deutschen Börsen bis 1970 verboten; nach der Wiederzulassung ab Juli 1970 bestanden weiterhin Restriktionen, die erst mit der Novellierung des Börsengesetzes mit Wirkung vom 1.8.1989 aufgehoben wurden
- Zielsetzung der Börsengesetznovelle von 1989: Erweiterung des Terminmarktes und dadurch Erhöhung der Konkurrenzfähigkeit und Attraktivität der deutschen Börsen gegenüber dem Ausland. Terminbörsen haben im Ausland bereits erhebliche Bedeutung, z. B. die „Liffe" = London International Financial Futures Exchange = Londoner Termin- und Optionsbörse, „Soffex" in der Schweiz, „Matif" in Frankreich

Wichtige Information
über Verlustrisiken bei Börsentermingeschäften

Depot-/Kontoinhaber ______

Depot-/Konto-Nr. ______

Anschrift ______

Sehr geehrte Kundin, sehr geehrter Kunde,

bei Börsentermingeschäften stehen den Gewinnchancen hohe Verlustrisiken gegenüber. Jeder Anleger, der ein Börsentermingeschäft eingehen will, muß zuvor über die Risiken bei Börsentermingeschäften informiert sein.

A. *Grundsätzliches über Verlustrisiken bei Börsentermingeschäften*

Das Börsengesetz (§ 53 Abs. 2) sieht vor, daß wir Sie über die nachfolgenden Risiken informieren:

Verfall oder Wertminderung

Die Rechte, die Sie aus Börsentermingeschäften erwerben, können verfallen oder an Wert verlieren, weil diese Geschäfte stets nur befristete Rechte verschaffen. Je kürzer die Frist, desto größer kann Ihr Risiko sein.

Unkalkulierbare Verluste

Bei Verbindlichkeiten aus Börsentermingeschäften kann Ihr Verlustrisiko unbestimmbar sein und auch über die von Ihnen geleisteten Sicherheiten hinaus Ihr sonstiges Vermögen erfassen.

Fehlende Absicherungsmöglichkeiten

Geschäfte, mit denen Risiken aus eingegangenen Börsentermingeschäften ausgeschlossen oder eingeschränkt werden sollen (Glattstellungsgeschäfte), können möglicherweise nicht oder nur zu einem für Sie verlustbringenden Preis getätigt werden.

Zusätzliches Verlustpotential bei Kreditaufnahme oder aus Wechselkursschwankungen

Ihr Verlustrisiko steigt, wenn Sie für Ihr Börsentermingeschäft einen Kredit in Anspruch nehmen. Dasselbe ist bei einem Termingeschäft der Fall, bei dem Ihre Verpflichtungen oder Ansprüche auf ausländische Währung oder eine Rechnungseinheit (z. B. ECU) lauten.

B. *Die Risiken bei den einzelnen Geschäftsarten*

I. Kauf von Optionen

1. Kauf einer Option auf Wertpapiere, Devisen oder Edelmetalle

Das Geschäft: Wenn Sie Optionen auf Wertpapiere, Devisen oder Edelmetalle kaufen, erwerben Sie den Anspruch auf Lieferung oder Abnahme der genannten Basiswerte zu dem beim Kauf der Option bereits festgelegten Preis.

Ihr Risiko: Eine Kursveränderung des Basiswertes, also z. B. der Aktie, die Ihrer Option als Vertragsgegenstand zugrunde liegt, kann den Wert Ihrer Option mindern. Zu einer Wertminderung kommt es im Falle einer Kaufoption (Call) bei Kursverlusten, im Fall einer Verkaufsoption (Put) bei Kursgewinnen des zugrundeliegenden Vertragsgegenstandes. Tritt eine Wertminderung ein, so erfolgt diese stets überproportional zur Kursveränderung des Basiswertes, sogar bis hin zur Wertlosigkeit Ihrer Option. Eine Wertminderung Ihrer Option kann aber auch dann eintreten, wenn der Kurs des Basiswertes sich nicht ändert, weil der Wert Ihrer Option von weiteren Preisbildungsfaktoren (z. B. Laufzeit oder Häufigkeit und Intensität der Preisschwankungen des Basiswerts) mitbestimmt wird. Wegen der begrenzten Laufzeit einer Option können Sie dann nicht darauf vertrauen, daß sich der Preis der Option rechtzeitig wieder erholen wird. Erfüllen sich Ihre Erwartungen bezüglich der Marktentwicklung nicht und verzichten Sie deshalb auf die Ausübung der Option oder versäumen Sie die Ausübung, so verfällt Ihre Option mit Ablauf ihrer Laufzeit. Ihr Verlust liegt dann in dem für die Option gezahlten Preis zuzüglich der Ihnen entstandenen Kosten.

2. Kauf einer Option auf Finanzterminkontrakte

Das Geschäft: Beim Kauf einer Option auf einen Finanzterminkontrakt erwerben Sie das Recht, zu im vorhinein fixierten Bedingungen einen Vertrag abzuschließen, durch den Sie sich zum Kauf oder Verkauf per Termin von z. B. Wertpapieren, Devisen oder Edelmetallen verpflichten.

Ihr Risiko: Auch diese Option unterliegt zunächst den unter 1. beschriebenen Risiken. Nach Ausübung der Option gehen Sie allerdings neue Risiken ein: Diese richten sich nach dem dann zustande kommenden Finanzterminkontrakt und können weit über Ihrem ursprünglichen Einsatz – das ist der für die Option gezahlte Preis – liegen. Sodann treffen Sie zusätzlich die Risiken aus den nachfolgend beschriebenen Börsentermingeschäften mit Erfüllung per Termin.

II. Verkauf von Optionen und Börsentermingeschäfte mit Erfüllung per Termin

1. Verkauf per Termin und Verkauf einer Kaufoption auf Wertpapiere, Devisen oder Edelmetalle

Das Geschäft: Als Verkäufer per Termin gehen Sie die Verpflichtung ein, Wertpapiere, Devisen oder Edelmetalle zu einem vereinbarten Kaufpreis zu liefern. Als Verkäufer einer Kaufoption trifft Sie diese Verpflichtung nur dann, wenn die Option ausgeübt wird.

Ihr Risiko: Steigen die Kurse, müssen Sie dennoch zu dem zuvor festgelegten Preis liefern, der dann ganz erheblich unter dem aktuellen Marktpreis liegen kann. Sofern sich der Vertragsgegenstand, den Sie zu liefern haben, bereits in Ihrem Besitz befindet, kommen Ihnen steigende Marktpreise nicht mehr zugute. Wenn Sie ihn erst später erwerben wollen, kann der aktuelle Marktpreis erheblich über dem im voraus festgelegten Preis liegen. In der Preisdifferenz liegt Ihr Risiko. Dieses Verlustrisiko ist im vorhinein nicht bestimmbar, d. h. theoretisch unbegrenzt. Es kann weit über von Ihnen geleistete Sicherheiten hinausgehen, wenn Sie den Liefergegenstand nicht besitzen, sondern sich erst bei Fälligkeit damit eindecken wollen. In diesem Fall können Ihnen erhebliche Verluste entstehen, da Sie je nach Marktsituation eventuell zu sehr hohen Preisen kaufen müssen oder aber entsprechende Ausgleichszahlungen zu leisten haben, wenn Ihnen die Eindeckung nicht möglich ist.

Beachten Sie: Befindet sich der Vertragsgegenstand, den Sie zu liefern haben, in Ihrem Besitz, so sind Sie zwar vor Eindeckungsverlusten geschützt. Werden aber diese Werte für die Laufzeit Ihres Börsentermingeschäftes (als Sicherheiten) ganz oder teilweise gesperrt gehalten, können Sie während dieser Zeit oder bis zur Glattstellung Ihres Terminkontraktes hierüber nicht verfügen und die Werte auch nicht verkaufen, um bei fallenden Kursen Verluste zu vermeiden.

2. Kauf per Termin und Verkauf einer Verkaufsoption auf Wertpapiere, Devisen oder Edelmetalle

Das Geschäft: Als Käufer per Termin oder als Verkäufer einer Verkaufsoption gehen Sie die Verpflichtungen ein, Wertpapiere, Devisen oder Edelmetalle zu einem festgelegten Preis abzunehmen.

Ihr Risiko: Auch bei sinkenden Kursen müssen Sie den Kaufgegenstand zum vereinbarten Preis abnehmen, der dann erheblich über dem aktuellen Marktpreis liegen kann. In der Differenz liegt Ihr Risiko. Dieses Verlustrisiko ist im vorhinein nicht bestimmbar und kann weit über eventuell von Ihnen geleistete Sicherheiten hinausgehen. Wenn Sie beabsichtigen, die Werte nach Abnahme sofort wieder zu verkaufen, sollten Sie beachten, daß Sie unter Umständen keinen oder nur schwer einen Käufer finden; je nach Marktentwicklung kann Ihnen dann ein Verkauf nur mit erheblichen Preisabschlägen möglich sein.

3. Verkauf einer Option auf Finanzterminkontrakte

Das Geschäft: Beim Verkauf einer Option auf einen Finanzterminkontrakt gehen Sie die Verpflichtung ein, zu im vorhinein fixierten Bedingungen einen Vertrag abzuschließen, durch den Sie sich zum Kauf oder Verkauf per Termin von z. B. Wertpapieren, Devisen oder Edelmetallen verpflichten.

Ihr Risiko: Sollte die von Ihnen verkaufte Option ausgeübt werden, so laufen Sie das Risiko eines Verkäufers oder Käufers per Termin, wie es unter Ziff. 1. und 2. dieses Abschnittes II. beschrieben ist.

III. Options- und Finanzterminkontrakte mit Differenzausgleich

Das Geschäft: Bei manchen Börsentermingeschäften findet nur ein Barausgleich statt. Hierbei handelt es sich insbesondere um:

- Options- oder Finanzterminkontrakte auf einen Index, also auf eine veränderliche Zahlengröße, die aus einem nach bestimmten Kriterien festgelegten Bestand von Wertpapieren errechnet wird und deren Veränderungen die Kursbewegungen dieser Wertpapiere widerspiegeln.
- Options- oder Finanzterminkontrakte auf den Zinssatz für eine Termineinlage mit standardisierter Laufzeit.

Ihr Risiko: Wenn Ihre Erwartungen nicht eintreten, haben Sie die Differenz zu zahlen, die zwischen dem bei Abschluß zugrunde gelegten Kurs und dem aktuellen Marktkurs bei Fälligkeit des Geschäfts besteht. Diese Differenz macht Ihren Verlust aus. Die maximale Höhe Ihres Verlustes läßt sich im vorhinein nicht bestimmen. Er kann weit über eventuelle von Ihnen geleistete Sicherheiten hinausgehen.

C. Weitere Risiken aus Börsentermingeschäften

I. Börsentermingeschäfte mit Währungsrisiko

Das Geschäft: Wenn Sie ein Börsentermingeschäft eingehen, bei dem Ihre Verpflichtung oder die von Ihnen zu beanspruchende Gegenleistung auf ausländische Währung oder eine Rechnungseinheit (z. B. ECU) lautet oder sich der Wert des Vertragsgegenstandes hiernach bestimmt (z. B. bei Gold), sind Sie einem zusätzlichen Risiko ausgesetzt.

Ihr Risiko: In diesem Fall ist Ihr Verlustrisiko nicht nur an die Wertentwicklung des zugrunde liegenden Vertragsgegenstandes gekoppelt. Vielmehr können Entwicklungen am Devisenmarkt die Ursache für zusätzliche unkalkulierbare Verluste sein: Wechselkursschwankungen können

- den Wert der erworbenen Option verringern
- den Vertragsgegenstand verteuern, den Sie zur Erfüllung des Börsentermingeschäfts liefern müssen, wenn er in ausländischer Währung oder einer Rechnungseinheit zu bezahlen ist. Dasselbe gilt für eine Zahlungsverpflichtung aus dem Börsentermingeschäft, die Sie in ausländischer Währung oder einer Rechnungseinheit erfüllen müssen.
- den Wert oder den Verkaufserlös des aus dem Börsentermingeschäft abzunehmenden Vertragsgegenstandes oder den Wert der erhaltenen Zahlung vermindern.

II. Risikoausschließende oder einschränkende Geschäfte

Vertrauen Sie nicht darauf, daß Sie während der Laufzeit jederzeit Geschäfte abschließen können, durch die Sie Ihre Risiken aus Börsentermingeschäften kompensieren oder einschränken können. Ob diese Möglichkeit besteht, hängt von den Marktverhältnissen und auch von der Ausgestaltung Ihres jeweiligen Börsentermingeschäfts ab. Unter Umständen können Sie ein entsprechendes Geschäft nicht oder nur zu einem ungünstigen Marktpreis tätigen, so daß Ihnen ein Verlust entsteht.

III. Inanspruchnahme von Kredit

Ihr Risiko erhöht sich, wenn Sie insbesondere den Erwerb von Optionen oder die Erfüllung Ihrer Liefer- oder Zahlungsverpflichtungen aus Börsentermingeschäften über Kredit finanzieren. In diesem Fall müssen Sie, wenn sich der Markt entgegen Ihren Erwartungen entwickelt, nicht nur den eingetretenen Verlust hinnehmen, sondern auch den Kredit verzinsen und zurückzahlen. Setzen Sie daher nie darauf, den Kredit aus den Gewinnen des Börsentermingeschäftes verzinsen und zurückzahlen zu können, sondern prüfen Sie vor Geschäftsabschluß Ihre wirtschaftlichen Verhältnisse daraufhin, ob Sie zur Verzinsung und gegebenenfalls kurzfristigen Tilgung des Kredits auch dann in der Lage sind, wenn statt der erwarteten Gewinne Verluste eintreten.

D. Verbriefung in Wertpapieren

Die Risiken aus den oben geschilderten Geschäften ändern sich nicht, wenn die Rechte und Pflichten in einem Wertpapier (z. B. Optionsscheine) verbrieft sind.

Hamburger Sparkasse

- **Merkmale** der Novellierung:
  - Beseitigung von Nachteilen des deutschen Optionsmarktes
  - neben Optionen Zulassung weiterer Terminprodukte
- die Novellierung war Voraussetzung für die Schaffung der **Deutschen Termin-Börse** (DTB, siehe Abschnitt 1.4.517)
- Arten zugelassener **Optionsgeschäfte**:
  - in Wertpapieren (Aktien oder Renten)
  - in Devisen
  - in Edelmetallen (Gold, Silber u. a.)
  - in Indizes, d. h. Kennzahlen aufgrund der Kurssituation und -entwicklung ausgewählter Papiere (z. B. DAX = Deutscher Aktienindex)
  - in Finanzterminkontrakten, d. h. Kauf oder Verkauf per Termin von Wertpapieren, Devisen, Edelmetallen, Termineinlagen u. a.m.
- zugelassene Vertragspartner: Voraussetzung ist Termingeschäftsfähigkeit (§ 53 II BörsG):
  - kraft Kaufmannseigenschaft
  - kraft Information: Der Kaufmann (z. B. Kreditinstitut), der einer gesetzlichen Bank- oder Börsenaufsicht untersteht, muß den anderen Partner vor Geschäftsabschluß schriftlich über die Risiken des Termingeschäftes informieren (siehe Informationsmerkblatt).
- Seit Handelsaufnahme an der Deutschen Terminbörse ließ die Bedeutung des Optionshandels an den Präsenzbörsen schnell nach; seit April 1997 findet er für Neuabschlüsse nicht mehr statt.

1.4.517 Deutsche Termin-Börse (DTB)

= Erweiterung des Terminmarktes seit 26.1.1990.

a) **Wesen:**

- Handel auf Computerbasis (Bildschirmhandel), d. h. Erreichbarkeit der Börse direkt durch jeden Marktteilnehmer aufgrund einer Online-Datenverbindung
- also **keine Präsenzbörse** mit körperlicher Anwesenheit der Händler
- **„Market-Maker-System":** Bestimmte Börsenteilnehmer (Market Maker) müssen verbindliche Geld- und Briefpreise stellen und für ausreichende Marktliquidität sorgen
- **Clearing-Stelle** ist Kontraktpartner in jedem Geschäft, sie erfüllt die Kontrakte.

b) **Zielsetzung:**

- Steigerung der Attraktivität des Finanzplatzes Deutschland
- Schaffung neuer Anlagemöglichkeiten und -strategien
- Bereitstellung von Instrumenten zur Absicherung von Kurs- und Zinsrisiken (= hedging)
- Befriedigung der Nachfrage nach Optionen und Financial Futures (auch aus Gründen der Spekulation).

c) **Organisation** der DTB:

- Träger: Deutsche Börse AG
- Börsenrat: vgl. Abschnitt 1.4.502 a
- Geschäftsführung: vgl. Abschnitt 1.4.502 b
- Aufsicht: vgl. Abschnitt 1.4.501 c.

d) **Teilnehmer:** Es gibt zwei Arten von Lizenzen:

- als Erlaubnis für Eigen- und Kundengeschäfte
- zum Ausweis eines Teilnehmers als Market Maker.

e) **Clearing-Mitglieder:** Zwei Arten:

- General Clearer: Abwicklung eigener Geschäfte sowie von Geschäften für Kunden und Nicht-Clearing-Mitglieder
- Direct Clearer: Abwicklung nur von Eigen- und Kundengeschäften.

Die Abwicklung erfolgt durch die in die Deutsche Börse integrierte Clearing-Stelle. Diese führt die Besicherung und die geld- und stückemäßige Regulierung durch.

f) **Handelsmerkmale:**

- elektronischer Orderausgleich, Ausführung der Aufträge auf der Basis des günstigsten Preises und der höchsten Zeitpriorität (matching) nach dem First-In-/First-Out-Prinzip
- sehr hohe Markttransparenz
- Market Maker sollen das gute Funktionieren des Marktes gewährleisten.

g) **Kontrakte:** zu unterscheiden sind Optionen und Futures.

- **Optionen:**
  - = Recht des Inhabers der Option, innerhalb der Optionslaufzeit zu einem von vornherein vereinbarten Preis (=**Basispreis**) eine bestimmte Menge eines bestimmten Kontraktgegenstandes (=**Basiswert**) zu kaufen (**Call**) oder zu verkaufen (**Put**)
  - der Inhaber der Option kann sein Recht ausüben oder es verfallen lassen; es handelt sich also um ein **bedingtes Termingeschäft**. Eine Liefer- bzw. Abnahmeverpflichtung besteht nur für den Stillhalter.
  - Optionsstrategien (Grundpositionen): siehe nachfolgende Übersichten

KAUFOPTION = CALL		
	Inhaber (long)	Stillhalter (short)
Erwartungen	steigende Kurse	gleichbleibende oder sinkende Kurse
Motiv	Spekulation à la Hausse	Zusatzertrag oder Spekulation à la Baisse
Rechte	eine im voraus festgelegte Anzahl von Papieren des Basiswertes kann jederzeit während der Optionslaufzeit zum Basispreis bezogen werden	Erhalt der Optionsprämie
Pflichten	Zahlung der Optionsprämie	Lieferung der Basiswerte zum Basispreis, **sofern der Call ausgeübt wird**
Chancen	unbegrenzt (Kursgewinne)	begrenzt auf Optionsprämie
Risiken	begrenzt auf Optionsprämie	– künftige Kursgewinne können nicht realisiert werden (bei gedeckter Stillhalterposition) – sofern ungedeckte Stillhalterposition eingegangen wird (ohne entsprechende Werte im Depot): nahezu unbegrenztes Verlustpotential

VERKAUFSOPTION = PUT		
	Inhaber (long)	Stillhalter (short)
Erwartungen	fallende Kurse/ kurzfristige Kursrückschläge	gleichbleibende Kurse
Motive	Absicherung von Beständen oder Spekulation à la Baisse	Zusatzertrag
Rechte	Die festgelegte Anzahl von Papieren des Basiswertes kann jederzeit während der Optionslaufzeit zum Basispreis verkauft werden	Erhalt der Optionsprämie
Pflichten	Zahlung der Optionsprämie	Abnahme der Basiswerte, **sofern der PUT ausgeübt wird**
Chancen	– Verringerung/Ausschluß von Kursrisiken (Sicherungsmotiv) – bei späterer Eindeckung zum Marktpreis und gleichzeitiger Optionsausübung: Gewinnpotential fast unbegrenzt (Spekulation à la Baisse)	begrenzt auf Optionsprämie
Risiken	beschränkt auf Optionsprämie	beschränkt auf Basispreis ./. aktueller Kurs

- DTB-Aktienoptionen mit folgenden Bedingungen:
  - Basiswert: 41 Aktienwerte, z. B. BASF, BMW, Deutsche Bank, VEBA
  - Kontraktgröße:

Kontraktgröße:	bei Aktien-Nennert von 5,– DM:	500 Aktien
	bei Aktien-Nennwert von 50,– DM:	50 Aktien
	beim Basiswert Allianz:	5 Aktien

- Preisstufen: { bei Aktien-Nennwert von 50,– DM: jeweils 0,10 DM
bei Aktien-Nennwert von 5,– DM: jeweils 0,01 DM }

- Basispreise:

1,– DM oder ein Vielfaches davon bis einschl. 20,– DM
22,– DM oder ein höherer durch 2 teilbarer Betrag bis einschl. 50,– DM
52,50 DM oder ein höherer durch 2,50 teilbarer Betrag bis einschl. 100,– DM für den ersten und zweiten Verfalltermin
55,– DM oder ein höherer durch 5 teilbarer Betrag bis einschl. 100,– DM für den dritten, vierten und fünften Verfalltermin
110,– DM oder ein höherer durch 10 teilbarer Betrag bis einschl. 200,– DM
220,– DM oder ein höherer durch 20 teilbarer Betrag bis einschl. 500,– DM
525,– DM oder ein höherer durch 25 teilbarer Betrag bis einschl. 1 000,– DM für den ersten und zweiten Verfalltermin
550,– DM oder ein höherer durch 50 teilbarer Betrag bis einschl. 1 000,– DM für den dritten, vierten und fünften Verfalltermin
1 100,– DM oder ein höherer durch 100 teilbarer Betrag.

- neue Serien werden spätestens eingeführt, wenn an den beiden vorangegangenen Handelstagen der umsatzgewichtete Durchschnitt der letzten drei im elektronischen Handelssystem der Frankfurter Wertpapierbörse zwischen Handelsschluß an der Frankfurter Wertpapierbörse und Handelsschluß an der Terminbörse in Aktienoptionen zustandegekommenen Bezahltpreise das Mittel zwischen den beiden höchsten bzw. niedrigsten Basispreisen über- bzw. unterschritten hat
- Laufzeiten: 1, 2, 3, 6 und 9 Monate; die 6- und 9-Monatsoptionen werden jedoch nur mit den Verfallmonaten März, Juni, September und Dezember angeboten
- Ausübung: an jedem Handelstag
- letzter Handelstag: dritter Freitag des Verfallmonats, sofern dieser kein Börsentag ist, ist der davor liegende Börsentag letzter Handelstag
- Erfüllung: am zweiten Börsentag nach Ausübung der Option
- Lieferung: Aktien zum vereinbarten Basispreis; die bis zum 17.8.1997 erfolgenden Ausübungen in Optionen auf Aktien der Allianz Holding AG und der Münchner Rückversicherungs AG werden **bar** abgerechnet
- DTB-Options-**Kombinationen** auf Aktien:
  - zur Verwirklichung verschiedener Strategien können die Grundmöglichkeiten der Optionen
    Kauf einer Kaufoption = Long Call
    Verkauf einer Kaufoption = Short Call
    Kauf einer Verkaufsoption = Long Put
    Verkauf einer Verkaufsoption = Short Put
    kombiniert werden
  - eine Vielzahl von Standardkombinationen kann an der DTB durch kombinierte Aufträge ausgeführt werden

- **DTB-DAX-Optionen:** Optionen auf den DAX; Bedingungen:
  - Basiswert: DAX
  - Kontraktwert: 10,– DM je Indexpunkt des DAX
  - Preisnotierung: in Punkten mit einer Nachkommastelle
  - Preisintervalle (Tick): Tickgröße 0,1; Tickwert 1,– DM
  - Basispreise: feste Preisabstufungen je nach Laufzeit: Laufzeit bis einschließlich sechs Monate: 25 Indexpunkte, Laufzeit bis einschließlich neun Monate: Preisabstufung von 50 Indexpunkten, zwölf Monate/100, über zwölf Monate/200; jeder Verfallmonat wird mit mindestens fünf Basispreisen eingeführt
  - neue Serien werden eingeführt, wenn die letzte DAX-Feststellung an den beiden vorangegangenen Handelstagen das Mittel zwischen dem dritt- und zweithöchsten bzw. dritt- und zweitniedrigsten bestehenden Basispreis über- bzw. unterschritten hat; grundsätzlich keine neue Serie, wenn diese in weniger als zehn Börsentagen auslaufen würde
  - Verfallmonate: die nächsten drei Monate, die nächsten drei Quartalsmonate und die nächsten beiden Halbjahresmonate (Juni/Dezember)
  - Ausübung: nur am 3. Freitag des Verfallmonats; ist dieser kein Börsentag, dann am vorhergehenden Börsentag
  - letzter Handelstag: dritter Freitag des Verfallmonats, ggf. am vorhergehenden Börsentag
  - Erfüllung: Börsentag nach dem Ausübungstag
  - Erfüllungsart: Barzahlung
- DTB-Option auf den DAX-Future
- DTB-Option auf den BUND-FUTURE

Futures:

= Verpflichtung, zu einem festgelegten Termin zu einem von vornherein vereinbarten Preis (=**Future-Preis**) eine bestimmte Menge eines bestimmten Basiswertes zu kaufen (=**Long Position**) oder zu verkaufen (=**Short Position**).

- Käufer und Verkäufer gehen feste Verpflichtungen ein, zu erwerben oder zu liefern (**unbedingtes Termingeschäft**).
- **DAX-Futures:**
  - Basiswert: DAX
  - Kontraktwert: 100,– DM je DAX-Indexpunkt
  - Preisintervalle: Tickgröße 0,5; Tickwert 50,– DM
  - Liefermonate: März, Juni, September, Dezember (davon die jeweils nächstgelegenen drei Monate im Handel)
  - Schlußabrechnungstag: 3. Freitag des Liefermonats; ist dieser kein Börsentag, dann der vorhergehende Börsentag
  - letzter Handelstag: Börsentag vor dem Schlußabrechnungstag
  - Erfüllung: zweiter Börsentag nach dem letzten Handelstag
  - Lieferung: Barausgleich, da keine effektive Lieferung möglich
- **BUND-Futures (langfristig):**
  - fiktive, idealtypische 6 %-Bundesanleihe mit einer Restlaufzeit von 8,5 bis 10 Jahren
  - Kontraktwert: 250 000,– DM
  - Notierung: in Prozent vom Nennwert
  - Preisintervalle: Tickgröße 0,01 %, Tickwert 25,– DM

  - Liefermonate: März, Juni, September, Dezember; Maximallaufzeit 9 Monate
  - Liefertag: 10. Kalendertag des Liefermonats; ist dies kein Börsentag, dann der folgende Börsentag
  - letzter Handelstag: zwei Börsentage vor dem Liefertag
  - Erfüllungsart: möglich, aber selten ist effektive Lieferung von Bundesanleihen mit entsprechender Restlaufzeit, Kupon- und Restlaufzeit-Umrechnung über einen Preisfaktor; Barausgleich überwiegt

- **BUND-Futures** (mittelfristig)
- **BUND-Futures** (kurzfristig).

h) **Sicherheitsleistungen (Margins):**

- müssen von Inhabern (= Verpflichteten) einer Options-Short-Position sowie von Käufern und Verkäufern von Futures-Positions und von Käufern/Verkäufern von Optionen auf Futures hinterlegt werden
- Neuberechnung der Margin grds. an jedem Handelstag (Optionen)
- bei Futures-Positions und Optionen auf Futures findet ein täglicher Gewinn-/Verlustausgleich in Form einer Buchung zugunsten/zu Lasten Kundenkonto statt.

1.4.518 Weitere Marktsegmente

a) **Wesen:** Handel in Wertpapieren außerhalb des amtlichen Handels. Folgende Arten sind zu unterscheiden:

- geregelter Markt (§§ 71 ff. BörsG)
- Neuer Markt
- Freiverkehr (§ 78 BörsG)
- außerbörslicher Handel
- elektronische Handels- und Informationssysteme.

b) **Geregelter Markt:**

- gehandelte Effekten:
  - Aktien von Gesellschaften mit regionaler und lokaler Bedeutung
  - Aktien, die bereits an anderen Börsen zum amtlichen Handel zugelassen sind
  - Papiere, die für die Börse keine größere Bedeutung haben (wegen zu geringer Umsätze, da weitgehend in Händen von Großaktionären usw.)
  - Aktien von Familienunternehmen
  - junge Aktien
  - Aktien neugegründeter Gesellschaften
- Preisbildung:
  - vollzieht sich an den meisten Börsen durch die freien Makler
  - nach den Regeln für die Kursfeststellung im amtlichen Handel
  - der Begriff „Preis" wird für alle Bewertungen verwendet, die nicht durch amtliche Makler zustandekommen

- freie Makler:
  = Handelsmakler nach § 93 HGB
  – Zulassung zum Börsenhandel erforderlich
  – sind nicht „kraft Amtes“ zugelassen und erfüllen keine amtlichen Aufgaben
  – können Geschäfte auch für eigene Rechnung abschließen.

c) **Neuer Markt:**

- besteht seit März 1997 als neues Marktsegment an der Frankfurter Wertpapierbörse
- gehandelte Effekten: Aktien kleiner und mittlerer Unternehmen mit innovativer Produkt-Ausrichtung, insb. aus Zukunftsbranchen wie Telekommunikation, Biotechnologie, Multimedia
- Investoren:
  – private und institutionelle Anleger
  – Kapitalanlagegesellschaften
- Preisbildung:
  – vollzieht sich zunächst im Präsenzhandel
  – „Betreuer“ (KI oder Wertpapierhandelshäuser) gewährleisten die Handelbarkeit der Werte
  – Betreuer müssen während des Börsenhandels jederzeit verbindliche An- und Verkaufsangebote stellen
  – Angebote gelten für mindestens 500 Stück und haben zwischen An- und Verkaufspreis eine Spanne von max. 5 %
- Besonderheiten:
  – die Betreuer unterstützen den Emittenten im Rahmen getroffener Vereinbarungen (z. B. Information des Emittenten über den Aktienhandel, Unterstützung bei der Öffentlichkeitsarbeit)
  – die Transparenz-Anforderungen sind überdurchschnittlich hoch (Jahresabschlüsse gemäß internationaler Rechnungslegungsvorschriften, Pflicht zur Veröffentlichung von Quartalsberichten, Analystenveranstaltung mindestens einmal im Jahr
  – die Publizitätsanforderungen entsprechen internationalen Standards.

d) **Freiverkehr:**

- gehandelte Effekten:
  – Aktien von Gesellschaften mit nur regionaler Bedeutung
  – Papiere, für die das Interesse des Publikums getestet werden soll
- Preisbildung:
  – vollzieht sich zwischen freien Maklern und Börsenhändlern der KI
  – aus den veröffentlichten Preisen kann kein Anspruch auf Ausführung von Aufträgen hergeleitet werden.

e) **Außerbörslicher Handel:**

- Telefonverkehr:
  = außerbörslicher Handel in amtlich notierten Werten, Werten des Geregelten Marktes und in Freiverkehrs- und unnotierten Werten
  – Preisvereinbarung zwischen den Vertragsparteien (KI, Makler, Kunden)

– Bedeutung vor allem im Rentenhandel

Tafelgeschäfte (Handel „über den Schalter"):
= An- und Verkauf effektiver Stücke von/an Privatkundschaft.

f) **Elektronische Handels- und Informationssysteme**

IBIS = Integriertes Börsenhandels- und Informations-System:
- seit April 1991
- vollelektronisches Handelssystem
- Teilnehmer: KI und Börsenmakler
- hat den vor- und nachbörslichen Telefonhandel im Aktienbereich weitgehend aufgenommen, Bedeutung im Rentenhandel eher gering
- Handel in 108 Aktienwerten, diversen Optionsscheinen und Rentenwerten
- unmittelbare Anbindung an das Abwicklungssystem des Deutschen Kassenvereins
- ermöglicht den ganztägigen Handel in den Basiswerten der DTB und einigen anderen Wertpapieren
- Teil der Deutschen Wertpapierbörse AG
- Marktaufsicht durch die Börse
- Mindestschluß:
  - Aktienhandel: 100 oder 500 Stück (je nach Aktie)
  - Rentenhandel: nominal 1 Mio DM
- Abwicklung: analog den Präsenzbörsengeschäften; im Rentenhandel kann abweichend von der üblichen Regelung (Valuta zwei Werktage) eine Abwicklungsfrist von drei Tagen vereinbart werden
- Ablösung durch XETRA (s. u.) am 28.11.1997 erfolgt

BOSS-CUBE = Börsen-Order- und Service-System (Computer-Unterstütztes Börsenhandels- und Entscheidungssystem):
- Entwicklung im Auftrag der Deutschen Börse Frankfurt
- direkte Leitung der Aufträge von KI in die Skontren der Makler
- unmittelbares Erstellen der Ausführungsanzeigen
- bei Kopplung mit hauseigenem Wertpapier-Auftragssystem ist für den Massenverkehr eine unmittelbare maschinelle, vollelektronische Abwicklung möglich, bei der der Kunde bereits nach wenigen Minuten die Ausführungsbestätigung mit dem Ausführungskurs bekommen kann
- damit weiterer Schritt zur Computerbörse

EHS = Elektronisches Handelssystem: in der Diskussion befindliche Weiterentwicklung der vorhandenen Systeme zur vollintegrierten Computerbörse

XETRA = Exchange Electronic Trading:
- elektronisches Handelssystem der Deutschen Börse AG für den deutschen Kassamarkt
- schrittweise Einführung geplant, beginnend ab 28.11.1997 mit der Ablösung des IBIS-Systems
- Zielsetzung:
  - Verbesserung der Marktqualität
  - Ausbau der Marktführerschaft der Deutsche Börse AG im D-Mark-Geschäft
  - Schaffung der im europäischen Wettbewerb führenden Handelsplattform durch Herstellung einer vollelektronischen Handelbarkeit aller an der Frankfurter Wertpapierbörse notierten Wertpapiere des Kassamarktes

- Ausgestaltung:
  - ganztägiger Handel
  - ein Orderbuch pro Wertpapier; damit Konzentration des Handels und Erhöhung der Markttransparenz
  - Marktteilnehmer erhalten gleichberechtigten standortunabhängigen Zugang
  - in weniger liquiden Werten sollen spezifische Händler Zusatzliquidität bereitstellen
  - zwei Handelsformen: **Auktionen** (Preisfeststellung unter Berücksichtigung der gesamten Orderlage) und **fortlaufender Handel** (direktes Zusammentreffen von Orders mit automatischer Zusammenführung ausführbarer Orders).

1.4.519 Sonstiges

a) **Amtlicher Bezugsrechtshandel:**

- Bezugsrechte werden während der Bezugsfrist (2 oder 3 Wochen) neben den alten Aktien gehandelt
- es werden nur Einheitskurse festgestellt
- die alten Aktien werden vom 1. Tag der Bezugsfrist an „ex B" = ausschließlich Bezugsrecht(swert) gehandelt.

b) Die Kurse, die börsentäglich im amtlichen Handel festgestellt wurden, werden im **„Amtlichen Kursblatt"** veröffentlicht. In einer Beilage werden die Preise für den Geregelten Markt, zum Teil auch für den Freiverkehr angegeben.

Sonstige Publikationsmittel sind Zeitungen, Rundfunk, Fernsehen und elektronische Medien. Hier erscheinen auch Umsatzangaben und weitere Informationen einschließlich der Tendenzen, die die weitere Kursentwicklung andeuten sollen.

c) Folgende **Tendenzbezeichnungen** sind gebräuchlich:

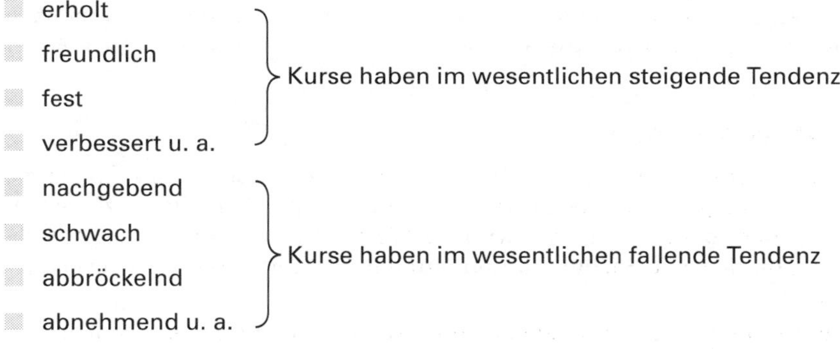

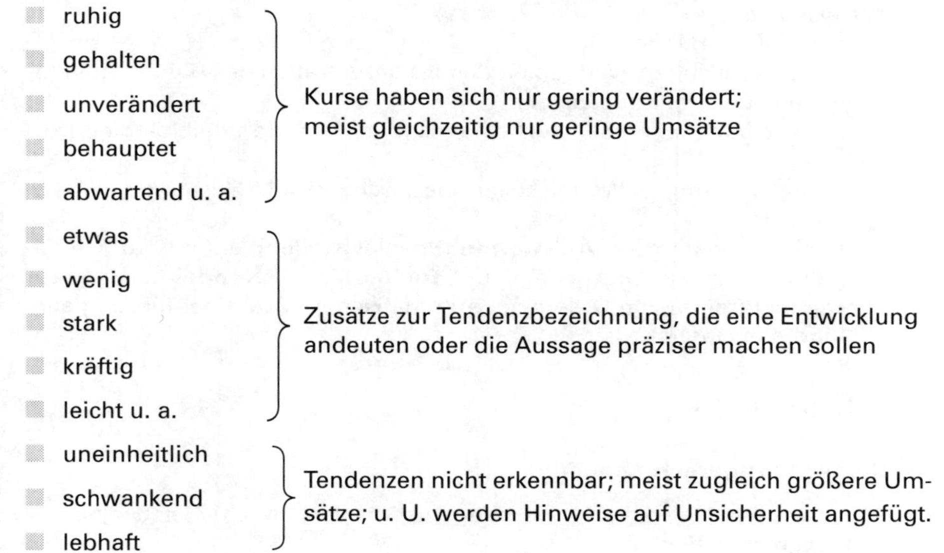

- ruhig
- gehalten
- unverändert
- behauptet
- abwartend u. a.

} Kurse haben sich nur gering verändert; meist gleichzeitig nur geringe Umsätze

- etwas
- wenig
- stark
- kräftig
- leicht u. a.

} Zusätze zur Tendenzbezeichnung, die eine Entwicklung andeuten oder die Aussage präziser machen sollen

- uneinheitlich
- schwankend
- lebhaft

} Tendenzen nicht erkennbar; meist zugleich größere Umsätze; u. U. werden Hinweise auf Unsicherheit angefügt.

1.4.52 Kursbestimmende und kursbeeinflussende Faktoren

1.4.520 Allgemeine Einflüsse

a) **Gesamtwirtschaftliche Lage** (Konjunktureinflüsse):

- allgemeine wirtschaftliche Situation (Konjunktur, Depression, Boom usw.): die Kursentwicklung auf dem Aktienmarkt entspricht i. d. R. der jeweiligen Lage
- zukünftige wirtschaftliche Entwicklung: Aktienkurse nehmen erwartete Entwicklungen i. d. R. vorweg, oft mit einer Zeitverschiebung von einem halben Jahr und länger; Grund: Entscheidungen der Anleger werden von wirtschaftspolitischen Entscheidungen der Regierung, binnen- und außenwirtschaftlichen Veränderungen beeinflußt und oft auch betroffen; während letztere sich erst nach längerer Anlaufphase bemerkbar machen, wirken die Dispositionen der Anleger sich sofort aus.

b) **Geldwertschwankungen:**

- zu Beginn einer inflationären Wirtschaftsentwicklung passen die Aktienkurse sich den Preissteigerungsraten an, da Sachwerte entsprechend höher zu bewerten sind, je geringer der Geldwert wird; Festverzinsliche folgen dieser Entwicklung nicht, da sie keine Sachwerte, sondern nur (an Wert verlierendes) Geld repräsentieren
- später setzt diese Anpassung aus: wenn staatliche Stabilitätspolitik sich auswirkt und Löhne den Inflationsraten zunächst folgen, sie dann übersteigen, verschlechtert die Ertragslage der Unternehmungen sich zusehends; sind die Kapitalmarktzinsen inzwischen über die Preissteigerungsrate hinaus angestiegen, werden Festverzinsliche z. T. interessanter als Aktien; die Investitionsneigung der Unternehmen läßt nach und drückt ebenfalls auf die Gewinne.

c) **Liquiditätslage der Wirtschaft:**

- eine befriedigende Liquiditätslage der Wirtschaft führt zu einer verstärkten Kapitalanlage in Wertpapieren, damit die Geldmittel nicht brachliegen, sondern gewinnbringend verwandt werden
- eine angespannte Liquiditätslage führt umgekehrt zur Abnahme der Anlageneigung und Veräußerung von Papieren zur Liquiditätsbeschaffung
- geld-, kredit- und zinspolitische Maßnahmen der Bundesbank, deren Ziel insb. in inflationären Phasen Stabilisierung der Währung ist, wirken sich auch auf Produktions- und Ertragslage der Unternehmungen aus und bedingen entsprechende Abwertungen dieser Gesellschaften
- die Maßnahmen der Bundesbank deuten ihre Auswirkungen für die Zukunft an; die Aktienkurse können diese Einflüsse sofort anzeigen.

d) **Politische Einflüsse:**

- wirtschaftspolitische Entscheidungen haben unmittelbare Auswirkung auf die Aktienkurse der von ihnen betroffenen Unternehmungen
- dasselbe gilt für politische Entscheidungen im Unternehmensbereich (z. B. Veränderung der Steuerbelastungen; Einführung gesetzlicher Anforderungen, z. B. aus Gründen des Umweltschutzes)
- mittelbar wirkt sich die staatliche Finanzpolitik aus; insbesondere kann überhöhte staatliche Verschuldung zu einer Überlastung des Kapitalmarktes führen, das Zinsniveau verzerren, die Aufnahme von Fremdkapital durch Emissionen von Industrieunternehmen erschweren.

e) **Wirtschaftliche und politische Auslandseinflüsse**

- die Wirtschaft einer exportabhängigen Industrienation ist unmittelbar mit internationalem Geschehen verknüpft
- dies gilt insb. für die Umtauschverhältnisse zu fremden Währungen und ihre Änderungen (z. B. Aufwertung): durch solche Maßnahmen können export- und importorientierte Unternehmen benachteiligt werden, außerdem können ausländische Anleger zum Abzug ihrer Anlagen oder zu neuer Kapitalanlage im Inland veranlaßt werden
- schädlich wirken sich in diesem Zusammenhang ausländische Spekulationen aus, die die tatsächlich angemessenen Kurse erheblich verändern und verzerren können
- auf den Kapitalverkehr wirken sich insb. die in- und ausländischen Zinsverhältnisse aus.

f) **Psychologische Faktoren:**

- das gesamte Börsengeschehen ist stark abhängig von irrationalen Einflüssen; Gerüchte, Stimmungen führen sofort zu Kursausschlägen (z. B. vermutete Fusion zweier Unternehmen)
- diese Tendenz wird noch verstärkt dadurch, daß auch eine Inflation im wesentlichen psychologisch geprägt sein kann („Flucht in die Sachwerte" usw.)

- sich an der Börse andeutende Entwicklungen werden insb. von Laien oft falsch verstanden und von entsprechenden Reaktionen begleitet; so kann der Abzug ausländischer Spekulationsgelder, der die Kurse fallen läßt, eine gesamte Abwärtsentwicklung einleiten, ohne daß dafür reale Gründe bestehen
- **Hausse** (=starke Aufwärtsentwicklung der gesamten Börsenkurse) und **Baisse** (= starke Abwärtsentwicklung) sind sehr oft geprägt von psychologischen Einflüssen ohne realen Hintergrund, zumal eine einmal in dieser Richtung eingeleitete Entwicklung tatsächlich größere Kursgewinne in kurzer Zeit verspricht und uninformierte Anleger diese Situation auszunutzen versuchen („Dienstmädchen-Hausse").

1.4.521 Ertrag und Wirtschaftlichkeit der Kapitalanlage

Ertrag und wirtschaftlicher Hintergrund lassen sich bei **festverzinslichen Papieren** leicht bestimmen. Die jährliche Gesamt**rendite** oder **Effektivverzinsung** läßt sich nach folgender Formel berechnen:

$$\text{Rendite} = \frac{\text{Nominalzins} + \dfrac{\text{Rückzahlungsgewinn}}{\text{Restlaufzeit}} \times 100}{\text{eingesetztes Kapital}}$$

Bei **Aktien** müssen verschiedene Berechnungsmethoden angewandt werden, um den wirtschaftlichen Wert der Kapitalanlage bestimmen zu können.

a) **Ertragswert:**

- Kapitalisierung des jährlichen Ertrages zum landesüblichen Zinssatz
- Berücksichtigung dividendenloser Jahre durch Aufschlag
- Berücksichtigung von Geldwertschwankungen durch Abschlag.

b) **Dividendenrendite:**

Berücksichtigung insb. der zu erwartenden, zukünftigen Dividende; i. d. R. bemühen die Gesellschaften sich um gleichbleibende Dividendenausschüttung. Formel:

$$\text{Dividendenrendite} = \frac{\text{Dividendensatz (mit/ohne Steuergutschrift)} \times 100}{\text{Anschaffungskurs (bzw. aktueller Kurs)}}$$

c) **Substanzwert:**

Ermittlung des Bilanzwertes einer Unternehmung zuzüglich stiller Reserven und sonstiger immaterieller Werte (z. B. Marktstellung, Patente und Lizenzen, Kundenstamm usw.; aus Zeitvergleich über mehrere Jahre zu ermitteln); ausgedrückt als Eigenkapital in Prozent des Nominalkapitals:

$$\text{Substanzwert} = \frac{\text{Wert der Aktien} - \text{Verbindlichkeiten} + \text{stille Reserven}}{\text{Nennwert des Grundkapitals}} \times 100$$

In vereinfachter Form – ohne Berücksichtigung stiller Reserven – läßt sich der **Substanzwert je Aktie** als **Bilanzkurs** darstellen:

$$\text{Bilanzkurs je Aktie (Buchwert der Aktie) in DM} = \frac{\text{Gezeichnetes Kapital} + \text{offene Rücklagen}}{\text{Zahl der Aktien}}$$

Bei gesunden Unternehmen und in normalen Börsenzeiten gibt der Bilanzkurs den möglichen Tiefstkurs der Aktie an, läßt also Rückschlüsse über das Kursrisiko zu.

In Sondersituationen kann selbstverständlich auch der Bilanzkurs unterschritten werden.

d) **Kurs-Gewinn-Verhältnis** (Price-Earnings-Ratio, PER):

Die Ertragskraft einer Unternehmung vermag die wichtigsten Aussagen über die bisherige und zukünftige Kursentwicklung zu liefern.

$$\text{PER} = \frac{\text{Börsenkurs der Aktie}}{\text{Gewinn pro Aktie}}$$

e) **Cash flow:**

= Überschuß der Erträge über die Aufwendungen (soweit mit Barveränderungen verbunden); Berechnung:

	Reingewinn (nach Versteuerung)
+	Abschreibungen auf Sach- und Finanzwerte
+	langfristige Rückstellungen
+	außerordentliche u. periodenfremde Aufwendungen
–	außerordentliche u. periodenfremde Erträge
=	Cash flow

Cash-flow-Ratio = Beziehung des Cash flow zur Aktienanlage:

$$\text{CFR} = \frac{\text{Anschaffungskurs (bzw. aktueller Kurs)}}{\text{Cash flow pro Aktie}}$$

1.4.522 Sonstige Faktoren

a) Bevorstehende Kapitalerhöhung und Handel mit **Bezugsrechten**.

b) **Kurspflege** = planmäßige Börsenkäufe von Interessenten (meist Konsorten), um stärkere Kursrückgänge und zufällige Schwankungen zu verhindern; Auftraggeber i. d. R. der Emittent (z. B. Bundesregierung bei festverzinslichen Wertpapieren). **Kursregulierung** liegt vor, wenn unabhängig von der Marktlage Stützungskäufe zur Einhaltung eines bestimmten Mindestkurses vorgenommen werden.

c) Bei festverzinslichen Wertpapieren: Änderungen des allgemeinen **Zinsniveaus** im In- und Ausland, Differenzen zu den Zinssätzen der anderen auf dem Markt befindlichen Rentenwerte.

d) **Markttechnische Einflüsse:** Kursveränderungen, die auf das typische, weitgehend voraussehbare Verhalten der Marktteilnehmer zurückzuführen sind, z. B. geringer Kursrückgang nach längeren Kurssteigerungen durch Realisierung von Kursgewinnen, wenn keine wesentlichen Kurssteigerungen mehr erwartet werden, oder durch Abzug spekulativer Gelder, wenn das Spekulationsmotiv entfallen ist.

e) Da die Börse ein Markt in weitgehend ursprünglicher Form ist, wirken sich alle kursbestimmenden und -beeinflussenden Faktoren auf das Verhältnis von **Angebot und Nachfrage** zueinander direkt aus.

1.4.53 Besteuerung von Effektenerträgen

Die Besteuerung von Effektenerträgen ist in letzter Zeit derart komplex und änderungsintensiv geworden, daß im folgenden nur ein grober Überblick gegeben werden kann (vgl. Abschnitt 0.6.10 bis 0.6.14). Wegen der Auswirkung von Freistellungsauftrag, Nichtveranlagungsbescheinigung (NV-Bescheinigung) und Bankgeheimnis: vgl. Abschnitt 0.6.12

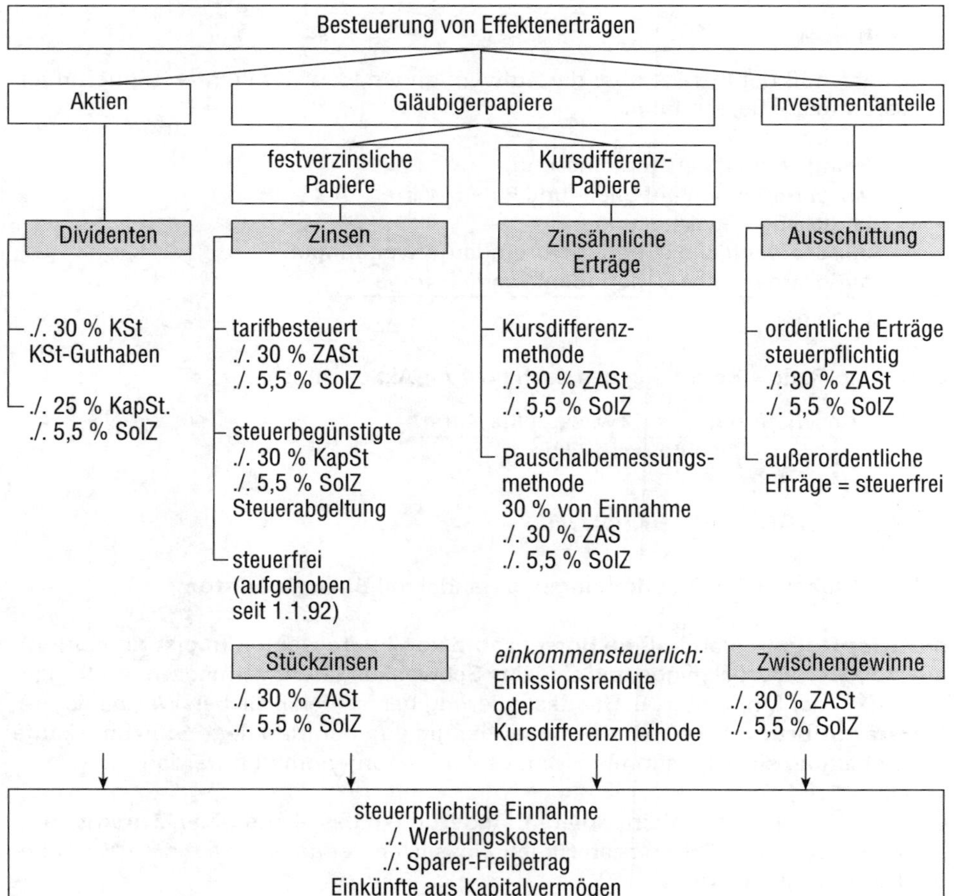

1.4.530 Erträge aus Aktien (Dividenden)

a) **Grundsätzliches:** Erträge aus inländischen Aktien

- sind Einkünfte aus Kapitalvermögen und unterliegen der Einkommensteuer
- dabei setzt sich der Gesamtertrag einer Aktie aus zwei Teilen zusammen:
  - der von der Gesellschaft ausgeschütteten Dividende (Brutto-/Bardividende), die von vornherein um 25 % Kapitalertragsteuer sowie darauf 5,5 % Solidaritätszuschlag gekürzt und danach als Nettodividende gutgeschrieben wird
  - dem sog. Steuerguthaben (= anrechenbare Körperschaftsteuer), das stets 3/7 oder 42,857 % der Brutto/Bardividende ausmacht und den Ausgleich für die von der Gesellschaft bereits entrichtete Körperschaftsteuer von 30 % darstellt
- von diesem Gesamtertrag werden sowohl die bereits in Abzug gebrachten 25 % KapSt als auch das Steuerguthaben bei der Veranlagung zur Einkommensteuer auf die persönliche Steuerschuld des Aktionärs angerechnet; gleiches gilt hinsichtlich des vorausgezahlten SolZ.

b) **Ausnahmen:** Durch die Neuregelung der Körperschaftsteuer von 1977 erzielt der Aktionär i. d. R. eine Aufbesserung seiner Dividendeneinnahmen. Folgende Aktionärsgruppen sind davon ausgeschlossen:

- die öffentliche Hand
- steuerbegünstigte oder steuerbefreite Institutionen
- gebietsfremde Inhaber deutscher Aktien (hier: bisherige Regelung mit 25 %-Abzug der KapSt).

c) **Beispiel:**

Ein Aktionär erhält in 1998 auf seine Aktien eine Bardividende von 1 000 DM. Da kein Freistellungsauftrag vorliegt, erfolgt die Kontogutschrift nach Abzug von 25 % KapSt und 5,5 % SolZ in Höhe von 736,25 DM.

Nettodividende	736,25 DM
zzgl. Kapitalertragsteuer (25 % von 1 000,00 DM	250,00 DM
zzgl. Solidaritätszuschlag (5,5 % von 250,00 DM)	13,75 DM
Brutto-/Bardividende	1 000,00 DM
zzgl. Körperschaftsteuerguthaben (3/7 von 1 000,00 DM)	428,57 DM
zu versteuernde Einnahme aus Aktien	1 428,57 DM
Kapitalertragsteuer	250,00 DM
Körperschaftsteuerguthaben	428,57 DM
anrechenbare Einkommensteuervorauszahlung	678,57 DM
anrechenbarer vorausgezahlter Solidaritätszuschlag	13,75 DM

1.4.531 Erträge aus festverzinslichen Wertpapieren

a) **Grundsätzliches:** Zinsen und Stückzinsen aus festverzinslichen Wertpapieren (z. B. Pfandbriefe, Anleihen der öffentlichen Hand, Bankschuldverschreibungen)

- sind Einkünfte aus Kapitalvermögen und unterliegen der Einkommensteuer
- unterliegen dem Zinsabschlag (30 % bei Depotverwahrung bzw. 35 % bei Kuponeinlösung am Schalter) zuzüglich 5,5 % Solidaritätszuschlag auf den Zinsabschlag (vgl. Abschnitt 0.6.12 bzw. 0.6.13)

b) **Tarifbesteuerung:**

- Zinsen werden grundsätzlich unter Abzug von 31,65 % ZASt und SolZ ausgeschüttet
- Veranlagung erfolgt beim Empfänger (Einkommensteuer, Einkünfte aus Kapitalvermögen); ZASt bzw. SolZ werden als Steuervorauszahlungen angerechnet
- Ertrag kann steuerfrei sein, wenn er innerhalb des Freistellungsauftrages bleibt oder wenn die Freigrenze für Nebeneinkünfte nicht überschritten wird
- die meisten umlaufenden Gläubigerpapiere sind tarifbesteuert

c) **Steuerbegünstigung:**

- Einbehaltung von 30 % Kapitalertragsteuer (KapSt) durch Emittenten (direkte Abführung) zzgl. 5,5 % SolZ auf die KapSt
- durch diesen Abzug sind alle Einkommensteuern abgegolten
- nur für bestimmte Wertpapiere, die vor 1955 emittiert wurden
- diese Papiere sind heute weitgehend getilgt.

d) **Steuerbefreiung** (aufgehoben seit 1.1.92):

- vor dem 1.1.1955 ausgegebene Wertpapiere mit Höchstzinssatz von 5 1/2 %
- außerdem bestimmte Wertpapiere des Staates zur Entschädigung
- aufgrund besonderer gesetzlicher Bestimmungen waren die Zinsen von allen Steuern freigestellt
- heute weitgehend getilgt
- Reste normal-/tarifbesteuert (s. o.)

e) **Tarifbesteuerung für Gebietsfremde:**

tarifbesteuerte Effekten inländischer Emittenten in Händen von Gebietsfremden („Steuerausländer") unterliegen seit dem 1.8.1984 nicht mehr der sog. Kuponsteuer (KapSt von 25 %). ZASt und SolZ sind nicht einzubehalten.

f) **gezahlte Stücklisten** (vgl. Abschnitt 1.4.101):

- sind im Jahr der Zahlung steuerlich berücksichtigungsfähig (Negative Einnahmen aus Kapitalvermögen)
- werden zusammen mit gezahlten Zwischengewinnen aus Fondsanteilen in den sogenannten „Stückzinstopf" eingestellt und können so mit ZASt-pflichtigen Einnahmen des Depots (z.B. Wertpapierzinsen, Fondserträge) verrechnet werden.

- Übertragung nicht verrechneter Stückzinsen/Zwischengewinne in das folgende Jahr ist nicht möglich.

1.4.532 Erträge aus Kursdifferenzpapieren/Finanzinnovationen

a) **Grundsätzliches:** Wertpapiere, deren „Verzinsung" ganz oder teilweise nicht in Form laufender fester Zinszahlungen, sondern z. B. durch Auf- oder Abzinsung erfolgt, unterliegen bei der Ermittlung der Einkünfte aus Kapitalvermögen bzw. beim Zinsabschlag besonderen Regelungen. Hierzu gehören insbesondere Zerobonds, Kombi- und Gleitzinsanleihen oder Indexanleihen und die meisten Floater.

b) **Zinsabschlagsteuerliche Behandlung:**

- **Kursdifferenzmethode** als Besteuerungsgrundlage beim Zinsabschlag und Solidaritätszuschlag:
  - positiver Differenzbetrag zwischen Ankaufskurs und Rückzahlungsbetrag bei Kapitalfälligkeit bzw. Verkaufskurs bei vorzeitigem Verkauf unterliegt der ZAS und dem SolZ
  - gilt nur, wenn KI die Papiere für den Kunden erworben und ununterbrochen im Depot verwahrt hat
- **Pauschalbemessungsmethode** als Besteuerungsgrundlage beim Zinsabschlag und Solidaritätszuschlag
  - Pauschalbemessungsgrundlage sind 30 % des Rückzahlungsbetrages bzw. Verkaufserlöses
  - gilt, wenn kein Ankaufskurs ermittelt werden kann oder die Papiere aus einer Depotübernahme stammen
  - gilt immer bei Tafelgeschäften.

c) **Einkommensteuerliche Behandlung:**

- **Zuflußprinzip:** Erträge sind erst bei steuerlichem „Zufluß" zu versteuern, d. h. erst im Jahr der Fälligkeit bzw. bei vorzeitigem Verkauf
- **Kursdifferenzmethode** für ZAS (s. o.), wenn Emissionsrendite nicht bekannt
- **Emissionsrendite** als Besteuerungsgrundlage bei der Einkommensteuer
  - Ermitteln des besitzzeitanteiligen Kapitalertrages anhand der sog. Emissionsrendite
  - der Steuerpflichtige muß die Emissionsrendite dem Finanzamt bekanntgeben.

d) **Ausnutzen von Gestaltungsmöglichkeiten:**

- durch Festlegung der Endfälligkeit bzw. des Verkaufszeitpunktes kann der Käufer abgezinster Wertpapiere (z. B. Zerobonds) den Zeitpunkt des Zinszuflusses selbst steuern und damit in Zeiten mit niedrigem persönlichen Steuersatz verlegen (z. B. Rentenalter); dann ist jedoch ggf. ZAS auf die angesammelte Summe der Zinsen zu entrichten – Gefahr des Überschreitens des Sparer-Freibetrags/ Werbungskosten-Pauschbetrags von 6 100,–/12 200,– DM
- lfd. Zinszahlungen gewährleisten u. U. eine bessere/gleichmäßigere Ausschöpfung des steuerlichen Freistellungsvolumens.

1.4.533 Erträge aus Investment-Zertifikaten

a) **Grundsätzliches:**

- Ertragsausschüttungen inländischer Kapitalanlagegesellschaften sind bei Zugehörigkeit der Anteile zum Privatvermögen des Steuerschuldners nur zum Teil steuerpflichtig
- Erträge sind in dem Jahr zu versteuern, in dem sie dem Steuerpflichtigen zufließen
- bei thesaurierenden Fonds werden die Erträge so behandelt, als seien sie dem Steuerpflichtigen bereits mit Ende des Geschäftsjahres zugeflossen.

b) **Wertpapierfonds:**

- Nicht zu versteuern sind Gewinne aus der Veräußerung von Wertpapieren und Erlöse aus der Veräußerung von Bezugsrechten durch die Investmentgesellschaft, soweit diese ausgeschüttet werden
- soweit die Erträge aus „Zinsen" stammen, werden diese dem Inhaber unter Abzug von 30 % ZASt und 5,5 % SolZ ausgezahlt und sind beim Empfänger mit dem persönlichen Steuersatz selbst zu versteuern, wobei die einbehaltene ZASt/SolZ bescheinigt und als Vorauszahlung angerechnet werden
- die mit der Gewinnausschüttung inländischer Kapitalgesellschaften verbundene anzurechnende Körperschaftsteuer wird dagegen nicht mit der Ertragsausschüttung in bar ausgezahlt, sondern den steuerpflichtigen Erträgen des Empfängers zugerechnet und bescheinigt; sie ist als gezahlte Steuer anzurechnen
- Freistellungsauftrag bzw. NV-Bescheinigung liegen dem depotführenden KI vor, dann erfolgt Freistellung von der ZASt und Auszahlung des KSt-Guthabens.

c) **Offene Immobilienfonds:**

- einkommensteuerlich werden die Erträge als Einkünfte aus Kapitalvermögen und nicht als Einkünfte aus Vermietung und Verpachtung angesehen
- nicht zu versteuern sind Gewinne aus der Veräußerung von Immobilien und die Erhöhung des Anteilswertes durch eine Werterhöhung (Neueinschätzung) der Immobilien
- steuerpflichtige Teile der Ertragsausschüttung unterliegen grundsätzlich der ZASt und dem SolZ
- nähere Angaben sind dem Rechenschaftsbericht der Fondsgesellschaft zu entnehmen.

d) **Zwischengewinnbesteuerung:**

- seit 1.1.1994 sind die Zwischengewinne steuerpflichtig
- Zwischengewinn ist das Entgelt für die dem Anleger noch nicht zugeflossenen oder als zugeflossen geltenden Einnahmen des Fonds im Sinne des EStG (im wesentlichen Zinseinnahmen) – vergleichbar mit Stückzinsen bei festverzinslichen Wertpapieren

- Zwischengewinne werden börsentäglich von den Fondsgesellschaften mit den Rücknahmepreisen veröffentlicht
- Besteuerung der Zwischengewinne erfolgt beim Verkauf von Fondsanteilen
- Zwischengewinne unterliegen der 30 %igen ZASt und dem 5,5 %igen SolZ
- Zwischengewinne können wie Stückzinsen im Stückzinstopf verrechnet werden (s. o.)

1.4.534 Besteuerung von Veräußerungsgewinnen

a) Entstehen aus der Veräußerung von Wertpapieren, die zum Betriebsvermögen einer Unternehmung gehören, Gewinne, so sind diese voll zu versteuern; Veräußerungsverluste sind entsprechend steuerlich voll absetzbar.

b) Gehören die veräußerten Effekten zu einem Privatvermögen, so können sich u. U. Einkünfte aus Spekulationsgeschäften ergeben:

- Veräußerungsgewinne müssen 1 000,– DM p.a. oder mehr betragen
- zwischen An- und Verkauf liegen höchstens 6 Monate
- Einkünfte aus Spekulationsgeschäften unterliegen der Einkommensteuer (sonstige Einkünfte)
- Spekulationsverluste können nur gegen Spekulationsgewinne desselben Kalenderjahres, nicht gegen andere Einkünfte aufgerechnet werden.

1.4.54 Effektenhandel der Kreditinstitute

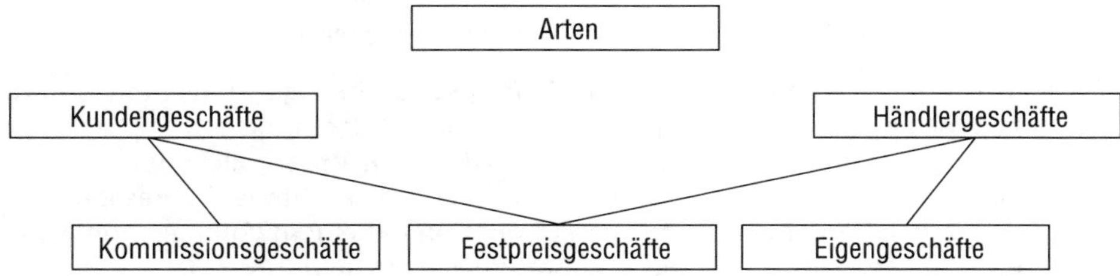

1.4.540 Kundengeschäfte

a) **Grundlagen:** Kundengeschäfte werden auf der Basis der **Sonderbedingungen für Wertpapiergeschäfte** abgewickelt. Sie gelten:

- für den Kauf oder Verkauf von Wertpapieren, unabhängig davon, ob die Rechte in Urkunden verbrieft sind oder nicht
- für die Verwahrung von Wertpapieren (vgl. Abschnitt 1.4.61)
- **nicht** für Börsentermingeschäfte, bei denen die Rechte nicht in Urkunden verbrieft sind.

Der Kunde erteilt seinem KI den Kauf- bzw. Verkaufsauftrag in folgenden Formen:

- **Kommissionsauftrag** oder
- Kaufvertrag im Rahmen eines **Festpreisgeschäftes.**

b) **Kommissionsgeschäft:**

- Rechtsstellung des beauftragten KI: = Kommissionär
- Alternativen:
  - das KI schließt im eigenen Namen für Rechnung des Kunden **mit einem anderen Marktteilnehmer** ein Kauf- bzw. Verkaufsgeschäft ab oder
  - das KI beauftragt einen anderen Kommissionär **(Zwischenkommissionär),** ein Ausführungsgeschäft abzuschließen;

  ein Selbsteintrittsrecht des KI ist in den seit 1.1.1995 geltenden neuen Sonderbedingungen nicht mehr vorgesehen
- **Ausführung** von Aufträgen:
  - für die Ausführungsgeschäfte gelten die am Ausführungsplatz gültigen Vorschriften und Bedingungen
  - das KI rechnet gegenüber dem Kunden den Preis des Ausführungsgeschäftes ab; es ist berechtigt, eigene Entgelte und Auslagen einschließlich fremder Kosten in Rechnung zu stellen
  - Abrechnung von Zwischenkommissionsgeschäften:

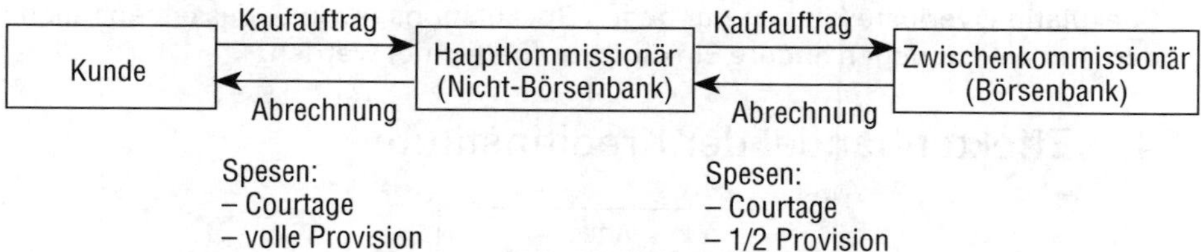

- **Weisungen** des Kunden sind für die Auftragsausführung zu beachten; sofern solche Weisungen nicht vorliegen, gelten folgende Regeln:
  - Auftragsausführung im Regelfall an der **Börse im Präsenzhandel**
  - das KI bestimmt den Börsenplatz unter Wahrung der Kundeninteressen
  - Aufträge in Rentenwerten aus einer Emission mit einem Volumen von weniger als 2 Mrd. DM können auch außerbörslich ausgeführt werden
  - Aufträge über inländische Wertpapiere werden im Inland ausgeführt
  - ausländische Wertpapiere, die im amtlichen Handel oder im geregelten Markt einer inländischen Börse gehandelt werden, werden im Inland ge-/verkauft
  - ausländische Wertpapiere, die im Inland lediglich im Freiverkehr gehandelt werden, werden im Inland ge-/verkauft, es sei denn, das Kundeninteresse gebietet eine Ausführung im Ausland
  - bei ausländischen Wertpapieren, die nicht im Inland gehandelt werden, bestimmt das KI nach pflichtgemäßem Ermessen, ob der Auftrag im In- oder Ausland ausgeführt wird.

c) **Festpreisgeschäft:**

- Rechtsstellung des beauftragten KI: = Lieferungs- oder Zahlungsverpflichtung nach §§ 433 ff. BGB
- der Kunde erwirbt einen unmittelbaren Liefer- oder Zahlungsanspruch gegen das KI
- das KI muß kein Ausführungsgeschäft im Markt abschließen
- alle Preisfaktoren müssen zum Zeitpunkt des Vertragsschlusses vereinbart werden
- das KI berechnet dem Kunden den vereinbarten Preis, bei Rentenwerten zuzüglich Stückzinsen

d) **Effektenkonditionen** (zur Zeit gültige Standardsätze; bei den einzelnen KI sind Abweichungen bei der Provision möglich):

Wertpapierart	Provision	Courtage
Aktien	1 % vom Kurswert Minimum 25,– DM	0,8 ‰ vom Kurswert Minimum 1,50 DM
Bezugsrechte	1 % vom Kurswert Minimum 10,– DM	0,8 ‰ vom Kurswert Minimum 1,50 DM
Bezug junger Aktien	1 % vom Kurswert Minimum 10,– DM	–
Festverzinsliche Wertpapiere	5 ‰ vom Kurswert* Minimum 25,– DM	bis 50 000 DM: 0,75 ‰, ab 50 000 DM: 0,5 ‰ ab 100 000 DM: 0,35 ‰ vom Nennwert, weitere Stufen, Minimum 1,50 DM
* Kurswerte bis 25 % auf 25 % aufrunden 25– 50 % auf 50 % aufrunden 50–100 % auf 100 % aufrunden		

Die Börsenumsatzsteuer ist seit 1.1.1991 weggefallen.

e) **Kundenaufträge:**

- **Inhalt** des Auftrages:
  - Name und Anschrift des Auftraggebers
  - genaue Angaben zum Wertpapier (Bezeichnung, d. h. Art und Gattung; Wertpapier-Kennummer, evtl. Reihe und Serie; Zinssatz u. a. m.)
  - Nennbetrag oder Stückzahl; Stückelung
  - evtl. Limitierung
  - evtl. Gültigkeitsdauer der Order
  - Lieferungsart
- **Limitierung** (Begrenzung) der Order: siehe Abschnitt 1.4.511

Hamburger Sparkasse · 20454 Hamburg

Nicole Klein
Neugrabener Bahnhofstr. 151

21149 Hamburg

Postanschrift:
20454 Hamburg

Bankleitzahl 200 505 50
S.W.I.F.T.-Adresse HASP DE HH XXX
Telex 2 161 940
Telefax (040) 35 79-30 23
Btx ✱ 952000 # (BKZ 10, 11, 14)

Telefon (040) 35 79-0

Hamburg, 11.04.1997

Wertpapier-Abrechnung -K A U F-

Depot	Auftragsnummer	Abrechnungsnummer	Kontrahent	Geschäftstag
8000675342	43994	41775	778	10.04.1997

Werteinheit	Nennwert/Anzahl	Wertpapierbezeichnung	WKN/Stückeart
STÜCK	560,00	DEKA-GELDMARKT L:DM ANTEILE	977182/00

Börsenplatz bzw. Ausführung	Kurs	Devisen-/Umrechnungskurs ♦
AUßERBÖRSLICHER HANDEL	107,0900	

Zinstermin	Tilgungstermin	Verwahrungsart	Besteuerung
		STÜCKELOSE GIROSAMMELVERWAHRUNG	I

Lagerort/-land	gesperrt bis	Zinslauf ab	Zinssatz	Zinstage

KURS-/ZEITWERT DM 59.970,40
DARIN ENTHALTEN:
ZWISCHENGEWINN (DM 425,60)

Nettobetrag DM 59.970,40 *

Den Nettobetrag buchen wir am 14.04.1997 WERT 14.04.1997
Z.L. KONTO 9000/237207
DER NETTOBETRAG WIRD GEMÄß UNS VORLIEGENDER WEISUNG VERRECHNET.

KEINE STEUERBESCHEINIGUNG

Hamburger Sparkasse
Diese maschinell erstellte Mitteilung wird nicht unterschrieben.

Hinweise: Besteuerung, Abkürzungen und Symbole bitte wenden.
Eingang des Gegenwertes und Irrtum vorbehalten.
Einwendungen gegen diese Abrechnung müssen nach unseren Allgemeinen Geschäftsbedingungen – dort unter „Mitwirkungs- und Sorgfaltspflichten des Kunden" – **unverzüglich** erhoben werden. Schäden und Nachteile aus einer Unterlassung rechtzeitiger Reklamation gehen **zu Lasten des Kunden.**

- **Gültigkeit** der Order:
  - ausdrückliche Kundenweisungen zur Ordergültigkeit sind zu beachten
  - Gültigkeit für einen Tag **(Tagesorder):**
    - bei ausdrücklicher Begrenzung
    - unbefristet erteilte Order ohne Limit
  - Gültigkeit bis zum Monatsende **(Ultimo-Order):**
    - bei ausdrücklicher Begrenzung
    - unbefristet erteilte Order, die preislich limitiert ist
  - Sonderregelungen bei Bezugsrechten:
    - unlimitierte Aufträge sind für die Dauer des Bezugsrechtshandels gültig
    - limitierte Aufträge erlöschen mit Ablauf des vorletzten Tages des Bezugsrechtshandels
    - bei ausländischen Bezugsrechten: Gültigkeitsdauer richtet sich nach den maßgeblichen ausländischen Usancen
  - die Art der Ordererteilung (mündlich, schriftlich, telefonisch usw.) ist für die Gültigkeit unerheblich
  - wird an einer inländischen Börse der Kurs eines Wertpapiers ausgesetzt, erlöschen sämtliche an dieser Börse auszuführenden Kundenaufträge; das KI muß den Kunden darüber informieren; der Kunde kann vor dem Hintergrund veränderter Rahmenbedingungen neu disponieren.

1.4.541 Händlergeschäfte

a) **Wesen:** = **Eigengeschäfte** der KI

- zur Deckung von Kundenaufträgen bei Festpreisgeschäften
- auf eigene Rechnung.

b) **Partner** sind andere KI mit oder ohne Einschaltung von Maklern.

c) **Gründe** für Eigengeschäfte, soweit sie nicht zur Deckung von Kundenaufträgen erfolgen:

- Ausnutzung von Kursschwankungen (Spekulation) in der Hoffnung auf steigende oder fallende Kurse
- **Effektenarbitrage**, d. h. Ausnutzung von Kursunterschieden zur gleichen Zeit an verschiedenen Börsenplätzen, oft von Korrespondenzbanken gemeinsam durchgeführt (sog. Meta-Geschäft);
  - gute Kenntnis der Marktlage, der Kursentwicklung erforderlich, daher direkte Verbindung (telefonisch/elektronisch) zu anderen Börsen notwendig
  - KI kauft an einem Börsenplatz Papiere und verkauft sie an anderer Börse
  - dadurch Angleichung der Kurse an verschiedenen Börsen als Folge.
- Kursregulierungen, Kurspflege (insb. bei Gläubigerpapieren), u. U. durch mehrere KI (Kurspflege-Konsortium) für den Emittenten
- Anlage von Kapitalmitteln des KI bei günstiger Liquiditätslage bzw. wegen erwarteter hoher Verzinsung oder aus Gründen der Bilanzstruktursteuerung
- Erwerb bzw. Veräußerung einer **Beteiligung**; Abwicklung erfolgt selten über die Börse, da sonst der Kurs erheblich beeinflußt werden würde (Ausnahme: „stiller" freihändiger Kauf von Papieren zur Erlangung einer Beteiligung);

- eine Beteiligung liegt vor, wenn sich mindestens 25 % des Grundkapitals einer Unternehmung in einer Hand befinden
- über ihre zahlreichen Beteiligungen haben die KI einen großen Einfluß auf Wirtschaftszweige.

1.4.55 Erfüllung der Effektengeschäfte

1.4.550 Überblick

a) **Erfüllungsgeschäfte** im Zusammenhang mit Effektengeschäften sind

- Zahlung des Kaufpreises
- Übertragung des Eigentums an den Effekten.

Die Lieferung und Übereignung der Effekten kann auf verschiedene Weise erfolgen.

b) Zu unterscheiden ist auch hier in Erfüllung von

- Kundengeschäften
- Händlergeschäften.

c) Die Form der **Eigentumsübertragung** richtet sich nach der **Verwahrungsart** für die Papiere (Einzelheiten siehe Depotgeschäft). Zu unterscheiden sind

- Girosammelverwahrung (GS): der Wertpapierinhaber verliert das Einzeleigentum an bestimmten Stücken, wird stattdessen Bruchteilseigentümer an allen (untereinander austauschbaren, d. h. vertretbaren) Papieren einer Art und Gattung, die gemeinsam verwahrt werden
- Streifbandverwahrung: der Wertpapierinhaber bleibt Eigentümer der speziellen von ihm erworbenen Papiere
- Wertpapierrechnung: nicht der Erwerber, sondern der Verwahrer wird Eigentümer eingelieferter Papiere
- Schuldbuchforderungen und andere Wertrechte: der Erwerber wird Forderungsinhaber und Verfügungsberechtigter.

1.4.551 Kundengeschäfte

Formen der Erfüllung durch KI bei Kaufaufträgen eines Kunden:

a) Verschaffung des Eigentums an **effektiven Stücken**:

- effektive Auslieferung der Papiere, d. h. Übergabe an den Kunden (heute sehr selten)
- Zusendung eines Stückeverzeichnisses bei Verwahrung der Papiere im Streifbanddepot; das Eigentum geht auf den Kunden über
  - mit Umbänderung der Papiere, d. h. Anbringung des Streifbandes
  - spätestens mit Absendung des Stückeverzeichnisses an den Kunden.

b) Verschaffung des **Miteigentums** an dem bei der Deutscher Kassenverein AG unterhaltenen **Sammelbestand**, wenn die Papiere in einem Girosammeldepot verwahrt werden: die (Mit-)Eigentumsverschaffung erfolgt durch Gutschrift auf dem Depotkonto des Kunden.

c) Verschaffung des **Verfügungsrechts** über Wertrechte:

- Schuldbuchforderungen
- Jungscheinansprüche.

d) Verschaffung des **Herausgabeanspruches** gegen den Verwahrer bei **Wertpapierrechnung**.

e) Grundsätzlich erfüllt das KI die Kundengeschäfte im Inland (vgl. aber Abschnitt 1.4.612).

1.4.552 Händlergeschäfte

Formen der Erfüllung bei Geschäften von KI untereinander:

a) **Effektive Lieferung**

- durch Boten (KI befinden sich an demselben Platz)
- durch die Post (bei KI an verschiedenen Plätzen).

Nachteile: teure, risikoreiche, oft zeitraubende Erfüllungsart, die in der Praxis immer mehr an Bedeutung verliert.

b) **Stückelose Lieferung = Effektengiroverkehr** (s. u.).

c) **Schuldbuch- und Jungscheingiroverkehr** (s. u.).

d) Verschaffung des **Herausgabeanspruchs** gegen den Verwahrer bei Wertpapierrechnung.

1.4.553 Effektengiroverkehr

a) **Wesen:**

- auf effektive Lieferung wird verzichtet
- die Wertpapiere liegen bei einem Verwahrer und bleiben dort, ohne durch das Geschäft bewegt zu werden
- die Eigentumsübertragung erfolgt durch **Buchung auf Konten**, die vom Verwahrer für die Geschäftspartner (Hinterleger) geführt werden.

b) **Voraussetzungen:**

- es muß sich um vertretbare Wertpapiere handeln (beachte: festverzinsliche Papiere, die nach Ablauf der tilgungs- bzw. kündigungsfreien Zeit der Auslosung zur Rückzahlung unterliegen, sind nicht mehr vertretbar, es sei denn, die Anleihe ist in Gruppen mit jeweils unterschiedlicher Wertpapier-Kennummer aufgeteilt)

- es müssen zentrale Verwahrungseinrichtungen bestehen
- die Papiere müssen dort in **Girosammeldepots** verwahrt werden, an denen die Einlieferer Miteigentümer nach Bruchteilen werden und einen Herausgabeanspruch gegen den Verwahrer erwerben
- Übertragung des Miteigentumsanteils kann dann durch Einigung und Abtretung des Herausgabeanspruches erfolgen.

c) **Träger** des Effektengiroverkehrs: die **Deutsche Kassenverein AG**, deren Umfirmierung in **Deutsche Börse Clearing AG** zum 1.10.1997 beabsichtigt ist;

- **Wesen:**
  - hervorgegangen aus regionalen Kassenvereinen (verschmolzen 1990)
  - Träger: Deutsche Börse AG
- **Aufgaben:**
  - Durchführung des Effektengiroverkehrs
  - Verwahrung und Verwaltung von Wertpapieren in Girosammeldepots
  - Durchführung des Geldausgleichs = Abrechnung.

d) **Abwicklung des Effektengiroverkehrs:**

- KI hinterlegen beim Kassenverein (**Wertpapier-Sammelbank**) Effekten; dieser richtet für die KI Konten ein, auf denen die Wertpapierbestände eingebucht werden, und lagert die Effekten in nach Art und Gattung getrennten Girosammeldepots zusammen ein.
- Verfügungen über Wertpapierbestände erfolgen
  - durch **Lieferlisten** aus der Börsengeschäftsabwicklung
  - durch Lieferfreigabe per Datenträger
  - heute meistens durch elektronische Freigabe der Lieferung über das elektronische Liefersystem **CASCADE** = Central Application for Settlement, Clearing and Depository der Deutschen Börse; die Börsengeschäfte werden von den Handelssystemen BOSS-CUBE und IBIS/XETRA über das Börsenabrechnungssystem BÖGA an CASCADE geleitet; das verkaufende KI kann dann die Lieferung freigeben.

  Die früher üblichen **Wertpapierschecks** (keine Schecks im Sinne des Scheckgesetzes, sondern Anweisungen zur Übertragung, Auslieferung o.ä. an den Kassenverein) werden nur noch für die Auslieferung von Stücken und zur Verfügung über Wertpapierbestände außerhalb des Börsenhandels verwendet; praktische Bedeutung kaum noch vorhanden.
- **Arten** von Wertpapierschecks:
  - **weißer** Effektenscheck:
    Auslieferung effektiver Stücke
    Lieferung erfolgt mit schuldbefreiender Wirkung an den Inhaber (Überbringer) des Effektenschecks
    Legitimation des Überbringers darf jedoch überprüft werden (sog. hinkendes Inhaberpapier)

- **roter** Effektenscheck:
  Übertragung von Depotanteilen auf ein Konto bei derselben Niederlassung der Deutschen Kassenverein AG
- **rosa** Effektenscheck (Effektenfernscheck):
  Übertragung von Depotanteilen auf ein Konto bei einer anderen Niederlassung der Deutschen Kassenverein AG
- **grüner** Effektenscheck (Pfandscheck):
  Verpfändung von Sammeldepotanteilen
  Gutschrift erfolgt auf einem Pfandkonto (s. u. Drittverpfändung)
  Pfandgläubiger erhält grüne Gutschriftsanzeige.

Bis auf den weißen Effektenscheck sind alle Schecks nicht übertragbar.

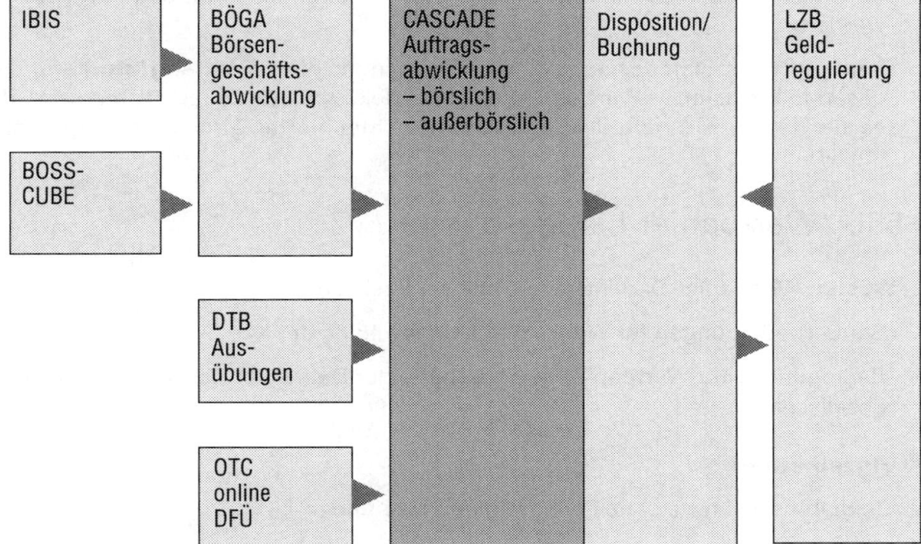

Quelle: Deutsche Börse AG

- Die jeweilige Verfügung wird von der Sammelbank durch **Buchung** auf den angesprochenen Konten realisiert. Die effektiven Stücke werden, außer bei Auslieferung, nicht bewegt.

1.4.554 Besonderheiten des Effektengiroverkehrs

a) **Schuldbuchgiroverkehr:**

- im Schuldbuch wird eine Schuldbuchforderung als **Sammelforderung** auf den Namen der Wertpapier-Sammelbank eingetragen
- die Sammelbank kann Teile der von ihr (ganz oder teilweise) übernommenen Anleihe an Kreditinstitute abtreten und auf deren Depotkonten gutschreiben
- die KI können dann im Wege des Effektengiroverkehrs über ihre Anteile verfügen (Ausnahme: weiße Effektenschecks) und diese Anteile auch an ihre Kunden übertragen.

b) **Jungscheingiroverkehr:**

- erfolgt vor Ausgabe effektiver Stücke bei Neuemission (Praxis: nur bei Aktien)
- die Emissionsbank (Konsortialführerin) reicht bei der Wertpapiersammelbank ein Schreiben = **Jungschein** ein, in dem sie sich unwiderruflich verpflichtet, sofort nach Erscheinen der effektiven Stücke eine entsprechende Anzahl an die Sammelbank zu liefern
- die Sammelbank richtet ein Jungscheinkonto für die Emissionsbank ein
- Verfügungen sind wie im Effektengiroverkehr möglich (Ausn.: weißer Effektenscheck), Effektenschecks müssen den Vermerk „Jungscheinkonto" tragen
- die Emission kann so schon vor Erscheinen der effektiven Stücke untergebracht werden
- heutige Praxis: statt des Jungscheins Einreichung einer **Globalurkunde** für die gesamte Emission: = Wertpapier, das die effektiven Stücke rechtlich ersetzt, da es alle Rechte verbrieft; die Sammelbank richtet hierfür Girosammeldepotkonten ein.

1.4.555 Wertpapier-Leihgeschäfte

a) **Wesen:** Wertpapier-Darlehensverträge auf Basis der

- Sonderbedingungen für Wertpapier-Leihgeschäfte der KI
- Bedingungen für Wertpapier-Leihgeschäfte der Deutscher Kassenverein Aktiengesellschaft.

b) **Einzelheiten:**

- Teilnehmer: KI für eigene Rechnung und für Kunden
- Wertpapiere: umsatzstarke Aktien und Rentenwerte
- Dauer der Leihe: unbestimmte Zeit oder festgelegter Zeitraum / max. 6 Monate
- Vermittlung: Deutscher Kassenverein AG
- Vergütung: Entleiher zahlt Entgelt, Verleiher erhält (reduzierte) Gutschrift.

c) **Zweck:**

- Überbrückung von Lieferproblemen
- unterstützende Maßnahme zum Handel an der DTB:
  - Risikobegrenzung
  - Arbitrage zwischen Kassa- und Terminmarkt.

Grüner Wertpapierscheck

MUSTER

G 018354

Hamburg , den 01.08.1989

Die **Frankfurter Kassenverein AG** wird beauftragt, folgende Übertragung vorzunehmen:

ZU LASTEN	Sammeldepot-Konto-Nr.	ZU GUNSTEN Pfandkonto von	Pfanddepot-Konto-Nr.
Vereins- und Westbank AG	7777	Landeszentralbank Hamburg	5555

Nennwert	Wertpapiergattung	WKN
DM 1.000.000,--	6,75% Bundesobl. 89/94 S.84	114084

Kto.-Nr.	belasten
Kto.-Nr.	erkennen

VEREINS-UND WESTBANK Aktiengesellschaft

Firmenstempel und Unterschrift 1

MUSTER

Auftraggeber: VEREINS-UND WESTBANK Aktiengesellschaft

Wertpapierscheck Nr. 618105

Datum: 01.08.89

Begünstigter

XYZ - Bank

Hamburg

Die **Norddeutscher Kassenverein A.G., Hamburg,** wird beauftragt,

folgende Übertragungen vorzunehmen:

Sammeldepot-Konto-Nr. des Auftraggebers	3029
Sammeldepot-Konto-Nr. des Begünstigten	3028

WKN	Nennbetrag bzw. Stück	Wertpapiergattung	gegen Zahlung von DM
723600	ST -10-	Siemens Aktien	
748500	ST -15-	Thyssen Aktien	
761440	ST -33-	Veba Aktien	

Text (70 Stellen max.):

lt. Avis 223311

VEREINS-UND WESTBANK Aktiengesellschaft

Stempel und Unterschrift des Kontoinhabers

Nr. 107

1

E

Nummernverzeichnis
für Nummernkontrolle
des Kassenvereins

frei lassen für Stempel des Kassenvereins

Datum
04.03.93

Einlieferer	Empfänger	Sammeldepot-Konto-Nr.
Bayerische Vereinsbank AG München	**Bayerische Vereinsbank AG München**	**2013**

Nennwert	Wertpapiergattung	Ertragsschein	WKN
-1-	Bayerische Vereinsbank AG Aktie	61	802 200

Eingangs-Kontr.	Oppos.-Kontr.	Nummern-kartei

Stempel des Kassenvereins

Nummernverzeichnis

Bitte genügend Abstand zwischen den Zeilen und insbesondere zwischen den Stückelungen lassen.

1/1er Nr.: 293487;

Dieser Teil ist nicht auszufüllen

1

W **Auslieferungsbeleg**

Die Wertpapiersammelbank wird beauftragt, folgende Wertpapiere aus unserem Sammeldepotkonto auszuliefern:

Stempel der WSB

03.03.93 Bayerische Vereinsbank AG
Datum Unterschrift für nachstehenden Auftrag

Beleg-Nr.		Auftraggeber
XXXX	<	Bayerische Vereinsbank AG

Kto.-Nr. Einreicher		Unter-Kto.		Kto.-Nr. Tresor KV		Unter-Kto.	Nennwert ohne Kommastellen		Kommast.
2013	<		<		<		-1-	<	

WKN	WP-Bezeichnung
802 200	Bayerische Vereinsbank AG Aktie

Text

Auslieferung an / oder Überbringer

Stückelung		Kupons		BUTX		
1/1er Nr. 293487;	+	61			<	03

1.4.6 Depotgeschäft

1.4.60 Geschlossenes Depot

a) **Wesen:**

= Verwahrung von Wertgegenständen in den Tresoren von Kreditinstituten (auch bezeichnet als **Tresorgeschäft**)

- KI erhält vom Gegenstand der Verwahrung keine Kenntnis
- Bedeutung: Schutz der Gegenstände vor Verlust, Diebstahl, Vernichtung und Beschädigung
- **Arten:**
  - Schrankfachverwahrung
  - Entgegennahme von Verwahrstücken.

b) **Schrankfach** (Schließfach):

- Vertrag zwischen Kunde und KI über die **Miete** eines Schrankfachs
- Anerkennung der „Bedingungen für die Vermietung von Schrankfächern" durch den Kunden
- Zuweisung eines Schrankfaches, das unter Verschluß des Mieters und Mitverschluß des KI steht, so daß beide den Safe nur gemeinsam öffnen können; u. U. wird vom Kunden zur Öffnung besondere Legitimierung verlangt (Stichwort, Ausweiskarte)
- bei elektronischen Schließfachanlagen mit codierter Zugangskarte steht das Schließfach unter dem alleinigen Verschluß des Mieters; bei einigen KI ist auch hier Mitverschluß (= elektronische Freigabe nach Legitimationsprüfung am SB-Terminal) **vereinbart**
- Haftung des Mieters für Schäden bei mißbräuchlicher Verwendung
- Haftung des KI:
  - nur bei Vorsatz oder Fahrlässigkeit, also Verschulden (einige KI: bei **grobem** Verschulden)
  - bei einigen KI darüber hinaus: Haftung für Schäden durch Einbruchdiebstahl, Feuer oder Leitungswasser auch ohne Verschulden des KI, begrenzt allerdings auf maximal 40 000,– DM
- das KI hat gesetzliches Pfandrecht am Schrankfachinhalt, jedoch nur für Ansprüche aus diesem (Miet-)Vertrag, nicht etwa für Ansprüche aus Kreditverträgen usw.

c) Entgegennahme von **Verwahrstücken:**

- **Verwahr**vertrag zwischen Kunde und KI
- Anerkennung der „Bedingungen für die Annahme von Verwahrstücken" durch den Kunden

- Entgegennahme von Verwahrstücken durch das KI: Pakete, Koffer, Kisten usw., die versiegelt und mit dem Namen des Hinterlegers versehen sein müssen
- Haftung des KI nur für verschuldete Schäden
- bei einigen KI darüber hinaus: Haftung für Schäden durch Einbruchdiebstahl, Feuer oder Leitungswasser auch ohne Verschulden des KI, begrenzt allerdings auf maximal 5 000,– DM
- kein gesetzliches Pfandrecht, aber ein Zurückbehaltungsrecht (vgl. § 273 BGB) des KI.

1.4.61 Offenes Depot

1.4.610 Grundlagen

a) **Wesen:**

- Verwahrung und Verwaltung von **Effekten** für Kunden
- im Unterschied zum geschlossenen Depot hat das KI Zugang zu den Verwahrungsgegenständen und Kenntnis über ihre Beschaffenheit
- gesetzlich geregelt durch das **Depotgesetz** von 1937 i. d. F. vom 11.1.1995 (das keine Regelungen für das geschlossene Depot enthält)
- **Verwahrer** im Sinne des Depotgesetzes sind Kaufleute, denen im Betrieb ihres Handelsgewerbes Wertpapiere unverschlossen zur Verwahrung anvertraut werden.

b) **Einlieferung** von Effekten:

- **Prüfung** der Effekten:
  - Echtheit
  - formale Ordnungsmäßigkeit (Vollständigkeit, Übereinstimmung der Nummern auf Mantel und Bogen, keine Beschädigungen u. a.)
  - rechtliche Ordnungsmäßigkeit:
    - Korrektheit von Indossamenten und Zessionen
    - Rechtmäßigkeit des **Eigentums** des Einlieferers, nachprüfbar durch die „Sammellisten mit Opposition belegter Wertpapiere", in denen Diebstahl/Verlust angegeben sind
- **Einbringung** in ein Depot des KI bei getrennter Aufbewahrung von Mänteln und Bogen (aus Sicherheitsgründen)
- **Einbuchung** auf dem Depotkonto des Kunden.

1.4.611 Depotarten

a) **Sammelverwahrung:**

- Verwahrung von Wertpapieren derselben Art und Gattung **verschiedener Hinterleger** zusammen in einem Depot

DEPOT-ERÖFFNUNGSANTRAG bzw. Anschlußblatt mit Unterschriftsproben

Depotinhaber / Vorname, Name / Firma / Zusätze (P/A. Name)			Wertpapierdepot-Nummer
Rüdiger F a c h			8005 444 555
Postanschrift			Depotzusatzangaben
Herbstweg 11, 22347 Hamburg			
Telefon privat / geschäftlich		DM-Abwicklungskonto	ggf. abw. Kontoinhaber (nur im Ausnahmefall)
663 33 44 / 22 11 22 3345		1216 555 666	
Geschäftszweig / Beruf	Staatsangehörigkeit	Fremdwährungs-Abwicklungskonto	
Großhändler	deutsch		

Für das Depot mit obengenannter Nummer sind die folgenden Personen zeichnungsberechtigt:

	Vorname, Name (ggf. Geburtsname)	Geburtsdatum	In der Eigenschaft als	zeichnet	E, A, B oder C*)
1.	Rüdiger Fach	23.12.48	Dep.Inh.		E
2.	Helga Fach geb. Stahl	12.11.52	Bev.		E
3.					
4.					
5.					
6.					

Bitte Leerfelder streichen!

Depotabteilung

Aufgrund gesetzlicher Bestimmungen werden die personenbezogenen Daten aller Verfügungsberechtigten in einer Datei gespeichert.

*) Es zeichnet: E = einzeln, A = mit einem anderen Zeichnungsberechtigten gemeinsam, B = mit einem Zeichnungsberechtigten zu A gemeinsam, C = nur mit Gerichtsbeschluß.

1) Ich (Wir) beantrage(n) bei der **Hamburger Sparkasse** (nachstehend Haspa genannt) die Eröffnung bzw. Weiterführung eines Wertpapierdepots bei gleichzeitigem Widerruf der bisher erteilten Vollmachten. Ihre **Satzung** und Ihre **Allgemeinen Geschäftsbedingungen** hängen in allen Filialen zur Einsicht aus. Das **Preisverzeichnis** und die **Sonderbedingungen für Wertpapiergeschäfte** können dort eingesehen werden. Sämtliche Unterlagen sind mir (uns) bekannt; ich (wir) erkenne(n) sie für meinen (unseren) Geschäftsverkehr mit Ihnen als verbindlich an.

2) Das vorstehende **DM-Abwicklungskonto** dient der Aufnahme von Erträgen, Buchungen aus Kauf- und Verkaufabrechnungen und der Einlösung von fälligen Wertpapieren sowie der Belastung der Verwahrkosten. Für die Belastung der Kosten und Auslagen erteile(n) ich (wir) Ihnen eine Einzugsermächtigung. Diese Ermächtigung gilt – über den Tod hinaus – bis zu einem Widerruf.
Die Höhe der Kosten richtet sich nach dem jeweils geltenden Preisverzeichnis der Haspa.
Bei Zins-, Gewinnanteil- und Ertragscheinen sowie fälligen Wertpapieren in ausländischer Währung oder Rechnungseinheiten (z. B. ECU) wird die Haspa den Einlösungsbetrag dem vorstehenden **Fremdwährungskonto** in dieser Währung gutschreiben, soweit nicht etwas anderes vereinbart ist.

3) **Gemeinschaftsdepots:** Bei Gemeinschaftsdepots sind Mitteilungen der Haspa auch dann wirksam, wenn sie nur einem der Inhaber gegenüber abgegeben werden (auch bei gemeinsamer Zeichnungsbefugnis). Jeder von ihnen ist berechtigt, den bzw. die anderen beim Erwerb von Eigentum an den für sie angeschafften Wertpapieren und sonstigen Werten (z. B. Sparkassenbriefe) zu vertreten. Jeder ist auch befugt, das Depot aufzulösen.

4) **Vollmachten:** Die neben dem (den) Depotinhaber(n) als zeichnungsberechtigt aufgeführte(n) Person(en) ist (sind) – soweit ihre handelsrechtlichen Befugnisse nicht weitergehen – bevollmächtigt, mich (uns) der Haspa gegenüber in allen Rechtsgeschäften, die sich auf das Depot, auf den An- und Verkauf von Wertpapieren sowie die Verfügung über sonstige im Depot gebuchte Werte (z. B. Sparkassenbriefe) beziehen, zu vertreten. Der (Die) Bevollmächtigte(n) soll(en) insbesondere berechtigt sein, Kontoauszüge, Abrechnungen und sonstige Schriftstücke entgegenzunehmen und anzuerkennen sowie über den Depotbestand in beliebiger Weise unbeschränkt **auch zu eigenen Gunsten** und zugunsten Dritter zu verfügen, sowie das Konto für den Depotverkehr zu ändern, sofern sichergestellt ist, daß der (die) Depotinhaber über das jeweilige Konto verfügungsberechtigt ist (sind). Die Vollmacht umfaßt auch die Befugnis, **für mich (uns) von der Haspa Kredit aufzunehmen.** Die Bevollmächtigung gilt der Haspa gegenüber so lange, bis ihr ein schriftlicher Widerruf zugegangen ist; sie wirkt **über den Tod des Vollmachtgebers hinaus** und bleibt so lange in Kraft, bis sie durch den Rechtsnachfolger des Depotinhabers, nachdem dieser sich gemäß den **Allgemeinen Geschäftsbedingungen** legitimiert hat, schriftlich widerrufen wird. Die Vollmacht umfaßt nicht den Abschluß von Börsentermingeschäften.

5) Ist der **Depotinhaber minderjährig,** erklärt (erklären) der (die) gesetzliche(n) Vertreter, daß er (sie) das Depotguthaben ausschließlich im Rahmen der bürgerlich-rechtlichen Vorschriften über die elterliche Vermögenssorge verwaltet (verwalten).

6) Mir (Uns) ist bekannt, daß Sie Verfügungen durch mich (uns) bzw. Vollmachten erst anerkennen, nachdem Ihnen hinsichtlich der jeweiligen Person(en) ausreichende Legitimationsurkunden vorgelegt worden sind.

7) Dieses Depot wird für meine (unsere) eigene Rechnung geführt und nicht für einen anderen wirtschaftlichen Berechtigten: ☒ **ja** ☐ **nein**

8) Ich (Wir) möchte(n) das Angebot der Haspa nutzen, auch telefonisch und / oder per Telefax informiert und beraten zu werden: ☒ **ja** ☐ **nein**

Ort / Datum	Unterschrift **sämtlicher Depotinhaber / gesetzlicher Vertreter** (Vor- und Zuname)
Hamburg, 22.03.19XX	– keine Unterschrift der (des) Bevollmächtigten –

171100-1 03.96 1047

1

- **Träger:**
  - Haussammelverwahrung bei dem KI, das die Effekten vom Kunden entgegengenommen hat, oder bei anderem KI (nicht jedoch bei Wertpapier-Sammelbanken); in der Praxis heute unüblich, da für jedes Verwahrgeschäft gesonderte Ermächtigung des Kunden erforderlich ist
  - **Girosammelverwahrung durch Wertpapier-Sammelbanken:**
    - seit Neufassung des Depotgesetzes (1.8.1994) **Regelform der Wertpapierverwahrung**
    - entsprechende Kundenermächtigung ist nicht mehr erforderlich

- **Bedeutung:**
  - Hinterleger **verliert das Eigentum** an den von ihm eingelieferten Stücken
  - er wird **Miteigentümer nach Bruchteilen** am Sammelbestand der bei diesem Verwahrer verwahrten Wertpapiere derselben Art und Gattung
  - dadurch werden Kosten gespart und eine leichtere Abwicklung der Übertragung, insb. in Form des **Effektengiroverkehrs,** ermöglicht

- zur Verwahrung **eignen sich** folgende **Papiere:**
  - alle vertretbaren Wertpapiere
  - insb. Aktien/Investmentzertifikate
  - Festverzinsliche grundsätzlich nur während tilgungs-/kündigungsfreier Zeit; Ausnahme: Anleihe ist in Gruppen mit jeweils unterschiedlicher Wertpapier-Kennummer aufgeteilt; dann auch Sammelverwahrung während der Zeit der Auslosung möglich
  - Wertrechte
  - alle Inhaberpapiere
  - Orderpapiere, soweit blankoindosiert
  - **vinkulierte Namensaktien,** sofern die AG darauf verzichtet, die Unterschrift des kaufenden Depotkunden auf dem Umschreibungsantrag und des verkaufenden Depotkunden auf der Abtretungserklärung einholen zu lassen; einige AG's haben bereits mit ihren Hausbanken entsprechende Vereinbarungen getroffen, die von allen KI angewandt werden: Statt die Kundenunterschriften einzuholen, unterzeichnet das depotführende KI im eigenen Namen beim Kauf der Aktien den Umschreibungsantrag und beim Verkauf die Abtretungserklärung; Ziel ist es, den Anleger bei Geschäften in vinkulierten Namensaktien weitestgehend wie bei Geschäften in Inhaberaktien zu behandeln.

b) **Exkurs: CARGO**

- Mit dem am 3.3.1997 vom Deutschen Kassenverein eingeführten System **CARGO** (Central Application for Registered Shares Online) wurden die Voraussetzungen für die grundsätzliche Einbeziehung der vinkulierten Namensaktien in die Girosammelverwahrung geschaffen.

- Merkmale:
  - erste in das CARGO-System einbezogene Emission: Allianz AG
  - sukzessive werden andere Emittenten einbezogen
  - Umschreibung im Aktienbuch vereinfacht durch elektronischen Datenaustausch zwischen Depotbank, Deutschem Kassenverein und dem Emittenten
  - Voraussetzung: Überführung der bisher bestehenden Einzelurkunden in eine **Globalurkunde**

- die Globalurkunde lautet auf die Deutsche Kassenverein AG; sie hält die Urkunde als Treuhänder für alle an der Emission beteiligten Aktionäre
- der in der Globalurkunde verbriefte Nominalwert wird bei Bedarf (z. B. Aktionär verlangt effektive Stücke) herunter- bzw. heraufgeschrieben; der Emittent stellt ggf. neue Einzelurkunden aus
- Bestandsgliederung:
  - Hauptbestand: im Aktienbuch eingetragene Aktionäre
  - zugewiesener Meldebestand: in Umschreibung befindliche Vorgänge
  - freier Meldebestand: Bestand zur Belieferung von Geschäften; wirtschaftlicher Besitzer und eingetragener Aktionär sind nicht identisch.

Bestandsführung in CARGO

1. Käufer erwirbt 5 Aktien
   - Der Käufer hat Miteigentum am GS-Bestand (geführt im **freien Meldebestand**) in Höhe von 5 Aktien.
   - Der Käufer ist wirtschaftlicher Besitzer der erworbenen Aktien.
   - Der Käufer ist noch nicht im Aktienbuch eingetragen.
2. Antrag auf Umschreibung durch Käufer
   - Dem Käufer werden z.B. 5 Zuordnungsnummern für Einerstücke aus dem freien Meldebestand zugeteilt und in den **zugewiesenen Meldebestand** überführt.
   - Unter diesen 5 Zuordnungsnummern sind im Aktienbuch noch 1 bis 5 Altaktionäre eingetragen.
   - Umschreibung geht an Emittentin.
3. Umschreibung von Emittentin bestätigt
   - Der Käufer ist eingetragener Aktionär.
   - Die Altaktionäre sind damit ausgetragen.
   - Die Aktien stehen beim DKV im **Hauptbestand**.

Quelle: Deutscher Kassenverein AG

Elektronische Umschreibung mit CARGO

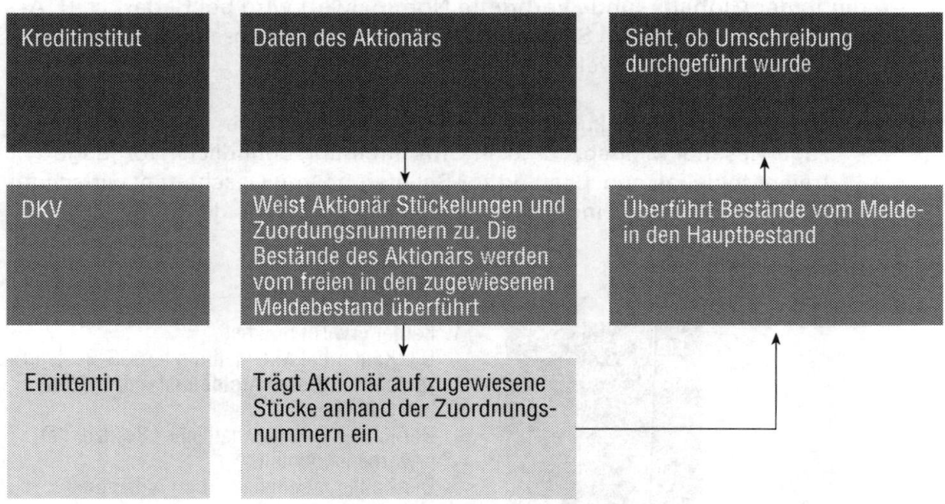

- Die Vinkulierung bleibt gewahrt
- Schnelle Aktualisierung des Aktienbuchs

Quelle: Deutscher Kassenverein AG

c) **Streifbanddepot (Sonderverwahrung):**

- die Wertpapiere werden gesondert für jeden einzelnen Kunden aufbewahrt
- Umbänderung der Effekten mit sog. Streifband, auf dem alle notwendigen Einzelheiten, insbes. Name des Hinterlegers, angegeben sind
- Bedeutung: der Hinterleger bleibt Eigentümer der einzelnen Stücke, die er eingeliefert hat, und erhält bei Auslieferung **dieselben** Papiere zurück
- Verfügungen über das Eigentum sind ohne das KI möglich
- beim Konkurs des KI hat der Kunde ein Aussonderungsrecht
- **Anwendung**
  - für festverzinsliche Wertpapiere, bei denen es bei Auslosungen/Kündigungen auf die einzelnen, durch Buchstaben und Zahlen gekennzeichneten Stücke ankommt (also nach Ablauf kündigungs-/tilgungsfreier Zeit)
  - für sonstige Papiere, sofern der Kunde die gesonderte Aufbewahrung verlangt
- Besonderheit: **Tauschverwahrung** = Einverständnis des Kunden, daß seine Papiere in Effekten derselben Art und Gattung eingetauscht werden (z. B. Tausch von kleinen Stücken in entsprechend weniger, aber größere Stücke).

1.4.612 Wertpapierrechnung

a) **Wesen:**

- im Ausland für Kunden angeschaffte Wertpapiere werden grundsätzlich im Ausland verwahrt
- möglich ist auch die spätere Verlagerung von im Inland erworbenen Wertpapieren ausländischer Emittenten zur Aufbewahrung ins Ausland (entsprechende Kundenermächtigung muß vorliegen).

b) **Rechtsfolgen:**

- das inländische KI verschafft sich das Eigentum oder das Miteigentum oder eine andere am Lagerort der Wertpapiere übliche gleichwertige Rechtsstellung
- der Kunde erwirbt keine Eigentumsansprüche
- der Kunde hat schuldrechtliche Ansprüche auf Herausgabe und Ertrag
- aufgrund des bestehenden Treuhandverhältnisses zwischen inländischem KI und Kunden ist dieser gegen Zwangsvollstreckungsmaßnahmen weitgehend geschützt.

c) **Praxis:**

- das inländische KI läßt sich vom ausländischen Verwahrer eine sog. Drei-Punkte-Erklärung unterschreiben:
  - Kenntnisnahme, daß die Werte den Kunden des KI zustehen
  - Pfand-, Zurückbehaltungsrechte o. ä. werden nur wegen Forderungen aus Anschaffung, Verwahrung und Verwaltung geltend gemacht
  - Werte werden an bestimmtem Ort in bestimmtem Land von dem Verwahrer selbst verwahrt (keine Weitergabe an Dritte ohne Zustimmung des KI)
- heute hält teilweise der Deutsche Kassenverein AG (DKV) anstelle der einzelnen KI die Depotbestände im Ausland (der damalige Deutsche Auslandskassenverein ist zum 1.1.1996 im DKV aufgegangen)
- der DKV erteilt dann den inländischen KI für die im Ausland verwahrten Wertpapiere Gutschrift
- über im Ausland verwahrte ausländische Namensaktien kann der DKV auch Inhabersammelzertifikate herausgeben
- in diesem Fall können die Geschäfte in diesen ausländischen Gattungen wie inländische Werte im Effektengiroverkehr abgewickelt werden
- die auf o.g. Arten erteilten Gutschriften leiten die KI an ihre Kunden weiter.

1.4.613 Eigentumsverschaffung beim Wertpapiererwerb

a) **Girosammeldepot:**

- der Kommissionär (KI) lagert die Papiere im Girosammeldepot ein
- der Eigentumsübergang (hier: Erwerb des **Mit**eigentums am Sammelbestand durch den Kunden) erfolgt durch Gutschrift des erworbenen Effektenbetrages auf einem Depotkonto, das vom KI für den Kunden geführt wird

- der Kunde ist von dieser Buchung unverzüglich zu unterrichten.

b) **Streifbanddepot:**

- der Kommissionär (KI), der aufgrund seines Auftretens im eigenen Namen zunächst Eigentum am von ihm zu beschaffenden Wertpapier erworben hat, ist verpflichtet, es schnellstens auf seinen Auftraggeber zu übertragen.
- der Eigentumsübergang an den Kunden erfolgt
  - mit Bänderung der Effekten oder
  - mit Absendung eines Stückeverzeichnisses (aus dem die genauen einzelnen Stücke anhand ihrer Nummern hervorgehen)
  - maßgeblich ist, was zuerst geschieht.

1.4.614 Drittverwahrung

a) **Wesen:**

= Verwahrung der Effekten des Kunden nicht bei seinem KI (dem Zwischenverwahrer), sondern bei einer dritten Verwahrstelle

- zu dieser Verwahrung ist jedes KI laut Depotgesetz und der Bedingungen für das Wertpapiergeschäft berechtigt, es muß die Papiere also nicht bei sich behalten und braucht für Weitergabe an den Drittverwahrer keine Ermächtigung des Kunden
- Hinterlegung in Streifband- oder Girosammeldepot möglich
- der Zwischenverwahrer haftet gegenüber dem Kunden nur für sorgfältige Auswahl des Drittverwahrers.

b) **Anwendung:**

Zwischenverwahrer		Drittverwahrer
Filiale/Zweigstelle	—	Zentrale
Sparkasse	—	Girozentrale
Kreditgenossenschaft	—	Zentralkasse
Provinzbank	—	Börsenbank
Privatbank	—	Korrespondenzbank
Kreditinstitut	—	Wertpapiersammelbank

c) **Bedeutung:**

- Zwischenverwahrer benötigt keine eigenen Tresoranlagen
- Zwischenverwahrer geht kein Risiko durch unsachgemäße Verwahrung ein
- Wertpapiere können unmittelbar an einem Börsenplatz lagern
- effektiver Umtausch (soweit überhaupt vorgenommen) wird erleichtert
- größte Bedeutung hat die Einlagerung der Effekten bei den **Wertpapiersammelbanken**, wodurch der stückelose Effektengiroverkehr ermöglicht wird.

d) **Praxis:**

- wenn der Zwischenverwahrer beim Drittverwahrer eigene Papiere (sog. Nostroeffekten) hinterlegen will, muß er sie durch sog. **Eigenanzeige** kenntlich machen (= Erklärung, daß Hinterleger der Eigentümer ist)
- alle ohne Eigenanzeige des einliefernden KI versehenen Effekten werden vom Drittverwahrer als **Kunden**papiere angesehen und entsprechend verwahrt (Depot B) = Grundsatz der **Fremdvermutung.**

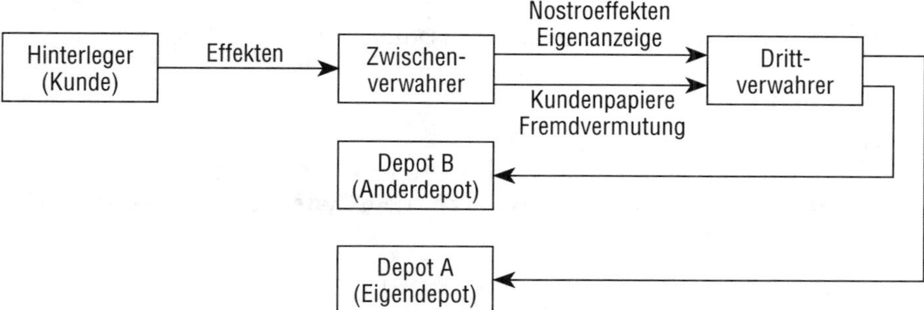

e) **Haftung:**

- die Kundenpapiere werden grundsätzlich in Depot **B** eingelagert; sie haften dem Drittverwahrer nur für evtl. ausstehende Depotgebühren
- alle im Depot **A** (Eigendepot des KI) eingelagerten Papiere haften für alle Verbindlichkeiten des Zwischenverwahrers gegenüber dem Drittverwahrer.

1.4.615 Drittverpfändung

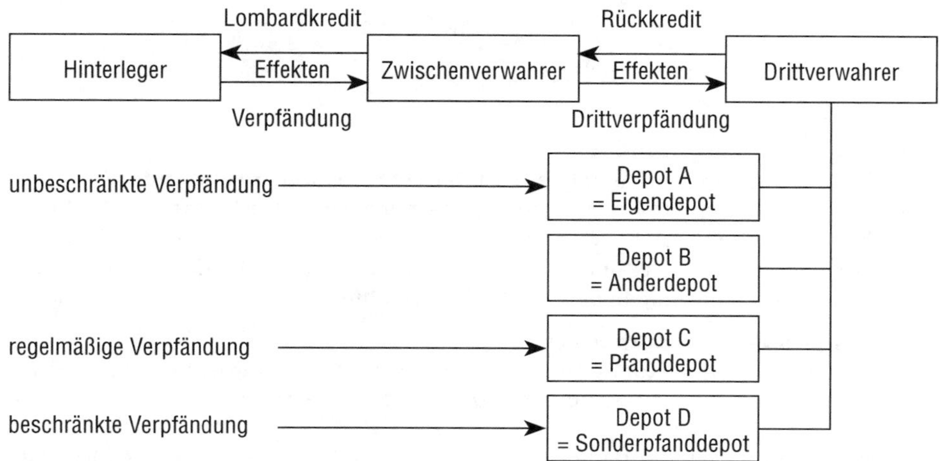

a) **Wesen:**

- der Zwischenverwahrer kann dem Hinterleger (Kunden) einen **Kredit** gegen Verpfändung von Wertpapieren gewähren = Lombardkredit

- für diesen Kredit kann sich der Zwischenverwahrer beim Drittverwahrer **refinanzieren** (Rückkredit), und zwar ebenfalls gegen Verpfändung von Wertpapieren
- Pfänder sind in diesem Fall die **Kundenpapiere** (neben den eigenen Papieren des KI)
- Voraussetzung: der Kunde muß den Zwischenverwahrer schriftlich zur Weiterverpfändung ermächtigt haben
- der Kunde kann hierbei Weisungen über die Art der Drittverpfändung geben
- die Drittverpfändung darf nur an einen Drittverwahrer erfolgen.

b) **Arten** der Drittverpfändung:

① **Regelmäßige Verpfändung:**
- Einlagerung der Kundenpapiere im Depot **C = Pfanddepot**
- Haftung der Papiere bis zur Höhe des dem **Zwischenverwahrer** gewährten Kredites (= Rückkredit)

Beispiel:

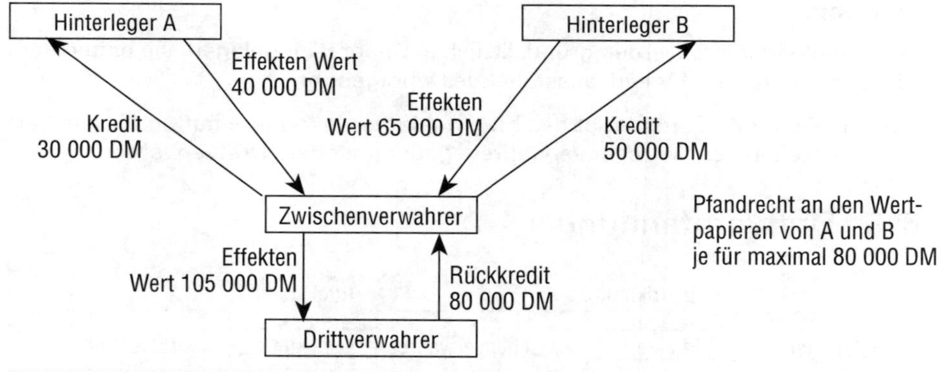

② **beschränkte Verpfändung:**
- Einlagerung der Kundenpapiere im Depot **D** = **Sonderpfanddepot**
- Haftung der Papiere bis zur Höhe des dem einzelnen **Hinterleger** gewährten Kredites (im Beispiel haften die Papiere des Kunden A also nur für 30 000,– DM, die Papiere des Kunden B für 50 000,– DM gegenüber dem Drittverwahrer für dessen Kredit an den Zwischenverwahrer)

③ **unbeschränkte Verpfändung:**
- Einlagerung der Kundenpapiere im Depot **A** = **Eigendepot** des Zwischenverwahrers, zusammen mit den Nostroeffekten des Zwischenverwahrers
- Haftung der Kundenpapiere ebenso wie der Nostroeffekten für **alle Ansprüche** des Drittverwahrers gegen den **Zwischenverwahrer**, auch aus anderen Rückkrediten und ohne Rücksicht auf die Höhe des dem Hinterleger gewährten Kredites.

1.4.616 Verpfändung als Sicherheit für Verbindlichkeiten aus Börsengeschäften

a) **Wesen:**

- Kunde hat Verbindlichkeiten aus Börsentermingeschäften gegenüber seinem KI
- Kunde hinterlegt dort als Sicherheit Wertpapiere
- KI darf diese Wertpapiere an eine Börse, deren Träger oder eine von ihr mit der Abwicklung beauftragte rechtsfähige Stelle als **Sicherheit** für seine Verbindlichkeiten aus inhaltsgleichem Geschäft **verpfänden.**

b) **Voraussetzung:**

- Kunde erteilt ausdrückliche und schriftliche Ermächtigung
- diese kann im voraus für eine unbestimmte Zahl derartiger Verpfändungen erteilt werden.

1.4.617 Effektenverwaltung im offenen Depot

a) **Übliche Arbeiten** (ohne besonderen Auftrag des Kunden):

- Abtrennung der Zins- und Dividendenscheine
- Einzug und Einlösung dieser Wertpapiere
- Besorgung neuer Bogen gegen Einreichung des Talons
- Überwachung von Kündigungen und Auslosungen bei festverzinslichen Wertpapieren
- Überwachung von Kapitalerhöhungen bei Aktien
- Abzug von Kapitalertragsteuer und Zinsabschlagsteuer

b) **Depotstimmrecht** (vgl. Aktiengesellschaft, Abschnitt 0.4.165):

- Ausübung des Stimmrechts aus Aktien für Depotkunden auf Hauptversammlungen der betreffenden Gesellschaften
- Voraussetzung: **Vollmacht** des Kunden an das KI
  - Einzelvollmacht: für eine HV
  - Generalvollmacht (maximal für 15 Monate): für alle in Frage kommenden Hauptversammlungen
- Unterrichtung des Kunden über die Tagesordnung der HV, über Vorschläge des Vorstandes, Zusendung des Geschäftsberichtes der Gesellschaft
- Unterbreitung eigener Vorschläge für die Abstimmung, Einholen von Weisungen für die Stimmrechtsausübung, die in jedem Fall (auch bei Generalvollmacht) erbeten und beachtet werden müssen (werden keine Weisungen erteilt, stimmt das KI im Sinne seiner eigenen Vorschläge)

Hamburgische Landesbank 20079 Hamburg

Herrn
Walter Herbert

22179 Hamburg

Depotauszug
Statement of securities

Ihre Depot-Kontonummer / Your account number	Depotauszug per / Statement as of	Blatt / Page
74 995/007	31.12.1996	1

Walter Herbert

Kundendepot

Ihr Betreuer / Your contact person	Telefon / Telephone	Datum / Date
Kundencenter I	(040)3333-210	im Januar 1997

Währung / Currency	Bestand / Quantity	Zinssatz / Interest rate	Wertpapierbezeichnung 1.Teil / Security description	Verw.art / Type of safek.	Kurs / Price	Kurswert / Market value
Kenn-Nummer / Security code no.		**Zinstermin / Int.pay. date**	**Wertpapierbezeichnung 2.Teil (Fälligkeit) / Security description 2nd part (maturity)**		**Dev. Kurs / Foreign ex. rate**	**Depotentgelt/Pos. / Custody fee**
Hinweise / Erläuterungen / Remarks						
DM	45.000,00		BUNDESREPUBLIK DEUTSCHLAND	Girosammel	131,38	59.121,00
110 788			BUNDESSCHATZBR.B AUSG.1992/16(1999)	Schuldbuch		56,25
			Fälligkeit am: 01.12.1999			
			Ersterwerb Differenzbesteuerung (ZaSt)			

Summe in DM	
Kurswerte	59.121,00

D e p o t s t r u k t u r

Wertpapierart	Bestände FW	Bestände DM	%-Ant.	Kurswert
Renten		1	100,00	59.121,00
Summe		1		59.121,00

In Ihrem Depot ist per 31.12.1996 ein Einzelposten enthalten.
Die Depotentgelte für 1996 in Höhe von DM 64,69 (inkl. MWST in Höhe von DM 8,44) werden (Wertstellung 31.01.1997) dem Konto 74 995/002 bei HAMBURGISCHE LANDESBANK (BLZ: 20050000) belastet.

- die Stimmrechtsausübung erfolgt
  - namentlich, d. h. im Namen des Aktionärs, oder
  - anonym, d. h. „im Namen dessen, den es angeht" (üblich).

c) Ausübung und Verwertung von **Bezugsrechten** für den Kunden, Überwachung von Fusionen, Sanierungen, Zusammenlegungen, Umstellungen, Konversionen u. a. m.:

- Benachrichtigung des Kunden
- Einholen von Weisungen
- Handlung nach den Weisungen des Kunden und/oder in seinem Interesse.

d) In der Depotbuchhaltung **geführte Depotbücher**:

- Personendepot (Gliederung nach Kunden)
- Sachdepot (Gliederung nach Wertpapieren)
- Nummernverzeichnis (Zusammenstellung aus den Durchschriften der Stückeverzeichnisse, Streifbanddepot)
- Lagerstellenkartei (Ordnung nach Lagerstellen = Drittverwahrern)

e) Einmal jährlich erhält der Kunde einen **Depotauszug**. Meist werden zugleich Hinweisblätter für die Versteuerung von Effekteneigentum und Effektenerträgen beigefügt.

1.4.7 Anlageberatung durch Kreditinstitute

1.4.70 Grundbegriffe

a) Die Kreditinstitute bieten eine Vielzahl von möglichen **Anlageformen** an. Die große Auswahl macht es für den Kunden außerordentlich schwer, unter dem Angebot diejenige Form herauszufinden, die seinen persönlichen Verhältnissen am ehesten gerecht wird.

b) Daher gehört es heute zum Service-Angebot der Kreditinstitute,

- den Kunden über Inhalt, Wesen und Bedeutung der einzelnen Anlageformen **aufzuklären**,
- ihn auf die Besonderheiten seiner **persönlich-wirtschaftlichen Situation** hinzuweisen (z. B. Einkommen, persönlicher Steuersatz).
- ihn bei der Wahl einer Anlageform zu **beraten** und **Empfehlungen** zu geben.

c) Die Zahl der privaten Anleger, deren Einkommens- und Vermögensverhältnisse eine längerfristige Kapitalanlage ermöglichen, ist in den letzten Jahren erheblich gestiegen. Bei einem verfügbaren Einkommen 1996 in Deutschland von 2 328 Mrd. DM (1992: 2 037 Mrd. DM) ergab sich eine private Ersparnis in Höhe von 289,2 Mrd. DM (1992: 282,5 Mrd. DM). Die Sparquote (private Ersparnis in % des verfügbaren Einkommens) lag somit 1996 bei 12,4 % (1992: 13,9 %).

In den nächsten Jahren werden erhebliche weitere Anlagebeträge auf dem Markt zur Verfügung stehen. Hierzu gehören insbesondere fällige Lebensversicherungen sowie Geldbeträge aus Erbschaften.

d) Das Interesse der Kunden hinsichtlich der **Kapitalverwendung** wird beeinflußt von der jeweiligen Geldentwertungsrate:

- einerseits werden Kapitalanlagen gesucht, die weitgehend inflationsunabhängig sind oder zumindest eine über der Geldentwertungsrate liegende Rendite bieten
- andererseits wird erkannt, daß ein unmittelbarer Erwerb von Sachwerten statt einer bankmäßigen Kapitalanlage das Geldentwertungsrisiko weitgehend ausschalten kann
- wirtschaftliche Rezessionen und in ihrer Folge der Zusammenbruch zahlreicher Unternehmen in verschiedenen, auch in sonst als „sicher" geltenden Branchen haben dazu geführt, daß für den Verbraucher neben der Rentabilität auch die Sicherheit einer Kapitalanlage zunehmend an Interesse gewinnt.

e) Zu beachten ist weiterhin, daß insb. bei den Beziehern geringerer Einkommen die Neigung, Kapital langfristig festzulegen, relativ gering ist, da ihre privaten Verhältnisse noch zu sehr risikobehaftet sind. Für viele Anleger spielt daher die **Liquidität** einer Anlageform eine erhebliche Rolle.

f) Die Persönlichkeit des Anlegers bedingt ein unterschiedlich großes, vielfach jedoch vorhandenes Interesse an **spekulativen Anlagen** mit der ständigen unterschwelligen Hoffnung, auf diese Weise an „das große Geld" heranzukommen. Hier ist es Aufgabe der Anlageberatung, auf die Risiken ganz besonders hinzuweisen und den Kunden davon in Kenntnis zu setzen, daß auch der bestinformierte Anlageberater im Bereich der Spekulation meist nur gefühlsmäßig die richtige Form und den rechten Zeitpunkt erkennen kann (vgl. die Goldspekulation 1980/81).

g) Im Bereich der Anlageberatung durch Kreditinstitute hat sich mittlerweile die Erkenntnis durchgesetzt, daß die **„klassischen"** statischen Anlageempfehlungen nur in den seltensten Fällen zu befriedigenden Ergebnissen führen. Solche klassischen Regeln sind z. B.

- 1/3 Aktien, 1/3 Rentenwerte, 1/3 Gold
- 1/3 Aktien, 1/3 Rentenwerte, 1/3 Immobilien u. a. m.

Für die heutige Anlageberatung sind vielmehr entscheidend

- die persönlichen Vorstellungen } **Anlegerdaten**
- die persönlichen und wirtschaftlichen Verhältnisse des Kunden } **Anlegerdaten**
- die Besonderheiten der jeweiligen Anlageform (**Anlagedaten**)
- die jeweilige (gesamtwirtschaftliche) Situation, d. h. die **optimale Wahl des Anlagezeitpunktes**

und ihre Zuordnung zueinander.

h) Das bedeutet aber auch, daß eine statische, d. h. einmalig nach den oben genannten Kriterien getroffene Festlegung eines Anlageplanes unbrauchbar ist. Dieser muß vielmehr dynamisch sein und sich ständig der jeweiligen gesamtwirtschaftlichen Situation anpassen.

Hierbei ist die Anlageberatung durch Kreditinstitute besonders gefordert, da diese u. U. mehrmals eine Umschichtung, Umwandlung oder auch eine vollständige Neuorientierung im Zusammenwirken mit dem Kunden vornehmen müssen. Unter Einsatz neuer Medien (Datensichtgeräte des Kundenberaters mit allen aktuellen Wirtschafts- und Börseninformationen) wird eine schnellere und umfassendere Kundenberatung möglich sein.

i) Die unter den oben genannten Aspekten erforderliche **Strukturierung des Vermögens** bzw. die Aufteilung des Anlagekapitals auf verschiedene Anlageformen und/oder Währungen ist seit geraumer Zeit unter dem Begriff **„Asset Allocation"** in die Kundenberatung eingegangen. Dies ist

- ein permanenter Prozeß der Strukturierung von Portfolios (Vermögensanlagen eines Kunden)
- anhand der Risikobereitschaft und des Anlagezieles des Anlegers sowie der Risikoprofile der Märkte.

Eine aktive Asset Allocation stellt ständig einen Ausgleich zwischen den Anlagezielen und der Risikobereitschaft einerseits sowie den Erwartungsgrößen für die Märkte andererseits dar. Ausgehend von der Risikobereitschaft des Anlegers können z. B. die Depotstrukturen

- ertragsorientiert (Anleger ist konservativ orientiert und an ständigen Zinseinnahmen interessiert)
- ertrags- und wachstumsorientiert (Anleger ist sowohl an ständigen Zinseinnahmen als auch an Kursgewinnen interessiert),
- wachstumsorientiert sein (Anleger ist überwiegend an Kursgewinnen interessiert).

k) Für die Kreditinstitute als Anlageberater sind folgende Punkte von besonderer Bedeutung:

- Aus den AGB (Nr. 3 AGB der Banken, Nr. 19 AGB der Sparkassen) ergibt sich eine Haftung des KI bei Verschulden.
- Für ein Kreditinstitut könnte die Versuchung auftreten, dem Kunden Anlageformen anzuraten, die dem KI selbst Vorteile (z. B. durch Kurssteigerungen) bringen oder eigene Nachteile (z. B. bei eigener Fehlinvestition in ein bedrohtes Unternehmen, das nun mit Kundeneinlagen saniert werden soll) kompensieren könnten; solche Empfehlungen können nicht nur eine Haftung des KI auslösen (s. o.), sondern sind auf jeden Fall geeignet, das Vertrauen des Kunden zu untergraben und das KI unglaubwürdig zu machen, und verbieten sich daher von selbst.
- Zudem sind seit dem 1.1.1995 von den KI, Börsenmaklern und zugelassenen Wertpapierfirmen **Wohlverhaltensregeln** nach dem **Wertpapierhandelsgesetz (WpHG)** einzuhalten:
  ① **Allgemeine Verhaltensregeln in der Kundenberatung: Verpflichtung,**
  - Sachkenntnis, Sorgfalt und Gewissenhaftigkeit **im Interesse des Kunden** anzuwenden

- sich um die Vermeidung von Interessenkonflikten (Kunden- gegen Bankinteresse) zu bemühen
- bei unvermeidbaren Interessenkonflikten Kundenaufträge unter Wahrung der Kundeninteressen auszuführen
- vom Kunden Angaben zu verlangen über
  - seine Erfahrungen oder Kenntnisse in dem beabsichtigten Geschäft
  - die Ziele, die mit der Anlage verfolgt werden
  - seine finanziellen Verhältnisse
- dem Kunden alle zweckdienlichen Informationen mitzuteilen.

Dies bedeutet für die Beratungspraxis: Der Kunde muß richtig, sorgfältig und verständlich (für den **jeweiligen Kunden**!) über das Anlageobjekt und die Risiken **aufgeklärt** werden. Das Anlageobjekt muß mit den Bedürfnissen des Kunden übereinstimmen. Ggf. ist das KI in der **Nachweispflicht.** Daher werden Formblätter als Gesprächsnotiz und Informationsbroschüren (verfaßt von einem Arbeitskreis des Zentralen Kreditausschusses) in der Kundenberatung eingesetzt.

② **Besondere Verhaltensregeln im Marktverhalten: Verbot,**
- Kunden Anlageempfehlungen zu erteilen, wenn und soweit die Empfehlung nicht mit den Kundeninteressen übereinstimmt
- Kunden Anlageempfehlungen zu dem Zweck zu erteilen, die Preise für Eigengeschäfte des KI in eine bestimmte Richtung zu lenken
- Eigengeschäfte aufgrund der Kenntnis eines Kundenauftrages abzuschließen, die Nachteile für den Kunden zur Folge haben können.

③ **Organisations-, Aufzeichnungs- und Aufbewahrungspflichten in der betrieblichen Organisation: Verpflichtung,**
- Mittel und Verfahren für die ordnungsmäßige Durchführung der Wertpapier-Dienstleistungen vorzuhalten und wirksam einzusetzen
- die Organisation so zu gestalten, daß Interessenkonflikte zwischen dem KI und seinen Kunden bzw. zwischen verschiedenen Kunden möglichst gering sind
- über angemessene interne Kontrollverfahren Verstößen gegen das WpHG entgegenzuwirken (Praxis: **Compliance-Beauftragter;** compliance = Einhaltung, Beachtung bestimmter Regeln)
- Kundenweisungen, Auftragsausführungen (einschl. Namen des Angestellten, der den Auftrag angenommen hat, sowie Uhrzeit der Erteilung und Ausführung) aufzuzeichnen.

Die **Überwachung** der KI hinsichtlich dieser Vorschriften obliegt dem **Bundesaufsichtsamt für den Wertpapierhandel** (siehe auch Abschnitt 1.4.501 c).

In zunehmendem Maße werden Anlageentscheidungen der Kunden unter steuerlichen Gesichtspunkten getroffen. Der Anlageberater ist daher ständig neu gefordert, sich in steuerlichen Fragen auf dem laufenden zu halten. In der Beratung des Kunden ist jedoch nur in unmittelbarem Zusammenhang mit bankmäßigen Dienstleistungen auf steuerliche Tatbestände einzugehen. Eine umfassende Steuerberatung bleibt den steuerberatenden Berufen vorbehalten (zu Steuern vgl. auch Abschnitt 0.6).

1.4.71 Einzelne Anlageformen und ihre Bewertung

Ersparnis, Geldvermögensbildung und Kreditaufnahme privater Haushalte (Quelle: Deutsche Bundesbank Monatsbericht 5/1997):

in Mrd. DM	1992	1994	1996
Private Ersparnis	283	267	289
(Sparquote in %)	13,9	12,3	12,4
Erwerb von Wohnungseigentum	47	51	53
Geldvermögensbildung	258	229	241
– bei Banken	109	27	86
– Bargeld/Sichteinlagen	42	16	34
– Termingeld	48	–57	–38
– Sparbriefe	3	–13	– 4
– Spareinlagen	17	81	95
– bei Bausparkassen	7	6	10
– bei Versicherungen	60	75	87
– in Wertpapieren	63	110	47
– Renten	13	39	14
– Investmentzertifikate	54	70	23
– Aktien	–4	2	11
– in sonstigen Anlagen	19	12	12
Kreditaufnahme für Konsum	24	16	8

Während das Geldvermögen der privaten Haushalte in Deutschland in den vergangenen Jahrzehnten ständig gestiegen ist (allein von 1980 bis 1995 – nur Westdeutschland – von 1 416 auf 4 648 Mrd. DM), hat sich die Bedeutung der einzelnen Anlageformen wesentlich verändert.

Während die Entwicklung auf dem Markt für Aktien und festverzinsliche Wertpapiere – bei ständig zunehmendem Interesse privater Anleger für Wertpapieranlagen insgesamt – von der jeweiligen konjunkturellen, Zins- und Marktsituation abhängt, ist besonders der Anstieg der Geldanlagen bei Versicherungen bemerkenswert.

Im einzelnen sind die nachfolgenden Anlageformen zu unterscheiden und in bezug auf die individuelle Situation des Kunden zu bewerten:

a) **Sparkonten, Spar(kassen)briefe, Sparschuldverschreibungen:**

- weitgehend fester Ertrag, bei längerfristiger Anlage über der Geldentwertungsrate
- Rückzahlung ist gesichert

- das Sparkapital unterliegt der Geldentwertung, die von Zinsen z. T. nicht ausgeglichen wird
- eingeschränkte Liquidität (jederzeitige Verfügbarkeit gegen Vorschußprovision oder geringere Gesamtverzinsung)
- besondere Vertragsausgestaltung möglich (z. B. Bonussparen, Goldenes Sparbuch).

b) **Staatliche Sparförderung:**

- Ertrag ist durch Zinsen, Prämie oder Arbeitnehmersparzulage höher als bei fast allen anderen Anlageformen
- beim Bausparen wird zinsgünstiges Darlehen, beim Versicherungssparen die Lebensversicherung, bei vermögenswirksamer Anlage die Sparzulage als zusätzliche Leistung geboten
- geeignet meist nur für Bezieher kleinerer Einkommen (wegen der Einkommensgrenzen)
- keine Möglichkeit der Anlage größerer Kapitalien
- sehr eingeschränkte Liquidität, wenn die Vorteile erhalten bleiben sollen (insbes. Prämien, Arbeitnehmersparzulage)
- je nach Sparaufkommen und Haushaltslage des Staates ist auch Einschränkung der staatlichen Sparförderung möglich, wovon allerdings grds. nur neugeschlossene Verträge betroffen werden.

c) **Termineinlagen:**

- zeitweilig hohe Verzinsung
- geeignet nur bei größeren Anlagebeträgen
- beschränkte Liquidität (Zinsabzug)
- empfehlenswert, wenn Geld vorübergehend für vorhersehbaren Zeitraum angelegt werden soll.

d) **Edelmetalle:**

- weitgehend inflationsunabhängig
- günstig wegen zunehmender Knappheit der Vorkommen
- erhebliche Preissteigerungen sind möglich
- bei Verkauf relativ hoher Abschlag
- keine feste Verzinsung
- u. U. spekulativ-riskant, vgl. die stürmische Goldpreisentwicklung 1979-81

e) **Münzen, Briefmarken und andere Sammelobjekte:**

- z. T. krisenabhängig (in ernsten Wirtschaftskrisen werden solche Objekte meist weit unter Wert abgestoßen)

- mehrwertsteuerpflichtig (Ausn. vgl. Abschnitt 0.6.20), Goldmünzen grds. mehrwertsteuerfrei
- sehr hoher Abschlag (oft bis 80 % der Katalogpreise) bei Verkauf
- kein fester Ertrag
- sehr hohe Wertsteigerungen sind möglich

f) **Immobilien** (und Immobilien-Zertifikate):

- inflationsunabhängig
- z. T. erhebliche Wertsteigerungen (Knappheit von Grundstücken; Planungsvorteile, aber auch Planungsnachteile sind denkbar, z. B. Straßenbau) oder – z. B. nach vorangegangenem Preisboom – drastische Wertverluste
- ggf. laufende Erträge (z. B. aus Mieten)
- z. T. hoher Verwaltungs- und Instandhaltungsaufwand
- Steuervorteile bei Erwerb
- schlechte Liquidität

g) **Effekten** (allgemein):

- große Liquidität (Börse!)
- generell Kursrisiken

h) **Aktien:**

- Aussicht auf Kursgewinne
  - bei Wirtschaftswachstum der Unternehmung und der Gesamtwirtschaft
  - bei spekulativen Anlagen
- zunächst inflationsunabhängig (Geldentwertung wirkt sich allerdings bald auf Erträge, dann auch auf Kurswert aus, s. o.)
- weitgehend regelmäßige Erträge durch Dividenden (allerdings meist geringere Dividendenrendite)
- Gefahr von Kursverlusten (kann durch Optionsgeschäft eingeschränkt werden)
- Rechte auf Mitentscheidung (gering), Risiko des Einlagenverlustes

i) **Festverzinsliche Wertpapiere:**

- Ertrag ist regelmäßig, oft hoch (meist über Geldentwertungsrate)
- sichere Anlage
- eingesetztes Kapital unterliegt der Geldentwertung
- Kursverluste möglich (ausgeschlossen nur bei langfristiger Anlage, da Rückzahlung mindestens zum Nennwert erfolgt)
- u. U. steuerliche Vorteile bei abgezinsten Formen; Nachteil: Freibeträge nur einmal ausnutzbar

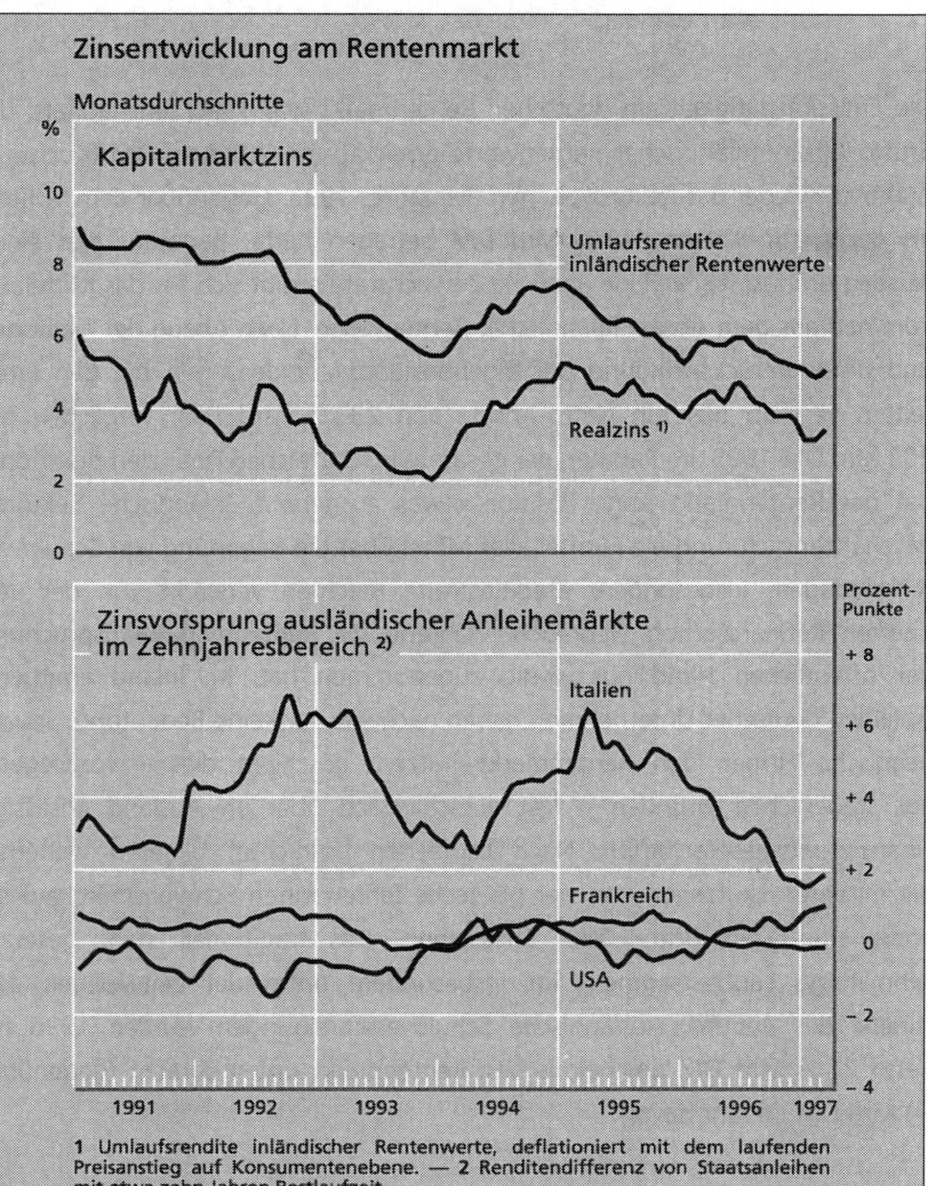

1 Umlaufsrendite inländischer Rentenwerte, deflationiert mit dem laufenden Preisanstieg auf Konsumentenebene. — 2 Renditendifferenz von Staatsanleihen mit etwa zehn Jahren Restlaufzeit.

Deutsche Bundesbank

k) **Investment-Zertifikate:**

- meist höherer Ertrag als bei Aktien
- Risikostreuung bereits bei geringem Kapitaleinsatz
- Kursverluste sind möglich
- keine Mitentscheidungsrechte
- Risiko bei unreellem Verhalten der Kapitalanlagegesellschaft trotz strenger gesetzlicher Vorschriften (vgl. IOS)
- Sonderform der Geldmarktfonds ohne Ausgabekostenaufschlag (= Art der Trading-Fonds) auch für kurze Anlagezeiträume geeignet; somit Alternative zur Termingeld-Anlage.

l) **Warentermingeschäfte** erscheinen vielen Anlegern aufgrund der angeblich oder tatsächlich erzielbaren erheblichen Gewinne besonders interessant, sind aber laut Bundesaufsichtsamt den KI nicht gestattet.

m) **Venture Capital:**

- Beteiligungskapital, zeitlich begrenzt, für neue oder bereits existierende kleine bis mittlere, innovative Unternehmen mit überdurchschnittlichem Wachstumspotential
- auch bezeichnet als Risiko-, Wagnis-, Chancen-, Spekulationskapital (es gibt keine einheitliche Definition)
- Kapitalbeteiligung wird meist mit Unterstützung des Managements verbunden
- hohes Risiko des Investors
- evtl. hoher Wertzuwachs bei Verkauf der Beteiligung
- Ziel: sowohl Finanzierungslücken als auch Lücken in den Fähigkeiten des Managements sollen geschlossen werden
- Investor verzichtet für das von ihm gestellte voll haftende Eigenkapital während des Engagements auf Gewinnausschüttung
- Praxis: selbständige Gesellschaften, die Beteiligungen anbieten, z. T. staatlich gefördert
- verbreitet vor allem in USA, England, Japan.

n) Die Neuanlage in **Berlin-Darlehen** ist seit dem 1.1.92 nicht mehr möglich.

o) **Kapitallebensversicherung:**

- Kapitalbildung durch den Sparanteil im zu leistenden Beitrag
- Absicherung des Todesfall-Risikos durch den Risikoanteil im Beitrag
- Inflationsanfälligkeit kann durch Dynamisierung von Beitrag und Leistung eingeschränkt werden
- geeignet für langfristig orientierte Anlagen

- steuerliche Begünstigung
- i. d. R. koppelbar mit Zusatzversicherungen (Unfallzusatz-, Erwerbs- oder Berufsunfähigkeits-Versicherung)
- Verhältnis Beitrag – Leistung wird mit zunehmendem Eintrittsalter der zu versichernden Person schlechter (zunehmendes Sterblichkeitsrisiko)
- Bedeutung: Vermögensbildung **und** Absicherung von Hinterbliebenen
- Anbieter: Versicherungsgesellschaften, oft im Konzernverbund oder über Vertriebskooperationen Vertrieb durch KI.

p) **Private Rentenversicherung:**

- Kapitalbildung mit der Zielsetzung, eine lebenslange Rente zu erlangen
- je nach Tarif: laufender oder einmaliger Beitrag
- je nach Tarif: Mindestzahldauer der Rente bei frühem Tod der versicherten Person sowie Kapitalwahlrecht bei vereinbartem Leistungsbeginn
- Inflationsanfälligkeit kann durch Dynamisierung von Beitrag und Leistung sowie Erhöhung der Renten aus Überschußanteilen eingeschränkt werden
- Rentenzahlungen sind mit dem Ertragsanteil zu versteuern
- i. d. R. koppelbar mit Zusatzversicherungen: siehe Kapitallebensversicherung
- Bedeutung: Kapitalbildung/Rentenerlangung für Kunden mit gesundheitlichen Problemen, ältere Kunden und insb. **Selbständige**
- Anbieter: s. o. Kapitallebensversicherung.

1.4.72 Aktienanalyse und Kursprognose

a) Die Anlage in Aktien richtet sich neben der Dividendenerwartung, die meist sekundär ist, auf die Kursentwicklung, die Werterhaltung und – möglichst – Wertzuwachs erbringen soll. Demnach ist für erfolgreiche Aktienanlage die realistische **Einschätzung der zukünftigen Kursentwicklung** entscheidende Voraussetzung.

b) Die **Aktienanalyse** ist die Betrachtung der Vergangenheit, sofern sie für eine Aktie (Gattung, Branche) von Bedeutung ist, und die Schlußfolgerung daraus für die Zukunft. Zu unterscheiden sind

- Fundamentalanalyse: Ermittlung des eigentlichen Wertes einer Aktie durch Analyse
  - der Aktiengesellschaft (Entwicklung von Kapital, Vermögen, Ertrag, Marktstellung usw.)
  - des wirtschaftlichen Umfelds (Branche, Gesamtwirtschaft)
- technische Analyse: Untersuchung der Börsenentwicklung ausschließlich auf der Basis der Kursbewegungen (markt-, branchen- und unternehmensbezogen).

c) Eine **charakteristische Kursentwicklung** kann Rückschlüsse auf die jeweilige Verfassung der Börse und die gegenwärtige und erwartete Wirtschaftsentwicklung ermöglichen. Zur Fixierung des über ein Papier hinausgehenden Kursverlaufs und zur Ermittlung von **Trends** werden verschiedene **Indizes** benutzt, d. h. Zusammenfassungen der Kurse einer Auswahl besonders wichtiger Papiere in einer einheitlichen Meßzahl (z. B. DAX = Deutscher Aktienindex, CDAX = Composite DAX, MDAX = Index für Aktien mittelgroßer Unternehmen, sog. Mid-Caps, DAX 100 = Index für die 100 größten und umsatzstärksten inländischen Aktiengesellschaften, deren Aktien im amtlichen Handel an der Frankfurter Werpapierbörse variabel notiert werden, Dow-Jones-Index*, Indizes von Tageszeitungen: F.A.Z.**-Index, Financial Times-Index).

d) **Börsen-Charts** sind Grafiken, die Kurse und Indizes in übersichtlicher Form darstellen. Unterschieden werden insbesondere

- **Linien-Charts**, d. h. Grafiken mit linierter Verbindung von Punkten = Kursen
- **Balken-Charts**, d. h. Grafiken mit laufender Aufzeichnung von Höchst- und Tiefstkursen in Form senkrechter Balken.

Die Chart-Analyse begnügt sich nicht mit der Beschreibung des bisherigen Geschehens, sondern sie will daraus auch Schlußfolgerungen für die Zukunft ableiten.

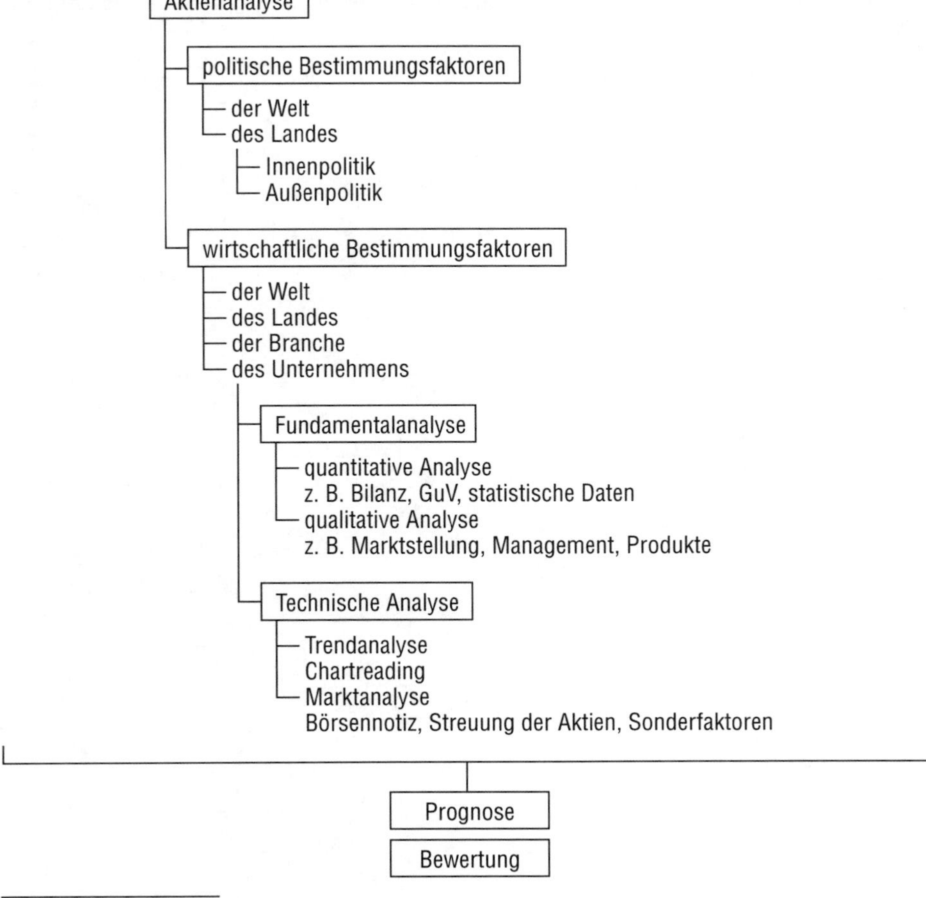

* nach dem Dow-Jones-Verlag seines Gründers, Charles Dow

** F.A.Z. = Frankfurter Allgemeine Zeitung

Die Chart-Theorie basiert auf der Erkenntnis, daß sich die Aktienkurse in **Trends** bewegen. Erst wenn bestimmte überwiegende Gründe das Angebot-Nachfrage-Verhältnis verändern, werden diese Trends durchbrochen. Gewöhnlich ist dies ablesbar am Kurs und auch am Umsatzverhalten der Aktie. Durch diese Situationen zeichnen sich im Chart gewisse **Muster** oder **Formationen**, **Zonen** oder **Niveaus** ab. Sie lassen an bestimmten Schnittpunkten **Prognosen** der weiteren Kursentwicklung zu. Die Chart-Analyse ist also in der Lage, zu bestimmten Zeitpunken zu sagen, ob ein **Kaufsignal** bzw. ein **Verkaufssignal** gegeben ist.

Der Chart erlaubt nicht zu jedem Zeitpunkt eine Aussage über die zukünftige Entwicklung. Er ermöglicht aber immer eine Auskunft darüber, in welchem (Ist-)Zustand, d. h. in welcher Phase sich die jeweilige Aktie oder die entsprechende Branche (Branchenindex) bzw. der Aktienmarkt (Börsenindex) befinden: in einer Aufwärts-, einer Abwärts- oder einer Seitwärtsbewegung. Es bedarf jedoch ausreichender Erfahrung, um aus sich andeutenden Figuren die richtigen Schlüsse zu ziehen.

Um eine Kauf- bzw. eine Verkaufsentscheidung zu treffen, sollte allerdings nicht nur die Chart-Analyse herangezogen werden, sondern auch die Ergebnisse aus der Fundamental-Analyse.

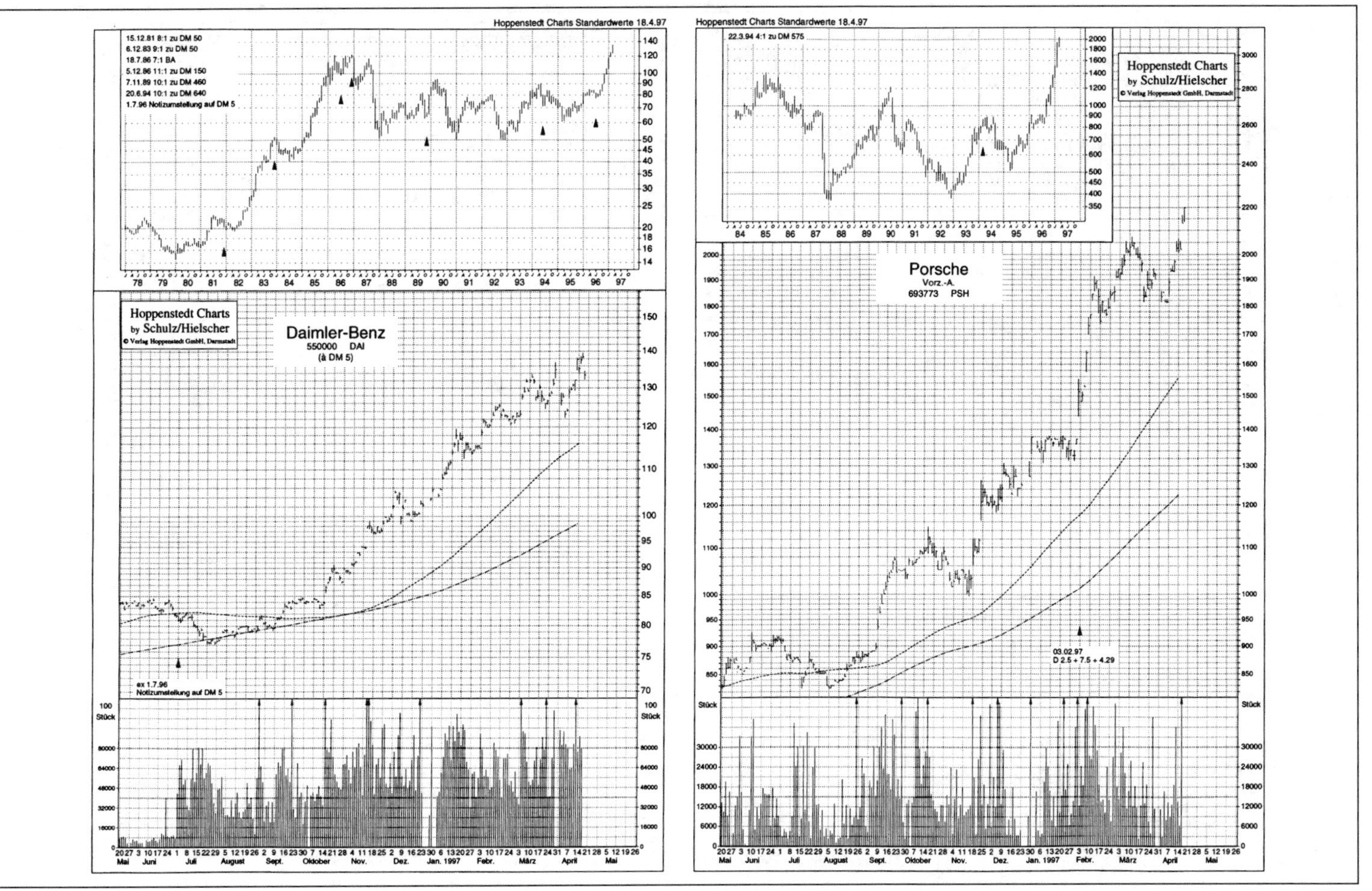
Hoppenstedt Charts Standardwerte 18.4.97
15.12.81 8:1 zu DM 50
6.12.83 9:1 zu DM 50
18.7.86 7:1 BA
5.12.86 11:1 zu DM 150
7.11.89 10:1 zu DM 460
20.6.94 10:1 zu DM 640
1.7.96 Notizumstellung auf DM 5
Hoppenstedt Charts
by Schulz/Hielscher
© Verlag Hoppenstedt GmbH, Darmstadt
Daimler-Benz
550000 DAI
(à DM 5)
ex 1.7.96
Notizumstellung auf DM 5
Stück
Mai Juni Juli August Sept. Oktober Nov. Dez. Jan. 1997 Febr. März April Mai
Hoppenstedt Charts Standardwerte 18.4.97
22.3.94 4:1 zu DM 575
Hoppenstedt Charts
by Schulz/Hielscher
© Verlag Hoppenstedt GmbH, Darmstadt
Porsche
Vorz.-A.
693773 PSH
03.02.97
D 2.5 + 7.5 + 4.29
Stück
Mai Juni Juli August Sept. Oktober Nov. Dez. Jan. 1997 Febr. März April Mai

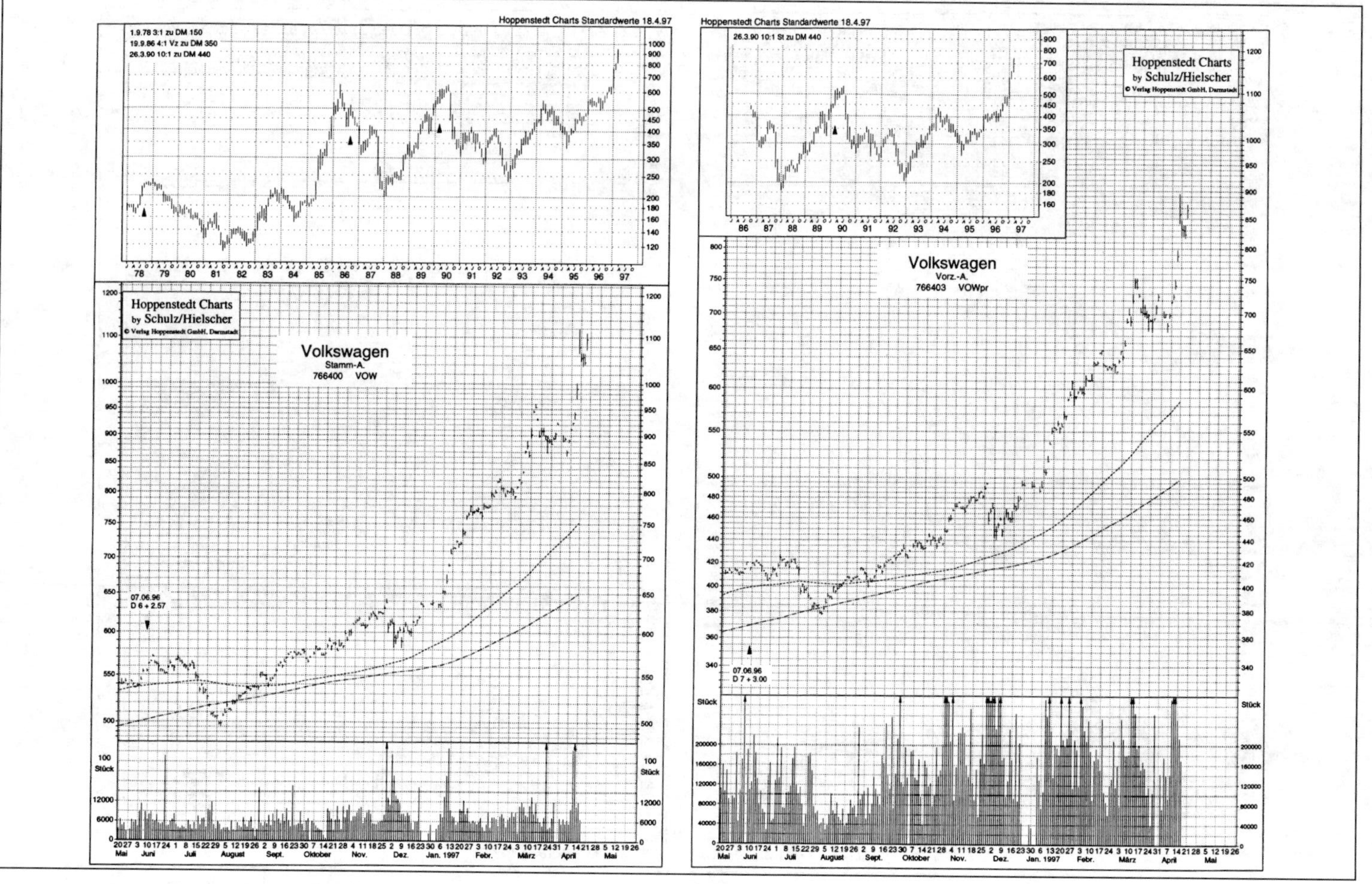

Hoppenstedt Charts Standardwerte 18.4.97
1.9.78 3:1 zu DM 150
19.9.86 4:1 Vz zu DM 350
26.3.90 10:1 zu DM 440
Hoppenstedt Charts
by Schulz/Hielscher
© Verlag Hoppenstedt GmbH, Darmstadt
Volkswagen
Stamm-A.
766400 VOW
07.06.96
D 6 + 2.57
Stück
Mai Juni Juli August Sept. Oktober Nov. Dez. Jan. 1997 Febr. März April Mai
Hoppenstedt Charts Standardwerte 18.4.97
26.3.90 10:1 St zu DM 440
Hoppenstedt Charts
by Schulz/Hielscher
© Verlag Hoppenstedt GmbH, Darmstadt
Volkswagen
Vorz.-A.
766403 VOWpr
07.06.96
D 7 + 3.00
Stück
Mai Juni Juli August Sept. Oktober Nov. Dez. Jan. 1997 Febr. März April Mai

1.5 Wiederholung

Abschnitt 1.0 Grundlagen

1. Nennen Sie die wichtigsten Geschäftsbereiche der Kreditinstitute und schildern Sie die Bedeutung dieser Bankgeschäfte
   a) für das Kreditinstitut
   b) für die Gesamtwirtschaft.
   Versuchen Sie darzustellen, welches dieser Geschäfte speziell für das KI, bei dem Sie beschäftigt sind/Konto unterhalten, größte Bedeutung hat.
2. Schildern Sie in großen Zügen die Geschichte des Geldes und des Kreditwesens und zeigen Sie Parallelen und Abhängigkeiten auf.
3. Welche Arten von KI kennen Sie? Nennen Sie mindestens zehn verschiedene Beispiele und ordnen Sie diese ein!
4. Wodurch unterscheiden sich erwerbswirtschaftliche, gemeinwirtschaftliche und genossenschaftliche KI? Geben Sie auch hierfür Beispiele an!
5. Welche Gesetze enthalten Rechtsgrundlagen für KI und Bankgeschäfte?
6. Erläutern Sie Wesen und Bedeutung der Bankenaufsicht anhand einzelner Überwachungs- und Eingriffsbefugnisse der Aufsichtsbehörden.
7. Warum ist die Mindestreserve kein Instrument der Einlagensicherung? Aus welchen Gründen ist eine Sicherung der Einlagen gesamtwirtschaftlich unerläßlich? Welche Formen gibt es?
8. Welche Vorschriften des KWG müssen KI im Rahmen ihres Kreditgeschäfts beachten?
9. Erläutern Sie die Grundsätze des Bundesaufsichtsamtes für das Kreditwesen und ihre Bedeutung für die Geschäftspolitik!
10. Wie schätzen Sie die Bedeutung der nachstehenden Begriffe für ein modernes KI ein? Beschreiben Sie Ihre Ansicht in wenigen Worten!
    - Geschäftspolitik
    - Personalentwicklung
    - Marketing

Abschnitt 1.1 Zahlungsverkehr (im Inland)

1. Welche Bedeutung hat der bargeldlose Zahlungsverkehr für Kunden, KI und Gesamtwirtschaft?
2. Warum ist bei Einrichtung eines Bankkontos Prüfung der Legitimation des Kunden erforderlich?
3. Wie und unter welchen Voraussetzungen können Minderjährige Kontoinhaber werden?
4. Welche Möglichkeiten der Verfügungsberechtigung bestehen bei nachstehenden Kontoinhabern?

- Mündel
- Minderkaufmann
- Kommanditgesellschaft
- Aktiengesellschaft

5. Ein Kontoführer eines KI erfährt vom Tod eines Kontoinhabers. Womit muß er nun in nächster Zeit rechnen, worauf ist zu achten, was ist zu tun?
6. Was versteht man unter der Wertstellung (Valutierung) von Belastungen und Gutschriften? Schildern Sie die heutige Wertstellungspraxis und die Problematik der Valutierung im Verhältnis zum Kunden!
7. Wodurch unterscheiden sich Depositen- und Depotkonten?
8. Wie werden AGB Inhalt von Konto- und sonstigen Verträgen zwischen KI und Kunden? Lesen Sie die allgemeinen Bestimmungen der AGB Ihres Instituts einmal durch. Was fällt Ihnen auf? Welchen Zweck verfolgt ein KI mit seinen AGB?
9. Ein Bankkunde fragt bei seinem Institut an,
   a) ob er verhindern kann, daß Dritte (wer?) Informationen über seine Geschäftsbeziehungen zur Bank erhalten;
   b) ob er eine detaillierte Auskunft über einen Geschäftspartner erhalten kann.
   Wie ist zu antworten?
10. Erläutern Sie die praktische Benutzung von Geldautomaten und ihre Bedeutung für KI und Kunde!
11. Welche verschiedenen Gironetze gibt es in Deutschland, und wie sind sie gegliedert?
12. Wann verwendet man die Begriffe Loro- und Nostrokonto? Wodurch unterscheiden sie sich?
13. Welche Besonderheiten kennzeichnen den Elektronischen Zahlungsverkehr für individuelle Überweisungen (EZÜ)?
14. Ist der Scheck aus der Sicht der Theorie und der Praxis in der Regel Inhaber-, Order- oder Rektapapier?
15. Eine Schuld soll durch Hingabe eines Schecks getilgt werden. Wie geht dies rechtlich vor sich?
16. Wodurch unterscheiden sich aktive und passive Scheckfähigkeit? Wer besitzt diese Fähigkeiten?
17. Was muß ein Gläubiger beachten, der einen eurocheque entgegennimmt?
18. Stellen Sie kurz die derzeitige Verbreitung des eurocheques als Zahlungsmittel in Europa dar.
19. Welche rechtliche Bedeutung hat der Ablauf der Vorlegungsfrist beim Scheck?
20. Beschreiben Sie kurz die Abwicklung des Scheckinkassos durch KI unter Berücksichtigung des Scheckabkommens sowie des Vereinfachten Scheckeinzugs der Bundesbank!
21. Erläutern Sie die Rechtsstellung der beteiligten Personen bei folgenden Wechselarten:

a) gezogener Wechsel an fremde Order
b) gezogener Wechsel an eigene Order
c) trassiert-eigener Wechsel
d) Solawechsel

22. Wie kann ein Wechsel in wirtschaftlicher Hinsicht verwendet werden? Erläutern Sie seine Bedeutung insbesondere im Rahmen eines Kaufvertrages sowie bei Diskontierung und Rediskontierung.

23. Welche Bedeutung haben die Begriffe
- Transportfunktion
- Legitimationsfunktion
- Garantiefunktion

im Zusammenhang mit dem Indossament beim Wechsel?

24. Ein Wechsel ist am Freitag, 01.05., fällig. Wann muß er spätestens zur Zahlung vorgelegt werden?

25. Welche Unterschiede sind beim Inkasso von Wechseln im Vergleich zum Scheckinkasso der KI zu beachten?

26. Aus welchen Gründen kann ein Wechsel „notleidend" werden?

27. Warum stimmt der Satz „Die Wechselstrenge kommt vor allem bei Nichteinlösung eines Wechsels zum Ausdruck"?

28. Wie muß der Wechselinhaber sich verhalten, wenn der Bezogene bei Vorlage des Wechsels am Verfalltag die Einlösung verweigert? Von wem – und unter welchen Voraussetzungen – kann er nun Zahlung verlangen?

29. Welche Besonderheiten kennzeichnen den Urkundenprozeß im Unterschied zu einem gewöhnlichen Zivilprozeß?

30. Warum kann der Schuldner einer im Einzugsermächtigungsverfahren eingelösten Lastschrift binnen 6 Wochen widersprechen, warum steht ihm dieses Recht beim Abbuchungsauftragsverfahren nicht zu?

31. Unter welchen praktischen Voraussetzungen eignet sich der Lastschriftverkehr für ein Unternehmen zum Einzug seiner Forderungen?

32. Beschreiben Sie das Wesen und die besondere Bedeutung des Abrechnungsverkehrs! Worin besteht die Vereinfachung, die sich mit diesem Verfahren erzielen läßt?

33. Welche Zahlungsmittel finden im Reiseverkehr Verwendung? Welche dieser Mittel würden Sie für eine Urlaubsreise in das europäische Ausland verwenden, und warum?

34. Warum ist die Bankleitzahl eingeführt worden? Worüber gibt sie Auskunft?

35. Beschreiben Sie die Handhabung einer Eurocard und ihre Bedeutung für den Zahlungsverkehr!

36. Was versteht man unter POS (electronic cash)?

37. Was bedeutet die Bezeichnung „POZ"?

Abschnitt 1.2 Passivgeschäft

1. Was versteht man unter dem Passivgeschäft der Kreditinstitute? Nennen Sie seine Bedeutung, die möglichen Formen und die Rechtsgrundlagen des Passivgeschäfts!
2. Vergleichen Sie die derzeitigen Zinssätze für Sichteinlagen, Termingelder und Sparguthaben. Wie sind die Unterschiede zu erklären? Warum werden Sichteinlagen grundsätzlich nicht verzinst, und wie ist es andererseits erklärbar, daß einige KI einen geringen Zins zahlen?
3. Erläutern Sie anhand praktischer Beispiele die Unterschiede zwischen Fest- und Kündigungsgeldern!
4. Warum wird das Sparbuch als „qualifiziertes Legitimationspapier" bezeichnet?
5. Inwieweit gibt die Neuregelung des Sparverkehrs ab 1.7.1993 den KI die Möglichkeit, ihren Sparverkehr individueller als bisher zu regeln? Ergibt sich hier ein neues Feld für Wettbewerb?
6. Erläutern Sie, durch welche Maßnahmen der Staatlichen Bauspar-Förderung die Errichtung bzw. Modernisierung von Wohnraum gefördert werden soll.
7. Ein Kunde spricht seinen Anlageberater auf Möglichkeiten der Anlage eines Betrages von 20 000,– DM als Spareinlage an. Welche Anlageformen sind zu nennen? Unter welchen Voraussetzungen empfehlen Sie welche Form des Sparens?
8. Welche gesamtwirtschaftliche Bedeutung hat das Sparen?
9. Beschreiben Sie die Wesensmerkmale eines abgezinsten Spar(kassen)briefes!
10. Beschreiben Sie kurz die Abwicklung des Geldhandels unter KI auf dem Geldmarkt. Was ist „Geld" in diesem Sinne? Haben die Beteiligten für die getätigten Geschäfte irgendwelche Sicherheiten zu stellen?
11. Erklären Sie den Unterschied zwischen Geld- und Kapitalmarkt!

Abschnitt 1.3 Aktivgeschäft (Kreditgeschäft)

1. Wie würde sich eine unzureichende Kreditversorgung der Volkswirtschaft auf Unternehmen, Haushalte und Gesamtwirtschaft auswirken?
2. In welchem Verhältnis zueinander stehen Sicherheit, Liquidität und Rentabilität als Gesichtspunkte bei der Vergabe von Krediten?
3. Wodurch unterscheiden sich Geld- und Kreditleihe? Welche einzelnen Kreditformen des KI sind ihnen zuzurechnen?
4. Welche Wirkungen hat es, wenn eine Kreditsicherheit „akzessorisch" ist?
5. Welche Konsequenzen ergeben sich für die KI aus der Entwicklung der BGH-Rechtsprechung zum Bürgschaftsrecht?
6. Welche rechtlichen Unterschiede bestehen zwischen offener und stiller Zession?
7. Welche praktischen Probleme bringen
   a) eine stille Zession
   b) eine Pauschalabtretung mehrerer bzw. vieler Forderungen

c) die Abtretung von Lohn- oder Gehaltsforderungen
für eine Bank mit sich?

8. Pfandrecht und Sicherungsübereignung sind rechtlich und praktisch genau entgegengesetzte Kreditsicherheiten. Warum? Welche Vor- und Nachteile bringen diese beiden Konstruktionen für die Bank mit sich?

9. Ein Privatkunde bittet seine Bank um Gewährung eines Privatdarlehens in Höhe von 25 000,– DM. Welche Fragen muß der Kundenberater ihm stellen? Welche Sicherheiten wird der Kunde vermutlich bieten? Wie wird die Kreditgewährung technisch ablaufen?

10. Was ist unter einem Abrufdarlehen zu verstehen? Welchen Kundengruppen sollte diese Kreditform angeboten werden?

11. Welche Bilanzpositionen werden einander im Rahmen der Bilanzanalyse gegenübergestellt? Welche Informationen können daraus in der Bilanzkritik über das Unternehmen entnommen werden?

12. Erläutern Sie die nachstehenden Begriffe im Zusammenhang mit der Gewährung langfristiger Kredite:
    a) Bodenwert
    b) Bauwert
    c) Ertragswert
    d) Zwischenkredit
    e) Disagio
    f) Annuität

13. Stellen Sie dar, wann, unter welchen Voraussetzungen und wozu sich die Aufnahme eines Kontokorrentkredites für ein Großhandelsunternehmen eignen könnte.

14. Warum ist der Diskontkredit meist relativ zinsgünstig?

15. Welche Anforderungen stellt die Deutsche Bundesbank an das bei ihr rediskontfähige Wechselmaterial?

16. Welche Gegenstände (Sachen, Rechte) würden Sie als geeignete Pfänder für einen Lombardkredit ansehen, und wie hoch sollten die Beleihungsgrenzen maximal angesetzt werden?

17. Wann empfiehlt sich für KI und Kunde der Abschluß eines Akzeptkredites?

18. Welche Arten von Bankbürgschaften und -garantien kennen Sie im Rahmen von Avalkrediten?

19. Welche Aufgaben übernehmen KI bei der Gewährung von Schuldscheindarlehen?

20. Was haben Forfaitierung und Factoring gemeinsam, wodurch unterscheiden sie sich?

21. Leasingverträge sind rechtlich Mietverträge besonderer Art. Inwiefern stellen sie zugleich eine besondere Form der Finanzierung (Kreditgewährung) dar?

22. Geben Sie einen abschließenden Überblick über die einzelnen Kreditsicherheiten und ihre Zuordnung zu den verschiedenen von KI angebotenen Kreditformen!

23. Bemühen Sie sich um eine allgemeine Darstellung der Anforderungen, die die Vergabe eines Kredites in praktischer Hinsicht an die Kreditsachbearbeiter einer Bank/Sparkasse stellt. Schildern Sie, mit welchen anderen Abteilungen die Kreditabteilung zusammenarbeiten muß.

Abschnitt 1.4 Wertpapiergeschäft

1. Die Begriffe Urkunde – Wertpapier – Effekt stellen eine „Steigerung" dar. Inwiefern?
2. Ordnen Sie alle Ihnen bekannten Wertpapiere den Oberbegriffen Waren-, Geld- und Kapitalwertpapiere zu!
3. Wodurch unterscheiden sich geborene und gekorene Orderpapiere? Nennen Sie Beispiele!
4. Mit welchen anderen Begriffen werden Gläubigerpapiere in der Praxis bezeichnet?
5. Im Zusammenhang mit Gläubigereffekten werden die Begriffe Konversion und Arrosion verwendet. Was bedeuten sie?
6. Die Ausgabe von Schuldverschreibungen ist für den Emittenten eine Kreditaufnahme. Wie kann er diesen Kredit zurückzahlen?
7. Was versteht man unter
   a) Mündelsicherheit
   b) Lombardfähigkeit
   c) Deckungsstockfähigkeit

   festverzinslicher Wertpapiere?
8. Für welche Anlegerkreise sind U-Schätze, Schatzwechsel, Kassenobligationen, langfristige Schatzanweisungen und Bundesschatzbriefe geeignet?
9. Wodurch unterscheiden sich Schuldbuchforderungen nach Wesen und Bedeutung von in Briefform ausgegebenen öffentlichen Anleihen?
10. Welche Sicherheiten haften dem Erwerber von Pfandbriefen bzw. Kommunalobligationen/öffentlichen Pfandbriefen für die Rückzahlung seines Forderungsbetrages? Welchen besonderen Sicherungsvorschriften unterliegen in diesem Zusammenhang die Emittenten, d. h. Realkreditinstitute?
11. Erläutern Sie kurz das Besondere der folgenden Anteilspapiere:
    a) Globalaktie
    b) Belegschaftsaktie
    c) Volksaktie
    d) Berichtigungsaktie
    e) Kux
12. Warum ist der Satz „Investmentzertifikate verbriefen einen Anteil an einer Kapitalgesellschaft" falsch? Begründen Sie ihre Ansicht anhand der Funktion und gesamtwirtschaftlichen Aufgabe von Investment-Gesellschaften!
13. Zeigen Sie anhand eines Beispiels die Berechnung des Ausgabe- und des Rücknahmepreises von Investmentzertifikaten auf!

14. Wodurch unterscheiden sich Wandelschuldverschreibung und Optionsanleihe? Haben sie Gemeinsamkeiten?

15. Beschreiben Sie mit eigenen Worten die Durchführung der Fremdemission einer Anleihe unter besonderer Berücksichtigung der verschiedenen Möglichkeiten der Übernahme und der Unterbringung! Welche rechtliche Gestaltung des Übernahmevertrages zwischen Emittenten und Konsortium würden Sie empfehlen, wenn der Emittent das Absatzrisiko abwälzen will?

16. Welche wirtschaftlichen Funktionen erfüllt die Effektenbörse (der Kapitalmarkt)? Schildern Sie die Bedeutung des Kapitalmarktes für die öffentlichen Haushalte, wenn diese gezwungen sind, ihr Einnahmen-Defizit durch Kreditaufnahme auszugleichen.

17. Nennen Sie die wichtigsten Börsenorgane und ihre Aufgaben!

18. Was ist unter dem Begriff „Prospekthaftung" im Hinblick auf die Zulassung z. B. einer Aktienemission zum amtlichen Börsenhandel zu verstehen?

19. Vergleichen Sie Einheitskursnotierung und variable Notierung an der Effektenbörse hinsichtlich ihrer Anwendung, der Kursermittlung und der Bedeutung.

20. Welche Informationen beinhalten die nachstehenden Kursnotierungen?
    a) 289 b B
    b) 320 G
    c) 122 b
    d) – B
    e) 89-T
    f) 212 ex D

21. Beschreiben Sie die wesentlichen Produkte und den Handel an der Deutschen Terminbörse!

22. Wodurch unterscheidet sich der Geregelte Markt vom amtlichen Wertpapierhandel?

23. Wie würden Sie die folgenden Tendenzbezeichnungen für das Tagesgeschehen an der Effektenbörse interpretieren?
    a) freundlich
    b) lustlos
    c) behauptet
    d) uneinheitlich

24. Welche allgemeinen Faktoren bestimmen und beeinflussen die Kursentwicklung an der Börse? Was sagen Ihnen die speziellen Bewertungsbegriffe Ertragswert, Substanzwert, Kurs-Gewinn-Verhältnis, Cash-Flow-Ratio?

25. Erläutern Sie die Besteuerung von Effektenerträgen anhand folgender Beispiele:
    a) Zinsen (tairfbesteuerte Effekten)
    b) Dividenden (Aktieninhaber verfügt über Nichtveranlagungsbescheinigung)
    c) Erträge aus Investment-Zertifikaten

26. Was versteht man unter einem Zwischenkommissionsgeschäft? Was enthalten die Effektenabrechnungen der Beteiligten?

27. Wie lange sind Effektenaufträge der Kunden gültig, wenn sie in folgender Form erteilt werden:
    a) schriftlich ohne nähere Angabe
    b) telefonisch
    c) fernschriftlich?
28. Ein Kunde hat seine Bank beauftragt, für ihn Effekten zu kaufen. Wann geht bei folgenden Verwahrungsarten das Eigentum auf ihn über?
    a) Girosammeldepot
    b) Streifbanddepot
29. Beschreiben Sie die Abwicklung des Effektengiroverkehrs!
30. Welche Effekten eignen sich zur Verwahrung in einem Girosammeldepot?
31. Was versteht man unter „Eigenanzeige" und „Fremdvermutung" im Zusammenhang mit der Drittverwahrung von Effekten? In welche Depots können drittverwahrte Papiere eingelagert werden?
32. Erklären Sie den Unterschied zwischen regelmäßiger, beschränkter und unbeschränkter Drittverpfändung!
33. Welche Arbeiten fallen bei der Effektenverwaltung im offenen Depot an?
34. Vergleichen Sie die verschiedenen Spar- und Wertpapieranlageformen im Hinblick auf ihre Verwendbarkeit für kleine, mittlere oder große Kapitalbeträge! Welche Informationen muß ein Anlageberater über den Kunden haben, bevor er diesem eine konkrete Anlageempfehlung geben kann?
35. Vergleichen Sie den „Asset-Allocation"-Ansatz in der Anlageberatung mit den sogenannten „klassischen" Anlageempfehlungen!

2. Außenhandel und Auslandsgeschäfte der Kreditinstitute

2.0 Der Außenhandel

2.0.0 Grundbegriffe

2.0.00 Wesen und Bedeutung des Außenhandels

a) **Definition:**

Außenhandel ist der **gewerbsmäßige grenzüberschreitende Güteraustausch** (Waren und Dienstleistungen) zwischen verschiedenen Volkswirtschaften.

b) **Bedeutung:** Der Außenhandel ermöglicht einen **Ausgleich** zwischen Volkswirtschaften, in denen ein Gut

- in großer Menge
- zu günstigen Preisen
- in besonderer Qualität

produziert wird, und Volkswirtschaften, in denen dieses Gut benötigt, aber nur

- in geringer Anzahl
- zu hohen Preisen
- in schlechterer Qualität

hergestellt wird (werden kann).

c) **Gründe** für dieses Ungleichgewicht zwischen verschiedenen Staaten:

- unterschiedliche Verteilung der Rohstoffe
- verschiedene klimatische Bedingungen
- verschiedenartige, unterschiedlich weit entwickelte Technik
- unterschiedliche wirtschaftliche und soziale Verhältnisse, die sich auswirken z. B.
  - auf die Nachfrage: unterschiedlicher Bedarf an Konsum-, Investitionsgütern
  - auf die Arbeitskosten (Produktionskosten, z. B. niedrig wegen billiger Arbeitskräfte, geringer Lohn- und Lohnnebenkosten)
  - auf die Wirtschaftsstruktur

- unterschiedliche Wirtschaftssysteme.

d) Durch den Außenhandel wird eine **internationale Arbeitsteilung** möglich, d. h. die gezielte Förderung und Nutzung der wirtschaftlichen Unterschiede und Ungleichgewichte in Richtung auf eine Spezialisierung in den verschiedensten Bereichen.

e) Der durch den Außenhandel bewirkte Ausgleich von Mangel und Überschuß an bestimmten Gütern in verschiedenen Ländern begünstigt i. d. R. einen höheren Lebensstandard der Bevölkerung.

f) Der Außenhandel führt oft zu einer intensiven **Verflechtung** der verschiedenen Volkswirtschaften, er ruft **Abhängigkeiten** hervor. Beispiel: Kann ein Produkt im Ausland dauerhaft günstiger erworben als im Inland produziert werden, kann die inländische Produktion eingestellt, die betroffenen Betriebe aufgelöst werden. Dadurch ist dieses Land auf den Bezug dieser Güter aus dem Ausland nunmehr angewiesen.

Unter diesem Aspekt führt der Außenhandel die Wirtschaften verschiedener Länder enger zusammen und begünstigt damit auch mehr politische Verständigung, denn Aufgabe der Politik muß es sein, das wirtschaftlich vorteilhafte System zu bewahren und zu schützen. So sind Wirtschaftsverbünde wie die Europäischen Gemeinschaften und die EFTA (Europäische Freihandelszone) oder das GATT, das Internationale Zoll- und Handelsabkommen, entstanden.

Auf diese Weise trägt ein entnationalisierter, internationaler Welthandel dazu bei, politische Spannungen abzubauen und den Frieden zu sichern.

2.0.01 Formen des Außenhandels

a) **Standardformen:**

- **Einfuhr = Import:** Verbringung der Güter vom Ausland in das Inland;
  - Direktimport: Einfuhr der Industrie und von Handelsunternehmen; Vorteil: eigene, unmittelbare Geschäftsverbindungen
  - indirekter Import: Einfuhr über Importhändler; Vorteil: Nutzung von Marktkenntnis, Erfahrungen und spezialisierter Dienstleistung dieser Zwischenhändler
- **Ausfuhr = Export:** Verbringung der Güter vom Inland in das Ausland;
  - Direktexport
  - indirekter Export
- **Durchhandel = Transithandel:**
  - Abwicklung des Geschäfts erfolgt nicht direkt zwischen Exporteur im Ursprungsland der Ware und Importeur im Einfuhrland, sondern über einen Transithändler in einem Drittland
  - dieser hat Vermittlerfunktion zwischen Importeur und Exporteur: er kauft die Ware im Ausland ein und verkauft sie in ein drittes Land weiter (Beispiel: deutscher Transithändler kauft Holz in Nigeria und verkauft es weiter in die Niederlande)

- dabei spielt es keine Rolle, ob die Ware vom Exporteur zum Importeur durch das Land des Transithändlers transportiert wird oder nicht
- Voraussetzung: günstiger Standort

- **Durchverkehr = Transitverkehr:**
  - reine Warendurchfuhr durch das Transitland, ohne daß ein Zwischenhändler an dem Warengeschäft beteiligt ist
  - es werden lediglich die Transportwege des Landes genutzt (Straßen, Wasserwege, Eisenbahnnetz)

b) **Sonderformen:**

- Direktinvestitionen:
  - Produktion oder Handel werden durch ein inländisches Unternehmen in das Ausland verlagert (Niederlassung, Tochtergesellschaft)
  - Gründe: u. a.
    - Senkung von Herstellungskosten
    - größere Nähe zu den Absatzmärkten

- Lizenzvergabe

- Auftragsfertigung:
  - Lieferung von Rohstoffen
  - Fertigung im Ausland
  - damit Nutzung niedriger Produktionskosten ohne die Notwendigkeit der Auslandsinvestition

- Joint Venture:
  = internationales Gemeinschaftsprojekt
  - die beteiligten Unternehmen bleiben rechtlich und wirtschaftlich selbständig
  - die jeweiligen Stärken werden eingebracht, z. B. Rohstoffe, Technologie, Personal

2.0.1 Rechtsgrundlagen des Außenhandels

2.0.10 Außenwirtschaftsgesetz von 1961 (AWG)

2.0.100 Wesen und Grundbegriffe

a) **Wesen:** Das AWG regelt den **Außenwirtschaftsverkehr** der Bundesrepublik Deutschland. Dazu gehören

- Geschäfte mit fremden Wirtschaftsgebieten:
  - Warenverkehr
  - Dienstleistungsverkehr
  - Kapitalverkehr
  - Zahlungsverkehr
  - sonstiger Wirtschaftsverkehr

- Geschäfte unter Gebietsansässigen:
  - Verkehr mit Auslandswerten:

    - Immobilien im Ausland
    - DM-Forderungen an das Ausland
    - Zahlungsmittel, Forderungen, Wertpapiere in ausländischer Währung
- Verkehr mit Gold.

b) **Kernaussage** des AWG: Freiheit des Außenwirtschaftsverkehrs (§ 1). Daraus ergibt sich auch die Systematik des Gesetzes:

- Grundsätzlich ist jeder Außenwirtschaftsverkehr **frei** (§ 1 I)
- aus besonderen Gründen gibt es jedoch **Einschränkungen**, die sich aus dem AWG selbst, aufgrund des Gesetzes ergangenen Rechtsverordnungen (AWV, Abschnitt 2.0.11) sowie sonstigen Vorschriften (z. B. EG-Verträge) ergeben (§ 1 II).

Damit fügt sich dieses Gesetz nahtlos in die deutsche Wirtschafts- und Rechtsordnung ein, die vom Grundsatz der Freiheit und Marktwirtschaftlichkeit ausgeht, jedoch Einschränkungen zuläßt.

Das AWG ist im wesentlichen ein **Rahmengesetz**. Die auf dieser Grundlage von der Bundesregierung geschaffenen, in der Außenwirtschaftsverordnung zusammengefaßten Rechtsverordnungen unterliegen nach Erlaß einer auf vier Monate befristeten Nachkontrolle durch den Bundestag.

c) **Begriffe/Definitionen** (§ 4):

- Wirtschaftsgebiet:
  = Bundesrepublik Deutschland und die sog. Zollanschlüsse (fremde Hoheitsgebiete, die aufgrund geografischer Lage und bilateraler Abkommen zum eigenen Wirtschaftsgebiet gerechnet werden)
- fremde Wirtschaftsgebiete:
  = alle Gebiete außerhalb des Wirtschaftsgebietes
- Gemeinschaftsgebiet:
  = das Zollgebiet der Europäischen Gemeinschaften (EG)
- Drittländer:
  = alle Gebiete außerhalb des Gemeinschaftsgebietes
- Gebietsansässige:
  - natürliche Personen mit Wohnsitz oder gewöhnlichem Aufenthalt im Wirtschaftsgebiet
  - juristische Personen/Personenhandelsgesellschaften mit Sitz oder Ort der Leitung im Wirtschaftsgebiet (einschl. Zweigniederlassungen/Betriebsstätten, soweit eigene Buchführung/Leitung/Verwaltung)
  - die Nationalität ist also ohne Bedeutung
- Gemeinschaftsansässige:
  - in den EG ansässige Personen
- Gebietsfremde:
  - entsprechende Definition wie Gebietsansässige, aber Standort in fremdem Wirtschaftsgebiet

- Gemeinschaftsfremde:
  - alle anderen Personen als Gemeinschaftsansässige
- Auslandswerte:
  - unbewegliche Vermögenswerte in fremden Wirtschaftsgebieten
  - Forderungen in D-Mark gegen Gebietsfremde
  - auf ausländische Währung lautende Zahlungsmittel, Forderungen, Wertpapiere
- Waren:
  - bewegliche Sachen, die Gegenstände des Handelsverkehrs sein können
  - Elektrizität
  - ausgenommen: Wertpapiere, Zahlungsmittel
- Ausfuhr:
  - Verbringen von Sachen und Elektrizität
  - aus dem Wirtschaftsgebiet nach fremden Wirtschaftsgebieten
- Einfuhr:
  - Verbringen von Sachen und Elektrizität
  - aus fremden Wirtschaftsgebieten in das (eigene) Wirtschaftsgebiet
- Durchfuhr:
  - Beförderung von Sachen aus fremden Wirtschaftsgebieten durch das (eigene) Wirtschaftsgebiet
  - ohne daß die Sachen in den zollrechtlich freien Verkehr des Wirtschaftsgebietes gelangen.

2.0.101 Einzelvorschriften des AWG

a) **Beschränkungen** der Freiheit des Außenwirtschaftsverkehrs (§ 2):

- durch Rechtsverordnung
- Rechtsgeschäfte/Handlungen werden
  - einer Genehmigungspflicht unterworfen
  - verboten
- durch Anordnung des Bundeswirtschaftsministers
  - bei Gefahr für Sicherheit/auswärtige Interessen
  - im Einvernehmen mit Auswärtigem Amt und Bundesfinanzminister
  - in bezug auf Kapital-, Zahlungsverkehr, Auslandswerte, Gold Abstimmung mit Bundesbank
  - Geltung grds. für 6 Monate
- so wenig beschränkender Eingriff wie möglich
- Beschränkungen sind aufzuheben, sobald und soweit die Gründe nicht mehr vorliegen.

b) **Genehmigung** (§ 3):

- ist zu erteilen, wenn Rechtsgeschäft/Handlung den Zweck der Vorschrift voraussichtlich nicht/nur unwesentlich gefährdet
- kann erteilt werden, wenn das volkswirtschaftliche Interesse überwiegt.

c) **Beschränkungsmöglichkeiten:**

- durch Rechtsverordnungen (§§ 4 b, 4 c) für bestimmte
  - Rechtsgeschäfte zwischen Gebiets**ansässigem** und Drittem für Rechnung oder im Auftrag eines Gebiets**fremden**
  - Rechtsgeschäfte zwischen Gebiets**fremdem** und Dritem für Rechnung oder im Auftrag eines Gebiets**ansässigen**

- zur Erfüllung zwischenstaatlicher Vereinbarungen (§ 5), z. B. EG-Verträge

- zur Abwehr schädigender Einwirkungen aus fremden Wirtschaftsgebieten (§ 6 I), die
  - den Wettbewerb einschränken, verfälschen oder verhindern (Beispiel: Dumpingpreise, d. h. deutliches Unterschreiten des Inlandspreises; mögliche Gegenwehr: Antidumping-Zoll), oder
  - zu Beschränkungen des Wirtschaftsverkehrs mit dem Wirtschaftsgebiet führen

- zur Verhinderung der Auswirkungen von Verhältnissen im Ausland, die mit der freiheitlichen Ordnung der Bundesrepublik nicht übereinstimmen (z. B. Enteignungen, Verstaatlichungen u. a.), § 6 II

- zur Abwehr schädigender Geld- und Kapitalzuflüsse aus fremden Wirtschaftsgebieten (z. B. durch Einführung einer Bardepotpflicht = Verpflichtung von Gebietsansässigen, einen bestimmten Prozentsatz ihrer im Ausland aufgenommenen Kredite zinslos bei der Bundesbank zu hinterlegen), § 6 a

- zum Schutz der Sicherheit und der auswärtigen Interessen der Bundesrepublik (§ 7):
  - Gewährleistung der Sicherheit der Bundesrepublik Deutschland
  - Verhütung einer Störung des friedlichen Zusammenlebens der Völker
  - Verhütung einer erheblichen Störung der auswärtigen Beziehungen Deutschlands
  - Möglichkeit der Beschränkung der Ein- und Ausfuhr von Waffen, Munition, Kriegsgerät und vergleichbarer Handlungen.

d) **Warenausfuhr:**

- Beschränkung der Ausfuhr möglich (§ 8) im Hinblick auf
  - die Deckung lebenswichtigen Bedarfs
  - Vermeidung der Lieferung minderwertiger ernährungs-/landwirtschaftlicher Erzeugnisse
  - Sicherung der Durchführung von Regelungen im Rahmen zwischenstaatlicher Vereinbarungen

- Beschränkung der Vereinbarung unüblicher Zahlungs-/Lieferungsbedingungen zur Abwehr erheblicher Störungen (§ 9 I)

- Preisgestaltung derart, daß schädliche Auswirkungen vermieden werden (z. B. Abwehrmaßnahmen des Käufer- oder Bestimmungslandes), § 9 II.

e) **Wareneinfuhr:**

- freie Einfuhr von Waren nach Maßgabe der Einfuhrliste ohne Genehmigung (§ 10 I)

- im übrigen ist die Wareneinfuhr genehmigungspflichtig (§ 10 I)
- Beschränkung der Wareneinfuhr, wenn ein Schutzbedürfnis der Binnenwirtschaft oder einzelner Wirtschaftszweige besteht (§ 10 II)); Merkmale:
  - erheblicher Schaden für Erzeugung gleichartiger Waren droht oder tritt ein
  - dieser Schaden muß im Interesse der Allgemeinheit abgewendet werden
- genehmigungsfreie Einfuhr (durch Rechtsverordnung, § 10 V) möglich,
  - wenn die Waren nicht im Wirtschaftsgebiet in den zollrechtlich freien Verkehr übergeführt werden (z. B. Freizone wie Freihafen u. a.)
  - wenn durch Begrenzungen (Menge, Wert, Verwendungszweck u. a.) Gefährdung ausgeschlossen wird (z. B. Reiseverkehr)
- genehmigungsbedürftige Einfuhr (§ 12):
  - Genehmigungen sind unter Wahrung der in § 10 III genannten Belange zu erteilen
  - Basis: Richtlinien des Bundesministers für Wirtschaft und des Bundesministers für Ernährung, Landwirtschaft und Forsten
- Beschränkung von Rechtsgeschäften möglich zur Sicherung der Einfuhr lebenswichtiger Waren (§ 14).

f) **Dienstleistungsverkehr:**

- Beschränkungsmöglichkeit für Rechtsgeschäfte der aktiven Lohnveredelung (Be-/Verarbeitung von Waren eines Gebietsfremden im Wirtschaftsgebiet), um einer Gefährdung der Deckung des lebenswichtigen Bedarfs im Wirtschaftsgebiet entgegenzuwirken (§ 15)
- Schutz der berechtigten Interessen des Wirtschaftsgebietes im Zusammenhang mit
  - Herstellungs- und Vertriebsrechten (§ 16)
  - audiovisuellen Werken (§ 17)
  - der Seeschiffahrt, Luftfahrt, Binnenschiffahrt (§§ 18-20)
  - Schadensversicherungen (§ 21).

g) **Kapitalverkehr und Gold:**

- Sicherung des Gleichgewichts der Zahlungsbilanz durch Beschränkung der Kapitalausfuhr (§ 22):
  - entgeltlicher Erwerb von
    - Grundstücken/Grundstücksrechten in fremden Wirtschaftsgebieten
    - ausländischen Wertpapieren und Wechseln durch Gebietsansässige
  - Unterhaltung von Guthaben bei ausländischen KI durch Gebietsansässige
  - Gewährung von Krediten/Zahlungsfristen an Gebietsfremde
    Angebot ausländischer Schuldverschreibungen
- Beschränkung von Kapital- und Geldanlagen Gebietsfremder an Objekten im Wirtschaftsgebiet (§ 23):
  - entgeltlicher Erwerb von
    - Grundstücken/Grundstücksrechten
    - Schiffen/Rechten an Schiffen
    - Unternehmen/Beteiligungen
    - inländischen Wertpapieren

- Wechseln (ausgestellt/angenommen durch Gebietsansässigen)
- Aufnahme von Darlehen/sonstigen Krediten durch Gebietsansässige
- entgeltlicher Erwerb von Forderungen gegenüber Gebietsansässigen
- Führung und Verzinsung von Konten Gebietsfremder bei Geldinstituten im Wirtschaftsgebiet
- Gründung von Unternehmen mit Sitz im Wirtschaftsgebiet durch Gebietsfremde oder unter ihrer Beteiligung
- Ausstattung von Unternehmen/Niederlassungen/Betriebsstätten mit Vermögenswerten durch Gebietsfremde

- Beschränkung des Verkehrs mit Gold (§ 24).

h) **Rechtsfolgen:**

- Rechtsgeschäfte, die ohne erforderliche Genehmigung vorgenommen werden, sind unwirksam, allerdings durch nachträgliche Genehmigung heilbar (§ 31)
- die Befolgung der Vorschriften wird durch Strafen und Bußgelder sichergestellt.

2.0.11 Außenwirtschaftsverordnung (AWV)

a) **Wesen:**

- Die AWV ist eine Sammlung einzelner Rechtsverordnungen der Bundesregierung bzw. des Bundeswirtschaftsministers, erlassen auf der Grundlage des Außenwirtschaftsgesetzes
- die AWV enthält die effektiven, jeweils gültigen Beschränkungen des Außenwirtschaftsverkehrs
- neben Verfahrensvorschriften enthält die AWV insbesondere Melde- und Kontrollvorschriften.

b) **Ausfuhrverfahren:**

- **genehmigungsfreie** Ausfuhr (§§ 9-16 b):
  - Abschluß von Ausfuhrverträgen unterliegt keinen Beschränkungen
  - Ausfuhrabfertigung ist vom Exporteur (an seiner Stelle vom Versender) vorzunehmen
  - Vorführung der Ware bei der Ausfuhrzollstelle unter Vorlage einer Ausfuhranmeldung
  - Abgabe der Ausfuhranmeldung bei der Ausfuhrzollstelle, auf Verlangen Vorführung der Ware
  - Zollstelle prüft Zulässigkeit der Ausfuhr (§ 10)
  - vereinfachtes Verfahren für einzelne Ausführer/Versender möglich (§ 11)
  - Vorausanmeldeverfahren (§ 13) für vertrauenswürdige Exporteure, die ständig zahlreiche Sendungen ausführen, unter bestimmten Voraussetzungen
- genehmigungsbedürftige Ausfuhr aus dem Gemeinschaftsgebiet (§§ 17-18):
  - Antrag des Exporteurs auf Erteilung einer Ausfuhrgenehmigung beim Bundesausfuhramt
  - Beifügung einer Internationalen Einfuhrbescheinigung zur Ermittlung des Käufer- bzw. Bestimmungslandes, wenn in Länderliste D genannt.

- **Befreiungen** (§ 19) von der Genehmigungsbedürftigkeit gelten für Ausfuhr in Drittländer
  - für Waren der Ernährung und Landwirtschaft bis 250,– DM Wert je Ausfuhrsendung
  - für Waren von Reisenden zum eigenen Gebrauch/Verbrauch bzw. zur Berufsausübung
  - im kleinen Grenzverkehr (Personen, die in bestimmten benachbarten Grenzzonen leben) in bestimmtem Umfang
  - diverse weitere Befreiungsvorschriften für bestimmte Waren
- genehmigungsbedürftige Verbringung in Mitgliedstaaten der **Europäischen Union** (§§ 21, 21 a):
  - Verbringer = Eigentümer bzw. vergleichbar Verfügungsberechtigter
  - Intra-EG-Warenbegleitpapier ist auszufüllen, dem Bundesausfuhramt zur Prüfung vorzulegen und vom Warenführer mitzuführen.

c) **Einfuhrverfahren** (§§ 21 b-36):

- **Grundlagen:**
  - Einführer (Importeur) ist, wer Waren in das Wirtschaftsgebiet verbringt oder verbringen läßt
  - Beschränkung nach § 11 AWG (Lieferfrist) geregelt durch § 22 AWV: Vereinbarung oder Inanspruchnahme einer Lieferfrist bedarf der Genehmigung, wenn z. B.
    - die handelsübliche Lieferfrist
    - eine Lieferfrist von 24 Monaten nach Vertragsschluß u. a. m.

    überschritten werden; keine Geltung der Beschränkung für Waren aus dem freien Verkehr eines EG-Mitgliedstaates
  - Verfahren nach §§ 7 (Sicherheit/auswärtige Interessen) und 26 (Verfahrens-, Meldevorschriften) AWG: Bundesausfuhramt stellt auf Antrag für die Einfuhr von Waren Internationale Einfuhrbescheinigungen und Wareneingangsbescheinigungen aus (§ 22 a AWV)
  - Einfuhr von bestimmten Waren aus EG-Mitgliedstaaten: Vorlage des Intra-EG-Warenbegleitpapiers unverzüglich nach Eintreffen der Ware
- **genehmigungsfreie Einfuhr** (§§ 27-29):
  - Abschluß von Einfuhrverträgen kann bereits Beschränkungen unterliegen, z. B. Genehmigungspflicht für Vereinbarung/Inanspruchnahme einer Lieferfrist nach § 11 AWG (s. o.), i.ü. frei
  - Importeur hat die Einfuhrabfertigung bei einer Zollstelle zu beantragen (an seiner Stelle: z. B. gemeinschaftsansässiger Handelsvertreter)
  - vorzulegen sind
    - Rechnung oder sonstige Unterlagen zur Kenntlichmachung des Einkaufs-/Versendungs-/und Ursprungslandes
    - bei bestimmten Waren Ursprungszeugnis oder Ursprungserklärung und ggf. Einfuhrkontrollmeldung oder Einfuhrlizenz
  - vereinfachtes Verfahren bei sog. Gemeinschaftswaren (Waren, die unter die EG- bzw. EGKS-Verträge fallen)
  - Zollstelle prüft die Zulässigkeit der Einfuhr

- **genehmigungsbedürftige Einfuhr** (§§ 30-31):
  - Antrag des Importeurs
  - Erteilung der Genehmigung auf einem gemeinschaftlichen, in der gesamten EU gültigen Einfuhrdokument
  - weiteres Verfahren wie bei genehmigungsfreier Einfuhr, nur ist die Einfuhrgenehmigung mit vorzulegen
- **erleichtertes Verfahren** (Verzicht auf Einfuhrgenehmigung, § 32) für
  - Waren und Geschenke bis zu einem Wert von 1 600,– DM je Einfuhrsendung
  - Waren der Ernährung/Landwirtschaft bis 250,– DM
  - diverse andere Güter (z. B. Kunstgegenstände, Antiquitäten, gebrauchte Kleidungsstücke, die nicht zum Handel bestimmt sind, Drucksachen, Muster/Proben u. v. a. m.)

d) **Meldevorschriften** u. a. für

- Vermögen/Vermögensanlagen Gebietsansässiger in fremden Wirtschaftsgebieten (§§ 55 ff.) und Gebietsfremder im (deutschen) Wirtschaftsgebiet (§§ 57 ff.)
- Zahlungen von Gebietsfremden an Gebietsansässige und umgekehrt (§ 59), ausgenommen
  - Zahlungen bis 5 000,– DM (oder Gegenwert)
  - Ausfuhrerlöse
  - Gewährung, Aufnahme oder Rückzahlung von Krediten bis 12 Monate Laufzeit/Kündigungsfrist;

  Form der Meldung: Zahlungsauftrag im Außenwirtschaftsverkehr
- Forderungen und Verbindlichkeiten Gebietsansässiger gegenüber Gebietsfremden über zusammen 3 Mio. DM bei Ablauf eines Monats (ausgenommen KI)
- gebietsansässige Geldinstitute: Meldung an die Bundesbank von
  - ein-/ausgehenden Zahlungen für Veräußerung/Erwerb von Wertpapieren für eigene/fremde Rechnung an/von Gebietsfremde(n) über 5 000,– DM
  - Einlösung, Zins- und Dividendenzahlungen auf inländische Wertpapiere
  - ein- und ausgehenden Zahlungen für Zinsen und zinsähnliche Aufwendungen/Erträge an/von Gebietsfremde(n) über 5 000,– DM
  - Zahlungen im Zusammenhang mit dem Reiseverkehr und der Personenbeförderung.

e) Über die hier dargestellten Regelungen hinaus enthalten die AWV diverse Anlagen:

- Antrags-, Erklärungs-, Genehmigungs- und Meldeformulare
- Allgemeine Genehmigungen
- Einfuhrliste (über 10 000 Einzelpositionen)
- Ausfuhrliste
- Länderlisten mit einer Einordnung jedes Landes in eine bestimmte Kategorie
- Kennzeichnungen von Leistungen nach Kennzahlen.

2.0.12 Politische Umsetzung im Außenwirtschaftsverkehr

a) **Wesen:** Aus den Vorschriften über Ein- und Ausfuhrverfahren geht hervor, welche Maßnahmen vom Exporteur oder Importeur verlangt werden, sofern ein Fall der genehmigungspflichtigen, genehmigungsfreien oder vereinfachten Aus- oder Einfuhr vorliegt.

Wann das jeweilige Verfahren anzuwenden ist, ergibt sich

- aus dem Wirtschaftsgut (z. B. Waffen, Rauschmittel)
- aus dem jeweiligen Herkunfts-/Bestimmungsland.

b) Die zu beachtenden Vorschriften ergeben sich, soweit sie sich nach dem jeweiligen Land richten, aus dem / in das ein-/ausgeführt wird, über die **Länderlisten AWG/AWV**:

- die Listen A/B und C sind Anlagen zum AWG
- die Listen F1, F2, G1, G2, H und I sind Anlagen zur AWV
- in der Länderliste D sind die für die Ausstellung von Internationalen Einfuhrbescheinigungen zuständigen Stellen genannt
- die Länderliste E (nur für Warendurchfuhr) enthält die Anschriften der für die Ausfertigung von Durchfuhrberechtigungsscheinen zuständigen Stellen.

c) Die AWV enthält Vorschriften, die aufgrund besonderer politischer Ereignisse erlassen wurden. Sie können unterschiedlichen Zwecken dienen; insbesondere

- Vermeidung von Waffenlieferungen in Krisengebiete
- Begrenzung der Aufrüstung von Staaten, die ein politisches Risiko darstellen
- Vermeidung einseitiger Unterstützung eines Staates während eines (bewaffneten) Konflikts
- Durchsetzung eines von internationalen Gremien (z. B. EG, UNO) oder aufgrund nationaler Entscheidung verordneten Embargos
- Einhaltung des Atomwaffensperrvertrages, Verhinderung des Aufbaus einer Atomindustrie in bestimmten Staaten/Regionen.

BEISPIELE:

- Beschränkungen gegen den IRAK (vgl. Golfkrieg)
- Beschränkungen gegen Serbien und Montenegro wegen des Bürgerkriegs im ehemaligen Jugoslawien.

2.0.13 Recht der Europäischen Gemeinschaften (EG)

a) **Wesen:** Das europäische Gemeinschaftsrecht, resultierend aus

- Europäischer Wirtschaftsgemeinschaft (EWG)
- Europäischer Gemeinschaft für Kohle und Stahl (EGKS)
- Europäischer Atomgemeinschaft (Euratom),

enthält zahlreiche Vorschriften, die auch den Wirtschaftsverkehr der beteiligten Staaten sowie mit Dritten regeln.

Seit dem Beitritt der ehemaligen DDR zur Bundesrepublik Deutschland mit Wirkung vom 3.10.1990 gehören auch die ostdeutschen Bundesländer zu der Europäischen Union (EU).

b) **Rechtsvorschriften** ergehen in Form von

- Verordnungen
- Richtlinien
- Entscheidungen.

Grundlage sind vor allem die **EG-Verträge.** Diese verpflichten die Mitgliedstaaten auf die Einhaltung und Förderung der wirtschaftlichen und politischen Zielsetzungen der Europäischen Gemeinschaften.

Verordnungen haben die Rechtsnatur von Gesetzen und sind nach Art. 24 I GG unmittelbar gültig und für jeden Gebietsansässigen verbindlich. Sie stehen im Rang sogar **über** deutschen Gesetzen.

c) Voraussetzung für die Verwirklichung eines einheitlichen europäischen **Binnenmarktes** war die Bildung einer **Zollunion.** Sie besteht aus folgenden Elementen:

- einheitliches **Zollgebiet:** Hoheitsgebiete der Mitgliedstaaten (einschließlich Freihäfen)
- gemeinsamer **Zolltarif** für die Einfuhr von Waren aus Drittländern; die darin festgelegten Zölle werden nur bei der Einfuhr von Waren aus Drittländern angewendet.
- **Zollfreiheit** für Einfuhren von Waren aus dem freien Verkehr eines anderen Mitgliedstaates der EU
- einheitliche zollamtliche Behandlung innerhalb des EU-Zollgebiets (insb. zum Nachweis der Voraussetzungen für die Zollfreiheit); seit 1.1.1993 Wegfall der Warenkontrollen an den Binnengrenzen
- einheitliches **Zollrecht** (noch nicht vollständig realisiert)
- gemeinsame Agrarpolitik durch landwirtschaftliche Marktordnung (noch nicht voll erreicht)
- gemeinschaftliches Versandverfahren: direkter Amtsverkehr zwischen den Zollbehörden der beteiligten EU-Staaten, seit 1.1.1993 zwischen EU-Mitgliedstaaten weitgehend gegenstandslos geworden, wird aber noch mit verbliebenen EFTA-Staaten angewandt

- weitere Harmonisierung des Steuerrechts.

d) Ein gemeinsames **Außenwirtschaftsrecht** gibt es bislang nicht. Einzelregelungen:

- einheitliches Ausfuhrverfahren gilt seit 1.1.1993 (Verwendung des sog. Einheitspapiers)
- Untersagung mengenmäßiger Beschränkungen für Aus- und Einfuhr im Warenverkehr zwischen EU-Staaten (gegenüber Drittländern sind sie durch den EG-Vertrag nicht verboten)
- Möglichkeit von Antidumping- und Ausgleichszöllen bei Gefahr einer bedeutenden Schädigung eines bestehenden Wirtschaftszweiges der Gemeinschaft
- einheitliches Warenverzeichnis, einheitliche Begriffsbestimmungen und Regeln für statistische Verfahren
- seit 1.1.93 **einheitlicher Binnenmarkt,** d. h.
  - Raum ohne Binnengrenzen
  - freier Personen-, Waren-,Dienstleistungs-, Kapitalverkehr innerhalb dieses Raumes
  - keine zollamtliche Überwachung und Erfassung, kein Zollverfahren für Gemeinschaftswaren
  - der bis dahin bestehende Außenhandel zwischen den Mitgliedstaaten wurde damit praktisch zum **Binnenhandel:**
    - keine Einfuhrzollanmeldung
    - kein Versandschein T 2
    - keine Einfuhrumsatzsteuererhebung durch die Zollstellen
    - keine Ausfuhrerklärung
    - Ausfuhrgenehmigungen nur noch für wenige Waren (z. B. Waffen, Atomenergie-Erzeugnisse)
    - Einsatz des **Intra-EG-Warenbegleitpapiers** für den Warenverkehr innerhalb der Gemeinschaft

e) **Kartellrecht:** Verboten sind grundsätzlich Vereinbarungen und Verhaltensweisen, die den freien Wettbewerb und Warenaustausch beeinträchtigen, sowie der Mißbrauch einer marktbeherrschenden Stellung. Ausnahmen sind von der Kommission zu prüfen. Bisher gibt es kein Europäisches Kartellamt.

f) **Freizügigkeit** der Arbeitnehmer innerhalb der EU, d. h. freie Bewerbung um Arbeitsplätze, keine Arbeitserlaubnis erforderlich, Gleichbehandlung hinsichtlich der Arbeitsbedingungen.

g) **Niederlassungsfreiheit** für Unternehmer im EU-Gebiet (gilt bereits seit Ende 1969).

h) Freier Dienstleistungsverkehr.

i) Staatsangehörigen von EU-Mitgliedstaaten wird ein durch mind. 5jährige Aufenthaltserlaubnis bescheinigtes Aufenthaltsrecht gewährt.

Staatsangehörige eines anderen EU-Mitgliedstaates haben nach Arbeitsverhältnis im Aufnahmeland ein ständiges Verbleiberecht.

Einzelheiten sowie verbliebene Aus- und Einreiseformalitäten sind in Richtlinien geregelt.

2.0.14 Sonstiges internationales Wirtschaftsrecht

Vgl. auch Abschnitt 5.1.110.

a) **General Agreement on Tariffs and Trade = GATT** = Allgemeines Zoll- und Handelsabkommen:

- gegründet 1947
- Ziele: freier Welthandel, Förderung der wirtschaftlichen Entwicklung, Vollbeschäftigung, Erhöhung des Lebensstandards
- Grundsatz der **Meistbegünstigung:**
  - sämtliche Vorteile, die ein Mitgliedsland einem anderen Land einräumt, sind auch allen Mitgliedsländern zu gewähren
  - Ausnahmen für Zollunionen u. a.
- Grundsatz der **Gegenseitigkeit:** Länder, die durch Liberalisierung des Wirtschaftsverkehrs seitens anderer Staaten begünstigt werden, sollen diesen gleichwertige Gegenleistungen erbringen
- Verbot, neue Handelshemmnisse einzuführen oder bestehende zu verschärfen
- Durchführung von Zollrunden, um zu Zollsenkungen zu kommen.
- zum Abschluß der sog. Uruguay-Runde (GATT-Verhandlungsrunde) 1993 wurden weitere wesentliche Reformen vereinbart, u. a. das **General Agreement on Trade in Services = GATS** = Allgemeines Abkommen über den Dienstleistungsverkehr:
  - multilaterales Abkommen, 1994 abgeschlossen
  - im Aufbau dem GATT angeglichen
  - grundlegende Verpflichtungen und „Disziplinen" für die Mitgliedstaaten
  - Einordnung in die Welthandelsorganisation (s. u.)
  - „progressive Liberalisierung": die Mitgliedstaaten gehen „spezifische Verpflichtungen" ein im Hinblick auf Marktzugang und Gleichbehandlung
  - durch zukünftige Verhandlungsrunden sollen bestehende Beschränkungen weiter reduziert/beseitigt werden
  - zahlreiche Sonderregelungen, insb. für Finanzwesen (nähere Definition der „Finanzdienstleistungen") und Telekommunikation
- das GATT wurde zum 1.1.1995 in die WTO (World Trade Organization, s. u.) eingebunden.

b) **World Trade Organization = WTO** = Welthandelsorganisation:

- als Ergebnis der Uruguay-Runde (s. o.) zum 1.1.1995 errichtete internationale Organisation zur Ergänzung des Internationalen Währungsfonds und der Weltbank in Richtung auf den Welthandel

- Fortgeltung des GATT in diesem Rahmen
- Einbeziehung des **General Agreement on Trade in Services** = Allgemeines Abkommen über den Dienstleistungsverkehr (GATS) und den handelsbezogenen Schutz geistigen Eigentums
- Organe:
  - Ministerversammlung (tritt mindestens alle 2 Jahre zusammen)
  - Allgemeiner Rat (Vertreter der Mitgliedstaaten), nimmt zwischenzeitlich die Aufgaben der Mitgliederversammlung wahr, insb.
    - Beilegung von Streitigkeit
    - Überwachung der Handelspolitik der Mitgliedstaaten
    - Einrichtung von Ausschüssen z. B. für Handel und Entwicklung
  - drei Räte, die dem Allgemeinen Rat unterstehen, für Waren, Dienstleistungen und geistiges Eigentum.

c) **Organisation for Economic Cooperation and Development = OEDC** = Organisation für wirtschaftliche Zusammenarbeit und Entwicklung:

- gegründet 1960
- Nachfolge der OEEC (Organisation for European Economic Cooperation, Organisation für europäische wirtschaftliche Zusammenarbeit)
- Ziele:
  - Analyse und Diskussion wirtschaftlicher Probleme der Weltwirtschaft sowie einzelner Staaten
  - Erarbeitung von Empfehlungen.

d) **United Nations Conference on Trade and Development = UNCTAD =** Welthandelskonferenz der Vereinten Nationen:

- gegründet 1964
- Ziele: vgl. GATT und WTO; besonders auch Integration der Entwicklungsländer in die weltwirtschaftlichen Abläufe
- Maßnahmen: z. B.
  - Rohstoffprogramm
  - Festlegung von An- und Verkaufsverpflichtungen.

e) **International Monetary Fund (IMF) =** Internationaler Währungsfonds = IWF: vgl. Abschnitt 5.1.031.

f) **International Chamber of Commerce (ICC)** = Internationale Handelskammer:

- gegründet 1919
- Aufgabengebiete:
  - Wirtschafts- und Finanzpolitik
  - Rechts- und Wirtschaftspraxis
  - Produktion, Absatz, Werbung
  - Transport und Verkehr

- beratende Tätigkeit auf allen Feldern der internationalen Wirtschaftspolitik, auch bei der WTO usw.
- Erarbeitung internationaler Regeln, die von Vertragspartnern zum Inhalt von Verträgen gemacht werden können (z. B. Incoterms, Einheitliche Richtlinien für Akkreditive und Inkassi).

g) **Bilaterale Handelsabkommen** der Bundesrepublik mit anderen Staaten.

2.0.2 Der Kaufvertrag im Außenhandel (Kontrakt)

2.0.20 Überblick

a) Kaufverträge zwischen in verschiedenen Ländern ansässigen Partnern unterliegen besonderen Risiken. Solche **Risiken** sind:

- fehlendes **Vertrauen**, da die Partner sich oft nicht kennen und Auskünfte schwer zu erlangen sind
- Unkenntnis der **gesetzlichen Bestimmungen** und **Handelsbräuche** in den verschiedenen Ländern
- unterschiedliche **Rechtsordnungen**, fast völliges Fehlen einheitlicher Rechtsgrundlagen
- **Transportrisiken** aufgrund großer Entfernungen
- **Abnehmerrisiko**, da die Gegebenheiten es dem Verkäufer erschweren, den Käufer zur Annahme der Ware zu zwingen bzw. sich bei Nichtannahme um die Ware zu kümmern
- **Zahlungsrisiko**, da die Umstände es dem Verkäufer erschweren, den Käufer zur Zahlung zu zwingen
- **Lieferrisiko**, da es für den Käufer sehr schwierig ist, den Verkäufer zur Lieferung zu zwingen bzw. bei Lieferungsverzug oder mangelhafter Lieferung Ansprüche durchzusetzen
- **Währungsrisiko** (Kursrisiko), d. h. Beeinflussung des vereinbarten Preises durch Wechselkursänderungen; das Währungsrisiko trifft den Vertragspartner, der den vereinbarten Preis in Fremdwährung zahlen muß bzw. zu erhalten hat
- Risiken, die von den beteiligten Staaten ausgehen und insbes. politischer Natur sind, wie Beschlagnahme der Ware, Zahlungs- oder Transferverbot, keine Devisenzuteilung
- besondere Risiken wie Krieg, Revolution, Streiks.

b) Die Vertragspartner müssen daher versuchen, ihre Positionen so weitgehend wie irgend möglich **abzusichern**. Dies geschieht durch Versicherungen und, soweit die Risiken speziell Käufer und Verkäufer betreffen, durch Festlegung besonderer Lieferungs- und Zahlungsbedingungen als Vertragsinhalt.

c) Diese Bedingungen haben eine unterschiedliche Gestalt, je nachdem, welcher der beiden Partner an dem abzuschließenden Geschäft mehr interessiert ist, den Vertragsschluß nötiger braucht, d. h. auf das Geschäft angewiesen ist und daher zu Konzessionen bereit sein muß, wodurch er in die schwächere Position gerät. Entscheidend ist also die **Marktstellung** von Käufer und Verkäufer.

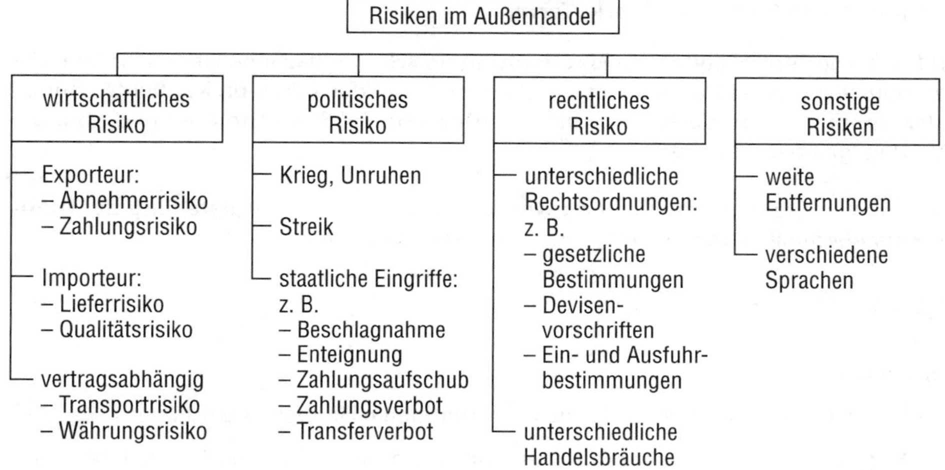

2.0.21 Lieferungsbedingungen

2.0.210 Entwicklung

a) Kaufverträge unterliegen den unterschiedlichen **Rechtsnormen** und **Handelsbräuchen** der Vertragsländer.

b) An jedem Ausfuhrplatz haben sich mit der Zeit bestimmte **Klauseln** für Lieferungsbedingungen entwickelt, die in kürzester Form über die wesentlichen Fragen der Lieferung eine Aussage treffen und dabei einen unterschiedlichen Inhalt haben und verschieden ausgelegt werden, auch wenn sie dem Begriff nach übereinstimmen.

Solche unterschiedlichen Auffassungen sind vor allem bei denjenigen Klauseln – wie F.A.S., F.O.B., C.&F., C.I.F. – festzustellen, die sich mit dem Versand der Ausfuhrware befassen (Kosten und Gefahren des Transportes, Versicherung, Beschaffung von Transportraum und Versanddokumenten).

c) **Beispiele** für unterschiedliche **Auslegung**:

- bei Lieferung auf F.O.B.-Basis gehen in Hamburg die Verladekosten – als Bestandteil der Fracht – zu Lasten des Käufers; in schwedischen Häfen sind sie – bei gleichlautender Klausel „Free on Board" – zur Hälfte von Käufer und Verkäufer zu tragen
- im Gegensatz zu Hamburg ist es in Dänemark, Italien und Norwegen üblich, daß bei F.O.B.-Kontrakten nicht der Käufer, sondern der Verkäufer die Kosten für die Konnossementsbeschaffung übernimmt.

d) Derartige Unterschiede führen zu Unklarheiten aufgrund von Unkennntnis und unterschiedlicher Auslegung zu Streitigkeiten, dem Anrufen von Gerichten und damit zu einem unnötigen Aufwand an **Zeit und Kosten**.

e) Daher wurde eine internationale **Vereinheitlichung** notwendig. Diese erfolgte durch die Internationale Handelskammer, Paris (ICC = International Chamber of Commerce) in Gestalt der **Trade Terms**.

f) Die Trade Terms stellen ein **Nachschlagewerk** dar, das eine Übersicht über die an den wichtigsten Handelsplätzen üblichen Lieferklauseln gibt. Kaufleute können sich anhand der Trade Terms von 1928 (Revision 1953) informieren und über die Vertragsgestaltung einigen.

g) Eine weitere Vereinheitlichung wurde erreicht durch die Aufstellung der **Incoterms** ebenfalls durch die Internationale Handelskammer.

2.0.211 Die Incoterms

a) **Wesen:**

= International Commercial Terms = internationale Handelsbedingungen

- Regelungen wesentlicher Pflichten von Käufer und Verkäufer für die international wichtigsten Klauseln im Rahmen von Lieferverträgen
- dadurch international einheitliche Auslegung gewährleistet
- Überwindung der unterschiedlichen Rechtsordnungen und Normen der an einem Vertrag beteiligten Länder
- erstmals 1936 erschienen
- weitere Revisionen 1953, 1967, 1976, 1980 und 1990
- Gründe für die jüngste Revision:
  - nicht ausreichende Akzeptanz der 1980 eingeführten Klauseln
  - Berücksichtigung elektronischer Kommunikationswege
  - neue Klausel „Geliefert unverzollt – (benannter Ort)"
  - formaler Aufbau
- heute gültig als „Incoterms 1990".

b) **Rechtsnatur:**

- nicht zweifelsfrei Gewohnheitsrecht oder Handelsbrauch, d. h. kein internationales Recht
- sondern vorformulierte Vertragsklauseln
- eindeutige rechtliche Geltung der Incoterms setzt ihre vertragliche Einbeziehung voraus
- diese geschieht durch Bezeichnung der Klausel, des benannten Ortes und des Hinweises auf die Incoterms mit Jahr der Revision: z. B.

  „Frei Frachtführer Flughafen Hamburg, Incoterms 1990"

  oder „FCA Flughafen Hamburg, Incoterms 1990"

c) **Inhalt:** Regelungen über

- Risikoverteilung (Zeitpunkt des **Gefahrenübergangs** vom Verkäufer auf den Käufer)
- Kostenverteilung (Zeitpunkt des **Kostenübergangs** vom Verkäufer auf den Käufer)
- Übergang der kaufmännischen **Sorgepflicht** (Dispositionspflicht): wer muß was zur Abwicklung des Geschäfts tun?
  - Lieferung, Abnahme, Zahlung des Kaufpreises
  - Transportdokumente
  - Prüfung und Verpackung der Ware
  - Lizenzen, Genehmigungen, Formalitäten, Liefernachweise

d) **Klauseln im Überblick:**

- E-Klausel:
  - Ex Works = ab Werk = EXW
- F-Klauseln:
  - Free Carrier = frei Frachtführer = FCA
  - Free Alongside Ship = frei Längsseite Seeschiff = FAS
  - Free on Board = frei an Bord = FOB
- C-Klauseln:
  - Cost and Freight = Kosten und Fracht = CFR
  - Cost, Insurance and Freight = Kosten, Versicherung und Fracht = CIF
  - Carriage Paid to = frachtfrei = CPT
  - Carriage and Insurance Paid to = frachtfrei versichert = CIP
- D-Klauseln:
  - Delivered At Frontier = geliefert Grenze = DAF
  - Delivered Ex Ship = geliefert ab Schiff = DES
  - Delivered Ex Quay = geliefert ab Kai = DEQ
  - Delivered Duty Unpaid = geliefert unverzollt = DDU
  - Delivered Duty Paid = geliefert verzollt = DDP

In dieser Reihenfolge steigern sich die Pflichten des Verkäufers / verringern sich die Pflichten des Käufers.

Eignung der Klauseln nach Transportarten:

- Schiffstransport: FAS – FOB – CFR – CIF – DES – DEQ
- Lufttransport: FCA
- Eisenbahntransport: FCA
- **alle** Transportarten: EXW – FCA – CPT – CIP – DAF – DDU – DDP

e) **Generelle Pflichten:**

- Verkäufer:
  - Lieferung vertragsgemäßer Ware
  - Eigentumsübertragung
  - Beibringung der Handelsrechnung (auch als elektronische Mitteilung) und aller sonstigen vertragsgemäßen Belege

- die für Zurverfügungstellung der Ware erforderlichen Prüfkosten (Qualitätsprüfung, Messen, Wiegen, Zählen) zu tragen
- auf eigene Kosten für eine für den Transport erforderliche Verpackung zu sorgen, soweit dem Verkäufer vor Vertragsschluß die Transportmodalitäten zur Kenntnis gebracht wurden – es sei denn, unverpackte Bereitstellung der Ware wäre handelsüblich
- jede Hilfe für Käufer auf dessen Verlangen, Gefahr und Kosten bei Beschaffung der Dokumente/elektronischen Mitteilungen, die im Liefer-/Ursprungsland auszustellen/abzusenden sind und zur Aus-/Ein-/Durchfuhr benötigt werden

- Käufer:
  - Abnahme der Ware
  - vertragsgemäße Zahlung des Kaufpreises
  - Erstattung aller Kosten/Gebühren aufgrund Hilfeleistung des Verkäufers (s. o.)

f) **Die einzelnen Klauseln:**

Nachfolgend werden folgende wesentlichen Unterscheidungsmerkmale der einzelnen Klauseln übersichtsartig dargestellt:

- Ausfuhrfreimachen und Einfuhrfreimachen: Lizenzen, Genehmigungen, Formalitäten, Zoll
- Beförderungsvertrag
- Versicherungsvertrag
- Lieferung: Lieferort
- Gefahrenübergang von V auf K
- Kostenteilung: Kostenübergang von V auf K

(1) **Ex Works (named place) = EXW**
Ab Werk (benannter Ort):

Ausfuhrfreimachen:	Käufer
Einfuhrfreimachen:	Käufer
Beförderungsvertrag:	Käufer
Lieferung:	Werk des Verkäufers
Gefahrenübergang:	Lieferort
Kostenübergang:	Lieferort

(2) **Free Carrier (named place) = FCA**
Frei Frachtführer (benannter Ort):

Ausfuhrfreimachen:	Verkäufer
Einfuhrfreimachen:	Käufer
Beförderungsvertrag:	Käufer
Lieferung:	Ort der Übergabe an den Frachtführer
Gefahrenübergang:	Lieferort
Kostenübergang:	Lieferort

(3) **Free Alongside Ship (named port of shipment) = FAS**
Frei Längsseite Seeschiff (benannter Verschiffungshafen):
Ausfuhrfreimachen: Käufer
Einfuhrfreimachen: Käufer
Beförderungsvertrag: Käufer
Lieferung: Längsseite Schiff im Verschiffungshafen
Gefahrenübergang: Lieferort
Kostenübergang: Lieferort

(4) **Free On Board (named port of shipment) = FOB**
Frei an Bord (benannter Verschiffungshafen):
Ausfuhrfreimachen: Verkäufer
Einfuhrfreimachen: Käufer
Beförderungsvertrag: Käufer
Lieferung: Schiff im Verschiffungshafen
Gefahrenübergang: Schiffsreling im Verschiffungshafen
Kostenübergang: Schiffsreling im Verschiffungshafen

(5) **Cost and Freight (named port of destination) = CFR**
Kosten und Fracht (benannter Bestimmungshafen):
Ausfuhrfreimachen: Verkäufer
Einfuhrfreimachen: Käufer
Beförderungsvertrag: Verkäufer
Lieferung: Schiff im Verschiffungshafen
Gefahrenübergang: Schiffsreling im Verschiffungshafen
Kostenübergang: Bestimmungshafen

(6) **Cost, Insurance and Freight (named port of destination) =CIF**
Kosten, Versicherung und Fracht (benannter Bestimmungshafen):
Ausfuhrfreimachen: Verkäufer
Einfuhrfreimachen: Käufer
Beförderungsvertrag: Verkäufer
Versicherungsvertrag: Verkäufer
Lieferung: Schiff im Verschiffungshafen
Gefahrenübergang: Schiffsreling im Verschiffungshafen
Kostenübergang: Bestimmungshafen

(7) **Carriage Paid To (named port of destination) = CPT**
Frachtfrei (benannter Bestimmungsort):
Ausfuhrfreimachen: Verkäufer
Einfuhrfreimachen: Käufer
Beförderungsvertrag: Verkäufer
Lieferung: Ort der Übergabe an 1. Frachtführer
Gefahrenübergang: Lieferort (Übergabe an 1. Frachtführer)
Kostenübergang: Bestimmungsort

(8) **Carriage and Insurance Paid To (named point of destination) =CIP**
Frachtfrei versichert (benannter Bestimmungsort):
Ausfuhrfreimachen: Verkäufer
Einfuhrfreimachen: Käufer
Beförderungsvertrag: Verkäufer
Versicherungsvertrag: Verkäufer

Lieferung: Ort der Übergabe an 1. Frachtführer
Gefahrenübergang: Lieferort (Übergabe an 1. Frachtführer)
Kostenübergang: Bestimmungsort

(9) **Delivered At Frontier (named point) = DAF**
Geliefert Grenze (benannter Ort):
Ausfuhrfreimachen: Verkäufer
Einfuhrfreimachen: Käufer
Beförderungsvertrag: Verkäufer
Lieferung: Lieferort an der Grenze
Gefahrenübergang: ab Zurverfügungstellung am Lieferort
Kostenübergang: ab Zurverfügungstellung am Lieferort

(10) **Delivered Ex Ship (named port of destination) = DES**
Geliefert ab Schiff (benannter Bestimmungshafen):
Ausfuhrfreimachen: Verkäufer
Einfuhrfreimachen: Käufer
Beförderungsvertrag: Verkäufer
Lieferung: Schiff im Bestimmungshafen
Gefahrenübergang: Zurverfügungstellung an Bord des Schiffes im Bestimmungshafen
Kostenübergang: Zurverfügungstellung an Bord des Schiffes im Bestimmungshafen

(11) **Delivered Ex Quay (duty paid) (named port of destination) = DEQ**
Geliefert ab Kai (verzollt) (benannter Bestimmungshafen):
Ausfuhrfreimachen: Verkäufer
Einfuhrfreimachen: Verkäufer
Beförderungsvertrag: Verkäufer
Lieferung: Kai des Bestimmungshafens
Gefahrenübergang: Zurverfügungstellung am Kai des Bestimmungshafens
Kostenübergang: Zurverfügungstellung am Kai des Bestimmungshafens

(12) **Delivered Duty Unpaid (named point) = DDU**
Geliefert unverzollt (benannter Ort):
Ausfuhrfreimachen: Verkäufer
Einfuhrfreimachen: Käufer
Beförderungsvertrag: Verkäufer
Lieferung: Bestimmungsort
Gefahrenübergang: Bestimmungsort
Kostenübergang: Bestimmungsort

(13) **Delivered Duty Paid (named point) = DDP**
Geliefert verzollt (benannter Ort):
Ausfuhrfreimachen: Verkäufer
Einfuhrfreimachen: Verkäufer
Beförderungsvertrag: Verkäufer
Lieferung: Bestimmungsort
Gefahrenübergang: Bestimmungsort
Kostenübergang: Bestimmungsort

2.0.22 Zahlungsbedingungen

2.0.220 Wesen

a) **Definition:** Zahlungsbedingungen sind Vertragsbedingungen über

- Zeitpunkt der Zahlung
- Art des Zahlungsvorgangs (insb. Absicherung)
- eventuelle An-, Voraus-, Teilzahlungen.

b) **Interessen** der Parteien:

- Der **Exporteur** legt Wert auf
  - möglichst schnellen Erhalt des vollen Kaufpreises, so daß das eingesetzte Kapital nicht lange gebunden ist und Finanzierung nicht oder nur kurzfristig notwendig wird
  - Vermeidung des Risikos, daß der Importeur trotz Erhalt der Ware nicht zahlt oder die Zahlung verzögert
  - Vermeidung des Risikos, daß der Importeur die Annahme der Ware ablehnt.
- Der **Importeur** ist daran interessiert,
  - den Kaufpreis möglichst spät zu zahlen, am besten als „self-liquidating-Geschäft": Zahlung des Kaufpreises aus dem Erlös des Weiterverkaufs
  - möglichst keinen Kredit aufnehmen zu müssen
  - das Risiko zu vermeiden, daß der Exporteur trotz Erhalt des Geldes nicht oder schlecht liefert.

2.0.221 Arten von Zahlungsbedingungen

a) **Clean Payment:**

- Merkmale:
  - „einfache" Zahlungen, d. h. nicht auf Grundlage der Einheitlichen Richtlinien für Dokumentenakkreditive oder -inkassi
  - Lieferung und Zahlung sind voneinander unabhängig, nicht aneinander gekoppelt
  - einer der beiden Partner erbringt eine Vorleistung
  - also kein Zug-um-Zug-Geschäft
  - zwischen Exporteur und Importeur muß ein Vertrauensverhältnis bestehen (insb. bei längerer Geschäftsverbindung)
  - die Banken haben nur mit der Zahlungsabwicklung zu tun.
- Formen:
  - Vorauszahlung oder Anzahlung vor Lieferung
  - Zahlung nach Erhalt der Ware
  - offenes (d. h. ungesichertes) Zahlungsziel.
- Risiken:
  - trotz Vorleistung eines Partners erfolgt die Gegenleistung nicht
  - große Entfernungen, unterschiedliche Rechtsordnungen, Fehlen wirksamer Absicherung.

b) **C. o. d. = cash on delivery** = Zahlung gegen (bei) Lieferung:

= Nachnahme (im Inlandsverkehr)

- die Ware wird dem Importeur nur gegen Zahlung ausgehändigt
- im Außenhandel schwierig zu bewerkstelligen, da ein Mittler vorhanden sein muß, der die Ware überbringt und das Geld entgegennimmt
- Praxis: Transport kleinerer Sendungen per Post.

c) **Dokumenteninkasso:** (siehe 2.1.01)

- D/P = Documents against Payment = Dokumente gegen Zahlung
- D/A = Documents against Acceptance = Dokumente gegen (Wechsel-)Akzept

d) **Dokumentenakkreditiv:** (siehe 2.1.02)

e) **Gemeinsames** von Dokumenteninkasso und -akkreditiv:

- Bei diesen Zahlungsformen besteht eine starke Verknüpfung von Zahlungs- und Lieferungsvorgang
- die Ware wird repräsentiert durch **Dokumente**, von diesen verkörpert (Traditionspapiere) oder durch die Dokumente verfügbar gemacht
- durch diese Dokumente kann der Exporteur erreichen, daß der Importeur die Ware – an die er nur mittels der Dokumente herankann – nur gegen Zahlung erhält (Zug-um-Zug-Geschäft)
- die Aufgaben der Vorlegung der Dokumente beim Importeur und der Entgegennahme und Weiterleitung der Zahlung an den Exporteur werden von Kreditinstituten übernommen
- erscheint dem Exporteur dennoch das Risiko zu hoch, daß der Importeur die Ware nicht aufnimmt, kann er über ein Dokumentenakkreditiv die Zahlungsverpflichtung eines Kreditinstituts erlangen; ob dieses zahlt, hängt dann allein von ihm ab, denn das KI muß zahlen, wenn der Exporteur einwandfreie, akkreditivgemäße Dokumente beibringt
- Dokumenteninkasso und -akkreditiv bieten dem Exporteur daher vorzügliche Sicherungsmöglichkeiten
- sie sind aber auch als Sicherungsmittel für den Importeur geeignet: ihm steht es frei, die Art und Beschaffenheit der Dokumente vorzuschreiben, gegen die er zahlen will; auf diese Weise kann der Importeur weitgehend sichergehen, daß die Ware überhaupt und in mangelfreiem Zustand an ihn abgesandt wird
- hinzu kommt, daß diese Sicherung durch Dokumteninkasso und -akkreditiv bereits gegen relativ geringe Kosten möglich ist.

2.0.23 Weitere Risiken und ihre Absicherung (aus der Sicht des Exporteurs)

a) **Preisbestimmung:**

- **Löhne und Materialkosten** können sich bei einem langfristigen Geschäft ungünstig verändern und müssen daher berücksichtigt werden durch
  - Festpreis oder
  - Preisgleitklausel.

  Die Preisgleitklausel ist für den Exporteur günstiger. Sie ist nicht nach § 3 WährungsG genehmigungspflichtig, da sie nicht den Schutz gegen Inflationsrisiko, sondern gegen andere Preisrisiken bezweckt. Eine Preisgleitklausel enthält i. d. R.
  - einen Fixteil
  - einen lohnabhängigen Teil
  - einen materialabhängigen Teil.

- **Zölle und Steuern** belasten den Exporteur ebenfalls. Diese kann er berücksichtigen durch
  - Einkalkulation in den Preis (ungünstig, wenn dadurch die Konkurrenzfähigkeit auf Listenpreisbasis beeinträchtigt wird) oder
  - unmittelbare Abwälzung auf den Käufer, sofern dieser dazu bereit ist (was oft der Fall ist).

  In der Praxis werden auch Einkommen- bzw. Körperschaftsteuer an Kunden weitergegeben.

- Oft ist der Exporteur **Währungsrisiken** ausgesetzt. Er kann sich schützen
  - durch Wahl der Währung: am günstigsten ist D-Mark; der Importeur, der Schwierigkeiten bei DM-Beschaffung oder DM-Aufwertung befürchtet, wird dies allerdings oft ablehnen
  - durch **Wechselkursversicherung**: = Versicherung des Bundes, die zwei Jahre nach Abschluß eines Ausfuhrvertrages einsetzt, Selbstbeteiligung des Exporteurs in Höhe von 3 %, Kosten: 0,6-0,7 % der Vertragssumme (abhängig vom Bestehen einer Hermes-Ausfuhrdeckung, s. u.)
  - durch Abschluß eines Devisentermingeschäftes.

- Sämtliche **Begleitkosten** von Ausfuhrverträgen müssen vom Exporteur mitkalkuliert werden. Sie betragen i. d. R. ca. 15 % und setzen sich zusammen aus
  - Wechselkursversicherung
  - Hermes-Kreditversicherung
  - Refinanzierung.

b) Besondere Vereinbarungen über **Zahlungssicherung**:

- **Spätesttermine:** Die Zahlung wird terminmäßig von einem bestimmten Ereignis abhängig gemacht, ist aber spätestens zu einem bestimmten Zeitpunkt zu leisten; Beispiel:

  „15 % des Rechnungspreises sind bei Betriebsbereitschaft der Anlage, spätestens aber 24 Monate nach Vertragsabschluß zu entrichten."

Als Ereignisse kommen in Betracht
- Lieferung
- Vertragswirksamkeit
- Bereitschaft zum Versand u. a. m.

- **Vertragsstrafe** für bestimmte Nichtleistungen (häufiger als Schutz des Importeurs gegen Nicht- und Schlechtlieferung des Exporteurs).

- **Aufrechnungs- und Zurückbehaltungsverbot:** der Käufer soll keine Möglichkeit haben, seine Zahlung wegen bestehender oder behaupteter Gegenforderungen zurückzuhalten.

- **Parteiunabhängige Wirksamkeitsvoraussetzungen** für den bereits abgeschlossenen Vertrag, z. B.
  - Stellung eines Akkreditivs durch Importbank
  - Zahlungs- und Transfergarantie durch Regierung des Importlandes
  - Eingang akzeptierter Wechsel beim Exporteur
  - Vorliegen der Deckungszusage der Hermes-Kreditversicherung u. a. m.

- **Dingliche Sicherheiten:** Der im Inland fast selbstverständliche Eigentumsvorbehalt ist im Außenhandel selten, da er Besonderheiten des deutschen Rechts (z. B. Abstraktionsprinzip) voraussetzt, die im Ausland nicht ohne weiteres gelten, der Exporteur muß sich daher um andere, insbes. für das Importland spezifische Sicherungen bemühen.

c) **Kreditgewährung** im Rahmen des Ausfuhrvertrages:

- Beim **Bestellerkredit** braucht der Exporteur dem Importeur keinen Kredit zu gewähren, sondern erhält i. d. R. Barzahlung; der Importeur beschafft sich den erforderlichen Kreditbetrag bei seinem KI, ein deutsches KI tritt als Kreditgeber auf (sog. gebundener Finanzkredit), oder das Importland nimmt bei internationalen Organisationen (z. B. Weltbank) oder der Kreditanstalt für Wiederaufbau Kredite auf, von denen es Teile dem Importeur zur Verfügung stellt.

- Beim **Liefervertragskredit** übernimmt der Lieferant selbst die Kreditierung des Importeurs; typische Aufteilung der Zahlung:
  - 10 % Anzahlung
  - 10 % Zahlung bei Lieferung
  - 80 % in 10 gleichen Halbjahresraten, beginnend 6 Monate nach vollständiger Lieferung/Betriebsbereitschaft einer erstellten Anlage usw.

  Diese Zahlungsaufteilung wird innerhalb der **Berner Union** am häufigsten angewandt (= Zusammenschluß der Kreditversicherer der meisten westlichen Industrienationen).

2.0.3 Dokumente im Außenhandel

2.0.30 Wesen und Bedeutung

a) **Wesen:** Dokumente sind alle Papiere im Zusammenhang mit Außenhandelsgeschäften, die

- den Transport
- Versicherungen
- die Lieferung
- die Einlagerung
- die Qualität, die Herkunft usw.

von Gütern bescheinigen sowie besondere Einzelheiten der Lieferung aufgrund vertraglicher Vereinbarung oder gesetzlicher Vorschrift bestätigen.

b) **Bedeutung:**

- Dokumente werden verwendet, um auch im Außenhandel ein **Zug-um-Zug-Geschäft** zu ermöglichen: sie vermitteln die Verfügungsgewalt über die Ware gegen Auslösung des Zahlungsvorgangs.
- Dokumente geben damit dem Exporteur die Möglichkeit, vom Importeur Zahlung zu erhalten, und dem Importeur, die Verfügungsmacht über die Ware zu erlangen.
- Dokumente ermöglichen außerdem die Einschaltung von **Kreditinstituten** nicht nur in den Zahlungsvorgang, sondern auch in die Lieferung als Erfüllungs-Mittler zwischen Verkäufer und Käufer.

2.0.31 Transportdokumente (vgl. Abschnitt 0.2.0)

= Dokumente, mit denen der Exporteur den Versand der Ware an den Importeur nachweisen kann und die zum Teil als Traditionspapiere die Ware verkörpern.

Je nach Transportmittel werden unterschieden:

a) **Konnossement** = Bill of Lading (Seefrachtverkehr); Bedeutung:

- Präsentationspapier
- Traditionspapier
- Legitimationspapier
- Inkasso- und Akkreditivdokument
- Kreditsicherheit.

b) **Ladeschein** (Binnenschiffahrt); Bedeutung: wie Konnossement.

c) **Frachtbriefdoppel** des Internationalen Eisenbahnfrachtbriefes; Bedeutung:

- Mittel für nachträgliche Verfügungen (Verfügungspapier mit begrenzter Sperrwirkung)
- Inkasso- und Akkreditivdokument
- Kreditsicherheit.

d) **FCR** = Forwarders Certificate of Receipt = Internationale Spediteur-Übernahmebescheinigung; Bedeutung:

- Mittel für nachträgliche Verfügungen (Verfügungspapier mit begrenzter Sperrwirkung)
- Inkasso- und Akkreditivdokument
- Kreditsicherheit.

e) **FCT** = Forwarders Certificate of Transport = Internationales Spediteur-Durchkonnossement; Bedeutung:

- Präsentationspapier
- Mittel für nachträgliche Verfügungen
- Legitimationspapier (wenn an Order ausgestellt)
- Inkasso- und Akkreditivdokument.

f) **FBL** = Negotiable FIATA Combined Transport Bill of Lading = Negoziierbares Konnossement für den kombinierten Transport; Bedeutung:

- Verfügungspapier
- Legitimationspapier (wenn an Order ausgestellt)
- Inkasso- und Akkreditivdokument.

g) **Lkw-CMR-Frachtbrief;** Bedeutung:

- Sperrpapier für nachträgliche Verfügungen
- selten als Inkasso- oder Akkreditivdokument verwendet.

h) **Luftfrachtbrief** (Air Waybill); Bedeutung:

- Mittel für nachträgliche Verfügungen (Verfügungspapier mit begrenzter Sperrwirkung)
- Inkasso- und Akkreditivdokument
- möglich: Versicherungszertifikat (bei Versicherung durch Vermittlung des Luftfrachtführers).

2.0.32 Warenbegleitpapiere

= Dokumente, die vom Importeur selbst benötigt werden und darüber Auskunft geben, was zu welchem Preis geliefert wurde, ob die Lieferung einwandfrei ist usw.;

= Dokumente, die der Importeur für die Einfuhr aufgrund staatlicher Vorschriften benötigt.

Es handelt sich um sog. **Handels- und Zolldokumente**.

2.0.320 Handelsrechnung (Faktura, Commercial Invoice)

a) **Inhalt:** Detaillierte Angaben über

- Ware, Warenbezeichnung
- Gewicht, Menge, Verpackung
- Versandart, Versandweg, -datum
- Preis pro Stück bzw. Gewichtseinheit sowie Gesamtpreis
- Wiederholung von Vertragsbestandteilen (Lieferungs- und Zahlungsbedingungen)
- Angabe der auf Ware/Verpackung befindlichen Markierungen.

b) **Bedeutung:**

- Unterlage für die Prüfung des Importeurs, ob in Übereinstimmung mit dem Kaufvertrag geliefert worden ist, und für seine Zahlung
- Unterlage für Einfuhrabfertigung und Verzollung.

2.0.321 Legalisierte Handelsrechnung

a) **Wesen:** Beglaubigung = Legalisierung der Faktura durch Vermerk einer Industrie- und Handelskammer oder des Konsulats des Importlandes.

b) **Bedeutung:** Bestätigung der Angemessenheit der Preise im Vergleich zu der Marktlage im Exportland.

c) **Grund** für die Ausstellung:

- in Ländern mit Devisenbewirtschaftung werden Importeuren für die Zahlung von Kaufpreisen Devisen in Höhe des jeweiligen Vertragswertes zur Verfügung gestellt
- wenn ein Importeur sich mit dem Exporteur daraufhin einigt, nur den realen Warenwert zu zahlen, aber einen höheren Betrag als Vertragswert in den Kaufvertrag einzusetzen, ist ihm Umgehung der Devisenbestimmungen möglich: er erhält mehr Devisen zugeteilt, als ihm tatsächlich zustehen
- die Beglaubigung des Vertrags- und Rechnungspreises als marktgerecht verhindert diese Umgehungsmöglichkeit
- außerdem wird bei der Berechnung des Einfuhrzolls des Importlandes häufig der Warenpreis der Handelsrechnung zugrundegelegt; durch Legaliserung der Handelsrechnung soll vermieden werden, daß der Exporteur eine Rechnung über einen niedrigeren Betrag als den Kaufpreis ausstellt, um so Einfuhrzoll zu sparen.

2.0.322 Konsulatsfaktura (Consular Invoice)

a) **Wesen:**

- vom Konsulat des Importlandes im Exportland auf eigenen Formularen ausgestellt
- beinhaltet Warenbeschreibung, Preisangabe und Ursprungsland.

b) **Bedeutung:**

- Bestätigung der Angemessenheit des Preises (vgl. legalisierte Handelsrechnung)
- Unterlage für die Verzollung im Importland, da sich die Höhe des Einfuhrzolls nach dem fakturierten Warenwert richtet
- Angabe des Ursprungslandes ersetzt u. U. Ursprungszeugnis (siehe dort).

2.0.323 Zollfaktura (Customs Invoice)

a) **Wesen:**

- ausgestellt auf Formularen der Zollämter des Importlandes
- vom Exporteur und einem beliebigen Zeugen unterschrieben.

b) **Bedeutung:**

- Unterlage für Verzollung der Ware im Importland (Bestätigung der Angemessenheit des Preises)
- Angabe des Ursprungslandes ersetzt u. U. Ursprungszeugnis (siehe dort), „Combined Certificate of Value and Origin" = Kombiniertes Wert- und Ursprungszeugnis
- erforderlich für Einfuhr in einige anglo-amerikanische Staaten.

2.0.324 Ursprungszeugnis (Certificate of Origin)

a) **Wesen:**

- Urkunde, in der das Ursprungsland der Ware durch eine hierzu berechtigte Stelle bescheinigt oder beglaubigt wird (in Deutschland i. d. R. durch die Industrie- und Handelskammern)
- innerhalb der Europäischen Gemeinschaften werden einheitliche Formulare verwendet.

b) **Bedeutung:**

- gefordert von Ländern, die bilaterale Handelsabkommen geschlossen haben, zur Überprüfung der Einhaltung dieser Verträge
- erforderlich für den Importeur zur Wahrnehmung von Einfuhrerleichterungen/-vergünstigungen für Waren aus bestimmten Ländern (aufgrund einer sog.

Meistbegünstigungsklausel in Handelsverträgen = Verpflichtung eines Staates, einem anderen Staat alle handelspolitischen Vorteile zu gewähren, die er irgendeinem dritten Staat eingeräumt hat)

- gefordert aus politischen Gründen, wenn mit bestimmten Ländern keine – auch nur mittelbaren – wirtschaftlichen Beziehungen unterhalten werden sollen (z. B. Israel – Syrien)
- der Importeur verlangt auch dann ein Ursprungszeugnis, wenn die Herkunft auf eine bestimmte Qualität oder den Wert der Ware schließen läßt (z. B. französischer Cognac, chinesische Seide, „Made in Germany" als Qualitätsmerkmal).

2.0.325 Intra-EG-Warenbegleitpapier

a) **Wesen:**

- ersetzt die bisherige Warenverkehrsbescheinigung
- durch Einführung des Europäischen Binnenmarktes zum 1.1.1993 ist die zollamtliche Überwachung und Erfassung des grenzüberschreitenden Warenverkehrs mit Gemeinschaftswaren an den Binnengrenzen entfallen (siehe Abschnitt 2.0.13).

b) **Verfahren:**

- Intra-EG-Warenbegleitpapier wird im Versendungsland ausgestellt
- Vorlage nach Eintreffen der Ware vom Importeur oder Transithändler unverzüglich bei einer Zollstelle
- dort erfolgt Prüfung des Wareneingangs und Übersendung des Begleitpapiers an das Bundesausfuhramt
- auf Verlangen der Zollstelle Gestellung (Vorführung) der Waren.

2.0.326 Sonstige Warenbegleitpapiere

a) **Sachverständigen-Zeugnisse:**

- Gesundheitszertifikat (Health Certificate)
- Analysenzertifikat (Certificate of Analysis)
- Inspektionszertifikat (Certificate of Inspection)
- Qualitätszeugnis (Certificate of Quality) u. a. m.

Bedeutung: Diese Bescheinigungen dienen dem Importeur als Nachweis für einwandfreie Lieferung frei von Mängeln und den Einfuhr-Behörden als Bestätigung für die Einhaltung aller gesetzlichen Vorschriften (z. B. Lebensmittelgesetze usw.).

b) **Exporteur-Bescheinigungen:**

- Verpackungsliste (Packing List)
- Gewichtsliste (Certificate of Weight)

1 Absender - *Consignor - Expéditeur - Expedidor*

Hamburger Muster GmbH
Adolphsplatz 2
20457 Hamburg

Y 527793

ORIGINAL

EUROPÄISCHE GEMEINSCHAFT
EUROPEAN COMMUNITY - COMMUNAUTE EUROPEENNE - COMUNIDAD EUROPEA

URSPRUNGSZEUGNIS
CERTIFICATE OF ORIGIN - CERTIFICAT D'ORIGINE - CERTIFICADO DE ORIGEN

2 Empfänger - *Consignee - Destinataire - Destinatario*

A.A. Foam and Plastic Enterprise
P. O. Box 1234

Abu Dhabi
United Arab Emirates

3 Ursprungsland - *Country of origin - Pays d'origine - País de origen*

Federal Republic of Germany
(European Community)

4 Angaben über die Beförderung - *means of transport - expédition - expedición*

M/S NORASIA

5 Bemerkungen - *remarks - observations - observaciones*

our invoice No. 4321/97
l/C Number 123456
Commercial Bank of Abu Dhabi

6 Laufende Nummer; Zeichen, Nummern, Anzahl und Art der Packstücke; Warenbezeichnung
Item number; marks, numbers, number and kind of packages; description of goods

7 Menge
Quantity

1) 1 x 20' Container

furniture (444 packages) — 9.340,--kgs net / 11.010,--kgs gros

Shipping Mark: A.A. Foam and Plastic
Enterprise
Abu Dhabi
4321
1 - 444

8 DIE UNTERZEICHNENDE STELLE BESCHEINIGT, DASS DIE OBEN BEZEICHNETEN WAREN IHREN URSPRUNG IN DEM IN FELD 3 GENANNTEN LAND HABEN
The undersigned authority certifies that the goods described above originate in the country shown in box 3
L'autorité soussignée certifie que les marchandises désignées ci-dessus sont originaires du pays figurant dans la case No. 3
La autoridad infrascrita certifica que las mercancias arriba mencionadas son originarias del país que figura en la casilla no. 3

Handelskammer Hamburg
Hamburg Chamber of Commerce
Chambre de Commerce de Hambourg
Cámara de Comercio de Hamburgo

i.A.

Hamburg, den 8th April, 1997

Genehmigt durch Erlaß des Bundesministers der Finanzen vom 22. 5. 1969 III B/8 – Z 1351 – 23/69
Bestell-Nr. 1 (ECE-Rahmenvordruck). Zu beziehen durch die Handelskammer Hamburg (2.95)

C. Mahnkopp - Hamburg

Ladeliste Pos.: 08/290/1102-1104 MSE

Bei mehreren Listen lfd. Nr.

SCHENKER & CO GMBH
Zweigniederlassung Hamburg
Bei den Mühren 5, 2000 HAMBURG 11
Telefon: 36 1350 — Telex: 2170040

Diese Ladeliste gehört zum Versandschein T

Versandschein Nr.

Abgangszollstelle

Sammelwaggon No.

Empfänger: WITAG WELTIFURRER AG

in ZÜRICH
Bestimmungsort

Stempel Unterschrift

Lfd. Nr.	30 Anzahl, Art, Zeichen u. Nummern der Packstücke	31 Warenbezeichnung	35 Versendungsland	36 Rohgewicht (kg)	Raum für zollamtliche Eintragungen
1	30 Ballen 30 Kartons H-D Hamburg No. 2081-2110 2111-2140 H-D Hamburg	Seide	Hongkong	2.857,-	
2	40 Ballen H-D Hamburg No. 2141-2180	Seide	Hongkong	2.498,-	
3	70 Karton EPA Zürich Order No. 0292 EPA Atr. No. 85972-4 Dept. No. GRR Crt No. 1-70	Hosen, gewebt	Hongkong	1.050,-	
	170 Packstücke			6.405,-	

MUSTER

Hamburg, den 02.08.89

SCHENKER & CO GMBH
Zweigniederlassung Hamburg

120

- Aufmaßliste (List of Measurement)
- Gebührenliste u. a. m.

Bedeutung: Bescheinigungen des Exporteurs für den Importeur zur Kontrolle der Lieferung und als Bearbeitungsgrundlage.

2.0.33 Versicherungsdokumente

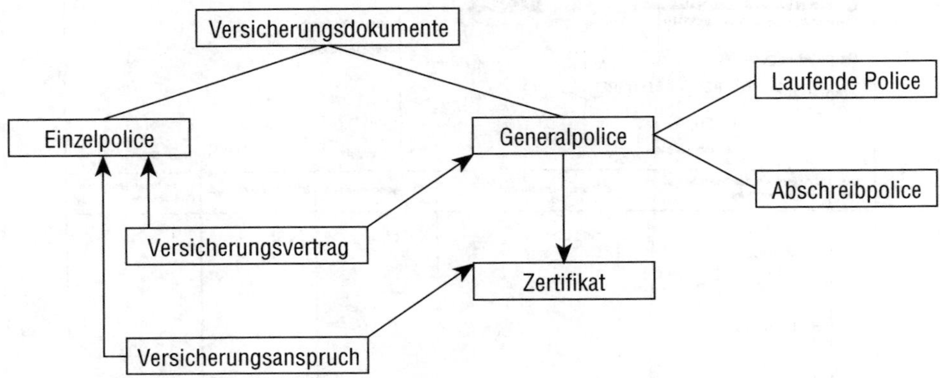

a) **Wesen:** Transportversicherungspolicen versichern die Ware gegen auf dem **Transport** eintretende Risiken, die gemäß ausdrücklicher Haftungsbefreiung vom Frachtführer (Verfrachter) nicht getragen werden, z. B. Havarie, Streiks, Krieg usw.

b) **Rechtsnatur:** Die Transportversicherungspolice ist

- in der Praxis häufig Inhaberpapier (ausgestellt „to the holder")
- auch als gekorenes Orderpapier oder ohne Orderklausel als Rektapapier möglich.

c) **Arten:**

- **Einzelpolice:** Versicherung eines einzelnen Gütertransports
- **Generalpolice:** Versicherung mehrerer gleichartiger Transporte;
  - laufende Police: versichert sind alle Transporte einer bestimmten Art (hinsichtlich Ware und Route) innerhalb eines bestimmten Zeitraums
  - Abschreibpolice: versichert sind gleichartige Transporte bis zu einem bestimmten Höchstbetrag; jeder Einzeltransport wird auf der Police abgesetzt („abgeschrieben").

d) Die **Police** enthält den Versicherungsvertrag und den Versicherungsanspruch. Bei einer Einzelpolice kann der Versicherungsanspruch unmittelbar aus der Police geltend gemacht werden; bei einer Generalpolice wird der Versicherungsanspruch auf ein **Versicherungszertifikat** übertragen, das für jeden Einzeltransport ausgestellt wird und mit den übrigen Dokumenten zur Vorlage beim Importeur gelangt.

Abdruck mit Genehmigung des DTV -
Deutscher Transport-Versicherungs-Verband

Certificate (Policy) of Marine Insurance

Sum Insured	Place and Date of Issue	Copies	Open Cover No.	Certificate No.
USD 25.000,-	Hamburg,26.08.93	2	1004	365

This is to certify that insurance has been granted under the above Open Cover to:

Holder

for account of whom it may concern, on the following goods

E & F
23456
Nos. 1 - 5 - 5 cases Motor Car Spare Parts

gross 750 kos.
net 650 kos.

for the following voyage (conveyance, route):

Hamburg to New York

per MV "Rosa"

from warehouse to warehouse, in accordance with Clause 5 of the German General Rules of Marine Insurance, Special Conditions for Cargo (ADS Cargo 1973 - Edition 1984), as printed overleaf.

Claims payable to the holder of this certificate. Settlement under one copy shall render all others null and void.

Conditions:

1. German General Rules of Marine Insurance (ADS), Special Conditions for Cargo (ADS Cargo 1973 - Edition 1984).
2. Terms and conditions of the above Open Cover.
3. Form of cover (see overleaf): Full Cover
4. Clauses (see overleaf): DTV War Clauses 1984
   DTV Strikes Riots ans Civil Commotion Clauses 1984
   DTV Nuclear Energy Clauses 1984

See overleaf for Instructions to be followed in case of loss or damage.

In case of loss or damage immediately contact:

Ewing International
Marine Corp.
11, Broadway, Suite 1412
New York, N.Y. 10004

For and on behalf of all insurance companies participating:
NEPTUN Land- und See-
Versicherungs-AG

Premium Paid

Tr. 411/84

1.87

e) Erläuterung einiger versicherungstechnischer **Begriffe**:

- **Imaginärer** (gedachter) **Gewinn**:
  - i. d. R. wird eine Ware nicht zum Vertragswert, sondern zu einem höheren Betrag (meist 110 %) versichert
  - der übersteigende Betrag dient zur Deckung des Gewinns, der dem Importeur bei Untergang der Ware verlorengeht.

- **Franchise** = Selbstbeteiligung des Versicherungsnehmers bei Eintreten des Versicherungsfalles; Beispiel: 15 % Franchise bedeuten, daß der Versicherungsnehmer jeden Schaden trägt, der sich auf bis zu 15 % des Warenwertes beläuft; auch bei 15 % übersteigenden Schäden trägt der Versicherungsnehmer 15 % selbst.

- **Havarie:** Schiff oder Ladung erleiden einen Seeschaden (vgl. Abschnitt 0.2.07 e);
  - große Havarie: Aufwendungen und Kosten für alle Schäden, die aufgrund gemeinsamer Gefahr dem Schiff oder der Ladung vom Kapitän zugefügt bzw. veranlaßt worden sind, um Schiff oder Ladung zu retten; von Schiff, Fracht und Ladung gemeinsam zu tragen (vgl. §§ 700 ff. HGB)
  - kleine Havarie: Kosten der Schiffahrt (Hafen-, Lotsengeld usw.), vom Verfrachter zu tragen (vgl. § 621 HGB)
  - besondere Havarie: sonstige Kosten und Schäden, grds. vom Geschädigten zu tragen.

2.0.34 Sonstige Dokumente

2.0.340 Teilkonnossement

a) **Wesen:**

= Konnossements-Sonderform, bei der nur ein Teil der Ware als empfangen bescheinigt wird

- die Rechte des Originalkonnossements (= Übernahmekonnossement) werden anteilig verbrieft.

b) **Bedeutung:** Teilkonnossemente werden ausgestellt, wenn

- die Ware auf mehrere Schiffe verladen werden muß, da auf einem Schiff nicht (nicht mehr) genügend Frachtraum vorhanden ist, die Sendung aber immer noch eine einzige Lieferung unter einem Gesamt-Beförderungsvertrag darstellen soll
- die Ware in mehreren Teilpartien verkauft worden ist und der jeweilige Käufer seinen Anteil unmittelbar vom Schiff abholen können soll.

2.0.341 Konnossements-Teilscheine

a) **Wesen:**

- keine Transportpapiere, sondern schriftliche Anweisungen zur Auslieferung der Ware

- ausgestellt auf der Grundlage des Originalkonnossements
- keine Traditionspapiere.

b) **Arten:**

- **Delivery-Order:**
  = Verpflichtung eines Treuhänders des Originalkonnossements, die angegebene Ware an den Inhaber bzw. namentlich Genannten auszuliefern
  – mit der Delivery-Order kann kein Eigentum an der Ware übertragen werden.
- **Reederei-Lieferschein:**
  = Anweisung der Reederei (gegen Einlieferung des Originalkonnossements) an das Schiff bzw. den Kai, die angegebene Ware an den Inhaber bzw. namentlich Genannten auszuliefern
  – Übergabe des Lieferscheins = Abtretung des Herausgabeanspruches, damit ist Eigentumsübertragung durch Einigung und Abtretung möglich.
- **Kai-Teilschein:**
  = Anweisung des Importeurs an die Kaiverwaltung, die bezeichnete Ware an den Inhaber bzw. namentlich Genannten auszuliefern
  – erforderlich ist Abstempelung des Kai-Teilscheins durch die Reederei zum Nachweis der Einlieferung des Originalkonnossements bei ihr
  – auch hier kann durch Einigung und Abtretung des Herausgabeanspruches Eigentum übertragen werden.

c) **Bedeutung:**

- Der Importeur kann die Ware verkaufen, obwohl sie einer Bank zur Sicherung eines Kredites übereignet wurde und das Originalkonnossement bei der Reederei für die Bank treuhänderisch verwahrt wird; erforderlich ist dann die Zustimmung der Bank zur Ausstellung des Teilscheins (Delivery-Order).
- Der Importeur kann die Ware in einem oder in mehreren Teilen weiterverkaufen, ohne sie vorher vom Schiff/Kai abholen und einlagern zu müssen; das Abholen wird mittels des Teilscheins vom Käufer selbst übernommen (Reederei-Lieferschein und Kai-Teilschein).

2.0.4 Handelsmittler im Außenhandel

2.0.40 Überblick

	Exportseitig, d. h. Sitz im Exportland	Importseitig, d. h. Sitz im Importland	
Exporteur	Auslandsvertreter (des Importeurs) = Einkaufsagent		Importeur
Exporteur	Exportvertreter (des Exporteurs) = Verkaufsagent		Importeur
Exporteur	Einkaufskommissionär (des Imp.)		Importeur
Exporteur	Exporthändler		Importeur
Exporteur		Auslandsvertreter (des Exporteurs) = Verkaufsagent	Importeur
Exporteur		CIF-Agent = Form des Auslandsvertreters	Importeur
Exporteur		Importvertreter (des Importeurs) = Einkaufsagent	Importeur
Exporteur		Verkaufskommissionär (des Imp.)	Importeur
Exporteur		Importhändler	Importeur

Das Geschäft kann abgewickelt werden zwischen Exporteur, Importeur und einem oder mehreren Handelsmittlern.

2.0.41 Einzelne Arten

a) **Auslandsvertreter:**

= Handelsvertreter des Exporteurs oder des Importeurs, der seinen Sitz im Ausland hat (gesehen vom Auftraggeber aus), um dort Geschäftsverbindungen anzuknüpfen

- Mittler zwischen Exporteur und Importeur.

b) **CIF-Agent:**

= Sonderform des für den Exporteur tätigen Auslandsvertreters

- mit Verantwortung und besonderen Vollmachten für Vertragsabschlüsse auf CIF-Basis ausgestattet.

c) **Export- bzw. Importvertreter:**

= Vertreter des Auftraggebers in dessen Land

- wird meist eingesetzt, wenn Exporteur oder Importeur ihren Sitz im Binnenland, nicht an einem Hafenplatz haben
- tritt am Hafenplatz oft in Verbindung mit einem Auslandsvertreter des Kontrahenten.

d) **Einkaufs- bzw. Verkaufskommissionär:**

- übliche Kommissionärsstellung
- Verkaufskommissionär: = sog. **Konsignatar** (beauftragt vom Exporteur = Konsignanten), unterhält am Importplatz ein Konsignationslager mit Waren, die im Eigentum des Konsignanten bleiben.

e) **Export- bzw. Importhändler:**

- selbständiger Kaufmann, der Handel für eigene Rechnung betreibt
- Sitz: Exporthändler am Exportplatz, Importhändler am Importplatz; unterhält meist Niederlassungen bzw. Vertretungen im Ausland
- Funktion: Mittler zwischen dem eigentlichen Exporteur und Importeur; verfügt meist über eine eigene Spedition.

2.0.5 Die Zahlungsbilanz

2.0.50 Grundbegriffe

a) **Wesen:** Die Zahlungsbilanz ist eine Zusammenstellung aller während eines Jahres erbrachten **Zahlungen** vom Inland an das Ausland und umgekehrt, berechnet für die gesamte Volkswirtschaft und unter Berücksichtigung der **Grundlagen** für die einzelnen Zahlungsvorgänge:

- Handelsgeschäfte (Warenverkehr)
- Dienstleistungen
- unentgeltliche Leistungen
- Kapitalverkehr
- Devisenverkehr.

Die Zahlungsbilanz der Bundesrepublik Deutschland wird durch die Deutsche Bundesbank erstellt.

b) **Arten:**

- **ausgeglichene** Zahlungsbilanz: Einnahmen und Ausgaben decken sich
- **aktive** Zahlungsbilanz: die Einnahmen (Aktivseite) überwiegen die Ausgaben
- **passive** Zahlungsbilanz: die Ausgaben (Passivseite) überwiegen die Einnahmen.

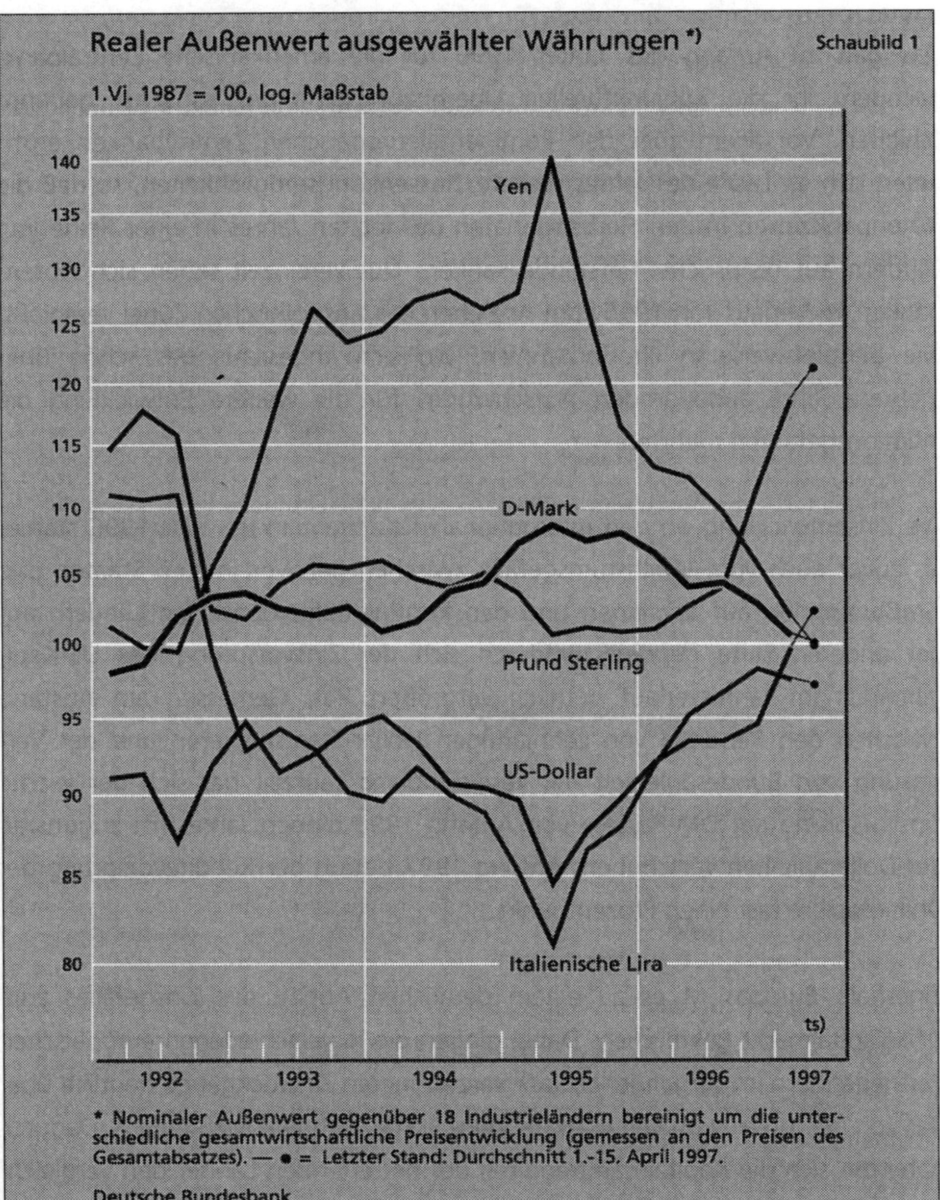

* Nominaler Außenwert gegenüber 18 Industrieländern bereinigt um die unterschiedliche gesamtwirtschaftliche Preisentwicklung (gemessen an den Preisen des Gesamtabsatzes). — • = Letzter Stand: Durchschnitt 1.-15. April 1997.

Deutsche Bundesbank

c) **Aufbau:** nach Aufgliederung der Deutschen Bundesbank

A. Leistungsbilanz **1. Handelsbilanz** = wertmäßige Gegenüberstellung der Einfuhr und der Ausfuhr; aktive Handelsbilanz bedeutet Ausfuhrüberschuß passive Handelsbilanz bedeutet Einfuhrüberschuß
2. Dienstleistungsbilanz = wertmäßige Grenzüberstellung der vom Ausland an das Inland erbrachten Dienstleistungen und umgekehrt (z. B. Einnahmen und Ausgaben für Tourismus, Transportwesen, Versicherungen)
3. Erwerbs- und Vermögenseinkommen = wertmäßige Gegenüberstellung der Einkommen aus Erwerbstätigkeit und Vermögen, die aus dem Ausland zugeflossen und in das Ausland abgeflossen sind
4. Übertragungsbilanz = Aufführung der grenzüberschreitenden unentgeltlichen Leistungen (z. B. Spenden, Leistungen an internationale Organisationen, Transfer von Löhnen/Gehältern durch ausländische Mitbürger)
B. Vermögensübertragungen Gegenüberstellung der Übertragungen von Vermögen in das Ausland und umgekehrt
C. Kapitalbilanz Gegenüberstellung von Kapitalexport und -import (z. B. Investitionen vom oder im Ausland, Erwerb von Anlagen in Wertpapieren oder Immobilien, Entwicklungshilfekredite)
D. Restposen = statistisch nicht aufgliederbare Transaktionen
E. Devisenbilanz Veränderung der Netto-Auslandsaktiva der Bundesbank (Devisen und Gold)

Zu beachten ist, daß die monatlich und jährlich veröffentlichte Aufstellung der Deutschen Bundesbank nicht die tatsächlichen Gesamtbeträge (Summen) der ein- und ausgehenden Zahlungen erfaßt, sondern nur ihre **Salden.**

2.0.51 Ausgleich der Zahlungsbilanz

a) Da jeder vom Ausland oder an das Ausland erbrachten **Leistung** eine entsprechende **Zahlung** oder Forderung gegenübersteht, ist der **formale** Ausgleich der Zahlungsbilanz stets gegeben.

Real kann dennoch ein Ungleichgewicht der Zahlungsbilanz bestehen, das sich in einem ständigen gleichgerichteten Saldo der Devisenbilanz oder aller anderen Bilanzen (ohne Berücksichtigung der Devisenbilanz) zeigt, d. h. in einer **Differenz** zwischen Zahlungseingängen und Zahlungsausgängen.

Ein solcher Saldo kann beruhen auf einem Ungleichgewicht jeder einzelnen Teilbilanz im Rahmen der Zahlungsbilanz; kaum erreichbar ist das Ziel, daß jede Bilanz für sich ausgeglichen ist. Oft ist es jedoch möglich, über verschiedenartige, nicht gleichgerichtete Salden einen Ausgleich der gesamten Zahlungsbilanz herbeizuführen.

Zahlungsbilanz der Bundesrepublik Deutschland 1993-1996
in Mrd. DM (stark vereinfacht)

	1993	1994	1995	1996
A. Leistungsbilanz[1]				
1. Handelsbilanz	+ 69,1	+ 83,8	+ 95,0	+ 109,9
2. Dienstleistungsbilanz	− 54,4	− 65,2	− 66,4	− 68,0
3. Erwerbs-/Vermögenseinkommen	+ 20,4	+ 10,0	− 3,7	− 8,5
4. Übertragungsbilanz	− 58,5	− 62,8	− 58,7	− 54,8
Saldo	− 23,4	− 34,2	− 33,8	− 21,5
B. Vermögensübertragungen	+ 0,8	+ 0,3	− 0,9	− 0,0
C. Kapitalbilanz[2]	+ 14,0	+ 64,9	+ 74,0	+ 18,2
davon Direktinvestitionen	− 22,2	− 25,2	− 37,9	− 46,7
Wertpapiere	+ 182,9	− 40,1	+ 56,5	+ 77,9
Kreditverkehr	− 144,1	+ 131,8	+ 60,6	− 9,0
D. Restposten	− 27,2	− 18,7	− 21,6	+ 1,7
E. Devisenbilanz[3]	− 35,8	+ 12,2	+ 17,8	− 1,6

A + B + C + D = E

1 + bedeutet: Überschuß der Forderungen
– bedeutet: Überschuß der Verbindlichkeiten
2 + bedeutet: Überschuß der ausländischen Kapitalleistungen an Deutschland
– bedeutet: Überschuß der deutschen Kapitalleistungen an das Ausland (Kapitalexport)
3 = Veränderung der Netto-Auslandsaktiva der Bundesbank

Quelle: Bundesbank-Geschäftsbericht 1996

Aufgrund der unterschiedlichen Fristigkeit von Forderungen und Verbindlichkeiten können auch vorübergehende Ungleichgewichte auftreten; von einem tatsächlichen Ausgleich der Zahlungsbilanz kann daher oft erst beim Vergleich der Bilanzen mehrerer Jahre gesprochen werden.

b) **Gründe** für ein **Ungleichgewicht** der Zahlungsbilanz:

- Strukturunterschiede zwischen dem eigenen Land (z. B. Industrienation) und den Wirtschaftspartnern (z. B. Entwicklungsländer)
- zu hohe oder zu niedrige Einschätzung der eigenen Währung, der die Parität der Währung zu anderen Währungen nicht entspricht (sofern feste Austauschverhältnisse bestehen).

c) **Eingriff** in die Zahlungsbilanz und Beseitigung bestehender Ungleichgewichte: siehe Wirtschaftspolitik!

2.1 Die Auslandsgeschäfte der Kreditinstitute

2.1.0 Zahlungsabwicklung

2.1.00 Reiner Zahlungsverkehr

2.1.000 Überblick

Zahlungsmittel im engeren Sinne zur Durchführung reiner Zahlungsvorgänge (**„Clean Payment"**) ohne Verbindung mit der Lieferung von Waren sind im Bereich des Auslandsgeschäftes

- Überweisungen (sog. Zahlungsaufträge)
- Schecks
- Wechsel.

Zahlungen werden dabei in D-Mark oder in **Devisen** geleistet (vgl. hierzu Devisengeschäft).

Da die meisten Kreditinstitute kein eigenes Filialnetz im Ausland unterhalten, werden zur Abwicklung des Auslandszahlungsverkehrs befreundete Banken (sog. Korrespondenzbanken) eingeschaltet. Je nach Ausgestaltung der Geschäftsverbindung wird zwischen A- und B-Korrespondenten unterschieden. Bei einer A-Korrespondenz stehen die Banken miteinander in direkter Kontoverbindung, d. h. sie unterhalten beim Partner ein Konto in der jeweiligen Landeswährung. Bei B-Korrespondenten gibt es keine direkte Kontoverbindung. Zwischen den KI bestehen aber Absprachen darüber, in welcher Form der Geschäftsverkehr abgewickelt werden soll (sog. agency arrangements). So wird z. B. vereinbart, über welches dritte KI Zahlungen zwischen den Korrespondenten erfolgen sollen. Dieses dritte KI muß dann mit beiden B-Korrespondenten in Kontoverbindung stehen.

2.1.001 Briefliche Überweisungen

a) **Form:** Briefliche Überweisungen werden vom Kunden an die Bank durch den **Zahlungsauftrag im Außenwirtschaftsverkehr** eingeleitet, vom Kreditinstitut durch **Payment Order** (Zahlungsauftrag) ausgeführt.

- Zahlungsauftrag im Außenwirtschaftsverkehr des Kunden an die Bank: dreiteiliges Formular,
  - Original für das beauftragte KI
  - Durchschlag für die Bundesbank (zu statistischen Zwecken)
  - Durchschlag für den Auftraggeber.
- Weiterleitung des Kundenauftrages durch seine Bank: internationales mehrteiliges Formular,

- Original und Kopien gehen an beauftragte Auslandsbanken
- Durchschlag für die Bundesbank (zu statistischen Zwecken, siehe Abschnitt 2.1.004)
- Durchschlag als Buchungsunterlage

▒ heute werden Auslandszahlungen fast ausschließlich beleglos über das S.W.I.F.T.-System wesentlich schneller abgewickelt (siehe Abschnitt 2.1.005).

b) **Abwicklung:** erfolgt über Korrespondenzbanken der beauftragten Bank zu Lasten der gewöhnlich dort für die Inlandsbank geführten Konten.

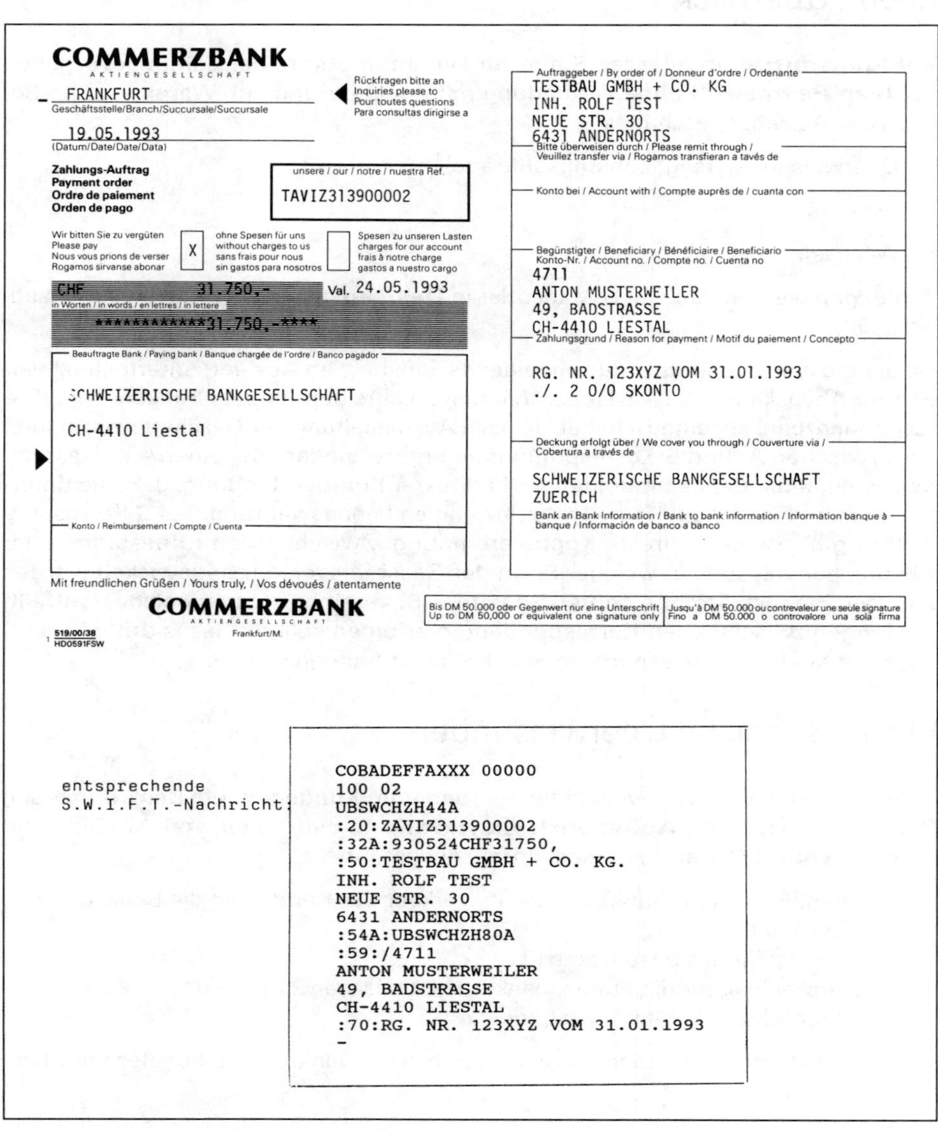

COMMERZBANK
AKTIENGESELLSCHAFT

FRANKFURT
Geschäftsstelle/Branch/Succursale/Succursale

Rückfragen bitte an / Inquiries please to / Pour toutes questions / Para consultas dirigirse a

19.05.1993
(Datum/Date/Date/Data)

Zahlungs-Auftrag
Payment order
Ordre de paiement
Orden de pago

unsere / our / notre / nuestra Ref.
TAVIZ313900002

Wir bitten Sie zu vergüten / Please pay / Nous vous prions de verser / Rogamos sirvanse abonar

[X] ohne Spesen für uns / without charges to us / sans frais pour nous / sin gastos para nosotros

[ ] Spesen zu unseren Lasten / charges for our account / frais à notre charge / gastos a nuestro cargo

CHF 31.750,- Val. 24.05.1993

in Worten / in words / en lettres / in lettere
************31.750,-****

Beauftragte Bank / Paying bank / Banque chargée de l'ordre / Banco pagador
SCHWEIZERISCHE BANKGESELLSCHAFT
CH-4410 Liestal

Konto / Reimbursement / Compte / Cuenta

Auftraggeber / By order of / Donneur d'ordre / Ordenante
TESTBAU GMBH + CO. KG
INH. ROLF TEST
NEUE STR. 30
6431 ANDERNORTS

Bitte überweisen durch / Please remit through / Veuillez transfer via / Rogamos transfieran a tavés de

Konto bei / Account with / Compte auprès de / cuanta con

Begünstigter / Beneficiary / Bénéficiaire / Beneficiario
Konto-Nr. / Account no. / Compte no. / Cuenta no
4711
ANTON MUSTERWEILER
49, BADSTRASSE
CH-4410 LIESTAL

Zahlungsgrund / Reason for payment / Motif du paiement / Concepto
RG. NR. 123XYZ VOM 31.01.1993
./. 2 0/0 SKONTO

Deckung erfolgt über / We cover you through / Couverture via / Cobertura a través de
SCHWEIZERISCHE BANKGESELLSCHAFT
ZUERICH

Bank an Bank Information / Bank to bank information / Information banque à banque / Información de banco a banco

Mit freundlichen Grüßen / Yours truly, / Vos dévoués / atentamente

COMMERZBANK
AKTIENGESELLSCHAFT
Frankfurt/M.

Bis DM 50.000 oder Gegenwert nur eine Unterschrift / Up to DM 50,000 or equivalent one signature only | Jusqu'à DM 50.000 ou contrevaleur une seule signature / Fino a DM 50.000 o controvalore una sola firma

519/00/38
HD0591FSW

entsprechende S.W.I.F.T.-Nachricht:

```
COBADEFFAXXX 00000
100 02
UBSWCHZH44A
:20:ZAVIZ313900002
:32A:930524CHF31750,
:50:TESTBAU GMBH + CO. KG.
INH. ROLF TEST
NEUE STR. 30
6431 ANDERNORTS
:54A:UBSWCHZH80A
:59:/4711
ANTON MUSTERWEILER
49, BADSTRASSE
CH-4410 LIESTAL
:70:RG. NR. 123XYZ VOM 31.01.1993
-
```

Anlage Z 1 zur AWV

ZAHLUNGSAUFTRAG IM AUSSENWIRTSCHAFTSVERKEHR
Meldung nach § 59 der Außenwirtschaftsverordnung

Dem Geldinstitut mit Blatt 2 einzureichen

52: An (beauftragtes Geldinstitut) — BLZ 50040000

COMMERZBANK
AKTIENGESELLSCHAFT
Auslands-Abteilung

TX-Code T01100 — **SG: IZ**

Devisendisposition erfolgt am:

[X] Zahlung
[ ] Akkreditiv
[ ] Inkasso Einlösung Ihre Nr.

zu Lasten des [X] DM-Kontos [ ] Währungskontos [ ] Währungs-Termin-Kontos

Ohne zusätzliche Weisung sind Sie berechtigt, den Auftrag als Zahlung zu Lasten des DM-Kontos zu behandeln.

Bei Zahlungen zu Lasten Währungs-Konto: [ ] Spesen zu Lasten DM-Konto-Nr. [ ] Spesen zu Lasten Währungs-Konto:

Dispositions-Vermerke Kontoführung / Sicherungsstempel

32: Währung CHF — Betrag in Ziffern 31.750,-

Betrag in Worten Einunddreißigtausendsiebenhundertfünfzig

50: Auftraggeber (Meldepflichtiger) — Konto-Nr. 1951099910
Name Testbau GmbH & Co. KG, Inh. Rolf Test
Straße Neue Straße 30
Ort 6431 Andernorts

57: Bank des Begünstigten — S.W.I.F.T.-BIC: UBSWCHZH44A
Schweizerische Bankgesellschaft
Liestal

59: Begünstigter — Konto-Nr. 4711
Name Anton Musterweiler
Straße 49, Badstraße
Ort CH-4410 Liestal

70: Verwendungszweck
Rg. Nr. 123xyz vom 31.01.1993
./. 2% Skonto

71: Ihre Kosten / Spesen zu Lasten des [ ] Auftraggebers [ ] Begünstigten
Fremde Kosten zu Lasten des [ ] Auftraggebers [ ] Begünstigten

Zahlung ist – sofern sie nicht über S.W.I.F.T. erfolgt – auszuführen [ ] brieflich [ ] drahtlich bis [ ] Korrespondenzbank [ ] Bank des Begünstigten [ ] Begünstigten

Zusätzliche Weisungen für das Geldinstitut

Bank
Text Nr. Kunde: | Bankenkonto: | Kto.-Art: | Bankvaluta: | Text Nr. Bank: | Beauftragte Bank: | Unsere Spesen z.L.: | Fremde Geb. z.L.: | Zahlungsart: | Scheck-Nr.: | Ausstellungsdatum:

Kurse
Abrechnungskurs: | Bewertungskurs:

Statistik
Rezi Zuordnung: | Zahlanw.: | Terminaldruck: | Kunden-Zuordnung: | Dupl. Kunde: | Umsatz-Land: | Zahlanw. | AWV Land-Code: | Zahlanw.: | Konz. Zahlung

72 Bank zu Bank Info für **DIRA**:

72 Bank zu Bank Info für **DECK**:

Angaben zur Meldung nach §§ 59 ff der Außenwirtschaftsverordnung
Falls Platz nicht ausreicht, Anlage verwenden

Die vorstehende Zahlung betrifft (Zutreffendes am linken Rand ankreuzen [X] und entsprechende Zeilen ausfüllen)

Bei Akkreditiven, letzten Tag der Gültigkeitsdauer angeben — A B C D

[ ] **I Wareneinfuhr** — a) Einkaufsland — b) Betrag in DM ohne Pfennig

[ ] **II Transithandel** (§ 40 Abs. 2 AWV) — c) Warenbezeichnung — d) Nr. des Warenverzeichnisses für die Außenhandelsstatistik — e) Einkaufsland — f) Betrag in DM ohne Pfennig

Sofern die Ware bereits an Gebietsfremde veräußert ist (durchgehandelte Transithandelsgeschäfte) [1]

g) Warenbezeichnung (nur ausfüllen, wenn die eingekaufte Ware durch Bearbeitung ihre Beschaffenheit verändert hat) — h) Eingang des Verkaufserlöses [2] Monat und Jahr — i) Nr. des Warenverzeichnisses für die Außenhandelsstatistik — k) Käuferland — l) Verkaufspreis Betrag in DM ohne Pfennig

1) Sofern die Ware noch nicht veräußert ist, ist der Verkaufserlös im Zeitpunkt des Eingangs auf Anlage Z 4 zur AWV zu melden. – 2) Sofern der Verkaufserlös noch nicht eingegangen ist, voraussichtlichen Zeitpunkt des Eingangs angeben.

[ ] **III Dienstleistungs- und Kapitalverkehr, sonstige Ausgaben**
m) Kennzahl laut Leistungsverzeichnis — n) Gläubigerland — o) Anlageland (bei Vermögensanlagen außerhalb des Wirtschaftsgebietes) — p) Betrag in DM ohne Pfennig

q) Nähere Angaben über den Zahlungszweck (Wichtigste Einzelheiten des Grundgeschäfts – bei Krediten und Darlehen auch ursprünglich vereinbarte Laufzeit oder Kündigungsfrist – angeben, z. B. Erwerb eines Grundstückes in ....., Darlehensgewährung an ein Unternehmen in ....., Rückzahlung eines in ..... aufgenommenen Kredits, Lizenzgebühr für ein ausländisches Patent)

Frankfurt/Main, 19.05.1993
Datum — Telefon

(Firma, Unterschrift und Gewerbe)

3424/00/28
HD0691

Stark umrandete Felder sind vom Meldepflichtigen (Auftraggeber) nicht auszufüllen.

c) **Arten:**

- Zahlungsauftrag in D-Mark
- Zahlungsauftrag in Fremdwährung
  - zu Lasten Kundenkonto in D-Mark (der Kunde muß den erforderlichen Devisenbetrag kaufen)
  - zu Lasten Kundenkonto in Fremdwährung (sog. Loro-Valuta-Konten).

2.1.002 Scheckverkehr

a) **Eurocheques** (mit ec-Karte): bis zu einem Betrag von 400,– DM (oder im Ausland geltender Garantiebetrag) nahezu im gesamten europäischen Ausland verwendbar – geeignet jedoch nur für den Reiseverkehr.

b) **Travellers Cheques** – geeignet ebenfalls nur für den Reiseverkehr.

c) **Banken-Orderscheck** (Bankscheck):

- Ausstellung eines Orderschecks durch das inländische KI zu Lasten eines bei einer Korrespondenzbank im Ausland oder bei einer eigenen Filiale unterhaltenen Kontos
- die Inlandsbank übersendet den Scheck i. d. R. direkt dem Begünstigten
- Avisierung des Schecks an die bezogene Bank (aus Sicherheitsgründen)
- wenn die Bankverbindung des Begünstigten dem ausstellenden KI bekannt ist, wird der Scheck i. d. R. an die Order der Hausbank des Zahlungsempfängers ausgestellt und dieser direkt mit der Bitte zugesandt, den Gegenwert dem Konto des Zahlungsempfängers gutzuschreiben; der Banken-Orderscheck kann dem Begünstigten aber auch direkt zugeschickt oder dem Auftraggeber der Zahlung ausgehändigt werden (z. B. wenn Kontoverbindung des Zahlungsempfängers nicht bekannt ist)
- Anwendung: insb. bei Geschäften mit anglo-amerikanischen Staaten
- Grundlage und Einleitung: Zahlungsauftrag im Außenwirtschaftsverkehr des Kunden.

d) Zu beachten ist:

- grundsätzlich sind alle im Ausland verwandten Schecks **Orderschecks**, d. h. zu übertragen durch Einigung, Indossament und Übergabe
- im Ausland, insb. in Großbritannien, werden neben den gewöhnlichen Verrechnungsschecks auch **gekreuzte Schecks** verwendet (vgl. Scheckverkehr), die eine erhöhte Sicherheit vor allem gegen Diebstahl mit sich bringen
- in vielen Ländern ist es Gebietsansässigen untersagt, Schecks im Ausland in Zahlung zu geben; die Schecks werden dann als unbezahlt zurückgegeben!

e) Zahlungs**eingänge** für inländische Kunden durch Orderschecks in Fremdwährung:

- Gutschrift auf dem Fremdwährungskonto des Kunden, soweit vorhanden, je nach Bonität des Einreichers E.v. = Eingang vorbehalten oder n.E. = nach Eingang des Gegenwertes

- auf DM-Konten werden die Gegenwerte von zum Inkasso eingereichten Fremdwährungsschecks je nach Bonität des Einreichers sofort E.v. = Eingang vorbehalten oder n.E. = nach Eingang des Gegenwertes gutgeschrieben. Bei der Sofortgutschrift E.v. rechnet das KI den Scheck zum sog. **Sichtkurs** (Scheckankaufskurs) um. Dieser Kurs liegt i. d. R. um die Spanne zwischen Geld- und Mittelkurs der Fremdwährung unter dem Geldkurs. Mit dem Abschlag soll der Zinsverlust des KI für die Dauer des Scheckeinzugs ausgeglichen werden. Wird der Scheck zur Gutschrift n.E. hereingenommen, erfolgt die Umrechnung nach Erhalt des Gegenwertes zum Geldkurs.

2.1.003 Wechselverkehr

a) **Vorkommen** von Wechseln als Zahlungsmittel

- im anglo-amerikanischen Bereich (insb. als Sichtwechsel)
- bei Finanzierungsgeschäften.

b) **Diskontierung** von Fremdwährungswechseln in der Bundesrepublik Deutschland:

- Ankauf erfolgt zum sog. **Wechselankaufskurs** (besonderer Kurs für Diskontierung von Fremdwährungswechseln, täglich von der Bundesbank bekanntgegeben)

- u. U. folgt zusätzlicher Abschlag gegenüber dem Devisen-Geldkurs entsprechend dem Scheckankaufskurs.

2.1.004 Meldevorschriften für Auslandszahlungen

Nach § 59 AWV haben Gebietsansässige der Deutschen Bundesbank grundsätzlich **jeden** Zahlungsverkehr mit dem Ausland zu melden. Dazu gehören:

- eingehende Zahlungen, die Gebietsansässige von Gebietsfremden oder für deren Rechnung von Gebietsansässigen entgegennehmen

- ausgehende Zahlungen, die Gebietsansässige an Gebietsfremde oder für deren Rechnung an Gebietsansässige leisten.

Die Deutsche Bundesbank benötigt die Meldungen ausschließlich für statistische Zwecke (u. a. zur Erstellung der Zahlungsbilanz). Ansonsten werden die Angaben vertraulich behandelt, d. h. nicht an andere Institutionen oder Behörden weitergegeben. Die KI müssen ihre Kunden ausdrücklich auf die Meldepflichten hinweisen. Ein Verstoß gegen Meldevorschriften kann als Ordnungswidrigkeit mit Geldbuße geahndet werden.

Für die Meldungen halten die KI einheitliche Vordrucke bereit, deren Aufbau in einer Anlage zur AWV vorgeschrieben ist (z. B. Anlage Z1 „Zahlungsauftrag im Außenwirtschaftsverkehr“, Muster bei Abschnitt 2.1.002).

Ausgenommen von den Meldevorschriften sind

- Zahlungen bis zu 5 000,– DM oder Gegenwert in Fremdwährung
- Zahlungen aufgrund Gewährung, Aufnahme oder Rückzahlung von Krediten mit ursprünglich vereinbarter Laufzeit oder Kündigungsfrist von max. 12 Monaten
- Ausfuhrerlöse.

Als Zahlung gilt auch Aufrechnung, Verrechnung, Einbringung von Sachen und Rechten.

2.1.005 S.W.I.F.T.

a) **Wesen:** 1973 wurde die „Society for Worldwide Interbank Financial Telecommunication" (S.W.I.F.T., zu deutsch: Gesellschaft für weltweite Datenfernübertragung von Finanznachrichten unter Banken) in Brüssel gegründet. Ziele waren

- die Errichtung eines Datenverbundsystems
- die Schaffung internationaler Standards
- die schnellere, rationellere und einheitliche Abwicklung des internationalen Zahlungsverkehrs und der Nachrichtenübermittlung zwischen KI.

Das System arbeitet seit 1974 mit derzeit über 3 000 Anwendern (neben den KI zählen heute auch andere Finanzdienstleister wie Geld- und Wertpapierhändler, Makler und Reisescheckemittenten zu den Nutzern) in 90 Ländern.

Mehr als 90 % des internationalen Zahlungsverkehrs werden heute über das System ausgetauscht.

b) **Verfahren:**

- S.W.I.F.T.-Nachrichten werden an Terminals z. B. in einem KI erfaßt.
- Die erfaßten Nachrichten werden über Stand- oder Wählleitungen in das sog. S.W.I.F.T. Transport Network (STN) eingespeist.
- Es gibt zwei S.W.I.F.T.-Operating Centres (OPC): in den Niederlanden und den USA. Sie sind aus Sicherheitsgründen doppelt vorhanden und an dem Datenaustausch beteiligt.
- Nationale Konzentratoren sorgen für die Weiterleitung an den Adressaten.
- Jedes beteiligte KI wird über eine achtstellige S.W.I.F.T.-Adresse (bei angeschlossenen Filialen 11 Stellen) identifiziert, die von der Funktion her mit einer internationalen Bankleitzahl vergleichbar ist.
- Das S.W.I.F.T.-System besitzt keine Clearing-Funktion, d. h. die Gegenwerte der mit einigen Nachrichten verbundenen Finanztransaktionen werden auf dem herkömmlichen Weg über bestehende Kontoverbindungen zwischen den beteiligten KI verrechnet.

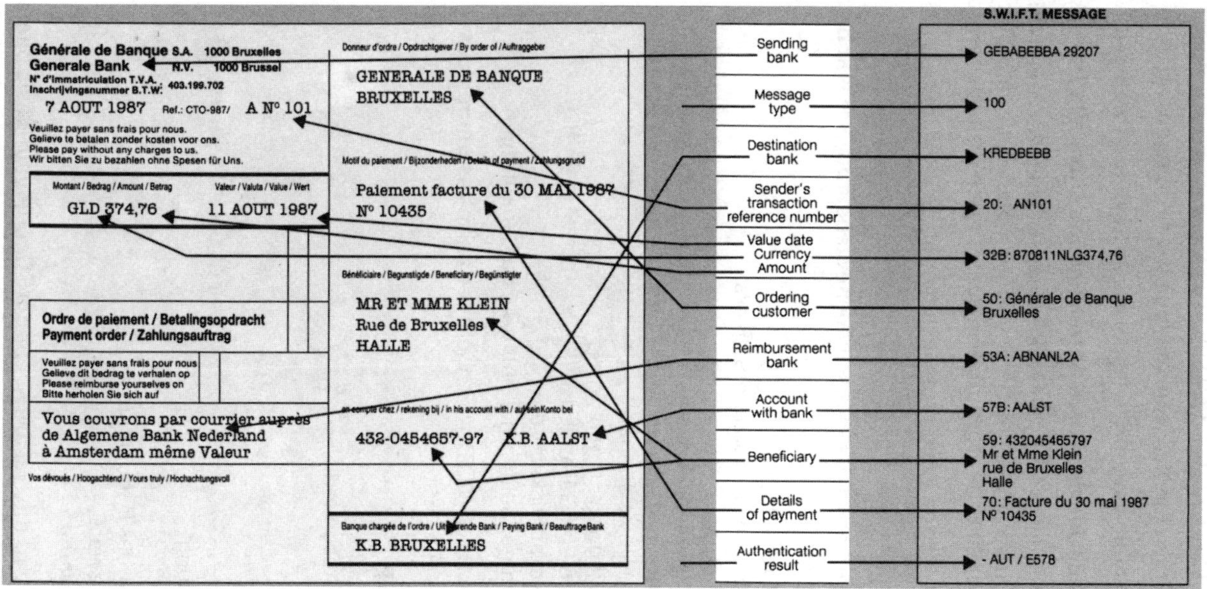

Générale de Banque S.A. 1000 Bruxelles
Generale Bank N.V. 1000 Brussel
N° d'Immatriculation T.V.A. / Inschrijvingsnummer B.T.W.: 403.199.702
7 AOUT 1987 Ref.: CTO-987/ A N° 101
Veuillez payer sans frais pour nous.
Gelieve te betalen zonder kosten voor ons.
Please pay without any charges to us.
Wir bitten Sie zu bezahlen ohne Spesen für Uns.
Montant / Bedrag / Amount / Betrag
Valeur / Valuta / Value / Wert
GLD 374,76
11 AOUT 1987
Ordre de paiement / Betalingsopdracht
Payment order / Zahlungsauftrag
Veuillez payer sans frais pour nous
Gelieve dit bedrag te verhalen op
Please reimburse yourselves on
Bitte herholen Sie sich auf
Vous couvrons par courrier auprès
de Algemene Bank Nederland
à Amsterdam même Valeur
Vos dévoués / Hoogachtend / Yours truly / Hochachtungsvoll
Donneur d'ordre / Opdrachtgever / By order of / Auftraggeber
GENERALE DE BANQUE
BRUXELLES
Motif du paiement / Bijzonderheden / Details of payment / Zahlungsgrund
Paiement facture du 30 MAI 1987
N° 10435
Bénéficiaire / Begunstigde / Beneficiary / Begünstigter
MR ET MME KLEIN
Rue de Bruxelles
HALLE
en compte chez / rekening bij / in his account with / auf sein Konto bei
432-0454657-97 K.B. AALST
Banque chargée de l'ordre / Uitvoerende Bank / Paying Bank / Beauftrage Bank
K.B. BRUXELLES
Sending bank
Message type
Destination bank
Sender's transaction reference number
Value date
Currency
Amount
Ordering customer
Reimbursement bank
Account with bank
Beneficiary
Details of payment
Authentication result
S.W.I.F.T. MESSAGE
GEBABEBBA 29207
100
KREDBEBB
20: AN101
32B: 870811NLG374,76
50: Générale de Banque Bruxelles
53A: ABNANL2A
57B: AALST
59: 432045465797
Mr et Mme Klein
rue de Bruxelles
Halle
70: Facture du 30 mai 1987
N° 10435
- AUT / E578

c) Die **Vorteile** einer S.W.I.F.T.-Nutzung sind heute so groß, daß es sich kein KI, das im internationalen Geschäft aktiv ist, leisten kann, darauf zu verzichten:

- einheitliche Sprache und Abwicklung zwischen den Anwendern
- reduziertes Übermittlungs- und Fehlerrisiko
- Sicherheit durch physikalische und logische Prüfungen
- schnelle Datenübertragung (weniger als 20 Sekunden weltweit)
- detaillierte, jederzeit abrufbare Aufzeichnungen über alle Transaktionen
- Möglichkeit für den Anwender einer elektronischen Vor- und Nachbereitung des Nachrichtenflusses; viele Institute verfügen heute über eine Technik, die es ermöglicht, über 90 % der Nachrichten automatisch weiterzuverarbeiten
- ständige praxisnahe Weiterentwicklung von Technik, Standards und Nachrichtentypen.

d) Im S.W.I.F.T.-Verkehr gibt es verschiedene standardisierte **Nachrichtengruppen** (MT/Message Types):

0xx System-Nachrichten
1xx Kundenüberweisungen und Schecks
2xx Banküberträge
3xx Geldhandelsabwicklungen
4xx Dokumenteninkassi und cash letters
5xx Wertpapierabwicklungen
6xx Edelmetallabwicklungen
7xx Akkreditive und Garantien
8xx Reisescheckabwicklungen
9xx Tagesauszüge, Saldenmitteilungen, Saldenanfragen

Eine standardisierte S.W.I.F.T.-Nachricht setzt sich zusammen aus

Absender
Nachrichtentyp
Empfänger
Referenz des Absenders
Valuta
Währung
Betrag
Auftraggeber
Kontoverbindung
Begünstigter
Kontonummer des Begünstigten
Verwendungszweck
Gebührenregelung.

Zur Sicherung wird die Nachricht vor dem Senden auf Basis bilateraler Vereinbarungen (Austausch eines Schlüssels = S.W.I.F.T.-Authenticator-Key zur Festlegung eines Algorithmus) verschlüsselt und beim Empfänger decodiert. Jede Nachricht enthält einen Hinweis auf das Ergebnis der Entschlüsselung.

2.1.01 Dokumenten-Inkasso

2.1.010 Wesen und Bedeutung

a) **Wesen:**

= Erfüllungsform bei Außenhandelsgeschäften zur **Sicherung** der Zahlung und der Lieferung durch **Zug-um-Zug-Geschäft**

- der Importeur (Bezogener) erhält die Dokumente, die die Ware vertreten, nur gegen Zahlung (bzw. Akzeptleistung, soweit Finanzierung durch Wechsel vorgenommen werden soll)
- der Exporteur (Auftraggeber) erhält die Zahlung nur gegen Aushändigung von Dokumenten an den Importeuer, die mit dessen in den Vertragsbedingungen festgehaltenen Vorstellungen und Wünschen übereinstimmen
- die Vorlage der Dokumente beim Importeur zur Zahlung (durch Erteilung eines Zahlungsauftrages) bzw. zur Akzeptierung eines beigefügten Wechsels wird von Kreditinstituten vorgenommen:
  - Einreicherbank = Bank des Auftraggebers
  - Inkassobank = die mit der Durchführung des Inkassos beauftragte Bank (aber nicht die Einreicherbank)
  - vorlegende Bank (legt die Dokumente dem Bezogenen vor)

b) **Arten:**

- D/P = Documents against Payment = Dokumente gegen Zahlung
- D/A = Documents against Acceptance = Dokumente gegen Akzeptierung eines vom Exporteur auf dem Importeur gezogenen Wechsels.

c) **Rechtsgrundlagen:** Das Dokumenten-Inkasso ist gesetzlich nicht geregelt. Wesentlichste Rechtsgrundlage – neben den allgemeinen Vorschriften des in- und ausländischen Handelsrechts – sind daher die Vertragsbedingungen. Bestandteil des Vertrages können durch ausdrückliche Vereinbarung die **„ERI"** werden = **Einheitliche Richtlinien für Inkassi** der Internationalen Handelskammer, Paris, von 1956. Zur Zeit finden die ERI in Form der Revision von 1995 Anwendung.

Die ERI enthalten klare Regeln und Begriffsbestimmungen zum Dokumenteninkasso und sollen dadurch eine reibungslose, schnelle und international einheitliche Abwicklung des Inkassoverkehrs ermöglichen.

d) **Bedeutung:**

- für den **Exporteur**:
  - Vorteile: Der Exporteur kann sicher sein, daß der Importeur die Dokumente durch sein KI erst nach Zahlung (D/P) bzw. Akzeptleistung (D/A) erhält; weigert sich der Importeur, seinen Teil zu erbringen, verbleibt dem Exporteur zumindest die Ware, da der Importeur über sie nur mittels der Dokumente verfügen kann; außerdem ermöglicht das Dokumtenen-Inkasso die Inanspruchnahme eines Vorschußkredites

- Nachteile: Der Importeur könnte die Dokumentenaufnahme verweigern; mögliche Folgen: Verderb der Ware/Verkauf oder Versteigerung im Importland unter Wert/Lagerkosten/hohe Rückverschiffungskosten. Selbst wenn der Importeur die Dokumente aufgenommen hat, ist es bei einem D/A-Inkasso möglich, daß er das Akzept bei Verfall nicht einlöst.

- für den **Importeur**:
  - Vorteile: die Dokumente lassen die Ordnungsmäßigkeit der Lieferung weitgehend erkennen; der Exporteur erhält Zahlung/Akzept nur gegen Aushändigung der Dokumente, die den Erhalt und die Verfügung über die Ware ermöglichen; die Dokumente erleichtern die Weiterveräußerung der Ware (z. B. durch Übertragung des Konnossements oder durch Konnossements-Teilscheine)
  - Nachteil: der Importeur leistet vor, ohne die wahre Beschaffenheit der Ware prüfen zu können

- für **beide**: wenn es zu Schwierigkeiten oder zu unkorrektem Verhalten einer Seite kommt, erschweren große Entfernungen und unterschiedliche Rechtsordnungen das Eintreiben von Forderungen und das Klagen.

2.1.011 Wesentliche Regeln der Einheitlichen Richtlinien für Inkassi

a) **Begriffe:**

- Inkasso = Bearbeitung bestimmter Dokumente durch KI mit bestimmten Weisungen; Ziel:
  - Zahlung und/oder Akzeptierung erhalten
  - Dokumente gegen Zahlung und/oder Akzeptierung oder unter anderen Bedingungen aushändigen

- Dokumente:
  - Zahlungspapiere: Wechsel, Solawechsel, Schecks u.ä.
  - Handelspapiere: Rechnungen, Transportdokumente, Dispositionsdokumente u.ä.

- einfaches Inkasso: Inkasso von Zahlungspapieren, die nicht von Handelspapieren begleitet werden

- dokumentäres Inkasso: Inkasso von
  - Zahlungspapieren, die von Handelspapieren begleitet sind
  - Handelspapieren, die nicht von Zahlungspapieren begleitet sind.

b) **Rechte und Pflichten der beteiligten KI:** (auszugsweise)

- bei Sicht zahlbare Dokumente müssen von der vorliegenden Bank unverzüglich zur Zahlung vorgelegt werden

- nicht bei Sicht zahlbare Dokumente müssen,
  - sofern Akzeptierung verlangt wird, unverzüglich zur Akzeptleistung,
  - sofern Zahlung verlangt wird, spätestens am Fälligkeitsdatum zur Zahlung vorgelegt werden

- enthält ein dokumentäres Inkasso einen späteren fälligen Wechsel, soll im Inkassoauftrag bestimmt werden, ob die Handelspapiere dem Bezogenen freizugeben sind
  - gegen Akzeptierung (Dokumente gegen Akzept, D/A)
  - gegen Zahlung (Dokumente gegen Zahlung, D/P);

  bei Fehlen von Weisungen: nur gegen Zahlung
- die KI haben nach Treu und Glauben und mit angemessener Sorgfalt zu handeln; Prüfung: ob die empfangenen Dokumente den im Auftrag aufgeführten Dokumenten zu entsprechen scheinen; bei Fehlen unverzügliche Benachrichtigung des Einreichers
- Inkassobanken handeln für Rechnung und auf Gefahr des Auftraggebers
- keine Haftung der KI für
  - Folgen von Verzögerungen/Verlusten bei Übermittlung von Nachrichten, Briefen, Dokumenten
  - Verzögerung/Verstümmelung/sonstige Irrtümer bei Übermittlung mittels Telekommunikation
  - Folgen von höherer Gewalt, Unruhen, Aufruhr, Krieg, Streiks usw.
- Inkassi müssen in der vorgeschriebenen Währung bezahlt werden
- Teilzahlungen können, soweit nach dem am Zahlungsort geltenden Recht gestattet, angenommen werden, bei dokumentären Inkassi aber nur bei ausdrücklicher Ermächtigung im Auftrag
- Freigabe der Dokumente erst nach vollständiger Zahlung
- der Inkassoauftrag soll besondere Weisungen für den Fall der Nichtzahlung oder Nichtakzeptierung enthalten
- Verantwortung der Einreicherbank dafür, daß der Inkassobank Weisungen über die Art der Übermittlung von Benachrichtigungen erteilt werden
- die Inkassobank muß der Einreicherbank unverzüglich zusenden:
  - Bezahltmeldung oder
  - Akzeptmeldung oder
  - Meldung über Nichtzahlung oder Nichtakzeptierung.

2.1.012 Abwicklung des Dokumenten-Inkassos

- Unterstellt wurde für die Darstellung, daß Einreicherbank und vorlegende Bank in direkter Geschäftsverbindung stehen, so daß die Einschaltung einer Inkassobank entbehrlich ist.

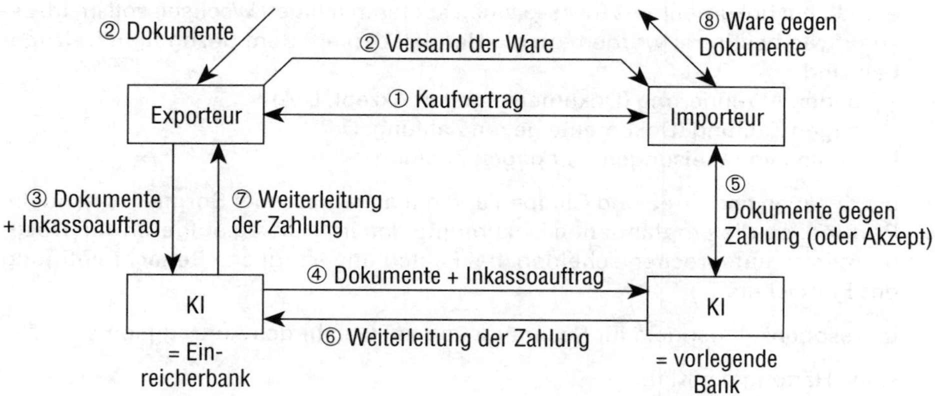

a) Zu 3:

- der Inkassoauftrag muß genaue **Weisungen** des Kunden enthalten,
  - wann die Dokumente dem Importeur vorgelegt werden sollen:
    bei Eintreffen bei der Importbank („Zahlung bei erster Präsentation");
    bei Ankunft des Schiffes;
    eine bestimmte Frist nach erster Vorlage oder Dampferankunft
  - was bei Nichtaufnahme der Dokumente durch den Importeur geschehen soll (z. B. Einlagerung der Ware, Benachrichtigung eines Auslandsvertreters des Exporteurs usw.)
  - was (bei D/A) mit dem akzeptierten Wechsel geschehen soll (Aufbewahrung bei der Importbank, Rücksendung, Diskontierung bei Export- oder Importbank usw.)
  - wie der Dokumentengegenwert gutzuschreiben ist (auf DM- oder Fremdwährungskonto, Überweisung an Kunden des Exporteurs u. a. m.) und wer die Inkassogebühren zu tragen hat (normalerweise der Exporteur als Inkasso-Auftraggeber)
- die Bank des Exporteurs braucht die ihr eingereichten Dokumente **nicht zu prüfen**, da sie nur Geschäftsbesorger ist, übernimmt diese Aufgabe aber meist dennoch für den Kunden; dadurch kann der Exporteur auf Mängel in den Dokumenten hingewiesen werden, die die Nichtaufnahme durch den Importeur zur Folge haben können und sich evtl. am Exportplatz noch beseitigen lassen.

b) Zu 5:

- der Exporteur kann verlangen, daß der Importeur Zahlung leistet, ohne vorher die Ware geprüft oder besichtigt zu haben
- an einigen Hafenplätzen (insb. Hamburg) gilt es als **Gewohnheitsrecht** des Importeurs, die **Dokumente** einsehen zu können, bevor diese bezahlt werden, und sie zu diesem Zweck zu getreuen Händen **ausgehändigt** zu erhalten (Hamburger Usance); Voraussetzung hierfür ist einwandfreie Bonität des Importeurs

- dementsprechend unterscheidet man folgende Arten der **Andienung** (d. h. Vorlage bzw. Aushändigung und Anbietung gegen Zahlung/Akzept) der Dokumente:
  - Andienung **zu getreuen Händen**: der Importeur erhält die Dokumente ausgehändigt, er darf sie einsehen und prüfen, jedoch keinesfalls mittels der Dokumente die Ware selbst einsehen/abholen/veräußern; der Importeur muß die Dokumente am selben Tag bis 16 Uhr seinem Kreditinstitut zurückreichen oder aber einen Zahlungsauftrag zugunsten des Exporteurs erteilen; er verpflichtet sich schriftlich zur Einhaltung dieser Bedingungen; das Risiko aus dieser Praxis trägt das KI des Importeurs, es haftet für Schäden
  - Andienung durch **Boten**: ein Bote des KI legt die Dokumente dem Importeur in dessen Unternehmen zur Einsicht vor, nimmt sie jedoch wieder mit, wenn der Importeur keinen Einlösungsauftrag erteilt
  - Andienung am **Schalter**: der Importeur kann die Dokumente am Schalter der Importbank einsehen.

c) **Sonstiges:**

- D/P-Dokumente sind oft von Sichttratten begleitet, die jedoch lediglich die Zahlungsaufforderung unterstreichen und als Quittung dienen sollen, aber keine besondere rechtliche Bedeutung haben (Anwendung insb. im anglo-amerikanischen Bereich)
- D/P-Dokumente können von **Nachsichttratten** begleitet sein: z. B. „Dokumente gegen Zahlung 30 Tage nach Sicht"; Bedeutung:
  - der Importeur erhält die Dokumente erst bei Verfall der entsprechende Zeit vorher akzeptierten Tratte gegen Einlösung (so daß es sich in der Tat um ein D/P-Inkasso handelt)
  - besonders gute Sicherungsmöglichkeit für den Exporteur, der das Risiko der Nichtzahlung und Nichtaufnahme der Dokumente weitgehend vermeiden kann
  - geeignet jedoch meist nur für die Dauer des Warentransportes, da der Importeur nach Ankunft der Ware am Bestimmungsort möglichst sofort über die Ware verfügen können muß, damit hohe Lagerkosten u.dgl. vermieden werden.
- Der Versand der Dokumente erfolgt i. d. R. aus Sicherheitsgründen (Verlust, Diebstahl) mit **getrennter Post** (zwei Sendungen, Aufteilung der Dokumenten-Originale) (Ausn. USA).
- **D/A**-Inkasso:
  - eingereicht werden können Tagwechsel, Datowechsel sowie Nachsichtwechsel
  - der Exporteur muß besondere Weisungen geben, wie mit dem Wechsel bei Nichtakzeptierung oder Nichteinlösung zu verfahren ist (Protesterhebung, Klage?).
- **Rechtsbeziehungen** zwischen den Beteiligten an einem Inkassogeschäft:
  - Kaufvertrag zwischen Exporteur und Importeur
  - Geschäftsbesorgungsverträge zwischen Exporteur und seiner Bank (Inkassoauftrag), zwischen Exporteur- und Importeurbank (weitergeleiteter Inkassoauftrag), zwischen Importeurbank und Importeur (Einlösungsauftrag).

2.1.02 Dokumenten-Akkreditiv

2.1.020 Grundbegriffe

a) **Definition:**

Das Dokumenten-Akkreditiv ist das abstrakte Versprechen des eröffnenden Kreditinstituts gegenüber dem Exporteur,

- im Auftrag und für Rechnung des Importeurs
- innerhalb einer bestimmten Frist
- gegen Einreichung vorgeschriebener akkreditivgemäßer Dokumente
- an einen genannten Begünstigten (den Exporteur)
- Zahlungen bis zu einem bestimmten Betrag in vorgeschriebener Währung zu leisten,
- vom Begünstigten gezogene Wechsel (Tratten) zu akzeptieren und zu bezahlen oder
- die Dokumente zu negoziieren (anzukaufen) bzw. eine andere Bank dazu zu ermächtigen.

Voraussetzung: Erfüllung der Akkreditiv-Bedingungen.

b) **Beteiligte** an einem Akkreditiv:

- Importeur = Auftraggeber
- Exporteur = Begünstigter
- Akkreditivbank = Importeurbank = eröffnende Bank
- Akkreditivstelle = Exporteurbank = avisierende Bank.

c) **Rechtsbeziehungen** zwischen den Beteiligten:

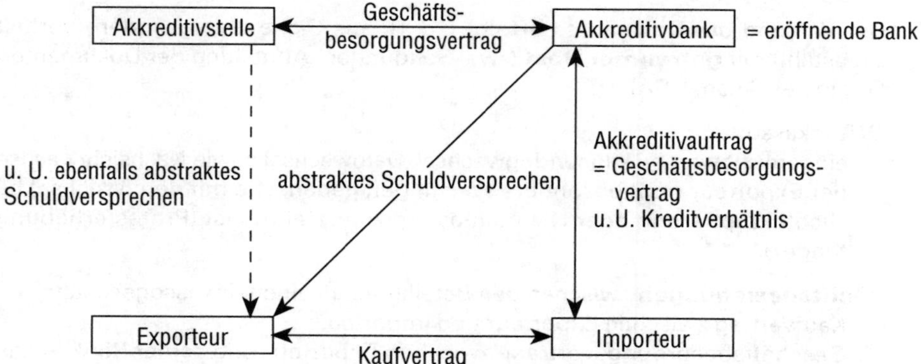

- Grundsätzlich besteht zwischen Akkreditivstelle und Exporteur nur ein Kontovertrag; im Rahmen des Akkreditivs kann die Akkreditivstelle jedoch zugunsten des Exporteurs ein weiteres abstraktes Schuldversprechen abgeben: dies geschieht durch **Bestätigung** des Akkreditivs.

- Die Akkreditivbank verpflichtet sich im Auftrag des Importeurs zugunsten des Exporteurs zur Zahlung (Akzeptierung, Negoziierung); grundsätzlich wird sie dies nur tun, wenn der Importeur bei Abgabe dieses Schuldversprechens durch die Bank bereits für die nötige **Deckung** gesorgt hat. Verzichtet die Akkreditivbank auf diese Deckung, braucht also der Importeur den Dokumentenwert erst dann an die Bank zu zahlen, wenn diese im Rahmen des Akkreditivs an den Exporteur geleistet hat, liegt zwischen ihr und dem Importeur ein **Kreditverhältnis** vor, das zur Kreditleihe gehört und etwa zwischen Akzept- und Avalkredit steht.

- Akkreditivversprechen sind **abstrakt**, d. h. losgelöst von den ihnen zugrundeliegenden Kauf- und sonstigen Verträgen; die Banken haben mit diesen Verträgen nichts zu tun, sind durch sie nicht gebunden. Also ist die Verpflichtung der Bank von Gegenansprüchen oder Einreden des Auftraggebers aus dem Grundgeschäft unabhängig.

d) **Rechtsgrundlagen** für Dokumenten-Akkreditive:

Dokumenten-Akkreditive sind gesetzlich nicht geregelt; sie entsprechen allerdings in ihrem Wesen dem Schuldversprechen des § 780 BGB und des § 350 HGB; diese Vorschriften gelten jedoch nicht ohne weiteres für Verträge mit dem Ausland.

Entscheidend sind daher zunächst die **Vertragsbedingungen**, die die Eröffnung eines Akkreditivs durch eine Bank im Auftrag des Importeurs vorsehen.

Durch ausdrückliche Bezugnahme in grundsätzlich jedem Akkreditiv-Eröffnungsschreiben werden außerdem die **„Einheitlichen Richtlinien und Gebräuche für Dokumenten-Akkreditive“** (ERA) zum Bestandteil des jeweiligen Akkreditivs gemacht und damit von den Beteiligten als verbindlich anerkannt. Die ERA (engl.: Uniform Customs and Practice for Documentary Credits) sind von der Internationalen Handelskammer, Paris, erstmals 1933 herausgegeben worden. Sie sollen eine internationale Vereinheitlichung des Akkreditivverkehrs ermöglichen. Durch klare Regeln und Begriffsbestimmungen sollen Meinungsverschiedenheiten verhindert werden. Die 5. Revision 1993 ist anwendbar seit 1.1.1994 (ERA 500).

Die Revision der ERA wurde unter anderem notwendig, um die Richtlinienbestimmungen zu vereinfachen (etwa 50 % der vorgelegten Akkreditiv-Dokumente wurde bei der ersten Vorlage zurückgewiesen!) und um neue, internationale Bankpraxis zu integrieren und zu vereinheitlichen.

2.1.021 Abwicklung von Dokumenten-Akkreditiven

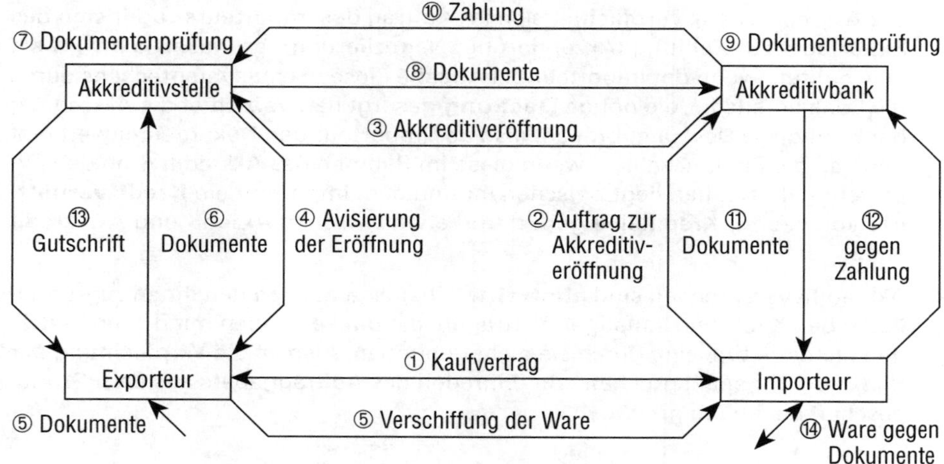

① Exporteur und Importeur schließen einen Kaufvertrag (auch: Werk- oder Werklieferungsvertrag) ab, der Lieferung mittels Transportdokumenten und Zahlung auf Akkreditivbasis vorsieht.

② Der Importeur erteilt seiner Bank den **Auftrag** zur Eröffnung eins Akkreditivs zugunsten des Exporteurs. Er macht hierbei genaue Angaben über Höhe, Laufzeit, Währung und über die vom Exporteur einzureichenden Dokumente in allen Einzelheiten. Der Beschreibung der vom Importeur verlangten **Dokumente** kommt dabei besondere Bedeutung zu, da sie ihm die Gewähr bieten sollen, daß er richtige und einwandfreie Ware erhält.

BEISPIEL (vgl. auch Muster):

„Handelsrechnung dreifach unter Angabe der Warenbeschreibung laut Akkreditiv, der Markierungen und des FOB- und CIF-Wertes der Ware

Packliste dreifach

Versicherungszertifikat über 110 % des CIF-Wertes, blankoindossiert, einschließlich der Institute Cargo Clauses „All Risks" und der Institute Strikes, Riots and Civil Commotions Clauses

voller Satz reiner Bordkonnossemente, an Order gestellt und blankoindossiert, mit dem Vermerk „Fracht bezahlt"

Ursprungszeugnis

über ... (Warenbeschreibung)"

Zusammen mit dem Auftrag zur Akkreditiveröffnung reicht der Importeur seinem KI einen Zahlungsauftrag im Außenwirtschaftsverkehr ein, um seine Meldepflicht nach § 59 AWV zu erfüllen.

③ Die Akkreditivbank **eröffnet** das Akkreditiv auf eigenen Formularen nach den Weisungen des Importeurs. Sie richtet es an die Akkreditivstelle und gibt den Exporteur als Begünstigten an. Ihm gegenüber gibt sie ein abstraktes, bedingtes Schuldversprechen ab. Dieses beinhaltet

- i. d. R. die **Zahlung** eines bestimmten Betrages
- ausnahmsweise die **Akzeptierung** eines auf die Akkreditivbank oder eine dritte Bank gezogenen Wechsels (vgl. Rembourskredit)
- ausnahmsweise die **Negoziierung**, d. h. den Ankauf der eingereichten Dokumente (bei hinausgeschobener Zahlung, d. h. Zahlungsziel zugunsten des Importeurs).

Neben der brieflichen Eröffnung werden Akkreditive heute zunehmend telegrafisch oder über S.W.I.F.T. (vgl. Abschnitt 2.1.005) an die Akkreditivstelle übermittelt.

Die Akkreditivbank kann nun vom Importeur die Anschaffung des Akkreditivbetrages zur **Deckung** ihres Schuldversprechens verlangen. Dieser Betrag wird auf einem **Akkreditiv-Deckungskonto** eingebucht, oder auf dem Girokonto des Importeurs wird ein entsprechender Betrag vom vorhandenen Guthaben oder im Rahmen einer freien Kreditlinie gesperrt; Zahlungen werden dann von der Akkreditivbank zu Lasten dieses Kontos geleistet. Verzichtet die Akkreditivbank auf diese Deckung, so gewährt sie dem Importeur einen Kredit (**Kreditleihe**), da sie aufgrund ihres Versprechens leisten muß, selbst wenn der Importeur die Dokumentenaufnahme ablehnt.

④ Die Akkreditiveröffnung wird von der Akkreditivstelle dem Exporteur im vollen Wortlauf **avisiert** (mitgeteilt). Die Avisierung erfolgt ohne Verbindlichkeit für die Akkreditivstelle.

Zu dem Schuldversprechen der Akkreditivbank kann nun auf Wunsch des Begünstigten zu dessen Gunsten noch ein zweites abstraktes Schuldversprechen hinzutreten, das von der Akkreditivstelle durch **Bestätigung** des Akkreditivs (gegen Bestätigungsprovision) abgeben wird.

⑤ Der Exporteur **verschifft** (z. B.) die Ware an den Importeur und läßt Konnossemente ausstellen, nach Form und Inhalt entsprechend den Weisungen des Importeurs. Die Konnossemente müssen grds.

- clean = rein sein, d. h. sie dürfen keinerlei Hinweise auf äußerlich erkennbare Mängel oder Schäden an der Ware oder Verpackung enthalten
- Bordkonnossemente sein, d. h. die Verladung an Bord eines bestimmten Seeschiffes ausweisen
- in mehreren Originalen ausgestellt werden, wobei der volle Satz einzureichen ist
- an Order gestellt und blankoindossiert sein

(engl.: „full set clean on board ocean Bills of Lading made out to order and blank endorsed").

Im Verhältnis kommen Konnossemente als Transportdokumente im Rahmen von Akkreditiven am häufigsten vor; jedoch können auch andere Dokumente, insbes. Traditions- und Verfügungspapiere, als die Ware repräsentierende Akkreditivdokumente anerkannt werden.

Auftrag zur Eröffnung eines Dokumenten-Akkreditivs

Beleg für die Sparkasse | **7**

An
Die Sparkasse in Bremen
Internationale Firmenkundenabteilung
Postfach 10 78 80

28078 Bremen

Auftraggeber (genaue Anschrift)
Max Muster KG
Bremer Str. 27, 28195 Bremen

Datum	Telefon	Referenz	Konto-Nr.
24. 9. 96	582209	MM	101 2432

Ich/Wir bitte(n) Sie, in meinem/unserem Auftrag und für meine/unsere Rechnung ein unwiderrufliches Dokumenten-Akkreditiv zu nachstehenden Bedingungen zu eröffnen:

☐ übertragbar ☐ luftpostlich ☐ mit kurzem Voravis durch ein Telekommunikationsmittel ☒ durch ein Telekommunikationsmittel in vollem Wortlaut, d. h. das Akkreditiv soll aufgrund dieser Nachricht benutzbar sein

Begünstigter (genaue Anschrift)	Trio International Corporation No. 4-5-306, Senba-Nishi 2-chome Minoh Osaka 562, Japan
Betrag	USD 19.758,45 ☒ höchstens ☐ circa
benutzbar	☒ bei Sicht ☐ durch Negoziierung ☐ von Tratten ☐ per Sicht ☐ per _____ ☐ durch Deferred-Payment per ☐ durch Akzeptierung von Tratten per _____
Gültigkeit	bis 24.12.96 (einschl.) in Osaka und auszahlbar ☐ im Ausland (als Postlaufkredit) ☐ in Bremen Die Dokumente sind innerhalb von 10 Tagen nach Datum des Verladedokuments vorzulegen. (Wird eine Vorlagefrist nicht angegeben, gilt gem. Artikel 47 a ERA eine Frist von 21 Tagen.)
Dokumente (Bitte Angaben * vervollständigen) (Das Akkreditiv soll gegen Einreichung folgender Dokumente benutzbar sein)	☒ unterschriebene Handelsfaktura 3 -fach * ☒ voller Satz reingezeichneter Bord See-Konnossemente an Order ausgestellt und blanko indossiert, mit dem Vermerk: ☒ Fracht vorausbezahlt ☐ Fracht zahlbar im Bestimmungshafen ☐ Notify: ☐ Ursprungszeugnis * ☐ Versicherungspolice oder Versicherungszertifikat * ☐ zusätzliche Dokumente (bitte genau bezeichnen)
über nachstehende Waren (Menge u. Beschreibung der Ware, ggf. in der Landessprache des Begünstigten; sofern Teilverladung erlaubt, Angaben von Einzelpreisen; Lieferungsbedingungen z. B. CIF, C & F, FOB, frei deutsche Grenze etc.)	Spare Parts for Nissan Trucks UD CWA 70/71-GDGT as per Proforma invoice 7412 - copy attached
Verschiffung, Versendung, Teilverladung, Umladung	von Japanese Port nach Limbe/Malawi per steamer spätestens am 14.12.96 Teilverladungen ☐ sind erlaubt ☒ sind nicht erlaubt; Umladungen ☐ sind erlaubt ☒ sind nicht erlaubt
Avisierung, Bestätigung, fremde Kosten, Versicherung	Das Akkreditiv ist dem Begünstigten durch Ihren Korrespondenten ☒ zu avisieren ☐ zu bestätigen Die Spesen der Auslandsbank gehen ☐ zu meinen/unseren Lasten ☒ zu Lasten des Begünstigten ☒ Versicherung wird durch uns gedeckt ☐ Versicherung ist vom Verkäufer zu decken
Besondere Weisungen	

Kopie Ihrer Akkreditiveröffnung erbitte(n) ich/wir in 2 -facher Ausfertigung.
Den nach der Außenwirtschaftsverordnung erforderlichen „Zahlungsauftrag im Außenwirtschaftsverkehr" (Anlage Z 1 zur AWV) füge(n) ich/wir bei.
Ich/Wir bitte(n) vorstehenden Auftrag zu Lasten meines/unseres obengenannten Kontos auszuführen.

Falls Ihnen außer den im Akkreditiv geforderten Dokumenten zusätzliche Dokumente oder Unterlagen zugehen, sind Sie ermächtigt, uns diese ohne Prüfung und ohne von ihrem Inhalt Kenntnis zu nehmen, an uns weiterzuleiten, ohne daß dadurch eine Verantwortung für Sie begründet wird.

Stempel und rechtsverbindliche Unterschrift des Auftraggebers

24/9/96

Die Sparkasse in Bremen
International Division

Telephone | Ref.: | Date

REGISTERED AIRMAIL
SAKURA BANK, LTD., THE (FORMERLY MI
TSUI TAIYO KOBE)
4-7,DOSHOMACHI 3-CHOME,CHUO-KU
OSAKA
JAPAN

Intern. Firm 25.09.96
Documentary Business
Herr Schwarting
Phone No.: 2324

Letter of Credit No. 960925SCHW41749
for an amount of USD 19.758,45 MAXIMUM
by order and for account of MAX MUSTER KG
BREMER STR. 27
28195 BREMEN
in favour of TRIO INTERNATIONAL CORPORATION
NO. 4-5-306,SENBA-NISHI 2-CHOME,
MINOH
OSAKA 562/JAPAN

Ladies and Gentlemen,

We hereby enclose our above mentioned Letter of Credit from which you may learn all the details.

This Letter of Credit is subject to the Uniform Customs and Practices for Documentary Credits, International Chamber of Commerce, Paris, Revision 1993, Publication No.500.

Yours faithfully,

DIE SPARKASSE IN BREMEN
International Division

Postal address: Die Sparkasse in Bremen · P.O.B. 10 78 80 · D-28078 Bremen · **Visiting address:** Am Brill 1-3 · 28195 Bremen · F. R. of Germany
Telephone (421) 179-0 · Cables Sparkasse · Telex 245907 brms d · Telefax (421) 179 2196 · SWIFT: SBREDE22

25 151 – 1.96

Die Sparkasse in Bremen

International Division

Telephone Enclosure page / Anlage Seite 1 Ref.: Date dated / vom 14.05.97

Receiving Bank ....: MITKJPJS
SAKURA BANK, LTD., THE (FORMERLY MI
TSUI TAIYO KOBE)
4-7,DOSHOMACHI 3-CHOME,CHUO-KU
OSAKA

----------------------------- M E S S A G E ------------------------------

27 : Sequence of Total ....: 1/1

40A: Form of Documentary Credit...: IRREVOCABLE

20 : Documentary Credit Number ...: 960925SCHW41749

31C: Date of Issue ....: 25.09.96

31D: Date and Place of Expiry ....: 24.12.96 JAPAN

50 : Applicant ....: MAX MUSTER KG

BREMER STR. 27
28195 BREMEN

59 : Beneficiary ....: TRIO INTERNATIONAL CORPORATION
NO. 4-5-306,SENBA-NISHI 2-CHOME,
MINOH
OSAKA 562/JAPAN

32B: Currency Code, Amount ....: 19.758,45 USD

39B: Maximum Credit Amount ....: MAXIMUM

41D: Available With..By ....: D
ADVISING BANK OR SANWA BANK,OSAKA

BY PAYMENT

43P: Partial Shipments ....: NOT ALLOWED

43T: Transshipments ....: NOT ALLOWED

44A: Load.Board/Dispatch/Tak.Charg:
JAPANESE PORT

44B: For Transportation to ....:
LIMBE/MALAWI VIA DURBAN/R.S.A. BY STEAMER

Postal address: Die Sparkasse in Bremen · P.O.B. 10 78 80 · D-28078 Bremen · **Visiting address:** Am Brill 1-3 · 28195 Bremen · F. R. of Germany
Telephone (421) 179-0 · Cables Sparkasse · Telex 245907 brms d · Telefax (421) 179 2196 · SWIFT: SBREDE22

25 151 – 1.96

Die Sparkasse in Bremen
International Division

Telephone Enclosure page / Anlage Seite 2 Ref.: Date dated / vom 14.05.97

44C: Latest Date of Shipment .....: 14.12.96

45A: Descrip.of Goods and/or Servi:
-GENUINE- SPARE PARTS FOR NISSAN UD TRUCK CWA70/71-GD6T
AS PER YOUR PROFORMA-INVOICE NO. 7412-AMENDED DATED
7TH DECEMBER,1995 IN FAVOUR OF MESSRS.KRAEMER TRADING
GMBH,BREMEN - COPY ATTACHED -

TOTAL ORDER VALUE FOB JAPANESE PORT	USD	20.587.84
LESS 5 PERCENT CONFIDENTIAL COMMISSION	USD	1.029.39
+MAXIMUM SEAFREIGHT CHARGES UP TO DURBAN	USD	200.00
L/C-AMOUNT IN FAVOUR OF BENEFICIARY	USD	19.758.45

46A: Documents Required ....:
AS PER ENCLOSURE

47A: Additional Conditions ....:
+MAY WE DRAW YOUR ATTENTION TO THE FACT, THAT WE WILL CHARGE YOU WITH DEM 100,00 FOR EACH DISCREPANT SET OF DOCUMENTS PRESENTED UNDER THIS LETTER OF CREDIT.

71B: Charges ....: ALL CHARGES ON YOUR SIDE AND INTEREST - IF ANY - ARE FOR BENEFICIARIES ACCOUNT

48 : Period for Presentation .....: 10 DAYS

49 : Confirmation Instructions ...: WITHOUT

53A: Reimbursement Bank ....: US NEWY CITI
CITIUS33
/10925541
CITIBANK N.A.

111 WALL STREET
NEW YORK,NY 10043

78 : Instructions to the Pay. Bank:
REIMBURSEMENT:
THE PAYING BANK IS AUTHORIZED TO REIMBURSE THEMSELVES ON OUR ACCOUNT, HELD WITH CITIBANK N.A. NEW YORK, BY THEIR TESTED TELEGRAPHIC/SWIFT ADVICE TO US CERTIFYING THAT THE DOCUMENTS ARE IN FULL COMPLIANCE WITH THE CREDIT TERMS AND THAT THE SAME HAVE BEEN REMITTED TO US BY REGISTERED AIRMAIL/COURIER.

57A: "Advise Through" Bank ....: A
SANWJPJS
SANWA BANK, LTD., THE

Postal address: Die Sparkasse in Bremen · P.O.B. 10 78 80 · D-28078 Bremen · **Visiting address:** Am Brill 1-3 · 28195 Bremen · F. R. of Germany
Telephone (421) 179-0 · Cables Sparkasse · Telex 245907 brms d · Telefax (421) 179 2196 · SWIFT: SBREDE22

25 151 – 1.96

Die Sparkasse in Bremen

International Division

Telephone Enclosure page / Anlage Seite 3 Ref.: Date dated / vom 14.05.97

5-6,FUSHIMIMACHI 3-CHOME,CHUO-KU
OSAKA 541

This Letter of Credit is subject to Uniform Customs and Practice for Documentary Credits, 1993 Revision, International Chamber of Commerce, Paris, France, Publication No. 500.

==

Postal address: Die Sparkasse in Bremen · P.O.B. 10 78 80 · D-28078 Bremen · **Visiting address:** Am Brill 1-3 · 28195 Bremen · F. R. of Germany
Telephone (421) 179-0 · Cables Sparkasse · Telex 245907 brms d · Telefax (421) 179 2196 · SWIFT: SBREDE22

Der Exporteur sorgt auch für die Beschaffung aller weiteren vom Importeur verlangten Dokumente (Handelsrechnung, Versicherungsdokument, Ursprungszeugnis usw.).

⑥ Der Exporteur reicht die geforderten Dokumente bei der Akkreditivstelle ein. Dies muß grds. innerhalb der Gültigkeitsdauer des Akkreditivs und einer im Akkreditiv genannten, ab Konnossementsausstellung gerechneten Frist geschehen, sonst gelten die Dokumente als „stale" = verspätet (Grund: die Dokumente sollen so rechtzeitig am Importplatz eintreffen, daß der Importeur bei Schiffsankunft über die Ware verfügen kann).

⑦ Die Akkreditivstelle unterzieht die Dokumente einer genauen **Prüfung**. Hierzu ist sie aus dem Geschäftsbesorgungsvertrag verpflichtet. Sie handelt jedoch auch aus eigenem Interesse, insbesondere dann, wenn sie selbst Zahlstelle ist, d. h. jetzt, bei Vorlage der Dokumente, auszahlen soll, oder wenn sie das Akkreditiv bestätigt, d. h. ein eigenes abstraktes, bedingtes Zahlungsversprechen hinzugefügt hat.

Geprüft wird anhand der Weisungen des Importeurs sowie anhand der „Einheitlichen Richtlinien und Gebräuche für Dokumenten-Akkreditive" **(ERA)**. Besonders wichtige Punkte der Prüfung sind

- rechtzeitige Einreichung der Dokumente (s. o.)
- Konnossemente müssen „rein" (s. o.) und vollständig eingereicht werden
- Übereinstimmung der Warenangaben lt. Akkreditiv mit den Dokumenten
- Einreichung der erforderlichen Dokumentenzahl
- Versicherungsdokumente dürfen nicht nach Versanddaten ausgestellt sein (denn der Versicherungsschutz beginnt erst mit Ausstellungsdatum) und sollen 110 % des CIF-Wertes decken; Währung in Akkreditiv und Versicherung muß übereinstimmen.

Sollte der Exporteur die Akkreditivbedingungen nicht exakt eingehalten haben, weist die Akkreditivstelle ihn auf diesen Mangel hin. Er hat dann bis zum Ablauf der Gültigkeitsfrist des Akkreditivs die Möglichkeit zur Nachbesserung.

⑧ Die Akkreditivstelle sendet die Dokumente an die Akkreditivbank, und zwar gewöhnlich mit zwei Postsendungen unter Trennung der Originale (aus Sicherheitsgründen).

⑨ Die Akkreditivbank unterzieht die Dokumente einer zweiten **Prüfung**. Da sie ein abstraktes, bedingtes Schuldversprechen abgegeben hat, **muß** sie an den Exporteur zahlen, wenn die Dokumente fehlerfrei sind und alle anderen Bedingungen des Akkreditivs erfüllt wurden, unabhängig davon, ob der Importeur die Dokumente aufnimmt oder nicht. Sie wird daher besonders gründlich vorgehen.

Dies muß der Exporteur von vornherein berücksichtigen. Denn der Importeurbank kann durchaus daran gelegen sein, in den Dokumenten Fehler zu finden und damit ihrer Zahlungsverpflichtung enthoben zu werden, sei es, daß der Importeur die Dokumente und damit die Ware nicht mehr will (z. B. weil er anderswo günstiger kaufen kann), oder daß die Importeurbank weiß, daß der Importeur den Deckungsbetrag nicht anschaffen kann/wird. Nur durch völlig einwandfreie Dokumente kann der Exporteur diese Risiken ausschalten.

⑩ Fällt diese Prüfung positiv aus, zahlt die Akkreditivbank an die Akkreditivstelle,
⑬ diese leitet das Geld an den Exporteur weiter.

Wenn die Dokumente nicht akkreditivgemäß sind, ist die Akkreditivbank nicht zur Zahlung verpflichtet. Sie wird aber auch in diesem Fall die Zahlung nicht grundsätzlich verweigern, sondern zunächst mit dem Importeur klären, ob dieser die Dokumente trotz der Mängel aufnimmt.

⑪ Dann werden die Dokumente dem Importeur übergeben, und zwar ⑫ gegen Zahlung bzw. Belastung des Akkreditiv-Deckungskontos.

In aller Regel hat der Importeur vorher die Möglichkeit einer sorgfältigen Dokumentenprüfung. Stellt er hierbei erhebliche Mängel in den Dokumenten fest, kann er die Zahlung ablehnen.

⑭ Mit Hilfe der Dokumente kann der Importeur die Ware bei Ankunft am Bestimmungsort vom Schiff/Kai (Bahnhof, Flugplatz usw.) abholen.

2.1.022 Grundformen des Akkreditivs

a) **Widerrufliches unbestätigtes Akkreditiv:**

- es liegt ein abstraktes Schuldversprechen der Akkreditivbank vor
- dieses Versprechen (also das Akkreditiv insgesamt) sowie alle Bestimmungen des Akkreditivs sind jederzeit ohne vorherige Nachricht an den Begünstigten widerruflich, d. h. können durch die Akkreditivbank geändert oder anulliert werden
- es bestehen also noch keine rechtlich bindenden Verpflichtungen zwischen Exporteur und Akkreditivbank
- die Akkreditivbank ist jedoch verpflichtet, jeder Bank, die berechtigt (also als Zahlstelle) unter Einhaltung der Akkreditivbedingungen gezahlt, akzeptiert oder negoziiert hat, Ersatz zu leisten, sofern diese Bank von Änderung oder Annullierung nichts wußte
- das Akkreditiv muß ausdrücklich als widerruflich bezeichnet sein (sonst gilt es als unwiderruflich, Art. 6 ERA 500)
- kommt heute in der Praxis kaum noch vor, da die Exporteure i. d. R. unwiderrufliche Akkreditive verlangen.

b) **Unwiderrufliches unbestätigtes Akkreditiv:**

- es liegt eine feststehende Verpflichtung, also ein abstraktes, bedingtes Schuldversprechen der Akkreditivbank vor, das unwiderruflich, d. h. rechtlich bindend ist
- Widerruf, Änderungen usw. sind nur mit Einverständnis aller Beteiligten möglich (Exporteur, Importeur, Akkreditivbank)
- zu Änderungen kommt es dabei in der Praxis meistens auf Wunsch des Exporteurs, wenn er bestimmte Bedingungen nicht erfüllen kann (z. B. Fristen).

c) **Unwiderrufliches bestätigtes Akkreditiv:**

- es muß ausdrücklich als unwiderruflich bezeichnet sein
- zu dem Versprechen der Akkreditivbank tritt durch Bestätigung ein zweites abstraktes, bedingtes Schuldversprechen der Akkreditivstelle oder eines dritten KI hinzu (feststehende Verpflichtung)

Deutsche Bank

FRANKFURT BRANCH
P.O.BOX .
D-60254 FRANKFURT
TELEX : 41730800
SWIFT: : DEUTDEFF
PHONE: : 069-910-00 FRAU MÜLLER
P E R S W I F T E R L E D I G T
10.02.97

DOCUMENTARY CREDIT
ISSUANCE
PAGE 1 OF 2

Ihre Nr. / Your No.

Unsere Nr. / Our No. 1005501234FL

Währung / Currency	Betrag / Amount
DEM	12.600,00

BANK OF TOKYO-MITSUBISHI, LTD.
P.O.BOX 191
TOKYO 100 / JAPAN

BY ORDER OF
NORBERT FLEISCHMANN KG
HANAUER STRASSE 76
61234 FRANKFURT
WE ISSUE OUR IRREVOCABLE DOCUMENTARY CREDIT IN FAVOUR OF
MESSRS. FOOD EXPORT CORP.
1201-2 MAN YEE BUILDING
TOKYO / JAPAN

FOR AN AMOUNT OF DEM 12.600,00
AMOUNT IN WORDS
****** ****** ****** ****** ****** ONE*** TWO*** SIX*** ZERO** ZERO**
DECIMAL PLACES, IF ANY, AS STATED ABOVE.

AVAILABLE WITH ANY BANK
BY NEGOTIATION OF BENEFICIARY'S DRAFT(S) AT SIGHT TO BE DRAWN ON US.
EACH DRAFT MUST BE MARKED "DRAWN UNDER THE DOCUMENTARY CREDIT OF DEUTSCHE BANK AG, FRANKFURT BRANCH" QUOTING THE NUMBER AND THE ISSUING DATE OF THE CREDIT.
EACH DRAWING UNDER THIS CREDIT MUST BE ENDORSED BY THE NEGOTIATING BANK ON THE REVERSE OF THE INSTRUMENT MEANT FOR THE BENEFICIARY.
THE FOLLOWING DOCUMENTS ARE TO BE PRESENTED:
1) SIGNED COMMERCIAL INVOICE IN TRIPLICATE
2) CERTIFICATE OF ORIGIN
3) INSURANCE POLICY/CERTIFICATE FOR AT LEAST 110% OF INVOICE VALUE, COVERING ALL RISKS INCLUDING MARINE AND WAR RISKS
4) FULL SET OF CLEAN ON BOARD MARINE BILLS OF LADING, ISSUED TO ORDER, BLANK ENDORSED, MARKED "FREIGHT PREPAID" AND NOTIFY: NORBERT FLEISCHMANN KG, HANAUER STRASSE 76, 61234 FRANKFURT
5) PACKING AND WEIGHT LIST

EVIDENCING SHIPMENT OF THE FOLLOWING GOODS:
5 CASES HARDWARE AS PER ORDER NO. 98.674 DATED JAN. 12, 1997
CIF AS PER INCOTERMS 1990
FROM ANY JAPANESE PORT TO HAMBURG OR BREMEN ON MAY 12, 1997 AT THE LATEST.
THIS CREDIT IS VALID UNTIL MAY 22, 1997.

CONT. PAGE 2

Deutsche Bank

DOCUMENTARY CREDIT
ISSUANCE
PAGE 2 OF 2

FRANKFURT BRANCH
P.O.BOX .
D-60254 FRANKFURT
TELEX : 41730800
SWIFT: : DEUTDEFF
PHONE: : 069-910-00 FRAU MÜLLER
PER SWIFT ERLEDIGT
10.02.97

Ihre Nr. / Your No.	
Unsere Nr. / Our No.	1005501234FL

	Währung / Currency	Betrag / Amount
	DEM	12.600,00

BANK OF TOKYO-MITSUBISHI, LTD.
P.O.BOX 191
TOKYO 100 / JAPAN

PRESENTATION OF DOCUMENTS WITHIN 10 DAYS AFTER THE DATE OF SHIPMENT, BUT WITHIN THE VALIDITY OF THE CREDIT.
PARTIAL SHIPMENTS ARE ALLOWED. TRANSHIPMENT IS NOT ALLOWED.

PLEASE ADVISE THIS CREDIT TO THE BENEFICIARY WITHOUT ADDING YOUR CONFIRMATION.
ALL CHARGES OTHER THAN OURS ARE FOR ACCOUNT OF THE BENEFICIARY.

PLEASE FORWARD THE DOCUMENTS TO US BY REGISTERED AIRMAIL.
PROVIDED THE TERMS AND CONDITIONS OF THIS CREDIT HAVE BEEN FULLY COMPLIED WITH, WE SHALL, UPON RECEIPT OF THE DOCUMENTS, REMIT COVER IN ACCORDANCE WITH THE INSTRUCTIONS RECEIVED FROM THE NEGOTIATING BANK.

DEUTSCHE BANK AG
FRANKFURT BRANCH

- dieses kann ebenfalls auf Zahlung, Akzeptierung von Wechseln oder Negoziierung gerichtet sein
- die bestätigende Bank muß ihr Versprechen erfüllen, wenn sie die Dokumente als ordnungsmäßig aufnimmt, ohne Rücksicht auf die weitere Einlösung durch Akkreditivbank bzw. Importeur
- der Exporteur kann sich auf diese Weise absichern
  - gegen eine mögliche Zahlungsunfähigkeit der ihm meist unbekannten Auslandsbank
  - gegen Transfer- und Währungsrisiken aufgrund politischer und wirtschaftlicher Verhältnisse im Importland
- ein unwiderrufliches und von einer inländischen Bank bestätigtes Akkreditiv stellt für den Exporteur nach der Vorauszahlung die sicherste Zahlungsbedingung dar.

d) **Widerrufliches bestätigtes Akkreditiv:** theoretisch denkbar, praktisch ausgeschlossen, da sich keine Akkreditivstelle durch Bestätigung eines Akkreditivs verpflichten wird, dessen Bedingungen noch nicht verbindlich fixiert sind.

e) **Übertragbare und nicht übertragbare Akkreditive:**

- ein übertragbares Akkreditiv gestattet es dem Begünstigten, die darin verbrieften Ansprüche ganz oder teilweise auf einen oder mehrere Dritte zu übertragen
- damit ist es dem Exporteur möglich, seinen Zulieferern für ihre Forderungen aufgrund eventueller Zahlungsziele eine Sicherheit anzubieten
- das Akkreditiv muß jedoch ausdrücklich als „übertragbar“ (transferable) bezeichnet sein
- die Übertragung kann grds. nur **einmal** erfolgen; Teilübertragungen bis zur Gesamthöhe des Akkreditivbetrages gelten als eine Übertragung, sind jedoch nur erlaubt, wenn im Akkreditiv Teilverladungen nicht untersagt sind
- Veränderungen der Akkreditivbedingungen bei der Übertragung sind nur in bestimmten Punkten zulässig, z. B. Verringerung des Akkreditivbetrages, des Verfalldatums, der Verladefrist
- das Akkreditiv kann an Zweitbegünstigte im Land des Erstbegünstigten oder in einem anderen Land übertragen werden
- **Zahlungsansprüche** aus einem **nicht** übertragbaren Akkreditiv können vom Begünstigten dennoch abgetreten werden (sofern das geltende Recht dies zuläßt: vgl. in der Bundesrepublik Deutschland §§ 398 ff. BGB).

f) **Revolvierende und nicht revolvierende Akkreditive:**

- nicht revolvierende Akkreditive können nur innerhalb einer bestimmten Frist bis zu einem bestimmten Höchstbetrag ausgenutzt werden und erlöschen dann
- revolvierende Akkreditive füllen sich automatisch wieder auf, und zwar
  - nach jeder Ausnutzung bis zu einem bestimmten Höchstbetrag
  - in bestimmten Zeitabständen bis zu einem bestimmten Höchstbetrag
  - nach jeder Ausnutzung um einen bestimmten Betrag

- in bestimmten Zeitabständen um einen bestimmten Betrag

- die Eröffnung eines revolvierenden Akkreditivs bietet sich besonders dann an, wenn der Importeur regelmäßig gleichartige Waren von demselben Exporteur bezieht (z. B. im Rohstoffhandel); dann braucht nicht für jede einzelne Warenlieferung ein eigenständiges Akkreditiv eröffnet zu werden.

g) **Sichtakkreditive und Nachsichtakkreditive:**

- Akkreditive sind grundsätzlich bei Sicht zahlbar, d. h. bei (rechtzeitiger) Einreichung akkreditivgemäßer Dokumente

- Nachsichtakkreditive sind erst nach Ablauf einer bestimmten Frist nach Dokumentenvorlage zahlbar, d. h. der Exporteur räumt dem Importeur ein Zahlungsziel ein; Arten:
  - **Deferred-Payment-Akkreditiv:** = Akkreditiv mit hinausgeschobener Zahlung; das Zahlungsziel ist durch das abstrakte Versprechen der Akkreditivbank gesichert, eine bestimmte Frist nach Einreichung der Dokumente an den Exporteur zu zahlen
  - **Akzeptakkreditiv:** der Exporteur erhält als Sicherheit für das dem Importeur gewährte Zahlungsziel ein Bankakzept in Höhe des Akkreditivbetrages; durch Diskontierung des Wechsels kann der Exporteur sofort über den Gegenwert verfügen.

h) **Negoziierbare Akkreditive:**

- Negoziierung bedeutet die Zahlung von Geld gegen Tratten und/oder Dokumente durch die zur Negoziierung ermächtigte Bank; die alleinige Prüfung der Dokumente ohne Zahlung von Geld stellt keine Negoziierung dar (Art. 10 b ii der ERA 500)

- bei einem frei negoziierbaren Akkreditiv ist jede Bank eine „benannte Bank" und daher zur Negoziierung ermächtigt (Art. 10 b i)

- eine Bank, die ein frei negoziierbares Akkreditiv eröffnet hat, verpflichtet sich, jede Bank für Negoziierung gegen akkreditivkonforme Dokumente zu remboursieren (d. h. Erstattung zu leisten), Art. 10 d.

2.1.023 Einzelvorschriften der ERA 500

a) Akkreditive werden gewöhnlich auf besonderen Formularen der Akkreditivbank eröffnet. Aber auch Telegramme, Fernschreiben oder SWIFT-Nachrichten („authentisierte Telekommunikation") können das Akkreditiv darstellen (Art. 11).

b) Nach den ERA sind alle Akkreditive **befristet**, d. h. sie müssen ein Verfalldatum und einen Ort für die letztmögliche Vorlage der Dokumente zwecks Zahlung, Akzeptleistung oder Negoziierung enthalten (Art. 42).

c) Wenn die Akkreditivbank die Dokumente beanstandet, darf sie diese nicht dem Importeur aushändigen, sondern muß sie zur Verfügung der Akkreditivstelle halten oder dieser übersenden (Art. 14 e).

d) Macht die Akkreditivstelle die Akkreditivbank auf Unstimmigkeiten in den Dokumenten aufmerksam, so hat das auf die Verpflichtung der Akkreditivbank keinen Einfluß (Art. 14 f; es ist i.ü. unzweckmäßig, die eröffnende Bank auf Fehler hinzuweisen: diese muß Mängel selbst feststellen, sonst gelten die Dokumente als aufgenommen).

e) **Verladedokumente:** Die Banken akzeptieren grds. nur Bordkonnossemente; Klauseln wie „said to contain" („soll angeblich enthalten") im Verladedokument sind zulässig, so daß auch Container-Fracht akkreditivgemäß ist; die Verladedokumente müssen rein (clean) sein. Charter-Party-Konnossemente werden akzeptiert, wenn sie im Akkreditiv verlangt oder gestattet werden.

Als weitere Verladedokumente werden anerkannt, sofern mit Empfangsstempel oder Unterschrift des Frachtführers versehen:

- nicht begebbare Seefrachtbriefe für Hafen-zu-Hafen-Verladung
- multimodale Transportdokumente (mind. zwei verschiedene Beförderungsarten)
- Eisenbahnfrachtbriefe
- Ladescheine
- Frachtbriefdoppel
- Luftfrachtbriefe
- LKW-Frachtbriefe
- Posteinlieferungsscheine u. a. m.

f) **Versicherungsdokumente** müssen spätestens am Verschiffungs-/Versendungstag ausgestellt sein, über mindestens den CIF-Wert zuzüglich 10 % in der Akkreditiv-Währung lauten und dürfen eine Franchise (Selbstbeteiligung) beeinhalten (Art. 34, 35).

g) Die Warenbeschreibung in der Handelsrechnung muß mit dem Akkreditiv übereinstimmen, in den anderen Dokumenten kann die Ware allgemein beschrieben sein (Art. 37 c).

h) Von Mengenangaben im Akkreditiv darf grds. bis zu 5 % nach oben oder nach unten abgewichen werden (es sei denn, die Ware ist in Stück, Behältern, Verpackungseinheiten usw. angegeben), Art. 39 b. Enthält das Akkreditiv bei Preis oder Warenmenge den Zusatz **„circa"** o.ä., so sind Abweichungen bis zu 10 % zulässig (Art. 39 a).

i) Teilverladungen sind grds. zulässig (Art. 40).

k) Alle Akkreditive müssen eine genaue Frist ab Ausstellung der Verladedokumente bis zu ihrer Vorlage zur Zahlung/Akzeptierung/Negoziierung festsetzen. Fehlt eine solche Frist, gelten die Dokumente nach mehr als 21 Tagen als **„stale"** = verspätet und können zurückgewiesen werden, Art. 43.

l) **Zeitbestimmung** bei Akkreditivdaten (Art. 52, 53):

„erste Hälfte" eines Monats = 1.-15.
„zweite Hälfte" eines Monats = 16.-Ultimo
„Anfang" eines Monats = 1.-10.
„Mitte" eines Monats = 11.-20.
„Ende" eines Monats = 21.-Ultimo.

2.1.024 Erfüllung der Akkreditivansprüche

a) **Grundsatz:** Wenn die Dokumente den Vorschriften des Akkreditivs sowie den Bedingungen der ERA entsprechen, ist das Schuldversprechen von der eröffnenden Bank, bei Vorliegen einer Bestätigung von der bestätigenden und der eröffnenden Bank zu erfüllen. Dabei bedeutet

- **Zahlung** durch die **eröffnende** Bank, daß das Akkreditiv erfüllt und damit hinfällig ist; der Geschäftsbesorgungsvertrag zwischen Akkreditivbank und Importeur verpflichtet letzteren jedoch zum Ersatz der Auslagen der Akkreditivbank
- **Zahlung** durch die **bestätigende** Bank, daß ihre Verpflichtung gegenüber dem Exporteur erfüllt ist; der Anspruch des Exporteurs gegen die Akkreditivbank ist mit Zahlung auf die Akkreditivstelle übergegangen
- **Akzeptierung** eines Wechsels durch die eröffnende oder bestätigende Bank, daß ihr Schuldversprechen aus dem Akkreditiv erfüllt und an seine Stelle eine wechselmäßige Verpflichtung getreten ist
- **Negoziierung**, daß Tratten, die von akkreditivgemäßen Dokumenten begleitet sind und auf den Akkreditiv-Auftraggeber (= Importeur) oder einen anderen gezogen werden, von einer Bank angekauft werden, so daß auf diese Weise der Dokumentenwert dem Exporteur vorzeitig zur Verfügung steht.

b) Wenn aus dem Akkreditiv **gezahlt** werden soll, so erhält der Exporteur den Dokumentengegenwert

- beim **unbestätigten** Akkreditiv grds. erst bei Dokumentenaufnahme durch die **Akkreditivbank**, es sei denn, die **Akkreditivstelle** ist im Akkreditiv als **Zahlstelle angegeben**
- beim **bestätigten** Akkreditiv bereits bei Dokumentenaufnahme durch die Akkreditivstelle, die hier aus eigener Verpflichtung zahlt (und zusätzlich von der Akkreditivbank als Zahlstelle genannt sein kann).

c) Ist die **Akkreditivbank Zahlstelle**, so muß der Exporteur so lange auf den Dokumentengegenwert verzichten, bis die Dokumente von der Akkreditivbank als einwandfrei akzeptiert werden und der Erlös auf das Konto des Exporteurs transferiert (überwiesen) ist.

Er kann dennoch vorher Zahlung durch die **Akkreditivstelle** erhalten:

- durch Negoziierung (Ankauf) der Dokumente durch die Akkreditivstelle
- berechnet werden hierfür Negoziierungsprovision und (bei Umrechnungen in D-Mark) der Sichtkurs

- die Zahlung erfolgt E.v. = Eingang vorbehalten.

d) Ist die **Akkreditivstelle Zahlstelle**, kann der Exporteur bei Einreichung akkreditivgemäßer Dokumente sofortige Zahlung des Dokumentengegenwertes verlangen.

Wenn die Dokumente jedoch **Mängel** aufweisen,

- kann (bei guten Kunden) die Zahlung **„unter Vorbehalt"** erfolgen, d. h. vorbehaltlich der Aufnahme durch die Akkreditivbank; die Akkreditivstelle bewahrt sich also eine Rückgriffsmöglichkeit, die erforderlich wird, wenn die Akkreditivbank die Dokumente zurückweist, da die Vorbehaltszahlung auf Gefahr der Akkreditivstelle geschieht
- kann die Sofortzahlung abgelehnt werden, Zahlung erfolgt dann erst n.E. = nach Eingang des Gegenwertes bzw. nach Erhalt einer Mitteilung, daß die Dokumente von der Akkreditivbank aufgenommen wurden
- können die Dokumente (bei schwerwiegenden Mängeln, die die einwandfreie Lieferung für den Importeur fraglich erscheinen lassen) auf **Inkassobasis** ausgesandt werden, d. h. außerhalb des Akkreditivs, womit für die Akkreditivbank deutlich wird, daß eine Inanspruchnahme aus ihrem Schuldversprechen von vornherein ausscheidet.

Erfolgt die Zahlung unter **Vorbehalt**, teilt die Akkreditivstelle der Akkreditivbank gewöhnlich die Dokumentenmängel mit und erhält von dieser eine Nachricht, falls der Importeur die Dokumente trotz der Mängel aufnimmt (**Vorbehaltsaufhebung**). Ob dieses Verhalten der Akkreditivstelle angebracht ist, hängt von ihren Geschäftsbeziehungen zum Exporteur einerseits, zur Akkreditivbank andererseits ab und davon, wessen Interessen sie in erster Linie wahren will.

Die Angabe der **Akkreditivstelle als Zahlstelle** im Akkreditiv erfolgt i. d. R. auf Wunsch des Exporteurs und Auftrag des Importeurs durch die eröffnende Bank. Diese setzt ein **Kreditverhältnis** zwischen Akkreditivstelle und Akkreditivbank voraus, an dem der Exporteur partizipiert (teilnimmt), da die Akkreditivstelle nicht aus eigener, sondern aus fremder Verpflichtung der Akkreditivbank und für diese auszahlt: sog. **Postlaufkredit**, da die Kreditlaufzeit von der postalischen Dauer der Dokumentenübersendung und der Anschaffung des Gegenwertes auf einem Konto der Akkreditivstelle abhängt. Die beteiligten KI berechnen sich hierfür Postlaufzinsen, die z. T. dem Kunden - unter Aufschlag – weiterbelastet werden.

Ein Postlaufkredit kann auch auf andere Weise in Anspruch genommen werden: gelegentlich fungiert die Bank des Importeurs nicht als eröffnende Bank, sondern beauftragt eine Auslandsbank mit der Eröffnung des Akkreditivs zugunsten des Exporteurs. Hier wird die Kreditlaufzeit ergänzt um die Zeit von der Bereitstellung (= Eröffnung) bis zur Inanspruchnahme des Akkreditivs.

Derartige Kreditlinien zwischen Inlands- und Auslandsbanken werden als **Fazilitäten** bezeichnet.

2.1.025 Bedeutung des Dokumenten-Akkreditivs

a) Das Akkreditiv ermöglicht ein **Zug-um-Zug-Geschäft**: ungesicherte Vorleistungen einer Partei sind nicht erforderlich. Die **Dokumente**, die die Ware repräsentieren und zum Teil verkörpern (als Traditionspapiere), ermöglichen praktisch ein Geschäft „Ware gegen Geld", wie es sonst allenfalls im Inlandsverkehr möglich ist.

b) Der **Exporteur** ist durch das abstrakte Schuldversprechen einer oder zweier Banken (durch Bestätigung) gesichert. Ob er sein Geld erhält, liegt zunächst allein bei ihm: er muß für einwandfreie, ordnungsgemäße, insb. dem Akkreditiv entsprechende Dokumente sorgen. Dabei helfen ihm die oft sehr deutlichen Akkreditivbedingungen, die Einheitlichen Richtlinien sowie die Erfahrung der Akkreditivstelle, nach deren Dokumentenprüfung sich viele Fehler noch beseitigen lassen.

c) Der **Importeur** kann durch genaue Bestimmung von Art und Inhalt der Dokumente weitgehend sicherstellen, **daß** geliefert wird und daß die Lieferung **mangelfrei** erfolgt; besonders wichtige Dokumente sind für ihn

- das Transportdokument (insbes. Traditionspapiere zur Erlangung des Eigentums an der Ware)
- das Versicherungsdokument, das alle in Betracht kommenden, von der Ware, der Transportart und wirtschaftlichen sowie politischen Einflüssen abhängenden Risiken erfassen sollte
- ein Qualitätszertifikat zum Nachweis der tatsächlichen Mangelfreiheit der Ware.

Da Qualitäts- oder vergleichbare Zertifikate (aufgrund hoher Sachverständigen-Kosten) nur selten verlangt werden und im Konnossement oder den sonstigen Verladedokumenten nur äußere Schäden der Ware (z. B. an der Verpackung) festgehalten werden, die Ware selbst aber keiner Prüfung unterzogen wird, geht der Importeur immer noch ein gewisses Risiko ein. Der Exporteur erscheint daher im Rahmen eines Dokumenten-Akkreditivs als vergleichsweise besser gesichert.

d) Das Dokumenten-Akkreditiv ermöglicht bei gleicher Sicherheit kurz- und langfristige **Finanzierungen**.

Praktisch jedes Akkreditiv ist von vornherein kurzfristiges Finanzierungsinstrument:

- durch Verzicht der Akkreditivbank auf Deckungsanschaffung durch den Importeur schon bei Eröffnung
- durch Ankauf (Negoziierung) der Dokumente seitens der Akkreditivstelle, wenn sie nicht Zahlstelle ist oder bestätigt hat
- durch sofortige Auszahlung des Dokumentengegenwertes seitens der Akkreditivstelle = Postlaufkredit.

Darüber hinaus ergeben sich Ansatzpunkte für zahlreiche weitere, insb. längerfristige Finanzierungen des Exporteurs oder des Importeurs.

Dresdner Bank

123/01 234 567 00

E X P O R T GmbH
Service-Department
Postfach 11 11 11

00000 Großstadt

Postfach 110661
Jürgen-Ponto-Platz 1
60041 Frankfurt/Main

Datum : 1997.5.28
SWIFT-Code: DRES DE FF
Telex-Nr. : 415240
Telefax Nr: 000 /7 77 - 555
Telefon : 000 /7 77 - 444
Frau N.N.

Unsere Ref.Nr.: AF01A9701220

EXPORT - AKKREDITIV / DOKUMENTEN - AUFNAHME

Ihre Referenz: AU9700025

Auftraggeber:
IMPORT Ltd.
P.O. Box 111

Stadt / Land

unser Korrespondent:
Foreign Trade Bank
Documentary Dept.
P.O. Box 222
Stadt / Land

Betrag der Inanspruchnahme: DEM 22.000,00

Sie überreichten uns Dokumente, die wir Ihnen wie folgt abrechnen:

Betrag der Inanspruchnahme	DEM	22.000,00
abzüglich		
Avisierungsgeb. min.	DEM	60,00
Abwicklungsgeb. min.	DEM	70,00
Bestätigungspr. min.	DEM	125,00
Porto/Spesen	DEM	16,80
Summe Provisionen/Spesen	DEM	271,80
Nettobetrag	DEM	21.728,20

Den Nettobetrag vergüten wir Ihrem DEM-Konto 123/01 234 567 00/004 Wert 1997.5.28.

Wir bitten Sie, die Meldevorschriften gemäß Außenwirtschaftsverordnung bzw. bei Rechtsgeschäften unter Gebietsansässigen in ausländischer Währung den Paragraphen 3 des Währungsgesetzes zu beachten.

BEMERKUNGEN UND HINWEISE

Wir bitten Sie, bei Folgekorrespondenz unsere vorgenannte Referenz-Nr. anzugeben.

Mit freundlichen Grüßen

Dresdner Bank AG in Frankfurt/Main

2.1.026 Abrechnung von Dokumentengegenwerten

Die Abwicklung des Dokumentengeschäftes erfolgt in den KI unter Einsatz der EDV. Alle erforderlichen Daten werden vom Sachbearbeiter in das Online-Terminal eingegeben. Der Rechner übernimmt die Zusammenstellung der Texte und Daten zu den entsprechenden Briefen und Abrechnungen, sowohl für den Kunden als auch für die eingeschalteten Korrespondenzbanken.

Nach der sachlichen Kontrolle erfolgt der Versand per Post an den Kunden. An die Auslandsbanken gehen, je nach kommunikationstechnischer Erreichbarkeit, Fernschreiben oder S.W.I.F.T.-Nachrichten. Die Generierung und Aussendung der Nachrichten erfolgt automatisch.

Zeitgleich erfolgt die Buchung, ohne daß gesonderte Belege ausgefertigt werden müssen.

2.1.03 Akkreditiv-Sonderformen mit Finanzierungscharakter

2.1.030 Gegenakkreditiv (Back-to-Back-Credit)

a) **Wesen:**

= ein Dokumenten-Akkreditiv, das vom Exporteur bzw. seinem KI zugunsten seines Zulieferers (z. B. des Herstellers) eröffnet wird

- das Gegenakkreditiv beruht auf einem Dokumenten-Akkreditiv des Importeurs bzw. seiner Bank zugunsten des Exporteurs (= Hauptakkreditiv).

b) **Bedeutung:** Das Gegenakkreditiv wird angewandt,

- wenn das Hauptakkreditiv nicht übertragbar ist (vgl. Art.48 ERA)
- wenn der Zulieferer des Exporteurs die Übertragung ablehnt (Gründe: Risiko, daß der Exporteur nicht akkreditivgemäße Dokumente ausstellt, da davon die Zahlung der Auslandsbank abhängt; unbekannte, möglicherweise zahlungsunfähige oder -unwillige Auslandsbank, Hauptakkreditiv in fremder Währung u.a.m.).

Auf diese Weise kann der Exporteur, dem der Zulieferer ein **Zahlungsziel** gewährt hat, diesem eine gute **Sicherheit** für seine Forderungen anbieten.

c) **Abwicklung:**

- Die Ware wird häufig an eine **Deckadresse** versandt ⑨, damit der Hersteller den Namen des Importeurs nicht erfährt (sonst bestünde das Risiko, daß er selbst mit dem Importeur Geschäfte tätigt und den Exporteur somit ausschaltet; nur wenn dieses Risiko nicht besteht, wird der Exporteur den Namen des Importeurs in die Dokumente einsetzen)
- die Faktura des Herstellers über 80 000,– DM wird gegen eine Handelsrechnung des Exporteurs über 100 000,– DM ausgetauscht ⑫, die übrigen Dokumente bleiben unverändert

- das Gegenakkreditiv, das nur Unterakkreditiv zum Hauptakkreditiv ist, entspricht diesem in den wesentlichen Bedingungen
- die Zahlungsabwicklung erfolgt in der üblichen Weise.

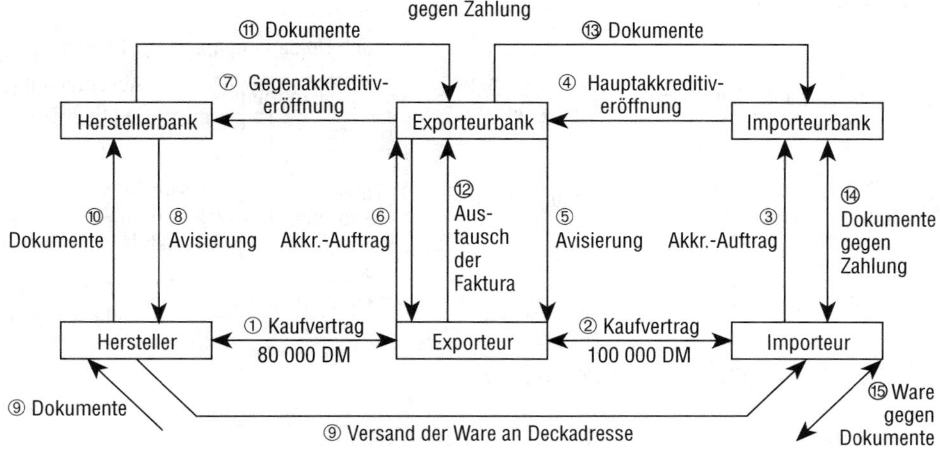

2.1.031 Commercial Letter of Credit = CLC (Handelskreditbrief)

a) **Bedeutung:** Commercial Letters of Credit wurden in den letzten Revisionen der ERA nicht mehr erwähnt und sind mittlerweile aus dem Sprachgebrauch der Banken weitgehend verschwunden. An ihre Stelle ist das **negoziierbare Akkreditiv** getreten (vgl. Abschnitt 2.1.022 h).

Nachstehend sind dennoch einige Merkmale des CLC aufgeführt.

b) **Wesen:**

- der CLC enthält die Ermächtigung der ausstellenden Bank (Importbank) an den Begünstigten (Exporteuer), Tratten auf sie zu ziehen, die von bestimmten, im CLC vorgeschriebenen Dokumenten begleitet sein müssen
- der CLC enthält die Verpflichtung der ausstellenden Bank, diese Tratten jedem gutgläubigen Erwerber gegenüber zu honorieren (**Bona-fide-Klausel –** diese Klausel wird in der Praxis nur noch gelegentlich angewandt)
- im Unterschied zum Akkreditiv wird der CLC dem Begünstigten ausgehändigt
- der Begünstigte hat die Möglichkeit, den CLC bei einer Bank seiner Wahl vorzulegen, dort die Dokumente und die Tratten einzureichen und sie negoziieren zu lassen
- aufgrund der Bona-fide-Klausel sind die Exportbanken i. d. R. zum Ankauf bereit
- der CLC kann durch eine Bank im Exportland bestätigt werden (sog. „Confirmed CLC"); damit verpflichtet sich diese Bank, bei Vorlage einwandfreier Dokumente

den Gegenwert sofort auszuzahlen und aufgrund der zu ihren Gunsten ausgestellten Tratten bei Nichtzahlung durch die Importbank keinen Rückgriff auf den Exporteur zu nehmen.

c) **Abwicklung:**

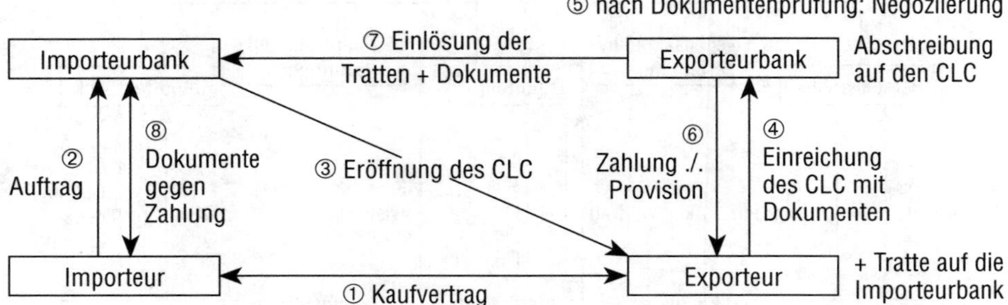

2.1.032 Negoziierungskredite

= Drawing Authorisations (Ziehungsermächtigungen)

a) **Wesen:**

- Ermächtigung der Importbank an den Exporteur zur Ziehung von Wechseln
- keine vertragliche Zahlungs- und Haftungsverpflichtung der Importbank gegenüber dem Exporteur (im Unterschied zum Akkreditiv)
- Akkreditivsonderform, die den Parteien dennoch ein Zug-um-Zug-Geschäft ermöglicht
- Finanzierungsmöglichkeit insb. für den Exporteur, da dieser sofort und nicht erst nach Dokumentenaufnahme durch die Importbank sein Geld erhält, wenn seine Bank Dokumente und Wechsel ankauft
- besondere Finanzierungsmöglichkeit durch Einreichung von Nachsichttratten.

b) **Arten:**

- **Order to Negotiate** = OtN:
  - die Importbank beauftragt die Exportbank, Tratten, die vom Exporteur auf die Importbank gezogen sind und von bestimmten vorgeschriebenen Dokumenten begleitet sein müssen, zu negoziieren
  - die Importbank verpflichtet sich zur Einlösung dieser Tratten

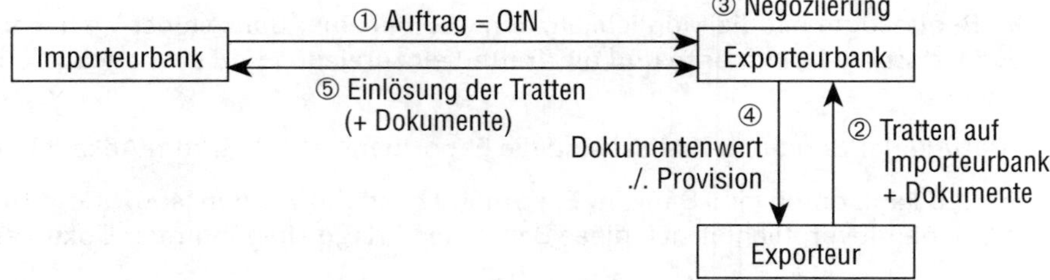

Authority to Purchase = AtP:

- die Importbank ermächtigt die Exportbank, Tratten, die vom Exporteur auf den Importeur gezogen sind und von bestimmten vorgeschriebenen Dokumenten begleitet sein müssen, zu negoziieren
- die Importbank geht keine Einlösungsverpflichtung ein, sie erklärt sich jedoch bereit, Nachsichttratten zu diskontieren oder zu bevorschussen

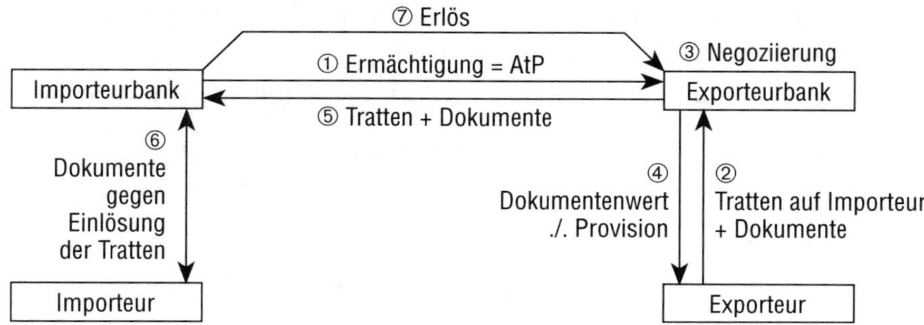

c) Aufgrund der Einlösungsverpflichtung der Importbank wird die Exportbank bei OtN eher zur Negoziierung bereit sein als bei AtP, wo sie das Risiko der Nichtzahlung eines ihr meist unbekannten Importeurs eingeht.

Desgleichen wird die Exportbank bei Einreichung von Nachsichttratten die Finanzierung des Exporteurs eher bei OtN übernehmen.

Negoziierungskredite werden von KI gewöhnlich wie Commercial Letters of Credit behandelt, sind jedoch kostengünstiger als diese.

d) **Bedeutung:** Order to Negotiate und Authority to Purchase kommen in der Praxis **nicht** mehr vor. Die Darstellung soll lediglich die theoretischen Möglichkeiten dokumentärer Zahlungsweisen im Auslandsgeschäft erläutern.

2.1.033 Packing Credits

a) **Wesen:**

- Akkreditivsonderformen mit (in roter oder grüner Schrift eingetragenen) Klauseln, die die Akkreditivstelle zur Gewährung eines **Barvorschusses** an den Exporteur noch vor Dokumenten-Einreichung ermächtigen
- der Vorschuß kann vom Exporteur zur Finanzierung der Ware verwendet werden, und zwar für
  - Wareneinkauf
  - Verpackung (daher die Bezeichnung)
  - Transport
- gegenüber der Akkreditivstelle übernimmt die Importbank die Haftung, gegenüber dieser der Importeur
- der Exporteur verpflichtet sich zur rechtzeitigen Einreichung der Akkreditivdokumente.

b) **Arten:** Modalitäten und Absicherung von Packing Credits werden in Klauseln formuliert, die traditionell in roter oder grüner Schrift geschrieben werden. Dementsprechend wird von Akkreditiven mit

- red clause (roter Klausel)
- green clause (grüner Klausel)

gesprochen. Diese Klauseln legen insbesondere fest, ob der Exporteur für den Vorschuß Sicherheiten stellen muß oder nicht.

Da es keine international verbindlichen Vereinbarungen gibt, in welchem Fall die „red clause" oder die „green clause" zu verwenden ist und was genau sie ausdrückt, muß der Inhalt der Klausel in jedem Einzelfall exakt geprüft werden. Die Farbe allein läßt keine Rückschlüsse auf die Modalitäten des Packing Credit zu.

c) **Anwendung:**

- hauptsächlich Wollhandel mit Australien, Neuseeland und Südafrika
- daneben bei Fellhandel mit Südostasien und Kaffeehandel mit Südamerika.

d) **Abwicklung:**

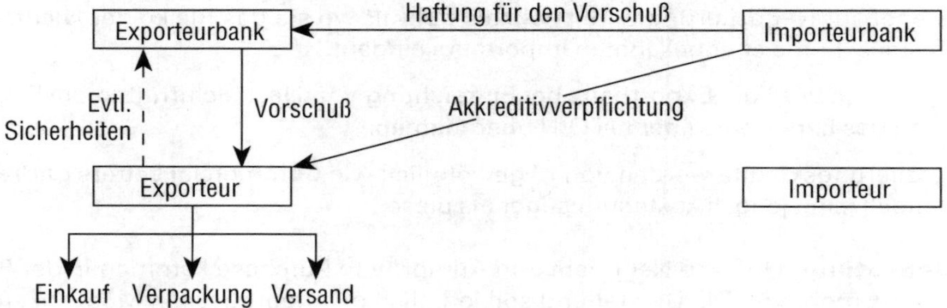

2.1.1 Finanzierung des Außenhandels

2.1.10 Überblick

Zur Außenhandelsfinanzierung gehören

- Finanzierung von Exporteuren
- Finanzierung von Importeuren
- Auslandsgarantiegeschäft.

Träger der Finanzierung sind

- Kreditinstitute (Geschäftsbanken)
- privatrechliche oder öffentlich-rechtliche Kreditinstitute mit Sonderaufgaben, insbesondere
  - AKA Ausfuhr-Kreditgesellschaft mbH
  - Kreditanstalt für Wiederaufbau

- über diese Kreditinstitute die Deutsche Bundesbank
- mittelbar der Bund über die HERMES Kreditversicherungs-AG durch Ausfuhrbürgschaften und -garantien des Bundes, die die Außenhandelsfinanzierung oft ergänzen oder überhaupt erst ermöglichen.

① Die **Importfinanzierung** umfaßt folgenden Bereich:

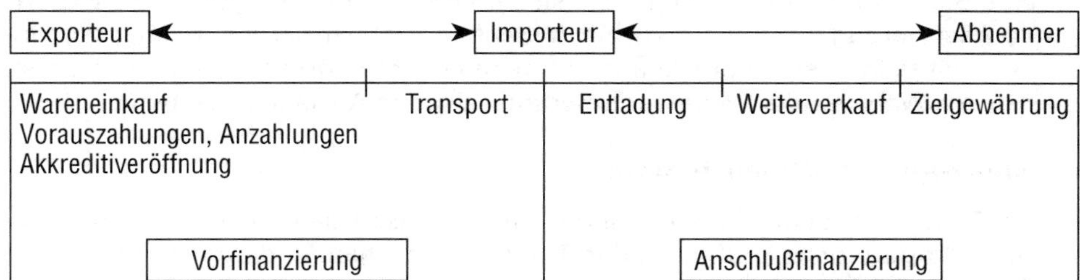

a) **Import-Vorfinanzierung:**

- Der Importeur muß Ware im Ausland einkaufen. Er benötigt hierzu finanzielle Mittel, um insb. Vorauszahlungen und Anzahlungen leisten zu können.
- Diese Mittel werden dem Importeur von seiner Bank in üblichen Formen der Kreditgewährung zur Verfügung gestellt, wobei insb. Kontokorrentkredite in Frage kommen.
- Muß der Importeur für die Eröffnung eines Dokumenten-Akkreditivs zugunsten des Exporteurs sorgen, kann die Akkreditivbank die Finanzierung dieser Akkreditiveröffnung übernehmen. Hierbei beginnt die eigentliche Importfinanzierung.

b) **Import-Anschlußfinanzierung:**

- Der Importeur muß die Ware nach Erhalt entladen, evtl. umladen lassen, er muß die Ware weiterveräußern, für den Weitertransport sorgen und unter Umständen seinen Abnehmern Zahlungsziele gewähren.
- Eine Finanzierung wird für den Importeur dann notwendig, wenn er seine Verbindlichkeiten gegenüber dem Exporteur nicht aus seinen liquiden Mitteln begleichen kann, sondern dies aus dem Erlös des Weiterverkaufs tun will (Self-liquidating-Geschäft). Hat der Exporteur ihm kein entsprechend langes Zahlungsziel eingeräumt, muß der Zeitraum bis zum Eingang des Weiterverkaufserlöses durch eine Bank überbrückt werden.

② Die **Exportfinanzierung** umfaßt folgenden Bereich:

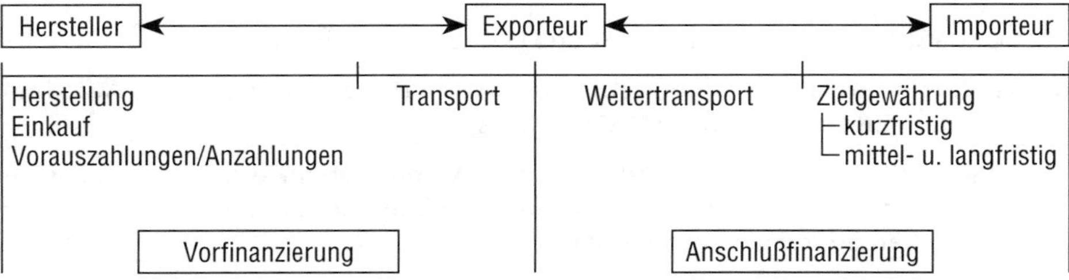

a) **Export-Vorfinanzierung:**

- Der Exporteur muß die Ware selbst herstellen oder herstellen lassen, sofern er sie nicht fertig einkaufen kann. Er muß hierzu u. U. Voraus- oder Anzahlungen leisten und den Transport zum Exportplatz finanzieren.
- Sofern der Exporteur selbst nicht über die erforderlichen Mittel verfügt, gewährt eine Bank ihm Kredit. Da dies alles sich im Inland abspielt, gehört die Export-Vorfinanzierung eigentlich nicht zur Außenhandelsfinanzierung im engeren Sinne. Allenfalls ist sie Importfinanzierung, falls der Exporteur Transithändler ist, d. h. die Ware vor der Weiterveräußerung selbst im Ausland erwerben muß.

b) **Export-Anschlußfinanzierung:**

- Der Exporteur hat die Ware in Händen und veräußert sie nun an einen ausländischen Importeur. Er muß u. U. den Transport bezahlen und dem Importeur ein Zahlungsziel gewähren.
- Beim Export von hochwertigen Gegenständen und Investitionsgütern kann eine mittel- bis langfristige Zielgewährung erforderlich werden und eine entsprechend lange Finanzierung notwendig machen, da der Importeur diese Waren oft erst bezahlen kann, wenn sie installiert sind und Erträge abwerfen bzw. zu einer Verbesserung der bisherigen Ertragslage beitragen.
- Die Anschlußfinanzierung stellt die eigentliche Exportfinanzierung dar.

③ Das **Auslandsgarantiegeschäft** beinhaltet die Bereitstellung von Garantien durch Kreditinstitute für ihre Kunden zugunsten ausländischer Geschäftspartner. Sie dienen dazu, die Erfüllung der Verpflichtungen eines Partners gegenüber dem anderen abzusichern.

2.1.11 Importfinanzierung

2.1.110 Import-Vorfinanzierung

a) Finanzierung des **Wareneinkaufs**: Die hierzu erforderlichen finanziellen Mittel werden dem Importeur in verschiedenen Kreditformen, insbesondere durch Kontokorrentkredit, im Rahmen der normalen Kreditgewährung zur Verfügung gestellt.

b) Finanzierung der **Akkreditiveröffnung**:

- die Akkreditivbank gibt im Auftrag des Importeurs ein abstraktes Schuldversprechen ab
- sie erläßt dem Importeur die sofortige Deckungsanschaffung
- damit gewährt sie dem Importeur einen Kredit, der dem Akzept- oder Avalkredit nahesteht und eine Form der Kreditleihe ist
- die Kreditlaufzeit und das Kreditrisiko der Akkreditivbank ergeben sich aus der Zeit zwischen Eröffnung des Akkreditivs und Zahlung durch den Importeur gegen Aushändigung der Dokumente.

2.1.111 Import-Anschlußfinanzierung

= Finanzierung des Weiterverkaufs der Ware einschließlich einer Zielgewährung zugunsten des Abnehmers im Land des Importeurs

- der Importeur verfügt nicht über die erforderlichen Mittel, um seine Verbindlichkeiten gegenüber dem Exporteur zu erfüllen
- die Kreditlaufzeit ergibt sich aus der Zeit zwischen Fälligkeit der Schuld des Importeurs gegenüber dem Exporteur und Eingang des Weiterverkaufserlöses.

a) **Bevorschussung von Akkreditiv- und Inkassodokumenten (Importvorschuß):**

- **Wesen:** Aufgrund der vorliegenden Dokumente wird dem Importeur auf laufendem Konto ein Vorschuß in DM oder Fremdwährung zur Verfügung gestellt.
- **Höhe** des Vorschusses:
  - i. d. R. 100 % des Dokumentenwertes (Sicherheit des KI: der höhere Verkaufswert der Ware im Inland, da der Dokumentenwert ja dem Einkaufspreis des Importeurs entspricht und dieser ohnehin noch Handlungskosten und Gewinn aufgeschlagen hätte)
  - die Höhe des Vorschusses wird von der Bonität des Importeurs und der Art der Ware (Marktpreis, Marktgängigkeit, Verderblichkeit, Gefahr von Preisschwankungen usw.) beeinflußt.
- **Voraussetzungen:**
  - Sicherungsübereignung der Ware
  - Vorliegen von Kaufverträgen für den Weiterverkauf im Importland (bei Transithandel in andere Länder).
- **Abwicklung:** Die Dokumente werden dem Importeur für den Weiterverkauf der Ware ausgehändigt. Er hat jedoch folgende Vorschriften zu beachten:
  - bei Einlagerung der Ware ist der Bank der Lagerschein zu übergeben und der Herausgabeanspruch abzutreten
  - bei Weitertransport sind der Bank die Versanddokumente einzureichen
  - bei Lieferung der Ware an den Abnehmer sind entstandene Forderungen an die Bank abzutreten, evtl. vom Importeur erhaltene Kaufpreise sind abzuführen; eine schriftliche Abtretungserklärung für künftig entstehende Forderungen wird gewöhnlich schon vorher vom Importeur eingereicht.
- **Rückzahlung:** aus dem Erlös des Weiterverkaufs.

b) **Akzeptkredit** (vgl. auch Kreditgeschäft):

- **Wesen:** Die Importbank stellt dem Importeur die notwendigen finanziellen Mittel durch Akzeptierung eines auf sie gezogenen Wechsels und Diskontierung zur Verfügung. Die Laufzeit des Akzepts entspricht i. d. R. dem vom Importeur seinen Abnehmern gewährten Zahlungsziel.

c) **Rembourskredit:** (frz.: rembourser = zurückzahlen, erstatten)

- **Wesen:**
  - Akzeptierung eines Wechsels durch die Bank des Exporteurs oder ein drittes Kreditinstitut in einem anderen als dem Importland (sog. Remboursbank)

- Diskontierung dieses Bankakzepts durch die Remboursbank
- der Diskonterlös dient zur Deckung der Schuld des Importeurs und wird an den Exporteur überwiesen
- Grundlage ist grundsätzlich ein Dokumenten-Akkreditiv
- der Wechselbetrag muß so errechnet werden, daß sich nach Diskontierung der Dokumentenwert ergibt (der Exporteur muß den vollen Erlös erhalten, da nicht er, sondern der Importeur finanziert wird).

Voraussetzungen: Bestehen einer Kreditlinie zwischen Import- und Remboursbank, die vom Importeur in Anspruch genommen werden darf.

Abwicklung des Rembourskredits:

Bedeutung: Rembourskredite eignen sich für den Importeur – anstelle des normalen Akzeptkredites – dann, wenn der Diskontsatz im Ausland (Land des Exporteurs, drittes Land) niedriger ist als im Importland und die Remboursbank dementsprechend zinsgünstiger diskontiert.

Praxis:

- Rembourskredite werden nur bei Schuldnern zweifelsfreier Bonität verwandt, da sichergestellt sein muß, daß der Importeur den Wechselbetrag (Dokumentenwert + Kosten) bei Fälligkeit anschafft
- die Laufzeit liegt i. d. R. zwischen 90 und 180 Tagen (kurzfristige Finanzierung des Transports und des Weiterverkaufs); z. T. wird die Wechsellaufzeit an die Transportdauer gebunden (englische KI dürfen nur unter dieser Voraussetzung akzeptieren und diskontieren)
- meist sind Exportbank und Remboursbank identisch; in diesen Fällen kann auf tatsächliche Akzeptierung und sogar auf die Tratte selbst verzichtet werden
- Remboursbanken verzichten allgemein auf die Ausstellung von Tratten, wenn zwischen ihnen und der Importbank eine **Global-Akzeptlinie** besteht, die praktisch eine Barkreditlinie darstellt. Auf diese Weise kann die Abwicklung erheblich vereinfacht werden
- heute nicht mehr so stark genutzt.

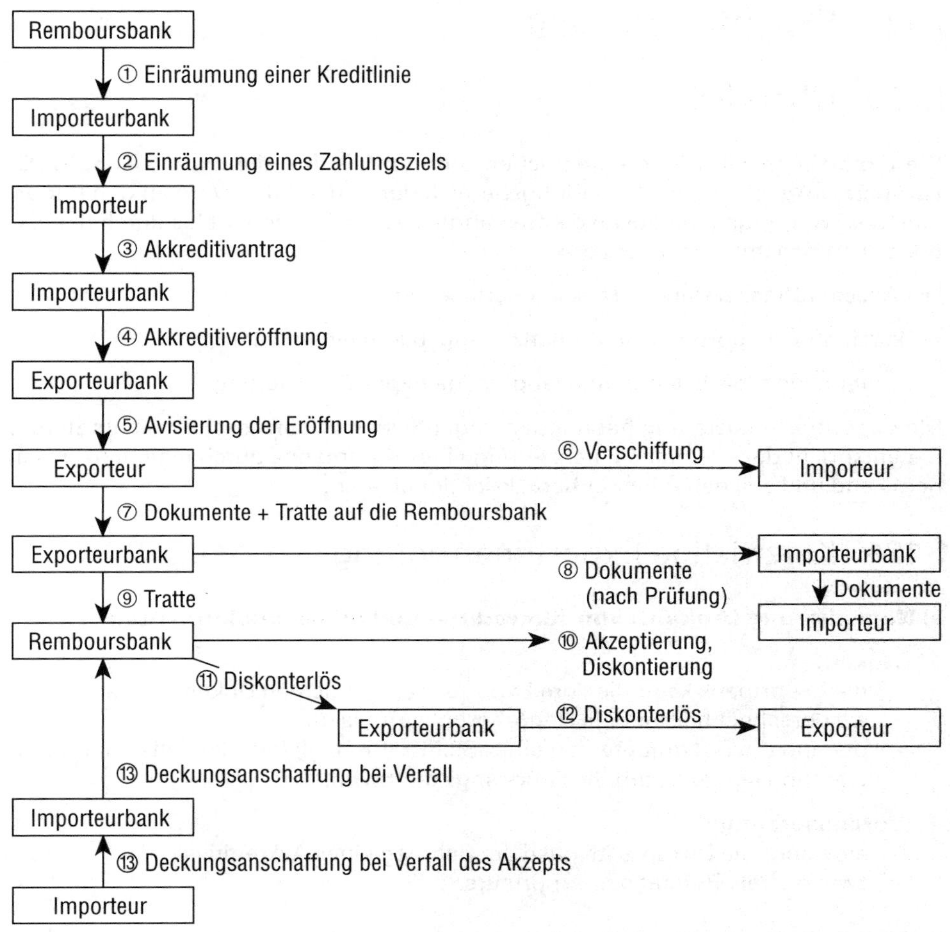

d) **Akzeptakkreditiv:** Akkreditivbegünstigter erhält statt des Bargegenwertes einen akzeptierten Wechsel; Einlösung des Wechsels bei Fälligkeit gesichert durch Akzeptakkreditiv. Der Wechsel kann sofort diskontiert werden.

e) **Negoziierungskredite** (Drawing Authorizations) dienen gewöhnlich – soweit überhaupt noch verwendet – zur Finanzierung des Exporteurs; für Importeur-Finanzierung kommt praktisch nur Order to Negotiate in Betracht, wobei die Importbank durch ihre Einlösungsverpflichtung die Haftung übernimmt. Es muß dann eine Vereinbarung darüber bestehen, wie die Negoziierungsprovision, die der Exporteur seiner Bank zu zahlen hat, zwischen Exporteur und Importeur verrechnet wird.

f) **Eurokredite** sind Finanzierungen in gängigen Euro-Währungen, die im Auftrag von Importeuren über inländische KI im Ausland aufgenommen werden. Sie dienen der kurzfristigen Importfinanzierung und sind für das KI nicht mindestreservepflichtig, da sie durchlaufen (vgl. Abschnitt 1.3.421).

2.1.12 Exportfinanzierung

2.1.120 Überblick

Die Exportfinanzierung im eigentlichen Sinn umfaßt nur die Export-**Anschlußfinanzierung**, zu deren Anwendungsbereich der Verkauf der Ware an den Importeur, der Warentransport sowie die Gewährung eines Zahlungszieles durch den Exporteur an den Importeur gehören.

Die Anschlußfinanzierung läßt sich unterteilen in

- kurzfristige Export(anschluß)finanzierung: bis zu einem Jahr
- mittelfristige (bis 5 Jahre) und langfristige Exportfinanzierung.

Die Exportvorfinanzierung hat mit dem eigentlichen Exportgeschäft nichts zu tun. Sie entspricht der normalen Finanzierung eines Kaufmanns durch eine Bank in seinem Land und soll daher hier unberücksichtigt bleiben.

2.1.121 Kurzfristige Exportfinanzierung

a) **Negoziierung (Ankauf) von Akkreditiv- und Inkassodokumenten:**

- **Wesen:**
  - die Exportbank kauft die vom Exporteur eingereichten Dokumente an
  - sie berechnet hierfür eine Negoziierungsprovision
  - oft sind die Dokumente von einer Sichttratte begleitet, die, falls auf Fremdwährung lautend, zum Sichtkurs angekauft wird.
- **Voraussetzung:**
  - einwandfreie Dokumente (insb. im Rahmen eines Akkreditivs)
  - zweifelsfreie Bonität des Exporteurs.

b) **Bevorschussung von Akkreditiv- und Inkassodokumenten:**

- **Wesen:** Die Exportbank bevorschußt die vom Exporteur eingereichten Dokumente bis zu 80 %, ausnahmsweise 85 % ihres Wertes (Vorschuß zu 100 % scheidet aus, da man davon ausgehen kann, daß der Verkaufspreis des Exporteurs dem im Inland erzielbaren Preis entspricht und sich bei Notwendigkeit des Warenverkaufs durch die Bank zur Kreditabdeckung keine 100 % erzielen lassen werden).
- **Praxis** der Bevorschussung von **Inkasso**dokumenten:
  - Einzelvorschuß für die Einreichung verschiedener einzelner Inkassi; der Gegenwert wird dem Exporteur auf laufendem Konto zur Verfügung gestellt
  - Pauschalvorschuß in Form einer Überziehungslinie auf dem laufenden Konto, die durch einen – regelmäßig zu ergänzenden – Inkassobestand mit bestimmter Mindesthöhe abgedeckt ist.

c) **Diskontierung** von Wechseln bei D/A-Inkassi, nachdem diese vom Importeur akzeptiert worden sind.

d) **Gemeinsamkeiten** der Kreditgewährung aufgrund von Akkreditiv- und Inkassodokumenten:

- **Sicherheiten** für die Bank:
  - Bonität des Einreichers
  - bei Akkreditiv-Dokumenten: Zahlungsversprechen der Importbank im Akkreditiv
  - Sicherungsübereignung der Ware
  - offene Abtretung der Ansprüche gegen die HERMES-Kreditversicherung (siehe Abschnitt 2.1.122).
- Die **Dokumente**, die der Auslandsbank bzw. dem Importeur zur Zahlung vorgelegt werden sollen, müssen für die Exportbank bei Nichtzahlung wegen Nichtaufnahme verwertbar sein, d. h. ein Blankoindossament tragen.

e) **Akzeptkredit:** Der Exporteur erhält die erforderlichen Mittel in Form des Erlöses für die Diskontierung einer Tratte, die er auf die Exportbank gezogen und bei dieser eingereicht hat und die von ihr akzeptiert worden ist.

f) **Rembourskredit** (vgl. auch Importfinanzierung):

- **Wesen:** Rembourskredite können dem Exporteur von der Exportbank oder einer dritten Bank gewährt werden. Tritt die Exportbank als Remboursbank auf, so unterscheidet sich dieser Rembourskredit von Akzeptkredit nur darin, daß er auf der Grundlage eines Dokumenten-Akkreditivs gewährt wird (sog. **Akzept-Akkreditiv**).
- **Unterschied** zum Import-Rembourskredit:
  - bei dem Export-Rembourskredit besteht eine Kreditlinie zwischen Exportbank und dritter Bank (soweit überhaupt eingeschaltet)
  - der Importeur erhält eine Zahlungsfrist nicht aufgrund einer Kreditierung der Importbank über die Remboursbank, sondern aufgrund vertraglicher Vereinbarung mit dem Exporteur (Zielgewährung)
  - der Wechsel muß auf den Dokumentenwert lauten (da dies der Betrag ist, den der Importeur zu zahlen hat; der Exporteur erhält also den um den Diskont und Spesen verminderten Dokumentenwert ausgezahlt).
- **Abwicklung** des Export-Rembourskredites:

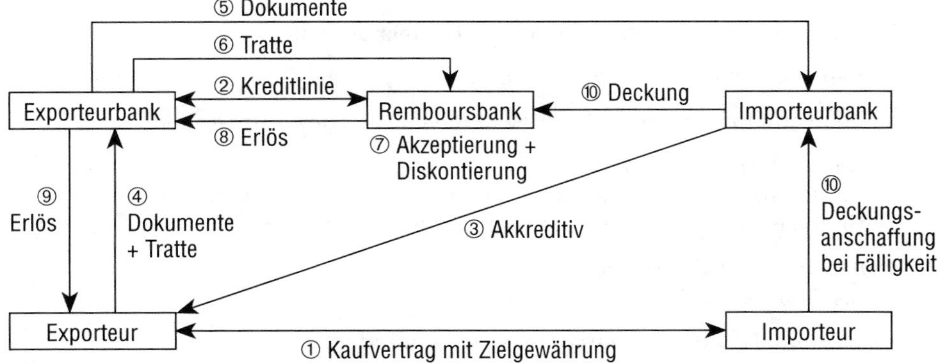

g) **Negoziierungskredite** (Drawing Authorizations): Finanzierung des Exporteurs durch Negoziierung von Tratten (insb. Nachsichtwechsel) und Dokumenten durch die Exportbank (vgl. Abschnitt 2.1.032).

2.1.122 Kreditversicherung im Außenhandel

a) **Wesen:**

- Leistung von Ausfuhrgarantien und -bürgschaften für die Risiken bei Exportgeschäften
- Risikoübernahme durch den Bund zum Zweck der Exportförderung

b) **Träger:**

- HERMES Kreditversicherungs-Aktiengesellschaft, Hamburg (federführend)
- C&L Deutsche Revision Aktiengesellschaft Wirtschaftsprüfungsgesellschaft, Frankfurt

als sog. **Mandatare** (Beauftragte) des Bundes, d. h. Auftreten im Namen und für Rechnung der Bundesrepublik Deutschland. Das Exportkreditversicherungssystem soll sich selbst tragen, d. h. Verzicht auf Subventionen.

c) **Formen:**

- Ausfuhr**garantien,** wenn der ausländische Vertragspartner des deutschen Exporteurs eine insolvenzfähige **privatrechtlich** organisierte Firma ist
- Ausfuhr**bürgschaften,** wenn der ausländische Vertragspartner des deutschen Exporteurs oder ein für das Forderungsrisiko voll haftender Garant ein **Staat,** eine Gebietskörperschaft oder eine vergleichbare Institution ist.

Die Begriffe „Garantie“ und „Bürgschaft“ sind hier also nicht in ihrer rechtstechnischen Bedeutung angewandt. Rechtlich handelt es sich vielmehr um Konstruktionen, die zwischen der Bürgschaft als akzessorischer und der Garantie als abstrakter Gewährleistung stehen.

Als „Geschäfte“ kommen insbesondere in Betracht:

- Lieferung von Waren
- Erbringung von Dienstleistungen (z. B. Bauleistungen)
- Gewährung gebundener Finanzkredite.

Dementsprechend können Ausfuhrgewährleistungen gewährt werden:

- deutschen **Exporteuren**
  - für die Risiken **vor Versand** (Fabrikationsrisikodeckungen)
  - für die Risiken **nach** Versand (Ausfuhrdeckungen)
- deutschen **Kreditinstituten**
  - als Finanzkreditgarantien-/bürgschaften

Voraussetzung: Förderungswürdigkeit, d. h. zumindest

- kein Zuwiderlaufen gegenüber internationalen Verpflichtungen oder politischen Grundentscheidungen der Bundesrepublik
- kein Verstoß gegen gesetzliche Bestimmungen.

d) **Unterscheidung:**

- **Fabrikationsrisiken:** Absicherung bezieht sich auf die Selbstkosten, die dem Exporteur dadurch entstehen, daß Fertigstellung/Versand der Ware aufgrund politischer oder wirtschaftlicher Umstände unmöglich oder dem Exporteur nicht mehr zumutbar sind
- **Ausfuhrrisiken:** Deckung schützt den Exporteur
  - ab Versand der Ware oder Beginn der Leistung
  - bis zur vollständigen Bezahlung
  - gegen Uneinbringlichkeit der Exportforderung aufgrund politischer oder wirtschaftlicher Risiken;

  Gegenstand der Deckung: mit dem ausländischen Schuldner im Exportvertrag als Gegenleistung vereinbarte Geldforderung einschl. Kreditzinsen bis zur Fälligkeit

e) **Formen von Ausfuhrdeckungen:**

- Einzeldeckung für Forderungen aus **einem** Ausfuhrvertrag
- Sammeldeckung als **revolvierende** Ausfuhrgarantie oder -bürgschaft:
  - wenn wiederholt derselbe ausländische Besteller zu kurzfristigen Zahlungsbedingungen beliefert wird
  - innerhalb eines Höchstbetrages werden alle Forderungen gegen diesen Auslandskunden abgesichert
  - Versendungen sind monatlich in Listenform zu melden
- Ausfuhr-**Pauschal-Gewährleistung** (APG):
  - wenn laufend eine Mehrzahl ausländischer Kunden in verschiedenen Ländern zu kurzfristigen Zahlungsbedingungen beliefert wird
  - vereinfachtes Verfahren mit günstigen Entgeltsätzen
- Sonderdeckungen: z. B. gegen
  - Wechselkursrisiken
  - Beschlagnahmerisiken für Verkaufsläger im Ausland
  - Deckungen für Bauleistungs- und Leasinggeschäfte.

f) **Gedeckte Risiken:**

- politische Risiken:
  - allgemeiner politischer Schadensfall: gesetzgeberische/behördliche Maßnahmen, kriegerische Ereignisse, Aufruhr, Revolution, die die Erfüllung der gedeckten Forderung verhindern
  - Nichtkonvertierung und Nichttransferierung der vom Schuldner in Landeswährung eingezahlten Beträge infolge von Beschränkungen des zwischenstaatlichen Zahlungsverkehrs – häufigster Praxisfall –, sog. KT-Fall (**K**onvertierung, **T**ransfer)
  - Verlust von Ansprüchen infolge Unmöglichkeit der Vertragserfüllung aufgrund politischer Ursachen
  - Verlust der Ware vor Gefahrenübergang infolge politischer Umstände

- wirtschaftliche Risiken:
  - bei Ausfuhrgarantien und Ausfuhr-Pauschal-Gewährleistung:
    - Uneinbringlichkeit infolge Zahlungsunfähigkeit des ausländischen Bestellers (z. B. Konkurs, Vergleich, fruchtlose Zwangsvollstreckung, Zahlungseinstellung)
    - Nichtzahlungsfall: Nichtzahlung binnen 6 Monaten nach Fälligkeit (bei Einzeldeckung: nur im Zusammenhang mit Lieferung von Investitionsgütern)
  - bei Ausfuhrbürgschaften:
    - Nichtzahlungsfall

- gedeckte Risiken bei Finanzkreditdeckungen: vergleichbar (soweit nicht typischerweise Warenlieferung vorauszusetzen)

- Entschädigungsleistung aufgrund Gewährleistungsfall bei Forderungsdeckungen setzt voraus, daß die gedeckte Forderung und ggf. Ansprüche gegen mithaftende Dritte uneinbringlich geworden sind, obgleich die gedeckte Forderung rechtsbeständig und unbestritten ist

- Fabrikationsrisikogarantien/-bürgschaften: Gewährleistungsfall kann eintreten, wenn
  - Weisung des Bundes zu endgültiger oder mehr als sechsmonatiger Unterbrechung vor Fertigstellung oder Versand führt
  - Deckungsnehmer wegen Vorliegens gefahrerhöhender Umstände Fertigstellung/Versand unterbricht/zurückstellt; Schadensfall tritt ein, wenn der Bund nicht innerhalb von 6 Monaten die Fortsetzung der Fertigung anordnet
  - die Durchführung des Vertrages unmöglich oder unzumutbar geworden ist; näheres regeln Allgemeine Bedingungen, vergleichbar den Schadensfällen der Forderungsdeckung mit Unterscheidung in wirtschaftliche und politische Risiken.

Die Ansprüche aus Ausfuhrgewährleistungen können mit Zustimmung des Bundes zu Refinanzierungszwecken an KI abgetreten werden.

g) **Selbstbeteiligung** des Deckungsnehmers: i. d. R.

- bei Ausfuhrgarantien
  - für die politischen Risiken 10 %
  - für die Insolvenzrisiken 15 %
  - für die Nichtzahlungsrisiken 15 %

- bei Ausfuhrbürgschaften
  - für die politischen Risiken 10 %
  - für die Nichtzahlungsrisiken 15 %

- bei Finanzkreditgarantien/-bürgschaften
  - für die politischen Risiken 10 %
  - für die wirtschaftlichen Risiken 15 %
  - auf Antrag für alle Risiken 5 %

- bei Fabrikationsrisikogarantien/-bürgschaften
  - für alle Risiken 10 %.

Antrag auf Übernahme einer Ausfuhr garantie bürgschaft

Bitte senden Sie diesen Antrag **zweifach** an die für Sie zuständige Außenstelle der Hermes Kreditversicherungs-AG

Land

Wichtige Hinweise:

Bitte informieren Sie sich rechtzeitig über die für Ihr Ausfuhrgeschäft in Betracht kommenden Ausfuhrgewährleistungen. Die Hauptverwaltung und die Außenstellen des Hermes stehen zur Aushändigung der im Antragsformular angesprochenen **Richtlinien, Allgemeinen Bedingungen** und **Entgeltsätze** sowie zur Auskunftserteilung und Beratung zur Verfügung.

Anträge auf Ausfuhrgewährleistungen sind möglichst vor Abschluß des Ausfuhrvertrages, spätestens vor Beginn des zu deckenden Risikos zu stellen. Nach Risikobeginn gestellte Anträge können als verspätet zurückgewiesen werden.

Bitte fügen Sie dem Antrag keine Verträge oder sonstigen Vertragsunterlagen bei; diese werden erst in einem etwaigen Entschädigungsverfahren geprüft.

Die Hermes Kreditversicherungs-AG speichert und verarbeitet die im Zusammenhang mit der Antragsbearbeitung und der Vertragsdurchführung notwendigen **personenbezogenen Daten** (z.B. Name und Anschrift, Rechtsform- und Bonitätsinformationen) in Datensammlungen unter Beachtung des Bundesdatenschutzgesetzes und übermittelt sie an mit der Übernahme der Bundesdeckungen befaßte öffentliche Stellen, soweit dies der ordnungsgemäßen Antragsbearbeitung und der Vertragsdurchführung der Ausfuhrgewährleistungen dient. Es kommt dabei nicht darauf an, ob eine Ausfuhrgewährleistung tatsächlich übernommen wird.

Wir beantragen für das nachfolgend dargestellte Ausfuhrgeschäft die Übernahme einer Ausfuhrgewährleistung als:

Fabrikationsrisikobürgschaft (FB)
Ausfuhrbürgschaft (B)
revolvierend

Fabrikationsrisikogarantie (FG)
Ausfuhrgarantie (G) bzw.
Ausfuhrgarantie / kurzfristige Einzeldeckung (G/kE)
revolvierend (G/kE)

zu den für die beantragte Ausfuhrgewährleistung derzeit gültigen Allgemeinen Bedingungen.

Die Entscheidung über diesen Antrag erfolgt nach Maßgabe der vom Bundesminister für Wirtschaft erlassenen Richtlinien für die Übernahme von Ausfuhrgewährleistungen vom 30. 12. 1983, zuletzt geändert durch Richtlinie vom 24. 11. 1995. Einem eventuell notwendig werdenden Konsultationsverfahren stimmen wir zu (s. Erläuterungshinweise zu (11)).

Bitte angeben, soweit bekannt
DN-Nr.
FA-Nr.

Bitte beachten Sie bei der Beantwortung der nachstehenden Fragen die Erläuterungshinweise.

(1) Bestellerland Land-AK /

(2) Antragsteller vollständige Firmierung

Postfach und/oder Straße
PLZ und Ort
Für Rückfragen zuständig Telefon
Fax-Anschluß

(3) Ausländischer Besteller vollständige Bezeichnung

Postfach und/oder Straße
Ort Bankverbindung

Auskünfte über den ausländischen Besteller liegen bei werden nachgereicht
Wir sind an der Bestellerfirma kapitalmäßig beteiligt und/oder üben maßgeblichen Einfluß auf die Geschäftsführung aus
nein ja (Erläuterungen erforderlich)

(4) Vertrag
Vertrag abgeschlossen am in Kraft getreten am
Vertrag noch nicht abgeschlossen
bei Ausschreibungen: Submissionstermin
Kennzeichen (Auftrags-/Projekt-/Vertrags-Nr.)

(5) Projekt bzw. Warenart*

Bestimmungsort der Ware bzw. Standort der Anlage
Ware/Anlage ist Teil eines Gesamtprojekts nein ja (Erläuterungen erforderlich)
Die Ware bzw. Leistung hat ihren Ursprung in der Bundesrepublik Deutschland
ja nein (Erläuterungen erforderlich)
Die Ware ist ausfuhrgenehmigungspflichtig ja nein
wenn ja, wegen
Die Ausfuhrgenehmigung wurde erteilt beantragt
Es handelt sich um gebrauchte Ware nein ja (Erläuterungen erforderlich)
Nur für Großprojekte Memorandum ist beigefügt

* (ggf. Anlage verwenden)

(6) Auftragswert*

Gesamtwert (incl. % Ersatzteile)

davon Lieferwert (cif, fob, etc.)

Leistungen (Montage etc.)

Finanzierungskosten (Zinssatz % p.a.)

Vertragswährung

Es ist eine Preisgleitklausel vereinbart nein ja (bitte auch Zahlungsbedingungen angeben)

Wenn Deckung gewünscht:

Prozentverfahren Betragsverfahren für Betrag

Örtliche Kosten

Lieferungen/Leistungen aus Drittländern (Herkunft, Warenart, Wert, Begründung):

Die o.g. Lieferungen/Leistungen aus Drittländern sind für die ordnungsgemäße Durchführung des Geschäfts erforderlich nein ja (Erläuterungen erforderlich)

Sie können/dürfen im Fall ihres Ausbleibens anderweitig ersetzt werden

ja nein (Erläuterungen erforderlich)

Bei Fremdwährungen:

Es wird Aufhebung der Kursbegrenzung bei Entschädigung beantragt (bitte Einzelheiten zur gewünschten Regelung)

Es ist eine Kursgleitklausel (Festkurs) vereinbart Kurs

(7) Selbstkosten im Sinne des § 2 der Allgemeinen Bedingungen FG/FB **(nur bei Antrag auf FG/FB auszufüllen)**

Für diesen Auftrag insgesamt DM

Davon zur Deckung beantragt DM

Nicht gedeckt werden sollen:

1. gemäß § 2 Absatz 4 die Selbstkosten für folgende Lieferungen und Leistungen*

DM

2. die Selbstkosten nach Versand DM

(8) Exporteurgarantien*

Anzahlungsgarantie: erlischt p.r.L. ja nein

Sonstige Exporteurgarantien (wenn Deckung gewünscht)

Bietungsgarantie: befristet bis

Gewährleistungsgarantie:

Bei Fremdwährung:

Es wird Aufhebung der Kursbegrenzung bei Entschädigung beantragt.

Es ist eine Kursgleitklausel (Festkurs) vereinbart. Kurs

(9) Sonstige Deckungen* (z. B. Konsignationslager-, Messelager-, Gerätedeckungen etc.)

(10) Revolvierende Ausfuhrgewährleistung

Höchstbetrag DM Laufzeitbeginn

Forderungen aus Sichtakkreditiven sollen einbezogen werden ja nein

(11) Zahlungsbedingungen*

Vertragliche Zinsen werden degressiv berechnet und fälliggestellt ja nein

Die Aufbringung der Mittel für die Zahlungen – auch teilweise – erfolgt

ohne unsere Mithaftung mit unserer Mithaftung (Erläuterungen erforderlich)

Für dieses Geschäft ist neben einer etwaigen Ausfuhrgewährleistung des Bundes eine weitere öffentliche Unterstützung vorgesehen nein ja (Erläuterungen erforderlich)

Wenn das Geschäft durch internationale Institutionen (z.B. Weltbank) finanziert wird, nähere Angaben hierzu*

(12) Sicherheiten*
Art (Akkreditiv, Garantie, Aval)
Sicherheitengeber

Für welche Raten/Beträge
Die Sicherheiten gehen ein vor Fabrikationsbeginn vor Liefer-/Leistungsbeginn
Die Sicherheiten sind ausreichend befristet ja nein (Erläuterungen erforderlich)

(13) Liefer- und Leistungstermine*
Fabrikationsbeginn (**nur** bei FG/FB)
Lieferzeit -
Leistungszeit -
Betriebsbereitschaft

(14) Zahlungserfahrungen mit dem ausländischen Besteller
Wir stehen mit dieser Firma in Geschäftsverbindung seit
Alle bisherigen Verpflichtungen wurden ohne Zielverlängerung oder Verzögerungen erfüllt
ja nein (Erläuterungen erforderlich)
Es bestehen gedeckte und/oder ungedeckte Forderungen gegen den Besteller und/oder den Garanten
ja (Erläuterungen erforderlich, bei gedeckten Geschäften FA-Nummer angeben)* nein
Höhe des letzten Jahresumsatzes

Entgelte

Wir verpflichten uns, die für die Prüfung und Übernahme der beantragten Ausfuhrgewährleistung anfallenden Entgelte zu entrichten, deren Berechnung aufgrund der vom Bundesministerium für Wirtschaft festgelegten Sätze erfolgt. Die Bezahlung der Antragsgebühr erfolgt unabhängig von der Übernahme der beantragten Ausfuhrgewährleistung.

Sofern eine Ausfuhrgewährleistung für einen gebundenen Finanzkredit zur Finanzierung unseres Ausfuhrgeschäftes beantragt und übernommen wird, erstreckt sich unsere Zahlungsverpflichtung auch auf das insoweit anfallende Entgelt. Die Antragsgebühr für den gebundenen Finanzkredit entfällt in der bereits entrichteten Höhe.

Werden die in Rechnung gestellten Entgelte bei Fälligkeit nicht entrichtet, wird mit der zweiten Mahnung neben dem angemahnten Betrag eine Verzugskostenpauschale (Mahngebühr) von DM 20,– und mit der dritten Mahnung eine Verzugskostenpauschale von DM 30,– erhoben. Die Geltendmachung von Verzugszinsen bleibt vorbehalten.

Verantwortlichkeit für den Antrag

Die beantragte Ausfuhrgewährleistung wird aufgrund der in diesem Antrag oder in sonstiger Weise erfragten Angaben übernommen. Änderungen oder Ergänzungen gegenüber den bei Antragstellung erfolgten Angaben werden wir unverzüglich mitteilen.

Uns ist bekannt, daß eine unrichtige oder unvollständige Beantwortung der Fragen oder eine unterlassene Berichtigung der Angaben den Bund berechtigen kann, die Übernahme der Ausfuhrgewährleistung abzulehnen oder sich bei übernommener Ausfuhrgewährleistung von einer Verpflichtung zur Entschädigung zu befreien.

Ort und Datum Unterschrift des Antragstellers / Firmenstempel

h) **Entgelt:**

- Bearbeitungsentgelte für die Antragsbearbeitung (Antrags-, Ausfertigungs-, Verlängerungsgebühr)
- Entgelte für übernommene Ausfuhrgewährleistungen, vergleichbar den Prämien bei Versicherungen
- die Entgelte hängen ab von
  - der Länderkategorie
  - der Käuferkategorie des Bestellers
  - der Deckungsform
  - der Höhe der gedeckten Forderung
  - den Zahlungsbedingungen (insb. Kreditlaufzeit).

i) **Lieferanten- und Bestellerkredite:** Exporteure, die ihren Kunden neben der Warenlieferung ein Finanzierungspaket anbieten können, haben Wettbewerbsvorteile.

- Bei einem **Lieferantenkredit** stundet der Exporteur dem ausländischen Besteller die Bezahlung der gelieferten Maschinen/Anlagen und trägt die mit dem Kredit verbundenen Zahlungsrisiken selbst.

  Der Exporteuer refinanziert sich ggf. über seine Hausbank oder die AKA bzw. die KfW (s. u.). Für die Refinanzierung läßt sich die Bank die Kaufpreisansprüche des Exporteurs gegen den ausländischen Abnehmer still abtreten.

  Möglich ist eine Ausfuhrdeckung des Bundes zugunsten des Exporteurs. Ggf. wird diese an das refinanzierende Institut abgetreten.

- Bei einem **Bestellerkredit** wird dem ausländischen Kunden (Besteller) auf Vermittlung des deutschen Exporteurs durch ein deutsches KI ein Darlehen gewährt, mit dem die Kaufpreisforderung des deutschen Exporteurs bereits vor Lieferung der Waren bezahlt wird. Rechtsfolgen:
  - der deutsche Exporteur hat keinen Kaufpreisanspruch mehr gegen den ausländischen Besteller
  - der ausländische Besteller hat regelmäßig noch einen Gewährleistungsanspruch gegen den deutschen Exporteur
  - das KI hat gegen den ausländischen Besteller einen Rückzahlungsanspruch aus dem Darlehensvertrag.

  Zugunsten des deutschen KI ist eine Finanzkreditdeckung des Bundes möglich.

- Die Kosten der Deckung sind in beiden Fällen vom Exporteur zu tragen, der diese Kosten über die Preisgestaltung an den Käufer weiterbelasten dürfte.

2.1.123 Mittel- und langfristige Exportfinanzierung

a) **Überblick:** Die Exportfinanzierung mit mittel- und langfristigen Kreditlaufzeiten findet Anwendung insbesondere beim Export von **Investitionsgütern**, bei denen deutsche Exporteure ihren ausländischen Abnehmern i. d. R. sehr lange Zahlungsziele einräumen müssen.

Investitionsgüter werden vor allem in Entwicklungsländer exportiert. Diese verfügen meist nicht über die erforderlichen Finanzierungsmittel und Devisen, um ihre Verbindlichkeiten sofort bzw. kurzfristig begleichen zu können. Ihre Möglichkeit, Kredite durch Anleihen auf internationalen Kapitalmärkten aufzunehmen, ist begrenzt.

Außerdem findet unter den Industrienationen ein scharfer Wettbewerb um die Käufer statt, wobei die Zahlungsbedingungen – neben politischen Einflüssen – zum wichtigsten Gegenstand der Konkurrenz geworden sind.

Daher konnte es auch in der Bundesrepublik Deutschland dem beschränkten Kapitalaufkommen der Exporteure nicht mehr überlassen bleiben, die langen Zahlungsziele zu finanzieren; diese Finanzierung wird vielmehr vom Staat übernommen oder zumindest gefördert und beeinflußt. Die deutschen Kreditinstitute tragen hierzu einen wichtigen Teil bei.

b) **Wichtigste Träger:**

- AKA Ausfuhrkreditgesellschaft mbH, Frankfurt (1951 als AG gegründet, 1966 in eine GmbH umgegründet; Mitglieder sind 43 bedeutende deutsche KI)
- Kreditanstalt für Wiederaufbau (KfW), Frankfurt (juristische Person des öffentlichen Rechts, gegründet 1948 nach der Währungsreform).

c) **Aufgaben der AKA:**

- Gewährung von **Lieferantenkrediten** an deutsche Exporteure zur Finanzierung der Produktionsaufwendungen und der kreditierten Exportforderungen
- Gewährung von **Bestellerkrediten** an ausländische Abnehmer oder deren Banken zur Ablösung von Exportforderungen deutscher Exporteure **(Finanzkredite);** heute dominierend gegenüber den Lieferantenkrediten
- Ankauf bundesgedeckter Exportforderungen deutscher Exporteure
- Finanzierung aus vier Plafonds (A, B, C, D) mit revolvierend einsetzbaren Refinanzierungslinien. Die Plafonds A und B werden für Lieferantenkredite, die Plafonds C und D für Finanzkredite bzw. Forderungsankäufe eingesetzt. Volumen (Stand 1997):
  - Plafond A DM 1 Mrd.
  - Plafond B DM 2,25 Mrd.
  - Plafond C/D DM 22 Mrd.

d) **Lieferantenkredite:** Refinanzierung der Aufwendungen des Exporteurs während der Produktionszeit bzw. des Zahlungsziels.

- Plafond A:
  - Kredithöhe und Laufzeit ergeben sich aus dem zeitlichen Anfall während der Produktion und/oder den liefervertraglich vereinbarten Zahlungsbedingungen
  - Selbstfinanzierungsquote des Exporteurs von 10 bzw. 15 % (kann bei Befürwortung durch die Hausbank entfallen)
  - bei Krediten mit Laufzeit über 24 Monate sollen die finanzierten Geschäfte durch Ausfuhrgewährleistung des Bundes abgesichert sein (Ausnahmen möglich)
  - zur Bündelung kleinerer Exportgeschäfte kurz- und mittelfristiger Art können für 1 bis max. 5 Jahre sog. Globalkredite vereinfacht zur Verfügung gestellt werden

Abwicklung der Plafond-A-Finanzierung:

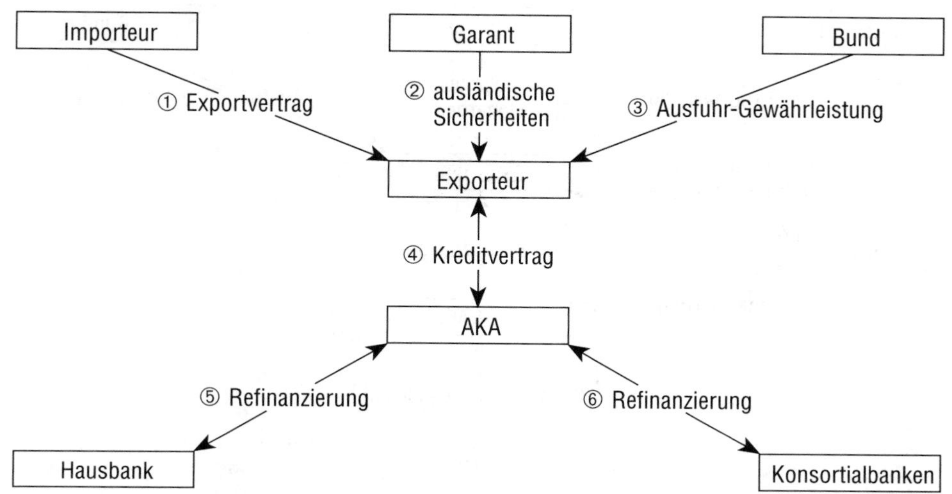

Erläuterungen:

- Verträge/Sicherheiten zu Ziffer 1, 2 und 3 werden an die AKA abgetreten
- Refinanzierung durch Hausbank zu 75 % (Ziffer 5)
- Refinanzierung durch Konsortialbanken der AKA zu 25 %, falls nicht aus eigenen Mitteln

Plafond B:

- Inanspruchnahme grds. zur Finanzierung aller Exporte
- Kredithöhe/Laufzeit ergeben sich aus Produktion/Zahlungsbedingungen
- Selbstfinanzierungsquote des Exporteurs i.H. v. 30 % des Auftragswertes
- Laufzeit: mind. 12, max. 48 Monate
- bei Krediten mit Laufzeit über 24 Monate sollen die finanzierten Geschäfte durch eine Ausfuhrgewährleistung des Bundes abgesichert sein (Ausnahmen möglich)
- Abrufaufträge sind von der Finanzierung ausgeschlossen, Massengüter und Serienerzeugnisse nur ab Lieferung finanzierungsfähig
- Exporte in Länder der EU können nicht finanziert werden; Zulieferungen aus diesen Ländern können aber bis zu bestimmten Anteilen in die Finanzierung einbezogen werden

- Abwicklung der Plafond-B-Finanzierung:

Erläuterungen:
- Ziffer 5: Sicherungsabtretung der Verträge/Sicherheiten zu Ziffern 1, 2 und 3
- Ziffer 6: Refinanzierung durch Rediskontierung von Solawechseln des Exporteurs / Übertragung der Kreditforderungen und Sicherheiten auf die AKA

- Kombinationsfinanzierung Plafond A/B:
  - empfohlen bei Gewährung von Lieferantenkrediten, evtl. mit anschließendem Finanzkredit aus Plafond C oder D
  - neben einem Plafond-B-Kredit wird ein Plafond-A-Kredit als Ergänzungsfinanzierung vergeben; Gundlage: die bei Plafond A niedrigere Selbstfinanzierungsquote, die niedrigeren Tilgungsbeträge und die längere Laufzeit.

e) **Finanzkredite:** Gewährung von gebundenen Finanzkrediten an ausländische Besteller oder ihre KI sowie für Forderungsankäufe aus den Plafonds C und D.

- Beschleunigter Abschluß, schnellere Erfüllung der Auszahlungsvoraussetzungen, wenn Grund- oder Rahmenverträge abgeschlossen sind
- Höchstbetrag entspricht dem um die An- und Zwischenzahlungen verminderten Auftragswert
- Laufzeit ist vorgegeben durch den von der Finanzkredit-Gewährleistung des Bundes gezogenen zeitlichen Rahmen
- diese Gewährleistung ist jedoch nicht zwingend, insb. wenn die Rückzahlung des Kredites gesichert erscheint
- Exporteur ist verpflichtet, die Entgelte für die Ausfuhr- und Finanzkredit-Gewährleistungen des Bundes zu entrichten; er garantiert insb. die Selbstbeteiligung.

Abwicklung der Finanzierung aus Plafond C und D:

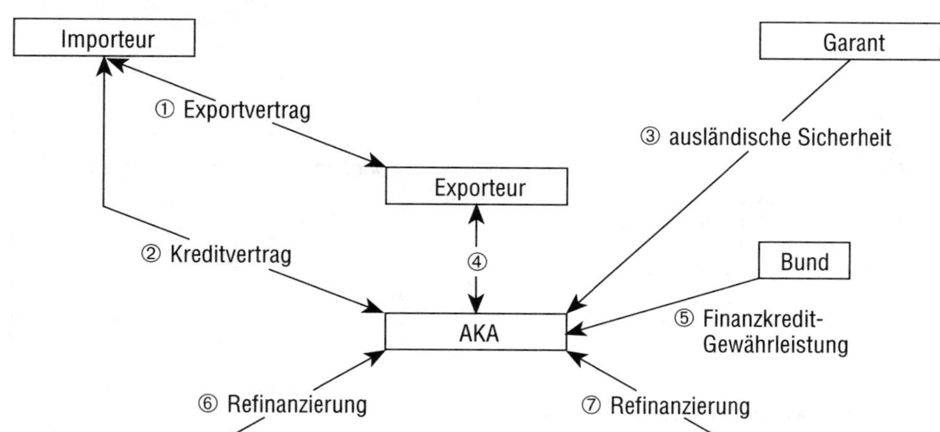

Erläuterungen:
- Ziffer 4: Reservierung der Kreditmittel für Exporteur/ Exporteur-Garantie / Auszahlung an Exporteur
- Ziffer 6: Refinanzierung zu 75 % durch die Hausbank
- Ziffer 7: Refinanzierung zu 25 % durch Konsortialanken der AKA

f) **Ankauf von Exportforderungen:**

- kann nach den Voraussetzungen des Bundes für dessen Zustimmung zur Abtretung der gedeckten Ausfuhrforderung offen oder still erfolgen
- Exporteur haftet insb. für den rechtlichen Bestand der angekauften Exportforderung

g) **Kreditanstalt für Wiederaufbau (KfW):**

= öffentlich-rechtliches Kreditinstitut in Händen von Bund und Ländern, gegründet 1948

- Aufgaben: s. o. Abschnitt 1.3.363
- Beteiligung der KfW an der Exportfinanzierung:
  - Finanzierung langfristiger Exportgeschäfte durch Bestellerkredite
  - Einsatz von ERP-Geldern (European Recovery Program) insb. zur Exportfinanzierung in Entwicklungsländern
- Darlehensnehmer:
  - ausländische Importeure/Banken
  - nur in Ausnahmefällen deutsche Exporteure
- Verwendungszweck:
  - Finanzierung von Lieferungen und Leistungen nach Entwicklungsländern
  - Mindest-Kreditlaufzeit 4 Jahre ab Lieferung/Leistung/Betriebsbereitschaft

– wird von der Hausbank ausgefüllt –

AKA
Ausfuhrkredit-Gesellschaft mbH
Postfach 100163
60001 Frankfurt am Main

Kreditantrag/Antrag auf Reservierung

Hausbank:

Exporteur/Kreditnehmer:

Finanzkreditnehmer:

Land:

Zur Finanzierung des nachstehend vollständig dargestellten Exportgeschäftes beantragen wir folgende(n) Kredit(e):

	Plafond A	Plafond B	Plafond C/D
Kreditbetrag	DM	DM	DM (oder Währung)
Zinssatz/ Zinssätze			außen: innen:
Selbstfinanz.-Quote	%	%	
Kreditlaufzeit	von bis = Monate	von bis = Monate	von bis = Monate
Kreditüberhang Ablösung durch Termin	DM	DM	

– Finanzierungsplan anbei –

ANGABEN ZUM EXPORTGESCHÄFT

Ausl. Besteller:

Vertragsgegenstand:

Exportvertrag: abgeschlossen am:
in Kraft getreten am:
Wir fügen – mit Übersetzung –
a) eine Fotokopie des Gesamtvertrages oder
– bei umfangreichen Vertragswerken –
b) Fotokopie der Seiten, die Angaben über Vertragspartner, Projektbeschreibung, kaufmännische Bestimmungen sowie Garantievereinbarungen enthalten (nicht beigefügte Seiten enthalten keine Bestimmungen, die einer Finanzierung durch Sie entgegenstehen)
als Anlage bei.
Vertragliche Besonderheiten (z. B. Abtretungsverbot, Kompensationsvereinbarungen u. ä.):

Gesamtauftragswert:

davon Finanzierungsbasis:

Liefer- und Leistungstermine:

Zahlungsbedingungen: (mit Angabe der ausl. Sicherheiten)

Negativerklärung: Der Exporteur hat erklärt, daß das beschriebene Exportgeschäft weder ganz noch teilweise, mittelbar oder unmittelbar von anderer Seite als der AKA und/oder uns finanziert wird.

Erforderliche in- und ausl. Genehmigungen für die Durchführung des Exportgeschäftes: (Art und Daten)

Deckung Fabrikationsrisiko/ Ausfuhrrisiko*:

☐ ist nicht vorgesehen;

☐ ist/wird beantragt bei:

☐ wurde zugesagt; Kopie der grundsätzlichen Stellungnahme/endgültigen Zusage vom ist beigefügt

☐ Urkunde vom liegt vor; Kopie ist beigefügt

Abtretungsgenehmigung wird als Anlage beigefügt/wird nachgereicht*

* nicht Zutreffendes streichen

ANGABEN ZU DEM/DEN LIEFERANTENKREDIT(EN)

Sicherungsmäßig ist ein Zusatzkredit der Hausbank im Betrag von DM
Laufzeit: zu berücksichtigen.

Die für den B-Kredit auszustellenden Solawechsel werden mit dem Giro der Hausbank versehen.

Unbedenklichkeitserklärung der LZB (nur bei Plafond B): – Fotokopie anbei –

Bemerkungen/Erläuterungen:

ANGABEN ZUM FINANZKREDIT

Auszahlung:

Rückzahlung:

Hermes-Deckung für Finanzkredit:

- ☐ ist nicht vorgesehen
- ☐ FKB-/FKG-Deckung ist beantragt; Kopie des Antrages vom ist beigefügt
- ☐ FKB-/FKG-Deckung wurde zugesagt; Kopie der grundsätzlichen Stellungnahme/Zusage vom ist beigefügt
- ☐ FKB-/FKG-Deckung soll mit
  - ☐ abwälzbarer
  - ☐ nicht abwälzbarer

  Selbstbeteiligung beantragt werden

Besonderheiten/Sicherheiten für die Verpflichtungen aus der Exporteurgarantie:

Bemerkungen zum Finanzkredit:

Bearbeitungsgebühr soll in Höhe von % im Kreditvertrag vorgesehen werden.
Der Exporteur trägt der Bearbeitungsgebühr.

Risikoprämie in Höhe von % des Selbstbehaltes vorgesehen.

BILANZEN/AUSKÜNFTE

Bilanz Exporteur

Bilanz vom ________

☐ mit banküblichen Gliederungsbogen, Umsatzangaben, Beschäftigtenzahl und Erläuterungen anbei

☐ liegt Ihnen vor

Bilanz Finanzkreditnehmer

Bilanz vom ________

☐ mit banküblichem Gliederungsbogen anbei

☐ liegt Ihnen vor

Bilanz Garant für Finanzkreditnehmer

Bilanz vom ________

☐ mit banküblichem Gliederungsbogen anbei

☐ liegt Ihnen vor

Auskünfte

über den Exporteur

☐ anbei

☐ liegen Ihnen vor

über den Finanzkreditnehmer

☐ anbei

☐ liegen Ihnen vor

über den Garanten für den Finanzkreditnehmer

☐ anbei

☐ liegen Ihnen vor

Bemerkungen zur Bonität des

____________, den ________19__ ______________________________________

(rechtsverbindliche Unterschrift)

Muster eines Finanzierungsplanes für einen Kredit aus Plafond A

(gilt analog auch für Plafond-B-Kredite mit Festzinssatz, Selbstfinanzierungsquote jedoch 20 % und Begrenzung auf 48 Monate ab Inkrafttreten des Exportvertrages/erster Inanspruchnahme)
in TDM

Monate ab Genehmigung/ Kreditvertragsabschluß	1	2	6	9	12	18	24	30	36	42	48	54	60	66	72
Aufwendungen	300	200	300	100	100										
·/· Zahlungseingänge	50				100	85	85	85	85	85	85	85	85	85	85
	250	200	300	100	–										
·/· 10 % Selbst- finanzierungsquote	25	20	30	10	–										
Kredit	225	180	270	90	–										
Tilgung mit 90 % der Exporterlöse						76	77	76	77	76	77	76	77	76	77
kumulativer Kreditbetrag	225	405	675	765	765	689	612	536	459	383	306	230	153	77	–

Gesamtauftragswert: DM 1000000,–
Zahlungsbedingungen:
5 % Anzahlung bei Vertragsabschluß
10 % gegen Verschiffungsdokumente
85 % in 10 gleichen Halbjahresraten, deren erste 6 Monate nach Lieferung fällig wird

Muster Solawechsel für Plafond-B-Kredite

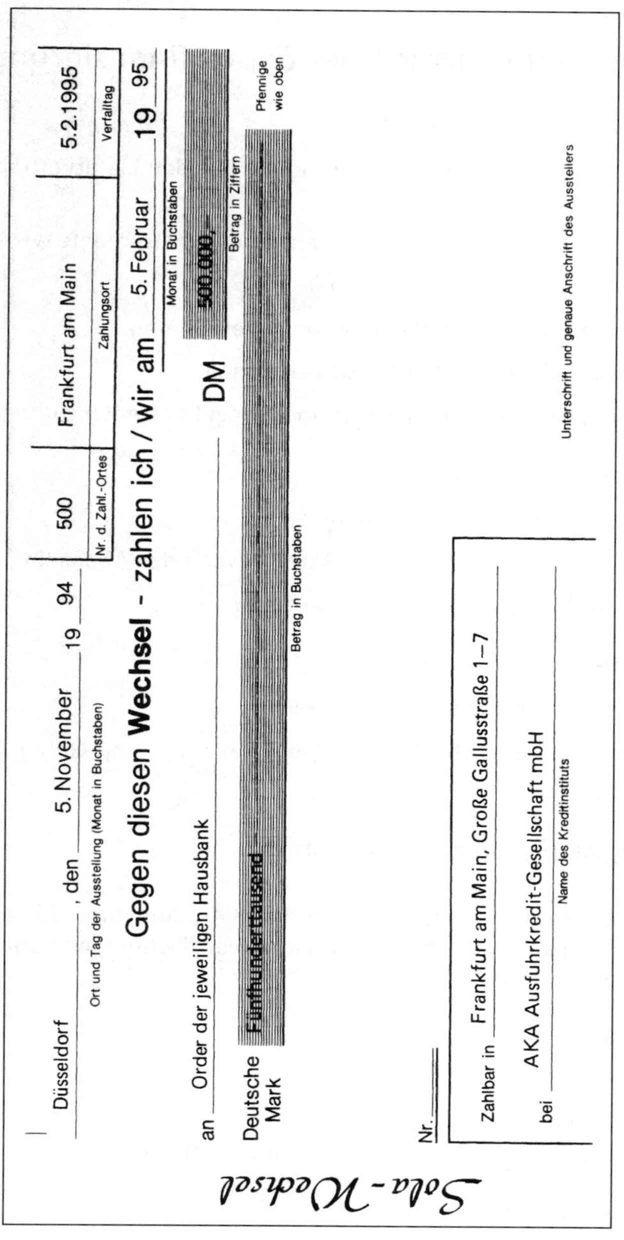

Sola-Wechsel

Düsseldorf, den 5. November 19 94 — 500 — Frankfurt am Main — 5.2.1995

Ort und Tag der Ausstellung (Monat in Buchstaben) — Nr. d. Zahl.-Ortes — Zahlungsort — Verfalltag

Gegen diesen **Wechsel** - zahlen ich / wir am 5. Februar 19 95

Monat in Buchstaben

an Order der jeweiligen Hausbank

DM 500.000,-

Betrag in Ziffern

Deutsche Mark Fünfhunderttausend ———— Pfennige wie oben

Betrag in Buchstaben

Nr.

Zahlbar in Frankfurt am Main, Große Gallusstraße 1–7

bei AKA Ausfuhrkredit-Gesellschaft mbH

Name des Kreditinstituts

Unterschrift und genaue Anschrift des Ausstellers

- Besicherung:
  - HERMES-Finanzkreditbürgschaft/-garantie mit ermäßigtem Selbstbehalt von 5 %
  - Exporteurgarantie
  - ausländische Sicherheiten, die von HERMES verlangt werden

2.1.124 Besondere Formen der Exportfinanzierung

a) **Factoring** (vgl. Abschnitt 1.3.361):

- Verkauf sämtlicher zukünftiger Forderungen aus den Lieferverträgen innerhalb bestimmten Zeitraums
- Buchforderungen ohne besondere Finanzierungsinstrumente wie Wechsel
- kurzfristige Finanzierung (bis 180 Tage)
- besonders geeignet für mittelständische Unternehmen
- Jahresumsatz sollte mehrere Mio. DM erreichen
- Lieferung an gewerbliche Abnehmer (möglichst konstanter Kundenstamm).

b) **Forfaitierung** (vgl. Abschnitt 1.3.360):

- Verkauf bestimmter Exportforderungen
- i. d. R. begleitet von Bankgarantien, Akkreditiven oder Wechseln
- mittel- bis langfristig (ab 6 Monaten Laufzeit).

c) **Exportleasing** (vgl. Abschnitt 1.3.362):

- hauptsächlich in Form des Finance-Leasing
- Leasing-Nehmer wählt das Wirtschaftsgut aus, Leasing-Geber kauft und verleast es.

2.1.13 Auslandsgarantiegeschäft

a) **Wesen:** = Bereitstellung von Garantien durch Kreditinstitute für inländische Importeure und Exporteure zur Absicherung ihrer Verpflichtungen gegenüber ausländischen Vertragspartnern.

b) **Arten** von Garantien:

Anzahlungsgarantie	für Exportgeschäfte
Bietungsgarantie	für Exportgeschäfte
Lieferungs- und Leistungsgarantie	für Exportgeschäfte
Gewährleistungsgarantie	für Exportgeschäfte
Konnossementsgarantien	für Import- und Exportgeschäfte

c) **Praxis:** grds. wird die Erfüllung der Garantie schon „auf erstes Anfordern" versprochen, d. h., die Behauptung des Gläubigers, der Garantiefall liege vor, reicht aus.

Im übrigen vgl. Avalkreditgeschäft!

2.1.14 Euro-Finanzierung

Finanzierung erfolgt durch

- Inanspruchnahme von **Krediten**
- Aufnahme von Geld durch Ausgabe von **Euroemissionen**.

a) **Wesen:** Der Euromarkt ist der Markt in gängigen Euro-Währungen, die außerhalb ihres nationalen Geltungsbereichs gehandelt werden. Er ist also nicht auf Europa beschränkt. Hauptmärkte sind London, Luxemburg, Paris, Amsterdam, Brüssel, aber auch New York, Singapur, Tokio u.a.

b) **Merkmale:**

- nahezu jede Größenordnung finanzierbar
- auch lange Laufzeiten

c) **kurzfristige** Eurokredite:

- i. d. R. 1, 2, 3 oder 6 Monate Laufzeit
- Inanspruchnahme für die gesamte Laufzeit in voller Höhe
- Zinsvorteil gegenüber der nationalen Finanzierung durch Mindestreservefreiheit für das KI möglich
- auch Tages- oder täglich Geld sowie gebrochene Laufzeiten möglich
- Grundlage: **LIBOR** = London Interbank Offered Rate, Zinssatz für Geldaufnahme über 3 Monate Laufzeit, bildet sich nach Angebot und Nachfrage
- **Import-Erstfinanzierung:**
  - Importeur nimmt für die Finanzierung seiner Einfuhren nach Deutschland über sein KI Eurogelder in Anspruch
  - Mindestreservefreiheit für das KI, wenn es den Kredit bei Banken im Ausland aufnimmt und Höhe sowie Laufzeit mit dem Kredit an den Importeur übereinstimmen
  - Kosten: LIBOR zzgl. Marge
- **Vermittelter Eurokredit:**
  - wenn Import-Erstfinanzierung nicht möglich ist
  - Importeur wird selbst Kreditnehmer bei einer Auslandsbank
  - deutsches KI vermittelt den Kredit, verhandelt die Konditionen, garantiert der Auslandsbank die Rückführung
  - Kosten: LIBOR zzgl. Margen der Auslandsbank und des deutschen KI und Avalprovision

d) **mittel- und langfristige** Eurokredite:

- Finanzierung über den **Euro-Kapitalmarkt**

- **Roll-over-Kredite:**
  - fester Vorschuß oder Kreditrahmen, der revolvierend in Anspruch genommen wird
  - langfristige Kreditzusage (bis zu 10 Jahren)
  - kurzfristige Refinanzierung (3 oder 6 Monate)
  - Kosten: LIBOR oder Prime Rate zzgl. Marge, Bereitstellungsprovision

- **Konsortialkredite** (syndizierte Kredite):
  - große Beträge
  - Kreditkonsortium

e) **wertpapierähnliche Instrumente:**

- Euronotes (kurzfristig)

- Certificates of Deposit (Empfangsbescheinigungen, Inhaberschuldscheine, kurzfristig)

- Commercial Papers (diskontierte Papiere, kurz- und mittelfristig; nach Aufhebung der §§ 795 und 808 a BGB sowie der Börsenumsatzsteuer auch in DM)

- Euroanleihen (mittel- und langfristig).

2.1.2 Devisen und Devisenhandel

2.1.20 Grundbegriffe

a) **Devisen** = Zahlungsmittel in ausländischer Währung; **Arten**:

- Geld in ausländischer Währung:
  - Bargeld = **Sorten** (Banknoten und Münzen)
  - Buchgeld

- Geldersatzmittel in ausländischer Währung, die im Ausland zahlbar sind:
  - Schecks
  - Wechsel.

In der Praxis bezeichnet man nur die unbaren ausländischen Zahlungsmittel als Devisen.

b) **Währung** = die Ordnung des Geldwesens innerhalb eines Landes und seine Beziehungen hinsichtlich des Geldwertes und des Zahlungsverkehrs zu anderen Ländern.

- Der inländische Wert des Geldes bestimmt sich nach seiner Kaufkraft.

- Der **ausländische** Wert des Geldes bestimmt sich nach seinem **Austauschverhältnis** zu anderen Währungen.

c) Die Austausch**verhältnisse** einer Währung zu anderen Währungen können

- fest sein = **Paritäten**
- variabel, d. h. der jeweiligen Marktlage überlassen sein = **Floating**.

d) Eine **Parität** ist die feste (staatlich festgesetzte) Währungsrelation der Währung eines Landes gegenüber anderen Ländern. **Arten**:

- **Goldparität** = die Festlegung des Austauschverhältnisses zweier Währungen durch Angabe eines festen Tauschpreises für Gold in Einheiten beider Währungen (wobei die Basis grds. 1 Feinunze Gold = ca. 31,1 g ist). **Beispiel**:

  1 Feinunze Gold = 42,22 US Dollar
  1 Feinunze Gold = 122,45 DM
  d. h. 1 US-Dollar = 2,9003 DM

- **Fremdwährungsparität** = die Angabe des Paritätswertes einer Währung in Einheiten einer anderen Währung. **Beispiel**:

  1 US-Dollar = 3,66 DM

- **Parität** aufgrund der Leitkursbindung im Rahmen eines **Währungskorbs**, z. B. in ihrem Verhältnis zu den Sonderziehungsrechten des IWF (siehe dort).

  Beispiel:

  1 DM = 0,374858 SZR

- **Parität** zur ECU im Rahmen des Europäischen Währungssystems (vgl. Abschnitt 5.1.032). **Beispiel**:

  1 ECU = 2,16316 DM

e) Die Festlegung einer bestimmten Parität, d. h. eines festen Austauschverhältnisses wird der Tatsache nicht gerecht, daß zwischen den Währungen zweier Länder **Wertschwankungen** auftreten können, die von den Handelsbeziehungen zwischen diesen Ländern (Export- oder Importüberschuß), der jeweiligen Zinssituation und vielen anderen Faktoren, letztlich aber von Angebot und Nachfrage abhängen. Daraus folgt, daß auch bei festen Wechselkursen Schwankungen innerhalb bestimmter **Bandbreiten** möglich sein müssen.

- Bei der **Goldparität** ergaben diese Bandbreiten sich aus der Frage, ob ein Schuldner seine Verpflichtungen in Devisen beglich oder für ihn – bei entsprechenden Kursschwankungen – die Bezahlung in Gold günstiger war, so daß er statt Devisen Gold erwarb oder veräußerte; dabei waren die Transport- und Versicherungskosten für das Gold zu berücksichtigen. **Beispiel**:

  1 US-Dollar = 4,25 Mark — oberer Goldpunkt (Goldexport)
  Bandbreite 0,05 M
  1 US-Dollar = 4,20 Mark — Goldparität
  Bandbreite 0,05 M
  1 US-Dollar = 4,15 Mark — unterer Goldpunkt (Goldimport)

- Bei der **Fremdwährungsparität** sind die Bandbreiten den erwarteten oder gewünschten Kursschwankungen entsprechend festgelegt in Höhe eines bestimmten Prozentsatzes der jeweiligen Parität (z. B. 2,25 % nach oben und unten). Erreicht der Kurs die obere oder untere Grenze dieser Bandbreiten, muß die Zentralbank des betreffenden Landes in den Markt eingreifen (intervenieren), um den Kurs innerhalb der Bandbreite zu halten. Die Grenzen werden daher als **Interventionspunkte** bezeichnet. **Beispiel**:

1 US-Dollar = 2,9656 DM		oberer Interventionspunkt
	0,0653 DM ↑ Bandbreite	
1 US-Dollar = 2,9003 DM		Fremdwährungsparität
	0,0653 DM ↓ Bandbreite	
1 US-Dollar = 2,8350 DM		unterer Interventionspunkt

- Die **Parität zu Sonderziehungsrechten** kann entsprechend ausgestaltet sein, wobei es denkbar ist,
  - eine Währung als sog. Leitwährung in feste Beziehung zu Sonderziehungsrechten zu setzen und alle anderen Währungen nach dem Prinzip der Fremdwährungsparität von dieser Währung abhängig zu machen, oder
  - sämtliche Währungen in ein festes Austauschverhältnis zu SZR zu bringen.

f) **Konvertibilität** (Konvertierbarkeit) = die Austauschbarkeit von Währungen untereinander, d. h. die Möglichkeit, gegen die eigene Währung unbeschränkt Devisen zu erhalten. Hierbei sind zu unterscheiden:

- **freie** Konvertibilität = unbeschränkte Austauschbarkeit einer Währung in andere Währungen (sog. **Hartwährung**); längere Zeit waren die wichtigsten Währungen der westlichen Welt frei konvertierbar, heute trifft dies nur noch für wenige Währungen zu, zu denen auch die D-Mark gehört

- **beschränkte** Konvertibilität = mengenmäßig oder auf bestimmte Währungen beschränkte Austauschbarkeit einer Währung (sog. **Weichwährung**); Devisen werden für Zahlungen grds. zugeteilt, stehen allenfalls Ausländern und ausländischen Regierungen frei zur Verfügung (Unterscheidung in Inländer- und Ausländerkonvertibilität nach dem zum freien Austausch Berechtigten), sog. **Devisenbewirtschaftung**; die Zuteilung erfolgt nach unterschiedlichen Gesichtspunkten und ermöglicht zugleich eine Steuerung insb. von Importgeschäften

- **Nicht**-Konvertierbarkeit = **Devisenzwangswirtschaft** (Anwendung: Ostblock-Staaten), d. h., alle mit ausländischen Zahlungsmitteln zusammenhängenden Transaktionen werden über staatliche Stellen (Staatliche Außenhandelsbanken usw.) abgewickelt, dem einzelnen sind Devisenerwerb, -besitz und -transfer grds. untersagt.

g) **Paritätsänderungen** sind Änderungen des Austauschverhältnisses einer Währung gegenüber dem Wechselkurs-Maßstab, d. h. gegenüber der Leitwährung (z. B. US-Dollar), speziellen anderen Währungen, dem Gold oder den Sonderziehungsrechten. **Arten**:

- **Aufwertung** = Heraufsetzung des Außenwertes einer Währung durch Herabsetzung ihres Austauschverhältnisses zu dem jeweiligen Wechselkursmaßstab; Beispiel (DM im Verhältnis zum US-Dollar):
  - alte Parität: 1 US-Dollar = 3,2225 DM
  - neue Parität: 1 US-Dollar = 2,9003 DM

Wirkung:
- 1 US-Dollar kostet weniger und ist weniger wert (= gleichzeitige Abwertung des US-Dollar gegenüber der D-Mark)
- für 1 DM erhält man mehr US-Dollar (0,345 statt 0,310 US-Dollar)
- der Aufwertungseffekt betrifft über den Wechselkurs-Maßstab das Austauschverhältnis der aufgewerteten Währung zu allen an diesem Maßstab orientierten Währungen.

Bedeutung einer Aufwertung der D-Mark:
- deutsche Exporte werden im Ausland teurer (Exportbeschränkung)
- deutsche Importe aus dem Ausland werden billiger (Importförderung)
- damit Veränderung der internationalen Wettbewerbsverhältnisse
- Zahlungsbilanzüberschüsse durch Unterbewertung der eigenen Währung können abgebaut werden
- importierte Inflation (siehe dort) kann weitgehend abgewehrt werden
- durch bewußte und gezielte Aufwertung (möglich bei festen Austauschverhältnissen) können diese Wirkungen herbeigeführt werden.

- **Abwertung** = Herabsetzung des Außenwertes einer Währung durch Heraufsetzung ihres Austauschverhältnisses zu dem jeweiligen Wechselkurs-Maßstab; Wirkungen: umgekehrt wie bei einer Aufwertung.

h) **Floating:**

- **Wesen:** Die Wechselkurse einer Währung werden freigegeben, d. h., die Zentralbank des betreffenden Landes greift bei Erreichen der Interventionspunkte nicht mehr ein, so daß sich die Kurse frei nach Angebot und Nachfrage bilden können.

- **Bedeutung:** Anstelle drastischer Schritte von einer bisherigen unrealistischen zu einer geschätzten neuen Parität kann eine allmähliche Anpassung des Austauschverhältnisses einer Währung an ihren wirklichen Wert gegenüber anderen Währungen und damit eine markt- und wertgerechte Auf- oder Abwertung erfolgen; spekulative Gelder werden weitgehend abgewehrt.

- Andererseits können die Auswirkungen derartiger Wertänderungen (z. B. Exportbeschränkung) das gewünschte, vertretbare oder angemessene Maß bei weitem übersteigen und ein neuerliches Eingreifen der Zentralbank notwendig machen (sog. **Stützung** der Währung) oder aber entsprechende Hilfsmaßnahmen für die davon besonders betroffenen inländischen Wirtschaftsbereiche erfordern.

- Floating bedeutet Erschwerung der Disposition und Kalkulation im Außenhandel, da das Kursrisiko nicht absehbar ist.

- **Block-Floating** ist das gemeinsame Floaten mehrerer Währungen nach außen; im Innern bleiben feste Paritäten und Bandbreiten erhalten. Die angeschlossenen Währungen werden auch als **„Währungsschlange"** bezeichnet. Zweck: Schutz der eigenen Währung vor spekulativen Geldbewegungen.

i) **Sonderziehungsrechte** = besondere Zahlungsmittel im Rahmen des Internationalen Währungsfonds (IWF), die in Form von Buchgeldkrediten durch die Zentralbanken (Notenbanken) sowie obersten Währungsbehörden der Mitgliedsländer in Anspruch genommen werden können.

- **Entstehung:**
  - SZR entstehen durch Gutschrift des IWF zugunsten des Mitgliedslandes auf einem SZR-Konto
  - SZR geben dem betreffenden Mitglied einen Anspruch gegenüber den anderen Teilnehmern auf Überlassung konvertierbarer Währungen, ermöglichen also den Zugang zu fremden Währungsbeständen
  - damit sind die SZR selbst als Währungsreserve geeignet
  - SZR werden verzinst mit dem Durchschnitt der kurzfristigen Marktzinssätze in den 5 Ländern mit den höchsten IWF-Quoten (USA, Deutschland, Japan, Großbritannien, Frankreich).
- **Verwendung:**
  - Verrechnungseinheit auf internationalen Finanzmärkten, in der Entwicklungshilfe, bei internationalen Organisationen und multilateralen Verträgen; Zahlungsmittel zwischen Zentralbanken
  - SZR dienen den Mitgliedsstaaten zum Ausgleich von Zahlungsbilanzdefiziten (zu diesem Zweck werden andere Staaten vom IWF designiert, d. h. verpflichtet, dem währungsschwachen Mitglied gegen SZR konvertierbare Währungen abzutreten)
  - die SZR dürfen jedoch nicht benutzt werden, um die Zusammensetzung der internationalen Liquidität und der Währungsreserven eines Landes zu ändern; SZR dürfen nicht zu unmittelbaren Interventionen auf dem Devisenmarkt eingesetzt werden
  - möglich ist, daß Länder ihre Währungen an die SZR binden (1992: 6 Mitgliedsländer), so daß der Wert der Währung in SRZ festgelegt ist und der Wechselkurs gegenüber anderen Währungen sich nach dem SRZ-Kurs richtet
- für Länder mit hoher internationaler Liquidität (z. B. Bundesrepublik Deutschland) bedeuten die SZR eine Ergänzung der eigenen Reserven
- mit SZR können Schulden beglichen, sie können unter den Mitgliedern des IWF gehandelt werden
- mit SZR darf ein Land aus den Währungsreserven ausländischer Zentralbanken die eigene Währung zurückkaufen
- kein IWF-Mitglied darf im gleitenden Fünfjahresdurchschnitt über mehr als 70 % der ihm zugeteilten SZR verfügen
- nach der IWF-Satzungsänderung von 1978 sind alle bisher in Gold zu leistenden Zahlungen der Mitglieder grds. in SZR zu erbringen
- **Bewertung** der Sonderziehungsrechte:
  - ursprünglich entsprach 1 SZR einer Menge von 0,888671 g Feingold
  - seit 1974 werden SZR nach dem Prinzip des sog. **„Standardkorbs"** bewertet
  - dazu gehörten zunächst 16 am internationalen Handel und Devisenverkehr am häufigsten beteiligte Währungen, für die in ihrem Verhältnis zueinander ein bestimmtes Gewicht festgelegt wurde (z. B. US-Dollar 33,0 %, D-Mark 12,5 %)
  - 1981 wurde dieser Korb durch die Währungen der fünf wichtigsten Handelsländer, USA, Bundesrepublik Deutschland, Großbritannien, Frankreich und Japan, ersetzt

- die Gewichtung erfolgt nach dem Anteil am Weltexport sowie dem Ausmaß, in dem die jewelige Währung von anderen Ländern als Reservewährung gehalten wurde
- Überprüfung alle 5 Jahre, zuletzt zum 1.1.1996
- das Gewicht der fünf Währungen stellt sich aktuell wie folgt dar:

US-Dollar	39 %
D-Mark	21 %
Japanischer Yen	18 %
Französischer Franc	11 %
Pfund Sterling	11 %

- täglich werden die Kurse der Korbwährungen entsprechend ihrer Gewichtung zueinander neu zusammengestellt und die Währungen in SZR ausgedrückt (z. B. 1 SZR = 1,47040 US-Dollar)
- über das Verhältnis der nationalen Währung zum US-Dollar und den US-Dollar/SZR-Kurs läßt sich der SZR-Kurs der jeweiligen Währung berechnen; Beispiel:

1 SZR	= 1,47040	US-Dollar, d. h.
1 US-Dollar	= 0,680087	SZR
wenn 1 US-Dollar	= 1,42120	DM:
1 D-Mark	= 0,4785301	SZR, d. h.
1 SZR	= 2,0897327	DM

- dieses Berechnungssystem hat einen wichtigen Ausgleichseffekt: wenn z. B. der DM-Kurs gegenüber dem US-Dollar um 10 % steigt, wird der US-Dollar gegenüber dem SZR nur um 2,1 % abgewertet, da die D-Mark ja nur mit 21 % am Korb beteiligt ist; damit hat die Aufwertung der D-Mark in diesem Bereich nur eine ihrer internationalen Bedeutung entsprechende Wirkung
- der IWF zahlt Zinsen auf SZR-Bestände und erhebt Gebühren zum gleichen Zinssatz auf Zuteilungen; der SZR-Zinssatz stellt einen gewogenen Durchschnitt der Renditen bestimmter kurzfristiger Anlagen auf den Geldmärkten der Korbwährungen-Länder dar; er wird wöchentlich festgelegt.

k) Weitere Grundbegriffe siehe Abschnitt 5.1.03!

2.1.21 Devisengeschäfte der Kreditinstitute

2.1.210 Überblick

a) Devisengeschäfte der Kreditinstitute lassen sich unterscheiden in

- **Kassageschäfte**, die sofort zu erfüllen sind
- **Termingeschäfte**, deren Erfüllung zu einem späteren Zeitpunkt zu erfolgen hat.

b) Im Rahmen von Devisen**kassa**geschäften werden **Kurse** festgestellt für

- Devisen:
  - amtliche Kursfeststellung an den Devisenbörsen
  - freie Kursermittlung im Handel zwischen KI
- Sorten: Kursfeststellung nach Angebot und Nachfrage unter Berücksichtigung der Kosten, die die Beschaffung und Verwendung ausländischen Bargelds bereitet.

c) KI führen Devisengeschäfte aus

- für **Kunden** in der Rechtsstellung von Kommissionären (sog. Kundengeschäfte)
- für **eigene Rechnung** (Eigengeschäfte).

Dabei kann es sich um Kassa- und um Termingeschäfte handeln. Eine besondere Form der Eigengeschäfte bildet die **Devisenarbitrage**, bei der die KI sich um Ausnutzung von zu verschiedenen Zeiten oder an verschiedenen Plätzen bestehenden Kursunterschieden bemühen.

d) Eine Sonderform durch Verbindung von Kassa- und Termingeschäften stellt das sog. **Swapgeschäft** dar.

e) Auf internationaler Ebene gibt es einen dem nationalen Geldhandel entsprechenden Handel mit Devisen auf der Basis der wichtigsten internationalen Währungen, insb. des US-Dollars (**Eurodollarmarkt,** Asiendollarmarkt usw.).

2.1.211 Devisenkassageschäfte der KI

a) **Wesen:** Kassageschäfte sind Devisengeschäfte, die sofort, d. h. am zweiten Werktag nach Vertragsschluß, erfüllt werden müssen. Hierbei treten KI im eigenen Namen für **eigene** (als Eigenhändler) oder **fremde Rechnung** (als Kommissionäre im Kundenauftrag) auf dem amtlichen oder dem freien Devisenmarkt auf, um Devisenbestände zu veräußern oder Devisenbeträge zu erwerben.

Partner der KI auf dem Devisenmarkt sind

- andere KI
- die Deutsche Bundesbank
- Makler.

Handelsarten:

- bilateral: Fremdwährung gegen Landeswährung
- multilateral: Fremdwährung gegen Fremdwährung.

b) **Amtliche Kursfeststellung:**

- erfolgt an den Devisenbörsen in Frankfurt, Berlin, Düsseldorf, Hamburg und München unter Führung der Frankfurter Börse
- zwischen den einzelnen Börsen bestehen telefonische Verbindungen
- nach Bekanntgabe eines geschätzten Kurses für jede Währung durch den Frankfurter Börsenmakler geben die Devisenhändler der KI ihre Kauf- und Verkaufsaufträge unter Angabe von Kursvorstellungen (Limitierungen) ab
- soweit möglich, werden die Aufträge an jeder Börse für sich ausgeglichen (kompensiert), verbleibende Aufträge werden nach Frankfurt telefonisch weitergegeben
- an der Frankfurter Börse wird hieraus der Devisen-**Mittelkurs** für jede Währung errechnet (sog. **Fixing**; Prinzip der **Einheitskursfeststellung**, vgl. Effektengeschäft), **verbindlich für jede Devisenbörse** in Deutschland

- die **Notierung** der Währungen kann nach zwei Prinzipien erfolgen:
  - als **Preisnotierung**: Angabe des Preises in inländischer Währung für 1 oder 100 Einheiten der ausländischen Währung;

BEISPIEL:

Kurs „120,66" bedeutet, daß für 100 Schweizer Franken 120,66 DM zu zahlen sind (Anwendung in Deutschland)

als **Mengennotierung**: Angabe der Menge an ausländischer Währung, die man für 1 oder 100 Einheiten der eigenen Währung erhält;

BEISPIEL:

Kurs „3,939" bedeutet, daß man für 1 Pfund Sterling 3,939 DM erhält (Anwendung z. B. in England)

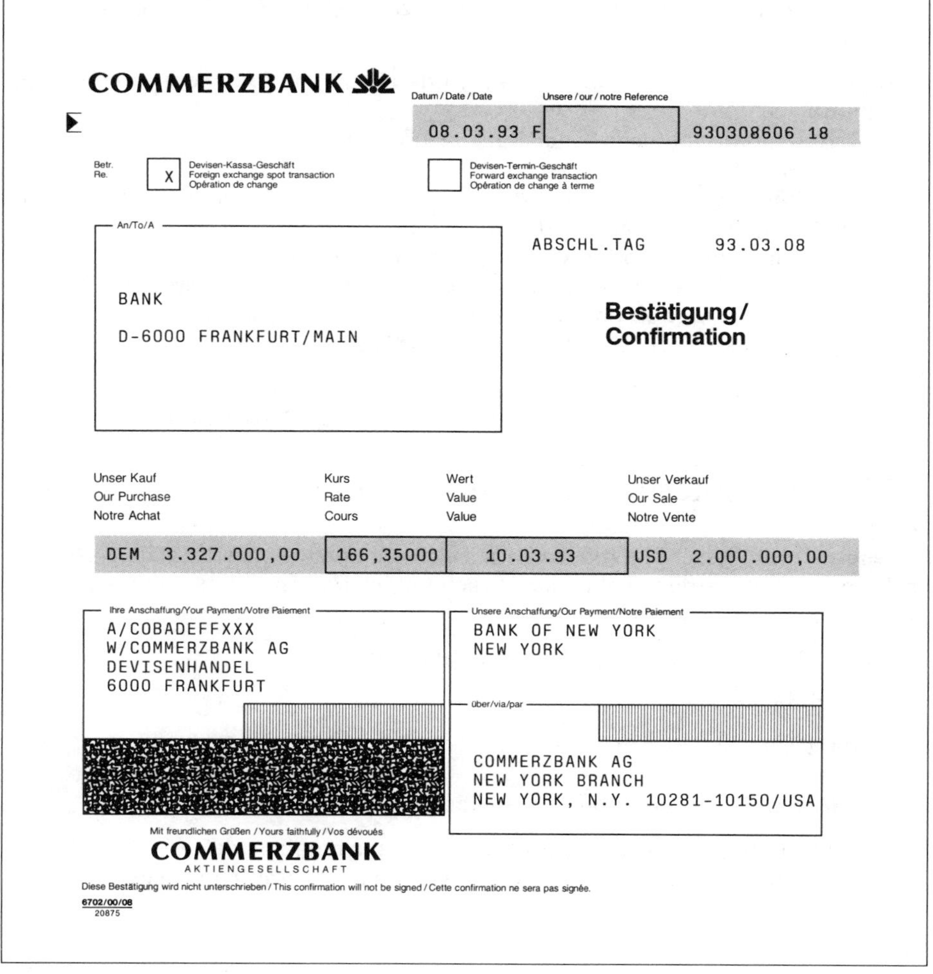

COMMERZBANK

Datum / Date / Date: 08.03.93 F

Unsere / our / notre Reference: 930308606 18

Betr. Re.

[X] Devisen-Kassa-Geschäft / Foreign exchange spot transaction / Opération de change

[ ] Devisen-Termin-Geschäft / Forward exchange transaction / Opération de change à terme

An/To/A

BANK
D-6000 FRANKFURT/MAIN

ABSCHL.TAG 93.03.08

Bestätigung / Confirmation

Unser Kauf / Our Purchase / Notre Achat	Kurs / Rate / Cours	Wert / Value / Value	Unser Verkauf / Our Sale / Notre Vente
DEM 3.327.000,00	166,35000	10.03.93	USD 2.000.000,00

Ihre Anschaffung/Your Payment/Votre Paiement

A/COBADEFFXXX
W/COMMERZBANK AG
DEVISENHANDEL
6000 FRANKFURT

Unsere Anschaffung/Our Payment/Notre Paiement

BANK OF NEW YORK
NEW YORK

über/via/par

COMMERZBANK AG
NEW YORK BRANCH
NEW YORK, N.Y. 10281-10150/USA

Mit freundlichen Grüßen / Yours faithfully / Vos dévoués

COMMERZBANK
AKTIENGESELLSCHAFT

Diese Bestätigung wird nicht unterschrieben / This confirmation will not be signed / Cette confirmation ne sera pas signée.

6702/00/08
20875

- **veröffentlicht** werden **Geld- und Briefkurse**, die um eine Spanne von ca. 2 ‰ vom Mittelkurs abweichen (beim US-Dollar: 0,004 DM)
- die amtlichen Kurse sind maßgeblich für Geschäfte der KI mit Kunden und z. T. mit anderen KI, sie bilden die Grundlage für die Verrechnung von Devisengeschäften des betreffenden Tages (z. B. Überweisungen, Zahlungsaufträge, Konten-Gutschriften, Akkreditivzahlungen usw.)

c) **Freie Kursermitttlung:**

- zum amtlichen Kurs werden i. d. R. nur relativ geringe Einzelumsätze getätigt
- größere Geschäfte für eigene oder Kundenrechnung werden im **freien Devisenhandel** zwischen Kreditinstituten oder über die Deutsche Bundesbank ausgeführt
- die Deutsche Bundesbank rechnet den KI auch größere Umsätze zum jeweiligen amtlichen Mittelkurs ab
- im freien Handel unter KI ergeben sich die Kurse nach **Angebot und Nachfrage** und können daher (eventuell allerdings nur im staatlich festgesetzten Rahmen) erheblichen Schwankungen ausgesetzt sein, die sich z. T. innerhalb weniger Minuten ergeben
- Angebot und Nachfrage bei Devisen werden insb. von folgenden Faktoren beeinflußt:
  - Bedarf oder Überschuß bei Banken und/oder Kunden an ausländischen Währungen
  - Einschätzung der eigenen und fremder Währungen nach ihrem Wert, ihrer Kaufkraft, ihrer Entwertung (Inflationsrate)
  - Erwartung von Auf- oder Abwertungen (Spekulation)
  - unterschiedliche Zinsen im In- und Ausland, die über den Terminmarkt auch auf den Devisen-Kassamarkt einwirken
  - gesamtwirtschaftliche und politische Einflüsse
- im freien Devisenhandel finden Geschäfte grds. nur über größere Beträge statt (beginnend i. d. R. bei 500 000,– US-Dollar oder ihrem Gegenwert)

2.1.212 Devisentermingeschäfte der KI

a) **Wesen:** Termingeschäfte müssen erst zu einem späteren, vertraglich vereinbarten Termin erfüllt werden, wobei der Abrechnungskurs von vornherein feststeht. KI schließen diese Geschäfte ab

- mit Kunden (insb. Außenhandelsunternehmen)
- mit anderen KI
- mit der Deutschen Bundesbank.

b) **Bedeutung:** Devisentermingeschäfte dienen

- der Absicherung von Kursrisiken, die sich daraus ergeben, daß
  - Zahlungen in fremder Währung zu leisten oder zu empfangen sind

- alle Währungen ständigen und z. T. erheblichen Kursschwankungen unterworfen sind
- jederzeit mögliche Auf- und Abwertungen zu sehr starken Veränderungen der Austauschverhältnisse führen können

- der spekulativen Erzielung von Gewinnen aus zeitlich bedingten Kursunterschieden

- der Erzielung von Zinsgewinnen durch vorübergehende Anlage (Termineinlagen!)
  - freier Geldbeträge der eigenen Währung nach Umtausch in fremde Währung
  - freier Devisenbeträge nach Umtausch in die eigene Währung;

  durch ein Kassageschäft wird der Umtausch vollzogen, durch ein Termingeschäft sichergestellt, daß der Zinsgewinn nicht durch Kursverluste beeinträchtigt wird (s. u. Swapgeschäft).

c) **Kursbildung:**

- geschieht zunächst nach Angebot und Nachfrage, also frei; keine amtliche Feststellung von Terminkursen

- Terminkurse werden beeinflußt durch die Einschätzung der beteiligten Währungen, d. h. die erwartete Kursentwicklung, sowie durch den mit dem Termingeschäft verfolgten Zweck

- maßgeblich für die Kurse sind auch die **Laufzeiten**, die i. d. R. 1, 2, 3, 6 oder 12 Monate betragen; am gebräuchlichsten sind 3 und 6 Monate

- auch für Termingeschäfte werden **Geld- oder Briefkurse** genannt;

BEISPIEL:

1 US-Dollar

Kassakurse	Geld	1,5945-1,6025 Brief	
Terminkurse	Geld	1,5742-1,5827 Brief	3 Monate
	Geld	1,5546- 1,5636 Brief	6 Monate

Die Kurse zeigen, daß eine Aufwertung der D-Mark erwartet wird (für einen US-Dollar ist weniger DM aufzuwenden).

2.1.213 Devisen-Kundengeschäfte

a) **Kunden** der KI im Zusammenhang mit Devisengeschäften können sein

- Privatkundschaft, d. h. insbesondere Ex- und Importeure sowie sonstige Unternehmen und Privatpersonen, die Devisenzahlungen zu leisten haben oder erhalten

- Bankenkundschaft, d. h. andere in- und ausländische KI, die für eigene oder für Kundenrechnung tätig werden.

b) Im Verhältnis zu Kunden treten KI als **Kommissionäre** auf, und zwar grundsätzlich unter Ausübung des **Selbsteintrittsrechts**, d. h. Devisen werden aus eigenen

Beständen an Kunden geliefert oder von diesen übernommen; dabei gelten nach den AGB ähnliche Einschränkungen der HGB-Vorschriften über Kommissionäre wie im Effekten-Kommissionsgeschäft.

c) Kundengeschäfte in **Kassadevisen**:

- gegenüber Privatkundschaft: Abrechnung von
  - Devisenkäufen von Kunden zum **Geldkurs**,
  - Devisenverkäufen an Kunden zum **Briefkurs**

  entsprechend der täglichen amtlichen Kursnotierung
- gegenüber Bankenkundschaft: Abrechnung von Devisengeschäften zu **gespannten Kursen**, die zwischen Geld- und Mittelkurs bzw. Mittelkurs und Briefkurs liegen
- gegenüber Filialen, Zweigstellen: Abrechnung zum Mittelkurs oder zu gespannten Kursen.

Eng verbundene Korrespondenzbanken sowie Filialen und Zweigstellen können Abrechnung zu **doppelt gespannten** Kursen erhalten, die zwischen gespannt Geld/Brief und Mittelkurs liegen.

BEISPIEL am DM-Kurs des US-Dollar

1,5230		1,5250		1,5270		1,5290		1,5310
Geld	–,0020	gespannt Geld	–,0020	Mitte	–,0020	gespannt Brief	–,0020	Brief
		–,0040				–,0040		

b) Kundengeschäfte in **Termindevisen**:

- Hauptziel von Privatkunden, d. h. insbesondere Import- und Exporteuren, die mit ihren Kreditinstituten Devisentermingeschäfte abschließen, ist die Vermeidung von **Kursrisiken**:
  - erwartet ein Kunde zu einem bestimmten späteren Termin eine Zahlung in ausländischer Währung, kann er durch ein Termingeschäft erreichen, daß er bei Eingang des Währungsbetrages einen DM-Betrag zu einem angemessenen Umtauschkurs, der von vornherein feststeht, erhält
  - will ein Kunde zu einem bestimmten Termin eine Zahlung in ausländischer Währung leisten, so kann er mit seiner Bank einen angemessenen und von vornherein feststehenden Kurs vereinbaren, aus dem sich ein fester DM-Betrag ergibt, der zum Zahlungszeitpunkt aufzuwenden ist
  - auf diese Weise können Kursschwankungen für das jeweilige Geschäft vermieden werden
  - der Kunde muß zwar gewisse **Kurssicherungskosten** aufwenden, die sich aus der Differenz zwischen Termin- und Kassakurs ergeben, erhält andererseits aber eine **feste Kalkulationsgrundlage** für das abzuwickelnde Geschäft.

- **Abwicklung** (Beispiel):
  - ein Exporteur, der am 01.06. einen Kaufvertrag schließt, wonach er am 01.12. desselben Jahres einen Zahlungseingang in Höhe von 20 000,– US-Dollar zu erwarten hat, rechnet mit einer Wertsteigerung der D-Mark
  - daher verkauft er den Währungsbetrag per 01.12. an seine Bank zum Kurs von 1,5240
  - am 01.12. erhält er den Dollarbetrag und schafft ihn bei seiner Bank an, diese zahlt dafür 30 480,– DM; der derzeitige Dollarkurs liegt bei 1,5210 (die D-Mark hat an Wert gegenüber dem Dollar tatsächlich gewonnen): hätte der Exporteur den Währungsbetrag zu diesem Kurs verkaufen müssen, hätte er dafür nur 30 020,– DM erhalten
  - doch auch wenn der Exporteur bei dem Devisentermingeschäft praktisch einen Verlust erleidet (z. B. der Kurs ist gegenüber dem Terminkurs gestiegen), hat er den Vorteil, eine sichere kalkulatorische Basis für seine Geschäfte zu besitzen, die es ihm ermöglicht, seine Verkaufspreise von vornherein entsprechend anzusetzen, so daß der rechnerische Verlust sich für den Exporteur nicht realisiert und das Geschäft sich so abwickelt, als sei es in eigener Währung getätigt worden.

2.1.214 Eigene Devisengeschäfte der KI

a) **Überblick:** KI betreiben eigene Geschäfte (Interbankgeschäfte) in Form von

- Kassageschäften, um
  - ihre Fremdwährungsbestände in einem angemessenen Umfang zu halten
  - Kursunterschiede an verschiedenen Handelsplätzen auszunutzen

- Termingeschäften, um
  - Kursrisiken abzusichern
  - eine Termineinlage in eigener oder fremder Währung unterzubringen
  - zeitbedingte Kursunterschiede auszunutzen.

b) KI unterhalten bei der Deutschen Bundesbank und bei ausländischen Banken **Fremdwährungskonten** (in der Bank als **Nostrokonten** geführt). Die hierauf gehaltenen Fremdwährungsbestände bilden die sog. **Bankenposition** (Devisenposition); diese setzt sich zusammen aus

- der **Kundenposition** = für Kunden unterhaltene Guthaben bzw. bestehende Verbindlichkeiten (= Einlagen/Verbindlichkeiten der Kunden des KI auf Fremdwährungs-Kundenkonten)

- der **Händlerposition** = für eigene Rechnung unterhaltene Guthaben bzw. bestehende Verbindlichkeiten.

Durch tägliche Geschäfte für Kunden oder für eigene Rechnung verändern sich diese Bestände. **Beispiele**:

- ein Kunde erteilt einen Zahlungsauftrag über 100 000 £: er wird auf seinem Fremdwährungs-KKK (Kontokorrentkonto) mit diesem Betrag belastet; das KI weist eine ausländische Korrespondenzbank, z. B. Midland Bank, London, an, diesen Betrag dem eigenen £-Konto zu belasten und der Bank des Empfängers anzuschaffen

- das KI verkauft per Kasse 100 000 US-Dollar an ein anderes (z. B. deutsches) KI; es weist daher seine ausländische Korrespondenzbank oder die Deutsche Bundesbank zur Anschaffung dieses Betrages beim Empfänger-KI zu Lasten des Dollarkontos des auftraggebenden KI an.

Zur Vermeidung unnötiger Verluste oder des Entgehens von Gewinnen bemüht jede Bank sich, ihre Fremdwährungsbestände möglichst ausgeglichen zu halten, d. h.

- kein Fremdwährungskonto zu überziehen, damit die z. T. sehr hohen Sollzinsen vermieden werden
- keine zu großen Guthaben zu unterhalten, die auf laufenden Konten nur gering oder gar nicht verzinst werden.

Daher müssen überschüssige Beträge verkauft oder zinsbringend angelegt (als Termingeld, meist sehr kurzfristig), fehlende Devisen gekauft werden, und zwar über den amtlichen Handel (kleine Beträge) und den freien Bankenhandel (Großbeträge).

c) Der **freie Handel** der KI in Devisen spielt sich (wie der innerdeutsche Geldmarkt) im Telefon- und Fernschreibverkehr zwischen einer relativ geringen Zahl von KI an den wichtigsten deutschen und internationalen Devisenhandelsplätzen ab. Auf Sicherheiten wird dabei in beiden Geschäftsbereichen (Kassa- und Termindevisen) verzichtet; erforderlich ist daher eine völlig zweifelsfreie Bonität der Beteiligten.

Da es im freien Devisenhandel um große Währungsbeträge geht und die Kurse sich – nach Angebot und Nachfrage – äußerst schnell ändern können, ist für die Teilnahme am Handel ein eingespieltes Team erfahrener **Devisenhändler** erforderlich, die über modernste Nachrichtengeräte verfügen. Sie sind nach den Handelsusancen verpflichtet, insb. im Kassahandel jedem anfragenden KI einen Kurs für Ankauf und für Verkauf jeder üblichen Währung zu „stellen" und hier ein Geschäft in angemessenem Umfang zu tätigen (das Stellen des Kurses ist also ein verbindliches Angebot, das vom Fragenden unter Angabe des Vertragswertes angenommen werden kann). Um hieraus keinen Nachteil zu erleiden, d. h. Devisen zu ungünstigen Kursen nehmen oder abgeben zu müssen, ist eine genaue Kenntnis des Marktes und der Kursentwicklung erforderlich, die erreicht wird durch ständiges eigenes Anfragen nach Kursen bei anderen KI.

d) Eine besondere Form der Eigengeschäfte von KI in **Kassadevisen** stellt die **Devisenarbitrage** dar.

- **Wesen:** an verschiedenen Devisenhandelsplätzen (in der Bundesrepublik Deutschland: die Orte der Devisenbörse) entstehen aufgrund von Angebot und Nachfrage zur gleichen Zeit unterschiedliche Kurse. Diese Kursunterschiede versucht das KI auszunutzen.
- **Arten:**
  - **Ausgleichsarbitrage:** ein KI versucht, einen fehlenden Devisenbetrag möglichst günstig zu erwerben oder einen überschüssigen Bestand möglichst teuer zu veräußern, um seine Bankenposition ausgeglichen zu halten
  - **Differenzarbitrage:** ein KI versucht, durch Kauf und Verkauf hoher Devisenbeträge innerhalb eines Tages die Kursunterschiede auszunutzen (bei sog. Zeitdifferenzarbitrage versucht das KI, die Position bis zum Eintreten eines günstigen Kursniveaus einige Tage offenzuhalten). Aufgrund der Markttransparenz ist die Bedeutung der Differenzarbitrage zurückgegangen.

BEISPIEL:

ein Kreditinstitut bemüht sich um Arbitragegewinn:
1. Kauf US-Dollar 1 Mill. in Frankfurt zu 1,5284
2. Verkauf US-Dollar 2 Mill. in Hamburg zu 1,5294
3. Verkauf US-Dollar 1 Mill. in München zu 1,5282
4. Verkauf US-Dollar 2 Mill. in Düsseldorf zu 1,5270
5. Kauf US-Dollar 1 Mill. in Hamburg zu 1,5265
6. Kauf US-Dollar 3 Mill. in Frankfurt zu 1,5260
Gekauft: US-Dollar 5 Mill. – Verkauft: US-Dollar 5 Mill.

Erfüllung:

Kurs	zu zahlen (DM)	zu bekommen (DM)
1. 1,5284	1 528 400,–	
2. 1,5294		3 058 800,–
3. 1,5282		1 528 200,–
4. 1,5270		3 054 000,–
5. 1,5265	1 526 500,–	
6. 1,5260	4 578 000,–	
	7 632 900,–	7 641 000,–
Differenz = 8 100,– DM = Gewinn		

e) Eigene **Devisentermingeschäfte** der KI können ihren Ursprung in einem Termingeschäft mit Kunden oder in dem Bemühen einer Bank haben, durch Kursdifferenzen Gewinne zu erzielen oder freie Geldbeträge zu dem höchstmöglichen Zinssatz anzulegen, wobei die Zinsen je nach Währung und Ort der Anlage als Termingeld schwanken können.

Derartige **Zinsschwankungen** beruhen auf

- unterschiedlichen Diskontsätzen der Währungsländer
- verschiedenem Geldbedarf in- und ausländischer Banken und Privatkunden (Unternehmen), d. h. unterschiedlichen Kreditgewährungsmöglichkeiten.

Schließen KI Devisentermingeschäfte ohne ein Kassa-Gegengeschäft ab, so spricht man von **Outright-** oder **Sologeschäften**.

Bei Optionsgeschäften in Devisen hat der Erwerber der Option das Recht, gegen Zahlung eines Optionspreises innerhalb eines bestimmten Zeitraums Devisen zu einem festen Kurs zu kaufen oder zu verkaufen.

Wenn ein bestehendes Kursrisiko abgesichert werden soll, werden grundsätzlich **Swapgeschäfte** vereinbart = Koppelung eines Termingeschäftes mit einem Kassa(gegen)geschäft zwischen denselben Kontrahenten über gleiche Devisenbeträge.

BEISPIEL:

für ein Swapgeschäft: (Geschäfte werden getätigt **am** 01.03.)

	Kunde	A-Bank	B-Bank	C-Bank
	Terminverkauf per 01.06. US $ 100 000 zu 1,5420 **= 154 200,– DM**	Terminkauf per 01.06. US $ 100 000 zu 1,5420 **= 154 200,– DM**		
SWAP		Terminverkauf per 01.06. US $ 100 000 zu 1,5510 **= 155 100,– DM** Kassakauf per 01.03. US $ 100 000 zu 1,5340 **= 153 400,– DM**	Terminkauf per 01.06. US $ 100 000 zu 1,5510 **= 155 100,– DM** Kassaverkauf per 01.03. US $ 100 000 zu 1,5340 **= 153 400,– DM**	SWAP
möglich:		Kassaverkauf per 01.03. US $ 100 000 zu 1,5360 **= 153 600,– DM**		Kassakauf per 01.03. US $ 100 000 zu 1,5360 **= 153 600,– DM**

Daraus ergibt sich: („+“ = zu bekommen, „–“ = zu zahlen)

Kunde	A-Bank	B-Bank	C-Bank
+ 154 200 DM falls Tageskurs am 01.06. = 1,5150 Verlust von DM 2 700 vermieden	– 154 200 DM + 155 100 DM – 153 400 DM + 153 600 DM Gewinn 1 100 DM statt Kassaverkauf wäre US $-Anlage möglich	– 155 100 DM + 153 400 DM Verlust 1 700 DM kann z. B. durch DM-Anlage 3 Mon. zu 8 % p. a. Zinsen = 5 068 DM gerechtfertigt sein	– 153 600 DM z. B. zur Eindeckung offener $-Position oder $-Terminanlage

Die Differenz zwischen Terminkurs (hier 1,5510) und Kassakurs (hier 1,5340) ist der sog. Swapsatz (hier 0,017 DM);

- ist Terminkurs **höher** als Kassakurs: **Report**
- ist Terminkurs **niedriger** als Kassakurs: **Deport**

(im Beispiel liegt ein Report vor).

Die Swapsätze stellen zugleich die **Kurssicherungskosten** dar: hat z. B. die B-Bank das Swapgeschäft geschlossen, um ein Kursrisiko abzusichern, sind ihr hierfür 1 700,– DM an Kosten erwachsen.

Ein Deport liegt i. d. R. vor, wenn das Währungsland eine passive Zahlungsbilanz aufweist und/oder für diese Währung hohe Zinsen gezahlt werden, da diese Währung dann vorwiegend per Termin verkauft wird, um Währungsverluste zu vermeiden oder das hohe Zinsniveau auszunutzen.

Reporte werden umgekehrt für Währungen mit niedrigem Zinsniveau oder von Ländern mit aktiver Zahlungsbilanz notiert.

Bedeutung von Swapgeschäften:

- Absicherung bestehender Devisenpositionen gegen Kursrisiken (im Beispiel: Kunde überträgt sein Risiko auf die A-Bank, diese gibt es weiter an die B-Bank)
- Abbau überschüssiger Positionen (im Beispiel z. B. durch B-Bank) bzw. Ausgleich von Fehlbeträgen (im Beispiel z. B. durch A-Bank, sofern die Kassadevisen nicht an die C-Bank veräußert werden, sonst z. B. durch diese)
- Ausnutzung von Kursdifferenzen (im Beispiel durch A-Bank über die beiden Kassageschäfte)
- Ausnutzung günstiger Zinssätze, die bei verschiedenen Währungen differieren können (im Beispiel: Dollar-Terminanlage der A-Bank statt des Kassaverkaufs, D-Mark-Terminanlage der B-Bank)
- Zinsswap: Austausch einer Zinsforderung oder Zinsverbindlichkeit, z. B. einer kurzfristigen Zinsverbindlichkeit gegen eine langfristige, in derselben Währung; unterschiedliche Zinserwartung der Partner, die gegenseitig ihre jeweiligen Zinsverbindlichkeiten erfüllen.

Will ein KI einen Währungsbetrag zinsgünstig im Ausland anlegen, zugleich aber das Kursrisiko ausschalten, schließt es mit einem anderen KI ebenfalls ein Swapgeschäft ab: Kassakauf und Terminverkauf der erforderlichen Devisen. In diesem Fall wird nur der Swap gezahlt, d. h. die Differenz zwischen Termin- und Kassakurs; in ihm kommt dann zugleich der erzielbare Zins zum Ausdruck.

Bei Absicherung des vom Kunden nach Abschluß eines Termingeschäftes übernommenen Kursrisikos muß das KI beachten, daß der Terminkurs des Kundengeschäftes günstiger als der des Swapgeschäftes ist und die Kurse der Kassageschäfte möglichst wenig differieren.

Besondere Bedeutung hat das Swapgeschäft bei Abschluß mit der **Deutschen Bundesbank**: diese kann die Kurssicherungskosten durch niedrigen Deport verringern oder durch Report sogar eine **Swap-Prämie** zahlen; damit wird nicht nur der Kapitalwert gefördert, sondern – bei Weitergabe des Vorteils an die Kunden der KI – allgemein das Exportgeschäft.

Die **Berechnung des Swapsatzes** der Bundesbank erfolgt nach folgender Formel (für einen 3-Monats-Swap):

$$\text{Swapsatz} = \frac{\text{Terminkurs} - \text{Kassakurs}}{\text{Kassakurs}} \times 4 \times 100$$

(im obigen Beispiel ergibt sich demnach ein Report von 4,43 %).

Gezielte Geschäfte zur Ausnutzung internationaler Zinsdifferenzen werden als **Zinsarbitrage** bezeichnet. Zu niedrigeren Zinsen wird in einem Land Kredit aufgenommen, zu höheren Zinsen das Kapital in einem anderen Land angelegt. Bei gesicherter Zinsarbitrage wird das Währungsrisiko durch Kopplung eines Devisenkassa- und eines Devisentermingeschäfts ausgeschaltet.

2.1.215 Internationaler Devisenhandel

a) **Wesen:** Handel mit Devisen und Vergabe von Krediten in verschiedenen Währungen und an unterschiedlichen Handelsplätzen. Man unterscheidet insbesondere

- den **Euromarkt:** Handel/Kreditvergabe auf Basis europäischer Währungen außerhalb des nationalen Geltungsbereichs (siehe Abschnitt 2.1.14)
- den **Eurodollarmarkt:** Handel/Kreditvergabe in US-Dollars an den wichtigsten europäischen Bankplätzen (London, Frankfurt, Luxemburg, Paris u.a.)
- den **Asien-Dollar-Markt:** Fernost-Bankplätze (Hongkong, Tokio, Singapur u.a.).

Wichtigste Währungen des internationalen Devisenhandels sind

- Dollar, D-Mark, Yen
- zunehmend auch ECU.

Nachfolgend wird der **Euromarkt** behandelt.

b) **Entstehung** des Euromarktes: Nach 1960 als Eurodollarmarkt aufgrund des erheblichen und anhaltenden Zahlungsbilanzdefizits der USA, das zu großen Beträgen freier US-Dollar führte. Außerdem ließen sich hohe Zinsen durch Dollaranlagen erzielen (während für Habenzinsen Höchstgrenzen galten, Regulation Q). Hinzu kamen in den Siebziger Jahren die sog. **Petro-Dollars**, erhebliche Erträge arabischer Staaten aus Ölverkäufen.

c) **Merkmale:**

- Großbeträge
- einheitliche Marktbedingungen und Finanzierungsformen
- keine staatlichen Eingriffe.

d) **Teilnehmer:**

- Kreditinstitute Europas und der USA

- multinationale Großunternehmen
- Staaten.

e) **Transaktionen** am Euromarkt:

- **Geldmarkt:** Geld- und Devisenhandel als Kassa- und Termingeschäfte, wobei Ausgleichs-, Differenz- und Zinsarbitrage betrieben werden
- **Mittelfristiger Markt:** Vergabe von Krediten durch die Beteiligten
- **Kapitalmarkt:** Ausgabe und Handel europäischer Emissionen sowie Aufnahme von Schuldscheindarlehen.

f) **Besicherung:** Der Euro-Geldmarkt operiert teilweise ohne Sicherheiten, vergleichbar dem inländischen Geldmarkt; im übrigen sind folgende Sicherungen gebräuchlich:

- Bankgarantien
- Solawechsel des Endkreditnehmers mit Avalierung einer Bank von zweifelsfreier Bonität
- Negativerklärungen
- Patronatserklärungen

g) **Risiken:** Neben den Währungsrisiken, die bei Handel/Kreditvergabe auf Devisenbasis bestehen und durch Termingeschäfte absicherbar sind, bestehen politische Risiken in bezug auf die beteiligten Länder und Gefahren hinsichtlich der Zahlungsfähigkeit der beteiligten Kredit-/Kapitalnehmer/Handelspartner. Andererseits besteht eine so starke Verwobenheit der internationalen Märkte und ihrer Träger, daß hiervon in nicht unerheblichem Umfang stabilisierende Wirkung ausgeht.

h) **Abwicklung** (Beispiel):

Erläuterungen: Die Ziffern 1 bis 3 kennzeichnen die Möglichkeiten, die das deutsche Kreditinstitut zur Verwendung des vom Kunden durch Kassakauf der US-Dollars erhaltenen Währungsbetrages besitzt:

① Kassaverkauf an ein deutsches KI zu möglichst günstigem Kurs

② Termineinlage in den USA bei der Korrespondenzbank, bei der der Währungsbetrag vom Importeur anzuschaffen war

③ Anlage auf dem Euro(dollar)markt z. B. in London als Termingeld:

(A) bei einem englischen KI, das den Betrag für einen englischen Importeur benötigt

(B) bei einem dort vertretenen amerikanischen KI, das einem Importeur einen Dollarkredit einräumen will. Über den deutschen Exporteur und dessen KI kann der Betrag erneut auf den Euromarkt zurückkehren.

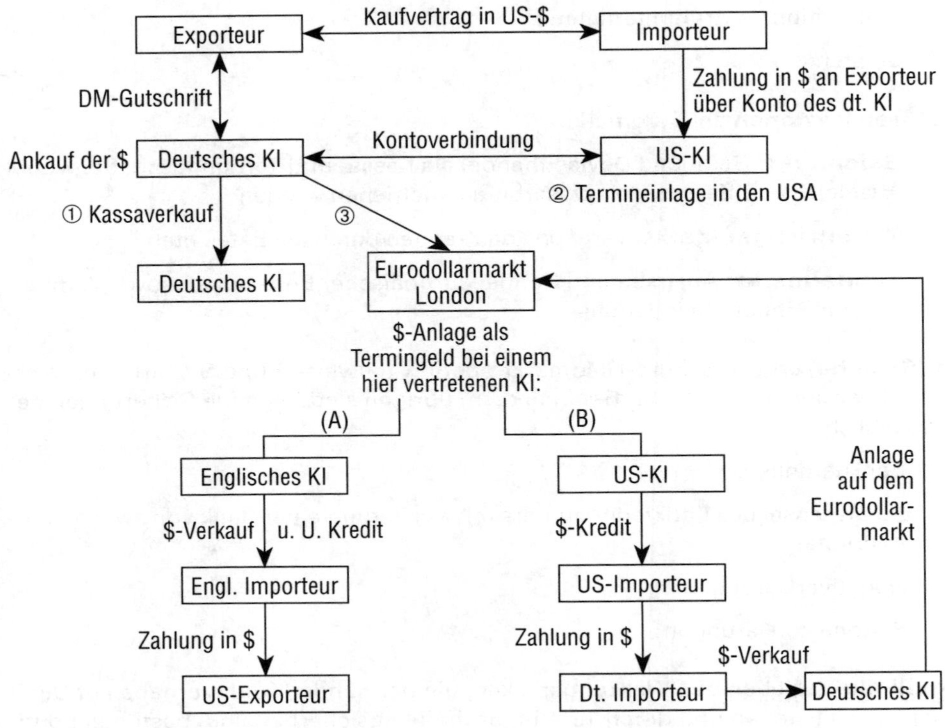

2.1.216 Rechtsvorschriften für Devisengeschäfte der KI

a) Verschiedene Ereignisse haben gezeigt, daß Kreditinstitute in kurzer Zeit im Devisenhandel so große Verluste erleiden können, daß ihre Existenz gefährdet ist.

Besonders **risikobehaftet** sind dabei **Termingeschäfte**, da bei ihnen eine Festlegung auf einen Vertragspreis (Kurs) erfolgt, die sich zwar nach der Einschätzung und der erwarteten Kursentwicklung der betreffenden Währung richtet, aber dennoch zu ganz erheblichen Verlusten führen kann, wenn durch verschiedene meist nicht vorhersehbare Faktoren der Kurs eine ganz andere Entwicklung nimmt.

Dieses Risiko realisiert sich jedoch nur dann, wenn das KI in einer Währung eine **offene Position** unterhält, d. h. zum Beispiel einen Währungsbetrag per Termin kauft und bei Fälligkeit per Kasse verkauft: es erwartet hieraus einen Kursgewinn, kann jedoch auch einen Verlust erleiden.

Offene Positionen können sich auch aus **Kassageschäften** ergeben, wenn ein KI z. B. Fremdwährungsbeträge per Kasse erworben, jedoch nicht wieder veräußert hat, da es auf höhere Kurse an den nächsten Tagen hofft und/oder da es am Kauftag die Kursentwicklung „verpaßt" hat, d. h. die überschüssigen Beträge aufgrund rasch sinkender Kurse nicht mehr ohne Verlust veräußern konnte und nun auf ein erneutes Ansteigen der Kurse wartet – nicht selten vergeblich.

b) Zur Begrenzung der sich hieraus ergebenden Risiken wurden zunächst neue **Meldevorschriften** für Devisentermingeschäfte der KI im Rahmen der monatlichen Bilanz-Statistik erlassen, die das Terminengagement der KI erkennbar und durchsichtig werden lassen sollen.

c) Außerdem wurden die Grundsätze des Bundesaufsichtsamtes über das Eigenkapital und die Liquidität der KI per 1.1.1974 um den **Grundsatz Ia** ergänzt. Dieser bestimmt in seiner derzeit gültigen Fassung,

- daß bestimmte Risikopositionen eines KI 42 % des haftenden Eigenkapitals täglich bei Geschäftsschluß nicht übersteigen sollen, wobei sich 21 % auf Devisen- und Edelmetallpositionen beziehen.

Einzelheiten siehe Abschnitt 1.0.125.

d) Zur besseren Überwachung der Handelsgeschäfte der KI stellt das Bundesaufsichtsamt für das Kreditwesen außerdem bestimmte **Mindestanforderungen** an das Betreiben von Handelsgeschäften. Einzelheiten siehe Abschnitt 1.0.12:

- für jedes abgeschlossene Devisengeschäft muß ein vornumerierter Händlerzettel mit Namen des Kontrahenten, Betrag, Valuta, Kurs, Abschlußtag und Fälligkeit ausgefüllt werden
- zur Fortschreibung der Devisenbestände muß jedes Devisengeschäft in eine Dispositionsliste eingetragen werden; die Händlerzettel sind in der Devisendisposition zu erfassen.

2.1.217 Sortenhandel

a) **Wesen:** Zu Devisen im weiteren Sinne gehören auch Sorten, d. h. ausländische Banknoten und Münzen. Zum Sortenhandel wird auch der Handel mit Gold (Barren und Münzen) gerechnet. Erwerb, Besitz und Veräußerung von Sorten und Gold sind nach AWG und AWV genehmigungsfrei, aber Meldevorschriften unterworfen.

b) Der **Handel mit Sorten** betrifft Geschäfte von Kreditinstituten

- mit anderen KI
- mit Kunden insb. im Rahmen des Reiseverkehrs.

Zu berücksichtigen ist hierbei, daß die Erfüllung von Sortengeschäften nicht durch buchmäßige Verrechnung wie im Devisenhandel erfolgen kann, sondern in effektiver Lieferung erfolgen muß.

Für die **Kursfeststellung für Sorten** ergeben sich daher folgende Besonderheiten gegenüber den Devisenkursen:

- Geschäfte sind **sofort**, also gleichtägig, zu erfüllen (Devisengeschäfte erst zwei Werktage später); die Differenz zum Devisenhandel wird durch einen Zinsaufschlag ausgeglichen
- die Erfüllung im Sortenhandel unter KI sowie die über diesen Handel erfolgende Glattstellung der Bestände führt zu besonderen Versand- und Versicherungskosten

- Angebot und Nachfrage entsprechen nicht unbedingt dem Devisenhandel in den betreffenden Währungen, da sie z. T. von anderen Faktoren abhängen (insb. Reisesaison)
- besondere Situationen können sich bei nicht konvertierbaren Währungen ergeben, deren Herkunftsländer Einfuhrbeschränkungen oder -verbote erlassen haben
- die Höhe des Wertes der einzelnen Noten spielt für ihre Absetzbarkeit eine entscheidende Rolle, desgleichen für die Begleitkosten; Münzen sind für den Sortenhandel praktisch ungeeeignet.

Daraus ergibt sich, daß die Sortenkurse sich zwar vielfach an den Devisenkursen orientierten, aber zumindest eine wesentlich größere Spanne zwischen Geld- und Briefkurs aufweisen.

BEISPIEL:

	Devisen-Mittelkurs	Noten-Ankauf	Noten-Verkauf
1 US-Dollar	1,6302	1,58	1,69
1 brit. £	2,492	2,39	2,59
100 holl. fl	89,16	88,05	90,50
100 franz. Fr	29,725	28,70	30,70
100 schweiz. Fr	111,68	109,80	113,00
1 000 ital. Lire	1,094	1,025	1,155

Kunden erhalten Abrechnung zu sog. **Schalterkursen**; diese sind spesenfrei, der Ertrag des KI ergibt sich aus der Spanne zwischen An- und Verkaufskursen.

Zwischen KI wird zu besonderen **Bankenkursen** abgerechnet.

Für den Ankauf von **Münzen** nehmen KI einen Abschlag von 10 bis 30 % vor.

c) Der **Edelmetallhandel** der KI betrifft insb. den Handel mit **Gold** in Form von Münzen und Barren. Umsätze sind mehrwertsteuerpflichtig (grds. voller Satz; Ermäßigung für Sammlermünzen, vgl. Abschnitt 0.6.20).

Für **Barren** ist Grundlage die Notierung der **Feinunze** (31,1035 g) in US-Dollar. Zu beachten ist die Reinheit des Goldes (990 bis 999,9 ‰). Haupthandelsplätze sind London und Zürich.

Für **Münzen** sind Angebot und Nachfrage, also (auch bei gesetzlichen Zahlungsmitteln wie dem Krüger-Rand, Südafrika) das Sammlerinteresse, besonders bedeutsam. Auf den Goldwert wird daher ein **Agio** (= Aufgeld) erhoben, das bei geringen Auflagen mehrere 1000 Prozent betragen kann.

2.2 Wiederholung

Abschnitt 2.0 Der Außenhandel

1. Warum gibt es Außenhandel? Wie wirkt sich eine zunehmende Ausdehnung des Welthandels in politischer und wirtschaftlicher Hinsicht global und für eine einzelne beteiligte Volkswirtschaft aus?
2. Was versteht man unter liberalisiertem und kontingentiertem Außenhandel?
3. Warum ist der Außenhandel der Bundesrepublik Deutschland grundsätzlich frei, jedoch bestimmten Einschränkungen unterworfen? Stellen Sie den Zusammenhang zum System der Sozialen Marktwirtschaft dar!
4. Welche allgemeinen Gründe für Beschränkungen des Außenwirtschaftsverkehrs gibt es, und welche technischen Beschränkungsmöglichkeiten sieht das AWG vor?
5. Schildern Sie das Verfahren, das ein deutscher Importeur im Rahmen der genehmigungspflichtigen Einfuhr zu beachten hat!
6. Wie kann ein deutscher Exporteur feststellen, ob sein Ausfuhrgut einer Genehmigungspflicht unterliegt?
7. Schildern Sie den aktuellen Stand der europäischen wirtschaftlichen Integration!
8. Mit welchen Risiken und Gefahren müssen Importeur und Exporteur im Rahmen eines Außenhandelskaufvertrages rechnen?
9. Welche einzelnen Fragen werden durch die Incoterms geregelt? Erläutern Sie die wichtigsten Punkte anhand der folgenden Klauseln:
   a) FOB
   b) CIF
   c) DES
10. Beschreiben Sie die Merkmale des Clean Payment und zählen Sie die möglichen Formen auf!
11. Erklären Sie die folgenden Begriffe:
    a) Preisgleitklausel
    b) Wechselkursversicherung
    c) Spätesttermin
    d) Liefervertragskredit
12. Worin besteht die Bedeutung der Dokumente für die Abwicklung von Außenhandelsgeschäften?
13. Kennzeichnen Sie kurz Wesen und Bedeutung der folgenden Dokumente:
    a) Handelsrechnung
    b) Konsulatsfaktura
    c) Ursprungszeugnis
14. Wann wird im Rahmen eines Auslandstransportes ein Versicherungszertifikat ausgefertigt? Erklären Sie den Begriff „imaginärer Gewinn" im Zusammenhang mit Versicherungsdokumenten!

15. Welche Arten von Konnossements-Teilscheinen kennen Sie? Erklären Sie kurz den Sinn ihrer Verwendung anstelle des Originalkonnossements!

16. Grenzen Sie die Funktionen der folgenden Handelsmittler voneinander ab:
    a) Exportvertreter
    b) Auslandsvertreter
    c) CIF-Agent

17. Was ist eine Zahlungsbilanz? Aus welchen Einzelpositionen setzt sie sich zusammen? Wann spricht man von einer aktiven Zahlungsbilanz?

Abschnitt 2.1. Die Auslandsgeschäfte der Kreditinstitute

1. Nennen und beschreiben Sie mindestens zwei banktechnische Möglichkeiten, Zahlungen ins Ausland zu leisten!

2. Welche Nachteile bzw. Risiken bringt das Dokumenten-Inkasso als Zahlungsform im Außenhandel für Exporteur und Importeur mit sich?

3. Auf welche Weise kann eine Bank im Rahmen des Dokumenten-Inkassos dem Importeur die Dokumente „andienen"?

4. Welche Rechtsbeziehungen bestehen zwischen den an einem Dokumenten-Akkreditiv Beteiligten?

5. Erläutern Sie anhand einer skizzierten Übersicht die Abwicklung eines Dokumenten-Akkreditivs! Warum bringt es sowohl dem Exporteur als auch dem Importeur eine weitgehende Sicherung gegen die sonst üblichen Risiken bei Außenhandelskontrakten?

6. Das Dokumenten-Akkreditiv beinhaltet ein „abstraktes" Schuldversprechen. Was bedeutet das? Von wem allein hängt es letztlich ab, ob die Akkreditivbank – sofern sie grundsätzlich dazu bereit ist – zahlt?

7. Aus welchen Gründen werden Akkreditive bestätigt?

8. Was versteht man unter einem Gegen-Akkreditiv? Wann kann seine Ausfertigung erforderlich werden?

9. Welche Besonderheiten ergeben sich bei einem frei negoziierbaren Akkreditiv?

10. Erläutern Sie kurz Zweck und Bedeutung der Import- und der Exportfinanzierung unter Angabe ihrer Anwendungsbereiche!

11. Beschreiben Sie die Technik der Imortfinanzierung durch Bevorschussung von Akkreditiv- und Inkassodokumenten!

12. Aus welchen Gründen kann sich zur Finanzierung des Importeurs statt eines (normalen) Akzeptkredites der Rembourskredit empfehlen?

13. Welche Unterschiede bestehen in der Abwicklung von Rembourskrediten zur Finanzierung
    a) des Importeurs
    b) des Exporteurs?

14. Welche Aufgaben übernimmt die HERMES-Kreditversicherung im Zusammenhang mit Exportgeschäften? Welche Arten von Risiken sind versicherbar?

15. Schildern Sie mit eigenen Worten die Gründe für die Existenz der AKA Ausfuhrkreditgesellschaft mbH und die Bedeutung dieses Instituts!

16. Erläutern Sie anhand eines praktischen Beispiels die Abwicklung eines AKA-Kredites aus dem Plafond A; stellen Sie hierzu einen Finanzierungs- und Tilgungsplan auf!

17. Was sind Devisen, und welche Arten lassen sich unterscheiden?

18. Beschreiben Sie das Wesen einer Fremdwährungsparität und erklären Sie in diesem Zusammenhang den Begriff der Bandbreiten!

19. Ist die D-Mark frei konvertierbar? Was heißt das?

20. Was versteht man unter einer Aufwertung (ausgehend von dem Begriff der Parität), wie wirkt sie sich unmittelbar (auf die beteiligten Währungen) und mittelbar (auf die Gesamtwirtschaft) aus?

21. Versuchen Sie, für die nachstehenden Begriffe kurze Definitionen zu finden:
    a) Floating
    b) Sonderziehungsrechte

22. Erläutern Sie an Beispielen den Unterschied zwischen Preis- und Mengennotierung für Devisen!

23. Welchen Zweck verfolgt ein deutscher Exporteur mit dem Abschluß eines Devisentermingeschäftes?

24. Was versteht man unter der Differenzarbitrage durch Devisenkassageschäfte der KI?

25. Welche Gründe können zum Abschluß von Swapgeschäften führen? Erklären Sie hierbei die Begriffe Report und Deport sowie die Rolle der Bundesbank bei diesen Devisengeschäften!

26. Welchen Inhalt haben die derzeit gültigen Rechtsvorschriften für Devisengeschäfte der KI? Warum wurden sie erlassen?

27. Wie werden Sortenkurse ermittelt? Wie verhalten sich diese Kurse zu den Devisenkursen der betreffenden Währungen?

3. Rechnungswesen in Kreditinstituten

3.0 Grundlagen

3.0.0 Überblick

Kreditinstitute sind Vollkaufleute nach § 1 II HGB und demnach zur Führung von Handelsbüchern verpflichtet. Einzelheiten sind in den §§ 238 ff. HGB niedergelegt (vgl. Abschnitt 0.4.04). Nach den Änderungen durch das Bilanzrichtliniengesetz enthält das HGB auch die wesentlichen Vorschriften über die Rechnungslegung in speziellen Unternehmensformen wie der Aktiengesellschaft, der GmbH oder der Genossenschaft, während die entsprechenden Spezialgesetze nur noch Detailregelungen und die weiterführenden Vorschriften beinhalten.

Auch unter steuerlichen Aspekten (vgl. § 140 AO) ist eine ordnungsmäßige Buchführung erforderlich. Weitere Rahmen- sowie Prüfungsvorschriften enthält das Kreditwesengesetz.

Darüber hinaus ist ein geordnetes Rechnungswesen für Kreditinstitute unerläßlich, um die meist bargeldlos, also durch Belastung und Gutschrift auf Konten ablaufenden Vorgänge innerhalb des Institutes und zwischen KI einwandfrei abwickeln zu können.

Zum **Rechnungswesen** gehören

- Buchführung
- Kosten- und Erlösrechnung
- Statistik und Planung.

Kosten- und Erlösrechnung sowie Statistik und Planung bedienen sich der Buchhaltung, um zu bestimmten Aussagen über die Ertrags- und Vermögenslage eines Betriebes in der Vergangenheit und Gegenwart zu kommen und hinreichend zuverlässige Prognosen der zukünftigen Entwicklung zuzulassen.

3.0.1 Buchführungssysteme

a) Überwiegend von **Minderkaufleuten** wird die **„Einfache Buchführung"** angewandt, bei der nur die Veränderungen bei Vermögenswerten und Schulden zeitlich festgehalten werden.

b) In **öffentlichen Haushalten** (Bund, Länder, Gemeinden, Gemeindeverbände) wird die **„Kameralistische Buchführung"** eingesetzt: den in den Haushaltsplänen vorgesehen Ausgaben und Einnahmen werden die Ist-Werte gegenübergestellt.

c) **Vollkaufleute** müssen, um ordnungsmäßige Buchführung zu betreiben, die **„Doppelte Buchführung"** (**Doppik**) verwenden. Dies bedeutet, daß

- jeder Geschäftsvorfall zu (mindestens) einer Soll- und (mindestens) einer Habenbuchung führt
- beide Teile des Buchungssatzes wertgleich sind
- (mindestens) zwei Konten angesprochen werden.

Dieses System setzt sich fort

- in der Gestaltung der Konten (zwei Seiten: Soll und Haben)
- im Aufbau der Bilanz (zwei Seiten: Aktiva und Passiva)
- in der Ermittlung des Unternehmenserfolges (zwei Seiten: Gewinn und Verlust).

3.0.2 Die Bilanz

3.0.20 Grundbegriffe

a) Die **Bilanz** ist eine Gegenüberstellung der **Vermögenswerte** und der **Schulden** eines Betriebes in Kontoform (zweiseitige Rechnung). Vgl. hierzu §§ 266 ff. HGB und Abschnitt 0.4.042.

Die **rechte** Seite der Bilanz

- heißt Passivseite
- enthält die Schulden und das Reinvermögen (Eigenkapital)
- gibt Auskunft über die Vermögens**herkunft** (Finanzierung).

Die **linke** Seite der Bilanz

- heißt Aktivseite
- enthält die Vermögenswerte
- gibt Auskunft über die Vermögens**verwendung** (Investierung).

b) Grundlage der Bilanz ist eine **Inventur**, d. h. die körperliche Bestandsaufnahme der Vermögenswerte und der Schulden einer Unternehmung. Sie wird zu einem bestimmten Zeitpunkt vorgenommen und im **Inventar** (Bestandsverzeichnis) schriftlich festgehalten.

Vermögenswerte eines KI, die gemessen, geschätzt, gezählt, gewogen usw. werden müssen, sind z. B. Kassenbestand, Wertpapiere, Gold, Forderungen (auch Zweifelhafte Forderungen). **Schulden** sind die Verbindlichkeiten des Unternehmens; bei KI bestehen sie gegenüber Kreditinstituten und gegenüber anderen Gläubigern.

Aus der Differenz zwischen Vermögen und Schulden ergibt sich das **Reinvermögen = Eigenkapital**. Nicht jedes KI verfügt über Eigenkapital im eigentlichen Sinne; maßgeblich ist die Rechtsform. Bei Sparkassen wird eine Sicherheitsrücklage gebildet.

c) **Rechtsgrundlagen:**

- nach § 242 HGB muß eine Bilanz für jedes Geschäftsjahr, d. h. mindestens alle 12 Monate aufgestellt werden
- die Bilanz muß nicht **an**, sondern **zu** einem bestimmten Stichtag aufgestellt werden
- Inventar und Bilanz müssen von dem/den Geschäftsinhaber(n) unterschrieben werden, bei juristischen Personen von den gesetzlichen bzw. verfassungsmäßig berufenen Vertretern; ein Prokurist ist dazu nicht befugt (§ 245 HGB).

3.0.21 Die Aktivseite (Aktiva)

a) Die **Gliederung** der Aktivseite erfolgt nach der Liquidität. Unterschieden werden

- Anlagevermögen
- Umlaufvermögen.

Bei Kreditinstituten richtet sich der Bilanzaufbau nach **abnehmender** Liquidität: je flüssiger ein Vermögenswert ist, desto weiter oben steht er auf der Aktivseite.

b) Das **Umlaufvermögen** besteht aus Vermögenswerten, die ihrer Bestimmung nach dem Betrieb nicht dauernd zur Verfügung stehen sollen; bei KI vor allem

- Kasse, Bundesbank-Guthaben, Postbankguthaben
- Schecks, Wechsel, Forderungen an KI und an Kunden, börsengängige Wertpapiere.

c) Das **Anlagevermögen** besteht aus dauernd dem Betrieb dienenden, andererseits aber schwer liquidisierbaren Werten, z. B.

- Grundstücke und Gebäude
- Betriebs- und Geschäftsausstattung
- Beteiligungen.

3.0.22 Die Passivseite (Passiva)

a) Die Passivseite wird unterteilt in Eigen- und Fremdkapital; das Fremdkapital unterteilt man nach seiner Fälligkeit: je kürzer es zur Verfügung steht, umso weiter oben ist es auf der Passivseite vermerkt.

b) **Fremdkapital** erhalten die KI als

- Verbindlichkeiten gegenüber Kreditinstituten

- Verbindlichkeiten gegenüber anderen Gläubigern
- sowie insb. aus eigenen Schuldverschreibungen (Sparkassenobligationen, Bankschuldverschreibungen usw.).

c) Zum **Eigenkapital** gehören

- Eigen- oder Grundkapital im eigentlichen Sinne, d. h. von Eigentümern/Gesellschaftern/Aktionären usw. aufgebrachte Mittel
- Rücklagen, d. h. vom Unternehmen aus Gewinnen gebildete eigenkapitalähnliche Positionen
- bei Kreditgenossenschaften: Geschäftsguthaben der Genossen; zu 75 % auch die Haftsummen (sog. Haftsummenzuschlag).

3.0.23 Jahresabschluß der Kreditinstitute

3.0.230 Grundlagen

Kreditinstitute sind Vollkaufleute nach § 1 II HGB. Daher gelten für sie in bezug auf Rechnungslegung und Jahresabschluß

- die generellen Vorschriften des HGB (§§ 238-263)
- die ergänzenden Vorschriften für KI (§§ 340-340 o HGB)
- soweit sie als AG, KGaA oder GmbH betrieben werden, die §§ 264-335 HGB sowie die Sonderregelungen des Aktiengesetzes und des GmbH-Gesetzes
- soweit sie als Genossenschaft betrieben werden, die §§ 336-339 HGB sowie das Genossenschaftsgesetz.

Siehe hierzu Abschnitt 0.4.04.

3.0.231 KWG-Vorschriften

Das KWG trifft in § 26 folgende wesentliche Sonderregelungen für KI:

a) Vorlage von Jahresabschluß, Lagebericht und Prüfungsbericht (§ 26):

- Aufstellung des Jahresabschlusses für das vergangene Geschäftsjahr in den ersten drei Monaten des laufenden Geschäftsjahres
- unverzügliche Einreichung von Jahresabschluß und Lagebericht bei Bundesaufsichtsamt und Bundesbank; desgleichen Konzernabschluß und Konzernlagebericht, sofern diese aufgestellt werden
- der Jahresabschluß muß mit dem Bestätigungsvermerk des Abschlußprüfers oder dem Vermerk, daß die Bestätigung versagt wird, versehen sein
- Einreichung des Prüfungsberichtes (vgl. §§ 27 ff. KWG) ebenfalls unverzüglich.

b) Sonderregelungen gelten für Verstöße gegen Bewertungsvorschriften und Sonderprüfungen.

c) Die aufgrund des Bankbilanzrichtlinien-Gesetzes aufgehobenen §§ 25 a, 25 b, 26 a (spezielle Bewertungsvorschriften) und 26 b sind neu geregelt in den §§ 340 ff. HGB (s. u.); die bisherigen KWG-Vorschriften waren zuletzt auf Geschäftsjahre anzuwenden, die vor dem 1.1.1993 begannen.

3.0.232 EG-Bilanzrichtlinie / Bankbilanzrichtlinien-Gesetz

a) **Wesen:** Am 8.12.1986 wurde die Richtlinie über den Jahresabschluß und den konsolidierten Abschluß von Banken und anderen Finanzinstituten verabschiedet (Bankbilanzrichtlinie, BBRL). Hierdurch wurden die durch die EG-Bilanzrichtlinie geschaffenen Neuregelungen ergänzt und für KI spezifiziert.

In der Bundesrepublik wurden diese Regelungen durch das Bankbilanzrichtlinien-Gesetz (BankBiRiLiG) vom 30.11.90 sowie die Verordnung über die Rechnungslegung der Kreditinstitute (RechKredV) in nationales Recht umgesetzt.

Das Bankbilanzrichtlinien-Gesetz fügt in das HGB mit den §§ 340-340 o ergänzende Vorschriften für die KI ein. Die neuen Vorschriften werden auf die Jahresabschlüsse der KI angewandt, die Geschäftsjahre nach dem 31.12.92 betreffen. Insofern sind also Jahresabschlüsse bis zum 31.12.92 mit den folgenden nicht direkt vergleichbar.

b) **Konsequenzen:**

- wesentliche Änderungen in der Gliederung der Bilanz und der Gewinn- und Verlustrechnung der KI
- §§ 25 a-26 b KWG werden aufgehoben und in den §§ 340 ff. HGB neu geregelt
- Fortbestand des § 26 a KWG (spezielle Bewertungsvorschriften) als neuer § 340 f HGB.

3.0.233 Ergänzende Vorschriften des HGB

Das HGB trifft in den §§ 340-340 o folgende Sonderregelungen für KI:

a) Aufstellung und Veröffentlichung von **Jahresabschluß und Lagebericht** (§§ 340 a bis 340 d):

- KI haben auf ihren Jahresabschluß die für große Kapitalgesellschaften geltenden Vorschriften des HGB anzuwenden, auch wenn sie nicht in der Rechtsform einer Kapitalgesellschaft betrieben werden
- KI haben einen Lagebericht nach § 289 HGB aufzustellen
- die erleichterten Vorschriften für kleine und mittelgroße Kapitalgesellschaften (verkürzte Bilanz und GuV, § 267 HGB) sind nicht anwendbar
- für KI gelten vom HGB abweichende, durch Rechtsverordnung (RechKredV) erlassene Formblätter für den Jahresabschluß (gilt auch für Konzernabschluß und -lagebericht); diese einheitlichen Formblätter unterscheiden sich durch zahlreiche Fußnoten, die den Besonderheiten der verschiedenen Institutsgruppen Rechnung tragen

- ab 1.1.1998 sind Forderungen und Verbindlichkeiten im Anhang nach **Fristigkeit** zu gliedern (maßgeblich: Restlaufzeit am Bilanzstichtag).

b) **Prüfung und Offenlegung** (§§ 340 k-340 l):

- KI haben unabhängig von ihrer Größe den Jahresabschluß und Lagebericht vor Ablauf des fünften Monats des dem Abschlußstichtag folgenden Geschäftsjahres prüfen zu lassen
- KI haben den Jahresabschluß (Bilanz, GuV, Anhang) und den Lagebericht durch Hinterlegung beim zuständigen Register sowie durch Bekanntmachung im Bundesanzeiger offenzulegen
- KI, deren Bilanzsumme 300 Mio. DM nicht übersteigt, sind von dieser Pflicht zur Bekanntmachung im Bundesanzeiger befreit, müssen dort jedoch bekanntmachen, bei welchem Register die Unterlagen eingereicht worden sind (sog. Hinweisbekanntmachung).

c) **Pensionsgeschäfte** (§ 340 b):

- KI oder Kunde (Pensionsgeber) überträgt Vermögensgegenstände auf anderes KI oder Kunden (Pensionsnehmer) mit Verpflichtung zur Rückübertragung
- als Vermögensgegenstände kommen z. B. Wechsel, Forderungen oder Wertpapiere in Betracht
- Gegenleistung: Zahlung eines Betrages/Rückzahlung eines vereinbarten Betrages bei Rückübertragung, Differenz ergibt den Preis
- **echtes** Pensionsgeschäft: Verpflichtung des Pensionsnehmers zur Rückübertragung zu bestimmtem/noch zu bestimmendem Zeitpunkt;
  - Bilanz des Pensiongebers: Ausweis der Vermögensgegenstände und einer Verbindlichkeit in Höhe des erhaltenen Betrages; Buchwert der Vermögensgegenstände ist im Anhang anzugeben
  - Bilanz des Pensionsnehmers: kein Ausweis der Vermögensgegenstände, aber Forderung in Höhe des gezahlten Betrages
- **unechtes** Pensionsgeschäft: Pensionsnehmer ist lediglich **berechtigt**, die Vermögensgegenstände rückzuübertragen;
  - Vermögensgegenstände sind nur in der Bilanz des Pensionsnehmers auszuweisen
  - Angabe des für die Rückübertragung vereinbarten Betrages durch Pensionsgeber unter der Bilanz
- Devisen- und Börsentermingeschäfte u.ä. gelten nicht als Pensionsgeschäfte.

d) **Spezielle Bewertungsvorschriften** (§ 340 e-340 g):

- Die nach § 26 a KWG gebildeten Sonder-Sammelwertberichtigungen führten zur Bildung von stillen Reserven; Auflösung nicht erforderlich
- Nachfolgeregelung ist § 340 f HGB:
  - auch weiterhin ist die Bildung versteuerter stiller Reserven zugelassen, soweit dies nach vernünftiger kaufmännischer Beurteilung zur Sicherung gegen die besonderen Risiken notwendig ist

- KI dürfen
  - Forderungen an KI und Kunden
  - Wertpapiere außerhalb Anlagevermögen bzw. Handelsbestand

  mit niedrigerem Wert als nach § 253 I HGB zugelassen ansetzen
- diese Vorsorgereserven sind auf 4 % der Summe bestimmter in § 340 f genannter Vermögensgegenstände beschränkt; nach § 26 a KWG gebildete Vorsorgen können fortgeführt werden (§ 31 II EGHGB)
- bestimmte Angaben über Bewertungen brauchen in Jahresabschluß und Lagebericht nicht gemacht zu werden
- Kompensation bestimmter Aufwands- und Ertragspositionen (Überkreuz-Kompensation) ist weiterhin zulässig.

e) **Währungsumrechnung** (§ 340 h):

- Auf ausländische Währung lautende Vermögensgegenstände sind in DM umzurechnen (zu welchem Kurs, regelt § 340 h)
- Aufwendungen, die sich aus der Währungsumrechnung ergeben, sind in der GuV zu berücksichtigen
- Erträge aus der Währungsumrechnung dürfen nur unter bestimmten Voraussetzungen berücksichtigt werden.

f) **Weitere Vorschriften** zu Konzernabschluß und -lagebericht, Prüfung des Jahresabschlusses, Straf- und Bußgeldregelungen.

3.0.3 Das Konto

3.0.30 Grundbegriffe

a) **Definition:** Ein Konto ist eine zweiseitige, zur wertmäßigen Erfassung von Geschäftsvorfällen bestimmte Rechnung, deren

- linke Seite = **Sollseite** belastet wird (Lastschrift)
- rechte Seite = **Habenseite** erkannt wird (Gutschrift).

b) Unterschieden werden

- Bestandskonten
- Erfolgskonten
- gemischte Konten.

c) Die Konten eines Betriebes sind in einem **Kontenplan** gegliedert, der sich nach den speziellen Anforderungen dieses Unternehmens richtet. Für bestimmte Unternehmensarten (z. B. Industrie, Großhandel, Kreditinstitute) gibt es zur Übernahme empfohlene **Kontenrahmen**, die weiter nach Institutsgruppen (z. B. Geschäftsbanken, Sparkassen, Kreditgenossenschaften) differenziert sein können.

3.0.31 Bestandskonten

3.0.310 Wesen

Bestandskonten sind die unmittelbar aus der Bilanz abgeleiteten Konten für einzelne Vermögens- und Schuldenbestände. Dementsprechend gibt es

- **aktive** Bestandskonten:
  - Anfangsbestand und Zunahmen auf der Sollseite (also links, wie in der Bilanz)
  - Abnahmen und Endbestand (Ausbuchung in die Bilanz) auf der Habenseite
- **passive** Bestandskonten:
  - Anfangsbestand und Zunahmen auf der Habenseite (also rechts, wie in der Bilanz)
  - Abnahmen und Endbestand (Ausbuchung in die Bilanz) auf der Sollseite.

3.0.311 Buchung auf Bestandskonten

a) Buchungen auf Bestandskonten erfolgen in der Weise, daß

- mindestens eine Buchung im Soll
- mindestens eine Buchung im Haben vorgenommen wird,

wobei die Buchungen auf beiden Seiten insgesamt **wertgleich** sein müssen.

b) Die Buchungen werden in einem **Buchungssatz** zusammengefaßt.

- Einfacher Buchungssatz: eine Soll-, eine Habenbuchung
- zusammengesetzter Buchungssatz:
  - eine Soll-, mehrere Habenbuchungen
  - mehrere Soll-, eine Habenbuchung
  - mehrere Soll-, mehrere Habenbuchungen.

Die Sollbuchung wird angedeutet durch den Begriff **„per"** (wird in der Praxis weggelassen), die Habenbuchung durch das Wort **„an"**.

c) Buchungen auf Bestandskonten können folgende **Wirkungen** haben:

- **Aktivtausch**, d. h.
  - Vermehrung (mindestens) eines Aktivkontos
  - gleichzeitig Verminderung (mindestens) eines Aktivkontos
  - Beispiel: Barverkauf einer Schreibmaschine
    → Kasse an Betriebs- und Geschäftsausstattung
- **Passivtausch**, d. h.
  - Verminderung (mindestens) eines Passivkontos
  - gleichzeitig Vermehrung (mindestens) eines Passivkontos
  - Beispiel: Darlehen eines Gläubigers wird in Eigenkapital umgewandelt
    → Kunden-Kontokorrent an Eigenkapital

- **Bilanzverkürzung**, d. h. Verminderung (mindestens) eines Passivkontos und (mindestens) eines Aktivkontos
  Beispiel: Rückzahlung eines Kredites an ein KI über LZB-Girokonto
  → Banken-Kontokorrent an LZB-Giro
- **Bilanzvermehrung**, d. h. Vermehrung (mindestens) eines Aktivkontos und (mindestens) eines Passivkontos
  Beispiel: Kunde zahlt auf sein Sparkonto ein
  → Kasse an Spareinlagen

3.0.312 Beleg, Grundbuch, Hauptbuch

a) Grundlage jeder Buchung ist ein **Beleg**. Keine Buchung darf ohne Beleg ausgeführt werden. Die Belege entstehen aus Geschäftsvorfällen, bei deren Abwicklung sie ausgefertigt werden (z. B. Auszahlungsbeleg). Oft enthält ein Beleg nur die Soll- oder die Habenbuchung; organisatorisch bieten sich hierbei Durchschriften an.

b) Nach ihrer chronologischen (zeitlichen) Reihenfolge werden die Geschäftsvorfälle im **Grundbuch** (Journal, Primanota, Memorial) erfaßt.

c) Die sachlich-systematische Ordnung der Geschäftsvorfälle erfolgt durch Buchung auf Konten (sog. Hauptbuchkonten), die im **Hauptbuch** zusammengefaßt sind.

3.0.313 Kontoeröffnung und Kontoabschluß

a) Das System der doppelten Buchführung verlangt, daß Anfangsbestände nicht einfach aus der Bilanz in das Konto übertragen, sondern eingebucht werden. Gegenkonto einer solchen Buchung ist ein **Eröffnungsbilanzkonto** (EBK).

BEISPIEL:

→ Kasse an EBK
→ EBK an Kreditoren

Das EBK gibt die Bilanz spiegelbildlich wieder.

b) Ebenso wird bei Kontoabschluß verfahren: Der Schlußbestand wird durch Buchung in ein **Schlußbilanzkonto** (SBK) übernommen, das zugleich die Schlußbilanz, in Konten aufgelöst, wiedergibt.

BEISPIEL:

→ SBK an Kasse
→ Kreditoren an SBK

Die Schlußbestände der Konten ergeben sich

- rechnerisch aus dem Saldo von Soll- und Habenseite

- durch Inventur.

Beide Werte müssen übereinstimmen.

3.0.32 Erfolgskonten

3.0.320 Grundlagen

a) Bestimmte Geschäftsvorfälle führen zu Vermehrungen oder Verminderungen des Eigenkapitals der Unternehmung:

- Vermehrungen des Eigenkapitals sind **Erträge**
- Verminderungen des Eigenkapitals sind **Aufwendungen**.

b) Diese Vorfälle werden nicht direkt auf dem Kapitalkonto, sondern getrennt nach Aufwendungen und Erträgen auf unterschiedlichen, sachlich gegliederten **Erfolgskonten** verbucht. (Der Begriff „Erfolg" wird also hier **wertneutral** verwandt: auch Aufwendungen sind Erfolge!)

c) Beispiele:

- Debitor (Kreditnehmer) zahlt Zinsen:
  → Kasse an Zinserträge
- Kreditor (Einleger, Gläubiger) erhält Zinsgutschrift: z. B.
  → Zinsaufwendungen an Spareinlagen
- Miete für das Geschäftsgebäude wird überwiesen:
  → Raumkosten an LZB-Giro

d) Regel:

- **Aufwendungen** werden im **Soll** gebucht (da sich als „Gegenleistung" z. B. ein Aktiv-Bestand vermindert, z. B. der Kassenbestand)
- **Erträge** werden im **Haben** gebucht (denn z. B. ein Aktiv-Bestand vergrößert sich).

3.0.321 Abschluß

a) Am Jahresende werden Erfolgskonten über das **Gewinn- und Verlustkonto** (GuV) abgeschlossen. Die Umbuchung erfolgt wie beim Bestandskonto durch Übertragung des Saldos.

BEISPIEL:

GuV an Aufwandskonto
→ Ertragskonto an GuV-Konto

b) Der sich anschließend auf dem GuV-Konto ergebende Saldo zeigt auf, mit welchem **Erfolg** das Unternehmen das Jahr beendet. Dieses Ergebnis wird durch Buchung auf das Kapitalkonto übertragen:

- Erträge übersteigen die Aufwendungen: **Gewinn**
  → GuV-Konto an Eigenkapital
- Aufwendungen übersteigen die Erträge: **Verlust**
  → Kapitalkonto an GuV-Konto

c) Bei KI in der Rechtsform einer Kapitalgesellschaft oder Genossenschaft und bei Sparkassen entfällt der Abschluß über das Kapitalkonto; Gewinn oder Verlust werden in der Bilanz gesondert ausgewiesen.

d) Bei KI in der Rechtsform einer Einzelunternehmung oder Personengesellschaft besteht ein **Privatkonto**, über das Einlagen oder Privatentnahmen des/der Inhaber verbucht werden. Das Privatkonto ist ein Unterkonto des Kapitalkontos, das während des Jahres **ruhen** soll, und wird über dieses abgeschlossen.

3.0.322 Gemischte Bestandskonten

a) **Wesen:** Gemischte Bestandskonten sind Konten, deren Bestände zwischen den Bilanzstichtagen nicht nur **mengenmäßig**, sondern auch **wert**mäßig schwanken, da durch Verkäufe und Käufe sowie Bestandsbewertungen Gewinne und/oder Verluste eingetreten sind.

b) **Arten:** insbesondere

- Eigene Wertpapiere
- Devisen
- Sorten und Edelmetalle.

c) **Behandlung:**

- Zur Ermittlung des Schlußbestandes ist **Inventur** erforderlich
- der so ermittelte Schlußbestand wird über das Schlußbilanzkonto abgeschlossen;

BEISPIEL:

→ SBK an eigene Wertpapiere

- der sich nunmehr auf dem Konto ergebende Saldo zeigt, ob ein Gewinn oder ein Verlust eingetreten ist; der Erfolg wird über das entsprechende Erfolgskonto abgeschlossen;

BEISPIEL:

→ Sorten an Kursgewinne
→ Kursverluste an DM-Kassa-Devisen.

3.0.4 Die Betriebsübersicht

3.0.40 Begriff

a) **Wesen:** Die Betriebsübersicht (Hauptabschlußübersicht) gibt in tabellarischer Form die Entwicklung der Konten und das Inventurergebnis wieder und ermöglicht

- die Errechnung der Salden
- die Abstimmung der Konten auf rechnerische Richtigkeit
- die Ermittlung des Reingewinns

vor dem eigentlichen Abschluß der Hauptbuchkonten und der Bilanzaufstellung.

b) **Zusammensetzung:** Bestandteile der Betriebsübersicht sind

- die Summenbilanz
- die Saldenbilanz
- die Abschlußbilanz (Inventarbilanz)
- die Erfolgsübersicht.

3.0.41 Aufbau

a) Die **Summenbilanz** enthält die Summen der Hauptbuchkonten einschließlich der Anfangsbestände, getrennt nach Soll und Haben. Nach dem System der Doppik müssen die Endsummen der Soll- und der Habenseite der Summenbilanz übereinstimmen, da der Buchung auf einer Seite immer eine Buchung auf der anderen Seite gegenübersteht.

b) In die **Saldenbilanz I** werden die sich auf den einzelnen Hauptbuchkonten ergebenden Salden übernommen. Insgesamt müssen die Salden der Soll- und der Habenseite einander ausgleichen.

Zur Vorbereitung des Jahresabschlusses müssen sog. **vorbereitende Abschlußbuchungen** vorgenommen werden, z. B. die Umbuchung des Privatkontos auf das Kapitalkonto oder die Buchung von Abschreibungen und Wertberichtigungen. Diese Buchungen werden in einer gesonderten Spalte festgehalten.

Aufgrund dieser Buchungen ergibt sich eine berichtigte **Saldenbilanz II**.

c) Die durch Inventur ermittelten Bestände werden in der **Abschlußbilanz** (Inventarbilanz) zusammengefaßt. Sie müssen mit den Buchbeständen (d. h. mit den buchhalterisch ermittelten Beständen) der Saldenbilanz II grundsätzlich übereinstimmen. Bei gemischten Konten ergeben sich Abweichungen, die auf die in ihnen enthaltenen Gewinne und Verluste zurückzuführen sind. Die Kontokorrentkonten müssen den Kreditoren- und den Debitorenbestand getrennt ausweisen.

Der Saldo zwischen Soll- und Habenseite der Abschlußbilanz gibt den Erfolg der Unternehmung wieder, also Gewinn oder Verlust.

d) In der **Erfolgsübersicht** werden die Salden der Aufwands- und der Ertragskonten erfaßt. Außerdem sind Gewinne und Verluste auf gemischten Konten einzubeziehen. Damit ist die Erfolgsübersicht eine erste Gewinn- und Verlustrechnung. An ihrem Ende steht die Errechnung des Reingewinns, der mit dem Ergebnis der Abschlußbilanz übereinstimmen muß.

3.1 Buchungen im Geschäftsverkehr

3.1.0 Zahlungsverkehr

3.1.00 Barverkehr

3.1.000 Kassengeschäfte

a) Durch **Einzahlungen** vermehrt sich der Kassenbestand. Daher ist der Betrag auf dem Konto Kasse im **Soll** zu buchen. Das Gegenkonto ergibt sich aus dem Geschäftsvorfall.

BEISPIEL:

Kunde zahlt auf sein Sparkonto ein
→ Kasse an Spareinlagen

Zugleich erhöhen sich die Verbindlichkeiten des KI aus Spareinlagen.

Auszahlungen sind entsprechend auf dem Konto Kasse im **Haben** zu buchen.

b) Durch die tägliche Inventur des Kassenbestandes lassen sich Kassendifferenzen ermitteln. Auch diese müssen gebucht werden, da der Buchbestand dem tatsächlichen Bestand angepaßt werden muß. Gegenkonto ist ein neutrales Erfolgskonto:

- Erfolgskonto, da die Kassendifferenz ein Gewinn oder Verlust ist
- „neutral" als Gegensatz zu „betrieblich-ordentlich", da die Differenz einen außerordentlichen Vorgang darstellt.

Dementsprechend lauten die Buchungen:
→ Kasse an Kassenüberschüsse
(Der Überschuß ist wie ein Eingang zu buchen.)

→ Kassenfehlbeträge an Kasse

Da die Kassendifferenzen Erfolge darstellen, sind die Differenzkonten über das GuV-Konto abzuschließen:
→ Kassenüberschüsse an GuV-Konto
→ GuV-Konto an Kassenfehlbeträge

c) In der **Bilanz** werden unter der Position „Barreserve/Kassenbestand" ausgewiesen:

- gesetzliche Zahlungsmittel in D-Mark (Bargeld)
- Postwertzeichen
- Sorten (siehe Abschnitt 3.1.001)

Nicht im Kassenbestand werden ausgewiesen

- Goldmünzen (gesetzliche Zahlungsmittel): „Sonstige Vermögensgegenstände"
- Kassendifferenzen (s. o.).

3.1.001 Sortenhandel

a) Die **Buchung** von Geschäften über ausländische Banknoten und Münzen (Sorten) erfolgt über das Konto „Sorten", das in **D-Mark** geführt wird. Bestände und Ein- und Ausgänge werden außerdem im **Sortenskontro** (Hilfsbuch) festgehalten.

Buchungen: z. B.

- Kunde kauft Lit. 100 000 am Schalter zum Kurs von 1,09:
  → Kasse an Sorten 1 090,– DM
- Kunde verkauft dem KI US-$ 100 zum Kurs von 1,63 zur Gutschrift auf seinem DM-Girokonto:
  → Sorten an Kunden-Kontokorrent 163,– DM

b) **Abschluß:**

- Ermittlung des Schlußbestandes durch Inventur
- **Bewertung** des Bestandes
  - zum Tageskurs am Bilanzstichtag (= Geldkurs, d. h. Ankaufskurs) **oder**
  - nach dem Niederstwertprinzip: maßgeblich ist der niedrigere Kurs (Ankaufskurs
    - Kurs am letzten Bilanzstichtag – Kurs am jetzigen Bilanzstichtag)
- Buchung des Erfolgs (erforderlich, da gemischtes Konto):
  → Sorten an Kursgewinne
  → Kursverluste an Sorten

c) **Bilanzausweis** des Sortenbestandes: in der Position „Barreserve/Kassenbestand".

3.1.002 Edelmetallhandel

a) Der Edelmetallhandel führt grds. zu **Mehrwertsteuerpflicht**. Ausnahmen:

- Gold- und Silbermünzen, deren Netto-Verkaufspreis nicht über dem Nennwert liegt
- Goldmünzen, die formal als gesetzliche Zahlungsmittel gelten
- Goldbarren, unverarbeitetes Gold
- Goldlieferansprüche und Goldzertifikate.

Wesen der Mehrwertsteuer ist, daß lediglich der bei einer Vertriebsstelle erzeugte **Mehrwert** der Besteuerung unterliegt. Daher ist

- die einem Händler in Rechnung gestellte Mehrwertsteuer (**Vorsteuer**)

- von der auf den von ihm erhobenen Preis gerechneten Mehrwertsteuer abzuziehen, so daß nur die bei dem Händler vollzogene Wertschöpfung besteuert wird.

BEISPIEL:

(1)	KI erwirbt Silber zum Preis von	10 000,– DM
	zzgl. 16 % Mehrwertsteuer	1 600,– DM
	Gesamtpreis	11 600,– DM
(2)	KI verkauft das Silber zum Preis von	11 000,– DM
	zzgl. 16 % Mehrwertsteuer	1 760,– DM
	Gesamtpreis	12 760,– DM
(3)	Von der vom KI einbehaltenen Mehrwertsteuer von	1 760,– DM
	können	1 600,– DM
	als Vorsteuer abgezogen werden, so daß	
	lediglich	160,– DM

als **Zahllast** an das Finanzamt zu überweisen sind. Dies entspricht einer Steuer von 16 % auf den von dem KI erhobenen Aufschlag von 1 000,– DM, also auf den **Mehrwert**.

b) **Buchungen:**

- KI erwirbt 100 Silberbarren à 1 kg zu 262,– DM pro Stück zzgl. 16 % MwSt. = 41,92 DM:

→ Edelmetalle	26 200,–	
Vorsteuer	4 192,–	
	an LZB-Giro	30 392,– DM

- KI verkauft einen 1-kg-Silberbarren zu 326,96 DM zzgl. 16 % MwSt. = 52,31 DM an einen Kunden:

→ Kunden-KK	379,27	
	an Edelmetalle	326,96 DM
	an Mehrwertsteuer	52,31 DM

- Verrechnung von Vor- und Mehrwertsteuer für 100 gleichartige Geschäfte:
  → Mehrwertsteuer an Vorsteuer 5 231,–
- Überweisung der Differenz = Zahllast an das Finanzamt
  → Mehrwertsteuer an LZB-Giro 1 039,–

  (Dieser Betrag entspricht 16 % auf den von dem KI erhobenen Aufschlag von insgesamt 6 496,– DM.)
- auf dem Konto „Vorsteuer" wird im Soll gebucht, weil das KI insoweit eine Forderung gegen das Finanzamt hat; die Mehrwertsteuer stellt dagegen eine Verbindlichkeit gegenüber dem Finanzamt dar und ist daher im Haben zu buchen.

c) **Abschluß:**

- Ermittlung der Bestände durch Inventur
- Bewertung nach dem **Niederstwertprinzip**

- Buchung des sich nach Übertragung des Bestandes (→ SBK an Edelmetalle) ergebenden Saldos als Kursgewinn oder -verlust.

d) **Bilanzierung** der Edelmetall-Bestände: in der Position „Sonstige Vermögensgegenstände".

3.1.01 Bargeldloser Zahlungsverkehr

3.1.010 Das Kunden-Kontokorrent

a) **Wesen:** Ein Kontokorrent ist die Gegenüberstellung von Leistung und Gegenleistung aus einer Geschäftsverbindung mit gegenseitiger Verrechnung der Ansprüche und Leistungen und Maßgeblichkeit des Saldos (siehe Abschnitt 1.1.131).

b) Im **Rechnungswesen** treffen beim Kontokorrent Sach- und Personenkonten zusammen:

- für den laufenden Geschäftsverkehr mit den Kunden werden Personenkonten geführt
- Personenkonten sind **Skontren**, d. h. Neben- oder Hilfsbücher, die in der organisatorisch notwendigen Aufgliederung (Zuordnung zu Personen) die täglichen Ein- und Ausgänge und die damit verbundenen Bestandsveränderungen erfassen
- das Kunden-Kontokorrent ist ein einheitliches Hauptbuchkonto
  - für Girokonten, d. h. nur kreditorisch geführte Konten
  - für kreditorisch geführte Kontokorrentkonten
  - für debitorisch geführte Kontokorrentkonten
- die oft verwandten Begriffe „Kreditoren" und „Debitoren" betreffen also nicht das Kunden-Kontokorrent im ganzen, sondern die Endsummen der nach Soll- oder Habensaldo sortierten Kundenskontren; diese Endsummen sind von erheblicher Bedeutung, da nicht der Saldo zwischen Debitoren und Kreditoren, sondern
  - das Volumen der Ausleihungen (Kreditvolumen) einerseits,
  - das Volumen der Sichteinlagen andererseits

  geschäftspolitisch und auch unter rechtlich-kreditwirtschaftlichen Aspekten (z. B. Mindestreserve) bedeutsam sind.

c) Aus diesen Grundlagen folgt, daß das Hauptbuchkonto „Kunden-Kontokorrent"

- zwei Anfangsbestände und
- zwei Schlußbestände

ausweisen muß, nämlich einerseits den Kontokorrent-Debitoren-Bestand und zum anderen die Kontokorrent-Kreditoren. Der Saldo des Kontokorrents, also der Saldo zwischen Kreditoren- und Debitorenbestand, ist dabei ohne besondere Aussagefähigkeit, da er weder einen echten Bestand (wie ein Bestandskonto) noch einen echten Erfolg (wie ein gemischtes Konto) wiedergibt.

Damit treffen im Kunden-Kontokorrent ein aktives und ein passives Bestandskonto aufeinander.

d) Bilanzierung der Schlußbestände:

- Debitoren-Schlußbestand unter der Position „Forderungen an Kunden – täglich fällig"
- Kreditoren-Schlußbestand unter der Position „Verbindlichkeiten gegenüber Kunden – andere Verbindlichkeiten – täglich fällig".

e) Sonderkonto: **C. p. D. = Konto pro Diverse:**

= nicht bestimmten Personen zugewiesenes Konto

- Verwendung insb. für
  - Geschäfte mit Nichtkunden
  - nicht unterzubringende Buchungen
  - Vorgänge, bei denen die direkte Ansprache des Kundenkontos unterbleiben muß, z. B. Überweisung zu Lasten Sparguthaben.

3.1.011 Das Banken-Kontokorrent

a) **Wesen:** Das Banken-Kontokorrent dient der buchhalterischen Erfassung der laufenden Zahlungsverkehrsvorgänge mit anderen Kreditinstituten; Ausnahmen: Geschäftsverkehr mit

- der Bundesbank („LZB-Giro")
- der Postbank („Postgiro")
- der eigenen Zentrale („Zentrale").

b) Die **Kontoverbindung** zwischen Kreditinstituten besteht in der Weise, daß die eine **oder** die andere Bank die Kontoführung übernimmt. (Das ist grds. in der Buchführung der Fall: vgl. das Bankkonto eines Großhändlers, das vom KI als Kunden-Kontokorrentkonto geführt wird und für das der Händler das Gegenkonto „Bank" einrichtet; „geführt" wird das Konto jedoch nur vom KI.)

- Die kontoführende Bank führt ein **Loro**konto; dieses Konto ist maßgeblich für die gegenseitigen Ansprüche.
- Die Korrespondenzbank unterhält ein Gegenkonto (sog. **Nostro**konto), das der Kontrolle dient.

c) Das Banken-Kontokorrent wird in der Buchführung ebenso behandelt wie das Kunden-Kontokorrent. **Bilanzierung** der Schlußbestände:

- Debitoren-Schlußbestand unter der Position „Forderungen an Kreditinstitute – täglich fällig"
- Kreditoren-Schlußbestand unter der Position „Verbindlichkeiten gegenüber Kreditinstituten – täglich fällig".

3.1.012 Überweisungsverkehr

a) Bei Ausführung eines Überweisungs**auftrags** wird das Konto des auftragerteilenden Kunden belastet:

→ (per) Kunden-Kontokorrent ...

Bei Überweisungs**eingängen** zugunsten von Kunden wird das Kunden-Konto erkannt:

→ ... an Kunden-Kontokorrent.

b) Die jeweilige **Gegenbuchung** hängt davon ab, ob der Betrag von einem Kunden

- derselben Niederlassung
- desselben Instituts
- derselben Institutsgruppe
- eines außenstehenden KI

zu zahlen bzw. zu erhalten ist und welcher **Weg** für die Überweisung benutzt wird.

BEISPIELE:

(1) Kunde A der Zentrale überweist an Kunden B der Zentrale:
→ Kunden-Kontokorrent w/A an Kunden-Kontokorrent w/B

(2) Kunde A der Filiale überweist an Kunden B der Zentrale:
→ Kunden-KK w/A an Zentrale-Verrechnung (Buchung der Filiale)
→ Filiale-Verrechnung an Kunden-KK w/B (Buchung der Zentrale)

(3) Kunde A der Sparkasse 1 überweist an Kunden B der Sparkasse 2:
→ Kunden-KK w/A an Girozentrale – lfd. Kto. (Buchung der Sparkasse 1)
→ Sparkasse 1 – lfd. Kto. – an Sparkasse 2 – lfd. Kto. – (Buchung der Girozentrale)
→ Girozentrale – lfd. Kto. – an Kunden-KK w/B (Buchung der Sparkasse 2)

(4) Kunde A der Handelsbank X überweist an Kunde B der Privatbank Y (am gleichen Platz):
→ Kunden-KK w/A an LZB-Abrechnung (Buchung der Handelsbank X)
→ LZB-Abrechnung an Kunden-KK w/B (Buchung der Privatbank Y)

(5) Kunde A der Großbank 1 überweist an Kunde B der Kreditgenossenschaft 2 (verschiedene Plätze):
→ Kunden-KK w/A an LZB-Giro (Buchung der Großbank 1)
→ LZB-Giro an Kunden-KK w/B (Buchung der Kreditgenossenschaft 2)

(6) Kunde A der Postbank 1 überweist an Kunde B der Sparkasse 2:
→ Kunden-KK w/A an Banken-Kontokorrent (Buchung der Postbank)
→ Postbank an Kunden-KK w/B (Buchung der Sparkasse 2)

Welchen Verrechnungsweg das auftragsausführende KI beschreitet,

- hängt vom Vorgang ab (z. B. Filiale – Zentrale)

- bestimmt sich nach den vorhandenen Kontoverbindungen (Direktverbindung = Banken-Kontokorrent? Gemeinsames Konto bei zentraler Stelle, z. B. Postbank? Verbleib in demselben Giro-Netz, z. B Sparkasse – Girozentrale – Sparkasse?)
- richtet sich nach der Austauschmöglichkeit in der LZB-Abrechnung.

c) Die **LZB-Abrechnung** ermöglicht den zeitsparenden Austausch von Überweisungen und Einzugspapieren und die vereinfachte Verrechnung der gegenseitigen Ansprüche der beteiligten KI durch Belastung/Gutschrift des sich aus dem gesamten Abrechnungsverkehr ergebenden Saldos des teilnehmenden KI über sein LZB-Girokonto.

Das am Abrechnungsverkehr teilnehmende KI bucht

- sämtliche entstehenden Forderungen aus
  - eingehenden Überweisungen
  - ausgehenden Einzugspapieren und
- sämtliche entstehenden Verbindlichkeiten aus
  - ausgehenden Überweisungsaufträgen
  - eingehenden Einzugspapieren

im Soll bzw. Haben des Kontos „LZB-Abrechnung". Dieses Konto wird täglich mit seinem Saldo über das Konto „LZB-Giro" abgeschlossen. Damit vollzieht das KI auf seinem **Nostrokonto LZB-Giro** die Buchung nach, die die Landeszentralbank als kontoführende Stelle am Ende der Abrechnung auf dem bei ihr geführten **Loro**konto des KI vorgenommen hat.

d) **Eilüberweisungsverkehr:** Einschaltung des Zwischenkontos „Eilüberweisungsgegenwerte". Dieses Konto wird angesprochen bei Ausgang der Überweisung und ausgeglichen bei Eintreffen des Lastschrifteinzugs, mit dem das KI des Empfängers den diesem gutgeschriebenen Betrag einzieht:

→ Kunden-KK an Eilüberweisungsgegenwerte
→ Eilüberweisungsgegenwerte an Zentrale (Girozentrale, Zentralkasse).

3.1.013 Scheckverkehr

a) Vorlage eines **Barschecks** bei dem bezogenen KI:

→ Kunden-KK an Kasse

b) Einreichung eines **Verrechnungsschecks** bei dem bezogenen KI:

- durch einen Kunden dieses KI:
  → Kunden-KK an Kunden-KK
- durch eine Korrespondenzbank:
  → Kunden-KK an Banken-KK
- über LZB-Abrechnung:
  → Kunden-KK an LZB-Abrechnung

- über den Vereinfachten Scheckeinzug der Deutschen Bundesbank:
  → Kunden-KK an LZB-Giro

c) Einreichung eines Verrechnungsschecks zum **Einzug**: Einschaltung des Kontos „Schecks“.

- Wenn angesichts der Bonität der Beteiligten Gutschrift E.v. = Eingang vorbehalten vorgenommen wird: direkte Gutschrift auf dem Kundenkonto
  → Schecks an Kunden-KK
- wenn das KI den Eingang des Gegenwertes abwarten will (Gutschrift n.E.):
  → Schecks an Scheckeinreicher
- Das Zwischenkonto „Scheckeinreicher“ wird ausgeglichen, wenn der Gegenwert eingetroffen ist:
  → Scheckeinreicher an Kunden-KK

d) Der Ausgleich des Bestandskontos „Schecks“, das zwar bilanziert wird, zahlungstechnisch aber ein Zwischenkonto ist, erfolgt je nach Art des Verrechnungsweges mit der bezogenen Bank:

- es besteht direkte Kontoverbindung:
  → Banken-KK an Schecks
  (Zentrale usw.)
- der Scheck wird in die LZB-Abrechnung gegeben:
  → LZB-Abrechnung an Schecks
- der Scheck wird im „Vereinfachten Scheckeinzug der Deutschen Bundesbank“ eingezogen:
  → LZB-Giro an Schecks
- der Scheck wird der bezogenen Bank direkt übersandt (Eilscheck): Einschaltung des Zwischenkontos „Scheckversand“
  → Scheckversand an Schecks
  bei Eintreffen des Gegenwertes z. B. über LZB-Giro:
  → LZB-Giro an Scheckversand

e) **Rückschecks:** Einschaltung des Kontos „Rückschecks“; Verrechnung auf dem umgekehrten Inkassoweg; Berechnung einer Provision zu Lasten des Einreichers.

BEISPIEL:

KI erhält Rückscheck über LZB-Abrechnung zurück:
→ Rückschecks an LZB-Abrechnung
→ Kunden-KK
  an Rückschecks
  an Provisionserträge

Unter Umständen müssen dabei zuvor angesprochene Zwischenkonten ausgeglichen werden.

BEISPIEL:

Der Scheck war zur Gutschrift n.E. hereingenommen und direkt versandt worden.

→ Rückschecks an Scheckversand
→ Scheckeinreicher an Rückschecks
→ Kunden-KK an Provisionserträge

f) **Bilanzierung:** in der Position „Sonstige Vermögensgegenstände"; Voraussetzungen:

- es muß sich um Schecks handeln, die bereits E.v. gutgeschrieben worden sind, deren Gegenwerte aber noch ausstehen
- keine Bilanzierung von Schecks, die n.E. gutgeschrieben werden sollen.

Rückschecks werden als Forderungen (gegen KI oder Kunden, je nach Schuldner) ausgewiesen.

3.1.014 Lastschriftverkehr

a) Lastschriften werden buchungsmäßig wie **Schecks** behandelt. Unter Umständen wird sogar auf ein separates Konto „Lastschriften" verzichtet.

b) Das Konto „Lastschriften" entspricht dem Konto „Schecks". Es wird demnach angesprochen, wenn Lastschriften von Kunden zum Einzug und zur Gutschrift der Gegenwerte auf ihren Konten eingereicht werden:

→ Lastschriften an Kunden-KK

Einreichungen von Lastschriften durch KI werden dem Konto des Verpflichteten sofort belastet, der Gegenwert wird je nach Einzugsweg gutgeschrieben: z. B.

→ Kunden-KK an Banken-KK (an LZB-Giro, LZB-Abrechnung usw.)

c) Für zurückgegebene, nicht bezahlte Lastschriften wird meist das Konto „Rücklastschriften" eingeschaltet.

d) Lastschriften, die E.v. gutgeschrieben worden sind, deren Gegenwerte aber noch ausstehen, werden unter der Position „Sonstige Vermögensgegenstände" bilanziert.

3.1.015 Wechselverkehr

a) **Überblick:** Wechsel können die Buchhaltung eines KI berühren als

- Inkassowechsel (Kunde = Remittent beauftragt das KI mit dem Einzug)
- Domizilwechsel (Kunde = Bezogener beauftragt das KI mit der Einlösung von auf ihn gezogenen Wechseln)
- Diskontwechsel (KI kauft Wechsel von Kunden = Remittenten an, vgl. Kreditgeschäft).

b) Bei zum **Einzug** eingereichten Wechseln schaltet das KI das Konto „Inkassowechsel“ ein (Bestandskonto mit dem Charakter eines Zwischenkontos), das dem Konto „Schecks“ entspricht. Da Inkassowechsel grds. erst **n.E.** gutgeschrieben werden, ist ein Zwischenkonto „Wechseleinreicher“ erforderlich (vgl. „Scheckeinreicher“).

BEISPIELE:

(1) Kunde reicht Wechsel zum Einzug ein:
→ Inkassowechsel an Wechseleinreicher

(2) (a) Das KI gibt den Wechsel über die Abrechnung weiter:
→ LZB-Abrechnung an Inkassowechsel
(b) Es besteht direkte Kontoverbindung zur Zahlstelle:
→ Banken-KK an Inkassowechsel
(c) Der Wechsel wird über die LZB eingezogen (möglich, wenn an einem Bankplatz zahlbar):
→ LZB-Giro an Inkassowechsel

(3) Der Gegenwert wird dem Kunden abzüglich Inkassoprovision gutgeschrieben:
→ Wechseleinreicher
an Kunden-KK
an Provisionserträge

c) **Rückwechsel** sind Inkassowechsel, die nicht eingelöst wurden, i. d. R. mit Protestvermerk versehen sind und von einer **Rückrechnung** begleitet werden.

BEISPIEL:

(1) Rückerhalt eines Wechsel mit folgender Rückrechnung:

Wechselbetrag	10 000,00 DM
Protestkosten und Auslagen	51,45 DM
1/3 % Provision	33,33 DM
	10 084,78 DM
→ Rückwechsel an LZB-Giro	10 084,78 DM
(an Banken-KK, LZB-Abrechnung usw.)	

(2) Das KI stellt eine eigene Rückrechnung auf:

Wechselbetrag	10 000,00 DM	
Protestkosten/fremde Spesen	84,78 DM	
1/3 % Provision	33,33 DM	
Eigene Spesen	2,00 DM	
	10 120,11 DM	
→ Wechseleinreicher	10 000,00 DM	
Kunden-KK	120,11 DM	
an Rückwechsel		10 084,78 DM
an Provisionserträge		33,33 DM
an Spesen- und Gebührenersatz		2,00 DM

d) **Domizilwechsel:** Kunde des KI ist Bezogener, das KI löst einen von einem anderen KI vorgelegten Wechsel zu Lasten des Kundenkontos ein (unter Berechnung einer

Domizilprovision). Das Gegenkonto zu dem bei Eintreffen des Wechsels angesprochenen Konto „Domizilwechsel" ergibt sich aus der Art des Verrechnungsweges.
→ Domizilwechsel an Banken-KK (an LZB-Giro usw.)
→ Kunden-KK
an Domizilwechsel
an Provisionserträge

e) **Bilanzierung:**

- Inkassowechsel:
  - keine Bilanzierung, soweit noch nicht gutgeschrieben (d. h. n.E.-Wechsel vor Eingang des Gegenwertes)
  - E.v. gutgeschriebene Wechsel: Bilanzierung unter „Sonstige Vermögensgegenstände"
- Rückwechsel: „Forderungen an Kunden" (oder an KI, je nach Schuldner), soweit noch keine Rückbelastung beim Kunden erfolgt ist
- Domizilwechsel: Bilanzierung (unter „Sonstige Vermögensgegenstände") nur, soweit der Wechselbetrag dem Einreicher (Vorleger) bereits gutgeschrieben wurde, dem Bezogenen aber noch nicht belastet worden ist (z. B. da noch nicht fällig).

3.1.1 Passivgeschäft

3.1.10 Einlagengeschäft

3.1.100 Sichteinlagen

a) Sichteinlagen sind Guthaben auf Giro- und Kontokorrentkonten, die „bei Sicht", d. h. täglich fällig sind und in aller Regel dem Zahlungsverkehr dienen. Daraus ergibt sich ihre Erfassung in der Buchhaltung: Konto **Kunden-Kontokorrent**.

b) **Bilanzierung:** Position „Verbindlichkeiten gegenüber Kunden – andere Verbindlichkeiten – täglich fällig".

3.1.101 Termineinlagen

a) **Wesen:** Termineinlagen sind Kapitaleinlagen von Kunden mit vereinbarter Festlegungs- bzw. Kündigungsfrist. Erfassung: Sachkonto „Termineinlagen" mit Skontro für die einzelnen Kunden.

b) **Bilanzierung:** unter „Verbindlichkeiten gegenüber Kunden – andere Verbindlichkeiten – mit vereinbarter Laufzeit oder Kündigungsfrist".

3.1.102 Spareinlagen

a) **Wesen:** Einlagen zur Ansammlung oder Anlage von Vermögen, gekennzeichnet durch Ausfertigung einer Urkunde. In der Buchhaltung werden i. d. R. verschiedene

Hauptbuchkonten geführt, die die unterschiedlichen Sparformen aufnehmen (vgl. Abschnitt 1.2.13).

b) **Geschäftsvorfälle:**

(1) Einzahlung in bar auf Sparkonto:
→ Kasse an Spareinlagen

(2) Zinsgutschrift:
→ Zinsaufwendungen an Spareinlagen

(3) Belastung von Vorschußprovision:
→ Spareinlagen an Zinserträge

c) **Bilanzierung:** als „Verbindlichkeiten gegenüber Kunden – Spareinlagen".

3.1.103 Sparbriefe, Sparkassenbriefe

a) **Wesen:** Wertpapiere für Kapitalanlagen von Kunden mit mittlerer Laufzeit, **keine** Spareinlagen.

b) **Geschäftsvorfälle:** Zu unterscheiden sind

- Sparbriefe (Sparkassenbriefe), die zum Nominalzins ausgegeben werden: z. B.
  → Kunden-KK an Sparbriefe 10 000,– DM
  Zinszahlung:
  → Zinsaufwendungen an Kunden-KK 300,– DM
- Sparbriefe (Sparkassenbriefe), die abgezinst werden, d. h. bei denen die Gesamtzinsen für die Laufzeit bereits beim Kauf vom Nennwert abgezogen werden: z. B.
  - Kauf:
    → Kunden-KK 704,71 DM
    Zinsaufwendungen 295,29 DM
    an Sparbriefe 1 000,– DM
  - Fälligkeit:
    → Sparbriefe an Kunden-KK 1 000,– DM

c) **Bilanzierung:** unter „Verbindlichkeiten gegenüber Kunden – andere Verbindlichkeiten – mit vereinbarter Laufzeit oder Kündigungsfrist".

3.1.11 Aufgenommene Gelder

a) **Wesen:** Entgegennahme von Einlagen anderer KI im Rahmen von Geldmarktgeschäften oder aus anderen Gründen (z. B. Unterhaltung von Guthaben durch Kreditgenossenschaften bei Zentralkassen, durch Sparkassen bei Girozentralen).

b) Erfassung in der Buchhaltung: über **Banken-Kontokorrent**.

c) **Bilanzierung** beim **aufnehmenden** KI: als „Verbindlichkeiten gegenüber Kreditinstituten", gestaffelt nach Laufzeiten.

d) **Bilanzierung** beim **anlegenden** KI: als „Forderungen an Kreditinstitute", gestaffelt nach Laufzeit. Anlage auf dem **Geldmarkt** kommt darüber hinaus in Papieren vor, die in der Kontengruppe „Geldmarktpapiere" und in entsprechenden Bilanzpositionen erfaßt werden.

3.1.2 Aktivgeschäft

3.1.20 Kurz- und mittelfristige Kredite

3.1.200 Kontokorrentkredit

a) **Wesen:** Kurzfristige Kreditgewährung auf laufendem Konto durch Einräumung einer Überziehungslinie. Buchhalterische Erfassung auf dem Hauptbuchkonto „Kunden-Kontokorrent".

b) **Geschäftsvorfälle:**

(1) Einräumung des Kredites:
→ keine Buchung

(2) Inanspruchnahme durch Einreichung einer Überweisung (Gegenbuchung hängt vom Überweisungsweg ab): z. B.
→ Kunden-KK an LZB-Abrechnung

(3) Belastung der Kreditkosten:
→ Kunden-KK

an Zinserträge	(Sollzinsen)
an zinsähnliche Erträge	(Unterkonten: Kredit-/ Überziehungsprovision)
an Provisionserträge	(Kontoführungsgebühr, Umsatzprovision)
an Spesen- und Gebührenersatz	(insb. Porto)

c) **Bilanzierung:**

- Kreditgewährung: „Forderungen an Kunden"
- Zinserträge: „Zinserträge aus Kredit- und Geldmarktgeschäften"

3.1.201 Diskontkredit

a) **Wesen:** Ankauf von Wechseln durch KI vor Fälligkeit mit Rückgriffsrecht gegen den Kunden; damit wird diesem ein Kredit eingeräumt. Dem Kunden wird neben den Zinsen auch eine Provision berechnet, sofern der Wechsel nicht bei einer Bank zahlbar ist.

b) **Geschäftsvorfälle:**

(1) Ankauf eines Wechsels:
→ Diskontwechsel
an Kunden-KK
an Diskonterträge
an Provisionserträge (gegebenenfalls)

(2) Ein bei Verfall vorgelegter Wechsel ist nicht eingelöst worden:
→ Kunden-KK
an Rückwechsel
an Provisionserträge
an Zinserträge
an Spesen- und Gebührenersatz

c) **Rediskontierung:** Wenn ein KI Wechsel der Deutschen Bundesbank zur Rediskontierung einreicht, bemüht es sich um Refinanzierung durch eigene Aufnahme eines Diskontkredites. Buchung:

→ LZB-Giro
Diskontaufwendungen
an Diskontwechsel

d) **Bilanzierung:** unter der Position „Schuldtitel öffentlicher Stellen und Wechsel, die zur Refinanzierung bei der Deutschen Bundesbank zugelassen sind". Der Bestand an Wechseln kann auf zwei Arten bewertet werden:

- zum **Barwert** (Nettowert, Zeitwert) = der Wert des Wechsels am Bilanzstichtag nach Abzug des Teils der Diskonterträge, der auf das neue Jahr entfällt; Vorabschlußbuchung:
  → Diskonterträge an Diskontwechsel
- zum **Nennwert**, d. h. dem Wert, den der Wechsel am Fälligkeitstag (im neuen Jahr) hat; der auf das neue Jahr entfallende Diskontertrag muß dennoch buchhalterisch berücksichtigt werden: das geschieht durch **Rechnungsabgrenzung** (siehe Abschnitt 3.2.11).
  → Diskonterträge an Passive Rechnungsabgrenzung

Rediskontierte Wechsel sind, solange ein Regreß noch möglich ist, als **Eventual**verbindlichkeiten „unter dem Strich" auszuweisen: Position „Eventualverbindlichkeiten aus weitergegebenen abgerechneten Wechseln".

3.1.202 Lombardkredit

a) **Wesen:** Lombardkredite sind durch Pfänder gesicherte Darlehen. Sie werden separat oder als „Sonstige Darlehen" erfaßt.

b) **Buchung** der Darlehensaufnahme:

→ Sonstige Darlehen an Kunden-KK

Damit ist der Darlehensbetrag auf laufendem Konto zur Verfügung gestellt. Belastung der Kreditkosten:

→ Kunden-KK

an Zinserträge
an zinsähnliche Erträge (Kreditprovision)

c) **Bilanzierung:** als „Forderungen an Kunden".

d) **Refinanzierung** des KI: durch Aufnahme eines Lombardkredites bei der Deutschen Bundesbank gegen Verpfändung bestimmter, in einem Lombardverzeichnis geführter Beleihungsobjekte.

Buchungen:
→ LZB-Giro an LZB-Lombard
→ Zinsaufwendungen an LZB-Giro

Bilanzierung: als „Verbindlichkeiten gegenüber Kreditinstituten – täglich fällig".

3.1.203 Privatdarlehen

a) **Wesen:** Privatdarlehen sind Kleinkredite und Anschaffungsdarlehen, die in einer Summe zur Verfügung gestellt werden und ratenweise zurückzuzahlen sind. Neben dem Zins wird eine Bearbeitungsgebühr erhoben.

b) **Buchung** bei Einräumung des Darlehens:

→ Privatdarlehen
an Kunden-KK
an Provisionserträge

Zahlung einer Rate:
→ Kunden-KK an Privatdarlehen (Tilgungsanteil der Rate)
an Zinserträge (Zinsanteil der Rate)

c) **Bilanzierung:** als „Forderungen an Kunden".

3.1.21 Langfristige Kredite

3.1.210 Hypothekendarlehen

a) **Wesen:** Hypothekendarlehen sind durch Grundpfandrechte (also auch: Grundschulden!) besicherte langfristige Darlehen, die den Darlehensnehmer neben Zinsen und Provisionen ein bei Auszahlung erhobenes Damnum (Abschlag von Nominalbetrag; oft als Disagio bezeichnet) kosten.

b) **Geschäftsvorfälle:**

(1) Gewährung eines Hypothekendarlehens über 200 000,– DM zu folgenden Konditionen: Zinsen 8 % p.a., Auszahlungskurs 98 %, Tilgung 1 % p.a., 60,– DM Provision; Zinsverrechnung jährlich nachträglich:

→ Hypothekendarlehen 200 000,– DM

an Kunden-KK	195 940,– DM
an Zinserträge (Damnum)	4 000,– DM
an Provisionserträge	60,– DM

(2) Vierteljährliche Zins- und Tilgungsleistung des Kunden:
→ Kunden-KK 4 500,– DM

an Hypothekendarlehen	500,– DM
an Zinserträge	4 000,– DM

(3) Vierteljährliche Zins- und Tilgungsleistung im darauffolgenden Jahr: Berechnung der Zinsen auf das um 1 % getilgte Restdarlehen, d. h. auf 198 000,– DM; Erhöhung der Tilgung um die ersparten Zinsen:
→ Kunden-KK 4 500,– DM

an Hypothekendarlehen	540,– DM
an Zinserträge	3 960,– DM

c) Das **Damnum**, das im obigen Beispiel als Zinsertrag angesehen wurde, kann auch in einen zins- und einen kostendeckenden Teil, der dementsprechend als Provisionsertrag zu buchen ist, aufgespalten werden. Darüber hinaus wird der Zins oft auf mehrere Jahre verteilt. In diesem Fall ist (passive) Rechnungsabgrenzung vorzunehmen (s. u.).

Das obige Beispiel geht vereinfachend von jährlich nachträglicher Zinsverrechnung aus. Üblich sind andere Verrechnungsmethoden.

d) **Bilanzierung:** als „Forderungen an Kunden – darunter: durch Grundpfandrechte gesichert".

3.1.211 Kommunaldarlehen

a) **Wesen:** Kommunaldarlehen sind Darlehen an Körperschaften und Anstalten des öffentlichen Rechts oder gegen deren volle Gewährleistung.

b) **Buchung:** als „Hypothekendarlehen", sofern die Körperschaft/Anstalt lediglich die Gewährleistung für ein Hypothekendarlehen übernimmt; als „Sonstiges Darlehen" oder auf einem separaten Konto „Kommunaldarlehen", wenn die Körperschaft/Anstalt selbst Darlehensnehmer ist.

c) **Bilanzierung:** als „Forderungen an Kunden – darunter: Kommunaldarlehen".

3.1.212 Durchlaufende Kredite

a) **Wesen:** Treuhandkredite im Rahmen staatlicher Förderungsprogramme für die neuen Bundesländer ohne Haftung des als Vermittler auftretenden KI.

b) **Buchung:**

(1) Die Deutsche Ausgleichsbank gewährt über das KI ein zunächst zinsloses ERP-Eigenkapitalhilfe-Darlehen:
→ LZB-Giro an Durchlaufende Kredite (Passiva)

(2) Das KI leitet den Darlehensbetrag weiter:
→ Durchlaufende Kredite (Aktiva) an Kunden-KK

Bei Tilgungsleistungen wird entsprechend entgegengesetzt gebucht.

c) **Bilanzierung:** als „Treuhandvermögen – darunter: Treuhandkredite" bzw. „Treuhandverbindlichkeiten – darunter: Treuhandkredite".

3.1.22 Kreditleihe

3.1.220 Avalkredit

a) **Wesen:** Bei einem Avalkredit geht ein KI durch Übernahme einer Bürgschaft/Garantie im Kundenauftrag zugunsten eines Dritten eine **Eventualverbindlichkeit** ein, indem es seinen Namen und seine Kreditwürdigkeit dem Kunden zur Verfügung stellt. Da dieser im Falle der Inanspruchnahme des KI selbst eintreten muß, besteht ihm gegenüber eine **Eventualforderung**. Das KI erhält Avalprovision.

b) **Buchungen:**

(1) Einräumung des Avalkredites durch Abgabe der Bürgschaft/Garantie gegen Provision:
→ Avalforderungen an Avalverbindlichkeiten
→ Kunden-KK an Zinsähnliche Erträge (Avalprovision)

(2) Inanspruchnahme des KI aus dem Aval:
→ Kunden-KK an LZB-Giro (direkte Weiterbelastung des Kunden)
→ Avalverbindlichkeiten an Avalforderungen

(3) Falls keine Inanspruchnahme erfolgt ist: Ausbuchung des Avals bei Ablauf
→ Avalverbindlichkeiten an Avalforderungen

c) **Bilanzierung:** „unter dem Strich" auf der Passivseite als „Eventualverbindlichkeiten aus Bürgschaften und Gewährleistungsverträgen"; die Avalforderungen werden nicht ausgewiesen (nicht erforderlich: es gilt als bekannt, daß sie in gleicher Höhe bestehen).

3.1.221 Akzeptkredit

a) **Wesen:** Kreditleihe eines KI durch Akzeptierung eines vom Kunden gezogenen Wechsels; in der Praxis meist verbunden mit einem Diskontkredit. Durch die Akzeptierung selbst geht das KI nur eine Eventualverbindlichkeit ein.

b) **Geschäftsvorfälle:**

(1) Einräumung eines Akzeptkredites durch Kreditzusage:
→ keine Buchung

(2) Unterzeichnung eines auf das KI gezogenen Wechsels:
→ Kunden-Tratten an Eigene Akzepte

(3) Belastung der Akzeptprovision:
→ Kunden-KK an Zinsähnliche Erträge

(4) Diskontierung des Wechsels durch das KI selbst:
→ Diskontwechsel
an Kunden-KK
an Diskonterträge

(5) Rediskontierung z. B. bei der Bundesbank:
→ LZB-Giro
Diskontaufwendungen
an Diskontwechsel

(6) Deckungsanschaffung des Kunden vor Verfall: z. B.
→ LZB-Abrechnung an Kunden-KK

(7) Vorlage des Akzepts zur Zahlung bei dem KI über LZB-Abrechnung:
→ Eigene Akzepte an LZB-Abrechnung
→ Kunden-KK an Kunden-Tratten

c) **Bilanzierung:**

- Eigene Akzepte, die diskontiert wurden und sich noch im **Bestand** des KI befinden: keine Bilanzierung, sondern Vorabschlußbuchung:
→ Eigene Akzepte an Diskontwechsel
Da der Wechsel damit aus dem Bestand ausgebucht wurde, muß der das nächste Jahr betreffende Zinsertrag (passiv) abgegrenzt werden (s. u.).
- Eigene Akzepte, die sich nicht im Bestand des KI befinden, weil sie
  - nicht diskontiert, sondern dem Kunden ausgehändigt wurden (selten)
  - diskontiert und dann rediskontiert wurden,

  die sich also **im Umlauf** befinden: bilanziert als „Eventualverbindlichkeiten – aus weitergegebenen abgerechneten Wechseln". Die Ansprüche gegen den Kunden werden bilanziert als „Forderungen an Kunden".

3.1.3 Wertpapiergeschäft

3.1.30 Kommissionsgeschäft

3.1.300 Kundenkommission in Aktien

a) **Wesen:** Das im Kundenauftrag handelnde Kreditinstitut hat grds. die Rechtsstellung eines Kommissionärs, d. h. es handelt im eigenen Namen für fremde Rechnung. Die von dem KI zu erstellende Abrechnung beinhaltet

- den Kurswert
- Maklergebühr (Courtage)
- Provision des KI

(vgl. Übersicht bei Abschnitt 1.4.540 e).

b) **Buchungen:**

(1) Kunde erteilt Kaufauftrag über 100 X-Aktien. Abrechnung erfolgt zum Kurs von 210:

→ Kunden-KK 21 222,60 DM

an Wertpapierumsätze	21 000,00 DM
an Provisionserträge	210,00 DM
an Maklergebühren	12,60 DM

(2) Kunde erteilt Verkaufsauftrag über 50 Y-Aktien. Abrechnung erfolgt zum Kurs von 160:

→ Wertpapierumsätze 8 000,– DM

an Kunden-KK	7 915,20 DM
an Provisionserträge	80,00 DM
an Maklergebühren	4,80 DM

c) Das Konto **„Wertpapierumsätze"** ist ein **Zwischenkonto**, das durch das jeweilige grds. vorher an der Börse getätigte Deckungsgeschäft ausgeglichen wird, z. B. im Fall

(1) → Wertpapierumsätze an LZB-Giro 21 000,– DM

(2) → Banken-KK an Wertpapierumsätze 8 000,– DM

Dabei hängt das Gegenkonto vom Verrechnungsweg ab.

d) Möglich ist, daß das dem Kunden gegenüber als Kommissionär auftretende KI lediglich **Zwischenkommissionär** ist, d. h. nicht selbst an der Börse tätig wird, sondern dies einem Hauptkommissionär überläßt (Zentrale, Zentralkasse/Girozentrale, Korrespondenzbank), mit dem es die Provision teilt, Beispiel (Zahlen aus dem obigen Fall 1):

(a) Buchung des Hauptkommissionärs:

→ Banken-KK 21 117,60 DM

an Wertpapierumsätze	21 000,00 DM
an Provisionserträge (1/2 Provision)	105,00 DM
an Maklergebühren	12,60 DM

(b) Buchung des Zwischenkommissionärs:

→ Wertpapierumsätze 21 000,00 DM
Provisionserträge 105,00 DM (möglich: Prov.-Aufwendungen)
Maklergebühren 12,60 DM

an Banken-KK	21 117,60 DM

→ Kunden-KK 21 222,60 DM

an Wertpapierumsätze	21 000,00 DM
an Provisionserträge	210,00 DM
an Maklergebühren	12,60 DM

3.1.301 Kundenkommission in Schuldverschreibungen

a) **Wesen:** Beim Handel mit Schuldverschreibungen wird der **Tageswert** eines Papiers nicht nur vom Tageskurs, sondern auch von den mit dem Papier verbundenen Zinsen (d. h. seit dem letzten Zinstermin) bestimmt. Diese sog. **Stückzinsen** sind bei Kauf/ Verkauf zu berücksichtigen.

b) **Buchungen:**

(1) Kauf 10 000,– DM 8 % Anleihe, 1.9. gzj., Kurs 95 %, am 15.10.
→ Kunden-KK 9 657,50 DM

	an Wertpapierumsätze	9 600,00 DM
	(Kurswert + Stückzinsen f. 45 Tage)	
	an Provisionserträge	50,00 DM
	an Maklergebühren	7,50 DM

(2) Verkauf 5 000,– DM 10 % Anleihe, J/J, Kurs 110 %, am 29.06.
→ Wertpapierumsätze 5 498,61 DM
(Kurswert ./. Stückzinsen f. 1 Tag)

	an Kunden-KK	5 466,98 DM
	an Provisionserträge	27,50 DM
	an Maklergebühren	4,13 DM

Die Stückzinsen sind abzuziehen, wenn der Zinsschein bereits getrennt wurde und für den Verkäufer eingezogen wird, der also Zinsen erhält, die ihm nicht zustehen (im Beispiel für 1 Tag).

3.1.302 Bilanzierung

a) Das Konto „Wertpapierumsätze" ist durch Kundengeschäft und Deckungsgeschäft ausgeglichen (Ausnahme: Kundengeschäft im alten, Deckungsgeschäft im neuen Jahr: Bilanzierung als Forderungen oder Verbindlichkeiten gegenüber Kreditinstituten, täglich fällig).

b) **Maklergebühren** werden gesammelt ein- bis zweimal monatlich an die Makler überwiesen bzw. über den Kassenverein eingezogen; bis dahin sind sie Sonstige Verbindlichkeiten und bei zwischenzeitlichem Bilanzstichtag unter dieser Position zu bilanzieren.

Falls das KI von dem ihm als Kommissionär zustehenden **Selbsteintrittsrecht** Gebrauch macht, d. h. bei Kundenkauf die Papiere aus dem eigenen Bestand liefert, bei Kundenverkauf die Papiere in den eigenen Bestand übernimmt, wird zwar Maklergebühr wie üblich berechnet, diese aber anschließend als Provisionsertrag vereinnahmt.

3.1.31 Eigenhändlergeschäfte

a) **Wesen:** Bei Kundenaufträgen in amtlich nicht notierten Werten treten KI nicht als Kommissionäre, sondern als Eigenhändler auf, d. h. als Partner eines Kaufvertrages. Dem Kunden wird **Nettoabrechnung** erteilt, d. h. weder Provision noch Courtage werden gesondert berechnet.

b) **Buchung:** Beispiel: Kunde erteilt Kaufauftrag über 100 Stück X-Aktien (Freiverkehrswert); Kurs: 193

→ Kunden-KK 19 300,00 DM
an Wertpapierumsätze 19 300,00 DM

c) Bei der **Bilanzierung** ergeben sich keine Besonderheiten.

3.1.32 Eigengeschäfte

3.1.320 Handel mit eigenen Effekten

a) **Wesen:** Treten KI im Effektenhandel für eigene Rechnung auf, ist das Konto „Eigene Wertpapiere" anzusprechen. Courtage wird jetzt zu einem Aufwandsposten.

b) **Buchungen:**

(1) KI kauft 10 000 Stück X-Aktien zu 210 für den eigenen Bestand:

→ Eigene Wertpapiere an Wertpapierumsätze 2 100 000,– DM
→ Courtageaufwendungen an Maklergebühren 2 100,– DM
→ Wertpapierumsätze an Banken-KK 2 100 000,– DM

Wenn das KI nicht selbst an der Börse aufgetreten ist:
→ Eigene Wertpapiere 2 100 000,– DM
Courtageaufwendungen 2 100,– DM
Spesen 50,– DM
an Banken-KK 2 102 150,– DM

(2) KI verkauft aus eigenem Bestand 100 000,– DM 6 % Kommunalobligationen, 1.7. gzj., zu 102 % am 20.07.:
→ Wertpapierumsätze 102 333,33 DM
an Eigene Wertpapiere 102 000,00 DM
an Wertpapiererträge 333,33 DM
→ Courtageaufwendungen an Maklergebühren 37,50 DM
→ LZB-Giro an Wertpapierumsätze 102 333,33 DM

3.1.321 Bewertung eigener Wertpapiere

a) Bei eigenen Wertpapieren ergibt sich die Frage der Bewertung für die Bilanz. Vgl. hierzu auch Abschnitt 3.0.231 c sowie Abschnitt 0.4.04. Anzuwenden sind Vorschriften des HGB.

Zunächst ist nach der Zugehörigkeit der Wertpapiere zu unterscheiden:

- Anlagebestand (Wertpapiere, die **dauernd** dem Geschäftsbetrieb dienen sollen, § 247 II HGB)
- Handelsbestand (Wertpapiere, die für den Handel vorgesehen sind)
- Liquiditätsreserve (Wertpapiere, die weder Anlagebestand noch Handelsbestand sind).

b) Bewertung von Wertpapieren des **Anlagebestandes:**

- grds. mit den Anschaffungskosten (§ 253 I HGB)
- mit dem Börsenkurs am Bilanzstichtag möglich, sofern dieser niedriger ist (durch Vornahme von Abschreibungen, § 253 II HGB): „gemildertes Niederstwertprinzip", d. h. **Bewertungswahlrecht** des KI.

c) Bewertung von Wertpapieren des **Handelsbestandes**:

- mit dem niedrigeren Wert (§ 253 III HGB): „strenges Niederstwertprinzip", d. h. **kein** Bewertungswahlrecht.

d) Bewertung von Wertpapieren der **Liquiditätsreserve:**

- Bewertung mit dem niedrigeren Wert (§ 253 III HGB), strenges Niederstwertprinzip
- nach § 340 f HGB können KI solche Wertpapiere mit einem noch niedrigeren Wert ansetzen, soweit dies nach vernünftiger kaufmännischer Beurteilung zur Risikoabsicherung notwendig ist; Anrechnung auf die 4-%-Obergrenze für Vorsorgewertberichtigungen.

e) **Buchungen:**

- wenn Buchwert und Bilanzwert gleich sind:
  → keine Buchung
- wenn der Buchwert den Bilanzwert übersteigt, muß der Buchwert durch Abschreibung verringert werden:
  → Abschreibungen auf Wertpapiere an Eigene Wertpapiere

Folgerung:

- durch Anwendung des Niederstwertprinzips kann ein Kursverlust entstehen, der jedoch – da er sich bislang nur als Buchverlust darstellt – nicht realisiert ist
- durch Anwendung des Niederstwertprinzips wird auf den Ausweis eines – noch nicht realisierten – Gewinns verzichtet, wenn der Börsenkurs am Bilanzstichtag höher als der Anschaffungskurs ist: Prinzip der Vorsicht
- **nach** dem Bilanzstichtag sind – bei gestiegenden Börsenkurs – **Zuschreibungen** möglich (Umkehrschluß aus § 253 V HGB):
  - Zuschreibung ist nur möglich, wenn vorher abgeschrieben wurde
  - die Anschaffungskosten dürfen nicht überschritten werden
  - Bewertungswahlrecht

  Buchung:
  → Eigene Wertpapiere an Kursgewinne

f) **Ermittlung** des Niederstwertes bzw. der Anschaffungskosten: problematisch, wenn Papiere derselben Gattung zu unterschiedlichen Terminen und Preisen erworben wurden und Girosammelverwahrung vorliegt, d. h. die Identität der einzelnen Papiere in der Gattung aufgegangen ist:

- Einzelbewertung ist in diesem Fall nicht möglich (anders: Streifbanddepot)

- üblich ist die Durchschnittsbewertung, d. h. Errechnung eines Durchschnittspreises aus Anfangsbestand, Zu- und Abgängen
- § 256 HGB läßt als weitere Möglichkeit zu, daß unterstellt wird, daß
  - die zuerst gekauften Papiere zuerst verkauft werden („first in – first out")
  - die zuletzt gekauften Papiere zuerst verkauft werden („last in – first out")
  - die zu den höchsten Kursen gekauften Papiere zuerst verkauft werden („highest in – first out")
  - die zu den niedrigsten Kursen gekauften Papiere zuerst verkauft werden („lowest in – first out").

3.1.322 Abschluß und Bilanzierung

a) **Vorbereitung:** Abgrenzung des auf das alte Jahr entfallenden Zinsanteils bei Schuldverschreibungen, die nicht die Fälligkeit J/J bzw. 2.1. gzj. haben. Andernfalls ist der betreffende Zinsschein bereits fällig: Verbuchung des Zinsertrages und der daraus folgenden Forderung:

→ Sonstige Forderungen an Wertpapiererträge

b) **Bilanzierung:** Differenzierung nach Art der Wertpapiere bzw. Emittenten als

- „Schuldverschreibungen und andere festverzinsliche Wertpapiere
  - Geldmarktpapiere
  - Anleihen und Schuldverschreibungen
  - eigene Schuldverschreibungen"
- „Aktien und andere nicht festverzinsliche Wertpapiere".

3.1.33 Wertpapieremission

a) **Wesen:** Emission ist die Ausgabe von Effekten und ihre Unterbringung auf dem Kapitalmarkt. Nachfolgend wird die **Fremd**emission behandelt. Als Zwischenkonten werden für den Emissionserlös angesprochen:

- das Wertpapieremissionskonto bei Alleinemission bzw. Stellung als Konsortialführerin
- das Wertpapierkonsortialkonto bei Emission im Konsortium mit anderen KI.

b) **Geschäftsvorfälle:** (Buchungen der Konsortialführerin)

(1) Emission einer Anleihe; das Konsortium tritt als Geschäftsbesorger und Selbstkäufer des nicht unterzubringenden Restes auf.
Verkäufe an Kunden:
→ Kunden-KK
an Wertpapierumsätze
an Provisionserträge
(Courtage fällt nicht an)
Verkäufe an andere KI unter Einräumung einer Provision:

→ Banken-KK
Provisionsaufwendungen
an Wertpapierumsätze

In beiden Fällen schließt sich folgende Buchung an:
→ Wertpapierumsätze an Wertpapieremissionskonto

(2) Belastung der Konsortialbanken mit der von ihnen übernommenen Quote:
→ Banken-KK an Wertpapieremissionskonto
Übernahme des nicht verkauften Restes:
→ Eigene Wertpapiere an Wertpapieremissionskonto

(3) Gutschrift des Emissionsgegenwertes beim Emittenten abzüglich der Emissionsvergütung:
→ Wertpapieremissionskonto
an Kunden-KK
an Provisionserträge
Weitergabe der anteiligen Emissionsvergütung an die Konsortialbanken:
→ Provisionserträge an Banken-KK

3.1.34 Verwahrung und Verwaltung von Wertpapieren

a) **Depotgeschäft:** Die Buchhaltung des Bankbetriebs erfaßt Geschäfte für Kunden auf dem Zwischenkonto „Wertpapierumsätze". Die buchhalterische Erfassung der Verwahrung von Wertpapieren für Kunden erfolgt nicht im Rahmen der eigenen Buchführung des KI, sondern in einer getrennten **Depotbuchhaltung**. Dabei werden folgende Bücher geführt:

- Personendepot (mit Angaben aller für einen Hinterleger verwahrten Wertpapiere mit Lagerort; getrennt nach Depotart)
- Sachdepot (mit Untergliederung nach den Gattungen der verwahrten Wertpapiere)
- Nummernverzeichnis (im Rahmen des Streifbanddepots mit Angabe der Stückenummern für jeden Hinterleger, getrennt nach Wertpapiergattungen)
- Lagerstellenkartei (mit Angaben über die Verwahrorte, z. B. Eigen- oder Drittverwahrung bei Kassenvereinen, Zentralinstituten usw.).

b) **Einzug von Zins- und Dividendenscheinen:** Trennung der Kupons erfolgt i. d. R. 2 Tage vor dem Termin, Gutschrift im Regelfall erst am Termin; für die Zwischenzeit wird ein „Kuponzwischenkonto" eingeschaltet. Zu berücksichtigen sind eventuell Kapitalertragsteuer und Zinsabschlagsteuer, die Bedeutung erlangen,

- wenn es sich um Effekten im eigenen Bestand handelt
- wenn es sich um Papiere von Kunden handelt, die eine Nichtveranlagungsbescheinigung (NV-Bescheinigung) oder einen Freistellungsauftrag (FSA) vorgelegt haben.

Außerdem ist bei Aktien die Körperschaftsteuer zu berücksichtigen.

Buchungen:

(1) Für Kunden, die einen Freistellungsauftrag eingereicht haben, werden Zinsscheine über 20 000,– DM getrennt und eingezogen:

→ Zins- und Dividendenscheine
an Kuponzwischenkonto 20 000,– DM

→ Kuponzwischenkonto an Kunden-KK 20 000,– DM
(am Fälligkeitstag)

→ LZB-Giro an Zins- und Dividendenscheine 20 000,– DM
(bei Gutschrift)

(2) Für Kunden ohne Freistellungsauftrag werden Zinsscheine über 20 000,– DM getrennt und eingezogen:

→ Zins- und Dividendenscheine
an Kuponzwischenkonto 20 000,– DM

→ Kuponzwischenkonto 20 000,– DM
an Kunden-KK 13 670,– DM
an Ertragsteuern(w/ZAS+SolZ) 6 330,– DM
(am Fälligkeitstag)

→ LZB-Giro an Zins- und Dividendenscheine 20 000,– DM
(bei Gutschrift)

(3) Das KI trennt Zinsscheine über 100 000,– DM bei eigenen Wertpapieren:

→ Zins- und Dividendenscheine an Kuponzwischenkonto 100 000,– DM

→ Kuponzwischenkonto an Wertpapiererträge 100 000,– DM

→ LZB-Giro an Zins- und Dividendenscheine 100 000,– DM

(4) Gutschrift einer Dividende von 12 000,– DM für Kunden, die weder NV-Bescheinigung noch Freistellungsauftrag vorgelegt haben (25 % KESt sind vom Emittenten einbehalten worden):

→ Kuponzwischenkonto an Kunden-KK 12 000,– DM

(5) Das KI trennt Dividendenscheine für Aktien im eigenen Bestand über 10 000,– DM (brutto); davon Kapitalertragsteuer 2 500,– DM, Körperschaftsteuergutschrift 3/7 von 10 000,– DM = 4 285,71 DM; KI ist Zahlstelle und löst zu Lasten eines sog. Dotationskontos des Emittenten ein:

→ Zins- und Dividendenscheine an Kuponzwischenkonto 7 362,50 DM

→ Kuponzwischenkonto 7 362,50 DM
Ertragsteuern (KESt) 2 500,00 DM
Ertragsteuern (SolZ) 137,50 DM
Ertragsteuern (KöSt) 4 285,71 DM
an Wertpapiererträge 14 285,71 DM

→ Kunden-KK (Dotationskonto) an Zins- und Dividendenscheine 7 362,50 DM

(6) Das KI trennt Dividendenscheine über 18 000,– DM (brutto) für Kunden, die NV-Bescheinigung vorgelegt haben. Das KI ist Zahlstelle.

→ Zins- und Dividendenscheine an Kuponzwischenkonto 13 252,50 DM

→ Kuponzwischenkonto 13 252,50 DM
Sonstige Ford. (w/KESt) 4 500,00 DM
Sonstige Ford. (w/SolZ) 247,50 DM
Sonstige Ford. (w/KöSt) 7 714,29 DM
an Kunden-KK 25 714,29 DM

→ Kunden-KK (Dotationskonto) an Zins- und Dividendenscheine 13 252,50 DM

Im Beispiel 6 fordert das KI die KESt, den SolZ und die KöSt vom Finanzamt zurück.

Bilanzierung fälliger Zins- und Dividendenscheine: als „Sonstige Vermögensgegenstände".

3.1.4 Auslandsgeschäft

3.1.40 Währungsbuchführung

a) **Devisen**, also auf eine fremde Währung lautende Zahlungsmittel (hier: ohne Sorten), werden in **D-Mark** über das Hauptbuchkonto **„Devisen"** gebucht, und zwar

- als DM-Kassa-Devisen für die Abwicklung aller sofort zu leistenden Zahlungen
- als DM-Termin-Devisen für zu einem bestimmten Termin zu erfüllende Devisenverkäufe und -käufe.

Nachfolgend wird auf diese Unterscheidung verzichtet.

b) Für die einzelnen unterschiedlichen Währungen werden **Devisenskontren** geführt, die die jeweiligen Bestände/Bestandsveränderungen wiedergeben.

c) Neben der DM-Buchführung gibt es, soweit erforderlich, eine **Fremdwährungsbuchführung**, die vor allem folgende Konten enthält:

- FW-Kunden-KK, FW-Banken-KK
- FW-Schecks, FW-Auslandswechsel, FW-Inkassowechsel
- FW-Inkassodokumente
- FW-Akkreditivforderungen Kunden, FW-Akkreditivdeckungskonto Kunden
- FW-Zinserträge, FW-Zinsaufwendungen usw.

Besonders wichtig ist das Konto **„Fremdwährungs-Verrechnung"**, das eingerichtet wird, um dem Grundsatz der Doppik entsprechen zu können, da für eine Fremdwährungs-Gutschrift oder -Lastschrift eine Gegenbuchung erforderlich ist; z. B. Gutschrift in US-$ auf Banken-KK:

→ FW-Verrechnung US-$ an FW-Banken-KK US-$

Gemischte Buchungen in D-Mark und Fremdwährung sind **nicht** zulässig. Für jede Währung wird ein besonderes Konto FW-Verrechnung geführt.

Das Konto DM-Devisen muß demnach angesprochen werden, wenn **Umrechnung** erforderlich wird, z. B. Eingang einer FW-Gutschrift bei einer Korrespondenzbank (die ein FW-Konto des KI unterhält) zugunsten des DM-Kontos eines Kunden:

→ FW-Banken-KK an FW-Verrechnung

→ DM-Devisen an Kunden-KK

Das **DM-Devisen-Konto** erfaßt also alle in D-Mark umgerechneten Deviseneinund -ausgänge. Es ist ein **gemischtes Bestandskonto** mit der Folge, daß sich Kursgewinne oder -verluste ergeben können.

Die Buchungen auf dem DM-Devisen-Konto und dem Konto FW-Verrechnung lauten stets entgegengesetzt: wird das eine Konto im Soll angesprochen, so ist auf dem anderen im Haben zu buchen und umgekehrt.

d) **Abschluß/Bilanzierung:** Der Jahresabschluß ist in D-Mark vorzunehmen. Daher müssen alle Fremdwährungskonten in D-Mark umgerechnet und in die DM-Buchführung übernommen werden. Vorgang:

- Abschluß aller FW-Konten über FW-Verrechnung: z. B.
  → FW-Kunden-KK an FW-Verrechnung
- Umrechnung der Devisenbestände (s. u.)
- Buchung der in D-Mark umgerechneten Währungsbestände auf die entsprechenden DM-Konten unter Verwendung des Kontos DM-Devisen als Gegenkonto: z. B.
  → DM-Devisen an Kunden-KK

Umrechnung der FW-Bestände hat gem. § 340 h Abs. 1 Satz 2 HGB zum Kassa(mittel)kurs des Bilanzstichtages zu erfolgen, für Vermögensgegenstände, die nicht wie Anlagevermögen behandelt werden (Umlaufvermögen), Verbindlichkeiten sowie am Bilanzstichtag nicht abgewickelte Kassageschäfte.

Der sich auf dem DM-Devisen-Konto ergebende Saldo ist als Kursgewinn/-verlust zu verbuchen.

3.1.41 Auslandszahlungen

a) **Überweisungen:**

(1) Abwicklung eines Kunden-Zahlungsauftrags über US-$ 10 000,–, Kurs 1,6086, Courtage 1/4 ‰, Provision 1,5 ‰, Übermittlungsspesen 3,– DM:

→ Kunden-KK 16 117,15 DM		
	an DM-Devisen	16 086,00 DM
	an Maklergebühren	4,02 DM
	an Provisionserträge	24,13 DM
	an Spesen- u. Gebührenersatz	3,00 DM
→ FW-Verrechnung US-$ an FW-Banken-KK US-$		10 000,00 US-$

(2) Eingang von Lit. 5 000 000 zugunsten eines Kunden; Gutschrift in D-Mark, Kurs 1,0010, Courtage 1/4 ‰, Provision 1,5 ‰ (mind. 20,– DM):

→ FW-Banken-KK Lit. an FW-Verrechnung Lit.		5 000 000,00 Lit.
→ DM-Devisen 5 005,00 DM		
	an Kunden-KK	4 983,75 DM
	an Maklergebühren	1,25 DM
	an Provisionserträge	20,00 DM

(3) Abwicklung eines Kunden-Zahlungsauftrages über £ 6 000,– zu Lasten des FW-Kunden-Kontos £. Provision 1,5 ‰ = 21,94 DM, Spesen 2,– DM:

→ FW-Banken-KK £ an FW-Kunden-KK £		6 000,00 £
→ Kunden-KK 23,94 DM		
	an Provisionserträge	21,94 DM
	an Spesen- u. Gebührenersatz	2,00 DM

Natürlich kann auch die Provisions- und Gebührenberechnung in FW erfolgen.

b) **Akkreditive:** Akkreditivverbindlichkeiten des KI sind **Eventual**verbindlichkeiten. Ihnen entsprechen die Akkreditivforderungen gegen die Kunden, die Aufträge zur Eröffnung von Akkreditiven gegeben haben. Die Einlösung erfolgt bei Inanspruchnahme aus dem Akkreditiv

- zu Lasten des Akkreditiv-Deckungskontos, wenn der Kunde Deckung angeschafft hat (in FW oder in D-Mark)
- zu Lasten des Kunden-KK (Regelfall; in FW, soweit ein solches Konto besteht, oder in D-Mark), wenn das KI auf Deckungsanschaffung verzichtet hat.

Wird der Akkreditivbetrag nicht voll in Anspruch genommen und erlischt das Akkreditiv (i. d. R. durch Zeitablauf), ist es auszubuchen. Das betrifft

- die Eventualforderungen und -verbindlichkeiten
- das Akkreditiv-Deckungskonto (soweit eingerichtet).

Geschäftsvorfälle:

(1) Eröffnung eines Akkreditivs über US-$ 10 000,– im Kundenauftrag. Der Kunde stellt die Deckung zu Lasten seines DM-Kontos zur Verfügung: Kurs 1,6086.

→ Kunden-KK an DM-Devisen	16 086,00 DM
→ FW-Verrechnung US-$ an FW-Akkreditiv-Deckungskonto US-$	10 000,00 US-$
→ FW-Akkreditivford. US-$ an FW-Akkreditivverb. US-$	10 000,00 US-$

(2) Ausnutzung des Akkreditivs in Höhe von US-$ 9 800,–. Kurs 1,6186, Provision 3 ‰, Courtage 1/4 ‰, Spesen 8,– DM. Die Ausnutzung erfolgt über eine Korrespondenzbank.

→ FW-Akkreditiv-Deckungskonto US-$ an FW-Banken-KK US-$		9 800,00 US-$
→ FW-Akkreditivverbindl. US-$ an FW-Akkreditivford. US-$		9 800,00 US-$
→ FW-Akkreditivverbindl. US-$ an FW-Akkreditivford. US-$		200,00 US-$
→ FW-Akkreditiv-Deckungskonto US-$ an FW-Verrechnung US-$		200,00 US-$
→ DM-Devisen 323,72 DM		
	an Kunden-KK	264,16 DM
	an Provisionserträge	47,59 DM
	an Maklergebühren	3,97 DM
	an Spesen- u. Gebührenersatz	8,00 DM

(Provision und Courtage werden auf US-$ 9 800,– zum Kurs von 1,6186 gerechnet.)

c) **Inkasso** von **Schecks**, **Wechseln**: Durchführung über FW-Zwischenkonten (FW-Scheck- und Wechseleinreicher, FW-Scheck- und Wechselversand), Abrechnung über das Kunden-Konto (in D-Mark oder FW).

d) **Dokumenteninkasso:**

- Die Bank des Auftraggebers (Exporteurbank) bucht erst bei Eintreffen des Gegenwertes, den sie dem Kunden abzüglich Provision, Spesen und evtl. Courtage gutschreibt.

- Die Importeurbank hat die Dokumente bei Eintreffen und Aufnahme durch den Importeur zu dessen Lasten einzulösen (abzüglich Provision, Spesen und evtl. Courtage) und der Exporteurbank gutzuschreiben bzw. zu überweisen.

e) Für die Abwicklung von **Rembourskrediten** sind spezielle Konten für Remboursforderungen und -verbindlichkeiten einzurichten, ggf. in Fremdwährung.

f) **Avalkredite:** keine wesentlichen Abweichungen zwischen DM- und FW-Avalkrediten.

3.2 Spezielle Buchungen

3.2.0 Spezielle Aufwandsbuchungen

3.2.00 Lohn- und Gehaltszahlungen

a) Lohn- und Gehaltszahlungen werden als **„Personalkosten"** gebucht. Die damit verbundenen Sozialleistungen werden auf dem Konto **„Soziale Aufwendungen"** erfaßt und mit den Arbeitnehmeranteilen zur Sozialversicherung bis zur Abführung an die Sozialversicherungsträger dem Konto „Sonstige Verbindlichkeiten" zugewiesen. Dieses Konto erfaßt auch die einbehaltenen Steuern.

b) **Geschäftsvorfälle:**

(1) Gehaltsabrechnung:

Bruttogehalt		2 500,00 DM
vermögenswirksame Leistung (Arbeitgeber)	+	78,00 DM
steuerpflichtiges Einkommen		2 578,00 DM
Lohn- und Kirchensteuer, Solidaritätszuschlag	./.	285,00 DM
Sozialversicherungsanteil (Arbeitnehmer)	./.	533,00 DM
vermögenswirksame Leistung (Arbeitnehmer)	./.	78,00 DM
(Lebensversicherungsbeitrag, überwiesen ü/LBZ-Abrechng.)		
Nettogehalt		1 682,00 DM
Arbeitgeberanteil zur Sozialversicherung		533,00 DM

Buchungen:

→ Personalkosten	2 500,00 DM		
Soziale Aufwendungen	78,00 DM		
		an Kunden-KK	1 682,00 DM
		an Sonst. Verbindl. w./SozialVS	533,00 DM
		an Sonst. Verbindl. w/Finanzamt	285,00 DM
		an LZB-Abrechnung	78,00 DM

→ Soziale Aufwendungen an Sonstige Verbindl. w/SozialVS 533,00 DM

(2) Zahlung eines Vorschusses:
Sonstige Forderungen an Kunden-KK
(Verrechnung bei Gehaltszahlung: an Sonstige Forderungen)

3.2.01 Abschreibungen

3.2.010 Abschreibungen auf Sachanlagen

a) **Wesen:** Abschreibungen ermöglichen die buchhalterische Berücksichtigung der Wertminderungen bei Sachanlagen infolge

- Abnutzung
- Veraltung.

Die Erfassung der Abschreibungen als **Kosten** ermöglicht ihre betriebliche Umsetzung und Einbeziehung in die Kalkulation/Kosten- und Erlösrechnung und führt dazu, daß ein Wirtschaftsgut nicht am Ende seiner Nutzungsdauer zu Lasten des Kapitals ersetzt werden muß, sondern sein Ersatz in vertretbarem, über die Nutzungsdauer verteiltem Umfang „verdient" worden ist.

b) **Methoden** (Berechnungsarten):

- **lineare** Abschreibung gleichbleibender Beträge in Prozent des Anschaffungswertes:

$$\text{Abschreibungsbetrag p. a.} = \frac{\text{Anschaffungswert ./. Restwert}}{\text{Nutzungsdauer}}$$

  Der Restwert (Schrottwert) wird meist nur als Erinnerungsposten von 1,– DM angesetzt.

- **degressive** Abschreibung in Prozent vom jeweiligen (Rest-)Buchwert, d. h. in jährlich fallenden Beträgen

- **digitale** Abschreibung um einen sich jährlich gleichmäßig vermindernden Betrag:

$$\text{Abschreibungssatz} = \frac{\text{Zahl der verbleibenden Jahre}}{\text{Summe der Jahre der Gesamtnutzungsdauer}}$$

c) **Buchungsarten:**

- **direkte** Abschreibung: unmittelbare Buchung der Wertminderung auf dem Anlagekonto, d. h.

→ Abschreibungen (auf Gebäude, Geschäftsausstattung)	an Anlagekonto (Grundstücke und Gebäude, Betriebs- und Geschäftsausstattung)

- **indirekte** Abschreibung: das Bestandskonto bleibt zunächst unberührt, die Wertminderung wird auf einem separaten Konto „Wertberichtigungen" erfaßt (Vorteil: Anschaffungswert und Abschreibungsbetrag sind klar ersichtlich). Buchung:
  → Abschreibungen an Wertberichtigungen

  Auflösung der Wertberichtigung erfolgt bei
  - Veräußerung des Wirtschaftsgutes
  - Erreichen des Endes der Nutzungsdauer
  - Vernichtung.

  Buchung:
  → Wertberichtigungen an Anlagekonto

  Entspricht bei Verkauf der Erlös nicht dem Buchwert des abgeschriebenen bzw. wertberichtigten Anlagegutes, so wird ein Mehr- oder Mindererlös erzielt, der als neutraler Erfolg zu buchen ist.

d) **Geringwertige Wirtschaftsgüter** können im Jahr der Anschaffung **voll** abgeschrieben werden. Voraussetzung: Anschaffungswert (ohne Mehrwertsteuer) übersteigt nicht 800,– DM.

3.2.011 Abschreibungen auf Forderungen

a) **Wesen:** Wie Sachanlagen können auch Forderungen einem Wertverlust unterliegen, der allerdings nicht auf Abnutzung/Veraltung, sondern auf

- einen Bonitätsverlust des Kunden (bis hin zum Konkurs)
- externe Faktoren (Nichtigkeit des Anspruchs, keine Realisierbarkeit der Forderung z. B. wegen Eintritts von Risiken bei Auslandskrediten)

zurückzuführen ist.

b) **Rechtsgrundlagen:**

- Forderungen gehören zum Umlaufvermögen von KI, da sie nicht dazu bestimmt sind, dauernd dem Geschäftsbetrieb zu dienen (§ 247 II HGB)
- daher gelten die Bewertungsvorschriften des HGB für Umlaufvermögen (§ 253 HGB) und die Vorsorgevorschrift für allgemeine Bankrisiken (§ 340 f HGB – vormals § 26 a KWG), vgl. Abschnitte 0.4.04, 3.0.233 d, 3.1.321
- dies bedeutet
  - grundsätzlich die Bewertung mit den „Anschaffungskosten", also dem ursprünglichen Nennbetrag der Forderung (§ 253 I HGB)
  - die zwingende Anwendung des Niederstwertprinzips, d. h. Bewertung mit dem niedrigeren Wert am Bilanzstichtag (§ 253 III HGB)
  - die Möglichkeit, nach § 340 f HGB zusätzliche Wertberichtigungen zu bilden (s. u.).

c) **Konsequenzen:**

- **Uneinbringliche** Forderungen sind abzuschreiben
- **zweifelhafte** (dubiose) Forderungen sind mit ihrem wahrscheinlichen Wert anzusetzen.

Buchungen:

- Forderung ist uneinbringlich: direkte Abschreibung
  → Abschreibungen auf Forderungen an Kunden-KK, Darlehen o.ä.
- Forderung wird zweifelhaft:
  → Abschreibungen auf Forderungen an Einzelwertberichtigungen

d) **Einzelwertberichtigungen** sind Wertkorrekturen für eine einzelne Forderung. Sie erfolgen, wenn die Ausfallgefahr erkennbar wird. Wann das der Fall ist, muß das Institut intern festlegen.

- Wenn bei wertberichtigter Forderung der Ausfall eintritt:
  → Einzelwertberichtigungen an Kunden-KK
- Eingang der Zahlung auf eine voll abgeschriebene Forderung:
  → LZB-Giro an Sonstige neutrale Erträge

e) **Bilanzierung:** Einzelwertberichtigungen auf Forderungen dürfen **nicht** ausgewiesen werden. Sie werden vom Forderungsbestand abgesetzt (Kompensation) und bilden demnach stille Reserven.

f) **Pauschalwertberichtigungen:**

- Das Bundesaufsichtsamt hat in einer Anordnung von 1974 den KI die Bildung von **Sammelwertberichtigungen** in bestimmtem Umfang vorgeschrieben. Ziel der Bildung von Sammelwertberichtigungen ist die Berücksichtigung von Risiken, die im Einzelfall nicht vorhersehbar sind, durch pauschale, prozentuale Korrektur des Forderungsbestandes am Ende des Geschäftsjahres.
- Diese Anordnung ist 1988 mit der Maßgabe **aufgehoben** worden, daß die Sammelwertberichtigungen letztmalig für Geschäftsjahre anzuwenden waren, die **vor** dem 31.12.1988 endeten. Daher waren die bislang in den Jahresabschlüssen enthaltenen Sammelwertberichtigungen im Jahresabschluß zum 31.12.1988 erfolgswirksam aufzulösen und der Ertragsbesteuerung zuzuführen. Der Buchgewinn durfte auf die Geschäftsjahre 1988, 1989 und 1990 verteilt werden.
- Seitdem sind die latenten Risiken von Forderungsausfällen durch die Bildung von **Pauschalwertberichtigungen** nach handelsrechtlichen Grundsätzen und auf der Basis von § 340 f HGB (vormals § 26 a KWG) zu berücksichtigen.

3.2.1 Abgrenzungsbuchungen

3.2.10 Sachliche Abgrenzung

a) **Wesen:** Sachliche Abgrenzung ist die Trennung der Aufwendungen und Erträge nach den Gesichtspunkten

- betrieblich
- betriebsfremd
- ordentlich (gewöhnlich)
- außerordentlich.

Die Trennung des ordentlichen betrieblichen Erfolges vom neutralen Ergebnis ist erforderlich für eine sachlich einwandfreie, die betriebliche Leistungsfähigkeit wiedergebende Statistik als Betriebsvergleich in Form

- des Zeitvergleichs
- des Branchenvergleichs
- des Planvergleichs,

die ihrerseits Voraussetzung für eine korrekte Kosten- und Erlösrechnung und Kalkulation sind. Denn nur betrieblich-ordentliche Erträge können so verstetigt werden, daß es auf Dauer gelingt, die Kosten zu decken und einen Überschuß zu erwirtschaften. Die sachliche Abgrenzung dient also der betrieblichen **Kontinuität**.

b) **Kosten** sind nur die betrieblichen **und** ordentlichen (gewöhnlichen) Aufwendungen. Sie sind i. d. R. in einer Kontoklasse zusammengefaßt.

c) **Einzelfälle:**

- **außergewöhnlicher Erfolg:** Kassenfehlbetrag oder -überschuß, Mehr- oder Mindererlös gegenüber dem Buchwert bei Verkauf von Betriebs- und Geschäftsausstattung, Schaden/Verlust von Anlagegütern durch höhere Gewalt, Versicherungsmehr- oder -mindererlös bei Schadensersatz, Diebstahl/Einbruch/Überfall usw., Steuernachzahlungen oder -rückvergütungen für abgeschlossene Rechnungsperioden, Erträge bei Auflösung zu hoher Wertberichtigungen oder Rückstellungen
- **betriebsfremder Erfolg:** Mehr- oder Mindererlös aus dem Verkauf eigener Anlagegüter (wobei die Abgrenzung zu betrieblichen Erfolgen fließend ist, z. B. Kursgewinne bei eigenen Wertpapieren); sonstige Erfolge aus Betätigungen, die nicht Bankgeschäfte sind (selten; z. B. Lottogewinn; meist wird die Grenze dessen überschritten werden, was das Bundesaufsichtsamt aufgrund des KWG dem KI an kreditwesenfremder Tätigkeit zugestehen kann).

3.2.11 Zeitliche Abgrenzung

a) **Wesen:** Zeitliche Abgrenzung ist die Trennung der Aufwendungen und Erträge nach den Gesichtspunkten

- periodengerecht
- periodenfremd.

Periode ist dabei das jeweilige Geschäftsjahr. Ziel der zeitlichen Abgrenzung ist die Durchführung einer zeitlich genauen Erfolgsrechnung, die wie die sachliche Abgrenzung Voraussetzung für einen korrekten Betriebs- und Zeitvergleich und für richtige Kalkulation ist.

Die zeitliche Abgrenzung wird notwendig, da Erfolge nicht immer in dem Jahr, dem sie zuzurechnen sind, aufgrund eines Geschäftsvorfalles gebucht werden können. Oft betreffen sie außerdem teilweise das vorausgehende oder folgende Geschäftsjahr.

b) **Arten:**

- Werden im alten Jahr Aufwendungen/Erträge gebucht, die ganz/teilweise wirtschaftlich zum alten Jahr gehören, aber erst im neuen Jahr durch Zahlung (Ausgaben bzw. Einnahmen) anfallen, spricht man von **antizipativen** Posten: die Buchungen des neuen Jahres werden in das alte Jahr **vorgezogen**, d. h.
  - (per) Aufwandskonto
  - an Ertragskonto,

  wobei das Gegenkonto der Tatsache Rechnung trägt, daß der im neuen Jahr anfallende Erfolg bereits einen Anspruch bzw. eine Verpflichtung darstellt:
  - an Sonstige Verbindlichkeiten bzw.
  - (per) Sonstige Forderungen.

  Bei Zahlung im neuen Jahr werden diese Konten wieder ausgeglichen.
- Werden im alten Jahr Aufwendungen/Erträge gebucht, die ganz/teilweise wirtschaftlich zum neuen Jahr gehören, obwohl die Zahlung bereits im alten Jahr

erfolgt ist, spricht man von **transitorischen** Posten: die Buchungen des alten Jahres **greifen** in das neue Jahr **über**. Daher müssen die bei Zahlung angesprochenen Erfolgskonten um den auf das neue Jahr entfallenden Betrag reduziert werden: Buchung **entgegengesetzt** zur Zahlung, d. h.

- (per) Ertragskonto
- an Aufwandskonto.

Das Gegenkonto ist ein spezielles Rechnungsabgrenzungskonto:

- **aktive** Rechnungsabgrenzung (ARA), wenn der **Aufwand** des alten Jahres vermindert wird („aktiv", da die Zahlung bereits geleistet wurde, insofern also ein Guthaben besteht)
- **passive** Rechnungsabgrenzung (PRA), wenn der **Ertrag** des alten Jahres vermindert wird („passiv", da das KI die Zahlung für das neue Jahr bereits erhalten hat, insofern also eine Verbindlichkeit besteht).

Die Rechnungsabgrenzungskonten werden mit Beginn des neuen Geschäftsjahres aufgelöst.

Zeitliche Abgrenzung		
	Die Zahlung erfolgt	
	im alten Jahr (transitorisch)	im neuen Jahr (antizipativ)
abzugrenzender Betrag	der des neuen Jahres	der des alten Jahres
Buchung auf dem Erfolgskonto	entgegengesetzt zur Zahlung	wie bei Zahlung
Gegenkonto	aktive/passive Rechnungsabgrenzung	sonstige Forderungen/ Verbindlichkeiten
Auflösung der Gegenkonten im neuen Jahr	sofort am 2. Januar	bei Zahlung

c) Geschäftsvorfälle:

(1) **antizipative Posten:**

(a) Reparatur einer Büromaschine am 28.12. zu 200,– DM + 16 % MwSt., Bezahlung am 04.01.:
→ Sachaufwendungen an Sonstige Verbindlichkeiten 232,– DM

(b) Steuererstattung für das abgelaufene Jahr 1 600,– DM, Eingang Anfang Januar:
→ Sonstige Forderungen an Steuererstattungen 1 600,– DM

(c) Auf eigene Wertpapiere gehen Zinsen über 60 000,– DM im neuen Jahr ein; Anteil des alten Jahres 15 000,– DM:
→ Sonstige Forderungen an Wertpapiererträge 15 000,– DM
Eingang der Zinsen im neuen Jahr:
→ LZB-Giro 60 000,– DM
an Sonstige Forderungen 15 000,– DM
an Wertpapiererträge 45 000,– DM

(d) Zinsen für das abgelaufene Geschäftsjahr über insgesamt 18 000,– DM sind am 31.12. noch nicht eingegangen:
→ Sonstige Forderungen an Zinserträge 18 000,– DM

(2) **transitorische Posten:**

(a) Miete für Zweigstellen-Geschäftsräume November-April über 1 800,– DM wurde am 31.10. gezahlt:
Buchung bei Zahlung:
→ Raumkosten an LZB-Abrechnung 1 800,– DM
Buchung am Jahresende:
→ Aktive RA an Raumkosten 1 200,– DM
Buchung am Anfang des neuen Jahres:
→ Raumkosten an Aktive RA 1 200,– DM

(b) Diskontierung eines Wechsels am 15.12.; Verfall 30.01.; Diskonterlös 360,– DM; der Wechsel wird zum **Nennwert** bilanziert:
Buchung bei Diskontierung:
→ Diskontwechsel 48 000,– DM

	an Kunden-KK	47 640,– DM
	an Diskonterträge	360,– DM

Buchung am Jahresende:
→ Diskonterträge an Passive RA 240,– DM
Buchung am Anfang des neuen Jahres:
→ Passive RA an Diskonterträge 240,– DM
Falls der Wechsel zum **Barwert** bilanziert wird, lautet die Buchung am Jahresende:
→ Diskonterträge an Diskontwechsel 240,– DM

3.2.12 Rückstellungen

a) **Wesen:** Auch Rückstellungen sind im weitesten Sinne Abgrenzungsbuchungen, da sie im alten Jahr für Aufwendungen, die im neuen Jahr anfallen, vorgenommen werden.

Rückstellungen werden gebildet (§ 249 HGB)

- für Verbindlichkeiten, die ihrem Grunde nach im alten Jahr entstanden sind, deren Höhe und/oder Fälligkeit aber noch nicht feststehen
- für drohende Verluste aus noch schwebenden Geschäften
- für im Geschäftsjahr unterlassene Aufwendungen für Instandhaltung/Abraumbeseitigung
- für Gewährleistungen, die ohne rechtliche Verpflichtung erbracht werden.

Die **Höhe** der Rückstellung muß geschätzt werden. Nach § 253 I HGB darf nur der Betrag angesetzt werden, der nach vernünftiger kaufmännischer Beurteilung notwendig ist.

Rückstellungen dürfen nur aufgelöst werden, soweit der Grund für die Rückstellung entfallen ist.

b) **Einzelfälle:** Typischerweise sind Rückstellungen zu bilden für

- Steuern
- Kosten des Jahresabschlusses

- Prozeßkosten
- Pensionsverpflichtungen (separates Konto „Pensionsrückstellungen")
- Reparaturen
- drohende Verluste aus schwebenden Geschäften (z. B. Inanspruchnahme aus Avalkrediten, Indossamentsverbindlichkeiten, sonstigen Gewährleistungen).

c) **Buchung:** Rückstellungen werden zu Lasten des Aufwandskontos gebildet und bei Kostenanfall durch Zahlung aufgelöst, wobei „Erträge aus der Auflösung von Rückstellungen" anfallen können.

BEISPIEL:

Das KI rechnet mit dem Verlust eines Prozesses und dem Anfallen von Prozeßkosten über 4 500,– DM:

→ Prozeßkosten an Rückstellungen	4 500,– DM		
Der Prozeß geht verloren; Kosten	4 000,– DM:		
→ Rückstellungen	4 500,– DM		
		an LZB-Giro	4 000,– DM
		an Auflösung v. Rückstell.	500,– DM
Abwandlung: Die Kosten betragen	5 500,– DM:		
→ Rückstellungen	4 500,– DM		
Prozeßkosten	1 000,– DM		
		an LZB-Giro	5 500,– DM

3.2.2 Sonstige Buchungen

3.2.20 Mehrwertsteuer (Umsatzsteuer)

a) **Wesen:** Besteuerung des **Mehrwertes** bei Handel und Dienstleistungen mit einem Satz von 16 % (bis 31.3.98 15 %) (für besondere Leistungen gilt ermäßigte Steuer von 7 % oder Steuerbefreiung); vgl. Abschnitt 3.1.002.

b) KI kommen mit der Mehrwertsteuer in Berührung,

- wenn sie eine steuerpflichtige Leistung **erhalten**
- wenn sie eine steuerpflichtige Leistung **erbringen**.

Leistungen von KI sind überwiegend von der Mehrwertsteuer befreit. Ausnahmen:

- Verkäufe von Edelmetallen, Münzen (vgl. Abschnitt 0.6.20), Medaillen
- Verwahrung und Verwaltung von Wertpapieren (Depotgeschäft)
- Verkäufe von Sicherungsgut

- Verkäufe von Gegenständen des Anlagevermögens
- Vermietung von Schrankfächern
- Vermögensverwaltung, Testamentsvollstreckung.

Die bei diesen Leistungen in Rechnung gestellte Mehrwertsteuer wird auf dem Konto „Mehrwertsteuer“ erfaßt und bis zur Überweisung an das Finanzamt gehalten.

Wenn KI eine steuerpflichtige Leistung erhalten, so ist die erhobene Mehrwertsteuer nur dann als **Vorsteuer** abzugsfähig, wenn sie **steuerpflichtigen** Umsätzen des KI unmittelbar **zugerechnet** werden kann, also einer der oben dargestellten Leistungen des KI. In diesem Fall wird die Mehrwertsteuer auf dem Konto „Vorsteuer“ erfaßt und vor Abführung der erhobenen Mehrwertsteuer mit dieser verrechnet. Der Differenzbetrag = die **Zahllast** wird an das Finanzamt abgeführt. Diese Zahllast entspricht dabei stets einer Besteuerung des durch das KI geschaffenen Mehrwertes.

Ist die dem KI in Rechnung gestellte Mehrwertsteuer **nicht** abzugsfähig, wird sie buchhalterisch ebenso erfaßt wie die Leistung selbst. Beispiele:

(1) Anschaffung einer Schreibmaschine für 900,– DM +144,– DM MwSt:
→ Betriebs- und Geschäftssausstattung an LZB-Giro 1 044,– DM

(2) Kauf von Heizöl über 4 000,– + 640,– DM MwSt:
→ Raumkosten an LZB-Giro 4 640,– DM

3.2.21 Weitere Steuern

a) **Gewerbesteuern** und **Grundsteuer** sind Kosten, also ordentliche betriebliche Aufwendungen, und werden auf separaten Konten erfaßt. Auch die **Kraftfahrzeugsteuer** ist eine Kostensteuer; sie wird als Bestandteil der Fuhrparkkosten angesehen.

b) **Einkommen-** bzw. **Körperschaftsteuer** wird als vom Ergebnis abhängige Steuer in der Klasse 7 auf dem Konto „Ertragsteuern“ verbucht.

3.2.22 Kalkulatorische Kosten

a) **Wesen:** Kosten, die nicht effektive Aufwendungen darstellen, d. h. nicht über ein Zahlungsverkehrskonto bezahlt werden müssen, sondern die gebucht werden, um einen wirtschaftlichen Vorteil – z. B. die Unterbringung in eigenen Geschäftsräumen – nicht zu einem kalkulatorischen Nachteil werden zu lassen, sind kalkulatorische Kosten.

Das Unternehmen bucht die nicht gezahlte Miete als kalkulatorischen Kostenfaktor, um in der Kosten- und Erlösrechnung von einer mit anderen KI vergleichbaren kalkulatorischen Grundlage auszugehen und den wirtschaftlichen Wert des eigenen Gebäudes nicht dadurch auszuhöhlen, daß das darin gebundene Kapital brachliegt.

b) **Buchung:** Beispiel: Für die Geschäftsräume eines KI im eigenen Gebäude müßten bei Anmietung monatlich 10 000,– DM aufgebracht werden:

→ Raumkosten an Mieterträge 10 000,– DM

3.2.23 Jahresabschluß, Bilanzgewinn, Rücklagen

a) Der sich in der Gewinn- und Verlustrechnung ergebende Saldo aus der Gegenüberstellung von Aufwendungen und Erträgen ist der **Jahresüberschuß** oder **Jahresfehlbetrag**. Er berücksichtigt nur das Gesamtergebnis, das neutrale Erfolge ebenso wie betrieblich-ordentliche Erfolge enthält.

b) Ein sich ergebender Jahresüberschuß wird zur Rücklagenbildung eingesetzt; bei Aktiengesellschaften wie folgt:

- der gesetzlichen Rücklage werden jährlich mindesten 5 % des Jahresüberschusses (gemindert um Verlustvortrag) zugeführt, bis die Rücklage mindestens 10 % des Grundkapitals erreicht hat (§ 150 AktG)
- darüber hinaus können freie Rücklagen gebildet werden (Zuführung bis zur Hälfte des Jahresüberschusses)
- die gesetzliche Rücklage enthält darüber hinaus das Agio (Aufgeld) bei Ausgabe von Aktien oder Wandelschuldverschreibungen.

c) Der nach Dotierung der Rücklagen verbleibende Gewinn wird als **Bilanzgewinn** ausgewiesen und an die Inhaber **ausgeschüttet**.

d) **Buchungen:**

(1) Aus dem Vorjahr besteht ein Bilanz-Verlustvortrag von 500 000,– DM:
GuV-Konto an Verlustvortrag 500 000,– DM

(2) Auf dem GuV-Konto ergibt sich nunmehr ein Gewinn von 2 500 000,– DM. Der gesetzlichen Rücklage werden 5 %, der freien Rücklage 375 000,– DM zugeführt:
→ GuV-Konto 500 000,– DM
an gesetzliche Rücklagen 125 000,– DM
an Andere Rücklagen 375 000,– DM

(3) Buchung des Bilanzgewinns:
→ GuV-Konto an Bilanzgewinn 2 000 000,– DM

(4) Abschluß der Konten Grundkapital, Gesetzliche Rücklagen, Andere Rücklagen und Bilanzgewinn über das SBK.

(5) Im neuen Jahr: Übertragung des Bilanzgewinns auf ein Gewinnverteilungskonto, nach Hauptversammlungs-Beschluß Verteilung des Gewinns unter Berücksichtigung von Kapitalertragsteuer und Körperschaftsteuer.

e) Zur Eigenkapitalausstattung einzelner Arten von KI vgl. die Vorschriften des § 10 KWG (Abschnitt 1.0.122).

3.3 Kosten- und Erlösrechnung

3.3.0 Grundlagen

3.3.00 Aufwendungen und Erträge

a) **Aufwendungen** sind die von einem Unternehmen innerhalb eines bestimmten Zeitraums (z. B. Geschäftsjahr) eingesetzten, d. h. **verbrauchten** Güter und Dienstleistungen.

b) **Erträge** bilden den von einem Unternehmen innerhalb eines bestimmten Zeitraums erzielten **Wertzuwachs**.

c) **Unterscheidung:**

- ordentliche betriebliche Aufwendungen und Erträge entstehen für die und aus der Erbringung der jeweiligen betriebstypischen Leistung, z. B. der Bankgeschäfte
- neutrale Aufwendungen und Erträge
  - stehen mit dem Betriebszweck nicht in Zusammenhang (betriebsfremd)
  - oder haben mit dem gewöhnlichen Betriebsablauf nichts zu tun (außerordentlich), d. h.
    - sie sind unregelmäßig (und insoweit unberechenbar, z. B. Kursgewinne und -verluste)
    - sie sind periodenfremd.

3.3.01 Kosten und Erlöse

a) Die **Leistung** eines Betriebes ist abhängig von der Betriebsart. Sie kann stark spezialisiert oder aber weit differenziert wie z. B. die Leistungspalette von Kreditinstituten sein.

b) **Kosten** sind die für die betriebliche Leistung verbrauchten Güter und Dienstleistungen; sie entsprechen demnach weitgehend den ordentlichen betrieblichen Aufwendungen (sog. **Grundkosten**) und werden ergänzt durch sog. **Zusatzkosten** = kalkulatorische Kosten (vgl. Abschnitt 3.2.22). Arten: z. B.

- kalkulatorische Raumkosten
- kalkulatorische Abschreibungen
- kalkulatorisches Risiko (Wagnis).

c) **Erlöse** sind die ordentlichen betrieblichen Erträge (**Grunderlöse**) sowie kalkulatorische Erlöse (z. B. bei Kreditgenossenschaften) = **Zusatzerlöse**.

3.3.02 Bankleistungen

a) **Bankleistungen** sind Leistungen eines KI aus dem Beziehungsbereich zum Kunden (Gegensatz: Verwaltungsleistungen, die dem betriebsinternen Bereich zuzurechnen sind). Beispiel: Kontoeröffnung = Bankleistung, Belegablage = Verwaltungsleistung.

Bankleistungen werden unterschieden in Betriebs- und Wertleistungen.

b) **Betriebsleistung** (Stückleistung) ist die durch den Einsatz

- menschlicher Arbeitskraft
- von Betriebsmitteln (Produktionsfaktoren) = organisatorisch-technisch

erbrachte Leistung.

c) **Wertleistung** ist der finanzielle Teil einer Leistung, d. h. die Entgegennahme oder Überlassung von Kapital.

d) Die dem jeweiligen Bereich zugewiesenen Kosten und Erlöse lassen sich dementsprechend einordnen in

- Betriebskosten/Betriebserlöse (z. B. Personal-, Sachkosten; Provisionserträge)
- Wertkosten/Werterlöse (z. B. Zinsaufwendungen und -erträge).

e) Betriebsleistung und Wertleistung sind voneinander weitestgehend **unabhängig**. (Für die mit der Entgegennahme einer Einlage verbundene Betriebsleistung ist die Höhe der Einlage grds. ohne Bedeutung.)

3.3.03 Bedeutung der Kosten- und Erlösrechnung

Die Kosten- und Erlösrechnung dient der **Entscheidungsfindung** im Rahmen der Geschäftspolitik aufgrund umfassender und aktueller **Informationen** über

- die Selbstkosten
- die Wirtschaftlichkeit
- den Erfolg

der Unternehmung.

a) Die **Selbstkosten** sind die pro Leistungseinheit errechneten Kosten der Einzelleistungen des Unternehmens. Sie stellen das Minimum des auf dem Markt zu verlangenden Preises dar, wenn kostendeckend gewirtschaftet werden soll. Mit den durch Marktuntersuchung und Erfahrungswerte feststellbaren Preisobergrenzen ergeben sie den Spielraum für die geschäftspolitischen Preisentscheidungen im Hinblick auf Normal- und Sonderkonditionen.

b) Die Kontrolle der **Wirtschaftlichkeit** ergibt sich aus dem Verhältnis von **Kosten** und **Leistungen** zueinander. Leistung ist z. B. die bearbeitete Postenzahl in der Kasse, bei Überweisungen oder Inkassoschecks, Kosten sind die auf die Einzelleistung entfallenden Stückkosten (z. B. pro Posten, Überweisung, Scheck).

Die einzelne errechnete Beurteilungszahl sagt für sich nichts aus; eine Wirtschaftlichkeitskontrolle ermöglichen **Vergleichszahlen**:

- **Zeitvergleich** mit vorangegangenen Ergebnissen z. B. früherer Geschäftsjahre, betriebsintern
- **Betriebsvergleich** mit den Ergebnissen anderer, vergleichbarer Unternehmen derselben Branche, z. B. einer Sparkasse mit anderen, gleich großen und gleichartig strukturierten Sparkassen
- **Planvergleich** der Ist-Ergebnisse mit den anhand von Erfahrungs- und Vergleichswerten festgesetzten Soll-Werten.

c) Bei der **Erfolgskontrolle** werden **Kosten** und **Erlöse** zueinander in Beziehung gesetzt. Die Erfolgsermittlung wird für einzelne Leistungen und Leistungsbereiche vorgenommen, wobei neben dem absoluten Erfolg vor allem die Relation durch Zeit-, Betriebs- und Planvergleich wesentlich ist.

3.3.1 Verfahren der Kosten- und Erlösrechnung

3.3.10 Betriebsabrechnung

3.3.100 Kostenartenrechnung

a) **Wesen:** In der Kostenartenrechnung werden alle Betriebskosten nach der Art und dem Verbrauch gegliedert.

b) **Kostenarten:**

- Einzel- und Gemeinkosten
  - Einzelkosten können einer konkreten Leistung direkt zugerechnet werden (z. B. Kosten für Konto-Eröffnung)
  - bei Gemeinkosten ist die unmittelbare Zurechnung zu einer Leistung nicht möglich (z. B. Raumkosten für die Geschäftsräume); für die Verteilung auf die einzelnen Kostenstellen muß ein Verteilerschlüssel gefunden werden
- fixe und variable Kosten
  - variable Kosten sind Kosten, die von der jeweiligen Leistung (Beschäftigungsgrad) abhängen (z. B. Kilometergeld; abhängig von der Kilometerleistung)
  - fixe Kosten sind von der jeweiligen Leistung unabhängig (z. B. Grundmiete für Fotokopierer unabhängig von der Kopierleistung)
- Kosten nach dem Verbrauch: Gliederung nach Art der verbrauchten Leistung, z. B.
  - Personalkosten
  - Sachkosten (Raumkosten, Bürobedarf, Fuhrparkkosten usw.)
  - Betriebsteuern
  - Abschreibungen usw.

c) **Bedeutung:** Die Kostenartenrechnung ermöglicht Aussagen über die Kostenentwicklung innerhalb einer Zeitspanne, und zwar absolut oder relativ durch Zeit-, Betriebs- und Planvergleich, und läßt damit eine Kontrolle von Kostenentwicklung und Kostenstruktur zu.

3.3.101 Kostenstellenrechnung

a) **Wesen:** Aufbauend auf der Kostenartenrechnung, werden in der Kostenstellenrechnung die Kosten den Stellen zugerechnet, wo sie entstehen.

b) **Bildung von Kostenstellen:** erfolgt unterschiedlich, je nachdem, wie exakt die Kostenrechnung sein soll, bis hin zum einzelnen Arbeitsplatz als Kostenstelle.

Die Kostenstellen werden grds. zunächst danach unterschieden, ob sie zum kundenorientierten (marktbezogenen) oder zum innerbetrieblichen Bereich gehören. Weitere Gliederungsmöglichkeiten bieten insb.

- die Gleichartigkeit der Leistung, z. B. Kreditgewährung
- die Art der Marktleistung, z. B. Effektenkommission
- die verschiedenen Kompetenzen (Gruppen-, Abteilungsleiter)
- die räumlich-organisatorischen Gesichtspunkte (z. B. Zentrale, Filialen, Zweigstellen).

Üblich ist eine Unterscheidung in

- Hauptkostenstellen (z. B. Kontoeröffnung)
- Nebenkostenstellen (z. B. Verkauf eines in der Zwangsversteigerung erworbenen Grundstücks)
- Hilfskostenstellen (z. B. Expedition, Fuhrpark) = betriebsbezogene Kostenstellen
- evtl. allgemeine Kostenstellen (z. B. Geschäftsleitung, Grundstücke).

Der Kostenstellenplan ist auf die Bedürfnisse des einzelnen KI auszurichten.

c) Die **Kostenverteilung** wird im **Betriebsabrechnungsbogen (BAB)** vorgenommen. Den Kostenarten (senkrechte Rubrik) stehen die verursachenden Kostenstellen (waagerechte Rubrik) gegenüber.

Einzelkosten können den verursachenden Kostenstellen direkt zugerechnet werden. Für **Gemeinkosten** muß aufgrund des Verursachungsprinzips ein Verteilerschlüssel gefunden werden, auch hier ist die Kostenverursachung maßgeblich. Beispiele:

- Verteilung der Raumkosten nach Größe der Räume
- Verteilung der Personalkosten aufgrund von Zeitaufschreibungen für die jeweiligen Leistungen
- Verteilung der Kosten für Büromaterial aufgrund von Materialentnahmescheinen
- Verteilung der Reinigungskosten nach qm-Reinigungsfläche.

Übliches Vorgehen: (Reihenfolge)

- Verteilung der Personalkosten
- Verteilung der Sachkosten
- Verteilung der kalkulatorischen Kosten.

d) **Bedeutung** der Kostenstellenrechnung: bessere Überschaubarkeit der Kostenstruktur in Betriebs-, Zeit- und Planvergleich, da die Kostenverursacher bekannt sind; bessere Feststellbarkeit der Ursachen für Kostenänderungen; wesentlicher Ansatzpunkt für die Durchführung von Maßnahmen zur Kostensenkung/Kostenersparnis.

3.3.102 Kostenträgerrechnung

a) **Wesen:** Als Endstufe der Kostenrechnung werden in der Kostenträgerrechnung die auf die einzelnen vom Unternehmen erbrachten Leistungen entfallenden Kosten ermittelt.

b) Voraussetzung ist die Untergliederung der erbrachten Leistungen in **Marktleistungsarten**: vgl. die Bildung von Kostenstellen für den Marktleistungsbereich.

c) Auf die Marktleistungsarten werden **sämtliche** entstandenen Kosten verteilt, da die Marktleistung alle Kosten erwirtschaften soll. Vorgang:

- Verteilung der Hilfskosten auf Haupt-, Neben- und Allgemeine Kostenstellen
- Verteilung der Allgemeinen Kosten (Verwaltungskosten) auf Haupt- und Nebenkostenstellen.

Ergebnis: die Kosten der jeweiligen Marktleistungsart innerhalb eines bestimmten Zeitraums. Bei Division der Kosten durch die Menge (Stückzahl) der erbrachten Leistungen lassen sich die Kosten pro Stück/pro Einheit ermitteln.

d) **Bedeutung:** Die Kostenträgerrechnung ist die eigentliche und maßgebliche Grundlage für Selbstkostenermittlung und Kontrolle der Wirtschaftlichkeit.

3.3.11 Zinsspannenrechnung

3.3.110 Gesamtzinsspannenrechnung

a) **Wesen:** Die Betriebsabrechnung befaßt sich mit der Betriebsleistung. In Kreditinstituten spielen jedoch die **Wert**leistungen eine wesentliche und im Verhältnis bedeutendere Rolle, da die Entgegennahme und Überlassung von Kapital im weitesten Sinne die typische Betätigung von KI darstellen.

Aus der Differenz von Werterlösen und Wertkosten ergibt sich die **Zinsspanne**.

b) **Verfahren:** Die Gesamtzinsspanne, also das Ergebnis aus der Gegenüberstellung aller Wertkosten und -erlöse, wird zu anderen sich aus dem Rechnungswesen ergebenden Werten in Beziehung gesetzt, insbesondere zur **Bilanzsumme**. Damit ergeben sich Beurteilungszahlen, die unterschiedliche Geschäftsjahre und verschiedene KI vergleichbar machen.

c) Die Zinsspanne kann in **Brutto- und Netto**zinsspanne unterschieden werden. Die Bruttozinsspanne ergibt sich aus der Gegenüberstellung von Zinserlösen und Zinskosten (in % der Bilanzsumme); von ihr ist die Bedarfsspanne (in % der Bilanzsumme) abzusetzen, die Betriebs- und Risikokosten sowie Dienstleistungserlöse und Kursgewinne enthält; Ergebnis ist die Nettozinsspanne.

3.3.111 Teilzinsspannenrechnung

a) **Wesen:** Durch die Berechnung von Teilzinsspannen soll gezeigt werden, wie sich die Gesamtzinsspanne zusammensetzt. Ziel ist also festzustellen, wie sich der betrachtete Teilbereich (z. B. das einzelne Geschäft, die Geschäftsart, ein Teilbereich oder eine bestimmte Bilanzposition) auf den Zinsüberschuß des KI auswirkt.

Die Summe aller Teilzinsspannen ergibt die Gesamtzinsspanne, wie sie aus der Gewinn- und Verlustrechnung herzuleiten ist.

Traditionelle Methoden der Teilzinsspannenrechnung sind die **Pool-** und die **Schichtenbilanz-Methode.**

b) Die **Pool-Methode** nimmt an, daß alle Passiva in einen sog. „Pool" einfließen, der z. B. für die Kreditvergabe je nach Bedarf in Anspruch genommen werden kann. Konsequenzen:

- Eine direkte Zuordnung von bestimmten Einlagen zu bestimmten Anlagen/Krediten ist nicht mehr möglich
- die Rechnung kann nur eine Aussage darüber treffen, ob z. B. der Zinssatz eines vergebenen Darlehens höher oder niedriger ist als der durchschnittliche Zinssatz aller Refinanzierungsmittel
- die ermittelte Zinsspanne zwischen einer konkreten Bilanzposition auf der einen und dem Pool auf der anderen Bilanzseite wird halbiert, da man davon ausgeht, daß beide Bilanzseiten gleichmäßig am Gesamterfolg des KI beteiligt sind.

c) Die **Schichtenbilanz-Methode** unterstellt, daß eine sinnvolle Verknüpfung zwischen bestimmten Aktiva und Passiva der Bilanz vorgenommen werden kann. Vorgehensweise:

- Die bestehenden Finanzierungs-Richtlinien, wie sie z. B. das Bundesaufsichtsamt in den Grundsätzen niedergelegt hat, entsprechen in aller Regel nicht der betrieblichen Wirklichkeit
- das KI muß daher zu einer eigenständigen Zuordnung
  - der Kostenbereiche aufgrund der Passiva
  - zu den Erlösbereichen aufgrund der Aktiva

  finden

BEISPIEL:

Ein KI nimmt an, daß der Bilanzposition „Kurzfristige Kundenforderungen" folgende Kostenbereiche zuzuordnen sind:
- 35 % der Sichteinlagen
- 25 % der kurzfristigen Verbindlichkeiten gegenüber KI
- 20 % der Termineinlagen
- 20 % der Spareinlagen;

- die einzelnen Kostenbereiche werden als **Schichten** bezeichnet; nach ihrer Zuordnung ergibt sich die Schichtenbilanz.

d) Seit einiger Zeit mehrt sich die **Kritik** an beiden Methoden. Problematisch ist z. B. die (relativ willkürliche) Zuordnung der Passiva zu den einzelnen Aktivpositionen, da nur ausnahmsweise (wie z. B. im Realkreditgeschäft eines Realkreditinstituts oder bei Diskontierung und Rediskontierung von Wechseln) eine betrags- und fristenmäßig identische Refinanzierung eines Aktivgeschäfts erfolgt.

In die Berechnung fließen Geschäfte mir sehr unterschiedlichen Abschlußzeitpunkten, Laufzeiten und Konditionen ein und werden nur **durchschnittlich** berücksichtigt, wobei Besonderheiten u. U. einen unverhältnismäßig großen Einfluß erreichen können.

Das eigentliche Ziel der Teilzinsspannenrechnung, nämlich einen eindeutigen Anteil z. B. eines bestimmten Geschäfts an der Gesamtzinsspanne zu ermitteln, kann bedingt durch die Durchschnittsbildung nicht erreicht werden. Damit ist auch eine „saubere" Profit-Center-Rechnung nicht möglich.

e) **Marktzinsmethode:**

- Wesen: Die Marktzinsmethode geht von der Grundüberlegung aus, daß es für jedes einzelne (Kunden-)Geschäft theoretisch ein fristenmäßig vergleichbares Alternativgeschäft am Geld- oder Kapitalmarkt gibt
- statt wie bei Pool- oder Schichtenbilanz-Methode jedes einzelne Aktiv- oder Passivgeschäft mit Durchschnittszinssätzen der anderen Bilanzseite zu bewerten, wird bei der Marktzinsmethode ein Vergleichszinssatz vom Geld- oder Kapitalmarkt hergeleitet, der sich auf ein gleichartiges Geschäft bezieht
- es können also Aktiv- und Passivgeschäft unabhängig voneinander kalkuliert werden; eine Verbindung zwischen beiden Bilanzseiten ist nicht mehr vorgesehen
- **Verfahren:** Das vereinfachte Grundmodell der Marktzinsmethode unterscheidet drei Erfolgsquellen:
  - aktiver Konditionsbeitrag: gibt den Renditevorteil z. B. eines Kundenkredites gegenüber einer fristenkongruenten Alternativanlage am Geld- und Kapitalmarkt an
  - passiver Konditionsbeitrag: gibt den Renditevorteil z. B. einer Kundeneinlage gegenüber einer fristenkongruenten Alternativrefinanzierung am Geld- und Kapitalmarkt an
  - Strukturbeitrag: stellt den Renditeerfolg des KI aus der Fristentransformation und der unterschiedlichen Zinsbindungsstruktur sowohl der Aktiv- als auch

der Passivgeschäfte dar; das KI erhält also quasi eine Laufzeitprämie z. B. für seine Transformation von relativ kurzfristigen Einlagen in längerfristige Aktiva und für die Vermittlung von unterschiedlichen Zinsbindungsfristen.

Alle drei Beiträge zusammen ergeben den Zinsüberschuß.

3.3.12 Kalkulation

a) In der **Spartenkalkulation** werden die Kosten und Erlöse einzelner Bereiche = Sparten der Tätigkeit eines KI ermittelt, so daß sich der Erfolg des Bereichs beziffern läßt.

b) Die **Kontenkalkulation** dient der Ermittlung des Erfolgs einzelner Konten, die **Kundenkalkulation** der Feststellung, welcher Erfolg sich aus der gesamten Geschäftsbeziehung zu einem Kunden ergibt.

c) **Verfahren:** Wesentliche Daten ergeben sich bereits aus der Kosten- und Erlösrechnung.

- In der Spartenkalkulation bedarf es insbesondere der Zuordnung der Kosten derjenigen Stellen zu den Sparten, die Leistungen für mehrere Sparten erbringen (Verwaltung, Organisation, Geschäftsleitung usw.).
- In der Kundenkalkulation werden die Betriebskosten pro Leistungseinheit ermittelt; Methoden:
  - Divisionskalkulation: Division der Betriebskosten der jeweiligen Marktleistungsart durch deren Stückzahl
  - Äquivalenzziffernrechnung: bei Leistungsarten, die sich aus mehreren einzelnen Leistungen zusammensetzen, werden Äquivalenzziffern (Verhältniszahlen) der einzelnen Leistungen zueinander, besonders aufgrund des für jede Einzelleistung bestehenden Zeitbedarfs, berechnet.
- Bei der Kontokalkulation müssen die für jedes Kundenkonto erbrachten Leistungen fixiert werden können. Betriebs- und Werterfolg sind separat zu ermitteln, beide bestimmen wie bei der Kundenkalkulation den Erfolg der Kontoverbindung.

3.3.13 Profit Center

a) **Wesen:** Profit Center sind Teilbereiche des Bankbetriebes, die als **wirtschaftlich selbständige Geschäftsbereiche** behandelt werden. Dabei wird dem Delegationsprinzip voll Rechnung getragen. Der wirtschaftliche Erfolg der Teileinheit wird anhand bestimmter Meßzahlen ermittelt.

b) **Technik:** Zur Ermittlung des Erfolgs eines Profit Centers wird der **Deckungsbeitrag** ermittelt. Dies ist der Beitrag, den das Profit Center zum Gesamterfolg des Kreditinstituts leistet. Dabei werden das Zinsergebnis (Aufwendungen und Erträge), das außerordentliche Ergebnis (z. B. Provisionserlöse) und das Betriebsergebnis herangezogen.

Bei der Ermittlung des Zinsergebnisses ist zu berücksichtigen, daß beispielsweise eine Zweigstelle einen Passiv- oder Aktivüberhang haben kann, d. h. mehr Einlagen oder Ausleihungen. Für die Differenz muß ein Bilanzausgleich herbeigeführt werden, also ein Betrag, der die Lücke schließt und der mit einem Rechnungszins bewertet wird.

c) **Praxis:** Bei KI sind Geschäftsstellen besonders geeignet für die Betrachtung als Profit Center. Aber auch Kunden, Kundengruppen, Konten und Geschäftssparten lassen sich entsprechend kalkulieren.

d) **Bedeutung:** Das Profit Center ist ein geeigneter Weg, um die Selbständigkeit einzelner Unternehmensbereiche zu unterstreichen und ihre Selbstverantwortung sowie unternehmerisches Verhalten zu stärken. Dies gelingt insbesondere dann, wenn auch entsprechende Handlungs- und Entscheidungsfreiheit besteht. In der Praxis endet diese meist bei der personellen Verantwortung, d. h. der Freiheit, zu entscheiden, wieviele Mitarbeiter in einem Profit Center eingesetzt werden. Nachteilig kann sich die Versuchung auswirken, nur im Interesse des eigenen Teilbereichs zu handeln.

3.4 Statistik

3.4.0 Grundlagen

a) **Wesen:** Statistik ist die Zusammenfassung bestimmter Daten (sog. Merkmalsträger), ihre Zählung und Tabellierung, um sich wiederholende bzw. in großer Zahl auftretende Vorgänge zu bestimmen, zu vergleichen und analytisch zu beobachten.

In Kreditinstituten dient die Statistik in diesem Sinne der Erfassung und Überprüfung von Geschäftsabläufen, Arbeitsvorgängen und der Entwicklung von Leistungen und Erfolgen des einzelnen Instituts, von Institutsgruppen und des gesamten Kreditgewerbes.

b) Während die Zusammenfassung mehrerer bzw. einer Vielzahl von KI zu volkswirtschaftlich interessanten Daten führt (vorgenommen insb. durch die Deutsche Bundesbank), befaßt sich die innerbetriebliche Statistik mit

- der Betriebsleistung (Betriebsstatistik)
- der Wertleistung (Geschäftsstatistik).

Betriebsstatistik ist die mengenmäßige Erfassung z. B. in der Posten-, Personal-, Kontenstatistik. Geschäftsstatistik ist die wertmäßige Erfassung z. B. in der Umsatz-, Erfolgs-, Bilanzstatistik. Die monatliche Bilanzstatistik (BiSta) ist zugleich volkswirtschaftlich bedeutsam, da sie der Deutschen Bundesbank zuzuleiten ist, die sie statistisch auswertet.

3.4.1 Methodik

a) **Erhebung** ist die Beschaffung des statistischen Materials durch bestimmte methodische Verfahren. Dabei kommt es auf exakte sachliche und zeitliche Fixierung der sog. Grundgesamtheit (= die statistisch zu untersuchende Masse) an.

- Vollerhebung = Erfassung sämtlicher Teilmengen einer Gesamtmasse (z. B. Erfassung sämtlicher anfallenden Posten in der Postenstatistik)
- Teilerhebung = Auswahl einer als repräsentativ angesehen Teilmasse (z. B. Vornahme von Stichproben zur Prüfung der Kreditwürdigkeit von Konsumentenkreditnehmern); Auswahlkriterien:
  - bewußte Auswahl der nach objektiven Kriterien repäsentativen Teilmasse
  - bewußte Auswahl, dabei bewußtes Auslassen unbedeutender Teile
  - Zufallsauswahl.

b) **Auswertung** durch Aufbereitung der statistischen Daten, d. h. Zusammenfassung gleichartiger, Verbindung vergleichbarer Daten, Gegenüberstellung, Bildung von Beziehungen.

c) **Darstellung:**

- Tabellen

- Texterläuterungen
- Bildung von Relationen, Verhältniszahlen
- grafische Darstellung usw.

d) In der **deskriptiven** (beschreibenden) **Statistik** werden

- Häufigkeitsverteilung (z. B. Verteilung der gewerblichen Kredite nach Zahl und Volumina auf bestimmte Branchen)
- Zeitreihen (z. B. vierteljährliche Erfassung der Neuabschlüsse im Realkreditgeschäft)

untersucht.

e) Die **induktive** (schlußfolgernde) **Statistik** stellt Beziehungen der statistisch erfaßten Daten zueinander, zu anderen statistisch ermittelten Daten, zu Indexzahlen (z. B. „1970 = 100") usw. her und enthält dementsprechend Wertungen der dargestellten Untersuchungsergebnisse und Schlußfolgerungen. Mittel sind besonders auch errechnete Kennzahlen.

3.5 Wiederholung

Abschnitt 3.0 Grundlagen

1. Aus welchen rechtlichen und wirtschaftlichen Gründen benötigen Kreditinstitute ein funktionsfähiges Rechnungswesen?
2. Welche Grundsätze ordnungsmäßiger Buchführung kennen Sie?
3. Erklären Sie folgende Begriffe:
   a) Inventur
   b) Inventar
   c) Bilanz
4. In welche Hauptgruppen ist die Bilanz eines Kreditinstitutes gegliedert? Nennen Sie für jeden Bereich drei wesentliche Bilanzpositionen!
5. Was versteht man unter einem Aktiv- bzw. einem Passivtausch?
6. Erklären Sie den Unterschied zwischen Grundbuch und Hauptbuch!
7. „Erfolge sind betriebliche Erträge eines Unternehmens." Ist dieser Satz richtig? (Mit Begründung!)
8. Nennen Sie die Buchungen, mit denen Erfolgskonten abgeschlossen und der Gewinn oder Verlust einer Unternehmung verbucht werden!
9. Was versteht man unter einem gemischten Bestandskonto? Nennen Sie ein Beispiel!
10. Erklären Sie Wesen und Bedeutung einer Betriebsübersicht!
11. Wie ist eine Betriebsübersicht aufgebaut? Nennen und beschreiben Sie Stufen, in denen die Arbeit mit der Betriebsübersicht abläuft!
12. Welche Vorschriften über die Rechnungslegung von KI enthält das KWG?

Abschnitt 3.1 Buchungen im Geschäftsverkehr und 3.2 Spezielle Buchungen

Buchen Sie die nachfolgenden Geschäftsvorfälle!

1. Feststellung eines Überschusses in der Kasse.
2. Kunde kauft Sorten zu Lasten seines DM-Girokontos.
3. Ein KI erwirbt einen Platinbarren zu 10 000,– DM zzgl. MwSt. und verkauft diesen an einen Kunden zu 11 000,– DM zzgl. MwSt.
4. Ein KI führt eine Überweisung zu Lasten des Kunden-Kontos aus. Vier Verrechnungswege bieten sich an.
5. In der LZB-Abrechnung ergibt sich ein Saldo von 5 500 000,– DM zugunsten des eigenen KI.
6. An der Kasse wird ein auf das KI gezogener Barscheck eingelöst.

7. Bei dem bezogenen KI wird über den Vereinfachten Scheckeinzug der Bundesbank ein Verrechnungsscheck vorgelegt und eingelöst.
8. Einzug eines E.v.-Schecks für einen Kunden.
9. Einzug eines n.E.-Schecks für einen Kunden (Buchung bis zum Eintreffen des Gegenwertes!)
10. Ein zur Gutschrift n. E. hereingenommener und dem bezogenen KI direkt übersandter Scheck ist nicht eingelöst worden.
11. Ein Kunde reicht Lastschriften zum Einzug ein.
12. Ein Wechsel wird zum Einzug eingereicht. Einzug per LZB, n.E.-Gutschrift.
13. Ein Rückwechsel geht ein. Wechselbetrag 5 000,– DM, Protestkosten und Auslagen 30,– DM. Wie sieht die Rückrechnung der Bank des Bezogenen und die der 1. Inkassostelle (eigene Spesen 3,– DM) aus? Buchen Sie!
14. Zu Lasten des Kundenkontos wird ein bei dem KI domizilierter Wechsel eingelöst.
15. Ein Kunde erhält Zinsgutschrift auf seinem Sparkonto.
16. Kunde erwirbt einen Sparbrief (Abzinsungspapier).
17. Einem Kunden wird ein Kontokorrentkredit eingeräumt.
18. Abrechnung eines Kontokorrentkontos: Sollzinsen, Kreditprovision, Kontoführungsgebühr, Umsatzprovision und Porto.
19. Das KI kauft einen Wechsel vom Kunden an.
20. Der angekaufte Wechsel wird zum Rediskont gegeben.
21. Der Wechsel wird nicht rediskontiert, sondern bei der Bundesbank zum Lombard gegeben.
22. Einem Kunden wird ein Privatdarlehen eingeräumt.
23. Gewährung eines Hypothekendarlehens über 100 000,– DM, Zinsen 6 % p.a. (vierteljährliche Zinszahlung, jährliche Tilgungsverrechnung), Tilgung 1 % p.a., Auszahlung zu 90 %, Provision 50,– DM.
24. Die Deutsche Ausgleichsbank gewährt ein zinsloses Darlehen, das über das KI weitergeleitet wird.
25. Einräumung eines Avalkredites.
26. Das KI wird aus dem Avalkredit zu einem Teilbetrag in Anspruch genommen. Die Inanspruchnahme für den Rest entfällt.
27. Zusage eines Akzeptkredites durch das KI.
28. Das KI akzeptiert und diskontiert eine Tratte und rediskontiert den Wechsel bei der LZB. Vor Verfall schafft der Kunde die Deckung an. Der Wechsel wird über die Abrechnung vorgelegt.
29. Kunde erteilt Kaufauftrag über Aktien. Welche Konten sind anzusprechen?
30. Kunde verkauft 10 000,– DM 6 % Anleihe, 1.8. gzj., Kurs 100 %,

a) am 01.07.
b) am 30.07.

Vorzunehmen ist die Berechnung der Stückzinsen und die Buchung bei üblichen Gebühren.

31. Das KI erwirbt 100 X-Aktien zu 200 für den eigenen Bestand.

32. Das KI ist Konsortialführerin eines Emissionskonsortiums.
    a) Verkauf der emittierten Anleihe an Kunden (diese sind Ersterwerber).
    b) Belastung der Konsortialbanken mit der von ihnen übernommenen Quote.
    c) Übernahme des nicht verkauften Restes.
    d) Abbuchung der Emissionsvergütung vom Konto des Emittenten und Weiterleitung an die Konsortialbanken.

33. Für Kunden werden Zinsscheine getrennt, eingezogen und gutgeschrieben.

34. Abwicklung eines Kunden-Zahlungsauftrages in Fremdwährung zu Lasten seines DM-Girokontos.

35. Eröffnung eines Akkreditivs über 100 000,– US-Dollar, Deckungsanschaffung zu Lasten des DM-Kundenkontos. Ausnutzung des Akkreditivs in Höhe von 99 500,– US-Dollar; Abrechnung unter Berechnung von 450,– DM Provision und 45,– DM Maklergebühren sowie 10,– DM Spesen. Umrechnungskurs in jedem Fall 1,60.

36. Buchung folgender Gehaltsabrechnung. Bruttogehalt 3 200,– DM, vermögenswirksame Arbeitgeberleistung 52,– DM, Lohn- und Kirchensteuer 510,– DM, Sozialversicherung (Arbeitnehmer) 610,– DM; vermögenswirksame Anlage des Arbeitnehmers 52,– DM; Arbeitgeberanteil zur Sozialversicherung 610,– DM.

37. Indirekte Abschreibung einer Buchungsmaschine mit 1 000,– DM.

38. Ein Kraftwagen ist bis auf 500,– DM indirekt abgeschrieben; Anschaffungswert 14 000,– DM. Der Wagen wird zu 800,– DM verkauft.

39. Wir erhalten am 29.12. die Ankündigung einer Steuerrückvergütung von 8 000,– DM; Eingang im neuen Jahr, Buchung am 31.12.?

40. Eine Schreibmaschine wird am 27.12. repariert; Eintreffen der Rechnung am 05.01. (200,– DM + MwSt.). Buchung am 31.12.?

41. Garagenmiete für Geschäfts-Pkw für September bis Februar über 300,– DM wurde am 01.09. gezahlt; Buchung am 31.12.? Am 02.01.?

42. Bildung einer Rückstellung über 40 000,– DM für die Kosten der Prüfungsgesellschaft (Prüfung des Jahresabschlusses). Buchung? Die Kosten belaufen sich auf 39 000,– DM. Buchung?

Bitte beantworten Sie die nachstehenden Fragen!

1. Erklären Sie die Begriffe „Vorsteuer", „Mehrwert" und „Zahllast"!
2. Was versteht man unter dem Niederstwertprinzip? Schildern Sie zwei Anwendungsfälle im Rechnungswesen der Kreditinstitute!
3. Erklären Sie den Begriff „Skontro" anhand eines Beispiels!
4. Für welche Anwendungsfälle wird ein C.p.D. benötigt?

5. Die Begriffe „Lorokonto" und „Nostrokonto" beziehen sich prinzipiell auf ein und dieselbe Geschäftsverbindung. Inwiefern?
6. Warum können Lastschriften in der Buchhaltung wie Schecks behandelt werden?
7. Auf welche zwei Arten können Diskontwechsel im Rahmen der Bilanzierung bewertet werden?
8. Was sind Eventualverbindlichkeiten?
9. Wie werden im Umlauf befindliche eigene Akzepte eines KI bilanziert? Wie werden diskontierte und noch im eigenen Bestand befindliche eigene Akzepte behandelt?
10. Erklären Sie die buchhalterischen Besonderheiten eines Zwischenkommissionsgeschäftes!
11. Bei eigenen Wertpapieren eines KI stellt sich das Problem ihrer Bewertung. Wie ist diese geregelt, und welche Buchungen ergeben sich daraus?
12. Welche Bücher werden in der Depotbuchhaltung der KI geführt?
13. Erklären Sie die steuerrechtliche Behandlung des Einzugs und der Gutschrift von Zins- und Dividendenscheinen im Rahmen der Buchhaltung
    a) bei eigenen Wertpapieren
    b) bei Kundenpapieren!
14. In welchem Zusammenhang stehen die Konten „DM-Devisen" und „FW-Verrechnung"?
15. Welche Methoden zur Berechnung von Abschreibungen kennen Sie?
16. Worin bestehen die Vorteile der indirekten Abschreibung?
17. Erklären Sie die Begriffe „Einzel- und Pauschalwertberichtigungen" im Zusammenhang mit der Abschreibung auf Forderungen!
18. Worin unterscheiden sich die sachliche und die zeitliche Abgrenzung, und was haben sie gemeinsam?
19. Warum müssen „aktive" und „passive" Rechnungsabgrenzung unterschieden werden, und was bedeuten diese Begriffe?
20. Für welche typischen Geschäftsvorfälle werden in KI Rückstellungen gebildet?
21. Was schreibt das Aktiengesetz zur Bildung von Rücklagen vor? Wie werden Rücklagen bei Sparkassen und bei Kreditgenossenschaften gebildet?

Abschnitt 3.3 Kosten- und Erlösrechnung

1. Wodurch unterscheiden sich Aufwendungen und Kosten, Erträge und Erlöse?
2. Erklären Sie, was man unter Betriebs- und Wertleistungen versteht!
3. Zu welchen Zwecken wird die Kosten- und Erlösrechnung im Bankbetrieb eingesetzt? Welche Aussagen vermag sie zu liefern? Welche Vergleiche werden herangezogen, um die Kosten und Erlöse beurteilen zu können?

4. Erklären Sie folgende Begriffspaare: Einzel- und Gemeinkosten; fixe und variable Kosten.
5. Welche Bedeutung hat der Betriebsabrechnungsbogen im Rahmen der Kostenstellenrechnung?
6. Verbinden Sie die Begriffe „Marktleistungsart" und „Kostenträgerrechnung" miteinander!
7. Wodurch unterscheiden sich die Gesamt- und die Teilzinsspannenrechnung? Worin liegt der Unterschied zwischen Zinsspannenrechnung und Betriebsabrechnung?
8. Erklären Sie kurz die wesentlichen Kalkulationsverfahren im Bankbetrieb!

Abschnitt 3.4 Statistik

1. Was ist Statistik?
2. Was versteht man unter der „BiSta"?
3. Erklären Sie die Methoden der statistischen Erhebung!

4. Organisation, Informations- und Kommunikationssysteme

4.0 Grundlagen

Neben dem kundenbezogenen Marktbereich, in dem die Dienstleistungen, Beratung der Kunden und Verkauf der Produkte des Kreditinstitutes angesiedelt sind, benötigt jedes Kreditinstitut einen modern organisierten, funktional ausgerichteten **Verwaltungs- oder Betriebsbereich**. Der Einsatz der Datenverarbeitung, heute umfassender als Informations- und Kommunikationssysteme bezeichnet, stellt die schnelle und sichere Abwicklung des gesamten Rechnungswesens sicher und bietet eine Reihe unterstützender Funktionen. Damit läßt der Betriebsbereich sich als Dienstleistungsbetrieb innerhalb des eigenen Hauses zugunsten des Marktbereichs bezeichnen.

Wesentliche Abteilungen des Betriebsbereichs sind (mit unterschiedlichen Bezeichnungen in den einzelnen Häusern):

- Organisationsabteilung
- Abteilung für Datenverarbeitung
- Rechenzentrum
- Personalabteilung
- Verwaltungsabteilung
- Grundstücksverwaltung
- Hauptbuchhaltung.

Besondere Aufgaben im Rahmen der Abwicklung des Zahlungsverkehrs übernehmen

- Datenerfassungsabteilung
- Zahlungsverkehrsabteilung
- Belegexpedition.

Unterstützende Funktionen sind außerdem auch in den **Stabsabteilungen**

- Geschäftspolitik (Vorstandssekretariat)
- Betriebswirtschaft und Finanzen
- Rechtsabteilung

- Revisionsabteilung
- Marketingabteilung

angesiedelt, zu denen auch die bereits erwähnten Abteilungen für Personal und für Organisation zählen.

Die Dienstleistungsfunktion der verwaltungsorientierten Abteilungen ist heute noch keine Selbstverständlichkeit. Viele Kreditinstitute leiden unter dem Konflikt zwischen „draußen" und „drinnen", „Front" und „Etappe" oder „denen, die das Geld verdienen" und „denen, die das Geld ausgeben". Ein wichtiges Ziel der Unternehmensführung sollte es sein, die Gleichwertigkeit und Gleichberechtigung beider Bereiche zu verdeutlichen und zu verankern.

4.1 Organisation in Kreditinstituten

4.1.0 Grundlagen

a) Aufgabe der Organisation ist die geplante, auf Dauer angelegte Koordinierung der menschlichen **Arbeitskraft**, der **Informationen** und der **Sachmittel** als betriebliche Leistungsfunktionen. **Ziele** sind

- die Aufstellung eines generellen, dauerhaften Ordnungssystems (Struktur) für Erfassung, Ausführung und Kontrolle der betrieblichen Geschäftsvorfälle
- der rationelle **Einsatz der Mittel** zur Bewältigung der Arbeitsabläufe unter Beachtung des ökonomischen Prinzips.

Organisation ist abzugrenzen von

- Disposition: Strukturierung des Einzelfalls
- Improvisation: aktuelle, vorläufige Regelung einer begrenzten Zahl von Fällen.

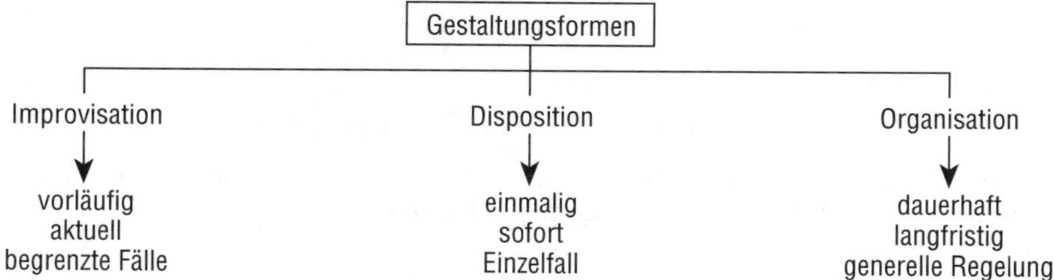

b) Folgende **Prinzipien** kennzeichnen die Organisationsarbeit:

- Vereinheitlichung der Erfüllung der Aufgaben (vgl. Dienst- oder Arbeitsanweisungen)
- Schaffung eines stabilen Systems (vgl. Aufbauorganisation)
- Fähigkeit des Systems zur Anpassung (Flexibilität).

c) Betriebe wie Banken und Sparkassen lassen sich als **Systeme** beschreiben. Sie bestehen aus Subsystemen und Elementen.

Die Gestaltung der **Beziehungen** in und zwischen Systemen und die sinnvolle Einordnung der **Elemente** ist wesentliche Aufgabe des Organisierens.

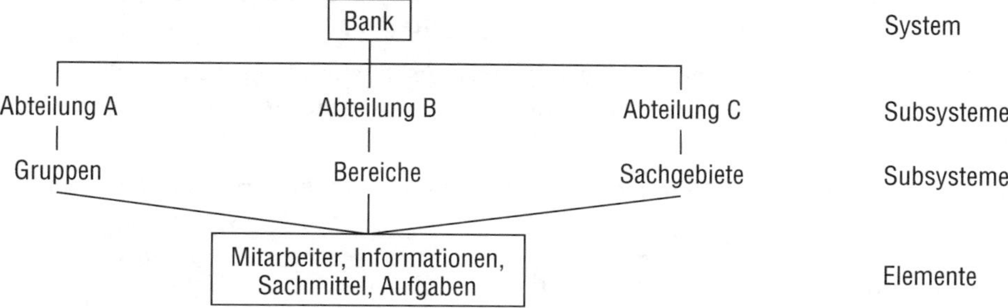

4.1.1 Organisatorische Tätigkeit

4.1.10 Elemente der Organisation

a) In Betrieben sind bestimmte **Aufgaben** zu erfüllen. Mit einer **Aufgabenanalyse** wird eine Tätigkeit in einzelne Verrichtungen zergliedert, wobei Teilaufgaben und Handlungsalternativen ermittelt werden. Dabei läßt sich die Tätigkeit in die Phasen

- Planung
- Realisierung
- Kontrolle

unterteilen.

b) Die Mitarbeiter sind Adressaten der Aufgaben, also **Aufgabenträger**. Von ihnen wird **Leistungsfähigkeit** und **Leistungsbereitschaft** erwartet. Wichtige Aspekte des Organisierens sind in Richtung auf den Mitarbeiter

- seine Motivation und Identifikation
- seine Fähigkeiten (z. B. Ausbildungsstand, Erfahrung)
- seine Bereitschaft, sich auf organisatorische Änderungen einzulassen.

Motivation, also Leistungsbereitschaft, stellt sich ein, wenn der Mitarbeiter mit der Erfüllung seiner Aufgaben gleichzeitig eigene **Bedürfnisse** erfüllen kann. Dies sind insbesondere

- Grund- oder Existenzbedürfnisse
- Sicherheitsbedürfnisse
- soziale Bedürfnisse
- Bedürfnis nach Anerkennung
- Bedürfnis nach einem Sinn, einer Bedeutung der eigenen Tätigkeit.

Hieraus resultieren organisatorische Problembereiche, z. B.

- Einführungswiderstände bei technischen Neuerungen
- Ängste bei Rationalisierungen (Wegfall des eigenen Arbeitsplatzes).

c) **Informationen** liefern das zur Aufgabenerfüllung notwendige **Wissen**. Sie sind zweckbezogen und sollen zur Problemlösung beitragen.

Der Austausch von Informationen ist Teil der menschlichen **Kommunikation**. Eine wesentliche Funktion in der Beschaffung und Aufbereitung von Informationen nimmt die Datenverarbeitung wahr.

Probleme bei der Bereitstellung von Informationen bestehen vor allem darin, daß

- einzelne Informationen falsch sind
- die Informationen unvollständig sind

- zu viele Informationen geliefert werden (z. B. Informationsflut in den Medien)
- die Informationen unzureichend aufbereitet sind
- die Informationen zum falschen Zeitpunkt eingehen.

d) **Sachmittel** sind die vielfältigen Arbeits- und Hilfsmittel wie z. B. in einem Bankbetrieb

- Schreibtisch, Stuhl, Schreibmaschinentisch, Beistellschrank; Büromaterial
- Schreibmaschine, Additionsmaschine, Taschenrechner, Telefon, Bildschirm bzw. Personal Computer (PC), Drucker, Fernkopierer, Diktiergerät usw.

4.1.11 Aufbauorganisation

a) Als **Aufbauorganisation** bezeichnet man die auf Dauer angelegte Gestaltung eines Systems nach Teilaufgaben und Aufgabenträgern. Die betrieblichen Aufgaben werden aufgegliedert und anhand eines Organisationsplans bestimmten **Stellen** zugewiesen. Eine Stelle ist also die Summe der Teilaufgaben für einen bestimmten Mitarbeiter.

Stellenbeschreibungen fassen die Aufgaben, Kompetenzen und die Verantwortung zusammen.

Bei der Gestaltung der Stellen kommen Prinzipien wie die **Zentralisation** oder **Dezentralisation** zum Tragen. Der Rang einer Stelle wird bestimmt durch den Umfang der mit ihr verbundenen **Leitungskompetenzen**. Man unterscheidet **Leitungs-** und **Ausführungsstellen**. Stabsstellen sind Ausführungsstellen, die für bestimmte Instanzen Entscheidungen vorbereiten oder ihre Realisierung überwachen.

b) Die Verbindung von Stellen und ihre Beziehung zueinander richtet sich nach dem hierarchischen Aufbau. Dieser wird im **Organigramm** aufgezeigt.

Je nachdem, ob eine Stelle stets nur von einer anderen Stelle oder von mehreren Stellen Weisungen erhält, unterscheidet man **Einlinien-** und **Mehrliniensysteme**. Beim Stab-Linien-System handelt es sich um ein Einliniensystem mit eingefügten Stabsstellen.

Einliniensystem:

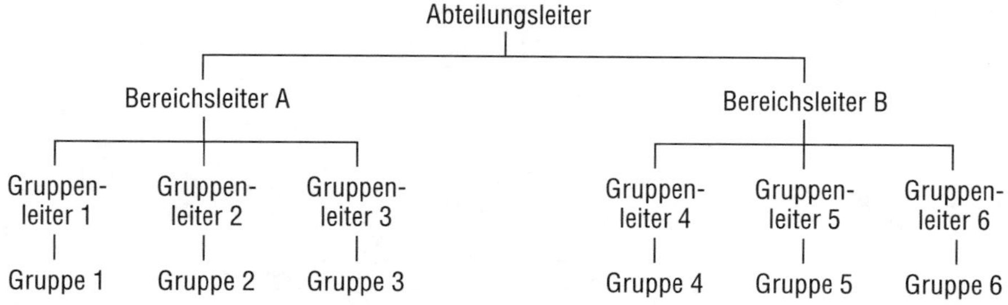

c) In **Organisationsmodellen** wird der Aufbau von Systemen und ihrer Subsysteme dargestellt. **Funktionale** Modelle sind auf die **Tätigkeiten** bezogen, z. B.

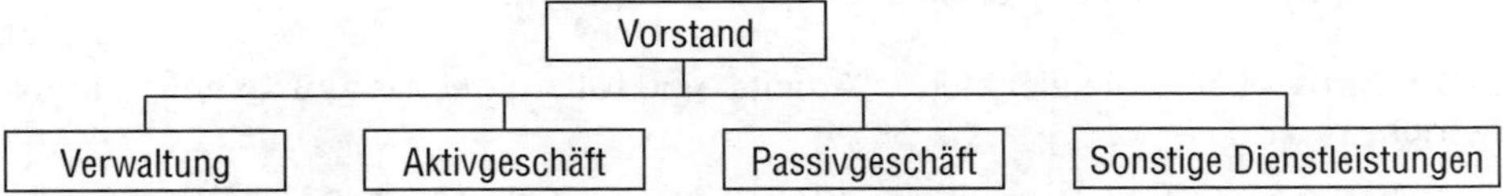

Divisionale Organisationsmodelle untergliedern nach Objekten (Produkte, Dienstleistungen), z. B.

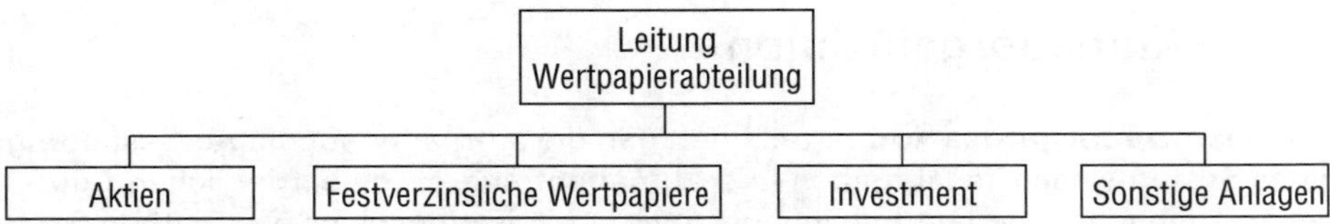

Im Modell der **Matrixorganisation** wird auf einer Hierarchieebene gleichzeitig nach Tätigkeiten und Objekten gegliedert, z. B.

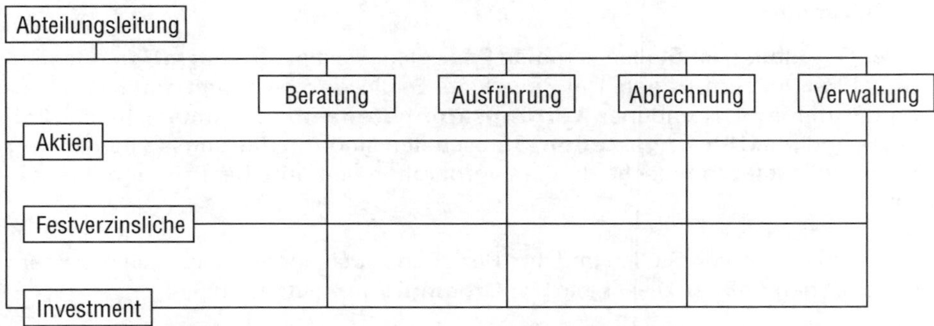

d) Auf diesen Modellen aufbauend lassen sich für jedes Unternehmen spezifische Organisationsformen entwickeln, die die individuellen Besonderheiten berücksichtigen. In einem Kreditinstitut könnte ein **modellhafter** Aufbau zur Anwendung kommen, wie er im Schaubild „Organigramm eines Kreditinstitutes“ dargestellt ist.

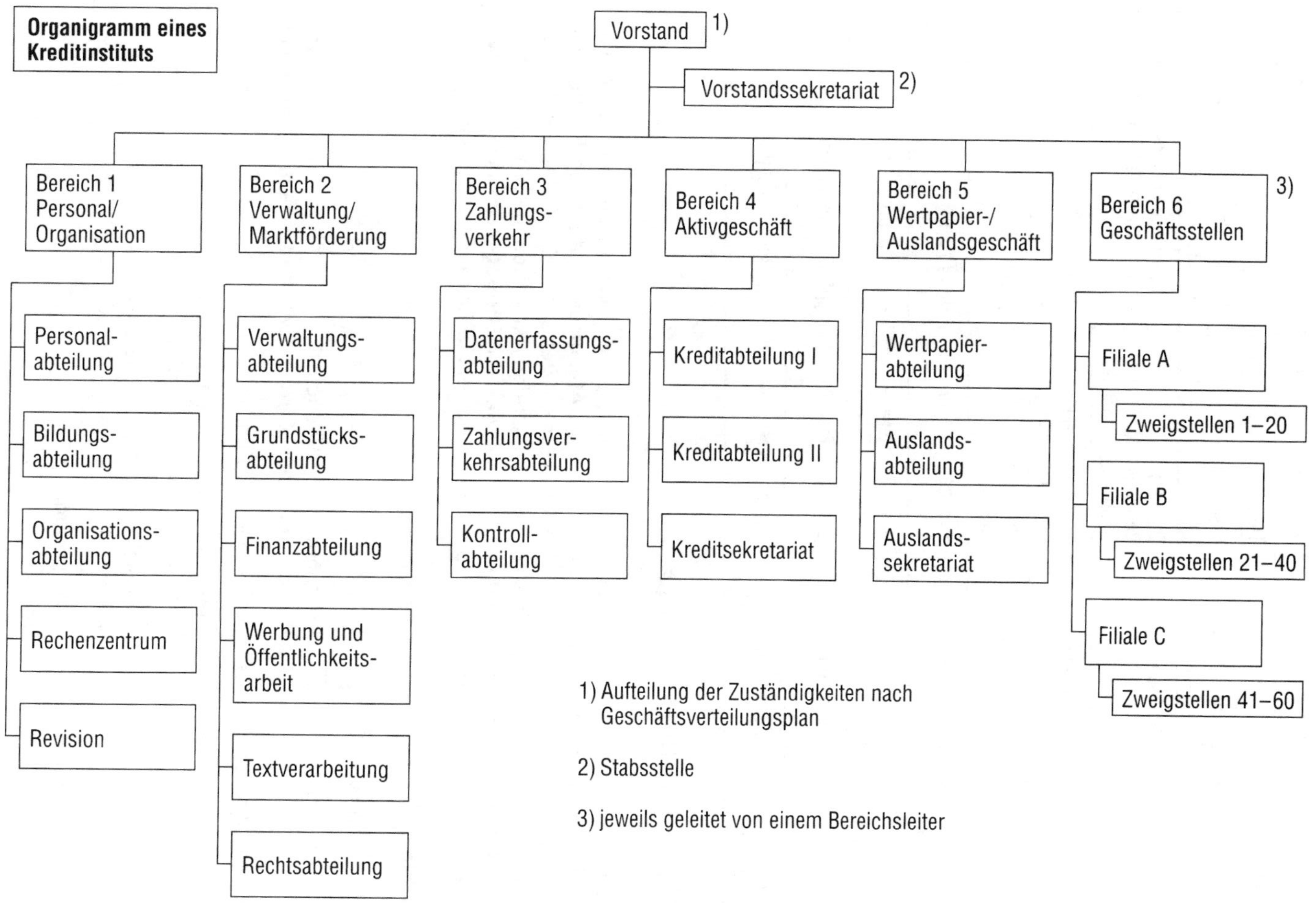

Organigramm eines Kreditinstituts
Vorstand 1)
Vorstandssekretariat 2)
Bereich 1 Personal/ Organisation
Personal-abteilung
Bildungs-abteilung
Organisations-abteilung
Rechenzentrum
Revision
Bereich 2 Verwaltung/ Marktförderung
Verwaltungs-abteilung
Grundstücks-abteilung
Finanzabteilung
Werbung und Öffentlichkeits-arbeit
Textverarbeitung
Rechtsabteilung
Bereich 3 Zahlungs-verkehr
Datenerfassungs-abteilung
Zahlungsver-kehrsabteilung
Kontroll-abteilung
Bereich 4 Aktivgeschäft
Kreditabteilung I
Kreditabteilung II
Kreditsekretariat
Bereich 5 Wertpapier-/ Auslandsgeschäft
Wertpapier-abteilung
Auslands-abteilung
Auslands-sekretariat
Bereich 6 Geschäftsstellen 3)
Filiale A
Zweigstellen 1–20
Filiale B
Zweigstellen 21–40
Filiale C
Zweigstellen 41–60
1) Aufteilung der Zuständigkeiten nach Geschäftsverteilungsplan
2) Stabsstelle
3) jeweils geleitet von einem Bereichsleiter

Der **hierarchische** Aufbau sieht in Banken und Sparkassen oft wie folgt aus:

Ebene	Funktion	Titel	Vertretungsmacht
1.	Geschäftsleitung	Vorstand	verfassungsmäßig berufener Vertreter
2.	Bereichsleitung	Direktor Bereichsleiter Hauptabteilungsleiter	Prokurist oder Generalbevollmächtigter nach BGB
3. zentral	Abteilungsleitung	Abteilungsdirektor Abteilungsleiter	Prokurist
3. dezentral	Filialleitung	Filialdirektor Filialleiter	Prokurist
4. zentral	Sachgebietsleitung	Sachgebietsleiter	ggf. Prokurist
4. dezentral	Geschäftsstellenleitung	Geschäftsstellenleiter	ggf. Prokurist
5. zentral	Gruppenleitung	Gruppenleiter	ggf. Bevollmächtigter
5. dezentral	Centerleitung	Centerleiter	ggf. Bevollmächtigter

4.1.12 Ablauforganisation

a) Im Gegensatz zu der auf Dauer ausgerichteten Aufbauorganisation ist die Ablauforganisation **dynamisch**. Sie gestaltet den Ablauf der Aufgabenerfüllung nach räumlichen und zeitlichen Aspekten. Daraus entsteht z. B. eine Folge von Bearbeitungsschritten, eine Checkliste von zu erledigenden Aktivitäten. Diese werden mit einer **Aufgabenanalyse** erfaßt und beispielsweise in **Dienst- oder Arbeitsanweisungen** geordnet niedergelegt. Dabei sind auch grafische Darstellungen möglich.

BEISPIEL:

Eröffnung von Girokonten

- Antrag → Kontonummer vergeben
  → Bildschirmmaske „Girokontoeröffnungsantrag" ausfüllen
- Legitimation → Legitimation prüfen
- Unterschriften → Unterschrift Kontoinhaber einholen
  → Unterschrift Bevollmächtigte(r) einholen
- Vollmacht → Vollmacht über den Tod hinaus
  → Vollmacht für den Todesfall
- Verfügungsarten → Einzelverfügung
  → gemeinsame Verfügung

b) Die Ordnung des Arbeitsablaufs ermöglicht die Festlegung bestimmter, wiederkehrender Ablaufformen. Bei mehreren parallel zu durchlaufenden Bearbeitungswegen spricht man von Und-Verzweigungen. Alternative Wege führen zu Oder-Verzweigungen. Die dabei entstehende Ordnung wird auch für die Schaffung technischer Unterstützung als Ablaufplan zugrunde gelegt (sog. **Blockdiagramme**).

BEISPIEL: Ausgabe einer ec-Karte (Auszug)

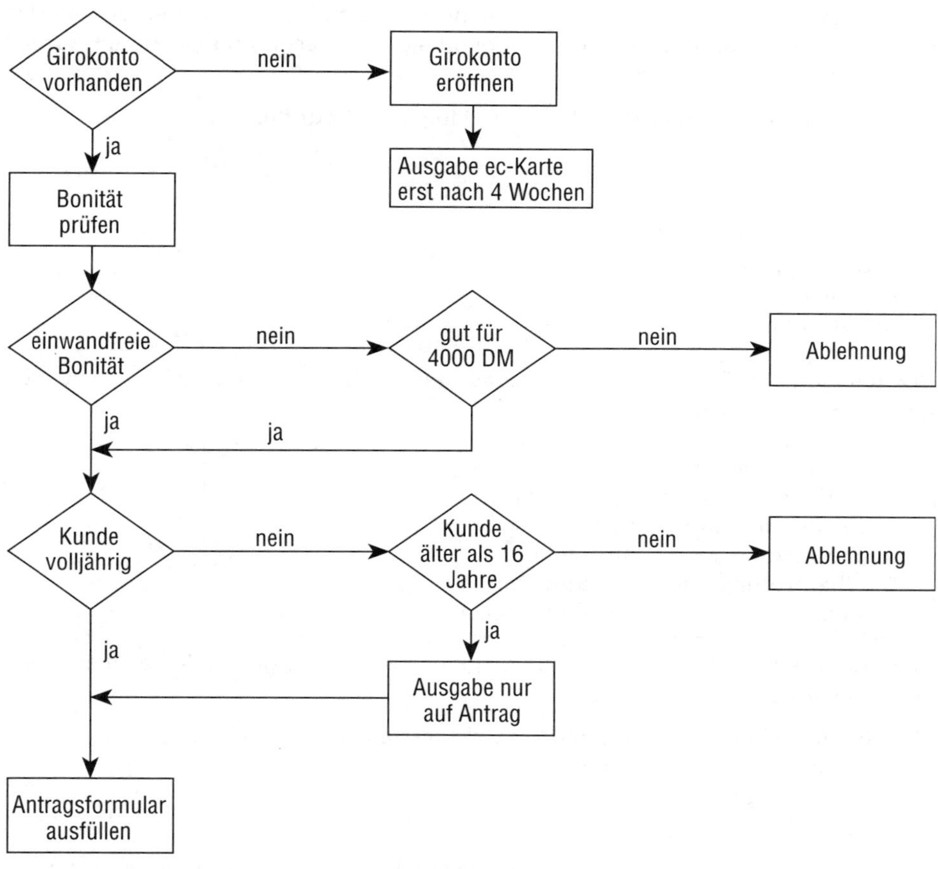

Eine weitere wichtige Gestaltungsform ist die **Netzplantechnik**. Hier werden die Aufgaben in genau abgegrenzte Teile zerlegt, einzelne Schritte festgelegt und ein Zeitplan aufgestellt. Ziel ist die zeitliche Optimierung.

4.1.13 Systematische Vorgehensweise

a) Organisationsarbeit ist geprägt von einem strengen systematischen, an **Vorgehensmodellen** ausgerichteten Vorgehen. Ziel des „Systemdenkens“[1] ist es, ein komplexes System transparent zu machen und in logischen Einzelschritten zur Lösung zu bringen.

1 vgl. das Modell des „Systems Engineering“ der Akademie für Organisation

b) Durch das Vorgehen **vom Groben zum Detail** wird das Betrachtungsfeld schrittweise eingeengt, so daß Varianten nur je nach Stufe der Bearbeitung anfallen und zu behandeln sind.

c) Dieser Vorgehensweise entspricht der Prozeßablauf in Form eines **Phasenmodells**. Besonders im Bereich der Entwicklung von Datenverarbeitungsprogrammen werden solche Modelle eingesetzt und sehr präzise angewandt. Die entwickelnden Unternehmen/Institute verwenden dabei oft eigene Phasenmodelle, deren Aufbau im wesentlichen aber gleich ist.

Beispielhaft für die einzelnen Schritte sind folgende Begriffe:

- Voruntersuchung
- Konzeption
  - Fachkonzept
  - DV-Konzept
- Realisierung
- Einführung

d) Ein allgemeingültiger für Problemlösungen einsetzbarer Ansatz könnte aus folgenden Schritten bestehen:

1. Situationserfassung
2. Problembeschreibung und -bewertung
3. Zielfindung und -bewertung
4. Erarbeitung von Lösungswegen
5. Überprüfung und Bewertung von Lösungswegen
6. Entscheidung über Vorgehensweise, Zeit und Kosten

e) Im Rahmen des systematischen Vorgehens spielen folgende Aspekte eine wesentliche Rolle:

- gründliche Bestandsaufnahme (Situationserfassung), gerichtet auf
  - Elemente (siehe Abschnitt 4.1.10)
  - Beziehungen
  - Zeit, Raum, Mengen
- Einsatz methodischer Vorgehensweisen, z. B. bestimmter Erhebungstechniken wie
  - Beobachtung
  - Selbstaufschreibung (z. B. Zeitaufschreibung für bestimmte Tätigkeiten)
  - Multimomentaufnahme (= Ermittlung z. B. von Zeitanteilen bestimmter wiederkehrender Aufgabenarten durch Stichproben)
  - Befragung (Interview)
- sorgfältige Dokumentation
- Einbeziehung der Betroffenen (z. B. der Fachabteilungen, Zweigstellen): Organisationsarbeit ohne Einschaltung der Stellen, die vor Ort mit einem Problem zu tun haben, vom „grünen Tisch" birgt die Gefahr in sich,
  - daß wesentliche Aspekte unberücksichtigt bleiben
  - daß bei Einführung einer organisatorischen Lösung Akzeptanzprobleme und Widerstände auftreten.

4.2 Informations- und Kommunikationssysteme

4.2.0 Grundlagen

4.2.00 Überblick

Informations- und Kommunikationssysteme sind heute unverzichtbarer Bestandteil eines jeden Kreditinstitutes. Zahlreiche Arbeitsabläufe lassen sich in dem geforderten Umfang (**Datenmenge**) und mit dem Anspruch an **Schnelligkeit** und **Sicherheit** manuell nicht mehr bewältigen. Dies gilt ganz besonders für den Zahlungsverkehr.

Durch den Einsatz der **Datenverarbeitung** sind in den letzten Jahren erhebliche **Rationalisierungseffekte** erzielt worden. Dadurch konnte eine Verlagerung zu qualitativ höherwertigen Tätigkeiten insbesondere in der Kundenberatung erfolgen. Die Potentiale für Rationalisierungen sind heute weitgehend ausgeschöpft. In der Gegenwart und Zukunft erstreckt sich der Einsatz der Datenverarbeitung besonders auf folgende Gebiete:

- Unterstützung der Sachbearbeitung und Kundenberatung:
  - Textverarbeitung
  - Simulationsprogramme (z. B. Beispielsrechnungen für Privatdarlehen)
  - elektronische Archivierung
  - Bereitstellung von Kundeninformationen aus Datenbanken (Kontoübersicht, Saldenübersicht, Obligozusammenstellung usw.)
  - Bereitstellung von Produktinformationen (Angebotspalette, aktuelle Konditionen)
  - Datenerfassung und -veränderung
  - Verknüpfung von Daten zu Statistiken und Auswertungen (z. B. maschinelle Analyse der Bilanzen von Firmenkunden)
  - elektronische Kommunikation (e-mail u. a.)
  - Workflowsysteme (Unterstützung und Optimierung des Arbeitsflusses)
- Einsatz im Rahmen der Kundenselbstbedienung, z. B. über
  - Geldautomaten
  - Kontoauszugsdrucker
  - Btx-Terminals
  - Kundeninformationssysteme
- technische Optimierung von Vorgängen, z. B.
  - maschinelle Erfassung und Weiterbearbeitung von Wertpapieraufträgen
  - Schaffung einer Verbindung zur Datenfernübertragung (DFÜ) zwischen Kunde und Kreditinstitut.

Die grundlegende Unterscheidung in der Datenverarbeitung zwischen **Hardware** (= die eingesetzten elektronisch arbeitenden Maschinen) und **Software** (= die Programme, die diese Maschinen in bestimmter Weise arbeiten lassen) schlägt sich in Kreditinstituten aufbauorganisatorisch nieder in der Tätigkeit der Organisationsabteilung, teilweise einer selbständigen Datenverarbeitungs-Abteilung für die Software-Entwicklung und dem Rechenzentrum, in dem sich die zentrale Datenverarbeitungsanlage befindet und die sog. Produktion stattfindet.

Zahlreiche Kreditinstitute haben für die Datenverarbeitung Gemeinschafts-Rechenzentren geschaffen, in denen meist auch die Programmentwicklung erfolgt (insbesondere bei den Kreditgenossenschaften und den Sparkassen).

4.2.01 Grundbegriffe der Datenverarbeitung

4.2.010 Daten

a) Grundlage der Datenverarbeitung (DV) sind **Informationen**. Daher wird die DV oft auch als **Informationsverarbeitung** bezeichnet. **Daten** sind die einzelnen Elemente einer Information, zusammengefaßt zu einem **Datensatz**. Dieser enthält **Ordnungsbegriffe**, die Sortierung und Suche ermöglichen, und Erläuterungen.

BEISPIEL:

Name	Ordnungsbegriff
Vorname	ergänzender Ordnungsbegriff
Geburtsdatum	Erläuterung
Telefonnummer	Erläuterung

b) Um eine wesentliche DV-Funktion, das zweifelsfreie Auffindung einer Information anhand eines Suchkriteriums, zu unterstützen, werden Daten oft verschlüsselt, d. h. bestimmten Schlüsseln zugeordnet. Diese können **numerisch** (z. B. 007), **alphabetisch** (z. B. USA) oder **alphanumerisch**, also kombiniert sein (z. B. SAT1).

c) Computer sind **Rechenanlagen** mit elektronischen Bauelementen. Voraussetzung für den Einsatz **Elektronischer** Datenverarbeitung ist eine **Darstellungsform** für Daten, die ihren direkten maschinellen Einsatz ermöglicht. Die Bauelemente (nach ihrer historischen Entwicklung: Röhren, Transistoren, Monolithe) kennen nur die Zustände „eingeschaltet" und „ausgeschaltet".

Diesen Zuständen entspricht die Darstellung von numerischen Daten im **Dualsystem** (Zweier-, Binärsystem), das nur aus den Ziffern 0 und 1 besteht.

BEISPIEL:

87 im Dezimalsystem entspricht 1 010 111 im Dualsystem:

	1 000 000	$= 2^6$ =	64
+	10 000	$= 2^4$ =	16
+	100	$= 2^2$ =	4
+	10	$= 2^1$ =	2
+	1	$= 2^0$ =	1
=	1 010 111	=	87

Die Umwandlung von Zeichen in eine binäre Darstellung bezeichnet mat als **Codierung**, das Umwandlungssystem als **Code**.

d) Bei dem ersten in der DV eingesetzten Datenträger, der **Lochkarte**, wurde der nach dem Entwickler benannte **Hollerith-Code** eingesetzt. Dieser beruht auf der Einteilung einer Lochkarte in 12 Zeilen und 80 Spalten, so daß sich insgesamt 960 mögliche Lochstellen ergeben, die aufgrund Zeilennummer und Spaltennummer festgelegt sind. Der Code berücksichtigt die elektronische Darstellung mit den Zuständen „gelocht" und „ungelocht". Jedes derartige Darstellungselement wird als **Bit** bezeichnet.

e) Auf diesem Prinzip baut der sog. **BCD-Code** (Binary Coded Decimal-Code, im Dualsystem codierter Dezimalcode) auf. Hier werden Bits in drei Ablochbereichen zu je 32 Spalten dargestellt. In einer erweiterten Darstellungsform, dem **EBCDI-Code** (Extended Binary Coded Decimal Interchange-Code), werden jeweils 8 Bits zu einem **Byte** als Kolonne zusammengefaßt.

f) Folgende **Arten** von Daten sind zu unterscheiden:

- Bewegungsdaten: Daten werden eingegeben; durch Verarbeitung entstehen neue Daten. Beispiel: Rechenoperation, z. B. 8 : 2 = 4. Die Division ist der Verarbeitungsvorgang.
- Bestandsdaten: Daten aufgrund eines Verarbeitungsvorgangs werden zusammengefaßt und gespeichert, um spätere Auswertungen zu ermöglichen. Beispiel: Fortschreibung der Zahl der Kassenposten.
- Stammdaten: Daten werden für bestimmte Vorgänge immer wieder benötigt und daher unter Ordnungsbegriffen in Stammdateien zusammengefaßt. Beispiel: die Daten eines Mitarbeiters, die in jeder Gehaltsabrechnung wiederkehren (z. B. Name, Vorname, Gehaltsgruppe, Steuerklasse usw.).

Die Verwaltung und Aktualisierung von Datenbeständen wird als **Pflege** bezeichnet.

4.2.011 Datenträger

a) Bei **Lochkarten** stellten Lochungen den binären Code dar. Lochkarten werden heute nicht mehr verwandt.

b) **Lochstreifen** sind schmale Papierbänder, die nach bestimmten Codes mit Lochungen versehen werden. Sie sind heute technisch ebenfalls überholt.

c) **Magnetbänder** bestehen aus beschichteter Kunststoffolie, die magnetisiert werden kann, so daß der für den Binärcode erforderliche Zustand „magnetisiert" oder „nicht magnetisiert" heißt. Sie werden auch als Kassetten eingesetzt (vgl. Tonband- oder Videokassetten).

Magnetbänder ermöglichen die Speicherung einer Vielzahl von Datensätzen gegenüber Lochkarten. Pro cm können mehr als 6000 Zeichen gespeichert werden (= 100 Lochkarten à 80 Stellen).

Daten werden auf Magnetbändern blockweise aufgezeichnet. Zum Auffinden eines bestimmten Satzes muß das Band von Anfang an gelesen werden.

d) **Magnetplatten** sind magnetisierbare beschichtete Scheiben aus Leichtmetall. Die Speicherung der Daten erfolgt in bestimmten Spuren, die numeriert sind. Magnetplatten werden zu **Plattenstapeln** zusammengefaßt. Das Speichervolumen ist unterschiedlich, kann bei einer Magnetplatteneinheit aber durchaus mehrere Milliarden Bits umfassen.

Der entscheidende Vorteil der Magnetplatte ist die direkte Zugriffsmöglichkeit zu einem Datensatz in einer bestimmten Spur, d. h. die Magnetplatte ist **adressierbar**, der Zugriff geht außerordentlich schnell.

e) **Disketten** sind magnetisierbare beschriftete Kunststoffscheiben, die wie Magnetplatten eingesetzt werden. Die üblichen Formate für Disketten betragen 3 1/2 sowie 5 1/4 Zoll.

f) Wesentlich mehr Informationen als auf einer Diskette lassen sich auf einer **CD-ROM** (CD = Computer Disc) unterbringen: bis zu 360 000 Textseiten.

4.2.012 Datenerfassung

a) **Datenerfassung** ist die Eingabe von Daten in eine DV-Anlage. Dabei werden die Daten **codiert** und in bestimmte **Formate** gebracht, die eine problemlose Weiterverarbeitung ermöglichen.

b) Die Datenerfassung kann **zentral** z. B. in einer hierfür vorgesehenen Abteilung und anhand einzelner Belege oder **dezentral** erfolgen, d. h. dort, wo die Daten anfallen.

c) Folgende Erfassungsmöglichkeiten sind zu unterscheiden:

- Eingabe am Terminal über eine numerische und/oder alphanumerische Tastatur mit Kontrollmöglichkeit am Bildschirm
- Erfassung durch Klarschriftleser für Buchstaben, Zahlen und Symbole; Beispiele:
  - Optischer Belegleser, der eine bestimmte Schrift lesen kann, z. B. die OCR-A-Schrift (Optical-Character-Recognition Form A), die sich in der Codierzeile von Zahlungsverkehrsbelegen befindet
  - Schriftenlesesysteme, die heute imstande sind, Maschinenschrift und eindeutige handschriftliche Zeichen zu erkennen (vgl. Überweisungsbelege)
- Erfassung anhand eines Scanners (Markierungsleser), der einen Strichcode lesen kann; verbreitet im Groß- und Einzelhandel: die Ware wird mit einem Strichcode ausgezeichnet, der vom Scanner über einen Lichtgriffel oder eine Lichtpistole erfaßt wird; dadurch nimmt das Kassenterminal die Warenart auf und erhält über die Zentraleinheit die aktuellen Preise. Gleichzeitig kann bei angeschlossenem Warenwirtschaftssystem der Lagerbestand korrigiert werden.
- Einlesen von bereits auf Datenträgern gespeicherten Daten.

d) Die Erfassung kann **direkt**, d. h. mit unmittelbarer Übermittlung in den zentralen Rechner, oder **indirekt**, d. h. mit einer Zwischenspeicherung, erfolgen.

4.2.013 Hardware

a) Als **Hardware** bezeichnet man die maschinentechnische Ausstattung einer DV-Anlage. Ihre Auslegung entscheidet über Speicherplatz, Geschwindigkeit und die Möglichkeiten von Datenorganisation und Datenzugriff. Von den Anfängen der Datenverarbeitung an bis noch vor einigen Jahren überwog der Kostenanteil der Hardware gegenüber den Aufwendungen für Programme. Heute hat sich das Verhältnis umgekehrt, bei größeren Anlagen und Anforderungen machen die Hardwarekosten nur noch bis zu 10 % der gesamten DV-Kosten aus, sofern eigene Programmentwicklung betrieben wird.

b) Die einzelnen Hardware-Komponenten (= Bausteine) richten sich nach den **Funktionen**, die sie erfüllen sollen:

- Dateneingabe-Geräte
- Datenausgabe-Geräte
- zentraler Rechner (Zentraleinheit, „Host“ = „Gastgeber“ für die dort ablaufenden Programme)
- externe Speicher.

c) Folgende Ein- und Ausgabegeräte sind zu unterscheiden:

- Reine Eingabegeräte:
  - Lochkartenleser
  - Lochstreifenleser
  - Klarschriftleser
  - Markierungsleser (Scanner)
- Reine Ausgabegeräte:
  - Lochkartenstanzer
  - Drucker
  - COM-Einheit (= Computer-Output on Microfilm, Computerausgabe auf Mikrofilm)
- Kombinierte Ein-/Ausgabegeräte:
  - Terminal
  - Bildschirm
  - Magnetbandeinheit
  - Magnetplatteneinheit

d) Die **Zentraleinheit** ist der Kern der DV-Anlage. Sie besteht aus

- Rechenwerk: Ablauf der Rechenoperationen und logischen Funktionen (Durchführung von Vergleichen wie „hoch – niedrig“ und „gleich – ungleich“)
- Steuerwerk: Steuerung der einzelnen Operationen und ihrer Reihenfolge aufgrund von Befehlen (Lesen, Suchen, Ausgabe usw.) und nach dem Prinzip der Delegation, d. h. der Weiterleitung an ausführende Stellen sowie Kontrolle der Ausführung
- Hauptspeicher (Arbeitsspeicher): Bereich, in den Daten zur Verarbeitung aufgenommen, verändert und an externe Speicher weitergegeben sowie zur Bearbeitung erforderliche Programme gehalten werden.

e) Externe **Speicher** bieten die Möglichkeit, Daten, die nicht für den unmittelbaren Verarbeitungsprozeß im Hauptspeicher benötigt werden, in größerer Menge aufzunehmen, zu verwahren und auf Anforderung wieder abzugeben. Vgl. Abschnitt 4.2.011.

4.2.014 Datenübertragungsnetze

a) Zur **Datenübertragung** werden im Regelfall Leitungen verwendet, die aus Kabeln bestehen (Kupferdraht, Koaxialkabel; neu: Lichtwellenleiterkabel). Die auf dem Grundstück des Betreibers der DV-Anlage verlegten Kabelverbindungen werden bei besonderem Aufbau, der an jedem Endplatz den Zugriff auf das Gesamtsystem und die Kommunikation untereinander zuläßt, als „Local Area Network (LAN)" (lokales Netz) bezeichnet.

b) Wenn der Anwender das eigene Netz verlassen und auf die Dienste von Telekommunikationsunternehmen zugreifen muß, spricht man von **Datenfernübertragung (DFÜ).** An den Schnittstellen (= Verbindungsstellen) des eigenen und des öffentlichen Fernmeldenetzes werden sog. **MODEMS** zur Umwandlung der elektronischen Impulse eingesetzt (**MOdulation** bzw. **DEModulation**).

c) Die Telekom stellt folgende Leitungsnetze zur Verfügung:

- **Telefonnetz:**
  - Herkömmlich genutzt für die Übermittlung von Sprache; die dabei entstehenden akustischen Schwingungen werden durch ein Mikrofon in **analoge** (d. h. den Schallwellen entsprechende) elektronische Signale umgewandelt und mit einer Lautsprechermembran wieder in hörbare Schallwellen zurückverwandelt.
  - heute ist die Umwandlung von Schallwellen in **digitale** Signale möglich; dabei werden die Schallwellen vielfach gemessen und in einen Code übertragen. Digitale Übertragung ist wesentlich störungsärmer als analoge Übermittlung
- **Integriertes Text- und Datennetz (IDN):** umfaßt alle öffentlichen digitalen Datel-Fernmeldedienste (Datel = Data Telecommunications), d. h.
  - Telexdienst zur Übermittlung von Nachrichten im Fernschreibverkehr (siehe Abschnitte 0.2.083, 0.2.084)
  - Teletexdienst zum Austausch maschinengeschriebener Texte zwischen Textverarbeitungsanlagen (auch Speicherschreibmaschinen) in Briefqualität
  - Datexdienst zur Datenübertragung in leitungsvermittelter (Datex-L) oder paketvermittelter Form (Datex-P)
  - Direktruf-Standleitung zwischen Datenverarbeitungsanlagen
- **ISDN=Integrated Services Digital Network:** Integriertes Datennetz, das über ein Breitbandkabel die Zusammenfassung von Sprache, Text, Bild und Daten zu einem gemeinsamen Kommunikationssystem möglich macht, wobei nur eine Leitung und eine Rufnummer benötigt werden. Am Arbeitsplatz befindet sich dann ein „multifunktionales" Terminal mit den Elementen Bildschirm – Rechner – Text- und Datentastatur – Mikrofon – Lautsprecher – Fernsprech-Handapparat.

Kommunikationsdienste – Netze					
Dienst	Fernsprech-netz	Integriertes Fernschreib- und Datennetz (IDN)			Rundfunk
		Telex-Netz	Datex L	Datex P	
Sprachkommunikation	●				
Textkommunikation: – Telex		●			
– Teletex			●		
– btx	●			●	
– Videotext					●
Telefax	●				
Datenkommunikation: – Direktruf (HfD)	●				
– Rechner-Terminal	●		●	●	

Das ISDN wird bereits in firmeninternen Netzen eingesetzt. Außerdem hat die Telekom die Installation im öffentlichen Netz bereits zügig vorangetrieben (besonders in Ostdeutschland). Vgl. Abschnitt 0.2.084

4.2.015 Software

a) Mit dem Sammelbegriff **Software** werden alle Programme eines EDV-Systems bezeichnet. Die in ihnen enthaltenen Befehle sorgen dafür, daß eine „Verarbeitung von Daten" überhaupt stattfindet.

b) Ein DV-**Programm** ist eine Befehlsfolge, die aufgrund ihrer logischen Anordnung zur Lösung einer bestimmten Aufgabe führt (z. B. Rechenoperation). Die **Programmierung** ist das Schreiben eines Programms in einer **Sprache**, die für das Problem geeignet ist und von der Maschine verstanden wird (z. B. BASIC, COBOL, ASSEMBLER, C).

c) Die Entwicklung von Programmen muß, um zu den gewünschten Ergebnissen zu führen, eine bestimmte Schrittfolge eingehalten (systematische Vorgehensweise, vgl. Abschnitt 4.1.13). Dazu gehören

- ein die Aufgabenerfüllung detailliert beschreibendes Fachkonzept
- die Umsetzung in ein DV-Konzept
- die Codierung (das eigentliche Schreiben des Programms)
- der Test des Programms.

Der Einsatz der Programme im Echtbetrieb wird als **Produktion** bezeichnet.

d) Software läßt sich unterscheiden nach

- Systemsoftware: Betriebssystem, das vom Hersteller der DV-Anlage zur Verfügung gestellt wird (z. B. IBM MVS bzw. OS 390, Siemens BS 2000) und die Steuerung der Hardwarekomponenten ermöglicht
- Anwendungssoftware: Programme für die Nutzer, z. B. Textverarbeitungsprogramm.

e) Beim **Programmbetrieb** sind verschiedene Betriebsarten möglich:

- Einzelbetrieb oder Multiprogramming (d. h. gleichzeitiger Ablauf mehrerer Programme)
- Time-Sharing (sich die Zeit teilen): eine Vielzahl von Anwendern nutzt den Rechner zur gleichen Zeit, wobei durch die außerordentlich hohe Verarbeitungsgeschwindigkeit der Eindruck der Gleichzeitigkeit entsteht (Anwendung: Nutzung externer Großrechenzentren)
- Stapelverarbeitung (Batchbetrieb): Daten werden gesammelt, „als Stapel" zu einer festgelegten Zeit an den Zentralrechner (Host) geleitet und dort verarbeitet.
- Echtzeitverarbeitung (Online-Betrieb): Direkte, zeitgleiche („realtime") Verbindung zum Rechner.

4.2.1 EDV im Bankbetrieb

4.2.10 Hardware

a) Große Kreditinstitute verfügen über ihre eigene zentrale EDV-Anlage. Bei mittelgroßen Instituten stellt sich die Frage, ob die Selbständigkeit wirtschaftlich vertretbar ist, insbesondere bezogen auf den erheblichen Aufwand der eigenständigen Programmentwicklung. Kleinere Institute haben sich vielfach organisationseigenen Gemeinschaftsrechenzentren angeschlossen. Dieser Weg ist besonders bei den Kreditgenossenschaften und den Sparkassen zu beobachten.

Heute findet auf der Ebene der Gemeinschaftsrechenzentren ein Konzentrationsprozeß statt, da man erkannt hat, daß dieselben Tätigkeiten der Programmentwicklung an verschiedenen Stellen gleichzeitig stattfinden.

b) Neben den **zentralen** EDV-Anlagen (**Großrechner, Host**) kommen zunehmend **dezentrale** Anlagen zum Einsatz, die mit dem Großrechner verbunden sind und von diesem Datenbestände beziehen bzw. Daten zur zentralen Weiterverarbeitung übertragen, aber auch ihrerseits Daten halten, so daß bei Online-Verbindung nicht in jedem Fall dauernde Kommunikation mit dem Großrechner stattfinden muß.

c) Die Ausstattung vor Ort besteht in erster Linie

- zur Sachbearbeiterunterstützung aus
  - Terminal (Bildschirm, Kassenterminal)
  - Drucker (am Kassenarbeitsplatz: Journalbelegdrucker)
  - Tastatur (bildet meist mit dem Terminal eine elektronische Einheit)

- bei der Kundenselbstbedienung aus
  - Geldausgabeautomat (GA)
  - Kontoauszugdrucker
  - Btx-Terminal
  - sonstigem Informationsterminal.

Die Ausstattung der Arbeitsplätze mit Bildschirmen nimmt immer größeren Umfang an. Die meisten Institute stellen jedem Sachbearbeiter einen Bildschirm zur Verfügung. Die Ausstattung mit Druckern ist kostenintensiv, besonders wenn an die Druckqualität hohe Ansprüche gestellt werden (z. B. Formulardruck), wird jedoch zunehmend erforderlich, wenn Kunden bestimmte Unterlagen sofort ausgedruckt und zur Verfügung gestellt werden sollen.

Die Ausstattung von Geschäftsstellen mit Geräten der Kundenselbstbedienung nimmt ebenfalls erheblich zu. Es gibt bereits zahlreiche reine Selbstbedienungszweigstellen (SB) in der Bundesrepublik.

d) **Personal Computer** (PC) haben in den letzten Jahren eine erhebliche Verbreitung erfahren. Sie befinden sich bereits auf vielen Arbeitsplätzen in KI im Einsatz. Meist dienen sie der Erfüllung besonderer Anforderungen, für die der Einsatz der Groß-EDV nicht erforderlich ist. Beispiele:

- Simulationsprogramm für Wertpapiere
- Beratungsprogramm für Leasinggeschäfte
- Programm für Effektivzinsberechnung.

Problematisch ist der PC-Einsatz, wenn diese Anwendungen „Inseln" bilden, deren Nutzung nach allgemeingültigen Sicherheitsaspekten nicht sichergestellt werden kann. Solche Sicherheitsaspekte sind

- Zugang zum Programm nur für Berechtigte
- Verhinderung des Zugriffs auf die Betriebssystemebene
- regelmäßige Datensicherung, damit durch Fehlbedienung oder Manipulation nicht einmalig vorhandene Datenbestände unwiederbringlich verlorengehen
- Schutz der Daten von mißbräuchlicher Nutzung
- Schutz vor Viren
- Schutz der Hardware vor mißbräuchlicher Nutzung (z. B. Verwendung für private Zwecke).

Daher werden in vielen KI die eingesetzten Personal Computer mit der Groß-EDV verbunden. Sie werden damit zu „intelligenten" Terminals vor Ort, die wie ein Endgerät der Groß-EDV eingesetzt sind, gleichzeitig aber auch PC-Funktionen bieten.

4.2.11 Software

a) Besitzt ein KI ein eigenes Rechenzentrum, so wird es die benötigte Software teilweise selbst entwickeln. In Gemeinschaftsrechenzentren geschieht dies zentral für alle Nutzer.

b) Für die Software**entwicklung** ist ein gutes Zusammenspiel von Anwendern und EDV-Bereich erforderlich, damit die Anforderungen der Anwender erfüllt werden, das Programm sich aber auch in ein organisatorisches Gesamtkonzept einfügt.

c) Die Software muß sorgfältig **dokumentiert** sein (vgl. Abschnitt 4.1.13). Hierzu gehören

- Fachkonzept (detaillierte fachliche Beschreibung, abgestimmt mit den Anwendern)
- DV-Konzept (detaillierte dv-orientierte und entsprechend strukturierte Beschreibung)
- Arbeitsanweisung für das Rechenzentrum.

d) Die Software muß **getestet** werden, d. h. anhand einer Reihe praxisbezogener Fälle (sog. „Gut"-Fälle und „Schlecht"-Fälle) muß sichergestellt werden, daß das Programm richtige Ergebnisse liefert und selbst bei falscher Bedienung möglichst kein Schaden entstehen kann. Nach Abschluß der Tests wird die Software durch Anwender und Revision freigegeben.

4.2.12 Anwendungen

a) Mit dem Begriff „Anwendungen" wird der Einsatz von Programmen in der Praxis bezeichnet. Dementsprechend sind die „Anwender" die Nutzer des Programms, z. B. der Sachbearbeiter in der Kreditabteilung oder der Kundenberater in der Geschäftsstelle.

b) Die Anwendungen lassen sich unterteilen in

- Programme für das Rechnungswesen
- Programme zur Bereitstellung von Informationen
- Programme zur Unterstützung von Beratung und Sachbearbeitung.

c) Für das **Rechnungswesen** werden z. B. folgende Programme benötigt:

- Giro-Programm, das die Girokonten führt, Zu- und Abgänge verbucht, Umsätze speichert, Salden ermittelt, Valuten berücksichtigt und alle diese Daten u. a. auf dem Kontoauszug ausdruckt
- Spar-Programm, das die Sparkonten führt, Ein- und Auszahlungen erfaßt, neue Salden ermittelt und (bei Online-Verarbeitung) das Sparbuch beschriftet
- Darlehens-Programm, das die Darlehenskonten führt, Zinsen und Tilgungen berücksichtigt, Tilgungspläne, Zinsmitteilungen und Kontostandsübersichten erstellt
- Wertpapier-Abrechnungsprogramm, das den Kauf oder Verkauf von Wertpapieren unter Berücksichtigung von Provisionen, Courtage usw. bearbeitet, die Aufträge zur Ausführung weiterleitet und die entsprechenden Buchungen anstößt (einschließlich der Führung der Depotkonten)

- Führung sämtlicher Hauptbuchkonten über die EDV.

d) Die Datenverarbeitung ist zu einem wesentlichen Teil **Informationsverarbeitung**. Die Funktion, Informationen zu liefern, hat in KI erhebliche Bedeutung. Ein großer Teil dieser Informationen stammt direkt aus dem Rechnungswesen, z. B.

- Übersicht über alle Konten eines Kunden
- Übersicht über die Umsätze und Salden auf diesen Konten.

Die besondere Leistung der Informationsverarbeitung besteht darin, die benötigten Informationen für einen vorher definierten Zweck zur Verfügung stellen zu können. Beispiele:

- Ein Wertpapierberater benötigt für eine Kundenberatung eine Übersicht, aus der sämtliche Guthaben des Kunden bei diesem KI hervorgehen
- ein Kundenberater möchte eine Übersicht über sämtliche Konten des Kunden haben
- ein Kreditsachbearbeiter benötigt eine Obligozusammenstellung, d. h. einen Überblick über sämtliche bei dem KI unterhaltenen Kredite und Darlehen
- zur Beurteilung des Engagements eines Firmenkunden ist es erforderlich, eine Zusammenstellung aller rechtlichen und tatsächlichen Verbindungen zu anderen Personen und Unternehmen zu erhalten (z. B. Verschachtelung mehrerer Unternehmen).

Eine Vielzahl von Informationen wird nicht dem Rechnungswesen des KI entnommen, sondern stammt von externen Informationsanbietern. Beispiele:

- aktuelle Börsenkurse
- Wirtschaftsdaten.

e) Programme zur Unterstützung der Sachbearbeitung und der Beratung greifen ihrerseits wiederum auf das Rechnungswesen und auf Programme der Informationsverarbeitung zurück. Sie bieten Dienstleistungen wie z. B.

- Textverarbeitung, d. h. Bereitstellung von Textbausteinen zur Erstellung von Briefen, Verträgen usw.
- Simulationsrechnungen, z. B. in der Kundenberatung (Beispiel: ein Berater stellt dem Kunden anhand von Beispielsrechnungen dar, welche Belastung sich bei einem Privatdarlehen bei unterschiedlicher Höhe und Laufzeit des Darlehens ergibt)
- Produktdaten, z. B. Konditionen für Termingelder, Wertpapiere, Kredite usw.
- Einspielen von Name, Anschrift, Geburtsdatum des Kunden, soweit z. B. für einen Vertrag benötigt
- Ausdruck des Wertpapierdepots, bewertet nach aktuellen Börsenkursen.

f) Da die Anwendungsentwicklung erhebliche Aufwendungen verursacht und dementsprechend viel Zeit erfordert und außerdem in vielen Instituten der EDV-Bereich nicht über ausreichende Kapazitäten zur Bewältigung der Anforderungen verfügt, wird zunehmend **Standardsoftware** eingesetzt, die am Markt verfügbar ist und zu einem deutlich geringeren Preis im Verhältnis zur Eigenentwicklung erworben werden kann.

Kennzeichnend für den Einsatz von Standardsoftware ist, daß sich die wirtschaftlichen Vorteile i. d. R. nur erzielen lassen, wenn sich die Organisation des Unternehmens der erworbenen Software anpaßt, nicht umgekehrt. Dies bedeutet allerdings oft einen erheblichen Umstellungsbedarf für die Anwender, die nicht mehr jeden individuellen Wunsch erfüllt bekommen.

Beispiele für den Einsatz von Standardsoftware in Kreditinstituten sind

- die typische PC-Software (Textverarbeitung, Tabellenkalkulation, Bürokommunikation u. a.m.)
- Beratungssysteme (für die allgemeine Kundenberatung, speziell für das Wertpapiergeschäft usw.)
- Sachbearbeitungssysteme (für die Kreditsachbearbeitung u. a.)
- Buchhaltungs- und Bilanzierungssysteme (z. B. SAP-R/3)
- Workflowsysteme
- Archivierungssysteme.

4.2.13 Sicherheit

a) Auf die Sicherheitsproblematik wurde bereits im Abschnitt 4.2.10 d hingewiesen. Hinsichtlich der gesamten Datenverarbeitung in Kreditinstituten stellen sich besondere Probleme dadurch, daß es sich bei den Datenbeständen ganz überwiegend um sehr **sensible** Daten handelt.

b) Hinsichtlich der **Hardware** besteht die Notwendigkeit, sich vor Schäden zu schützen, die den Rechenzentrumsbetrieb lahmlegen können, z. B. Feuer oder Sabotage. Folgende Schutzeinrichtungen werden praktiziert:

- kritische Auswahl der Mitarbeiter, die im Rechenzentrum arbeiten dürfen
- der Zugang zu Rechenzentren ist besonders gesichert, z. B. durch Codekartenleser
- das Rechenzentrum selbst wird gesichert, z. B. durch besondere Baumaßnahmen, besondere Löscheinrichtungen
- es wird ein Ausweichrechenzentrum vorgesehen, das notfalls den Betrieb aufrechterhalten könnte.

c) Hinsichtlich der **Software** ist es erforderlich, sicherzustellen, daß selbst bei Verlust/Beschädigung die Datenbestände noch vorhanden sind; Hierfür werden Sicherungskopien der Magnetbänder oder sonstigen Datenträger hergestellt, die in anderen Räumen bzw. in ausgelagerten Stellen aufbewahrt und regelmäßig aktualisiert werden.

d) Der **Zugang zu Dateien** muß ebenfalls besonders gesichert werden, damit nur derjenige die Daten einsehen oder verändern kann, der dazu berechtigt ist. Meist wird hierzu ein **Passwort** verwendet, d. h. ein Kennwort, das nur dem Nutzer bekannt ist und von diesem auch verändert werden kann. Zukünftig werden zu diesem Zweck Chipkarten eingesetzt werden.

e) Die vom KI gespeicherten **Kundendaten** müssen vor mißbräuchlicher Nutzung gesichert werden. Dazu ist es neben technischen und organisatorischen Sicherheitsvorkehrungen erforderlich, daß die Mitarbeiter ein entsprechendes Sicherheits**bewußtsein** entwickeln. Zu diesem Zweck werden Mitarbeiter bei Einstellung auf ihre Verschwiegenheit und die Beachtung des Datenschutzgesetzes verpflichtet.

4.3 Wiederholung

Abschnitt 4.0 Grundlagen

1. Welche Abteilungen gehören in Kreditinstituten zum Verwaltungs- oder Betriebsbereich?
2. Welche Abteilungen sind den Stabsabteilungen zuzurechnen?
3. Ein wichtiges Problem in jedem kundenorientierten Betrieb ist das Verhältnis zwischen dem Marktbereich und der Verwaltung. Wie beurteilen Sie diese Situation für Ihr Haus?

Abschnitt 4.1 Organisation

1. Welche Prinzipien sind für die Organisationsarbeit kennzeichnend?
2. Eine wichtige organisatorische Aufgabe ist die Bereitstellung der wesentlichen Informationen. Welche Probleme gibt es hierbei in der Praxis? Welche Bedeutung hat für Sie in Ihrem Haus und generell in Ihrem Beruf der Begriff „Informationsflut"?
3. Schildern Sie die wesentlichen Merkmale der Aufbauorganisation Ihres Hauses!
4. Was versteht man unter einer Matrixorganisation? Bilden Sie ein Beispiel!
5. Stellen Sie ein Beispiel für die Ablauforganisation anhand der Bearbeitung eines Kontoeröffnungsantrages mit mindestens sechs Teilschritten dar!
6. Der Grundsatz der systematischen Vorgehensweise führt zur Bildung von Vorgehens-(Phasen-)modellen für Organisationsvorhaben. Nennen und erläutern Sie die wesentlichen Schritte eines solchen Modells!

Abschnitt 4.2 Datenverarbeitung

1. Schildern Sie jeweils vier Beispiele aus Ihrem Hause für die Unterstützung
   - der Buchhaltung
   - der Sachbearbeitung

   durch Einsatz von Datenverarbeitungsprogrammen.
2. Was versteht man unter dem Dualsystem (Binärsystem), und welche Bedeutung hat es für die Datenverarbeitung?
3. Nennen und erklären Sie vier verschiedene Arten von Datenträgern!
4. Was sind Schriftenlesesysteme, und für welchen Zweck werden sie heute in KI eingesetzt?
5. Erläutern Sie die Begriffe „Hardware" und „Software"!
6. Schildern Sie das Zusammenwirken der verschiedenen typischen Hardwarekomponenten anhand eines konkreten Beispiels aus Ihrem Hause!
7. Welche Datenübertragungsnetze sind Ihnen bekannt?

8. Worin besteht der Unterschied zwischen Dialog- und Stapelverarbeitung?

9. Mit welchen Endgeräten sind in Ihrem Kreditinstitut
   a) der Kassiererarbeitsplatz
   b) der Arbeitsplatz eines Kundenberater in einer Geschäftsstelle
   c) der Platz eines Anlageberaters in der Wertpapierabteilung

   ausgestattet?

10. Welche Probleme ergeben sich in Kreditinstituten im Rahmen der Anforderungen an die Sicherheit der Datenverarbeitung?

5. Geld – Wirtschaft – Währung

5.0 Das Geld

5.0.0 Wesen des Geldes

5.0.00 Entwicklung des Geldes

Die geschichtliche Entwicklung des Geldes findet ihren Ursprung im Altertum mit zunehmender Lösung des wirtschaftlichen Verhaltens des einzelnen von der Selbstversorgung, der Autarkie, und der Hinwendung zur **Arbeitsteilung** und dem damit verbundenen **Tauschverkehr**.

Auf der Basis des Gütertauschs entwickelte sich die Verwendung bestimmter Waren, z. B. Vieh, Waffen (sog. **Warengeld**) als Tauschmittler, eine Rolle, die schließlich die Edelmetalle einnahmen (**Metallgeld**), da sie sich als beliebig teilbar, dauerhaft, dabei relativ knapp und leicht zu transportieren erwiesen.

Geld im heutigen Sinn entstand zuerst in Form von Münzen, die zunächst vollwertig waren, d. h. insb. aus den Metallen Gold, Silber und Kupfer bestanden, wobei der aufgeprägte Nennwert dem Metallwert entsprach (**Kurantmünzen**), später aber zum Teil als **Scheidemünzen** mit geringerem Metallwert ausgegeben wurden, um den steigenden Bedarf an Zahlungsmitteln zu decken, für den die Edelmetall-Vorräte nicht ausreichten.

Vorwiegend im 17. und 18. Jahrhundert, traten **Banknoten** hinzu, die zunächst als Anweisungen auf vollwertige Münzen, später auf Goldvorräte der Zentralbank verstanden wurden.

Mit zunehmender Ausbreitung des Bankwesens wurde die Möglichkeit der Schaffung und Verwendung von Kontenguthaben als **Buch- oder Giralgeld** erkannt.

Geld ist ein gemeinsamer Nenner, der den Markt synchronisieren (anpassen, zum Gleichlauf bringen) kann. Bei der Naturaltauschwirtschaft entstehen sehr hohe Transaktionskosten – bei der Geldwirtschaft wiederum besteht die Gefahr der unbegrenzten Geldschöpfung.

5.0.01 Definition, Aufgaben und Arten des Geldes

a) **Definition:** Nach heute anerkannter Definition ist **Geld** zu kennzeichnen

- **wirtschaftlich** als Anweisung auf einen Teil des Sozialprodukts; das Sozialprodukt entspricht dem Wert aller in einem bestimmten Zeitraum innerhalb einer Volkswirtschaft hergestellten Güter (Waren und Dienstleistungen) abzüglich der zur Produktion verbrauchten Güter
- juristisch als das vom Staat vorgeschriebene, gesetzliche Zahlungsmittel (s. u.)

b) **Aufgaben** des Geldes (Geldfunktionen): Geld wird verwendet als

- Tauschmittel = Mittel zur Übertragung von Werten, Mittel zur Erlangung von Wirtschaftsgütern (Waren, Dienstleistungen), d. h. Zahlungsmittelfunktion
- Wertmesser = Mittel zur Bewertung von Gütern, Verrechnungseinheit, die alle Güter vergleichbar macht, d. h. Rechenmittelfunktion
- Wertaufbewahrungsmittel = Mittel zur Bewahrung und Erhaltung von Werten, da das Geld (weitgehend) wertbeständig ist und über längere Zeit anerkannt wird, d. h. Wertaufbewahrungsfunktion
- Dispositionsmittel = Mittel zur Erfüllung von Transaktions-(übertragungs-)zwekken, d. h. Liquiditätsfunktion
- Kreditmittel = Mittel zur Erlangung von Kaufkraft durch vorübergehende Überlassung, d. h. Kreditfunktion.

c) **Geldarten:**

- geschichtlich lassen sich unterscheiden (s. o.)
  - Warengeld
  - Metallgeld
  - Münzgeld (Kurant- und Scheidemünzen)
  - Notengeld
  - Buchgeld (Giralgeld)
- heute findet Geld Verwendung in Form von
  - Münzgeld (grds. Scheidemünzen)
  - Notengeld
  - Buchgeld (Giralgeld)
  - Geldersatzmitteln (insb. Scheck, Wechsel)
- nach der Zahlungsmittelfunktion sind zu unterscheiden
  - gesetzliche Zahlungsmittel: Münzen, Banknoten
  - Zahlungsmittel kraft Vereinbarung:
    Buchgeld (Zahlung durch Überweisung wirkt grds. an Erfüllungs Statt)
    Geldersatzmittel (Wirkung grds. erfüllungshalber)
- nach der Herkunft ist zu trennen in
  - inländisches Geld (eigene Währung)
  - ausländisches Geld = Devisen.

d) **Gesetzliche Zahlungsmittel** sind bestimmte Erscheinungsformen des Geldes, die durch staatlichen Hoheitsakt (Gesetz) mit Annahmezwang ausgestattet sind: ein

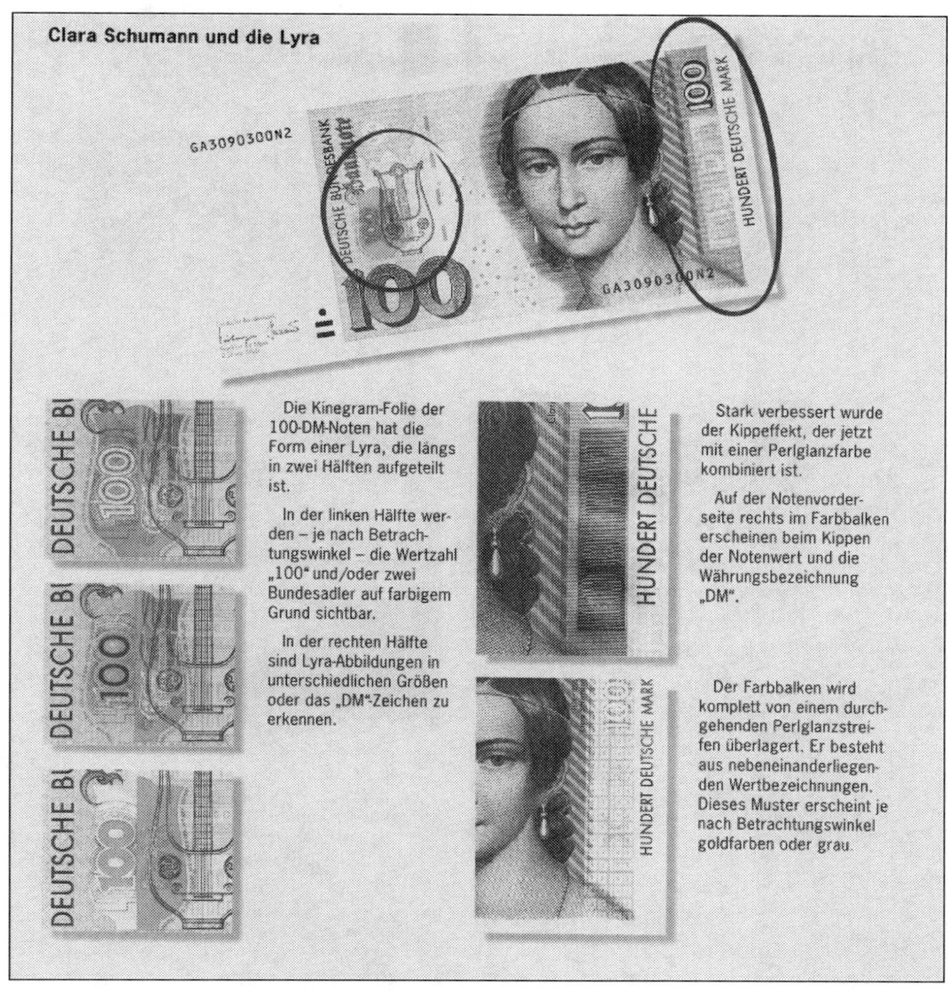

Quelle: Deutsche Bundesbank

Ein Karo für Balthasar Neumann

Die Kinegram-Folie der 50-DM-Noten hat die Form eines Karos, in dessen Mitte die Wertzahl „50" steht. Durch Änderung des Betrachtungswinkels erscheint ein Bundesadler in einem farbigen Sechseck.

Auch bei den 50-DM-Noten wurde der Kippeffekt („50 DM") verbessert und mit einem perlglanzfarbenen Band kombiniert.

Sechsecke bei Paul Ehrlich

Bei den 200-DM-Noten besteht die Kinegram-Folie aus zwei nebeneinanderliegenden Sechsecken. Darin befindet sich die Zahl „200". Wird der Betrachtungswinkel geändert, erscheinen ein „DM"-Zeichen im linken und ein Bundesadler im rechten Sechseck. Dabei wechseln auch die Farben.

Wie die Hunderter weisen auch die 200-DM-Noten den verbesserten Kippeffekt („200 DM") im Farbbalken sowie den Perlglanzstreifen auf.

Quelle: Deutsche Bundesbank

Schuldner kann mit diesen Zahlungsmitteln seine Verbindlichkeiten rechtswirksam gegenüber seinem Gläubiger tilgen (Erfüllungswirkung).

In der Bundesrepublik Deutschland sind gesetzliche Zahlungsmittel

- inländische Münzen mit der Einschränkung, daß
  - auf Mark lautende Münzen nur bis 20,– DM
  - auf Pfennig lautende Münzen nur bis 5,– DM

angenommen werden müssen

- inländische **Banknoten**.

Gegenwärtig gibt es Noten über 1000, 500, 200, 100, 50, 20, 10 und 5 DM. Für sie besteht ein uneingeschränkter **Annahmezwang**.

Die Deutsche Bundesbank hat zwischen 1990 und 1992 eine neue Serie von Banknoten in Umlauf gebracht. Die alten Banknoten löst die Bundesbank weiter zum Nennwert ein.

Die neuen Noten sollen die Fälschungssicherheit noch erhöhen. Daher wurden die bisher auf jeder Note sichtbaren optischen Erkennungsmerkmale verbessert und ergänzt. Der Schutz durch nicht sichtbare, erst bei maschineller Echtheitsprüfung erkennbare Merkmale blieb erhalten. Außerdem tragen die Geldscheine zusätzliche Kennungen, die die zuverlässigere automatische Zählung und Prüfung bei KI und anderen Unternehmen zulassen sollen.

Moderne Reproduktionstechniken ermöglichen jedoch inzwischen zunehmend schwerer erkennbare Fälschungen.

Daher werden seit 1997 die 100er und 200er Banknoten mit zusätzlichen Merkmalen zur Prüfung der Echtheit ausgestattet. Die neuen Echtheitsmerkmale ändern grundsätzlich nichts am äußeren Erscheinungsbild der umlaufenden Banknotenserie. Die verbesserten Scheine unterscheiden sich von den bisherigen Banknoten im wesentlichen durch:

- ein **Kinogram:** Durch Bewegen der Noten werden in einer silbrigen Spezialfolie Motive sowie wechselnde Farben sichbar
- den **Kippeffekt mit Perlglanz:** Im Farbbalken am rechten Rand erscheinen durch Kippen der Noten die Wertbezeichnung und die Buchstaben „DM"; der perlglanzfarbene Streifen wechselt die Farbe.

Die 50er Banknoten sollen zu einem späteren Zeitpunkt mit den zusätzlichen Echtheitsmerkmalen ausgestattet werden. Die übrigen Noten bleiben unverändert.

Wegen des erheblichen Falschgeld-Volumens werden zunehmend technische Sicherungen wie UV-Prüfgeräte (mit ultraviolettem Licht) und Banknoten-Zählmaschinen mit Falschgeld-Erkennung eingesetzt.

5.0.02 Theorien zum Wesen des Geldes

Für uns ist es heute selbstverständlich, mit Geld zu bezahlen. Im alltäglichen Umgang mit (Bar)geld macht man sich kaum Gedanken, warum gerade die Münze oder das Papier in der Hand einen Wert verkörpert. Gerade in einer Zeit, in der die nationale Währung nicht mehr gedeckt ist (z. B. durch die Hinterlegung von Gold), stellt sich die Frage nach einem theoretischen Modell, das die Funktionsweise des Geldwesens erklärt.

Die **Geldwerttheorien** lassen sich wie folgt unterteilen:

- Geldwerttheorien im **engeren** Sinne befassen sich mit der Erklärung des Geldwertes als solchem (warum wird das, was wir als Geld verwenden, auch als Geld akzeptiert)
- Geldwerttheorien im **weiteren** Sinne dienen der Erklärung der Veränderung des Geldwertes (Inflationstheorien); vgl. Abschnitt 5.0.1.

Geldwerttheorien im engeren Sinne gab es schon im 13.Jahrhundert. Man ging davon aus, daß das Geld durch menschliche Übereinkunft (Konvention) entsteht (**Konventionstheorie**).

Vom Ende des 18. Jahrhunderts bis in die Zwanziger Jahre unseres Jahrhunderts hielt sich die **Warentheorie**. Diese Theorie ist auch als **Metallismus** bekannt, weil der Wert des Geldes wie bei einer Ware aus dem Stoffwert (Metallwert) heraus begründet wurde. Der Geldwert bestand also aus den Kosten für das Edelmetall (z. B. Silber oder Gold) und den Produktionskosten (Prägekosten). Mit dieser Theorie ließen sich auch Banknoten vereinbaren, solange diese sich jederzeit in das hinterlegte Edelmetall eintauschen ließen.

Die **staatliche Theorie** (Georg Friedrich Knapp, 1905) betrachtet das Geld als „Geschöpf der Rechtsordnung", das seinen Wert aus der rechtlichen Geltung des im Geld verkörperten Wertversprechens bezieht. Danach besitzt das Geld keinen Eigenwert, sondern stellt eine Anweisung auf einen Teil des Sozialprodukts der Wirtschaft dar. Dieser sog. **Nominalismus** geht davon aus, daß „Mark gleich Mark" ist. Er kann jedoch nicht das Inflationsproblem erklären. In den großen Inflationen wurde diese Theorie daher erschüttert, da sie nach dem Nominalismus gar nicht hätten auftreten dürfen.

Die neueren Theorien werden als **Funktionswerttheorien** bezeichnet. Danach liegt das Wesen des Geldes in der Erfüllung bestimmter Funktionen, insb. der Tauschmittel- und Zahlungsmittelfunktion.

- Die **reale Theorie** (nach O. Veit) betrachtet Geld als Gut besonderer Art, das einen Gebrauchswert besitzt (Liquiditätsfunktion).
- Die **sozialpsychologische Theorie** (nach G. Schmölders) begründet den Geldwert als Ergebnis von Einstellungen und Verhaltensweisen. Sie sieht das Vertrauen in die allgemeine Gültigkeit des im Gelde verkörperten Wertversprechens als entscheidend an. Damit vermag diese Theorie unter anderem abzuleiten, warum staatliches Geld seinen Wert verlieren kann.

5.0.03 Entstehung des Geldes durch Geldschöpfung

Geld entsteht nicht durch einen präge- oder drucktechnischen Vorgang, sondern als Ergebnis eines **Geldschöpfungsprozesses**. An diesem Prozeß sind die Bundesbank, die Bundesregierung (aufgrund des Münzregals) und die Kreditinstitute beteiligt.

5.0.030 Entstehung von Zentralbankgeld

a) **Zentralbankgeld** =

- **Bargeld = Banknoten** (Umlauf Ende 1996: 260 Mrd. DM) und **Münzen**
- **Zentralbankgiralgeld** (Guthaben bei der Zentralbank).

b) **Entstehung** durch

- Ausgabe im Rahmen einer Währungsreform
- Ausschüttung von Zentralbankgewinnen
- **Ankauf von Aktiva**, die ihrerseits kein Geld sind; die Zentralbank bezahlt mit Forderungen gegen sich selbst (Monetisierung von Aktiva). Beim Ankauf von Aktiva sind vier Komponenten zu unterscheiden:
  - Refinanzierungskomponente (Rediskont- sowie Lombardkomponente, vgl. Abschnitt 5.1.011)
  - Offenmarktkomponente (vgl. Abschnitt 5.1.013)
  - fiskalische Komponente
    = Bereitstellung von Zentralbankgeld an öffentliche Haushalte
    - Kassenkredite (Vergabe seit 1.1.1994 aufgrund des Vertrages von Maastricht – siehe Abschnitt 5.1.112 – nicht mehr zulässig)
    - Ankauf von Münzen
  - außenwirtschaftliche Komponente: Ankauf von Devisen und Gold.

c) **Münzregal:** Die Ausgabe von Münzen ist der Bundesregierung vorbehalten. Die Prägung erfolgt in den staatlichen Münzen:

Berlin = Zeichen A
München = D
Stuttgart = F
Karlsruhe = G
Hamburg = J

Neben den üblichen Scheidemünzen werden regelmäßig Sondermünzen geprägt, die auch als gesetzliches Zahlungsmittel zugelassen sind. Das Bundesfinanzministerium verkauft die Münzen zum Nennwert an die Bundesbank, die sie in Verkehr bringt.

Der Münzumlauf betrug Ende 1996 15,4 Mrd.DM.

5.0.031 Buchgeldschöpfung (Giralgeldschöpfung)

a) **Wesen:** Buchgeldschöpfung ist die Entstehung von Buchgeld bei den Kreditinstituten.

b) **Passive Buchgeldschöpfung** = Umwandlung von Bargeld in Buchgeld:

- durch Einzahlung von Bargeld und Gutschrift des Betrages auf einem Konto.

Durch diesen Vorgang verändert sich der Zahlungsmittel-Bestand eines einzahlenden Kunden nicht. Er kann nun statt über Bargeld über Buchgeld verfügen. Tut er dies, z. B. durch Überweisung, findet ebenfalls keine Änderung statt: an seiner Stelle kann nun ein anderer Kunde über Buchgeld verfügen. Eine Einzahlung bewirkt außerdem, daß sich die Kassenbestände eines KI erhöhen; dem steht eine entsprechende Buchgeld-Verbindlichkeit gegenüber.

c) **Aktive Buchgeldschöpfung** = Schaffung **zusätzlichen** Buchgeldes durch Kreditvergabe der Kreditinstitute (sog. **Kreditschöpfung**):

- die wesentliche Tätigkeit der KI besteht in der Vergabe von Buchgeldkrediten

- diese erfolgt aufgrund der Einlagen bei KI
- der dem Einleger zustehende Betrag bleibt auf seinem Konto erhalten
- da erfahrungsgemäß über einen großen Teil der Einlagen jedoch vorübergehend nicht verfügt wird und Verfügungen i. d. R. Einlagen von entsprechender Höhe gegenüberstehen bzw. der größte Teil aller Verfügungen den Einlagenbestand der KI insgesamt nicht verändert (soweit bargeldlos verfügt wird), können KI Buchgeldkredite vergeben, ohne ihre Zahlungsfähigkeit zu verlieren
- so erhalten andere Kunden Gutschrift eines Kreditbetrages; die Tatsache, daß sie in entsprechender Höhe Verbindlichkeiten haben, ändert nichts daran, daß auf diese Weise zusätzliches Buchgeld entstanden ist.

Nicht alles den Banken anvertraute Geld kann zur Kreditvergabe verwandt werden. Als **Grenzen** sind zu beachten:

- die Zahlungsgewohnheiten der Kunden, insb. der zu erwartende Abfluß von Bargeld; hierfür ist eine **Kassenreserve** zu unterhalten
- **Mindestreserve**bestimmungen, d. h. die Verpflichtung der KI zur zinslosen Unterhaltung von Teilen der Einlagen auf einem Konto bei der jeweiligen LZB.

Weitere Grenzen für die Kreditschöpfung ergeben sich aus der Höhe der den KI anvertrauten Einlagen und der Nachfrage nach Krediten.

Der Kreditschöpfungsvorgang findet nicht nur einmal, sondern **vielfach** statt: verfügt der Kreditnehmer z. B. durch Überweisung, so erhält ein Bankkunde eine Gutschrift, die eine Einlage darstellt; über sie kann das KI nach Abzug von Kassen- und Mindestreserve erneut verfügen, d. h. Kredite vergeben, wodurch neues Buchgeld geschöpft wird.

Voraussetzung für derartige vielfache Kreditschöpfung ist ein in sich geschlossenes Zahlungs- und Kreditsystem, in dem es möglich ist, von jedem Auftraggeber zu jedem Empfänger, sofern sie Kontoinhaber sind, Zahlungen bargeldlos zu leiten. Dann erstreckt sich die aktive Buchgeldschöpfung auf dieses gesamte Wirtschaftssystem und erlangt Bedeutung für die Gesamtwirtschaft.

BEISPIEL

für aktive Buchgeldschöpfung:

Einlage	10 % Mindestreserve	15 % Kassenreserve	Freier Überschuß
10 000,– DM	1 000,–	1 500,–	7 500,–
Kreditvergabe			
7 500,–	750,–	1 125,–	5 625,–
5 625,–	562,50	843,75	4 218,75
4 218,75	421,88	632,82	3 164,05
3 164,05 …	316,41 …	474,62 …	2 373,02 …
30 000,–	4 000,–	6 000,–	30 000,–

→ Passive Giralgeldschöpfung 10 000,– DM

Aktive Giralgeldschöpfung ← 30 000,– DM

↓

40 000,– DM Buchgeld

Dieser Vorgang vollzieht sich nach der Formel

$$S = \frac{Ü \times 100}{R} \qquad \text{im Beispiel: } 30\,000 = \frac{7\,500 \times 100}{25}$$

S	=	Summe der Kreditschöpfung	im Beispiel:	30 000,– DM
Ü	=	erster freier Überschuß	im Beispiel:	7 500,– DM
R	=	Reservesatz (Kassen- und Mindestreserve)	im Beispiel:	25

Diese Berechnung zeigt jedoch lediglich auf, welche Buchgeldschöpfung **maximal** möglich wäre. Die **tatsächlichen** Verhaltensweisen der KI können jedoch andere sein, wenn z. B. die Kreditmaximierung nicht im Vordergrund der Geschäftspolitik steht.

Die neuere Geldangebotstheorie beschäftigt sich daher mit dem **tatsächlich realisierten** Geldangebot und seinen Bestimmungsfaktoren (= **Geldbasiskonzept**). Im Mittelpunkt dieses Konzeptes steht die Beziehung zwischen der **Geldbasis** (Summe des Zentralbankgeldes) und der **Geldmenge**. Verbindungsglied zwischen diesen beiden Größen ist der Geldangebotsmultiplikator.

5.0.1 Wert des Geldes

5.0.10 Kaufkraft

5.0.100 Theorien zum Wert des Geldes

a) Bereits im Altertum wurde nicht nur das Wesen, sondern auch der Wert des Geldes diskutiert. Man erkannte, daß nicht allein das in einer Münze enthaltene Metall ihren Wert bestimmte, sondern daß mit der Prägung von Münzen, d. h. der Festsetzung bestimmter Währungseinheiten, das Problem entstand, das bei Prägung bestehende Tauschverhältnis zu bestimmten Gütern zu erhalten und Geldentwertungen z. B. durch Mißbrauch des Münzregals zu vermeiden.

b) Auf dieser Grundlage entstand im 16. Jahrhundert die **Quantitätstheorie**, nach der das Preisniveau gebildet wird durch das Verhältnis von Geldmenge und Gütermenge: eine Erhöhung der Edelmetallmenge und damit der Geldmenge bedinge die Abnahme des Geldwertes.

c) Wenig später folgte die Erkenntnis, daß die **Umlaufgeschwindigkeit** des Geldes für Geldmenge und Geldwert bedeutsam ist und daß neben dem **Binnenwert** auch ein **Außenwert** des Geldes im Verhältnis zu anderen Währungen berücksichtigt werden muß.

d) England hatte im 19. Jahrhundert ein weit entwickeltes Geldwesen. 1816 wurde das sog. Währungsgesetz erlassen, 1819 ergänzt durch die Wiedereinführung der Banknoten, die 1833 zum gesetzlichen Zahlungsmittel erklärt wurden. Strittig war zu dieser Zeit, wie das Währungssystem hinsichtlich der Elastizität des Geldvolumens, d. h. der Anpassung der umlaufenden Geldmenge an das schwankende volkswirtschaftliche Handelsvolumen, ausgestaltet sein sollte. Hierzu entstanden zwei Auffassungen:

- Die **Currency-Theorie** vertrat die Ansicht, daß Banknoten stets voll durch Edelmetalle (Metallgeld) gedeckt sein müßten, um eine inflationäre Entwicklung zu verhindern, da die Ausgabe ungedeckten Papiergeldes das natürliche Verhältnis zwischen (Edelmetall-)Geld und Gütermenge störe.
- Die **Banking-Theorie** erkannte, daß diese starre Bindung eine Unterversorgung der Volkswirtschaft mit Geld bewirken könne; die Geldmenge sei vielmehr in jedem Falle dem Zuwachs des Güterangebots anzupassen, eine „bankmäßige Deckung" für ausgegebenes Papiergeld reiche aus, d. h. Kreditvergabe durch Banknotenausgabe gegen Diskontierung guter Handelswechsel (oder andere Sicherheiten). Die umlaufende Geldmenge werde begrenzt durch die Goldreserve **und** den Wert der in der Volkswirtschaft produzierten Güter, repräsentiert durch gute Handelswechsel.

e) Nach Karl Marx ergibt sich die Kaufkraft des Geldes aus den Produktionskosten des Geldes als Ware (**Produktionskostentheorie**).

f) Die **Einkommenstheorie** erklärt Preisbewegungen und damit Änderungen des Geldwertes durch Veränderung des Volkseinkommens und/oder seiner Aufteilung in Ausgaben für Investition und Konsum sowie Sparen und Änderung der Produktion.

5.0.101 Das heutige Verständnis des Geldwertes

Die Entwicklung der Geldwerttheorien zeigt die Erkenntnis folgender Problemkreise:

- das Problem des Binnenwertes des Geldes hängt zusammen
  - mit der vorhandenen **Geldmenge**
  - mit der **Deckung** des ausgegebenen Geldes (Frage des **Währungssystems**, s. u.)
- das Problem des Außenwertes des Geldes betrifft die Frage der Austauschverhältnisse zu anderen Währungen und der internationalen Währungsordnung.

a) Unter **Kaufkraft** versteht man den **Tauschwert** des Geldes, d. h. die Menge an Gütern (Waren und Dienstleistungen), die man für eine Geldeinheit erlangen kann.

b) **Ermittlung** der tatsächlichen Kaufkraft und ihrer Veränderungen ist möglich durch vom Staat aufgestellte Statistiken (Indizes), wobei der jeweilige Zweck des Geldeinsatzes berücksichtigt wird: z. B.

- Preisindex der Lebenshaltungskosten
- Index der Erzeugerpreise in gewerblicher Wirtschaft und Landwirtschaft
- Index der Verbraucherpreise allgemein
- Index für Bauleistungen usw.

c) Der Wert des Geldes bestimmt sich nach folgenden **Faktoren**:

- Geldmenge, die sich im Umlauf befindet (G)
- Handelsvolumen, d. h. der Umsatz an Gütern in einem bestimmten Zeitraum (H)
- Umlaufgeschwindigkeit des Geldes: je häufiger erzielte Einnahmen wieder ausgegeben werden, desto größer wird effektiv die Geldmenge (U).

Geldmenge, Handelsvolumen und Umlaufgeschwindigkeit des Geldes bestimmen den Preis, das allgemeine **Preisniveau** (P), durch das der Geldwert bestimmt und durch dessen Veränderungen der Wert des Geldes beeinflußt wird.

Die **Beziehung** zwischen diesen Faktoren kennzeichnet die **Fishersche Verkehrsgleichung**[1]:

$$G \times U = P \times H$$

Die Besonderheit des **Buchgeldes** und seiner im Vergleich zum Bargeld größeren Umlaufgeschwindigkeit (die auch den Umfang der Kreditschöpfung mitbestimmt) ist dabei ebenfalls zu berücksichtigen (G'=Buchgeld, U'=Umlaufgeschwindigkeit des Buchgeldes):

$$\underset{\text{(Geldvolumen)}}{G \times U + G' \times U'} = \underset{\text{(Gütervolumen)}}{P \times H}$$

Daraus folgt:

$$P = \frac{G \times U + G' \times U'}{H}$$

Aus dieser Formel ergeben sich die Wirkungen von Veränderungen einzelner Faktoren:

- eine Verringerung des Handelsvolumens führt zu steigendem Preisniveau
- eine Erhöhung des Handelsvolumens bewirkt sinkendes Preisniveau
- die Vermehrung des Geldvolumens durch Erhöhung der Geldmenge und/oder der Umlaufgeschwindigkeit des Bargeldes, vor allem aber des Buchgeldes führt zu steigendem Preisniveau, die Verminderung des Geldvolumens entsprechend zu sinkendem Preisniveau
- steigendes Preisniveau bewirkt Sinken des Geldwertes, sinkendes Preisniveau führt zum Steigen des Geldwertes.

1 nach Irving Fisher (1876-1947)

5.0.11 Währung und Währungssysteme

5.0.110 Währung

a) **Definition:** Währung ist die gesetzliche Ordnung des Geldwesens innerhalb eines Landes (sog. Geldverfassung). Hierzu gehören

- die Wahl des Währungssystems (vgl. Abschnitt 5.0.111)
- die Bestimmung der einzelnen Geldeinheiten
- die Festlegung der gesetzlichen Zahlungsmittel
- die (mögliche) Festsetzung eines Austauschverhältnisses der Landeswährung zu den Währungen anderer Länder
- ggf. die Fixierung von Deckungsvorschriften für ausgegebenes Geld
- die Regelung des Münzregals und der Befugnis zur Ausgabe von Banknoten
- die Bestimmung der stofflichen Beschaffenheit des Geldes (wichtig nur für Münzen)
- die Ordnung des Kreditwesens (Giralgeld!).

b) Die **Währungspolitik** befaßt sich mit allen Maßnahmen, die die Geld- und Kreditversorgung der Wirtschaft und den Geldwert betreffen (siehe dort).

5.0.111 Währungssysteme

Währungssysteme sind feste, meist gesetzlich fixierte und wissenschaftlich fundierte Grundordnungen des Geldwesens eines Landes. Sie sind denkbar auch im supranationalen (überstaatlichen) Bereich (vgl. Währungspolitik). Folgende **Arten** sind zu unterscheiden:

a) Bei den **Metallwährungen** sind Geldmenge und Geldwert an ein bestimmtes Metall gebunden (daher auch „gebundene" Währungen), Geldeinheit und Metallgewicht werden in feste Beziehung gebracht. Dagegen haben **freie Währungen** eine solche Bindung nicht; hier bestimmt der Staat eine andere Festlegung des Geldwertes und bemüht sich um Knapphaltung des Umlaufs an Zahlungsmitteln.

b) In Deutschland gab es bis 1857 eine **bimetallische Währung**, bei der zwei Metalle (Gold und Silber) verwendet werden, in Form der **Doppelwährung**, d. h. mit einer festen Relation zwischen Gold und Silber. Bei der in Deutschland bis 1873 noch teilweise vorgekommenen **Parallelwährung** hingegen besteht ein solches Wertverhältnis nicht, praktisch liegen zwei Metallwährungen nebeneinander vor.

c) Bei **monometallischen Währungen** liegt eine Bindung nur an ein Metall, also **Gold** oder **Silber** vor. Eine **Silberwährung** gab es in Deutschland teilweise zwischen 1857 und 1873. Daran schloß sich die **Goldwährung** an.

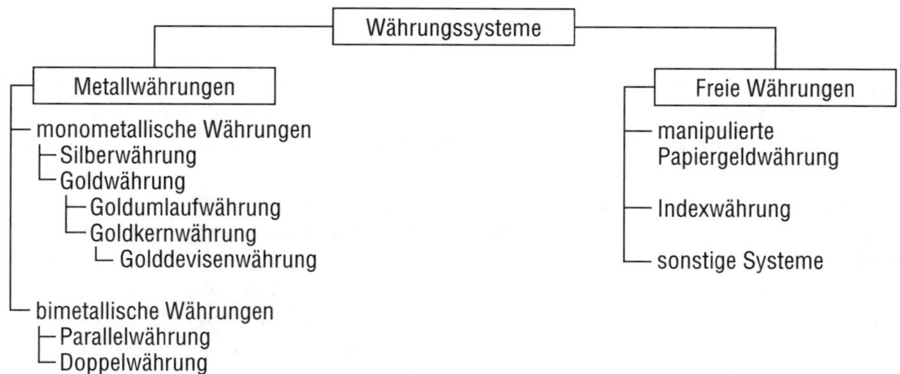

d) **Goldumlaufwährungen** sind durch das Kursieren vollwertiger Goldmünzen gekennzeichnet, wobei als gesetzliches Zahlungsmittel anerkannt sein können

- nur Goldmünzen **(reale** oder **reine G.**)
- Gold- und Silbermünzen (**hinkende G.**)
- Gold und Banknoten (**gemischte G.**).

Goldumlaufwährungen kamen in Deutschland bis 1914 vor.

e) Bei **Goldkernwährungen** befindet sich Gold nicht im Umlauf, sondern dient zur Sicherung und Deckung eines Teiles der umlaufenden Banknoten; im Auslandsverkehr besteht Einlösungspflicht für Banknoten in Gold.

Bei der Sonderform der **Golddevisenwährung** sind die Banknoten außer durch Gold durch ausländische in Gold einlösbare Zahlungsmittel (Golddevisen) gedeckt. Sie bestand in Deutschland bis 1931.

f) Wesen der **manipulierten Papiergeldwährung** ist das freie Steuerungs- und Lenkungsrecht der Zentralnotenbank, wobei der Geldumlauf dem Geld- und Kreditbedarf angepaßt, Geld- und Kreditvolumen durch die Geldmenge gesteuert werden können. Dieses Währungssystem bestand in Form einer **nominellen Goldwährung**, d. h. einer formellen Bindung an das Gold ohne Goldeinlösungspflicht, in Deutschland von 1931 bis 1939.

Seit 1948 ist diese Bindung aufgehoben, die Bundesrepublik Deutschland hat heute eine manipulierte Papiergeldwährung ohne quantitative Begrenzung des Notenumlaufs.

Dieses Währungssystem läßt sich in einer modernen Volkswirtschaft mit ihrem unterschiedlichen Bedarf an Geld am besten und gezieltesten einsetzen. Es verleiht der Notenbank eine äußerst wichtige Zentralstellung und verlangt ein wirksames und sinnvolles wirtschaftliches und politisches Kontrollsystem, damit Mißbrauch vermieden wird.

g) Bei einer **Indexwährung** sind geldpolitische Maßnahmen an einen Index, z. B. der Lebenshaltungskosten oder der industriellen Erzeugerpreise, gebunden. Andere (theoretische) Währungssysteme sehen sonstige Bindungen, z. B. an Arbeitsstunden u. a., vor.

5.0.112 Außenwert des Geldes

a) **Wesen:** Der Außenwert des Geldes bestimmt sich nach den Austauschverhältnissen = **Wechselkursen** einer Währung zu anderen Währungen und ihren Änderungen (vgl. Abschnitt 2.1.20 und Währungspolitik).

b) Die **Wechselkurse** können **fest** sein, d. h. durch nationalen Hoheitsakt oder internationale Vereinbarung fixiert werden = **Paritäten**. Die Devisenkurse dürfen sich dabei grundsätzlich innerhalb bestimmter Bandbreiten frei nach Angebot und Nachfrage bewegen. Werden die Grenzen der zulässigen Schwankungsbreiten erreicht, muß die Zentralnotenbank durch An- oder Verkauf der betreffenden ausländischen Währung einschreiten (intervenieren). Entsprechen die nominellen Paritäten nicht mehr den wahren Wertverhältnissen der Währungen (z. B. bei ständigen gleichgerichteten Zahlungsbilanzungleichgewichten) oder sollen bestimmte wirtschaftliche Wirkungen erzielt werden, findet eine **Auf- oder Abwertung** statt, d. h. eine staatliche Änderung der Parität.

Üblicherweise orientiert sich die Parität bei festen Wechselkursen an einem international einheitlichen Maßstab. Als solcher hat lange Zeit der US-Dollar gedient (sog. **Leitwährung**). Für die Zukunft können die **Sonderziehungsrechte** diese Rolle übernehmen.

c) Die **Wechselkurse** können **flexibel** sein, d. h. nicht an starre Paritäten gebunden, sondern sich den jeweiligen Marktverhältnissen anpassen, **Floating**. Flexible Wechselkurse haben den Vorteil, daß die Austauschverhältnisse grundsätzlich den wahren Wertverhältnissen entsprechen, erhebliche Differenzen zwischen nominaler und realer Parität werden vermieden; da keine künstliche Auf- und Abwertung erfolgt, bleibt Devisenspekulation vor derartigen Maßnahmen weitgehend aus.

Andererseits bringt das Floating den Nachteil mit sich, daß Außenhändlern sichere Kalkulationsgrundlagen für ihre Währungsgeschäfte fehlen, sofern sie sich nicht durch Devisentermingeschäfte absichern oder Wechselkursversicherungen abschließen; diese können mit erheblichen Kosten verbunden sein.

Möglich ist, daß nicht alle Währungen untereinander flexible Wechselkurse haben, sondern daß einige Länder sich im Innern, d. h. in ihrem Verhältnis zueinander, auf feste Paritäten einigen, gemeinsam nach außen, d. h. gegenüber den anderen Währungen, aber floaten (sog. **Blockfloating**).

5.0.12 Inflation und Deflation

5.0.120 Überblick

Inflation und Deflation sind Störungen des Geldwertes. Sie ergeben sich aus einem ständig gleichgerichteten **Ungleichgewicht** zwischen der Geldmenge (= **Nachfrage** auf dem Markt) und der Gütermenge (= **Angebot** auf dem Markt).

Derartige Ungleichgewichte wirken sich auf die Kaufkraft des Geldes aus. Sie deuten sich oft frühzeitig durch bestimmte **Tendenzen** an, die sich an der allgemeinen Preisentwicklung, insbesondere anhand bestimmter Indizes erkennen lassen.

Bestimmte Situationen der Gesamtwirtschaft sind typischerweise inflationär oder deflationär. So ist eine Wirtschaft im Wachstum bei Vollbeschäftigung grundsätzlich mit gewissen Preissteigerungen verbunden, die zunächst „normal" sind, jedoch schnell kritische Formen annehmen können, wenn z. B. das Wachstum nachläßt, die Vollbeschäftigung nicht mehr gewährleistet ist, die Preissteigerungen jedoch anhalten.

Hinzu kommt, daß Inflation und Deflation zum Teil von **psychologischen Faktoren** abhängen oder beeinflußt werden, da sie in den meisten Fällen durch das wirtschaftliche Verhalten aller Wirtschaftsteilnehmer, also auch der in wirtschaftlichen Problemen vielfach unerfahrenen Verbraucher, bestimmt werden und dieses Verhalten oft unkontrollierbar und falsch verläuft. Zur Abwendung erheblicher Schäden für die Gesamtwirtschaft müssen daher entsprechend auch psychologische Maßnahmen vom Staat ergriffen werden – eine Politik, die in einer weitgehend freien Marktwirtschaft nicht unproblematisch ist, vom einzelnen jedoch u. U. positiver empfunden wird als sonst erforderliche unmittelbare Eingriffe in die Freiheit der Wirtschaft. Zu beachten ist, daß zur Erzielung bestimmter politisch gewollter Erfolge das Verbraucherverhalten auch negativ psychologisch manipulierbar ist (über Massenmedien).

5.0.121 Inflation

a) **Wesen:**

- die **Nachfrage** nach Gütern ist **größer** als das **Angebot** an Gütern
- dadurch steigen die Preise mit unterschiedlicher Geschwindigkeit, jedoch ständig
- der Wert des Geldes sinkt entsprechend.

b) **Ursachen:**

- Verringerung des Gütervolumens, d. h. des Angebots an Waren und Dienstleistungen, z. B. durch Mißernten, Konzentrierung der Industrie auf Rüstungs-, Kriegsproduktion
- Erhöhung des Konsums und damit der Nachfrage durch erhebliche Verfügung über Sparguthaben, durch Einschränkung oder Unterbleiben des Sparens, durch verstärkte Aufnahme von Konsumkrediten (**Konsuminflation**)
- Verstärkung der Nachfrage durch überhöhte Staatsausgaben ohne entsprechende Geldabschöpfung durch Steuern (**Ausgabeninflation**):
  - Ausgaben für öffentliche Vorhaben
  - höhere Arbeitsentgelte im öffentlichen Dienst
- unangemessene, dem Produktionsergebnis nicht entsprechende Lohnerhöhungen in einem wesentlichen Teilbereich der Wirtschaft oder in der Gesamtwirtschaft (**Lohninflation**)
- Erhöhung der industriellen Erzeugerpreise durch Kostenerhöhung (z. B. Rohstoffe, Löhne/Gehälter), wenn die Kosten auf die Preise abgewälzt werden (**Kostendruckinflation**)

- starke Kreditgewährung an die Wirtschaft (Investitionskredite), die sich zunächst nicht in einer Erhöhung des Güterangebots niederschlägt (da Neuanlagen/Rationalisierungen usw. sich erst mit Zeitverschiebung auswirken), sondern in höheren Preisen (**Kredit-** oder **Investitionsinflation**)
- Ausweitung der Unternehmensgewinne, die bei ausreichender Marktmacht des Unternehmens über Preissteigerungen durchsetzbar sind (**Gewinndruckinflation**)
- andauernde Zahlungsbilanzüberschüsse, die einerseits durch hohe Exportraten Verringerung des inländischen Güterangebots bedeuten, andererseits – durch Hereinströmen ausländischen Geldes – zu einer Vermehrung der inländischen Geldmenge und damit der Nachfrage führen (**Zahlungsbilanzinflation**)
- stark aktive Zahlungsbilanzen können außerdem zu einer **importierten Inflation**, d. h. zur Übertragung einer Inflation vom Ausland auf das Inland aufgrund freier Konvertierbarkeit der Währungen insb. bei festen Paritäten führen: Durch Inflation im Ausland werden inländische Exportartikel dort billiger; die Nachfrage erhöht sich, gleichzeitig fließen mehr Güter ins Ausland, mehr Geld in das Inland; dieses fördert und verstärkt die inländische Nachfrage; da die Devisen außerdem aus Inflationsländern stammen, überträgt sich ihre fortschreitende Entwertung auf die eigene Währung.

Inflationen durch Verminderung des Güterangebotes sind selten und setzen extreme wirtschaftliche und/oder politische Situationen voraus (z. B. Krieg). Wesentlich häufiger ist eine Inflation dagegen auf Verstärkung der **Nachfrage** zurückzuführen; diese wiederum beruht in aller Regel auf einer **Erhöhung der** im Inland umlaufenden **Geldmenge**. Diese aber wird i. d. R. nicht willkürlich erhöht, sondern ergibt sich aus der jeweiligen gesamtwirtschaftlichen Lage:

- Verstärkung der **Inlandsnachfrage**, die die Unternehmen zu höherer Kreditaufnahme veranlaßt, wodurch einerseits die Kosten und damit die Preise steigen, andererseits über die **Kreditschöpfung** die Buchgeldmenge größer wird
- Verstärkung der **Auslandsnachfrage** oder aus anderen Gründen bestehende Zahlungsbilanzüberschüsse (s.o.)
- verstärkte Nachfrage nach **staatlichen Leistungen** (z. B. Sozialleistungen, Bauvorhaben usw.), die den Staat zur Kreditaufnahme und zu höheren Ausgaben zwingt.

Daraus ergibt sich, daß Nachfrage und Geldmenge sich gegenseitig bedingen und in einem Wechselverhältnis stehen, das, einmal ausgelöst, ohne entsprechende Eingriffe zu ständig und mit zunehmender Geschwindigkeit wachsenden Preissteigerungsraten führt.

Ein ähnliches Verhältnis besteht zwischen Löhnen und Preisen (sog. **Lohn-Preis-Spirale**): steigende Löhne bedingen höhere Kosten der Unternehmen, verstärkte Nachfrage der Haushalte und damit höhere Preise; diese Preissteigerungen können nur durch höhere Löhne aufgefangen werden, wenn der Lebensstandard erhalten bleiben soll, dadurch erhöhen sich erneut die Preise usw.

c) **Arten** der Inflation nach Geschwindigkeit, Erscheinungsform und Grad:

- **Offene Inflation** (Preisinflation):
  - die Preise steigen entsprechend der **inflatorischen Lücke**, d. h. dem Übergewicht der Nachfrage im Verhältnis zum Güterangebot
  - der Staat greift nicht ein oder versucht, die Inflationsrate mit marktkonformen Mitteln zu senken, ohne drastisch die Wirtschaftsfreiheit zu beschneiden
- **zurückgestaute** (verdeckte) **Inflation**:
  - die Inflation kommt im Gütermangel zum Ausdruck
  - die Preise sind aufgrund von **Preisstops** (evtl. verbunden mit Lohnstop) eingefroren
  - Nachfrage wird durch Rationierung und Abschöpfung der Kaufkraft über das Zwangssparen beschränkt
- **schleichende Inflation:**
  - es besteht nur geringfügige Güterknappheit
  - die Preissteigerungsraten erhöhen sich nur mäßig oder bleiben gleich und halten sich in bestimmten Grenzen (**inflationäre Tendenz**, anzunehmen ab 3-5 %, äußerstens bis 20 % = „trabende" Inflation)
  - der Nachfrageüberhang kann durchaus „gesund" sein, d. h. eine Wirtschaft im Wachstum kennzeichnen
- **galoppierende Inflation** (Hyperinflation):
  - größere und ständig steigende Inflationsrate
  - z. T. künstliche Verringerung des Güterangebots durch Zurückhaltung von Gütern in der Hoffnung auf durch Preissteigerungen größere Gewinne
  - Einsetzen psychologischer Ursachen und Auswirkungen (Vertrauensschwund, „Flucht in die Sachwerte", s. o.).

d) **Wirkungen:**

- für **Haushalte**:
  - die Kaufkraft des Geldes sinkt
  - Forderungen werden allmählich entwertet, ohne daß Inflationssicherung besteht; Sparguthaben verlieren an Wert, die Zinsen fangen selbst mäßige Inflationsraten nicht auf, daher werden Sparbereitschaft und Sparsinn geringer
  - die Einkommen der Haushalte werden der Inflation oft nur mit Zeitverschiebung angepaßt; dadurch verringert sich auch die Sparfähigkeit
  - Barmittel werden, bevor sie weiter an Wert verlieren, ausgegeben, was die Inflationstendenz verstärkt
  - die Aufnahme von Konsumkrediten wird leichter, da die Inflationsrate bei angepaßter Einkommensentwicklung die Belastung durch die Rückzahlung verringert; dadurch erhöht sich die Nachfrage noch mehr
- für **Unternehmen**:
  - die Unternehmensgewinne steigen, da die Festkosten (insb. Löhne/Gehälter) der Inflationsrate nur mit Zeitverzögerung angeglichen werden
  - die Aussicht auf höhere Gewinne verstärkt einerseits die Produktion, verführt andererseits zum Zurückhalten von Gütern (künstliche Verknappung), um noch höhere Gewinne zu erzielen

- eintretende höhere Gewinne sowie die Vorteile, die sich aus Verschuldung während einer Inflation ergeben (s.o.), ermöglichen zusätzliche Investitionen, die zu einer Vermehrung des Angebots und damit zur Dämpfung der Inflation führen könnten; die durch höhere Nachfrage auf dem Investitionsgütermarkt steigenden Investitionskosten werden jedoch an die Verbraucher weitergegeben und gleichen diesen Vorteil wieder aus

- für die **Gesamtwirtschaft**:
  - bereits inflationäre Tendenzen verschieben das soziale Gefüge, da Geldanlagen, d. h. Forderungen, entwertet werden (insb. Sparguthaben), während Sachanlagen die Inflationsrate mindestens auffangen durch entsprechende Wertsteigerungen (z. B. industrielle Anlagen, Grundstücke)
  - bei schleichender Inflation besteht stets die Gefahr der Ausweitung zu einer galoppierenden Inflation, bei der das Vertrauen in das Geld schließlich ganz verloren geht und durch Rückkehr zum Tauschhandel ein hochentwickeltes Wirtschaftssystem in eine primitive Stufe zurückfallen kann
  - steigende Verbraucherpreise erfordern auch steigende Sozialleistungen des Staates (insb. Renten), die meist nicht mit den inflationär anwachsenden Steuereinnahmen finanziert werden können
  - da auch die Exportpreise steigen, kann eine exportorientierte Volkswirtschaft ihre internationale Konkurrenzfähigkeit verlieren
  - die nachlassende Sparneigung der Haushalte kann die Kreditversorgung der Wirtschaft erheblich verteuern (was sich erneut auf die Preise auswirkt) oder gefährden, so daß die Güterproduktion eingeschränkt werden muß
  - ausländische Produkte können auf dem Inlandsmarkt u. U. günstiger angeboten werden als einheimische Erzeugnisse, wodurch Unternehmen und Arbeitsplätze in Gefahr geraten
  - inländische Kreditverknappung führt zu steigenden Zinsen und lockt ausländisches Geld an, das – durch Erhöhung der inländischen Geldmenge – die Nachfrage verstärkt.

5.0.122 Deflation

a) **Wesen:**

- die Nachfrage nach Gütern ist geringer als das Güterangebot
- dadurch sinken die Preise
- der Wert des Geldes steigt entsprechend.

b) **Ursachen:**

- Vermehrung des Güterangebots durch
  - erhöhte Produktivität der Wirtschaft z. B. durch umfangreiche vorangegangene Investitionen, schließlich Überproduktion
  - starke Zunahme der Importe
- Rückgang der Nachfrage
  - nach Konsumgütern aufgrund zu hohen Sparens der Haushalte, Horten von Geld in der Hoffnung auf weiteres Sinken der Preise, aufgrund zu hoher Steuern

- nach Investitionsgütern aufgrund unzureichender Kreditversorgung der Wirtschaft, fehlender Investitionsneigung

- Sinken der Auslandsnachfrage z. B. aufgrund einer vergleichbaren deflatorischen Entwicklung
- zu geringe staatliche Ausgaben, Einschränkung von Aufträgen, Bildung von Haushaltsüberschüssen.

c) **Wirkungen:**

- mit Sinken der Preise verringern sich die Unternehmensgewinne, womit Investitionen weiter zurückgehen, entstehen schließlich Verluste
- diese können zu Konkursen, zum Zusammenbruch von Unternehmen führen, Arbeitslosigkeit hervorrufen
- statt Durchführung von Rationalisierungen werden Arbeitskräfte entlassen
- während der Geldwert steigt, verringert sich der Wert der Sachanlagen, die daher veräußert werden und das Gesamtangebot erhöhen
- Forderungen werden aufgewertet, Schuldentilgung wird erheblich erschwert bis zur Zahlungsunfähigkeit der Schuldner
- geringe Geldmenge bedeutet teure Kredite, die wegen der hohen Rückzahlungsbelastung immer weniger aufgenommen werden; dadurch und durch Arbeitslosigkeit geht die Nachfrage noch weiter zurück
- i.ü. vgl. Inflation: die Auswirkungen einer Deflation sind oft genau entgegengesetzt.

5.0.123 Geldwertstörungen, Geldschulden und Wertsicherung

a) **Überblick:** Seit dem 2.Weltkrieg sind Deflationen praktisch nicht mehr vorgekommen; die zunächst im Wiederaufbau befindliche und später ständig weiter wachsende Weltwirtschaft war und ist teilweise noch heute gekennzeichnet von inflationären Tendenzen, z. T. auch von Inflationen im eigentlichen Sinn. Da in einer florierenden Wirtschaft der Vergabe von **Krediten** eine entscheidende Bedeutung zukommt, inflationistische Entwicklungen aber das Verhältnis zwischen Gläubiger und Schuldner verändern (s. o.), stellt sich die Frage nach der Sicherungsmöglichkeit für Forderungen gegen Wertverluste.

b) Juristisch sind Forderungen, d. h. – aus Schuldnersicht – **Geldschulden**, zu unterscheiden in

- **Geldbetragsschulden:** die Höhe der Schulden wird angegeben durch einen festen Betrag (Nennwert) an Geld, d. h. ein Schuldner, der einen Kredit über 10 000,– DM aufgenommen hat, hat – abgesehen von Zinsen und Kosten – trotz einer möglichen Geldentwertung auch nur 10 000,– DM zurückzuzahlen; das **Risiko** einer Entwertung trägt der **Gläubiger**

- **Geldwertschulden:** die Höhe der Schuld richtet sich nach dem Wert eines Gegenstands, eines Vermögensanteils oder eines sonstigen Maßstabs.

c) Das deutsche Recht läßt nur in wenigen Ausnahmefällen **Geldwertschulden** zu: Verpflichtungen zum Schadensersatz bei Personen- oder Sachschäden, zum Wertersatz bei ungerechtfertigter Bereicherung (§§ 249, 818 II BGB) orientieren sich grundsätzlich an bestimmten verletzten Werten.

Praktisch alle sonstigen Zahlungsverpflichtungen, z. B. die Kreditrückzahlungspflicht, Geldschulden aus Kaufverträgen, aber auch Steuerschulden, Rentenschulden, Gewinnausschüttungspflichten, sind **Geldbetragsschulden**.

d) Damit erkennt die Rechtsordnung (einschließlich der Rechtsprechung und eines großen Teils der Literatur) dem **Nominalismus**, d. h. der Auffassung der Geldschuld als Geldbetragsschuld, ganz eindeutig den Vorrang zu gegenüber dem **Valorismus**, der Geldschulden an bestimmten Wertmaßstäben messen will.

e) Dies führt zu einer Vielzahl wirtschaftlicher und sozialer Probleme und Ungerechtigkeiten:

- private Versorgungsansprüche gegen Arbeitgeber können ihren Wert verlieren
- Sparguthaben, Anlagen in Festverzinslichen u. a. werden entwertet, obwohl diese Kapitalbindungen wirtschaftlich notwendig sind und staatlich gefördert, z. T. sogar gefordert werden
- Kreditschuldner werden ungleich begünstigt, wobei diesen Vorteil gerade diejenigen wahrnehmen können, die über umfangreiche Sachwerte (die der Entwertung nicht unterliegen) verfügen, diese als Sicherheiten anbieten und daher große Verschuldungen eingehen können.

f) **Sicherungsmöglichkeiten** gegen die Entwertung von Geldbetragsschulden sind

- **Wertsicherungsklauseln** (Währungsklauseln) in Einzelverträgen, d. h. Vereinbarungen, daß Geldschulden in anderer Währung als D-Mark bzw. unter Bindung an den jeweiligen Wert von Feingold, anderen Gütern oder Dienstleistungen zurückzuzahlen sind
- **Indexklauseln** als insb. gesamtwirtschaftliche Sonderformen der Bindung z. B. von Sparguthaben und ihrem Wert an wirtschaftliche Preis-Indizes wie z. B. die Steigerung der Lebenshaltungskosten.

Derartige Klauseln bedürfen nach § 3 Währungsgesetz der Genehmigung der Deutschen Bundesbank, wenn die vertragliche Leistung und der Leistungsmaßstab **nicht gleichartig** sind. Dies ist grundsätzlich der Fall bei Preisgleitklauseln, der typischen Sicherheit gegen Inflationsschäden.

Nicht genehmigungspflichtig – und daher oft angewandt – sind

- Spannungsklauseln mit gleichartiger Leistungsbindung, z. B. Orientierung einer Gehaltszahlung an Tarifen einer anderen (vergleichbaren) Berufsgruppe
- Leistungsvorbehaltsklauseln, bei denen eine Geldschuld in der Weise an einen Index gebunden ist, daß bei bestimmten Änderungen des Indexes über die Geldschuld und ihre Höhe erneut eine Vereinbarung getroffen werden muß.

Soweit Wertsicherungsklauseln genehmigungspflichtig sind, werden Genehmigungen von der Deutschen Bundesbank in aller Regel nur erteilt, wenn

- keine Bindung an ausländische Währungen, den Goldpreis, die Entwicklung der Lebenshaltungskosten oder des Wertes von Grundstücken erfolgt
- die Bindung nicht einseitig ist (d. h. nur Gläubiger oder Schuldner begünstigt).

Ausnahmen sind möglich, wenn Verträge über mehr als 10 Jahre oder auf Lebenszeit laufen und insb. wiederkehrende Leistungen beinhalten. Typische Ausnahmen sind z. B. Erbbaurechtsverträge.

g) Aus den genannten Regelungen und Vorschriften geht hervor, daß der Staat die Geldwertschuld grundsätzlich als unzulässig betrachtet. Dies ist vertretbar, da in der Tat vieles dafür spricht, daß derartige Vertragsvereinbarungen inflationäre Tendenzen verschärfen und das Vertrauen in die Währung noch weiter untergraben.

5.1 Geld- und Wirtschaftspolitik

5.1.0 Geldpolitik

5.1.00 Überblick

a) **Wesen:** Geldpolitik ist die Gesamtheit aller staatlichen Maßnahmen zur Erhaltung des Geldwertes insbesondere durch Einwirkung auf die umlaufende Geldmenge. Die Geldpolitik betrifft den Binnen- und den Außenwert des Geldes. Daher ist Währungspolitik ein Bestandteil der Geldpolitik.

b) **Träger** der Geldpolitik sind insbesondere

- die **Deutsche Bundesbank**: Notenbankpolitik, d. h.
  - Diskontpolitik
  - Lombardpolitik
  - Mindestreservepolitik
  - Offenmarktpolitik
  - Einlagenpolitik
  - Devisenmarktpolitik;

  das Instrumentarium der Bundesbank beinhaltet auch allgemein wirtschaftspolitische Maßnahmen
- das **Bundesfinanzministerium** (in geringerem Umfang auch die Finanzministerien der Länder): Finanzpolitik, d. h.
  - Haushaltspolitik (Ausgabenpolitik)
  - Steuerpolitik (Einnahmenpolitik)
- die **Bundesregierung** im Rahmen der Währungspolitik, des Stabilitätsgesetzes und des Bundesbankgesetzes.

Neben diesen Staatsorganen müssen jedoch alle staatlichen Einrichtungen zur Erreichung der Ziele der Geldpolitik zusammenwirken.

c) **Ansatzpunkt** für die Geldpolitik ist die **Geldmenge** (das Geldvolumen), da der Wert des Geldes unmittelbar zusammenhängt mit der Menge umlaufenden Bar- und Buchgeldes und ihren Veränderungen.

Die Bedeutung der Geldmenge für den Geldwert wird daran erkennbar, daß

- Geldmengenerhöhungen, die über das Wachstum der realen Produktionsmöglichkeiten hinausgehen, ein wichtiger Faktor für das Auslösen inflationärer Prozesse sind,
- Inflationsprozesse auf längere Sicht von Geldmengenerhöhungen begleitet sein müssen, damit das steigende nominelle Transaktionsvolumen „finanziert" werden kann.

In die Überlegungen müssen die **Quellen** des Geldes und seiner mengenmäßigen Veränderung einbezogen werden:

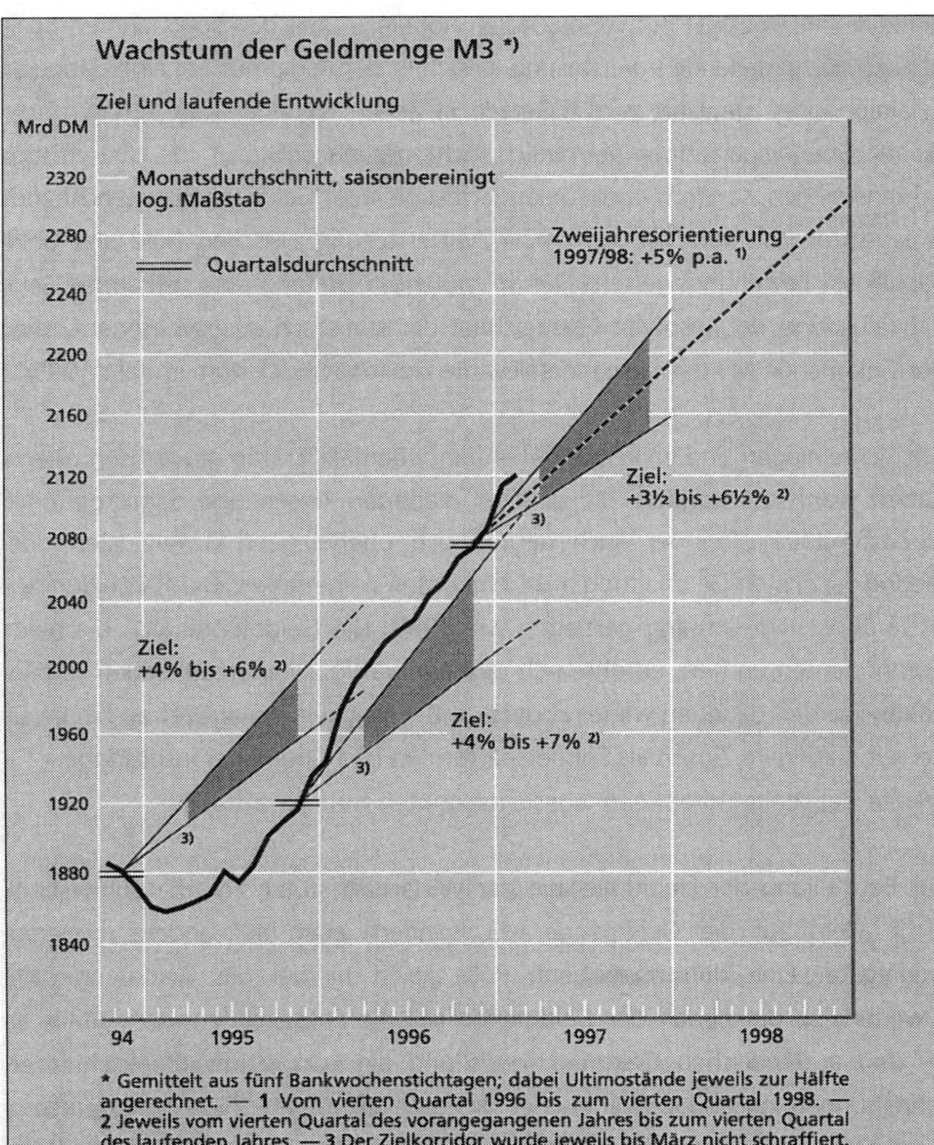

Wachstum der Geldmenge M3 *)

* Gemittelt aus fünf Bankwochenstichtagen; dabei Ultimostände jeweils zur Hälfte angerechnet. — **1** Vom vierten Quartal 1996 bis zum vierten Quartal 1998. — **2** Jeweils vom vierten Quartal des vorangegangenen Jahres bis zum vierten Quartal des laufenden Jahres. — **3** Der Zielkorridor wurde jeweils bis März nicht schraffiert, weil M3 um die Jahreswende in der Regel stärkeren Zufallsschwankungen unterliegt.

Deutsche Bundesbank

- Zentralbankgeldschöpfung der Deutschen Bundesbank
- Kreditschöpfung der Kreditinstitute
- Auflösung öffentlicher Zentralbankguthaben
- Devisenzu- und abflüsse, d. h. Einflüsse der Zahlungsbilanz.

Entwicklung des Geldvolumens von 1989 bis 1996*: (in Mrd. DM)

Zeit	Bankkredite an inländische Nichtbanken (1)	Netto-Forderungen gegenüber dem Ausland (2)	Geldkapitalbildung bei KI/ inländ. Quellen (3)	Geld- u. Quasigeldbestände (Vol. M 3) (4)
1989	+ 135,8	+ 36,3	+ 110,3	+ 66,3
1990	+ 223,1	+ 48,4	+ 161,3	+ 66,9
1991	+ 286,1	- 7,4	+ 154,4	+ 95,7
1992	+ 299,9	- 40,7	+ 101,5	+ 117,1
1993	+ 333,9	- 6,7	+ 96,5	+ 186,2
1994	+ 318,9	- 141,2	+ 166,8	+ 31,9
1995	+ 310,5	- 31,7	+ 181,7	+ 86,1
1996	+ 335,4	- 19,1	+ 120,9	+ 174,0

(2) = kurz-, mittel- und langfristige Positionen einschl. Wertpapiertransaktionen und Entwicklungshilfekredite der KfW
(3) = ohne Termingelder mit Befristung bis unter 4 Jahren und ohne Spareinlagen mit gesetzlicher bzw. dreimonatiger Kündigungsfrist
(4) = Bargeldumlauf, Sichteinlagen inländischer Nichtbanken, Termingelder inländischer Nichtbanken bis unter 4 Jahren, Spareinlagen mit gesetzlicher bzw. dreimonatiger Kündigungsfrist

* Quelle: Bundesbank-Monatsbericht März 1997

Seit 1974 gibt die Deutsche Bundesbank eine Orientierungslinie für die Ausweitung der Zentralbankgeldmenge bekannt. Bei einer Vorgabe von 4-7 % lag das monetäre Wachstum Ende 1996 bei 8,1 %.
Ende 1996 erweiterte die Deutsche Bundesbank den Zeithorizont ihrer Geldmengenorientierung erstmalig auf **zwei** Jahre.

Gründe:

- die insbesondere von den internationalen Finanzmärkten ausgehende erhöhte Volatilität (Schwankungsbreite, Beweglichkeit) der Geldmengenentwicklung
- die Berücksichtigung der Rahmenbedingungen für die deutsche Geldpolitik im Vorfeld der dritten Stufe der Europäischen Währungsunion

Zielkorridor:

- Wachstum der Geldmenge M 3 im Verlaufe der Jahre **1997 und 1998** mit einer Rate von jeweils etwa 5 %
- als Orientierungshilfe für die Märkte wird für 1997 zusätzlich ein Zielkorridor von 3,5 bis 6,5 % festgelegt; dies ist die auf kürzere Sicht tolerierbare Geldmengenausweitung.

5.1.01 Notenbankpolitik

5.1.010 Die Deutsche Bundesbank

a) **Geschichte:** Seit über 100 Jahren gibt es in Deutschland eine zentrale Notenbank. Am 1.1.1876 nahm – mit dem Inkrafttreten des Bankgesetzes von 1875 (des ersten das Geld- und Kreditwesen in seiner Gesamtheit regelnden Gesetzes in Deutschland) – die **Reichsbank** ihre Tätigkeit auf. Sie hatte das Recht zur Regelung des Geldumlaufs im Reichsgebiet, jedoch noch kein Monopol für die Ausgabe von Banknoten; von Privatnotenbanken ausgegebenes Papiergeld kursierte in Deutschland noch bis Mitte 1936.

Nach dem 2.Weltkrieg übernahm in der Bundesrepublik die **Bank deutscher Länder** die Befugnisse einer Zentralnotenbank in Zusammenarbeit mit den selbständigen Landeszentralbanken und der Berliner Zentralbank. Die BdL war durch Militärregierungsgesetz Nr. 60 am 1.3.1948 in Frankfurt/Main errichtet worden.

An die Stelle der BdL trat am 1.8.1957 mit Inkrafttreten des Bundesbankgesetzes (BBankG) die **Deutsche Bundesbank**.

b) **Wesen:**

- die Deutsche Bundesbank ist eine bundesunmittelbare juristische Person des öffentlichen Rechts (Anstaltscharakter)
- Sitz: Frankfurt/Main
- Grundkapital: 290 Millionen DM (Rücklagen 12 710 Mill. DM Ende 1996).

c) **Aufgaben** (§ 3 BBankG):

- Regelung des Geldumlaufs und der Kreditversorgung der Wirtschaft
- mit dem Ziel, die Währung zu sichern
- Sorge für die Abwicklung des Zahlungsverkehrs im Inland und mit dem Ausland.

Weitere Aufgaben der Bundesbank:

- Kontoführung für den Staat; seit Anfang 1994 sind Bund, Sondervermögen und Länder jedoch nicht mehr verpflichtet, ihre flüssigen Mittel bei der Bundesbank anzulegen
- Vergabe kurzfristiger Kassenkredite an den Staat
- Verwaltung der Währungsreserven
- Mitwirkung im Rahmen der Bankenaufsicht
- Mitwirkung in nationalen und internationalen wirtschafts-, finanz- und währungspolitischen Organisationen.

Deutsche
Bundesbank
Geschäftsbericht
1996

I. Bilanz der Deutschen Bundesbank zum 31. Dezember 1996

Aktiva

				DM	31.12.1995 Mio DM
1 Gold				13 687 518 821,70	13 688
2 Reserveposition im Internationalen Währungsfonds und Sonderziehungsrechte					
2.1 Ziehungsrechte in der Reservetranche			8 485 151 159,20		(7 469)
2.2 Kredite aufgrund besonderer Kreditvereinbarungen			—		(—)
2.3 Sonderziehungsrechte			2 959 442 661,80		(2 868)
				11 444 593 821,—	10 337
3 Forderungen an das Europäische Währungsinstitut					
3.1 Guthaben in ECU		33 213 557 481,15			
abzüglich: Unterschiedsbetrag zwischen ECU-Wert und Buchwert der eingebrachten Gold- und Dollarreserven		11 166 041 315,26			
			22 047 516 165,89		(28 798)
3.2 sonstige Forderungen			—		(—)
				22 047 516 165,89	28 798
4 Guthaben bei ausländischen Banken und Geldmarktanlagen im Ausland				72 332 818 017,70	68 464
5 Sorten				31 573 593,05	20
6 Kredite und sonstige Forderungen an das Ausland					
6.1 Kredite im Rahmen des mittelfristigen EG-Zahlungsbilanzbeistands					(—)
6.2 sonstige Kredite an ausländische Währungsbehörden			—		(—)
6.3 Kredite an die Weltbank			1 250 000 000,—		(1 750)
6.4 sonstige Forderungen an das Ausland			190 680 000,—		(204)
				1 440 680 000,—	1 954
7 Kredite an inländische Kreditinstitute					
7.1 Im Offenmarktgeschäft mit Rücknahmevereinbarung angekaufte Wertpapiere			161 614 847 500,—		(145 754)
7.2 Inlandswechsel			52 285 560 170,56		(52 210)
7.3 Auslandswechsel			8 968 439 604,44		(9 635)
7.4 Lombardforderungen			3 282 528 300,—		(5 533)
				226 151 375 575,—	213 132
8 Ausgleichsforderungen an den Bund und unverzinsliche Schuldverschreibung wegen Berlin				8 683 585 988,93	8 684
9 Wertpapiere				—	884
10 Deutsche Scheidemünzen				2 056 651 716,90	2 090
11 Grundstücke und Gebäude				3 700 983 287,16	3 559
12 Betriebs- und Geschäftsausstattung				216 817 569,—	203
13 Schwebende Verrechnungen				1 845 664 248,68	—
14 Sonstige Vermögensgegenstände				2 701 150 271,30	2 572
15 Rechnungsabgrenzungsposten				62 711 791,21	62
				366 403 640 867,52	354 447

Deutsche
Bundesbank
Geschäftsbericht
1996

II. Gewinn- und Verlustrechnung der Deutschen Bundesbank für das Jahr 1996

Aufwand

			DM	1995 Mio DM
1	Zinsaufwand		558 125 041,96	797
2	Personalaufwand			
	2.1 Bezüge, Gehälter, Löhne	1 069 704 011,21		(1 074)
	2.2 Soziale Abgaben und Aufwendungen für Altersversorgung und für Unterstützung	639 217 745,95		(706)
			1 708 921 757,16	1 780
3	Sachaufwand		371 837 432,55	368
4	Notendruck		169 768 810,23	163
5	Abschreibungen			
	5.1 auf Grundstücke und Gebäude	272 061 900,46		(234)
	5.2 auf Betriebs- und Geschäftsausstattung sowie sonstige Vermögensgegenstände	106 957 785,92		(127)
			379 019 686,38	361
6	Abschreibungen auf Währungsreserven und sonstige Fremdwährungspositionen		636 026 617,21	1 149
7	Sonstige Aufwendungen		59 405 018,33	57
8	Jahresüberschuß (= Bilanzgewinn)		9 426 863 824,51	10 928
			13 309 968 188,33	15 603

Ertrag

		DM	1995 Mio DM
1	Zinsertrag	12 932 957 948,78	15 084
2	Gebühren	111 828 889,31	110
3	Sonstige Erträge	265 181 350,24	409
		13 309 968 188,33	15 603

Frankfurt am Main, den 11. Februar 1997

Deutsche Bundesbank
Das Direktorium

Prof. Dr. Dr. h. c. Tietmeyer   Gaddum

Haferkamp   Hartmann   Prof. Dr. Dr. h. c. Issing   Meister   Schieber   Schmidhuber

Die Buchführung und der Jahresabschluß entsprechen nach unserer pflichtgemäßen Prüfung den gesetzlichen Vorschriften. Der Jahresabschluß vermittelt unter Beachtung der Grundsätze ordnungsmäßiger Buchführung ein den tatsächlichen Verhältnissen entsprechendes Bild der Vermögens-, Finanz- und Ertragslage.

Frankfurt am Main, den 21. März 1997

C&L Deutsche Revision
Aktiengesellschaft
Wirtschaftsprüfungsgesellschaft

KPMG Deutsche Treuhand-Gesellschaft
Aktiengesellschaft
Wirtschaftsprüfungsgesellschaft

Windmöller
Wirtschaftsprüfer

Langen
Wirtschaftsprüfer

Brackert
Wirtschaftsprüfer

Rönnberg
Wirtschaftsprüfer

Deutsche
Bundesbank
Geschäftsbericht
1996

Passiva

		DM	31.12.1995 Mio DM
1 Banknotenumlauf		260 390 460 565,—	248 364
2 Einlagen von Kreditinstituten			
2.1 auf Girokonten	51 910 402 732,83		(49 669)
2.2 sonstige	17 213 726,21		(18)
		51 927 616 459,04	49 687
3 Einlagen von öffentlichen Haushalten			
3.1 Bund	117 091 962,91		(40)
3.2 Sondervermögen des Bundes	14 271 621,51		(7)
3.3 Länder	239 489 920,99		(79)
3.4 andere öffentliche Einleger	111 652 204,21		(38)
		482 505 709,62	164
4 Einlagen von anderen inländischen Einlegern		1 165 493 794,15	707
5 Verbindlichkeiten aus abgegebenen Liquiditätspapieren		2 570 700 000,—	1 584
6 Verbindlichkeiten aus dem Auslandsgeschäft			
6.1 Einlagen ausländischer Einleger	13 021 878 663,39		(14 799)
6.2 sonstige	11 176 042,23		(7)
		13 033 054 705,62	14 806
7 Ausgleichsposten für zugeteilte Sonderziehungsrechte		2 701 750 402,—	2 580
8 Rückstellungen			
8.1 für Pensionsverpflichtungen	3 360 000 000,—		(3 093)
8.2 sonstige Rückstellungen	7 629 175 694,53		(6 992)
		10 989 175 694,53	10 085
9 Schwebende Verrechnungen		—	2 253
10 Sonstige Verbindlichkeiten		356 715 182,70	508
11 Rechnungsabgrenzungsposten		361 104 530,35	393
12 Grundkapital		290 000 000,—	290
13 Rücklagen			
13.1 gesetzliche Rücklage	12 418 200 000,—		(11 808)
13.2 sonstige Rücklagen	290 000 000,—		(290)
		12 708 200 000,—	12 098
14 Bilanzgewinn		9 426 863 824,51	10 928
		366 403 640 867,52	354 447

d) Die Bundesbank darf folgende **Geschäfte** betreiben (§§ 19 ff. BBankG):

- Geschäfte mit öffentlichen **Verwaltungen**: u. a.
  - Ankauf von Münzen
  - Vergabe von Kassenkrediten bis zu bestimmten Höchstgrenzen (seit 1.1.94 aufgrund des Vertrages von Maastricht – Abschnitt 5.1.112 – nicht mehr zulässig)
  - Annahme unverzinslicher Giroeinlagen, Verwahrung von Wertpapieren, Einzug von Schecks, Wechseln usw.
- Geschäfte mit **Kreditinstituten**: u. a.
  - An- und Verkauf von Schecks, Wechseln, Schatzwechseln
  - Gewährung von Lombardkrediten
  - Annahme unverzinslicher Giroeinlagen
  - Einzug von Schecks, Wechseln u. a.
  - An- und Verkauf von Devisen, Sorten, Gold, Silber, Platin sowie von Forderungen und Wertpapieren in ausländischer Währung
  - alle Bankgeschäfte im Verkehr mit dem Ausland
- Geschäfte am **offenen Markt:**
  - An- und Verkauf von Wechseln, Schatzwechseln sowie bestimmter Schuldverschreibungen
  - Ziel: Regelung des Geldmarktes
- Geschäfte mit **jedermann**: entsprechend den Geschäften mit KI, **außer**: An- und Verkauf von Wechseln, Schecks, Schatzwechseln in D-Mark, Gewährung von Lombardkrediten.

e) **Organisation:**

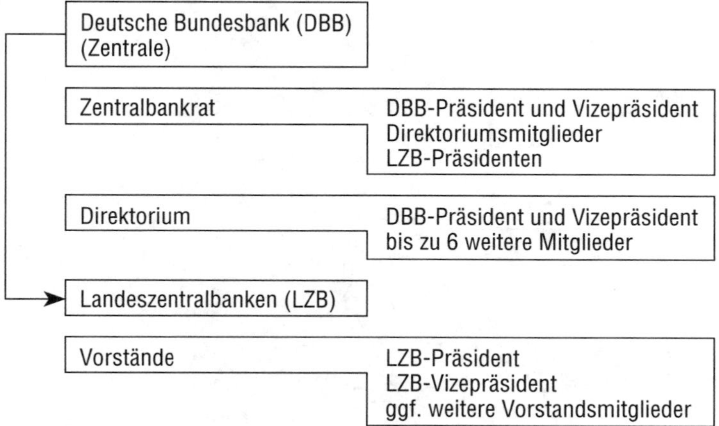

- **Zentralbankrat** (§ 6 BBankG): Bestimmung der Währungs- und Kreditpolitik der Bundesbank, Aufstellung allgemeiner Richtlinien für Geschäftsführung und Verwaltung von Bundesbank und Landeszentralbanken; u. a. Festsetzung von Diskont- und Lombardsatz
- **Direktorium:** ausführendes Organ; gerichtliche und außergerichtliche Vertretung der Bundesbank; Durchführung der Beschlüsse des Zentralbankrates; vorbehalten – im Verhältnis insb. zu den LZB-Vorständen – sind dem Direktorium:
  - Geschäfte mit Bund/Sondervermögen

VORSTAND der Landeszentralbank und örtliche Hauptstelle
Hauptstelle
Zweigstelle
SCHLESWIG-HOLSTEIN
MECKLENBURG-VORPOMMERN
NIEDERSACHSEN
NORDRHEIN-
WESTFALEN
BRANDENBURG
SACHSEN-ANHALT
SACHSEN
THÜRINGEN
HESSEN
RHEINLAND-PFALZ
SAARLAND
BADEN-WÜRTTEMBERG
BAYERN
POLEN
TSCHECHOSLOWAKEI
ÖSTERREICH
SCHWEIZ
FRANKREICH
NIEDERLANDE
DÄNEMARK
Flensburg
Kiel
Rostock
Schwerin
Neubrandenburg
Hamburg
Bremen
Oldenburg
Lüneburg
Uelzen
Celle
Hannover
Berlin
Potsdam
Frankfurt
Magdeburg
Braunschweig
Osnabrück
Bielefeld
Münster
Düsseldorf
Leipzig
Halle
Dresden
Chemnitz
Cottbus
Kassel
Göttingen
Weimar
Gera
Erfurt
Meiningen
Fulda
Gießen
Koblenz
Wiesbaden
Frankfurt
Mainz
Würzburg
Schweinfurt
Bamberg
Bayreuth
Hof
Nürnberg
Regensburg
Saarbrücken
Kaiserslautern
Ludwigshafen
Mannheim
Heidelberg
Karlsruhe
Stuttgart
Ulm
Augsburg
München
Freiburg
Konstanz
Passau
Ingolstadt
Trier
Aachen
Köln
Bonn
Siegen
Heilbronn
Landshut
Rosenheim
Kempten
Rhein-Ruhr-Gebiet s. Nebenkarte

- Geschäfte mit überregionalen KI
- Devisen- und Auslandsverkehrsgeschäfte
- Geschäfte am offenen Markt

- **Landeszentralbanken:**
  = Hauptverwaltungen der Bundesbank
  - ihnen unterstehen die Zweiganstalten der Bundesbank (Hauptstellen, Zweigstellen)
  - nach der Wiedervereinigung und einer Straffung der regionalen Ausgestaltung gibt es neun Hauptverwaltungen:
    - Baden-Württemberg
    - Bayern
    - Berlin und Brandenburg
    - Bremen, Niedersachsen und Sachsen-Anhalt
    - Hamburg, Mecklenburg-Vorpommern und Schleswig-Holstein
    - Hessen
    - Nordrhein-Westfalen
    - Rheinland-Pfalz und Saarland
    - Sachsen und Thüringen

- **LZB-Vorstände:** Durchführung der regional anfallenden Aufgaben, insb. von Geschäften mit dem betr. Land und dort befindlichen öffentlichen Verwaltungen sowie mit regional tätigen KI.

f) **Rechtsstellung** der Deutschen Bundesbank: Sie ist bei der Ausübung ihrer Befugnisse von Weisungen der Bundesregierung **unabhängig** (§ 12 BBankG), hat sie jedoch zu beraten und ihr Auskunft zu geben (§ 13). Ziel des Gesetzgebers war es, bei Meinungsverschiedenheiten zwischen Bundesbank und Bundesregierung aus der Sicht der Geldpolitik einerseits, der Wirtschaftspolitik andererseits keiner Seite das Recht zu einseitiger Entscheidung zu geben, sondern zu gegenseitiger Abstimmung zu zwingen oder aber zu ermöglichen, daß Maßnahmen der einen Seite von der anderen, wenn für falsch gehalten, durch politische Maßnahmen korrigiert, ausgeglichen, ergänzt werden können.

g) Die Bundesbank legt über ihre Geschäftstätigkeit **Rechenschaft** ab in Monats- und Jahresberichten, Statistiken usw.

h) **Kernbereich** der Tätigkeit, durch die die Bundesbank ihre Aufgaben erfüllt, sind ihre **geld-, kredit- und währungspolitischen Befugnisse**. Auch hier liegt das Schwergewicht auf der Geldmengenpolitik.

Adressaten des Bundesbankinstrumentariums sind in erster Linie die Kreditinstitute.

Die Maßnahmen der Bundesbank wirken i. d. R. unmittelbar am **Geldmarkt.** Der weitere **Transmissionsprozeß der geldpolitischen Impulse** verläuft sehr komplex und wirkt über

- die Kredit- und Einlagenzinssätze der KI und in der Folge über
- die Dispositionen der Haushalte und Unternehmungen auf deren
- Ausgabe- und Preisentscheidungen.

i) Zur **Anpassung des Bundesbankgesetzes an die Regelungen der Europäischen Wirtschafts- und Währungsunion** (vgl. Abschnitt 5.1.112) legte die Bundesregierung im April 1997 einen Gesetzentwurf vor.

- Zielsetzung: Die Bundesbank wird integraler Bestandteil des Europäischen Systems der Zentralbanken (ESZB) und wirkt an der Erfüllung seiner Aufgaben mit dem vorrangigen Ziel mit, die Preisstabilität zu gewährleisten
- wesentliche Änderungen:
  - Verzicht der Bundesbank auf die Diskont-, Offenmarkt- und Mindestreservepolitik
  - Wegfall der Kompetenz des Zentralbankrates, die Währungs- und Kreditpolitik der Bundesbank zu bestimmen
  - der Zentralbankrat bleibt für die Geschäftspolitik der Bundesbank zuständig
  - Direktoriumsmitglieder werden zukünftig für mindestens 5 Jahre gewählt (bisher: mindestens 2 Jahre)
  - das Recht der Bundesregierung, Zentralbankratsbeschlüsse für zwei Wochen aussetzen zu lassen, wird abgeschafft
- Umsetzung:
  - mit Beginn der Stufe 3 a der Währungsunion
  - die Vorschriften, die die Unabhängigkeit der Bundesbank betreffen, werden mit Verkündung des Gesetzes in Kraft gesetzt.

(Bei Redaktionsschluß dieser Auflage war das Gesetzgebungsverfahren noch nicht abgeschlossen.)

5.1.011 Diskont- und Lombardpolitik

a) **Wesen:** Einwirkung der Bundesbank auf die **Refinanzierung** der Kreditinstitute, damit auf die Kreditgewährungsmöglichkeit der KI (Finanzierung von Unternehmen und Haushalten) und die Kreditschöpfung und auf diese Weise Steuerung des Geldvolumens.

b) **Inhalt:**

- Festsetzung von Diskont- und Lombardsätzen für (Re-)Diskontkredite und Lombardkredite der Bundesbank an KI
- Festlegung von Kreditlimits für Diskontkredite = Rediskontkontingente (quantitative Beschränkungen)
- Bestimmung qualitativer Anforderungen an das zu rediskontierende Wechselmaterial sowie Festsetzung von für Lombardkredite geeigneten Pfändern.

c) **Wirkungen:**

- Entscheidende Bedeutung hat die Festlegung der Zinssätze, d. h. der Refinanzierungskosten der KI; erste Refinanzierungsmöglichkeit soll dabei die Rediskontierung sein, entfällt sie wegen Ausschöpfung der Kontingente oder Nichteignung des Wechselmaterials, soll den KI die stets teurere Möglichkeit der Aufnahme eines Lombardkredites gegeben sein.

Entwicklung von Diskont- und Lombardsatz seit 1986			
gültig ab		Diskontsatz % p. a.	Lombardsatz % p. a.
1986	07. 03.	3 1/2	5 1/2
1987	23. 01.	3	5
	06. 11.	3	4 1/2
	04. 12.	2 1/2	4 1/2
1988	01. 07.	3	4 1/2
	29. 07.	3	5
	26. 08.	3 1/2	5
	16. 12.	3 1/2	5 1/2
1989	20. 01.	4	6
	21. 04.	4 1/2	6 1/2
	30. 06.	5	7
	06. 10.	6	8
1990	02. 11.	6	8 1/2
1991	01. 02.	6 1/2	9
	16. 08.	7 1/2	9 1/4
	20. 12.	8	9 3/4
1992	17. 07.	8 3/4	9 3/4
	15. 09.	8 1/4	9 1/2
1993	05. 02.	8	9
	19. 03.	7 1/2	9
	23. 04.	7 1/4	8 1/2
	02.07.	6 3/4	8 1/4
	30.07.	6 3/4	7 3/4
	10.09.	6 1/4	7 1/4
	22.10.	5 3/4	6 3/4
1994	18.02.	5 1/4	6 3/4
	15.04.	5	6 1/2
	13.05.	4 1/2	6
1995	31.03.	4	6
	25.08.	3 1/2	5 1/2
	15.12.	3	5
1996	19.04.	2 1/2	4 1/2

Änderungen des Diskontsatzes gelten für zukünftige Kredite, Änderungen des Lombardsatzes betreffen auch gegenwärtige, bestehende Kreditverhältnisse.

Erhöhungen der Sätze bedeuten Verteuerung der Refinanzierung für die KI; dies führt zur Anhebung der Kosten insb. für Diskont-, aber auch u. U. für alle anderen Kredite, die von KI vergeben werden. Folge wird i. d. R. eine Verringerung der Investitionstätigkeit in der Wirtschaft sein, außerdem sinkende Beschäftigung bzw. eventuell geringere Löhne/Gehälter, womit die Nachfrage nach Investitions- und Konsumgütern sinkt und letztlich der Preisauftrieb gebremst bzw. gestoppt wird.

Andererseits wirken Erhöhungen des Diskont- und Lombardsatzes sich gewöhnlich über den Geldmarkt auf das allgemeine Zinsniveau aus, auch die Habenzinsen der KI steigen – wenn sich die KI auf andere Weise, also über die Einleger, mehr Geld beschaffen wollen –, was zu vermehrtem Sparen und dadurch zur Verringerung der Nachfrage führen kann. Die Verringerung der Investitionen

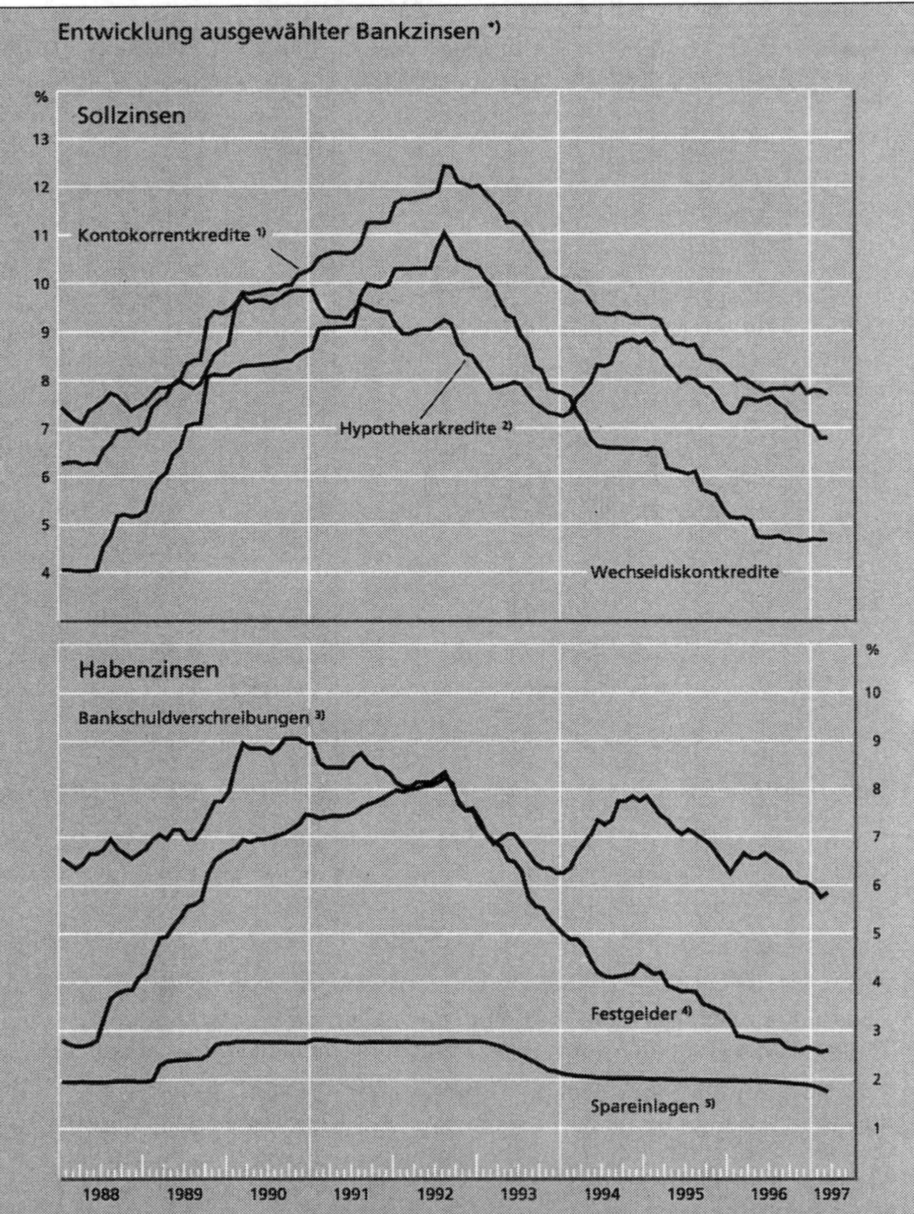

* Seit Januar 1991 einschl. der Sätze in den neuen Bundesländern. — 1 Von 1 Mio DM bis unter 5 Mio DM; Bewegung im November/Dezember 1996 vom Übergang zur neuen Zinsstatistik beeinflußt. — 2 Durchschnittlicher Effektivzins für Hypothekarkredite auf Wohngrundstücke zu Festzinsen auf zehn Jahre. — 3 Umlaufsrendite von Bankschuldverschreibungen mit einer Restlaufzeit von über neun bis zehn Jahren. — 4 Bis einschl. 10/96 mit vereinbarter Laufzeit von 1 Monat bis einschl. 3 Monate, ab 11/96 Laufzeit 1 Monat, bei Beträgen von 100 000 DM bis unter 1 Mio DM. — 5 Bis Ende Juni 1993 Spareinlagen mit gesetzlicher Kündigungsfrist, danach mit dreimonatiger Kündigungsfrist; bei Mindest-/Grundverzinsung.

Deutsche Bundesbank

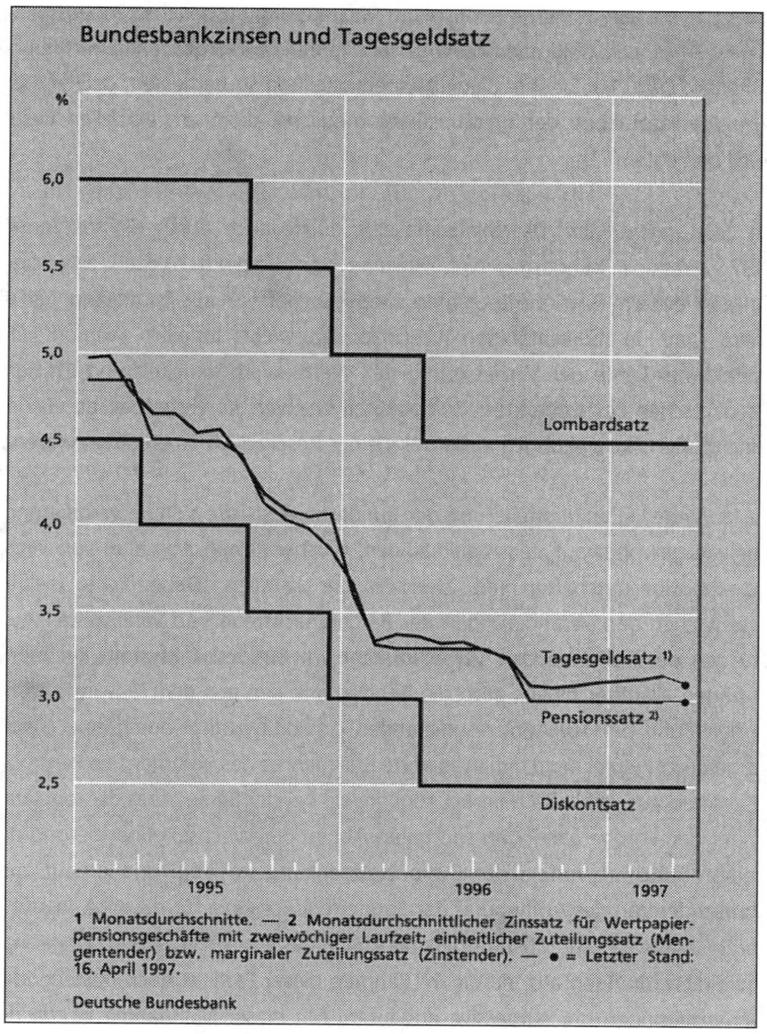

1 Monatsdurchschnitte. — 2 Monatsdurchschnittlicher Zinssatz für Wertpapierpensionsgeschäfte mit zweiwöchiger Laufzeit; einheitlicher Zuteilungssatz (Mengentender) bzw. marginaler Zuteilungssatz (Zinstender). — • = Letzter Stand: 16. April 1997.

Deutsche Bundesbank

kann außerdem zur Reduzierung des Güterangebotes und damit zu Verteuerungen führen. Nimmt die Wirtschaft trotz höherer Sollzinsen Kredite auf, belasten diese die Preise.

- Hieraus ergibt sich, daß die Diskont- und Lombardpolitik der Bundesbank zwar i.d. R. auf die Geldmenge in gewünschter Weise wirkt, im Hinblick auf die Preise jedoch auch durchaus gegensätzliche Effekte hervorrufen kann. Daher muß sie von flankierenden Maßnahmen begleitet sein, damit Vor- und Nachteile sich nicht gegenseitig aufheben (kompensieren).

- **Senkungen** der Sätze haben entsprechend umgekehrte Wirkung.

- Durch Festsetzung von **Rediskont-Kontingenten** wird die Refinanzierungsmöglichkeit der KI nicht nur kostenmäßig, sondern auch quantitativ beschränkt. Wichtig zur Erreichung des Geldmengenziels ist dies insb. dann, wenn Unternehmen und/oder Haushalte trotz hoher Kreditzinsen zur Verschuldung bereit sind, vor allem in einer Hochkonjunktur.

Veränderungen der Rediskontkontingente werden i. d. R. nicht sofort in vollem Umfang liquiditätswirksam.

- Erhöhungen: Zunächst steigt nur der unausgenutzte Rediskontierungsspielraum. Wie schnell dieser ausgenutzt wird, hängt von den konkreten Verhaltensweisen und -möglichkeiten der KI ab.
- Kürzungen: Wirken sich sukzessive durch die Fälligkeiten rediskontierter Wechsel aus.
- Für die **Höhe** der Rediskont-Kontingente sind in erster Linie die haftenden Mittel der KI maßgeblich, außerdem ihre jeweilige Geschäftsstruktur.
- Die Bundesbank kann bei entsprechender kreditpolitischer Notwendigkeit den Lombardsatz aussetzen und Lombardkredite zu einem **Sonderlombardsatz** gewähren, der täglich geändert werden kann. Die Bereitschaft zur Gewährung des Sonderlombardkredites kann jederzeit widerrufen werden. Diese Maßnahme hat die Bundesbank z. B. zwischen März 1981 und Mai 1982 ergriffen.
- Die **Wirksamkeit** von Leitzinsänderungen ist in erster Linie darauf zurückzuführen, daß
  - die Leitzinsen als solche allgemein anerkannt sind, also entsprechende Beachtung finden
  - die Bundesbank mit anderen geldpolitischen Instrumenten ihrer über die Leitzinsen dokumentierten Auffassung Nachdruck verleihen kann
  - insoweit eine **psychologische Wirkung** von Leitzinsänderungen ausgeht.

  Tatsächlich macht das beim Diskontsatz maßgebliche Wechselgeschäft nur noch wenige Prozent des gesamten Kreditengagements der KI aus, und auch der Bundesbank-Lombardkredit hat für das Geschäft der KI mit den Kunden nur untergeordnete Bedeutung.

5.1.012 Mindestreservepolitik

a) **Wesen:** § 16 BBankG;

= Verpflichtung der Kreditinstitute, zinslos einen Teil ihrer Verbindlichkeiten auf Girokonto bei der Bundesbank zu unterhalten

- Zweck:
  - ursprünglich wurde die Mindestreserve als ein Notenbankinstrument mit einlagensicherndem Charakter zumindest **neben** ihrer Bedeutung im Rahmen der Geld- und Kreditpolitik der Bundesbank angesehen (sog. **dualistische Theorie**)
  - heute wird weitgehend angenommen, die Mindestreserve habe allein kreditpolitische Funktion (sog. **monistische Theorie**); daß sie zur Sicherheit der Kundeneinlage bei einer Bank beiträgt, vermag deshalb nicht zu überzeugen, weil die MR-Technik (s. u.) zeigt, daß eine Bank nur im Monatsdurchschnitt die Mindestreservepflicht erfüllen muß, jederzeit aber über ihr gesamtes Guthaben auf LZB-Girokonto verfügen kann

- dies ergibt sich auch aus § 16 I BBankG, wonach die Mindestreserve von der Bundesbank verlangt werden kann „zur Beeinflussung des Geldumlaufs und der Kreditgewährung".

b) **Technik:**

- **Reservepflichtige Verbindlichkeiten** sind insbesondere Einlagen und aufgenommene Gelder, sofern die Gläubiger keine ebenfalls reservepflichtigen KI sind, also von Nichtbanken und ausländischen KI; einbezogen sind auch Verbindlichkeiten aus Schuldverschreibungen. Es bestehen jedoch zahlreiche Möglichkeiten zur **Freistellung** von der Reservepflicht, z. B. für Verbindlichkeiten aus Bauspareinlagen. Seit dem 1.1.1997 sind die Verbindlichkeiten aus sogenannten echten Pensionsgeschäften mit Laufzeiten bis zu einem Jahr in börsenfähigen Wertpapieren von der Reservepflicht befreit.

- **Reservepflichtig** sind grds. **alle KI**; ausgenommen sind u. a.
  - Kapitalanlagegesellschaften
  - Wertpapiersammelbanken.

  Seit 1.1.84 sind auch KI mit hauptsächlich langfristigen Geschäften und Bausparkassen mindestreservepflichtig.

- Nach ihrer **Befristung** werden nur Verbindlichkeiten von weniger als 4 Jahren Laufzeit erfaßt.

- Die **Mindestreserve-Sätze** richten sich
  - nach der Art der Verbindlichkeiten; folgende **Höchstgrenzen** sind zu beachten: Sichteinlagen 30 %
Termineinlagen 20 %
Spareinlagen 10 %
  - nach der Größe der KI in Verbindung mit dem Umfang ihrer reservepflichtigen Verbindlichkeiten; seit März 1977 Einteilung in Progressionsstufen: bis 10 Mio, 10-100 Mio, über 100 Mio DM; seit 1.5.86 entfallen die Progressionsstufen für befristete Verbindlichkeiten und Spareinlagen, seit 1.3.94 auch die Progressionsstufen für Sichteinlagen.

- Die Reserve-Sätze werden grundsätzlich auf den **Bestand** an reservepflichtigen Verbindlichkeiten gerechnet, ausnahmsweise auf den **Zuwachs**, insb. wenn erheblicher Zufluß von Geld aus dem Ausland abgewehrt werden soll (der Zuwachs an Auslandsverbindlichkeiten wurde – zur Abwehr spekulativer Gelder vor einer DM-Aufwertung – schon einmal mit 100 % Reservepflicht belegt).

- Einlagen **Gebietsfremder** können mit höheren Sätzen belegt werden.

- Die **Einhaltung** der MR-Sätze ergibt sich aus einer Übereinstimmung von Reserve-Soll und Reserve-Ist.
  - Das **Reserve-Soll** ergibt sich aus dem Monats-Durchschnitt der reservepflichtigen Verbindlichkeiten (ihr Bestand kann über die Endstände aller Tage oder über den Stand an vier Stichtagen, 23. des Vormonats, Ultimo, 7., 15., errechnet werden) unter Anwendung der Reserve-Sätze.
Von dem so errechneten Betrag konnten zeitweise die Kassenbestände der KI abgesetzt werden: von März 1978 bis Februar 1994 zu maximal 50 % des Reserve-Solls, danach zu maximal 25 % des Reserve-Solls. Seit dem 1. August 1995 ist keine Anrechnung mehr möglich.

- Das **Reserve-Ist** ergibt sich aus dem Monatsdurchschnitt der täglichen Guthaben des KI auf seinem LZB-Girokonto.
- Der Bestand kann an einzelnen Tagen unter dem Soll liegen, nur im Monatsdurchschnitt muß das Ist dem Soll mindestens entsprechen.
- Fehlbeträge werden mit einem Sonderzins von z.Z. 3 % über Lombardsatz für 30 Tage belegt.
- Für die Berechnung des Reserve-Solls haben die KI der Bundesbank monatlich eine Reservemeldung einzureichen (spätestens am 5. Geschäftstag nach dem 15. eines jeden Monats).
- Die Mindestreserven sind auf Girokonto bei der Deutschen Bundesbank zu unterhalten (ländliche Kreditgenossenschaften: auf besonderem Konto bei der Genossenschaftlichen Zentralbank, die ihrerseits entsprechende Bundesbank-Guthaben unterhält).

c) **Wirkungen:**

- Eine **Erhöhung** der Reserve-Sätze bewirkt eine Verringerung der Möglichkeit zur aktiven Buchgeldschöpfung (vgl. Abschnitt 5.0.031); weitere Folgen sind die Inanspruchnahme des Geldmarktes und Erhöhung der allgemeinen Zinssätze, insb. dadurch, daß die Mindestreserve **zinslos** zu unterhalten ist; schließlich u. U. – im Zusammenwirken mit anderen kreditpolitischen Maßnahmen – Einschränkung der Gesamtnachfrage und preisstabilisierende Wirkung.
- Eine **Senkung** der MR-Sätze hat entsprechend umgekehrte Wirkungen.

d) **Rechtsgrundlagen** der Mindestreservepolitik sind

- § 16 BBankG
- Anweisung der Deutschen Bundesbank über Mindestreserven von 1983 in der jeweils gültigen Fassung (**AMR**).

e) **Aktuelle Daten:** (Stand: Mai 1997)

- Reservesätze für Verbindlichkeiten gegenüber Gebietsansässigen:
  Sichtverbindlichkeiten 2,0 %
  befristete Verbindlichkeiten 2,0 %
  Spareinlagen 1,5 %
- Reservesätze für Verbindlichkeiten gegenüber Gebietsfremden:
  Sichtverbindlichkeiten 2,0 %
  befristete Verbindlichkeiten 2,0 %
  Spareinlagen 1,5 %
- reservepflichtige Verbindlichkeiten insgesamt (März 1997): 2 256 Mrd. DM
- Reserve-Soll (März 1997): 39,5 Mrd. DM.

5.1.013 Offenmarktpolitik

a) **Wesen:**

= An- und Verkauf bestimmter Wertpapiere des Geld- und Kapitalmarktes „am offenen Markt“ auf eigene Rechnung gegen Zentralbankgeld zur Regelung des Geldmarktes

= Festsetzung von Abgabe- und Rücknahmesätzen für sog. Offenmarkttitel

= Pensionsgeschäfte mit Wechseln und Wertpapieren (Offenmarktgeschäfte mit Rückkaufsvereinbarung).

b) **Rechtsgrundlagen:** §§ 15, 21 BBankG.

c) Geeignete **Wertpapiere**:

- rediskontfähige Wechsel
- Schatzwechsel, deren Aussteller der Bund, ein Sondervermögen des Bundes oder ein Bundesland ist
- Schuldverschreibungen und Schuldbuchforderungen, deren Schuldner der Bund, eines seiner Sondervermögen oder ein Bundesland ist
- andere von der Bundesbank bestimmte Schuldverschreibungen.

d) **Tätigkeiten** (Operationen) der Bundesbank am offenen Markt:

- Bei einigen Geldmarktpapieren: Festsetzung von Ausgabe- und Rücknahmesätzen, durch die anlagesuchende KI eine Verzinsung erzielen können, die günstiger oder ungünstiger als eine Anlage auf dem Geldmarkt sein kann; auf diese Weise kann die Bundesbank die Anlageentscheidungen der KI beeinflussen und freies Zentralbankguthaben aus dem Markt ziehen oder – durch ungünstige Veränderung der Sätze – die KI zur Aufgabe dieser Anlage veranlassen, so daß Geld frei wird.
- Verkauf von sog. **Liquiditätspapieren** an KI und andere Anleger: Geldmarktpapiere, bei denen eine bestimmte Verzinsung gewährt wird und Rücknahme erst am Ende der Laufzeit möglich ist. Die Bundesbank verkauft diese Papiere (unverzinsliche Schatzanweisungen des Bundes) zu festen Abgabesätzen an KI und andere Anleger und kann auf diese Weise Liquidität binden, soweit die Verzinsung günstig ist, insb. mit Termingeldern konkurrieren kann.
- Möglich: Geschäfte der Bundesbank am offenen Markt in Kapitalmarktpapieren, d. h. öffentlichen Schuldverschreibungen mit längerer Laufzeit.
- **Pensionsgeschäfte**
  = Offenmarktgeschäfte mit Rückkaufsvereinbarung
  - seit 1979 praktiziert
  - die Bundesbank erwirbt von KI lombardfähige festverzinsliche Wertpapiere unter der Bedingung, daß die KI die Papiere gleichzeitig per Termin zurückkaufen
  - die Wertpapiere müssen sich bereits bei Abgabe des Gebotes durch das KI in einem für Offenmarktgeschäfte bestimmten offenen Depot (Dispositionsdepot) bei der LZB befinden
  - Ausschreibung:
    - **Mengentender:** Laufzeit und Zinssatz sind vorgegeben; KI reichen Gebote ein, Bundesbank teilt voll zu oder repartiert; Anwendung: zur Aussendung „milder" Zinssignale
    - **Zinstender:** Laufzeit und beim sog. „holländischen Verfahren" (s. u.) auch der Mindestzins sind vorgegeben: Bundesbank setzt Zins unter

Berücksichtigung der Gebote und des angestrebten Liquiditätseffektes fest: Zuteilung entweder zu einem einheitlichen Satz („holländisches Verfahren") oder zu den individuellen Bietungssätzen der KI („amerikanisches Verfahren"); Anwendung: zum „Abtasten" des richtigen Geldmarktsatzes
- die LZB bucht Wertpapiere ihrer Wahl im Gegenwert des Ankaufsbetrages aus dem Dispositionsdepot des KI in ihr eigenes Depot um; die KI erhalten eine Ankaufsabrechnung.

e) **Wirkung** der Offenmarktpolitik: Gezielter Einsatz ermöglicht es der Bundesbank, die bei KI vorhandene Zentralbankgeldmenge zu beeinflussen, ohne dirigistisch, d. h. durch Zwang in den Markt eingreifen zu müssen. Ihre Maßnahmen können sich der Marktlage anpassen und durch stufenweisen Einsatz zum gewünschten Ziel gebracht werden (dies wäre z. B. bei der Diskontpolitik nur durch ständige Neufestsetzung des Diskontsatzes in kürzesten Abständen möglich, die die Kreditwirtschaft verunsichern könnte).

Wichtig ist die direkte Einflußmöglichkeit auf das allgemeine Zinsniveau, das sich in der Regel nach den Veränderungen der über die Offenmarktanlage erzielbaren Erträge richten wird.

5.1.014 Einlagenpolitik

a) Wesen: Bis Mitte 1994 regelte der § 17 BBankG die sog. Einlagenpolitik der Bundesbank. Danach galt:

- öffentliche Verwaltungen (Bund, Länder, ERP-Sondervermögen, Sondervermögen Ausgleichsfonds) hatten ihre Kassenmittel grds. auf Girokonten bei der Bundesbank zu unterhalten
- die Bundesbank hat das Recht, andere Anlageformen zu gestatten
- aufgrund des Vertrages von Maastricht (Abschnitt 5.1.112) entfällt die Einlagenpflicht faktisch seit 1.1.94, § 17 BBankG wurde mit Gesetz vom 8.7.1994 **aufgehoben**.

5.1.015 Sonstige geldpolitische Instrumente

a) **Währungspolitische Befugnisse** (siehe Währungspolitik).

b) Versuche der Bundesbank, die weiteren Wirtschaftsteilnehmer sowie alle, deren Verhalten für die Wirtschaft bedeutsam sein kann (z. B. Politiker, Verbraucher, Unternehmen, Gewerkschaften, Arbeitgeber, Kreditinstitute), zu beeinflussen, von den aktuellen wirtschaftlichen Notwendigkeiten zu überzeugen und ein bestimmtes Verhalten herbeizuführen, ohne daß die Bundesbank dieses erzwingen könnte (sog. **„moral-suasion"**, „Seelenmassage", „Politik des erhobenen Zeigefingers").

Dies geschieht durch öffentliche Stellungnahmen der Präsidenten der Bundesbank und der Landeszentralbanken, des Zentralbankrats, durch Monatsberichte und Geschäftsbericht, durch allgemein bedeutsame Zielsetzungen der Bundesbank (z. B. Geldmengenziel) u.a.m.

5.1.02 Finanzpolitik

a) **Träger:**

- die Legislative (Parlament) durch Aufstellung von Gesetzen, die die Grundlagen der Finanzpolitik festlegen, sowie durch Verabschiedung der Haushalte, die Gesetz sind
- die Exekutive (Bundesregierung, Länderregierungen) durch gezielte Anwendung der gesetzlichen Möglichkeiten
- die öffentlichen Haushalte (des Bundes, der Länder und Gemeinden, der öffentlich-rechtlichen Körperschaften) als unmittelbar Betroffene.

b) **Rechtsgrundlagen:**

- Abschnitt X (Art. 104a ff.) des Grundgesetzes
- Stabilitätsgesetz (siehe Abschnitt 5.1.121)
- Gesetze über mehrjährige Finanzplanung
- Haushaltsgesetze
- Steuergesetze.

c) **Grundsätze:**

- Die Finanzpolitik beinhaltet drei **Bereiche**:
  - Haushaltspolitik (Ausgabenpolitik)
  - Steuerpolitik (Einnahmenpolitik)
  - Schuldenpolitik.
- Die Finanzpolitik ist von der **Fiskalpolitik** zu unterscheiden. Die Fiskalpolitik ist haushaltsorientiert, also darauf gerichtet, der Staatskasse Einnahmen zuzuführen. Diesem Ziel kann die Finanzpolitik teilweise entgegenstehen, da der Bundeshaushalt zur Verfolgung gesamtwirtschaftlicher, insb. konjunktureller Ziele eingesetzt wird.
- Dem Stabilitätsgesetz folgend sollte die Einnahmen- und Ausgabenpolitik **antizyklisch** sein, d. h. der jeweiligen Wirtschaftsentwicklung entgegengerichtet: bei Konjunktur (Aufwärtsentwicklung) dämpfend, bei Depression (Abwärtsentwicklung) fördernd.
- Grundlage der Finanzpolitik sind die öffentlichen Haushalte. Mit ihnen bemüht sich der Staat entsprechend seinem grundgesetzlichen Auftrag (Art. 109 GG), den „Erfordernissen des gesamtwirtschaftlichen Gleichgewichts Rechnung zu tragen". Ein besonderes Mittel hierfür ist das sog. **„deficit spending"** („Ausgeben von Fehlbeträgen"): der Staat verschuldet sich, nimmt also Kredite auf (insb. am offenen Markt), nicht, um bestimmte Leistungspflichten (z. B. sozialer Art) zu erfüllen, sondern um zusätzliche Ausgaben tätigen zu können, mit denen finanzpolitische Ziele verfolgt werden (z. B. Ankurbelung der Gesamtwirtschaft, Förderung einzelner Wirtschaftsbereiche).

  Die gegenteilige Wirkung, d. h. die Bildung zusätzlicher **Überschüsse** wird – neben den Maßnahmen der Notenbank – insb. durch Erhöhung der Einnahmen, d. h. Zuschläge zu den Steuern, erzielt, wobei die zusätzlichen Einnahmen nicht wieder ausgegeben, sondern fest angelegt werden, i. d. R. auf einem Sonderkonto bei der Bundesbank (sog. **Konjunkturausgleichsrücklagen**). Diese Rücklagen wurden jedoch bislang nicht gebildet.

- Das Grundgesetz regelt die Einnahmenverteilung zwischen Bund, Ländern und Gemeinden (Art.106, 107), vgl. Abschnitt 0.6. Art.104a regelt die Ausgabenverteilung, wonach anfallende Ausgaben von Bund und Ländern grds. getrennt nach ihren Aufgaben zu tragen sind; u. a. sind Finanzhilfen des Bundes an Länder und Gemeinden vorgesehen. Neben Einzelvorschriften über den Bundeshaushaltsplan (Art.110-114) sieht Art.115 GG vor, daß für Kreditaufnahmen eine bundesgesetzliche Ermächtigung vorliegen muß und daß die Investitionsausgaben übersteigende Einnahmen aus Krediten nur zur Abwehr einer Störung des gesamtwirtschaftlichen Gleichgewichts zulässig sind (vgl. Stabilitätsgesetz).

d) Gesetz zur Förderung der Stabilität und des Wachstums (**Stabilitätsgesetz**) von 1967:

- Dem Stabilitätsgesetz liegt die Annahme zugrunde, daß die gesamtwirtschaftliche Lage durch Geld- und Finanzpolitik steuerbar ist. Das Gesetz wurde auf der Basis der nachfrageorientierten Theorien (Keynes) eingeführt und hat bis heute Gültigkeit, auch wenn sich seit Mitte der 70er Jahre im wissenschaftlichen Bereich und seit Anfang der 80er Jahre in der Regierungspolitik eine Umorientierung zur angebotsorientierten Wirtschaftspolitik vollzog. Zur Lösung der Anpassungsprobleme in den neuen Bundesländern wird in der praktischen Ausgestaltung der Wirtschaftspolitik wiederum auch auf nachfrageorientierte Instrumente gesetzt, ohne daß dies bisher in einen generellen Kurswechsel der Politik gemündet hätte.

- Der Bundeshaushaltswirtschaft ist ein fünfjähriger Finanzplan zugrundezulegen (Grundsatz der **mittelfristigen Finanzplanung**), § 9. Sinn: für finanzpolitische Entscheidungen soll der Plan Orientierungshilfen geben, die ein konjunkturgerichtetes Verhalten des Bundes und der ebenfalls gebundenen Länder und Gemeinden ermöglichen, ohne daß starre Bindung vorliegt (keine Verbindlichkeit der Finanzplanung). Jahreswirtschaftsberichte und zweijährige Subventionsberichte ergänzen diese Informationen.

  Grundlage der Finanzplanung sind **Investitionsprogramme** der einzelnen Bundesministerien (§ 10).

- Die Verwendung öffentlicher Mittel zur Vergabe von **Finanzhilfen** an die Wirtschaft soll insb. folgenden Zwecken dienen (§ 12):
  - Erhaltung von Betrieben/Wirtschaftszweigen
  - Anpassung von Betrieben, Wirtschaftszweigen an neue Bedingungen
  - Förderung des Produktivitätsfortschritts und Wachstums von Unternehmen/Wirtschaftszweigen insb. durch neue Produktionsmethoden, Produktionsrichtungen.

- Die Bildung und der Umfang von **Konjunkturausgleichsrücklagen** des Bundes und der Länder können durch Rechtsverordnung der Bundesregierung festgesetzt werden (§ 15).

- Bundeswirtschafts-, Bundesfinanzminister sowie Vertreter der Länder und der Gemeinden bilden einen **Konjunkturrat**, der über konjunktur- und finanzpolitische Maßnahmen, insb. auch über den Kreditbedarf der öffentlichen Haushalte berät und sich um Koordinierung der Wirtschaft aller Haushalte bemüht (§ 18).

- Die **Kreditbeschaffung** die öffentlichen Haushalte kann zur Abwehr einer Störung des gesamtwirtschaftlichen Gleichgewichts durch Rechtsverordnung der Bundesregierung mit Zustimmung des Bundesrats beschränkt werden (§§ 19 ff.); dabei sind die Aufgaben von Bund, Ländern und Gemeinden als gleichrangig anzusehen.

e) Überblick über die **Ausgabenpolitik**:

= Verwendung der Mittel der öffentlichen Haushalte zur Beeinflussung der wirtschaftlichen Entwicklung

- bremsende Maßnahmen:
  - Verringerung der Ausgaben, Einschränkung von Investitionen usw.
  - Bildung bzw. Verstärkung von Konjunkturausgleichsrücklagen
  - verstärkte Tilgung von Schulden
  - Festlegung von Geldern der Sozialversicherungsträger
- anregende Maßnahmen:
  - Erhöhung der Ausgaben, verstärkte Investitionstätigkeit
  - Auflösung von Rücklagen.

f) Überblick über die **Einnahmenpolitik**:

= Förderung oder Dämpfung der Wirtschaftsentwicklung durch Erhöhung oder Senkung der Steuerbelastung

- dämpfende Maßnahmen:
  - Erhöhung der Einkommen- und Körperschaftsteuer um 10 % für höchstens ein Jahr (gemäß StabilitätsG)
  - Aussetzung bestimmter Abschreibungs- und Absetzungsmöglichkeiten (insb. der degressiven Abschreibung auf Investitionsgüter für höchstens ein Jahr, gemäß StabilitätsG)
  - Begrenzung der Kreditaufnahme der öffentlichen Hand
- fördernde Maßnahmen:
  - Senkung der Einkommen- und Körperschaftsteuer um 10 % für höchstens ein Jahr (gemäß StabilitätsG)
  - dauerhafte Senkung der Einkommen- und Körperschaftsteuer
  - Absetzbarkeit von sog. Investitionsprämien von der Einkommen- und Körperschaftsteuer bei bestimmten Investitionen
  - zusätzliche Kreditaufnahme der öffentlichen Hand.

g) **Bedeutung:**

- Durch die Finanzpolitik kann auf die wirtschaftliche Gesamtentwicklung eingewirkt werden. Antizyklische Maßnahmen bewirken, daß die Wirtschaftsphasen in ihrer üblichen Wellenbewegung (Konjunktur – Depression) keine großen Extreme aufweisen, sondern in einer möglichst flachen Kurve verlaufen, da jedes derartige Extrem für die wirtschaftliche und soziale Sicherheit gefährlich und kritisch ist. Außerdem können die Zeiträume zwischen den Höchst- und Tiefstpunkten verlängert werden.

- Die Bewertung einzelner Ausprägungen der Finanzpolitik ist im Rahmen der Wirtschaftstheorien durchaus unterschiedlich (vgl. Abschnitt 5.1.123).

5.1.03 Währungspolitik

5.1.030 Überblick

a) **Wesen:** Die Währungspolitik umfaßt alle staatlichen Maßnahmen, die folgenden Zielen dienen:

- Erreichung und Erhaltung des außenwirtschaftlichen Gleichgewichts, d. h. einer ausgeglichenen Zahlungsbilanz
- Erzielung eines angemessenen, d. h. dem wahren Wert entsprechenden Austauschverhältnisses der eigenen Währung zu anderen Währungen.

b) **Bedeutung:** Hinter den genannten Zielsetzungen der Währungspolitik steht die Erkenntnis, daß in einem nicht autarken (d. h. selbstversorgenden) volkswirtschaftlichen System, in dem demzufolge Außenwirtschaftsverkehr betrieben werden muß, durch die Beziehung zu anderen Währungen Einflüsse und Entwicklungen entstehen, die das gesamtwirtschaftliche Gleichgewicht beeinträchtigen oder gefährden können und daher beeinflußbar und kontrollierbar sein müssen.

Diese Einwirkungen aus dem Ausland sind weitgehend an den finanziellen Transaktionen spürbar, sie zeigen sich insbesondere an Veränderungen der inländischen Geldmenge. Daher ist die Währungspolitik Bestandteil der Geldpolitik.

c) Währungsprobleme bestehen grundsätzlich in jeder Volkswirtschaft, die Außenwirtschaftsverkehr betreibt. Da der Welthandel grundsätzlich frei ist – nur in einzelnen Staaten sowie in übernationalen wirtschaftlichen Gruppierungen bestehen Beschränkungen –, sind auch die Währungsprobleme **international**. Daher bestehen internationale Organisationen (z. B. der IWF), Verträge (z. B. das EWA), Absprachen (z. B. der Zehner-Club), die im Rahmen der nationalen Währungspolitik beachtet werden müssen.

d) **Träger** der Währungspolitik sind

- die Deutsche Bundesbank (sog. **Devisenmarktpolitik**)
- die Bundesregierung (Paritätsänderungen, Maßnahmen aufgrund des AWG usw.).

5.1.031 Die internationale Währungsordnung seit 1944 – Geschichte

a) 1944 wurden die Grundlagen der Weltwährungsordnung der Nachkriegszeit auf der **Konferenz von Bretton Woods** (USA) von 44 alliierten Staaten gelegt. Neben der Gründung einer Internationalen Bank für Wiederaufbau und Entwicklung (Weltbank) wurde die Errichtung des Internationalen Währungsfonds (IWF) beschlossen. Ziel der Konferenz war die Errichtung eines multilateralen Zahlungsverkehrssystems mit frei konvertierbaren Währungen und unter Abschaffung von nationalen Beschränkungen des Devisenverkehrs.

b) Der **Internationale Währungsfonds** wurde 1945 mit Sitz in Washington errichtet. Die Bundesrepublik trat ihm 1952 bei; inzwischen hat der IWF über 150 Mitgliedsländer.

Ziele des IWF sind

- Förderung der internationalen währungspolitischen Zusammenarbeit und der Währungsstabilität
- Bereitstellung von Mitteln zur Beseitigung unausgeglichener Zahlungsbilanzen
- Förderung des Welthandels, seines Wachstums, Erreichung eines hohen Beschäftigungsstandes aller Mitglieder
- Schaffung eines multilateralen Zahlungssystems ohne Devisenbeschränkungen.

Am 1.4.1978 traten Änderungen der IWF-Statuten in Kraft; Zielsetzung der Neuerungen (u.a):

- Abbau der Bedeutung des Goldes
- flexiblere Wechselkursregelungen
- Ausweitung der Verwendung der Sonderziehungsrechte.

Für jedes Mitglied des IWF besteht eine – regelmäßig überprüfte – **Quote**, die sich nach volkswirtschaftlichen Daten des Landes richtet, die Beteiligung des Mitglieds am IWF ausdrückt und entscheidend ist für

- Stimmrecht im Gouverneursrat (= oberstes Organ des IWF)
- Beitrag (75 % der Quote in Landeswährung, der Rest in Mitglieds- oder Landeswährung oder SZR – nicht mehr, wie früher, in Gold)
- Ziehungsrechte (Inanspruchnahme von Buchgeldkrediten aus dem Fonds).

Der IWF soll mehr Befugnisse zur Liberalisierung und Kontrolle des weltweiten Kapital- und Zahlungsverkehrs erhalten. Dies beschloß der sog. Interimsausschuß des IWF im Frühjahr 1997.

c) Die 1950 geschaffene **Europäische Zahlungsunion** (EZU) ermöglichte zwischen den am ERP (Europäisches Wiederaufbau-Programm) und der OEEC (Organisation für europäische wirtschaftliche Zusammenarbeit) beteiligten Ländern einen multilateralen Zahlungsverkehr, der über die Bank für Internationalen Zahlungsausgleich (BIZ), Basel, abgewickelt wurde und zur Konvertierbarkeit der wichtigsten nicht dem Ostblock angehörenden europäischen Währungen führte.

d) Die EZU wurde 1958 durch das **Europäische Währungsabkommen** (EWA) abgelöst. Seine Ziele waren – dem IWF vergleichbar – die Erhaltung und Sicherung der Konvertibilität der Währungen, die Durchführung eines freien multilateralen Zahlungsverkehrs, die Erhaltung stabiler Wechselkurse und die Erweiterung und Sicherung des zwischenstaatlichen Handels, der Vollbeschäftigung und der finanziellen Stabilität.

Im Rahmen des EWA wurde die **Ausländerkonvertibilität** eingeführt, d. h. das Recht von Devisenausländern zum Umtausch der inländischen Währung in jede ausländische Währung.

e) Das internationale Währungssystem auf der Grundlage des IWF basiert zunächst auf dem **Prinzip der festen Wechselkurse**:

- für die Mitgliedsstaaten wurden Paritäten ihrer Währungen gegenüber dem Gold und dem US-Dollar festgelegt (z. B. DM ab 1953; 1,– DM = 0,211588 g Feingold = 0,238095 US-Dollar)
- der Dollar erhielt eine feste Parität zum Gold von 35 US-Dollar, ab Dezember 1971 von 42,22 US-Dollar pro Feinunze Gold
- ausgehend von der jeweiligen Parität bestand die Möglichkeit der Anpassung der Devisenkurse an vorübergehende Schwankungen innerhalb der **Bandbreiten** unterhalb und oberhalb der Parität; diese betrugen zunächst nach unten und oben je 1 %, ab 1971 je 2,25 %
- bei Erreichen der **Interventionspunkte** war die Zentralbank des betroffenen Landes zum Eingreifen durch An- und Verkauf am Markt verpflichtet
- die Zentralbanken der EWA-Mitglieder brauchten nur beim US-Dollar zu intervenieren (dies bedeutete zwischen zwei EWA-Ländern eine mögliche Differenz = cross rate von maximal doppeltem Umfang der Bandbreiten)
- **Paritätsänderungen** (Auf- und Abwertungen) als Änderungen des gesamten Wechselkursgefüges durften grds. erst nach Beratung mit dem IWF und – bei Änderungen um mehr als 10 % – dessen Zustimmung erfolgen; oft kam es – bei Vorhersehbarkeit der Änderung – zu spekulativen Geldströmen in Milliardenhöhe
- zur Bereinigung von Zahlungsbilanzschwierigkeiten erhielten die IWF-Mitglieder das Recht zur Aufnahme von Buchgeldkrediten, sog. **Ziehungsrechte**
- 1969 wurden die **Sonderziehungsrechte** eingeführt; in Ergänzung des bis dahin bestehenden Gold-Devisen-Standards wurden damit Buchgeldkredite an IWF-Mitglieder als dritte Form von Währungsreserven anerkannt (**Gold-Devisen-Kreditstandard**).

f) Im Rahmen des EWA wurden statt der hohen IWF-Bandbreiten **eigene Bandbreiten** von je 3/4 % (nach oben und unten) der Dollarparität festgesetzt; 1971 schlossen die EG-Staaten sich den neuen 2,25 %-Bandbreiten an und fixierten diese auch für das Verhältnis der EG-Währungen zueinander.

g) Seit 1971 ist es den IWF-Mitgliedsländern auch möglich, sich von der festen Parität gegenüber dem US-Dollar zu lösen und die eigene Währung an einem anderen **Leitkurs** – vor allem den Sonderziehungsrechten – zu orientieren. Die Bundesrepublik fixierte daraufhin den Wert der DM bei 0,310580 SZR.

h) Das ursprüngliche Prinzip der festen Wechselkurse durchlief eine mehr als fünfzehn Jahre andauernde **Krise**. Hauptursache war die Festlegung des **US-Dollars als Leitwährung**. Das zeitweise erhebliche Zahlungsbilanzdefizit der USA überschwemmte andere Staaten – insb. Länder mit aktiver Zahlungsbilanz – mit Dollars, zu deren Ankauf die Zentralbanken aufgrund ihrer Interventionspflicht gezwungen waren. Die eigenen unterbewerteten Währungen dieser Länder (auch der Bundesrepublik) bewirkten zu billige und umfangreiche Exporte, die diese Situation noch verstärkten. Notwendige Aufwertungen z. B. der D-Mark erfolgten oft zu spät, dann in drastischen, die eigene Wirtschaft stark beanspruchenden Schritten, wobei das Bemühen um reale Werteinschätzung durch politische Erwägungen und spekulative Veränderungen der Marktlage belastet wurde.

i) Ab 1971 lösten sich nach und nach alle wichtigen Währungen vom US-Dollar und gingen zum **Floating** über, d. h. sie gaben die festen Wechselkurse auf und überließen die nominellen Austauschverhältnisse der realen Einschätzung durch den Markt.

Seitdem gibt es kein fest vereinbartes Weltwährungssystem mehr, obwohl gemeinsame Interventionen der Notenbanken der wichtigsten Industriestaaten zeigen, daß ein abgestimmtes Vorgehen möglich und oft auch sinnvoll ist.

Um zwischen einzelnen durch Handelsbeziehungen besonders eng verbundenen Ländern ein gewisses Gleichgewicht mit brauchbarer Kalkulationsgrundlage für die Außenwirtschaft zu erhalten, bildeten sich daraufhin Währungsblöcke, d. h., einige Länder vereinbarten untereinander Paritäten mit entsprechenden Interventionspflichten der Notenbanken, gaben aber nach außen ihre Kurse frei (**Block-Floating**). So entstand in Europa die **Währungsschlange** mit wechselnder Mitgliedschaft der EG-Staaten, Norwegens und Schwedens.

Dieser Währungsverbund mündete schließlich in das Europäische Währungssystem von 1979 ein.

5.1.032 Das Europäische Währungssystem (EWS)

a) **Wesen:** Das EWS ist ein 1979 in Kraft getretener Währungsverbund mit gegenseitigen Kreditlinien, einem Interventionssystem bei Wechselkursschwankungen und teilweiser Zusammenfassung der Währungsreserven.

Mitglieder:

- die EU-Staaten Belgien, Dänemark, Deutschland, Finnland, Frankreich, Griechenland, Großbritannien, Irland, Italien, Luxemburg, Niederlande, Österreich, Portugal, Schweden und Spanien
- am Wechselkursmechanismus nehmen nicht teil: Griechenland, Großbritannien und Schweden

b) Kern des EWS ist die **Europäische Währungseinheit** (European Currency Unit = **ECU**) als

- Bezugsgröße für den Wechselkursmechanismus
- Grundlage für die Bestimmung der „Abweichungsschwelle“ (s. u. d)
- Rechengröße für den Interventions- und Kreditmechanismus
- Zahlungsmittel

- Reserveeinheit.

Die ECU ist eine künstliche Währung, die sich aus den verschiedenen Währungen der EWS-Mitglieder zusammensetzt.

Dieser sogenannte **Währungskorb** sollte alle fünf Jahre überprüft werden. Die letzte Überprüfung und Revision fand mit Wirkung vom 21.9.1989 statt. Mit Inkrafttreten des Vertrages über die Europäische Union am 1.11.1993 ist diese Überprüfung entfallen. Die Zusammensetzung des Währungskorbes wird nicht mehr geändert (vgl. Abschnitt 5.1.112 c).

Die Währungen der drei am 1.1.1995 der EU beigetretenen Länder (österreichischer Schilling, schwedische Krone, Finnmark) wurden folglich nicht in den ECU-Korb aufgenommen.

Seit dem 21.9.1989 ist der ECU-Korb wie folgt zusammengesetzt:

Deutsche Mark	0,6242
Pfund Sterling	0,08784
Französischer Franc	1,332
Italienische Lira	151,8
Holländischer Gulden	0,2198
Belgischer Franc	3,301
Luxemburgischer Franc	0,130
Dänische Krone	0,1976
Irisches Pfund	0,008552
Griechische Drachme	1,440
Spanischer Peseta	6,885
Portugiesischer Escudo	1,393.

c) **Interventionssystem:** Nach den vereinbarten Grundsätzen des EWS ergibt sich aus den Leitkursen der Landeswährungen zur ECU ein Netz gegenseitiger Paritäten, von denen um 2,25 % nach oben und unten abgewichen werden darf (ursprüngliche Vereinbarung; für Großbritannien, Spanien, Portugal 6 %).

Bei Ausschöpfen der Bandbreite zu 75 % ist die sog. **Abweichungsschwelle** erreicht, d. h. von dem betreffenden Land wird eine Korrektur erwartet (kein Zwang), sog. „Frühwarnsystem".

Am 2.8.1993 haben die Finanzminister und Notenbankchefs der EG eine **Flexibilisierung** des EWS-Wechselkursmechanismus vereinbart. Vorübergehend wurden die Interventionsgrenzen auf 15 % nach oben und unten um den jeweiligen Mittelwert ausgeweitet. Zwischen D-Mark und holländischem Gulden bleibt die bisherige Bandbreite von 2,25 % bestehen. In dieser Situation – die auch zum Scheitern des EWS hätte führen können – zeigen sich die immer noch erheblichen ökonomischen Unterschiede zwischen den Staaten Europas.

Dennoch wird an der Umsetzung des Vertrages von Maastricht (vgl. Abschnitt 5.1.112) in fast allen EU-Staaten mit erheblichem Engagement gearbeitet.

d) Währungsbeistand: Die Notenbanken können einander Kredithilfen für 3, maximal 9 Monate (kurzfristig) bzw. 2-5 Jahre (mittelfristig) gewähren. Drei Fünftel des Kreditvolumens entfallen auf den kurzfristigen, zwei Fünftel auf den mittelfristigen Währungsbeistand.

e) Die Deutsche Bundesbank hat 1987 die ECU anerkannt, so daß auch auf ECU lautende Konten eingerichtet und Zahlungen in ECU geleistet werden können.

5.1.033 Währungspolitische Maßnahmen

a) Geld- und kreditpolitische Beschlüsse der Bundesbank haben oft einen **währungspolitischen Nebeneffekt**; Beispiel: die Senkung des inländischen Diskontsatzes kann den – nicht gewollten – Zustrom ausländischen Geldes bremsen, da die zinsgünstige Anlagemöglichkeit verschlechtert wird.

b) Ein speziell währungspolitisches Instrument der Bundesbank ist die **Swap-Politik**. Durch Einflußnahme auf die Kurssicherungskosten von Kreditinstituten – und damit auch von Außenhändlern – können nicht nur Devisentermingeschäfte von KI untereinander und mit Kunden, sondern auch Außenhandelskontrakte kostenmäßig beeinflußt, d. h. vorteilhafter oder teurer werden.

Seit 1979 dienen die Devisenswapgeschäfte der Bundesbank ausschließlich der Feinsteuerung des Geldmarktes. Diese Transaktionen werden zu Marktsätzen abgewickelt. Über die Liquiditätswirkung hinausgehende Einflüsse auf den jeweiligen Devisenkurs sind mit ihnen in der Regel nicht verbunden.

c) Im Rahmen der von der Bundesbank erhobenen **Mindestreserve** können Ausländer-DM-Einlagen mit besonderer Reservepflicht belegt und damit für KI uninteressant werden. Außerdem kann für solche Einlagen ein Verzinsungsverbot ausgesprochen werden.

d) Zu den währungspolitischen Befugnissen der Bundesregierung gehört der Beschluß über Auf- und Abwertungen, die durch die Errichtung des Europäischen Währungssystems wieder an – zunächst theoretischer – Bedeutung gewonnen haben, nachdem während des Floating rein wirtschaftlich die Bundesbank diese Kompetenz durch ihre Interventionsmöglichkeiten auf dem freien Devisenmarkt übernommen hatte.

Zur Bedeutung von Auf- und Abwertungen vgl. Abschnitt 2.1.20.

e) Im Rahmen des **Außenwirtschaftsgesetzes** stehen Bundesregierung und Bundesbank weitere währungspolitische Befugnisse zu (vgl. insb. §§ 22 ff. AWG); möglich sind **Beschränkungen** von Rechtsgeschäften zwischen Gebietsansässigen und Gebietsfremden, z. B. wenn sie den entgeltlichen Erwerb ausländischer Wertpapiere durch Gebietsansässige betreffen. Ferner kann für Inhaber- und Orderschuldverschreibungen, die ein Gebietsfremder ausgestellt hat, das öffentliche Anbieten zum Verkauf beschränkt werden.

§ 6a AWG ermöglicht der Bundesregierung die Einführung einer **Bardepotpflicht** und der Bundesbank die Festsetzung ihrer Höhe; diese – als Ergänzung zu den Mindestreservevorschriften anzusehende – Verpflichtung inländischer Kreditnehmer zur zinslosen Hinterlegung im Ausland aufgenommener Kredite ganz oder teilweise bei der Bundesbank bestand zwischen 1972 und 1974 und dient ebenfalls – wie die meisten Maßnahmen der Währungspolitik – der Abwehr ausländischen Geldes.

f) Insgesamt muß bei währungspolitischen Maßnahmen stets bedacht werden, daß sie nur **ein** Bestandteil des breiten Spektrums an Möglichkeiten von Bundesregierung und Bundesbank sind, sich andererseits aber in aller Regel nicht nur auf die „Währung" im Sinne des Außenwertes der D-Mark, sondern auch auf ihren Binnenwert und auf die Gesamtwirtschaft auswirken. Sie sind daher in ein globales System von geld- und wirtschaftspolitischen Maßnahmen des Staates einzuordnen.

Wegen aufgrund internationaler Vereinbarungen durchgeführter Deregulierungen (vor allem im Rahmen der EU) sowie der Globalisierung der Finanzmärkte wird isoliertes Handeln eines Landes immer weniger möglich und immer wirkungsloser.

5.1.1 Wirtschaftspolitik

5.1.10 Grundbegriffe

Die Wirtschaftspolitik kann in diesem Rahmen nur in Grundzügen erläutert werden. In erster Linie sollen daher die zum Verständnis erforderlichen Begriffe erklärt sein.

a) Die Entwicklung einer Volkswirtschaft läßt verschiedene **Konjunkturphasen** erkennen, einen Zyklus in Form einer Wellenbewegung um einen langfristigen Wachstumspfad:

- **Aufschwung:**
  - Überwindung der Rezession
  - Durchführung in der Vergangenheit unterlassener Ersatzinvestitionen
  - mit Zunahme der Gesamtnachfrage steigt das Bruttoinlandsprodukt
  - Umsätze, Gewinne und Einkommen steigen
  - die Beschäftigung nimmt zu
  - Preissteigerungen müssen bis zum Erreichen der Kapazitätsauslastungen nicht einsetzen; sektorale Preissteigerungen aufgrund sektoraler Angebotsdefizite sind jedoch möglich
- **Hochkonjunktur** (Boom):
  - die Gesamtnachfrage übersteigt das Produktionspotential
  - Nachfragesteigerungen führen zu Preissteigerungen
  - Übernachfrage nach Gütern und Produktionsfaktoren
  - die Gewinne steigen
  - Investitionen werden angeregt
  - Steigerung des Zinsniveaus
- **Abschwung:**
  - Beginn der Rezession
  - Gesamtnachfrage nimmt im Vergleich zum Produktionspotential ab, damit sinkt das Bruttoinlandsprodukt
  - die Beschäftigung geht zurück
  - die Kapazitäten sind nicht ausgelastet
  - Preise und Gewinne gehen zurück
  - negative Zukunftserwartungen führen zu Investitionszurückhaltung

- **Rezession** (im engeren Sinne):
  - Nichtauslastung der Produktionsfaktoren; also auch:
  - Anstieg der Arbeitslosigkeit
  - niedriges Niveau der Gesamtnachfrage in bezug auf das vorhandene Produktionspotential
  - geringes oder negatives Wirtschaftswachstum
  - zurückgehende Konsumnachfrage mit der Folge sinkender Preise für Konsumgüter
  - sinkende Gewinne in der Konsumgüterindustrie
  - Abnahme der Investitionsneigung
  - die entstehende Zinsverbilligung reizt in der Regel auch nicht zu Investitionen (= Wirkungsgrenze für Notenbank- und Wirtschaftspolitik!).

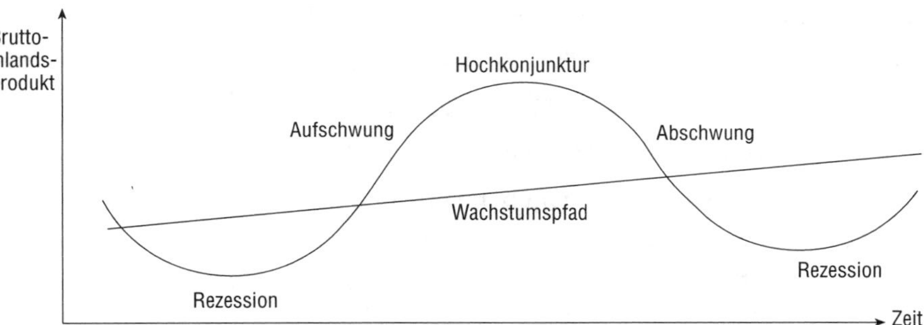

Derartige Konjunkturphasen verlaufen nicht einheitlich. Im Abschwung beispielsweise können vorübergehende Erholungen von um so stärkerem Absturz gefolgt werden. Psychologische Faktoren spielen ebenso sehr eine Rolle wie zufällige Ereignisse und politische Einflüsse. Die Wirtschaft eines Landes kann sich parallel oder entgegengesetzt zur Weltwirtschaft entwickeln (letzteres ist allerdings selten) und entsprechend beeinflußt werden. Vor allem die **Preise** gehen oft eigene Wege.

Dabei ist es möglich, daß der besonders kritische Zustand der **Stagflation** erreicht wird, d. h. ein Zusammentreffen von Stagnation (wirtschaftlicher Stillstand) und Inflation. Merkmale sind ein Stagnieren der Produktion, zunehmende Arbeitslosigkeit und eine – an den Gewinnen der Unternehmen und dem Lebensstandard der Bevölkerung zehrende – gleichbleibend hohe oder gar noch ansteigende Preissteigerungsrate.

Die Wirtschaftsgeschichte scheint eine gewisse Unabhängigkeit der Wirtschaftsphasen aufzuzeigen. Dennoch bietet sich der Wirtschaftspolitik die Möglichkeit, einzugreifen und durch **antizyklische**, d. h. der jeweiligen Phase entgegengesetzte Maßnahmen die Wellenbewegung abzuflachen.

b) Kennzeichnend für Wirtschaftsleistung, Leistungsvermögen und -entwicklung einer Volkswirtschaft ist das **Sozialprodukt**:

- das **Brutto**sozialprodukt ist die innerhalb eines Jahres in einer Volkswirtschaft erzeugte Menge an Waren und Dienstleistungen, ausgedrückt in Marktpreisen oder in Preisen eines bestimmten, als Grundlage herangezogenen Jahres (zur Ermittlung der **realen** Veränderungen ohne Geldwertschwankungen); abzuziehen sind die bei der Produktion verbrauchten Güter

- durch Abzug der Abschreibungen (Ersatzinvestitionen) erhält man das Nettosozialprodukt zu Marktpreisen; zieht man hiervon indirekte Steuern ab (da sie Bestandteil der Marktpreise sind) und rechnet man Subventionen hinzu, ergibt sich das Nettosozialprodukt zu Faktorkosten, d. h. zu den Kosten der Produktionsfaktoren; dies stellt zugleich das **Volkseinkommen** dar
- die jährlichen Veränderungen des Sozialprodukts geben Auskunft über das **Wachstum** der Wirtschaft.

Seit September 1992 wird vom Statistischen Bundesamt das **Bruttoinlandsprodukt** als Wachstumsindikator genutzt. Diese Größe umfaßt die in einem Land produzierten Güter und Dienstleistungen, unabhängig davon, ob die Produzenten Inoder Ausländer sind. Somit werden Leistungen eingeschlossen, die von Ausländern im Inland erwirtschaftet werden, aber Leistungen ausgeschlossen, die Inländer aus dem Ausland beziehen (z. B. Kapitalerträge).

Zwischen 1992 und 1996 erhöhte sich das Bruttoinlandsprodukt

- in jeweiligen Preisen von 3076 auf 3539 Mrd. DM
- in Preisen von 1991: von 2916 auf 3064 Mrd. DM.

Die Wachstumsrate betrug gegenüber dem Vorjahr:

- nominal: 1993 + 2,7 %
1994 + 5,1 %
1995 + 4,1 %
1996 + 2,4 %
- real 1993 - 1,1 %
1994 + 2,9 %
1995 + 1,9 %
1996 + 1,4 %

5.1.11 Internationale Wirtschaftsbeziehungen

5.1.110 Überblick

Die Wirtschaftspolitik eines Landes muß seine Beziehungen zu anderen Ländern berücksichtigen. Diese können durch Verträge, Zusammenschlüsse u.dgl. festgelegt sein. Die sich daraus ergebenden Bindungen bringen den Beteiligten i. d. R. auf lange Sicht zahlreiche Vorzüge, engen jedoch die Handlungsfreiheit im Rahmen der Wirtschaftspolitik ein. Für die Bundesrepublik sind die **Europäischen Gemeinschaften (EG)** von besonderer Bedeutung. Vgl. auch „Europäische Union", Abschnitt 5.1.112.

a) 1957 wurde die **Europäische Wirtschaftsgemeinschaft (EWG)** gegründet; Mitglieder waren ursprünglich die Benelux-Länder, Frankreich, Italien und die Bundesrepublik Deutschland. Ziele der EWG sind

- Abschaffung der Zölle und Mengenbeschränkungen zwischen den Mitgliedern, Errichtung eines gemeinsamen Marktes

- Schaffung gemeinschaftlicher Zolltarife gegenüber Drittländern
- im Innern Einführung gleicher Wettbewerbsbedingungen, der Freizügigkeit von Arbeitnehmern, der Niederlassungsfreiheit von Unternehmen, der Freiheit von Dienstleistungs- und Kapitalverkehr
- einheitliche Regelung des Wettbewerbs, der wirtschaftsrechtlichen und Steuervorschriften, der Geld- und Wirtschaftspolitik.

1973 sind Dänemark, Großbritannien und Irland den Europäischen Gemeinschaften beigetreten, seit 1978 sind diese Staaten Vollmitglieder. 1981 trat Griechenland, 1986 traten Spanien und Portugal bei. Seit 1995 sind auch Finnland, Österreich und Schweden Mitglieder.

Weitere europäische Länder haben ihr Interesse an einem Beitritt zur EG bekundet. Seit Ende 1993 gilt die Bezeichnung „Europäische Union" (EU).

b) Bereits seit 1951 besteht die **Europäische Gemeinschaft für Kohle und Stahl (EGKS, Montanunion)**, ein Zusammenschluß, der auf Schaffung eines gemeinsamen Marktes für Kohle und Stahl abzielte und durch Verbindung der wichtigsten europäischen Rohstoffvorkommen und Grundindustrien die Grundlage für einen dauerhaften Frieden in Mitteleuropa bilden sollte.

c) Die EU-Staaten arbeiten außerdem zusammen in der **Europäischen Atomgemeinschaft EURATOM** im Hinblick auf friedliche Nutzung der Atomenergie.

d) In Konkurrenz zur EWG entstand 1960 die **Europäische Freihandelszone (EFTA)** mit vergleichbaren Zielen; seit 1973 besteht zwischen EG und den seinerzeit restlichen EFTA-Ländern (Finnland, Island, Norwegen, Österreich, Schweden, Schweiz) ein **Freihandelsabkommen**, das die Schaffung eines einheitlichen europäischen Wirtschaftsraumes zum Ziel hat.

e) Aus der **OEEC** (Organization for European Economic Cooperation, Organisation für europäische wirtschaftliche Zusammenarbeit) entstand nach Abschluß der europäischen Wiederaufbauphase die **OECD** = Organization for Economic Cooperation and Development, Organisation für wirtschaftliche Zusammenarbeit und Entwicklung (seit 1961), in der zahlreiche europäische Staaten sowie USA, Kanada und Japan zusammenarbeiten, um gemeinsame Konjunktur- und Währungspolitk und Entwicklungshilfe zu betreiben.

f) Ein der EU vergleichbarer Wirtschafts-Zusammenschluß des ehemaligen Ostblocks war der **COMECON = Rat für gegenseitige Wirtschaftshilfe (RGW)** unter Führung der UdSSR.

g) Bestrebungen zur Vereinheitlichung des Welthandels fanden ihren Niederschlag in der Gründung des **GATT** (General Agreement on Tariffs und Trade, Allgemeines Zoll- und Handelsabkommen) 1948. Seine Ziele sind Sicherung der Vollbeschäftigung, Erhöhung des Lebensstandards, des Wirtschaftswachstums, Ausweitung des Welthandels unter Abbau von Zollschranken, Diskriminierungen, Devisenbeschränkungen insbesondere auf **marktwirtschaftlicher Grundlage**.

5.1.111 Europäischer Binnenmarkt

a) **Wesen:** Mit dem 1.1.1993 wurde der europäische Binnenmarkt als Wirtschaftseinheit ohne grundsätzliche rechtliche, steuerliche oder technische Schranken verwirklicht. Diese Einheit ist mit 320 Millionen Einwohnern der größte einheitliche Wirtschaftsraum in industrialisierten Regionen.

b) **Realisierung:** Die EU-Kommission hat einen 300 Punkte umfassenden Maßnahmenkatalog erarbeitet, der 1985 verabschiedet wurde. Ziele:

- Beseitigung der Grenzkontrollen und Warenformalitäten
- Beseitigung technischer Schranken: gegenseitige Anerkennung technischer Normen, Realisierung nur von Mindestanforderungen für Sicherheit und Gesundheit im technischen Bereich, bei Chemikalien, Lebensmitteln usw.
- Beseitigung fiskalischer Schranken: Harmonisierung des Steuerrechts, Anpassung der Steuersätze (insb. Mehrwertsteuer), Harmonisierung der Verbrauchsteuern; bisher nicht erreicht, aber angestrebt: Anpassung der direkten Steuern, insb. für Unternehmen
- Freizügigkeit und Niederlassungsfreiheit: freier Aufenthalt und freie Berufstätigkeit im EU-Gebiet, Abschaffung der Grenzkontrollen für Personen, Anpassung des Asylrechts

Gesamtwirtschaftliche Eckdaten ausgewählter Industrieländer *)

	Reales Bruttoinlandsprodukt		Verbraucherpreise 1)		Finanzierungssaldo der öffentlichen Haushalte 2)		Arbeitslosenquote 3)	
	1995	1996 p)	1995	1996 p)	1995	1996 p)	1995	1996 p)
Länder	Veränderungen gegen Vorjahr in %				in % des BIP		in %	
Industrieländer	2,0	2,3	2,5	2,3	−3,5	−3,0	7,5	7,6
darunter:								
Europäische Union	2,5	1,7	3,0	2,5	−5,3	−4,5	10,8	10,9
darunter:								
Deutschland	1,6	1,3	1,8	1,5	−3,5	−3,9	8,2	9,0
Frankreich	2,2	1,3	1,8	2,0	−5,0	−4,1	11,6	12,3
Großbritannien	2,5	2,1	3,4	2,4	−5,5	−4,0	8,8	8,2
Italien	3,0	0,8	5,2	4,0	−7,1	−7,4	11,9	12,0
Vereinigte Staaten von Amerika	2,0	2,4	2,8	2,9	−2,0	−1,4	5,6	5,4
Japan	1,4	3,6	−0,1	0,1	−3,7	−4,6	3,1	3,4
Kanada	2,3	1,4	2,2	1,6	−4,1	−2,1	9,5	9,7

Quellen: IWF, OECD und nationale Statistiken. — * EU-Länder sowie Vereinigte Staaten, Japan, Kanada, Schweiz, Norwegen, Island, Australien und Neuseeland. — 1 Preisindex für die Lebenshaltung. — 2 In der Abgrenzung der Volkswirtschaftlichen Gesamtrechnungen. — 3 Standardisierte Arbeitslosenquote nach Berechnung der OECD, ohne Island.

Deutsche Bundesbank

- Liberalisierung des Dienstleistungs- und Kapitalverkehrs: ungehinderte Niederlassung und Betätigung, Öffnung für sämtliche Finanzdienstleistungen, Abschaffung von Kapitalverkehrskontrollen.

c) **Bedeutung:**

- durch die Konzentration der Kräfte ist ein größerer Wachstumsschub für die EU-Staaten möglich
- es werden Einsparungen von Kosten in Höhe von bis zu 6,5 % des Bruttoinlandsproduktes der EU erwartet, insb. durch Abschaffung von Grenzkontrollen, Bescheinigungen, Formalitäten und durch Vorteile bei der Mengenproduktion aufgrund steigender Nachfrage nach gleichartigen Produkten
- der sich verschärfende Wettbewerb in allen Bereichen wird auch zu Konzentrationsprozessen führen; diese wurden in vielen Branchen bereits vorweggenommen
- der Binnenmarkt wird auch die Menschen näher zusammenführen, eine bessere Basis für Verständigung bieten und zu einer weiteren politischen Annäherung führen.

d) **Folgen für KI:** Im Bereich der Finanzdienstleistungen im weitesten Sinne (einschließlich der Versicherungswirtschaft) werden erhebliche Auswirkungen des Binnenmarktes erwartet:

- Anpassungen im Bereich von Gebühren und Provisionen
- weitere rechtliche Harmonisierungen
- Zunahme der internationalen Verbindungen und Verflechtungen
- weiterer Konzentrationsprozeß
- weiteres Zusammenwachsen von Kreditinstituten und Versicherungen, Komplettierung der Allfinanzangebote
- Verschärfung des Wettbewerbs durch neue Anbieter, neue Produkte
- für Kunden von KI: vorteilhafte Erweiterung der Angebotspalette, möglicherweise günstigere Konditionen; nachteilige Unüberschaubarkeit des Marktes.

5.1.112 Europäische Wirtschafts- und Währungsunion

a) **Wesen:** Durch den **Vertrag von Maastricht** vom 7.2.1992 über die Errichtung einer Europäischen Wirtschafts- und Währungsunion und nachfolgende Entscheidungen des Europäischen Rates wurde der europäische Integrationsprozeß fortgesetzt.

Hinweis:

Der Begriff **„Europäische Union"** wurde bereits 1972 als offizieller Name für die **politische** Einheit der europäischen Staaten festgelegt. Durch das Inkrafttreten des Vertrages von Maastricht ist die Europäische Union auch völkerrechtlich verbindlich gegründet, so daß die Bezeichnung „Europäische Union (EU)" an die Stelle der Bezeichnung „Europäische Gemeinschaften (EG)" tritt.

Stand des Konvergenzfortschritts nach Maßgabe der WWU-Kriterien (ohne Wechselkurskriterium)

Tabelle 9

WWU-Referenzwert eingehalten

Land	Veränderung der Verbraucherpreise gegen Vorjahr in %			Finanzierungssaldo der öffentlichen Haushalte in % des BIP [2]	
	Teilharmonisierter Index		Harmonisierter Index [1]		
	1995	1996		1995	1996
WWU-Schwellenwert [3]	2,7	2,6	2,5	– 3	– 3
Belgien	1,4	2,0	1,8	– 4,1	– 3,4
Dänemark	2,3	2,3	1,9	– 1,9	– 1,7
Deutschland	1,5	1,3	1,2	– 3,5	– 3,8
Finnland	1,0	1,2	1,0	– 5,1	– 2,6
Frankreich	1,7	2,1	2,1	– 4,8	– 4,1
Griechenland	9,0	8,2	7,9	– 9,2	– 7,4
Großbritannien	3,1	3,0	3,0	– 5,8	– 4,8
Irland	2,4	2,1	2,1	– 2,0	– 0,9
Italien	5,4	3,9	4,0	– 7,1	– 6,8
Luxemburg	1,9	1,5	1,2	1,7	1,4
Niederlande	1,1	1,5	1,5	– 4,0	– 2,4
Österreich	2,0	1,9	1,8	– 5,3	– 3,9
Portugal	3,8	2,9	2,9	– 6,0	– 4,1
Schweden	2,9	0,9	0,8	– 7,7	– 3,6
Spanien	4,7	3,5	3,6	– 6,6	– 4,4

Land	Rendite langfristiger öffentlicher Anleihen in %		Bruttoschuldenstand der öffentlichen Haushalte in % des BIP [2]	
	1995	1996	1995	1996
WWU-Schwellenwert [3]	9,7	9,1	60	60
Belgien	7,5	6,5	133,5	130,0
Dänemark	8,3	7,2	72,1	70,2
Deutschland	6,9	6,2	58,1	60,7
Finnland	8,8	7,1	58,8	58,8
Frankreich	7,5	6,3	52,8	56,2
Griechenland	17,4	14,8	111,8	111,8
Großbritannien	8,3	7,9	54,2	56,3
Irland	8,3	7,3	81,5	72,8
Italien	12,2	9,4	124,4	123,6
Luxemburg	7,2	6,3	5,9	6,4
Niederlande	6,9	6,2	79,6	78,5
Österreich	7,1	6,3	69,3	69,8
Portugal	11,5	8,6	66,6	65,8
Schweden	10,2	8,0	78,2	77,7
Spanien	11,3	8,7	65,7	70,3

Quellen: Europäische Kommission, BIZ, EWI, EUROSTAT und nationale Statistiken. — **1** Teilharmonisierter Index für Großbritannien und Irland, da für 1996 keine Inflationsraten auf der Grundlage von harmonisierten Verbraucherpreisindizes vorliegen. — **2** In der Abgrenzung der Volkswirtschaftlichen Gesamtrechnungen (einschl. Sozialversicherungen). — **3** Die Inflationsrate darf diejenige der – höchstens drei – preisstabilsten Länder um nicht mehr als anderthalb Prozentpunkte übersteigen. Die Rendite langfristiger öffentlicher Anleihen darf diejenige der – höchstens drei – preisstabilsten Länder um nicht mehr als zwei Prozentpunkte übersteigen. Die angeführten Schwellenwerte für die Inflationsrate und die Rendite beziehen sich jeweils auf den ungewogenen Durchschnitt der drei preisstabilsten Länder. In dieser Übersicht wird die Erfüllung der Kriterien an diesen Schwellenwerten gemessen.

Deutsche Bundesbank

b) **Ziele** sind

- eine gemeinsame Währung für die EU-Mitgliedsländer
- gemeinsame Außen-, Sicherheits-, Asyl-, Einwanderungs- und Verteidigungspolitik
- Europäische Staatsbürgerschaft
- mehr Kompetenzen für das Europäische Parlament.

Die bisherige gemeinsame Willensbekundung der Mitgliedsstaaten wird ersetzt durch die endgültige und unwiderrufliche **Verpflichtung**, die Vereinbarungen einzuhalten. Hierzu gehören auch die Pflichten,

- die nationale Identität der Mitgliedsstaaten zu achten
- die in den nationalen Verfassungen verankerten Grundrechte zu achten
- für weitere Mitglieder offen zu sein.

c) Die Europäische Wirtschafts- und Währungsunion soll in **drei Stufen** erreicht werden:

- **Stufe 1:** bis 31.12.1993
  - grenzüberschreitender Kapitalverkehr sollte vollständig liberalisiert werden
  - EU-Mitgliedsländer sollten wirtschaftliche Maßnahmen durchführen, um die „notwendige dauerhafte Konvergenz" (Übereinstimmung) zu gewährleisten

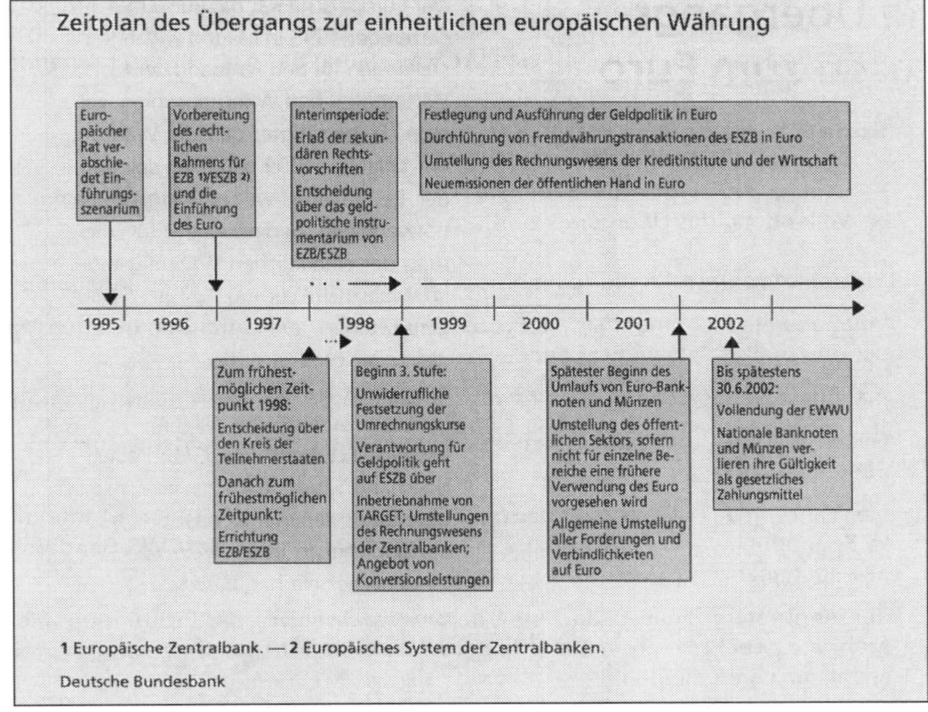

- **Stufe 2:** bis spätestens 31.12.1998
  - Prozeß der Konvergenz und der Haushaltskonsolidierung ist fortzusetzen
  - Zusammensetzung des ECU-Währungskorbs soll unverändert bleiben
  - staatliche Stellen dürfen bei den Zentralbanken keine Kredite mehr in Anspruch nehmen
  - Gründung des **Europäischen Währungsinstitutes** (EWI) als Vorstufe zur Europäischen Zentralbank; diese Gründung wurde am 1.1.1994 vollzogen:
    - Sitz des EWI: Frankfurt am Main
    - Aufgaben: Vorbereitungen für die Stufe 3 der Wirtschafts- und Währungsunion; dazu hat das EWI die Verbesserung der Konvergenz zwischen den Mitgliedstaaten zu unterstützen; außerdem hat es die technisch-logistischen Vorbereitungen zu treffen
    - Ziel: Errichtung des **Europäischen Systems der Zentralbanken (ESZB)** in 1998, das eine einheitliche europäische Geldpolitik verwirklichen soll
  - Errichtung der **Europäischen Zentralbank** (s. u.)

- **Stufe 3 a:** ab 1.1.1999
  - für die Länder, die an der Wirtschafts- und Währungsunion von Anfang an teilnehmen (Entscheidung auf einer Konferenz der Staats- und Regierungschefs der EU in 1998), beginnt die Währungsunion
  - der **Euro** existiert als Währung
  - unwiderrufliche Festsetzung der Umrechnungskurse
  - Verantwortung für die Geldpolitik geht auf das ESZB über
  - Inbetriebnahme des europaweiten Echtzeit-Brutto-Zahlungssystems **TARGET;** Zielsetzung:
    - Gewährleistung der Umsetzung der gemeinsamen Wirtschafts- und Währungspolitik
    - Ermöglichung einer effizienten Abwicklung des grenzüberschreitenden Zahlungsverkehrs

- **Stufe 3 b:** spätestens am 1.1.2002
  - Ausgabe von Euro-Banknoten und -Münzen
  - Umtauschfrist maximal 6 Monate

  = Vollendung des Übergangs zur Euro-Währung

d) **Voraussetzungen** für die Teilnahme an der Wirtschafts- und Währungsunion:

- Inflationsrate nicht mehr als 1,5 Prozentpunkte über der durchschnittlichen Rate der drei preisstabilsten EU-Länder

- maximale Neuverschuldung wird auf 3 % des Bruttoinlandsprodukts beschränkt

- Gesamtverschuldung des Staates darf 60 % des Bruttoinlandsprodukts nicht übersteigen

- die Währung des Mitgliedslandes muß sich in den letzten zwei Jahren ohne starke Spannungen und ohne Leitkursänderungen im Rahmen der EWS-Bandbreite bewegt haben

- der langfristige Zinssatz darf innerhalb des Jahres vor der Prüfung um nicht mehr als zwei Prozentpunkte über dem durchschnittlichen Satz der drei preisstabilsten Länder liegen.

e) **Stabilitätspakt für die Europäische Währungsunion:**

- Erarbeitung durch die EU-Finanzminister im April 1997
- Verabschiedung durch die Staats- und Regierungschefs im Juni 1997
- Länder mit anhaltend hohem Haushaltsdefizit müssen Strafen zahlen
- Strafen werden zunächst als zinslose Einlage bei der EU hinterlegt, nach 2 Jahren in eine Geldbuße umgewandelt, falls das Land seinen Haushalt in der Zwischenzeit nicht konsolidiert hat
- Zinsen aus der Einlage und die letztlich fälligen Geldbußen kommen den EU-Teilnehmern zugute, die selbst keine zu hohe Verschuldung aufweisen.

f) **Zukünftiges EU-Wechselkurssystem:**

- Erarbeitung durch die EU-Finanzminister im April 1997
- Verabschiedung durch die Staats- und Regierungschefs im Juni 1997
- für die (zunächst) nicht in den Euro aufgehenden EU-Währungen wird der Euro die Leitwährung
- die verbleibenden nationalen Währungen dürfen um maximal 15 % um ihren Euro-Leitkurs schwanken.

g) **Europäische Zentralbank (EZB):**

- Schaffung eines Europäischen Systems der Zentralbanken (ESZB)
- Mitglieder: Europäische Zentralbank sowie die angeschlossenen nationalen Zentralbanken
- ESZB erhält die alleinige Kompetenz für die Geld- und Währungspolitik
- Aufbau:
  - Beschlußorgan: Rat der Europäischen Zentralbank; Zusammensetzung: Gouverneure der nationalen Zentralbanken, Direktorium der EZB
  - ausführendes Organ: Direktorium der EZB; Zusammensetzung: Präsident, Vizepräsident und vier weitere Mitglieder.

h) **Euro-Banknoten und -Münzen:**

- Banknoten:
  - Auswahl durch den Rat des EWI, eine Experten-Jury sowie eine Meinungsumfrage in der Öffentlichkeit
  - Banknoten nach Entwürfen des Österreichers Robert Kalina zeigen Baustile aus sieben Epochen der europäischen Kulturgeschichte
  - Symbolik: Fenster und Türen auf den Vorderseiten sollen den europäischen Geist der Offenheit und Zusammenarbeit widerspiegeln; Brücken auf den Rückseiten sind Sinnbild für die Verbindungen zwischen den Völkern Europas
  - Stückelung: 5, 10, 20, 50, 100, 200, 500 Euro
  - Nennwert ertastbar für Blinde
  - hohe Anforderungen an die Fälschungssicherheit
  - endgültige Entscheidung über die Gestaltung in 1998
  - Entwürfe: siehe Schaubild

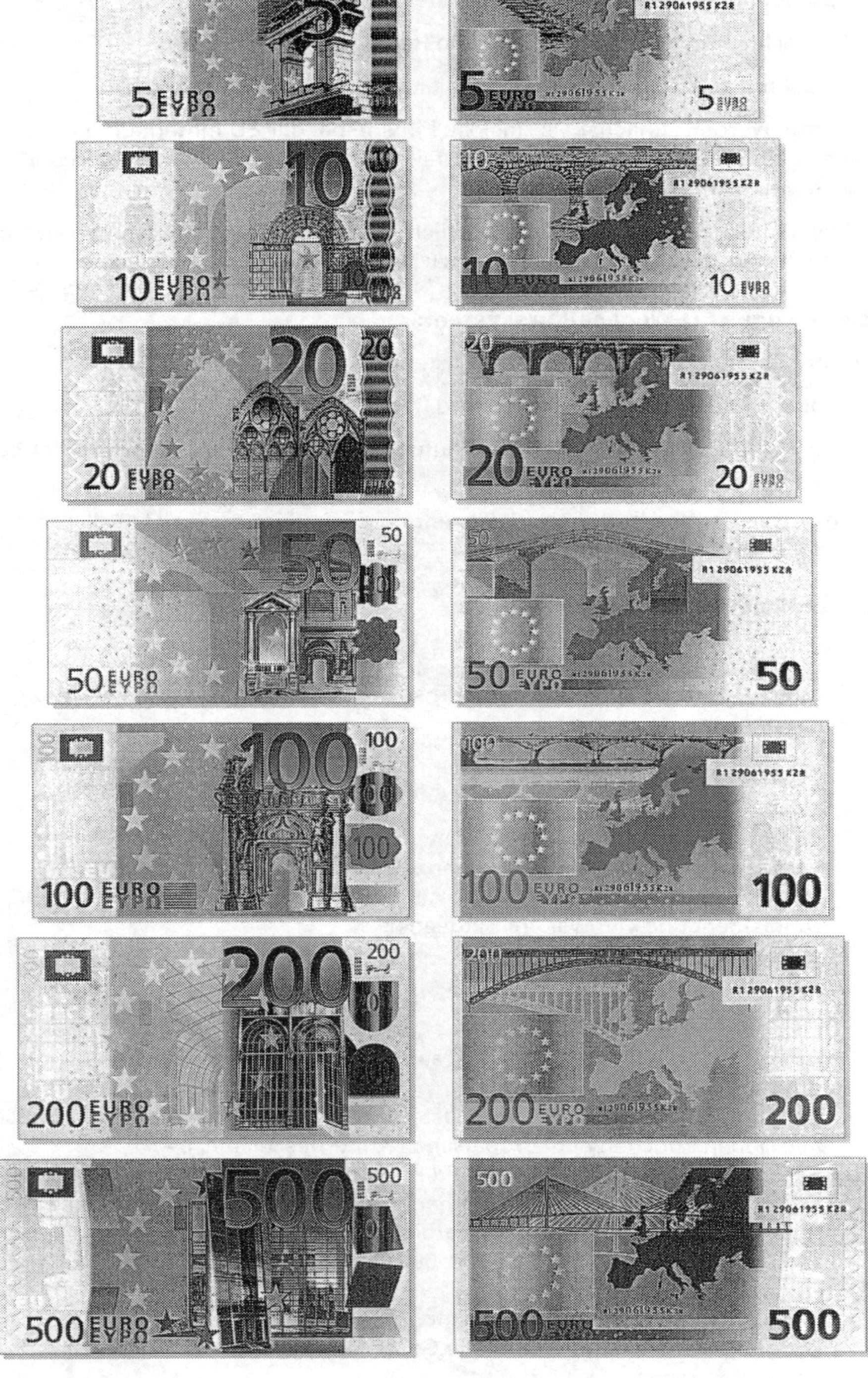
5 EURO ΕΥΡΩ
10 EURO ΕΥΡΩ
20 EURO ΕΥΡΩ
50 EURO ΕΥΡΩ
100 EURO ΕΥΡΩ
200 EURO ΕΥΡΩ
500 EURO ΕΥΡΩ

- Münzen:
  - Entscheidung, daß es acht verschiedene Münzen geben wird, wurde bereits getroffen; in einer neu aufgenommenen – und zum Zeitpunkt des Manuskript-Abschlusses dieser Auflage nicht abgeschlossenen – Diskussion wird die Einführung von nur sechs Münzarten erörtert
  - Stückelung: 1 und 2 Euro; 1, 2, 5, 10, 20, 50 Cent.

i) Die **Erweiterung** der Europäischen Union ist bereits absehbar. Zum 1.1.1994 trat der **Vertrag über den Europäischen Wirtschaftsraum (EWR)** in Kraft. Mit diesem Vertrag wurden fünf der seinerzeit sieben EFTA-Länder, nämlich Finnland, Island, Norwegen, Österreich und Schweden, voll in den Europäischen Binnenmarkt integriert. Der EWR sichert die sogenannten „vier Freiheiten" für Waren, Personen, Kapital und Dienstleistungen; lediglich für Landwirtschaft und Fischerei gelten Sonderregelungen.

Finnland, Österreich und Schweden traten dann 1995 der EU bei (vgl. Abschnitt 5.1.110 a).

Beitrittsanträge haben gestellt: Türkei, Zypern, Malta, Schweiz (Beitrittsgesuch ruht derzeit), Polen, Ungarn, Rumänien, Slowakei, Tschechien, Lettland, Estland, Litauen, Bulgarien, Slowenien.

5.1.12 Wesen, Ziele und Mittel der Wirtschaftspolitik

5.1.120 Überblick

Grundlage der Wirtschaftspolitik ist das Wirtschaftsrecht, d. h. die Gesamtheit der gesetzlichen Vorschriften und Rechtsverordnungen, die die wirtschaftliche Gesamtverfassung oder einzelne Teilbereiche regeln und Eingriffsmöglichkeiten bieten.

Als gesetzliche Grundlage kommen in Betracht

- das Grundgesetz
- das Gesetz zur Förderung der Stabilität und des Wachstums der Wirtschaft (Stabilitätsgesetz)
- das Außenwirtschaftsgesetz
- das Gesetz gegen Wettbewerbsbeschränkungen (Kartellgesetz)
- das Kreditwesengesetz sowie das Gesetz über die Deutsche Bundesbank
- viele weitere Einzelgesetze (z. B. Energiesicherungsgesetz).

Wirtschaftspolitik **im weiteren Sinne** umfaßt alle Maßnahmen zur Erreichung volkswirtschaftlicher Ziele und umfaßt daher folgende Teilbereiche:

- Geld- und Kreditpolitik
- Währungspolitik
- Finanzpolitik
- Sozialpolitik
- Industrie- und Agrarpolitik

- Energiepolitik
- Wettbewerbspolitik
- Außenwirtschaftspolitik
- Verkehrspolitik
- Strukturpolitik
- Stabilitätspolitik,

wobei sich viele dieser Teilbereiche überschneiden.

Nach der **Zielrichtung** der wirtschaftspolitischen Maßnahmen lassen sich Geld- und Kreditpolitik (und die Währungspolitik als ihr Bestandteil) ausgliedern. Wirtschaftspolitik **im engeren Sinne** beinhaltet demnach alle innerhalb der Volkswirtschaft ansetzenden Maßnahmen zur Beeinflussung des wirtschaftlichen Geschehens, die nicht geld- oder kreditpolitischen Charakter haben.

Dabei dürfen die staatlichen Maßnahmen die gesetzten Grenzen nicht überschreiten. Richtlinie ist hierfür zunächst die **Wirtschaftsverfassung** der Bundesrepublik Deutschland.

Es handelt sich um eine besondere Ausprägung des Typs der **Sozialen Marktwirtschaft** mit der besonderen Möglichkeit der **Globalsteuerung** der Wirtschaft durch den Staat.

Tragende **Grundsätze** der Wirtschaftsverfassung ergeben sich aus folgenden grundgesetzlichen Vorschriften:

Art. 2 – Freiheit der Person
Art. 3 – Gleichheit vor dem Gesetz
Art. 12 – Berufsfreiheit
Art. 14 – Gewährleistung des Privateigentums; „Eigentum verpflichtet"
Art. 20 – Grundsatz der Sozialstaatlichkeit der Bundesrepublik Deutschland.

5.1.121 Ziele der Wirtschaftspolitik

Erstes Ziel der Wirtschaftspolitik ist die Erhaltung des marktwirtschaftlichen Systems unter Wahrung der genannten Grundsätze des Grundgesetzes.

Kernproblem der wirtschaftspolitischen Zielsetzung ist dabei die Erhaltung und Sicherung der vom **Stabilitätsgesetz** in § 1 genannten Faktoren, des **„magischen Vierecks"**:

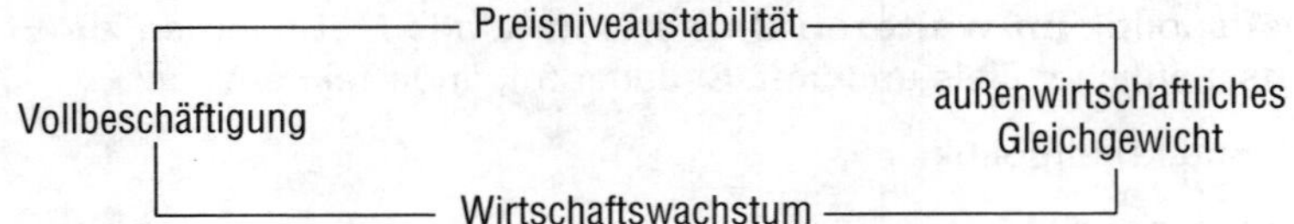

§ 1 Stabilitätsgesetz lautet:

„Bund und Länder haben bei ihren wirtschafts- und finanzpolitischen Maßnahmen die Erfordernisse des gesamtwirtschaftlichen Gleichgewichts zu beachten. Die

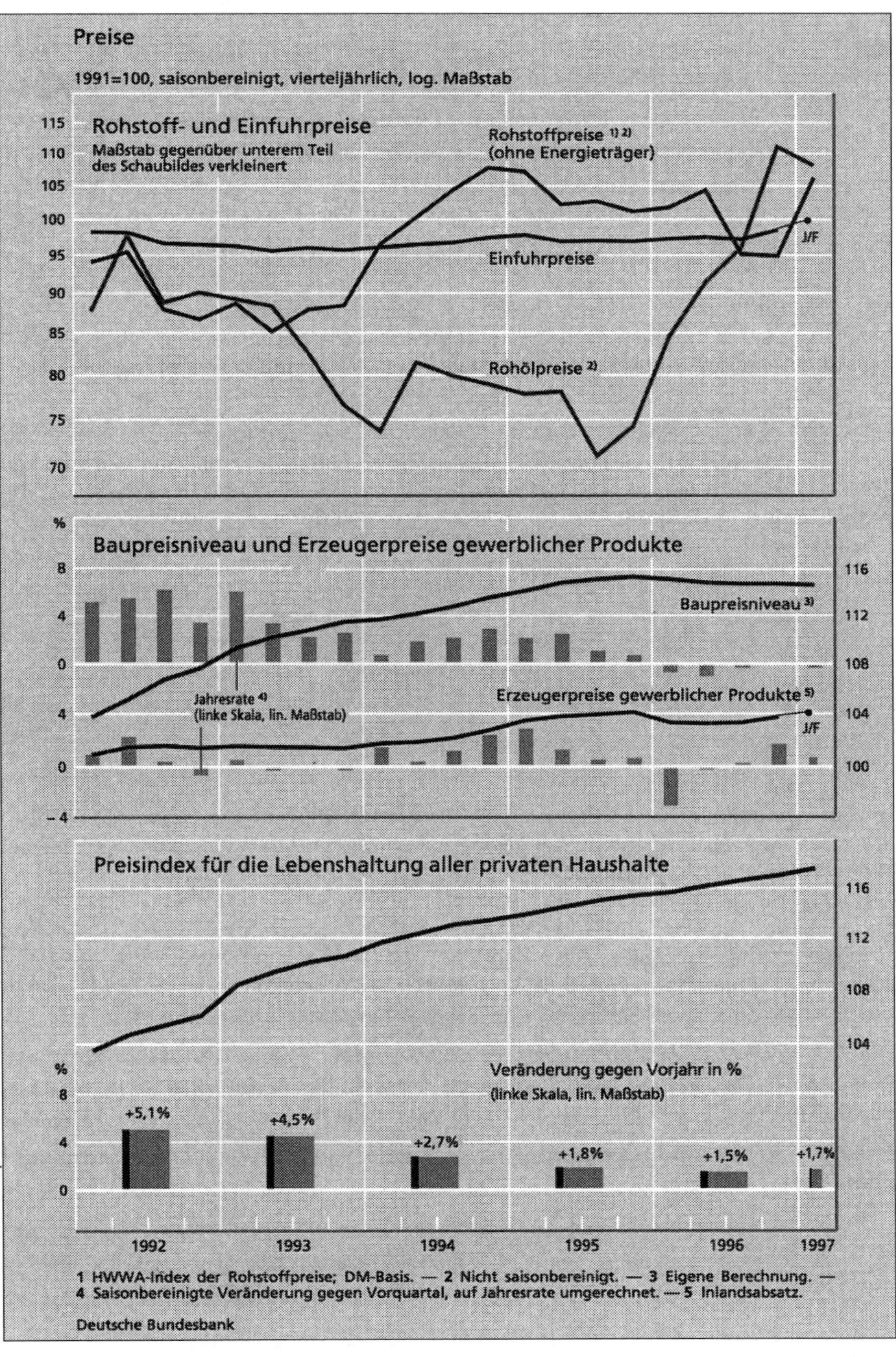

1 HWWA-Index der Rohstoffpreise; DM-Basis. — 2 Nicht saisonbereinigt. — 3 Eigene Berechnung. — 4 Saisonbereinigte Veränderung gegen Vorquartal, auf Jahresrate umgerechnet. — 5 Inlandsabsatz.

Deutsche Bundesbank

Maßnahmen sind so zu treffen, daß sie im Rahmen der marktwirtschaftlichen Ordnung gleichzeitig zur Stabilität des Preisniveaus, zu einem hohen Beschäftigungsstand und außenwirtschaftlichem Gleichgewicht bei stetigem und angemessenem Wirtschaftswachstum beitragen."

a) **Preisniveaustabilität** zu wahren, bedeutet, Inflationen und Deflationen zu verhindern. Die deutsche Wirtschaft ist zur Zeit von einer inflationären Tendenz gekennzeichnet. Eine fortschreitende Wirtschaftsentwicklung beinhaltet nahezu immer eine gewisse Aufwärtsbewegung der Preise. Daher kann noch bei einer Preissteigerungsrate von 2 bis 3 % von Preisniveaustabilität gesprochen werden.

Von 1991 bis 1994 war in Deutschland infolge von Kostensteigerungen in der Wirtschaft, vor allem durch starke Lohnsteigerungen, sowie aufgrund der Erhöhung von indirekten Steuern und Gebühren ein deutliches Ansteigen der Inflationsrate zu beobachten.

Maßvolle Lohnabschlüsse sowie ein vor dem Hintergrund internationaler Konkurrenz nur begrenzter Spielraum für Preiserhöhungen der Unternehmen sorgten seit 1995 wieder für Preissteigerungsraten, die noch im Rahmen einer Preisniveaustabilität zu sehen sind. Der Konkurrenzdruck brachte andererseits Rationalisierungen, Kostenreduktionen und Verlagerungen der Produktion in das Ausland.

Die Lebenshaltungskosten der privaten Haushalte entwickelten sich seit 1992 folgendermaßen:

1992 + 5,1 %
1993 + 4,5 %
1994 + 2,7 %
1995 + 1,8 %
1996 + 1,5 %.

b) Das Erreichen und die Erhaltung der **Vollbeschäftigung** ist eines der wichtigsten Ziele, getragen auch von der sozialen Aufgabe und Verpflichtung des Staates. Wann Vollbeschäftigung erreicht ist, ist nur schwer zu definieren, da verschiedene, z. B. saisonal bedingte und bildungspolitische Einflüsse eine Rolle spielen; Zielsetzung ist vor allem, daß es weder konjunkturell noch durch Strukturkrisen bedingte Unterbeschäftigung gibt, daß die Zahl der Arbeitslosen einen bestimmten – im einzelnen festzulegenden – Stand im Verhältnis zu den Beschäftigten nicht übersteigt und daß die Zahl der offenen Stellen die der Arbeitslosen überschreitet.

Die Zahl der Erwerbstätigen betrug 1996 in Westdeutschland durchschnittlich 28,2 Millionen, in Ostdeutschland 6,3 Millionen. Die Zahl der Arbeitslosen belief sich Ende 1996 in Westdeutschland auf 3,0 Millionen, in Ostdeutschland auf 1,2 Millionen.

Entwicklung der **Arbeitslosenquote** (Arbeitslose in Prozent aller Erwerbspersonen):

1988 7,7 %
1989 7,1 %
1990 6,4 %
1991 5,7 %
1992 5,9 %
1993 8,9 %
1994 9,6 %

1995 9,4 %
1996 10,4 %

Im Februar 1997 erreichte die Arbeitslosigkeit mit 12,2 % ihren höchsten Stand seit dem Zweiten Weltkrieg in Deutschland. Dabei ist die Situation in Ostdeutschland mit einer Arbeitslosenquote von 18,9 % besonders belastend. Die Erblast der DDR-Wirtschaftsstruktur, das Wegbrechen traditioneller Absatzmärkte in Osteuropa und die in Relation zu den Produktivitätsfortschritten zu schnellen Lohnerhöhungen führten zu zahlreichen Problemen. Die Hoffnungen, daß durch neue Arbeitsplätze im Dienstleistungssektor eine Entlastung des Arbeitsmarktes eintrete, haben sich bislang nur teilweise erfüllt. Eine Verbesserung der Lage am Arbeitsmarkt ist letztlich erst mit dem Wiederaufbau des Kapitalstocks durch entsprechende Investitionen zu erwarten.

Nicht nur für Ostdeutschland, sondern auch für ganz Deutschland kommt belastend hinzu, daß sich die internationale Wettbewerbslage verschärft hat und die Möglichkeiten der Unternehmen wachsen sowie zunehmend genutzt werden, die Produktion in das Ausland zu verlagern und damit Kosten zu sparen.

Der Wegfall des „Eisernen Vorhangs" macht Osteuropa als Produktionsstandort interessant, während sich die Absatzmärkte dort nur sehr langsam entwickeln. Die Entwicklung der Kommunikationstechnologie ermöglicht es zudem, z. B. Bildschirmarbeit für ein deutsches Unternehmen in Asien realtime abwickeln zu lassen.

In den vergangenen Jahren hat sich die Zahl der Arbeitslosen in jeder Rezession um etwa 700 000 bis 800 000 Menschen erhöht, ohne in einer folgenden Aufschwungphase wesentlich abgebaut zu werden. Diese steigende **Sockelarbeitslosigkeit** ist auch in anderen westeuropäischen Ländern zu beobachten, nicht jedoch in den USA und in Japan. Damit wird deutlich, daß nicht allein die konjunkturelle Lage die Situation am Arbeitsmarkt bestimmt.
Wesentliche Merkmale werden durch die Struktur des Arbeitsmarktes beeinflußt. Hierzu gehört die Zunahme von Arbeitsplätzen, die eine besonders qualifizierte Ausbildung verlangen, während manuelle und wiederkehrende Tätigkeiten zunehmend durch Maschinen und Computer übernommen werden.

Im internationalen Vergleich wird der Produktionsfaktor Arbeit in Deutschland belastet durch

- relativ hohe Löhne
- hohe Lohnnebenkosten
- nach unten hin starre Lohnstrukturen (z. B. Mindestlöhne; bedingt aber auch durch die Höhe der Zahlungen aus sozialen Sicherungssystemen)
- vergleichsweise geringe Mobilität der Arbeitnehmer.

Zur **Lösung** des Problems der Arbeitslosigkeit ist in den vergangenen Jahren eine Vielzahl von Möglichkeiten diskutiert worden. Diese lassen sich in die beiden Bereiche

- Eingriffe des Staates
- marktwirtschaftliche Ansätze

einteilen und entsprechen dabei den jeweiligen politischen Grundströmungen. Folgende Ansätze wurden bzw. werden diskutiert und praktiziert:

- **Arbeitszeitverkürzungen:** Der Hauptansatz vor allem der Gewerkschaften; Möglichkeiten:
  - Verkürzung der **Wochen**arbeitszeit: Angestrebt wird die 35-Stunden-Woche (teilweise bereits die 32-Stunden-Woche). Gegenargumente: Bei unverändertem Lohn werden die Unternehmen zusätzlich belastet. Folge: Keine neuen Arbeitsplätze, sondern die bisherige Arbeit muß von derselben Zahl an Beschäftigten bewältigt werden, u. U. mit Überstunden. Bei Lohnkürzungen ergibt sich ein Rückgang der Kaufkraft, in der Folge Schwächung der Konjunktur und dadurch Verlust weiterer Arbeitsplätze.
  - Verkürzung der Lebensarbeitszeit: Realisiert z. B. über den Vorruhestand. Gegenargumente: Von den Unternehmen allein nicht zu finanzieren. Die Rentenversicherung ist bereits an der Grenze des für sie Tragbaren angelangt, weitere Anhebung des Rentenversicherungsbeitrags erscheint volks- und betriebswirtschaftlich nicht mehr vertretbar. Freiwilliges früheres Eintreten in den Ruhestand bei anteiligem Rentenverzicht dürfte nur von wenigen in Anspruch genommen werden.

    Die oben beschriebene Spaltung des Arbeitsmarktes zeigt sich zwischenzeitlich auch hier: Während noch die Verkürzung der Wochenarbeitszeit diskutiert wird, haben sich die politischen Parteien bereits auf eine **Verlängerung** der Lebensarbeitszeit verständigt.

- Staatliche Maßnahmen zur Begrenzung des Ausländeranteils an den Arbeitsplätzen: Anwerbestop für Gastarbeiter, der bereits seit mehr als einem Jahrzehnt praktiziert wird. Die These, daß Ausländer den Deutschen die Arbeitsplätze wegnehmen, hat sich als falsch erwiesen, da die Ausländer viele Arbeitsplätze belegen, die deutsche Arbeitnehmer auch heute noch überwiegend ablehnen, und da die Arbeitslosigkeit unter Ausländern deutlich höher als unter Deutschen ist. Hinzu kommt die sozialpolitische Verantwortung: Die ausländischen Arbeitnehmer haben der deutschen Wirtschaft entscheidend geholfen und können jetzt nicht einfach abgeschoben werden. Der Versuch, Ausländer über eine Abfindung zur Rückkehr in ihr Heimatland zu bewegen, ist nur zum Teil gelungen.

  Zu dieser Problematik gehören auch die politisch sehr umstrittenen Themen der Asylpolitik und der Aufnahme von Aussiedlern aus osteuropäischen Ländern.

- Staatliche Beschäftigungsprogramme: Der Staat ist bereits bis zur Grenze des volkswirtschaftlich Vertretbaren verschuldet, die Neuverschuldung muß nach Ansicht aller Parteien begrenzt werden. Erhöhung der Steuerquote zur Finanzierung der Programme könnte die gegenwärtigen Aufschwungtendenzen belasten.

- Begrenzung von Technisierung und Rationalisierungen als vermeintlichen Ursachen für die Vernichtung von Arbeitsplätzen: Gefahr, daß die deutsche Wirtschaft ihre Konkurrenzfähigkeit gegenüber dem Ausland einbüßt.

- Unterstützung der Marktwirtschaft: Abbau staatlicher Beschränkungen, Senkung der Lohnnebenkosten durch entsprechende gesetzgeberische/politische Maßnahmen; Gefahr, daß andere staatliche Zielsetzungen (Sozialpolitik, Umweltschutz) auf der Strecke bleiben. Investitionsförderung: Problem der Staatsverschuldung. Vor allem sind die Unternehmen selbst gefordert, neue Märkte zu erschließen und neue Produkte zu entwickeln und zu vermarkten.

- Strukturreformen: Gezielter Einsatz eines Katalogs von Maßnahmen in allen Bereichen, d. h.
  - begrenzte Einschränkungen im sozialen Bereich, z. B. reale Senkung von staatlichen Transferzahlungen, um den Anreiz, auch niedrig bezahlte Arbeit anzunehmen, zu erhöhen; z. B. Verschärfung der Zumutbarkeitsregeln bei der Vermittlung von Arbeitsplätzen
  - Abbau von Überversorgungen, z. B. im öffentlichen Dienst
  - neue Arbeitsplatzmodelle, z. B. Job Sharing = Arbeitsplatzteilung, Verstärkung der Teilzeitarbeit, Einführung der Altersteilzeit
  - gezielte Förderung zukunftsträchtiger Wirtschaftsbereiche und Technologien.

c) **Außenwirtschaftliches Gleichgewicht** ist gegeben, wenn im Waren- und Dienstleistungsverkehr mit dem Ausland

- ein Überschuß erzielt wird,
- der ausreicht, die finanziellen Verpflichtungen Deutschlands gegenüber dem Ausland zu erfüllen (siehe Übertragungsbilanz, vgl. Abschnitt 2.0.5).

Daran orientiert, ergab sich in den vergangenen Jahren folgendes Bild (in Mrd. DM):

	1994	1995	1996
Saldo des gesamten Warenhandels	+ 71,8	+ 85,3	+ 97,6
Dienstleistungen (Saldo)	– 53,3	– 53,8	– 55,1
Überschuß im Waren- und Dienstleistungsverkehr	+ 18,5	+ 31,5	+ 42,5
Übertragungsbilanz (Saldo)	– 62,5	– 58,7	– 54,8

d) Das ständige **Wachstum der Wirtschaft** ist gekennzeichnet von einer stetigen Erweiterung des Produktionsertrags an Gütern, einer jährlichen Steigerung des Bruttosozial- bzw. -inlandsprodukts (vgl. Abschnitt 5.1.10).

e) Das magische Viereck wird heute oft erweitert um den Begriff **„soziale Gerechtigkeit"** als zusätzliches Ziel des wirtschaftspolitischen Verhaltens des Staates.

f) **Zusammenfassung:**

Die genannten Zielsetzungen sind bereits für sich allein nur sehr schwer zu verwirklichen, insbesondere, wenn der Staat nicht dirigistisch in den Markt eingreift, d. h. Zwang ausübt, sondern sich **marktkonformer Mittel** bedient, die vor allem Angebot und Nachfrage beeinflussen sollen und sich dem Marktgeschehen anpassen.

Besonders schwierig ist es jedoch, die Ziele zu **koordinieren**, d. h. sich um Erfüllung aller Zielsetzungen gleichzeitig zu bemühen, da sie zum Teil sehr **gegensätzlich** sind; Beispiele:

- das abrupte Abbremsen einer inflationären Tendenz zur Erreichung der Preisniveaustabilität kann – z. B. durch Beschneidung des Geld- und Kreditvolumens – das Wirtschaftswachstum beeinträchtigen, eine Stagnation hervorrufen und sich damit auch negativ auf die Vollbeschäftigung auswirken

- ein stetiges Wirtschaftswachstum kann auf Kosten der Preisniveaustabilität und – insb. in einer exportabhängigen Wirtschaft – des außenwirtschaftlichen Gleichgewichts gehen
- Vollbeschäftigung ist grds. nur möglich bei ständigem Wachstum der Wirtschaft mit den sich daraus ergebenden negativen Folgen.

5.1.122 Mittel der Wirtschaftspolitik

Das wirtschaftspolitische Instrumentarium ist gekennzeichnet von einer außerordentlichen **Vielfalt** möglicher Maßnahmen, wobei zu unterscheiden ist zwischen Maßnahmen, die vom Staat aufgrund gesetzlicher Verpflichtung ergriffen werden **müssen** (z. B. Sozialleistungen), und Maßnahmen, die speziell zur Erreichung der wirtschaftspolitischen Zielsetzungen getroffen werden **können**. Zu beachten ist, daß praktisch jede allgemeine staatliche Verhaltensweise volkswirtschaftlich bedeutsame Wirkungen und Konsequenzen hat.

Folgende **Beispiele** für wirtschaftspolitische Maßnahmen seien genannt:

- Überwachung und Kontrolle des Wettbewerbs, Erhaltung seiner Freiheit
- Einflußnahme auf Ein- und Ausfuhren über Genehmigungspflichten, Zölle usw.
- Vergabe von Subventionen an bestimmte Unternehmen und Wirtschaftsbereiche, d. h. Gewährung finanzieller Mittel
- Steuerliche Maßnahmen, z. B. Steuererleichterungen und -befreiungen für bestimmte Branchen usw.
- Einflußnahme auf das Sparverhalten der Bevölkerung durch Sparprämien und Steuervorteile; u. U. Zwangssparen
- Vermögensbildungsmaßnahmen für Bezieher kleinerer Einkommen
- Zahlung von Wohngeld, Durchführung sozialer Wohnungsbauprojekte
- Eingriff in das Güterangebot auf dem Markt z. B. durch Einlagerung von Lebensmitteln oder Auflösung vorhandener Bestände
- energiepolitische Maßnahmen, z. B. Besteuerung des Energieverbrauchs
- strukturpolitische Maßnahmen, z. B. Förderung wirtschaftlicher Konzentrationsprozesse.

5.1.123 Wirtschaftstheorien

a) **Problematik:** Das Stabilitätsgesetz zeigt Zielsetzungen für die Wirtschaftspolitik auf. Fraglich ist aber, **wie** diese Zielsetzung erfüllt werden kann. Hier setzen verschiedene Wirtschaftstheorien an, in denen auch unterschiedliche politische Anschauungen ihren Ausdruck finden.

b) **Nachfrageorientierte** Wirtschaftspolitik: Auf der Basis der Thesen von J.M. Keynes. Grundgedanken:

- Die führenden Wirtschaftsnationen haben seit Beginn der Industrialisierung hochentwickelte Produktionspotentiale aufgebaut.

- Bei Vollbeschäftigung ist die Angebotsseite imstande, große Sozialprodukte und hohe Pro-Kopf-Einkommen zu ermöglichen.
- Dem Angebot tritt aber eine private Nachfrage gegenüber, die Gefahr läuft, hinter dem Güterausstoß bei Vollbeschäftigung zurückzubleiben.
- Das Nachfrageverhalten des privaten Sektors macht den Wirtschaftsprozeß also prinzipiell instabil. Ursachen:
  - unterproportionales Steigen der Konsumnachfrage der privaten Haushalte im Vergleich zu Produktion und Einkommen
  - Renditeerwartung der Unternehmer, nicht genügend senkbare Zinssätze, die wiederum zur Zurückhaltung von Investitionen führen.
- Der Staat kann durch zusätzliche Ausgaben die Nachfrage und dadurch die Beschäftigung auf praktisch jeder gewünschten Höhe stabilisieren. Die zusätzlichen Staatsausgaben dürfen aber nicht durch Entzugseffekte bei der privaten Nachfrage (z. B. Steuererhöhung) finanziert werden, sondern erhöhen die Staatsverschuldung (sog. „deficit spending“).

Das in sich logische Modell, das bis zum Ende der sozialliberalen Koalition 1982 praktiziert wurde, konnte weder des Problems der Arbeitslosigkeit noch der Staatsverschuldung Herr werden.

c) **Angebotsorientierte** Wirtschaftspolitik: Grundgedanken:

- Das ständige Wechseln zwischen jeweils antizyklisch eingesetzten dämpfenden und anregenden Maßnahmen im Konjunkturverlauf (sog. Stop-and-Go-Politik) wird nicht als Folge, sondern als Ursache konjunktureller Schwankungen verstanden.
- Der Staat trägt dadurch destabilisierende Impulse in den prinzipiell zum Gleichgewicht tendierenden nichtstaatlichen Bereich hinein.
- Es muß daher darauf verzichtet werden, durch wechselnde staatliche Einflüsse den Entscheidungshorizont der Anbieterseite (private Unternehmen) ständig zu verschieben.
- Aufgabe des Staates ist es vielmehr, ordnungspolitische Rahmendaten zu setzen, die eine langfristige Orientierung erlauben und der Entfaltung marktwirtschaftlicher Kräfte mehr Raum geben, d. h. Abbau hemmender staatlicher Regeln (sog. Deregulierung), Förderung der unternehmerischen Initiative, kostenmäßige Entlastung der Unternehmertätigkeit (z. B. durch Senkung von Produktionssteuern, Erleichterungen bei Abschreibungen).

d) In den letzten Jahren wird vermehrt in der Praxis ein Mittelweg versucht, der Elemente beider Lehrmeinungen einbezieht.

5.2 Wiederholung

Abschnitt 5.0 Das Geld

1. Welche volkswirtschaftlichen Funktionen hat das Geld?
2. Welche Bedeutung haben gesetzliche Zahlungsmittel? Welche Geldarten gehören in der Bundesrepublik Deutschland dazu?
3. Erläutern Sie anhand eines Beispiels die aktive Giralgeldschöpfung der Kreditinstitute!
4. Welche Faktoren bestimmen den Wert des Geldes? Stellen Sie die Fishersche Verkehrsgleichung auf und setzen Sie unterschiedliche Zahlen ein, die die Wechselbeziehungen der einzelnen Faktoren verdeutlichen!
5. Welche Arten von Währungssystemen kennen Sie? Versuchen Sie, das heutige Währungssystem der Bundesrepublik Deutschland zu erklären!
6. Welche Arten von Inflationen lassen sich nach ihren Ursachen sowie ihren Erscheinungsformen unterscheiden?
7. Wie wirkt sich eine Inflation aus auf
   a) Unternehmen
   b) Haushalte
   c) die Gesamtwirtschaft?
8. Wodurch ist der Unterschied zwischen Geldbetrags- und Geldwertschulden gekennzeichnet? Was versteht man unter dem Nominalismus? Welchen Sinn haben Wertsicherungsklauseln? Inwieweit sind sie zulässig?

Abschnitt 5.1 Geld- und Wirtschaftspolitik

1. Welche Bedeutung hat die Geldmenge im Rahmen der Geldpolitik? Warum hat die Bundesbank ein „Geldmengenziel" verkündet?
2. Beschreiben Sie die Organisation der Deutschen Bundesbank; gehen Sie insbesondere auf die Stellung des Zentralbankrates ein!
3. Beschreiben Sie die gesamtwirtschaftlichen Auswirkungen einer Erhöhung des Diskontsatzes durch die Deutsche Bundesbank!
4. Wie ist die Mindestreservepolitik der Bundesbank technisch ausgestaltet?
5. Erklären Sie die Offenmarktpolitik unter besonderer Beachtung der Pensionsgeschäfte.
6. Was versteht man unter den folgenden Begriffen:
   a) antizyklische Finanzpolitik
   b) deficit spending?
7. Versuchen Sie die Geschichte der internationalen Währungsordnung in ihren Grundzügen seit 1944 aufzuzeigen! Gehen Sie dabei näher auf den IWF und seine heutige Bedeutung ein!

8. Welche Konjunkturphasen einer Volkswirtschaft sind zu unterscheiden? In welcher dieser Phasen befinden sich die Wirtschaft der Bundesrepublik Deutschland und die Weltwirtschaft zur Zeit?

9. Beschreiben Sie kurz Wesen und heutige Bedeutung folgender internationaler Organisationen:
   a) Europäische Union
   b) OECD
   c) GATT

10. Was versteht man unter dem „magischen Viereck"? Wo ist es geregelt? Erläutern Sie seine einzelnen Faktoren vor allem in ihrem Verhältnis zueinander hinsichtlich ihrer Realisierbarkeit und ihrer Bedeutung für das gesamtwirtschaftliche Gleichgewicht!

11. Welche Ziele werden mit der Europäischen Wirtschafts- und Währungsunion verfolgt?

12. Erläutern Sie den Ablauf der geplanten Euro-Einführung. Welche Aufgaben übernimmt dabei das Europäische Währungsinstitut?

13. Das vielleicht größte wirtschaftliche und soziale Problem der Bundesrepublik ist die Arbeitslosigkeit.
    a) Worin sehen Sie die Hauptursachen?
    b) Welche Folgen der über ein Jahrzehnt andauernden hohen Arbeitslosigkeit sehen Sie?
    c) Welche Möglichkeiten gibt es, die Arbeitslosenquote zu senken?

Stichwortverzeichnis

A

Ab Werk 812
Abandonrecht 210
Abbuchungsauftrag 462
Abfindungsanspruch 186
Abgrenzung, sachliche 970
Abgrenzungsbuchungen 970
Ablauforganisation 363, 1000
Abrechnung 467 f.
Abrufdarlehen 609
Abrufdarlehensvertrag 610
Absatz 10
Absatzpolitik 372
Abschlagsverfahren 630
Abschluß 934, 960
Abschlußbilanz 934
Abschlußbuchungen 936
Abschlußfreiheit 24
Abschreibungen 967, 969
Abschwung 1068
Abstraktionsprinzip 34
Abtretung 567
Abtretung von Forderungen 560, 562
Abzahlungsdarlehen 635
Abzahlungsgesetz 65
Abzinsung 658
Abzugsverfahren 287
ad-hoc-Publizität 712
AG (Aktiengesellschaft) 177 ff., 194, 197
AGB-Gesetz (AGBG) 65, 335
Agio 920
AIDA-Formel 374
Air Waybill 92, 820
AKA 888
Akkord 233
Akkreditiv 858, 965
– negoziierbares 862
– revolvierendes und nicht revolvierende 861
– übertragbares und nicht übertragbares 861
– unwiderrufliches bestätigtes 858
– unwiderrufliches unbestätigtes 858
– widerrufliches bestätigtes 861
– widerrufliches unbestätigtes 858
Akkreditivansprüche 864
Akkreditiv-Deckungskonto 851
Aktien 201, 686, 777
– eigene 207
Aktienanalyse 780
Aktienbank 323
Aktienfonds 695
Aktiengesetz 205
Aktien ohne Nennwert 205
Aktionärsbuch 201
Aktiva 586, 927
– Ankauf von 1025
– Monetisierung von 1025
Aktivgeschäft 3, 321, 517, 544, 788, 950
Aktivseite 167, 927
Aktivtausch 932
Akzept 447
Akzeptakkreditiv 877 f.
Akzeptierung 446
Akzeptkredit 613, 875, 878, 954
Akzessorietät 555, 560
akzessorisch 137, 139
Alleineigentum 23
Allfinanzkonzepte 324
Allgemeine Deutsche Spediteurbedingungen (ADSp) 122
Allgemeine Geschäftsbedingungen (AGB) 25, 40, 65, 389, 393

Allgemeines Abkommen über den Dienstleistungsverkehr (GATS) und den handelsbezogenen Schutz geistigen Eigentums 807
Altersentlastungsbetrag 291
Altersgrenzen 279
Altersrente 279
Amexco 481
Amortisationsdarlehen 635
Amtliches Kursblatt 737
Amtsgericht 58
an 932
an Erfüllungs Statt 43
Anderkonten 383
Andienungskauf 42
Androhung 52
Anerkenntnisurteil 59
Anfechtbarkeit 26
Anforderungen, qualitative 358
Anfechtung 26
Angebot 1, 5
Angstindossament 448
Anlage
– kurz- und mittelfristige 360
– langfristige 359
Anlageberatung 771
Anlagebestand 959
Anlagebuch 339, 342
Anlageformen 775
Anlagepolitik 350
Anlagevermögen 167, 249, 927
Anleihen 667
– in Verbindung mit Swaps 683
– mit Zinsoptionsscheinen 683
Annahme 29
Annahmeverzug 51
Annuitäten 635
Ansatzvorschriften 173
Anschlußkonkurs 234
Anstaltslast 361
Anteilspapiere 683 f., 688
antizipative Posten 971 f.
antizyklisch 1059, 1069
Antrag 29
Anweisungen 322
Anzahlungsgarantie 617
Anzeigepflicht 229, 346
Arbeitgeberverbände 270 f.
Arbeitsberatung 270
Arbeitsbeschaffung 270
Arbeitsentgelt 263
Arbeitsförderung 264, 269, 283
Arbeitsfrieden 273
Arbeitgeberpflichten 367
Arbeitsgerichte 277
Arbeitsgerichtsbarkeit 17, 277
Arbeitskampf 270 f., 273
Arbeitskampfverbot 274
Arbeitslosengeld 283
Arbeitslosenquote 1082
Arbeitslosenversicherung 283
Arbeitslosigkeit 279
Arbeitnehmer-Sparzulage 535
Arbeitspflicht 262
Arbeitsrecht, kollektives 256, 270
Arbeitsrichter 277
Arbeitsschutz 264
Arbeitsschutzrecht 264
Arbeitsteilung 9, 115
Arbeitsteilzeit 279
Arbeits- und Sozialrecht 256, 315
Arbeitsverhältnis 262
Arbeitsvermittlung 270
Arbeitsvertrag 262
Arbeitszeit 265
Arbeitszeitgesetz 265
Arbeitszeitverkürzung 1084
Arbeitszerlegung 9
Arbitrage-Geschäfte 720
arglistige Täuschung 26
Arrosion 659
Artmangel 48
Artvollmacht 161
Assignaten 322
Aufbauorganisation 363, 997
Aufbewahrungsfristen 162
aufgenommene Gelder 541
Auflassung 46
Auflassungsformel 138
Auflassungsurkunde 138
Auflassungsvormerkung 137 f.
Aufrechnungs- und Zurückbehaltungsverbot 818
Aufschwung 1068
Aufsichtsrat 197, 200, 209, 214, 220
Auftrag 32
Auftragsfertigung 795
Aufwandsbuchungen, spezielle 957
Aufwendungen 934
– soziale 967

Aufzinsung 658
Auktionen 737
Aus- und Weiterbildung 369
Ausfallbürgschaft 556
– modifizierte 556
Ausfertigung
– vollstreckbare 645
Ausfuhr 794, 797
Ausfuhr-Pauschal-Gewährleistung (APG) 881
Ausfuhrbürgschaften 880
Ausfuhrdeckungen 881
Ausfuhrgarantien 880
Ausfuhrkartell 224
Ausfuhrkreditgesellschaft 888
Ausfuhrrisiken 881
Ausgabeninflation 1033
Ausgabenpolitik 1061
Ausgleichsarbitrage 912
Ausländerkonvertibilität 1064
Auslandsanleihen 679
Auslandsbonds 679
Auslandsgarantiegeschäft 874, 898
Auslandsgeschäft 793, 835, 922, 963
Auslandsnachfrage 1034
Auslandsvertreter 830
Auslandswerte 797
Auslandszahlungen 963
Auslieferungsdokument 100
Ausschließlichkeitserklärung 593
Außenhandel 793
– Finanzierung 872
Außenverhältnis 188, 216
Außenwert 1027
– des Geldes 1032
außenwirtschaftliches Gleichgewicht 1085
Außenwirtschaftsgesetz (AWG) 795, 797, 803, 1067
Außenwirtschaftsrecht 805
Außenwirtschaftsverordnung (AWV) 800, 803
Aussperrung 273
Auszahlungen 399
Auszubildende 261
Autarkie 9
Authority to Purchase 871
Avalakzept 447
Avalkredit 615, 954, 966

B

Back-to-Back-Credit 868
Baisse 740
BAK 347
Balken-Charts 781
Ballungsfunktion 4
Bank Deutscher Länder 1043
Bankauskunftsverfahren 396
Bankbetriebslehre 319
Bankbilanzrichtlinien-Gesetz 929
Bankbürgschaften
– Arten von 616
Banken-Kontokorrent 942, 949
Banken-Orderscheck 838
Bankenaufsicht 324
Bankenerlaß 298, 392
Bankenkurs 920
Bankenposition 911
Bankgarantien
– Arten 617
Bankgeheimnis 302, 392
Bankgeschäfte 339 f.
Banking-Theorie 1028
Bankleistungen 978
Bankleitzahl (BLZ) 494
Banknoten 322, 1019, 1023
Bankpraxis 657
Barakkreditiv 473
Bardepotpflicht 1067
Bargeld 1024
Bargründung 196
Barkauf 42
Barverkehr 938
Barren 920
Barscheck 400, 421, 944
Barverkehr 398
Barwert 951
Basispreis 730
Basiswert 730
Bau- und Bodenwert 630
Bauwert 630
Bausch- und Bogen-Kauf 41
Bauspardarlehen 527
Bausparen 527
Bausparkasse 330, 527
BCCI-Folgerichtlinie 339
Bedarf 1, 8
Bedürfnisse 1, 8

Beglaubigung
– öffentliche 25
Begründetheit 59
Beiträge 278
Belastungen, außergewöhnliche 292
Belegschaftsaktien 686
Beleihungsgrenze 631
Beleihungsobjekte 629
Beleihungswert 629, 631
Bemessungsgrundlage 289
Bereitstellungszinsen 634
Bergrechtliche Gewerkschaft 221
Berichtigungsaktien 204, 687
Berlin-Darlehen 779
Berner Union 818
Berufsberatung 270
Berufsrichter 277
Berufs- oder Erwerbsunfähige 279
Berufsunfähigkeitsrente 279
Berufung 60
Beschaffung 10
Beschlüsse 277
Besicherung 631 f., 658
Besitz 23
– mittelbarer 23
– unmittelbarer 23
Besitzkonstitut 46, 577
Besitzsteuern 288
Besitzverschaffung 573
Bestandskonten 932
– aktive 932
– gemischte 935
– passive 932
Bestellerkredit 818, 888
Beteiligung 174
Betreuer 27
Betriebe 1
– erwerbswirtschaftliche 11
– gemeinwirtschaftliche 11
– genossenschaftliche 11
Betriebsabrechnungsbogen (BAB) 980
Betriebsleistung 978
Betriebsrat 267, 275
Betriebsrente 280
Betriebsstatistik 986
Betriebsvereinbarung 276
Betriebsverfassung 270
Betriebsverfassungsgesetz (BetrVG) 274
Betriebsverfassungsrecht (BetrVR) 274
Betriebsvergleich 251, 979
Betriebsvermögen 309
Beurkundung
– notarielle 25, 137
Bevollmächtigte 160
Bevorschussung 875, 878
Beweislast 50
Beweisurkunde 652
Bewertungsvorschriften 930
Bewertungswahlrecht 959
Bezugskosten 37
Bezugsrecht 204, 706, 741
Bezugsscheine 657
BGB-Gesellschaft 181 f., 184, 225
BGB-Vorschriften 546
BIC-Code 496
Bietungsgarantie 617
Bilanz 163, 165, 926
Bilanzaktiva 357
Bilanzanalyse 584
Bilanzgewinn 976
Bilanzierung 174, 941, 946, 948, 951 f., 957, 960
Bilanzkritik 584
Bilanzprüfung 584
Bilanzrelationen 250, 584
Bilanzverkürzung 933
Bilanzvermehrung 933
Binary Coded Decimal-Code (BCD-Code) 1005
Bindungswille 29
Binnenhandel 805
Binnenmarkt 804
– einheitlicher 805
Binnenschiffahrt 89
Binnenwert 1027
Bit 1005
Blankoakzept 447
Blitzgiroverkehr 415
Block-Floating 903, 1032, 1065
Bodensatz 519
Bodenwert 630
BÖGA 754
Börse 707
Börsenaufsichtbehörden der Länder 711
Börsen-Charts 781
Börseneinführung 705
Börsenhandel 719

Börsenkurs 719
Börsenmakler 715
Börsenorgane 713
Börsenrat 713
Bogen 656
Bohranteil 688
Bona-fide-Klausel 869
Bonus 37
Boom 1068
Bordkonnossement 99
BOSS-CUBE 736, 754
Bote 28
Boykott 273
Branntweinangaben 285
Briefform 140
Briefverkehr 106
Bringschulden 43
Bruchteilsgemeinschaft 184
Brutto-/Bardividende 743
Bruttoinlandsprodukt 1070
Bruttosozialprodukt 1069
Bruttozinsspanne 982
BSE-Abkommen 435
Btx-Dienst 111
Bubills 666 f.
Buch- oder Giralgeld 1019
Buchform 140
Buchführung
– doppelte 926
– einfache 925
– kameralistische 926
Buchführungssysteme 925
Buchgeld 1029
Buchgeldschöpfung 1025
– aktive 1025
– passive 1025
Buchungen im Geschäftsverkehr 938, 988
– spezielle 988
Buchungssatz 932
Bürgerlicher Kauf 42
Bürgerliches Gesetzbuch (BGB) 19, 334
Bürgschaft 555
– selbstschuldnerische 556
– unlimitierte 556
Bürgschaftsarten 556
Bürgschaftsbanken 330
Bürgschaftsrecht 558
BUND-Futures 733 f.
Bundes-Angestellten-Tarifvertrag 272
Bundesanleihen 665
Bundesaufsicht 711
Bundesaufsichtsamt für das Kreditwesen 344, 355
Bundesaufsichtsamt für den Wertpapierhandel 344, 711
Bundesbank-Liquiditäts-U-Schätze (Bulis/U-Schätze) 667 f.
Bundesfinanzministerium 1040
Bundesfloater 665
Bundeskartellamt 228
Bundesobligationen 665, 667
Bundesregierung 347, 1040
Bundesschatzbriefe 664, 667
Bundesstaatlichkeit 16
Byte 1005

C

Call 730
CARGO (Central Application for Registered Shares Online) 762 f.
Carnet-TIR-Verfahren 86
Carriage and Insurance Paid To (CIP) 813
Carriage Paid To (CPT) 813
CASCADE 754
Cashmanagement 515
cash on delivery (c.o.d.) 816
CD-ROM 1006
Central Application for Settlement, Clearing and Depository der Deutschen Börse 754
Certificate (Policy) of Marine Insurance 827
Certificate of Origin 822
Charter Party (C/P) 99
CIF-Agent 830
Clean Payment 815, 835
Clearing 467
– bilateral 467
– multilateral 467
Clearing-Stelle 729
CMR 86
Co-Branding 492
Co-Branding-Karten 481
Code 1004
Codierpflicht 497
Codierrichtlinien 496

Codierung 496, 1004
COMECON 1071
Commercial Invoice 821
Commercial Letter of Credit (CLC) 869
Connect-Service 487
Consignment 95
Consular Invoice 822
Containerkonnossement 99
Container-Seeverkehr 104
Cost and Freigt (CFR) 813
Cost, Insurance and Freight (CIP) 813
Courtage 119
Currency-Theorie 1028
Customs Invoice 822

D

Dachfonds 696
Damnum 633, 953
Darlehen 32, 517
Darlehensabwicklung 636
Datenbank-Dienste 515
Datenerfassung 1006
Datenfernübertragung (DFÜ) 499 f., 514, 1008
Datengeheimnis 71
Datenschutzbeauftragter 72
Datenträger 499, 1005
Datenträgeraustausch (DTA) 514
– belegloser 500
Datenübertragungsnetze 1008
Datenverarbeitung 363, 1016
Dauernutzungsrecht 136
Dauerüberweisungen 408
Dauerwohnrecht 136, 629
DAX-Futures 733
Deckungsbeitrag 984
Deckungsprinzip 673
Deckungsstockfähigkeit 662 f.
Defektivzinsen 659
deficit spending 1059
Deflation 1032, 1036
deklaratorisch 159, 161
Delivered At Frontier (DAD) 814
Delivered Duty Paid (DDP) 814
Delivered Duty Unpaid (DDU) 814
Delivered Ex Ship (DES) 814
Delivered Ex Quay (DEQ) 814
Delivery-Order 829
Demokratie 16, 181
Depositenkonto 389
Depot
– offenes 760
Depotarten 760
Depotbuchhaltung 961
Depotgeschäft 759, 961
Depotgesetz 760
Depotkonto 389
Depotstimmrecht 203, 769
Deutsche Bank 328 f.
Deutsche Börse AG 709
Deutsche Börse Clearing AG 754
Deutsche Bundesbank 149, 344, 1040, 1043
Deutsche Bundespost Postbank 327
Deutsche Postbank AG 327
Deutsche Terminbörse (DTB) 729
Deutscher Kassenverein AG 330, 754
Devisen 900
Devisen-Kundengeschäfte 909
Devisenarbitrage 906, 912
Devisenbewirtschaftung 902
Devisenbilanz 833 f.
Devisengeschäfte 905, 911
– Rechtsvorschriften 918
Devisenhandel 900
– internationaler 916
Devisenkassageschäfte 906, 911
Devisenskontren 963
Devisenmarktpolitik 1062
Devisentermingeschäfte 908, 913
Devisenzwangswirtschaft 902
Dienstleistungen 2, 8, 10
Dienstleistungsbetriebe 2, 11
– kaufmännische 115
Dienstleistungsbilanz 833
Dienstleistungsverkehr 77, 312, 799
Dienstvereinbarung 277
Dienstvertrag 32, 262
Differenzarbitrage 912
Diktatur 181
Diners Club 481
Direktbanken 326
Direktinvestitionen 795
Direktorium 1047
Disketten 1006
Diskont 441
Diskontierung 839, 878
Diskontkredit 598 f., 613, 950

Diskontpolitik 1050
Diskontwechsel 451
Dispositionskredit 548, 608
– persönlicher 597
Dividende 202, 206, 743
Dividendenrendite 740
Dividendenscheine 961
DM-Commercial-Paper (CP's) 682
DM-Devisen-Konto 963
DM-Einlagen-Zertifikate (Certificate of Deposits, CD's) 682
Dokumentenakkreditiv 816, 848, 850, 852, 866
Dokumentengegenwert 868
Dokumenteninkasso 816, 843, 845, 965
Domizilwechsel 947
Doppelwährung 1030
Doppelwährungsanleihen 681
Doppik 926
Drawing Authorizations 880
Drittbanddepot 766
Drittländer 796
Drittrangmittel 349
Drittverpfändung 767
Drittverwahrung 766
DTB-DAX-Optionen 733
Dualsystem 1004
Durchfuhr 797
Durchhandel 794
Durchkonnossement 99, 104
Durchschnittssteuersatz 290
Durchverkehr 795

E

ec-Karte 476
edc-Maestro-System 501
Edelmetalle 776
Edelmetallhandel 920, 939
EDV-Kundenservice 511
Effekten 656, 777, 958
Effektenarbitrage 751
Effektenbörse 707 f.
– Organisation 709
Effektenerträge 742
Effektengeschäft 3, 719, 752
Effektengiroverkehr 753 ff.
Effektenhandel 707
– der Kreditinstitute 747
Effektenkonditionen 749
Effektenverwaltung im offenen Depot 769
EG-Bilanzrichtlinie 929
Ehegatten-Splitting 290
Ehreneintritt 458
eidesstattliche Versicherung 58
Eigengeschäfte 958
Eigenhändlergeschäfte 957
Eigenheimzulagegesetz 627
Eigenkapital 167, 250, 348, 355, 927 f.
– haftendes 348
Eigenkapitalausstattung 584
Eigenkapitalfinanzierung 253
Eigenmittel 348
Eigenmittelvorschriften 339
Eigentümer 129
– treuhänderischer 578
Eigentümergrundschuld 141
Eigentum 23, 139
Eigentumsübertragung 45
Eigentumsvorbehalt 47
– verlängerter 47
Eigentumsverschaffung beim Wertpapier 765
Eilüberweisungen 408
Eilüberweisungsverkehr 415, 944
Einfuhr 794, 797
– genehmigungsbedürftige 802
Einfuhrkartell 224
Einfuhrverfahren 801
Einheitliche Richtlinien für Inkassi (ERI) 843
Einheitskurs 722
Einheitskursberechnung 724
Einheitskursfeststellung 722
Einigung 45
– dingliche 46, 138
Einkaufs- bzw. Verkaufskommissionär 831
Einkaufskommission 118
Einkaufskommissionär 117
Einkommen
– zu versteuerndes 293
Einkommensteuer 302, 975
einkommensteuerliche Behandlung 745
Einkommensteuerpflicht 288
Einkommensteuertarif 289

Einkommenstheorie 1028
Einkünfte 290
– aus Kapitalvermögen 293
– aus nichtselbständiger Arbeit 293
– aus Vermietung und Verpachtung 294
Einlagengeschäft 948
Einlagenpolitik 1058
Einlagensicherung 361, 551
Einlagensicherungsfond 362
Einlassung 59
Einlassungsfrist 59, 457
Einliniensysteme 997
Ein-Mann-GmbH-&-Co.-KG 218
Einnahmen, steuerpflichtige 289
Einnahmenpolitik 1061
Einrede 62
Einrede der Vorausklage 556
Eintragung
– konstitutive 212
Eintragungsbewilligung 136
Einwirkungspflicht 272
Einzahlungen 399
Einzelabtretungen 567
Einzelkonten 383
Einzelkosten 980
Einzelschuldbuchforderungen 668
Einzelunternehmen 177 ff.
Einzelunternehmung 180, 182
Einzelvollmacht 161
Einzelwertberichtigungen 969
Einzelwirtschaften 2, 10
Einzug 947
Einzugsermächtigungsverfahren 461
Eisenbahnfrachtbrief 82
Eisenbahnfrachtverkehr 80
electronic banking 511
electronic-cash-offline 506
electronic cash-System 501
electronic cash-System der deutschen Kreditwirtschaft 503
electronic cash-Zahlungen 502
elektronische Geldbörse 510
elektronische Handels- und Informationssysteme 736
elektronischer Zahlungsverkehr für individuelle Überweisungen (EZÜ) 415
ELKO-Cash 515
elterliche Gewalt 27
eMail 111
Emission junger Aktien 706
Emissionsgeschäft 702
Emissionskonsortium 702 f.
Emissionsrendite 745
Emittenten 663
Empfangsbekenntnis 100
Entgeltfortzahlungsgesetz 265
Enumerationsprinzip 552
Erbbaurecht 129, 629
Erbrecht 75
Erbschaftsteuer 285, 305
Erfolgskonten 934
Erfolgskontrolle 979
Erfolgsübersicht 937
Erfüllung 43
Erfüllungsgeschäfte 28, 33, 35
erfüllungshalber 43
Erfüllungsort 40, 43
– gesetzlicher 44
– natürlicher 44
– vertraglicher 44
Erfüllungsstörungen 48
Ergänzungskapital 349
Erlöse 2
Erlösrechnung 977, 991
Ersatzschecks 434
Erträge 934
Ertrag der Kapitalanlage 740
Ertragswert 630, 740
Erwerb, gutgläubiger 46
Erwerbs- und Vermögenseinkommen 833
Erwerbsunfähigkeitsrente 279
Erziehungsgeld 268
Erziehungsurlaub 268
Euro-Banknoten und -Münzen 1077
Euro-Finanzierung 899
EUROCARD 481, 485
eurocheque 423, 838
eurocheque-Clearing 437
eurocheque-Karte 476
eurocheque-Verrechnung über die GZS 437
Eurodollarmarkt 906
Euroemissionen 899
Eurokredit 877
– vermittelter 899
Euronotes 682
Europäische Atomgemeinschaft (EURATOM) 1071

Europäische Freihandelszone (EFTA) 1071
Europäische Gemeinschaft (EG) 1070, 1073
Europäische Gemeinschaft für Kohle und Stahl (EGKS, Montanunion) 1071
Europäische Union (EU) 1073
Europäische Währungseinheit (European Currency Unit, ECU) 1065
Europäische wirtschaftliche Interessenvereinigung (EwiV) 222
Europäische Wirtschaftsgemeinschaft (EWG) 1070
Europäische Wirtschafts- und Währungsunion 1050, 1073
Europäische Zahlungsunion (EZU) 1063
Europäische Zentralbank 1076 f.
Europäischer Binnenmarkt 1072
Europäisches System der Zentralbanken (ESZB) 1076
Europäisches Währungsabkommen (EWA) 1063
Europäisches Währungsinstitut (EWI) 1076
Europäisches Währungssystem (EWS) 1065
Eventualforderung 954
Eventualverbindlichkeit 954, 965
Ex Works (EXW) 812
exD (nach Dividende) 723
Export 794
Export bzw. Importhändler 831
Export- bzw. Importvertreter 831
Export-Anschlußfinanzierung 874
Export-Vorfinanzierung 874
Exporteur-Bescheinigungen 823
Exportfinanzierung 873, 878, 898
– kurzfristige 878
– mittel- und langfristige 887
Exportforderungen 891
Exportleasing 898
Exkurs 336
Extended Binary Coded Decimal Interchange-Code (EBCDI-Code) 1005

F

Fabrikationsrisiken 881
Factoring 619, 898
Faktura 821
Familienrecht 75
Faustpfandprinzip 573
FBL (Negotiable FIATA Combined Transport Bill of Lading, negoziierbares Konnossement für den kombinierten Transport) 124
FCR (Forwarders Certificate of Receipt, Internationale Spediteur-Übernahmebescheinigung) 123
FCT (Forwarders Certificate of Transport, Internationales Spediteur-Durchkonnossement) 123
Feinunze 920
Festpreisgeschäft 748 f.
Feststellungsklage 59
Festzins 632
Festzinssparen 534
Fiktivkaufmann 152
Finanzanlagen 167
Finanzdienstleistung 340
Finanzdienstleistungsgeschäft 339
Finanzdienstleistungsinstitute 340
Finanzgerichtsbarkeit 18
Finanzhilfen 1060
Finanzierung 3
– der Unternehmung 249
Finanzierungsfunktion 4
Finanzierungsmittel
– kurz- und mittelfristige 360
– langfristige 359
Finanzierungsschätze 665, 667
Finanzinnovationen 745
Finanzinstrumente 342
Finanzkredit 888
Finanzmarkt-Förderungsgesetz 710
Finanzpolitik 1059
Finanzunternehmen 341
Finanzverwaltung 287
Firmenausschließlichkeit 154
Firmenbeständigkeit 154
Firmenfortführung 155
Firmengrundsätze 154
Firmenklarheit 154
Firmenöffentlichkeit 155
Firmenschutz 155
Firmenwahrheit 154
Fishersche Verkehrsgleichung 1029
Fiskalpolitik 1059
Fixkauf 39, 42

Flexibilisierung 1066
Floating 901, 903, 1032, 1065
Floating-Rate-Notes 682
Flurstücke 128
Flußkonnossement 89
Fonds
– geldmarktnahe 696
– gemischte 695
Forderungen
– uneinbringliche 969
– zweifelhafte 969
Forderungspapiere 654
Forfaitierung 618, 898
Formfreiheit 24
Formkaufmann 152
Formmangel 25
Fortbildung 270
Forwarders Certificate of Receipt (FCR) 820
Forwarders Certificate of Transport (FCT) 820
Fracht 81, 89
Frachtbrief 86
Frachtbriefdoppel 82, 819
Frachtfrei 813
frachtfrei versichert 813
Frachtführer 79
Frachtpost 93
Frachtvertrag 80
Franchise 828
Franchise-Geber 227
Franchise-Nehmer 227
Franchising 226
Free Alongside Ship (FAS) 813
Free Carrier (FCA) 812
Free on Board (FOB) 813
Frei an Bord 813
Freibeträge 308
– persönliche 308
Frei Frachtführer 812
Freigrenze für Nebeneinkünfte 296
Freihandelsabkommen 1071
Freiposten 400
Freistellungsauftrag 299 f.
Freiverkehr 718, 735
Freizeichnungsklausel 38
Fremdemission 702 f., 960
Fremdkapital 250, 927
Fremd(kapital)finanzierung 253
Fremdwährungs-Verrechnung 963
Fremdwährungsbuchführung 963
Fremdwährungskonten 911
Fremdwährungsparität 901
Friedenspflicht 271
Fristverlängerungsfunktion 4
Führungsstile 370
Fünfjahresplan 6
Fürsorgepflicht 263
Fugger 322
Fundierungsschuld-verschreibungen 668
Fusionskontrolle 229
Future-Preis 733
Futures 733

G

Garantieerklärung 49
Garantie 559
– institutionelle 17
Gattungskauf 41
Gebietsansässige 796
Gebietsfremde 796
Gebietskartell 224
Gebrauchsmustergesetz 74
Gefälligkeitsakzept 447
Gefahrenübergang 49, 811
Gegenakkreditiv 868
Gehaltszahlungen 967
Gehorsamspflicht 262
gekauft wie besehen 41
Geld 1, 1019 f., 1088
– täglich 542
Geld- und Wirtschaftspolitik 1088
Geldautomaten 402
Geldbasis 1027
Geldbasiskonzept 1027
Geldbetragsschulden 1038
Geldkarte 510
Geldkreislauf 1, 3, 320
Geldmarkt 541, 917
Geldmarktfonds 696
Geldmarktpapiere 542
Geldmenge 1027, 1040
Geldpolitik 1040
Geldschöpfung 1024
Geldschulden 1037
Geldsurrogat 440
Geldvolumen 1040

Geldwäschegesetz 404
Geldwechsel 322
Geldwert 1028
Geldwertpapiere 654
Geldwertschulden 1038
Geldwertschwankungen 738
Geldwertstörungen 1037
Geldwerttheorien 1024
geliefert ab Kai 814
geliefert ab Schiff 814
geliefert Grenze 814
geliefert unverzollt 814
geliefert verzollt 814
Gemeindesteuern 286
Gemeinkosten 980
Gemeinschaftsansässige 796
Gemeinschaftsfremde 797
Gemeinschaftsgebiet 796
Gemeinschaftskonten 383
Gemeinschuldner 236
General Agreement on Trade in Services (GATS) 806 f.
General Agreement on Tariffs and Trade (GATT, Allgemeines Zoll- und Handelsabkommen) 806, 1071
Generalhandlungsvollmacht 161
Generalisierung 25
Generalklauseln 173
Generalversammlung 215
Generalvollmacht 28
Genossen 212
Genossenschaft 159, 177 ff., 211, 213
– eingetragene 212
Genossenschaftsregister 212, 215
Genußscheine 700
Gerichtsbarkeit
– freiwillige 18
– ordentliche 17
Gerichtsstand 40
Gesamthandsgemeinschaft 184
Gesamtkosten 166
Gesamtkostenverfahren 168
Gesamtsicherungshypothek 661
Gesamtvertretung
– echte 189
– unechte 189
Gesamtvollmacht 161
Gesamtwirtschaft 269, 320, 539
gesamtwirtschaftliche Lage 738
Gesamtzinsspannenrechnung 981
Geschäfte
– außerbilanzielle 358
– verbotene 343
Geschäftsanteil 212 f.
Geschäftsbesorger 704
Geschäftsbesorgungsvertrag 32
Geschäftsfähigkeit 20, 146, 379
– beschränkte 21
– fehlende 25
– volle 21
Geschäftsführung 187, 209, 713
Geschäftsguthaben 213
Geschäftsleiter 341
Geschäftspolitik 363 f.
Geschäftsschuldner 156
Geschäftsstatistik 986
Geschäftsunfähigkeit 21
Geschäftsvorfälle 951, 960
Geschmacksmustergesetz 74
Gesellschaft
– stille 177 ff., 193
Gesellschaft für Zahlungssysteme mbH (GZS) 497 f.
Gesellschafter
– stille 183
Gesellschaftsvermögen 207
Gesellschafterversammlung 209
Gesellschaftsvertrag 225
Gestaltungsklage 59
Gesetz gegen Wettbewerbsbeschränkungen (Kartellgesetz) 228
Gewährleistungspflicht 48 f.
Gewährträgerhaftung 361
Gewaltenteilung 16
Gewerbebetrieb 148
Gewerbesteuer 270, 304, 975
Gewerkschaften 270 f.
Gewinn 37, 935
– imaginärer 828
Gewinndruckinflation 1034
Gewinngemeinschaft 225
Gewinnmaximierung 9
Gewinn- und Verlustrechnung 163, 166, 168, 175, 588
Gewinn- oder Lotteriesparen 533
Gewinnschuldverschreibungen 700
Gewinnverwendung 206
gezogener Wechsel an eigene Order 439
Giralgeldschöpfung 1025

Giralgeldschöpfungsfunktion 4
Girobanken 322
Girokonto 388
Gironetze 405, 409
Girosammeldepots 754
Girosammelverwahrung durch Wertpapier-Sammelbanken 762
Giroüberzugslombard 603
Gläubiger
– absonderungsberechtigte 244
– aussonderungsberechtigte 244
Gläubigerpapiere 657, 663
Gläubigerversammlung 234, 236
Gläubigerverzug 51
Gleichberechigung 259
Gleitklausel 593
Global-Akzeptlinie 876
Globalabtretung 569
Globalaktien 686
Globalsteuerung 7
Globalurkunde 756, 762
Globalzession 567
GmbH (Gesellschaft mit beschränkter Haftung) 177 ff., 207
GmbH & Co KG 177 ff.
GmbH-StG (Stille Gesellschaft) 221
Gold-Devisen-Kreditstandard 1064
Golddevisenwährung 1031
Goldene Bankregel 360
Goldkernwährung 1031
Goldparität 901
Goldumlaufwährung 1031
Goldwährung 1030
– nominelle 1031
Gossensche Gesetze 9
Gratifikationen 263
Grenznutzen 9
Grenzsteuersatz 290
Großbanken 323
Großkredite 339, 353
Grund- und Fachausbildung 269
Grundakte 127
Grundbuch 126
– elektronisches 127
Grundbuchblatt 127
Grundbucheintragung 138 f.
Grunddienstbarkeiten 129
Grunderlöse 977
Grunderwerbsteuer 307
Grundfreibetrag 289
Grundhandelsgewerbe 115, 149, 151
Grundpfandrecht 136, 139 ff., 576
Grundrechte 14, 16
Grundschuld 140, 143, 576
Grundschuldbestellung 643
Grundschulddarlehen 632
Grundsteuer 285, 305, 975
Grundstück 126, 629
Grundstücks-Einheitsbewertung 309
Grundstücksmakler 150
Grundstücksverkehr 126, 313
GSE-Abkommen 436
Günstigkeitsprinzip 272
Güter 1, 8
Güterkraftverkehr 83
Güterkreislauf 1
Güterverhandlung 277
Güterverkehr 77

H

Habenseite 931
Händlergeschäfte 751, 753
Härtefallklausel 272
Haftung 81, 86, 186, 189, 216
– des Pfandes 575
– dingliche 140
– persönliche 140
Haftungsauffschluß 50
Haftungsübernahme
– persönliche 645
Haftungsumfang 50
Hamburger Abrechnung 468
Handblatt 127
Handel
– amtlicher 720
– außerbörslicher 735
– fortlaufender 737
Handelsabkommen
– bilaterale 808
Handelsbestand 959
Handelsbilanz 833
Handelsbuch 339, 342
Handelsbuchinstitut 353
Handelsgeschäfte 146
Handelsgesellschaft 152
Handelsgesetzbuch (HGB) 19, 334, 929
Handelsgewerbe 148
Handelskauf
– einseitig 42

– zweiseitig 42
Handelskreditbrief 869
Handelsmakler 119
Handelsmerkmale 730
Handelsmittler 115 f.
– im Außenhandel 830
Handelsrechnung 821
– legalisierte 821
Handelsrecht 145
Handelsrechtsreform 254 f.
Handelsregister 153, 156, 234
Handelsregistereintragung 161
Handelsspanne 38
Handelsüberwachungsstelle 709 f.
Handelsverkehr 119
Handelsvertreter 116
Handlungskosten 37
Handlungsvollmacht 28, 161, 215
Handwerksbetriebe 150
Hardware 1007, 1010, 1014
Hauptpflichten 31
Haus- und Branchenbanken 330
Haushalte 2
haushalten 1
Hausse 740
Haustürgeschäfte 68
Havarie 97 f., 828
Hemmung 63
Herausgabeanspruch 45
HGB-Vorschriften 97
Hinterbliebenenrente 279
Hochkonjunktur 1068
Höchstbetragsbürgschaft 556
Höchstbetragshypothek 576
Holding-Gesellschaft 226
Hollerith-Code 1005
Holschulden 43
Hyperinflation 1035
Hypothek 141, 143
Hypothekenarten 140
Hypothekendarlehen 952
1a-Hypothekendarlehen 632
1b-Hypothek/Grundschuld 632

I

IATA-Bedingungen (International Air Transport Association, Internationale Lufttransport-Vereinigung) 90
IBIS 736
IBIS/XETRA 754
ICAO-Regelungen (International Civil Aviation Organization, Internationale Organisation für die zivile Luftfahrt) 90
Immobilien 777
Immobilienfonds 689
– offene 746
Import-Anschlußfinanzierung 873, 875
Import-Erstfinanzierung 899
Import-Vorfinanzierung 873
Importfinanzierung 873 f.
Incoterms 810
Indexklauseln 1038
Indexverfahren 630
Indexwährung 1031
Individualarbeitsrecht 256, 258
Indossament 45, 101, 447 f., 654
Indossamentarten 448
Industrie 13
Industrieobligationen 679
Inflation 1032 f.
– galoppierende 1035
– importierte 1034
– offene 1035
– schleichende 1035
– verdeckte 1035
– zurückgestaute 1035
inflationäre Tendenz 1035
Inflationshemmer 540
Informationsverarbeitung 1004, 1013
Inhaberaktien 201
Inhaberscheck 421
Inhaltsfreiheit 24
Inkasso 844, 965
Inkasso- oder Akkreditivdokument 100
Inkassoindossament 448
Inkassowechsel 451
Inlandsnachfrage 1034
Innengesellschaft 225
Innenverhältnis 187, 190, 216
Insidergeschäfte 711
Insiderpapiere 711
Insiderproblematik 711
Insidertatsache 711
Insolvenzfähigkeit 242
Insolvenzgericht 242

Insolvenzgläubiger 244, 246
– nachrangige 244
Insolvenzmasse 244, 246
Insolvenzordnung (InsO) 239, 242
Insolvenzplan 240, 247
Insolvenzrecht 238
Insolvenzverfahren 239, 249
Insolvenzverwalter 243 f.
Instanzen 60
Institute 341
– ausländische 343
Integrated Services Digital Network (ISDN) 1008
Integriertes Text- und Datennetz (IDN) 1008
Interimsscheine 687
International Chamber of Commerce (ICC) 807
International Monetary Fund (IMF) 807
Internationale Währungsfonds 1063
Internationale Währungsordnung 1062
Internationale Wirtschaftsbeziehungen 1070
Internet 111, 513
Internet-Banking 115
Interventionspunkte 902, 1064
Interventionssystem 1066
Intra-EG-Warenbegleitpapier 805, 823
Inventar 162, 926
Inventur 162, 926
Investitionsgüter 8, 887
Investitionsprogramme 1060
Investmentgesellschaften 689
Investment-Pläne 697
Investment-Zertifikate 688, 694, 697, 746, 779
– ausländische 697
Irrtum 26

J

Jahresabschluß 163, 172, 206, 928 f., 976
– Prüfung 170
Jahresfehlbetrag 976
Jahresüberschuß 976
Jahreszins 71
– anfänglicher effektiver 71, 550
– effektiver 71, 550
– neuer anfänglicher effektiver 550
Joint Venture 795
Jugendarbeitsschutz 268
Jugendliche 269
Jugend- und Auszubildenden-vertretungen 277
Jungscheingiroverkehr 756

K

Kaduzierungsverfahren 210
Kai-Teilschein 829
Kalkulation 984
Kalkulationsfaktor 37
Kalkulationsschema 37
Kalkulationszuschlag 37
Kannkaufmann 152
Kapital
– gezeichnetes 167
Kapitaladäquanzrichtlinie 339
Kapitaländerungen 204
Kapitalanlagegesellschaften 330, 689
Kapitalbeschaffungsstelle 708
Kapitalbewertungsstelle 708
Kapitalbilanz 833 f.
Kapitalerhöhungen 204
– gegen Einlagen 706
Kapitalertragsteuer 285, 296, 302
Kapitalgesellschaft 165, 180, 183
Kapitalherabsetzungen 205
Kapitallebensversicherung 779
Kapitalmarkt 917
Kapitalumschlagsstelle 708
Kapitalverkehr 799
Kapitalwertpapiere 654
Kartelle
– anmeldepflichtige 228
– genehmigungspflichtige 228
Kartellgesetz 224
Kartellrecht 228, 805
Kassadevisen 910, 912
Kassageschäfte 905, 918
Kassamarkt 721
Kassengeschäfte 938
Kassenobligationen 665, 667
Kassenreserve 1026
Kataster 128

Kauf auf Abruf 42
Kauf auf Probe 41
Kauf nach Probe 41
Kauf zur Probe 41
Kaufkraft 1028
Kaufmannseigenschaft 145
Kaufvertrag 19, 32 f., 36
– im Außenhandel 808
Käuferinitiative 34
Kernkapital 348
KG 177 ff.
KGaA 177 ff.
Kinderarbeit 268
Kinderzuschuß 280
Klageerhebung 58, 60
Klagerücknahme 59
Klausel 61
Knappheit 8
Knebelung 568
Koalition 270 f.
körperschaftlich 152
Körperschaftsteuer 285, 302 f., 975
Körperschaftsteuergesetz (KStG) 303
Kombizins 659
Kombizins-Anleihe 681
Kommanditaktionär 219
Kommanditgesellschaft 191, 217
– auf Aktien 219
Kommanditist 183, 191 f., 220
Kommissionär 117, 704
Kommissionsauftrag 748
Kommissionsgeschäft 748, 955
Kommittenten 117
Kommunaldarlehen 953
Kommunalkredit 648
Kommunalschuldverschreibungen/Öffentliche Pfandbriefe 669
Kommunismus 5 f.
Komplementär 191, 217, 220
Konditionen 632
Konditionenkartell 224
Konferenz von Bretton Woods 1062
Konjunkturausgleichsrücklagen 1060
Konjunktureinflüsse 738
Konjunkturphase 1068
Konjunkturrat 1060
Konkurs 214, 231, 235
Konkursbilanz 237
Konkursmasse 237
Konkursquote 237
Konkursverwalter 236
Konnossement 97, 99, 819
Konnossements-Teilscheine 828
Konsensprinzip
– negatives 188
– positives 188
Konsortialkredite 900
Konsulatsfaktura 822
Konsum 544
Konsumgüter 1, 8
Konsuminflation 1033
Konsumkredite 604
konstitutiv 159
Kontenkalkulation 984
Kontenplan 931
Kontenrahmen 931
Kontensparen 526
Konto 378
Konto pro Diverse (C.p.D.) 942
Kontoabschluß 933
Kontoauszug 386
Kontoeröffnung 933
Kontoinhaber 379
Kontokorrentkonto 388
Kontokorrentkredit 596, 950
Kontoverfügung 379
Kontovertrag 379
Kontrahierungszwang 24
Kontrakt 808
Konventionalstrafe 569
Konventionstheorie 1024
Konversion 659
Konvertibilität 902
Konzernabschluß 169
Konzernlagebericht 169
Konzertzeichnung 705
Kosten, kalkulatorische 975
Kosten und Fracht 813
Kosten, Versicherung und Fracht 813
Kostendruckinflation 1033
Kostenrechnung 977, 991
Kostenstellenrechnung 980
Kostenträgerrechnung 981
Kostenübergang 811
Kostenvorschuß 59
Kraftfahrt 83
Kraftfahrzeugsteuer 285, 975
Krankenversicherung 281
Kredit 71, 139, 322, 351
– durchlaufender 650, 953

– kurz- und mittelfristiger 950
– langfristiger 952
Kredit- oder Investitionsinflation 1034
Kreditabwicklung 595
Kreditanstalt für Wiederaufbau (KfW) 623, 891
Kreditantrag 592
Kreditarten 552
Kreditauftrag 557
Kreditbewilligung 593
Kreditbrief 473
Kreditfähigkeit 583
Kreditgenossenschaft 323, 327
Kreditgeschäft 351, 544, 788
Kreditgewährung 320, 583
– kurzfristige 583
Kreditinstitut 3, 330, 333, 340
– mit Sonderaufgaben 331
Kreditinstitutsgruppen 350
Kreditkarten 481
Kreditleihe 613, 954
Kreditnehmer 352
Kreditschöpfung 1025, 1034
Kreditsicherungsvertrag 595
Kreditüberwachung 595
Kreditunterlage 100
Kreditvertrag 592 f.
Kreditversicherung im Außenhandel 880
Kreditwesen 340
Kreditwesengesetz (KWG) 323, 335 f., 352
Kreditwürdigkeit 583
Kreditwürdigkeitsprüfung 585
Krisenkartell 224
Kündigung 662
– außerordentliche 266 f.
– betriebsbedingte 266
– fristlose 273
– ordentliche 266
– personenbedingte 266
– verhaltensbedingte 266
Kündigungsfrist
– einzelvertragliche 267
– gesetzliche 267
– tarifvertragliche 267
Kündigungsrecht 546
Kündigungsschutz 266, 268
Kündigungsschutzprozeß 268
Kumulierungsverbot 537
Kundenkalkulation 984
Kunden-Kontokorrent 941, 948
Kundengeschäft 752
Kundenkarten 476
Kundenkommission 955
Kurantgelt 322
Kurantmünzen 1019
Kursdifferenzpapiere 745
Kursdifferenzmethode 745
Kursermittlung 908
Kursfeststellung 721
Kursmakler 719
Kursmaklerkammer 714
Kursnotierungen 722
Kurspflege 741
Kursprognose 780
Kursregulierung 741
Kursrisiken 910
Kurssicherungskosten 910, 915
Kurzakzept 447
Kurz- oder Blankoindossament 448
Kux 222, 688
KWG-Novelle 336, 345
KWG-Vorschriften 928

L

Ladenschlußgesetz 266
Ladeschein 89 f., 819
Lagebericht 169, 206, 929
Lagerhalter 115, 122, 124
Landesaufsicht 711
Landessteuern 286
Landeszentralbanken 1049
Landgericht 59
Lastenausgleich 310
Lastschriftabkommen 466
Lastschrifteinzug, vereinfachter 465
Lastschrift-Verfahren
– unkonventionelles 509
Lastschriftverkehr 459, 461, 946
Laufzeitfonds 695
Laufzeitkongruenz 673
Laufzeitmethode 358
Leasing 620
Leasingerlasse des Bundesfinanzministeriums 620
Leasingfonds 689
Leasinggeber 620

Leasingnehmer 620
Lebensversicherung 538, 575
Legaldefinition 215
Legitimationspapiere 652
Legitimationsprüfung 379, 381
Leihvertrag 32
Leistungsbilanz 833 f.
Leistungserstellung 10
Leistungsklage 59
Leistungsort 43
Leistungspflicht 28
Leistungsverweigerungsrecht 62
Leistungsverzug 50
Leitkurs 1064
Leitwährung 1032
Liberalismus 5, 7
Lieferantenkredit 888
Lieferung 38
Lieferungsbedingungen 38, 809
Liefervertragskredit 818
Lieferungsverzug 50 f.
Lieferzeit 39
Linien-Charts 781
Liquidation 231 f., 240
– sanierende 240
Liquidität 250, 348, 355, 584
Liquiditäts-Konsortialbank GmbH 362
Liquiditätsanspannung 541
Liquiditätslage der Wirtschaft 739
Liquiditätspapiere 1057
Liquiditätsreserve 959
Lizenzvergabe 795
LKW-CMR-Frachtbrief 820
LKW-Güterverkehr 83
Lochkarte 1005
Lochstreifen 1005
Löschungsanspruch
– gesetzlicher 142
Löschungsbewilligung 136, 142
Löschungsvormerkung 137, 142
Lohn-Preis-Spirale 1034
Lohnarten 263
Lohnfortzahlungspflicht im Krankheitsfall 265
Lohninflation 1033
Lohnsteuer 285, 295, 302
Lohnsteuerkarte 295
Lohnzahlungen 957
Lombardfähigkeit 662 f.
Lombardkredit 574, 601, 951
– der Deutschen Bundesbank 602
Lombardpolitik 1050
London Interbank Offered Rate (LIBOR) 899
Long Position 733
Lorokonto 409 f., 942, 944
Los- oder Prämienanleihen 700
Luftfrachtbrief 90, 92, 93, 820
Luftfrachtverkehr 90
Luftverkehrsgesetz (LVG) 90
LZB-Abrechnung 468, 944
LZB-Giro 944
LZB-Giroverkehr 411
LZB-Vorstände 1049

M

Mängel 48
Mängelrüge 49
magisches Viereck 1080
Magnetband-Clearing-Verfahren 500
Magnetbänder 1005
Magnetplatten 1006
Mahnbescheid 53
Mahnbescheidsverfahren 53
Mahnung 50
Mahnverfahren
– gerichtliches 53
– kaufmännisches 52 f.
Makler
– freie 715
Maklergebühren 957
Mandatare 880
Mantel 656
Mantelvertrag 579
Mantelzession 567
Margins 734
Markengesetz (MarkenG) 73
Marketing 363, 371
Marketingkonzeption 371
Market-Maker-System 729
Markt 1, 4
– mittelfristiger 917
– neuer 735
Marktanalyse 371
Marktbeobachtung 371
Marktbewertungsmethode 358
Marktforschung 371
marktkonforme Mittel 1085

Marktrisikoposition 357
Marktsegmente 734
markttechnische Einflüsse 742
Marktwirtschaft
– freie 5, 7
– soziale 7, 14
Marktzinsmethode 983
Massegläubiger 244
Masseunzulänglichkeit 247
Mate's Receipt 99
Matrixorganisation 998
Maximalprinzip 9
Mehrliniensysteme 997
Mehrwertsteuer 305, 974
Mehrwertsteuerpflicht 939
Meistbegünstigungsklausel 823
Meldevorschriften 802
Mengentender 1057
Metallgeld 1019
Metallismus 1024
Metallwährung 1030
Mietvertrag 32
Millionenkredit 353
Minderkaufleute 150, 161, 925
Minderung 49
Mindestreserve 361, 1026, 1067
Mindestreserve-Sätze 1055
Mindestreserve-Soll 541
Mindestreservepolitik 1054
Mineralölsteuer 285
Minimalprinzip 9
Minoritätsrechte 201
Mitbesitz 23
Mitbestimmung 270
Mitbestimmungsgesetz 274
Mitbürgschaft 557
Miteigentum nach Bruchteilen 23
Miteigentum zur gesamten Hand 24
Mitgliedschaft 213
Mitgliedspapiere 654
Mittelalter 322
Mitwirkungs- und Mitbestimmungsrecht 276
MODEMS 1008
Monarchie 181
Monatsausweise 346
Monopolbildung 223
Monopolkommission 229
Mündelsicherheit 662
Münzen 322, 920
Münzen, Briefmarken und andere Sammelobjekte 776
Münzregal 1025
Mußkaufmann 149
Mustersatzungen 551
Mutterschaftsgeld 268
Mutterschutz 268

N

Nachbürgschaft 567
Nachfrage 1, 5
Nachrichtenverkehr 77 f., 105
Nachschußpflicht 210, 214
– beschränkte 214
– unbeschränkte 214
Nachsichtakkreditive 862
Namensaktien 201
– vinkulierte 201, 762
Namensladeschein 90
Namenslagerschein 125
Nebenpflichten 31
Negativerklärung 593
Negativklausel 661
Negotiable FIATA Combined Transport Bill of Lading (FBL) 820
Negoziierung 851, 878
Negoziierungskredite 870, 877, 880
Nennwert 951
Nettoabrechnung 957
Nettodividende 743
Nettozinsspanne 982
Netzbetreibervertrag 502
Netzplantechnik 1001
Nichthandelsbuchinstitute 353
Nichteinlösung 453
Nichtveranlagungs-(NV)-Bescheinigung 301
Niederlassungsfreiheit 805
Niederstwertprinzip 165, 940
Nießbrauch 129
Nominalismus 1024, 1038
Normenkartell 224
Nostrokonto 410, 911, 942, 944
Notenbankpolitik 1043
Notierung
– variable (fortlaufende) 725
Notierungsarten 719, 726
Notleiden des Wechsels 453

Notverkauf 52
Nutzen 9

O

Obliegenheiten 31
öffentlicher Dienst 274
Offenkundigkeitsprinzip 28
Offenlegung 171, 930
Offenmarktpolitik 1056
OHG (Offene Handelsgesellschaft) 177 ff., 187
Oligarchie 181
Optionsanleihe 700
Optionsgeschäfte 729
Order to Negotiate (OTN) 870
Orderladeschein 90
Orderlagerschein 124
Orderpapiere 201
– geborene 655
– gekorene 100, 655
Orderscheck 418, 421, 838
Organigramm 997, 999
Organisation 993, 996, 1016
Organisation in Kreditinstituten 995
Organisation for Economic Cooperation and Development (OECD, Organisation für wirtschaftliche Zusammenarbeit und Entwicklung) 807
Organisation für European Economic Cooperation (OEEC, Organisation für europäische wirtschaftliche Zusammenareit) 1071
Organkredite 354
Outrightgeschäfte 913

P

Pachtvertrag 32
Packing Credits 871
Papiergeldinflation 323
Papiergeldwährung
– manipulierte 1031
Parallelwährung 1030
Paritäten 901, 1032
Paritätsänderungen 902, 1064
Partenreederei 222
Partnerschaftsregister 216
Passiva 587, 927
Passivgeschäft 3, 321, 517, 788, 948
Passivseite 167, 927
Passivtausch 932
Passwort 1015
Patentgesetz 73
Patronatserklärung 582
Pauschalabtretungen 567
Pauschalbemessungsmethode 745
Payment Order 835
Pensionsgeschäfte 930, 1057
per 932
Personalakte 367
Personalbeschaffung 365
Personalentwicklung 368
Personalführung 370
Personalinformationssystem 368
Personalkosten 957
Personalkredit 553
Personalrat 275
Personalvertretungsgesetz (PersVG) 274, 277
Personalverwaltung 366
Personalwesen 363, 365
Personen
– arbeitnehmerähnliche 260
– juristische 19 ff., 146, 211
– natürliche 19, 146
– quasi-juristische 146, 187
Personengesellschaft 180
Personen(handels)gesellschaft 187
Personensorge 27
Pfandbriefe 669
Pfandgläubiger 573
Pfandrecht 117, 572
– in der Bankpraxis 574
– vertragliches 573
Pfandindossament 448
Pfändung 61
Pfändungspfandrecht 573
Pfleger 27
Pflegeversicherung 283
Pflichtbeteiligung 212
Pflichtversicherte 282
Phasenmodell 1002
PIN 504
Plafond-A-Finanzierung 889
Plafond B 889
Plafond-B-Finanzierung 889

Plafond C und D 891
Planvergleich 979
Planwirtschaft 6
Plus-Sparen 534
politische Einflüsse 739
Pool-Methode 982
Portefeuille 599
POS-System des deutschen Kreditgewerbes 501
POS-System ohne Zahlungsgarantie (POZ) 507
Post
– internationale 95
Post-Güterverkehr 93
Postleitzahlen 109
Poststrukturgesetz 105
Prämiensparen 532
Präsentationspapier 100
Präsenzbörse 729
Preis 36
Preisangabengesetz 70
Preisangabenverordnung (PAngV) 70, 550
Preiskalkulation 37
Preiskartell 224
Preisniveau 1029
Preisniveaustabilität 1082
Preispolitik 364
Preisstabilisator 540
Preisverzeichnis 70
Primärinsider 711
Prinzip, ökonomisches 9
Prioritätsaktien 202
Privatbankier 326
Privatdarlehen 605 f., 952
Privatdarlehensvertrag 607
Privatgiroverkehr 416
Privatrecht 14 f., 256
Probezeit 267
Produkthaftung 49
Produktionsbetriebe 2
Produktionsfaktor 1 f., 8, 363
Produktionsgüter 8
Produktionskostentheorie 1028
Produktpolitik 364
Profit Center 984
Prokura 28, 160, 215
Prolongation 458
Proportionalzone 289
Protesterlaßklausel 454
Prozentkurs 721
Prozeßurteil 59
Prozeßvergleich 60
psychologische Faktoren 739
Public Relations 374
Publizität
– negative 127
– positive 127
Publizitätswirkung 159, 215
Put 730

Q

Qualitätsmangel 48
Quantitätsmangel 48
Quantitätstheorie 1027
Quay Receipt 99
Quellensteuer 296 f.
Quittung 459
– löschungsfähige 142

R

Rabattkartell 224
Ramschkauf 42
Rangänderung 136
Rangfolge 136, 144
Rangvorbehalt 136
Rangwirkung 137
Ratenkauf 42
Ratensparverträge 532
Ratenzahlung 40
Rationalisierungseffekte 1003
Rationalisierungskartell 223
Raumsicherungsvertrag 579
Realer Außenwert ausgewählter Währungen 832
Realkredit 553, 625 f.
Realkreditinstitute 330
Reallasten 129
Realsteuern 304
RechKredV 520, 526
Rechnungsabgrenzungsposten 167
Rechnungslegung 145, 162
Rechnungslegungsverordnung 520, 526
Rechnungslegungsvorschriften 346
Rechnungswesen 925, 1012

Recht 14, 128
– der OHG 216
– öffentliches 14 f.
Recht der Europäischen Gemeinschaften 804
Rechtsfähigkeit 20, 379
Rechtsgeschäft 22, 311
Rechtskraft 60
– formelle 60
– materielle 60
Rechtsmangel 48
Rechtsobjekte 22
Rechtsschein 153
Rechtsschutzgarantie 14
Rechtsstaatlichkeit 16
Rechtsverhältnisse 185
Rechtsweg 60
Rechtswirkung 159
Rechtzeitigkeit des Zahlung 40
Rediskont-Kontingent 1053
Rediskontierung 600, 951
Reederei-Lieferschein 829
Refinanzierung 952
Regelaltersrente 279
Regional- und Lokalbanken 326
Register, öffentliche 18
Registereintragung 46
Regreß 430, 456
Regreßansprüche 431
Rehabilitation 270
Reichsbank 1043
Reinvermögen 927
Reisescheck 468
Reisevertrag 32
Rektaindossament 448
Rektapapiere 90, 655
– geborene 655
– gekorene 655
Rektascheck 421
Rembourskredit 875 f., 878, 966
Rentenfonds 695
Rentenformel 280
Rentenhöhe 280
Rentenmarkt 778
Rentenreformvorhaben 281
Rentenschuld 140
Rentenversicherung 278
– private 780
Reserve-Ist 1056
Reserve-Soll 1055
Reserven
– stille 206, 250
Restposten 833 f.
Restschuldbefreiung 242, 248
Revision 60, 363, 374
Revisionsbericht 376
Rezession 1069
Ringgiroverkehr 416
Risikoaktiva 357
Risikopositionen 359
Rohgewinn 37
Rohstoffgewinnung 3
Roll-over-Kredite 900
Rückbürgschaft 557
Rückgriff 456
Rückkauf
– freihändiger 662
Rücklage 350
– freie 206
– gesetzliche 206
Rückrechnung 947
Rückscheck 945
Rückübereignung 578
Rückwechsel 947

S

Sach- und Vorteilsgründung 196
Sachanlagen 167, 967
Sachenrecht 75
Sachgüter 8, 10
Sachleistungsbetriebe 2, 11
Sachurteil 60
Sachverständigen-Zeugnisse 823
Sachwert 630
Saisonkredit 597
Salden 833
Saldenbilanz I 936
Saldenbilanz II 936
Sammelantragsverfahren (SaDV) 302
Sammelkonnossement 100
Sammelschuldbuchforderungen 669
Sammelüberweisungen 409
Sammlungsfunktion 4
Sanierung 231
Sanktionsausschuß 714
Satzung 327
Satzungsänderungen 205
Schadensersatz 49, 51

Schadensersatzansprüche 29
Schätzung 631
Schaltergeschäft 705
Schalterkurse 920
Schatzanweisungen 666 f.
– unverzinsliche 666 f.
Schatzwechsel 666 f.
Schattensaldo 510
Scheck 965
– gekreuzter 422, 838
Scheckabkommen 434
Scheck- und Wechselbürgschaft 557
Scheckeinzug durch die Bundesbank 437
Scheckfähigkeit 420
– aktive 420
– passive 420
Scheckgesetz 335
Scheckinkasso 433
Scheckkartenscheck 423
Scheckmahnbescheid 431
Scheckprozeß 431
Scheckverkehr 418, 838, 944
Scheidemünzen 322, 1019
Scheingeschäft 26
Scheinkaufmann 153
Schenkung 32
Schenkungsteuer 307
Scherzgeschäft 26
Schichtenbilanz-Methode 982
Schickschulden 44
Schiedsgericht 713
Schrankfach 759
Schriftform 25
SCHUFA-Klausel 397
SCHUFA-Meldungen 397
Schuldbuchforderungen 668
Schuldbuchgiroverkehr 755
Schuldbuch- und Jungscheingiroverkehr 753
Schulden 926
Schuldrecht 74
Schuldenbereinigungsplan 242
schuldrechtliche Vereinbarungen 644
Schuldscheindarlehen 649
Schuldverschreibungen 543
– der Kreditinstitute 678
Schulze-Delitzsch 323
Schutzzweck 210
Schwerbehinderte 269, 279
Seefracht 105
Seefrachtverträge 98
Seeschiffahrt 96
Selbstemission 702
Selbsteintrittsrecht 118, 957
Selbstkäufer 704
Short Position 733
Sicherheit 1014
– dingliche 818
Sicherheitsleistungen 734
Sicherungsabrede 577
Sicherungsgeber 577
Sicherungsgüter 579
Sicherungshypothek 576
Sicherungsübereignung 576
Sicherungswirkung 137
Sichtakkreditive 862
Sichteinlagen 518, 948
Silberwährung 1030
Sittenwidrigkeit 25
Skonto 37
Skontren 941
Society for Worldwide Interbank Financial Telecommunication (S.W.I.F.T.) 840
Sockelarbeitslosigkeit 1083
Software 1009, 1011, 1014
Solawechsel 438 f., 441, 897
Solidarität 211
Solidaritätszuschlag 302
Sollkaufmann 151
Sollseite 931
Sologeschäfte 913
Solvabilität 356
Solvabilitäts-Koeffizient 357
Sonderausgaben 291
Sonderausgaben-Pauschbetrag 292
Sonderlombardsatz 1054
Sonderverwahrung 764
Sonderziehungsrechte 903, 1032, 1064
Sorgepflicht 811
Sorgfaltspflichten 31
Sortenhandel 919, 939
Sortenkonto 939
Sozialgerichtsbarkeit 18, 284
Sozialismus 5, 7

Sozialpartner 270
Sozialprodukt 1069
Sozialrecht 258
Sozialstaat 256, 539
Sozialstaatlichkeit 16, 258
Sozialversicherungsrecht 277
Sparbriefe 528, 949
Sparbuch 523
Spareckzins 526
Spareinlagen 520, 524, 948
Sparförderung, staatliche 776
Sparformen 526
Spargiroverkehr 414
Sparguthaben 575
Sparkassen 149, 323
Sparkassenbriefe 528, 775, 949
Sparkassenbuch 523
Sparkassengesetz 551
Sparkonto 389, 775
Sparkreislauf 539
Sparpläne 533
Sparschuldverschreibungen 528, 775
Spartenkalkulation 984
Sparverkehr 355, 521
Sparvertrag mit Versicherungsschutz 534
Spediteur 115, 122
Speditionsversicherung 122
Spekulationsgeschäfte 294
Spezialbanken 330
Spezialfonds 696
Spezialitätenfonds 695
Spezialvollmacht 28
Spezifikationskauf 41
Spitzeninstitut 326
Staat 1
staatliche Sparförderung 534
Stabilitätsgesetz 1060, 1080
Stabilitätspakt für die Europäische Währungsunion 1077
Stabsabteilungen 993
Staffelzinsdarlehen 605
Stagflation 1069
Stammaktien 201, 686
Standardkorb 904
Standortpolitik 364
Statistik 986, 992
– deskriptive 987
– induktive 987
Statut 212
Steuern 316
Steuerbefreiungen 289, 308, 744
– sachliche 308
Steuerbegünstigung 744
Steuerbescheid 287
Steuerbescheinigung 297
Steuereinnahmen 286
steuerfreier Betrag 295
Steuerklasse 295
Steuern 285
Steuertarif 290
Steuervergehen 288
Steuerverfahren 287
Stimmrecht 203
Stimmrechtsbechränkung 203
Stop-Order 720
Straf- und Bußgeldvorschriften 171, 348
Streifbanddepot 764
Streik 273
Streikgeld 273
Stripped-Bonds 681
Stückaktien 205
Stückkauf 41
Stückkurs 721
Stücklisten, gezahlte 744
Stufenzins-Anleihe 682
Stufenverzinsung 659
Subjekte 19
Subskription 705
Substanzwert 740
Summenbilanz 936
Swap-Politik 1067
Swap-Prämie 915
Swapgeschäft 906, 913 f.
Swapsatz 916
Syndikat 225

T

Tabaksteuer 285
Tabellensprung 289
Tafelgeschäft 705, 736
Tag-Nacht-Tresor 400
Tagesgeld 542
Tageskauf 42
Tagesorder 751
TARGET 1076
Tarifautonomie 272

Tarifbesteuerung 744
– für Gebietsfremde 744
Tarifverhandlungen 274
Tarifverträge 270 f.
Tarifzone 289
Tauschverkehr 321, 1019
Tauschverwahrung 764
Tauschwert 1028
Teilakzept 447
Teilhafter 191
Teilkonnossement 828
Teilrenten 279
Teilzahlungskredite 611
Teilzinsspannenrechnung 982
Telefon-Chip 487
Telefondienst 110
Telefon-/Directbanking 512
Telefonnetz 1008
Telekom AG 110
Tendenzbezeichnungen 737
Tenderverfahren 706
Termindevisen 910
Termineinlagen 519, 776
Termingeld 542
Termingeschäfte 905, 918
Terminkauf 42
Terminmarkt 721, 726
Theorie
– dualistische 1054
– monistische 1054
– reale 1024
– staatliche 1024
Thesaurus-Fonds 696
Tilgung
– planmäßige 661
– verstärkt planmäßige 662
Tilgungsstreckungsdarlehen 633
Tilgungsverrechnung 635
Titel 61, 139, 144
T-Online 111, 513
Traditionspapier 46, 90, 100, 124, 654
Transithandel 794
transitorische Posten 973
Transitverkehr 795
Transparenzgebot 635
Transportdokumente 89, 819
Transportkosten 38
Tratte 439, 614
Travellers Cheques 838
Tresorgeschäft 759
Treuepflicht 262
Treuhandkredit 649 f.
Trust 226
Typenkartell 224

U

Überfremdung 203
Überdividende 202
Übergabe 45
Übernahmekonnossement 99
Übersicherung 568
Übertragungsbilanz 833
Überweisungen
– beleglose 409
– briefliche 835
– terminierte 408
Überweisungsarten 407
Überweisungsverkehr 405, 943
Überziehung 386
Überziehungskredit 597
Ultimogeld 542
Ultimo-Order 751
Umlaufgeschwindigkeit 1027
Umlaufvermögen 167, 250, 927
Umsatzkosten 166
Umsatzkostenverfahren 168
Umsatzsteuer 285, 305, 974
Umschulung 270
Umtausch 49
Unabdingbarkeit 50
Unabhängigkeit 16
Und-Konten 383
Unfallschutz 265
Unfallversicherung 282
United Nations Conference on Trade and Development (UNCTAD) 807
Universalbanken, private 325
Unmöglichkeit 30
– anfängliche 30
– nachträgliche 30
– objektive 30
– subjektive 30
Unterbrechung 63
Unternehmen
– assoziierte 170
– verbundene 174, 225
Unternehmensformen 176

Unternehmenskennziffern 251
Unternehmenszusammenschlüsse 223
Unternehmungen 313
unverbindliche Preisempfehlung 228
Urkundenprozeß 457
Urproduktion 3, 150
Urproduzent 3
Ursprungszeugnis 822
Urteil 277
– streitiges 60
U-Schätze 667
US-Dollars als Leitwährung 1064
UWG 69

V

Valorismus 1038
Valutierung 386
Venture Capital 779
Veräußerungsgewinne 747
Veranlagungsverfahren 287
Verbindlichkeiten
– reservepflichtige 1055
Verbraucherinsolvenzverfahren 248
Verbraucherkonkurs 241
Verbraucherkreditgesetz (VerbrKrG) 547
Verbrauchsteuern 310
Verein 181
– rechtsfähiger 181
Verfahrensgrundsätze 60
Verfassungsgerichtsbarkeit 17
Verfassungsgrundsätze 16
Verfassungsrecht 14, 256
Verfügungsberechtigung 381
Verfügungsbeschränkungen 136
Verfügungspapier 92
Vergleich
– außergerichtlicher 233
– gerichtlicher 233
Vergleichseröffnung 234
Vergleichsverwalter 234
Verjährung 53, 62
Verjährungsfristen 62
Verkaufskommission 118
Verkaufskommissionär 117
Verkaufsvertreter 117
Verkäuferinitiative 34
Verkehrshypothek 576
Verkehrsteuern 305, 310
Verladedokumente 863
Verlust 935
Vermögensaufbau 250, 584
Vermögensbildung 535
Vermögensgegenstände
– immaterielle 167
Vermögenshaftung 240
Vermögensquellen 249
Vermögenssorge 27
Vermögenssparen 534
Vermögensteuer 285, 304
Vermögensübertragungen 833 f.
Vermögensverwendung 249
Vermögenswerte 926
vermögenswirksame Leistung 535
vermögenswirksames Sparen 534
Verpfänder 573
Verpfändung
– beschränkte 768
– regelmäßige 768
– unbeschränkte 768
Verpflichtungsgeschäfte 28, 33, 35
Verrechnungsscheck 421, 944
Versandarten 80, 86
Versandkosten 38
Versäumnisurteil 59
Versicherungsdokumente 826, 863
Versicherungssparen 538
Versicherungsverein auf Gegenseitigkeit (VVaG) 221
Versicherungspflicht 278
Versicherungsteuer 285
Versorgungsfreibetrag 308
Versteigerung, öffentliche 61
Verstoß gegen Gesetz 26
Vertrag 19, 22, 28
Vertrag über den Europäischen Wirtschaftsraum (EWBR) 1079
Vertrag von Maastricht 1073
Vertragsfreiheit 19, 24, 64
Vertragsgestaltung 366
Vertragsstrafe 559, 818
Vertrauensfunktion 4
Vertrauensschaden 29
Vertrauensverhältnis 29
Vertreter 28
Vertreterversammlung 215
Vertretung 186
Vertretungsmacht 26
Vertrieb 10

Vertriebsgesellschaft 225
Verwahrer 760
Verwahrstücke 759
Verwahrung
– unregelmäßige 517
Verwahrvertrag 32
Verwaltungsgerichtsbarkeit 18
Verwertung, investive 240
Verzichtsurteil 59
Verzinsung 658
Verzug 210, 549
Vier-Augen-Prinzip 346
VISA 488
VISA-Karte 481
Volksaktien 686
Volkseinkommen 1070
Volkswirtschaft 1
Vollbeschäftigung 1082
Vollhafter 183, 191
Vollkaufleute 44, 149, 160, 926
Vollkaufmann 153
Vollmacht 28, 383
– Angestellter 162
Vollrenten 279
Vollstreckungsbescheid 57
Vollstreckungsklausel
– dingliche 645
Vollwirkung 137
Vorauszahlung 40
Vorauszahlungskauf 42
Vorgehensmodelle 1001
Vorlegungsfristen 429
Vorlegungsort 450
Vorlegungstage 450
Vormund 27
Vorruhestand 280
Vorschußzinsen 525
Vorsorgeaufwendungen 292
Vorstand 197, 199
Vorsteuer 939
Vorverkaufsrecht 129
Vorzugsaktien 202, 686
– kumulative 202
– kumulativ-stimmrechtslose 202

W

Wachstum der Wirtschaft 1085
Wachstumsfonds 696
Wachstumssparen 533
Währung 1030
– bimetallische 1030
– freie 1030
– monometallische 1030
Währungsbuchführung 963
Währungskorb 901, 1066
Währungspolitik 1062
Währungsrisiken 817
Währungsschlange 903
Währungssysteme 1030
Währungsumrechnung 931
Wahl 275
Wandlung 49
Wandprotest 454
Waren 2, 36, 797
Warenausfuhr 798
Warenbegleitpapier 820, 823
Wareneinfuhr 798
Wareneinkauf 37
Warenfonds 689
Warengeld 1019
Warentermingeschäfte 779
Warentheorie 1024
Warenwertpapiere 654
Warschauer Abkommen (WAK) 90
Wechsel 446, 965
– gezogener 438
– trassiert-eigener 439
Wechselabkommen 452
Wechselankaufskurs 839
Wechseleinzug 452
Wechselgesetz 335
Wechselinkasso 451
Wechselkurse 1032
Wechselkursversicherung 817
Wechselprotest 454
Wechselprozeß 457
Wechselstrenge 454
Wechselurkunde 442
Wechselverkehr 438, 839, 946
Weichwährung 902
Werbung 373
Werbungskosten 293
Werkvertrag 32
Werklieferungsvertrag 32
Wertleistung 978
Wertpapier-Aufsichtsbehörde 709
Wertpapier-Leihgeschäfte 756
Wertpapier-Sammelbanken 330, 754, 766

Wertpapierdienstleistungs-
richtlinie 339
Wertpapiere 167, 652
– festverzinsliche 744, 777
– sachenrechtliche 654
Wertpapieremission 960
Wertpapierfonds 689, 694, 746
Wertpapiergeschäft 320 f., 790, 955
– Sonderbedingungen für 747
Wertpapierrechnung 765
Wertpapierscheck 754
Wertpapiersonderformen 688, 698
Wertpapierumsätze 956
Wertrechte 656
Wertsicherung 1037
Wertsicherungsklauseln 1038
Wertstellung 386
Wertstellungsgewinne 387
Wertstellungsgrundsätze 387
Wettbewerb 4 f., 223, 227
– unlauterer 69
Wettbewerbsverbot 190
widerrechtliche Drohung 26
Widerruf 68
Widerrufsrecht 548
Widerspruchsrecht 188
Wiederanlagerabatt 696
Wiedervereinigung 264
Willenserklärung 22, 68
Windprotest 454
Wirksamkeitsvoraussetzungen
– parteiunabhängige 818
wirtschaften 1, 8
wirtschaftliche und politische
Auslandseinflüsse 739
Wirtschaftlichkeit 740
Wirtschaftlichkeitsprinzip 9
Wirtschaftsausschuß 276
Wirtschaftsbarometer 708
Wirtschaftsgebiet 796
– fremde 796
Wirtschaftsgüter
– geringwertige 968
Wirtschaftskreislauf 1
Wirtschaftspolitik 1040, 1067, 1086
– angebotsorientierte 1087
– nachfrageorientierte 1086
Wirtschaftstheorien 1086
Wochenarbeitszeit 1084
Wohnungs- und Teileigentum 629
Wohnungsbau-Prämiensparen 534
Wohnungsbau-Sparförderung 536
Wohnungsrecht 136
World Trade Organization (WTO) 806

Z

Zahllast 940
Zahlung 40
Zahlung auf Ziel 40
Zahlung bei Lieferung 40
Zahlungsabwicklung 835
Zahlungsbedingungen 40, 815
Zahlungsbereitschaft 350
Zahlungsbilanz 831
– aktive 831
– ausgeglichene 831
– Ausgleich der 833
– passive 831
Zahlungsbilanzinflation 1034
Zahlungsfunktion 4
Zahlungsmittel 377
Zahlungssysteme
– kartengesteuerte 474
Zahlungstag 450
Zahlungsunfähigkeit 210
Zahlungsverkehr 3, 320, 377, 938
– (im Inland) 785
– bargeldloser 378, 941
– belegloser 499
– elektronischer 499
Zahlungsverzug 50 f.
Zedenten 560
Zeichnung
– öffentliche 705
Zeitvergleich 251, 979
Zentralbankgeld 1024
Zentralbankgiralgeld 1024
Zentralbankrat 1047
Zentralnotenbanken 323
Zentralverwaltungswirtschaft 6
Zerobonds 680 f.
Zession 560
– offene 560
– stille 566
Zessionsprüfung 566
Zeugniserteilung 263
Ziehungsrechte 1064
Zielkauf 42
Zielkorridor 1042
Zinsabschlagsteuer 299

zinsabschlagsteuerliche
Behandlung 745
Zinsen 632
Zinsniveau 741
Zinssatz
– variabler 633
Zinsscheine 961
Zinsspannenrechnung 981
Zinstender 1057
Zollfaktura 822
Zollfreiheit 804
Zollgebiet 804
Zollrecht 804
Zolltarif 804
Zollunion 804
Zuflußprinzip 745
Zug-um-Zug-Geschäft 819, 843
Zukünftiges EU-Wechsel-
kurssystem 1077
Zulässigkeit 59
Zulassungsausschuß 714
Zulassungsstelle 714
Zulassungsverfahren 716
Zusatzerlöse 977
Zustellung 59
Zuwachssparen 533
Zwangskonversion 659
Zwangssparen 540
Zwangsvergleich 234
Zwangsversteigerung 144
Zwangsverwaltung 144
Zwangsvollstreckung 57, 61, 143
zwangsweise 137
Zweckerklärung 140
Zwischengewinnbesteuerung 746
Zwischenkommissionär 956
Zwischenkonto 956
Zwischenkredit 597, 634